国家清史编纂委员会·文献丛刊

沈葆桢信札考注

林庆元 王道成 考注

巴蜀书社

国家清史编纂委员会出版委员会

戴逸　卜键　马大正
朱诚如　成崇德　邹爱莲

总 序

戴 逸

二〇〇二年八月，国家批准建议纂修清史之报告，十一月成立由十四部委组成之领导小组，十二月十二日成立清史编纂委员会，清史编纂工程于焉肇始。

清史之编纂酝酿已久，清亡以后，北洋政府曾聘专家编写《清史稿》，历时十四年成书。识者议其评判不公，记载多误，难成信史，久欲重撰新史，以世事多乱不果。中华人民共和国成立后，中央领导亦多次推动修清史之事，皆因故中辍。新世纪之始，国家安定，经济发展，建设成绩辉煌，而清史研究亦有重大进步，学界又倡修史之议，国家采纳众见，决定启动此新世纪标志性文化工程。

清代为我国最后之封建王朝，统治中国二百六十八年之久，距今未远。清代众多之历史和社会问题与今日息息相关。欲知今日中国国情，必当追溯清代之历史，故而编纂一部详细、可信、公允之清代历史实属切要之举。

编史要务，首在采集史料，广搜确证，以为依据。必藉此史料，乃能窥见历史陈迹。故史料为历史研究之基础，研究者必须积累大量史料，勤于梳理，善于分析，去粗取精，去伪存真，由此及彼，由表及里，进行科学之抽象，上升为理性之认识，才能洞察过去，认识历史规律。史料之于历史研究，犹如水之于鱼，空气之于鸟，水涸则鱼逝，气盈则鸟飞。历史科学之辉煌殿堂必须岿然耸立于丰富、确凿、可靠之史料基础上，不能构建于虚无缥缈之中。吾侪于编史之始，即整理、出版"文献丛刊"、"档案丛刊"，二者广收各种史料，均为清史编纂工程之重要组成部分，一以供修撰清史之用，提高著作质量；二为抢救、保护、开发清代之文化资源，继承和弘扬历史文化遗产。

清代之史料，具有自身之特点，可以概括为多、乱、散、新四字。

一曰多。我国素称诗书礼义之邦，存世典籍汗牛充栋，尤以清代为盛。盖清代统治较久，文化发达，学士才人，比肩相望，传世之经籍史乘、诸子百家、文字声韵、目录金石、书画艺术、诗文小说，远轶前朝，积贮文献之多，如恒河沙数，不可胜计。昔梁元帝聚书十四万卷于江陵，西魏军攻掠，悉燔于火，人谓丧失天下典籍之半数，是五世纪时中国书籍总数尚不甚多。宋代印刷术推广，载籍日众，至清代而浩如烟海，难窥其涯涘矣！《清史稿·艺文志》著录清代书籍九千六百三十三种，人议其疏漏太多。武作成作《清史稿艺文志补编》，增补书一万零四百三十八种，超过原志著录之数。彭国栋亦重修《清史稿艺文志》，著录书一万八千零五十九种。近年王绍曾更求详备，致力十余年，遍览群籍，手抄目验，成《清史稿艺文志拾遗》，增补书至五万四千八百八十种，超过原志五倍半，此尚非清代存留书之全豹。王绍曾先生言："余等未见书目尚多，即已见之目，因工作粗疏，未尽钩稽而失之眉睫者，所在多有。"清代书籍总数若干，至今尚未能确知。

清代不仅书籍浩繁，尚有大量政府档案留存于世。中国历朝历代档案已丧失殆尽（除近代考古发掘所得甲骨、简牍外），而清朝中枢机关（内阁、军机处）档案，秘藏内廷，尚称完整。加上地方存留之档案，多达二千万件。档案为历史事件发生过程中形成之文件，出之于当事人亲身经历和直接记录，具有较高之真实性、可靠性。大量档案之留存极大地改善了研究条件，俾历史学家得以运用第一手资料追踪往事，了解历史真相。

二曰乱。清代以前之典籍，经历代学者整理、研究，对其数量、类别、版本、流传、收藏、真伪及价值已有大致了解。清代编纂《四库全书》，大规模清理、甄别存世之古籍。因政治原因，查禁、篡改、销毁所谓"悖逆"、"违碍"书籍，造成文化之浩劫。但此时经师大儒，联袂入馆，勤力校理，尽瘁编务。政府亦投入巨资以修明文治，故所获成果甚丰。对收录之三千多种书籍和未收之六千多种存目书撰写详明精切之提要，撮其内容要旨，述其体例篇章，论其学术是非，叙其版本源流，编成二百卷《四库全书总目》，洵为读书之典要、后学之津梁。乾隆以后，至于清末，文字之狱渐戢，印刷之术益精，故而人竞著述，家娴诗文，各握灵蛇之珠，众怀昆冈之璧，千舸齐发，万木争荣，学风大盛，典籍之积累远迈从前。惟晚清以来，外强侵凌，干戈四起，国家多难，人民离散，未能投入力量对大量新出之典籍再作整理，而政府档案，深藏中秘，更无由一见。故不仅不知存世清代文献档案之总数，即书籍分类如何变通、版本皮藏应否标明，加以部居舛误，界划难清，亥豕鲁鱼，订正未遑。大量稿本、抄本、孤本、珍本，土埋尘封，行将澌灭；殿刻本、局刊本、精校本与坊间劣本混淆杂陈。我国自有典籍以来，其繁杂混乱未有甚于清代典籍者矣！

三曰散。清代文献、档案，非常分散，分别庋藏于中央与地方各个图书馆、档案馆、博物馆、教学研究机构与私人手中。即以清代中央一级之档案言，除北京中国第一历史档案馆所藏一千万件以外，尚有一大部分档案在战争时期流离播迁，现存于台北故宫博物院。此外，尚有藏于沈阳辽宁省档案馆之圣训、玉牒、满文老档、黑图档等，藏于大连市档案馆之内务府档案，藏于江苏泰州市博物馆之题本、奏折、录副奏折。至于清代各地方政府之档案文书，损毁极大，但尚有劫后残余，璞玉浑金，含章蕴秀，数量颇丰，价值亦高。如河北获鹿县档案、吉林省边务档案、黑龙江将军衙门档案、河南巡抚藩司衙门档案、湖南安化县永历帝与吴三桂档案、四川巴县与南部县档案、浙江安徽江西等省之鱼鳞册、徽州契约文书、内蒙古各盟旗蒙文档案、广东粤海关档案、云南省彝文傣文档案、西藏噶厦政府藏文档案等等分别藏于全国各省市自治区，甚至清代两广总督衙门档案（亦称《叶名琛档案》），被英法联军抢掠西运，今藏于英国伦敦。

清代流传下之稿本、抄本，数量丰富，因其从未刻印，弥足珍贵，如曾国藩、李鸿章、翁同龢、盛宣怀、张謇、赵凤昌之家藏资料。至于清代之诗文集、尺牍、家谱、日记、笔记、方志、碑刻等品类繁多，数量浩瀚，北京、上海、南京、广州、天津、武汉及各大学图书馆中，均有不少贮存。丰城之剑气腾霄，合浦之珠光射日，寻访必有所获。最近，余有江南之行，在苏州、常熟两地图书馆、博物馆中，得见所存稿本、抄本之目录，即有数百种之多。

某些书籍，在中国大陆已甚稀少，在海外各国反能见到，如太平天国之文书。当年在太平军区域内，为通行之书籍，太平天国失败后，悉遭清政府查禁焚毁，现在中国，已难见到，而在海外，由于各国外交官、传教士、商人竞相搜求，携赴海外，故今日在外国图书馆中保存之太平天国文书较多。二十世纪内，向达、萧一山、王重民、王庆成诸先生曾在世界各地寻觅太平天国文献，收获甚丰。

四曰新。清代为传统社会向近代社会之过渡阶段，处于中西文化冲突与交融之中，产生一大批内容新颖、形式多样之文化典籍。清朝初年，西方耶稣会传教士来华，携来自然科学、艺术和西方宗教知识。乾隆时编《四库全书》，曾收录欧几里得《几何原本》、利玛窦《乾坤体仪》、熊三拔《泰西水法》、《简平仪说》等书。迄至晚清，中国力图自强，学习西方，翻译各类西方著作，如上海墨海书馆、江南制造局译书馆所译声光化电之书，后严复所译《天演论》、《原富》、《法意》等名著，林纾所译《茶花女遗事》、《黑奴吁天录》等文艺小说。中学西学，摩荡激励，旧学新学，斗妍争胜，知识剧增，推陈出新，晚清典籍多别开生面、石破天惊之论，数千年来所未见，饱学宿儒所不知。突破中国传统之知识框架，书籍之内容、形式，超经史子集之范围，越子曰诗云之牢笼，发生前所未有之革命性变化，出现众多新类目、新体例、新内容。

清朝实现国家之大统一，组成中国之多民族大家庭，出现以满文、蒙古文、藏文、维吾尔文、傣文、彝文书写之文书，构成为清代文献之组成部分，使得清代文献、档案更加丰富，更加充实，更加绚丽多彩。

清代之文献、档案为我国珍贵之历史文化遗产，其数量之庞大、品类之多样、涵盖之宽广、内容之丰富在全世界之文献、档案宝库中实属罕见。正因其具有多、乱、散、新之特点，故必须投入巨大之人力、财力进行搜集、整理、出版。吾侪因编纂清史之需，贾其余力，整理出版其中一小部分；且欲安装网络，设数据库，运用现代科技手段，进行贮存、检索，以利研究工作。惟清代典籍浩瀚，吾侪汲深绠短，蚁衔蚊负，力薄难任，望洋兴叹，未能做更大规模之工作。观历代文献档案，频遭浩劫，水火兵虫，纷至沓来，古代典籍，百不存五，可为浩叹！切望后来之政府学人重视保护文献档案之工程，投入力量，持续努力，再接再厉，使卷帙长存，瑰宝永驻，中华民族数千年之文献档案得以流传永远，沾溉将来，是所愿也！

二〇〇四年

目 录

总序 ………………………………………………… 戴　逸（ 1 ）
序 …………………………………………………… 王道成（ 1 ）
凡例 …………………………………………………………（ 1 ）

上编　家　书

与林普晴　咸丰五年五月二十日 ………………………（ 1 ）
与父母　咸丰五年六月二十九日 ………………………（ 3 ）
与林普晴　咸丰五年七月初二日 ………………………（ 4 ）
与沈琦　咸丰五年七月初二日 …………………………（ 6 ）
与林普晴　咸丰五年七月十八日 ………………………（ 6 ）
与林普晴　咸丰五年八月中旬 …………………………（ 7 ）
与林普晴　咸丰五年八月二十二日 ……………………（ 8 ）
与林普晴　咸丰五年九月中旬 …………………………（ 10 ）
与父亲　咸丰五年十月十日 ……………………………（ 10 ）
与林普晴　咸丰六年四月中旬 …………………………（ 11 ）
致沈琦　咸丰七年三月十一日 …………………………（ 12 ）
与父母　咸丰七年六月初五日 …………………………（ 13 ）
复父母　咸丰七年十月初七日 …………………………（ 14 ）
复父母　咸丰八年三月十七日 …………………………（ 14 ）

与父母　咸丰八年四月十四日	（15）
与父母　咸丰八年五月二十日	（16）
复沈辉宗　咸丰八年五月二十三日	（17）
与父母　咸丰八年九月九日	（17）
与父母　咸丰八年十一月二十四日	（18）
复父母　咸丰八年十二月初四日	（19）
与父母　咸丰九年正月十二日	（20）
复沈辉宗　咸丰九年正月十二日	（20）
复父母　咸丰九年二月初六日	（21）
复父母　咸丰九年二月十六日	（21）
与林普晴　咸丰九年二月下旬	（22）
与林普晴　咸丰九年三月上旬	（22）
与父母　咸丰九年四月初九日	（24）
复林普晴　咸丰九年四月中旬	（24）
复林普晴　咸丰九年五月下旬	（25）
复沈辉宗　咸丰九年五月二十三日	（26）
复林普晴　咸丰九年六月中旬	（26）
与林普晴　咸丰九年六月下旬	（27）
与父母　咸丰九年六月二十三日	（27）
与林普晴　咸丰九年七月初六日	（28）
与父母　同治元年正月二十六日	（29）
与林普晴　同治元年二月初三日	（29）
与父母　同治元年二月十五日	（30）
与林普晴　同治元年二月十五日	（30）
与林普晴　同治元年二月下旬	（31）
与父母　同治元年三月二十一日	（32）
与玮庆　同治元年三月二十九日	（32）
与林普晴　同治元年四月初九日	（33）
与父母　同治元年四月初九日　广信行署	（34）
与林普晴　同治元年四月中旬	（34）
与玮庆　同治元年四月二十一日	（35）
与林普晴　同治元年四月下旬	（35）

与玮庆 同治元年五月十一日	（36）
与父母 同治元年七月二十三日	（37）
与玮庆、管樵 同治元年八月十九日阆中寄	（37）
与父母 同治元年八月二十七日	（38）
与玮庆 同治元年八月下旬	（39）
与玮庆 同治元年闰八月初三日	（40）
复父母 同治元年闰八月二十八日	（40）
致亲友 同治元年闰八月二十八日	（41）
与玮庆、管樵 同治元年闰八月二十八日	（41）
与玮庆 同治元年十月二十五日	（42）
复父母 同治元年十二月十二日	（43）
与玮庆 同治元年十二月十二日	（43）
与玮庆 同治元年十二月十二日	（44）
复父母 同治二年正月初三日	（45）
与父母 同治二年二月初四日	（46）
与父母 同治二年三月十四日	（46）
与玮庆 同治二年三月十四日	（46）
与玮庆 同治二年三月十四日	（47）
与玮庆 同治二年四月初九日	（47）
复父母 同治二年五月十五日	（48）
复玮庆 同治二年五月十五日	（48）
复玮庆 同治二年五月二十六日	（49）
复玮庆 同治二年六月二十六日	（49）
与玮庆 同治二年九月上旬	（50）
复父母 同治二年九月初七日	（51）
与玮庆 同治二年九月二十日	（51）
与父母 同治三年二月初五日	（52）
与玮庆、管樵 同治三年二月初五日	（52）
与玮庆 同治三年二月十六日	（52）
复父母 同治三年二月十六日	（53）
复父母 同治三年三月初三日	（53）
与玮庆 同治三年三月初三日	（54）

与父母　同治三年三月初九日 …………………………………………（54）

与玮庆　同治三年三月十五日 …………………………………………（55）

致大小姐　同治三年四月初八日 ………………………………………（55）

与父母　同治三年四月二十五日 ………………………………………（56）

与玮庆　同治三年五月三十日 …………………………………………（56）

与父母　同治三年六月二十一日 ………………………………………（57）

复玮庆　同治三年六月二十一日 ………………………………………（57）

与父母　同治三年七月二十八日 ………………………………………（58）

与玮庆　同治三年七月二十八日 ………………………………………（58）

与父母　同治三年八月初三日 …………………………………………（59）

与父母　同治三年九月十七日 …………………………………………（59）

复玮庆　同治三年九月十七日 …………………………………………（60）

与玮庆　同治三年十月初二日 …………………………………………（61）

与父母　同治三年十一月初六日 ………………………………………（61）

与父母　同治三年十一月十五日 ………………………………………（62）

与父母　同治三年十二月初十日 ………………………………………（62）

与玮庆　同治三年十二月初十日 ………………………………………（63）

与管樵、周溪　同治三年十二月初十日 ………………………………（63）

与父母　同治四年正月二十一日 ………………………………………（64）

与玮庆　同治四年正月二十一日 ………………………………………（64）

与林普晴　同治四年二月上旬 …………………………………………（65）

与玮庆、管樵　同治十三年五月二十四日 ……………………………（66）

与玮庆、管樵　同治十三年六月十五日 ………………………………（67）

与玮庆、管樵　同治十三年六月十七日 ………………………………（67）

与玮庆、管樵　同治十三年七月二十二日 ……………………………（68）

与玮庆、管樵　同治十三年七月二十五日 ……………………………（68）

与玮庆、管樵　同治十三年八月十八日 ………………………………（69）

与玮庆、管樵　同治十三年八月二十九日 ……………………………（69）

与玮庆　同治十三年九月十七日 ………………………………………（70）

与管樵　同治十三年九月十七日夜 ……………………………………（70）

与玮庆、管樵　同治十三年九月二十九日 ……………………………（71）

与玮庆、管樵　同治十三年十月十五日 ………………………………（72）

与玮庆、管樵　同治十三年十月二十四日	（72）
与玮庆、管樵、莹庆　同治十三年十一月初四日	（73）
与玮庆、管樵　同治十三年十二月初三日	（73）
与玮庆、管樵　光绪元年二月二十三日	（74）
复玮庆、周溪　光绪元年三月十四日夜	（74）
复玮庆、管樵　光绪元年三月二十九日	（75）
与玮庆、管樵　光绪元年四月初十日	（76）
与璘庆、瑜庆　光绪元年四月十六日	（76）
复玮庆　光绪元年四月十八日	（77）
与玮庆　光绪元年四月二十二日	（77）
复玮庆、管樵　光绪元年五月初一日	（78）
复玮庆、管樵　光绪元年六月三日	（78）
复玮庆、管樵　光绪元年六月十八日	（79）
与玮庆、管樵　光绪元年九月九日	（79）
与玮庆　光绪元年十月初一日	（79）
与玮庆、肖竹　光绪元年十一月十一日	（80）
与玮庆、管樵　光绪元年十一月十三日	（80）
复玮庆、管樵、周溪　光绪元年十一月二十八日	（81）
与玮庆、管樵　光绪元年十二月十五日	（81）
与玮庆、管樵　光绪元年十二月二十二日	（82）
复玮庆、管樵　光绪二年正月初六日	（82）
与玮庆、管樵　光绪二年正月初八日	（83）
复玮庆、管樵　光绪二年二月十七日	（83）
复玮庆、管樵　光绪二年二月二十六夜	（83）
复玮庆　光绪二年三月初六日	（84）
与玮庆　光绪二年三月十五日	（85）
与玮庆、周溪　光绪二年四月十日	（85）
与玮庆、周溪　光绪二年五月十四日	（86）
与玮庆、周溪　光绪二年五月十八日	（86）
与璘庆、瑜庆　光绪二年五月十八夜	（87）
与玮庆、周溪　光绪二年五月二十日	（87）
与玮庆　光绪二年五月三十日	（89）

与玮庆 光绪二年闰五月初八日	（89）
与玮庆 光绪二年闰五月十三日	（90）
与玮庆 光绪二年闰五月十三日	（90）
与莹庆 光绪二年闰五月十三日	（91）
复玮庆、周溪 光绪二年六月初七日	（91）
与周溪 光绪二年六月初七日	（92）
与周溪 光绪二年六月初七日	（92）
致璘庆 光绪二年六月初七日	（93）
与玮庆 光绪二年七月初三日	（94）
复玮庆 光绪二年七月初八日	（94）
复玮庆 光绪二年七月十四日	（95）
与瑜庆 光绪二年七月十四日	（95）
与玮庆 光绪二年七月二十一日	（96）
与莹庆 光绪二年七月二十一日	（96）
与玮庆 光绪二年八月初三日	（96）
与璘庆 光绪二年八月初三日	（97）
与玮庆 光绪二年八月十三夜	（97）
与玮庆 光绪二年八月二十五日	（98）
致管樵 光绪二年九月初四日	（98）
复玮庆 光绪二年九月二十一日	（99）
复玮庆 光绪二年十月初一日	（99）
致管樵 光绪二年十月初二日	（100）
与玮庆 光绪二年十月二十三日	（100）
致管樵 光绪二年十一月十三日	（101）
复玮庆 光绪二年十一月十九日	（102）
复玮庆 光绪二年十二月初四月	（103）
复管樵 光绪二年十二月十七日	（103）
复玮庆 光绪三年正月初七日	（104）
复玮庆 光绪三年正月二十日	（104）
致管樵 光绪三年正月二十三日	（104）
复管樵 光绪三年二月二十一日	（105）
与玮庆 光绪三年二月二十六日	（105）

与玮庆　光绪三年二月二十六夜 …………………………（106）
与玮庆　光绪三年二月二十七夜 …………………………（106）
与玮庆　光绪三年三月初八日 ……………………………（107）
与玮庆　光绪三年三月初八日 ……………………………（107）
复玮庆　光绪三年三月十八日 ……………………………（107）
复管樵　光绪三年三月中旬 ………………………………（108）
复管樵　光绪三年三月下旬 ………………………………（108）
复玮庆　光绪三年四月初四夜 ……………………………（109）
复黄姑太　光绪三年四月上旬 ……………………………（109）
复玮庆　光绪三年四月十三日 ……………………………（110）
复玮庆　光绪三年五月初二日 ……………………………（110）
复玮庆　光绪三年五月十二日 ……………………………（110）
复管樵　光绪三年五月十八日 ……………………………（111）
复玮庆　光绪三年五月二十日 ……………………………（111）
与玮庆　光绪三年五月二十一日 …………………………（112）
复管樵　光绪三年五月二十五日 …………………………（112）
复玮庆　光绪三年五月二十八日 …………………………（113）
复玮庆　光绪三年六月二十四日 …………………………（114）
复玮庆　光绪三年六月二十九日 …………………………（114）
复管樵　光绪三年六月底 …………………………………（115）
复玮庆　光绪三年七月二十二日 …………………………（116）
复管樵　光绪三年七月底 …………………………………（116）
复管樵　光绪三年八月下旬 ………………………………（117）
复玮庆　光绪三年九月初三夜 ……………………………（117）
复黄姑太　光绪三年九月初旬 ……………………………（118）
复玮庆　光绪三年九月二十二日 …………………………（118）
复管樵　光绪三年九月下旬 ………………………………（119）
复玮庆　光绪三年十月十六日 ……………………………（119）
复玮庆　光绪三年十月二十七日 …………………………（120）
与玮庆　光绪三年十一月初六日 …………………………（120）
复管樵　光绪三年十一月初六日 …………………………（120）
与玮庆　光绪三年十一月十一日 …………………………（121）

与玮庆	光绪三年十一月十三日	（121）
与玮庆	光绪三年十一月十八日	（122）
复管樵	光绪三年十一月中旬	（122）
与玮庆	光绪三年十一月二十七日	（122）
复玮庆	光绪三年十二月初三日	（123）
复管樵	光绪三年十二月中旬	（123）
与玮庆	光绪三年十二月十日	（124）
复玮庆	光绪三年十二月十二日	（124）
复玮庆	光绪三年十二月二十七日	（125）
复玮庆	光绪三年十二月二十九日	（125）
复玮庆	光绪四年三月初五日	（126）
与玮庆	光绪四年三月二十二日	（126）
与玮庆	光绪四年三月二十六日	（126）
复玮庆	光绪四年四月初一日	（127）
复管樵	光绪四年四月初六日	（127）
复玮庆	光绪四年四月十六日	（128）
复玮庆	光绪四年四月三十日	（128）
与瑜庆	光绪四年四月三十日	（129）
与管樵	光绪四年五月底	（130）
复玮庆	光绪四年五月二十八日	（130）
复玮庆	光绪四年六月初九日	（131）
复玮庆	光绪四年六月二十二日	（132）
复玮庆	光绪四年七月初六日	（132）
复管樵	光绪四年七月十六日	（133）
复玮庆	光绪四年七月二十四日	（133）
与玮庆	光绪四年八月初三日	（134）
复玮庆	光绪四年八月初十日	（134）
与玮庆	光绪四年八月十七日	（135）
复管樵	光绪四年八月二十七日	（135）
复玮庆	光绪四年九月十五日	（136）
复管樵	光绪四年九月二十七日	（136）
与玮庆	光绪四年十月初七日	（137）

复玮庆	光绪四年十月十六日	（137）
复管樵	光绪四年十月十九日	（137）
复玮庆	光绪四年十月二十九日	（138）
复玮庆	光绪四年十一月初十日	（138）
复管樵	光绪四年十一月下旬	（139）
复玮庆	光绪四年十一月三十日	（140）
复玮庆	光绪四年十二月十六日	（140）
与管樵	光绪四年十二月下旬	（141）
复玮庆	光绪五年正月元夕	（141）
复玮庆	光绪五年正月十七日	（142）
复管樵	光绪五年正月二十四日	（142）
与玮庆	光绪五年二月初一日	（143）
复海门	光绪五年二月中旬	（143）
复管樵	光绪五年二月下旬	（143）
与玮庆	光绪五年三月二十三日	（144）
与玮庆	光绪五年三月二十六日	（144）
复管樵	光绪五年三月下旬	（145）
复璘庆	光绪五年三月二十六日	（145）
复玮庆	光绪五年五月十九日	（146）
与管樵	光绪五年五月中旬	（146）
复玮庆	光绪五年六月十七日	（147）
与玮庆	光绪五年六月三十日	（147）
复玮庆	光绪五年七月初三日	（148）
复玮庆	光绪五年七月二十五日	（148）
复玮庆	光绪五年八月初三日	（148）
复管樵	光绪五年八月上旬	（149）
复管樵	光绪五年八月下旬	（149）
复管樵	光绪五年九月上旬	（150）

下编 公 牍

（一）江西时期……………………………………………………（151）

致曾国藩　咸丰五年十一月十三日…………………………（151）
致陆元烺、黄赞汤、曾国藩　咸丰五年十一月二十三日
　………………………………………………………………（152）
致曾国藩　咸丰五年十一月二十五日………………………（153）
致曾国藩　咸丰五年十二月十日……………………………（153）
致曾国藩　咸丰五年十二月十五日…………………………（154）
致陆元烺、黄赞汤、曾国藩　咸丰五年十二月十八日
　………………………………………………………………（154）
致曾国藩　咸丰五年十二月二十一日………………………（155）
致陆元烺、黄赞汤　咸丰五年十二月二十一日……………（155）
致曾国藩　咸丰五年十二月二十二日………………………（156）
致陆元烺、黄赞汤　咸丰五年十二月二十五日……………（156）
复郭嵩焘　咸丰七年九月初五日……………………………（157）
与郭嵩焘　咸丰八年七月初十日……………………………（158）
致曾国藩　咸丰八年七月十四日……………………………（159）
致曾国藩　咸丰八年七月十七日……………………………（160）
致曾国藩　咸丰八年七月二十四日…………………………（161）
致曾国藩　咸丰八年八月初一日……………………………（161）
致曾国藩　咸丰八年八月初三日……………………………（162）
致曾国藩　咸丰八年八月初十日……………………………（163）
与郭嵩焘　咸丰八年八月三十日……………………………（163）
致曾国藩　咸丰八年九月初一日……………………………（164）
再致曾国藩　咸丰八年九月初一日…………………………（165）
复郭嵩焘　咸丰八年十月三十日……………………………（165）

致曾国藩　咸丰八年十一月二十二日	（166）
致曾国藩　咸丰八年十二月初八日	（167）
与曾国藩　咸丰九年二月十二日	（167）
复曾国藩　咸丰九年二月十七日	（168）
复曾国藩　咸丰九年二月二十六日	（169）
复曾国藩　咸丰九年三月十一日	（169）
复曾国藩　咸丰九年三月二十三日	（170）
复曾国藩　咸丰九年四月初八	（170）
复曾国藩　咸丰九年四月二十八日	（171）
致曾国藩　咸丰九年四月二十八日	（171）
致曾国藩　咸丰九年五月十三日	（172）
复曾国藩　同治元年三月初一、初六日	（172）
致曾国藩　同治元年三月初二日	（175）
复曾国藩　同治元年三月初九日	（175）
致曾国藩　同治元年四月十六日	（177）
致曾国藩　同治元年五月十四日	（179）
致曾国藩　同治元年五月十六日	（180）
致曾国藩　同治元年五月二十九日	（181）
致曾国藩　同治元年六月初七日	（182）
致毛鸿宾　同治元年十一月十六日	（184）
复刘于浔　同治二年八月下旬	（185）
致李端　同治三年七月下旬	（187）
致李子嘉　同治三年七月下旬	（187）
致李端　同治三年八月初五日	（188）
致周秀庚　同治三年十月初五日	（188）
致彭玉麟　同治三年十月初七日	（190）
致王必昌　同治三年十二月下旬	（191）
致毛鸿宾、郭嵩焘　同治四年正月初四日	（191）
致总署　同治四年二月下旬	（192）
复刘于淳　同治五年二月五日	（193）

（二）船政大臣时期 ……………………………………………（193）

致左宗棠　同治五年十月上旬 …………………………………（193）
致夏献纶　同治五年十一月初七日 ……………………………（195）
致总署　同治五年十二月底 ……………………………………（196）
复总署　同治六年三月中旬 ……………………………………（197）
复总署　同治六年六月十七日 …………………………………（198）
致总署　同治六年九月初十日 …………………………………（198）
复刘于淳　同治六年九月二十九日 ……………………………（199）
致总署　同治六年十月十一日 …………………………………（199）
致总署　同治七年三月二十九日 ………………………………（201）
致总署　同治七年闰四月二十四日 ……………………………（202）
致总署　同治七年六月二十三日 ………………………………（202）
致总署　同治七年九月中旬 ……………………………………（203）
致葆亨　同治七年十月二十日 …………………………………（204）
致总署　同治七年十二月底 ……………………………………（204）
致王起瑑　同治八年正月 ………………………………………（205）
致王有树　同治八年正月 ………………………………………（206）
致总署　同治八年二月二十三日 ………………………………（206）
致总署　同治八年三月下旬 ……………………………………（207）
致总署　同治八年五月下旬 ……………………………………（208）
致总署　同治八年六月初九日 …………………………………（208）
致总署　同治八年八月二十六日 ………………………………（210）
致总署　同治八年十月初八日 …………………………………（211）
致总署　同治八年十一月上旬 …………………………………（212）
致总署　同治八年十二月十五日 ………………………………（212）
致总署　同治九年二月初十日 …………………………………（213）
致总署　同治九年五月中旬 ……………………………………（213）
致总署　同治九年七月上旬 ……………………………………（215）
复陆心源　同治十一年十二月 …………………………………（216）

致总署　同治十二年二月上旬 …………………………………………（216）
致总署　同治十二年七月下旬 …………………………………………（217）
致总署　同治十二年十月下旬 …………………………………………（217）
复李鸿章　同治十三年正月十五夜 ……………………………………（218）
复盛宣怀　同治十三年三月二十二日 …………………………………（222）
致李鸿章　同治十三年四月十九日 ……………………………………（223）

（三）巡台时期……………………………………………………（224）

巡台（一）………………………………………………………（224）

致李鹤年　同治十三年四月二十六日 …………………………………（224）
致李雨亭　同治十三年四月二十六日 …………………………………（226）
致李鸿章　同治十三年四月二十八日 …………………………………（226）
致罗大春　同治十三年五月初七日 ……………………………………（227）
致李鹤年　同治十三年五月初七日 ……………………………………（228）
致李鸿章　同治十三年五月中旬 ………………………………………（229）
致李鹤年　同治十三年五月中旬 ………………………………………（230）
致吴大廷　同治十三年五月中旬 ………………………………………（230）
致李宗羲　同治十三年五月中旬 ………………………………………（231）
致李鹤年　同治十三年五月十五日 ……………………………………（231）
致张树声　同治十三年五月中旬 ………………………………………（232）
致彭楚汉　同治十三年五月二十日 ……………………………………（232）
致沈秉成　同治十三年五月二十日 ……………………………………（233）
致李鸿章　同治十三年五月二十日 ……………………………………（233）
致文煜、李鹤年　同治十三年五月中旬 ………………………………（234）
致李鹤年　同治十三年五月二十八日 …………………………………（234）
致吴大廷　同治十三年六月初一日 ……………………………………（235）
致李鹤年　同治十三年六月初三日 ……………………………………（236）
致罗大春　同治十三年六月初三日 ……………………………………（236）
致李鸿章　同治十三年六月初四日 ……………………………………（237）
致张树声　同治十三年六月初四日 ……………………………………（238）

致盛宣怀 同治十三年六月初四日 …… （238）
致李鹤年 同治十三年六月中旬 …… （239）
致李鸿章 同治十三年六月中旬 …… （239）
致段清泉 同治十三年六月中旬 …… （241）
致文煜 同治十三年六月中旬 …… （241）
致李宗羲 同治十三年六月中旬 …… （242）
致日意格 同治十三年六月中旬 …… （242）
致林寿图 同治十三年六月中旬 …… （243）
致盛宣怀 同治十三年六月十六日 …… （244）
致张树声 同治十三年六月中旬 …… （244）
致沈秉成 同治十三年六月中旬 …… （245）
复张其光 同治十三年六月中旬 …… （245）
致吴大廷 同治十三年六月十六日 …… （246）
致李鹤年 同治十三年六月十七日 …… （246）
致王凯泰 同治十三年六月十七日 …… （247）
致王玉山 同治十三年六月十九日 …… （247）
致李宗羲 同治十三年六月二十日 …… （248）
致沈秉成 同治十三年六月二十日 …… （249）
致李鸿章 同治十三年六月二十二日 …… （249）
致林寿图 同治十三年六月二十二日 …… （250）
致夏献纶 同治十三年六月二十二日 …… （250）
致沈秉成 同治十三年六月二十二日 …… （251）
致日意格 同治十三年六月二十二日 …… （251）
致李鹤年 同治十三年六月二十二日 …… （252）
复盛宣怀 同治十三年六月二十二日 …… （252）
致文煜 同治十三年六月二十五日 …… （253）
致李宗羲 同治十三年六月下旬 …… （253）
致夏献纶 同治十三年七月初二日 …… （253）
致李鸿章 同治十三年七月初二日 …… （254）
致王凯泰 同治十三年七月初三日 …… （255）
致林寿图 同治十三年七月上旬 …… （255）
致李鹤年 同治十三年七月上旬 …… （256）

致文煜 同治十三年七月上旬	（256）
致左宗棠 同治十三年七月上旬	（257）
致张其光 同治十三年七月上旬	（258）
致贝锦泉 同治十三年七月十一日	（258）
致曾元福 同治十三年七月中旬	（258）

巡台（二） ……（259）

致李宗羲 同治十三年七月中旬	（259）
致额勒格里 同治十三年七月中旬	（259）
致林寿图 同治十三年七月中旬	（260）
致日意格 同治十三年七月中旬	（260）
致沈秉成 同治十三年七月中旬	（261）
致张树声 同治十三年七月中旬	（261）
致李鸿章 同治十三年七月十五日	（262）
致潘霨 同治十三年七月中旬	（262）
致李鹤年 同治十三年七月中旬	（263）
致唐定奎 同治十三年七月中旬	（263）
致吴大廷 同治十三年七月中旬	（263）
致罗大春 同治十三年七月下旬	（264）
致王凯泰 同治十三年七月下旬	（264）
致盛宣怀 同治十三年七月二十一日	（265）
致李鹤年 同治十三年七月二十五日	（266）
致潘霨 同治十三年七月下旬	（266）
致王凯泰 同治十三年七月二十五日	（267）
致文煜 同治十三年七月二十五日	（267）
致张树声 同治十三年七月二十五日	（268）
致李鸿章 同治十三年七月二十五日	（268）
致李鹤年、王凯泰、文煜 同治十三年七月下旬	（269）
致罗大春 同治十三年七月下旬	（269）
致林寿图 同治十三年七月下旬	（270）
致彭楚汉 同治十三年七月底	（271）
致唐定奎 同治十三年七月底	（271）
复李鹤年 同治十三年七月三十日	（271）

致唐定奎　同治十三年七月底 …………………………………（272）
复李宗羲　同治十三年七月三十日 ……………………………（272）
致文煜　同治十三年七月三十日 ………………………………（273）
致王凯泰　同治十三年七月三十日 ……………………………（273）
致吴大廷　同治十三年七月三十日 ……………………………（273）
致沈秉成　同治十三年七月三十日 ……………………………（274）
致李鸿章　同治十三年七月三十日 ……………………………（274）
致林寿图　同治十三年八月上旬 ………………………………（275）
复罗大春　同治十三年八月上旬 ………………………………（275）
致罗大春　同治十三年八月初二日 ……………………………（276）
致潘霨　同治十三年八月初十日 ………………………………（277）
致潘霨　同治十三年八月十三日 ………………………………（277）
致林寿图　同治十三年八月十九日 ……………………………（278）
致唐定奎　同治十三年八月二十日 ……………………………（278）
致罗大春　同治十三年八月二十日 ……………………………（279）
致李鹤年　同治十三年八月下旬 ………………………………（279）
致王凯泰　同治十三年八月下旬 ………………………………（280）
致日意格　同治十三年八月下旬 ………………………………（281）
致文煜　同治十三年八月下旬 …………………………………（281）
致李宗羲　同治十三年八月二十四日 …………………………（282）
致李鸿章　同治十三年八月二十四日 …………………………（282）
致李鹤年、王凯泰、文煜　同治十三年八月下旬 ……………（282）
致罗大春　同治十三年八月下旬 ………………………………（283）
致文煜　同治十三年八月二十九日 ……………………………（283）
致李鹤年　同治十三年八月二十九日 …………………………（284）
致王凯泰　同治十三年八月二十九日 …………………………（284）
致林寿图　同治十三年八月二十九日 …………………………（284）
致张树声　同治十三年八月下旬 ………………………………（285）
致沈秉成　同治十三年八月下旬 ………………………………（285）
致陆心源　同治十三年八月下旬 ………………………………（285）
致罗大春　同治十三年九月初七日 ……………………………（286）
致唐定奎　同治十三年九月初七日 ……………………………（286）

致罗大春　同治十三年九月中旬 …………………………………（287）
　　附：夏道答调防兵饷原书 …………………………………（287）
致夏献纶　同治十三年九月中旬 …………………………………（288）
致唐定奎　同治十三年九月中旬 …………………………………（288）
致王凯泰　同治十三年九月中旬 …………………………………（288）
致杨学源　同治十三年九月下旬 …………………………………（289）
致唐定奎　同治十三年九月下旬 …………………………………（289）
致文煜　同治十三年九月下旬 ……………………………………（290）
致林寿图　同治十三年九月下旬 …………………………………（290）
致杨昌浚　同治十三年九月下旬 …………………………………（291）
致李鸿章　同治十三年九月二十四日 ……………………………（291）
致张其光　同治十三年九月下旬 …………………………………（292）
致林寿图　同治十三年九月下旬 …………………………………（292）
致李鹤年　同治十三年九月底 ……………………………………（293）
　　附：致王凯泰　同治十三年九月底 …………………………（293）
致日意格　同治十三年九月底 ……………………………………（294）
致沈秉成　同治十三年十月上旬 …………………………………（294）
致罗大春　同治十三年十月上旬 …………………………………（295）
巡台（三） ……………………………………………………………（295）
致罗大春　同治十三年十月初九日 ………………………………（295）
致李鸿章　同治十三年十月十一日 ………………………………（296）
致沈秉成　同治十三年十月十四日 ………………………………（297）
致李宗羲　同治十三年十月十四日 ………………………………（297）
致李鹤年　同治十三年十月十四日 ………………………………（297）
致文煜　同治十三年十月十四日 …………………………………（298）
致王凯泰　同治十三年十月十四日 ………………………………（298）
致罗大春　同治十三年十月下旬 …………………………………（299）
致王凯泰　同治十三年十月下旬 …………………………………（299）
致文煜　同治十三年十月下旬 ……………………………………（300）
致林寿图　同治十三年十月下旬 …………………………………（300）
致李宗羲　同治十三年十月二十七日 ……………………………（301）
致李鸿章　同治十三年十月二十七日 ……………………………（301）

致盛宣怀　同治十三年十月二十七日 …………………………………（302）

致唐定奎　同治十三年十月二十七日 …………………………………（303）

致沈秉成　同治十三年十月二十七日 …………………………………（303）

致文煜　同治十三年十月二十七日 ……………………………………（304）

致王凯泰　同治十三年十月二十七日 …………………………………（304）

致李鸿章　同治十三年十一月十五日 …………………………………（305）

致盛宣怀　同治十三年十一月十五日 …………………………………（306）

致林寿图　同治十三年十一月十五日 …………………………………（306）

致罗大春　同治十三年十一月十五日 …………………………………（307）

致李鹤年　同治十三年十一月十六日 …………………………………（307）

致文煜　同治十三年十一月十六日 ……………………………………（308）

致李宗羲　同治十三年十二月初一日 …………………………………（308）

致李鸿章　同治十三年十二月初二日 …………………………………（308）

致李宗羲　同治十三年十二月初八日 …………………………………（309）

致李鸿章　同治十三年十二月初八日 …………………………………（309）

致文煜　同治十三年十二月初八日 ……………………………………（310）

致李鹤年　同治十三年十二月初八日 …………………………………（310）

致王凯泰　同治十三年十二月初八日 …………………………………（310）

复王小樵　同治十三年十二月中旬 ……………………………………（311）

致夏献纶、刘璈　同治十三年十二月中旬 ……………………………（311）

巡台（四） ………………………………………………………………（312）

致黎北棠　同治十三年十二月中旬 ……………………………………（312）

致文煜　同治十三年十二月二十一日 …………………………………（312）

致李鹤年　同治十三年十二月二十一日 ………………………………（313）

致王凯泰　同治十三年十二月二十一日 ………………………………（313）

致王凯泰　光绪元年正月中旬 …………………………………………（313）

致朱学勤、朱智　光绪元年正月中旬 …………………………………（314）

致文煜　光绪元年正月中旬 ……………………………………………（315）

致潘霨　光绪元年正月下旬 ……………………………………………（315）

致彭玉麟　光绪元年正月下旬 …………………………………………（315）

复左宗棠　光绪元年正月下旬 …………………………………………（316）

致李鸿章　光绪元年正月二十八日 ……………………………………（317）

致罗大春　光绪元年正月三十日 …………………………………（318）
致唐定奎　光绪元年正月三十日 …………………………………（318）
致夏献纶　光绪元年二月初一日 …………………………………（319）
致文煜　光绪元年二月上旬 ………………………………………（319）
致李宗羲　光绪元年二月上旬 ……………………………………（319）
致李鸿章　光绪元年二月中旬 ……………………………………（320）
致李鹤年　光绪元年二月中旬 ……………………………………（320）
致段起　光绪元年二月中旬 ………………………………………（321）
致唐定奎　光绪元年二月中旬 ……………………………………（321）
致罗大春　光绪元年二月中旬 ……………………………………（322）
致总署　光绪元年二月下旬 ………………………………………（322）
致李鹤年　光绪元年二月下旬 ……………………………………（323）
致林寿图　光绪元年二月下旬 ……………………………………（323）
致彭楚汉　光绪元年二月下旬 ……………………………………（324）
致罗大春　光绪元年二月底 ………………………………………（324）
致罗大春　光绪元年三月上旬 ……………………………………（324）
致林拱枢　光绪元年三月上旬 ……………………………………（325）
致文煜、李鹤年、王凯泰　光绪元年三月上旬 …………………（326）
复王凯泰　光绪元年三月上旬 ……………………………………（326）
致文煜　光绪元年三月上旬 ………………………………………（327）
复吴大廷　光绪元年三月上旬 ……………………………………（327）
复李元度　光绪元年三月上旬 ……………………………………（328）
致夏献纶　光绪元年三月中旬 ……………………………………（329）

巡台（五） ……………………………………………………………（329）

致文煜　光绪元年三月中旬 ………………………………………（329）
致李鹤年　光绪元年三月十五日 …………………………………（330）
致王凯泰　光绪元年三月十五日 …………………………………（330）
致杨昌浚　光绪元年三月中旬 ……………………………………（331）
致林寿图　光绪元年三月中旬 ……………………………………（331）
致罗大春　光绪元年三月中旬 ……………………………………（332）
致刘坤一　光绪元年三月十九日 …………………………………（332）
致李鸿章　光绪元年三月十九日 …………………………………（333）

复黎兆棠　光绪元年三月下旬 …………………………………………（333）
复王凯泰　光绪元年三月下旬 …………………………………………（334）
致文煜　光绪元年三月二十八日 ………………………………………（335）
致李鹤年　光绪元年三月二十八日 ……………………………………（335）
致丁嘉炜　光绪元年三月下旬 …………………………………………（336）
复林寿图　光绪元年三月下旬 …………………………………………（336）
复李鹤年、王凯泰、文煜　光绪元年四月上旬 ………………………（337）
复罗大春　光绪元年四月中旬 …………………………………………（337）
致刘坤一　光绪元年四月中旬 …………………………………………（337）
致李鹤年　光绪元年四月十六日 ………………………………………（338）
复王凯泰　光绪元年四月十七日 ………………………………………（338）
致王凯泰　光绪元年四月十八日 ………………………………………（339）
致宋奎芳　光绪元年四月下旬 …………………………………………（339）
复段起　光绪元年四月下旬 ……………………………………………（340）
致李鸿章　光绪元年四月二十三日 ……………………………………（340）
致文煜　光绪元年四月二十四日 ………………………………………（341）
复李鹤年　光绪元年四月二十四日 ……………………………………（341）
致王凯泰　光绪元年四月二十四日 ……………………………………（342）
复彭玉麟　光绪元年四月二十四日 ……………………………………（342）
复林寿图　光绪元年四月下旬 …………………………………………（343）
致郭嵩焘　光绪元年四月下旬 …………………………………………（343）
复朱智　光绪元年四月底 ………………………………………………（344）
复王凯泰　光绪元年四月底 ……………………………………………（344）
致文煜　光绪元年五月上旬 ……………………………………………（345）
复王凯泰　光绪元年五月上旬 …………………………………………（345）
致总署　光绪元年五月上旬 ……………………………………………（346）
致唐定奎　光绪元年五月中旬 …………………………………………（346）
复文煜　光绪元年五月下旬 ……………………………………………（347）
致李鹤年　光绪元年五月下旬 …………………………………………（347）
致吴仲翔　光绪元年五月下旬 …………………………………………（347）
致杨昌浚　光绪元年五月下旬 …………………………………………（348）
复李鸿章　光绪元年五月二十七日 ……………………………………（348）

复郭嵩焘　光绪元年五月底 …………………………………………（350）
致丁嘉炜　光绪元年五月底 …………………………………………（350）
复吴大廷　光绪元年五月底 …………………………………………（351）
复刘坤一　光绪元年五月下旬 ………………………………………（351）
复文煜　光绪元年五月下旬 …………………………………………（352）
复李鹤年　光绪元年五月下旬 ………………………………………（352）
复李鸿章　光绪元年五月二十七日 …………………………………（353）
复左宗棠　光绪元年五月下旬 ………………………………………（353）
致唐定奎　光绪元年五月下旬 ………………………………………（354）
致李鹤年　光绪元年六月上旬 ………………………………………（354）
致文煜　光绪元年六月上旬 …………………………………………（355）
复吴仲翔　光绪元年六月初七日 ……………………………………（355）
致总署　光绪元年六月上旬 …………………………………………（356）
复唐定奎　光绪元年六月上旬 ………………………………………（357）
复唐定奎　光绪元年六月上旬 ………………………………………（357）
致刘璈　光绪元年六月十八日 ………………………………………（358）
复林寿图　光绪元年六月中旬 ………………………………………（358）
致文煜　光绪元年六月中旬 …………………………………………（359）
致李鸿章　光绪元年六月中旬 ………………………………………（359）
致李鹤年　光绪元年六月十九日 ……………………………………（360）
致刘坤一　光绪元年六月十九日 ……………………………………（360）
复丁嘉炜　光绪元年六月十九日 ……………………………………（360）
复李鹤年　光绪元年六月十九日 ……………………………………（361）
复文煜　光绪元年六月十九日 ………………………………………（362）
复曾国荃　光绪元年六月二十二日 …………………………………（362）
复郭嵩焘　光绪元年六月二十二日 …………………………………（363）
致唐定奎　光绪元年六月下旬 ………………………………………（363）
复刘坤一　光绪元年六月下旬 ………………………………………（364）
致周懋琦　光绪元年六月底 …………………………………………（364）
致总署　光绪元年七月上旬 …………………………………………（365）

巡台（六） …………………………………………………………（365）
复唐定奎　光绪元年七月上旬 ………………………………………（365）

复英翰　光绪元年七月初八日	（366）
复英翰　光绪元年七月初八日	（366）
复李鸿章　光绪元年七月初八日	（367）
复李元度　光绪元年七月中旬	（368）
复郭嵩焘　光绪元年七月中旬	（368）
复李鹤年　光绪元年七月中旬	（369）
复文煜　光绪元年七月中旬	（369）
致王凯泰　光绪元年七月中旬	（369）
复吴大廷　光绪元年七月中旬	（370）
复彭玉麟　光绪元年七月十九日	（370）
致李鸿章　光绪元年七月二十一日	（371）
复王凯泰　光绪元年七月底	（371）
复日意格　光绪元年八月上旬	（371）
致文煜　光绪元年八月八日	（372）
复王凯泰　光绪元年八月八日	（372）
复夏献纶　光绪元年八月八日	（373）
致总署　光绪元年八月初八日	（373）
致总署　光绪元年八月十八日	（374）
复李鸿章　光绪元年八月十八日	（374）
致李鹤年　光绪元年八月十八日	（375）
致丁日昌　光绪元年八月十八日	（375）
复王凯泰　光绪元年八月十八日	（376）
致总署　光绪元年八月二十九日	（376）
复王凯泰　光绪元年九月二日	（377）
致奕䜣　光绪元年九月上旬	（378）
致李鸿章　光绪元年九月上旬	（378）
致李鹤年　光绪元年九月上旬	（379）
复王凯泰　光绪元年九月中旬	（379）
复林拱枢　光绪元年九月中旬	（380）
复王凯泰　光绪元年九月下旬	（380）
复李鸿章　光绪元年九月三十日	（381）
复林寿图　光绪元年九月三十日	（381）

复丁日昌	光绪元年九月底	（382）
复王凯泰	光绪元年十月中旬	（382）
复夏献纶	光绪元年十月中旬	（383）
致杨能格	光绪元年十月中旬	（383）
复丁日昌	光绪元年十月中旬	（384）
复吴仲翔	光绪元年十月中旬	（384）
致卞宝第	光绪元年十月中旬	（385）
致王凯泰	光绪元年十月中旬	（385）
致谢谦亨	光绪元年十月中旬	（386）
致朱智	光绪元年十月中旬	（386）
复沈桂芬	光绪元年十月中旬	（387）
致林拱枢	光绪元年十月中旬	（387）
致李鸿章	光绪元年十月下旬	（388）
致左宗棠	光绪元年十月下旬	（389）
复孙衣言	光绪元年十月下旬	（389）
复丁日昌	光绪元年十一月上旬	（390）
致吴仲翔	光绪元年十一月上旬	（391）
致吴元炳	光绪元年十一月上旬	（391）
复裕禄	光绪元年十一月上旬	（392）
复杨昌浚	光绪元年十一月上旬	（392）
复孙衣言	光绪元年十一月上旬	（393）
复李鸿章	光绪元年十一月上旬	（393）
复郭嵩焘	光绪元年十一月中旬	（394）
致林寿图	光绪元年十一月中旬	（394）
复丁日昌	光绪元年十一月下旬	（395）
复丁日昌	光绪元年十一月二十八日	（396）
复吴仲翔	光绪元年十一月二十八日	（397）
复张兆栋	光绪元年十一月底	（397）
致李鸿章	光绪元年十一月底	（398）
复左宗棠	光绪元年十二月上旬	（398）
致彭玉麟	光绪元年十二月上旬	（399）
致黄倬昭	光绪元年十二月上旬	（399）

复林拱枢　光绪元年十二月上旬 …………………………（400）
复吴元炳　光绪元年十二月中旬 …………………………（400）
复夏献纶　光绪元年十二月中旬 …………………………（401）
复吴仲翔　光绪元年十二月中旬 …………………………（402）

（四）两江总督时期 ……………………………………（402）

督江（一） ……………………………………………（402）
复丁日昌　光绪元年十二月中旬 …………………………（402）
复丁日昌　光绪元年十二月中旬 …………………………（403）
致丁日昌　光绪二年正月初六日 …………………………（404）
复夏献纶　光绪二年正月下旬 ……………………………（405）
复李鸿章　光绪二年正月下旬 ……………………………（405）
复李鸿章　光绪二年正月下旬 ……………………………（406）
复李瀚章　光绪二年正月下旬 ……………………………（408）
复夏献纶　光绪二年正月下旬 ……………………………（408）
复左宗棠　光绪二年正月下旬 ……………………………（409）
复丁日昌　光绪二年正月下旬 ……………………………（410）
致朱智　光绪二年正月底 …………………………………（410）
复吴仲翔　光绪二年二月上旬 ……………………………（411）
复吴元炳　光绪二年二月上旬 ……………………………（411）
复裕禄　光绪二年二月上旬 ………………………………（412）
复吴仲翔　光绪二年二月中旬 ……………………………（412）
复李鸿章　光绪二年二月中旬 ……………………………（413）
复吴大廷　光绪二年二月中旬 ……………………………（414）
复左宗棠　光绪二年二月中旬 ……………………………（415）
复郭嵩焘　光绪二年二月中旬 ……………………………（415）
复林拱枢　光绪二年二月中旬 ……………………………（415）
复李元度　光绪二年二月中旬 ……………………………（416）
复李元度　光绪二年二月中旬 ……………………………（417）
复左宗棠　光绪二年二月中旬 ……………………………（417）

复李鸿章	光绪二年二月中旬	（418）
复郭嵩焘	光绪二年二月中旬	（418）
复沈桂芬	光绪二年二月中旬	（419）
复谢谦亨	光绪二年二月下旬	（419）
复林寿图	光绪二年二月下旬	（420）
复林拱枢	光绪二年二月下旬	（420）
复林泂淑	光绪二年二月底	（422）
复吴元炳	光绪二年二月底	（422）
复卞宝第	光绪二年二月底	（423）
复吴元炳	光绪二年三月上旬	（423）
复吴仲翔	光绪二年三月上旬	（424）
复丁日昌	光绪二年三月上旬	（424）
复李鸿章	光绪二年三月初六日	（426）
复冯焌光	光绪二年三月初八日	（426）
复吴大廷	光绪二年三月初九日	（427）
复丁日昌	光绪二年三月中旬	（427）
致吴大廷	光绪二年三月十九日	（428）
复刘坤一	光绪二年三月中旬	（428）
复冯焌光	光绪二年三月十九日	（429）
致裕禄	光绪二年三月二十五日	（429）
复梅启照	光绪二年二月二十五日	（430）
复吴大廷	光绪二年三月下旬	（430）
复冯焌光	光绪二年三月底	（431）
致方宗诚	光绪二年三月底	（431）
致翁同爵	光绪二年三月底	（432）
复冯焌光	光绪二年四月初九日	（432）
致吴仲翔	光绪二年四月中旬	（433）
复左宗棠	光绪二年四月二十八日	（433）
致林拱枢	光绪二年五月上旬	（434）
复吴仲翔	光绪二年五月上旬	（434）

督江（二） ……………………………………（435）

复林鸿年　光绪二年五月上旬 ………………（435）

复丁日昌	光绪二年五月中旬	（435）
复丁日昌	光绪二年五月中旬	（436）
复林拱枢	光绪二年五月十八日	（437）
致黎兆棠	光绪二年五月下旬	（437）
复丁日昌	光绪二年五月三十日	（438）
复吴仲翔	光绪二年五月下旬	（438）
致吴仲翔	光绪二年五月三十日	（439）
复李元度	光绪二年五月下旬	（439）
复彭玉麟	光绪二年闰五月上旬	（440）
致谢谦亨	光绪二年闰五月上旬	（441）
致沈桂芬	光绪二年闰五月上旬	（441）
致李鸿章	光绪二年闰五月上旬	（442）
致冯焌光	光绪二年闰五月上旬	（443）
复程桓生	光绪二年闰五月上旬	（443）
致翁同爵	光绪二年闰五月中旬	（444）
复冯焌光	光绪二年闰五月中旬	（444）
致程桓生	光绪二年闰五月中旬	（445）
致孙衣言	光绪二年闰五月中旬	（446）
复胡裕燕	光绪二年闰五月十四日	（446）
复吴赞诚	光绪二年闰五月十四日	（447）
复吴仲翔	光绪二年闰五月十四日	（447）
致彭玉麟	光绪二年闰五月中旬	（448）
复谢谦亨	光绪二年闰五月中旬	（448）
复林拱枢	光绪二年闰五月十八日	（449）
复布彦泰	光绪二年闰五月中旬	（449）
复冯焌光	光绪二年闰五月下旬	（450）
致李鸿章	光绪二年闰五月下旬	（451）
复吴大廷	光绪二年闰五月下旬	（451）
复唐廷枢	光绪二年闰五月下旬	（452）
复冯焌光	光绪二年闰五月下旬	（452）
复冯焌光	光绪二年闰五月下旬	（452）
复丁日昌	光绪二年闰五月下旬	（453）

复吴赞诚　光绪二年闰五月下旬 …………………………………（454）
复吴仲翔　光绪二年闰五月下旬 …………………………………（454）
复梁鸣谦　光绪二年闰五月下旬 …………………………………（455）
复李鸿章　光绪二年六月初一日 …………………………………（455）
复文彬　　光绪二年六月初二日 …………………………………（456）
致李鸿章　光绪二年六月初四日 …………………………………（457）
致林拱枢　光绪二年六月上旬 ……………………………………（457）
致吴赞诚　光绪二年六月上旬 ……………………………………（458）
致吴仲翔　光绪二年六月上旬 ……………………………………（458）
致梁鸣谦　光绪二年六月上旬 ……………………………………（459）
致黄倬昭　光绪二年六月上旬 ……………………………………（459）
致曾光斗　光绪二年六月上旬 ……………………………………（460）
致刘寿铿　光绪二年六月上旬 ……………………………………（460）
复李端　　光绪二年六月上旬 ……………………………………（461）
致李元度　光绪二年六月上旬 ……………………………………（461）
致吴元炳　光绪二年六月中旬 ……………………………………（461）
复文彬　　光绪二年六月中旬 ……………………………………（462）
复吴大廷　光绪二年六月中旬 ……………………………………（463）
致裕禄　　光绪二年六月中旬 ……………………………………（463）
复文彬　　光绪二年六月中旬 ……………………………………（464）
复彭玉麟　光绪二年六月中旬 ……………………………………（464）
复裕禄　　光绪二年六月十七日 …………………………………（465）
复李鸿章　光绪二年六月十九日 …………………………………（465）
复丁日昌　光绪二年六月下旬 ……………………………………（466）
复吴元炳　光绪二年七月上旬 ……………………………………（466）
复丁日昌　光绪二年七月上旬 ……………………………………（467）
复吴赞诚　光绪二年七月上旬 ……………………………………（468）
复吴仲翔　光绪二年　月　日 ……………………………………（468）
复林鸿年　光绪二年七月上旬 ……………………………………（468）
致吴长庆　光绪二年七月上旬 ……………………………………（469）
复李元度　光绪二年七月上旬 ……………………………………（469）
致李鸿章　光绪二年七月上旬 ……………………………………（470）

复梁鸣谦 光绪二年七月上旬 …………………………………（470）
致林寿图 光绪二年七月上旬 …………………………………（471）
复林拱枢 光绪二年七月上旬 …………………………………（471）
复吴元炳 光绪二年七月十九日 ………………………………（472）
复吴仲翔 光绪二年七月中旬 …………………………………（472）
复裕禄 光绪二年七月二十日 …………………………………（473）
复彭玉麟 光绪二年七月下旬 …………………………………（473）
复文彬 光绪二年七月下旬 ……………………………………（474）
复李元度 光绪二年七月下旬 …………………………………（474）
复程桓生 光绪二年七月下旬 …………………………………（475）
复文彬 光绪二年七月下旬 ……………………………………（475）
复彭玉麟 光绪二年七月下旬 …………………………………（476）
复裕禄 光绪二年七月底 ………………………………………（476）
致吴长庆 光绪二年八月上旬 …………………………………（477）
复梁鸣谦 光绪二年八月上旬 …………………………………（477）
致吴仲翔 光绪二年八月上旬 …………………………………（478）
致吴元炳 光绪二年八月上旬 …………………………………（478）
复吴大廷 光绪二年八月上旬 …………………………………（479）
复彭玉麟 光绪二年八月上旬 …………………………………（479）
致吴仲翔 光绪二年八月中旬 …………………………………（480）
复冯焌光 光绪二年八月中旬 …………………………………（481）
复吴赞诚 光绪二年八月中旬 …………………………………（481）

督江（三） ……………………………………………………（482）
复李鸿章 光绪二年八月中旬 …………………………………（482）
复林拱枢 光绪二年八月中旬 …………………………………（482）
复李端 光绪二年八月中旬 ……………………………………（483）
致黄敬熙 光绪二年八月中旬 …………………………………（483）
复林回淑 光绪二年八月中旬 …………………………………（484）
复李元度 光绪二年八月中旬 …………………………………（484）
致周溯贤 光绪二年八月中旬 …………………………………（484）
致裕禄 光绪二年八月中旬 ……………………………………（485）
复郭嵩焘 光绪二年八月中旬 …………………………………（485）

致谢谦亨　光绪二年八月十七日 …………………………………………（486）
致林拱枢　光绪二年八月中旬 ……………………………………………（486）
复李端　光绪二年九月上旬 ………………………………………………（487）
复吴元炳　光绪二年九月上旬 ……………………………………………（487）
复何璟　光绪二年九月上旬 ………………………………………………（488）
致吴元炳　光绪二年九月中旬 ……………………………………………（488）
致文彬　光绪二年九月中旬 ………………………………………………（489）
复彭玉麟　光绪二年九月中旬 ……………………………………………（489）
复丁日昌　光绪二年九月中旬 ……………………………………………（489）
复林鸿年　光绪二年九月中旬 ……………………………………………（490）
复吴仲翔　光绪二年九月中旬 ……………………………………………（490）
复黄倬昭　光绪二年九月中旬 ……………………………………………（491）
复吴赞诚　光绪二年九月中旬 ……………………………………………（491）
复梁鸣谦　光绪二年九月中旬 ……………………………………………（492）
复吴大廷　光绪二年九月中旬 ……………………………………………（492）
致刘秉璋　光绪二年九月中旬 ……………………………………………（493）
致刘瑞芬　光绪二年九月中旬 ……………………………………………（493）
复程桓生　光绪二年九月中旬 ……………………………………………（494）
致吴元炳　光绪二年九月下旬 ……………………………………………（494）
致陈子厚、陈子余　光绪二年十月初一日 ………………………………（495）
复吴大廷　光绪二年十月上旬 ……………………………………………（496）
复林拱枢　光绪二年十月上旬 ……………………………………………（496）
复郭嵩焘　光绪二年十月中旬 ……………………………………………（497）
复吴仲翔　光绪二年十月中旬 ……………………………………………（497）
复李端　光绪二年十月中旬 ………………………………………………（498）
复吴元炳　光绪二年十月中旬 ……………………………………………（498）
复林拱枢　光绪二年十一月中旬 …………………………………………（499）
复吴赞诚　光绪二年十一月中旬 …………………………………………（500）
复丁日昌　光绪二年十一月中旬 …………………………………………（500）
复李鸿章　光绪二年十一月十九日 ………………………………………（500）
复林鸿年　光绪二年十一月底 ……………………………………………（501）
复吴仲翔　光绪二年十一月底 ……………………………………………（501）

复梁鸣谦　光绪二年十一月底 ……………………………………………（502）
复彭玉麟　光绪二年十二月中旬 …………………………………………（502）
复谢谦亨　光绪二年十二月中旬 …………………………………………（503）
复林拱枢　光绪二年十二月中旬 …………………………………………（503）
复林寿图　光绪二年十二月中旬 …………………………………………（503）
复彭玉麟　光绪二年十二月下旬 …………………………………………（504）
复李鸿章　光绪三年正月初二日 …………………………………………（504）
复丁日昌　光绪三年正月初七日 …………………………………………（505）
复吴赞诚　光绪三年正月初七日 …………………………………………（506）
致总署　光绪三年正月上旬 ………………………………………………（506）
复彭玉麟　光绪三年正月初七日 …………………………………………（507）
致李鸿章　光绪三年正月中旬 ……………………………………………（508）
复吴仲翔　光绪三年正月中旬 ……………………………………………（508）
复林拱枢　光绪三年正月中旬 ……………………………………………（510）
复彭玉麟　光绪三年正月十一日 …………………………………………（510）
复丁日昌　光绪三年正月中旬 ……………………………………………（511）
复夏献纶　光绪三年正月中旬 ……………………………………………（511）
复谢谦亨　光绪三年正月中旬 ……………………………………………（512）
致林拱枢　光绪三年正月下旬 ……………………………………………（512）
复黄敬熙　光绪三年正月下旬 ……………………………………………（513）
复李元度　光绪三年正月下旬 ……………………………………………（513）
复李端　光绪三年正月下旬 ………………………………………………（514）
复谢谦亨　光绪三年二月二十一日 ………………………………………（514）
复林拱枢　光绪三年二月二十一日 ………………………………………（514）
复林鸿年　光绪三年二月下旬 ……………………………………………（515）
复郭嵩焘　光绪三年二月下旬 ……………………………………………（515）
致杨晓亭　光绪三年二月下旬 ……………………………………………（516）
复何璟　光绪三年二月二十五日 …………………………………………（516）
复吴赞诚　光绪三年二月二十六日 ………………………………………（517）
复李鸿章　光绪三年二月二十六日 ………………………………………（517）
复吴仲翔　光绪三年二月下旬 ……………………………………………（518）
复梁鸣谦　光绪三年二月下旬 ……………………………………………（519）

复李元度　光绪三年三月上旬 …………………………………………（519）
致吴元炳　光绪三年三月上旬 …………………………………………（520）
复孙衣言　光绪三年三月中旬 …………………………………………（520）

督江（四） ……………………………………………………………（521）

复谢谦亨　光绪三年三月中旬 …………………………………………（521）
复林拱枢　光绪三年三月中旬 …………………………………………（522）
致何璟　光绪三年三月下旬 ……………………………………………（522）
致梁鸣谦　光绪三年三月下旬 …………………………………………（523）
复吴仲翔　光绪三年三月下旬 …………………………………………（523）
致毕老大人　光绪三年三月下旬 ………………………………………（524）
复彭玉麟　光绪三年三月下旬 …………………………………………（524）
致刘秉璋　光绪三年四月上旬 …………………………………………（524）
复吴元炳　光绪三年四月上旬 …………………………………………（525）
复沈秋舲　光绪三年四月上旬 …………………………………………（526）
复吴仲翔　光绪三年四月中旬 …………………………………………（526）
复蒋锡璠　光绪三年四月中旬 …………………………………………（527）
复李鸿章　光绪三年四月中旬 …………………………………………（527）
致吴大廷　光绪三年四月中旬 …………………………………………（528）
致文彬　光绪三年四月中旬 ……………………………………………（528）
复吴元炳　光绪三年四月中旬 …………………………………………（529）
致刘齐衔　光绪三年四月中旬 …………………………………………（530）
复吴元炳　光绪三年四月下旬 …………………………………………（530）
复吴赞诚　光绪三年四月下旬 …………………………………………（531）
复何璟　光绪三年四月下旬 ……………………………………………（531）
复丁日昌　光绪三年五月中旬 …………………………………………（532）
致彭玉麟　光绪三年五月中旬 …………………………………………（533）
复吴仲翔　光绪三年五月中旬 …………………………………………（533）
复吴元炳　光绪三年五月中旬 …………………………………………（534）
复黎兆棠　光绪三年五月中旬 …………………………………………（534）
复林拱枢　光绪三年五月十八日 ………………………………………（535）
复刘秉璋　光绪三年五月中旬 …………………………………………（536）
致何璟　光绪三年五月中旬 ……………………………………………（536）

复吴仲翔　光绪三年五月二十日 …………………………………（536）

督江（五） ………………………………………………………（537）

复李鸿章　光绪三年五月下旬 …………………………………（537）
复丁日昌　光绪三年五月二十四日 ……………………………（538）
复何璟　光绪三年五月二十四日 ………………………………（539）
复林拱枢　光绪三年五月二十四日 ……………………………（539）
复吴仲翔　光绪三年五月二十四日 ……………………………（540）
复程桓生　光绪三年五月底 ……………………………………（541）
致何璟　光绪三年六月上旬 ……………………………………（541）
致丁日昌　光绪三年六月上旬 …………………………………（542）
致林聪彝　光绪三年六月上旬 …………………………………（542）
复薛敬堂　光绪三年六月上旬 …………………………………（543）
复姚蔚皋　光绪三年六月上旬 …………………………………（543）
复勒方锜　光绪三年六月上旬 …………………………………（543）
复吴大廷　光绪三年六月上旬 …………………………………（544）
复吴仲翔　光绪三年六月上旬 …………………………………（544）
复曾光斗　光绪三年六月中旬 …………………………………（545）
复彭玉麟　光绪三年六月底 ……………………………………（545）
复林鸿年　光绪三年六月底 ……………………………………（546）
致沈桂芬　光绪三年六月底 ……………………………………（546）
致董恂　光绪三年六月底 ………………………………………（547）
致吴大廷　光绪三年六月底 ……………………………………（547）
复黎兆棠　光绪三年六月底 ……………………………………（548）
复谢谦亨　光绪三年六月底 ……………………………………（548）
致林拱枢　光绪三年六月下旬 …………………………………（549）
复李鸿章　光绪三年六月底 ……………………………………（549）
致郑云友　光绪三年六月二十九日 ……………………………（550）
致翁学本　光绪三年七月上旬 …………………………………（550）
致吴仲翔　光绪三年七月上旬 …………………………………（551）
复程桓生　光绪三年七月上旬 …………………………………（551）
复何璟　光绪三年七月上旬 ……………………………………（552）
复吴仲翔　光绪三年七月初七日 ………………………………（552）

复吴仲翔　光绪三年七月中旬	（553）
致丁日昌　光绪三年七月中旬	（554）
复林泂淑　光绪三年七月二十二日	（554）
复林拱枢　光绪三年七月下旬	（555）
复吴大廷　光绪三年七月底	（555）
复彭玉麟　光绪三年七月底	（556）
复曾国荃　光绪三年七月底	（556）
复郑云友　光绪三年七月下旬	（557）
复彭玉麟　光绪三年七月下旬	（557）
复黄倬昭　光绪三年七月底	（558）
复何璟　光绪三年七月底	（558）
复吴仲翔　光绪三年七月底	（560）
复程桓生　光绪三年七月底	（560）
复刘秉璋　李文敏　光绪三年八月十四日	（561）
复李鸿章　光绪三年八月十五日	（562）
复郭嵩焘　光绪三年八月上旬	（562）
复杨浚　光绪三年八月中旬	（563）
致吴赞诚　光绪三年八月中旬	（564）
复吴仲翔　光绪三年八月中旬	（564）
复夏献纶　光绪三年八月中旬	（565）
复梅启照　光绪三年八月中旬	（565）
复卞宝第　光绪三年八月中旬	（566）
致徐文达　光绪三年八月中旬	（567）
复丁日昌　光绪三年八月中旬	（567）
复吴仲翔　光绪三年八月中旬	（568）
复沈敦兰　光绪三年八月中旬	（568）
复沈书年　光绪三年八月下旬	（568）
复彭玉麟　光绪三年八月下旬	（569）
复郭嵩焘　光绪三年八月下旬	（569）
复沈桂芬　光绪三年八月下旬	（570）
复林拱枢　光绪三年八月二十五日	（570）
复林寿图　光绪三年八月下旬	（571）

复林泂淑	光绪三年八月下旬	（572）
复谢谦亨	光绪三年八月底	（573）
复林鸿年	光绪三年九月上旬	（573）
复吴仲翔	光绪三年九月上旬	（574）
复卞宝第	光绪三年九月上旬	（574）

督江（六） ……………………………………………………（575）

致李鸿章	光绪三年九月中旬	（575）
复林寿图	光绪三年九月中旬	（575）
复吴仲翔	光绪三年九月中旬	（576）
复刘秉璋	光绪三年九月中旬	（577）
复吴赞诚	光绪三年九月中旬	（577）
复何璟	光绪三年九月中旬	（578）
复郭嵩焘	光绪三年九月下旬	（578）
复程桓生	光绪三年九月下旬	（579）
复吴仲翔	光绪三年九月下旬	（579）
复林拱枢	光绪三年九月下旬	（580）
复黄倬昭	光绪三年九月二十二日	（580）
致丁宝桢、李瀚章、王文韶　光绪三年九月二十八日		（581）
复程桓生	光绪三年十月上旬	（581）
复李鸿章	光绪三年十月上旬	（582）
致林寿图	光绪三年十月上旬	（583）
复吴赞诚	光绪三年十月上旬	（583）
复李鸿章	光绪三年十月上旬	（584）
复吴仲翔	光绪三年十月中旬	（584）
复李端	光绪三年十月中旬	（585）
致刘瑞芬	光绪三年十月中旬	（585）
致林鸿年	光绪三年十月中旬	（586）
复何璟	光绪三年十月中旬	（586）
复吴元炳	光绪三年十月中旬	（587）
复吴仲翔	光绪三年十月底	（588）
复吴大廷	光绪三年十月底	（588）

复彭玉麟　光绪三年十月底 ………………………………………（589）
致林拱枢　光绪三年十月下旬 ……………………………………（589）
复程桓生　光绪三年十一月上旬 …………………………………（590）
致程桓生　光绪三年十一月上旬 …………………………………（590）
致林寿图　光绪三年十一月上旬 …………………………………（591）
致洪汝奎　光绪三年十一月上旬 …………………………………（591）
复李元度　光绪三年十一月上旬 …………………………………（591）
致吴元炳　光绪三年十一月上旬 …………………………………（592）
致文彬　光绪三年十一月上旬 ……………………………………（592）
致吴仲翔　光绪三年十一月上旬 …………………………………（593）
致何植斋　光绪三年十一月上旬 …………………………………（593）
复李鸿章　光绪三年十一月上旬 …………………………………（593）
复郭嵩焘　光绪三年十一月中旬 …………………………………（594）
致薛敬堂　光绪三年十一月中旬 …………………………………（594）
复吴赞诚　光绪三年十一月中旬 …………………………………（595）
复李端　光绪三年十一月中旬 ……………………………………（595）
复吴大廷　光绪三年十一月中旬 …………………………………（596）
致勒方琦　光绪三年十一月中旬 …………………………………（596）
复吴仲翔　光绪三年十一月中旬 …………………………………（596）
致林拱枢　光绪三年十一月中旬 …………………………………（597）
复李端　光绪三年十一月中旬 ……………………………………（597）
复何璟　光绪三年十一月下旬 ……………………………………（597）
复吴仲翔　光绪三年十一月下旬 …………………………………（598）
复刘齐衔　光绪三年十二月初十日 ………………………………（598）
复黄倬昭　光绪三年十二月初十日 ………………………………（599）
复吴仲翔　光绪三年十二月初十日 ………………………………（599）
复施鲁滨　光绪三年十二月中旬 …………………………………（600）
复吴赞诚　光绪三年十二月中旬 …………………………………（600）
复林老姨太　光绪三年十二月中旬 ………………………………（601）
复林拱枢　光绪三年十二月中旬 …………………………………（602）
复吴大廷　光绪三年十二月中旬 …………………………………（602）
复曾光斗　光绪三年十二月十二日 ………………………………（603）

复吴仲翔	光绪三年十二月中旬	（603）
致程桓生	光绪三年十二月下旬	（604）
复梅启照	光绪三年十二月下旬	（604）
复吴仲翔	光绪三年十二月下旬	（604）
复吴仲翔	光绪三年十二月底	（605）
复林寿图	光绪三年十二月下旬	（605）
复李鸿章	光绪三年十二月下旬	（606）
复黄倬昭	光绪三年十二月下旬	（606）
复周秀庚	光绪三年十二月下旬	（607）
复陈宗瀛	光绪三年十二月下旬	（607）

督江（七） ……（608）

复李元度	光绪四年正月上旬	（608）
复鲍源深	光绪四年正月上旬	（609）
复梅启照	光绪四年正月中旬	（609）
致总署	光绪四年正月中旬	（610）
复李瀚章	光绪四年正月中旬	（610）
复李鸿章	光绪四年正月中旬	（611）
复吴仲翔	光绪四年二月上旬	（611）
复丁日昌	光绪四年二月中旬	（612）
复郑云友	光绪四年二月中旬	（613）
致林鸿年	光绪四年二月中旬	（613）
复郭嵩焘	光绪四年二月十四日	（614）
复彭玉麟	光绪四年二月中旬	（614）
复吴仲翔	光绪四年二月中旬	（615）
复沈书年	光绪四年二月中旬	（615）
复李朝斌	光绪四年二月下旬	（616）
复黄倬昭	光绪四年三月初五日	（616）
复涂宗瀛	光绪四年三月中旬	（617）
复吴仲翔	光绪四年三月中旬	（617）
致潘霨	光绪四年三月中旬	（618）
致谭钟麟	光绪四年三月下旬	（619）
复彭玉麟	光绪四年四月上旬	（619）

复沈桂芬　光绪四年四月上旬 …………………………………（620）
致林拱枢　光绪四年四月初六日 ………………………………（620）
复吴仲翔　光绪四年四月初六日 ………………………………（621）
致许钤身　光绪四年四月下旬 …………………………………（621）
复吴仲翔　光绪四年四月下旬 …………………………………（622）
复吴仲翔　光绪四年五月上旬 …………………………………（622）
复刘子忱、少如　光绪四年五月中旬 …………………………（623）
致何璟　光绪四年五月中旬 ……………………………………（623）
复潘霨　光绪四年五月中旬 ……………………………………（624）
复梅启照　光绪四年五月中旬 …………………………………（624）
致黎兆棠　光绪四年五月中旬 …………………………………（625）
复庞际云　光绪四年五月中旬 …………………………………（625）
复程桓生　光绪四年五月十四日 ………………………………（626）
复张斯桂　光绪四年五月十六日 ………………………………（626）
复彭玉麟　光绪四年五月十七日 ………………………………（627）
复林天龄　光绪四年五月十七日 ………………………………（627）
复林寿图　光绪四年五月十七日 ………………………………（628）
致文彬　光绪四年五月中旬 ……………………………………（628）
致涂宗瀛　光绪四年五月中旬 …………………………………（629）
致林拱枢　光绪四年五月二十二日 ……………………………（629）
致吴元炳　光绪四年五月下旬 …………………………………（630）
复文彬　光绪四年五月下旬 ……………………………………（630）
复吴仲翔　光绪四年五月下旬 …………………………………（631）
复彭玉麟　光绪四年五月下旬 …………………………………（631）
致林拱枢　光绪四年五月下旬 …………………………………（632）
复吴元炳　光绪四年六月上旬 …………………………………（632）
复黄倬昭　光绪四年六月上旬 …………………………………（632）
复裕禄　光绪四年六月上旬 ……………………………………（633）
复文彬　光绪四年六月上旬 ……………………………………（633）
复曾宪义　光绪四年六月上旬 …………………………………（633）
复梅启照　光绪四年六月上旬 …………………………………（634）
致何璟　光绪四年六月中旬 ……………………………………（634）

复吴仲翔　光绪四年六月中旬 ……………………………………（635）

复姚蔚皋　光绪四年六月中旬 ……………………………………（635）

致李鸿章　光绪四年六月下旬 ……………………………………（636）

复程桓生　光绪四年六月下旬 ……………………………………（636）

复庞际云　光绪四年六月下旬 ……………………………………（637）

复何廷谦　光绪四年六月下旬 ……………………………………（637）

复潘霨　光绪四年六月下旬 ………………………………………（638）

复吴仲翔　光绪四年六月下旬 ……………………………………（638）

复林鸿年　光绪四年六月下旬 ……………………………………（639）

复吴仲翔　光绪四年七月上旬 ……………………………………（640）

复彭玉麟　光绪四年七月上旬 ……………………………………（640）

复任道镕　光绪四年七月上旬 ……………………………………（641）

复吴元炳　光绪四年七月上旬 ……………………………………（641）

复庞际云　光绪四年七月中旬 ……………………………………（642）

复庞际云　光绪四年七月中旬 ……………………………………（642）

复欧阳正墉　光绪四年七月中旬 …………………………………（643）

复沈桂芬　光绪四年七月中旬 ……………………………………（643）

复李鸿章　光绪四年七月中旬 ……………………………………（644）

复庞际云　光绪四年七月十九日 …………………………………（644）

复文彬　光绪四年七月下旬 ………………………………………（645）

复庞际云　光绪四年七月下旬 ……………………………………（645）

复吴元炳　光绪四年七月下旬 ……………………………………（646）

复曾光斗　光绪四年七月下旬 ……………………………………（646）

复何璟　光绪四年七月下旬 ………………………………………（647）

复梅启照　光绪四年八月上旬 ……………………………………（647）

复勒方琦　光绪四年八月上旬 ……………………………………（648）

复庞际云　光绪四年八月上旬 ……………………………………（648）

复程桓生　光绪四年八月上旬 ……………………………………（648）

复卞宝第　光绪四年八月上旬 ……………………………………（649）

复林泂淑　光绪四年八月上旬 ……………………………………（649）

督江（八） …………………………………………………………（650）

复梅启照　光绪四年八月上旬 ……………………………………（650）

复吴维允　光绪四年八月上旬	（650）
复任道镕　光绪四年八月上旬	（651）
致吴仲翔　光绪四年八月十七日	（651）
复黄倬昭　光绪四年八月中旬	（652）
复李鸿章　光绪四年八月十九日	（652）
致总署　光绪四年八月中旬	（653）
复吴元炳　光绪四年八月中旬	（653）
复林鸿年　光绪四年八月下旬	（654）
复文彬　光绪四年八月下旬	（654）
复林拱枢　光绪四年八月二十七日	（655）
复程桓生　光绪四年九月上旬	（655）
复吴仲翔　光绪四年九月上旬	（656）
复施鲁滨　光绪四年九月十五日	（657）
复彭玉麟　光绪四年九月下旬	（657）
致李鸿章　光绪四年九月下旬	（657）
复卞宝第　光绪四年九月下旬	（658）
复庞际云　光绪四年九月下旬	（658）
复何璟　光绪四年九月下旬	（659）
复文彬　光绪四年九月下旬	（659）
复吴元炳　光绪四年九月下旬	（660）
复吴赞诚　光绪四年九月下旬	（660）
复潘霨　光绪四年九月下旬	（661）
复林拱枢　光绪四年九月下旬	（661）
复文彬　光绪四年十月上旬	（662）
复林鸿年　光绪四年十月初三日	（662）
复薛敬堂　光绪四年十月上旬	（662）
复姚蔚皋　光绪四年十月上旬	（663）
致裕禄　光绪四年十月上旬	（663）
复吴元炳　光绪四年十月中旬	（664）
致谢谦亨　光绪四年十月十九日	（664）
复周秀庚　光绪四年十月中旬	（664）
复曾纪泽　光绪四年十月下旬	（665）

复吴仲翔　光绪四年十月下旬 …………………………………………（665）
致吴赞诚　光绪四年十月下旬 …………………………………………（666）
复夏献纶　光绪四年十月下旬 …………………………………………（666）
复陈燮嘉　光绪四年十月下旬 …………………………………………（667）
致林拱枢　光绪四年十月下旬 …………………………………………（667）
复彭玉麟　光绪四年十月下旬 …………………………………………（668）
致梅启照　光绪四年十一月上旬 ………………………………………（668）
复林寿图　光绪四年十一月上旬 ………………………………………（669）
致翁学本　光绪四年十一月上旬 ………………………………………（669）
复吴赞诚　光绪四年十一月上旬 ………………………………………（670）
复吴仲翔　光绪四年十一月上旬 ………………………………………（670）
复曾光斗　光绪四年十一月上旬 ………………………………………（671）
复吴元炳　光绪四年十一月中旬 ………………………………………（671）
复林鸿年　光绪四年十一月中旬 ………………………………………（672）
再复吴仲翔　光绪四年十一月中旬 ……………………………………（673）
复李鸿章　光绪四年十一月中旬 ………………………………………（673）
致文彬　光绪四年十一月中旬 …………………………………………（674）
复林拱枢　光绪四年十一月中旬 ………………………………………（674）
复夏献纶　光绪四年十一月中旬 ………………………………………（675）
复程桓生　光绪四年十一月中旬 ………………………………………（675）
复庞际云　光绪四年十一月中旬 ………………………………………（676）
复林鸿年　光绪四年十一月中旬 ………………………………………（676）
复吴仲翔　光绪四年十一月底 …………………………………………（677）
复李朝斌　光绪四年十一月底 …………………………………………（677）
复程桓生　光绪四年十二月上旬 ………………………………………（678）
致李秋槎　光绪四年十二月上旬 ………………………………………（678）
复曾国荃　光绪四年十二月中旬 ………………………………………（679）
复林泂淑　光绪四年十二月中旬 ………………………………………（679）
复林拱枢　光绪四年十二月下旬 ………………………………………（679）
复文彬　光绪四年十二月下旬 …………………………………………（680）
复梅启照　光绪四年十二月下旬 ………………………………………（680）
复庞际云　光绪四年十二月下旬 ………………………………………（681）

复李元度　光绪四年十二月下旬 …………………………………………………（681）
复吴元炳　光绪四年十二月底 ……………………………………………………（682）
复黄倬昭　光绪四年十二月底 ……………………………………………………（682）
复丁日昌　光绪五年正月上旬 ……………………………………………………（683）
复彭玉麟　光绪五年正月上旬 ……………………………………………………（683）
复梅启照　光绪五年正月上旬 ……………………………………………………（684）
复程桓生　光绪五年正月上旬 ……………………………………………………（684）
复吴仲翔　光绪五年正月上旬 ……………………………………………………（685）
复任道镕　光绪五年正月上旬 ……………………………………………………（686）
复卞宝第　光绪五年正月上旬 ……………………………………………………（686）

督江（九） ………………………………………………………………………（687）

致李子嘉　光绪五年正月十七日 …………………………………………………（687）
致李端　　光绪五年正月十七日 …………………………………………………（687）
复吴仲翔　光绪五年正月十八日 …………………………………………………（687）
复林鸿年　光绪五年正月下旬 ……………………………………………………（688）
致林拱枢　光绪五年正月二十四日 ………………………………………………（688）
复沈桂芬　光绪五年正月二十四日 ………………………………………………（689）
复庞际云　光绪五年正月下旬 ……………………………………………………（689）
复梅启照　光绪五年正月下旬 ……………………………………………………（690）
复李鸿章　光绪五年正月下旬 ……………………………………………………（690）
复潘霨　　光绪五年正月下旬 ……………………………………………………（691）
复吴赞诚　光绪五年正月下旬 ……………………………………………………（691）
复吴仲翔　光绪五年正月下旬 ……………………………………………………（692）
复曾国荃　光绪五年正月下旬 ……………………………………………………（692）
复郭嵩焘　光绪五年二月上旬 ……………………………………………………（693）
复曾光斗　光绪五年二月上旬 ……………………………………………………（694）
复李元度　光绪五年二月中旬 ……………………………………………………（694）
复裕禄　　光绪五年二月中旬 ……………………………………………………（695）
致徐文达　光绪五年二月中旬 ……………………………………………………（695）
复梅启照　光绪五年二月中旬 ……………………………………………………（695）
复吴元炳　光绪五年二月中旬 ……………………………………………………（696）
致施鲁滨　光绪五年二月中旬 ……………………………………………………（696）

复吴仲翔　光绪五年二月中旬 …………………………………（697）
复李端　光绪五年二月下旬 ……………………………………（697）
复林鸿年　光绪五年二月下旬 …………………………………（698）
致孙文起　光绪五年二月下旬 …………………………………（698）
致李鸿章　光绪五年二月下旬 …………………………………（699）
复林拱枢　光绪五年二月下旬 …………………………………（699）
复庞际云　光绪五年二月下旬 …………………………………（700）
复吴赞诚　光绪五年二月下旬 …………………………………（700）
复吴仲翔　光绪五年二月下旬 …………………………………（701）
复曾国荃　光绪五年二月下旬 …………………………………（701）
复任道镕　光绪五年二月下旬 …………………………………（702）
复林寿图　光绪五年二月下旬 …………………………………（702）
复硕斋　光绪五年二月下旬 ……………………………………（703）
复老姨太　光绪五年三月上旬 …………………………………（703）
复庞际云　光绪五年三月中旬 …………………………………（703）
复彭玉麟　光绪五年三月中旬 …………………………………（704）
复曾宪义　光绪五年三月中旬 …………………………………（704）
致徐文达　光绪五年三月中旬 …………………………………（705）
复林拱枢　光绪五年三月中旬 …………………………………（705）
复吴元炳　光绪五年三月下旬 …………………………………（705）
复薛敬堂　光绪五年三月下旬 …………………………………（706）
复郭嵩焘　光绪五年三月二十四日 ……………………………（706）
复吴仲翔　光绪五年三月下旬 …………………………………（707）
复吴赞诚　光绪五年闰三月上旬 ………………………………（707）
复夏献纶　光绪五年闰三月上旬 ………………………………（708）
致吴元炳　光绪五年闰三月上旬 ………………………………（708）
复林鸿年　光绪五年闰三月中旬 ………………………………（709）
复彭玉麟　光绪五年闰三月中旬 ………………………………（709）
复黄倬昭　光绪五年闰三月中旬 ………………………………（710）
复李鸿章　光绪五年闰三月二十日 ……………………………（710）
复李成谋　光绪五年闰三月二十日 ……………………………（711）
复林鸿年　光绪五年闰三月二十日 ……………………………（711）

复黄倬昭　光绪五年闰三月二十日 …………………………………（712）
复梅启照　光绪五年闰三月二十一日 ………………………………（712）
复吴仲翔　光绪五年闰三月下旬 ……………………………………（712）
致吴元炳　光绪五年四月上旬 ………………………………………（713）
复曾国荃　光绪五年四月中旬 ………………………………………（713）
复梅庵　光绪五年四月二十七日 ……………………………………（714）
致丁日昌　光绪五年五月中旬 ………………………………………（714）
致林庆炳　光绪五年五月十六日 ……………………………………（715）
致彭玉麟　光绪五年五月中旬 ………………………………………（715）
复吴元炳　光绪五年五月中旬 ………………………………………（716）
复梅启照　光绪五年五月中旬 ………………………………………（716）
复吴仲翔　光绪五年五月中旬 ………………………………………（717）
复谭钟麟　光绪五年五月下旬 ………………………………………（717）
复吴元炳　光绪五年五月底 …………………………………………（717）
复彭玉麟　光绪五年六月初一日 ……………………………………（718）
复李朝斌　光绪五年六月上旬 ………………………………………（718）
复傅庆贻　光绪五年六月上旬 ………………………………………（719）
致吴元炳　光绪五年六月上旬 ………………………………………（719）
致李瀚章　光绪五年六月上旬 ………………………………………（720）
致潘莲舫　光绪五年六月中旬 ………………………………………（720）
复何璟　光绪五年六月中旬 …………………………………………（720）
复吴赞诚　光绪五年六月中旬 ………………………………………（721）
致吴仲翔　光绪五年六月中旬 ………………………………………（722）
复李鸿章　光绪五年六月中旬 ………………………………………（722）
致彭玉麟　光绪五年六月中旬 ………………………………………（723）

督江（十） ………………………………………………………（723）

复孙毓汶　光绪五年六月中旬 ………………………………………（723）
复何如璋　光绪五年六月中旬 ………………………………………（724）
复丁日昌　光绪五年六月中旬 ………………………………………（724）
致李朝斌　光绪五年六月中旬 ………………………………………（725）
复彭玉麟　光绪五年六月中旬 ………………………………………（725）
致邱镜泉　光绪五年六月中旬 ………………………………………（726）

复李瀚章　光绪五年六月中旬 …………………………………（726）

复林寿图　光绪五年六月中旬 …………………………………（727）

复文彬　光绪五年六月下旬 ………………………………………（727）

复孙毓汶　光绪五年六月下旬 …………………………………（728）

复吴元炳　光绪五年六月下旬 …………………………………（728）

复李朝斌　光绪五年六月下旬 …………………………………（728）

致吴元炳　光绪五年六月下旬 …………………………………（729）

复勒方琦　光绪五年六月下旬 …………………………………（729）

复庞际云　光绪五年六月下旬 …………………………………（730）

复丁宝桢　光绪五年七月上旬 …………………………………（730）

复李朝斌　光绪五年七月初四日 ………………………………（731）

复曾国荃　光绪五年七月上旬 …………………………………（731）

复何璟　光绪五年七月上旬 ………………………………………（731）

复吴赞诚　光绪五年七月上旬 …………………………………（732）

复吴元炳　光绪五年七月上旬 …………………………………（732）

复潘霨　光绪五年七月中旬 ………………………………………（733）

复李鸿章　光绪五年七月十二日 ………………………………（733）

复李瀚章　光绪五年七月中旬 …………………………………（734）

复何如璋　光绪五年七月中旬 …………………………………（735）

复曾国荃　光绪五年七月中旬 …………………………………（735）

致林拱枢　光绪五年七月十八日 ………………………………（736）

复吴子健　光绪五年七月中旬 …………………………………（736）

复钱应溥　光绪五年七月中旬 …………………………………（737）

致李鸿章　光绪五年七月中旬 …………………………………（737）

复彭玉麟　光绪五年七月下旬 …………………………………（739）

复梅启照　光绪五年七月下旬 …………………………………（739）

复吴仲翔　光绪五年七月下旬 …………………………………（740）

复林鸿年　光绪五年八月上旬 …………………………………（741）

致涂宗瀛　光绪五年八月 …………………………………………（741）

复王崧辰　光绪五年八月上旬 …………………………………（741）

复吴仲翔　光绪五年八月上旬 …………………………………（742）

复林寿图　光绪五年八月上旬 …………………………………（743）

复何璟　光绪五年八月中旬 …………………………………………（743）
复吴赞诚　光绪五年八月中旬 ………………………………………（744）
复吴仲翔　光绪五年八月中旬 ………………………………………（744）
复勒方锜　光绪五年八月中旬 ………………………………………（745）
复庞际云　光绪五年八月中旬 ………………………………………（745）
复庞际云　光绪五年八月中旬 ………………………………………（746）
复孙毓汶　光绪五年八月下旬 ………………………………………（746）
致孙毓汶　光绪五年八月下旬 ………………………………………（747）
复吴仲翔　光绪五年八月二十九日 …………………………………（747）
致吴仲翔　光绪五年九月上旬 ………………………………………（748）
复邱镜泉　光绪五年九月上旬 ………………………………………（748）
复郭柏荫　光绪五年九月上旬 ………………………………………（749）
复林鸿年　光绪五年九月上旬 ………………………………………（749）
复李子嘉　光绪五年九月上旬 ………………………………………（749）
复周秀庚　光绪五年九月 ……………………………………………（750）
复吴仲翔　光绪五年九月中旬 ………………………………………（750）
复孙毓汶　光绪五年九月中旬 ………………………………………（751）
复丁日昌　光绪五年九月下旬 ………………………………………（751）
复卞宝第　光绪五年九月下旬 ………………………………………（752）
复梅启照　光绪五年九月下旬 ………………………………………（752）
复李鸿章　光绪五年九月下旬 ………………………………………（753）
复吴元炳　光绪五年九月下旬 ………………………………………（753）
复庞际云　光绪五年九月下旬 ………………………………………（754）
复彭玉麟　光绪五年九月下旬 ………………………………………（754）
复潘霨　光绪五年九月下旬 …………………………………………（755）
复林寿图　光绪五年九月下旬 ………………………………………（755）
复林拱枢　光绪五年九月底 …………………………………………（756）
复李朝斌　光绪五年十月上旬 ………………………………………（756）

《沈文肃公家书》若干问题的考证 ……………………………………（757）

一、家书的史料价值 …………………………………………………（758）
二、沈葆桢子侄辈小名的考证 ………………………………………（767）

《沈文肃公牍》（影印本）的几个重要问题的考证 ·················（777）

  一、《公牍》信函排列的时间顺序问题················（777）

  二、抄本与手稿真迹的若干问题················（782）

  三、史料价值················（785）

  四、存在的问题················（790）

序
王道成

沈葆桢（1820—1879），字幼丹，福建侯官人。道光二十七年（1847）进士，选庶吉士，授编修。咸丰四年（1854），迁御史。屡上书言事，得到咸丰皇帝的赏识。咸丰五年（1855）十二月，出任江西九江知府。因九江已被太平军占领，应曾国藩之邀，为管营务。咸丰六年（1856）六月，调署广信知府，随主持广信防务之工部右侍郎、江西学政廉兆纶赴府属之河口筹饷。太平军将领杨辅清率众万余，连陷贵溪、弋阳，进逼广信，官吏军民多避走。夫人林普晴，林则徐次女，刺血作书，乞援于驻玉山之浙军总兵饶廷选。葆桢闻警，兼程返郡，誓死守城。廷选得书，星夜驰援，七战皆捷。太平军死者近千人，撤围去，广信得以保全，沈葆桢亦因此而名闻天下。咸丰七年（1857），迁广饶九南道。咸丰九年（1859）六月，加按察史衔，留管广信防务。因见忌于大吏，遇事掣肘。九月，沈葆桢奏请开缺，回籍养亲，得到咸丰皇帝的允许。广信士民数千人前往省城，请求沈葆桢留任。清廷调赣南总兵饶廷选接管广信防务，沈葆桢才得以成行。咸丰十年（1860）六月，授吉南赣宁道。沈葆桢重申前请，又一次得到批准。咸丰十一年（1861）十月，诏令赴曾国藩安庆大营，听候委用。十二月，由曾国藩推荐，破格委任江西巡抚。同治元年（1862）二月，又命兼管广信粮台。

这时，浙江已被太平军占领。曾国藩驻军皖南，左宗棠进军浙江。太平军将领杨辅清、李世贤则进攻江西，企图截断江西与安徽、浙江之间的粮道。沈葆桢亲赴广信主持防务。捐俸银千两，令士民凭险筑寨，实行坚壁清野。并激厉主客各军阻击太平军。同治二年（1863）四月，败太平军将领黄文金于小路口，又败之于祁门。不久，浙军攻克黟县，太平军进攻江西。沈葆桢督军阻击。经过多次激战，太平军撤出江西。

同治三年（1864），清军围天京。太平军又进攻江西，牵制清军的后路。清廷令杨岳斌移师督剿，命沈葆桢会商机宜。六月，湘军攻破天京。黄文金拥幼天王洪福瑱由浙江、安徽进入江西，准备前往广东。沈葆桢令席宝田追击，大败太平军于石城。阵擒洪仁玕、洪仁政、黄文英诸王，搜获洪福瑱于荒谷中，并先后加以杀害。由于这个缘故，清廷赏给沈葆桢一等轻车都尉世职，加头品顶戴。沈葆桢推功诸将，上疏力辞。又以父母衰病，恳请归养。均不允。同治四年（1865）三月，母林夫人病逝，得旨赏假百日。假满，署理江西巡抚，即行赴任。沈葆桢恳请终制，得到清廷的批准。

同治五年（1866）六月，闽浙总督左宗棠奏准，于福州马尾山麓江畔创设船厂。但是，船厂尚未开工，左宗棠就调任陕甘总督。他力荐沈葆桢出任总理船政大臣，主持福州船政局工作。同治六年（1867）六月，沈葆桢到任接办，尽管事属草创，困难重重，但是，在他的主持下，工作很快步入正轨。八月，他上书朝廷，对船坞、船厂、学堂、采料、募勇等方面的情况作了全面的陈述。他坚持左宗棠制定的方针，在实践中加以发展和完善。在当时，中国没有人知道如何造轮船，聘用法国人日意格为监督，德克碑为副监督，并由他们聘请外国人培训中国工匠。为了掌握西方先进的科学技术，沈葆桢非常重视人才的培养，一再强调："船政根本，在于学堂。"原议设立学堂两所，即前学堂和后学堂，艺童六十人，后来又添设绘事院、管轮学堂、驾驶学堂和艺圃，共艺童三百余人。光绪元年（1875），沈葆桢趁日意格回国采购之便，在前后学堂中挑选出魏瀚、陈兆翱、陈季同、刘步蟾、林泰曾等五名学生随同去法国参观学习。此后，先后派遣三批学生去欧洲留学，培养出一批海军将领、工程技术人才，还有学者和外交家。

随着人才的成长，造船的质量日益提高。第一、二两艘轮船万年清和伏波的轮机，都是购自外国，第三艘轮船安澜的轮机，则是由船厂自行制造。造万年清的时候，多次返工，造伏波、安澜的时候，返工的情况就一次比一次少。在海上航行，伏波稳于万年清，安澜又稳于伏波。所造轮船由木壳到铁胁，到铁甲，到钢胁钢甲，不仅吨位大增，而且炮位多，速度快。

沈葆桢主持船政局期间，不断受到来自外部的干扰。同治五年（1866），吴棠接任闽浙总督。下车伊始，即声称："船政未必成，虽成也何益？"船政提调周开锡被匿名帖攻击，船政局员李庆霖又遭到吴棠弹劾，说他"专事趋承"，请革职勒令回籍。周、李二人，是沈葆桢的得力助手。去掉他们，就是砍掉沈葆桢左膀右臂，使他无法工作。沈葆桢非常气愤，上疏力争。疏中说："船政虽系总理王大臣所奏请，而自强之道，断自宸衷。为臣子者，均宜激发天良，以纾宵旰。臣官非言责，分属部民。然船政系臣专责，生死以之。乞谕周开锡始终其事，李庆霖仍留局差遣。"清廷同意他的请求，并于次年将吴棠调走。同治九年（1870），父沈廷枫病逝，沈葆桢回籍守制。同治十年

(1871)，内阁学士宋晋上疏，称船政"名为远谋，实同虚耗"，请下令停办。清廷将宋晋的奏折发给沈葆桢，要他发表意见。他针对宋晋的论点一一进行驳斥，并强调指出，船政是"自固藩篱，为民御灾捍患"的自强之道，不能因浮言而动摇。与洋员订立的合同不能废，购置的机器和已建成的各项设施也不能弃。船政"不特不能即时裁撤，即五年后亦无可停"。他的意见，得到了清廷的采纳。同治十一年（1872）服满，仍主持船政。先后造成兵轮二十艘，分布各海口。

同治十年（1871）十月，琉球商船在海上遭遇飓风，飘至台湾。船上六十六名琉球人中，有五十四名被牡丹社番杀害。同治十三年（1874）二月，日本以琉球人民是日本属国人民为借口，出兵侵台。三月，日军在琅峤登陆，进攻牡丹、高士滑等番社。清廷闻讯，任命沈葆桢为钦差大臣，办理台湾等处海防，兼理各国事务。沈葆桢奏请将日本侵台事件照会各国领事，争取国际舆论的支持；购买铁甲船二艘以及充足的巨炮、水雷、洋枪、子弹、火药、煤炭等物，加强战备；储备军事、外交人才，以应对战争和对外交涉；敷设由福州陆路至厦门、由厦门水路至台湾的电线，使消息瞬息可通。他的请求，全部得到清廷的采纳。五月四日（6月17日），沈葆桢到达台湾。五月九日（6月22日），命福建布政使潘霨、台湾道夏献纶和洋员日意格等携带由他起草的照会前往琅峤，与日军司令西乡从道谈判。照会中明确宣布："中国版图，尺寸不敢与人。"与此同时，他采取了一系列的备战措施：在安平海口修筑炮台，安放西洋大炮；从大陆调派提督罗大春等率军镇守淡水、宜兰、基隆；商借南北洋洋枪队五千人，驻防台湾；办理南北乡团，保卫地方；调拨船政局及沪局轮船，加强台湾海峡的巡防和闽台之间的联系。八月十八日（9月28日），提督唐定奎率铭军洋枪队十三营共六千五百人先后在旗后登陆，大大加强了台湾的防御力量。这时，侵台日军中瘟疫流行，死亡颇多，士气低落。日本政府派全权大臣大久保利通到北京与清政府谈判，要求中国赔偿军费，"索洋银五百万元，至少亦须银二百万两，不能再少"。这一无理要求遭到清政府的拒绝，仅同意对受害者酌量抚恤。英使威妥玛从中调停，清政府同意偿银五十万两，其中十万两用于对遇害琉球人的抚恤，四十万两用于对中国愿留以自用的日军在台修建的所有道路、房屋等的补偿。九月二十二日（10月31日）中日签订《台事专条》（亦称《北京专约》），十月二十五日（12月3日），日军带着573具尸体（其中战死者12人，病死者561人）和17名伤兵撤出台湾。

日军撤出后，台湾的善后问题就提到了议事日程上。沈葆桢认为，台湾孤悬海外，是东南七省的门户。形势扼要，物产富饶，久为异族所垂涎，台湾的善后问题，不能稍缓。台湾幅员辽阔，延袤千有余里，但是，由清政府官员管理的只是滨海平原的三分之一，其余都是番社。因此，开山和抚番必须同时并举。"务开山而不先抚番，则开山无从下手；欲抚番而不先开山，则抚番仍属空谈。"要开山，就必须屯兵卫、刊林木、焚草莱、通水道、招垦户、给牛种、立村堡、设隘碉、致工商、设官吏、建城郭、设邮驿、置廨署。要抚番，就必须选土目、查番户、定番业、通语言、禁仇杀、教耕稼、修道途、给茶盐、易冠服、设番学、变番俗。他命台湾道夏献纶、提督罗大春负责北路，同知袁闻柝、总兵张其光负责南路，总兵吴光亮负责中路。披荆斩棘、锤幽凿险、冒暑犯疠，历尽艰苦。北路，自苏澳至岐莱，开路205里。南路，一自赤山至卑南，开路175里；一自射寮至卑南，开路214里。中路，由彰化之林圯埔而东至璞石阁，开路265里。

沈葆桢的开山抚番，重点在东部。因为，西部平原多半为移民开发，而东部山地尚属番社。旧例：禁台民私入番界，亦不许内地人民偷渡到台湾。但是，"欲开山，不先招垦，则路虽通而仍塞；欲招垦，不先开禁，则民裹足而不前。"为了巩固开山的成果，沈葆桢奏准，将一切旧禁予以废除，并实行优惠政策，鼓励内地人民到台湾开发。

台事粗定，而船政急待报销。同治十三年（1874）十二月，沈葆桢回到福州。他刚刚离开，狮头社番就狙杀游击王开俊，琅璚各社亦有异心。光绪元年（1875）二月，沈葆桢再次赴台。派遣提督唐定奎率所部铭军伐木开道，连环而进。四月，攻破竹坑、本武及内外狮头等社，胁从各社，次第就抚。七月，唐定奎部十三营撤离台湾，返回江苏。

此前的台湾，只是福建省的一个府，下设台湾、凤山、嘉义、彰化四县，淡水、噶玛兰二厅。经过实地考察，沈葆桢认为，当时的台湾，可以建府的有三处，可以建县的有十余处。如果另建一省，条件还不成熟。他奏请将琅璚增设为恒春县，并增设台北府，下设淡水、新竹、宜兰三县。为了加强管理，仿江苏巡抚分驻苏州之例，将福建巡抚移驻台湾。他的建议得到了清廷的批准。

光绪元年（1875）四月，沈葆桢被任命为两江总督，兼办理南洋通商事务大臣。沈葆桢以才不胜任，上疏力辞，不许。七月，回到福州，清理船政，以待替人。十月，赴两江就任。两江原是富庶之区，但是，由于长期战争，土地荒芜，民生凋敝。省城南京的居民，不到原来的十分之二三，"茅舍竹篱，居其大半"。加以粮食欠收，哀鸿遍野。拐卖妇女的现象非常严重，江北命盗重案，每天都在发生。民间秘密结社十分活跃，十二圩一带，哥老会十数万，安清道友亦十数万。为了稳定社会秩序，他严厉打击刑事犯罪活动。"莅任三月，诛戮近百人"。沈葆桢知道，严刑峻法，只能治标，根本的问题是恢复和发展生产，改善人民生活。他鼓励江北人民到江南开荒。把水利建设看作"农政之原"，是"当今第一要务"。他不仅亲自抓计划、抓经费，而且亲自出面协调运送石料的船只。蝗灾发生的时候，他要求地方官组织农民捕蝗虫，挖蝻子，准作正开销，并要求各地勇营积极参加。他还提倡积谷，以应对灾荒。淮盐是两江的重要产业，但是，十几年前，由于川盐进入湖北，淮盐引地缩小，造成产品大量积压。沈葆桢从提高淮盐的质量着手，同时与湖广总督、四川总督反复函商，淮盐的销售状况得以改善。鸦片战争后，国内的一些地方开始种植罂粟，两江也出现了种罂粟的"烟户"。沈葆桢深知鸦片的危害，力主查禁。但是，他的主张不仅遭到"烟户"的反对，而且遭到官员们的反对。沈葆桢的态度却十分坚决，他说："罂粟痼疾，深中膏肓。非拼着载道怨声，无从挽救。""罂粟拔本塞源，除恶务尽。眼前则怨声载道，将来即无量功德。"在他的坚持下，禁罂粟终于取得了很好的效果。这时的两江，财政非常困难。由于洋票的流行，同治十三年（1874），两江厘捐骤减五六十万两。但是，户部一方面要求两江承担各种名目的外饷，另一方面却以危词胁迫两江开关。沈葆桢认为，如果开关，"将尽驱商民而纳诸洋票"，"大局立形决裂"。他上书朝廷，请求从缓，得到了朝廷的批准。两江有勇一万余人，户部以节饷为理由，要求裁撤。沈葆桢认为，若为地方起见，区区万余人尚不敷布置，怎么能裁撤呢？光绪三年（1877），由于裁减淮军，两江"抢案层见叠出"。如果勇营与淮军并裁，居民必不堪命。更何况所省之饷，仍是竭于外输，对本省没有任何好处。"万一莠民因而生心，各省饷源立断，大局何堪设想！"他上书朝廷，请求保留勇营，也得到了朝廷的批准。沈葆桢治军，有一个值得注意的思想，他认为："此辈令其闲坐，则枝节横生。使之习勤，兵民即休戚相关。且身劳日健，亦无形之操练也。"两江勇营的职责，不仅是维护地方的治安，而且参加地方的建设和救灾。发生水灾，勇营参加护提抢险；发生蝗灾，勇营参加捕蝗、挖蝻；建设水利工程，勇营参加挑河、筑圩。"捕蝗、挖蝻，按斤给赏。挑河、筑圩，每人日添食米一升。"所以，勇营也"颇踊跃用命"。不仅勇营受到了锻炼，兵民关系也得到了改善。

　　沈葆桢重视"内治"，也非常重视"外防"。他认为，"西洋或隐忍幸和，东洋则终须一战"。日本和中国之间的战争是不可避免的。日本的对外扩张，值得忧虑；日本被俄国吞并，更值得忧虑。中国当时的兵轮，只能防守海口，不能出海作战，必须建立一支拥有铁甲舰的外海水师。有了铁甲舰，才能使入侵之敌无从登岸，现有的兵轮，才能更好地发挥作用。为了更快地建成一支外海水师，使各省均有所恃，沈葆桢上书朝廷，请求将光绪元年（1875）议准的由户部每年拨给南北洋海防经费各二百万两全部解归北洋。光绪五年（1879），日本吞并琉球，进一步暴露了日本对外扩张的野心。沈葆桢认为，各省兵轮，分布各海口，一旦发生战争，不能协同作战。他奏请将各省兵轮间月调赴吴淞，由长江水师提督李成谋督率操练。操练完毕，仍回原处。什么地方有外敌入侵，这支水师立即奔赴前线。他的建议，也得到朝廷的批准。

　　沈葆桢十分重视官吏和将领的选拔和任用。"属吏有不称职者，劾去之，贤能著绩之员，则推心置腹，不少掣肘，人忘其劳。治军严而有恩，自统将及士卒咸乐尽死力"。经过几年的整顿，两江的吏治民生都发生了很大的变化。沈葆桢的健康却每况愈下。他就任两江总督的时候，虽然才56岁，却已须发俱白，闻言辄忘。每到秋天，就出现咳嗽、呕吐、腰疼等症状。光绪元年（1875）十月，他在赴任的途中，溯江而上，阅看吴淞、江阴两处炮台。经过焦山时，因咳嗽、呕吐，不能上岸。到了南京，"骤当秣陵风雪，尤剧不可支"。"只能坐而不能行，苦难言状"。但是，刚刚到任，又不便请假，只好勉强支持。光绪二年（1876）三月，情况有所好转，但畏寒特甚。别人已换春衣，他还身着重裘。刚刚入秋，他就穿上棉衣，咳、喘、腰痛等症状又相继出现。到了冬天，更不得不闭门谢客了。他为自己的不能恪尽职守，负国负民而深感内疚，曾两次奏请开缺。但是，清廷只同意他短期休假而不同意他辞职。光绪四年（1878）冬，虽然天气暖和，他却不仅咳、喘，而且腹泄两月有余。光绪五年（1879）四月，入京觐见，慈安、慈禧两位皇太后四次召对，语以"时事艰难，勿萌退念"。此后，他就不再以病请辞。十月十六日（11月29日），沈葆桢卒，享年六十。追赠太子太保，谥文肃。其奏稿、诗文，分别收入《沈文肃公政书》、《夜识斋剩稿》、《船司空雅集录》等书，刊刻行世。

沈葆桢还留下许多信札。有写给亲属的，也有写给同僚和朋友的。现在保存在福建省图书馆的《沈文肃公家书》和《沈文肃公牍》，就是沈葆桢死后，由别人收集编纂而成的。

《沈文肃公家书》是螺江陈宝琛家藏本，其封面及扉页均写有"螺江陈氏抄本"字样。《沈文肃公牍》的扉页盖有"沈氏农苏珍藏"印。农苏，即沈觐宪，系沈葆桢的第五代孙。可见这一抄本是沈氏后代收藏的。1997年，福建文史馆将二者合为一书，交江苏广陵古籍刻印社影印出版。福建师范大学图书馆所藏，则是福建省图书馆藏《沈文肃公家书》和《沈文肃公牍》的传抄本。在抄本、传抄本和影印本中，影印本是目前较好的版本。

影印本《沈文肃公家书》收入信札二百五十九件，约六万余字。《沈文肃公牍》收入信札一千余件，约二十九万字。但是，家书部分没有沈葆桢在北京任职期间和在福州任船政大臣期间的信札。公牍部分，则仅限于同治十三年（1974）巡台之后。此前的信札，一概没有收入。而南京图书馆藏耆龄、沈葆桢撰《江西盐饷禀稿》中，却有沈葆桢的公牍十件，在近代名人墨迹或名人书信集中，也收入了少量的信札。还有一些信札，可能散存于大陆和台湾的一些图书馆中。

沈葆桢的信札，只写受信人的字、号或职衔，绝大多数没有撰写时间。在谈现实问题的时候，往往借用古人、古事、古语。他给别人写信，都用行草，他希望别人给他写信也用行草。光绪二年（1876）闰五月中旬，他在《复冯焌光》一信中说："此后来信，只求行书,期于详尽而已,虽极草率不妨。"光绪四年(1878)六月下旬,他在《复庞际云》一信中又说:"此后如蒙手札,乞用行草。不多费时刻,且能详尽。弟前在曾文正公麾下,有所陈请,从未作过楷书。非示脱略,求速也。"对上级有所陈请,都"从未作过楷书",对同僚、朋友和亲属,更不可能不用"行草"了。由于以上原因,给我们今天的读者造成了种种困难,以致这一珍贵的史料未能很好地发挥作用。

20世纪80年代,林庆元先生在撰写《福建船政局史稿》时,第一次发现并利用了福建师范大学图书馆馆藏《沈文肃公家书》及《沈文肃公牍》的传抄本。90年代,林先生在撰写《沈葆桢大传》时,《家书》和《公牍》又成为《大传》的基本史料。在利用的过程中,加深了他对沈葆桢信札的史料价值的认识。他将《沈文肃公家书》、《沈文肃公牍》影印本以及他多年来从国内的其他图书馆、博物馆收集到的若干信札,重新进行编排、标点,考订其撰写时间,并对信札中涉及的人物和事件进行简要的注释。有的地方,还进行考证,纠正了信札中的讹误,为沈葆桢及其时代的研究,提供了大量的第一手史料,是近年来沈葆桢研究的一个极其重要的成果。经过作者多次修改,书稿的质量日益提高。不幸的是,书稿尚未杀青,林先生就和我们永别了。为了使《沈葆桢信札考注》这一已经列入清史纂修工程的项目不致功亏一篑,我受国家清史编纂委员会文献组的委托,负责完成林先生的未竟之业。限于水平,一定存在着许多缺点甚至错误,敬希海内外方家予以批评指正。

2008年7月14日

凡 例

一、本书收集的沈葆桢信件，包括他任江西巡抚、福建船政大臣、两江总督及巡视台湾各时期的信件。这期间，中国发生了一些重大事件，如太平天国运动、洋务运动、1874年日本侵略台湾、中国近代工业的诞生、中国近代学校及近代海军的创办等，沈葆桢都是直接或间接的参与者。这些信件均有所反映，是研究中国近代史和台湾地方史的十分重要的资料。

二、沈葆桢信件大多来自福建省图书馆藏的《沈文肃公牍》及《沈文肃公家书》。编者还从国内其他图书馆、博物馆收集到若干信件，与前者重新编排，定名为《沈葆桢信札考注》。

三、《沈葆桢信札考注》的主要读者是中国近代史研究者和爱好者。考的范围是信的撰写时间；注的范围是信里涉及的人物和事件。至于其中的字义、成语、典故、诗赋，不列入考注范围。

四、沈葆桢书信中使用不少古字或罕见字。为了读者方便，本书以简体字排印，但也视情况保留个别古字或罕见字。

五、沈葆桢原信极少被发现。目前笔者看到的只有沈葆桢少数原信的复印件。有的信函已有标题，无标题的，由编者加上。

六、沈葆桢家书抄本字迹潦草，少数字无法辨认，少数信件已被虫蛀。字迹无法辨认者，则用□标出；可以肯定的错字、别字，用（ ）标出；脱字、衍字分别用［ ］和＜ ＞标出。

七、出注原则：信中涉及的人物及受信人，一般作注。有些人物生平不详，且非重要人物者不注。

八、信中涉及的人物，第一次出现的作注，以后出现的不注或简注。以后以字号、职衔出现的，则注明姓名，不简注。

九、所收各件，凡未注明来源者，均见于《沈文肃公牍》、《沈文肃公家书》。其他均于右下方注明来源。

十、本书抄本的标题，凡用收信人字、号、职衔者，一律改为收信人的姓名。

十一、本书附录林庆元所撰《〈沈文肃公家书〉若干问题的考证》、《〈沈文肃公牍〉（影印本）的几个重要问题的考证》，以供参考。

上编　家书

与林普晴① 咸丰五年五月二十日②

敬纫贤卿如晤：别后急急如有所失。薄暮抵鱼（渔）梁③，不知是日开船否？一路平安，无阻滞否？旅馆独客，兀坐无聊，回忆儿女喧嚣，都成乐境，甚悔听汝南归之大错也。继思双亲别卿将有十年，此十年中如何盼望，今番一见，如何欢喜，膝下多一贤孝媳妇，胜过不解事儿郎自己在家十倍，虽又添许多人口，必能佐老人擘画，私衷慰甚。以妇职兼子职，使我无内顾之忧。自入蓬门，备尝艰苦，未审何日有以图报，则又感甚！愧甚！惟是庭闱之恋，人同此心。宦海飘蓬，归养何时，有天难问。卿独先蒙顾复，健羡之余，又不免妒甚耳。铄儿④可即从铜儿⑤一处附学，望其能改行励志，并熙女早择一佳婿，则此行良为不虚。十七、十八两日，天气甚好，到站亦早，十九冒雨至清湖，行李多被沾湿，今日未霁，不克成行。想此时船亦为雨所阻，何日得到建郡？两地关心，百感交集，西窗剪烛，后会有期，非楮墨之所能罄也。父亲已否到光泽？双亲精神体气如何？来信幸见缕述。我身体俱好。郑庆好吃水，戒之不悛，到念八都即得疟疾。力劝其回去，执意不从，只得听其自便耳。每日到未申间一发，余时则尚照常，可令郑厝知之。傍晚天无晴意，明早能否就道，再当布闻。此问贤卿侍福。

《渔乐旅舍写怀五截句》⑥，附达青盼，幸勿见哂，乞赐和。

满地干戈此送君，间关万里一朝分。
只因肠断天南路，不敢回头望白云。

旅馆孤灯梦不长，鸡声无赖月凄凉。

定知南浦销魂夜，百倍梁鸿忆孟光。

两地关心行路难，雁书何日报平安。
万重山色斜阳里，数到溪桥第几滩？

此去高堂进寿卮，承欢佳妇胜佳儿。
独怜宦海飘蓬客，欲问归期不自知。

珍重休教风露侵，十年辛苦已曾禁。
不须更织回文锦，秋月春花共此心。

忽闻犬吠便心惊，望眼如穿万里程。
一穗残灯人不寐，夜深独自听车声。

生生世世许同心，一刻休论十万金。
身似鸳鸯分不得，寒宵况是病中禁。

狮江喜鹊呼新晴，报道云骈下玉京。
恼杀羽书何太急，盈盈一水不胜情。

记否春风乍暖天？莲花朵朵上吟肩。
西窗旧事从头话，辜负蟾光几度圆。

转眼江城玉笛声，锦标得意数归程。
天台有路人重到，莫使榴花碍客行。

别来新梦太分明，说与君知君莫惊。
君处春来又春去，人间天上几书生。

①林普晴（1821—1873）：字敬纫，又字俊兰。沈葆桢妻，林则徐次女。
②原抄本无，系笔者标注。以下同此。信里提及"五月十九日冒雨至清湖"，咸丰五年七月十八日《与林普晴》提及"五月二十日在清湖寄安信一封"，故此信写于咸丰

五年五月二十日。

③渔梁：咸丰五年二月，沈葆桢奉旨任九江知府，即携妻儿一路南下，抵达浙江江山，此为入福建必经之地。又经清湖、廿八都，越枫岭关进入福建浦城，在此沈葆桢与夫人分别。沈夫人由此登船沿南浦溪南下入闽江至福州。光绪《续修浦城县志》卷三载："渔梁距城四十五里，在九牧之南。"又《渔乐旅舍写怀五截句》："定知南浦销魂夜，百倍梁鸿忆孟光。"知在渔乐旅舍过夜。渔乐旅舍应在南浦。县志载："南浦溪环县城……折而西……汇西流之水折而南。"可见南浦溪在县治之南。又阅浦城县治图，略知县治之南南浦河绕城，南门曰南浦门，城内有南浦书院，城外有鱼乐亭。南浦为沈葆桢送别妻子之处，渔乐旅舍当在此处。此信称："薄暮抵渔梁，不知是日开船否？"可见渔梁为沈夫人登船返福州地点。

④钎儿：沈葆桢的长子玮庆，生于1842年。

⑤铜儿：铜与彤谐音，即指咏彤。

⑥信中称"五截句"而实为十一首，五字疑误。

与父母① 咸丰五年六月二十九日②

儿葆桢跪叩父母亲大人万安。敬禀者：初间由陈朴园③处奉到手谕，即肃安禀寄回，计此时可到矣。二十日，由解饷委员陈守戎之便，寄回福州家信一封。儿本拟即行赴任，缘署事者系已革九江同知，希图克城之日开复原官，不愿卸事，因此留省差委。至克城之日，善后之难，百倍于今。署事者既得好处，必求走开，此时本任不能不去。但九江收复，亦恐尚遥遥无期。现在若有府缺可以委署，得稍优者，于家计不无少补，但未悉能如愿否耳。疲商事本难办，老年尤非所宜。此时天气太热，俟秋凉赋旋，最为长策。惟闻顺昌一带仍不免有匪徒啸聚，未知信否？途中总须加意慎重为要。儿身体俱好，可无挂念。

①父母：沈葆桢父沈廷枫，字丹林，道光举人。母为林则徐之妹。
②沈葆桢信里提到"本拟即行赴任"，系指九江知府，时为咸丰五年。
③陈朴园（1809—1869）：清代经学家。名乔枞，又字树滋，闽县人。道光五年举人。历任江西弋阳、南城知县，署抚州知府。著《左海续集》。

与林普晴 咸丰五年七月初二日①

敬纫贤卿如晤：五月廿九日②在清湖泐一安信寄回，计此时可到矣。昨接滨竹③五月廿八日安信，知于廿四日眷属抵家，不胜欣慰。到家后见母亲光景如何？来信幸为详述。汝在船上尚觉稍惯否？家中过夏尚不受病否？家中积欠实在若干？每年用度须得若干？现在用多少人？郑厝尚在家中否？冰如④处兑项已两月有余，何以尚未接到？此信恐已遗失，可令滨竹向岵农⑤一问。铧儿读书稍知愧奋否？绣纹天气稍凉，可即为种花。六妹哮疾能稍愈否？父亲年及致仕，就馆本非所宜，若再遇事掣肘，如何过日？可令滨竹作信谆劝父亲旋里为要。我目下无能接济，家中事全仗卿极力扶持。现在为〔光〕景所迫，不能以求人为耻。凡可以稍解亲心者，务祈委曲成就，总以将来不负人，便于此心过得去。亦知事属万难，然家贫思良妻，不能不有所厚望也。十数年艰苦备尝，日甚一日，愚拙之人，诚知无以为报。第汝尽汝心，令人谓双亲积善一生，当得一贤孝媳妇而已。我于廿二日由清湖抵玉山，该县光景照常，惟城外被焚房屋数百间，现都陆续起盖。向张于庭年伯挪川费百金，念四下船，念五抵广信，一路更觉萧然。往拜雪舟⑥太守，其衙署被焚一段，城中居户亦不甚稠密。雪翁因诸事掣肘，焦急成病，现已委耿琴轩⑦署理。抵安仁，闻义宁州失守，兵过安仁，停船半日，初二抵省。江右城外，素极繁华，现只数间蓬厂而已。城下稽查极严，申初城门即闭。令家人入城觅馆，适何小麟⑧观察屋尚宽余，遂搬入同住。二进三间排，每月租足纹十一两五钱。屋价之贵，可谓极矣。晤小翁，始知其离省七十里被劫，皆逃勇、革勇。现在各处所报，不一而足。中丞檄罗观察往救义宁，因天气酷暑，兵勇多病，迁延未行，日日闹事。史太守出城，仪仗被毁，中军参将弹压被殴，乡间居房，多被拆毁。十五日，有千余人赴抚辕呈诉，中丞檄罗观察饬禁而已，无如何也。九江署守住离城二十里萨家河，一切书办、衙役皆须官自措资招募，州县既不能供应，廉俸及办公经费，藩库概不给领。本拟奉到饬知即行赴任，且作打算，而署守颜裕峰之子向官场说其尊人赔垫年余，只望九江收复，可以开复原官，现在实任已到，恐将来徒劳无功等语，因此二日写专信问其是否愿意卸事，俟得其回信再定行止耳。如留在省城办事，将来可以委署地方，于家中或不无少补。但此时驻省费用，已觉赔垫不起矣。我在此颇觉岑寂。三弟在家侍奉，四弟亦系独子，万不可令其西来。如将来稍布从容时候，卿能舍儿女从我游否？倘家中、京中之累能一律肃清，稍得养资，我亦萧然远引。宦海浮沉，非所愿也。王借材观察此时业已到闽。谋馆之难，处处皆然，劝三、四弟不必着急，总看我有机缘与否耳。我身体俱好，可无挂念，乞为代叩母亲大人万安。此地得五月二十（八）日父亲大人手谕，亦都安好。此问贤卿阃懿，合家均吉。

闻九丹⑨得四川学政，有福之人如是。冰如选期如何，可知道否？福州叶子换银若干？来信示及。此地寄信都觉费力，南城陈朴园丁忧以后，寄信更难。初间一信，由新建打官封，托闽县蔡世兄转交，未知能到否？有便人信须多寄。熟烟可不必寄。

①信里提及沈抵安仁，"闻义宁州失守"。太平军攻占义宁州时在咸丰五年五月初五日。沈此信称"初二抵省"，是在七月初二日抵省或六月初二日抵省，颇费推敲。查沈已于五月廿五日到广信，没有什么理由在广信多日。但信并非六月初二日写的。此信已揭示证据，一是"此地得五月二十（八）日父亲大人手谕，亦都安好"。在平时，此信六月初二日可达南昌，而当时在战争环境下则不可能。二是"十五日，有千余人赴抚辕呈诉，中丞檄罗观察饬禁而已，无如何也"。十五日当是六月十五日，可见此信非写于六月初二日，不然，信里怎能写十五日事？可见六月初二日并未写，因九江署守颜裕峰不卸任，"二日写专信问其是否愿意卸事，俟得其回信再定行止耳"。等到署守颜裕峰不卸任的回信后，沈葆桢即于七月初一日"上院禀见中丞，命赴涂家埠抽取盐税"。得此情况后，于七月初二日写此信，并与致沈母的信同时寄出。

②五月廿九日当是五月廿日之误，九为衍字。因沈葆桢已于廿二日由清湖抵玉山，廿九日怎又在清湖写信？但亦不是五月十九日，清湖之信明显是指五月二十日附写怀五截句之信。信称："十九冒雨至清湖，行李多被沾湿，今日未霁，不克成行。想此时船亦为雨所阻，何日得到建郡？两地关心，百感交集。"即可证明是五月廿日。

③滨竹：沈琦字克述，号滨竹，侯官人。沈葆桢三弟。

④冰如：刘齐衔，字本锐，号冰怀，又号冰如，福建闽县人。道光二十一年进士，官至河南布政使。

⑤岵农：失考。

⑥雪舟：即袁雪舟，河口县令。

⑦耿琴轩：耿日侚，江西铅山县令。

⑧何小麟：何其仁，字少麐，云南昆明人。道光二十年进士，署江西盐道。

⑨九丹：郑琼诏，号蘋野，侯官人。道光二十年进士，官至侍读学士。

与沈琦① 咸丰五年七月初二日②

儿葆桢跪叩母亲③大人万安。滨竹三弟如晤：二十边，因解饷委员陈梅亭旋闽之便，托寄安信一封，计秋早又到矣。我本拟即行赴任，缘摄篆系九江已革同知，望克城之日开复原官，不愿交卸，因此留省差委。现亦无事可办，闲住而已。将来克城之后，善后之难，百倍于今，署事既得安处，必求走开，本任仍须到任。惟现在若有他缺，可望委署。得稍优者，于家中亦不无少补耳。何少麐署盐道，从前此缺，岁得盈余三四万，今则仅敷日用而已。父亲有安信到家否？去就之意若何？我亦有信劝父亲秋凉南旋，第我现尚无驻足之所，未知老人能决然舍去否？三子皆壮，无一可以上慰亲心，如何，如何？七月初一日，上院禀见中丞，命赴涂家埠抽收盐税。此地离省城百四十里，向无盐埠。近日因盐商尽行倒闭，遍地私盐。浙私从玉山来，福私或由崇安抵河口，或由光泽抵建昌，淮私由九江贼中来，集于涂家埠。现因军饷孔棘，拟于此地设卡收其盐税。今与官盐一律售卖，但事属创始，且与贼相去不远，并令乡绅南河候补府刘于淳④带勇数百同往。俟其章程议定，当即起行。然此系中丞之意，司、道中尚有意见不合者，果行与否，尚未可知。以后有信可写，求署盐法道何转交为妥。此问滨竹三弟元祉，合家均吉。初二日，兄泐。

①沈琦：号滨竹，沈葆桢三弟。
②沈葆桢奉旨补授九江知府，时在咸丰五年二月间。他于此函原署六月二十九日，但仍未有差委，等七月初一日得到赴涂家埠抽收盐税，才于七月初二日与妻敬纫信同时寄出。
③沈母为林则徐第六胞妹蕙芳，沈廷枫之妻。
④刘于淳（1807—1877）：字养素，江西南昌人。道光甲午举人。官至甘肃按察使。

与林普晴 咸丰五年七月十八日①

儿［葆桢］跪叩父母亲大人万安。敬纫贤卿如晤：五月二十日在清湖寄安信一封，何以至今未抵江右？后六月初由新建打官封到闽县一信，念一托陈梅亭守备带回一信，七月初二日托贡行云贰尹带回一信，想此时陆续察览矣。十六日，锐昌表弟到此，接到六月初安信，又由光泽带到父亲大人手谕并家中六月九日安信，并未提及三月兑项，到底收到否也。自贤卿旋里后，谓可周知双亲之〔身〕体实在若何，家中亏累实在若干。乃两次来信中，弗获只字赐教，何以弃之深也？明知儿女累人，刻无暇晷。兼之星（薪）柴数（菽）水，必代老母分忧。且初抵里门，必有一番酬应。惟是倦游独客，念念□家，甚望□□情形，稍慰渴念。滨竹此时□场之候，不可以此分心。务望稍得余闲，不吝片纸。俾见信如见卿，胜于形影相对也。游子之情，尚祈见谅。此地已作信，劝父亲回家，未知接到否？我定于廿一日到涂家埠，现在不收盐税，抽取各货厘金而已。大约总须两三个月方能旋省。若此事办不成，则销差更早。中丞令下去察看情形再办也。中丞为曾涤生星使所参，风闻有钦差来，未知确否？义宁州已收复，省城可以无虞，九江则尚遥遥难定。锐昌到此，姑留作伴也。

①信中提到的"义宁州已收复"，为咸丰五年七月十六日，故此信当写于咸丰五年。又，其父沈丹林于咸丰六年八月由光泽回福州，写此信时仍未收到父亲光泽来信，也证明在咸丰五年。

与林普晴　咸丰五年八月中旬①

敬纫二妹如晤：月初借得二百金，因无处可寄，由署臬台何官封转递王蔗村观察处一信，令家觅便兑来，未知此信何时可到，有人肯兑与否？有商兑者，总告以信到即可交清，万不致误也。昨□厅交到八月初八日函，得知七月廿三日向朴园处寄一信，尚未收到，恐已遗失。信中何言，记得乞再叙一□。前信询家中债负共若干，每月息钱若干，用度若干，叶子时价若干，来信俱未见及，想俱在七月信中。此后致询之事，务乞详晰见告，此地易于通盘筹划，我之进退亦略有把握，非好搜寻家事也。父亲何以尚无旋省消息？以后天气严寒，途中更多不便，务须作信谆劝为要。熙官姻事已成，甚好，以后便省却许多心绪。铢官②亦可成则成，不必踌躇，徒增烦扰。莫非命也，听之而已。吾乡米价如何？银价如何？二冬租入若干？闻前年赎去田地一区，现剩若干？有买者、赎者弃之，以清累为好。累清之后，不患无佳处也。涂家埠属南康府建阳县地方，离省水程百四十里，陆程只一百里。公馆租、伙食、轿价俱由公局给发，自己动用仍须赔垫，然已轻二十余金矣。惟地经贼扰两次，现去贼营亦不过百余里，人心不免浮动，公事亦时有棘手处。江西民风远不如福建。去年南康守及星子令并营官俱为史俊绅民捆去面贼，涂家埠亦有绅士为贼接济油米者，后经访拿正法。近中丞为万戴（载）县举人彭寿颐所讦，星使左袒之，中丞镌职待质③，臬宪亦撤任。绅民视官，轻如鸿毛，此时恩威并济，颇费苦心。然我办理此事，毫无染指，外议颇好，各宪亦俱闻知。若樟树、河口等处，贸易且二十倍于此，官绅侵蚀，胶葛不清，竟无益于军饷，殊为可惜。现九江、湖口俱未得手，而吉安、赣州、袁州又处处闹事，请饷、请兵，省城几无可调拨，不知如何得了。我托何小麐④求委署，各宪总以涂家埠抽厘办理最好，恐骤更生手，又复减色。话甚好听，其实全不关切耳，大约总须过年再看。此事亦不能全无公道，但望家中觅可以常兑之处，则我得地方，便可源源接济，可嘱镜帆⑤为我留心也。若托寄则属万难，倘金价可敌银价，尚有可议耳。冰如何日可以回家，有消息否？前九丹放四川学政，为之喜极。兹闻四川满、汉兵互斗酿乱，将军、总督皆自尽，未必一时即能扑灭。曹乡溪⑥得主〔试〕差，尚可半路折回，九丹则必须到任，甚为之悬念。贵州苗匪，扰及四郡，试差亦折回矣。滔滔如是，如之何哉？次竹有消息否？诸戚友尚照常否？以后信面"署盐宪何"四字，须另抬写。锐昌在此，局中自有薪水，尚可不累我也。

①此信提到"父亲何以尚无旋省消息"。沈廷枫返榕时间在咸丰六年八月间；又称"昨□厅交到八月初八日函"，则此信在咸丰五年八月中旬复。
②铢官：即玮庆。
③中丞镌职待质：指江西巡抚陈启迈于咸丰五年七月二日被革职。
④何小麐：即何小麟。
⑤镜帆（1814—1861），林汝舟，字镜帆，林则徐长男。进士、翰林院编修、侍讲。
⑥曹乡溪：曹登庸，字芗（香）溪，苑仙，河南光山人。道光二十七年进士，编修，咸丰二年山西乡试副考官，沈葆桢的同年友。

与林普晴 咸丰五年八月二十二日①

敬纫二妹如晤：节后由臬台官封递到福建粮道，转交镜帆处安信一函，不知何日可以收到？此地僻远，省城有便差与否，均不得而知，舍官封别无寄法，但恐迟滞耳。到江西后，寄光泽信约三四封，而父亲均未收到。即父亲处来信亦稀，不胜悬念。此地寄信更难，并不知父亲即决计赋旋否？家中寄光泽信，须力恳父亲勿以家计为念，即便言归，仍须绕道建阳，多花些川费，免途中耽心也。我于省城借得二百金，苦无可寄处，吾妹可谆托镜帆，或王蔗村观察处有还账之项，或李小湖学使处有寄家之项，求其极力担承，总以银付我家，令滨竹作一信，交其寄来，信到时即可兑清，或令滨竹往戴霞轩处，有寄家之项亦可商兑。此地离省城百里，不难交付，惟必须兑银，不可兑钱，且必须先付我家，否则时日耽延，且恐事有变更，转致费手。寄信光泽时，可以此事禀明父亲，或者便可决意归来也。家中事总仗吾妹极力张罗，解得老亲日夕焦急。我诚自愧、自恨，无以为养。但望天祖见怜佳妇，庶几万象回春耳。九江、湖口八月间皆有小挫，然尚无碍大局。惟楚北全军败溃，胡韵芝中丞②仅以身免③，并将关防遗失，以后下游益难措手。九江克复无期，抽厘数逾十万，可得候选道。但我急何能择，命该升官，不求而至，倘得一着脚处，虽此地处处风鹤，万不敢迎养，然我公私殊难兼顾，必须吾妹相助为理。家中如时时有可接济，则三弟妇亦可支持，当俟得委时，即行劝驾也。乡闱揭晓在即，诸弟必有秋风得意者。本望其扶摇直上，连报捷音。惟行路之难，卿所亲历。南省处处有警，即处处有兵。沿途骚扰，虽公车亦不足恃也。北省正稍安静，忽于六月间东河决口，灾连河南、直隶、山东三省，匪野哀鸿，不知如何安集也。必须赈恤得宜，方免意外之事。德州一带，亦不知旧道如何？倘诸弟志在进取，我固不敢阻当，然此时即得连捷，无论京官、外官，皆未见如何处。如其茂器，待时，未始非策之善也。满地干戈，乘犊泽车御款段马足矣。雄飞不如雌伏，惟骑虎难下者知之最深耳。冰如冬初能抵里否？五妹上奉舅姑、下谐妯娌，即外家兄弟姐妹，亦可时时聚首。不日令姊亦归来矣，不胜健羡之至。我身体俱好，无烦悬念。努力自爱，上慰高堂，至嘱，至嘱。

①信中提到东河决口，时在咸丰五年六月。又称"乡闱揭晓在即"，乡试一般在八月十五日结束，九月中旬揭晓。又咸丰五年九月中旬与敬纫信称："前月二十二托戴见轩带回一函，未知何时收到？"当指此信，即写于八月二十二日。

②胡韵芝中丞：湖北巡抚胡林翼（1812—1861），字贶生，号润芝，又作咏之，或韵芝。湖南益阳人。道光十六年进士。

③咸丰五年八月，胡林翼败于太平军，退守湖北之大军山。

与林普晴 咸丰五年九月中旬①

敬纫二妹如晤：前月二十二托戴见轩带回一函，未知何时收到？昨接到三弟九月初六来信，知家中业已析箸。然月间用度，仍由母亲给发，还是日夜焦心，何尝是宽闲境界耶？父亲复因我未得委署之故，恋恋一馆，为子者罪当如何耶？家中或有不得不分之故，然休戚都是一体，事事须留可以复合地步。丰平闻他分爨，不觉为之神伤。今乃于吾身亲见之也。因拙致穷，罪皆由我，夫复何言。三弟妇初学理家，吾妹有见到之处，务须明白指点，身为冢妇，承家本其专责，任劳任怨，俱无可辞。家庭恩爱在至诚，不在外貌，分如是，合亦如是也。知吾妹深明大义者，固已早见及此，无俟鄙人饶舌。恃爱之深，故敢为此言，非别有他意也。一筹莫展，致累孟光，若叨庇得有进阶，容当图报耳。二百金有可兑处否？不胜悬念。庆女曾否受聘？信中何以并未提及？三弟到汀州以后，家信只得托镜帆。寄光泽信甚难，未知能到否？亦许久未得父亲来谕，以为业已归去，比始知仍未能决计也。光泽束脩寄家，银耶？钱耶？寄耶？兑耶？若我得地方，父亲尚留光泽，虽银信亦专差可递，惟多花费而已。家中有急用时，何处尚可以通挪？前信云川中兵变之事，近探知系谣言。铄儿字法颇有进境，其文则全系抄袭，复经先生改稿者，嘱其须立志为要。铄儿亲事既定，源儿亦看双亲意斟酌可也。母亲尚有兴味否？诸亲戚能常来往否？冰如有归信否？父亲望我信甚切，专差辗转，托寄又恐接不着，有课差即专家信寄去，以慰悬念。我总当有委署时，但恐年内未必耳。此询二妹近好。

①信中提及沈父"复因我未得委署之故，恋恋一馆"，又云"我总当有委署时，但恐年内未必耳"。沈任广信知府，时在咸丰六年四月。又云"昨接到三弟九月初六来信"，此信当撰于咸丰五年九月中旬。

与父亲 咸丰五年十月十日①

儿葆桢跪叩父亲大人万安。敬禀者：前月由同乡杨吉臣司马寄上一禀，未知能收到否？得家中九月初六来信，知父亲尚未决计旋里。许久未奉手谕，未悉眠食如何？

三弟就馆汀州，于家计亦不无少补。惟离家甚远耳。此地尚未见吾乡榜录，未知弟辈有得意者否？九江、湖口仍相持如故，安徽庐州业已收复，湖北消息亦好，会合攻剿，或者冀有转机，而吉安府之土匪，复勾结潮勇滋事，已失去二属县，劫数不知何时始满也。儿在徐（涂）州（家）埠抽厘②，公馆租、伙食皆由局供给，只须赔垫自己动用。欲求委署，各宪总以抽厘办理得法，难以更易生手为辞，殆须过年再看耳。此地寄信甚难，陈朴园处全靠不住，前令先寄到抚州谢家，而霞仙翁③先为人认识，辗转亦恐难达。兹托署建昌府杨吟秋司马名咏齰，汉军人饬寄，似尚可到，但恐不免迟滞。若得委署地方有力专差，则来往不过数日，殊快意也。儿身体俱好，可无挂念。若馆事仍是难办，父亲总须决计赋归为是。

①咸丰五年十月一日江南提督和春攻占庐州。知此信写于咸丰五年。
②沈葆桢受命到涂家埠设卡抽收盐厘。
③霞仙翁：刘蓉字孟蓉，号霞仙，湖南湘乡人。诸生，以军功官至陕西巡抚，同治十二年卒。

与林普晴　咸丰六年四月中旬①

敬纫二妹如晤：南浦之别，忽将经年。千里魂飞，怅怅曷极。后会何日，几不自知。兹意外得广信一席，广信于闽为近，由省城水路至崇安七百六十里，由崇安陆路至广信二百四十里，上水亦十余日可达。该处风声鹤唳，一日一惊。官无眷属，则绅民咸谓其必逃，人无固志，虽极口劝谕，不足以坚其信。欲请吾妹到此，借以镇压人心，冀于时事有济。拙官毫无治术，不足取信士民，致欲以闺中人为质，笑我耶？怜我耶？要汝不吝此一行也。亲友欲附行者，力却之，告以我有好光景必寄回相助，此时来则必死，即不死亦不留。自知薄情，然有言在先，不得以为我罪也。家人须得力者，带二三人。陈七最好，如已在别处当差，可令其告假一送。即不愿久羁江西，不过往返经月，给其川资，仍回旧处当差耳。廖六爷处有一小仆，名院院，人尚明白，问大哥便知。蔡薇师②处之陈三，此二人［来］亦可带来。如此三人俱不来，吾妹亦自酌可也。至如家中仆辈，断不可带来。年节有股可分，我亦划出一分寄家，分与此辈。倘其不召自来，不特不能留用，并不给予川费。文藻山之陈珊亦断不可用。仆妇或仍带郑厝，或郑厝留家照应儿女，另带一人，抑或添带一婢，均由吾妹自酌。儿女必不可来，我两人前生冤孽，生死难分，儿女何罪？行李愈简愈妙，行期愈速愈妙。速则亲友不及知，省却许多唇舌。如决意行，即赶紧雇船。无亲友随行，一船足矣。最好三五日即上船，船价贵些不妨，总要轻船，免致途中迟滞。三本折稿及赋稿带来，延平皮枕小而长者带一对。服用只要随身的，以后月月有人来往，皆可带来。临行时，将儿女送往四弟妇或诸妹处，勿令知之，以□惯□，定不妨也。但家中情形，我未及周知，如双亲不愿吾妹远离，或吾妹难舍儿女，则均可不必，否则速速为妙。兹遣朱富带银百两、百挣清数百元以为路费。朱富留住一二日，吾妹将定议如何，何日起程，带多少人手，作一信交其先行赶来，至嘱，至嘱。

四弟病已全愈，与之同到广信，且看光景。如气象渐好，即留其助理一切，倘消息不好，即便令其先归，可告四叔母放心也。不知果能快聚否？千头万绪，不尽所云。

①沈葆桢署广信知府，在咸丰六年四月。此信称"南浦之别，忽将经年"。查林普晴离江西，在咸丰五年四月十五日。此信当写于四月中旬。
②蔡薇师：蔡征藩，字价期，号薇堂。侯官人，进士。父韶九。主台湾凤仪书院，官至雷琼兵备道。咸丰九年卒。

致沈琦　咸丰七年三月十一日①

儿葆桢跪叩父母亲大人万安。滨竹三弟如晤：前月初七，差轿役徐胜到闽，至今渺未回信，殊深悬系。初九日，慎斋到署，所寄信物，均已照数收到。熙官②奁具不可过于诸姑。此间度日如年，我宦海浮沉，只图菽水，断不能以性命易儿女婚嫁资也。且儿女自有厚福，若父母日在陷阱，以供其外饰，不特于福有损，于心谅亦不安。且以著名侈靡之家，即竭我一年所得，未必足以邀其一盼。将来我家能自树立，则鱼相忘于江湖；倘釜甑尘封，未必有人送炭。世情看透，便我求我是，毋顾俗眼惊疑。迩来榕城风气日趋浮华，凡自故乡来者，察其举止议论，均非复十数年前所闻所见，不图转移之速至于如此。各省繁华之地，无不遭劫，焚掠、抢掳，耳不忍闻。每念覆辙，殊为寒心。缙绅家纵不能挽回风气，要当稍自好，不为风俗所移，吾弟以为然否？升途改归江西候补，遥遥无期，告病业已奉驳，未知何日离此苦海也。所属弋、贵、铅、兴，又均两次被蹂。现大股盘踞河镇，都城尽闭。兵骄饷匮，莫展一筹。寝馈难安，时虞决裂。私事则自正月起，毫无进项。若贼仍不退，则以后便是枯鱼。兹因家中急用，遣慎斋带库纹五百金，洋银四百元，以京平二百五十金还玉（王）雁翁兑项，京平百金还冰如票钱，五百千付笃初屋价，六十千帮凤展师，四十千帮泖士表叔，馀皆留作家中伙食。以后江省如能平静，则冬间或有寄项，否则万难设措也。双亲老矣！吾弟须事事分忧，至嘱！至嘱！此询二弟元祉。泖士表叔及五、六两弟，均有信来，不及复，为我道念。

①信里提及弋阳两次被太平军攻克，在咸丰七年二月二十五日及三月四日，知此信写于咸丰七年。
②熙官：沈葆桢之长女，生于1841年。

与父母 咸丰七年六月初五日①

儿葆桢跪叩父母亲大人万安。敬禀者：前月二十六日由戴见轩寄回安信一封，计初十边可到。儿虽以道员升用，然补缺期实遥遥。兹蒙圣恩简授九江道，固苦累难当，而从此可望升途，亦一喜也。兹因星斋求差回去，先寄回兑票库纹二千两，内拨京平一百两还冰如刘家数清，京平五十两还九丹，漕平一百两还七姨母，五十两送陈心泉②。家中诸弟妹有急用者，乞父母亲大人酌量拨付。一千二百金先还京中要债二项：一为布制军八百京平，无利者，不便久假不归；一为□古堂四百库平，利甚重，久则愈多胶葛。俟王雁翁③回信到，即便拨交，所余留备下半年用。又足色金叶二十九两六钱一分，为母亲打首饰之用，切不可补给熙官，渠家不短此件也。此金为市上难购者，勿令匠人抽换。布及磁器，另单呈览。尚有留备应办之款，俟七月媳妇带回。三弟如来到厦，即万不必去。明岁儿侄辈必须令其自教，一则借是以收其放心，一则儿侄辈渐长，须引导以好法门，经书、古文，要令其识得门径也。家中事亦令三、四弟④身亲之，其进其退之间，万不可信。如三弟已出，即请四弟过来，无俟外索。两弟在家，连自己儿子读书不管，甚无谓也。逸则嗜欲生，亦非所宜。明年无论三、四弟掌教，于家用内筹出百二十金为其弟妇房下私用。慎斋来时，令其做轻的二四轿一把，买小洋灯一对，并神曲、熟烟、黄梨带来。儿身体俱好，可无挂念。父母亲须稍颐养，勿惜费也。

①沈葆桢授广饶九道缺，在咸丰七年闰五月初一日，此信称："前月十六日由戴见轩寄回安信一封，计初十边可到。儿虽以道员升用，然补缺期实遥遥。"此信写于同年

六月初五日。

②陈心泉：字华吉，号心泉，闽县人。沈之同年。官至湖北盐法道。

③王雁翁：王庆云（1798—1862），字雁汀，又字家镁，福建闽县人，道光九年进士。官至四川总督，工部尚书。王庆云授总督在六月二十六日，此时仍为晋抚。

④四弟：辉宗，字笃初。咸丰九年举人。任长汀、龙岩教谕。

复父母　咸丰七年十月初七日①

儿葆桢跪叩父母亲大人万安。敬禀者：九月二十二日慎斋到，得接八月二十六日安信，二十九日复由孙孝基处寄到七月初十日安信，饶梅臣②处寄到九月初五日安信，知此间寄回之信，均未收到。笃初明岁如肯自课子侄，自较外间延师远胜十倍。笃初在家，则滨竹归期可以听其自便。闻镜帆眷属途行被劫，信否？禾儿、铜儿寄来课文，虚（虽）〔文〕字尚通俱（顺），但不能出自心裁。如禾儿不加紧用功，可不必令其与试，免为徐寿衡取笑也。慎斋云，母亲望媳妇归颇切，本拟即行束装，因专人到崇安，探明可行与否？得饶梅臣回信，云途中仍尚难行，且婉（娩）期在下月，只得俟春正回去耳。大哥③署宣州卫守备，缺分甚好，惟以文官作武职耳。有家书来，兹并附寄萨姓之信，已寄交绣屏，吴殿鳌如索回信，告以此间窘甚，不能及也。儿身体俱好，可无挂念。

①《家书》抄本作"十月初七日"。
②饶梅臣：即饶廷选。
③大哥：似指沈荫士之子诚西，名尔昌，举人。

复父母　咸丰八年三月十七日①

儿葆桢跪叩父母亲大人万安。敬禀者：奉到清明日手谕，敬悉一是。儿叠奉中丞文札，促行甚急。定于二十七日遣家丁送眷旋里，初二日起程晋省，而此间人心皇皇，坚留不放。二十五日，数百人入署，求缓行期。夫船均为所约，不准受雇。情既有所不忍，势亦有所不能，只得如其所请，俟曾②、何③两部堂咨商定局而已。即家眷亦无能速行。儿身体俱好，可无挂念。

①咸丰八年沈葆桢离广信回省城，士民坚留。信称"人心皇皇，坚留不放"，即指此。此信当写于咸丰八年。抄本作"三月十七日"。
②曾：指曾国藩（1811-1872），原名子城，字伯涵，号涤生，湖南湘乡人。道光十八年进士，历署兵、吏等部侍郎。咸丰二年，丁母忧回籍，次年，奉命帮办团练，组建湘军。先后任两江总督、直隶总督，封一等侯爵。时以兵部侍郎衔，率领湘军与太平军转战江西。
③何：指何桂清（1816-1862），字根云，云南昆明人，道光十五年进士，时为两江总督。

与父母　咸丰八年四月十四日①

父母亲大人万安。敬禀者：三月初由崇安馆寄一安禀，未知能到否？浦城被踞，光泽复陷，省城光景，必倍形拮据。衢州受困，月余未解，处州闻又失守。浙中当事，束手无策，只移檄催援兵而已。此间常、玉路阻，军饷毫无所出。商贾既已绝踪，暴骨满野。流亡未复，地丁亦无从催征。各将停兵不战，不知如何得了也。抚州贼势已衰，或有克复之望。儿若离得广信，便当决意回家。贼不难平，而人心不转，天纵欲福，难为功也。顷又闻邵武失守，闽中既无将，又无饷，奈何！奈何！五妹尚在寿宁耶？抑已回省？福安、宁德亦俱告急也。兹因赖军功锹运赖从戎灵柩之便，草此数行，以慰悬念。亦凡信两封，黄玉波家信一封，均饬人送去。

①信中云："浦城被踞，光泽复陷。"咸丰八年三月二十三日，太平军二次入闽，攻克光泽，此信当写于咸丰八年。

与父母 咸丰八年五月二十日①

儿葆桢跪叩父母亲大人万安。敬禀者：四月十五由军功赖锹寄回安信一封，计当到矣。本日奉到四月初一、十三两次手谕，知前此尚有寄曾乐山信未到。此人不知何以忽而到闽，此行殆尔折回矣。锐昌可劝其不必再来，徒损盘费，无谓也。厚甫为贼所伤，是尚能忠于所事者。东人谅有调剂。岵农、镜泉指省浙江而复避而之粤，薇堂师方归复出，勿村②素为寿臣③所憎，复随之往，均所谓进退无据者。满地干戈，从何处得乐境？纷纷趋避何为者？闽省今年必无乡试，则滨竹归否尚在未定。福州百物昂贵，家中何以度日？此间万难支持，已将万古愚④、姚彦嘉⑤转荐去，然又负千余金债矣。九江于四月初七日经李迪庵⑥攻克，逆贼歼尽，不漏一人。然该逆据守数年，援绝后又守半年，粮尽后又守数月。盗亦有道，真足令守土负恩者愧死。李迪庵复城后，即渡江北剿贼，留兵四千守浔，促儿前去。中丞欲交与，景太守坚不答。中丞无词以折之，又耻于降心相从，乃撤景太守，以邓双坡代理九江道。而楚抚胡润翁⑦已与官帅会疏调儿，中丞复以广信万离不开疏留。俱未奉到朱谕，殆一时尚须羁留此地，殆常山、江山复后，方能挪动耳。儿到江来，皆处两姑间。未到九江，而两抚先为此事如此龃龉，将来公事如何得了？知难而退，未识能如愿否？儿于胡润翁、李迪翁均未识面，亦向不通信，而两公辄先以信来约，不免益招猜忌。虚名害事，一至此哉！吉安不日可复，江省渐次肃清，皆借两楚之力。疆吏得人，所益不止本省。衢围尚未解，然亦未必能久。浙抚无非材，大局终不可问。抚州四月二十日克复，建昌二十三日克复，贼尽入闽。此贼不足虑，有劲兵蹙之，即散而归粤。前致信保慎斋廉访，请制军奏调驻建昌之张观察运兰⑧一军，未知当轴以为然否？闻闽省以铁钱故，竟将督署拆毁！贼不足忧，民情坏到如此，则恐难逃浩劫也。新谷登场后，家中必须多为储备。以后事殊难知，大哥此时在皖，应悔出山又误矣。戴老六署嘉兴通判矣。儿身体俱好，惟筹饷甚为难耳。

①此信提及咸丰八年四月初七日浙江布政使李续宾（李迪翁）攻占九江，知此信写于咸丰八年。

②勿村（1804—1885）：林鸿年，字勿村，侯官人。曾任使琉球正使，官至云南巡抚，后任福州正谊书院掌教十九年。著有《松风仙馆诗草》。

③寿臣（？—1864）：黄宗汉，字寿臣，福建晋江人。道光十五年进士。历任浙江

巡抚、两广总督、吏部侍郎等职。

④万古愚：沈葆桢在广信时的幕僚。

⑤姚彦嘉：当也是沈葆桢在广信时的幕僚。

⑥李迪庵：李续宾（1818—1858），字迪庵。湖南湘乡人。贡生，以军功起家，时任浙江布政使。咸丰八年战死。

⑦胡润翁：胡林翼。

⑧张运兰：张凯章，湖南湘乡人。官福建按察使，同治三年战死。

复沈辉宗① 咸丰八年五月二十三日②

笃初四弟如晤：慎斋来，接到五月十五手书，备悉一是。二嫂定于春正回里，花板且俟到家再议耳。江南北道复梗，不特乡试子虚，即会试亦有行路难之叹。吾弟老母犹子，既远出之难，省城谋生有限，计不如且在八角楼自课子侄，较之外间延师远胜十倍。如我能稍移善地，则吾弟固不患坐食。倘依然故我，则亦将断炊，只得决计归去，与吾弟另谋他策也。

①沈辉宗：字笃初，沈葆桢四弟。

②《家书》抄本作五月二十三日，无纪年。普晴有两次从江西返福州，第一次是由京南下，于咸丰五年五月二十四日至家。第二次是由广信回闽。咸丰九年二月十二日到家。此信称"二嫂定于春正回里"，当写于八年。

与父母 咸丰八年九月九日①

儿葆桢跪叩父母亲大人万安。敬禀者：前由饶镇军处寄回安信一封，计当到矣。嗣因乏便，兼羽书络绎，致音报久疏也。闽省光景万难，家中想亦奇窘。而此地竟丝毫无可筹画，徒深焦灼耳。皖北一败涂地，大哥幸在皖南，然婺源为贼所据，亦许久未得其信。渠在宣城随邓芥翁当差，想都平安也。有李次青②名元度，湖南平江人，向在江西带勇，现保记名道，有女九岁，欲与源儿③结亲，托曾帅为媒。儿以路隔数千里，将来诸多不便辞之,而次青求之甚坚,只得告以须请亲命。兹将其女与源儿八字寄回,惟父母亲酌量可否,再行函复。三弟有信否?漳、泉一带能否安静?四弟光景想益难矣。儿身体俱好,可无挂念,惟穷不可耐耳。有便人托带兴化手巾、红糟、熟烟等件。

①信中称"婺源为贼所据",咸丰八年八月六日杨辅清攻占婺源,知此信写于此年。抄本作"重阳日"。

②李次青(1821-1887):李元度,字次青,湖南平江人。道光举人,曾任浙江盐运使、贵州布政使,著有《国朝先正事略》等。

③源儿:沈葆桢次子莹庆,字星海,邑庠生。后知沅州府,湖南候补道。娶李元度之女繁祉为妻。

与父母　咸丰八年十一月二十四日①

儿葆桢、媳林氏跪叩父母亲大人万安。敬禀者:月初寄回安禀,未知何时可到?本日奉到铙镇军处寄来十月初一、十七两次父亲手谕,敬悉一是。镜帆自水口折回,而其夫人竟赴上海,正各行其是。然相形之下,益增佳话矣。周家芬笔下远胜于孟先生,笃初所定,自是不错。儿此间无项可寄。笃初欲得盐馆,只得听之,但望其勿为习气所染,庶几有裨家计。滨竹官兴正浓,未易遏抑。或者阅历世途,借知艰苦,俾成有用之材,惟苏、广俱非佳地耳。诚西②到信时,力劝其回去,执意不听。到皖华舆美服,为福老师所训,始改而步行缊袍。厌皖北之苦,乃谋至皖南,来书深以未得保举署事为急,谆谆索先容之信。邓芥翁檄其代理葡缺,文官当武职,殊失体制,然出息最优,诚西固非所计。孰意溧水复后,余逆窜扰宁国,城围甚急,羽檄纷驰。诚西两月以来,并无只字。守兵甚多,援师亦至,大局可以无碍。惟诚西初次经此险途,殊为耽心。官中堂③奏请曾帅援江北,儿请其先清皖南,再行北渡,方有把握,未知可行否也。幼女及十月底所生两男,俱未作名字,兹拟女名怀印。因媳妇有孕时,怀印坐井旁数日也。男大者拟名岱云④,小名志雨⑤,因彼时正求雨也,未知可否?儿、媳身体俱好,可无挂念。

①信里提及十月诞生岱云、志雨,时在咸丰八年。抄本作"十一月二十四日"。
②诚西:名尔昌,沈廷枫之侄,荫士之子。

③官中堂（1796—1871）：官文，满洲正白旗人，王佳氏，字秀峰。咸丰八年，以湖广总督协办大学士。

④岱云：即沈璘庆，又字鲁清，沈葆桢第三子。光绪十四年举人。历任吉安、临安知府，侧室潘夫人生。

⑤志雨（1858—1918）：即沈瑜庆，又字爱苍，沈葆桢第四子。官至江西、贵州巡抚。

复父母 咸丰八年十二月初四日①

儿葆桢、媳林氏跪叩父母亲大人万安。敬禀者：赖春晖到，接读十月二十七日手谕，敬悉一是。此间于朔日由外委郑升带回一信，未知何日可到，张国经公文到日付之。大哥久无来信。宁国官兵屡败，邓军门②及萧镇③先后死绥，幸周涵济镇军已到。此君健者，危城可以获安。时事多艰，滨竹虽已报销，可劝其从缓再出，如其尚自就馆则已，倘已回家，可令其先来广信，与之商量，或送到曾帅营中，俾其稍资阅历。盖滨竹既不耐家务，势难强之安居。然佐贰实非人所可为，且世故太浅，易受人愚。反复思之，殊放心不下也。粮道李黼堂⑤托购顶上漳州印色，可令笃初往觅，价钱贵些不妨，总须极好，买半斤。多与借贷，聊借此报之。交来足带下，嘱店中要装得结实完好，勿致漏油。封面上签写明：不可倾侧、倒放。并带厚熟烟四斤来。兹因幕友钱静山托笃初为之捐官，汇去河平银二百七十三两，并履历、银数单各一纸，专脚子带此信并其汇票到闽，可令笃初托一妥人为之代办，即将实收交与来脚带来。其银少有敷余，即留存我家，说明数目，由此间找还。又，亦凡托寄河平银二十两，并附之兑去，信到时可先送交，其家待用甚急也。媳妇俟明春道路安静，可以回家。身体俱好，可无挂念。

①信中称："邓军门及萧镇先后死绥。"据邓绍良战死时间，即可推断此信写于咸丰八年。抄本作"十二月初四日"。

②邓军门：邓绍良，字臣若，湖南乾州人。浙江提督，咸丰八年十一月十一日败死于宁国府。

③萧镇（？—1860）：萧启江，字浚川，湘军部将、道员加按察使衔。

④李黼堂（1827—1891）：李桓，字叔虎，号黼堂，湖南湘阴人。官至布政使。

与父母　咸丰九年正月十二日①

儿葆桢、媳林氏跪叩父母亲大人万安。敬禀者：初七日接到四弟来函，内云双亲近体复原，而前信未到，不知所患何病，殊甚悬悬。居业至今渺无消息，实不可解。岂中途折回耶？抑在何处留滞耶？三弟有无回省确期？媳妇拟月杪、月初起行。南安府失守，大庾令同乡黄星舫②禾儿之师，闻与叶叔华③太守同以身殉，未知确否？景德镇官兵每战辄败，连日由此间调兵接应，颇觉忙碌，幸广信尚平静耳。大哥已卸宣州篆事，殆为催征不力故。现奉道委赴苏乞粮，有来信两封，嘱转寄回。宁国转危为安，可喜也。惟皖北已糜烂不堪，皖南兵多饷绌，所邻之浙省章省疆寄，俱非其人，后患正未有艾耳。

①信中称"南安府失守"，咸丰八年十一月二十四日石达开攻占南安府。《家书》抄本作"正月十二日"。知此信写于咸丰九年正月十二日。
②黄星舫：江西大庾县知县黄荣庚。
③叶叔华：南安府知府叶球。

复沈辉宗　咸丰九年正月十二日①

笃初四弟如晤：接到腊之十九手书，内云双亲近体复元，而前信未到，不知所患何病，殊甚悬悬。居业及吴姓俱渺无消息。印色已收到，惟潮烟未经带来耳。亲友中有无入都会试之人？大哥因官途之难，颇有归思。然发财之念尚未尽灰，望摄篆如鸡肋，冀一染指而去。须知及早回头，方得脱离苦海，入其中则满身荆棘矣。双亲病时，何人盼视，现尚服药否？二嫂俟报销账目略有头绪，即行就道。此询四弟元祉，代请叔母大人万福。

①沈丹林患脚病，在咸丰九年初。正月十二日，沈给其父母信称："初七日接到四弟来函，内云双亲近体复原，而前信未到，不知所患何病，殊甚悬悬。居业至今渺无消

息，实不可解。"其语气与内容与复沈辉宗信相同。此信当与给父母的信同时发出，即正月十二日。

复父母　咸丰九年二月初六日①

儿葆桢跪叩父母亲大人万安。敬禀者：居业到信，捧读手谕，敬悉一切。惟所寄中军后吴姓一封，则至今未到耳。婺源于二月初一日收复，广信防务益松，景镇当亦不久矣。居业到省，尚未有信。楚抚胡润芝中丞函询镜帆可出山否，并问听孙②之才识如何，殆将调之耶？王制军③尚在延平，抑已旋省？闽省官票停后，气象想当一新。大哥官况甚不见佳，如知及早回头，则迷途犹不远也。儿身体俱好，可无挂念，孙辈亦平适。

① 《太平天国史事日志》称清军攻占婺源，日期为咸丰九年二月初一日。《家书》抄本作"二月初六日"。
② 听孙：林聪彝（1824—1878），举人。历任内阁中书，六部主事，浙江衢州知府，浙江补用道，浙江按察使，杭嘉湖海防备道。林则徐第三子。
③ 王制军：王懿德（？—1861），字绍甫，河南祥符人，道光三年进士，历任湖北襄阳知府、浙江按察使、陕西布政使、福建巡抚、闽浙总督。咸丰十一年卒。

复父母　咸丰九年二月十六日①

儿葆桢跪叩父母亲大人万安。敬禀者：昨奉朔日手谕，谨悉一是。宁国已无事，大哥并差事无之，颇难过日。运昌恐站不住，然大哥身边实不可无一亲人，或由夹道坊略津贴其家，留之作伴也。官票收尽，则民票自出，民票出则钱法自行矣。师之侄未到，客岁所寄中军后吴姓者，至今未到也。镜帆已奉胡宫保②奏调，谅当出山。宫保来信，详询听孙胸中所蕴蓄，手段所发挥。告以持身端谨，不堕父者（风）。尤长骑射，力驭生马。与别十余年，所成就当更有进等语。想必搜罗及之，惟当时误告以入都会试耳。儿身体俱好，可无挂念。

①信里提及胡宫保奏调镜帆,时在咸丰九年。抄本作"二月十六日"。
②胡宫保:胡林翼。咸丰六年,实授湖北巡抚,八年加太子少保。

与林普晴　咸丰九年二月下旬①

敬纫仁弟手足:月初专勇寄崇安郑家盐馆信一封,计当到矣。笃初信云:父亲多患泻肚及痔症,且腰难转动,此气虚故。父亲不肯服药,宜常食鹿筋,似有益,闷饭亦暖胃。母亲多不寐,此系心血亏耗,宜常服桂员(圆)。母亲以后断不宜再吃素菜。其一切调护,吾弟必已尽心竭力为之,无烦更赘矣。禾儿婚期能改近否?婺源贼虽退而未远,景镇尚负固。萧浚川在南康县之贤女埔获大胜仗,涤帅移驻抚州矣。景镇复后,我必须求脱。惟福州光景尚有可为否?务即示我。胡宫保已奏调镜帆,吾弟能与同来否?此问吾弟春安,不戬。

①曾国藩由建昌府移营抚州,在二月十六日,又萧浚川攻贤女埔获大胜,在二月十八日。沈葆桢得此消息,当在下旬。此信当写于二月下旬。

与林普晴　咸丰九年三月上旬①

敬纫如弟手足:两次附专足寄回安信,计当收到。王汉中、梁作信带来手书,知二月十二抵家为慰。印女、雨儿回来三四次,均尚顽适,惟屋小,为风日所陵,殊黑甚。洋痘已种,而皆不出。印女已回去,雨儿尚在此也。此间公事,日益掣肘,事事须与抚、藩攘臂而争。贵溪一案,业已含糊了事。谭星若可以免参,河口茶厘,每月提万五千金接济曾营,我亦将就答应。乃因提祥字营饷,忽据雪筠禀称:茶饷章程已改,无款可筹。阅其章程,令人愤填胸臆,又不得不与之争。一面具禀,一面饬各局仍暂照旧章办理,以候批示。初七日忽得抚札,称杨凤山告病,催赴九江开关,防务交彭思举会同参将督办。盖因奉有朱谕,速催开关,不准尽征尽解。按照原额,一年须赔五十万,故授意凤山使去,而遗我以火坑。我但能离却此地,即可以坚称病笃,示断葛藤,虽重遣不顾，自为计良得。廉琴舫②之报销业已办竣，拟将自己报销清厘，即行就道。乃军民心各皇皇，攀留不舍。谕以于例不可，留亦无益，彼竟不听，各驰赴督抚及曾帅处。府县迫于众议，亦为具禀。我初奉札时，觉胸中快甚，病愈几分，今见此等景象，令人转不恝然。现在清厘报销，再作道理。看来照例必不能准，且赔累四五十万，而湖北麻城、蕲水一带贼氛甚恶。刘腾鹤③阵亡于建德后，湘营全溃，湖澎震动。事事尚有陷害之心，时势亦断不肯准。至关税一节，我可据实自陈，无借他人转达。此时景况，何从开关？但说出实在情形，圣人在上，断无不明见万里者。若皖南、皖北贼势之大，固未易削平，然我经惯风浪，看来亦不过如此。且九江地形比广信更易为守，到任亦未尝事不可为。惟我离家十余载，定省久缺，魂梦欲飞。且近来士大夫迄不知廉耻为何事，人心世道之忧，更有甚于内外交讧之患者，不得不临事自决。即使竟为商民所留，亦终求所以自脱。吾弟且可不必来，拟批禀回复后，令徐升送眷回籍。此后孑然一心（身），尚须乞米，更难顾及家眷。来信所云家中尚有半年粮者，合盘费所余者言之耶？抑家中旧储尚有此数耶？家中须借吾弟善为打算。二、三月薪水，除朋友束脩、家人工食、伙食、什费外，还辅堂百余金，帮戴幼禾进京百金，帮杭州本家十两，所余无几，不敷家眷回费，难以兑回家用矣。家中不可不添买一小屋以为我课徒之地，归期虽在秋冬后也。李次青又催定婚，吾弟可购庚帖一对及媒帖、拜帖，即交回脚带来。庚帖请父亲示若何写法，开一样子来。源儿于孙辈行居四，或写四孙，或写长男之次孙，请父酌之。拜帖则次青堂上只有一母，下有妻，无胞兄弟，向来若何，亦请父亲酌之。惟媒帖闽省例所不用。我在都时，为雁翁、岵翁两家作媒，其请帖若何写，[信] 亦忘之，可问镜帆，当知之，亦写一样子来。媒人本托筱泉④昆仲，而曾帅必欲以自居，只得仍请曾帅。父亲于曾帅当用何称呼？或云应称后学，可请示父亲酌之。大哥累次来信，皆以家中可以索钱者着急。可劝夹道坊莫太不懂事，大哥现在刀山剑林中，迥非在家享福时可比。万一因急获病，家中又将如何？夹道坊尚未至山穷水尽境界，应如何腾挪裁处，家中可自为之。若如待其寄银，似非三五年内事也。双亲体气如何？惟小心伏伺（侍）为望。禀稿一分阅之。银镯带来亦好，否则，只用庚帖、媒帖，亦未尝不可也。与问敬纫如弟近好。

①沈葆桢四月中旬《复林普晴》信称："接到念二日回信，并庚帖、银器等件。"指林普晴收到此信后于三月二十二日给沈的回信。又信中提及刘腾鹤阵亡，是在二月二十八日，此信当写于三月上旬。
②廉琴舫：廉兆纶，字琴舫，又字树峰，河北宁河人。
③刘腾鹤：道员，字杰人，湘乡人，官至知府。咸丰九年二月二十八日被太平军炮毙。

④筱泉：李瀚章（？—1888），安徽合肥人。字筱泉，鸿章之兄。以拔贡生为知县，官至两广总督。

与父母　咸丰九年四月初九日①

儿葆桢跪叩父母亲大人万安。敬禀者：奉到三月二十三日、二月二十四日两次手谕，谨悉一切。源儿庚帖已专人送去抚州。九江开关，例应关督自行陈奏，不涉巡抚之事。中丞欲照应杨凤山②，故以开关尽征尽解请。当时只虑关不开不成，说得十分容易，致朱谕有不准尽征尽解之说。今欲照办，则对不住杨凤山，欲再奏，则前后措词自相矛盾，故嘱凤山告病，而令儿前往。凤山当时只图卸事，可以另委别缺，出禀后，始悟一奏则官便做不成，因又翻悔，不知其究竟如何？至中丞所奏原折，则至今尚不见示也。此间总须俟其咨复制府后，方能动身，一切俟到省后再酌耳。儿身体俱好，可无挂念。

①信称："源儿庚帖已专人送去抚州。"源儿与李元度女订婚在咸丰九年。《家书》抄本作"四月初九日"。
②杨凤山：曾助守吉安，后为贵溪令。

复林普晴　咸丰九年四月中旬①

敬纫如弟手足：接到念二日回信，并庚帖、银器等件，知悉种种。此间赴督抚及抠帅处请留者络绎不绝。虽中丞之意已决，而士民均以观望曾、何两处咨商为辞。我之行止，竟未由自定。衣箱临装时，我懒于检看，惟将柜内所存四宝收入大箱，即行箧好。如家眷毕竟归去，即无庸再开，倘终不果行，当再检视，盖锁匙到时一切俱已封固也。盘费除夫价此间开发外，带去银一百五十两，总足敷途中及仆妪回费。如更不敷，只得家中挪凑。三弟既不便另居，八角楼又太仄，屋自不能不购。兹向彭小山处借三百金，先行兑回，我之盘费只好另作打算。我意所买之屋，姑且留为退步，或有妥善人家，可以先行出租。我家自搬八角楼以来，一切平安，如可迁就，实舍不得挪移。三弟即回家后，总是不问家事，亦断不肯常住家中。三弟妇忠厚，彤儿尚少，终难自立门户。吾弟可移楼上居住，江浙楼上无不住女眷者，可将此意禀明双亲也。公婆龛可请供楼上，自较楼下清静些。康寿可一切从俭，以板总须买，但须实在佳者方好。所寄朱紫坊寿木，到底若何，总以搬回为妥。赖家之五十金已经发还，伙食所存，俱已用尽，然此处总尚有挪借处。杜嬷物件，临行自当妥寄。源儿庚帖，于初九日派亲兵送往抚州。雨儿不可令其习武，恐血气未定，借此生出事端，告以有才无才不在乎此也。吾弟行止，总俟我之行止定后，再作打算。此询近好，不尽所言。

①莹庆与元度女订婚于咸丰九年。此信称"源儿庚帖于初九日派亲兵送往抚州"，指四月初九，推知此信当写于四月中旬。

复林普晴　咸丰九年五月下旬①

敬纫吾弟如晤：得月朔手书，知父亲得脚肿之病，服药未见差可，甚为悬念。父亲既不喜服药，万不宜过于勉强，致郁闷加病。总以先意承志，能使老人心欢，自当渐减。大便秘结，或缘液亏之故，滨竹所购之燕药，是否佳者，务须检点极净进之，如已用完，省城亦不难购此物，多服、常服，方能受益。然不可使老人因而生厌。如开乌、鹿筋等类，可以间用。如系热湿，用燥药常洗，当亦有效。尤须儿孙辈有志学好，毋染恶习，则老人神志欢畅，可以勿药有喜。禾儿好弄弓刀，恐非老人所欲，可饬止之。嘱其专力读书，他事不患不能也。我在此插翅难飞，不知三弟何时可以抵家，我则极快亦须冬间。然无论能遂归田否，总思回家一行也。左边之屋，如买就亦好。禾儿姻事，迟速听其自然。惟禾儿完姻后，勿令常往外家，恐沾染烟瘾。至邵甫性情跷蹊，听之而已。双管枪俟我回时带去。此问吾弟近好。

①此信提及父亲脚肿之病，时在咸丰九年。此年六月初旬，三弟滨竹去世，此信仍提三弟何时回家。此信与《复沈辉宗》信均提及父亲脚疾。"既不喜服药，万不宜过于勉强"，口气也相同。此信当写于五月下旬。

复沈辉宗 咸丰九年五月二十三日①

笃初四弟如晤：接到端节前手书，知悉一是。父亲脚疾在腿上耶？抑在脚面？湿热与虚病治法悬殊。父亲既不愿服药，勿过勉强，转生焦急。如住房潮湿，似移到楼上较好些。倘以家中烦什，或移到庆城寺静养，不过月费数千房钱耳。晨昏定省，吾弟之责，总以先意承志，使老人心神畅顺，则病自渐瘥，勿徒强以所不欲也。禾、肜辈须教以留心侍奉，尤不可以任性妄为，致老人暗自郁闷，切切！乡试在即，用功须有兴会，过事揣摩，则心灵益滞，而气象萧索矣。寿衡色色俱佳，所取拔贡，必当可观。吾弟近日书法，益嫌软俗，无帖意。作字不可离帖，作文不可离书也。务宜按日摹临，且借以养心为嘱。得润帅②书，谆谆以行官声日损，嘱亲交者函戒之，年来伊将声名洋溢乎中国。子衡③来书，以痛切言之。父子之爱，岂他人所能夺？然至于本省及邻省督抚，皆啧有烦言，而不使闻知，亦非所以待至亲之理。玉甫其亲弟也，子希④先生其深交也。吾弟可将润帅原信送阅，应否函劝之处，二君各有主张，我不敢唐突也。此问吾弟元祉。

①沈父患脚病，时在咸丰九年。此信当写于该年。《家书》抄本作"五月二十三日"。
②润帅：胡林翼，号润芝。
③子衡：张岳龄，字子衡。福建按察使。光绪二年病免。
④子希：林则徐七妹夫陈嘉勋。

复林普晴 咸丰九年六月中旬①

敬纫如弟清览：接到初四日手书，知双亲精神尚健为慰。粳米性寒，与老人体气相宜否？林家姻事既要迟至冬间，只得听之。各亲戚无他意，怪我无所依助而已。吉庇巷之屋，索价千金，恐非此时力所能及，请双亲斟酌之可也。洋药、铜冒（帽），梁县丞、王从九购来甚多，我既离却此间，不愿复作此事，并洋枪、鸟枪一并付张千总，家中无庸再买也。教官既须军功方许委署，即无庸议，四弟必不可以赴军营也。此间本定于廿七日派徐元并新荐之福州家人送眷回去。印女与雨儿②之老嬷，各给安家银二十两，回时可并方泰、杜嬷带来。我于初二日晋省，而士民汹汹，必不肯舍去，只得留待督抚批示，复须耽搁一个月。此实迫于势之不得已，否则府试立即罢考也。禾、同文字颇有进境，叫他加紧用功。食物不必再寄，吾弟不在此，半多糟蹋，惟熟烟仍照常寄来可也。云儿③颇安静，蠢蠢则仍如故，雨儿近更乖巧，总较云儿稍弱耳。此问吾弟近好。

①信称沈葆桢接福州敬纫初四日信，当在中旬。
②雨儿：志雨，瑜庆。
③云儿：岱云，璘庆。

与林普晴　咸丰九年六月下旬①

敬纫仁弟如晤：久未得信，念念。我因赈灾，迟至念六方行。本留三百金做盘费，复为捐赈用了，到省即须向凤山挪用，秀才命固宜如此。告病之意已决，回家总在冬间。即不能终在家中，能归去一看亦好。印、雨近日多回来。我行后，广安要留徐嬷作伴也。父亲病体到底如何？寄去参四枝，问医生可服否？

①沈葆桢请开缺回籍，时在七月。沈另信称：景镇复后，我必须求脱。湘军攻占景德镇，在六月十四日。又称"我因赈灾，迟至念六方行"，此信当写于六月下旬。

与父母　咸丰九年六月二十三日①

儿葆桢跪叩父母亲大人万安。敬禀者：前由家人陈姓带回家信一封，计当收到。许久未得家信，心甚悬念。饶镇军已于十八日到防，儿本拟即行，因月半信郡北乡蛟灾、山崩数十处，田庐漂没不可胜计。府县不愿赈恤，日延一日。另饬委员查勘，俟其办有头绪，方可走开。故定于二十六日起程，家眷则八月天凉方可行走。景镇克后，江西全省肃清。然此后吉凶殊难豫决，盖人事未见可恃也。曾帅本奉旨移师防蜀，盖以石逆有由湘入川之势，因景镇兵未便遽撤，故尔迟迟。今则无可措辞，不能不行矣。三弟已旋里否？兹因胡少溪司马赴闽之便，泐此数行。以后寄信，仍托茶行交河口分府孙司马转寄也。

①咸丰九年六月十四日清军攻占景德镇。信称："另饬委员查勘，俟其办有头绪，方可走开，故定于二十六日起程。"抄本作"六月二十三日"。

与林普晴　咸丰九年七月初六日①

敬纫仁弟如晤：接到六月十一日手书，痛悉三弟以暑疾弃世。天乎何其酷！十年未得一见，方谓不日赋归，可以长聚，乃从此永诀耶！修短有数，果报原不足言，且亦终必同归于尽，百年皆一瞬耳。惟双亲垂暮，何以为怀。尚幸三弟业已归家，获终正寝。吾弟在室，料理一切，足以稍慰亲心。欲解亲忧，亟望彤儿成器。我未到家，彤儿读书，望吾弟先督促诱掖之也。墓地不能不待我到家寻觅，且未必一觅即得。灵輀在堂，老亲顾而增伤，可令四弟择一善地厝之。禾儿亲事，有期服，且宜从缓。玉官欲来广信，此必慎斋打算不出盘费，故饵之上钩。如实在拦不住，亦听其自然，空手而归，虽怨我亦于汝何益，然而非我之罪也。我本决意回去，复经此狂风逆浪，更无俟再商。十九日期服假满后即出，旋详请养。回顾饔飧，不无却虑。今念此后纵浮沉宦海，若非变为诡随，终于家用无补。而祖父累代所积阴骘，子孙一旦剥丧之，殊觉可惜。能与吾弟分任艰苦，想亦无过不去处。虽左支右绌，尚得一家完聚，较之行心上过不去之事，訾怨丛积，蒿目伤心者，自当远胜。吾弟以为然否？去任时，万民伞及软匾约得三四箱，德政牌约数十付。虽问心多愧，窃幸可以娱亲。乃稍动得意之念，遂得此意外噩耗。鸰原之惨，未必不从数年造孽来。书不尽意，敬问壶安，不一。涤帅②奉旨防蜀，渠思先赴宜昌察看，明日可到省矣。

①沈滨竹卒于六月，沈六月十一日得信。此信提及"涤帅奉旨防蜀，渠思先赴宜昌察看。明日可到省矣"。曾国藩自江西抚州取道南昌赴湖北宜昌，在七月七日。此信当写于七月六日。

②涤帅：曾国藩（1811–1872），字涤生，湖南湘乡人。道光十八年进士。官至两江总督。他奉命入川办理军务，在咸丰九年六月初三日。

与父母　同治元年正月二十六日①

儿葆桢跪叩父母亲大人万安并叩大喜。敬禀者：二十日在房村寄回一信，计当到矣。二十二日抵建郡，庆制军②咨知，奉旨补授江西巡抚，闻命殊切悚惶。续奉寄谕，饬令迎养。温纶优渥，旷代所稀。自顾何人，非祖宗余荫，何由得此。第此后必俟军务完竣，方敢再申前请。云山迢递，烽燧不常，不特瞻望为劳，并恐音书多滞。伏乞安舆莅止，俾免两地心悬。虽延建道中，水陆皆苦，然陆行多备川费，亦尚不十分辛劳，且免濡滞，惟舟行尤不相宜耳。今早可到建阳，身体俱好，可宽慈念。

①沈葆桢授江西巡抚，在同治元年正月二十一日。《家书》抄本作"正月二十六日"。

②庆制军：庆端，满州镶黄旗人，时为闽浙总督。

与林普晴　同治元年二月初三日①

儿葆桢跪叩父亲母亲大人万安。敬纫仁弟如晤：建阳寄回安信一封，计当到矣。水浅舟胶，初一方抵崇安。将来家眷如坐船来，须在建宁换北溪船，大船一号，换北溪二号，则快甚，此船能冒雨而行也。盈泰店之厨，闻其欲来，镜海恐人多，不为之说，可问镜海带来。昨收拾一日，今日冒雨过山，夫马均自雇，不欲累地方官。吾弟行时，当多带盘费也。此间合家俱好。

①沈葆桢于同治元年正月奉旨赴曾国藩大营，二十三日至建宁府（建瓯）。此信称"初一方抵崇安……昨收拾一日，今日冒雨过山"，此信写于同治元年二月初三日。抄本作"二月初三日"。

与父母　同治元年二月十五日①

儿葆桢跪叩父母亲大人万安。敬禀者：在房村、建阳、崇安各寄安信一封，计当陆续到省。二月初五至铅山，奉到正月二十一日手谕，敬悉一切。闽省上游，岭南滩险，老人跋涉，辛苦异常。且衙门之嘈杂，迥异在家之清静。母亲至此，无亲友可以往来，尤宽（觉）岑寂。儿甚不愿博迎养虚名，但贼氛縻（靡）常，长发艇匪在在可虑。万一闽省有警，儿既不克分身回顾，和、彤皆少不更事，如之奈何？所以再四思维，莫得一当。似仍不如聚于一处，免心悬两地也。和、彤总须在家读书，以奉岁时墓祭。现在贼近浦城，宜沿途探明前进。此地但得起程确信，即派人过山迎护，可无他虞。儿于十三日到江，十五日受篆，兵饷需五百余万，尚一切茫无头绪也。身体俱好，可无挂念。

①沈葆桢赴江西受篆，在二月十五日。抄本作"二月十五日"。

与林普晴　同治元年二月十五日①

敬纫仁弟如晤：到省后诸事纷如，作家书，累次不能就。途中向松轩借钱二百，到省又向李韡堂借银二百，又将罄矣。养廉月可得现银三百余两，赣关办公之项，不知能到否？漕务改后，办差及门包等件尽数裁革，署内外一切均须自备。家人须给与工食，此时无款可寄。家中乏用并迎养路费，可向郑五妹暂贷，数月可以寄还也。过山时，广信来接甚多。闻徐元有招摇情事，已将其名粮开革，须嘱咐随行人等慎之。迎养之举，吾弟总觅窥亲意如何？吾弟总须早出，内外专恃质夫②一人，恐照应不及也。盘费如不多带，可速作信来，筹款于中途接济。饶枚翁殉难之奏，曾中堂已允联衔入告，可通知其世兄。闽抚已放徐树人③，遗爱足系漳台之心，闽事必大有起色。督缺外间传闻，旨饬曾中堂奏保，有荐张石卿④之说，此君亦大好手。但徐年过七旬，张多眼疾，能来与否，未可知。果速来，则福建方可无虑。总盼行时，途中消息无定，行李不容多带也。

①信里提及"到省后诸事纷如",指同治元年二月十五日沈赴江西省城受抚印。此信当写于二月十五日。

②质夫:黄倬昭,沈葆桢妹夫。

③徐树人:徐宗干,字树人,江苏通州人。同治元年正月二十三日由浙江布政使授闽抚。

④张石卿:张亮基(1809—1871),字采臣,号石卿,江苏铜山人,道光举人,官至云贵总督。

与林普晴 同治元年二月下旬①

敬纫如弟青盼:自奉宠命,眠食不安者累日。自惟一介末吏,擢畀疆寄,且怜其乌鸟私情,为之委曲擘画,无微不至。虽陨身碎骨,岂足仰答天恩。此后非四海廓清,万难再申前请。迎养之举,似不得不行,惟长途跋涉,水陆皆难。父亲既性耽澹静,倦于远游,母亲复向未外出,滩险岭高,皆向所未见,仆又不能亲自随侍,殊切踌躅。然止而不行,或江西有警,音书稍滞,双亲必寝食俱废,万一鼠窜闽疆,榕省戒严,仆为职守所羁,无缘驰望,当又奈何?欲留吾弟在家侍奉,即遇疑之事,必有定识定力,上慰亲心,而署中急(忽)有棘手难支之处,又断无别人可以商酌。此后非若前赴曾营,只参谋议,不耽干系之比。所以急望女诸葛之不吝垂教也。惟望吾弟熟探亲意,如兴致尚好,不甚勉强,则将行李雇船,请六、七姑爷先行。吾弟亲奉安舆,随后登陆,多雇数名□夫为双亲扶轿,遇雨则歇。途中借驿站住宿,勿入旅店,多备川费,亦稍见顺适。至滩河之险,万不宜令母亲见也。一到江西,则坦途。和、彤皆留家,不特便于读书应试,且大哥年底必行,祖墓须有人祭扫。三弟妇可带濂儿随行,盖母亲到署,更无亲眷可以往来,得三弟妇同来,稍免岑寂。速将彤儿完娶,与叔□约明,一切奁具不要预备,总赶二月内成事,三月起程,四月到江,则皆中和时节也。如双亲决意不出,吾弟即可雇船前来,春水方生,可以径达崇、建。小儿女带来,免其在家滋扰。五、六两女随侍母亲可也。瀛儿可断乳,交郑厝哺之。陈厝则不宜带来也。六姑爷本约有馆则来,此时不及相待,已托李黼堂延订。惟允②到时,不难另有布置,可通知之。七姑爷不便力辞,但告明此间极苦,与作店伙无甚高下,愿则可行。笃初荐一家人,不过粗脚色,只得许其送眷来,滩河伊却甚熟。闻刘荣芳由邵武入省,可留他途中伺候。至一切事如何处置,君才十倍于我,更无待哓(饶)舌。惟双亲能否前来,必须专信托刘云樵廉访,用六百里递来,以便差人驰接。如恐中途照应不及,则信来时,我请质夫带李茂回去。惟天暑不可行,当以秋为期矣。自顾无可报称,惟望大才相助为理。把晤匪遥,鹄候复音。顺请阃福,合家均好。

①信中提及"一介末吏,擢畀疆寄",说明是任巡抚后写的。沈于二月十五日到江西任上,此信当写于二月下旬。
②惟允:吴维允,名仲翔,沈葆桢妹夫。曾在福建船政局任提调,署船政大臣、天津水师学堂总办、广东水陆师总办、署按察使等。

与父母　同治元年三月二十一日①

儿葆桢跪叩父母亲大人万安。敬禀者:十八日奉到二月二十六日手谕,知四弟业已抵家为慰。闻福州于三月十四县考,彤官名次如何?濂官②出考否?竹波③束脩有限,将来当于年节充拓。此地稍有宽余,当即兑寄家用,然端节恐来不及也。二十四登舟,赴广信督防,寄家信更便。此并付四弟阅之。椿、俊④两侄,当勤督课,不可任令荒嬉,至嘱。鄞邑圕到时,兑项自当筹拨。

①《家书》抄本作"三月二十一日"。
②濂官:咏濂。沈葆桢三弟滨竹之子。
③竹波:亦称竹坡,沈书年,四川温江县令。
④椿、俊:世椿、世俊,辉宗之子,沈葆桢侄子。

与玮庆　同治元年三月二十九日①

儿葆桢跪叩父母亲大人万安。玮庆②吾儿知悉:本月未得家书,心甚悬念。此后无论有事与否,每月汝总写信寄来,定期初一、十五,毋得缺少。一以知家中安否,一以观汝写作有无长进。信不厌详,不可以寥寥数语了之,即此便是学问也。凡事到手便做,不可拖延,拖延便做不成。书院甄别得名否?彤官县试如何?斋中功课不可缺,交游尤须慎择，至要！至要！字须日日临帖，若离帖而貌为古，则去古益远。我于二十四日出省，今日可到贵溪，初四五当到广信，察看彼处情形稍松，则不久亦当旋省也。家中留兑项二百金，可以支到何时？此间稍可腾挪，即须兑寄，然总在端节以后矣。臬司处寄信、送信，每次均给与其号房百文。如年节求赏，亦须酌付之。此辈非钱不灵，勿与较也。我身体俱好，可无挂念。

① 《家书》抄本作"三月二十九日"。
② 玮庆（1842—1880）：字颂田，号丹荪，沈葆桢长子。

与林普晴　同治元年四月初九日①

敬纫仁弟如晤：昨夕拔贡叶澹如昆玉过此，知吾弟已于初十日登舟。春水方生，溯流多滞，不知何日可抵崇安？翘盼无似。盘费敷用否？尚短若干，可派人到广信来，如数措办。惟允作信，请其顺途到广信，不过欲得晤谈，并非有要事，如须其送眷到省，则仍请其同行可也。沿途夫船，均须自备，惟陆路既备公馆，不得不扰其一饭再行，则并酒食却之。过县勿泊船，以免仆辈生心。现通省门包全行禁革矣。到河口须雇光板船，家眷非此不便也。其极大者为天官翅，价三四十千，次者一二十千而已，即再贵亦不必计较也。差可之家人方明，系章果堂②所荐者，人尚笃实，或可令其办理。抚署上房颇宏敞，若何住法，请自酌之。江山之贼已于廿六日宵遁，广信防务稍松。兄到常山一晤左中丞后，亦不日旋省。此问行安，不一。

① 信中提及"江山之贼已于廿六日宵遁"，同治元年太平军李世贤因左宗棠之进攻而退出江西，时在四月初十日。同治元年四月二十一日与丹荪信称："防务稍松，乡堡章程一定，便当旋省，清理积案，殆于五月朔日返旆矣。家眷已于初十日抵署。"知敬纫已到南昌节署，则这封家信为什么称"知吾弟已于初十日登舟。春水方生，溯流多滞，不知何日可抵崇安，翘盼无似"？似乎初十日还未到崇安，可见，初十日当是初一日之误。而四月中旬，沈通过惟允来广信，知普晴于四月初五日已狮江解缆，因此他估计敬纫当于初十日到南昌，与实际到达日期吻合。

又四月初九日与父母信，已知普晴初四到河口，即买舟晋省，五日顺流而下，初十前后必到。此信则称"到河口须雇光板船，家眷非此不便也"，证明此信在四月初九日寄沈廷枫，估计是由广信寄至南昌的。查河口离江西铅山县三十里，河水之源头，与浙闽江交壤。此信称"兄到常山一晤左中丞后"，似还未晤，应是初十日去晤左宗棠之前。当与致父母信同日。

②章果堂：章倬标，浙江金华人。与沈同科进士，为沈在广信时之幕僚。

与父母　同治元年四月初九日①　广信行署

儿葆桢跪叩父母亲大人万安。敬禀者：前月三十日，在舟中寄回安信一封，计当到矣。家眷于初四到河口，即买舟，五日顺流而下，初十前后必到。惟允、小亭先来广信一晤，上下人口俱平安。儿明日动身赴常山，见左季高年伯，面商事件。回来后，看坚壁清野，规模粗定，乃可晋省。身体俱好，可慰廑念。

①《家书》抄本作"四月初九日。"

与林普晴　同治元年四月中旬①

敬纫仁弟如晤：初六惟允到信，知于初五日在狮江解缆。春水方生，下驶甚速，初十前后可到省矣。梁先生即请上学。官亲家人勿许出署，并函致李方伯②密查矣。闻施和甚刁狡，尤须严束之，勿令预事。养廉已预支到五月半，报信郡饬办乡堡，又捐千金，须提到七月底矣。署中动用，只靠赣关公费。如四月分有解来，尚须酌寄二三百金。若此，旋署想系端节，此时尚无项寄家，家中用项，尚可支到何时？江、常之逆，左军至则避之，左军移营则复来，须添调之蒋军③到，方有把握也。此请问安，不一。

①此信当写于四月中旬。
②李方伯：李桓，号黼堂，湖南湘阴人。时为江西藩司。
③蒋军：指蒋益澧之部队。益澧，字芗泉，湖南湘乡人，官至广东巡抚。

与玮庆 同治元年四月二十一日①

儿葆桢跪叩〔父母亲大人万安〕。丹荪吾儿知悉②：接到四月初七安信，知合家均吉，至以为慰。福州米价稍减而后骤昂，贫人益难度日。家中用度，俟我回省后，酌量兑寄些须济急。亲友处目前万不能及，岁底必有误也。广信筹防，捐饷一千，协济浙饷，又捐一千。养廉已预支，秋季尚不敷用。家中诸事，以俭为主，持家者尤须以身率之。惟祖父母及先生伙食，则必不可俭，宜斟酌轻重行之。汝近来字法文理颇有进境，宜从此加功，若中道而止，则前功尽废也。防务稍松，乡堡章程一定，便当旋省清理积案，殆于五月朔日返旃（旆）矣。家眷已于初十日抵署，六姑夫已请其暂办钱谷。将来奏折一席，殆亦须换。其余几位官亲并芗溪③之子前月自来，只得请其且学静坐也。

① 《公牍》抄本注："补录：四月二十一日儿葆桢跪叩。"
② "丹荪吾儿知悉"之前应加上"父母亲大人万安"。丹荪名玮庆。
③ 芗溪：林昌彝，沈葆桢之师，侯官人。文学家，学者。著有《射鹰楼诗话》。

与林普晴 同治元年四月下旬①

敬纫仁弟如晤：读手书，敬悉一是。书斋须择一妥实家人伺候，一免得罪先生，一免勾引儿辈也。查厨如何，细俤既是抢钱虎，又一无所能，必须改派也。初一日必可登舟，相见不远矣。但到署当在节后耳。

再者，前到崇安时，县中必要送，辞之再五再六，已答应矣。孰知其与行家说通，临行仍是县中所办之夫，不得已留五十金付行家还之。如此次家眷到崇，渠复将此项退回，辞之不获，则姑收回，以抵此次夫价可也。惟此次所用之夫，则必须自雇，不可再累地方官耳。

① 信称"初一日必可登舟，相见不远矣。但到署当在节后耳"，节，指端午节。此信当写于四月下旬。

与玮庆 同治元年五月十一日①

儿葆桢、媳林氏跪叩父母亲大人万安。丹荪吾儿知悉：本日得汝四月二十二日手书，知家中均吉为慰。家中息银，据汝母云，当时以三十八两六钱付汝，当可敷衍。诸古岭之息，以林裁缝抵之。此间因一切自备，入不敷出。日来办贡，川费八百金，尚是向厘局暂借，实无项可以兑回家中。如偶缺乏，可先向姨太暂借些微，日后寄还。至诸戚友处，为我说明年底必竭力筹寄，此时万无如何也。左中丞来信云，听孙迟迟不来，业已专折奏调，乞函致，此次万不可延云云。此公勇猛精进，与故文忠之豁达大度不同，汝可禀明三舅酌之。子希五子，其季最良。遽作优昙，令人痛惜。眷属来时，因溪船屡濒于危，汝母许焰口一座，可即在庆城寺谢之。乡试总是停止，然读书不可间断。孝弟为先，经史、古文次之。江西军务颇松，而饷则万难，然尚可想法，惟夷务则无法可想。我到信之后两日，士民将教堂拆为平地。出于义愤，不能说他不是。夷人不敢与民为仇，而在京者以危词恫喝总理衙门，勒令赔偿教堂，拿办人犯。日来总理衙门之檄，雪片而至。然抑民从夷，实于世道人心有碍。于都城实逼处此，内患如是未靖，亦大难为情。我以防范无方，访拿无术，自请严议。将万不宜赔偿拿获情形密函缕陈于议政王，冀拼一官，了此巨案，未知有济否？皖北业已肃清，皖南只剩宁国，亦不久必复。四眼狗②被剿穷促（蹙），率死党数百人往投苗沛霖③。苗逆擒之，以献胜宫保。曾营所部，去金陵仅三四十里，东南事大有转机。惟黔蜀群盗如毛，滇中尤不可问。豫捻侵入侠（陕）界，关中岌岌可危，政恐又生一波耳。我及眷口俱好，可无挂念。到此之官亲家人，日夜只闻愁怨之声。七姑夫数日后即回去，余者亦陆续将去。我光景只如此，听之而已。汝母要上好貂毫楷，有便寄数枝来。

① 《家书》抄本作"五月十一日"。
② 四眼狗：指太平军将领英王陈玉成。
③ 苗沛霖：安徽凤台人，捻军首领，后降清被杀。

与父母　同治元年七月二十三日①

儿葆桢、媳林氏跪叩父母亲大人万安。敬禀者：琴虞②字帖既经散失，只得将现存令铢儿③、彤儿④点清装好，俟其有人来领，付之。惟允所借《莲花经》，已嘱其信致乃弟检还。严九哥收条，如远堂⑤尚未起程，可令铢儿送去，托其带京，寄交琴虞。芝亭将寄黄延佑之项，会兑百金后，据云陆续归还，不知何以作此狡狯，当作信入都问之。

①《家书》抄本作"七月二十三日"。
②琴虞：董平章，字琴虞，又字退叟，号眉轩，闽县人。进士，秦州知州。
③铢儿：即玮庆。铢字为铢字之误。
④彤儿（？－1882）：管樵，字咏彤。沈葆桢侄，克述长子。
⑤远堂：郭柏荫。

与玮庆、管樵　同治元年八月十九日①闱中寄

儿葆桢跪叩父母亲大人万安。丹孙、管樵知悉：入闱后未得家信，心甚悬系。府考计当竣事，管樵得前茅否？河南之南阳、新野一带，虽时有警报，然江西使者能绕道来，则福建使者亦不肯半途废也。场期伊迩，须温理旧书旧文，为习静工夫，不容驰逐。添注、涂改与抬写格式，须留心查点，庶可完场。策虽空疏，亦须有笔以驱遣之。如问何人所撰，对云必有其人，问其说何据，便是笑话。所谓扛轿策者，须扛起前一层说，则绝无行（形）迹矣。岁考亦要紧，不能考一等，亦须得二等。文字虽清薄，但卷字不潦草，诗无疵谬，亦不致落之。策问题目，第二行低一格写，其抬头则应照头行问字双抬，不可认作三抬，乡试应无用三抬者。策中本朝书［名］人名＜人＞俱不准用。管樵孱弱，场篮定做轻者，须买一对眼近视镜，否则，院试、乡试俱不便也。江西首题，"子曰：爱之，能勿劳乎"一节，二题，"致广大而尽精微"三句，三题，"诸候（侯）［朝］于天子"至"述所职也。"诗，"长江绕郭知鱼美"，得知字。闱务以书办生疏，颠倒错乱，与提调、监试竭数昼夜之力，寝食俱废，始草草就绪，殆须二十五六方

能出闱。十八日，太太生一女，初三日，姑娘亦生一女，尚俱平安。五舅极不安分，恐我入闱，无人擒制得住，适张寿以病思归，于初五日令之送去，以归试为名，俾无形迹，计此时可抵家。渠极好造作谣言，一切勿听也。八月节项，下月或可筹寄，至年底各亲友项，则十月杪必力筹，当不至误。

①《家书》抄本作"八月十九日。"

与父母 同治元年八月二十七日①

儿葆桢、媳林氏跪叩父母亲大人万安。敬禀者：奉到八月初七日手谕，谨悉一是。严九哥收字，应留家中为据，亦宜送与远堂一阅，再行收回。盖琴虞已决意不归，故来信特托远堂为一证见。渠从前受严家之惠，甚恐负严家，若远堂已行，则不必矣。黄延祐兑项，当时似是三百金，仲熙、孝鉴、达甫诸人皆到家即交，惟芝亭百金挨延甚久，陆续凑集，却不知其后来有此曲折。已作信问芝亭。字帖未必有人肯带，虽所存无多，和、彤二人暇时，总应为之检晒，任其蛀去，总觉可惜。其存惟允处两种，则尚完好。儿在都时，颇受琴虞之惠，今所托事不能为之一一分明，无怪其有怨言。其信业已回复，但附入甘督函中。近阅邸信，沈朗亭制军②由西宁旋省，中途山水陡〔涨〕，仆马全队覆没，则此信未必能达矣。陕西捻匪解围后，回匪复迫省城。琴虞此后虽欲归，将无可归。能将经手之件交代清楚，亦佳事也。严家系二百金，作两次还楚，收字是否相符？黄伟山收条数共若干？可饬铢（钵）儿查检。诚西前言秋后出山，琴虞嘱拨之二百金，俟其过江右时问之。如其愿收，亦当筹付。儿在都时，历年所得琴虞帮项，约亦近此数也。二十四日出闱，阖署俱好。梁舜卿、邓增善、七姑爷、芎溪师之次子，均于今日动身归里矣。托梁舜卿③带《十三经集字》三部，以为入学认字之用，一与月亭之子，一与熙官之外孙，一与翊清。

①《家书》抄本作"八月二十七日"。
②沈朗亭：沈兆霖（1801—1862），字朗亭，浙江钱塘人。道光十六年进士，历任兵部侍郎、吏部侍郎、署户部尚书。时署陕甘总督。同治元年卒。
③梁舜卿：梁赓诏，字舜卿，瑜庆老师。

与玮庆 同治元年八月下旬①

丹荪吾儿知悉：得汝七月二十三、八月初八两信，知家中均安为慰。闱中寄一函，当下月初到矣。本日得部文，黄辛农②调粤抚，然则耆九峰③已得闽督也，但未见明文耳。场事一切照旧，不必为外论所惑。蘅洲项陆续归还亦好，但盈泰将来必大亏本，然别处亦无妥法，姑看光景耳。郑九丹、杨笙友俱令人惋惜。黄厝月资，据云非其夫自来，且月数不对，恐有弊窦。汝查明，如竟为人冒领，则不能不赔，如系其夫收到，则所短五月之数，须补还他。食力之人，不可令其辛工无着。以后作事，须详细公工，切不可贪小便宜。三舅出发，我不敢赞一词。人生吉凶，非意计所能揣测。如来问左帅信息，可告云四月间奏保浙枭，所拟数人，三舅名在其中。中旨用刘克庵典④，左帅之营务处也。保用密折，故无咨抄，我亦不得见，无所谓札调，亦无从得谕旨。前此左帅蔼蔼之意，不敢不代达。应其求与否，仍请三舅自酌之。左帅夜不就枕，披荆辟草，公事多以意为之，不能以寻常过节一一周到也。七月来信，字太恣肆。少年须一一检束，于规矩中方有进步也。夜深矣！七姑公子希、大姨丈来信，当俟下次再复。

①八月十九日沈葆桢与庆玮、咏彤信称："入闱后未得家信，心甚悬系"。此信则称收到七月二十三日、八月初八日玮庆信，可知收信当在八月十九日之后。又据闰八月初三日家信称："前月杪，由臬台官封，寄回安信一封，计月初可到。"此信当写于八月下旬。

②黄辛农（1805—1869）：黄赞汤，字尹咸，江西庐陵人。进士，历任刑部右侍郎，福建学政，河南、广东巡抚，时由东河道总督调任广东巡抚。

③耆九峰：耆龄（？—1863），字九峰，满洲正黄旗人。举人出身，时任闽浙总督。

④刘克庵：刘典（1818？—1879），字克庵，湖南宁乡人。诸生，以军功官至陕西巡抚。

与玮庆　同治元年闰八月初三日①

儿葆桢，媳林氏跪叩父母亲大人万安。丹荪吾儿知悉。前月杪，由臬台官封，寄回安信一封，计月初可到。福建正考衍东之秀②，副马介樵寿金③。期改十月甚好。江西以天气过热，病人极多。副考官薛淮生亦病，不能阅卷。十三方揭晓。梁舜卿④归去后，五姑夫兼教读，源官颇知畏惮矣。兹由新泰厚汇库纹五百金，到时察收。

① 《家书》抄本作"闰八月初三日"。
② 衍东之秀：衍庆，国子监祭酒。同治元年闽考官。
③ 马介樵寿金：马寿金，国子监司业。同治元年闽考官。
④ 梁舜卿：沈葆桢子侄之师。

复父母　同治元年闰八月二十八日①

儿葆桢、媳林氏跪叩父母亲大人万安。笃初四弟如晤：得闰月五日吾弟来信，并钚儿十二日来禀，获悉一一。馆金不须拨付，九妹应有赢馀，须省啬用之。此间所寄，了却债负，便当为储备计，官、馆均不可恃也。吾弟即决意会试，亦无道出江右之理。河南贼踪无定，中途忽通忽梗。湖北随州复陷后，此更不可知。以兄意揣之，即幸而中进士，往何处做官？从前乱止东南，今则西北无完土矣！闽中以洋船为极稳当，而此间则常闻火炸舟焚，全舱灰烬之语，吾弟应细酌之。万一钚儿、彤儿获隽，则断不可令其北行也。叶旭昌馀干早已开缺，另选之人，已到任数月。彼非江西官，如何能当江西差事？江西六月折差尚未旋省，福建主考亦无消息，楚豫界土，行路大难也。亨宰②、寿人，均有信来，嘱兑二百金，与仲熙作归来。七月间，得其丧偶信，即由新泰厚兑去百金，至今未得回信，不知得达否？俟得回信，稍有可张罗，便当应命也，可以此语告之。羽檄纷至，不能回答矣。欧叔尧归去，托其带闱墨二本，可察收。贼情甚急，恐冬间局面大变，先向藩库借冬季养廉，作亲友帮项，向新泰厚兑回，计九月底可到矣。每人所送甚有限，而吾力则既竭矣。此信禾、彤并阅之。如四叔起身，即转寄也。

①《家书》抄本作"闰月二十八日"。
②亨宰：玮庆大舅。似指林汝舟，即林则徐长子。

致亲友　同治元年闰八月二十八日①

亲戚友如晤。敬启者：别九阅月矣。当年眷爱之情，与吾乡艰窘之况，刻弗去心，而军书无片刻暇，官用无一月得赢余，徒郁郁于中，不获申意。极拟时局渐转，度岁可稍达微忱。乃军务入夏来，大有破竹之势。仲秋忽疫疠大作，自皖南下达金陵，各营士卒死亡过半，宁国尤甚。猛将失十余人，鲍春霆②、张凯章皆病不能军。逆酋以数十万分道出扰，皖疆岌岌，江右空虚，瞬息即不堪设想。恐入冬局面大变，欲求勺水而不可得。故先向藩库借三个月养廉，了此心愿。知笺笺（戋戋）者，万无补尊况，而力薄心歉之处，定邀原谅也。草此，合请清安，诸惟霁察，不备。

①此信与闰八月二十八日《复父母》信同时。
②鲍春霆（1828—1886）：鲍超，字春霆，湘军将领。曾任浙江提督。

与玮庆、管樵　同治元年闰八月二十八日①

丹荪、管樵同阅：得本月十二来信，当作复书，由官封递去矣。兹由新泰厚兑回库纹千金，到时可照单分送，所余留添家用，年底不能再寄矣。每人所得甚有限，亲友必不以为得（德）而以为怨，然不可谓吾力之不竭矣。秋闱获隽，切勿北行，至以为嘱。祖父母大人前为我请安。帮项另单一纸，单内如有遗漏，可请祖父母示酌送。

①此信与闰八月二十八日复沈辉宗函同时。

与玮庆　同治元年十月二十五日①

　　儿葆桢、媳林氏跪叩父母亲大人万安。玮儿阅之：月半寄回安信一封，嗣得九月底来书，备悉一切。功名有定，计此时乡试将毕，得失俱可听之，惟《四书》、《五经》不可须臾离也。运昌②表伯回闽，托带通书三十本，到时可分送各亲戚。茶碗四付，两付细的送文藻山姨太，两付粗的留备家用。前此家中寄来剪刀、夏布，俱收到矣。子希及梁老伯回信即送去。我行坐业已如常，数日即具折销假矣。有家[信]到四叔处，提出玉山红，有便自当买寄。高芝友致王瑞齐信，遣人送交。

　　再，汝重阳来信云，盈泰处五姨五百金业已归还。此非五姨项也，我前岁为祖父母购康寿花板未成，今春临行，嘱汝母云：将来有银寄家，须提出一项，以酬夙愿。故汝母来时，将五姨项归结清楚，特提此款存姨太处，或有大家需钱，将花板变卖者，或易成就。此事不必请命于祖父母，亦无须多请教外人，但如前年在九彩园所看汝说好的那两副便可用。总以纹细而多，内含宝色者为贵。须将其上下表里一一细看，无亏蠹补锭者，即与议价。前岁九彩园所看，始每副索价七百金，后则三百金肯卖。此事不可不办，汝看如有实在佳者，即多费些无妨。能购两副最好，倘难甚，则先购一副亦好。购成即当盈泰处，票开一钱，则岁费二十余文之息而已，家中无可位置，且恐碰坏也。如前项尚存姨太处，可即领回办理此事。倘已借与他人，一时未能取回，看有可买花板，即向他处腾挪。即如盈泰，现当回盘时，取还数百金当不难。明春添盈时，自当寄回应付，或向德昌处商量亦可。总以此事必成为主，其余不必拘泥也。至四叔③之外家有一副花板，断不可用，不必去看，转多一番周旋也。姨太信一封，汝自送去。

①《家书》抄本作"十月二十五日"。
②运昌：沈葆桢表兄。
③四叔：辉宗，字笃初。

复父母 同治元年十二月十二日①

儿葆桢,媳林氏跪叩父母亲大人万安,并贺年禧。敬禀者:初九奉到十一月二十四日手谕,谨悉一是。家中馆束,自当照旧。如质夫肯就,则格外尽情处,当由江西筹寄。三弟读书,正值吃紧之时,和官②亦须令其稍有畏惮之人,彤在外间沾染习气。彤官寄来文字,仍是毫无生气,起讲尤劣,皆枝枝节节为之,都是依稀仿佛境界。功名有命,亦未尝不可望进。但于文字门径,殊未梦到。以如许纯粹性情加如许勤苦功夫,竟为天下所限,殊令人懊恼,亦急于功名之心误之也。陈亲家贪诈、好赌,早知其有今日。笃初虽回家照应,其如爱莫能助何?方伯不学无术,此端一开,将来情弊百出。笃初虽有就馆之名,徒为同事之制,弃之亦不足惜。李家素无戚谊,听之而已。如笃初能勤俭自爱,固无须此馆也。儿身体俱好,可无挂念。江西冬令苦旱,幸两次祈雪,均获灵应。贼将西窜,如得河流盛涨,则易堵也。

① 《家书》抄本作"十二月十二日"。
② 和官:沈之长子玮庆。

与玮庆 同治元年十二月十二日①

钰儿知悉:得汝十一月初十、二十四两信,皆寥寥数语,又事事错漏,何一忙至此耶?心不妄动,则神不外散,以后务须鞭辟近里,力避世俗积习,勿贻祖父母忧,至嘱!至嘱!饶总爷带来物件,今晚一一收到矣。兹寄桂臬台唁函一封,汝可加封奠敬十二两送去。陈七姨公②回信并各人家信分致可也。德甫表叔回闽时,汝母嘱其定造大皮箱四只,附便寄来。缘各人添有衣服,旧箱不敷装也。已做否,信便提及。

① 与致沈廷枫信同时。
② 陈七姨公:林则徐七妹夫陈嘉勋。

与玮庆　同治元年十二月十二日①

丹荪吾儿知悉：接汝腊后二日来书，知旧岁兑款已到矣。前款本为购花板之用，如一时花板实无从购，自当将此项寄盈泰典中，俟有可购时取回，此事总不容不办也。我未回家，即铜官②完娶，房屋尚可挤得下。至我回家时，拟另觅一屋，大小略与八角楼等。汝与铜官皆已成家，可以搬出同住，各自当家，俾汝等稍知艰苦，勉学勤俭。景巷之屋，如已买定，俟有人要时，再行转卖。如尚未定，务即中止。盖八角楼住屋，当时并非力所能置，费祖父母无限心机得来，我必守此终身，一也。江西兵勇欠饷至八九个月，无可筹措，而疆吏购美宅，前此王雪轩③在浙被围，其子在庆城寺购宅成券，阖城以为奇闻。我与汝名节两亏，二也。闽中有产业必劝捐，去岁饶枚臣之子买杨雪苓④屋，不数月即传写捐，托三央四，始获免。耆督与我素不相洽，闻之必生心。我果力尚能捐，必不吝惜，其如日食尚且不足，何谓置产有钱而助饷无钱，夫谁信之？三也。寄项既不敷屋价，又称贷益之，如我久于此官，以后尚可望弥补。我为洋务，已两次请严议，虽天眷优隆，未即见许。然我与川督骆渝（籲）门⑤皆大为外人所忌，不去必碍抚局，将来不可不已，家中又添一累，四也。我将来回家，仍是照从前行径，不能随众趋承，仰当道鼻息，大屋无所用之。门面愈阔，则用度愈益繁，我无所措，必至于卖之而后已。林勿村军门前之屋价未兑楚，而屋已他属，即是前鉴。从小屋迁大屋，不见其甘，由大屋迁小屋，则其苦万状，不可终日，五也。亲友不能如意欤助，抱怨者多，与之言清苦，虽指天誓日，亦不见信。再如此举动，是家中先不相信，毋怪亲友之不信，千人所指，六也。我幸得一官，皆由历代祖宗积累而来，若一朝发泄殆尽，则汝等将无福可享，须留有余地步，为汝兄弟讨生活，七也。宦后多美田宅，子孙必启争端。汝等少时便不甚和气，痛痒亦不甚相关，我必不多留余孽，累尔曹声名，八也。人生一瞬耳，富贵便（更）复何常。先辈宦海归来，必谋美宅，然无能久者。景巷之屋，我少时读书地也，二十年间，四易主矣。今之卖屋者，即十余年前以巡抚致富之子也。思之能勿自惕？九也。方今天下无完土，然贼之所至，荜门圭窦，间有存者。至甲第连云，必成瓦砾，且性命随之，有绝无噍类者。不特中有可欲，在人事为诲盗，而恶盈好谦，亦天道使然。况我与外人必不能两立。汝等身居陋巷，尚难物色，若高明之家，则鬼瞰其室矣。毋自招祸，十也。如祖母虑诸孙无立足之地，豫为之谋，汝可寻一进五间排者，或三间排而有边屋〔者〕购之，以为退步。至勤俭必不可忘，我貂褂霉烂，尚不敢另做，亦无白锋毛外褂，官亲家人皆以此为耻。无论现在江西及京中旧债未清，力所不及，即稍从容，我等省一件衣服，即可救人无数性命。此时说勤俭二字，甚似迂谈。汝辈少读书，日驰逐于庸耳俗目间，必不以为可信。汝辈年齿尚稚，生不逢辰，将来必有身临患难之一日，始悟言之不妄也。竹波先生如进京，西席尚未定，可请秋澄师祖来课。师祖学问，亦近今所希也。功名得失，不足介意，即八股、试帖，亦无关紧要，《四书》《五经》，不可暂离，《纲鉴》及先贤格言，亦须时时留意。世风日下，再无数句圣贤语言在胸中，便成无所不至之小人，可惧也！作字须检点，来信鬆误作髱字，典字误作点字，外人见之皆成笑柄。见人须认真请教，尤不可自讳所短。彤、濂儿并阅之。各家寄信，即饬送去。见亨宰大舅，禀明寿对我已写就，俟有便方能寄也。彤官今年必须完娶，必不能不做之事，乘此时为之，尚不费力，汝禀明祖父母，春间尤好也。闻家中买有义女，须俟有同乡家眷之便寄来，不可特差家人护送。

①与致父母函同时，即十二月十二日。
②铜官：当指咏彤。
③王雪轩：王有龄（1810-1862）。字英九，号雪轩。福建侯官人。以捐纳为浙江盐大使，历任慈溪知县，杭州知府，江苏按察使，布政使，时为浙江巡抚。太平军攻杭州时自杀。
④杨雪茮：杨庆琛，字雪茮，侯官人。嘉庆进士，山东布政使、光禄寺卿。著《绛雪山房诗抄》、《续抄》。
⑤骆籲门：骆秉章，字籲门，广东花县人。道光十二年进士，时任四川总督。

复父母　同治二年正月初三日①

儿葆桢、媳林氏跪叩父母亲大人万安，并贺年禧。敬禀者：奉到腊后一日手谕，谨悉一切。儿近体都好，药早已歇，惟日饮牛乳两钟而已。军务虽难办，然有法可想，尽心力而为之。洋务则绝无可想法，动辄违碍，进退无适而可，此则史册中未见之难事也。源儿等俱于本日上学矣。听孙可密劝其行期从缓，浙中是否靠得住，过此一两月方有定局也。阖署上下，均安善无恙。

①《家书》抄本作"同治癸亥年正月初三日"。

与父母　同治二年二月初四日①

儿葆桢跪叩父母亲大人万安。敬禀者：正月二十六日，寄回安信一封，未知何时可到？现贼由广丰趋建昌，逼近闽界。闻浙江之昌化尚有大股续来，已饬各营严备矣。恐驿路中梗，前信有失，故再作此禀寄回。儿身体俱好，可无挂念。

①《家书》抄本作"二月初四日"。

与父母　同治二年三月十四日①

儿葆桢、媳林氏跪叩父母亲大人万安。敬禀者：初九日，由徐中丞官封，寄回安信一封，计月底可到。兹寄兑库纹千金，应用之款，另单开列。此间虽贼氛环伺，然各营防堵尚密，或不致决裂。惟大雨连宵达旦，如是数旬，再不开霁，大有绝粒之虑。儿身体俱好，可宽慈念。

①《家书》抄本作"三月十四日"。

与玮庆　同治二年三月十四日①

钚儿②知悉：兑回千金，用款另单开列。大庆若何办理，可请祖父母命遵行。亲友好看热闹者多，别事可以将就，惟唱戏万万不可。国孝未除，谓人都做，我亦可做。翊清③四月即当为其种牛痘，勿再迟也。

①与致父母信同时。
②钚儿：即玮庆。

③翊清：沈葆桢长孙，字丹曾。历任福建船政局提调，船政大臣。

与玮庆　同治二年三月十四日①

丹荪知悉：寿文屡作屡辍，迄未能就。可求子希姨夫为之，或子希、俪丹书之。可共送笔敬二十金，馀事皆请祖父母命办理。饶廷杰②系查办之人，岂能收依投效，婉辞焉可也。大姨夫③、大姨④信物俱收到，为我道谢，下次再复也。丁未同年衔名册附撰文用沈桂芬⑤年伯。渠乃台湾同知沈庆霖之孙，在鳌峰肆业，见过祖父，即梅观海之徒也。可告五姨夫知之。

①与沈致父母函同时。
②饶廷杰：饶廷选兄弟。
③大姨夫：刘齐衔，字冰如，林则徐长婿。
④大姨：林尘潭，林则徐长女。嘉庆二十一年生。
⑤沈桂芬（1818—1881）：字经笙，顺天宛平人，祖籍江苏吴江，道光二十七年进士，历任礼部侍郎、山西巡抚、军机大臣兼总理各国事务衙门大臣、兵部尚书、协办大学士等职。

与玮庆　同治二年四月初九日①

钰儿知悉：前月二十九日接到初三日安信，藉悉一是。洋针、洋金花件等物亦收到矣。窥伺饶州之贼，经参将韩进春②打两胜仗，杀其伪孝王胡鼎文，日来风浪少息。而皖浙群匪麇集建德，络绎西来，数日后必有几次恶战，盖舍此别无去路也。尤可虑者，江北窜匪由庐江上犯，已及六安，楚疆岌岌。若再入鄂境，则江西真四面受敌矣。大伯如未起程，请其万不可出山。皖南北复无完土。刘鲁汀③太年伯署祁门县，仓卒遣其家人送一妾来寄寓署中，其狼狈之状可掬（掬）。曾节相荷天下重任，而日来名声大减，举动失常，大局不堪设想。滇省被回匪沦陷，潘制军殉难④，传闻抚藩相率降贼，名教扫地，一至此耶！此间贼氛压境，征召不遑，而无赖遂乘机窃发。三月初，吉安斋匪约期举事,临江复有刁民聚众挖堤之案,幸俱先期拿办,未酿巨祸。然窜贼数十万,均谓宁战死江西,断不肯饿死江南。铤而走险,防不胜防,未知能从邀天幸否也。霖雨累月,滨湖尽成泽国,秧麦俱不可问。日内始开霁,能得半月畅晴,则补种者方有秋成之望。否则,不知作何情状矣。汝母要极细极密的寸笺,可附便人带来。

①《家书》抄本作"四月初九日"。
②韩进春:湘军参将,守江西。
③刘鲁汀:刘瑞,字鲁汀,号章甫,侯官人。举人。署祁门县令。
④咸丰六年,云南回民举行反清起事,形成马如龙、杜文秀两大势力,多次包围昆明。同治元年,马如龙接受招安,任总兵。同治二年正月十五日任参将的马荣带兵据省城,杀死云贵总督潘铎。

复父母　同治二年五月十五日①

儿葆桢、媳林氏跪叩父母亲大人万安。敬禀者:初十日,小庭到,奉四月初二日手谕,谨悉一切,并知四弟已到家矣。彤官②仍在鳌峰,甚好。此间军务照常,惟饷缺耳。兹由新泰厚兑回库纹一千,内五百为彤官完娶之用,三百为家中伙食,二百以备母亲大人零用。儿身体俱好,可无挂念。

①《家书》抄本作"五月十五日"。
②彤官:咏彤。

复玮庆　同治二年五月十五日①

丹荪知悉:得四月初二来信,知彤官吉期已定为慰。计入秋即当纳采,所需物件,目下可陆续措办。兹寄回库纹千金,可将二百金呈祖母,以备零用,五百金呈三姊②,以为彤官完娶之用,余三百金为家用可也。寄来蛏干等件,均收到矣。方明衣箱,可俟果堂年伯到省,送还文藻山。姨太去年十一月十一托亨宰舅所寄信物,于本年五月初九日收到。先通知道谢，下信汝母再写信也。心北舅③寄大姨信，即送去，其诰轴，须待便人也。施厝、郑厝均云其家中人有来借钱，求勿借也。

①与致父母函同时。
②三婶：沈三弟滨竹夫人陈氏。
③心北：林拱枢，林则徐第四子。历任内阁中书，刑部主事，江南、山西、广西道御史，山西汾州府知府。

复玮庆　同治二年五月二十六日①

丹荪阅之：十五日，由新泰厚兑信一封，并兑四千金，计下月初可到。二十日，得五月初九来信，知悉一切。当道之来拜寿、送礼者，我自作信谢之。当日，或四叔或汝，自当去挂号谢寿。以后我不在家，官绅场中或情不可缺者，出公份足矣，不必来往应酬也。家中用度，有此次兑项，自足敷衍。俭是自己的事，省事则自然省费。至外间账目，须随时清还，不可只图自己便宜。忠厚非奢，刻薄非俭也。我欲汝读书者，非急汝功名，愿汝有数句圣贤言语往来胸中，不致堕入流俗恶习耳。随时随地皆可读书，我目下羽檄填委，尚未废书。当家亦当总其大纲，至米、盐、油、醋中馈事，媳妇能之矣。王厝月资，可截至六月止，将为瀛儿②断乳也，以后伊能自寄矣。寸笺要极细极密的，不必多，十余把足矣。此次所寄，太粗、太稀。此间尚与贼相持如故。五叔于初四到此，现办笔墨事，身体尚好，惟烟瘾未断。此时天气酷热，拟俟秋凉后，劝其戒烟也。

①《家书》抄本作"五月二十六日"。
②瀛儿：镜瀛，璿庆，沈葆桢第五子。浙江候补知府。

复玮庆　同治二年六月二十六日

和儿①知悉：得汝六月五日来书，知汝有志学字，甚善。字不可离帖，看帖不可不广，而临帖不可不专。临此帖必须一一循其规矩，离貌取神，此英雄欺人之言，非笃论也。晋唐大家书，无不平直者，宋以下则不尽然，力量薄也。家中前有《画禅室随笔》一种，为董文敏所著，系其甘苦有济之言，于书学源流颇详，江西书肆无之，福州如有，可购一部阅之。兹寄回库纹千金，除照单开秋节帮项分致外，另拨诸揆士老伯十二两，梁在轩表伯二十千，并信送去，余者以为购花板之用。此事务须留意，须尽之心，凭汝之眼力，审谛精评，无看不出者。不可落他人匡套，谚云：多一香炉多一鬼，汝其知之。白折已令折差于京中带回，羊毫笔自湖州失守，无处可买，此间所卖者，毫粗而短，不适用。六姑夫②日日临帖，作数寸字，亦苦无笔。从福州寄来詹斗山所造，虽非湖笔，较此间所买差胜。紫毫更无可用者，京中亦为之。六姑夫写折，只用文琳堂奏本，惟转捩甚吃力，不能圆也。五姑夫③荐一陈莲亭先生，名贻远，来教读，中秋前后可动身。可买神曲十斤，硬尾鲥一二斤，有长乐桶黄花亦好，托秀石姻伯交其带来。此间军务仍如故，愈久则饷愈难矣。各处信即送去。

①和儿：玮庆。
②六姑夫：太学生陈承曾。
③五姑夫：吴仲翔。

与玮庆　同治二年九月上旬①

玮儿知悉：得汝七月二十七、八月二十二两信，知合家均好为慰。见康侯②及大姨时，说我与伊道喜。大伯赴皖，恐未必有益家计，徒自苦耳。得郑芝生来信，系海邹所书，尽态极妍，吾闽自蔡越峰后，当推第一。可用细绢打乌丝格，求其小楷作丹册页学之。周溪③须督其学字，并令其认定一帖，其近日之字无甚进境，太散漫也。翊清④、照藜⑤已种花否？

①八月二十二日的信，从福州至沈葆桢处，大约七八天，此信当写于九月初。
②康侯：李端，字康侯，沈之大女婿，江苏补用道。
③周溪：字咏濂，沈葆桢三弟滨竹之子。
④翊清：玮庆长子。
⑤照藜：玮庆次子。

复父母 同治二年九月初七日①

儿葆桢跪叩父母亲大人万安。敬禀者：初二日奉到八月十八日手谕，初六日奉到七月二十六日手谕，谨悉一是。陈莲亭于前月二十三日抵江，所寄诸件均已收到，二十四日即上学，根柢甚好，功课甚勤，可放心也。濂儿②为孝进之婿，亲上亲极好。闻其女已十七岁，则一二年亦可完姻矣。惟允之侄八岁，颇能读书，字尤整饬，议与怀印③结亲。如父母亲以为可行，请向六哥索其八字合婚，其八字前已寄来，婚似可合，未知干支有冲克否？即在家回帖也。纹女年已十五，尚未定亲，如闻有佳子弟，亦不宜再缓矣。厝租陈子恂④自不致欠租。锐意无恶不作，能草草收台，幸也。儿前月二十疏请开缺，抚篆交藩司护理，约计十五前后当可奉旨。能如所请，则十月内可到家矣。

① 《家书》抄本作"九月初七日"。
② 濂儿（？－1883）：咏濂，滨竹之子。
③ 怀印：沈葆桢之女。
④ 陈子恂：陈纳如兄弟，福建长乐人。纳如，字寿藏，工诗文。

与玮庆 同治二年九月二十日①

玮庆阅之：兹由新泰厚兑回库银足五百两，到时查收，照前函所开提用可也。大伯四十两、四叔八十两、五叔四十两、七姨公一百两，年底不再寄。四姑十两、九姑十两、凤展师祖十两、五婶婆十千、先生中秋节敬十千。寄回库平五百两，除前数拨付外，可买米二十余石，食到春季，其余尽数买谷。米谷俱要黄尖，方可耐久。俟十月晚稻登场再办，此时不必急。有人便可买好神曲数斤、次神曲数斤、文琳堂奏本二十枝寄来。

① 《家书》抄本作"九月二十日"。

与父母　同治三年二月初五日①

儿葆桢谨叩父母亲大人万安。敬禀者：前月中浣，寄回安信一封，计当到矣。小庭妹夫旋里，托带白高丽一盒，磁器一桶，月半可以抵闽。兹恐家中急需清还屋价，凑集库纹一千两，由新泰厚兑回。浙江剿败之贼，并窜徽宁、江西饶州一带，军情较紧。李方伯又调赴陕西带兵，骤便（更）生手，办事益难，只有竭尽心力而已。幸身体俱好，尚可支持也。

①《家书》抄本作"同治甲子年二月初五日"。

与玮庆、管樵　同治三年二月初五日①

丹荪、管樵知悉：寄四姑夫②带回白高丽一匣，到时查收。祖父不喜服此，可常炖请祖母服之，如甚相宜，可写信来，再由折差买寄。近来价甚相宜，白者颇不易得，其力量较黄者远胜也。左帅来信一纸，呈三舅阅之。

①与致父母函同时。
②四姑夫：沈葆桢之妹夫小庭。

与玮庆　同治三年二月十六日①

铢②儿知悉：梅亭墓下园坪，与墓无碍，听其赎去可也。如其不赎，亦听之可也。汝母嘱买本色洋布一匹，付红墙加染红青，上好大红洋布六丈，有便寄来。此次甚窘，下月半当筹些须寄回也。寄回御赐福字一方，呈祖父母察收。子贞③太老师拓《临道因碑》一套，汝收用可也。又及。

①沈于正月十九日接到同治帝赐福字，正月二十九日呈折谢恩。此信当在二月十六日，与复父母函同时。
②铢：当是铢字之误。
③子贞（1799－1873）：何绍基，字子贞，湖南道州人。道光十六年进士，编修，道光十九年乡试考官。沈葆桢老师。

复父母　同治三年二月十六日①

儿葆桢跪叩父母亲大人万安。敬禀者：接到正月十七手谕，知四弟业经赴馆为慰。侯先生家尚有何人？作何生理？住在何处？前数年音问不通，竟不知其尚未葬也。皖浙窜入江右之贼，尚在建昌府城外。屡败之余，无能为矣。

①《家书》抄本作"二月十六日"。

复父母　同治三年三月初三日①

儿葆桢、媳林氏跪叩父母亲大人万安。敬禀者：奉到二月十三日手谕，谨悉一切。书院此时计已出榜，铢、彤、濂但得有名，亦可多做几篇文字。闻章学台丁艰，则院试较迟，彤、濂正可及时用功。杭州克复，余贼西窜，江西又有一番震动，然大局无碍也。儿身体俱好，可无挂念。

①《家书》抄本作"三月初三日"。

与玮庆 同治三年三月初三日①

玮儿阅之：得汝花朝来信，知祖父健好，惟祖母风疾益甚。现请何人诊视？郭有良仍（乃）是老手，在宫巷，想必能来，次则萨铿官矣。医不宜多试。驱风之剂，非老年所宜，盖愈表愈虚，则风愈容之。燕窝最好，务要拣治纯净，可嘱大二少奶同力合作，诸孙亲自看过，毋使稍有余毛，致伤肺管，祖母本有漱（嗽）病也。前寄老鸦草，似亦驱风之药，只可煎洗，不宜服也。药方可请五姑夫酌之。如厦门有靠得住之人，可托买好燕数斤，省城恐无上等者。如祖母恐人拣治之烦，可托八姑夫向行中购燕碎数斤，每次以三五钱，文火煮到极浓，用洗净晒干夏布筛而绞之，须极细极密方可。或用细棉布，亦须洗净。其力胜于官燕，惟气味太浓，和以冰糖，可常服之。官燕泡过一道，不如碎燕为真力量。梨汁须炖热。海参、鲍鱼，蒸到极烂，亦可兼用。鲍鱼以和汤发一二日方煮得烂，用开水则不烂。德甫表叔来时，可寄上等添硃十包，中等三十包。螺江花板既佳，可即购定。近来本地寿木亦极贵，如三叔旧备一副，当时只铜钱八十千，今则值二百余千，且不易寻，其好丑较花板难辨，不如添些钱买花板，较轻而好也。葛蕉坡带两副回闽甚佳，但未必肯卖耳。此付先购定，如别处无可购，拟托人于四川购一付，不难也。兹由新泰厚兑回银千两，除购花板及帮亲戚外，剩百余金，留以津贴家用。此间旧累未清，难多寄也。五姑夫课徒认真，汝须勉副所望，勿令生厌。彤、濂均此。

端节帮项：四叔八十两、五叔四十两、四姑十两、五姑四十两、九姑十两、陈寿甫②兄弟三十两、凤展师祖十两、五婶婆十两。

① 《家书》抄本作"褉日"，即三月初三日。
② 陈寿甫：陈承妫。

与父母 同治三年三月初九日①

儿葆桢、媳林氏跪叩父母亲大人万安。敬禀者：初七日，运昌到家中，寄来物件俱已收齐。光明且留署当差，必站不住，行将自去。听孙已放衢州府。五孙女拟名宝字，六孙女拟名智字。数日后再凑千金兑回，五百为五月大庆之用，三百以还熙官，二百为端节帮项，计月底可到矣。儿身体俱好，合署上下亦平安，可宽慈念。

①《家书》抄本作"三月初九日"。

与玮庆　同治三年三月十五日①

儿葆桢、媳林氏跪叩父母亲大人万安。玮儿阅之：初三，由中丞官封寄回一信，计早到矣。兹兑库纹千金，以五百金购川板，以二百余金帮亲戚，馀留家用可也。

①《家书》抄本作"三月十五日"。

致大小姐①　同治三年四月初八日②

大小姐知悉：叠次来信，并寄来［下］物件，均一一收到矣。姑爷去年秋试未售，不足介意，能奋勉加功，自有决必之日也。闻男孙读书甚聪颖，只要有当，不必求多也。此间军务日难一日，无日不以筹兵筹饷为［事］耳，难得片刻暇。幸获天佑，各路均得胜仗，然贼数多至数十万，虽败不退，未知能终固吾圉否也？阖署上下大小均平善，此问大小姐近好。浴佛日幼丹手书。（手稿复印件，上海图书馆古籍部藏）

①大小姐：沈之大女儿，李康侯之妻。
②沈葆桢于同治三年四月初九日致玮庆信称："窜贼数十万，均谓宁战死江西，断不肯饿死江南，铤而走险，防不胜防。"此信也称："贼数多至数十万，虽败不退。"抄本注"浴佛日"，即四月初八日。

与父母　同治三年四月二十五日①

儿葆桢、媳林氏跪叩父母亲大人万安。敬禀者：本月初一日寄回安信一封，未审何时可到？此间自得二月二十六日兑信后，未得家信，心甚悬念。满地荆棘，家书必不免浮沉，惟多寄，则必有达者耳。江西来贼甚多，然能固守，则大局尚无碍。十六七八，攻抚州三日不平，折趋建昌矣。得仲熙来信，知雁汀之孙仁熟以痨疾殇，女儿姻事迭见波澜，可怪也。仁熟出继之母，似在福州，可查问清楚，将其庚帖、金镯送还之，存孙媳处。三月兑回千金，未卜收到否？想此时亲戚索帮如索债也。母亲病体能否渐痊，似总以服燕窝为上。儿身体俱好，可无挂念。

铢（鈢）儿知悉：三月有承差同景星过此，托寄冯十兄荣树信一封，银二十两，系送懋溪之子完娶贺敬，未知交到否？可遣人到禅塔街冯家问之。寿甫②表叔有信乞葬费，于新泰厚兑三十两，由夹道坊转交，来索回信时可告之。福州院试已毕，彤、濂如何？盼望之至。

①《家书》抄本作"四月二十五日"。
②陈寿甫：沈葆桢表兄弟，即承妫。

与玮庆　同治三年五月三十日①

儿葆桢、媳林氏跪叩父母亲大人万安。丹荪吾儿知悉：昨由夏枭台官封寄回安信一封，计当先到。兹由新泰厚兑回二七库平五百金，应先开发之项，另单照送，所余可留家用者无多。如彤官进学，可托五姑向秀石添借百金，有项当寄还也。

①《家书》抄本作"五月三十日"。

与父母 同治三年六月二十一日①

儿葆桢、媳林氏跪叩父母亲大人万安。敬禀者：昨奉到六月初一日手谕，谨聆一是。六女八字系己酉十一月初十日寅时，何伯希②本系书香，又有令子，自是相宜。但次子婚既不合，七子婚期不免拖延，所踌躇者此耳，应请父母酌定。孙女拟名薰琴，未知可否？

①《家书》抄本作"六月二十一日"。
②何伯希：似是闽县或侯官人。其《梅蕊》一诗收入《古今诗韵选》。

复玮庆 同治三年六月二十一日①

铢（釪）儿知悉。得初七日来书，知四月初十寄闽县一函未到，必沉失矣。王家庚帖、金镯送还，曾索回女帖否？道路通塞无常，恐误八月帮项，竭力筹措四百金寄回，以慰亲友之望。内有三十金，系郑厝的。渠接家信，庆庆及其母皆病故，兑此以为殡葬之费用。可查明，如实有此事，可拨新议平三十两，付其侄金明收去。倘系假的，则不必付，此间仍发还也。章果堂年伯汇公议平银百两，送来时，可留作家用。来信陈五出事，当引以为戒。须知非利不行者，未必实有其事。但一入局中，无不招怨，物议纷起，空中楼阁，万口同声。人生居乡，断不可干预丝毫事，尤不宜与当事往来也。四叔曾否赴馆，抑馆地已化乌有耶？近况如何？九姑夫能稍自立否？来信提及。

①与六月二十一日致父母信同时。

与父母 同治三年七月二十八日①

儿葆桢、媳林氏跪叩父母亲大人万安，跪贺节禧。敬禀者：奉到七月初二日手谕，知家中均好为慰。旧屋租勿村，自是妥当。莆轩②人明白，办事亦勤慎，除烟外，却无他病。源儿跟质夫后较从前为胜。质夫望之甚切，故常以无功效为急。大概字尚可学，通则颇难也。江西为东南全局枢纽，儿与涤相为饷事动辄龃龉，恐碍大局。幸教堂之案已结，洋人此后不来省垣。发逆远遁，饶、九肃清。两宗大事，皆已就绪。请病假一月，假满即请开缺。如蒙恩允，则归期即在冬间也。

①《家书》抄本作"七月二十八日"。
②莆轩：丹林兄萨士之子，葆桢之堂兄。

与玮庆 同治三年七月二十八日①

铄儿知悉。此次来书，字较整饬，知有临池之功。肖康近况甚难，两世之交，屋租能交否？听之，不可索也。勿村虽三品官，然万不能寄一文到家，颇亏其子，持此数年也。吾乡民穷财尽，军饷急如星火，无故作四十九日普度以媚缁黄，洵属奇事，无怪空穴来风也。我归思甚切，归期想亦不远。惟盘费尚无所出，到家后则更不知若何。然天不绝人，较身当大任，坐视斯民入于水火，则魂梦稍安耳。寿昌在此，月束五两，约明抽一两与潮官嫂，交懋昌寄回。兹懋昌已归，八月起，家中可按月拨库平一两或照市价折钱，送潮官嫂收。此间仍支给四两也。懋昌表叔带回红夏布二匹、本色夏布四匹，到时查收。

①信称："八月起，家中可按月拨库平一两或照市价折钱，送潮官嫂收。"当写于七月，并与上信同日。

与父母　同治三年八月初三日①

儿葆桢，媳林氏跪叩父母亲大人万安。敬禀者：奉到七月十八日手谕，敬聆一是。何家亲事，既无虑婚期之迟，自可订定。应嘱质夫面晤伯希或竹虚，说明如能不拘妆奁，两循儒素家风，便订期过帖。押帖不必向索金镯，盖恐媒人习气，从中以两家互相夸耀，将来费许多唇舌也。广安于去年即得微疾，治之不愈，遂成痨症，于七月二十八日身故。俟其棺木添（漆）好，九月初派人运回也。陈莲亭辞归乡试，实则因源儿不可教诲之故。现归媳妇自课，虽其纯（钝）不可挽回，然有所关阑，不能终日游荡，尚望其不入于下流也。雨②钝尤甚，云③较爽亮，瀛尤颖悟，或犹可为。先生教源儿数月，必如坐针毡，不可终日。只得撤去此席，将银钱付茀轩管理，儿辈较有所忌惮也。江西肃清矣。儿身体俱好，可无挂念。

①《家书》抄本作"八月初三日"。
②雨：志雨。
③云：岱云。

与父母　同治三年九月十七日①

儿葆桢、媳林氏跪叩父母亲大人双寿并请万安。敬禀者：戴熊官归，奉到七月朔日手谕。旋里，徐中丞官封递到八月廿二日并初五日手谕，敬悉一是。新得之儿，拟名瑶庆。家中西席，似不可不请。濂官读书，已是吃紧时候，其资禀本好，而近来不见进境，大都皆急于读时文。溪之字则散漫，毫无帖意，转不及三年以前，可忧也。林起贞学问甚好，否则，质夫之弟子穆似亦当可请，父母亲酌之。此间西席之撤，出于万不得已也。儿辈均操乡音，自须从福州延师。远道而来，已不无天涯沦落之感，再见生徒乖忤，又以少爷相待，不肯轻易摄之以威。愈从宽，则其不可向。迩之状愈甚，抑郁日久，时时有性命之忧。陈莲亭在此一年，儿日日耽心，至其平安归去，方把此心放下也。今已归其母自课，虽纯（钝）根如故，然不能与仆辈为伍矣。云儿能读而顽，先生以一份视之,故质夫归后一年,所读之书字并不识,今年八月起,则《二颂》、《二南》、《邶》、《鄘》、《卫》皆能长卷背诵矣。然一离其母,皆绝不开口也。现五女教雨儿,六妹教瀛儿。雨儿为从来之笨,瀛儿能背诵《三字经》矣。教读最苦,媳妇近亦多病矣。只得将账房交茀轩办理,而请戴老八来管笔墨。林翊仲之子,父亲既以为好,即可定议。江浙余逆尚在宁都、赣州各界上,月内可望肃清也。儿身体俱好,可无挂念。滇藩放刘岳昭③,滇臬放席宝田。不知勿村升调何处也。

①《家书》抄本作"九月十七日"。信中提及刘岳昭放滇藩,在同治三年八月。知此信写于同治三年。

②瑶庆:沈葆桢之六子,字荔虎,廪生,任商部平均司郎中,生于同治三年五月。

③刘岳昭(1824—1880):字荩臣,湖南湘乡人,以文童投效湘军,历任云南布政使、云南巡抚、云贵总督。

复玮庆 同治三年九月十七日①

玮儿阅之:得八月初五、廿四安信,知悉一是。祖父病后体气如何?林庾卿、向其仝何人所荐?祖父、祖母俱宜服清润之品,至寒冷则非所宜也。十三日,派光明送广姑娘灵柩回去,汝以为宜停保宝寺,所见甚是。其柩在此漆五道,花钱数十千,而做不如法,全行臕起,须否重行漆过,汝察看情形办理可也。其寿板费至五十千,不过福州十余千材料。汝母以时事难料,欲其早入土为安。张凝叟之侄名满松,行二,其人诚实谨慎,可托其三圹葬地,约明地价,只可十余千,不做墓,只竖一牌,将来待云儿长成,自去料理。若眼前即可安葬,则不必再漆矣。到凤山桥时,叫宝保寺②雇八人往抬,一切鼓吹、棺罩,均不必用。此地上船时,亦复如此。凡事可省则省之,否则多花钱,更多受气,勿听流俗人语,争虚体面也。光明带去一棕箱并铁锁匙,系莲亭先生之物,可送还之。箱中物件,汝照单一一点收。宜黄今年失守③,无夏布来省。寄五姐浏阳夏布一匹,可送去,其原价可缴还。拟廿一兑回库平五百金,以二百呈祖母备用,三百留作家用。冬节边购存谷石,以备明岁之食。皮箱两个,暂存家中,不必寄来。汝母指掌尚麻木,兼多目疾,精神亦迥不如前,太劳故也。我夜以继日,公事仍是积压。亲友来书甚多,俱不能裁答。兑项到家时,先拨二十两送周先生之世兄作葬敬可也,并道我未及写信之故。此问合家均好。

①此信是给玮庆八月二十四日信的回信。收到家信，当在九月初或中旬。信又称"拟二十一兑回库平五百金"，此信当写于中旬，与致父母信同时。
②宝保寺：应为保宝寺。
③同治三年四月二十五日，宜黄被太平军攻占。

与玮庆　同治三年十月初二日①

儿葆桢跪叩父母亲大人万安。铄儿知悉：九月七日寄回安信，计当收到矣。七月杪，长乐高孝廉会韶回闽，托带老鸦草一包，曾付来否？南昌县家人杜姓来江，所寄宝圆饼、花酥螺、扇面均收到矣。白折已购得，俟便寄回。见李柏桂来时，告以信未及回答，其窘况我深知之。馆地实无处可荐，李家向来如水投石，他处便不必言，只得俟年底从厚资助也。叶滋谟表叔有书来，嘱其妻舅李星槎，已送盘费，函托心泉照料其赴盱眙矣。可由柏桂表叔转致，亦不作回信也。陈鳌台年伯函托荐馆，无以应之，姑送二十千文，汝可筹出如数并回信送其雅道巷家中。湖北驿路，为贼所阻，开缺之折，月余日方奉批回，所备归里川资已为伙食耗尽，复向松轩借数百金矣。恩旨赏假四个月，为向来所未见。天恩如此高厚，更不知如何方能报称，益增焦灼矣。各官绅力请销假，我亦无可坐食，只得再行接印，明日当视事矣。年底各亲友帮项不敢负，然必须逼岁方能筹寄，为闲坐两月，愈艰窘也，可先告之。冬至前，家中仍须豫购明年谷米，交春必愈贵。江西湖田大稔，而米价不贱，搬运多也。大伯曾起身否？彤、濂府试如何？念念。

①《家书》抄本作"十月初二日"。

与父母　同治三年十一月初六日①

儿葆桢、媳林氏跪叩父母亲大人万安。敬禀者：奉到九月二十五日、十月初一、十五三次谕言，谨聆一是。质夫龙岩凭尚未到，虽到亦未能去，不难设法迁延，家中西席，似以仍旧为妥。子侄辈皆有晏安鸩毒之病，今（令）其稍有所警畏方好。万一质夫必不肯就，有永福举人林步蟾，手笔甚好，但恐已有定局耳。儿于前月二十日奉旨，赏给一等轻车都尉并头品顶戴。以功非己出，具疏力辞矣。告养未蒙俞允，蒙恩赏父母亲参六两，亦具折谢恩矣。人参多被虫蛀，现晒好，俟有便人寄回。媳妇本拟带两男、两女先归，闻延平一带抢案迭出，且迫岁，又值浙兵入境之际，不敢遽行，只得俟来春再看光景耳。儿身体俱好，可无挂念。

①《家书》抄本作"十一月初六日"。

与父母　同治三年十一月十五日①

儿葆桢、媳林氏跪叩父母亲大人万安。敬禀者：儿体气已复元，尚服温补丸药，饮食甚丰，足可资调理也。质夫教读极认真，源儿虽不能背书，而读功则无间断。惟源、雨皆极笨而好哭，似难造就。云颇聪慧而有志向上，其母、其师皆喜之，现认得五千余字，眼前实字多能解说矣。刘委员带来物件，如数收到矣。

①《家书》抄本作"十一月十五日"。

与父母　同治三年十二月初十日①

儿葆桢、媳林氏跪叩父母亲大人万安。敬禀者：前月二十日，由新泰厚寄回安禀一封并汇银一千二百两库平，计当到矣。兹奉到二十、二十一两次手谕，谨悉一是。五女亲事，儿无从悬断，俟媳妇抵家，禀亲命而行耳。质夫报游幕远省，尽可展拓经年。广安葬地、葬期已定，了却一事，甚好。荐书院并非虞臣②本意，伊就岵农馆，可以课子，不愿外出也。母亲食少痰多，总缘气虚脾弱之故，似宜疏补兼行，乃有效验。媳妇决于正月旋里，早则十六，迟则二十，二月内总抵家也。阖署俱好。恳请收回成命之疏，已奉旨不许固辞矣。

①《家书》抄本作"十二月初十日"。
②虞臣：郑世恭。

与玮庆　同治三年十二月初十日①

玮儿阅之：得二十一日手书，知悉一是。光明、新雅均未抵江。广安葬地已定，了此一事，甚好。张二哥可送乌番十元，昌洲送四元，酬意而已，将来云儿能造墓再谢也。五妹亲事，且俟汝母到家与祖父、祖母斟酌行之，我无从悬断也。莲亭前已作复书，请其另筹。家眷来往无定，现就近请松轩之内侄冯茂才梦辛②暂行课读，已上学矣。汝母决意正月南旋，拟带五妹、六妹、云弟、瀛弟而行，万一途中不靖，则拟一人就道也。为兵勇多，不敢挟全眷行。汝母手偏（遍）贴膏药则稍愈，揭去膏药则大痛，望春暖可瘥也。我乞养未允，辞赏又未允，弥增焦愧。回首家山，梦魂飞越，惟望汝兄弟等能有以慰亲心而已。四叔云欲会试，我已寄回百金，俟其到京，再汇百金入都。现已回家否？江西主考许仁山③年伯托买哮喘断根神验药散，云陈修园④家所制。特抄其原书寄回，可向心阑兄弟问之。如有此药，可即购来。渠久病痰喘，百药不效，故专望此。如无此药，可嘱其于修园新□□抄其原方寄来。帮项单中漏去莲亭，为我筹二十千交五姑夫送之。诸亲友信未及答，先与我道意。

①此信内容与十二月初十日沈寄父母信内容有相同处，当为同时。
②冯梦辛：字小若，福建侯官人。光绪二年举人，崇安县学训导。瑜庆老师。
③许仁山：许乃普之子彭寿，字仁山，浙江仁和人。同治五年去世。
④陈修园（1753－1823）：清代医学家。名念祖，号慎修。著有《金匮要略浅注》等。

与管樵、周溪①　同治三年十二月初十日②

管樵、莲溪知悉：寄来课文均收阅矣。管樵文较前整饬，尚嫌依傍门户多耳。莲溪亦有进境。然所望于汝者，殊不至此。总之，熟读经史，返而求于心，则嬉笑怒骂皆入文章，无往非真趣，若只视为骗功名事，则拾人牙惠，与心何涉？平日尚有可涂抹，至场中情见势屈，只剩了之乎也者，功名亦难得骗也。兄弟辈惟汝二人尚有志向学，其拓开见地，勉之！勉之！字须临帖，不可一日废也。

①管樵、周溪：均滨竹之子。管樵，即咏彤；周溪，又名莲溪，即咏濂。
②此信应与上两信同时。

与父母 同治四年正月二十一日①

儿葆桢跪叩父母亲大人万安。敬禀者：月初由徐中丞处邮递一票[禀]，计当到矣。灯节前由新泰厚寄回一禀[票]，计下月初亦可到。媳妇于十六日登舟，风雪极大，十八日始勉强解揽（缆）。然天未开霁，北风甚劲，未必能畅行，抵里总在花朝以后。永定业已克复，漳龙据逆不久往逼江西，现在无事。儿身体俱好，可无挂念。

①《家书》抄本作"同治乙丑年正月二十一日"。

与玮庆 同治四年正月二十一日①

玮儿阅之：灯节前由新泰厚兑回五百金，以备汝母到家添补康寿及一切需用者，外三千金系徐狷夫托寄。到时收存，俟汝母抵家开发。江西入春，天气酷暖，雷后转寒，上元雷雪交作，为从来灾异所未见，至今凝阴不散。汝母急不能待，十六日冒雪而行，中途必多阻滞，然花朝前后总当到也。彤、濂文字颇有进境，总以充其根柢为要。兑回库平银五百两，内新议平十三两五钱，内拨大伯二、三、四、五月费四十两，四叔二、三、四、五月费八十两，五叔二、三、四、五月费四十两。凤展太夫子五月敬节十两，汝亲送到九彩园西头路北关帝庙书斋。四姑五月节敬十两，九姑五月节敬十两，送饶军门奠敬一百两。以上俱用新议平。又拨竹坡②先生五月节敬十千文，五婶婆五月节敬十千文。又代九姑归还各家会钱二百二十五千文。此项必须清还，免后来受累。计每名三次应还十五千，除已摇一名，都干二名，我家二名外，余十五名皆如数还之。至玉甫表伯应纳会钱，如按期送来则收之，否则，不可往索也。彤官进学，如无钱用，可托五姑夫向秀石姻伯添借百金也。至雁汀太亲家开吊，须借一祭轴送去，双衔。上好貂毫楷，有便人寄二十枝来。

①此信与上一信内容相同，当写于同时。
②竹坡：沈树桦，字竹坡，瑜庆的老师。

与林普晴　同治四年二月上旬①

敬纫仁弟大人足下：十六揖别，惘惘至今。酷寒凌人，谓必不能解揽（缆）。十九趋视，则已先一日行矣。雨雪截（载）途，舟行必滞，此时能抵狮江否？未易知也。闻延平一带抢案叠出，商旅多虞，中心摇摇，惟祝吉人天相而已。抵里后，双亲近体如何？详细切实见示。吾弟此行，为侍养起见。若家政太繁，则儿孙马牛之日多，而晨昏定时（省）之时少。源、瀛、云等，如质夫肯兼课甚善，否则另延一师，断不宜自课。月间伙食，宜令铢、彤各分一灶。计铢儿一妻、两子、一女，彤儿一母、一弟、一妻，月各给十金，谅当敷用。如不敷用，吾弟酌加之可也。年节仍合食以资团聚，一则使子弟稍知稼穑之艰难，不致纨绔习气日积日深，少年坐食，无所事事，中岁潦倒，莫能自立；一则吾弟可以腾出问安视膳工夫，一切提纲挈领事宜，精神可以勉强照顾得到。五女亲事定后，即可与六女附会出阁，总劝男家从俭而已。吾弟行后，署中一切照常。仆身体甚好，雨儿随五弟读，寸步不离，较从前为佳。印女亦在学，瑶儿生两齿矣。婢媪尚安静，惟茉莉四盆全冻死矣。此请侍安。

缮信甫毕，得徐狷夫信云：九香已旋浙，前项勿容寄闽云云。吾弟可将前项留为家用，仆此处陆续设法还之可也。

得少荃信，次青发军台，嘱联疏乞恩，兼为匀缴台费，已许之矣。议台费，李、沈匀半，曾、杨、彭匀半，谊不容辞。若都如此，源源而来，不特旧累不清，新逋必竿头日进矣。孙太师母奠敬二百金，亦托少荃垫送，将来并寄还，缘师母尚在吴门也。心北来信云，仲熙眷柩非五六百金不行。此间又向松轩添借三百金，又已用尽，无可再借。拟下月寄二百金去，未知能否？

昨五鼓接到笃初、质夫、玮儿各信，知母亲病复缠绵，望吾弟到家甚切，悔不从吾弟再疏乞养或请短假之言，质夫议论亦如是，今日拜疏矣。吾弟此时曾否过山，殊深驰系。此疏月底可奉批回，得旨即日可就道。天如人愿，则团聚非遥。母亲体气宜温补，不宜消导。从前嗽咳，皆服糖膏、桂圆粥而愈，其明验也。御赐之参，吾弟酌之。老人心欢必顿愈，阖家祷祠以求之耳。奏稿呈电，不尽所言，余容晤罄。饮食调理，亦宜用温暖之品，生冷均非所宜。

①信称："昨五鼓接到笃初、质夫、玮儿各信，知母亲病复缠绵……今日拜疏矣。""此疏月底可奉批回。"沈乞假于二月二十六日奉旨允准，此信当写于二月。

沈信问及此时是否过山，当指枫岭关。

查沈上任江西巡抚，从福州出发，一月二十二日至建郡（建瓯），从此地到江西省城为二月十三日，共21天路程，反之，江西省城到建瓯也21天，枫岭关离建瓯不远，普晴一月十六日离江西省城至枫岭关当在二月初旬，也是沈写信的时间。

与玮庆、管樵　同治十三年五月二十四日①

丹荪、管樵阅之：我二十五出城以后，竟无暇再行晋省。初一登舟，晚泊南日，初二遵海而南，泊深沪。是夜放洋，初三早至澎湖，踩勘地势。初四抵台湾。上岸之难，与他处海口迥不相同，盖无避风之澳故也。沧海桑田，所谓鹿耳门者，今无港矣。城市湫溢，臭不可近。民居官舍，皆低矮不及内地之半。其民俾昼作夜，日荒于嬉，洵所谓异方之乐也。倭兵尚驻琅瑀，近无战事，未尝无悔而思去。第窥我营头之不厚，军械之不精，总难戢其贪念。台中守备，无一足御外侮者，只得一面辩论，一面采办召募，宽岁月以求万全。欲知其详，向六姑夫借奏稿、信稿阅之可也。

颖叔②出防后，致用堂如何办理？汝与周溪均须按次应课，不可退缩。星海务须惩忿窒欲，日后方有立脚地步。以郑心雅③之天才，凋零到如许地步，任性故也。云、雨宜加紧读书，以为弟侄表率。我在此身体俱好，可无挂念。有旁人劝汝来省亲者，切勿听之。此非佳处，愿子侄终身无涉此地也。日本退兵后，招抚生番，粗有头绪，我当即设法内渡。汝等总以诗书治家为最要，不必以外事分心，尤不可为谣言所吓。万事都有定数，徒扰扰无益也。弟侄辈务勒令其早睡，勿令过二更为嘱。我此地零用，皆向支应处借垫。船局六月薪水，可托六姑夫领回，酌留家用，馀拨还霁庭（亭）④，下月仿此。又及。

①信称："我二十五出城以后，竟无暇再行晋省。初一登舟。"查沈葆桢赴台启程为五月初一日。则此次出福州城至马尾是四月二十五日。

②颖叔：林寿图，字颖叔，号鸥斋，福建闽县人。道光进士。历任督办福州海防兼

船政稽查、陕西布政使。著有《黄鹄山人诗集》、《启东集》等。

③郑心雅：似是闽县或侯官人。曾任江苏全椒县令。

④霁亭：黄淇彬，字景星，号霁亭，闽县人。署福建左营游击，权督右参将。

与玮庆、管樵　同治十三年六月十五日

丹荪、管樵阅之：接五月二十一日、六月初一三信①，慰悉一是。小初、哲臣分爨后，能知节俭否？若仍旧含混过日，转积私债，则非徒无益也。植斋②能自发愤与课，未尝不可，否则转染习气。六月薪水，提二百千还霁亭甚好，以后稍可减省，即随时照此办理。我不能置产以贻子孙，实不愿更留债累之。惟七月薪水，又为小帆③借去百金。我家受舅氏厚恩，他言借，虽窘亦不敢辞，与汝一样见解也。惟其母子志气高远，不能守儒素家风，将来殊难度日。闻展云④课规之严过于莱山，信否？果尔，则以后闽中士习文风当有起色。翊清读书，只宜顺其自然，不必助长。能应试与否，汝二人随时酌之，我不病其迟也。弟侄辈何人较能向学？毓蓟都好否？我一切眠食如常，可无挂念。

①当为二信之误。也可认为是初三日的信。
②植斋：应为沈葆桢女婿桂斋。
③小帆（1854~1887）：名泂淑，林则徐之孙。光绪乙亥举人，工部员外郎。
④展云：冯展云，名誉骥，高要人。福建学政。

与玮庆、管樵　同治十三年六月十七日①

丹荪、管樵阅之：得汝十二来书，知汝应课日渐起色，心窃喜慰。李军门荣发，湖南人，原籍汀州，为江味庚（根）中丞忠义②所部营官。此地无可安顿，我托六姑夫于船局拨百金为其贶敬。汝应去回拜，将回信并程仪付之面收，告以此间筹饷万难，力不从心也。云文字渐有进境，嘱其努力加功，以慰我望。汝二人经史外，世务不可不知，《防海新论》、《布法战纪》是用世之学，可托六姑夫借来阅之。考致用堂，在总理衙门当章京，不可不知也。我老且惫，无足报国，望汝辈耳。

复康侯信附之。

再，八角楼屋，汝祖母费尽苦心购之，费尽苦心修之，屋颇吉利。我胞兄弟三房，独四家一房未发，故欲以此屋与之。只因九姑一时难于安插，若言明四家之屋，九姑必不肯住，三少奶亦不相容，且恐契到四家之手，拿去押债，转眼即属他人，则大负老人当日艰难缔造之意，所以将屋契留存未付。我看年来光景，后辈皆视为他人之业，毫不爱惜，将来不免倾颓，积久一修，亦费巨款。九姑移住宫巷，谅亦不难，以契付与四家，或椿、浚稍知爱惜。惟甚虑其契一到手即化为乌有也。宫巷屋为汝祖父所择，八角楼屋为汝祖母所择，非至断炊，必不忍弃之他姓。若八角楼屋至破坏不可住，令我另购一屋与四家，我非不愿，其奈无此力量何？正月见芷庭③即有此言，殆四叔、祖母所授意也。此事汝二人为我从容酌之可也。又及。

① 《家书》抄本作"六月十七日"。
② 江忠义：江忠源从弟，字味根。湖南新宁人。先后任云南、广西提督。
③ 芷庭：沈葆桢四弟之后辈。

与玮庆、管樵 同治十三年七月二十二日①

丹荪、管樵阅之：得汝中元来书，慰悉一是。李军门复书，汝再并赆敬遣妥人送去，如再不收，即作罢论。再以书来，我亦不报矣！投效者纷至沓来，无敢开端也。小帆以独子奉老母，万无渡台理。如其迫于母命而来，我亦不拒。但使我召之，则必不能。切嘱其子不同来，而令舅嫂之孤子冒险而来，于心忍乎？索回信时，以此语答之。

① 《家书》抄本作"七月二十二日"。

与玮庆、管樵 同治十三年七月二十五日①

丹荪、管樵阅之：得二十八、九来书，藉悉一一。毓蓟竟不育，为怅怅然，亦前定也。云、雨有进境便佳，仍照常用功，勿求速效。钜、瀛、翊②亦无进境，然读功无阙，自可收效将来。罗军门③使者在泉，幼童不准与试，此实裁（栽）培后进之良法。常见人家子弟，因急于就试，一开笔辄命以搭题，皓首于童子军者比比皆是。春乡秋会之说，自大宗伯传出，然不足据也。家用能省，旧债渐轻，甚好。李润九送书，由汝作函谢之，称以老伯。我处亦无信来也。八月起，带来家人工食，由家中拨付。高升、施和各八两，敬成、刘茂各二两。近日藻、沅文字如何？知之否？我身体都好，可无挂念。淮军已到四营矣。

①《家书》抄本作"七月二十五日"。
②钜、瀛、翊：为沈葆桢孙辈。
③罗军门：罗大春（1833－1890），字景山，贵州施秉县人。官至福建陆路提督，水师总领。同治十三年奉命赴台"开山"。

与玮庆、管樵　同治十三年八月十八日①

丹荪、管樵阅之：接初二来书，慰悉一是。宿负有日清还，是大佳事。植斋随莲亭，我似与说十千束脩。钜志尚可取，困而学之，未必无悟入时。多读隆，万文，多做短比，以引其思路。看伊文字，须比别人格外放宽些，俾不致苦无下手处，教笨伯犹不容着急也。曾先生秋节仍送十千，甚是。近来能常在馆否？瑶须请其多与讲说。魏先生说法颇佳，福渐有觉悟矣，其字当日进。戴八叔秋季项已由舡（船）署兑去。汝母《事略》刻完否？由琛航寄柚四十七枚，收到否？云、雨、翊文字各寄一两篇。

①《家书》抄本作"八月十八日"。

与玮庆、管樵　同治十三年八月二十九日①

丹荪、管樵阅之：得二十三来信，览悉一是。我身体俱好，可无系念。倭奴谅不能久，第所忧者，不在敌国外患耳。慊莕年伯万一不起，可以二十千送之，须交其在当店之二世兄，其长子靠不住也。王、季、周三信并张信俱收到，俟闲再复。时事多艰，总以好读书、能耐苦为立脚地步。我知忧之无益,姑一言而已。子贞先生为我第一亲切老师,丧已经年,讣尚未至,不可以再缓。我托六姑夫于薪水中提库纹百金,并素联一副寄湘。百金尚薄,然我实窘甚,无如何也。此地动用,俱向支应处挪借,尚不知何时弥补也。

①《家书》抄本作"八月二十九日"。

与玮庆　同治十三年九月十七日①

丹荪阅之:得重阳书,知家中安善为慰。《事略》笺题《诰封一品夫人沈母林夫人事略》,或篆或隶均可。文经借款付清,心为释然。岁暮有余款,可为我购寿木数副,寄亲友当店中,不必大,不必旧,但要木质佳者,约三十千上下可矣。十妹服满必出阁。福州买婢甚难,并其不可少之妆奁,令长媳与大姐商之,早办必合式。我意衣服多布少绸,首饰用金银含珠玉也。七叔生男,可以十千送之。慊莽选惠安,或者可以冲喜乎?其世兄索回信,以二十千告之。临事可照给,不可预支。诸弟宜训以俭约,早睡早起,是治家第一诀也。闻汝貌甚清癯,须加意调摄。潘副帅②精于医者,常劝人勿服药,其所刻《八段锦图》,简而易行,寄去汝试之。

①《家书》抄本作"九月十七日"。
②潘副帅:当指潘鼎。

与管樵　同治十三年九月十七日夜①

管樵阅之:寄来云、雨等五人八比,据我所见,皆有进境,汝改的甚好。伊等读书,较汝当日便宜,以领道不错也。其佳处,云清而雨健,其病处,云弱而雨浮。弱者得经书古文自强,浮者得经书古文自实,无它谬巧(诀窍)也。我家子弟皆厄于记性,然但令常读,虽不得其字句,而可得其意味。名文亦在熟不在多。第一文读五六日,未免生厌,不如说一篇新文后,间温数篇旧文,则玩索深而得远。总之,不求速效,便不致误入迷途。诗关天分，而试帖尤难。盖绳尺步趋，束人太甚。文无腹笥，尚可以意见长，诗则另有一付字眼。无此字眼，虽有极好意思，亦托不出。云、雨等《唐诗三百首》都未读遍，何怪其不能诗。宜熟读唐诗，且先熟律体，多加圈点，以引其趣，所作不必多改，稍可附会则留之，便不畏难。礼堂②云：少年长诗赋者，性情多不免浮薄。其性情不近，强之专力诗赋，必太碍八比，亦见到之言也。云、雨卷字亦较前整饬，惟云字肩皆侧垂，意在摹仿学使。然少年气象，宜英挺不宜颓唐，专习圭峰笔意，必更生色。雨字后幅必露伦父面目，心不自持也。雨于史有会心，云等亦不可不按日看数页。文非史无锋芒、无光焰，且尤近日风气所趋，场中得数语便可决胜。钜、瀛、翊八比，只可当解闷局，仍以多读为主。搜索枯肠，事倍而功半，不若反求其本也。倭奴死亡无虚日，必不能久。开山抚番，则累年尚不能毕，年内总须设法内渡。我身体都好，可无他虑。课文仍寄还。

四表叔③得御史，为之大喜。此我所望之数年者也。

①《家书》抄本作"九月十七日夜"。

②礼堂（1826-1877）：梁鸣谦。咸丰九年进士。沈的幕僚。晚年任教鳌峰书院。著有《静养堂诗文集》等书。

③四表叔：指林心北，林则徐第四子。

与玮庆、管樵　同治十三年九月二十九日①

丹荪、管樵阅之：前数日作一信，以无船未寄也。兹因敬成回省之便，寄去羊毫笔二十枝、紫毫笔三十枝，汝兄弟辈留用。其紫毫可写殿卷，毋令任意作践。我身体俱好，可无挂念。闻十妹以故东渡，故持斋至今，殊可不必。汝兄弟等多读书，姊妹等多作女工，便远胜于提（持）斋，徒损身体，无谓也。省城谣言，多出人意表，汝等只安坐听之，勿为所动。李世兄信，付还星海。其泰山学问，我为之五体投地，其做人则非我所知。寒士骤富，老母在堂，儿孙林立，家居奉养，可谓极人生乐事矣。投笔从戎，失意于江，转而之皖，失意于皖，转而之浙，失意于浙，转而之黔，亦既倦而知还矣。复为长子经营知府，已不可解。其次子如许好天分，课之读书，教之立品，无论科名得与不得，的是俊才。乃弱冠之年，买妾买官，以盈其气，以丧其志，其举动见解，大类小帆之老太。甚矣！子叔疑之多也。其世兄信云，母亲时常多病，吾兄弟又不能侍奉，殊令人骇然。身荷重任而不能归耶？抑受恩深重而不忍去耶？其意已为此权词耳！亦思喜惧交集之时，亲病二字可为戏耶？星海将此信寄来，意在请示于我。是事也，人子求其心之所安，无关父兄之督责。星海不知世故，懒于读书，而天性则尚厚。就伊所处境地，当知所以答之。若子妇等愿往，我断无不放行也。非我于子弟翘人之短，近来文字之通与道理之通，似绝不相蒙者。云、雨以下，蒙养方始，不可不令知人生大节目所在，故为汝等言之，不足为外人道也。敬成到家，以八千钱付之。

①《家书》抄本作"九月二十九日"。

与玮庆、管樵　同治十三年十月十五日①

丹荪、管樵阅之：十四日得汝初九、初十两函，并汝致文波信，知汝患肝气。此症宜调摄，不宜服药也。棉袄裤前已收到。台地较暖于福州，此时一棉两夹，隆冬亦不得废裘也。饶家何衰颓如此，子龄奠敬，以百千送之，与仲卿一律也。晤敬堂姨丈时，可告以台湾营将极少接见，其交待不敢过问也，来书得暇再复。慊莽年伯既死，月以二千帮其老母足矣。其子须自求生理，非我力之所及，葬时送以六千可也。倭兵去矣，善后愈难。人人皆图脱身，我委身任运转，不见其苦也。四叔信亦俟下次回答。

①《家书》抄本作"十月十五日"。

与玮庆、管樵　同治十三年十月二十四日①

丹荪、管樵阅之：十五日，琛航带回一书，谅当收到矣。闻日本船接踵而来，日内定当退尽。善后大难，踌躇累日。方苦阁（搁）笔，而总署又有饬议六条之奏②，真唤奈何也。此两疏，敷衍交卷，或可抽空旋省一行。四叔来信，叫我为筹俸钱百两还债，届期汝可挪借付之。家中如有现成燕窝，可送数两与叔祖母，如其无之，可托六姑夫向叶清翁③让数两也。四叔回信，便中寄去。

①《家书》抄本作"十月二十四日"。
②《北京条约》签订第六天，总署向皇帝上了一个重要奏疏。其中除检讨洋务运动阻力太大以致"无自强之实"外，还提出练兵、简器、造船、筹饷、用人、持久六条紧急应办事宜，要求皇帝饬下南北洋大臣、各督抚大臣、将军筹议，引发了关于海防建设方针、道路的大讨论。
③叶清翁：即叶文澜。曾任福建船政局总监工，后至台湾主持基隆煤矿。

与玮庆、管樵、莹庆　同治十三年十一月初四日①

丹荪、管樵、星海阅之：汝十月三十日手书，慰悉一是。汝仰体汝母一生清俭之心，阴寿不惊动亲友，即是古人养志道理。然与俗论相反，亲友不免退有后言，须将此道理所以然处，说与诸弟知之。将来我后事能称我心则慰甚矣。莹儿敷衍寸纸，于自己行止，不敢提一只字，何无所用心一至于此。论道理，即乃父碍亲家情面，劝之行，为子亦不忍去。论私心，伊亦本不欲行。母制未终，父隔重海，此岂人子远游之日？何乃搜索枯肠，无从着笔耶！李芝岑②闻母病假归，非即人各有亲模样耶？父兄岂一生可长恃者？授室生子矣，仍茫然无所知识，将来何以自立人世？我忧之，非怪之也。答次青信，付之阅，令伊自作回信，强之用心，或者有开悟之一日乎？倭奴入琅璚，直是蹈于死地。总署非不知之，无如舍天津而外，处处无备，一决裂则事不忍言，其受病在今日。饬议六条之疏，创巨痛深，我为之徘徊，不能复奏。我俟此奏及台地先后折出，拟暂作归计。忙甚，馀信均不及复。

①《家书》抄本作"十一月初四日"。
②李芝岑：李次青之子。

与玮庆、管樵　同治十三年十二月初三日①

丹荪、管樵阅之：得十一月十二安信，慰悉一是。耿道祭幛，称寿朋仁兄大公祖大人、治愚弟可也。先生不常在馆，不能不另请。待我回信，未免过迟。我相识者，皆老大无相称者。此局须汝兄弟酌之,总以常在斋为主,善讲说次之。椿、藻县考在何处?植斋则于文波信中知之。我本拟明日赴凤山、琅瑀,今日咳逆,痰壅殊甚,且欲避风,行期改矣。子弟辈须勉其读书,第一件要早睡早起。凡见人家早睡早起,无不兴者;及其将败,则日迟一日。以此揣之,百不失一。早饭不可过巳刻,夜卧切勿过二更也。

①《家书》抄本作"十二月初三日"。

与玮庆、管樵　光绪元年二月二十三日①

丹荪、管樵阅之:得本月十九日安信,慰悉。郑家先葬事,次婚娶,其理甚顺。但一年为期,何事不可清楚?而有否则须俟丑年之说。若迁延不办,岂但丑年。其家停葬二三十年,父母不葬,子弟不应婚娶,道理极是,然则子达②等辈从何而来?我劝其速葬,舌敝唇焦。是彼家事,我无如何也。却将我之娶妇而禁之耶?雨明年方十九,姻事非甚所急,奈其妇在母家如赘疣何?子达作此语,则今年安心不办葬事,意可知也。父母且漠然,何有于妹?雨之姻事,愈不能不急就矣。我十三抵台,各营已扎刺桐脚等处,俟荆棘辟清,方能进剿,大约是禊后事。前年,孙小山③方伯之兄寄来小山节略,嘱作神道碑,迁延未就。此次回工,遍索其底不可得,家中有见之否?我身体俱好。此地雨则着棉,晴则可单衣矣。

①《家书》抄本作"二月二十三日"。
②子达:林则徐第四婿郑葆中之子。
③孙小山:孙长绂,字小山,湖北枣阳人,咸丰进士,同治年间为江西巡抚。

复玮庆、周溪　光绪元年三月十四日夜①

丹荪、周溪阅之:接三月七日手书,慰悉一是。书院无论得膏伙否,课课须做,借以练自己工夫,非为利也。星海书院未取,多读数年书,亦未尝不好。云、雨应课,须令自做,愈低愈好,然后能发愤也。暇时令其各作一信与我,务须罄所欲言。铁梅先生之世兄去年去台，我已往②其五十金，此次可不必矣。家用宜极力省俭。年底十妹及九妹、九姑、表妹姻事，明春又是云、雨姻事，不省则又积巨亏。我屋虽无人住，日日须令姑娘扫除拂拭，半月汝一查点。书籍勿令为鼠穴，书有用者，随时可搬出。讷如常魁致用，则此席亦不在腹笥而在作才，云、雨辈其勉之。瑶③近日兴致若何？能作数行小论否？朝衣、披肩、朝顶并白袍，检付船局寄来，朝帽家中无之，向六姑夫借矣。李次翁④荐提督李荣春，我已作书谢之，并嘱船局代送赆敬五十元。此间饷源万难，无如何也。

①《家书》抄本作"三月十四日夜"。
②往：疑为寄字之误。
③瑶：即瑶庆，沈葆桢第六子。
④李次翁：即李元度。

复玮庆、管樵　光绪元年三月二十九日①

丹荪、管樵阅之：得三月十七日安信，慰悉一是。朝冠、朝衣、披肩、补褂、朝珠仍寄还，白袍留此，以待椒殿哀诏。小初一旦豁然，诚属可喜。十妹吉期虽改，云、雨仍可以照旧，俗忌不足凭。要从俗忌，则云、雨吉期开旁门可也。若改年内，则郑家有完娶者，又费唇舌。瀛近日有哮否？茶果生冷不断，将成终身废疾。嘱其须自爱，常记忆予言。无母之子，兄弟相依为命，云、雨其时常提撕警觉。瑶渐长矣。天气已暖，可出书斋睡，勿娇惯也。致用堂汝兄弟在何处？周溪《史记》不可不熟读。颖叔书来，以游曼堂四柩未葬，帮二十千文，嘱我如数②。忆曾经题过，未知交否？未交则交与荔丹③，已交则照数补之。晤子忱时，向借其族谱寄来。家中宜早眠早起为要。

①《家书》抄本作"三月二十九日"。
②以下疑有漏字。
③荔丹：王葆辰（1835—？），号荔丹，福建闽县人。咸丰举人。先后任船政局文案、总监工等职。著有《犀庐诗文集》。

与玮庆、管樵　光绪元年四月初十日①

丹荪、管樵阅之：前月底寄回一书，计当到矣。郡试谅已完场，椿、藻、远在何处？端节后，学使必旋省矣。植斋近日文字若何？淮军已扎入竹坑社，狮头社番尚伏巢中。榛莽刈清，当进攻也。施和已赴广东从黎召民②观察，其工食截三月底止。如四月先以（已）预支，令其有钱寄家时缴还可也。云、雨、瀛、钜、翊课文，便中各寄一二篇来。

① 《家书》抄本作"四月初十日"。
② 黎召民：黎兆棠，广东顺德人。光绪四年后任船政大臣。

与璘庆、瑜庆　光绪元年四月十六日①

云、雨阅之：来信尚条鬯。云经艺作议，雨伐作代，谅作量，服作伏，宜随时检点。书院山长课，不得改削，能考上取，则可望进矣。我记性之劣，与汝一般，只是读了又读，故少时所读尚未尽忘。做京官时，亦未尝一日不温书。十余岁时所阅之书，稍能记者，皆曾经用入文字者。盖一经运用，则与心血浃洽故也。前辈看书，皆有笔记。汝试用簿一本，将随时所看书，有所见，则笔之，数言、数十言均可，必于心大有所得。古人著作等身，无不基于此。心思愈用而愈入，书卷愈用而愈出。如讷如并非长于强记者，其推倒一时豪杰，则专心致志于议论也。议论所及，书为我用矣。归震川②是八股［文］空前绝后第一家〈文〉，古文一大家。其《史记》是费尽苦心读者，汝能潜心玩索，必大有所得。二哥文律极细，改处必须反复寻绎，出落尤须推敲。出落通，则无所不通也。汝欲学作赋，可请二哥将《文选》中易读者，如《雪》《月》《别》《恨》《芜城》《舞鹤》等篇，庾子山③之《马射》《枯树》《小园》等篇，挑些讲授。再读唐赋数篇，便可试作。时赋则顾、鲍、吴、陈，读数篇足矣。作赋甚容易，做数篇便知迥不似八股、试帖之难也。经世之学，亦从读书来，所谓善言今者必有验于古。洋法船炮精矣，而看其训练，并不全恃利器，其微意不出《孙子》十三篇也。人生未到番地，不知其人之情状，不知其地之夷险，所以抚，所以剿，何怪其莫能举。士不可以不知兵，家之死生，国之存亡系焉。士不可以喜谈兵，一将功成万骨枯，能无心痛？生番甚易办，恩威俱可行。惟饷源不继可忧，军士疾疫可悯。前数日淮军小总领提督张光亮④殁于营次。今日报，功（攻）克狮头社，殆将议抚矣。汝辈患不为韩、范耳，岂有韩、范而苦无用武之地者。我亦甚欲早日还家，与汝辈议论过日，但未知汝辈有以为养否也？

①四月十八日，沈致王凯泰函称："周有基报称，十五夜子刻，淮军已攻克内外狮头社。"此函云"今日报，攻克狮头社"，因系重要军情，至迟当报于次日，即十六日。
②归震川：归有光，字照甫，号震川，江苏昆山人。官至南京太仆寺丞。有《震川集》。
③庾子山：庾信，字子山。仕梁为左卫将军。仕周迁骠骑大将军。有《庾开府集》。
④张光亮：淮军提督。四月十四日病死于营地。

复玮庆　光绪元年四月十八日①

丹荪阅之：得本月初十手书，刘谱事略均收到矣。四姑每节可送十千去。致用堂无论考得何如，汝与周溪总要应课，勿畏难也。我此两日患水泻，昨服药一剂，稍愈矣。

①《家书》抄本作"四月十八日"。

与玮庆　光绪元年四月二十二日①

丹荪阅之：寄回刘氏谱并我家人丁底簿，汝仿其意作三图：一为《溯源图》，从始祖天祥公至迁闽支祖子常公止；一为《本支图》，从子常公至生存诸子孙；一附《旁支图》，则留浙各房也。始以为浙中均没于兵燹矣，比得杭信，廷扬叔有子名玉宏尚存，字海门，作生意，尚过得去。而底簿所载，则廷扬二子，长曰玉正，次曰宏鳌，少有参差，俟作信问之。杭墓有人祭扫，亦不幸之幸也。刘茂带回礼翁寿对，催其赶紧装潢，于二十五前凑四色寿礼送去，周溪另以二千文自送去。

①《家书》抄本作"二十二日"。

复玮庆、管樵　光绪元年五月初一日①

丹荪、管樵阅之：得二十三日家信，藉悉一是。小儿非有重病，勿令服药。植斋文不由心坎想出，故字句清而腠理不清。然近来稍有生发，是其进境处。能于破承出落费一番心血，究其所以然，则寻出路数矣。翊赋笔灵于文笔，就其性之所近学焉，亦因端推广之一术。律赋本较八股、试帖为易也。三舅②近体如何？其老四当必进，次则小希之子，我所知者亲戚中如是而已。我病已全愈，眠食照常。中丞虽来，我内渡亦须秋后也。

管樵阅之：汝初十来信均悉。四叔恰于院试前到家。小初得十余日坐功，或可望进乎？藻官向来做无关痛痒文字，近来童军无甚伎俩，能圆畅亦足售。大伯颇许远官，想其笔意较胜于藻也。桃桃无是非之心，求其一悟大难。为父兄各尽其道而已，能自立与否，各有志气，各有福命也。瑶且看搬出后如何，论之无见解，不足怪，胸中所解之字本无多，除饱食佚游外，不知其他，那有所见。姑令作之，或亦致曲之一道乎？读不能成句，今云、雨、瀔轮流牵之，渠三人亦借为温书。瀔句虽最为清楚，课文亦伊最有进境，惟其粗心浮气难除耳。

①《家书》抄本作"五月朔日"。
②三舅：林聪彝（1824—1878），字听孙，林则徐第三子。

复玮庆、管樵　光绪元年六月三日①

丹荪、管樵阅之：得汝五月初十来信，慰悉一是。江督已具疏恳辞。料量淮军北归，并将台事会商条奏，方能内渡，殆七月半后矣。饬弟辈收敛身心，专意读书，勿纷于外事。归期伊迩，不尽所言。

①《家书》抄本作"六月三日"。

复玮庆、管樵　光绪元年六月十八日①

丹荪、管樵阅之：接汝本月初一、初九两信，均悉一是。蓝缦卿系赣州兴国人，幛无可寄，不必制也。桃桃深入迷途，皆少爷二字害之。孝弟先亏，何论文字。然我非能久于人世者，到饥寒逼身时，自当回头猛省。于温饱中能痛自刻责，卓然树立者，此豪杰事，徒以逆耳之言苟求焉，无益也。荫生惟现任食俸人员有之，若我只有封典也。宝、智亲事须留意。九姑前议移居，有定局否？云、雨、瀛须令其知艰忧，勿仍堕酣豢中。瑶移榻后如何？我归期当在中元。

①《家书》抄本作"六月十八日"。

与玮庆、管樵　光绪元年九月九日①

丹荪、管樵阅之：文波之青衫、旗帐等事，我家均不必预备。我明日当回家也。

①《家书》抄本作"九月九日"。

与玮庆　光绪元年十月初一日①

和官、彤官、瀛官、桃官、云、雨、大少奶、二少奶、六少奶、八少奶、十一少奶、十二少奶、十小姐每人给月费二千文，添补衣服、纸笔、针线，一切什用，均在其内，分外不得多支一文。云、雨、钜、诒受业于五姑夫，束脩照旧，每月二千，闰月亦然，供双膳。瀛、桃令其自择师，束脩酌给。做会亦给以当会之费。威、骞责成瀛自课，南生责成桃自课，各年给束脩四十千。如功课旷废，则不给。各人所得书院膏伙，听其自买书籍及添补。小儿女辈，每人亦各给月费五百文，添补及一切什用均在内。除应酬外，只准穿用布衣。自有余钱，勿染奢靡。

①《家书》抄本作"十月初一日将赴江任"。

与玮庆、肖竹① 光绪元年十一月十一日②

丹荪、肖竹阅之：前月秒寄回一封，谅当收到。兹由银号兑回库纹二千两，本家、亲友年敬开具一单，汝可照单分送。除按月帮者仍照常支给外，年敬单中开列者，无庸重复。其遗漏，汝酌量补之。计送人者千金有零，剩下八九百金，先留为家用，此间如稍从容，或再筹寄。至文经借款，过年方能筹还，年秒先算息还之可也。林二姑太求家中按月拨五两与他。此地只支五两，其束脩已支至十二月止，年下借以正月五两可也。我身体如常，惟畏寒甚，咳逆所不免耳。公事忙极，亲友均无暇作信，为我道念。四老太病，近如何？

①肖竹：似是管樵。备考。
②《家书》抄本作"十一月十一日"。

与玮庆、管樵 光绪元年十一月十三日①

丹荪、管樵阅之：前数日寄一安信，闻明日始有船行。王中丞处，曾托六姑夫做联轴送之，用钱若干，由家中缴还，其奠敬则由此间就近寄宝应也。

补帆②大公祖仁兄年大人千古：文章经术，与多士相切求，天下欢颜归杜厦；悱恻慈祥，济不才所未逮，海东堕泪有羊碑。年愚弟沈□□顿首拜挽

①《家书》抄本作"十一月十三日"。
②补帆：王凯泰（1823—1875），字幼轩，号补帆。江苏宝应人。咸丰九年进士，官至福建巡抚。卒年五十三。

复玮庆、管樵、周溪　光绪元年十一月二十八日①

丹荪、管樵、周溪阅之：得汝等初三来信，均悉一是。星海不能守斋规，恐为弟辈所借口，令其向梁先生与课而已。瀛近颇知向学，瑶则依然故我。可翁人师，以后殊难为继。临行时，见二姨妈尚甚健，不料〈而〉其竟亡于是。前所寄年敬，改作奠敬可也。云之吉期须改否？听凭六表叔主意，我闻文经摇动，赶紧筹措三千，还其挪款，故现在此地甚窘，且看下月如何。九姑妹议姻时，言无不尽。彼好作无根之谈，听之而已。星溪人自可取，字本非所长，然无关紧要。文波要来京（金）陵，未尝不好，惟挟眷则颇费踌躇。盖看我之体气，断难久于此任也。

县试如系十一月十五，则云、雨是日尚不应入场。云、雨工夫甚早而不自知，雨则尤甚。其府县试必高列，愈不知天日，是可忧也。肝气复作，宜养之以和平。周溪之三子可名威铃②。四叔叫我每年多筹二百金与之，今年我百孔千铨（疮），万分不能，明年总当为之设法。我咳逆牵连腰痛，日来稍有转机。

①《家书》抄本作"十一月廿八日"。
②威铃：滨竹（葆桢三弟）之孙，咏濂之子。

与玮庆、管樵　光绪元年十二月十五日①

丹荪、管樵阅之：前月杪复信一封，计当到矣。试期在即，嘱云、雨努力自爱，按日加紧，毋荒于嬉。此时用功，宜简、宜精，大概以讲求书说为第一义。我明知家中岁用不足，急需筹寄。而为筹还文经一款，遂窘到无可转身，已欠总局四千两矣。家中如万过不去，可先挪用，一有进款，即当兑回，春间必不误也。我腰痛已愈，惟咳逆如故，见风必呕。汝等总以读书保身为念，书不尽言。

①《家书》抄本作"十二月十五日"。

与玮庆、管樵　光绪元年十二月二十二日①

　　玮儿、彤侄阅之：得汝等月朔书，知家中照常，至以为慰。兑项收到，除帮项，姑暂敷衍。翁家二姨妈，即将二十千送作奠敬。叶表叔公故后，其大表叔尚可支持，二表叔家口多，又闲住，自明年为始，每月以八千文帮之，前项不必送矣。曾家吉期改前二日，是否因其亲母多病？晓沧力辞鳌峰，可谓定识。此地亦苦旱，初八、九后得雪甚透。今年颇暖，然我已觉其不胜寒矣。五姑夫如肯早来上学，越早越好，迟则云、雨之放心不易收也。

①《家书》抄本作"十二月廿二日"。

复玮庆、管樵　光绪二年正月初六日①

　　玮儿、彤侄阅之：得汝腊之二十来信，均悉一是。云儿吉期既不须改，亦了却事。水饮之病，非药饵所能为功，全在饮食起居，慎之又慎，方不成痼疾。曾镇军所送木器，可并原信付原船带回。亨宰舅求添帮项，此端断不能开，听之可也。我腰痛已愈，咳逆如故。此间所苦者，不仅为劳，欲节之亦无可节。望我以公者曰"为国家办事"，我则一筹莫展；望我以私者曰"为亲友分润"，我则债累满身。徒令子弟辈耽乐是从，不知天日。然时至自当猛省回头，此时虽舌敝唇焦无益也。二月，彤挟眷北上，云、雨完娶，得用大钱，此地积欠四五竿（千），不便再借，俟晤方伯，向其豫支养廉兑回，所谓过一日是一日而已。

①《家书》抄本作"光绪丙子正月初六日"。

与玮庆、管樵　光绪二年正月初八日①

玮儿、彤侄阅之：初六由海镜寄信一封，计当到矣。兹兑回库纹一千，提三百金为彤侄入都之费。行期宜二月内，彼时公车已过，途中不致拥挤，天气寒暖得中，海风亦最平静。十妹补五十千年项。文波无馆，每月仍送伙食二十千。其余以为云、雨完娶之用。

① 《家书》抄本作"谷日"。函称咏彤"行期宜二月内"，可知此函写于一月。"谷日"，为正月初八日。

复玮庆、管樵　光绪二年二月十七日①

玮儿、彤侄阅之：得正月下浣两信，备悉一是。先生常在馆，子弟知敬惮，可喜之至。汝病须调养，不能为考订之学，而作古文，甚可怡情。抒写性灵，模范山水，亦乐事也。子弟读书，原要循序渐进，愈笨者愈不可走捷径。翊但令其多读古文，多做论，无不能通之理，应试非所急也。

① 《家书》抄本作"二月十七日"。

复玮庆、管樵　光绪二年二月二十六夜①

玮儿、彤侄阅之：得汝初六书，知兑项为蔚长厚所压，是以迟迟。三月北上，是恰好天气，却不宜再延。文波如仍赴船政，其薪水可领；如不赴船政，则薪水当缴还。六妹得男，又多一番动用，汝可酌量送之。植斋用功较勤，能持久方可。杭州海门叔并黄氏姑均来此，以无事可做，又想回去。我欲筹数百金，为祖墓祭典，并其侄、其甥书本，竟不可得，故令其坐守至今。渠索杭州各房名讳，汝可将旧年所誊族谱底，抄一份寄来。托大伯祖，尚有杭州某处墓，系葬某公。底稿如大伯处可查，更录一分来尤妙。盖兵燹之后，渠并远祖名亦无从知矣。芎溪太老师、镜泉②山长、质夫姑夫信，为我分致。

① 《家书》抄本作"二月二十六日夜"。
② 镜泉：邱镜泉，字景湘。林则徐挚友，长乐人。道光进士，曾先后主讲鳌峰书院、越山书院、正谊书院。

复玮庆 光绪二年三月初六日①

玮儿阅之：得汝正月十四、二月十七两书，均悉一是。五姑夫以严见惮，是云、雨辈之福。钜见赏于师，可见人贵立志。燕贻②能稍向上否？五姑夫大庆，可送寿敬二十四千，取其二十四节平安也。联句云：蔬酒三巡，贺客如逢真率会；萱帏一笑，寿翁正舞老莱衣。款题：五妹夫、五妹双庆，愚兄沈葆桢撰句拜祝。寿甫③表叔入都，何以六姑夫开来船政会试单无之。钜款非力所胜，助之则无可解免。第庞士元非百里才，恐助之适以害也。承纶与我不过姻亲，帮之太多，殊觉轻重不伦，无以对内亲。但依（伊）并非无力自办，为九姑累到无可奈何，且以五十千送之。我于九姑，如犯人遇太爷沈醉坐堂，虽二十分冤枉，无从说起也。子达④俗不可耐，只得听之而已。汝体气浇薄，须向惩忿窒欲用功，勿多服药。晚间尤宜早睡，若到我年时，则养亦无用矣。云、雨须劝其鞭辟近里，勿以考试驰逐。总之，多读书，则胸中自有理解，不随流俗耳目为转移也。昨由谦吉升兑千金，还债外以资家用。如未送来，可向银号问之。

① 《家书》抄本作"三月初六日"。
② 燕贻：似是林则徐之孙，林聪彝之第五子燕愉。备考。
③ 寿甫：即陈承妫，山西和顺县令。
④ 子达：郑葆中之子。郑葆中，字月亭，林则徐第四婿。

与玮庆　光绪二年三月十五日①

玮儿阅之：临行作信与汝，内似漏却拨百金与四家，以备九妹嫁妆一节。兹特提及，汝照拨可也。管樵已行否？我自初七登舟，沿途阅兵勇及炮台，今日始过高邮，大约端午后方能回署。节项已嘱礼堂老伯于四月设法兑还。我在路上，身体较前好些，然尚未卸狐裘也。县试有期否？学台四月想必旋省矣。

① 《家书》抄本作"三月十五日"。

与玮庆、周溪　光绪二年四月十日①

玮儿、濂侄阅之：守三冠军固可喜，云、雨等名次各如其本来面目，尤可喜也。山长极力整顿，亦是一片婆心。习染日深，久之竟成私例，而不自知其非。时辈每以受人管束为耻，独不思人为世上不可管束之人，其自居为何等？汝须晓谕诸弟，事事务循规矩，能为腐儒、为书骏，均是好名色。芎溪夫子具奠敬百千送去，挽联另单。拟句可用白绫，求笃台书之。郑家吉期，前不应改而改，固宜今之必应改而不改，姑听之而已。我阅兵由扬而淮而徐。在徐下痢，服药数剂，始南辕。近体较好，本日过丹阳矣。

哭夫子大人寝右：总角待（侍）龙门，风雨啸歌，许以传心如昨日；轻装归马渎，波涛咫尺，失之交臂竟终天。受业沈葆桢泣百拜

再者，五月节家中仆婢等照年下数目赏之，又及。

① 《家书》抄本作"四月十日"。

与玮庆、周溪　光绪二年五月十四日①

　　玮儿、濂侄阅之：前月寄信一封，计当到矣。秋舲②师祖、秀庚③师干脩，为我提款，补其闰月。藻官来信，谓大伯将其月间六千文扣除，汝可闰月起每月拨六千文付之。我力可勉强，于同气连枝，各（何）所吝惜。但愿侄辈勇猛精进，为未雨绸缪计。若以为可长恃，则自误矣。我家须极力收敛，汝尤须以身作则。近来俗论，以好看二字为大道理，汝等既读圣贤书，不可为所摇感（惑）。十姑爷进学，照文波一例送去。吾闽散馆，留一去三，鼎甲亦复不免，足悟临渴掘井之左计矣。秋闱瞬届，须记祖父及汝母之愿望未售，虽欲不奋志，亦不得也。

①《家书》抄本作"五月十四日"。
②秋舲：沈葆桢的老师。
③秀庚：即周秀庚，闽县人。副贡出身，与沈葆桢关系密切。

与玮庆、周溪　光绪二年五月十八日①

　　玮儿、濂侄阅之：海镜来，未得家信。接六姑夫信，亦未提及郡试如何。邱山长②来书，谓汝及康侯都在监院下处应课。汝官课、师课孰优？汝母在时，媳妇房中均为筹小利息以资零用，今云、雨之媳妇初来，汝可于李家借款中每房划出二百贯，令其自行收息，以供月间零用。

①《家书》抄本作"五月十八日"。
②邱山长：即邱镜泉。

与璘庆、瑜庆　光绪二年五月十八夜①

云儿、雨儿：我朝陆清献公，于人为大儒，于官为循吏，于文为名家。所著《松阳讲义》，为从来《四书》说之冠。极精微，又极雪亮，非徒作文章之机括，实做人之根基。索诸吾乡书肆，数年亦不可得。今白下有之，寄去两部，汝兄弟及骏甥、钜甥互换而圈点之。先看用朱，后者用墨。熟得此书，觙（触）类旁通，无不达之书理矣。

① 《家书》抄本作"五月十八日夜"。

与玮庆、周溪　光绪二年五月二十日①

玮儿、濂侄阅之：我家由湖而杭而闽，宗祠至今阙然。我历官日浅，薪俸到手辄尽，未尝有余，故愿焉而未逮②。恐后嗣子孙，有相见不相识者，兹将可缓之债，姑留后图，努力筹三千金发典生息，一以为祖墓及各墓祭典，一以为致远堂家课，寓合族之谊，卜宗祠、义田一篑之基，以待来者。产业难于收租，别项生理，尤靠不住，惟典肆尚稍耐久，第其利甚微，只宜八厘，方可择善地。汝两人禀明大伯父，如大伯父愿存自己典中，则最直截。否则，查明新典帑少者寄之，分寄两三处③亦妥。家课文字，仍求五姑夫校阅。汝辈本出门下，且于卷折在行，评定甲乙，无所回护，是尤相宜。酌拟大概条目如左。未尽者，汝禀商大伯父、五姑夫及四叔定夺，账目暂交藻官管理可也④。

一、库平宝纹三千两，发典按月八厘生息，遇闰照加，每月应得库平纹银二十四两。照现在银价，可换制钱四十千上下。

一、借券存族长处，支折及息银存值年处，息银俟用时方可换钱，未用则仍存银，以防钱票倒闭。

一、所寄典肆，如有情形变迁，值年须禀明族长支出，更置他处，不得因循将就，致误大局。

一、值年由族长举派，一年一换，支折息银，递年流交，其费用每月开明细账，揭示课所并誊入总簿，随折流交，俾众目共睹，以明心迹。如值年有冒销弊窦，许于众举发,族长即予撤换。冒销之款,照数着追。已撤者不得再派。

一、祖墓各墓,惟每年春祭提用祭典。其入庠登科甲而祭者,各人自备。

一、春祭惟祖墓向有酒席,各墓无之。所有席价及酒饭、香烛冥镪、土地礼纸钱,各墓互有参差,只得各照旧例详载于总簿之首,俾按籍可查。

一、惟祖墓及三支祖墓酒席一切,均由值年豫备。其余各墓,则按照所需折钱,交各房自备,以归简易。其自备而不愿领钱者听。祖墓、支祖墓,自愿多备冥镪者听。

一、祭典有限,只足供同治年间以前之墓。光绪后续成之墓,以待将来子孙之能者。

一、我家自杭即称致远堂。今曰致远堂家课,不忘祖也。子孙之经明行修者,祖宗实式凭之。每月逢四为期,风雨不移,正腊亦不停课。

一、每月三课,每课一文一诗,黎明到,日夕缴卷,不给烛。

一、阅卷兼监场,月束十千文。

一、课饭二顿,每人百文。卷价、稿纸、茶叶等项均备,烟点不备。

一、试卷不能多改,必评定甲乙,自首至尾均押名次。值年者填榜,揭示课所。孝秀第一名,赏钱千文,童生第一名,赏钱五百文。

一、各写白折两开,课日带呈。不分生童,许定甲乙。第一名赏钱五百文,二名赏钱三百文,三名赏钱百文。白折自备,错落及破体者,字虽佳,抑之。

一、各项罚款,请阅卷者阅定。

一、值年月赏一千文。

一、院试,给卷资二千,考经古者加给一千。乡试,给卷资八千,会试,盘费二十千,均于终场后偿之,不得豫支。其本年未曾入课,及应课稀疏者不给。

一、此举原为计久远、拔卑寒起见。此时我家子弟,多半膏粱习气,必有夷然不屑者。追维旧德,崛起定当有人,不容以眼底昏骇,废此美举。即使每课仅课文一篇,亦照常校阅给赏,以待将来。

① 《公牍》抄本作"五月二十日"。
② 《家书》抄本作"故愿焉而不逮"。
③ 《家书》抄本作"分寄二三处亦妥"。
④ 与玮庆、咏濂函,《公牍》和《家信》均辑入,前者附有此"条目"。《公牍》本注"五月二十日",《家信》则注"闰月十三日",经考证系在光绪三年。《家信》与《公牍》原是两个不同的独立抄本,由不同人保存,且信函的抄录人也不同,故时间互有出入。真正原因已难考。现据《公牍》本辑入,以《家书》本校。

与玮庆　光绪二年五月三十日①

玮儿阅之：得五月十二日来书，均悉一是。沅侄、骏甥郡试何处，诸函均未之及。计此信到时，院试已揭晓矣。椿、藻入庠，可以百千予之，沅、骏则以五十千贺之。藻可劝其不必散帖、开樽，俭为美德，且五叔不及见，为子者不能无隐痛于心。云、雨未到时候，无俟费词。汝及濂如秋捷，回首庚午、癸酉况味，能勿黯然。植斋丁忧，以百千作奠敬。前寄海镜三千金，计已当到。顷得六姑夫书，知福州大水，被灾甚酷。我欲筹款捐赈而账房告匮，因思前款为墓祭、家课生息之用，事尚可缓，可挪交六姑夫送呈雨帅，将来有款再补寄还，了此夙愿。万一前款已觅收主，不便失信于人，则托六姑夫向霁亭②如数告贷可也。清翁致礼翁信云，水灾时，雨帅派亲兵防护我家，汝力辞之。甚喜汝近来识力之长进。家中仆婢年节，意给四十千，其轻重自由汝酌之。当时漏开，补之为是。亲友有贫而被水坏屋者，汝亦酌量帮之。恐汝腾挪为难，家用计亦垂罄，暂挪千金，由谦吉升汇新泰厚到闽。以后家用将竭时，可先作信来告，以便筹兑。若待急时，又恐此间筹不出也。瑶索奏本笔，人便，可寄十枝来与之。

①抄本作"夏至日"。下注"按此函在闰五月十三后"，此注误。查光绪二年夏至日在五月三十日。
②霁亭：黄淇彬，字霁亭，闽县人。福建候补游击，经商。

与玮庆　光绪二年闰五月初八日①

玮儿阅之：九妹吉期定时，可送三百千交四叔收用。桃桃欲坐书房，其用费可随时付之。

①《家书》抄本作"闰月初八日"，查光绪二年闰五月。

与玮庆　光绪二年闰五月十三日①

玮儿阅之：得初二来信，知五姑夫病未复元，不胜驰系。说话即喘，万不可再勉强授书，无论有替人否，均须劝请将息。姑夫生平，过自刻苦。似宜稍讲究肴馔，勿多服药。勿以家事累其心，则却病延年之道也。小樵②肯来甚好，但我家子弟皆有气焰，人望之生畏，小樵未必肯来。我有两说，汝可禀商礼师③，如礼师愿再到金陵，请礼师挈其世兄，先到我家教读，俟乡试后挟眷并桃、云、雨北来，钜与燕诒④愿来，亦随之来。如礼师不愿离家，则将我家教读作长局，汝与濂皆从受业。云、雨亦不必来，家课并归校阅。如二说均不可行，则濂侄费月余工夫督课云、雨。院试毕，云、雨即挈眷前来。讷如教法极好，不必另请先生。讷如初七到，初八即上学，瀛、瑶寸步不敢离矣。五姑夫束脩，亦须致送全年，此吾乡通例，求姑夫勿却也。云、雨房下所需，可拨息付之。我家又添一丁，甚可喜慰。益望彤侄之继得熊占。右臂渐瘥，然仍未能转折如意。

①《家书》抄本作"闰月十三日"。
②小樵：王小樵。当是侯官或闽县人。在福州致用书院执教。
③礼师：梁礼堂。
④燕诒：疑即燕愉。林则徐第五孙，林聪彝第五子。

与玮庆　光绪二年闰五月十三日①

玮儿阅之：得敬堂姨夫②书，以被灾乞援，可以五十千送之。三舅祖螟蛉之孙林恩培③亦有信来，可以二十千送之。闻泰官家被水甚酷，亦助以五十千可也。此地弥月不雨，旱继以蝗，各省几无无灾之地矣。院试到极热之时，家中旧有普洱茶膏，可令一人带两三块进去，衔之不至甚渴，出场以六一散或浓茶于明伦堂代之，毋令服凉水也。

①与上一信同时。
②敬堂：薛敬堂，沈玮庆之姨夫。

③林恩培：林则徐之曾孙。

与莹庆① 光绪二年闰五月十三日②

莹儿阅之：汝既往书房，便须常在书房，人有来者，不必回候。五姐、六姐，已嘱大哥各提百千与之。凡人家庭，都有难言之隐，岂能都学我家祖父、祖母之慈爱。若论其窘，则犹未至汝母当日之甚。我家非祖父、祖母积德累仁，无以有今日。然此数十年支撑门户，亦煞费汝母苦心。至家景稍舒，而汝母病矣。汝两姐能以汝母之心为心，亦处困而亨，无所怨悔矣。文波能冠致用堂之军，可见其用功效验。植斋如能自奋，亦不为晚，若泄泄沓沓，则非所知。汝科考文章、试帖，须录寄来。努力自爱为嘱。

①莹庆：字星海。沈葆桢次男。
②与上一信同时。

复玮庆、周溪 光绪二年六月初七日①

玮儿、濂侄阅之：得汝十七、二十六两书，知悉一是。小樵谦让未遑，不可强。前信令汝禀商礼师，如不获命，则云、雨试后即来可也。七叔再送三十千去，八姑夫与之同住，必受害略同，亦以二十千送之。桃桃来信，极言五、六两妹之窘，汝可各提百千，背地亲交与伊两人。如送去不便，则接回来付之。闻文波冠致用堂军，为之一喜。汝二人于此事当认真做去，此较八股更有滋味，且于二、三场甚有益。玮儿当进去录科。濂侄虽未经补廪，科考亦不可草索（率）。云、雨文字，均有进境，五姑夫之功不可没。秋闱在即，甚望汝等之获售。椿、藻、沅有泮捷者，可作信托船政递上海道衙门转寄。

①《家书》抄本作"六月初七日"。

与周溪　光绪二年六月初七日①

濂侄阅之：今年国服未除，本不应开樽，且念祖父及其母之不见也，尤当黯然。汝如秋捷，亦宜如是。场斯（期）近矣，须简练揣摩。文字必一气贯注三四行，方能制胜。若两三句一气，阅者亦恹恹欲睡矣。试帖尤须用心检点，经文须合体裁，多用古雅字面，不在长也。汝肯为云、雨、钜阅文最好，不特于伊有益，并于汝有益。盖改他人文字，尤不敢轻易下笔也。燕贻只得令其近家附学，为代出束脩而已。

①与上一信同时。

与周溪　光绪二年六月初七日①

濂侄阅之：来信所议，甚有见识。但用字不容不检点，于长辈岂可加一谬字。祠宇，一时非力所及。祭墓，五十岁外者，可给轿价。向例，进学、中举、祭墓具三席，而墓佃据其二。若常祭亦具三席，则墓佃将援旧例，剖析转多费词。且子侄蕃衍，两席亦不敷坐，不如仍旧贯为是。人多酌带点心，于粗芦店临风啜茗，补不入坐者，中途勿馁，足矣。凡谋经久之事，俱不可过费，为其遇贫困时，子孙尚能勉强举行也。家课虽无人监场，汝兄弟互相劝勉自监之，多做一篇是一篇火候。前款挪去捐赈，此间稍可腾挪，必补寄回。如有可安置者，随时留意。云、雨、钜如无师，须费月余苦心督之。

①与上一信同时。

致璘庆 光绪二年六月初七日①

云儿阅之：汝等寄来试作，均是本来面目，无论售与不售，我心慰矣。六哥如肯课汝，便听六哥指授。倘六哥好静，汝不妨自读。我为汝定一课程，每日《四书注》十页，经书三十页，皆高声朗诵二十遍，不必背，但必周而复始，遍数无阙。早晨读古文，看其长短，自定遍数。夜间读时文二十遍，试帖三十遍，临帖一页，抄古文或时文一页，看《纲鉴》十页。汝记性有限，不必记得，须用笔点过。《松阳讲义》二章，亦必用笔点过，得意者密圈。课日作文、诗各一篇，限二更，稿正清楚寄来，我自阅之。果能照此无间，所谓归而求之，有馀师矣。汝文字句法太长，虚字太多，宜多读经书及秦汉古文，自有进境。为汝选古文二篇、时文十篇，并出文、诗题各十，另单开列，兼示雨、钜：

"吾斯之未能信"；"子贡欲去"至"其羊"；

"耻躬之不逮也"；"父母之年"至"以喜"；

"子贡曰：我不欲"一章；"子谓子产"至"四焉"；

"敝之"；"一箪食"至"其乐"；

"君其知礼"②；"曾子曰：以能"二章。

"秋山及天净"；"金山桴鼓"；"留得枯荷听雨声"；"背水阵韩"；"白露横江"；"郭汾阳遇绝女"；"清风来故人"；"横槊赋诗曹"；"秋边一雁声"；"椒山疏草存"。

《淮阴侯列传》下此系读的：《廉颇蔺相如列传》，赵、李附；"天下之民举安"，金声③。"人之有德惠（慧）"二句，陈际泰④；

"驱飞廉于海隅而戮之"，熊伯龙⑤；"此谓惟仁人"一句，刘子壮⑥；"臣事君以忠"，戚藩⑦；"则哀矜而勿喜"，刘岩⑧；"人人亲其亲"一句，赵炳⑨；"小人之道"一句，方舟⑩；"文王之囿"一章，黄淳耀⑪；"君子怀刑"，钱志驹⑫。

此足以读到八月矣。试帖汝自择之。

①与上一信同时。
②应为"君而知礼"，见《论语》"述而"。
③金声：安徽休宁人，崇祯进士，工举子业，名倾一时。
④陈际泰：江西临川人。崇祯进士。著有《易经说意》。
⑤熊伯龙：湖北汉阳人。顺治进士。官至礼部侍郎。著有《贻谷堂诗文集》。

⑥刘子壮：湖北黄冈人。顺治进士。著有《屺思堂集》。
⑦戚藩：江南江苏人，顺治进士，以文名于时。
⑧刘岩：江苏江浦人。康熙进士。著有《大山诗集》。
⑨赵炳：江苏长洲人，康熙进士。
⑩方舟：字百川。清安徽桐城人。诸生，以时文名天下。
⑪黄淳耀：江苏嘉定人。崇祯进士，著有《山左笔谈》、《陶庵集》。
⑫钱志驺：江苏丹徒人。崇祯进士，擅长八股文。

与玮庆　光绪二年七月初三日①

玮儿阅之：得二十书，备悉一是。小樵已受通商之聘，不必强留。雨进学，小樵亦送谢礼一分，收否听之。五姑夫束脩决不肯收，不必再送矣。濂官肯课云、雨、钜等甚好，否则，听其自读。程三哥令其自行就近附学，束脩若干，给之可也。康侯尚未作客，毅然北行，可谓有志。然以我所见，则功名自有定分也。初八信亦收到，以后家信由官封寄上海道最快，信局次之，兑局不可寄也。云、雨、瀛、翊今年可合做出幼，瀛做兜肚寄来。中秋节项，一时尚无可寄，二十外总当设法。

①《家书》抄本作"七月初三日"。

复玮庆　光绪二年七月初八日①

玮儿阅之：得六月二十八日书，知悉一是。康侯不北行，却是上策。功名原有定分，勿太自苦。于程②纵酒，早知其不伤生而（不）已，其老母、寡妻、弱子，晓沧无可委之责。礼师书来，已许云、雨附学，我又以钜坚托之，未知允否？云、雨既已得师，则场后来否，又须令其察看情形，再行斟酌矣。藻官录科被黜，渠尚有荫生一途，已函致六姑夫为索饬知，并为备咨送公文，未知能集事否？我近日腰痛复作，殊苦不支，今稍愈矣。丁中丞③奏捐赈单，我名下注洋银三千两，当日所缴，是否洋银，着据实禀复。

①《家书》抄本作"七月初八日"。
②于程：曾兆鹏，福建船政局委员。
③丁中丞：丁日昌（1823—1882），字雨生，广东丰顺人。贡生，历任江西万安知县、江苏布政使、福建巡抚及会办南洋海防、兼理各国事务大臣等职。

复玮庆　光绪二年七月十四日①

玮儿阅之：前接汝等来书，谓康侯录科未取，决意入北闱。嗣又云因其尊夫人病，未果。顷接莹儿来信，令我代为筹画。其信则六月二十日所发，交兑局寄来者，到此将弥月矣。我前信谆嘱，要信必交船局官封，托上海道转递金陵，万不可付之兑局。莹儿久在此间，知之熟矣。既二十分热肠待人，何以转将此信付新泰厚也？姑办一送考文书，委一亲兵搭轮船回闽。然计此时已过遗才场，来不及矣。究之，凡事皆有前定，康侯该中，自能录送，亦何借此文。桃、云、雨既有师，如礼翁来金陵，自不必说。倘礼翁不愿离家，则伊三人来否，且听其自酌。若来，则场后即来。连江陈多病，有归思。云、雨挈眷，可带一老嬷来。亲兵回来销差，可购詹斗山小楷羊毫十枝寄来。诰轴查收，本生曾祖一分，送大伯父；四叔祖一分，送四家处；馀敬谨收存为嘱。

①《家书》抄本作"七月十四日"。

与瑜庆①　光绪二年七月十四日②

雨儿阅之：汝函托星溪购小本，误矣。天下小本之富，至福州极矣。岂有此地所有，而为福州所无者。汝入场作本来面目文字，尚有万分之一可望中。若逐时趋，自寻苦恼，非徒无益。我历见老于场屋者，咸托辞以名家被黜，然其胸中无不自命善揣摩者也。

①瑜庆：小名志雨，字爱苍，沈葆桢第四子。举人。官至贵州巡抚。
②与上一信同时。

与玮庆　光绪二年七月二十一日①

玮儿阅之：十四日，为康侯事派亲兵陈连升捧诰轴并赍书回闽。乃接康侯十五上海来信，则已北上矣。十九，由蔚丰厚兑回银二千，可向其本号询取。帮项另单开列。张寿来云，朝忠向索姑娘衣服工料十三千零，可还之。次坚、细卿诸君，向送场卷四千，仍照送。仁舆老伯有节敬矣，不必再送场卷，反令辛苦三场也。

①《家书》抄本作"七月二十一日"。

与莹庆　光绪二年七月二十一日①

莹儿阅之：试期迫矣，舍多读多做，无第二诀也。讷如替人，俟秋榜出方能定。汝场后带两弟来，诸事务饬其谨慎，见七哥时，亦须婉劝其稍尽孝道，仰体四叔之心。兄弟自有至情，若秦越相视，非怡怡也。梁师家事既繁，应酬亦多，必不能常来督课，申季②常在一处，即当以师事之。人须处处有所忌惮，而后心可不放，所谓能自得师也。

①《家书》抄本作"七月二十一日"。
②申季：许肇基，福建船政局委员，江南候补知县。

与玮庆等　光绪二年八月初三日①

玮儿阅之：饬臣到，得汝二十一日来信，知合家安善为慰。康侯到上海，亦得其手书。五姑夫不收谢礼，即非战之罪，反面所以提醒梦梦者，用意甚深，然不可不再送去，如坚拒不纳，斯已矣。务官夭折，其家更不免各有违言。五叔恤荫，部文究竟曾否到闽？藻官能入闱否？羊毫收到矣。云、雨来，汝及濂官闱作均须寄来。濂官场费，桃桃为其丈人购燕窝、印色费，可拨付之。

濂侄阅之：云、雨北来，原是不得已，如能自己用功，仍是家居为上策。少年须学讷如，我见其无空过时候，可敬也。星溪近颇向学，其家书殆为《史记》所误欤？

莹儿阅之：汝既决意北来，出场即行，勿需（濡）滞也。贯甫作古人，亦是脱离苦海，渠已到无可奈何境界矣！云、雨来，嘱其将《今文得》带来。

①《家书》抄本作"八月初三日"。

与璘庆① 光绪二年八月初三日②

云儿阅之：汝字近日反不如从前，仍须学《圭峰碑》，晋字境界太高，不易趋步。我六月学《圭峰碑》十余日，甚有味，嗣以忙甚而止。寄陕西拓百张尚未到。瑶近日于帖颇有会心矣。多读经书、古文，则八比自有进境。《纲鉴》不可不看，《松阳讲义》尤须潜心玩索，于此神味浃洽，八比断无不佳妙者。屏除外务，勉听吾言，勿谓试期尚远，转瞬即到也。

①璘庆：小名岱云，字鲁清，沈葆桢第三子。
②与上一信同时。

与玮庆 光绪二年八月十三夜①

玮儿阅之：得本月初二安报，备悉一是。兑局之款，过节谅不致误。邓表姑娘来书，意在再娶一妇，其宗祀能延与否未可知，先坑了人家一女矣。张寿在此，伙食系尽数尽报，原冀其菜之稍好，乃菜愈坏，数愈奢，不能不示以限制，伊即告假而归。临行，将家中带来之物尚折价二十余千，家中所借四十千，并无一语提及。将来如留滞我家，或可陆续坐折，亦断不能全。若渠能自谋生计，则借此买断，亦未尝非佳事。其人天良甚缺。朝忠既无欠账，自作罢论。此次张寿等回去，盘费便是百余元。甚矣，用乡人之难也。藻官录送，亦是一喜。汝所闻新章，都系谣言。不给烛，本系定例，何须奏明？余皆万万不可行之事，且行之亦万万无益于事。雨注意小本，是其自知之明处，非剿袭无从完卷。带汁诸葛，丑态必露矣。捐赈本请其不必奏，为此一字而奏，岂不太衮。至愿捐之款，复收回，更属无谓。登瀛洲②到，快睹汝等闱作也。

①《家书》抄本作"八月十三夜"。
②登瀛洲：福建船政局制造的轮船。

与玮庆　光绪二年八月二十五日①

玮儿阅之：陈连升来，所寄信物均收到。汝与濂场作，未尽题妙，然尚妥叶，可挟时命以偕行。雨前半咄咄逼人，入后不可救药矣。李西屏年伯，可送其奠敬十千，其侄妇为亨宰舅之外孙媳，可送奠敬六千，信不及答也。祭典、家课必不可食言，然欲整数筹三千金，恐转成画饼。兹由谦吉升先兑一半，此时当店回盘，无所用之。若有别项生息妥善之法，汝禀命大伯、四叔酌行之。放场不继烛，省无数弊端。程三哥来，未尝不好，第林嬷同来，则程三哥又依然故我矣。登瀛洲何日展轮，想此时在云水光中也。

①《家书》抄本作"八月二十五日"。

致管樵　光绪二年九月初四日①

彤侄阅之：得汝八月十二书，知都寓安善，至以为慰。康侯若能中，则改京官，于会试为便，否则徒费无益。至其家事，实有为难处，如爱莫能助何！咨文备而不用，于事何妨？云、雨辈云场后即来，而至今未到。场作四篇，濂较妥，雨必不中。然其道着处，则非诸兄所及。兹寄刘镛山年伯奠敬五十两，送交可也。

①《公牍》抄本作"九月初四"。

复玮庆 光绪二年九月二十一日①

玮儿阅之：得八月二十五、九月十一两信，备悉一是。功名自有定分，何须抑郁乃尔？我闻汝兄弟辈和气便喜，闻汝兄弟辈肯读书便喜，至名场得失，如云烟过眼，久不措意矣。闽侯向以揣摩见长，是科主司要重发下截，其所激赏者，皆揣摩家所忌讳者也。外府所以多中者在此，而闱墨所以出色亦在此。江南墨不如福建，然是榜却有佳话。有溧水朱姓伯仲，让产于诸弟，遂同捷焉，其伯即荔丹门下士也。林老太节项，改作奠敬，甚妥。福州寄信，均交轮船，无所谓迟速。至上海则由道来者最快，信局次之，兑局则极漫（慢）。汝寄信局未尝不可，切勿交兑局也。翊按部就班，自当渐进。福伊三近日如何？瑶瑶稍知向学矣。李梦吉之夫人信来，乞数十金为其孙完娶。汝可告以吉期到，我帮以三十千，届期照送。

①《家书》抄本作"九月二十一日"。

复玮庆 光绪二年十月初一日①

玮儿阅之：得九月二十二来书，知汝与藻官卷均出房，再加紧用功，去中不远矣。讷如九月二十八捐馆，殊堪痛惜。原委详致其兄信中，阅毕送去。云、雨等从师如此多故，嘱其各领一弟自读。锡九②闻此信后肯来与否，殊未易知。康侯身发热毒，本欲留其多驻数时，伊见讷如况味，怅触乡心，不可留矣。

①《家书》抄本作"十月朔日"。
②锡九：当是续九，即陈嘉燮，福建长乐人。光绪举人。任扬州书院讲席十余年。

致管樵　光绪二年十月初二日①

彤侄阅之：陈季同②来，得汝初十信，知京城亦揭晓矣。群从于书无缘，而望榜极切。铄、藻皆获荐，不胜抑郁牢骚之感。讷如以不阴不阳之病，竟于九月二十八日捐馆。二十四即自知不起，令云作书与其兄，乞次侄为嗣。孝友之性，颖异之才，良足惜也。西席本订锡九，闻此信后，来否未可知，姑令云、雨各领一弟自课而已。康侯满身湿毒，行坐两难。本欲多驻数时，见讷如之变，枨触乡思，愀然其不可留也。其家必败，无可救药。彼垂涕而道，我姑与子言孝云尔。竹坡云：出京时，汝为担皮数〈十〉七〔十〕余金，嘱我寄还。小浦③来信，以入都引见求帮。兹兑京纹三百，以七十余金清竹坡数。小浦到京，如果引见，以百金助之；倘无成局，勿与也。四表叔云尚有应请封典一次，我拟虤本生胞伯父母，为我提款托办，所余汝留用可也。为我向军机处一问，明年元旦在二十七日期内，不表贺章有明文，但未知各省督抚还应具折否？有回信速寄来，同乡京官在京者，应送炭敬，亦即开单寄来。此问阖寓平顺。八月念六、九月初三两函均收到。

①《公牍》抄本作"十月初二日"。
②陈季同（1852－1905）：字敬如，福建闽县人。光绪三年随福建船政局第一届留欧学生到法国任翻译。光绪十四年出使英、法、比、意诸国。著作有《三乘槎客诗文集》等。
③小浦：蒋锡璠，字小浦。福建侯官人。咸丰举人。

与玮庆　光绪二年十月二十三日①

玮儿阅之：得十月三日信，知七叔又添一丁为慰。讷如死后，瑶随雨读，琬②随云读，尚不致全行荒废。我为咳逆所苦，彻夜不眠，已于十一日乞假一月。现精神万分难支，假满即当请旨开缺。恋栈即贻误大局，尤无益私计，不可为也。濂官行计，如因此而止为善，倘仍决意北来，汝可筹百金与之治装。翙等最，其多读书而已。

封信间，又得汝十三来信，知藻官又断弦，葬时可再拨二十千与之。锡九能来与否，听其自然。文波托桃桃购《注疏》，我家《注疏》有两部，一老板，一沉刻。汝择其一留之，其一以付文波。人苦无书读，书亦苦无人读也。

①《家书》抄本作"十月二十三日"。
②琬：琬庆，字次棠，沈葆桢第七子。

致管樵　光绪二年十一月十三日①

彤侄阅之：得九月三十、十月十九京信，备悉一一。吾闽闱墨颇佳，省城或因此次中者较少，稍知回头，则未始非幸也。饬臣往往匪夷所思，不知其税驾何所。小浦若半途而废，以后亦恐无后望。然小浦迫于势之不得不已，饬臣则自作孽也。听帆有实学，为西行中出色人员，非乃兄所及。京官以不得与为憾者，未尝其中况味故耳。锡九至今未到，斋政只得与濂官分任之。延师极难，子弟之有成与否，又视其人之志气。看群季尚不失为中材，第性灵汩没于膏粱文绣中，无由自拔。经一番冰雪，或能猛省乎？大哥分爨之说，并未禀闻。濂官来信云：无论加以月费若干，均非所愿。我老矣，不乐饶子侄短处。然伊等辈觉路正复非遥，我可不必浪费唇舌。第最可怜者汝四叔，我忧之而无可如何耳。扶乩即与鬼为邻，切不宜近。笠云畏死，本异于寻常，若竟忘人生之必有一死耳。封典是否只此一次？都中得雪甚佳，此地则并雨而无之。槁（蒿）目哀鸿，此心无可安放处。我扶病校武闱，至初九，万分难支，不得已而请假，彻夜不寐者兼旬。现虽稍瘥，仍一步不能出户。视廉俸如干束，此心何以自安？只得奏请开缺。明知无田可归，然岂得为一家而误大局。兹兑四千二百金为都中炭敬。适幼莲送其夫人及讷如灵柩赴沪，逾期未返，假期已满，请开缺之折不便久待，其信之官衔称谓恐多错误，汝须逐一检点更正送去。小军机中有更换者，尤宜查清，只得寄空函二十分，汝查明别号称呼誊入。大抵领班者百金，帮领者四十金，谢谦亨②、沈源深③五十金，馀则有年世谊者二十四金，平等者二十金。新补之祝维城，系铅山拔贡，曾见过，可送三十金。同乡单中，汝不誊科分县分者，想是外府捐班，一例送二十金。恐遗漏者尚多，俟幼莲回来，查明补寄。汝知有应补者，可作信来。

①《公牍》抄本作"十一月十三日"。

②谢谦亨（1819—1889）：字吉六，号筠士，福建长泰人。道光举人，咸丰四年入值枢垣，光绪元年任御史。

③沈源深：顺天大兴人。历任乡试考官，大理寺卿。

复玮庆　光绪二年十一月十九日①

玮儿阅之：得汝至日来信，备悉一是。此间筹寄都中炭敬四千余金，账房扫地无余。闽中诸亲友来催帮项，急如星火，只得向银号借二千金兑回。群从渐逐奢靡，一路无知惜福者，是以有月费之议。自本年十一月为始，章程另单寄汝阅之。汝可〔于〕二千金内提出二百为汝冬腊两月月费。此次拨款，比上节较多，汝可将年来进出各款开数前来，不足者补还。云、雨房下有此月费，前拨李家息钱不必拨矣。此地哀鸿遍野，清江、扬州、苏州等处，收养饥民至十余万，尚源源而来，未知所底。昨为当牛费匮，捐去一千，亦系借诸钱店。年底亏空甚多，族间公款一半，只得以待来年。十七日，已疏吁开缺，能准固好，否亦须拖过春暖，方能销假。畏风如虎，不可支也。

一、各房按月提费五十两。惟玮庆生齿较繁，且长孙婚期近在两三年内，提费倍之。

一、玮儿、彤侄月费提存刘四叔处，遇便寄闽、寄京。未婚之璿儿、瑶儿、琬儿，存刘四叔处，为各立账簿一本，各将所用登账扣除。已婚之濂侄、莹儿、瑜儿、璘儿，愿领归各房自理，听之，但亦必立一账簿，随时呈阅，以观其能俭与否。

一、各房添置文具、书籍、服饰、针线、茶点、薪炭、杂用，一切各自料理，不得丝毫支销公账。

一、各房伙食，仍行归公。其跟丁、佣妇，除公给伙食外，辛资各归各房支发。

一、各房外家应酬，各自料理。

一、未婚者，婚费亦在其中，不另提给。

一、家中年节、祭扫、忌辰暨亲友款接、应酬、庆吊等项，概出公账。

一、家中看门、厨丁、伺候斋三名，月资、伙食均由公给，其余仆媪只给伙食。

一、家中伙食，上人每日百文，下人每〔日〕八十文，按月登账。

①《家书》抄本作"十一月十九日"。

复玮庆 光绪二年十二月初四日①

玮儿阅之：得汝十一月十九来书，备悉一是。礼师不出山，是何策？我能半途而止，为邱山长②之帐，然则幸甚。四姑处再为我送六十千去，九姑正月起按月加送三千，何胜迈年伯之子求帮其葬父，汝可送十二千，求星斋③年伯转交。盖何世兄素靠不住也。我咳逆如故。

①《家书》抄本作"十二月初四日"。
②邱山长：即邱镜泉。
③星斋：沈之亲家，鳌峰书院掌教。

复管樵 光绪二年十二月十七日①

彤侄阅之：得初二日信，知汝得男，喜甚。汝谓十六夜丑时，然则十七日也。名以威灿何如？孙莱山②、乌达峰③炭敬应补。兑项并不短，且长十八两。汝将谢吉六、祝维城重算了。兹再兑百金分致之。筱希系实缺外官，应送人别敬者，缉臣④离道远甚，明年恐尚须赠以冰敬。裁衣要相体，非有所厚薄于其间也。外官负债出京，固常事耳。我嗽总未愈，一见风则肺几欲裂，假满再看。此间（问）京寓均吉。

①此信云得初二日信云云，当系十二月初二日。《公牍》抄本作十二月十七日。
②孙莱山：孙毓汶（1833－1899），字莱山，山东济宁人。咸丰六年榜眼，历任刑部侍郎、军机大臣、总理各国事务大臣、刑部尚书、兵部尚书。
③乌达峰：乌拉喜崇阿，字达峰，满州镶黄旗人。咸丰六年进士，历任吏部侍郎，理藩院尚书，兵部尚书。
④缉臣：黄敬熙，四川安县县令。

复玮庆　光绪三年正月初七日①

玮儿阅之：得汝腊后二日来信，备悉一是。何制军枉过金陵，向我借千金。适账房涓滴俱无，然无辞以却之，只得挪诸钱庄送去。渠在总督任内万不能还，署将军后如归款，汝可收之。前借雾亭之三千金，息钱曾否算清？汝来信并未提及。我咳逆如故，然海上方有谣言，不敢再申前说。汝月费正、二二百金，查收。

① 《家书》抄本作"人日"，即正月初七。

复玮庆　光绪三年正月二十日①

玮儿阅之：得醉司命日家信，知大姑竟逝，至以为痛。汝为我备五十千奠敬送去。讱如死后，诸弟读书，迥非昔比。择师固难，亦子弟太无远志也。我咳逆未愈，而台防消息难测，不敢复请开缺。再续假一月。以后天气和暖，或尚可勉强支持也。

① 《家书》抄本作"光绪丁丑年正月二十"。

致管樵　光绪三年正月二十三日①

彤侄阅之：得旧腊三信，备悉一是。诸弟读书，迥非若讱如时，然实自误之也，非先生误之也。群从志气，惟雨稍向上，第未能鞭解（辟）近里，故字有进境，而文无进境。濂、莹文字，我自改削。濂功较深，病亦较深。莹则无功可言，亦无病可言。合而言之，则不读书，胸无道理而已。存款将百金抵汝正、二月费，补志春圃炭敬五十金，彭、李各十二金，余二十金，姑存之。程三哥竟夭，忠厚若仲熙而无后，为之惨然。如次坚夫人则拔地狱而登天堂，作登仙观可也。采胜到处有之，数千里劳驿，殊可不必。

公暇不可不看书，不特经史当看，在吏部当知吏部则例，在总署当知各国事实，处处须脚踏实地工夫也。我咳逆如故，有西班牙事，不敢复请开缺，只得续假一月耳。

①《公牍》抄作本"正月二十三日"。

复管樵 光绪三年二月二十一日①

彤侄阅之：得初六书，备悉一是。高延富诚第一次入京，然来往仅二十一日，熟手者无其快也。高升请假归矣，孝廉船计当到，人数想未必多。亲友何人计偕，亦无从知。日前兑四百金，可以五十金拨还旧欠会馆项，二十四金补周桂午炭敬。同乡会试，除访西②、安坡③及蔚皋世兄已于省城致送外，其余汝照旧年单酌量送之。云友孙为其留京，故去年送炭敬。今年临场，仍须再送一分。申季宦兴勃勃，总缘深尝就馆之苦。不料天下履之而后［知］难者，不止寄人篱下也。船政出山诸君到省后，人人愕然，大失所望。然入鞲之鹰，久当自驯。竹坡最得意四川，号呼尤惨。竹修一击不中，翩然而逝。为妻孥亲戚，复理行装。寿甫会试之言，不过聊抒孤愤，非实录也。诰轴及经相物，遇便寄来，勿庸亟亟。我因勉强出见德国兵官，重袭风寒。误服峻剂，彻夜不寐者久之，昨宵始能伏枕数刻。此间阖寓均好。冰如一年寄四表叔若干？此处各路别敬、炭敬约可若干？表叔一年须用若干？便中提及。

①《公牍》抄本作"清明前一日"，即二月二十一日，清明在二月二十二日。
②访西：林贺峒，字访西，林聪彝长子。历官广东。
③安坡：林寿鼎，字安坡，林拱枢次男。

与玮庆 光绪三年二月二十六日①

玮儿阅之：金泉来，得本月初十信，知前嘱汝豫筹秋舲师祖后事一函，尚未到也。可仍照原议速为我所备寿板一副，请五姑夫或杨老伯看妥，画押为定。另筹五十千寄文经为衣衾费。汝（次）坚来索其妻葬具，可以八千送之。日来书院当甄别，汝得内肄否？我近服峻剂，夜不成寐，此两宵稍能伏枕。

①《家书》抄本作"二月二十六日"。

与玮庆　光绪三年二月二十六夜①

玮儿阅之：前函甫发，闻□□与□□书有□□□□□五六日之语，索观之，良然。究竟所为何事？此子向无嗜好，亦无乖戾性情，□□近来于子弟亦颇宽恕，何以忽有此怪事？倘竟无下落，□□其何以为生？汝信未提及，各家信均未提及。面诘乌乌，则称毫无所闻。我心极悬悬，又不敢造次函致□□，汝其速作书，将颠末告我。

①《家书》抄本作"二月二十六夜"。

与玮庆　光绪三年二月二十七夜①

玮儿阅之：云初六得女，十妹亦初二得女，俱平安，固不厌其为女也。省轩之女，何时服满？女子出嫁，与男子应试同。濂聪明而性情不定，我亦欲急为完姻，汝可请示六姑夫，如肯挟眷来金陵最好，否则，下半年回闽小试，顺便办此喜事。省轩之女服满，亦可次第举行矣。次坚夫人，功行圆满，拔宅飞翔，为之一喜。秋舲师父后事，义无可辞。但虽有钱而难于付托。汝为我前日所办寿板内配一付，请杨老伯及五姑夫看过，如可用，逐块打上花押，仍放原处，俟用时再行来搬。更备钱五十千，求五姑夫寄黄霁翁②钱店，每月取息一分，用时本息同支，先期不得借取分文。妥否，禀请杨老伯、五姑夫酌之。程三哥复夭，为仲熙表伯隐痛，无可奈何也。

①《家书》抄本作"二月二十七日夜"。
②黄霁翁：黄霁亭。

与玮庆 光绪三年三月初八日①

玮儿阅之：敬成来，此间不便用之，亦无他处可荐。伊伺候我久，我尚有官做，不忍令其穷饿。自四川（月）起，汝为我按月拨钱五千付敬成，再拨五千，令敬成之父或其妻来领去可也。

①《家书》抄本作"三月初八日"。

与玮庆 光绪三年三月初八日①

玮儿阅之：于程家属求帮，为我具奠敬四十千送去。何朒迈年伯之子，函乞其父葬费，其人甚靠不住，汝可备钱票十二千，呈曾星斋年伯代我转交。此事旧年家信曾否提及，记忆不真，故再提之。我近服燕窝颇效，此地价贵而货劣，汝于南台为我买好者一斤寄来，或托霁亭亦可。霁亭借款，利虽不多，仍须算清。我从前约过，不收息则不借也。兹寄回库纹三百，以百金补四叔去年妆奁亏款，以二百金为汝三、四月费。家用简明账目，须按月寄来。好糟菜心便中亦寄数斤来。

①与上一信同时。

复玮庆 光绪三年三月十八日①

玮儿阅之：得月朔来书，备悉一是。四老太病，入夏当愈，万一不讳，材木衣衾（裣），早已齐备，为我借二百千陆续送去。五妹举家出疹，可以五十千助其医药。汀州镇关辅臣丁父忧，有讣文来，为我做一幛并唁函送去。此地麦可望收。我喘稍平。

①《家书》抄本作"三月十八日"。

复管樵 光绪三年三月中旬①

彤侄阅之：得禊后一日书，知公车竟过四百为慰。代伯钱告假，此非草野倨侮之所能为，虽神出鬼没，终必现形，亦足见名场之误人心术不少矣。小浦出都，腾出百金，送曹香溪寿敬五十，萨廉元卷二十四，彭嘉树元卷十二。子庄②旧年漏寄元卷，如其到京，亦补送五十。前项是否敷用，来信申明为要。四叔进款愈多，负债愈巨，度日愈难。四老太痰喘日剧，四叔亦云无药可医，材木衣衾，均已全备。唯四叔意在体面，所费亦不轻。第望可延到夏令，则痰喘尚不为患耳。我日来稍能出户。此问吾侄阖寓均吉。

①咏彤三月四日由北京寄信，当于三月中旬到沈葆桢处。禊后一日，指三月四日。
②子庄：林庆骐（1853-1907），字子庄，林聪彝第二子。

复管樵 光绪三年三月下旬①

彤侄阅之：敖大令来，得二月十二信，并收到鹿茸、荷包、诰轴诸件。折差来，又得三月十二信。知都中得透雨，至以为慰。威灿种牛痘，想必平安。铃等亦当令早种。吾乡入闱，不及四百，中额必减，但愿得鼎甲以为荣。折差出京，购一榜录分明者付之。诗有能知题旨者否？小帆弟兄，竟不回避。时哉弗可失，遥盼良殷。此地麦穗颇好，甚望有秋，而蝗蝻复蠢动，殊深焦灼。我咳喘未全瘳，而眠食较前安适。惟自顾才非其任，心事因之灰冷耳。此问吾侄合寓平安。

①信中云："折差来，又得三月十二信。"信到南京当在此月下旬。又，威灿死于光绪三年八月，此函当写于光绪三年。

复玮庆 光绪三年四月初四夜①

玮儿阅之：得三月十九日书，知福州米价未平，至以为念。祭典前半安顿何地？近日此等事甚难，须随时察之。致用如得录取，切勿间断。屋之吉否，本无一定。吾家八角楼老屋，旧日居停亦不甚利。贼则近来始有，前此所未闻也。疹后多服清剂，则以后少病。盗皆缘烟赌来，严办花会，禁赌场、烟馆，盗源自绝。三月朔为新年②，必有以扶鸾降童惑人者，方张为所耸动。前日兑回库纹二千，除帮项及家用外，汝可扣作月费。截何月止，可开账来，后此好寄也。诩书院取否？此地麦秋甚佳，而蝻孽复动，惟望天怜孑遗之民耳！

①《家书》抄本作"四月初四夜"。
②原文如此，疑为"新春"之误。

复黄姑太① 光绪三年四月上旬②

归江夏大妹如晤：旧冬得手书，并蜜枣、橘饼，新正又得手书，以病体支离，又不便付之记室，遂迁延至今。比复展三月望日手书，知染咯血之症，至以为念。此病似以极旧阿胶最为相宜，俟向山东友人寻觅，便即奉寄。惟根柢之亏，尤以善养为贵。怡情悦性，远胜于草根树皮也。兄素不能诗，见索无以应，良用自愧。客腊痰喘，几不欲生。引疾疏三上，未蒙诏可。二月初稍瘥，勉出见客，重感风寒。误服峻剂，因而大剧，彻夜不寐者兼旬。近虽喘未全瘥，而眠食稍有起色，可慰远怀。此地二三月得雨稍足，麦可有秋。而蝗蝻近复蠢动，殊深焦灼。来人索回信，草草交其带去，顺候壶祉，余俟续布。

①黄姑太：沈葆桢在杭州族亲堂妹。
②信中有"此地二三月得雨稍足，麦可有秋"，又称："比复展三月望日手书，知染咯血之症，至以为念。"信至南京，当是四月初旬。

复玮庆 光绪三年四月十三日①

玮儿阅之：得本月朔信，并所寄物件，均如数收到。燕窝甚好，胜如上海购者远甚。致用堂有名便佳，课不可缺。霁亭借款，始于何时？我亦忘记。惟内渡是七月底，伊所云当不谬，息钱必不止四十钱也。因之致濂信云：四老太于四月四日弃养，汝可将二百千陆续拨去，葬期到，再筹葬费。福建会试，不及四百，而中额仍二十名，天恩可谓高厚。四叔老矣，我家不知何日再有人会试。诸弟侄无一人耐得坐功者，我熟视焉而无如何。仅南生较不畏书。翙等须督其苦读，勿急功效，书香不可断也。

① 《家书》抄本作"四月十三日"。

复玮庆 光绪三年五月初二日①

玮儿阅之：得汝四月十六来信。四老太丧事，信中并未提及，岂前此尚有信未到耶？帮项单业已补寄，黄四表爷娘仍开列在内，下次除之。宝、智年均十六矣，亲事汝须留意。良缘固由天定，然不容不姑尽人事。大抵家风清白，子弟操勤者便可做，无多求也。有人便再购燕窝一斤寄来。

① 《家书》抄本作"五月初二日"。

复玮庆 光绪三年五月十二日①

玮儿阅之：迭接四月十一、五月初一两函，并鲙鲞、菜心，如数收到。四叔既续拨百千，俟办葬事，再拨二百千送去。汝信未提及秋师丧事，而账内有轴字三百文，想中间又有信未到。从前所议寿板、衣费，想已照付，再提五十千交桢臣送去，以为丧费，俟葬有准期，再提五十千交桢臣送去，不便惊动五姑夫、杨老伯者，其世叔非所愿见也。所遇如此，不能不枝枝节节为之。干脩已送至六月，自七月以后，按月给伙食二十千，以手折交桢臣，俾届期来取。其家能勤俭，断无不敷。若欲与事师一律，则不伦矣。仁舆老伯加送十千，以后每节送三十千。终吾世耳，终仁舆老伯之世耳，均不远矣。翙孙读功无间，自有领会之时，不必求效太急，惟索解宜精耳。

①《家书》抄本作"五月十二日"。

复管樵 光绪三年五月十八日①

彤侄阅之：得初九、十二信，备悉一是。可庄②入彀，吾闽又有鼎甲之望。小帆南行，意在挟眷入都耶？抑另作打算邪？子庄以聘侯为老马，节前之到不到殊未可知。缉臣由京入川，可谓胜算，若纡途故乡，则从之者如归市矣！威灿万不可多服药。兹汇去京纹四百，拨送匆翁世兄元卷二十，谢枚翁、吴老九、何氏兄弟贺敬各三十，可庄贺敬五十，蔚皋子贺敬一百，馀留抵汝三、四、五月月费可也。此间弥月不雨，昨夜得阵雨而未酣，再饥则万无可想法，奈何！奈何！

①信里提及"此间弥月不雨，昨夜得阵雨而未酣"。南京下雨在五月十七日，此信当写于五月十八日。
②可庄：王仁堪（1849－1893），字可庄，闽县人，光绪三年状元。先后任山西学政、苏州知府。著有《王苏州遗书》。

复玮庆 光绪三年五月二十日①

玮儿阅之：接十一日家信，知吾乡复罹水患，天乎！何其酷也。照例借廉三千，交荔丹呈督抚，以备一粥之用，亲友中汝酌量接济可也。此间大雨三日，官民相庆，谓蝗可绝迹。乃雨并未霁，蝗又蔽天，如长江大河，浪翻涛涌，滚滚有声，奈之何哉！礼师处为我送奠敬百金，六月后，按月送十六千，交其世兄，为其家伙食。虞师太夫人送奠敬五十千。

① 《家书》抄本作"五月二十日"。

与玮庆 光绪三年五月二十一日①

玮儿再阅：瑶索羊毫笔，予以詹斗山所制，弗受也。伊云，大哥曾给雨哥细管羊毫，甚佳，愿要此种者。汝尚有，便中寄数枝与之。伊读书尚无领悟，字则有进境。瀛婚期，于冬腊或明春豫择两日，禀明六姑夫。智妹亲事，随处留神为要。

① 《家书》抄本作"五月二十一日"。

复管樵 光绪三年五月二十五日①

得本月初十日安信，备悉一是。汝所开单，枚如②中书，陈璧③外用。阅邸报，则陈璧中翰，枚如归班也。张鲁生④前致幼莲书云，周少翁⑤欲得我先施之信，此固我所愿，且有己未年谊，尤易措辞。惟其信中将为汝设法先入总署云云。鲁生于京官界限不甚谙悉，果如此，则周年伯及汝皆为人指视交集。故嘱幼莲复书坚辞。而周年伯问候之函，遂亦不得不从缓。中有不足者，不敢不避嫌。瓜田李下，未易脱略也。兹汝来信既提及，想周年伯以总署公事，欲有见教之处，只得先作一函寄去，附送冰敬五十金。万一真有令汝先入衙门之说，切须力辞。穷达有命，占人一点便宜，便成终身之玷，悔之无及。我向来作家书，绝不提及洋务一语。所谓每一念及，忽然忘生，故心伤而笔不能下也。兹兑京平六百五十两，四表叔二百，军机领班各一百，周少棠⑥五十，谢吉六五十，王子恒五十，汝六七两月月费库平百金，交贡差带去，到时查收。冰如果引退，则四表叔进款更绌，自应多寄。我在此尚易为力，请勿介怀。至表叔意欲乞外，以我之见，似不如俟转科后截取道员，再作此计。盖近来府升一道，千难万难。外间体制则迥别，截取道分发补缺，却不十分吃亏，然不可不指省。一则宜避无题选缺之省分，一则宜避先有截取道之省分也。所需若干，我如在此，尽可代筹。倘得京察，则均可作罢论矣。折差以后嘱其起身之日再来领回信,汝将邻近两三日上谕片装信中寄来。闽中大水,我借养廉三千,委丽丹运回,交督抚办赈,亲友帮项则尚须筹寄。丁雨生⑦欲于上海、扬州劝捐,不得不为转行,然丐户减口济生,所济有几?呴沫之爱,各尽各心而已。此间得七日透雨,秧乃可插,颇虑太晚,而雨后蝗焰益张,真令人苦唤奈何!自可庄实至名归后,桃、云、雨、瀛皆写殿卷,明知其用不着,然亦收放心之一助也。威灿须令其少尝饥寒,不可太护惜之。此问合寓平善。

①信中云:"此间得七日透雨,秧乃可插。"五月十七日后大雨七日,晴当在五月二十四日。信中云:"而雨后蝗焰益张,真令人苦唤奈何!"是二十四日后的情况。

②枚如:谢章铤,字枚如,号药阶退叟,福建长乐人,光绪进士。先后主讲陕西关西书院、漳州丹霞书院等。著有《赌棋山庄全集》等。

③陈璧(1852—1928):字玉苍,福建侯官人,光绪三年进士。历任太仆寺少卿、顺天府尹、邮传部尚书。著有《望岩堂奏稿》。

④张鲁生:张斯桂,浙江慈溪人。光绪三年驻日副使。

⑤周少翁:同榜之长辈,即周少绂,名麟章,福建侯官人,同治四年进士。山东高密知县。

⑥周少棠:似是周家楣,宜兴人,字小棠,咸丰进士,官至通政使。

⑦丁雨生:丁日昌,字雨生。时任闽抚。

复玮庆　光绪三年五月二十八日①

玮儿阅之:昨梨梨到,得四月二十七日安信,盖坐宁波船,故如是濡滞也。敬堂姨夫与嘉表叔各以书来告灾,薛照旧例,拨五十千,叶以十千应酬,山兜尾灾必不剧也。其余去年所有,今年似不能无,汝酌之可矣。刘茂来时,可将燕窝寄来。

①原信注:"五月二十八日。"

复玮庆　光绪三年六月二十四日①

玮儿阅之：得五月二十八信，备悉一是。寄船政局信，往往为上海义昌洋行所阁（搁），以后家信，由信局来甚妥。此次燕窝亦收到矣。至四月十一之信，似系小彭家人带来。伊搭宁波船，故竟逾月也。七叔大水②，与八姑，均照去年数目帮之。敬成母死，帮以五十千，屋倒，帮以二十千足矣，勿准其再借。此人性情不改，恐终流落不堪。劝捐与焉，到底是好光景。康侯得过与否，亦不在此数千金，姑添一层阴德，何尝不好？若霁亭，更无论也。四老太及沈师祖葬费，前信已言之，可照拨。修墙屋时，并八角楼墙屋修之。去年，黎召民信来，云捐敬节二千金于福州省城，我许倍之如其数，嗣为他款紧急，耿耿至今。兹凑二千库纹交谦吉升兑去，到时送与云友③太老伯，请收入老堂备用可也。

①《家书》抄本作"荷生日"。按六月二十四日为观莲节，也称荷生日，此信当写于六月二十四日。
②疑有脱漏。
③云友：郑云友。

复玮庆　光绪三年六月二十九日①

玮儿阅之：得六月九日信，备悉一是。月初兑二千金，捐敬节堂，兹补一信致郑云翁，为我送去。前数日，又兑二千金为秋节帮项及家用，照单分送。有为单所未及者，四老太葬事，原嘱送二百金，如其造墓，再送二百千，但不宜早，早则费尽归虚费矣。六妹被水，必有损失，可另以五十千与之。程焘官子亦与以五十千。翁六表叔致书与云，言：候四川银信渺然，无以葬母。伊家一道一州，何至待人作此等事？即六表叔亦不应言无力葬母者，惟念玉甫表叔一生孝友，弗克终养以殁，为之恻然。汝问学舒表伯，如葬有期，送以百千可也。我师高端士先生死而无后，闻尚有胞侄，问学舒表伯，如能为之立嗣，每节助以十千。虞师丁忧，必常在家，汝可常往请安。多近正人，便少妄念。先进凋零殆尽，存者品学，以虞师为第一。其素性，与人见熟，方肯接谈。〔土〕吐属可谓名隽。既壮以后，须能自得师，勿以严惮而远之。陈黎信收到。刘茂来时，葛粉寄些，燕窝三斤，漳州印色二盒，送孙老师用。又及。

①《家书》抄本作"六月二十九日"。

复管樵　光绪三年六月底①

得五月念六、六月十一两书，备悉一是。致用束同鳌峰，繁简迥异，如何肯移。且再觅能课致用者更难。筠老②之书，意在挑战，枚叟③此举，更出意表，亦各抒所欲言而已。我放知府，去截取仅弥月，卿堂缺用第二三人皆常事，不过时候不同耳。心〔北〕巡城系保，选科系特简，亦两不相涉也。边固伟器，将来是好封疆，其出试差时，善约束其下，可见一斑矣。忧能伤人，须力劝四表叔宽心处之。京官二三十年，家中一切安堵，子弟亦读书有成，似亦足矣。女儿亲事，自有前定。家中耳目较真，以我观之，弼士④自是佳子弟，耐守支持此数十年，其功不可没也。风水之说，无所依据，得可庄庇荫，样楼其可不动矣。江宁民困于赋，是以有减则之请，非奉特旨俞允，必为农部所驳。故此次有致经相⑤函，董大农亦致一函，我谕折差，到京勿遽递折，候汝将沈、董及吉六信先送去，再嘱伊递入。经老信最要，别处稍缓亦可。差回时，只将近二三日上谕片寄信中来，全副京报则堤塘有之。盖批折另有旨，凡明发者，军机不知会，提塘报亦早两日交折差也。此间阖寓安善。杨简侯⑥师讣来，兹由折差带去五十金，汝代我作祭幛一副送去可也。

①六月十一日信从北京到南京约十二天左右，则复信当在下旬。又信称："我谕折差，到京勿递折，候汝将沈、董及吉六信先送去。"折差去京，通常在月底。
②筠老：郭嵩焘。
③枚叟：谢章铤。光绪进士。
④弼士：林毓良。福建船政局委员。林拱枢长子。
⑤经相：沈桂芬（1818-1881），字经笙，历任山西巡抚、军机大臣、兵部尚书、协办大学士。
⑥杨简侯：杨能格，字简侯。汉军旗人。同治五年任福建按察使。

复玮庆 光绪三年七月二十二日①

玮儿阅之：得七月二日来信，备悉一是。致用堂既录，此后切勿缺课。玉甫死后，其家月以四千助之。林元功以小求帮，可用票十千附回信送去。蔡仙舟不惯离家，又无以自存，汝自八月起按月送十千干脩去。小帆以李公祠倒塌，求借二三百金修理，汝可筹新议俸银二百两付之。四叔云葬费非四百金不可，汝届期陆续如数付之。瀛回去太早，恐难约束。若年内无县试，则令其十一月初回去。至其婚事如何办理，虽伊回去，亦当汝做主也。我嘱四叔起会课，课文即归四叔校阅。汝为族中领袖，虽羞与哙伍，亦当勉强遵行。翊亦当带去，福如已完篇，亦当去。我无他想，惟望儿孙辈读书有成耳。燕药有便即寄来，以中秋欲送孙老师也。

①《家书》抄本作"七月二十二日"。

复管樵 光绪三年七月底①

接六月念九、七月十六两信，备悉一是。丁雨生自以为浑身机械，抑知此数公者，谁能胜疏瀹之任。现由外人议论，似乎打输官司，实则政府为之解无尽纽结，否则作茧自缚有已时耶？故乡事，阳羡鹅笼，幻中有幻，不但隔数千里捉摸不住，即近在咫尺，亦未易月旦乎其间。何小宋将刘鲁汀、龚蔼仁②、郑叔言条陈寄来，又函请为释正谊之斗，我皆谨谢不敏。盖本有成见在其胸中，又以多疑为小人所中，多一议论，徒多一葛藤，不如其已也。此后闽事益不可问，反使不满人意之雨帅增去后之思，是可痛也。金陵减漕，竟奉俞旨。太后之恩，天高地厚，捧读不觉涕零。病躯无以图报，徒自愧自惧而已。大哥于念五夜到此，人仍消瘦。家中不可无人，过节仍须令其回去。瀛婚期十二月初四，如年内无县试，则令其长至前后南旋。此信中云云，除四表叔外，勿宣泄也。此问合寓平善。

①信称"大哥于念五夜到此"，此信当写于七月底。

②龚蔼仁（1835—1894）：龚蔼人，名易图，福建闽县人，咸丰八年进士。历任江苏按察使、广东、云南布政使。

复管樵　光绪三年八月下旬①

得初八、十二两书。知威灿病殇，不胜怅怅。七家之长男亦夭于疫，并不及延医。此自有定数，无如何也。我在都时，无力延医，皆冰如治之。不效，则求方于华真君，药仅一味，服之立效，若不效，则不治之症也。颖叔争饷，是前数任巡抚之过，盖既不能拨，又不敢奏，江南亦复如是。灾区脱卸，免得立而视其死，此行何异登仙。此老必不归乡，殆向析津侨寓耶？山右喁喁，以待卧治方伯，伤哉民也。张鲁生已抵沪，闻日内当来。大哥已赴上海，闻念六方有便船。诸弟归与不归是一样，总之与书无缘。瀛哼疾复作，行期当在仲冬。折差旋，可抄寄同乡京官一单，并买己亥同年录一部。秋老矣，咳喘复剧，既不能去官，日日对人说病，殊讨厌也。此问阃寓安好。二少奶奶务劝其努力自爱。

①信中云："大哥已赴上海，闻念六方有便船。"可知此信在下旬，即八月二十六日前后。

复玮庆　光绪三年九月初三夜①

玮儿阅之：叶国彩归，得书，知十九抵上海为慰，此时当必抵家矣。致远堂已开课，汝须以身表率之，致用亦不可阙也。我因昨日陪客，染些荤腥，夜即喘不能寐。一年早过一年，蒲柳先秋，于兹益信。

①《家书》抄本作"九月初三夜"。

复黄姑太 光绪三年九月初旬①

归江夏老妹如晤：得月之二日来书，知七月间为时邪所侵，不胜驰念。近日起居眠食都能照常否？今年到处不平安。在闽七弟之子甫三岁，在京彤侄之子甫数月，皆伤于疫，老辈则四叔母于四月仙逝，闽中长于吾辈者亦尽矣。兄入夏较健，手颤稍愈，得吾妹属（嘱），书联对一试，并送海门弟一副。久荒笔研，殊不足观，姑以塞责。兹并由信局寄杭，乞分别查收转交为感。此间不雨者月余日，麦种不下，殊切隐忧。兄并未调任，惟秋来喘甚耳。

①信称："此间不雨者月余日，麦种不下。"南京不雨自八月开始，此信当写于九月初旬。

复玮庆 光绪三年九月二十二日①

玮儿阅之：得八月三十、九月初三、十四三函，备悉一是。仙舟带来各件，均经收到。镇海楼择日，与我年庚何与？既来取，姑与之而已。董家姑葬，可送五十千，亨宰舅送二十千，赵又铭②另制一幛送去。墓志向未做过，与礼堂交深，不敢辞，姑草草塞责，想虞师能改之。四叔胸无定见，任人簸弄，我亦无如何，听之而已。何年伯挪款交回，年下我再凑寄千金足矣。云、瀛令高升送回，在家无人管束，我函托五姑夫，仍收之门下，令搬五姑夫处住，月送束脩二十千，伙食十千，由汝送去。考试费，县府院各十千，按次与之，其余均伊自备。有向汝借用者，记入账中，于其月费扣还。我气喘不能出户者十余日，以天久不雨，扶病出祷，搔首而望，并无片云来往，无如何也。

①《家书》抄本作"九月二十二日"。
②赵又铭：赵新，又字古彝，福建侯官人。咸丰二年进士。

复管樵　光绪三年九月下旬①

得九月初十来信，备悉一是。如此光景，能脱离苦海，岂不绝妙。颖叔未免多此一辨。来书嘱垫阜康款而不言数目，已函询之。人皆惜冰如去之不早，我以为引疾不如镌职之心安理得，毁誉何足较哉！大哥八月念八到家，昨函报十月初三县考，云、瀛赶回，今晨始由下关展轮，赶到与否，均可付之适然。瀛哮已愈，不节饮食，恐不能断根，屡戒之，如见则垂涎何？京官单内无吉六之子，殆请假耶？今年炭敬，殆不免稍迟，然封篆前必到。我今年气喘又早于去年，近为求雨，勉强复出，得小雨，又避风矣。此间合寓均好。

①函称："昨函报十月初三县考，云、瀛赶回，今晨始由下关展轮，赶到与否，均可付之适然。"按此口气，当在九月下旬写此信。又称："近为求雨，勉强复出，得小雨，又避风矣。"也可证明。

复玮庆　光绪三年十月十六日①

玮儿阅之：得朔日来书，知家中安善为慰。汝考致远堂，共一题耶？抑另一题耶？考在何处？来信提及。云、瀛到家后，劝其多做，用一番心，便不能自已于读。大伯明年六十，届期，备光鹰百元送去，取寿考期颐之意也。沅能进学，则称觞更生色。试期尚宽，伊等多用些功，亦佳事，望其勿荒于嬉耳。我有亡友林春卿，其夫人未婚守节者也，托锡九来索其孙完娶帮项，为我备二十千交林秋磐、李筠轩转送均可。有冯楷彬者，似是懋溪之长子，东街李八之婿也，来信求帮其弟娶亲，汝查其实有是事，亦以二十千送之。敬堂来信，乞寿板一副，我虽未复书，已面许伊珊，来索时，可拨付，以后我亦不再许人矣。诸孙读书要上紧，勿以其少也而忽之，稍大便不复能记矣。

①《家书》抄本作"十月十六日"。

复玮庆　光绪三年十月二十七日①

玮儿阅之：有好车头水购十枝，人便寄来。福所临字，寄一张来看，能令其自己写一禀与我尤好。福未开篇，致远堂文课不能做，白折课则可做也。

①《家书》抄本作"十月二十七日"。

与玮庆　光绪三年十一月初六日①

玮儿阅之：汝病稍瘥未？我日日有人送良方，受之而不试，甚不愿汝之误于医药也。燕窝有便陆续寄来，我月须一斤，年底须送孙老师一斤，并印色两盒也。宝、智亲事，久无着落，心甚忧之。近来人（子）弟浮薄者多，往往恃其聪明，流至于不可问。钜甥才调极拙，然其人孝谨，当不致堕落。现既无人代我相攸，似此尚不可失之远，应乘璿儿吉期之便，将宝与之回帖，智则不能不待汝之信。明年将伊二人附会作嫁，使我眼前（见）其有所归，泉下亦可对汝母。余则各有天命，无如何矣！云、瀛、翊考试，其本领不可强，然断不可听人摇惑，为觅捉刀。子弟须养其廉耻也。

①《家书》抄本作"十一月初六日"。

复管樵　光绪三年十一月初六日①

得九月念九日信，备悉一是。颖叔、可庄，知其到沪已二十日，而至今渺无消息，殊不可解。希村亦未来。桐云以病归，得其信，为之恻然。终身误于热字，殆不可药。翊非有进境，特椿、藻太蒙昧，故四叔以为彼善于此，究之，惟沅可以望进。家课新硎甫试，甚望有发轫者为之利市。云、瀛亦到家，县考尚遥遥无期，其加紧用功耶？抑荒于嬉耶？各视其志耳。李兰生②之太夫人，尚未得其讣文，为我制祭幛一幅，字用"两宫垂念"，俟奠敬兑到，一并送去。此间前两月不雨，近则颇嫌雨多。米价不平，则西北搬运者多，日不暇给也。我已避风半月不出户，而忽得寒泄。请假一月，竟如照例，殊自愧耳。炭敬银未齐而信已便，先寄去，字号称谓，应补应改者留意焉。

①信中云："云、瀛亦到家，县考尚遥遥无期，其加紧用功耶？抑荒于嬉耶？各视其志耳。"十一月初六日与玮儿函："云、瀛、翊考试，其本领不可强。"两信当写于同时。

②李兰生：李鸿藻，字寄云，号兰孙。官至吏部尚书。

与玮庆　光绪三年十一月十一日①

玮儿阅之：汝近日病体如何？县试果否是初三？有人便寄些好红糟来。云、瀛回家后能照常用功否？

寄糟须于瓮面加盐，方不致坏。

①《家书》抄本作"十一月十一日"。

与玮庆　光绪三年十一月十三日①

玮儿阅之：十一日伊珊归，帮项单付之带回。兹将库平纹银一千两交银号兑闽，到时察收。闻福州初三日县考，则郡试当在开印后。学使想二月可旋省，如先赴福宁，则郡考在夏间矣。

①《家书》抄本作"十月十三日"。光绪三年十一月十八日与玮儿信称："日前切山带回年项，单内漏却高端士师之世兄十千文。"切山即此信之伊珊，可知此信也写于十一月，非十月。

与玮庆 光绪三年十一月十八日①

玮儿阅之：日前讱山带回年项，单内漏却高端士师之世兄十千文。汝可补交翁四表伯，托其送去。

①《家书》抄本作"搓九日"。搓九日，当指冬至日。此年冬至日是十一月十八日。

复管樵 光绪三年十一月中旬①

得十月十六来信，知京寓平善为慰。福州以本月初三县试，翊第十八、藻首圜、沅二圜、瀛十圜、云十一圜。初九复试，此时计当四场矣。吉六年逾指使，磨盾之役，未免太劳。春人卧治之才，出都恐难如志。豫案已交部，措语甚轻，然按牌恐不能不降调也。炭敬中应添彭世曦十二两。此问合寓均吉。

①信里提及县考本月初三开始："初九复试，此时计当四场矣。"均指十一月，此信当写于中旬。

与玮庆 光绪三年十一月二十七日①

玮儿阅之：星溪来，云汝有信置诸箱中，留在上海，尚未寄来。云、瀛信只言汝稍愈，不能详也。药最误人，望汝勿服。近来人心不古，凡病而不□者，往往教之沾染鸦片。入此陷阱，则万万不可救也。我在此，荐医、送方、送药者无虚日，然负疾不死，幸未为所中耳。

①《家书》抄本作"十一月二十七日"。

复玮庆 光绪三年十二月初三日①

玮儿阅之：十一月二十二日来信，心始稍慰。脾胃不健，最不宜补，当用清粥火腿等件，少食多顿以养之。药歇最好，文字亦可放开，惟孙辈仍须令其加紧读书，舍此无他业也。我一染晕油，则气喘加甚，燕窝亦停止，惟白粥最相宜。郑氏家祸，本意中。九姑之次女一瞑不视，殊有先见之明，不得妄以轻生目之。子达固禽兽之不若，其弟如稍有智识，亦断不出此。总之，钱有余则为害。做官之钱，尤不宜有余，其中必有冤孽也。此辈闻此等事，当生警惕心。谚曰：毋过乱门，切勿轻易插入调处也。子达、燕九②皆有信来，皆是讼棍笔墨，我均置之不理。惟林老姨太信，则不能不复耳。

① 《家书》抄本作"十二月初三日"。
② 子达、燕九：均林则徐第四婿郑葆中之子。

复管樵 光绪三年十二月中旬①

念六折差回，接汝十三信，初三日，由信局送到十四日信，备悉一是。中州更动，咎由自取，迥非山右之比。恰恰②扶新妇过此，云婢女十余岁，只值数百文。如此景象，尚痛快催科，何梦梦也！人至末路，神智昏耗，往往失其本心。我鉴此决不敢恋栈，明知归去一无可恃，然断不当以糊口故，贻误大局。子弟能自树立，有志者任自为之。所识穷乏，到我先不免于饿，彼亦当自作打算。纵不见谅，我无愧于心矣！陕抚不自引疾，殊失大臣之体，纵朝廷宽大，清夜何以问心。三表叔本无出山之志，为不平访西指省，因而有出山之言，却似有是子宜有其父矣！曹香溪各函均已送去。袁小午③以豪杰自命，实则纯是纨袴习气。焦贵桥向未识面，去年忽来信索淮商干脩，不知所对，故阁（搁）之。子达以逆伦控其弟，兼诬及庶母并弱夫、听孙。家事决裂至此，若通天教主省轩无足责，弱夫、听孙亦可谓不善处人骨肉者矣！县试，沅侄似有前茅之望。云腊日又得一女。此间作雪逾尺，螟孽或可少戢。我痰喘益甚，上午尚勉强一餐，下午糜粥亦似难克化。伊宝亲事，无人抬（提）及。姑与钜缔姻，已嘱家中回帖。智则尚无可托令门也。

①信里提及子达事，又称"痰喘益甚"。此信与十二月中旬复林老姨太信当同时。复林老姨太信见《公牍》。
②恰恰：刘齐衔女。
③袁小午：袁保恒（？—1878），字小午，河南项城人。道光进士，官至刑部左侍郎。

与玮庆　光绪三年十二月十日①

玮儿阅之：腊日，始得见寄星溪一信。肝郁吐水，最不宜服药。盖偏凉则水愈涨，偏暖则肝愈燥也。惟散步及导引、按摩最好。不求速效，乃有效也。我如服药，万不能延到今日。喜服药者，如以身命为鱼肉，日日试诸刀俎也。致用堂、致远堂，此后不必考矣。

①《家书》抄本作"嘉平十日"，即十二月十日。

复玮庆　光绪三年十二月十二日①

玮儿阅之：临之到，得二十五信，知长妇得一女，六妹得一男，均平安；腊日申时，云妇得女，亦平安；皆可喜也。吴氏②女既天花，吉期不能不改。翙吉期如在明春，则仍照常行事，不必因此而又改。瀛不愿适馆，咎在乃父。所谓其身不正，虽令不从。五姑夫处束修、伙食，仍照常送去。瀛在家伙食，开入月账，我于其月费扣之。其愿在家也，原为婚后打算，而婚期忽迟，殆其天焉耶？云、瀛、翙如有幸获者，均限以二百金。能节省有余，准入私橐。以我之见，均不必发帖、用鼓吹也。临之穷到于（如）此，令人骇然，而痴则如故。无论其愿留与否，岁暮断不可听其西行。惟署中无事可办，月以十元与之，且看其能否静坐也。带来物件均收到矣。蔡老师之孙死于闽，其弟蔡煦求荐馆。曾年伯亦有信来，汝可将回信并鹰五十元送曾年［伯］转交。

① 《家书》抄本作"十二月十二日"。
② 吴氏：沈葆桢妾。

复玮庆　光绪三年十二月二十七日①

玮儿阅之：得本月初七日书，知吾乡雨多晴少，粮价因而上腾，至以为念。云无故得此前列，不免转招物议。闻闽邑宰为张元鼎，侯官考者何人？竟未之闻。延古香素以风月自命，想不为世故周旋也。藻官曾求回家，来商买婢。我答以百千，不料其胸中大有韬略，其如我不中抬举何！百千已照拨，后此无能为役矣。

① 《家书》抄本作"十二月二十七日"。

复玮庆　光绪三年十二月二十九日①

玮儿阅之：得既望信，备悉一是。邱彤臣②抑郁以死，其况味不问可知。其胞叔前数月来此，器识浮薄，断非能持家者。其世兄齿尚稚，成立需时，可以钱百千交六姑夫助之。所言两家亲事，均有窒碍，只得另择。薛姨夫来索回信，以辈数不对复之可也。有林彝庵者，以母死求助，可以十千赙之。五姑夫欲将瀛推与六姑夫，我为船政事忙，不敢以请。乃续接六姑夫信，自有此意，则可谓天作之合矣。然气质能变化否，仍视其所自为，非他人所能为力。有借钱，须究其用于何处，切勿轻易付之。

① 《家书》抄本作"十二月二十九日"。
② 邱彤臣：邱书勋，字彤臣，曾任职福建船政局。

复玮庆　光绪四年三月初五日①

玮儿阅之：幼莲②来，得汝手书，知十妹得男，为之一喜。汝体气未复，不必勉强应试。闭户静坐，督儿辈读，亦乐事也。家用告罄，此间须到月半方有款可兑。昨于《申报》见前月二十五日上谕，又赏假三个月，缺委苏抚署理。假满后，疏再上，必得请。五月节项，必极力设法寄还，以后则万无可筹寄矣。各子妇先令回去，方可腾出衙门，以待后人。濂、桃、雨亦趁便岁考。

①《家书》抄本作"光绪戊寅年三月初五日"。
②幼莲：陈宗廉，字幼莲，曾任职福建船政局。

与玮庆　光绪四年三月二十二日①

玮儿阅之：桃、雨十六日挟眷归，十七日必抵沪，计此时当到闽矣。久盼家书，忽信局来报云：宫巷交递丸药一包，为镇江关洋扦手拿去。问其有无家信，亦不之知。我思家中断不寄丸药，洋关亦断不留丸药，殆寄燕窝致疑漏税欤？闻初七府考，现当过三场矣。

①《家书》抄本作"三月二十二日"。

与玮庆　光绪四年三月二十六日①

玮儿阅之：月之十七日，据森昌信局禀称：宫巷寄丸药一包，被镇江关洋扦手拿去。诘以家信，坚称无有。颇疑所寄系燕窝，然断无不作家信之理。姑札常镇道查复。后三日，该局往，弼臣②一信来，封面题"敬附呈姨丈大人钧启"。向索家信，仍坚称无有。诘以如此写法，何以知为本衙门之信，而竟送来，无以对也。兹据常镇道复称，新关获戒烟丸十斤，该局系由汉口寄来，是森昌将家信沉匿以影射也。已将该信局发府研讯究竟。家中本月初间有无家信寄来，弼臣之信是否由我家附来，汝即日禀复。他信局俱可寄，万不可再寄森昌矣。久未得家书，桃、雨十六日挟眷赴上海，亦消息渺然，心颇悬念。天气暄暖，病骨渐苏。庖代者，初六受篆，稍得宽闲岁月，惟账房扫地，大家嗒然沮丧耳。弼臣求助引见。伊向少累我，不便告以无余赀，汝为我措百金付之。

① 《家书》抄本作"三月二十六日"。
② 弼臣：陈与炯，字弼臣，号缄斋，福建侯官人，光绪庚辰进士，编修。著有《缄斋词》。

复玮庆　光绪四年四月初一日①

玮儿阅之：三月二十七日，得汝二十一书，二十八日，始得燕窝及初六家信。送来梅花运之正和，即此地之森昌，其为鬼为蜮者，则镇江之森昌局也。木底收到。云、瀛月费，均已发到五月。其用款，我饬其自行归楚。如迁延未归，汝可再作信来。取与不可不分明，非为家用计，为彼等做人计也。亲友来书，大概谓我以引疾为高，抑知拥重裘、戴凉帽以对客，此岂得已者耶？来日大难，然子弟或缘此鞭辟近里，则祖宗之灵所启佑者也。家中骤添人口，动用益繁。桃、雨所带，恐不敷五月，兹兑回库纹一千，省啬用之，此后难为继矣。代者定于初六受篆。我五月十三假满，闻京城、河南皆得雨矣。

① 《家书》抄本作"四月朔日"。

复管樵　光绪四年四月初六日①

得三月十七安信，备悉一是。勿叟②性情极厚，而好受人玩弄，虽至交亦无从唤醒。即如愿开复原衔，何味之有哉？西北一雨，胜筹款千万。中州入徐难民，近日渐稀，想都门米价亦当平减。我今日交卸，早晚尚披羊裘。属吏遇难题目，仍强聒不舍，则好管闲事之余毒也。我入夏稍好,若暂销假,转瞬九月,又万难支拄。另起炉灶,益觉费力。倘五月十三假满,即再吁开缺,得请,幸也。万一复赏假数月,则索我枯鱼之肆矣!闻雨生续请开缺之疏,三月念七过上海,不知如何批答也。博雨轩信物已交来。谢经相书,为我送去。恩竹樵③及杨霁之太夫人,均为我制幛送去。

①信称"今日交卸",此信当写于四月初六日。
②勿叟:林鸿年。
③恩竹樵:恩锡,字竹樵,满洲人。官至江苏布政使。

复玮庆 光绪四年四月十六日①

玮儿阅之:接汝本月初三来信,知悉一是。发行李二三十千,可记入公数。惟若何用法,须令其开出账目。汝夫妇既多病,家口益繁,照应不来,只得分爨。各房人丁,多寡不一,奢俭亦性情不同,房下所用之人,无从为之酌定。只得按正丁无论大小,每人月给钱四千文。各房所用仆婢,均匀销在内,不另给工资、伙食。惟看门、书斋、大厨房三名销诸公数。析箸之始,每房另给钱十千,置备器具。诸弟中有能相安合爨者,各听其便。即各自为政,无许多厨房。数口之家,于廊沿设一炉一锅足矣。年节、祭祀、宾客,则仍归大厨房也。弼臣到此,送以漕平百金,前信所拨百金可作罢论。惟渠又留五十金在此,兑归家用,汝拨漕平五十金交其家可也。

①《家书》抄本作"四月十六日"。

复玮庆 光绪四年四月三十日①

玮儿阅之:得汝十二来信,备悉一是。弼臣盘费,重送与煦万,倘缴回,则找给五十,兑项如煦万已用去,则亦不必向索,惟兑项则无容再送矣。燕窝迟延,系信局影射,希图索还偷税之丸药,已由府惩办。福州能无大水甚好,然必过夏至方靠得住。文笔社公信,我到家再答。此间麦秋尚得六七成,惟蝻已跳跃,殊可虑也。

①《家书》抄本作"四月三十日"。

与瑜庆 光绪四年四月三十日①

桃、雨阅之：智妹姻事，为我实心筹画，甚慰。已嘱大哥与议矣。书院课、家课不论高低，只是极力做去，不可有阙。迩来衙斋甚静，而书声四起。星溪师幼莲，每夜课七律一首，累月无间。《史记》、唐赋，日夕不绝声。纫山诵古文，幼莲则苦读《左传》，必极熟而后已。瑶、琬虽懒读，近六哥督之颇勤。宝、智则忽然发愤，晓日方升，便书声琅琅。我见猎心喜，亦温《四书注》以答之。宝、智《左传》均能背到僖公矣。我销假后仍是莫展一筹，己且负国，敢望子孙之能读书？而责己昏，责人明，不能自已之情，尚不免时时为胸中芥蒂也。少年宜学俭，有福留晚年享之。多读书，少见客，则靡丽纷华无自入，亦正本清源之一术也。

①与上一信同时。

附录：五月廿二日留示儿孙遗嘱

一、我生平荡检逾闲之事，不胜枚举，居官尤多不堪自问者。死后切勿谋以乡贤、名宦上请，增泉下内愧，违者非我子孙；

一、我无善行可纪，身后如行状、年谱、墓志铭、神道碑之类，切勿举办，多一谀辞，即多一惭色也；

一、我安于固陋，而无著作之志，身后不得将我疏稿及他文字妄付传刻，以贻口实；

一、汝等或方为秀才，或并未为秀才，丧我葬我，须按照秀才所以丧父、葬父者乃谓之称，亦养志之一端也；

一、我除住屋外，无一亩一椽遗产，汝等须各自谋生，究竟笔墨是稳善生涯，勿嫌其淡；

一、同族无论远近，自祖宗视之皆一体也，缓急相恤，惟力是视，切勿以其远也而疏之。

与管樵　光绪四年五月底①

贡差行，带去各处冰敬，计其程期，到京尚在此信后也。此间复有旱象，蝗孽竞起，沿江千里，几无隙地。各营捕蝗不可谓不力。金陵一隅，日所缴数十万斤。捕者自捕，飞者自飞，蒿目视之，束手无策。昨今均尚得雨，然未足恃。濂官近日课读甚认真，而诸弟日以美衣甘食为事，毫无上进之志，在家亦复如是，无如何也。诸孙不惮读书，恐染于积习，久亦成性耳。我貂褂太窄，穿殊费力，毛头小又不足御寒，兹兑银四百两，尺寸单一纸，为我觅购毛大而宽者，装裹完固，交贡差带回。靴脊牛皮，拜跪时，垫膝骨甚疼，为买靴头厢绒者，九二、九寸各一双，亦交贡差带回。潘星斋②处备奠敬五十金、祭幛一幅送去。此间阖寓安好。再者，军机章京祝维城丁母忧，讣文来时，正值幼莲旋闽，忘却曾寄唁函、奠敬与否，汝可查明，如未经汝手送去，即是未寄。可备奠敬三十金，并唁函送去。所购貂褂，须令原店装好，途中方不致压坏。惟须当面看其装好，毋任抽换耳。

①此信提及蝗"捕者自捕，飞者自飞"，与致吴仲翔信相同。又称："贡差行，带去各处冰敬，计其程期，到京尚在此信后也。"此信当写于二十九日以后。
②潘星斋：潘曾莹，字星斋、中甫，苏州吴县人。官至工部左侍郎。光绪四年卒。

复玮庆　光绪四年五月二十八日①

玮儿阅之：得五月十三来信，知吾乡水不为患，至以为慰。三舅一病不起，令人恻然。然其诸子能从此相安，求自树立，则大足以妥其灵也。叶清渠②下愚不移，良可怜悯。霆庆营官来禀，宋军门③于五月十六仙逝，为我备幛一幅，奠敬鹰番百元送去，在江西时旧交也。文笔书院送五十千，交其值年。邱彤臣夫人，送奠敬二十千。于程子求帮，可再送十千。信俱不复矣。此地蝗孽，捕者自捕，飞者自飞，年岁不堪设想。夏至后，已有秋气。前虑大水，今察情形，则又旱象。子弟等近日读书如何？我心所耿耿者，只此耳。燕窝已照收。

①《家书》抄本作"五月二十八日"。
②叶清渠：叶文澜。
③宋军门：宋国永，字长庆，湖南衡阳人。云南鹤丽总兵，记名提督。后由江南镇江调防福建，于光绪四年五月十六日卒。

复玮庆　光绪四年六月初九日①

玮儿阅之：得汝二十五、初二两函，知合家平善为慰。锡九和平，有过度无不及处，非万不得已，断不为激烈之言。诸弟能回心转意甚好，倘锡九竟去，此席便不必再请。人各有志，非父兄所能强也。雨来信，言子臧荐翊卿之子可以相攸。现子臧奉讳，可托伯通探翊卿口气，如其不拘妆奁，可请开乾造八字，向命店合婚寄来。想我家向来嫁女之俭，亦翊卿所知也。我自知不久，甚欲早了此愿，泉下有以对汝母，求妥当而已，不求超群轶伦也。上海道刘瑞芬②传太后召见之谕，读之悚惭无地。自顾无寸长，受恩至此，日暮途远，无以为报，惟望子孙有能自奋者，庶几补我耿耿之心耳。恭录一道，可传示诸弟及诸儿侄读之，或能各发天良乎！

光绪四年五月初三日，苏松道刘瑞芬召见。皇太后问：尔往江南，见沈葆桢否？对：臣至江南见沈葆桢。问：他如何病？对：沈葆桢向有咳痰喘旧疾，交冬即发。上年江南雪大，冬令严寒，沈葆桢发病，畏风畏寒，较向年更甚。问：沈葆桢几何年岁？对：将六十岁。谕：沈葆桢办事忠心，尔到江南见他，只说皇上冲龄，国事艰难，大小臣工，要尽心报效朝廷，不要告假。对：臣谨当传谕沈葆桢钦遵。

①《家书》抄本作"六月初九日"。
②刘瑞芬：字芝田，安徽贵池人。先后任苏松太道，江西布政使，江西、广东巡抚，驻英公使。

复玮庆　光绪四年六月二十二日①

玮儿阅之：得汝初七日信，知省城竟免水患，至以为慰。江西又出蛟，此地亦江淮交涨。我今日尚求晴也。李梦吉②夫人病笃，其孙信来求帮，我许以四十千为丧葬之费。俟其死时，汝可照拨。梦吉于己亥同年中最浃洽者也。家中延两师、一仆，恐照应不到，可再添一仆。兑回四千二百金，二千为节项并家用，九百为汝及诸弟月费，六、七、八三个月。千三则备四叔捐教官用，可先筹（存）子嘉处生息，俟服满报捐，其息易存汝处，以待赴任之用。如四叔不愿作教官，则以此款为购住屋。一俟四叔自择，一定提款付之。诸孙完娶，则宫巷太挤，我幸有日退休，当携两房居八角楼，较可避喧，不若宫巷为四战之地。有人来，燕窝多带数斤，印色或好神曲副之。盖中秋及年下均须送孙老师也。

①《家书》抄本作"中伏"，中伏为夏至后第四庚，此年中伏在六月二十二日。
②李梦吉：李兆熊，沈葆桢己亥科乡试同年。

复玮庆　光绪四年七月初六日①

玮儿阅之：得六月十八书，备悉一是。研孙女，汝既知其好，即可缔姻。翊卿回信，静听之，不必催也。文波得馆后，每月二十千，仍照常送去，以其酒德揣之，未必能久，且无论久暂，各尽亲情而已。自诸弟南旋后，亲友与我关切者，均促我再召之来。我老矣，实无能为役，且自计万不能久，即苟延残喘，亦必获戾以去，仆仆道途何为者？子弟立品植学，视各人志气何如，岂父兄所能强？我先造孽，何敢苟求子弟。故有信来，皆婉谢，而诸君见责不已，飞函雪片而至，甚苦无辞以却之。然来此仍是嬉戏，于伊等毫无受益。在家舍明师、益友而亲善柔、便佞，系自作之孽。在衙门则日与僮仆亲兵为伍，更何好处？姑徇众论，瀛年最少，且令其挟眷北来，应用盘费若干，汝酌付之。余皆二十余岁矣，能怜念其老父，早应砥节励行，既无关痛痒，多费唇舌何益？须发尽白，尚日日与子弟为仇，非我所忍为，听之而已。濂官在此，瀛来不必延师。锡九仍留家中，以课云、雨。读书断无捷径，必由铢积寸累而来。若非乐此不疲，谁能请公入瓮？伊等音问亦疏，非不爱我，有尤可爱者，舍鱼而取熊掌尔。我亦未便烦渎，倘有征逐之暇，姑以此书示焉可也。瀛来不宜迟，入后秋风益厉矣。

再，叶上桐②表叔祖信来，索帮其子完娶。此一房向少累我，可以四十千附函送去为嘱。又及。

①《家书》抄本作"七月初六日"。
②叶上桐：玮庆之表叔祖。

复管樵　光绪四年七月十六日①

初一，得汝六月十九京信，知阖寓安善为慰。都中求雨得雨，虫患当消。此间雨不为多，今日甲子却下雨，恐非佳兆。而江淮交涨，运堤岌岌可虞，恐转丰为歉。蝗焰少杀，然时来时去，未能尽除。得福州家信，九妹以产后病逝，四叔大怨用药之不当，然应误服药亦命也，惟中年不免多所伤感耳。诸弟无一立志向上者，在署之可虑甚于在家，六姑夫强聒不舍，只得曲徇其意，命瀛挟眷先来，其实非徒无益，我苦处无从为人道也。四表叔②巡城，认真如此，令人起敬。伊性最恐负人，故此次亦不敢作信，使伊以不遑裁答，抱歉于心。见时为我问安可也。我郁闷时，觉非书无以消遣，汝似亦不可不看书也。

①信称"今日甲子却下雨"，甲子为七月十六日。
②四表叔：指林心北。

复玮庆　光绪四年七月二十四日①

玮儿阅之：得七夕来信，备悉一是。智妹亲事，仍随时留意。九小姐送奠敬二十千，俟其葬时，再帮之，节项不必送矣。翙喜事切勿纷华，转瞬福亦完娶矣。汝婚嫁事，联翩而至，稍徇流俗之见，将来即不得下台，切须打算长久之计，我不足恃也。

①《家书》抄本作"七月二十四日"。

与玮庆　光绪四年八月初三日①

玮儿阅之：八月②下浣，寄信一封，计当收到。祖父、祖母《事略》及汝母《事略》，可刷数百本，有便人陆续寄来。祖母《事略》如板有残缺，可修者修之。林玉如世叔、香溪③师祖之次子，自九月起，月送干脩十千。六姑夫如告病，可月送百金，备其伙食。嫩弟疟疾全愈，药已停止，能吃饭，惟未出房门耳。明年我六十岁，亲友中必有劝我作寿筵者，汝兄弟等须知此为我抱恨终天之事，断不可惑于人。即祖父、祖母在日，我从未散帖、走单称觞。盖以此日为生我劬劳之日，借此鸣豫，非所以仰体亲心也。惟正月十五春酒，则照年例耳。翊完娶后，令其加紧用功，书香不能无厚望也。

①《家书》抄本作"八月初三日"。
②当系七月之误。
③香溪：林昌彝。

复玮庆　光绪四年八月初十日①

玮儿阅之：得汝七月十二、十四、二十二三函，备悉一是。单开各物，亦均收到。惟鞋须赶做寄来，万不容误。好鲲鲲买一担，须原装者，人便寄来。小园借支之二十千，即以为奠敬。前许林积庆帮葬费十千，即交敬堂姨夫转致。读书只是要读，聪明竟无所用之。云、雨、瀛所寄文字，荒疏气盎然，桃桃则并非己作，雨《是故汤事葛二句》提比剽窃诸《宜兰室》之《文王事昆夷》，此伊向所见文字，然则会所有汇钉也。读书关各人志气，各人性情。至今瑶、婉读书，远不如宝、智之有味，非父兄所能强也。智八字，申季云当是十九子时。嫩弟感冒，总缘夜卧招凉所致，服王心田两剂药，渐愈矣。

①《家书》抄本作"八月初十日"。

与玮庆 光绪四年八月十七日①

玮儿阅之：十一，瀛来，寄物一一收到。亦凡之夫人，可送其奠敬二十千，交其子修。其家近景如何？子修馆在何处？嫩弟已成疟疾，间日一来，然日轻一日，亦日早一日。渐入阳分，可放心也。幼莲搬眷，已力劝之，可告雨知之。

①《家书》抄本作"八月十七日"。

复管樵 光绪四年八月二十七日①

肜侄阅之：二十日，接汝初八日手书，知三索得女，产后平安，至以为慰。药乃攻疾之具，非养生之具，能屏除之，以饮食调摄，方可复元。嫩弟患疟十数日，近已就痊，而脾胃未健，日仅服粥四碗。伊胆极歉，颇恋医药，然是物过则为害，再如其意数日，亦当止之。印结八个月百八十金，诧以为好，真令人不堪回首。家课废弛，大家均以椿官为口实，然椿官并未强大家曹随，无如大家必奉为萧规。椿官伎俩，我与若均饱尝之，何怪四叔耶？现钜、瀛均在此，从未见次日起早有文可缴，然则所谓达旦者，润色之词耳。儿辈见幼莲、星溪苦读，未尝不思奋，而无如坠酣豢中，无能自克也。养生最忌熬夜，能日入即睡是第一丹诀，我亲验。勿村、子嘉均有信来言亲事，我答以入都招亲则可行。兹将信稿录寄与汝。其家十余岁之子，未必肯泛海。如竟答应，则婚自以早了为妥，迟亦不过逾年耳。妆奁尽可从俭，不必勉强也。

①《公牍》抄本标题作"八月念七日示肜侄"。

复玮庆　光绪四年九月十五日①

玮儿阅之：得初三来书，备悉一是。伯衍可送奠敬五十千。咎在坟地，周先生之说耳。云、雨是否仍留绩九，听其自酌。桃桃亦听自择师，附学与课，均由其便。我本意令桃桃课子侄，藉以牵制，不致十分荒嬉。今阅其迭次来信，自弃之念，百折不回，岂容因此再误后辈。明年南生、耆坦宜另请一训蒙师，脩金约五十千上下。我约喜人②来金陵，以备嫩弟选到。如其肯来，可送光鹰四十元，以作川资，已由幼莲信致矣。嫩弟疟全愈，切山继之，瑶又继之，闻昨夜星溪亦痁作，然星溪、切山寒热稍退，书声旋起。可见万事都由心愿，与督责无涉。得便人寄些羊桃脯来。四叔、文波信均转交。

①《家书》抄本作"九月之望"。
②喜人：陈葂（1830—1887），字喜人，长乐人，原船政局委员。

复管樵　光绪四年九月二十七日①

彤侄阅之：得上月念八书，备悉一是。林平斋②不能出京，殆行囊羞涩故。如尚未行，将原有物索回另寄最妥。催征何致围城，缉臣亦非勇于敲扑者，能早归未尝不佳，然不闻其东旋消息也。林应霖③呈控，雨生所招，当事不能加之以罪。此事彼曲我直，除花钱外别无疑难。合肥借此为雨生谋再起，太不留小宋地步，然小宋似将为湖广替人矣。冬令晷届，可将京官单寄来，以便汇兑。嫩弟疟愈后，切山、星溪继之，瑶又继之，近都就痊，惟面有菜色。然星溪皆苦读如故，且不废持螯。壮哉！我已塞向墐户，然不敢告假。十月杪，述职届期，万万不能就道，只得再展俟明年四月也。

①《公牍》抄本标题作"九月念七日"。
②林平斋：林庆炳，福建侯官人，林昌彝之子。曾任广东盐知事，著有《爱梅楼著述》。
③林应霖：侯官或闽县人。举人。乌石山事件中，带头反对英国神父侵占土地。

与玮庆　光绪四年十月初七日①

玮儿阅之：九月十八日蔡琪来，信物如数收到。《事略》俟不敷用再刷，眼前不急也。林海岩②对已附会写就，有便人再寄，日来又不能出户矣。

①《家书》抄本作"十月初七日"。
②林海岩：林达泉，字海岩，海州知府，迁台北知府。光绪四年十月九日卒于台。

复玮庆　光绪四年十月十六日①

玮儿阅之：得朔日书，知汝得男，喜甚，可名永清。赵立斋如愿来，可与之商量，年底明年俱可。盖嫩弟缺未到班，尚不急于归去也。须能严方可，诸弟非可以德化者也。次坚葬母，可送十千。祖母及汝母所手抄书，汝为我选精致者一二篇，不必多，觅良匠佳石，召来家中，始末一手，加功刻之，刀要直而深，以示子孙。正月十四欲具席，听汝，万不可作寿屏也。再，施泽甫之如夫人殁，其子茂浚有信来求帮，可请其来问明，如已葬，则以二十千助之，如未葬，先送祭礼十千，留十千作将来葬费也。祖母手抄书，存者似是《学》《庸》，似在雨处，汝母则云所读《诗经》全部皆所抄也。

①《家书》抄本作"十月既望"，即十月十六日。

复管樵　光绪四年十月十九日①

彤侄阅之：得九月十五、三十两信，备悉一是。罗景山②并未过此，回衢州矣。林平斋已到，貂褂亦交来。程尚未到，此时联对到亦不能写矣。乌石山案，总署畏威使来，急欲速结。合肥乘此为雨生谋，然此事愈急则愈将就，愈将就则所望愈奢，虽雨生无由速也。稚璜求治太急，谣诼横生。实则此人疏阔有之，若收养义子，则可决其必无也。惟独立无援，诚恐不免动摇。豫臬受参之款多虚，而素行不足信，此豫抚告人语也。勿叟常有手札，而于云云等事，从未提及。可见亦未尝不知其非，特为雪沧③辈所愚弄耳。我已塞向墐户，坐拥重裘，虚糜厚禄，于心滋愧。子弟纨绔习气，日甚一日，自知德薄致之，无如何也。炭敬单尚未齐，先兑五千金，短者再补。

① 《公牍》抄本标题作"十月十九日示彤侄"。
② 罗景山：罗大春，字景山。
③ 雪沧：杨浚（1830—1890），字雪沧，咸丰十二年举人。曾掌教漳州丹霞书院。著作甚丰，有《冠悔堂全集》二十一卷。

复玮庆　光绪四年十月二十九日①

玮儿阅之：得汝十九信，备悉一是。桃桃到沪，只吃开水泡饭一碗，便付（附）江船而行。其急如是，非芝岑约之也。必别开生面，非为前事也。我已遣人赴平江，劝之回来，但恐来不及。如已到家，务劝其速来金陵而已。黄星樵如系黄恩贵之子运昌，可送其一幛，称治愚弟。年项俟清单开齐，月初即可兑回。

再，闻致远堂八九两月束脩尚未送，为母银尚未安顿之故。此项经费本有敷余，即便子钱偶停，何致便欠束脩？是否已有亏空？汝即查复，并先将束脩垫送，开入公账可也。

① 《家书》抄本作："十月二十九日"。

复玮庆　光绪四年十一月初十日①

玮儿阅之：得月朔书，知濂官又举一男，喜甚。祖母手抄《学》《庸》，常在汝母身边，汝母殁后，我检付何人，忘之，向云一问可也。桃桃已于汉口觅来，不敢再听归去。故使施和、林志中往迎其眷并带回。年用二千金，帮项照单分致。林锡山②学士，初四酉刻殁于松江试院。是日方童试，眷属次日方赶到也。

①《家书》抄本作"十一月初十日"。
②林锡山：林天龄，字锡三（山），福建长乐人，时为江苏学政。光绪四年十月初四殁于松江试院。

复管樵　光绪四年十一月下旬①

得十月两书，备悉一是。缉臣过此，小住三日，闻其尚可家食两年，再作打算。秋坂二世兄，可索其八字寄来，文字便中亦可附寄，其家世则我所知也。福州雨亦说有两家，而语焉不详。如林家婚可合，自较稳妥，但未知其生母是否闽人，愿归去否耳？前此不知其眷属在京，今年则炭敬单内宜添入也。李家姻事，有成议矣，而勿叟袖占一课，复生出无数疑团。其缠绊不清，素性如是，不足与辨，尽吾诚以告之而已。兹将其来信与复笺录寄与汝阅之。向秾②入都分部，半为避难。向宸③将来亦必见猎心喜，滋（兹）于其母，无虑久别也。炭敬照单分送，余款抵汝月费。为我购极大野山高丽一斤，交折差带回，以备孙老师年敬。锡三于本月初四殁于松江试院。是日方肩试上、南、奉、金童生也。

再濂官云，同乡京官向汝索《节略》，将为我作六十寿序，此我抱恨终天之日也。署中、家中均无举动。正月十五之席为女客，说不清楚，唇舌滋多。姑托春酒以消弭之，非称觞也。可将我之隐痛，为同乡诸公切实言之。月折拟待前折回再发，不料折差至今未到也。

①信中提及锡三殁于院试。又称："不料折差至今未到也。"折差到一般均在月底。此信当写于月底。
②向秾：与向宸是兄弟。
③向宸：当是俞向宸，闽县人，道光二十四年举人。

复玮庆　光绪四年十一月三十日①

玮儿阅之：得十二、二十一两信，备悉一是。八少奶奶既染此重症，务调理全愈，方可就道，不必急急，即过年亦无妨也。昨见郑乐山寄来所拓我书天后宫联对，其刻手甚佳。祖母所抄《中庸注》及汝母所抄《诗经》，可交施和带来，由此间召匠摹勒可也。明年科试甚从容，腊月未必县考。瀛于此道亦远甚，果能读书，正不必急于一试。燕窝可再购数斤交施和带来。南生、嚣坦可加送锡九二十千。请觐之折，奉旨：俟明年春融，身体全愈，再行来京。因此转不敢迟殆，闰月半后，航海北上。嫩弟留我南旋后，方可回家。父前子名，汝信来，于诸弟皆称其字，殊失体制。忆杨太老呼其子为幼新，为陶叟②所斥，不可不知也。

① 《家书》抄本作"十一月三十日"。
② 陶叟：夏献纶。

复玮庆　光绪四年十二月十六日①

玮儿阅之：施和来，得初七信，知家中平善为慰。翊场作，近日所谓适用者，以我观之，觉心思太少耳。《中庸注》、《诗经》均收到，俟正月再访刻手。咏山何能双钩。于程后人困到如此，姑以二十千助之。然我岂可长恃者。瀛果能奋志，下次岁考，并不为迟。府考不必买卷，尤不可将卷带与他人也。

① 《家书》抄本作"嘉平十六日"。

与管樵 光绪四年十二月下旬[1]

前月附折寄书一封,计早到矣。程雨亭从苏州来,得重阳前信并参桂联对。晤朱茗生时,告以春暖方能塞责,自带入都也。八弟妇今日进署。福州已县考,新请之赵立斋先生亦到。闻寿甫死,为之一恸。然命应送于山西,亦一定而不可易者耶?勿叟又欲翻入赘之约,其焦愤甚属可怜,不必为之动气也。

[1] 闻寿甫死,第一次是在十二月间《复林拱枢》函里提及,可见两信发于同时。又沈葆桢光绪五年正月元夕致玮儿函称:"得汝二十一日来书,知县试已毕。"此函亦称:"福州已县考,新请之赵立斋先生亦到。"此函当写于下旬。

复玮庆 光绪五年正月元夕[1]

玮儿阅之:得汝廿一日来书,知县试已毕,椿官[2]得终场否?椿、云、翊无论何人进学,均给以二百金。椿自凭四叔做主,若云、翊,据我看来,均无容散帖。省费无多,而省事省心不少矣。钜托六姑夫辨(办)袭荫,应费若干?如其家无可筹,汝可垫付。叶清渠贺信为我加一彩寄去。彭叔丁忧,不领赙仪联轴,只得买棋盘箔十党附函送去。赵先生与学生较亲,教法亦不错,然学生则泄沓如故也。燕窝已收到。我行期总在立夏后,今年负巨债,恐不能随时接济,汝兄弟须力求节俭。彤寄来秋波之子文字,甚平弱。其家世清白,则我所素知,到京亲见再决。择婿甚难,我亦不愿出类拔萃之才,明知有命,姑求稳慎而已。智尚未足(定),而繁又长成矣。

[1] 《家书》抄本作"正月元夕"。
[2] 椿官:沈葆桢四弟辉宗之子。

复玮庆 光绪五年正月十七日①

玮儿阅之：刘茂归，带回信，得汝初四来书，知翊与植斋均得前茅为慰。男女婚姻，可了则了，无论入赘与否，均可许之。奢俭在我，与此无涉也。康侯入都，必可相见。劝其勿枉道金陵，盖地非马头，深夜上下船极险。其诸子皆初次出门，尤非所宜。李氏诸甥②，近日读书如何？鉴甥有人督其读书否？郡试如此之急，然则院试亦不出三月耶？

①《家书》抄本作"己卯正月十七日"。
②李氏诸甥：李氏，似指沈丹林长孙女之婿李端，江苏候补道。

复管樵 光绪五年正月二十四日①

腊底、正初得汝两信，备悉一是。恂予炭敬移作奠敬，并喑函送去。贡差因人都时未寄信，竟不知向汝索信。褂角、顶珠，寄来亦无用处，存于都寓可也。寿甫长子带船，次多病，言语不通，难以到晋，我已饬令回闽。俟津门开冻，命高升前往为之扶棺，且须为之偿债，兼运两烟鬼归巢。势无可辞，非好兜揽也。欲停捐，须先将外省扫数清厘，使贡监照一纸不出都门，再将京铜局捐价复于原额。徐行议停，则风平浪静。似此卤莽灭裂，不终则成一笑柄；决行之，则各省日暮途远，倒行逆施。名器之滥，不知伊于胡底！其实宦途之杂，不能专怪捐班。若督抚不激浊扬清，虽科甲军功中，无庸恶陋劣者耶？曰资格，曰调剂，皆近日所谓公道者也，而国与民隐受其祸矣。大农锐意复全漕，可谓梦梦。我北行负债，是司空见惯事，即拜跪之蹇，奏对之拙，天恩高厚，或亦可望含容。惟诸大老欲向我谈经济，则搜索枯肠，不知所对耳！邹和之②炭敬不必补。

①信由北京到南京约需半个月。林拱枢致沈葆桢信，与咏彤致沈葆桢信均在腊正，又同在北京，此信当写于同时。

②邹和之：林汝舟之第五女婿。

与玮庆　光绪五年二月初一日①

玮儿阅之：去年得六姑夫书，谓小真②荫生，须由县请袭达部，方能乡试。我即托六姑夫为之辨（办）理，比接回信，以无暇辞。汝为托人代办，应费若干，由汝付之。籍贯三代，可嘱其叔开列，乡试当不至误。有便人可寄些切面、粉干来。

①《家书》抄本作"二月朔日"。
②小真：陈钜前，字小真。福建闽县人，光绪十八年进士，兵部车驾司主事，山东清平县、掖县知县。沈之五女婿。

复海门　光绪五年二月中旬①

海门二弟如晤：别后极盼好音，至本月初五得手书，始知安抵里门，至以为慰。惟闻起居偶有不适，驰系殊深。兹寄上春季并闰月束脩鹰番四十元，祈即察收。大侄读书如何？欲起家声，舍此别无良法。督课不必过急，但令其日日刻刻口不离书，自然有豁然贯通之候。吾弟常在家照应，数年内定有功效也。黄姑太在此均好，可宽远念，此候春安。弟妇以次均安吉，世勋甥拜年单亦收到，晤时为问好。

①信中"本月初五"，当是二月初五日，此信当复于中旬。

复管樵　光绪五年二月下旬①

彤侄阅之：接二月七日来信，知四表叔一麾出守，喜甚。文忠公后人，亲友最易视此房，今则物极必反矣！惜乎汝祖母及汝伯母之不见也。四表叔既得好处，又适值我举重债之时，似可不必代筹。一则疑于锦上添花，一则疑于从井救人。无如其偏值灾区，称贷必遭重利盘剥，则仕途步步荆棘，以后难得转身。我既累数万金，则区区者不关轻重，故特由谦吉升兑三千付之，汝可劝表叔收用，切勿客气。我无非望其畅胆做好官以继先志也。寿屏万万不可寄来，伯温幛亦附回信璧还。汝只疑我之狷介，未知我之痛心也。吴春帆近中风而愈，子衡谅亦无碍，但转机后切勿多服药耳。我行期当在闰月半，四表叔以早出京为是。此间合寓平善。

再，勿村山长书来，又希冀翻悔前语。然微察其意，姑为尝试。其于理说不去，则自知之矣。兹将其来书及我答书节录示汝，汝仍照旧办汝之事可也。折差归，可买新搢绅[录]交之带来。伊欲赶站，批旨下，即付之行为要。到京公馆，已叫坐京家人孙益租在贤良寺。

①函称"接二月七日来信"，咏彤信寄自北京，当需十二三天始达南京。此函当写于二十日以后。

与玮庆 光绪五年三月二十三日①

玮儿阅之：施和、刘茂所带物，均已收到。得荔丹致幼莲信，知翊获隽，添一代书香矣。硕斋可照文波、质臣②例送之。云如北来，或挈眷，或不挈眷，可酌给盘费。堡爷之子如娶亲，可送贺礼十千，不作回信矣。

①《家书》抄本作"三月二十三日"。
②质臣：沈葆桢四女婿，名曾寅义，古田人，庠生。

与玮庆 光绪五年三月二十六日①

玮儿阅之：得十四书，知不发帖，不开樽，甚是。植斋②失意时尚亏空，其得意时可想而知。然女婿一般无任分出厚薄，既为喜事，则愈亏空愈得意，听之而已。遗才新奉上谕从严，不敢咨送。且此端一开，非送至数百人不可。我虽子弟亦不送，可以谢亲友矣。

①《家书》抄本作"三月二十六日"。
②植斋：何岘，字植斋，庠生。沈葆桢三女婿。

复管樵 光绪五年三月下旬①

初五、十七两接汝信，备悉一是。京官看处分甚重，茗翁情甚可感，然我年年以两淮京饷议处，从未见吏部议出，我不解其故，亦未尝过问也。稚黄宽减，云甫②实降，两宫真明见万里。稚黄节目疏阔，诚有不修边幅处，而行黔引、裁夫马馆，实大有造于川，而招怨得谤，根源亦在此。非两宫权衡在握，去其疾而取其长，将川事益不可问。正谊山长年近八十，其笔札精工，非年少者所及，平心静气阅之，大足玩赏。康侯行期在闰月。翊进，椿退，云求退而不可得，愤欲捐监。我遣人迎之来，未知见听否？讷西子、讷如子与椿鼎峙，亲运颇富于侪生。

①初五、十七两信，当是三月初五、十七。五年三月十一日云甫降职。沈葆桢知此消息并写信，当在下旬。
②云甫：贺寿慈，湖北人。工部尚书。光绪五年三月十一日降职。

复璘庆 光绪五年三月二十六日①

云儿阅之：廿四遣林志中迎汝，廿五接汝信，以名场蹉跌，耿耿于中。我所望于汝者，读书立品耳，倘来之物，何足介意。谓不足以慰我，误矣！我甚不欲汝等沾染捐字。汝既不肯自专，以父命为重，我若不以正告汝，是大负汝一腔孝谨之心。同一入场，监生与秀才相形而愈见拙，其难堪之处，甚于童生，何如还我本来面目，作开门节度耶？汝只知其无益于己，不知其大有损于己。从今算到下次岁考，至多不过年半。纵分阴虽惜，夜以继日，所得才有几何？乃复耗无谓之征逐，无谓之惊疑，无谓之希冀，无谓之悲愤，日月蹉跎，到年半依然故我耶？卧薪尝胆，聚精会神以求一当，不远胜于奢愿难偿耶？刘岘庄捐赈十五万，奉旨令其移奖子弟，推及族人。复奏云：族人之贤而有志，不愿以赀郎起家，不贤将玷官箴，不敢与之，乞全数注销。汝等须有此气概，若较得失于毫末，只求为庸耳俗目所重，是自欺也。读书志在圣贤，豪杰且不足为，他何论焉？无坚忍二字，天下事一点担当不来；无特立独行之思，则步步落人圈套。能于书中寻出安身立命境界，炎凉世态，岂足撄吾心哉！

① 《家书》抄本作"三月二十六日"。

复玮庆　光绪五年五月十九日①

玮儿阅之：本日接十一来信，知吾乡雨旸时若，家中亦安善为慰。瑶畏读书而喜假手，万不敢令其应试。完姻后仍须北来，然在署亦是蹉跎过日。诸兄皆然，非瑶所独。但胸无宿物，则以瑶为最，我忧之而无如何！惟琬与南生尚不甚虚度耳。四叔不愿捐教，我不强之。惟缴还，四叔则转眼成空。问四叔，如将此项购屋作为四叔自业，似较妥也。濂官得邵武府学，为通省最苦之缺，望其中而已矣。有人便寄燕窝数斤、神曲数斤来。我廿八出京，初七抵金陵，初八受篆。在京甚病，近愈矣。

① 《家书》抄本作"五月十九日"。

与管樵　光绪五年五月中旬①

初七抵金陵，眠食较都中稍胜，惟忙甚于往年，热亦甚于往年。但愿百谷顺成，固所乐耳。我向潘莲舫乞止喘丸药，如其有之，可交折差带来。馀嫩弟能详之，不赘矣。云途中用康侯洋二十元，嘱我到京代还，我临行忘之，汝于余项提交可也。

① 沈回南京在五月初七。信里提及向潘莲舫要止喘丸，又云："云途中用康侯洋二十元，嘱我到京代还，我临行忘之。汝于余项提交可也。"此信应写于回南京后不久，即五月中旬。

复玮庆 光绪五年六月十七日①

玮儿阅之：得初三、初十书，知得曾孙，至以为喜，可取名觐平。我从前与诸妇约：自乳者，月赏四两，汝照给可也。林秋坡次子不过中材，我急欲见智妹出阁，已许之。先于都中回帖，年杪可招亲矣。闻陈子余②之次子颇肯读书，汝查清如尚妥当，可以繁字之。此间方求雨，虽得焉而未足也。林范亭③令弟求我帮其入都引见，如实在起程，可提五十金交子宏转付。

①《家书》抄本作"六月十七日"。
②陈子余：陈讷如兄弟。
③林范亭：名廷禧，福建闽县人。云南迤西道，回变中死。

与玮庆 光绪五年六月三十日①

玮儿阅之：嫩弟、桃桃定于七月初四日起程，未知须补遗否？出场即令桃、雨随绩九先生来金陵。嫩弟部文，计彼时可到矣。九姑之鉴鉴，在家无所事事，将来何以自立？可问九姑，如肯离家，可令其随乃兄来此读书，倘非所愿，则勿强也。奏折所奏朱批，应缴军机处。垂帘后，改用墨笔，亦一例遵缴。从前皆经汝母按次汇存一箱，汝可详细检查，自九江道起至船政止，黄折一并在内，装好交桃、雨带来。又有我做御史时三次折稿，如在其中，亦一并带来可也。此次嫩弟带回二千金，为节项及家用，汝与雨月费亦于其中提出。瑶期最好是四月，择定可写信来。其读书则甚早，万不能应试，望成室后，有劝勉之者耳。

①《家书》抄本作"六月三十日"。

复玮庆　光绪五年七月初三日①

前信封后，接汝六月廿四来信，并收到燕窝、神曲、香薷等件。瑶婚期最好能改四月，如必无之，则用八月八日。但花过看命店钱便是，不必问芝卿也。瑶索家中《皇甫碑》，有人便，即行寄来。

①《家书》抄本作"七月初三日"。

复玮庆　光绪五年七月二十五日①

玮儿阅之：得初二日来信，备悉一是。修理明伦堂，可送五百千交远公亲收。范亭老伯进主，所费若干？镜公②单来，亦即如数奉缴。少绂老伯十五殁于衙斋，幸有中子亲视含殓，其长子亦于十七夜赶到矣。乡闱在即，第一件是爱惜身体，勿病为要。有林尚祖者，有信来求帮，适入都，忘之。闻微夫识之，可将二十千托之转交。其人则在庠而双瞽者也。

玮儿阅之：闻椿、藻、钜录遗均被黜，有补出来否？敬成丁其父忧，可赏钱七十千，嘱其万不可来，来必折本。其伙食十千，仍按月照付，勿任豫支。十二妹嫁妆所买料件，有人便即寄来。夏布、青布均要上好的。

①《家书》抄本作"七月二十五日"。
②镜公：镜泉。

复玮庆　光绪五年八月初三日①

玮儿阅之：得七月廿三来信，备悉一是。子余之子，汝以辈数为疑，未尝不是。姑待数月，如仍难其人，再与商可也。瑶自廿四下痢，日五六十次，粒米不入口者八九日，昨始能饮米汤，里急后重尚如故也。姑娘请为做出幼，将过关之新□寄来。家中择吉行之，吉期三月甚好，二月当使其归去。家中有秋捷者，照入学之数给之。

①《家书》抄本作"八月三日"。

复管樵　光绪五年八月上旬①

得六月十三、十八两函，并莲舫年伯所送丸药，均收到矣。丸药前服一瓶颇有效，嗣以天气酷热而止。兹值新凉，咳喘复作，始又复（服）之。现托人于广东寄来甚多，晤潘年伯时，请其放心，不必再寄矣。别敬以后不必再补，愈补则愈多葛藤。叔眉募启，并未入账，可于余项扣清。李金镛②保案被劾，诚情真罪当。曩者以海沭一带饥民深得其力，故曲徇之，其人则无甚足取也。川督不动，两宫可谓明见万里，川事庶有转机乎？都中谢函已缮就，周少棠为我提百金送去，崇朴山③之夫人，为我制一幛送去。颖叔不愿赴闽，所著《启东录》，甚精核可传。穷愁著书，较浮沉宦海，其得失不可以道里计。周少绂出山中悔，留之署中。以运内功，致郁热发于背。中元五更，神志湛然，端坐而逝。江南苦旱，山田已无复望，且自回任至今，未得一场透雨也。此间京寓全善。

①此信与沈葆桢八月初旬复林鸿年之信时间大体相同，称"回任至今，未得一场透雨也"，即五月至八月初三个月。
②李金镛：字秋亭，无锡人。光绪十二年主持开漠河金矿，官至吉林道员。
③崇朴山：崇实（？－1876），字朴山。完颜氏，满洲镶黄旗人。道光三十年进士，官至刑部尚书，卒于光绪二年。此时其夫人卒。

复管樵　光绪五年八月下旬①

得六月二十八手书，备悉一是。林姑爷行期听其自酌，不必催之。闻吾乡遗才甚紧，椿、藻、钜皆被黜，未知有补出来否？汝不能送女南旋，早以诚相告。不谅者欲浪费笔墨，听之而已。长途数千里，亦断不能交康侯带回也。陆眉生夫人奠敬五十金，汝为我垫出，交顺城门内东城根西头户部郎中郑思赞转寄。存京尚有余项否？我今年痰喘发得甚早，再服广东丸药亦不验，且左颊、左唇，转生热毒，故丸药亦不敢再服，已兀坐两夜矣！瑶患痢疾，旬日勺水不能入口，皆由平日饮食不节之故。近日始有转机，稍能食粥，其终能愈否，尚未可知。此问京寓安好。

①信称"今秋早寒"，知在八月初，又"再服广东丸药亦不验，且左颊、左唇，转生热毒"，与八月下旬复孙莱山学使信同时。

复管樵　光绪五年九月初旬①

得八月十五、二十五两函，备悉一是。康侯次日即行，荀壬已向绩九上学，畲曾闱作，远胜乃父。如系闱中原作，可望也。家中文字，自推嫩弟为巨擘。而破题首句太龃龉不安，其余兄弟叔侄，则非游、夏所能赞一词矣。康侯带来子嘉信，我已答之，抄稿收存。启公参茸，璧之颇难措词，姑存汝处，待贡差带来可也。我今年病发特早，今日鹿鸣宴，闭户拥重裘，不能随班。浙江、湖北、江西《题名录》，皆已得见，想福建亦一二日内可到矣！瑶已全愈，而不谨疾如故。后辈有志向上者，惟南生为最，未知不中变否？此问京寓均好。

①北京咏彤之信至南京，沈葆桢当在九月初收到。此信复于月初。

下编 公牍

（一）江西时期

致曾国藩① 咸丰五年十一月十三日②

大人阁下，敬禀者：卑府奉宪台札开，现经奏明，以盐抵饷，运办浙盐于淮引地面行销，所有各路私盐侵占淮地者，酌抽税课，以充军饷。每盐壹斤抽钱拾文，给予护照，许作官盐，运于淮地销售。奉委卑府于吴城设局督办盐饷事务，分设小卡，添员巡缉，无许偷漏等因，并奉发章程一纸。卑府遵即驰抵吴城，勘明望湖亭为商船经过要地，当于该处设立总局，河干另设总卡。尚有乌石门等处亦属扼要，现经酌量分设局卡，以期慎密而免疏漏。查盐饷事宜较为繁重，需员分查卡所，河面必须巡船，前经卑府分别禀请宪台札委各员，并请拨长龙船以资巡缉在案。兹于十一月十三日奉宪台札发，办理吴城盐饷总局关防一颗，盖印护照一百张，遵即祗领，于十一月十三日开局，督抽税课。所有护照，恐致行用不敷，请领不及，自应再请颁发，理合禀祈大人俯赐，饬发护照五千张，并颁发示谕，俾各商贩稔悉周知，凜遵输课。再，卑府前请委员，现止蔡令、龚主簿随同帮办，其余各员，迄今尚未到局，合无仰恳大人俯念需员甚急，迅赐札委郭令、张垄二员速即驰赴吴城，以便分局，并请札饬蔡令等遵照其应用巡船、铜炮、火药、铅子，伏乞查照前禀，速饬拨发，实为公便。肃此，恭叩崇安。卑府葆桢谨禀。（五年十一月十五日到）

（沈葆桢、耆龄：《盐税各属详禀》，原件藏南京图书馆古籍部）

①曾国藩：时以兵部右侍郎衔率领湘军与太平军激战于江西。
②信称："兹于十一月十三日奉宪台札发，办理吴城盐饷总局关防一颗，盖印护照一百张，遵即祗领，于十一月十三日开局，督抽税课。所有护照，恐致行用不敷，请领不及，自应再请颁发，……俾各商贩稔悉周知，凛遵输课。"当在十三日写信，十五日收到。

致陆元烺①、黄赞汤②、曾国藩　　咸丰五年十一月二十三日③

办理吴城盐饷总局为转解税盐事。十一月二十三日午刻接准冯丞、张牧函称，涂家埠盐船，业经陆续投税，现共收税盐三万二千五百三十斤，分装七船，派有丁书、役人等押赴吴城秤（称）收并入总局数内等情，运解到镇，准此。卑府查冯丞等前次来函，以奉到钦差会办盐饷事务刑部右堂黄②密委，赴涂家埠查办淮私，收税解省应用等因。卑府自应即将原盐转解省局，以符宪谕，理合具文添差巡丁协同原派家丁、书役人等，将冯丞等解到税盐七船，妥为护运，解赴宪辕，俯赐验收，给发印照回销。

再，盐船七号，据冯丞等函称，共盐三万二千五百三十斤，吴城总局未经秤（称）计，合并声明。为此备由具申，伏乞照验施行。须至申者，计申解税盐船七船。右申钦命署理江西巡抚部院陆③、钦命会办盐饷事务兵、刑部右堂曾④、黄。（五年十一月二十五日到。实收库秤净盐二万七千九百零八斤半。）

（沈葆桢、耆龄：《盐税各属详禀》）

①陆元烺：字虹江，浙江宁海人。五年七月二日陆元烺署江西巡抚。
②黄赞汤：字莘农，江西庐陵人。道光十三年进士，官至广东巡抚。时任刑部右侍郎，奉旨会办江西捐务。
③信称："十一月二十三日午刻接准冯丞、张牧函称，涂家埠盐船，业经陆续投税。"当在当天写信，二十五日至。路程约三天左右。
④曾国藩：时以兵部右侍郎衔率领湘军与太平军激战江西。

致曾国藩 咸丰五年十一月二十五日①

大人阁下，敬禀者：窃卑府奉札，委赴吴城设局抽收盐税，以充军饷，一切经费准于税课内动支等因，业将开局日期禀报在案。所有应行设卡巡缉之处，正在次第酌办。乃自临、瑞等处被贼窜扰，纷纷震动，而销售之地阻。浔郡拔营，乌石门等处居民逃避一空，即青山一带亦有迁徙者，而采办之路又阻。吴镇风鹤频惊，商旅裹足。近数日间，过盐或数千斤、千余斤、数百斤不等。本月二十二日，盐贩绝迹，税课全无。查吴城设局，置备一切器用，并建造卡房工料，计费数百千文，薪水、口粮、船脚火食杂项在在需费。开局以来，仅收税钱一千二百余串，核计现在逐日所收之税，入不敷出。卑府督同随办委员蔡令、龚主簿详加筹议，税课情形，骤难力挽，而公局需费，日不可缺，非特于军饷毫无裨益，不成政体，亦且无此闲款弥补经费。悉心体察，未敢因循，可否请将吴城盐饷局务暂行停止，一俟临江等处贼匪殄除，人心镇定，再行酌量开办之处，理合据实禀祈大人迅赐批示遵行。肃此，恭叩崇安。卑府葆桢谨禀。（五年十一月二十七日到）

（沈葆桢、耆龄：《盐税各属详禀》）

①五年十一月二十七日，沈信到曾营，写信当在十一月二十五日，路程约三天。

致曾国藩 咸丰五年十二月十日①

大人阁下，敬禀者：窃卑府奉宪台暨钦差会办监饷事务兵部右堂曾会札，委驻吴城设局，督抽盐税以充军饷，分设小卡，添员缉私等因，业将分设总局、总卡各缘由及开办日期禀报在案，其应行添卡巡缉之处，现在次第酌办。惟盐税事宜，较为纷繁，襄理在在需员，即添卡巡缉，亦需分任。前经卑府禀请札委各员，计尚不敷，自应再行指请，以资差遣。查有投效在省奉派查夜之六品军功从九品姜佐周，现在大营发审所李令之李熙瑞均属干练，堪以襄办局务。除李熙瑞一员禀请钦差会办盐饷事务兵部右堂曾饬委外,合无仰恳大人俯赐札姜佐周驰赴吴城,随同卑府办理盐饷事务,俾差派不致乏人,益昭慎密,实为公便。肃此,恭叩崇安。卑府葆桢谨禀。(五年十二月十二日到)

(沈葆桢、耆龄:《盐税各属详禀》)

①五年十二月十二日沈信到曾营,当写于十二月十日。

致曾国藩　咸丰五年十二月十五日①

大人阁下,敬禀者:窃卑府奉委驻吴城设局,督同各员查抽盐税,分卡缉私,严防偷漏。本年十二月初六日,查得望湖亭总卡上路有肩贩盐斤绕道偷越,匿不投税,随督饬巡丁往拿,查见盐贩二人在前挑走。该盐贩见捕,慌张弃担逃逸,经巡丁追拿无获。当获私盐二担,运卡秤(称),计共净盐一百零八斤。除选差严缉不知姓名盐犯,务获解究外,合将查获私盐缘由具禀,连盐斤解候大人俯赐验收。肃此,恭叩崇安。卑府葆桢谨禀。

(计禀解私盐一百零八斤。五年十二月十七日到)

(沈葆桢、耆龄:《盐税各属详禀》)

①五年十二月十七日沈信到曾营,当写于十二月十五日。

致陆元烺、黄赞汤、曾国藩　咸丰五年十二月十八日①

办理吴城盐饷总局为开折申报事。窃卑府奉台札,委于吴城设局抽收盐税,化私为官,以充军饷,业报开局,遵奉颁发章程,将过境私盐抽收税课,随时给照护运,所有盐税银钱收数,应按月折报查考。查咸丰五年十一月分,自十三日开局之日起至三十日止,共收十足制钱一千四百二十一串一百二十文,公议平纹银五两五钱八分五厘,理合逐日开载,具折申报宪台,俯赐查核。为此备由具申,伏乞照验施行。须至申者,计申送清折一扣,右申钦命江西巡抚部院陆、钦命会办盐饷事务兵、刑部右堂曾、黄。(五

年十二月二十日到）

（沈葆桢、耆龄：《盐税各属说禀》）

①五年十二月二十日沈信到曾营，当写于十二月十八日。

致曾国藩　咸丰五年十二月二十一日①

大人阁下，敬禀者：窃卑府原办涂家埠厘务，于十一月二十日吴城镇同知冯丞因奉省局谕委，密赴涂家埠查收盐税，当在厘局挪借钱一百千文，为一切船只书差饭食等用。据称，请由省局拨还。查所收税盐七船，业已解奉验收。厘局事务，前经冯丞接管在案。卑府经收厘金，核除解□、支销各款，所存银钱，应解藩库。除一面具文批解并禀藩司外，理合禀祈大人俯赐核饬，将冯丞挪借厘局钱一百千文拨归藩库还款。肃此，恭叩崇安。卑府葆桢谨禀。（五年十二月二十三日到）

（沈葆桢、耆龄：《盐税各属详禀》）

①五年十二月二十三日沈信到，当写于十二月二十一日。

致陆元烺、黄赞汤　咸丰五年十二月二十一日①

办理吴城盐饷总局为申报事。窃卑府禀请札委李熙瑞帮办吴城局务缘由，于本年十二月十五日奉钦差办理军务兵部右堂曾批，据禀已悉。已札李熙瑞赴局听候差委，并添委前广西知县孙令矣。此缴等因奉此。兹于十二月十七日，前任广西怀远县知县孙志铭、候选道库大使李熙瑞同日到局帮办事务，理合申报宪台查核。为此备由具申，伏乞照验施行。须至申者，右申钦命江西巡抚部院陆、钦命会办盐饷事务刑部右堂黄。（五年十二月二十三日到）

（沈葆桢、耆龄：《盐税各属详禀》）

①五年十二月二十三日沈信到，当写于十二月二十一日。

致曾国藩　咸丰五年十二月二十二日①

　　大人阁下，敬禀者：窃卑府于十二月十九日查得总卡上路有贩绕道偷越，将私盐囤积棚内，匿不投税。随委员带领巡役往拿。查见茅棚一架，有不知姓名二人，见捕慌张弃盐跑逃。经委员督率巡丁等跟追，均无弋获。当于棚内起获私盐运回，报经卑府核饬，秤（称）计共净盐一千二百一十七斤，除茅棚饬即焚毁，并选差严缉盐犯，务获解究外，合将查获私盐，饬委前任广西怀远县知县孙令督解赴宪辕听候验收。肃此具禀，恭叩崇安。卑府葆桢谨禀。

　　（计禀解私盐一千二百一十七斤。五年十二月二十四日到）

（沈葆桢、耆龄：《盐税各属详禀》）

①五年十二月二十四日沈信到曾营，当写于二十二日。

致陆元烺、黄赞汤　咸丰五年十二月二十五日①

　　大人阁下，敬禀者：窃卑府奉宪台札发章程，内开各局雇用经费，准总理之员于税课内动用，作为留支□款，按月报销等因，遵照在案。兹查吴城总局，咸丰五年十二月分经费，自十三开局之日起，至月底止，实用十足制钱一千一百三十二串四百六十九文，遵于所收盐税内动支。理合开具清折，禀呈大人俯赐核销。

　　再，现在税项较薄，所有帮办委员绅募各薪水，量为节省，俟试办数月后，如果税课充裕，事务加紧，再行从优酌定，以示体恤，合并声明。除经禀曾部堂外，肃此，恭叩崇安。卑府葆桢谨禀。十二月二十五日。（六年正月初二到）

（沈葆桢、耆龄：《盐税各属详禀》）

①原信落款日期。

复郭崑焘① 咸丰七年九月初五日②

意翁仁兄年大人左右：前数日奉到八月廿三赐函，值病魔为虐，肝痛脾泄，辗转床蓐间，不能作答，歉甚！歉甚！刘委员明白轩爽，于勾稽诸务亦精能。大帅赏识，自是不错。惟器小易盈，以受特达之知，遂俯视馀子，大有公等碌碌之概。遇有公事，多专断，不肯会商，此诸君所以积不能平者。其凌厉从趾高气扬来，尚非有所怏怏，而诸委员亦不无变本加厉之处。经弟诫以和衷，则又通融太过。初三日，送八、九两月报销来，则各委员薪水皆长支两三个月，并未禀闻。弟请伊来问，则极陈为难之处。弟平情论之，其人才尚可用，必亦无他。惟逢人便说在湖南若何出色，大帅若何识拔。知有己，不知有人，无怪同事之不能堪也。大抵合则两伤，离则双美。惟裁夺为幸。

胡经历人甚淳笃，以薪水不如刘君，心颇耿耿。其请假批禀回时，弟力陈大帅用意之厚，谆劝其前赴大营，渠执意不肯，闻其将往李迪翁③处也。西丈事极应尽力，惟弟不获乎上，前屡龃龉，近益决裂。即如河口厘局，系钦帅④会同文中丞⑤委西丈⑥专办，弟以广信府联衔而已。相去百里，大事尚可函商，至局中零星动用，不得尽闻也。厘税丝毫尽解，惟局卡费用数百金，不为多也。自广信解围后，抚藩日借公事挑剔，藩署至连篇累牍，訾河口局费之繁。不行厘局而行广信府，申斥若佐贰。此西丈所亲见者。殆雪筠接办，误会其意，裁去局中执事数人，月省百余金。耆中丞⑦乃复挑出西丈薪水一款，盖其本意在此，以此款为弟所禀请者也。弟以经钦帅及文前既批定为辞，不允。往复数次，卒请其自行酌减，乃云不必减而止。如此次由弟禀请，则必以雷世兄⑧为茂才，月给数千文而已。以后无可转旋，于西丈事非徒无益。鄙意不如请雷世兄照旧向局支领，不必提起接办之事。中丞未必记忆，转觉其无痕迹也。乞代禀枢帅与西丈商之。恭请勋安，不尽缕缕。年弟沈葆桢顿首。初五。

（《沈葆桢手札》，沈云龙编：《咸同中兴名贤手札》，文海出版社，近代中国史料丛刊第八辑）

①郭崑焘（1823－1882）：字仲毅，意城，郭嵩焘之弟。湖南湘阴人。道光举人，

内阁中书。光绪八年卒。

②信称"弟以广信府联衔而已",可知此信写于署广信府时。沈葆桢于咸丰七年闰五月初一日奉旨补授江西广饶九南道员缺。沈信中称:"抚藩日借公事挑剔。""耆中丞乃复挑出西丈薪水一款,盖其本意在此。"耆中丞,即耆龄,咸丰七年三月升为江西巡抚。又郭崑焘此时也在闽赣对太平军作战,八月二十三日信到沈葆桢手中当在九月初,此信当写于九月初五日。

③李迪翁:李续宾(1818—1858),字迪庵,湖南湘乡人。湘军将领。

④钦帅:和春(?—1860),字雨亭,赫舍里氏,满洲正黄旗人,时任钦差大臣,督办江南军务。

⑤文中丞:文俊,时任江西巡抚。

⑥西丈:孙衣言,字琴西。

⑦耆中丞:耆龄(?—1863),字九峰,觉罗氏,满洲正黄旗人。道光举人。历任江西、广东巡抚,闽浙总督。

⑧雷世兄:雷正绾,字伟堂,四川中江人。官至陕西提督。

与郭崑焘　咸丰八年七月初十日①

意城仁兄年大人左右:承示知荩勚之至。闻九丈②将至,想下马露布,可分任也。次青③此行,何异登仙,只惜其仍须复出耳。江北情形如河决,金陵将为所牵制,奈何!奈何!吾帅恐不能出者此矣!许仙翁④闻已全愈,赴营否?乞道念。此请勋安,未一。年弟沈葆桢顿首。初十。

(《沈葆桢手札》,沈云龙编《咸同中兴名贤手札》,文海出版社,近代中国史料丛刊第八辑)

①沈于咸丰八年八月初十日致曾国潘函称:"江北决裂情形大不可问,金陵亦有牵动之势。"此信亦提及"江北情形如河决,金陵将为所牵制。"此信又称"闻九丈将至",曾国荃于八年七月至江西。故知此信写于咸丰八年七月初十日。

②九丈:曾国荃(1824—1890),字沅甫,曾国藩弟。官至山西巡抚、两江总督。

③次青:李元度(1821—1887),湖南平江人。官至贵州布政使。著有《国朝先正事略》。

④许仙翁：许振祎（？—1899），字仙屏，江西奉新人，同治二年进士。历任陕甘学政、河道总督、广东巡抚。

致曾国藩　咸丰八年七月十四日①

敬禀者：本日未刻，据护运食盐之委弁刘荣芳回郡禀称：昨日接仗获胜后，贼遁过河，傍晚贼复渡过西岸，平江营派队迎敌，刘令恐昏夜有失，止之。该逆黉夜于东、南、北三门扎营数座。黎明，各山头均插旗帜，迤西亦有之。讯所擒老长发供称：此股逆首为伪杨国宗②，逆党实有三万余人，抚州、临江人为多。因闽省下游联甲甚紧，不能南窜。米粮匮乏，无处可掠。且不服水土，疾疫相望，故思弃浦城回踞广丰。如广丰未能得手，则由铅山、河口仍归抚州等情。该弁于辰刻带护勇回郡，该逆疑系出队，角声四起。该弁行至里许，闻炮声不绝，想士气甚壮，必无他虞，惟城中米油实万分缺乏等因。据此，查广丰有平江四营，足敷守御，总须接济不断，方足以固士心。陆运用夫既多，且防贼以全力劫粮，则非数百勇所能济事；而舢板逆流负纤而上，滩浅易胶，亦难得力。现饬调省门派到河镇之职员李秉煊所带飞划八号，令其刻日上驶，拟自郡城至洋口，每十里扎舢板二号，自洋口至广丰，每十里飞划四号，则气脉可以常通，接济不致中断。惟恐贼不得逞志于广丰，必将下窜铅山，虽有宝、建等营，又经黄令截留，闽省所招之光山虎勇，兵力尚未见厚。贵、弋亦各兵不盈千，虽抚州劲旅如林，该逆断难窥伺。然既入腹地，势必蔓延，为害滋甚。驻新城之张③军、驻金溪之萧④军，光、邵未清，自难更调。现闻刘道长佑⑤业已到防，合无仰恳宪恩，迅饬此军刻日拔赴河镇，以卫饷源。是否有当？伏乞察核施行。除禀督、抚宪外，肃此，敬叩崇安，伏惟恩鉴。职道葆桢谨禀。

（中国近代史研究所资料室：《曾国藩未刊往来信函》，岳麓书社，1986年出版）

①原信注："咸丰八年七月廿四日到。"曾又批："此信十四日所发，事已旧矣。"此信当写于七月十四日。
②杨国宗：杨辅清，太平天国将领。
③张：张运兰，字凯章，湖南湘乡人。官至福建按察使。同治三年死于武平。
④萧：指萧启江，字浚川。湖南湘乡人。屡建战功，以按察使记名，卒于军，诏赠

巡抚。

⑤刘长佑（1818—1887）：字子默，号印渠，湖南新宁人。拔贡，以军功历任两广、直隶、云贵总督。

致曾国藩 咸丰八年七月十七日①

敬禀者：本日子刻，据探勇回称：十二日午刻，逆匪过河，径扑东门，我军诱令近城，从南北二门包裹，该逆惊遁。追杀百余名，生擒数名，夺获旗械甚伙（夥），贼退河东。讯据生贼供称：来丰匪类约五六万，在浦城者尚有二万，因闽境无粮，思回窜掠食。傍晚，贼复渡河而来，我军正在出队，尚未接仗等语。

广丰城池，万分无虑，惟米盐甚缺。昨已采办浙盐三千余斤，派勇由陆解往郡中。米亦无多，现筹款二千余金，到弋阳采办。惟丰河水浅流急，舟运非三日不达。陆运则一夫只能力致一石，脚费不赀。日至百石，便须以数百勇护之。途中尚不无耽心，颇形棘手。本日，又据铅山县探报：崇安之贼已尽数窜往浦城，未知确否。前两日，福省有信脚到广信，云建阳无贼，渠从崇安小路绕出铅山。庆署督②驻延平，兵虽不多，而联甲甚严，贼难下窜云云。看来逆势万分穷蹙，铤走堪虞。铅山防兵仅千余人，河口尤为可虑。谨陈颠末，伏候核夺施行。郡城安堵如常，足纾廑念。除禀督、抚宪外，谨此，恭叩崇安，惟希恩鉴。职道葆桢谨禀。

（中国近代史研究所资料室：《曾国藩未刊往来信函》，岳麓书社，1986年出版）

①原信注"咸丰八年七月二十二日"至曾国藩大营。按五天路程，此信当写于七月十七日。

②庆署督：庆端，满洲人。咸丰八年六月代王懿德署闽浙总督。

致曾国藩 咸丰八年七月二十四日①

敬再禀者：自十五夜得李道函，嘱禀催援师后，十六日，迭据探报，是日辰刻，贼复过河，踞十里山，打掳至板桥埠。遥望七里街，西门外火光俱起，平江营似已回顾县城。又据广丰彭守备禀称：该逆尚在北门外五里扎营。十六日，我军出六成队进剿，虽有斩获，该逆仍踞不退。石逆大股已到五都，较前更多数倍等因。合并奉闻，敬叩福安。职道葆桢谨又禀。

(《曾国藩未刊信稿》)

① 原信注：咸丰八年七月二十九日到曾国藩大营。又据曾国藩日记七月二十八日："刻接沈幼丹信。"据曾国藩正月十八日致沈葆桢函称"十七日接展十二日惠书"，可知沈信到曾营约五天左右。此信当写于七月二十四日。

致曾国藩 咸丰八年八月初一日①

敬禀者：窃职道本日戌刻奉到廿四日谕言，欣悉节钺即日荣临，忭跃无似。次青伤处业已结痂，张道未闻其拔营确期。前奉批示，萧营调防建昌，今果字已有数营到河口驻扎，果字营奉江抚札赴河口数处，即未调之防建矣。若张道须待此军接防，则启行尚须时日也。张道已至贵溪。石逆败于建宁，遁回崇安。顷据铅山探报，自崇安至大小礤，贼馆互（亘）六十余里，似欲窜杉关。又据逃出处州贾人余兴才称：贼探回报，杉关有王老虎把守，不得过。石逆思改窜南京，又有贼探报称到处俱有重兵，惟岑阳关、撩竹关小路到上饶、高洲，由沙溪临江湖、郑家坊可至德兴、婺源云云。窃思归粤系石逆本意，汀州、建宁俱不得过，因欲假道建昌。又恐为杉关守兵所扼，是除高洲更无出路。该处现无一兵，诚为可虑。然江、闽连界，关隘甚多，防不胜防。若能进克崇安，则该逆首尾不能相顾矣！杨逆败朱协承先于华埠，开、常颇震动。李镇已至常山，贼实无意犯浙也。次青闻前驱抵镇，当顺流驰谒。职道应俟次青回营，方能趋叩。慈云在望，孺慕弥殷。虔颂福安，伏惟恩鉴。职道沈葆桢谨禀。

初一。

（饶宗颐：《清代中兴名人手札》，香港龙门书店 1970 年出版）

①原信落款"初一"。又曾国藩于咸丰八年八月初三日收到此信。此信当写于八月初一日。

致曾国藩　咸丰八年八月初三日①

敬禀者：顷准张副将腾蛟函称，据探，浦城逆匪全股窜往崇安，周镇天受②、天培③暨管带汀州、兴化等处兵勇各员均已驻扎浦城城内等语。又据建昌营千总杨锦斌面禀，闻新城有复失之谣。果尔，则贼势又归重于西矣。围玉之伪将杨国宗窜华埠，败朱副将承先全军、胡参将定国等。众尊其伪七国宗、八国宗，由上饶北乡窜德兴入婺界，为乐、婺团练所扼，复回踞德兴县城。弋阳胡令恐其回窜，飞请添兵，檄祥字营即日拔队往矣。窃意洪、杨互戕而贼势衰。今该逆复蹈前辙，天夺其魄，已可翘足待。先剪石逆，则杨逆不足虑。建昌之师，似宜以持重挫其锐。俟崇安得手，会而蹙之，较易为力。周镇昆仲，若实已入浦城，似可檄其进扎崇安界上，厚集其势。建昌如此吃紧，张道恐不能来，则平江营或可随节进剿。盖浦城如果无贼，则玉山尚不患空虚也。谨此具禀，恭叩钧安，伏惟恩鉴。职道沈葆桢谨禀。初三。

（饶宗颐：《清代中兴名人手札》，香港龙门书店 1970 年出版）

①原信落款"初三"。曾国藩收信时间为咸丰八年八月初四日，知沈写信日期为咸丰八年八月初三日。

②天受：周天受（？—1860），字百禄，四川巴县人。行伍出身，官至湖南提督。咸丰十年战死。

③天培：周天培，周天受之弟。行伍出身，以军功官至湖北提督。咸丰九年战死。

致曾国藩 咸丰八年八月初十日[①]

敬禀者：窃职道前月廿八日捧诵复谕，辱荷逾恒奖饰，感愧交并。恭惟大人移节楼关，星轺载福。红旌指顾，丹颂心殷。石逆尚在洋口一带，想闻大兵抵邵，彼必折而西趋。近该逆惩于临、端、浔、吉之困，下游颇紧也。据帅来谕，有赴沪之行，则秦镇所云夷务变局，似尚系传闻之误。惟江北决裂情形大不可问，金陵亦有牵动之势。若闽警稍松，想大纛当北发也。浙江解到火药万斤，由府收存。省城解来饷银一万，本日派首凌云、葛培因运赴建昌。惟军火一项，若先期运到行营，又恐过多累坠；倘俟索后再解，殊恐鞭长莫及。万一道途梗阻或雨水缠绵，并以他故迟滞，所关殊非浅鲜。似乎在建断不可无抚局，至闽又不可无建局。只将信局委员移驻建昌，责成黄署守督同经理，似无不妥之处。至浙江运来火药，本自无多，并不待设局。若省解之件，舍近图远，非惟经费可惜，且恐误事也。九丈及萧道都可会师建昌，声势益壮，闽贼断不足平。次青今日自玉起程，下午可到。惟归省者喜动颜色，益令行不得者黯然神伤。即平江营将领见统领去，人人有尸饔之思，殊恐此军不能如旧也。解营之饷，船价均由局自发，惟贵溪上岸夫，非委员所能雇，只得饬县预备，兼札副后营拨二十名勇护送，倘金泸有警，更求派勇迎提也。谨叩福安，伏惟恩鉴。职道沈葆桢谨禀。初十。附抄何帅信呈览。

（饶宗颐：《清代中兴名人手札》，香港龙门书店1970年出版）

[①]原信落款"初十"。曾国藩于咸丰八年九月初四日收到，此信当写于八月初十日。

与郭崑焘 咸丰八年八月三十日[①]

意城仁兄年大人左右：狮镇快詹（瞻）光斋（霁），藉慰积私，别后弥增怅怅。正拟裁候，乃荷先施。敬谂帷幄运筹，辱临梓里。驰怀福曜，额庆奚如。闽省上游，水寒土薄。此时木樨盛开，土人谓为桂花水，性冷尤甚。饮茶须加姜少许，以杜疟疾。秋风鞍马，惟加意调护为幸。洋口为延、邵巨镇，山峻滩恶，进兵非有得力响导不可。想帅节到时，石逆必益遁而西。然此间风闻，该逆复进据邵武，未知确否？城虽低薄，地势甚好，若死据之，殊不易攻，幸城中无粮耳。弟回郡后病甚，近虽稍愈，而精神益复不支。拟俟景镇肃清，当晋省调理也。刘咏如信已转交矣。恭请勋安，不赐。年小弟沈葆桢顿首。三十日。

(《沈葆桢手札》，沈云龙编《咸同中兴名贤手札》，文海出版社，近代中国史料丛刊第八辑)

①此信所述石达开入闽活动，似是指八年二月至八月间事。石达开二月攻占邵武，接着于八月间西进攻建宁、宁化、汀州、连城，时在八月。此信当写于八月三十日。

致曾国藩　咸丰八年九月初一日①

敬禀者：初八日专勇回郡，捧读钧答，恭谂驻节上清，百凡迪吉为慰。石逆在洋口之说，只系得自传闻，然实无由浙赴徽之事。饶镇、张协均抵崇安。昨张协信来，云饶镇新擢南赣之任，未及福建情形。本日李镇来信，有八月十五顺昌失守之说，未知确否？惟闻王制军起疾出赴延津，周镇天培亦调到该处，想以踞城为畏途。倘粤路不通，仍当从建昌而出，由饶入徽耳。闽河滩恶，水路断不可行师，山谷幽险，须有得力向导方好，土薄水寒，寝馈诸乞珍重，是所叩祷。旌节至光、邵，似宜于建昌设转运局，以通接济。昨接龙藩司②书，云吉安余匪窜扰崇安，甚望大营派兵回顾。窃计此股未必敢久踞，亦归于皖南而已。婺源窜匪，尚亦负隅，周镇天受，已回扎严州。昨秦镇如虎③、万游击泰过此，极言浙防之靠不住，幸贼不东趋耳。制府廿二日来谕，谓贼将回窜抚、建，帅节似宜先顾西江，盖未知石逆之尚在闽也。夷务闻又成变局，桂、花④诸使均已折回析津矣⑤。谨此，恭叩勋安，伏惟恩鉴。职道沈葆桢谨禀。九月朔日。

(饶宗颐：《清代中兴名人手札》，香港龙门书店1970年出版)

①原信落款："九月朔日。"
②龙藩司：龙启端，字辑五，广西临桂人，道光二十一年状元。官至江西布政使。咸丰八年八月底，沈收到龙启端信后不久，龙卒。
③秦如虎：记名提督，署湖南提督。时为总兵。
④桂、花：大学士桂良、吏部尚书花沙纳。第二次鸦片战争时清政府之谈判代表。

⑤咸丰八年五月间，清政府命大学士桂良、吏部尚书花沙纳赴天津，分别与俄、美、英、法订立《天津条约》。之后，清政府又命他们去上海进行税则谈判，要求作若干条款的修改，英、法代表拒绝，又命军舰北上攻陷大沽口炮台，战争再起。

再致曾国藩　咸丰八年九月初一日①

敬再禀者，本日专勇奉呈寸禀，嗣奉札□移剿新城窜匪。云霓之望，到处同之。但未悉石逆继其后耶？抑仍为归粤计耶？大兵屯集建昌，极关可恃无恐。贼若不得西，则仍须行经云□等关，以达景镇。金、泸、弋、贵均有驻兵。惟铅山空虚实甚。宝营去后，只有策胜一军，又非劲旅。婺源尚为贼踞，玉山未便撤防。然彼处现驻五营，可否酌量分拨之处，伏候裁夺。吉安、湘宝各营，计此时可以会于崇、宜矣。恭叩钧安，惟希恩鉴。职道沈葆桢再禀。初一日。

（原件影印本，太平天国历史博物馆存）

①原信落款"初一日"信到曾营时签注："咸丰八年九月十五日到。"此信当写于咸丰八年九月初一日。

复郭崑焘　咸丰八年十月三十日①

意城仁兄年大人左右：奉到廿四日手书，承示三河矢尽援绝情形，令人恸极！次青尚眷恋庭闱，而阁下复浩然归去，益令欲行不得者怅怅如有所失也！干戈满地，再见何时？恭请行安！临颖神往，不尽所言。弟沈葆桢顿首。三十。

（《沈葆桢手札》，沈云龙编《咸同中兴名贤手札》，文海出版社，近代中国史料丛刊第八辑）

①咸丰八年十月初七日，陈玉成在三河大败清军李续宾部。郭崑焘于十月廿四日函告此战役，沈葆桢复信当在十月三十日。

致曾国藩 咸丰八年十一月二十二日①

敬禀者，长至日肃具寸函，旋奉到十二日钧答，辱荷不遗樗操（栎），进而教之以治乱之原，是非之正，且不惜阶前盈尺，欲耳提而面命之，凡绪言之下□，比衮锡以增荣。自顾何人，居然得此。谨当刻心，非但书绅也。职道孺慕之私，非伊朝夕。况膺宠命，敢惮驰驱。惟景、婺未报肃清，去信防咫尺。此去建昌，计程七日，万一有警，诚恐不及回顾，所以欲行中止。此后节钺所至，无论远近，均当常登鲤牍，不敢疏延。惟远瞻冬旭，何如长坐春风，此愿未知酬于何日耳？王守处当常与通信，以资广益。六丈竟与迪庵同及于难，正气凛然，千古不没。生原如寄，正不必过怆钧怀。惟栋折榱崩，大局真不堪设想尔。汀、宁已无贼踪，则赣防又形吃重。望其过而不留，当无碍也。胡中丞②闻难而起，楚皖人心方有所属。中丞之血诚风义，固与日月同昭。而官帅之休休有容，同心王室，尤足令人钦羡。饶防非有大枝生力军不可，荫渠新招之勇，未知何时可到？安、贵间当晏然。花边两万，至今未准局文。惟彭守到信，传中丞面谕措解，想未到局。职道于十九日派弁往提，想月内必到建矣。婺源贼尚未退，前所传者，误也。宣州甚急，得小浦③师信，周涵济④尚未到杭，浙中仍欲令其赴婺。金陵有派戴镇统兵五千赴援之说，未知确否？抄示张六刊致颜守培文信，嘱转呈青览。次青闻于十二成行，谅不久可到。少荃二十日过此，与作竟夕之谈，次早开船晋省矣。

节钺径渡江北，窃疑不如先清皖南。皖南肃清，即进剿江北，方步步有接应，有把握也。愚昧之见，未知有当与否！恭叩福安，伏惟恩鉴。职道沈葆桢谨禀，廿二。

（《沈文肃公未刊信稿》复印件，镇江图书馆存）

①曾国藩收到此函后，签注"咸丰八年十一月廿七日到"。又原函落款"廿二"，此信当写于咸丰八年十一月廿二日。

②胡中丞：胡林翼。时任湖北巡抚。

③小浦：张芾（1814—1862），字黻侯，号小浦，陕西泾阳人。道光十五年进士，历任工部侍郎、江西巡抚，咸丰四年革。

④周涵济：镇军。

致曾国藩 咸丰八年十二月初八日①

敬禀者：初四日奉到廿八日谕言，恭聆一是。今日，贵溪勇到，知饷银二万元已抵建昌，张、王、朱、吴诸将亦先后拔营，从此信防无北顾之忧矣！宁国防军败溃，郡城震动，幸涵济镇军即到，闻贼距城二十里而退矣！宁国无虞，则婺源当不能久也。得雷道信，知许仙屏②业已到营，可以少分荩勚，下私窃慰。次青、少荃，想亦接踵而来。惟闻恕堂③中丞望次青甚急，有奉（奏）请其援宁之信，未知确否？营中年内饷款尚短若干？省城能有所接济否？贵溪长夫，业经札撤。因叶天元解银到建，雷道谕以大营未拔，未可遽撤。该弁复来请示雷道，殆未知有宝营长夫之可借耳！窃思此后解物无多，得省且省，仍饬令该弁遵行前札矣。谨此，恭叩勋安，伏惟钧鉴。职道沈葆桢谨禀。初八夜漏三下。

（《沈文肃公未刊信稿》复印件，镇江图书馆存）

①曾国藩在信函里签注"咸丰八年十二月十三日到"；原函落款"初八夜漏三下"，当写于咸丰八年十二月初八日。
②许仙屏：许振祎。
③恕堂：胡兴仁，湖南保靖人，浙江巡抚。

与曾国藩 咸丰九年二月十二日①

敬禀者：奉到初四日钧答，知萧道于贤女埔大获胜仗，不胜欣慰。新中营、祥字营虽抵镇，兵力仍未见厚，以江军在若有若无间也。何守报解之禀，只云七千元，殆有续收者。大营之饷，中丞已饬河口与省局分任之，孙丞必能如数按期解济也。石逆尚在南安，此事似颇不谬。然禀牍似且不必提及，政恐歧中有歧。饶镇久无音信，未知其病何如？蜀中之饷，能有成数否？张臬司来信云，与黔省接壤处颇不靖，然当无碍大局。兹有雨三前辈嘱寄一禀，谨以奉呈。敬叩福安，伏惟恩鉴。职道沈葆桢谨禀。十二日。

刘县丞微有感冒,数日后方能起程。又禀。

(《沈文肃公未刊信稿》复印件,镇江图书馆存)

①信中提及"石逆尚在南安",石达开攻占南安,时在咸丰八年十一月三十日。湘军攻下南安府,在咸丰九年二月初三日,攻下贤女埔在正月十七日。原落款信"十二日",曾国藩于二月十八日收到此信。当写于二月十二日。

复曾国藩　咸丰九年二月十七日①

敬禀者:昨奉到初十日谕言,恭悉将移节抚州为慰。婺贼已窜至祁门,但能厚我兵力以与相持,景逆似不能久。至窥抚之说,殆未必然。如果该逆志在临、汝,应从玉、广而西。倘从下游渡河,则冬令水涸时已失机会。此时春水方生,岂能[飞]渡?即幸而得过,万一抚城不得,则前有坚垒,后有大川,进退维谷,该逆必不出此。将来总以池、太为归墟,以湖、彭为进步耳。大纛莅抚,声势百倍,贼气自夺。若能更厚凯章兵力,必成功也。南安踞逆,亦似非图进取者。其踞连城,围信丰,皆以牵制追师。步步为营,逼之以渐,彼无所生心,亦粮尽他窜。若必以力战克之,则反觉其难②。南北两路之贼不能复合,婺源窜出之贼,且为景逆③所击。赣州有伪石逆,必不回顾。若空赣州以救南安,非策之上者。据职道愚昧之见,似宜饬萧道勿乘胜轻进,力顾赣防,俟刘道到,合力进取。调信防中之较健者归张道统领,亦饬坚壁勿战。大营径趋湖、彭以瞰东、建。景逆进不得战,又虑退无所归,可惊而走。然后会师池州,与宁国及以北之兵为犄角,则安庆可图也。是否有当,伏候钧裁。恭叩福安,诸惟恩鉴。职道沈葆桢谨禀。十七。

(《沈文肃公未刊信稿》复印件,镇江图书馆存)

①信称曾国藩将移营抚州,曾移营抚州在咸丰九年二月十二日。原信落款"十七",曾国藩于咸丰九年二月廿一日复信,此信当写于咸丰九年二月十七日。

②"其难",据手稿校。手稿存南京图书馆。

③"为景逆",据手稿校。

复曾国藩　咸丰九年二月二十六日①

敬禀者：昨奉到二十日谕言，敬聆一是。南安光复，可无后顾之忧。刘镇②虽小挫，然于楚南无碍。该逆终返故巢耳。景镇之复在目前，即未遽复，亦癣疥之疾，不足为害。惟楚疆捍御，须用全力。大局所关，亦江右之根本也。河局二月之饷，已由府委解，不日当可到营。职道病体，万分难支，另禀乞罢。伏乞逾格垂怜，允如所请，则结草衔环，不足以言报也。恭叩钧安，惟希恩鉴。职道沈葆桢谨禀。廿六日。

①原信落款"廿六日"。曾于咸丰九年三月初一日收到此信，当写于二月二十六日。
②刘镇：刘岳昭（1824—1880），字荩臣。湖南湘乡人。以文童投效湘军，以军功历任云南巡抚、云贵总督。

复曾国藩　咸丰九年三月十一日①

敬禀者：奉到禊日钧答，辱蒙垂爱逾恒，情溢简外。何修得此，自顾增惭。石逆虽复猖狂，终属归寇。得萧军追之，楚事必无碍。惟粤东内外交讧，殊非易了耳。职道拟将报销办竣，即行晋省。此间有彭守斯举接办，可以无虞。惟筹饷一节，非其所处地位所能胜，须得大力者为之主耳。谨此，恭叩福安，伏惟恩鉴。职道沈葆桢谨禀。十一日。

（《沈文肃公未刊信稿》复印件，镇江图书馆存）

①原信落款"十一日"。曾国藩于三月十四日复信。当写于三月十一日。

复曾国藩　咸丰九年三月二十三日①

敬禀者：奉到十六日谕言，恭悉一是。湘南得萧、刘二军全力捍之，大局必可无碍。新募之军，或畀次青，或待九丈，自是妥叶。饶镇②全未知楚军情形，骤膺重任，深虑其扞格不胜也。许久不得饶镇信，职道致饶镇信亦至延平折回。昨忽来漳勇六百，赍饶镇函云：闽勇已全数奉撤，留此数百，荐来报效，信中不及他语。尚有一信，交潮勇带兵官者，则尚未到也。询其勇目，云饶镇已旋省，病亦渐愈，俟见制台后来江，未知确否？其勇则职道给与盘费，勒令回籍矣。报销始办到前年，职道行期当在下月。谨此，恭叩钧安，伏惟恩鉴。职道沈葆桢谨禀。廿三日。

（《沈文肃公未刊信稿》复印件，镇江图书馆存）

①曾国潘于三月二十七日收到沈二十三日信，知此信写于三月二十三日。
②饶镇：饶廷选，字枚臣，福建侯官人。行伍出身，时任南赣镇总兵。官至浙江提督。咸丰十一年十一月太平军攻杭州城时战死。

复曾国藩　咸丰九年四月初八①

敬禀者：窃职道奉到廿八日环谕，欣悉湘南连获大捷，景镇亦有破贼之机，下私窃慰。得善后局移文，有石、陈二逆约会上下游夹攻之议。两楚布置周密，当必无虞也。湖口添陆军往守，更足壮水军声势，浔防固若金汤矣。景镇若须济师，贵溪之宝营实属可用。加三营生力军，会同先取浮梁，景镇或更易为力。职道本定于初二日登舟，为他故所阻，殆须月匝方能成行。前得次青信，以二小儿与其千金缔婚，蒙宠垂逾格，许为执柯。戚族增光，曷胜荣幸。谨肃柬奉呈，干冒尊严，殊深惶悚。恭叩钧安。职道沈葆桢谨禀。

（《沈文肃公未刊信稿》复印件，镇江图书馆存）

①原信落款日期字迹不清,似是初八。曾国藩于四月十四日收到。

复曾国藩　咸丰九年四月二十八日①

敬禀者:窃职道昨奉钧答,欣悉抚营军饷尚足支持,湘省亦大局无碍,下私藉慰。顷闻有蹄迹近及湘乡之说,想下游有备,不致为所突也。江北续无消息。寄雨三前辈信,向来只用官封,于清江浦探投。今既赴胜帅②营中,似即附咨胜帅文中邮递更速。韬甫③已捐主事,办和帅④文案,则附公文亦便。若不便附公文者,由此间寄其家中转交可也。

　　褆躬每多不适,目疾日增,总由苶劳焦思之故,伏乞加意节宣,是所至祷。肃此,恭叩钧安,伏惟恩鉴。职道沈葆桢谨禀。廿八日。

(《沈文肃公未刊信稿》复印件,镇江图书馆存)

①此信落款二十八日,曾国藩收到此信在五月六日。当写于四月二十八日。
②胜帅:胜保(?—1863),满洲镶白旗人。字克斋。苏完瓜尔佳氏,道光举人。以内阁学士兼礼部侍郎,擢钦差大臣帮办军务。
③韬甫:周腾虎,江苏阳湖人。主事。有《殇勺华馆遗文》等。
④和帅:和春(?—1860),字雨亭,赫舍里氏,满洲正黄旗人。咸丰六年任钦差大臣,督办江南军务,此后又兼办浙江军务,节制江北军务。咸丰十年兵败自杀。

致曾国藩　咸丰九年四月二十八日①

敬再禀者:候选钟令自许,汀之武平人②。需次京邸,班次犹滞。其家被扰,无由可归。持愿船③比部信,奔投宇下。陈心泉侍御函嘱职道更为转达。职道于钟令,未经识面,而心泉之介介不苟,则所深悉。渠称其立品端粹,定非诳语,可否量材录用之处,出自钧裁。职道沈葆桢又禀。

(《沈文肃公未刊信稿》复印件,镇江图书馆存)

①此信未注明日期，曾国藩于咸丰九年五月六日收到。此信当与上一封信同时。
②"自许汀之"，据原稿校。"汀之武平"，武平县属福建汀州府。沈葆桢致曾国藩手稿，现存南京图书馆。
③愿船：何秋涛（1824—1862），字愿船，福建光泽人。道光二十五年进士，历任刑部主事、员外部。著有《朔方备乘》等书。

致曾国藩　咸丰九年五月十三日①

敬禀者：窃职道前数日专扛寸禀，计荷青垂。十一夜，得饶镇铅山来函。次日在河口把晤，病体已愈而元气未复。随带亲兵百人，诏勇二百尚未到。今日即买舟西下，趋叩节辕，听从调遣矣。九丈总统剿景之师，各营可不至仍存成见。号令一新，成功在即。霖雨连朝，炮船更当得力矣。镜帆②奉召，暂请病假，秋间方可出山。然其意在避闽，不在赴楚也。职道明日仍当返郡。恭叩钧安，伏惟恩鉴。职道沈葆桢谨禀。十三。

（《沈文肃公未刊信稿》复印件，镇江图书馆存）

①此信落款"十三"。曾国藩于五月二十日收到，此信当写于五月十三日。
②镜帆：林汝舟（1814—1861）。道光进士，翰林院编修。

复曾国藩　同治元年三月初一、初六日①

沈葆桢谨奉书宫保中堂阁下：廿八日，奉到廿二日钧谕，感悉一切。所有禀复续陈各事宜，敬一一缕呈如左：
一、所保杨春蕃②现在福建建阳县盐馆，陶庆仍现在江西余干县，陶庆章③现在原籍绍兴府。谨声明，以便札调。
一、长左营鼓噪之案，业经屈道④调停，将其营挪到广丰，暂时似可无事，久必不能相安。黼堂方伯云：顾⑤将近颇跋扈，看其叠次来禀，亦疑其有垂涎之意。兹已移营广丰，公议以归段道⑥较妥。葆桢自河口来，知段道在信防诸军为最洽舆情者也。惟业已咨请左丈就近严办，事尚可缓，应俟咨复到时遵谕办理，虑万一两歧也。

一、周念兹^①未曾见过。粗中似不能免，然以前后所闻，威严尚镇得住，于处席为宜。厘局仍合，便无他虑，恳即照前喻施行。

一、奉谕另练三千人，备援救腹地之用，感佩无既。至驻防建昌，此时尚无营可调。盖信防既不可抽分王沐^②之军，则抚、建两不得力。赣防情形尚未深悉，计兵力亦未必甚厚，且迁地更恐弗良。万一抚、建有警，即九江等处皆难松劲也。黄印山^③既以守城自任，谅已有布置。惟此间口口并禀所请之事，尚无从知。应俟钧批到局，嘱黼堂准其所请。防务责成地方官，事权归一，不至龃龉误事。再能用本地之人，加意训练之，则与绅民团练联为一气。平日既免骚扰，临事亦休戚相关，似于城守为宜。不比远征之军，专取健战。闻印山喜潮勇、黔勇，未知能与绅民相安否也。

王沐一军，顷据抚州吴守密禀云：该员明达事理，惟尚少威严，弹压营哨各官不甚周密。前营官杨作宾微涉粗莽，未能约束营勇，以致乡民呈控事件层见叠出。近闻该员有移驻广信之议，恳如所请云云。窃思抚郡断无任其空虚之理，惟有批饬王沐极力整顿，但恐资望甚浅，难以警动之。应恳台端时时提撕警觉之，庶或有济。

一、信防诸将，官阶威望，仿佛相埒。就中衡勇在丰，最洽誉（舆）情。平江营甚不为众论所许，守城亦最疏懈。屈道人极醇笃，惟有恩无威，素无钤束，窃恐难资统领。此营向为次青所适用，可否饬归次青整顿，俾复旧规。将城守事宜责成钟仲甫挑取团丁训练，则费省而民安之。有祥字营协守，似尚不十分单薄。

一、江省营伍之废弛，积重难返。现在赣镇、浔镇尚称得人，或可资以捍御。而抚标城守三营形同傀儡，虽有似无。欲加整顿，茫然不知所措手处。若听其自然，岂有费国家帑金，竭生民脂血，养此千数木偶。窃思练兵首在择将，将得其人，则兵无不可转弱为强之理。现署中军参将之荣翰，虽未经战阵，尚要体面，颇知自爱。城守韦德馨，素昔声名狼籍。据黼堂方伯云，俟奖案部复到，即愿自退。右营桂英，年才三十，面如死灰，难期振作。惟环索替人不得，焦灼无似。兵营不比勇营，可以随意所取，动辄违碍。其最合例者，则拣发人员，非世管佐领，便銮仪卫。不知战阵，并不知营制，但为稿书传号，一味愚弄而已。次则投标人员，多以贪猾为勇营挑出不用者。走此门路，其带勇稍得力者，当攻剿吃紧之际，既不能移置宽缓之地，从容训练，而熟于带勇之员亦不愿带兵。其贤者，恶兵之不得力，其不肖者，恶带兵之无赢余。即兵之好手者亦往往辞粮而就勇。湘军人才辈出，江省虽非灵秀所钟，亦何至千百中绝无一二？前此九江营亦疲软不堪，经台端拔取万泰将之，饬随楚军进剿，由是渐成劲旅。可否将抚提标三营，一年一班，由台端轮召到营，遇湘军进剿时，令其随队接应，俾亲实境，渐除锢习。或此中尚有才堪造就汩没于末弁者，亦未可知。如蒙俯允，应请以右营为始。盖其人数只三百余，较易收拾。其将则先须调换，闻有善通者，颇可用，容再详细察看。接管后，整顿月余日，便可行矣。

一、向闻韩进春⑩颇敢战，拟调其勇到省察看。刘胜祥拟留江西补用，可否之处，伏乞钧夺。

一、解饷赴安庆之已革安庆钟令，其失守，罪无可辞，而平日官声尚好。禀辞时与谈半晌，见其朴实胋挚，似是循吏。但初见一面，尚未敢信。可否于其到营时传见察核。

以上数条，多冒昧干渎之处，伏乞鉴恕训诲为幸。恭叩钧安，惟希恩睐。葆桢谨上。三月朔日。

正封函间，黄印山来谒，云：升字营刻不可耐，情愿招团勇五六百人，有警则坚守待援。此议似属可行。喻以候台端批到，即可照办。此事是其所长，专其责成，可无他虑，惟须谆戒切勿多招潮勇而已。又以游击常安不可用，请以署广昌都司萧万春⑪易之。此二人葆桢均未见过，恭候钧裁。印山与各绅力攻黄家驹，孰是孰非，迄无定论。台端所闻如何？印山磊落，黄多独来独往，惟局量太狭，意气未融，能养以宽厚和平，方成大器。王沐顷与黼堂⑫商量，调其来省一见矣。葆桢再上。初六。

（《沈文肃公未刊信稿》复印件，镇江图书馆存）

①此信写于同治元年三月初一及初六。
②杨春蕃：福建长乐人，乙未举人。邵武府属教官。
③陶庆章：字定轩，浙江会稽人。
④屈道：屈蟠（1816—1863），字文珍，又字见田，江西湖口人。驻广信。
⑤顾：顾仁彩，驻玉山统仁右营。
⑥段道：段起，湖南清泉县人，前江西督粮道，时在籍。二月十七日沈奏请由他接替奔丧之刘璈，驻广丰。
⑦周念兹：河南祥符人，字汝筠，同治初江西督粮道。
⑧王沐：字心初。同知，统继果营。
⑨黄印山：黄鸣珂，荫山，贵州安顺人。道光举人。南城县令、建昌府太守。
⑩韩进春：字万生，兴国人，参将，统韩字营。
⑪萧万春：贵州铜仁人。建昌营游击。
⑫黼堂：李桓（1827—1891），号黼堂，湖南湘阴人。官至江西布政使。

致曾国藩 同治元年三月初二日①

沈葆桢谨奉书宫保中堂阁下：廿六日恭肃寸牍，计当入览。江山之逆宵遁，而广德之洪、张二逆复由衢北上窜横山，距常山城四十里。左公拔队回常矣。彼归此者，殆将多方误我耶？

王霞轩②已放饶州。王之才似胜于吴，论资望则首席重于州郡，论关键则饶州要于南昌。应饬令赴任，抑或照旧之处，伏候钧裁。霞轩系粮台提调，如须赴任，则此席并请示委替人。春水方生，溯流多滞，今日方可抵河口。前途消息稍松，故亦不急急也。谨此，恭叩钧安，诸惟恩鉴。葆桢谨上。三月二日弋阳舟中。

（《沈文肃公未刊信稿》复印件，镇江图书馆存）

①同治元年四月初十日，曾国藩收到沈三月二日信。
②王霞轩：王必达（1821—1881），字质夫，号霞轩。广西临桂人。曾任江西粮台提调，同治元年任饶州（另一说为浙江山阴）知府。同治八年任按察使，光绪三年授甘肃安肃道、广东潮嘉道。光绪七年十二月二十日卒，年六十一岁。

复曾国藩 同治元年三月初九日①

沈葆桢谨奉书宫保中堂阁下：奉到月朔钧谕，辱蒙示悉军情种种。各路进剿之兵，须步步回顾。动为贼制，总由江省太不能自立之故。为江省士民感，然而愧益甚矣！饶军门已得优恤，自可无庸另禀。此外应行请示之事另单奉上，伏乞裁夺。

一、闻九丈一军原议进攻巢湖，以使（便）少荃乘隙东下。今少荃业已潜师入海，如巢湖尚稍可缓，此军可否先清皖南。

一、王德榜②移营广丰，左帅饬扎排山。该道以该处非千人所能扎，惟离北城七八里之地是要口，现已移扎云云。旋据屈道密禀，长左营只离城箭许，有警，转使炮不能轰。且中军一哨仍屯城内，舆情甚为不协云云。闹饷一案，左帅咨复，不肯一置可否。

王德榜如此叠次抗违蒙混，其身不正，虽令不从。万一贼至，该营先溃，则全局皆为牵动。不揣冒昧，先将该道撤省，原营交段道兼统，以安众心。将来王德榜应如何惩办之处，候示遵行。

一、初七日，得屈锺及祥字营各禀，以贼去广丰仅数十里，防兵单薄，深恐拦入腹地云云。当责成屈锺以郡城、顾以玉山、段以广丰，各守各城。惟刘胜祥为游击之师，若大股突犯，二千人恐不足以战。与黼堂商酌，调继果营二千人副之。此时广丰最先受敌，且形势胜于玉山，若被敌据，则急切难复，拟将此祥、果二营归段道调度。祥营原扎洋口，在广丰之后，难资控制。饬段道察看排山地面，是否四千人足敷布置，抑或近城别有要隘可扎。抚州不可空虚，印山既以守建自任，先将升字营调抚填扎。昨晚奉公牍，已批局将该营遣撤。复飞檄万泰③挑镇兵千人，韩进春率所部到省听调。但尚需时日，应乞将升营暂留。倘到抚后，痛改积习，谨为代乞恩施。如其始终自弃，则浔兵到后，即遵谕行。至祥、果合扎，亦不过四千，使该逆以数万众豕突狼奔，亦难保不拦入。但饬其如遇大股，即固守营盘，以营盘之能保与否，定其功罪。想城营俱坚守如故，则援师至，尚可有为也。来禀张皇殊甚，恐禀命必须半月，信防有迫不及待之势。各处文报，已冒昧先发，乞恕之。

一、去岁，袁州府协互讦一案，钧批极确、极允。因案中人证未齐，迟至今日。然各人所禀，固已自吐乖谬，真情可无待别人质证。拟饬司先行详参，均予革职，为临警乖谬者戒。

一、余军门④所制鸟枪，解缆之日，团局绅士送来一杆，只云其价贵甚，未闻其确数，闻廖钰夫⑤尚书捐制百杆，鸿便，当函询之。遇有解饷人便，先将葆桢处一杆寄呈。

一、抚标阘茸不堪，昨先将右营署游击桂英⑥撤去，以南湖都司赵廷栋⑦接署，责令操演，以备征调。赵系楚省行伍出身，人尚老成，但未知果能整顿否也。恭叩钧安，伏惟恩鉴。葆桢谨上。三月九日。

（《沈文肃公未刊信稿》复印件，镇江图书馆存）

①此信写于三月九日。曾收到此信在同治元年三月十四日。
②王德榜：道员，驻玉山。
③万泰：南昌人，咸丰九年署九江后营游击。
④余军门：余瑞臣。
⑤廖钰夫：名鸿荃，福建闽县人。官至工部尚书。

⑥桂英：满洲人。抚标右营游击。

⑦赵廷栋：湖南龙阳人。建昌营游击。

致曾国藩　同治元年四月十六日①

沈葆桢谨奉书宫保中堂阁下：十五日捧诵钧环，知中途各笺俱经入览矣。慈垂之意，惓惓楮墨间，感刻曷有既极。葆桢闻左帅返旆常山，初十日驰赴，面商一切。乃抵玉即闻其尚驻开化，抵常且知下游方议进剿，未敢造扰。过江山，一晤次青。十五日回郡。谨将各处所见情形缕陈如左：

一、信防诸将均难相统，已在洞鉴之中。屈最和平，而管勇实最软；段廉静自守，而无远志；刘乐于守城，冲锋非其所愿；顾最勇敢，所部亦较精锐，能以威□，然性矜张，好陵轹其侪辈，大枝游击之师，似均非其任。

一、前谕刘守郡城、段守广、顾守玉，至当不易。钟所部太□，守郡似难专恃。王、屈皆在可撤之列。但贼氛未远，次青所部，日日鼓噪。其札饬先撤五营，左帅只许给一月饷。以求益为词，其未撤者复以求先撤为词。万一贼来，势将哗溃，信防不能静以待之。且省局筹蒋、刘行粮，方苦无所出，更难遽筹遣资。应俟蒋部过后，前途确有可恃，再行裁汰。

一、谕令派营随左帅学战，是练之以实境，较之具文操演者远胜。惟王、屈既终于撤遣，守城者未便远离，则信防各营均毋庸议。在省时曾商之万泰，据云兵勇不相联络，会同打仗，必不相顾。前在九江，蒙节相丁宁嘱咐各营将领加意照应，故未吃亏。至他处则殊不然，故往往偾事云云。看来畛域成见，不特兵勇为然，即信防诸将亦皆不愿入浙，只得从缓商酌。

一、丁漕减征，国与民交受其利。惟通省一律，则窒碍难行；移步换形，又弊端百出。求其丝丝入扣，反复而不可得。盖江省丁漕，不特府与府异，县与县异，且每县之中，东西南北各乡有轻重悬绝者。推原其始，缘各乡良莠不齐，有输将恐后者，有颗粒不完者。而当时庸恶陋劣之令长，以顽梗所绌之数，加之善良之乡，遂沿为成例。此极天下不平之事，而小民自其祖父〔以〕来见闻日久，转习为固然。且粮轻粮重，田价亦因之为低昂，故竟安之若素。即如弋阳一县，完折色之乡，纳洋钱九块，实重五两四钱。其完本色各乡，又有加二、加三、加四、加五之不同。最少者，莫如西乡之邵家坂，县令因其不敷兑运，特地留作民欠，以待豁免。后人有欲整顿者，乡民转以为异闻，群起而负隅抗拒。八年惩创后，乃照旧章完纳。此次遇弋阳令来谒，云：西乡去岁漕已全完，地丁未肯破白，求严示饬遵云云。请其所以漕完丁欠之故，则云彼处向完本色，今新章三串，核之米价，较前为减，故踊跃输将。地丁则彼处向完一千八百余文，今骤加六百，故相率观望云云。已给示付之，未知能遵行否也？由此类推，于理必应一律，于势颇难强同。而等第太繁，则吏缘为奸，更难查究。费手之处，殊难言罄。信属民气，亦不尽同。淳良以上、广为最，贵、玉次之，弋又次之，铅、兴又次之。铅多大绅，而甚不惬民望；兴太僻陋，竟难觅解事之人，故公事为较难。上、广纯是折色，每石收五千，当易遵办。他处之小色多于折色者，或转以五千为加，而一县之中又断不容明示区别。黼堂精于钱谷者，应如何酌盈剂虚之处，容俟旋省时再与熟商。现信属各令均有不得下台之势，而铅山以水陆交冲，赔累为最苦。然只为州县起见，似难以令于民，仍议酌加若干，以几分为团练经费，以几分为各令办公经费，于名稍顺。至此后局面，钱日贱而银日贵，若以钱定价，恐须逐岁议加，似宜以银为准。愿完钱者，一照银之时价为长（涨）落，不至骇人耳目。信属向有头、二、三折以劝速完而惩后至。此似宜复旧规，足杜拖欠，伏候裁夺。

一、新章定后，知府宜酌量调剂。南昌、吉安缺本优，新章则益加优。九江仅得千余金，幕束之外，无以糊其口。似宜令有余者津贴其甚不足者。

一、佐贰漕规，宜改换名色给之，漕规无多，而必借是以糊口，其不肖者尚不免擅受。今并此无之，恐贤者亦复不免。故信属词讼数倍于昔，皆由佐贰作奸。现择其害民尤甚者参革二员，其风尚未尽戢。如州县有办公经费，似须照旧章津贴，以养其廉。

一、皖南北不日肃清，该逆困于江、浙，粮尽势蹙，必铤而走险，舍江、闽别无去路。入闽者，终亦入江，广信断无高枕之日，便是全省之忧。思设大营，饷既万难，才岂易得。团练即稍助声势，要不可恃。坚壁清野，泥于成法。不特经费浩大，且恐弃而不守，转为贼资。窃拟仿其意而变通之，俾简而易行。查各属士民，贼到时均有避乱之地，如山深径窄，一夫当关者，则群然趋之。然能择而不能守，则我往而寇亦往，终于聚而歼旃。今令其就向所避乱之地择要筑堡，有警，将老弱、妇女、资粮均入其中，丁壮凭堞而守。性命、眷属、粮食在焉，既无须他顾，欲逃亦无所往，则人自为守。贼无粮可掠，无人可掳，或无所施其技。已饬官绅会议，是否有当，伏候钧夺。

一、陶令已饬令先赴安庆一谒，如可造就，似不妨令其留粤也。葆桢拟乡堡定议，即旋省整顿标兵，以固根本而纾慈念。谨以恭叩钧安，伏惟恩鉴。葆桢谨上。十六。

再者，饶廷杰②于受伤后，复随林挂□而出，现经回闽。饶枚臣之子，录其口供寄来。谨即呈电,似应将其请恤之案,禀请撤销。伏候钧夺。葆桢再上。

(《沈文肃公未刊信稿》复印件,镇江图书馆存)

①此信落款"十六",当写于四月十六日。
②饶廷杰:饶廷选之弟。

致曾国藩　同治元年五月十四日①

沈葆桢谨奉书宫保中堂阁下:十三肃达寸函,借陈一是。兹将续陈事件开列如左:

一、周念兹业已抵省。本拟饬吴、许各回本任,霞轩或留省办粮台,或赴本任,候示遵行。今念兹到省,以向未得望颜色,求暂缓饬知,向安庆一行,已许之。念兹甚恋恋于南赣,恐代之者翻其局面,此行意亦在斯。人似尚朴诚,但器识不远,最佩服其子,殊可笑也。

一、筱泉②赴粤,其缺需人委署,是否照前议以念兹代之?如另委则介舟③较胜。其人廉粹,筹饷亦所长。请裁夺。

一、许雪堂年齿虽高,人极廉介,精神亦尚照顾得来,不过少拘谨耳。节行无亏,不便置之闲散,如念兹赴粮道本任,则雪堂似当回任。闻署饶之吴守颇欠真实。霞轩严实,亦于东路门户有益。如粮台一时乏才,则当从缓耳。

一、沈朗翁④请运漕米一事,江省殊属为难。各营所需食米甚巨,照办米必大贵。且解漕折,则可匀批递缓,米则一气呵成。然京城为天下根本,虽竭蹶亦何敢辞。惟轮船兑运,窒碍万端,流弊有非思议所及者。可否由司道详议会禀,乞裁夺。

一、知府酌盈剂虚一节,已嘱辅堂分上、中、下三等,以上之有余稍补下之不足。至运米之议,如获中止,则新章可行,否则又须想法矣。

一、王沐一军,准否前进,乞即赐示。现除屈、王已报拔营,刘、韩均奉左公札调,飞禀请示。左公调刘、王守后溪街,韩随战,屈未奉札。

一、筑寨宜择寨主,洵为至言。虽为[人]不易知,难于一一择之。但为首者系正士,互相汲引,当不至失之甚远。上饶马令荣甲于堡务甚熟,吴训导庭英颇知郡中人才,故派总办。绅士则以上饶之秀才曾守诚、广丰之进士郑维驹为最,皆令坐局办理。至信州多险,但择其有险可凭者先办,其冲而不险者置之,似较易守。

一、十二日，禀劾七员，禀保八员，因恐漏泄，是以未及请示。现已咨达，其中如有颠倒之处，乞示知，以便补救将来，不为耳食所误。

一、教堂一案，再四思维，不得良法，而总理衙门叠次咨催、函催，急如星火，总以有碍抚局为虑。然边衅不可骤开，民心亦万不可失。调停无术，只得据实上陈，自请严议，冀以间执外人之口。其折稿业已咨呈，所复总理衙门函稿，抄呈钧览，敬乞裁夺。至苏省人情，如风扩以择，不特远逊湖南，抑亦不如江右。世家大族，俱有外心，所言夷情，恐不足信。其人向以求福畏死为心，焚香诵经，比户皆是。宜一见异端，融若水乳。少荃棘手之处，其在是乎？病后尚委顿甚，作数次书就，敬叩福安。葆桢谨上。十四。

（《沈文肃公未刊信稿》复印件，镇江图书馆存）

①回信中提及："教堂一案……调停无术，只得据实上陈，自请严议……其折稿业已咨呈，所复总理衙门函稿，抄呈钧览。"查沈葆桢《查明教堂被毁自请严议折》写于同治元年五月十二日，此信落款"十四"，当写于五月十四日。

②筱泉：李瀚章，字筱荃。曾任清政府查办滇案钦差大臣，两广总督。

③介舟：蔡锦青，广东归善人。吴城同知，咸丰十一年兵备道。

④沈朗翁：沈兆霖（1801—1862），字朗亭，号雨亭，浙江钱塘人。道光十六年进士，时署户部尚书，同治元年卒。

致曾国藩　同治元年五月十六日①

沈葆桢谨奉书宫保中堂阁下：自信州旋省，卧病数日。初十虽强起视事，而目眩心摇，至今未已。故初九日奉手谕，迁延未复，罪甚！罪甚！兹谨将奉商之件条列如左：

一、抚州王沐屡禀，求向前敌，否则宁求遣撤。前以抚防紧要，批饬不准。该王及营务处彭忠信复苦向黼堂力陈养兵不可不用情形。公议欲准其前往，随左军援浙，而以浔、韩两营代戍抚州。祥营坐守信郡。至王、屈两军，前得左公回信，先已饬令前往，此时均请暂缓议撤。倘随征后能观感兴起，总愈于新募者。至屈见田固正人，而所部扰民召怨，为诸军冠。钟仲甫所陈，非虚语也。望其回到左公处，自知敛戢耳。撤升营，每勇六两外，亦加二千金，散去尚安贴。

王军赴浙，浔军赴抚，事当否，即乞示复。

一、浙中军事，始坏于王雪轩②，凡金陵败将皆倚之为长城。庆正轩继之，皆不分皂白，掩败为功，一例行赏。左公循名责实，为武侯治蜀，不免孝直之疑。日来东扫西荡，无非左部。次即安越军，尚有江山数次血战，此外无能助其一臂者。固宜重爱所部，即如顾云彩曾随打两仗，左帅固不没其功也。若李廷钦辈，一味取巧，望左帅亦效王、庆之所以待之。将□□□浙中将士，似宜令稍知军法，方有起色。至撤勇给粮一月，原属太少，然以全军计之，数已不赀。粮台告匮，因贫而啬，政有万不得已者。

一、丁漕已经由司议详。所议似俱妥协，惟信郡加至一倍，未免太过。其完折色者，所减无几；其完本色者，所增甚巨。似宜酌定三两，尚属可行。佐贰一节，已在议中，知府当与黼堂再议之。

一、据念兹云：九帅已动身回程，得派晏彤翁③入粤办厘之信，复折而归，未知信否？

一、闻湖州已陷，信否？荒郡不足惜。若赵竹生者，真足令天下英雄同声一恸也。

一、闻捻逆已入陕境。西北要害，如为所据，奈何！望东南迅即廓清，可以并力扫除耳。恭叩钧安。葆桢谨上。十六。

（《沈文肃公未刊信稿》复印件，镇江图书馆存）

①此信落款"十六"，当写于同治元年五月十六日。
②王雪轩：王有龄（1810—1862），字英九，号雪轩，福建侯官人。官至浙江巡抚。同治元年，杭州城破，自缢死。
③晏彤翁：晏端书（？—1882），字彤甫，江苏仪征人。道光十八年进士。同治元年署两广总督兼广东巡抚，督办全省厘金。

致曾国藩 同治元年五月二十九日①

沈葆桢谨奉书宫保中堂阁下：廿七日奉大咨并读手示，于丁漕章程反复周详，并令复加酌核，仰见为国为民，虚怀若谷之至意。谨将批语及札稿、示稿再三寻绎，如漕折减为一两九钱，并饬各县督同绅耆定议立案，法良意美，所裨于国计民生者甚大。惟银钱并定额数一节，下私窃有未安，与司道等熟商，所见亦复相同，应请再行核示。盖完银完钱，原可听从民便，而县之解司者以银，司之解粮台、解部库者亦必以银。银价之长（涨）落，官不能为主，民亦不能为主。有不知其所以然而然者。以银为准，则随其涨跌，花户习为固然，无所生心。完钱者按照时价，不愿完钱者仍可完银，非官有所加取也。若银钱各为定额，则银贵时，花户必尽数完钱。万一银价如咸丰初年每两值二千余文，则二千四百之丁，三千之漕，不特军饷公费胥归无着，即应解之正款亦深虞短绌。彼时欲概令现银完纳，欲照钱加价征收，皆有格不得行之势。故咸丰初年，凡向例完银之州县，其钱粮从无滋事，而向例完钱之处，每以钱粮加价滋生事端。虽所加之数尚不足以弥补解款，已众怨沸腾。于是，官苦于民之抗粮殴差，民苦于官之借案生发，而司库、部库亦断不能变通成例，酌量收钱。所以，当日刘仰素②条陈，亦请以银为准。顷黼堂处送来湖南湘潭绅士所禀立案刊单，亦一切以银核算。并云如以制钱完缴，照时价折扣，似较妥协。至牧令督同绅耆详议，统限于中秋前赴省定案，似应添示以逾限尚无定议，即照前议径行云云。至内中必有数县大见为难之处，如广信较别处独加，绅民初见，不免少有违言。至吉安、抚、建各属向完本色者，其稻谷登场时，石米有时千二三百文，即照本色倍征，亦不及现定之数。求其人人情愿，颇有难者。恐其议上，尚有须加驳斥之处。到中秋为期已迫，不能再宽时日也。谨此，鹄候示复，敬叩钧安。馀容续达。葆桢谨上。廿九。

（《沈文肃公未刊信稿》复印件，镇江图书馆存）

①沈葆桢于六月七日《致曾国藩》信中提及他曾于"廿九日急缮一函"，此信落款"廿九"，当写于五月二十九日。

②刘仰素：刘于浔，字养素，江西南昌人。道光举人。咸丰十一年任甘肃按察使，次年六月十八日留赣办防。同治三年十月二十三日病免。

致曾国藩　同治元年六月初七日①

沈葆桢谨奉书宫保中堂阁下：廿九日急缮一函，未知何日达览？日来为淫霖所苦，心烦而旧病大作，致稽续陈。兹将补行具复之件，条列如左：

一、继果营自杨道洽去后，闻兵民较前相安。其所控王沐，不免挟嫌。其来也，意在分带，不如其愿，遂事事把持。吴守密禀所云威令不行者也，至接眷似系实情，耗费千余金，则莫须有之语。军兴以来，将领在行间者，或十年，或七八年，恝然长别，人情所难。信防诸将多挟眷者，似不便深责。惟毓中丞②当时之招王沐，未免过于轻易。葆桢抵江，问省中诸君，无一人识其面者，既毓中丞亦未经一见。窃意毁誉无据，随意招来，又随意撤去，均未足以服人。既据屡告奋勇，试之实境，则短长立见矣。

一、段培垣③非有异才，列入明保者，只取其能洽舆情一节，以励在防诸将。屈见田醇谨可爱而全无营规，下陵上替，可惜也。

一、吉安虽去贼稍远，而地极冲要。近日官民不洽，风气益□，断不可无兵镇之。陈伯陵颇协舆论，湘勇系所招，且教练日久，不宜易将。其求改调者，总为缺饷故。廉时卧治□郡，宜征收全无起色。现请镇军驰赴莲厅严办抗粮滋事一案，经一番大创，各属宜闻风敛迹，以兵督饷，以饷养兵，庶几合之双美。筱泉亟须卸事赴粤，恐省中委人不无耽延，致误大局，故以急札委王子坚兼护。至念兹似宜如前谕，先赴新任，日后再看如何。盖赣厘并归省局。黼堂既虑耳目之不能周，念兹与厘务宜否，殊未易料。于赣道外另设总办，又恐呼应不灵。且将来筱泉回江在赣，则可与诏关通气。且道员互调，亦宜俟得旨，各饬遵行，似不便遽令易位也。恭候裁夺。

一、解米进京一节，向来次年上兑，即本年之漕。江、楚去年岁不甚丰，今年徽、浙、闽三省搬运络绎，民间得善价即卖，绝少盖藏。迩来阴雨连绵，各属尽罹水患，秋成殆不可问。而各营食米，悬釜待炊，徽、浙灾黎，望赈孔迫。再办京米数十万，恐营米益复为难。民船一时既未易通，轮船弊端百出。现据司道详复窒碍情形，可否敬列前函入告之处，伏候钧裁。

一、瑞州都司刘青云一案，南昌府详文与原报不符。而核其情节，殊多疑窦。夫执旗冲锋之贼，必照长发装束，非相去仅数丈，孰能辨其为谁。当时踞瑞之逆，蚁聚蜂屯，文武俱已逃散，该都司虽勇，讵能以十数名兵与贼搏战耶？且眼见者乃阵亡之丁逢魁，而生存者不知也。郑克既甘心从逆，何肯逃回？瑞州之失以四月五日，郑克之被掳亦于是日，其非先期报贼可知。新掳之众，委之前敌，发逆向不如是。且该都司果因郑克从逆，亟须惩办，瑞州有府、有县，均在同城，何以事经两月，绝不会商办理？奇货可居，显而易见。因面询王霞轩，据云，将人证亲提数次，反复研审。不特现详从宽，即原禀亦尚有未着实处。盖郑克被掳，系属实情。兵目往拿，即将郑克、郑永一并带案，其父赴营报称郑克业经被掳，无从分辨，听官办理。郑永并未从贼，先求释放。该都司始露贿和之意，经郑作鉴立票三百七十五千，现付八十八千，即将郑克、郑永登时一并释放。后因延不能付，致逼赃押毙，此真情也。因得赃讯实，则刘都司命必不保，故稍为周旋，冀邀宽典云云。窃思贼过一郡，被掳者以千万计，势不能责小民以死节，只求其随时逃出，散其羽翼。其在贼营者，且给示招之使归。若既归之后又从而讹之，民何所措其手足？近来武营讹诈之案，层见迭出，近如义宁州外委陈飞熊，竟捏造白票，串兵勒索。非严惩一二，不足以警其余。江省之弁兵，学战盖十年矣，未闻有成劲旅者。而游勇反□，武营之讹诈，则不学而能，殊可叹也。

一、王霞轩愿裹粮多愿赴任，业经黼堂禀留，似可如其所请，并乞钧夺。恭叩福安，诸惟恩鉴。葆桢谨上。六月七日。

（《沈文肃公未刊信稿》复印件，镇江图书馆存）

①此信落款为六月七日。曾国藩于同治元年六月十二日收到。
②毓中丞：毓科。同治元年江西巡抚。满洲人。
③段培垣：即段培元。段起，字厚庵，河北大兴人。

致毛鸿宾① 同治元年十一月十六日②

寄云老前辈大人左右，敬启者：久睽芝范，徒切葭思。迩惟筹笔凝釐，允符臆颂。皖南巨逆，窜陷绩溪、太平，皆弃而不守，斜趋祁门。江良臣军门③望风而溃，糈台所积，大半资贼。其势如疾风骤雨，必并力而西。湖口、景镇虽有防兵，无如头头是道，莫能兼顾。只得以数枝力保上游，俾勿断浙军后路，以一大枝随所向与之相持。惟省储火药，以协济孔多，顿形缺乏。闻东征局所存颇富，不揣冒昧，敢专员备价，驰叩台端，伏恳逾格关□，俾得移缓就急。则江省数百万户均拜仁人之赐，非特官斯土者感激无地也。昨已另缮公牍咨呈冰案，谨再来函奉达，敬叩勋安，诸惟霁察。不备。馆侍生沈葆桢谨启。十一月十六。

（太平天国历史博物馆编：《清咸同年间名
人函札》，档案出版社，1992年出版）

①毛鸿宾（1806—1868）：字寄云，号寅庵，山东历城人。道光十八年进士。历任江苏布政使、湖南巡抚，两广总督。同治四年因故革职回籍。
②据《平定粤寇纪略》载，同治元年十月二十五日太平军攻陷绩溪，旋入祁门县，初十日清军复祁门县。可知此信写于同治元年十一月十六日。

③江良臣：江长贵，字良臣，四川盐亭人。由行伍历官千总、福建陆路提督。

复刘于浔　同治二年八月下旬①

养素仁兄大人左右：奉到箴言，雒诵再三，且惭且感。闻诸小山前辈卜葬已得吉壤，何慰如之。弟日来病体增剧，不得已而有奏请开缺之举。承足下博征古昔，揣量事势，责之以君臣之义，动之以士民之情，且要之以贤大夫之出处，其所以教之者至矣，所以爱之者深矣。葆桢虽不敏，敢不拳拳服膺，遵行勿失乎！然人苦不自知，自知而不择所以自处，小必辱身，大将误国。夫得为者，遇也；可为者，时也；能为者，才也；必为者，志也。才与遇与时合，而志行焉。汉之萧②、曹③、丙④、魏⑤；唐之房⑥、杜⑦、姚⑧、宋⑨是也。有其才，有其志，有其时，无其遇，陆宣公、李忠定是也。有其才，有其志，有其遇，无其时，文信国、黄石斋是也。有其遇，有其时，有其志，无其才，房太尉、张魏公是也。时也，遇也，不可求而可待者也。至有其时，有其遇，无其才，则君子不敢有是志焉。是故高密杖策以追光武，而子陵垂钓，武侯三顾而许驰驱，而庞公栖隐。夫子陵、庞公，岂不欲名垂竹帛，与高密、武侯相得益彰哉？自顾其疏阔之识、懒散之性，必不足以维世。与其有害于世，毋宁无益于人故也。

弟少无宦情，为贫所迫，不得已而仕。然一官一邑，窃升斗之禄，犹可言也。巡抚为封疆大臣，江西关东南全局，此岂可以抱关击柝视之？数十口之家，岂笔耕所能给？归即无以为生。顾何忍以一身一家之故，误天下生灵？始奉命时，尚冀姑为尝试，或少得端倪。期年以来，仍茫无头绪。民生之疾苦，吏治之张弛，迄无所措置。所以动父老之惓惓者，谓贼退境外，全省未遭蹂躏耳。此天幸也，岂可常哉！善后事宜，一无足恃，昼夜不寐，动辄心悸。继此必有骇浪惊涛，十倍曩昔者。虽精神强固，尚无补于才识之暗昧。况孱病之驱，安能当此哉！

自维受恩至重，亦尚不为都人士所弃，恝然舍去，上负天眷，下孤民望。然较之情现势屈，贻误大局，不可挽回，其所以负国负民者，轻重不相悬绝耶？方今朝政清明，人才蔚起，中宫轸念东南，江右实为枢纽，必有超异之选，来抚是邦者。足下正当奋袂而起，共济时艰，岂可视鄙人以为进退耶？足下从戎十载，成效卓然，岂可与弟之谬附虚名者比。丁巳、戊午间，颠沛艰难，可谓至矣。足下忠愤之志，曾不少衰，今岂异于昔耶？父母之邦，无可坐视。保卫桑梓，并非夺情。愿足下努力自爱，并剖愚衷于诸父老，幸甚幸甚！谨请礼安，不尽所言。弟沈葆桢顿首。

（太平天国历史博物馆编：《清咸同年间名人函札》，档案出版社，1992年出版）

①原编者注"同治四年四或五月"。不确。查刘于浔任甘肃按察使系咸丰十一年十二月，同治元年六月十八日，留赣办防，按察使由杨炳锃署。刘于浔（即刘于淳）同治三年十月十六日因病免。按此，刘于浔应写于免职前而非之后。刘于信里表示，如沈乞归，他也要引退，"仍申终制之请，以尽庐墓之哀"。又沈答此信称："足下正当奋袂而起，共济时艰，岂可视鄙人以为进退耶？"可见刘信当是在职时写的。

同治二年八月二十日沈葆桢上《吁请开缺折》称，因病势增剧，调治难愈，准予开缺回籍。此可与沈致刘信对照，沈称："弟日来病体增剧，不得已而有奏请开缺之举。"足可证明刘致沈信当在同治二年八月下旬，即刘留赣办防期间。又刘信："盖自持节以来，仅一载耳……处攸往咸宜之际。更何必作遁世无闷之举哉！"沈任江西巡抚为咸丰十一年十二月，到同治二年八月约近一年。可见此信当写于同治二年。

另一有力证据，即沈于同治三年十月十三日上《吁请归养折》，表明是归养而非因病。但只准请假三个月回籍省亲，于同治四年三月初一日由南昌启程，但其母已于此前不久逝世福州，沈回籍后便未再回江西。沈致刘信并无"归养"有关内容，也未谈到其母去世消息，可见，同治四年，双方均不可能在此期写信。

②萧：萧何，汉沛（今江苏沛县）人，西汉名相。
③曹：曹参，汉沛（今江苏沛县）人，萧何死，代为相国。
④丙：丙吉，汉鲁国人，字少卿，封博阳侯，任丞相。
⑤魏：魏相，汉定陶人，字弱翁。宣帝时代为丞相。
⑥房：房玄龄，唐山东临淄人，字乔。居相位十五年，进司空。
⑦杜：杜佑，唐朝万年人。字君卿。德宗、宪宗时摄冢宰，进司徒。
⑧姚：姚崇，唐硖石人，字元之。官侍郎，拜相。
⑨宋：宋璟，唐南和人。与姚崇相继为相。

致李端 同治三年七月下旬①

康侯贤婿如晤：小希甚感盛情，愿往候代，承择订正月即可首涂。又魏子安②孝廉云：曾经林可翁③、郭兼翁④、郑仲翁⑤荐尊处，嘱一提，辞之不获，烦转达令伯尊甫为望。自惭烦渎，然迫促不自由也。顺颂侍佳，不赐。制桢稽首。

名条一纸。子安与兼翁甚好，有回音也。兼翁复也。

① 七月二十日，林鸿年（勿村）也给康侯写信。沈葆桢信也提到林可翁，托康侯办事。沈信大约写于此时。
② 魏子安：魏秀仁（1819—1874），字子安，福建侯官人。举人。曾为四川芙蓉书院院长。著有《花月痕》等。
③ 林可翁：林鸿年（1804—1885），字勿村，福建侯官人。道光十六年状元，官至云南巡抚。罢职后回福州，主持正谊书院十九年。著有《松风仙馆诗草》。
④ 郭兼翁：郭柏苍（1815—1890），字兼秋。举人。官至内阁中书、主事。
⑤ 郑仲翁：似是郑云友。

致李子嘉 同治三年七月下旬①

子嘉亲家仁兄大人阁下：许久未晤，渴忆殊深。惟起居康复，至以为念。前所荐王小希孝廉，辱承雅爱见许，务恳速为筹补。除省馆、外埠俱可。感同身受，专此，恭请平安，未一。姻愚弟制沈葆桢稽首。

启轩姻仁兄均此，恕不另。

（沈葆桢信函原件，上海图书馆古籍所存）

① 信称"前所荐王小希孝廉，辱承雅爱见许"，同治三年沈致康侯信里亦谈及荐王小希一事，当在同时。

致李端　同治三年八月初五日

康侯贤婿如晤：小希嘱兑芝平洋银一百三十一两八钱五分，谨奉缴尊处，乞查收。为换贵馆兑票，附入封筒交课捷寄交为荷。闱期伊迩，琐事耽渎，乞谅之。顺候元祺，不饲。葆桢拜手。八月五日。

（沈葆桢信函原件，上海图书馆古籍所存）

致周秀庚①　同治三年十月初五日②

昨晚得贯甫书，知闽事大棘，已照所请飞咨春霆驰援，并商恳克庵刘副帅矣。兹尊札到，漳、龙失守，与各报符。惟将乐失守，不知贼从何来？徐中丞③亦谓邵中有贼。查汪海洋七月二十二日一入闽境，旋出漳村，由广昌遁瑞金，洪福瑱④九月初旬入云际关，住光泽境，即出杉关，此外并未见报。张凯章旧部以靳饷溃散，仓卒凑集，致此蹉跌，可胜浩叹！粤之方军亦失利，嘉应、大埔俱陷，幸方镇存耳！中丞请拨劲旅二千，似未知贼数。入江之贼，实三十万，即使剿散过半，亦必十余万，岂二千所能敌者。榕垣未遭大警，此处必人心皇皇。中丞万不宜出省，且将提何兵以出？某已疏请季帅移节入闽，想中丞不疑其有他意也。省标之兵，不宜任战，然守城则能之。似宜按营分段上城，搭栅支更，则人数了如，不致临时缺额。然必不可令其枵腹从事，日给盐菜银以安其身。从前招勇分厂之法，有损无益，似不必行。力行保甲，严查城门，以绝奸细。烟馆、赌场宜稽查，公馆、客栈尤宜严查。近来佐贰武弁，殊多诡秘也。城墙之依草附木必须芟尽。自屏山以上，马道滑不可行，宜铲之。滨城无大污，临警必有数营劲勇扎城外，以通接济。城上之炮，宜按月演一次，验其可用否。不可用者，切须去之。炮必有架、有轮子，须一一较过，合膛者编出字号。自水口至乌龙江一带，须有炮船分段布置，大江之中，一船可抵一营陆勇也。米谷、硝磺，第一紧要，须为十万人百日之备，宜雇轮船采办台谷，可久藏也。土硝不足，宜采洋硝。兵力不足，不可混战。宜集团练守城，以待援师。县城不能偏（遍）守，宜专力以卫府城。筹本地之费，济本地之用。

贼不得大城，不思久踞也。林密卿⑤既赴泉州，康友三⑥似当移龙岩，建郡目前无他虑也。江西所获伪酋甚多，逐加研讯，并无云贼头入闽者。洪福瑱之出湖州也，定计至抚、建，合康、侍⑦二逆，趋湖北，集石达开、陈玉成余党袭荆、襄以窥长、安。追入江而康逆已西遁矣，不得不寻踪而西，至广昌，康逆由瑞金出宁都迎之，已间不容发。精毅营疾驰五昼夜，追及之于杨家埠，纷然兽散。而康逆为霆营击走武平，余贼有数百人入康逆队中，而数百人入宁化界，向西以趋侍逆，举莫知洪福瑱所在，故侍逆等复折而东。湖北发逆亦逼黄梅，皆寻幼天王踪迹也。精毅营于江、闽界上，搜山数日，护从各伪王均就缚，而幼逆消息渺然。念五日午刻，忽于无意中得之。盖饿于荒谷者六日，为乡民割禾者四日，辗转道中又二日矣！本日已解到省。如漳郡未失，群逆知此信，无复妄想，必相率西归。外县各城，均非所措意，今名（各）城被据，难保该逆不从此生意矣。省垣当无虑，前说乃万有一然之想，狂瞽之言，聊备采择云尔。惟万一省城有警，切嘱城中人万不可入乡，城外入者必责其带粮。江西各府城，贼逼时，入城男妇，恒十余万，盖饱尝居乡之害故也。鲍⑧、刘⑨二帅处，复准中丞咨转咨矣！

（《夜识斋剩稿》，家刻本，福建师大图书馆藏）

①周秀庚：福建闽侯人，副贡出身。

②同治三年十月十三日《讯明首逆供情折》，沈葆桢奏称："初五日，据席宝田派训导唐家桐等，将洪福瑱护解到省，臣亲提研鞫。"此信称洪福瑱"本日已解到省"，则知此信写于同治三年十月初五日。

③徐中丞：徐宗干，字树人，江苏通州人。时为闽抚，同治五年去世。

④洪福瑱：洪秀全之子。六月十六日天京城破后，他突围辗转入安徽与洪仁玕汇合，入江西，在石城被清军袭击、追捕，先后被俘。此信对此记述甚详。

⑤林密卿：福建提督林文察的部将。时由台入闽镇压太平军余部。

⑥康友三：名国器，广东南海人。与太平军在江浙闽粤转战十余年。

⑦康：康王汪海洋，太平天国将领。侍：侍王李世贤，太平天国将领。

⑧鲍：鲍超（1828—1886），字春霆，四川奉节人。以军功官至浙江、湖南提督。

⑨刘：刘铭传（1836—1895），字省三，安徽合肥人。淮军将领，历任直隶提督、台湾巡抚。

致彭玉麟 同治三年十月初七日①

雪琴先生大人阁下：奉赐书经月矣！病旬余，迁延未复；愈后尘牍山积，又迁延未复。罪甚！罪甚！承示治散勇游匪宜用重典，名言至理，确乎不移，非但瞻言百里已也。保甲之法，谨遵谕饬属实力奉行。此间破获数案，大半蜀人假冒霆营者。袁观寿一案，已饬新建遵咨办理，不意袁观寿乃春翁内亲。春翁夫人差弁持帖请领，未之许也，而日令其巡捕赴县絮聒，使不得刑讯。现各犯俱有供，而袁观寿独狡展。承令深虑后患，再三苦求咨查。弟思此案乃刘镇禀请钤辕审办者，仍饬令申解行营，使无可狡脱。区区下私，幸邀鉴谅。其中有妇稚五人，皆掳胁来者，尚无分赃情事，应否分别办理，伏候裁夺。吴城自喻军门查办后，群邪敛迹，感激曷极。自江浙肃清后，营勇纪律亦迥异从前，盖缘人各有心也。乃统领倦游思返，日以陕、甘、云、贵四字惴惴于中，求返甚急。弁勇自知不能久居，虽壁垒依然，气脉早不相属矣。洪福瑱忽于无意中得之。盖穷饿谷中者六日，变姓名为村民割禾者四日，辗转道中者又两日矣！幸就生擒，真圣朝之福也。侍逆由粤而东以迎幼逆，陷粤之嘉应、饶平、大埔，入闽复连陷龙岩、漳州，康逆由武平会之，全闽大震。闽中军务如儿戏，甚虑其结连海寇以为退步，则滨海数省将迄无宁岁。且省城万分空虚，弟疏请季老②入闽督办，未知得邀允否？弟虽勉强出户而病仍未愈。昼食则吐，夜不成寐。公事殊多积压，深虑贻误大局也。洪福瑱一案，已列尊衔，请旨定夺，未知能邀免槛送否也？恭请台安，伏惟霁鉴，不尽。愚弟沈葆桢顿首。初七。

①洪福瑱于同治三年九月二十五日被席宝田擒于石城。十月初三日，沈与彭玉麟、曾国藩、左宗棠联衔奏请"应否槛送到京"。即信里所称"已列尊衔，请旨定夺，未知能邀免槛送否也"。十月初七，沈即写信告知彭玉麟。

②季老：左宗棠（1812—1885），字季高，湖南湘阴人。道光举人。历任闽浙、陕甘、两江总督，协办大学士，军机大臣。

致王必昌① 同治三年十二月下旬②

雨轩仁兄大人阁下：□者守备余其升，本系澄清正营哨官，八年分派来芜湖护卡。嗣因小过，弟函致子初斥革。赋闲数年，弟转觉歉然。今弟行有日矣。知其别无生涯，不得不为之安置一地。无可如何，唯有荐交我兄，酌留当差，俾得啖饭有资，使弟得以补过。感戴之私，不仅身受者已也。手此，即请台安。如小弟桢顿首。

①王必昌：字雨轩，时为江苏盐道。
②沈葆桢于同治三年十月十三日上《吁请归养折》，不准，后请假三个月回籍省亲，于三月初一日由南昌起程。按，此信当写于同治三年十二月下旬。

致毛鸿宾、郭嵩焘① 同治四年正月初四日②

寄帅筼老前辈仁兄年大人左右：奉到客腊赐函，辱蒙诲示拳拳，感难言罄。就谂发铃，运掌防剿。恩以风驰电掣之援，为金城汤池之巩。南天引领，健羡奚如。

葆桢客冬得福建营务处陈道景曾等告急羽檄，缕陈闽、粤界上万紧情形。谓系汀州所发，耳目较近，遂不暇致详，滥入奏牍。谬妄之愆，实无可逭。蒙大君子不深责之，且曲谅之，益愧歉无以自容。谨当据实检举，上释宸厪，容日再行咨达冰案。

梓乡承派三路劲旅，直捣贼巢，曷胜镂篆。西江自饱（鲍）军有关外之行，局面为之一变。现能抽赴闽者，仅长左三营，新湘九营。其霆军留余者参差无纪，非大加整顿，不可用也。据各路探报及逃出难民口供，均云闽省无粮，贼不能久。棠疆筹防严密，将健兵精，贼不敢逼，议春暖仍窜。西江兵饷两穷，绸缪无术，徒切隐忧而已。粤中厘捐，尚有未尽之利，台端扫除而更张之，必日有起色。江右则民力竭矣，虽良懦不敢抗拒，其如䋲无可灸何？葆桢久得寒怯之症，去冬服温药太峻，疡未愈而目疾大作，日来始稍能握管也。庸弱之躯，必误大局，伏冀怜而教之。敬请勋安。诸帷（惟）霁察，不备。馆侍生年小弟沈葆桢顿首。正月四日。

(太平天国历史博物馆编：《清咸同年间名人函札》，档案出版社，1992年出版)

①毛鸿宾(？—1867)，字寄云，山东历城人，道光十八年进士，时为两广总督。郭嵩焘(1818—1891)，字伯琛，号筠仙，湖南湘阴人，道光二十七年进士，时为广东巡抚。

②此信称："客冬得福建营务处陈道景曾等告急羽檄，缕陈闽、粤界上万紧情形。"查九月十二日太平军余部攻取龙岩，致"闽、粤界上万紧"，时在同治三年。故知正月四日函当在同治四年。

致总署　同治四年二月下旬①

正月二十八日，奉到章字第七号钧谕，饬防外洋各国设立铜线及开铁路等因，仰见樽俎折冲，公忠在抱。回环庄诵，钦佩莫名。查外洋之轮船，捷于中国之邮递。一切公事，已形掣肘。若再任其设立铜线，则千里而遥，瞬息可通，更难保不于新闻纸中造作谣言，以骇观听。至铁路一节，窒碍尤多。平天险之山川，固为将来巨患；而伤民间之庐墓，即启目下争端。所幸外人觊觎之心，百端尝试，而执事定识定力，确乎不摇。似此已足慑其诪张，不敢私行设立矣。葆桢即密饬九江蔡道②严为防范。遇有商请举办者，谨遵总理衙门办法，力为阻止，以弭衅端。知荷荩廑，肃复奉闻。

(台湾"中央研究院"近代史研究所编：《海防档·丁》，《电线》，1959年台湾近代史研究所影印本)

①同治四年三月初三日，总署收到此函，按十二天路程计，当写于二月下旬。
②蔡道：蔡锦青，字介舟，广东香山人。监生。同治初署九江道。

复刘于淳　同治五年二月五日①

仰素仁兄大人阁下：奉到瑶札，辱承调叠云情，并以昔贤墨迹见贻。祗领之余，感愧交集。就谂楼船载福，梓里蒙庥，凡百罄宜，至以为慰。弟药炉静对，善状毫无。惟闻粤疆已报肃清，幸与西江旧雨，共作不知兵革之民，遥遥相庆而已。肃此鸣谢，恭请勋安。诸惟霁察，不备。谦称敬壁。愚弟制沈葆桢稽首。二月五日。

（原件影印本，太平天国历史博物馆存）

①同治三年九月，太平天国余部李世贤、汪海洋、谭体元入福建，占漳州府。次年四月退出。七月，李世贤入广东镇平，旋为汪海洋所杀。十一月，汪海洋战死。同治四年十二月二十二日，谭体元被执处死。太平军余部至此溃灭。此信称"惟闻粤疆已报肃清"，落款"二月五日"，即同治五年二月五日。

（二）船政大臣时期

致左宗棠　同治五年十月上旬①

窃某某本年九月二十七日奉大咨，以船政成否，关系至巨，饬勿固辞。反复再三，公忠体国之诚，溢乎楮墨。某某虽不肖，敢弗凛遵桨诲，勉竭驽材，期副大臣视国犹家，以人（臣）事君之望？使某非在缞绖之中，则奉旨之日，固当趋谒铃辕，详求指示，务期于事有济。更何敢徘徊却顾，自蹈愆尤。而干渎尊严，不惜逾再逾三者，万不得已之苦衷，大君子可以深鉴之矣。某某遭际圣明，屡邀旷典。进退失据，忠孝两亏。诏许归养而不能终，诏许归省而不及事。负亲负国，抱憾终天。若以百身莫赎之愆，更无三年通丧之爱。何以为子？何以为臣？蒙谕监造并非服官，在籍依然终制，天下后世皆有以谅仁人孝子之心。窃谓是事也，在一心之安不安，不在天下后世之谅不谅也。夫握关防，理奏牍，驱策群吏，进退之，赏罚之，语人曰：此守制者也，得乎？素服莅事，彭鹏所谓不祥人者也。纵使天下后世共谅之，如其心之不能自谅何？孔子之答宰我也，曰：于汝安乎？《记》曰：安而后能虑。《书》曰：弗虑胡获。万事之本，根于一心，心不自安，弥缝何术？虽欲训饬一人，恐其反唇相稽也。嗫嚅焉不敢发矣！担荷远谟，赖有刚大不可挠之气，心歉而气馁，对远人且有愧容，其偾事也，尚待问哉！李文贞、朱文正一代名儒，道隆从隆，当有深意。后生小子，奉先圣一二遗言，惟恐操之不坚，率循之不谨，求为硁硁之小人而不可得，何敢借口于通权达变之论。古之人有行之者哉！朝廷用舍，操诸圣心，当有远胜某某者来持中外之大局。某某未奉谕旨，何待渎陈。窃恐西行有期，洋将一来，饬令随同要约。不遵则难逃逋慢之咎，遵行则犹是局外之人。不得不先事通辞，俾免进退狼狈。至谓某再事逊谢，将谋之数年，废于一旦，则某窃有说焉。某一介寒绅，无可恃者，经费所恃以丕遗者，爵督部堂而外，则周署藩司②也。某向未与洋将交接，无可信者。督部堂而外，则胡道光墉也。得此二人者经理之，无某何损，有某何加。某某以明年六月服除，中间仅数月耳。计此时外洋之机器员匠，尚未毕集，某某以明年七月莅事，不至坐失事机。其七月以前有急事奏陈，刻不容缓者，由周署藩司、胡道详请总督衙门代奏。目前洋将之约，即以此二人肩之。狂瞽之言，未知有当高深否？所见则尽于是矣！③

（《夜识斋剩稿》，家刻本，福建师大图书馆存）

①沈信中提及："某某以明年六月服除，中间仅数月耳。"查沈服除时在同治六年六月十六日，则可知此信写于同治五年。又从沈信知，沈接朝廷谕旨，任船政大臣，时在十月中旬，此函则称："某某未奉谕旨，何待渎陈。"按，此信当写于十月初旬。

②周藩司：周开锡，字寿珊，湖南湘阴人。举人。时为福建布政使。

③闽浙总督左宗棠为了建立一支近代海军，于同治五年在福建马尾港筹建福建船政局，以仿造西方蒸汽船，建成了远东最大的造船厂。不久，左宗棠奉命赴西北镇压陕甘回民起事，临行前三顾沈宅，力促沈葆桢出任船政大臣。

致夏献纶 同治五年十一月初七日①

筱涛②世仁兄大公祖大人阁下：昨接轮船监督两禀，一请教习曾来顺薪水，自当照准。一议学堂章程③，谨以鄙意参之，条列如左：

第一条 学堂以铁厂开工之日起限五年，自为稍宽时日以期必成起见，可行。学生有不遵章程者，随时斥退，亦可行。

第二条 伏日给假，原为体恤学生起见，但较之原定章程，转多间断，宜仍照原定章程，多一日之功，便速一日之效。

第三条 除年节外，不准回家。礼拜日准父母亲戚看视。有病，验实方准回家医治。俱属可行。惟父母之丧，断不能不给假百日。

第四条 三个月考验一次，分别赏罚，与原定章程相符。可行。

第五条 学生肄习两月后，察看再定去留。入学者不得过二十岁，并须未娶之人。可行。

第六条 眠食读书，各有一定时刻。可行。

第七条 学生月给五两，所费固属无多，惟左宫保已定四两在先，所议并不嫌少，可不必纷更。此后学成一层，每月加给银一两；又学成一层，每月再加给银一两，以资鼓励可也。

第八条 学生不肯尽心学习，交委员酌量责罚，以释疑惧。此议极好，应由贵衙门出示晓谕，咸使闻知。

第九条 学习全在专心致志。婚丧准假，虑其假托。具见办事认真，期于必成之意。惟婚可假，丧必不可假。查验涉虚，可以重治其罪。且人闻父母之丧，哀痛昏迷，几不欲生，何能肄业？虽留之堂中，无益也。徒使造谣言者，谓一入学堂，便不知有父母，则体面人家子弟必裹足不前，是以此层断不能不通融办理。若虑给假者，学业参差，先生难于一一指授，则已得先生指授之学生，即可以教未得先生指授之学生。况人之资质，灵蠢不同，即学习均无间断，长进者自长进，生疏者自生疏，断不能全无参差之理。所赖朋友互相观摩，补先生所不能遍及者耳。至遭亲丧，事不常有，数十人中，不过一二人。如数十人学皆有成，仅此一二人以作辍而废，于大局固无甚碍也。

第十条 学生拼出数年辛苦，可以获利，可以传名，自不得不严加约束，其图片刻偷功者，委员随时戒责。

以上十条，当否？乞酌定。如属可行，除已见原定章程者毋庸重复示知外，其为原定章程所未及者，应由贵衙门补行示谕。至原禀所称，学生应招家中体面并已通中华文字之人。闻贵衙门出示后，已有通晓文理之世家子弟赴局报名矣。所称请旨赏成功之人以较大官职，朝廷用人之际，当亦允行也。弟缒经中未能批禀，务祈将鄙意知会两监督④为祷。冒渎，祈恕之。恭请勋安，诸维霁察，不备。治世愚弟制沈葆桢顿首。

原禀二件附呈。

（存萃学社编：《洋务运动研究论文集》，香港崇文书店，1973年出版）

①左宗棠于同治五年十一月初五日拟定《艺局章程》八条。沈信提及："昨接轮船监督两禀：一请教习曾来顺薪水，……一议学堂章程。"此时沈丁忧家居，由马尾寄至福州，估计初六日即可收到。既云"昨接"，则知此信写于初七日。

②筱涛：即夏献纶。同治十二年任台湾道道员，驻苏澳办理海防开山。光绪五年六月二十三日卒于任。七月二十四日，奉旨照军营立功后积劳病故例从优议叙。

③左宗棠在创办福建船政局同时，还附设求是堂艺局（后称前学堂和后学堂），引进西方近代科技和教学方法，并草拟学堂章程，以培养造船工程师、海军管驾。

④两监督：日意格和德克碑。日意格（1835—1886）：法国人，任宁波税务司、常捷军首领、福建船政局监督。德克碑（1831—1875）：法国人，常捷军首领、福建船政局副监督。

致总署　同治五年十二月底①

本月二十五日，由英将军送到谕函，以创造轮船，务当慎之又慎。豫杜猜虞之隙，熟求驾驶之方。筹虑周详，无微不至。回环三复，感愧交并。窃葆桢苦块余生，蒙恩曲许终制。蓬庐视息，从未敢一入公门。值左制军奉命西征，驺从俯临，坚欲以轮船见属。葆桢亦谓自强之道，无过是者。惟非常之举，必待非常之人。自顾菲材，何以堪此。函辞再四，备陈万难胜任情形。忽准咨称，业经入告。徬徨累日，复恳切呈辞。而左制军急于西行，谓此事接管乏人，则洋将疑虑横生，全局中溃。事机一失，时来不再，不得已而有释服后任事之请。渥荷天恩逾格，优予矜全。葆桢虽碎骨粉身，岂足仰酬高厚于万一。计葆桢明年六月十六日服阕，是时外国工匠尚未毕集，铁厂之兴，必待秋间。葆桢释服后，即当敬谨莅事。虽智识浅短，无补时艰，然不敢不广辑众思，竭尽愚诚，期于必成而后已。至于现在购地、设厂、开学、招徒等事，经英将军、周护抚督同夏署藩司办理，一一定臻妥叶，想已随时函达清听。其葆桢未释服以前碍难会办情形，业经呈恳英将军、周护抚察核代奏。所有一切详细机宜，容葆桢莅事后，亲履其地，逐加察看，请示遵行。

（台湾"中央研究院"近代史研究所编：《海防档·乙》，
《福州船厂》，1959年台湾近代史研究所影印本）

①函称："本月二十五日，由英将军送到谕函。"查总署于同治六年正月十五日收此函，则"本月二十五日"是指五年十二月，此函当写于十二月底。

复总署　同治六年三月中旬①

月之十六日，英将军送到赐函，知前奉芜词，已尘聪听。辱荷优加奖饰，慰诲拳拳。雒诵再三，感悚交集。蒙谕一劳永逸，不必存惜费之见。洞见结症，钦佩奚如。惟莅事之期，有不得不委曲渎陈，以求垂谅者。轮船创始，关系匪轻。宵旰焦劳，眷然南顾。凡为臣子，其敢意存推诿，自外生成？如果员匠毕来，机器既具，事之济否？环待葆桢一人，有不竭蹶驰驱，冀酬圣恩于万一者哉！葆桢终天抱恨，岂三年缞经所能赎此巨愆。第日意格之来，以夏为期，德克碑②之来，以秋为期。二镇未来，并无可举之船政。葆桢虽贸贸然出，何补时艰？既承提命谆谆，敢复稍事拘泥。谨定于六月十七莅事，断不再有迟延。区区之私，尚祈逾格原恕。肃此，祗叩钧安。

（台湾"中央研究院"近代史研究所编：《海防档·乙》，
《福州船厂》1959年台湾近代史研究所影印本）

①同治六年三月二十四日总署收到此函，当写于三月中旬。
②德克碑（1831-1875）：法国军官。1862年组织"常捷军"与太平军作战。后协助左宗棠创办福建船政局，不久因与日意格不和，离开船厂。

复总署　同治六年六月十七日[①]

奉到四月初七日谕函，辱蒙俯鉴愚忱，许之释服后莅事。仁人锡类，感荷曷可名言。承示此事于国计民生所关匪细，洞彻原委之论，敬佩弗谖。葆桢于十七日往晤将军督抚后，驾轮船驶至马尾工次，即日谢恩任事。时艰任巨，识浅术疏，所有为难情形及不敢固辞之苦衷，恭折具陈，皆出自肺腑之言，无敢丝毫欺饰。惟望公忠硕画，警觉提撕，庶几仰借余光，得以因人成事。区区之意，尚荷青垂。税务司美里登[②]，百计钻营入局，葆桢固却之。近复造作谣言，谓得总税务司赫德[③]信，已承总理衙门允准会办，以惑众心。明知事所必无，然既有所闻，不敢不以上达。万一赫德有所希冀，务恳据理折之，以杜其摇撼全局之端。盖与外人交，所务在信。当时议造轮船，美理登并不在场。若令盘踞其中，将事事掣肘。人心一懈，全局中乖，虽有智者，无能善其后矣！狂瞽之见，无当高深。率臆密陈，伏惟谅之。祗叩钧安，敬祈霁鉴。

（台湾"中央研究院"近代史研究所编：《海防档·乙》，《福州船厂》，1959年台湾近代史研究所影印本）

[①]同治六年七月初九日，总署收到总理船政大臣沈葆桢函，路程约十二天左右，发函约在同治六年六月中旬，又称："葆桢于十七日往晤将军督抚后，驾轮船驶至马尾工次，即日谢恩任事。"则致总署函应在同时，即六月十七日。

[②]美理登：法国人。先后任使馆翻译、福州海关税务司。

[③]赫德（1835—1911）：英国人。长期在中国担任海关总税务司，多次参与中国与外国的不平等条约的签订，参与清政府购买军火的活动。

致总署　同治六年九月初十日[①]

敬肃者：八月初九日，祗奉谕函，辱蒙训诲周详。公忠荩念，溢于楮墨。谨当悬之座右，以代书绅。本月初九日，洋将日意格带同匠首十二人，女眷四口，幼孩一口，由轮船至闽，同驻马尾工次②。询以机器一切，据称：本国及各路商定，制造期于精良。两月一起，分作三起登舟。惟物件繁重，非轮船所能装载，当分配夹板陆续前来，第不能如碾轮之捷耳。至铁厂、船槽，一应如何建造之处，该将征尘甫拂，未及缕陈。俟其细加量度，详细具禀，再行奉闻。敬叩崇安，伏惟垂鉴。

（台湾"中央研究院"近代史研究所编：《海防档·乙》，
《福州船厂》，1959年台湾近代史研究所影印本）

①十月十六日，总理船政大臣沈葆桢函称："九月初十日，曾肃寸丹，谅邀崇鉴。"即指此函。

②法国军官日意格于1862年组织"常捷军"，归左宗棠统辖。入闽后，协助建船厂，任船政局监督，负责向法国招聘教师和技工，先后达72名（含家属）。同时采购法国的机器设备。

复刘于淳　同治六年九月二十九日

仰素仁兄大人左右：前奉瑶华，备纫锦系。就谂吟风弄月，心与道俱。迩维潭第凝和，提躬万福。葆桢垩庐视息，忽忽三年。谨辑先人行述，近方梓竣。笔墨荒陋，不足以阐扬先德。兹乘连敖甫舍表甥赴江之便，附呈冰案。伏乞指谬，是所至祷。祗请著安。敬璧谦称。

（原件影印本，太平天国历史博物馆存）

致总署　同治六年十月十一日①

九月初十日，曾肃寸丹，谅邀崇鉴。迩惟荩躬和豫，元宰均调，曷胜忭颂。洋将日意格到闽以后，常驻工所，每日巳、午、未三时，辄到局中与员绅会商一切。考其逾限之故，委系该国辗转行查所致，尚非有意稽延。辰下经始工程，颇有条理。一面饬木匠将船槽地基树桩、嵌板，日内暹罗木到，当即赶造船骨，以便分配轮机；一面饬铁工试铸钻凿小具，并列竖悬椎机括，以待铁厂开工。其趋事赴工之心，甚觉踊跃。尚有器具工匠，分作三起装入夹板，每起程期约须五月。计头起之船，仲冬可到，以后亦当陆续卸帆。明春德克碑之船押尾至闽，一切遂称齐备。至所办铁槽，据称尺度宏阔，在外国亦为新法。俟其到时，眼同量度，再行详晰备陈。知荷廑怀，先将刻下情形肃达。祗叩崇安，伏惟垂鉴。

再肃者，船政之举，非诸臣之事，国家之事也。吴督②身为疆吏，果以为万不可行，命下之日，即宜封牍力争。入闽而后，果深察情势万不能成，亦何妨专衔入告。乃数月以来，不置可否其间，在在阴起而为难。察其举动，事事务与前人相反，船政特其一端耳。夫事涉中外，此心原难遽白，亦何必求白于人。若意在中伤，则纵无可蹈之瑕，终难掩其吹求之术。自古行政，首在得人，人心不固，政将谁举？今日船政，万不能半途中止，以贻笑柄，以启戎心。兴事之初，尤不能不鼓舞人心，赴功策政。所以今日特将实在情形具折吁奏。非不知和衷共济，古有明文。而大局攸关，安忍顾虑瞻徇，以负朝廷委任。除将折稿咨呈钧览外，再肃奉闻，伏惟垂鉴。照录船政正监督日意格带来外国员匠名单，计开：

博赖，五品军功，法国学堂教习，旧年来。

贝锦达，洋监工，旧年来。

乐平，第一木匠头。

哥送，第二木匠头，现在暹罗采办木料。

博士忙，锤铁匠头。

布爱德，水缸匠头。

西林，铁厂匠头。

贝那德，画图匠头。

卑德儿，木匠。

格里那，木匠。

巴士假，木匠。

腊佛奴，木匠。

布爱达，画图匠。

假格士急，水缸匠。

雷意，打铁匠。

（台湾"中央研究院"近代史研究所编：《海防档·乙》，《福州船厂》，1959年台湾近代史研究所影印本）

①十月十六日总署收到总理船政大臣沈葆桢函，沈当于十月初旬发函。又十一月初八日，总署《致总理船政大臣沈》函称："小春、中浣，两接手书，并所开洋将名单，均经阅悉。洋将日意格于重阳抵闽，屈指已逾六月之期。"此函当写于十月十一日。

②吴督：吴棠（1812—1876），字仲宣，安徽盱眙人。道光举人，官至四川总督。

致总署　同治七年三月二十九日①

正月十四日，祗奉赐函，并蒙寄示给蒲安臣②咨会清单共三道。仰见荩诚贯注，谋虑周详。显示怀柔，隐存体统。私衷钦佩，莫可言宣。闽省入春，阴雨连绵。船厂工程，倍形拮据。嗣经暂搭板棚数处，方将广集斤斧，赶造船身。苟非大雨滂沱，未尝间辍。惟初学之始，引绳削墨，处处必借洋人。原无成竹在胸，故难一挥而就。所喜群情踊跃，不畏烦难。虽曲艺之流，其志气亦蒸蒸日上。第内地木料，既不足副其寻丈，而暹罗所采，复以风帆多滞，未尽东来。船工稍迟，职是故耳。本月十九日，洋将德克碑随带洋将诸人报到。甫拭征衫，即已分别赴工监造。惟机器各船，系用夹板装载，不及轮船轻捷，故未能尽数接踵而来。然开驾有期，夏秋之间，定当西至也。铁厂工程尤巨。去冬以来，地底桩基虽竣，地平以上所需瓴甓木石，动计万千。前已四出赶运，无如物质笨重，水道迢遥。百计搜罗，一时坌集。但经动用，数日旋空。洋人以精致为工，即瓦石一端，稍有硞窳，即行弃掷。是以椎凿刮摩之事，十倍寻常。果能到底如斯，将来当无苟且涂饰之患。惟工费甚巨，较往时创造，何止倍蓰。然就日前而论，则多所加；就后日而言，则仍少所损也。至船槽木料，前月到工，现方挖土定基，以待安顿。一切铺排法度，虽有图样，非亲看造成机括，万难悬揣而知。俟大概告成，再行详晰奉达。知关廑念，先将刻下情形肃达。祗请崇安，伏惟垂鉴。

（台湾"中央研究院"近代史研究所编：《海防档·乙》，
《福州船厂》，1959年台湾近代史研究所影印本）

①五月十七日总署收到船政大臣沈葆桢函称："三月二十九日，恭肃芜函，想邀严电。"即指此函。

②蒲安臣（1820—1870）：美国众议院议员、驻华公使。1867年，担任清政府出使欧美各国大臣。

致总署　同治七年闰四月二十四日①

　　三月二十九日，恭肃芜函，想邀严电。迩维荩躬笃祜，鸿业昭垂，曷胜轩舞。船厂入夏以来，积雨新晴，百役具举。讵本月十九日，海潮初落，西南风骤发，逆浪横冲，深齧岸址，船台前右横四十丈，直十丈之地，塌入水中，一时抢护无及。所幸人夫材木，俱无损失。潮痕虽逼近船台，台身数十丈，万木交钤，树基深固，目前尚不致摇动。现于台前塌处，环钉巨桩，以敌洪涛冲激。然欲为久远之计，非沿江尽筑石堤不可。前此以费巨工繁，旷日持久，难于兴工。今既港道日深，江流日悍，何敢更作缓图。辰下一面先于上流沉舟结坝，以杀怒澜；一面插竹立桩，以缓水势；一面量水储石，筑垒长堤，为保卫全坞之谋。惟是动费殷繁，殊不易易耳。至此番溃决之势，实非人力所能为。然不能先事预防，咎无可逭。现已请旨，将葆桢交部严加议处矣。除将折稿抄呈钧览外，谨肃奉闻。伏望赐之箴规，俾无陨越。不胜感激之至，敬叩崇安。

（台湾"中央研究院"近代史研究所编：《海防档·乙》，《福州船厂》，1959年台湾近代史研究所影印本）

　　①七月十八日总署收到总理船政大臣沈葆桢函称："敬肃者，闰四月二十四日恭肃芜函，想邀电察。"即指此函。

致总署　同治七年六月二十三日①

　　敬肃者：闰四月二十四日，恭肃芜函，想邀电察。迩维荩躬懋祉，鸿业宣昭，曷胜忭颂。船厂、铁厂机器，仰赖国家威灵远播，风帆无恙，现已坌集到工。据日意格称，凡造船、造轮之具，均粲然大备。惟形质槎枒笨重，万状千形。安置稍不如法，则窒碍难行；转移稍不经心，则倾压可虑，非可刻日蒇功。营建各厂，处处必求坚固，倍觉材巨工繁，加之创制殊诡，其绳墨尺寸，非中国匠作所素通。因图兴事，因事定名，并力讲求，尚觉疑悟参半。故日役数千人，奔走炎风烈日之中，至今迄无休息。江岸旧圮之处，日来插竹杀水，结坝当冲，急流渐缓。倘以后沙土拥抱深固，便可垒筑石塘，为一劳永逸之计。洋将德克碑为访购运货夹板船，业请假两月，往安南各处矣。除将折稿抄呈钧览外，谨肃丹楮奉闻。

（台湾"中央研究院"近代史研究所编：《海防档·乙》，《福州船厂》，1959年台湾近代史研究所影印本）

① 九月二十八日总署收到船政大臣沈葆桢函称："六月二十三日，恭缮寸笺，谅邀荩鉴。"即指此函。

致总署 同治七年九月中旬①

六月二十三日，恭缮寸笺，谅邀荩鉴。迩维金秋清肃，鼎祉绥和，允符忭颂。机器到工，起运久竣。而磨礲斗合，尚未毕工，非第为数多而质重也。西人制作，每数十器合成一器，节节拆解，运载而来，如散钱未贯，殊形诡状。骤观之莫悉端倪，其实曲折窪突之间，皆有宛转关生之故，而非饰观见美之为。若不逐件讲求，无以为学习地步。所以，日来分饬匠徒，帮同钤合，令其枝枝节节，皆了然于心，了然于口，积久或得贯通。而中外语言不同，名称各异，又必从新因形锡号，度寸量分，乃有以握其大纲而著之图籍。盖为一事而欲精粗赅备，且必垂为定式，固非旦夕所能奏功也。暹罗木料，头起已到，船身现已兴工。倘海上风静波恬，陆续抵工，图成自速。除将折稿抄呈钧览外，谨肃奉闻，祗候槖海。敬请崇安，伏维垂鉴。葆桢谨肃。

再，密肃者：日意格所办各木中，有曰文同梧者，躯干既伟，纹理亦密，其外甚属可观，乃施以斧斤，动辄折裂。诘诸日意格，尚以为木质原好，此等只属偶然。及历试皆然，始悔为人所误。因令将船工暂行停止，专俟暹罗楢木到日，方准兴工。成船之迟，实由于此。日意格此事委托非人，致良楛不辨。虽辰下谕令截止，稽延之咎，实无可辞。然海外波臣，初知向化，且非有心蒙混，若遽行剔退，责令赔补，殊与招徕之本意不符。是以姑为存储，令俟后日再行设法。究之，该监督所办暹罗楢木，亦只敷数船之用，后此源源接济，须专员坐运，方不至竭日旷工。容待熟筹其人，再行奉达。知关廑注，谨将密片抄稿先行附闻，尚祈赐之箴规，俾得遵守。不胜感祷，再请钧安，伏惟崇鉴。葆桢谨再肃。

(台湾"中央研究院"近代史研究所编:《海防档·乙》,《福州船厂》1959年台湾近代史研究所影印本)

①九月二十八日总署收到此信,路程约十几天,此函当写于九月中旬。

致葆亨① 同治七年十月二十日②

芝芩仁兄年大人左右:筱涛方伯南旋,捧读书,辱承慰诲备至,并垂念船作,日月以冀。迴环三复,纫佩□□,惟提躬万福为颂。弟才惭作楫,智等挈瓶。前以刼人所办船材,不适于用,致工作稽期。今幸暹逻之木,源源而来,斤斧云从,计孟春船身可以下水,安置水缸机括,计夏初可以放洋。知系□廑,谨以附述。台阳颇有土产,致异类垂涎,时时挑衅。患在眉睫,奈何!奈何!祇请勋安,诸惟霁察,不备。年愚弟沈葆桢顿首,十月二十日。

①葆亨:字芝芩。满洲人,同治间任福建布政使,护抚。后任山西布政使。
②信称:"前以刼人所办船材,不适于用,致工作稽期。今幸暹逻之木,源源而来,斤斧云从。"查九月二十八日,总署收到沈函,称日意格所办文同梧质脆,不适于用,即指此事,发生于同治七年九月间。沈信又称:"计孟春船身可以下水,安置水缸机括,计夏初可以放洋。"查第二号湄云下水放洋,均不在信中所称日期,只有第一号万年清下水放洋日期与之相符。万年清于同治七年十二月二十四日开工,同治八年五月初一日下水,八月二十一日放洋,推定此信写于同治七年。信末落款:"十月二十日。"

致总署 同治七年十二月底①

十二月十二日祇奉谕函,承示修约一切事宜,剀切详明,于国家慎柔无外之中,寓震叠遐陬之意,洵足使波臣慑服,远裔输忱。苋画无遗,曷胜钦佩。十五日复奉谕函一道，辱蒙廑念船工，殷殷然以天津、上海、福建三局联络一气为嘱。仰见通盘筹策，纲举目张。以葆桢樗栎庸材，尤宜奉为圭臬。惟从中如何联络之处，尚容与地山、禹生往复函商，再行奉复。楠木到工四起，船身已就，而裹铜铃铁，并安置轮机润色丹腹等事，又须数月，屈计夏间当可出洋。第二号八十匹马力，亦于本月二十七日开工，船材既齐，当即竭力赶办，以期无负朝廷委任之意。合同立限五年，以铁厂营造竣事，匠作开工为始。前因巨材难得，拟用铁柱铁梁。今察看试铸铁柱，亦复工迟费重，不得不仍参用洋木，然俱非旦夕所能奏功。成厂如此其难，经费如此其绌，多延一日之限，即多耗一日之需。焦灼之私，莫能举似。只得严催日意格设法妥速办理。旋据禀称，铁厂关系甚巨，不敢草率图成。幸暂搭之厂，一切规模俱备，可以开工。原约教导五年，请即以明年正月起限。惟轮机一节，暂搭之厂，亦可铸造。但其器具极重，铸造一副之后，新厂告成，搬移安置器具，又须停工经月。不如于暂搭之厂，先造别项机器，俟新厂成时，再铸轮机。既无挪动之烦，又免工程间断，而起限亦可无误，似属两得等语。察其所禀，尚系实在情形，谨以附达。再，闻总理衙门新刊《格物入门》一编，伏乞颁发数帙，俾广见闻，是为至祷。除将折稿抄呈钧览外，尚望时锡箴规，俾勿陨越，不胜铭感之至。敬请崇安，伏维垂鉴。

（台湾"中央研究院"近代史研究所：《海防档·乙》，《福州船厂》，1959年台湾近代研究所影印本）

①同治八年正月十八日船政大臣沈葆桢函称："第二号八十匹马力，亦于本月二十七日开工，船材既齐，当即竭力赶办。"查湄云开工在同治七年十二月二十七日，则此函当写于十二月底。

致王起琇　同治八年正月①

太世叔大人钧座：原件奉缴。福清又轩然大波，虽方兴未艾，奈何！奈何！象洋老人，其熟思之。此祈台安！□□

原注：此函系葆桢致王有树之父的。时福清亦盛闹教案也。有树父名起琇，乾隆壬子举人，官教谕，号象洋老人。

（沈葆桢信函原件影印，福建省博物馆存）

①同治七年，英国传教士来川石岛非法建房。王及乡绅士禀呈阻之。同年十二月初三日，英领事遂趁有树入城之时，带兵入树宅，迫其子及侄立约。有树回乡后，声言与洋人同命，英领事惧。八年正月，闽总督英桂檄福州知府严（尹）世铭至亭江调解，双方妥协，英人退出。沈致王有树信称："海外狂澜，想已随风而息。迁邻本万不得已之计。"此信当写于正月。

致王有树　同治八年正月①

植翁②老伯大人左右：前奉手札，辱蒙奖饰逾恒，感歉交至。迩惟起居万福，备叶颂私。海外狂澜，想已随风而息。迁邻本万不得已之计，如其可已，固当安土重迁。子虚子处，已代致盛忱。但渠可以为力之地，断无不竭力与斡旋。总之，忠信涉波涛，吉人自邀天相也。祗请颐安。恭璧谦称，万勿再施为祷！愚侄葆桢谨顿首上。

原注：有树曾托葆桢斡旋，并拟迁出亭头，以避洋人，故复函有"迁邻"之语。

（原件复印，福建省博物馆存）

①与《致王起琇》同时。
②植翁：王有树，字万滋，号植庭，福建长乐人。道光三年进士，入船政局任委员多年，官至四川夔州知府。

致总署　同治八年二月二十三日①

二月十九日，祗奉谕函，如亲棨海，并从地山侍郎处颁到新刊《格物入门》五部。披文考义，缕析条分，洵制器利用之要领，较之前人所辑《奇器图说》，近人所刊《重学》等书，尤切实晓畅，讵徒借以增广见闻已耶？承允再赐五部，乞掷付差弁领回，俾得广为传布，是所至祷。来谕示及津、沪、闽三局，各制各器，仍联为一气，缓急相通。仰见荩画周详，自当奉为绳矩。以后应与地山、禹生互相知会，著为定章。船政工程，开年以来，拼力赶办，不容假（暇）晷。惟因春雨连绵，舱匠一项，甚难为力。迩幸开晴，亦可计期蒇事矣。客岁，日意格所采南洋木，虽陆续到工，不过只敷两船之用。以待船运料之故，时见稽延，徒深焦急。去秋即思改由局中专员坐运，特以风帆未顺，得人匪易，踌躇至今。兹当春令，正海滨商舶出洋之期，因遣候补道叶文澜，随带委员，于二月十二日起程，前往暹罗购运，冀夏间可节次来工。船材既足，乃无旷工之虞，而縻费亦可渐省也。除将折稿钞呈钧览外，专肃奉复。

（台湾"中央研究院"近代史研究所编：《海防档·乙》，
《福州船厂》，1959 年台湾近代史研究所影印本）

①四月二十二日总署收到船政大臣沈葆桢函称："前月二十三日，附专折之便，祗达寸函，未知何时入览？"即指此函。

致总署　同治八年三月下旬①

前月二十三日，附专折之便，祗达寸函，未知何时入览？恭惟起居万福，因应咸宜，都如臆颂。新船端节前后定可下水，训练稍熟，当驶抵津门，听候简派大臣勘验。葆桢腰痛之疾，时作时止，作时则寸步难行，不得不另委熟悉大员管督北上。夏道献纶，现绾藩篆，羁于职守，弗克远离。周前署司开锡，经理一切事宜，亦未能分身前往。是以不得不请旨催调前提调吴道大廷来闽。除将片稿咨呈外，肃此附达。

（台湾"中央研究院"近代史研究所编：《海防档·乙》，
《福州船厂》，1959 年台湾近代史研究所影印本）

①四月二十二日总署收到船政大臣沈葆桢函，当于四月初发。但三月三十日总署致沈函称："月之二日，接诵来函，知前由地山处转寄《格物入门》五部，业经递到。"即指二月二十三日之信，可见此处称"前月二十三日"，系指二月二十三日。可见此函应写于三月下旬。

致总署　同治八年五月下旬①

四月二十一日、二十四日，两奉谕函，并领到所颁《格物入门》五部。恭维荩躬万福，鼎祉绥和，允符额颂。第一号轮船业于五月初一日下水，不费推移，中流自在，足慰慈廑。辰下方系缆升桅，安置杂具，练习水手，两三月之后，当即驶赴津沽，听候简派大臣勘验。第二号八十匹马力者，良材既足，匠作习熟，工程较易，两三月亦可下水。第三号船台亦已动工矣。惟轮机之成，由于铁厂。铁厂砖石各工俱备，而铁柱鼓铸需时。即使铸工尽竣，而中间安配机关，垒坫掘隧，量分积寸，琐屑异常，工费不少。彼法以求精为能，吾辈冀收效之速，两者不能相兼。都门望雨若渴，此间晴日殊稀，徒深焦急耳。第一号船拟名曰万年清，迓天庥也。第二号船拟名曰湄云，昭神贶也。万年清船身约容八百吨，舵水人等约百人。较外国货船，则人数为多；较外国兵船，则人数为少。薪粮月约二千余金，而煤炭之费最巨，一时尚难悬拟。其舵水人等名册，及每人薪量若干，容俟详细造册，咨达台端。乃德②无他技能，且有心疾，经日意格辞退后，再四到局求留，业已峻词拒绝。此后倘复再来，自当遵谕办理。顺此附闻。除将折稿咨呈外，肃此敬达。

（台湾"中央研究院"近代史研究所编：《海防档·乙》，《福州船厂》，1959年台湾近代史研究所影印本）

①七月二十七日总署收船政大臣沈葆桢呈王爷函称："前月附驿奉上芜函，计邀青睐。"前月当指五月，驿弁一般于月底北上。

②乃德：洋员。

致总署　同治八年六月初九日①

前月附驿奉上芜函，计邀青睐。辰维鼎衡笃祜，备叶颂私。福州自设立通商马头以来，法国向无领事。今年忽有领事席孟，副领事巴世栋来谒，自陈前因福州绝少法国商船，故未设此官。比以船政所用员匠，该国人为多，是以由宁波调来驻扎。且详问船政一切章程，并极力搜求两监督短处。当直告以领事为通商而设，与船政两不相涉，设席优待之而去。次日，求将法文告示贴船厂中，复告以船厂非领事管辖之地，且无从知示中所说是何言语，断难照办，力为拒绝。嗣闻厂中洋医赴领事处禀控日意格，旋经调处息事。席孟住月余日，遂回本国。五月朔，第一号轮船下水，巴世栋忽来厂中道喜，谈次提及铁匠卡士巴，即白尔思拔，因骂辱匠头博士忙，即白尔思蒙，经日意格禀革，情殊可悯，乞向日意格说情。当告以如系说情，则汝与日意格同国之人，凭汝如何说去。至我只有照章办理，必不能有所轻重其间。嗣后迭次向总督衙门哓哓不已，语多挟制，经香岩②制军再三开导，犹复不知悛改。六月初三日，竟敢具文咨提该监督日意格及匠头博士忙，并中国工人张维新等六名，赴伊处候讯。越分妄为，令人发指。虽已据理驳斥，彼当无可置辩。然狼子野心，意别有在。据日意格称，该领事曾示意监督出银一千元，并补该匠辛工五年，便可消弭。借端讹诈，已属显然。遂其初心，则循例而来，源源不绝；拂其所欲，则诪张为幻，防不胜防。我所急者船工，彼总以搧煽洋匠居奇为长策。不特此风一启，洋匠可以挟制匠头，匠头可以挟制监督，上下威令不行，合同置为无用，即目前各洋匠已有恃无恐，相率刁难。入夏来洋匠皆卯正到，今则辰正始到。华匠不能停工以待，则又任意挑剔，以为做不如法。虽经日意格再四晓谕，坚不听从。风闻该领事谋此席时，所费不少，固将于此求偿。更有税务司美理登向香岩制军求派伊为正监督，将日意格、德克碑改为左右副监督，虽已谢绝之，然耽耽虎视，于心终不忘也。似此情形，不掀翻全局不止，不得不琐屑奉闻。应如何设法办理，使船政不至动摇，祇乞训示为感。但使领事可以裁撤，抑仍回驻宁波，税务司固无能为也。

（台湾"中央研究院"近代史研究所编：《海防档·乙》，
《福州船厂》，1959年台湾近代史研究所影印本）

①九月二十五日总署收船政大臣沈葆桢函称："六月初九日，肃修丹楮，计已渥荷青垂。"即此函。

②香岩：英桂（1798—1901），字香岩。赫舍里氏，满洲正蓝旗人。举人。时为闽浙总督。

致总署　同治八年八月二十六日[①]

六月初九日，肃修丹楮，计已渥荷青垂。比当秋序增高，伏念荩躬笃祜。第一号轮船下水，大纲备举，而一切细碎物件尚未安置周全。数月以来，大自桅舵，小至钉镶，逐件结构。每造一器，由绘图而刻模，由刻模而打铸，由打铸而刮摩，以至配合镶嵌，动需时日。加以洋人随事沾沾自喜，虽极平常之法，亦若不胜珍惜，必几经催促，而后出以示人。品类既繁，彼亦不能事事驾轻就熟，而又深讳所短，惟恐人知。如管驾之游击贝锦泉[②]，及粤匠之出色者，于船工皆谙悉梗概，时或议其所作之不如法，彼必坚不听从，故有一物之微，经三四次改作而后就绪者。费缘是巨，工缘是迟，学习之匠徒，督催之员绅，亦缘是愈形劳瘁。驾驭寡术，且惧且惭。本月十三日，在事员绅会同管驾官演习，驶至壶江。据称，船身轮机均坚致灵动。二十日，葆桢督同日意格等阅视，驶出大洋。其出也，逆风冲潮，阅时行七十里而赢；次日乘风潮折回，阅时行九十里而缩。以风平浪静计之，每时约八十里为准。银涛山涌，葆桢不胜眩晕，而舟中人謦控纵送，动合自然。至船上装饰，外人意在美瞻，葆桢告以务取朴固，勿尚浮华。英美诸族来观者，咸以为坚致牢实。葆桢虽日夕从事，而生性钝拙，于其中机括，仍一切茫如，无能定其良楛。敢乞曲加教诲，所有未合作法之处，详予指示，俾获遵照办理，以尽善为归。此间操纵之难，吴道大廷[③]与葆桢共身历之，恐函牍疏漏，且有非笔墨所能罄者，特令该道进京抠谒。如奉垂询之件，可以缕析面陈，近领榘训。除将折稿咨呈外，敬肃芜词。虔请崇安，伏惟垂鉴。

（台湾"中央研究院"近代史研究所编：《海防档·乙》，
《福州船厂》，1959年台湾近代史研究所影印本）

①同治八年十一月二十三日总署收到船政大臣沈葆桢函称："八月二十六日轮船北上，附达寸丹。"即指此函。

②贝锦泉（1832－1881）：福建水师都司，加游击衔，后为扬武管驾，副将衔。

③吴大廷（1824－1877）：字桐云，湖南沅陵人。同治五年十月，由福建盐法道调任台湾兵备道。有《小酉腴山馆诗文钞》。

致总署 同治八年十月初八日①

　　八月二十六日，轮船北上，附达寸丹。旋奉到八月初六日船字十七号谕函，辱蒙椠训，拳拳铭佩。至巴世栋经香岩制府及葆桢处严词拒绝之后，更无一字前来，而暗中鼓煽，积日滋甚。日、德本不相能，因之益成水火。提调胡光墉请将德克碑改委教练事宜，专责工程，于日意格二人踪迹既分，狺狺渐息。独达士博中有所恃，不胜居奇挟制之心。八月十三日，试演新船，请用洋人引港，驳以港道非附近渔船不能熟习，何以反用洋人？乃称引港不用洋人，各员匠不肯前往。葆桢见其语涉挟制，饬令听从其便。引港小事耳，所费无多，然不能不杜其荐用洋人驾驶之渐。是日，船抵海口，一切平顺，达士博老羞成怒，益事事刁难，因而不得不撤。达士博撤后，洋匠颇知儆惧，工程较胜于前。巴世栋又出而作梗。承谕告知公使，伊必转来乘势干预，可谓明见万里。第彼仍前哓渎，葆桢可据理而与之争，若一味罚银，被罚者又唯恐缴之不速。则在彼甚有把握，而在我毫无权衡。葆桢诘日意格何以遽行缴银？据称，缴银之后，乃可上控，若罚而不缴，非但上控不理，且抄没随之，盖彼定例如此。所以博士巴一案，三千五百元，达士博借赏之三千两，均已投缴。若撤退达士博之案，断伊不是，尚须二万余元云云。闽省向无法国洋商，领事之设，本属赘疣。巴世栋恃领事以阻挠船政，簸弄是非，更有不能不撤之势。惟欲撤巴世栋，则必仰仗贵处与其公使分析言之。如巴世栋已有先入之词，尤望与之据理力争，庶奸谋以戢。除另备咨呈外，谨将详细情形，颁缕上闻。伏祈大力转旋，以弭无穷之患。不胜感激之至。

（台湾"中央研究院"近代史研究所编：《海防档·乙》，
《福州船厂》，1959 年台湾近代史研究所影印本）

①沈葆桢于同治八年十一月上旬《致总署》信称："十月初八日，曾肃寸丹，谅蒙垂鉴。"即指此信。

致总署　同治八年十一月上旬①

十月初八日，曾肃寸丹，谅蒙垂鉴。迩维荩猷笃祜，硕画扬庥。翘跂庆霄，曷胜忭颂。船厂第二号湄云轮船，业于十一月初四日下水。船中器具，均已大备，略加修饰，便可出洋。第三号龙骨、船胁亦上齐。以后驾轻就熟，更易蒇事。第四号船台亦已动工，台工一毕，当即定辋。辰下但论船上诀窍，经各匠作等悉心讲求，十已得其五六。铜铁各器，自开厂以来，自行鼓铸打造者，累百盈千。各工匠等亦能随象成形，按图以索。惟轮机分度，总俟来年大厂一律告齐，方有把握耳！知关廑注，谨以附陈。除将折稿咨呈外，谨肃寸楮，祗请荩安。

①总署于同治八年十二月初一日收到此函，此函当写于十一月上旬。

致总署　同治八年十二月十五日①

敬禀者：本月初三日，捧诵赐函。辱蒙奖饰逾恒，慰诲交至。回环三复，镌篆五中。就惟勋福兼隆，允符臆颂。万年清于初七日安抵工次，吴道大廷及管驾官贝锦泉等，感戴鸿施，沦肌浃髓。定当竭诚努力，以上答期许培植之深心。在事人员，同声庆幸，承命将海上险要见闻所及，编辑成书，谨即饬该员弁等详慎办理。至巴世栋干预船政一案，葆桢前者未悉都中情形及川黔等省教案纠缠不清之故，轻率上达，负疚良深。幸荷桀训拳拳，呼寐使觉。钦佩之下，感也何如。现达士博自知无可置喙，已帖耳归国，此事不致再起波澜。惟巴世栋等虎视眈眈，垂涎未已。乘隙尝试，变幻百端。祗有恪守诲言，持正与之争辩。但恐资性驽钝，不足以慑服叵测之心。仍望大力扶持，俾勿贻羞陨越，是则下私默祷者尔。祗请荩安。

（台湾"中央研究院"近代史研究所编：《海防档·丁》，《电线》，1959年台湾近代史研究所影印本）

①同治九年二月初七日总署收到此信。信中所云"本月初三日"指十二月初三。"万年清于初七日安抵工次"，当指十二月初七日。此函当写于十二月十五日。

致总署　同治九年二月初十日①

敬禀者：客腊十五日，曾扛丹笺，计邀青睐。比维苞躬纳祜，弗履凝床。光霁遥詹（瞻），揄扬曷罄。第二号湄云轮船本月初五日放洋，次日即抵淡水。如台米办有成数，万年清即当前往装运。昨因卫河曲折，万年清船身过长，入津较见费力。故将第四号之一百五十匹马力轮船另改图式，前后缩二丈有奇，左右则展宽三尺。图式既定，即可起工。轮机近方造模，试铸当在五六月。外国员匠，争以天朝锡命为荣，嗢望甚切。故许轮机告成，为之请奖，以责其将来之效，而坚其向化之心。内地在事人员，奔驰于凄风苦雨、惊涛骇浪之中，昕夕无间，其劳瘁迥非别项差使可比。是以仰体朝廷有善必录之意，亦不敢壅于上闻。德克碑以西陲用兵，请将新样枪面呈左督。告以汉口而北，民不习见洋人，万一滋生事端，谁职其咎？该监督坚请不已，至于以死自誓。只得嘱上海陕甘转运局胡道，遇有解送军火委员，与之同行。盖巴世栋使之呼冤于左督也。知关廑念，谨以缕陈。祗请台安。

（台湾"中央研究院"近代史研究所编：《海防档·丁》，《电线》，1959年台湾近代史研究所影印本）

①六月初二日总署收到船政大臣沈葆桢呈王爷函称："二月初十日，奉达芜函，计邀电览。"即指此函。

致总署　同治九年五月中旬①

二月初十日，奉达芜函，计邀电览。辰维起居万福，擘画咸宜。翘首麟图，倾心凫藻。第三号八十匹马力轮船，拟名福星，于本月之朔下水。第四号百五十匹马力，经营伊始，拟名伏波，计冬间方可葳事。轮机木模已成，开铸当在六月。辰下于坞外度地搆拉铁等厂，工繁费巨，然按之船政，为实不可少，只得尽心力以为之耳。英国于福州口岸设副领事，驻罗星塔，与马尾中隔小河。罗星塔为滨海扼要之地，彼所垂涎，当事不得已许之，其时马尾固一片荒地，彼不之顾也。迨船政定议，洋商天裕行旋于马尾山上租地一区，以为居奇地步。访闻时业已成券，无如之何，只得将其旁尽数买入船政而已。前年，副领事贾禄求让山上之地，据理函谕之而止。近接总督衙门咨，据领事星察理申陈，以转租天裕行之地，不敷作副领事衙门，求向船政让地凑用，并由通商局委前福州府丁嘉玮②，会同该副领看地前来，而该副领事已先期于船政界内，混插英国公馆界牌以挟之。查洋船麇集于罗星塔，舍所便而就所不便，其中必有隐情。且通商局积日累月，相择数处地段，无当其意者，其命意所在，不问可知。盖逼处则有交涉，有交涉则有是非，有是非则有调停，而船政可得干豫（预）矣！恐将来该公使必向贵衙门哓舌，合将来咨、复咨抄达冰案，当否？伏乞诲示为祷。

照录文稿：

总理船政大臣为咨复事。本年四月二十一日，准闽浙督部堂英③咨，据驻扎福州星④领事申陈，同治八年十一月二十五、十二月二十等日，叠承准贵督部堂于议在马尾地方建设副领事衙门一节，均以前经勘丈丛葬之所，未易招令民间认迁，行局委员会同查明营前各地，实难建署，即另择相宜之地，妥商租给，毋稍泛视迁延等因，札复各在案。兹有英国委派督办工程官，由上海前来勘定马尾山顶英商天裕行永租地段一所，业与转租成议，惟该地三处内有船政衙门地界，齿牙相错，致势面未能方正，亦不敷用。查此三处之地，虽插有船政界牌，其实地属余残，且复无几，不中起盖，不外为工匠取土，以及丢堆瓦砾，尽可凑成起盖副领事衙门之用，绘有地图一纸，兹为签红指出，凡蓝线所绕皆是，请贵督部堂准如今陈事理，转咨船政衙门，请将此三处之地，永租建盖副领事衙门，可免地方官会同另择，多费周章，并须起迁丛葬多冢。至若该值若干，自应照价租赁等情，计附送签红绘图一纸到本部堂。据此，查罗星塔地方建盖领事衙署，所需之地，节经檄行福建通商局委员勘择在案。兹据申陈，勘定马尾山顶英商天裕行原租地内，堪以建署，因该地三处内有船政衙门地界，请转咨租赁凑盖，查阅地图，未将该三处地共若干丈尺，距船政衙门若干里，逐一签明，究竟该地是否可以租给，有无窒碍之处，除札复星领事外，相应咨商，烦请查照，希即委员勘明酌复等因。查船政未举之先，罗星塔已洋楼林立，当时马尾山只一片空地，如果非此不宜，何难舍彼就此？而择用罗星塔者，可见相宜在罗星塔，不在马尾也。今船政大局已定，无可更易，乃谓副领事衙门相宜无过于此者，何前后所见之殊耶？厂地横阔不及里余，甚虑不敷布置，如天裕行永租地段绕在厂界之中，非不欲兼而有之，无如该洋行议租在前，即未用于一时，必有用于异日，断不应谋自己之利便，强他人以我从。中外同之，无二理也。船政经费支绌，断无余资以购无用之地，本大臣奉朝命莅船政，亦不能若商贾之牟利，将已购之地转行租给他人。况该处非惟于船政大有窒碍，且于副领衙门大不相宜，各铁厂各有烟筒，与马尾山相距咫尺，西北风一起，煤烟横贯山顶，无论何人，均难当其熏灼，将来副领事身受其害，其废已成之衙门而另择耶？抑求将厂工停止耶？择地者，与其踌躇于事后，何如审慎于事前；应事者，与其迁就以沽一时之名，何如坦直以免将来之怨。前年，贾副领事原有此议，经本大臣切实函复，涣然冰释，遂作罢论。准咨前因，合就咨复贵部堂，请烦查照，饬即另择，望切施行。

再，正在咨复间，竟有于船政界内纷插英国公馆界牌，若厂地可以强占者，殊不似领事官举动，此必有奸匠纵（怂）恿其间，并请饬通商局会同地方官查明，严拿惩办。须至咨者，计咨还地图一纸，右咨闽浙督部堂英。

（台湾"中央研究院"近代史研究所编：《海防档·丁》，《电线》，1959年台湾近代史研究所影印本）

①此函称："第三号八十匹马力轮船，拟名福星，于本月之朔下水。第四号百五十匹马力，经营伊始，拟名伏波。"查福星于五月初一日下水，伏波于五月十四日开工，则此信当写于五月中旬。

②丁嘉玮：大兴县人。福州知府、福建补用道。参预福州电线敷设交涉事宜。

③英：英桂。时为闽浙总督。

④星：星察理，英国驻福州领事。

致总署　同治九年七月上旬①

敬再启者：闻电线之设，洋人持议甚坚。如能禁使弗为，则多一事不如省一事；倘其势难中止，不如我自为之。予以辛工，责以教造，彼分其利，而我握其权，庶于海疆公事无所窒碍。若听其自作，则遇有机密事务，彼一二日而达者，我十余日尚复茫然，将一切机宜为之束手矣。是否有当，伏候钧裁。

（台湾"中央研究院"近代史研究所编：《海防档·丁》，《电线》，1959年台湾近代史研究所影印本）

①同治九年七月十六日总署收到此信,此信当写于七月上旬。

复陆心源① 同治十一年十二月②

存斋仁兄年大公祖大人左右:承示敬悉。仅以振威一船,听候驱策。该船俟督抚阅操后,即可起程也。祗请岁安,敬壁尊谦。诸维霁照,不备。治年弟沈葆桢顿首。

①陆心源(1834—1894):字刚甫,号存斋,浙江归安人。咸丰举人,同治十一年入闽浙总督李鹤年幕,署理盐法道,兼外交、海防。

②振威于同治十一年十一月十一日下水。函称"该船俟督抚阅操后,即可起程也",似指次年闰六月二十五日试洋事。此函当写于试洋之前。又称"祗请岁安",表示写于年末,即十二月间。

致总署 同治十二年二月上旬①

敬启者:久疏音敬,伏惟禔躬万福,至以为颂。户部议复甘督,请以甘饷酌拨船政一折,饬查轮船每只需银若干,每月薪粮若干,成船后,每月薪粮若干,俟复到再行酌拨。当将按月经费及各船薪粮,详晰陈明,并抄摺咨呈冰案。惟成船每只需银若干,考究月余,迄无端绪。比如一株之木,或几分用之于厂,几分用之于船。其用之于船者,或几分在于此船,几分在于彼船。即均在一船,而为用既殊,则所耗迥异。至于铜铁,则入火便失本来面目,有屡变其面目而始成一器者,尤难溯流寻源。工匠或日食二三百文,或日食数金,按匠计工,参差百出。目下船政之望经费,如久旱之望云霓,苟可以撮其大端,何敢不刻期以应?无如智尽能索,苦无次第可循。固缘拙于勾稽,亦其事过于繁赜,未易求之旦夕者也。知关廑念,谨以附闻。虔请台安,伏希垂鉴。

(台湾"中央研究院"近代史研究所编:《海防档·乙》,
《福州船厂》,1959年台湾近代史研究所影印本)

①同治十二年二月十五日，总署收到此函，按十二天路程计数，当写于二月初旬。

致总署　同治十二年七月下旬①

船政自增月款二万后，工程不至掣肘。惟洋药票税日绌，今年七个月，所入仅万余金，致造船经费挪为养船者甚巨。此则将来不得不另行想法者耳。

（台湾"中央研究院"近代史研究所编：《海防档·乙》，
《福州船厂》，1959年台湾近代史研究所影印本）

①同治十二年八月十一日总署收到此函，十月下旬沈致总署函称："七月曾矼寸笺，计当渥邀青睐。"即指此信。

致总署　同治十二年十月下旬①

七月曾矼寸笺，计当渥邀青睐。恭维康强逢吉，积日增隆。本年十二月为船工限满之期，中国匠徒均可按图自造，习驾驶者亦能自在游行。教导苦心，业已不负所诺。惟洋员、洋匠渥受天朝豢养之恩，不无久而忘归之意。葆桢与之申明约束，此处界限，不得不的实分明。若冀酌留数人，则与成功二字自相矛盾。惟望犒赏辛工、回费，速行筹发，则届期遣散，定可帖服无辞。至船政善后事宜，再四思维，觉惜费与图功两者，断难并行不悖。想老成谋国，早已经纬在胸，无待鲰生之饶舌也。林文忠奏议，刻尚未毕，合并奉闻。肃此，虔叩钧安。

（台湾"中央研究院"近代史研究所编：《海防档·乙》，
《福州船厂》，1959年台湾近代史研究所影印本）

①同治十一年十一月初六日总署收到此函，路程约十二天，此函当写于十月下旬。

复李鸿章 同治十三年正月十五夜①

杏荪②观察到，奉腊后二日手谕，以晚瘗琴之戚，慰诲拳拳，感激岂可言似。就谂指挥称意，威德日隆，悉符所颂。唐景星③认领三船，十三号海镜，驾驶之人已到，日内即可成行。十四号琛航，二月方能竣事。十五号大雅，则三月初方能下水也。官轮船畀之华商，租费保险，俟（似）均不必，以示朝廷之宽大，阁下以为何如？局商颇以兵船机器费煤为虑。敝局之总监工叶道云，康邦机器不准购，惟俟定议后议购，成船当在明年。询之杏荪，不以为迟也。尊谕数年后，生意日盛，不虑岁造船只无消纳处，诚属正言。然非我公开其觅食之源，生意无由日盛。我公排群议而创招商局，岂以毁誉撄心。万一局务萧索，败于垂成，他族揶揄，华人夺气，所关夫岂浅鲜，漕运、盐运，是在登高之一呼耳。我公议复停止轮船之奏，请撤各省红单、拖罾以养兵轮船。去岁三月，总署议复闽省改造商船之奏，请十六号起，一律仍造兵船，均老成谋国之心，至深且远。而此次总署所议，未及兵船，岂因裁撤红单、拖罾之议，各省付之不答耶？然闽厂岁费数十万，仅以供商人之用。而原设营船，人人知其不适于用，任其坐食虚縻（糜），恐均无此政体。敢请间造兵船、商船，两符总署所议。杏荪英敏精细，洞达世务。想见大匠门下，才俊林立，晚与再三往复，各竭所知，未审有当高深否？嘱其到津时，将所议面呈钧座，专候察夺。商局船用闽局人驾驶无不可者，惟有洋人在船，恐各执成见，转费商局调停。如杏荪所议，专归华人驾驶，而局员操其赏罚，则一气呵成矣。出洋拟用日意格者④，为其深知外国学问之窾窍，深知中国生徒之阶级，则经费光华，无虚掷之虞。员绅生徒，久与之处，熟知其性情，可无意外疑虑。非无曾到英、法两国之华人，然品学不及荔秋⑤，才具不及纯甫⑥。既不为洋人所重，复不为华人所信。数万里长征而挈以非所倚仗之人，有望洋而阻耳。总署谓以洋人充斯重任，不如中国委员之操纵由我，老成之见，钦佩奚如。第亦视其人何如耳。蒲安臣以美国人膺天使之命，虽中道凋谢，然未尝负中国。即如船政本两监督，今舍德克碑，用日意格，未尝不操纵由我也。日意格心地明白，颇晓中国伦常义理、风俗好恶，不致以不入耳之谈，与员绅生徒纠纷龃龉，故敢以是付之。而择性情肫挚，晓畅事体之员绅偕焉。倘此事日意格至于负国，葆桢无论在局出局，均愿职其咎。经费有难与沪上一律者，用洋人宜养其廉。且英法两国，以一人兼顾，故日意格拟仍以船政薪水与之。员绅以诗书起家，义当为国宣力。但行者居者，俱有资粮，万里长征，便无难色，故薪水只居沪上之半。沪上生徒，发蒙伊始，故川费用费外，无赡家银两。闽局生徒，艺成之后，月或十余两，或八九两。其家借以举火者，历有年所。今长行数万里，不能不酌加赡银。其从师之费，笔墨书籍之费，游历观摩之费，亦与初发蒙者迥异。然沪局欲以十五年［计功］，将前之有余，补后之不足。闽局欲以五年计功，亦相埒耳。谨将所议大概章程，抄呈电览。一切可行与否，统候钧裁。挈衔会奏，是为至祷。祗请侍安，诸惟霁照，不备。年晚生期沈葆桢谨上。元夕。

再，去岁有布路斯人来谒，献炮厂各图，并呈执事答其厂东一笺，甚以为荣，知潞国声名洋溢中外也。其图极精致可爱，问其厂之广狭，曰周围三百里，问其成此厂经费若干，曰虽厂东不知也。其起有是厂也，大小工匠五人，茅屋一区，渐推渐广，以迄于兹，今六十余年，富埒国也。该国兵船，迥不若英、法之多且固，而雄视西陲者，专恃枪炮。盖兵船专于水，而枪炮则奄有水陆之长。人只知御戎之要在水，不知其要仍在陆。我新创之枪炮，必不敌彼之铁甲船，若腹地枪炮可恃，则彼之徘徊游弈（弋）口外者，仍块然一物耳。津局习枪炮有年，迥非平地为山者比。若择聪颖子弟与灵巧工匠，赴布国习其枪炮与其水雷，或究其理，或熟其艺，庶几水陆均有可恃，而海上稍得安枕乎！且欧洲无不以得交中华为荣，出洋局成，则英、法、美方相夸耀，布国自以为雄长西戎，耻不得与，保无有寻衅之念。而他族欲收渔人之利者，从而怂恿之，似不无可虑。售我伐交伐谋之术，以鼓其各献所长之心，毋亦愚者之一虑乎？由津而沪而粤，洋人均有电报，而我无之，外国消息，外国知之，而中国不知，犹之可也。中国消息，外国知之，中国不知，可乎哉！我公何不于近处一试，其有无窒碍否？葆桢于船政一节，尚引避不遑，兢兢焉日罪戾是惧，而复以不干己之事，妄致唇舌者，自顾衰病日增，无足报国，愿托令公之庇，冀终身为不见兵革之民而已。冒昧干渎，伏乞垂原，葆桢又上。

再，承垂询出洋经费，由何处筹提？查船政岁入六十万两，每年造兵船二只，约需四十万两。学生经费、修厂经费、各员绅薪水、各书差工食、水师口粮及一切杂费，约需十万。以十万为出洋经费，甚足敷用。若换兵船为商船，每船约减四万，可减八万，则经费更见从容。商船无炮，一切陈设，商局自备故也。季帅创议造船时，原未虑及养船。现局中自养者，二百五十四马力一号。一百五十匹马力三号，八十匹马力二号。薪费岁十余万，煤炭岁数万，经费在外，此船政所以不支也。自闻尊议裁撤师船以养轮船，如获来苏之命，日月以冀，至今渺然，若竟作罢论，无论出洋之款无处可筹，若再成两轮船，即不出洋亦索我于枯鱼之肆矣。晚处赘疣之地，惟望大力者挈之以行，他处无可呼吁也。非不愿停此局以图卸责，其如非心之所安何！区区下私，想爱我者当曲鉴之也。葆桢又上。

照抄船政监督日意格条议。

窃船政各童拟赴西洋分习,其情形较沪局不同,沪局入学伊始,层累而上,除束脩日用,别无他端,故估费特省。闽局如前学堂及绘事院之艺童,数年来已学有根柢,且兼谙手艺。即各厂之艺徒,已习手艺,亦兼读过洋书。此次议赴泰西,固应变通沪局章程,而求其精善。今拟法学办法,半日肄业工厂,每年复以两个月游历各国各船厂、铁厂,以增长其见识。庶四、五年间,可以炼出全才。惟获效速则需费必增,谨作每年用度大略,另列奉览。至英国驾驶之学,每年均在学堂,亦以二个月赴大兵船上阅看练习,如建威之闽童等,其成功年限,想不逾两年,定堪胜任矣。鄙见所及,伏候采择施行。

法学章程:

一、在法国地方,各学生应合住一所,委员亦住其间,以便稽查。

二、有遇惩责学生事件,归委员办理。

三、学生在屋,遇有他事出门,应向委员说明,准而后行。其每日到厂到工,或委员或洋教习均应往返领带。

四、礼拜日不到厂,上半日在屋读书,下半日或委员或洋教习领带出门散步。

五、学生所住之屋,要离大厂不远,并应挑水土洁好地方,以免久住生病。

六、每三个月由监督甄别一次,其名册分数寄呈现船政衙门察验。

七、学生遇有病恙,应请外国医员为其诊视。

八、学生住房,应设外国雇理三四名洒扫伺应。

九、各学生寄致家信,彼此来复,每月计各四次,其信赀由局发给。

十、每年两司到西洋各国观看学习,委员、洋教习均应偕行。

十一、出洋学生万一水土不服,难期久往,应斟酌剔回。其遗缺应请由闽送补。

十二、所开洋教习束金,系就学生三十名以内估算,如增出五名,岁应加束一千元;增出十名,岁应加束二千元。

十三、每年驻洋委员将一年用费册报船政衙门。倘正款有余,仍涓滴归公;若正款实有不敷之处,由委员随时禀报衙门补给。

十四、赴洋后年复一年,若闽局以此举办有成效,更议广招学生及增习他学,监督及委员等理应效劳,其薪水均应仍照向额,不得因事繁请增。

艺童课序:

第一年:学习重学统论、画影勾股、水力重学、汽学、化学、轮机制造法、法国语言、画图。

第二年:学习轮机重学、材料配力之学、轮机制造法、水力重学、化学、五圣学、房屋制造法、法国语言、画图。

第三年：学习轮机重学、轮机制造法、挖煤、铁学、船上轮机学、铁路学、法国语言、画图。

以上三年，各学生合同习学，所有重学统论，计可学完。以后分就各厂练习厂艺，三年后拟分习三厂：一分造船厂、一分轮机水缸厂、一分枪炮厂。

艺徒课序：

第一年：画影勾股、算学、代数、勾股、画学、法国语言。

第二年：画影勾股、重学统论、汽学、画图、法国语言。

第三年：重学统论、制造轮机法、水力重学、轮机重学、汽学、画图、法国语言。

以后四年、五年，各分各厂学习工艺，其分习之厂，拟同艺童。

英学课序：

一、驾驶练童赴英国学习，期拟二年。

二、九个月内在英国学堂，地名期梨呢士，学天文、画海图学、汽学、水师战法、英国语言。九个月后赴英国操炮船，地名博士穆德，学各炮各枪炮操法，约六个月工夫；再在该处学画海图之学，约三个月工夫；嗣后又赴英国水师营，分派各童到各兵船上学习四个月。

三、前项学堂并兵船地方，应由驻京公使咨会英国总理衙门分赴学习，请先由中国总理衙门，照会驻京公使办理。

估拟用费清单：

一、学生赴英、法学习，每名每月房租、火（伙）食约番二千元。

一、英、法书籍、纸笔、家伙、信资、医费各杂用，每月约番三百元。

一、每年游历法国各厂、英国兵船、洋教习并委员学生，每员每名费用约番三百元。

一、英、法教习二、四员，教学生约二十、三十名，每年束金共约番四千元、六千元。

一、英、法学生，上等者每年每名赡养银二百四十两，次等者每年每名赡养银二百两。

一、学生出洋时，每名给予行装并逐年添补衣服二百两。

一、监督一员，薪水照船政原额，每月一千两。

一、监督办公月费，每月约二百两。

一、委员赴英、法各拟二员，每员每月薪水二百两。

一、监督往返川资，每次五百两。

一、委员并学生往返川资，每人每次法三百，英四百五十元，匠役每名每次法二百四十元，英三百元，

一、酌带厨子、剃头并裁缝等匠，英、法各四名，每人每月工伙约番十六元。

（台湾"中央研究院"近代史研究所编：《海防档·乙》，
《福州船厂》，1959年台湾近代史研究所影印本）

①同治十三年二月十九日，北洋大臣李鸿章将沈函交总署，落款"元夕"，即元夜。知写于同治十三年正月十五夜。

②杏荪：盛宣怀（1844—1916），字杏荪，号愚斋，江苏武进人。先任上海轮船招商局会办，后接办汉阳铁厂，官至邮传部大臣。

③唐景星：唐廷枢（1832—1892），字景星，广东香山人。轮船招商局总办。

④同治十二年十月，沈葆桢奏请船政局学生选派留欧，得到李鸿章及总署的支持。光绪二年，沈葆桢与日意格等草拟了《出洋肄业章程》，规定在船政局前学堂和后学堂选派。光绪三年初，正式派出第一届留学生共38名，分别在英、法学习。学习年限三年。这是我国最早官派留欧学生。

⑤荔秋：陈兰彬（？—1895），字荔秋。广东吴川人。咸丰三年进士。光绪元年为驻美公使。著有《使美纪略》等。

⑥纯甫：容闳（1828—1912），字达萌，号纯甫。广东香山人。毕业于美国耶鲁大学，是中国最早的留美学生。曾任驻美副公使。1900年在上海参加唐才常主持的张园会议，称"中国国会"，被推为会长。著有《西学东渐记》。

复盛宣怀　同治十三年三月二十二日①

杏荪仁兄大人左右：获亲芝宇，数领良筹。谋国之忠，虑事之详，且纫且愧。别后汪汪叔度，日与春波千顷，共此溯洄。接诵来函，恭谂福星安渡，勋祉均佳，曷胜慰忭。弟海壖待罪，竭蹶弗胜。惟望时惠好音，匡我不逮耳。手此，顺复勋安，并璧谦版。惟希朗察，不备。愚弟期沈葆桢顿首。

再，承寄示李爵相致总署函稿，周匝透彻之至。季帅②、雨帅③均有书来，并将议复总署函稿寄示。此事总以李爵相④处为定盘针，想日来必有成议矣。葆桢又顿首，三

月廿二。

（王尔敏、陈善伟：《近代名人手札真迹》，香港中文大学出版社，1987年出版）

①此函落款"三月廿二"，当写于同治十三年三月二十二日。
②季帅：左宗棠。
③雨帅：丁日昌（1823—1882），字禹生，又作雨生，广东丰顺人。贡生。历任江苏、福建巡抚。
④李爵相：李鸿章（1823—1901）。字少荃，安徽合肥人。道光二十七年进士，以军功官至直隶总督兼北洋通商事务大臣，同治十二年授武英殿大学士，次年，调文华殿大学士。封一等肃毅伯。

致李鸿章① 同治十三年四月十九日②

奉到三月底手谕，辱蒙勤勤慰诲，迥异寻常，并蒙饬日酋前来相助为理，感何如之！钞示致总署书，规画周详，词严义正，无任钦佩。惟武乡知人之明，度越千古，毋乃以幼常之故，白璧微瑕乎？尊议制之于事先，今则已登岸矣！已扎营矣！已开两仗矣③！生番死四十余人，倭奴死十余人矣！海防陆汛，一无可恃，岂惟台地为然？其如人人知其不可恃，人人不求其可恃何？既事图之，无及也；先事忧之，则众矢之的也。曾文正公云：方今任事者为鱼肉，避事者为刀俎。追维曩哲，能无慨然。滇陇肃清，人思高枕而卧。日本以未成之气候，跳踉而来。但能生我忧勤惕厉之心，则敌国外患，未必非上天之仁爱。补牢求艾，正不嫌迟。若尚幸其无事，则必终无可幸者矣！生番蠢蠢若鹿豕，岂足以敌蓄意新练之兵？其破也在意中事。破则必踞其地，而我之战事起；不破则必以商民接济为词（辞），我之战事亦起。铁甲船、水雷之请，纵蒙俞旨，集事亦在八九个月后。目下中外且各与之切实辨（辩）论，迁延岁月，待吾事之集，算出万全。如其侵我土地，戕我人民，则虽利器未齐，不得不伸天讨。师直为壮，古人不我欺也。从来玩岁日者必亡，穷兵黩武者亦必亡。法郎西即倭奴前车之鉴，但未知天之授手何人耳？日酋感推置之诚，沦浃饥（肌）髓。其议日本事，多中窍要。晚待一有轮船到，即挟数措大与之偕行④。济安侯孝廉南旋，即令郑弁⑤解赴津门，交与陆弁⑥换镇海而归。晚渡台后，拟奏报尽由轮船递至津门。至寄谕及总署要函，可否奏请由天津派船递台之处？伏乞卓裁。盖以消息既捷，亦可借是常求指教也。

①李鸿章：字少荃。直隶总督，时主持台防。
②李鸿章于五月初一日复沈葆桢函称："顷由招商局寄来四月十九日手示。"云云。所谈内容与此信一致，故可断定此信即四月十九日写。
③同治十三年，日本借口台湾琅璕地区原住民杀害琉球漂至该处的渔民，以三千五百名兵力登陆琅璕，企图永久占领台湾。四月初七日，日本西乡从道率兵进攻牡丹等社。牡丹社众死伤七十多人，日本军伤亡二十四人。同时分兵屯驻琅璕、龟山等处。
④清政府于四月十四日任命沈为钦差大臣办理海防兼理各国事务大臣。五月初四日，沈乘安澜号轮船到达台湾。一面与日本侵略者谈判，一面加强海防及台湾军备、兵力，并且着手开发台湾东部地区，团结原住民，共同反对日本侵台。
⑤郑弁：郑渔，济安号管驾。船政学堂毕业生。
⑥陆弁：陆伦华，镇海号管驾。旧式水师出身。

（三）巡台时期

巡台（一）

致李鹤年① 同治十三年四月二十六日②

　　昨午到工，福星已展轮东渡矣！见贝将，据称前者天津教堂滋事，西人竟挟沪局兵船以行。如该船赴台，东洋踵其故智。拒之则立即开衅，从之则殊属失体。曾以此意晤商陆观察③。现奉台端札饬巡洋，先到厦门，相机办理云云。顷得筱涛公牍，则日本兵船已过旗后。探报，从琅璕上岸者，已三百余人。此事大有骑虎之势。日本若得志于生番，必席胜势以陵百姓，图据其地，遂开衅端；若挫于生番，必借口百姓通番，摸（捕）风捉影，横生枝节，衅端亦不得不开。中朝断不肯任其鸱张，想总署日内当函致尊处，明定主意，则镇道易于遵行，不致临事周章。小涛④请扬武驻澎湖，似不能不如其所请。此时情状显露，无可游移。似当明饬贝将，如胁我以非理，立即奋勇拒敌，不以开衅罪之，则将弁等无可借口。事局决裂，可虑者不独台澎。陆勇寥寥四五营，防台已去其二，标兵除守城无足用者，水师仅恃数号轮船，而北上者三。窃疑执事调度，不免支绌，然万难中不得不想出办法。谨以鄙见所及，为我公陈之：一曰固民心。台民习于斗狠，前者西人酿事，为和议全局起见，不得不委曲弥缝。今日情形，迥非昔比。似宜明饬镇道，如民间受其荼毒，立须声罪致讨。官民同命，草木皆兵。妙在彰化竹围已破，慑莠民之心，作义民之气，并行不悖，全台屹若长城矣。一曰联外交。西人熟于纵衡之术，一国有事，则诸国议其曲直，而伺其胜负。其电报星速，有事必先知之。通商局宜开诚布公，力与周旋。台、厦探报，宜明示之，以便索其消息。且以理之是非，势之利钝，常与晤对，以结其心。推功让善，必可收忠信笃敬之效。且有从旁评理者，将来颇易于收场。一曰豫边防。日本不得志于台，必豕突省厦。省门海口曲折，尚可临事布置；厦门孤悬海外，防兵单弱，尤属可虞。万一有警，扬武由澎湖回顾，尚不甚远，陆兵则断难朝发夕至。似宜檄罗军门⑤或孙镇⑥带勇进驻厦门，使商民不致骇散，其余乃可续行筹办。扬武一船，即专顾台、厦，亦孤掌难鸣。下月底，孝廉船南旋，亦仅万年清、济安两号，永保则商船也。似宜调回山东之飞云、广东之安澜，其二将胆智皆可用，台省方足兼顾，事平还之可也。若山东、广东有警，则福建亦宜更以船济之。一曰通消息。中国无电线，不得不借重轮船。台、厦文报，动淹旬月，于军务殊属窒碍。似宜以海东云、长胜，一省一台，振威、靖远，一省一厦，此来彼往，凡军务文报均付之，则消息互通，一日可达，执事便于指授机宜。海东云暂离福宁，尚于大局无损，惟煤炭宏多，此时似难惜费。船局为经费支绌，采办暂停，煤炭有立匮之势。钱铺垫用既多，万难再垫。明知海关淡月，无可筹解。然无煤则船为之废，敢恳晤文将军⑦时，为请筹借数万，俾得赶赴基隆办煤，以期无误军务。琐琐之见，万无当于高深。为我公虚怀若谷，不敢不竭其愚，冒昧之愆，尚祈涵宥。部民中似颖叔⑧有才识，且更事，我公可进而商之否？

①李鹤年：字子和，号雪岑，奉天义州人。时为闽浙总督，光绪二年改河督。

②沈葆桢于四月二十五日出福州城至马尾。信称"昨午到工"，此信应写于四月二十六日。

③陆观察：陆心源（1834—1894），字刚父，浙江归安人。时署福建盐法道。

④小涛：夏献纶，字芝岑。江西新建人。

⑤罗军门：罗大春（1833—1890），字景山。贵州施秉县人。清水师总领及福建陆路提督。时赴台筹防开山。

⑥孙镇：孙开华，字庚堂。后赴台开山。光绪元年七月平息加礼宛社骚动。

⑦文将军：文煜，字星岩。时为福州将军。

⑧颖叔：林寿图（1809—1885），字颖叔。进士。时督办福州海防兼稽查船政。曾任山西、陕西布政使。光绪五年被革。晚年受聘为钟山书院掌教。

致李雨亭① 同治十三年四月二十六日②

前月捧诵环云，极佩深算老谋，至周匝详尽。比奉手札，就谂禔躬曼福，备叶颂私。承询海东情形，谨将筱涛观察来函，录呈冰案。倭奴略晓西人技艺，便欲急试其锋。不戢自焚，机理易见。然非窥我苟安旦夕之意，亦不遽蹈瑕抵隙而来。倘借此而生忧勤惕厉之心，则敌国外患，未始非修省之一助也。台地民心可用，当事能拊循而激励之，足以敌忾。第虑衅端既肇，则海口防不胜防。联络气脉，借在轮船，恐非战无以为守也。

①李雨亭：李宗羲（？—1884），字雨亭，四川开县人。道光二十七年进士，时任两江总督。
②此信与四月廿六日致李子和信均提及夏献纶来函一事，当写于同时。

致李鸿章 同治十三年四月二十八日①

十九日肃复寸函，附招商局递津，未知何时可达？二十六日，济安归，捧诵十八日教言，所以诱掖之者，无微不至。推公忠爱国之念，下及故人，感何似矣。生番事，素非所知，兹向督辕抄其全案，乃知其根株伏于同治六年美商之被戕，地方官断断以不逮版图为辞。经总署驳斥，尚执迷不悟。物腐虫生，谁职其咎？现牡丹社已被焚，并殃及民社，狂悖情形，令人发指。昨潘伟如②到，云：在沪晤柳原③，与之辨（辩）论，始则一味推诿，继则自陈追悔之意，谓为西人所误，当不日撤兵。揣其情状，或因南风司令，琅峤难以泊船，陆兵有孤悬之势，借此收场，以离我中西之交，而懈我绸缪之计。彼退而吾备益修，则帖耳弭首而去；彼退而吾备遂弛，则又蹈瑕抵隙而来。即目前撤兵一言，亦未可据为定论，容俟到台察看，再行奉闻。西人抄示日本船只数目，并所从来，与其优劣，如数家珍。反是而观，中国之虚实，亦在其烛照计数之内。非情理所能谕，恐亦非虚声所能慑。只有步步踏实做去，庶几冀有得当之日。而力微识短，惟望我公提撕警觉之耳。日意格谓新练之洋枪队，急切难用。惟台辕有惯战之洋枪队二万余，如能调一万南来，则陆路可无虑矣。渠又请于津营拨法兰西小铜炮五十尊，即四磅炮，每尊三百子，并炮手、管弁前来。沪局自制里明东弹子，津局火药，并请咨拨。且云：采办外洋军火，洋船多不愿装，招商局购英国船将次驶回，可否顺便装载？如有疏虞，则闽局当赔招商局云云。谨汇请裁夺见示。吴将世忠云：飞云曾领过津门火药，所制甚精。济安修整后，往换镇海，可否赐拨数万斤，令其带回？济安压载轻，故吃水浅。然孝廉公极言其颠簸甚于他船。到津乞饬陆弁知之，如上重下轻，则宜加载也。民团易办，然附胜则可，救败则难。召民④为当今有数人物，已函致之，尚未得回信。论平日气谊，则当来；而在闽失意，则未敢知也。惠赐倭国和约，感佩之至。倚装草草，不尽所言。

① 沈葆桢于同治十三年五月中旬《致李鸿章》称："四月念八日，肃觐寸丹，由仲复转递，未知入鉴否？"此信当写于四月二十八日。
② 潘伟如：潘霨（？—1892），字伟如，江苏吴县人。同治八年任福建按察使，次年擢布政使，后官至巡抚。
③ 柳原：柳原前光，日本人。同治十三年任驻华公使。
④ 召民：黎兆棠，字召民，广东顺德人。同治八年九月任台湾道。

致罗大春　同治十三年五月初七日①

念九倚装，匆复寸函，想经达览。嗣得大府书，云：仍请台斾东渡会商，益深翘盼。弟初一日偕潘方伯、日军门联舟而济，方伯初二日即抵台，弟与日军门往澎湖踏勘。初四，方伯安平晤奎翁②、筱翁③，询知倭兵仍踞牡丹社。南风司令，琅𤩅已难下碇，其兵船六七号，多于北路游弋（弋）。诸同事会商应办者三事：曰舌战、曰预防、曰开禁。计改土归流，非旦夕事，且必倭兵退后，乃可举行。舌战则伟翁邀同日军门亲赴琅𤩅，定于初八展轮。盖伟翁在沪，已面晤其柳原公使，商允退兵。故将柳原信往面诘西乡，似稍有把握。然恃此而不备，断难戢其贪心，则预防与舌战必同时并举。南路以府城为根本。安平炮台颓废，轮船一炮，可直入郡城。拟明早与诸公亲履其地，仿照洋法修之，以固南路。惟北路为全台精华所聚，非得独当一面之才，无可措手。苏澳为民番交接处，尤岛族所垂涎。公议请节钺驻苏澳，目前以杜彼族窥伺，将来以招抚生番。尚恐有见不到处，特派靖远轮船往迎大纛，来台郡面罄一切。初一，外再派飞云往载部众，直赴北路。贵部能以几营行，乞自酌之。至旧部王游戎一军，台从抵台时，亦即赴北路听指挥。弟等日内即以此意具疏，容再咨达。务望星槎速驾，大府处弟即日函致也。

①据罗大春《台湾海防并开山日记》记载：五月十三日接沈星使书，以嗣得大府函，拟仍请旌斾东行。此信应撰于五月初七日。罗大春，字景山。
②奎翁：张其光，字奎垣。台湾镇总兵。
③筱翁：夏献纶，字筱涛。

致李鹤年　同治十三年五月初七日①

惘惘一别，怅然至今。惟圭璧之躬，元气尽复，至以为念。侍初一偕方伯展轮，初三至澎湖，晤吴柱臣副戎②，与之上岸，周观形势。波沱旋绕，无一田一山，并无一树。其所以称全台门户者，则以台飓作时，台南数百里，舍此更无可寄碇处。然守之极难。其口有砖砌炮台一座，薄仅数寸，炮门甚多而无炮。然即坚其台，多其炮，孤峙亦不可守。若炮台林立，甚不知所费几何？徘徊久之，觉无从下手。吴副戎面禀云：班兵甚不得力，若能改募本地渔人为水师，必远胜之。盖其地酷贫，其人咸没水底以捕鱼，故习于水。该副将甚朴勇可靠，当非虚谬。张奎垣云：全台皆当照此办法，曾禀商执事，奉批准此，拟附片请试行之，尚是不费钱功德。初四早抵安平，方伯已先两日至矣。握晤镇道诸君，所筹者三事：曰舌战、曰预防、曰开禁。改土归流，非旦夕所能猝办，且必倭兵退后方可下手。舌战则伟翁③、筱涛定于初八日偕日军门坐轮船至琅𤩝。伟翁持柳原信以面请西乡④，似颇有把握。然恃此而不备，断无能戢其贪心。台地虽防不胜防，而南路以郡城为根本。安平炮台颓废，海上轮船一炮，可直入郡治。拟明早偕诸君亲履其地，仿洋法筑一炮台以安巨炮，郡城方可有守处。北路空虚尤甚，苏澳尤彼族所垂涎。日来琅𤩝难泊，倭船常游弋（弋）于北。公议拟请景山驻苏澳，目前以绝岛族觊觎之心，将来以开生番招抚之地，则台北方稍有眉目。日内拟将此意具疏，并遣轮船往迎景山。惜海角天涯，不及就正有道，良用歉然。琅𤩝近事，镇道牍中详之，恕不更赘。文将军及林颖翁、陆存翁⑤诸君，不及另函，晤间乞道及为望。

①信称"初四早抵安平",又称伟翁、筱涛"定于初八日偕日军门坐轮船至琅璚"。信中有"明早偕诸君亲履其地,仿洋法筑一炮台"句,故此信当写于初四日之后,初七日之前。与初七日《致罗景山》信同日。

②吴柱臣副戎:吴奇勋,字柱臣。广东廉州人,任澎湖镇总兵。

③伟翁:潘霨,字伟如。

④西乡:西乡从道,日本军人。1874年任台湾征讨都督,率兵侵我台湾。

⑤陆存翁:陆心源,号存斋。

致李鸿章　同治十三年五月中旬①

四月念八日,肃矼寸丹,由仲复②转递,未知入览否?迩惟侍奉曼福。晚初三到澎湖,周历履勘。台南数百里,台飓作时,舍此无可泊船,故为台厦第一关键。而其地之瘠苦平衍,为生平所未见,故守之极难。徘徊久之,迄不知所下手处。炮台雉堞,厚不数寸,并无一炮,即照洋法修之,亦非一台所能兼顾。守将吴奇勋甚朴勇,奈赤手空拳何?生番为倭奴肆虐,倾心归化,机势颇顺。看伟如、筱涛回来,便可决进止。召民来书,云:节后可到。景山当亦不远。惟陆勇甚缺,展袖颇难耳。疏稿及总署函稿已录呈,不更赘。日酋言高丽事,卓见何如?乞与总署商之。郑千总递折回,乞酌赐津局火药数万斤,少即数千斤亦好,台防甚盼此物也。其船如两三日可交代清楚,请饬互换。如非两三日所能了,则请饬其先奉批折而回,下次再赴津调换。如台端有紧急文报,陆把总驾镇海来换,亦甚便也。

再,筱涛禀词,作宕漾之笔,致措词失当。抵台后,察其办事,尚勤恳精细,非安心推诿者也。知关荩虑,谨以附闻。

初七肃矼寸丹,以为济安即日可到,将夹板及公文谨封以待。不料该船以待他处文件,初九始开,今日方到。潘、夏二公赴琅璚,亦尚无回信。台北复有倭奴勾结生番,用皮鲁驳船入兰西口,船破,捏称被抢之事,拟请张奎垣镇军坐扬武前往查办。台南北文报,动淹旬余,非轮船则消息全然不通。闽局轮船万不敷用,拟添调沪上轮船数号来。济安本拟待换镇海,现军报孔亟,恳饬一面赶装所赐火药,无论多寡,均为台地所缺者也。回折到日驶回。倭奴诡计万端,而台地之无备甚于内地,为彼所窥悉,看此情形,终非决战不可。召民闻日内可到,景山遣船迎之,尚无消息。馀俟潘、夏二公回郡,再行禀闻。

①信里有:"初七肃肛寸丹,以为济安即日可到……不料该船以待他处文件,初九始开,今日方到。"知是中旬。

②仲复:沈秉成(1823-1895),字仲复,浙江归安人。咸丰六年进士,官至安徽巡抚,署两江总督。

致李鹤年　同治十三年五月中旬①

奉初六日赐书,借谂擘画从心,至以为慰。日本驶近虎口两船,皆铁底,非铁甲也。昨得局信,日意格前打(订)电线,已有回信。英国有一号铁甲船可卖,索价百二十五万元。日意格尚在琅㻽未回,俟回时问其详,当与定购。其经费则上烦台端及星翁②荩虑耳。倭奴驻兵琅㻽,而意注台北。四月底又有打破驳船,捏报被抢一事。隔郡城十数程,无一人出主意者。招景山未来,只得请奎垣坐扬武往查。召民闻日内可到矣。台地千余里,竟无一炮,嘱镇道购办,不免以经费踌躇。省垣尚有能打十数里开花子之炮,可挪用否?澎湖极要,亦极难守。吴将请筑炮台四处,洋巨炮数十尊,广勇二千,轮船六七号,军火粮食足备,所言极是。而计费在百万外,仅一隅耳,何以应之。景山请执事催其速来,迟则恐误事机,似不容已于战也。

①信称"奉初六日赐书",至台至少四五天,复信当在中旬。

②星翁:文煜(?-1884),字星岩,费莫氏,满洲正蓝旗人。时任福州将军兼署闽浙总督。

致吴大廷　同治十三年五月中旬①

念九日,奉十八日手书,适登舟,不及裁答,何歉如之。缕示周详,感激岂有涯量。柳原甘词款款,悔为西人所卖。一则误我以无备,一则冀离我中西之交。其鬼蜮情形,显而易见。将来必不免于一战。营地向来设防,重在弭内患,无足以御外侮者,我公所知也。陆勇仅二千,团练、生番能助胜,而不能救败。请景山来,尚未得回信。轮船万不敷周转,乞师于麾下,并祈旌节荣临,以匡不逮。能打仗之船固佳,即不足打仗，而可以渡重洋者，亦可借通消息，望执事斟酌行之。下次之折，当附片入告也。俟潘、夏二君归，再当报闻。

①信中有"俟潘、夏二君归，再当报闻"，潘、夏于初八日赴琅璚。此信当写于五月中旬。

致李宗羲　同治十三年五月中旬①

奉念一日教言，借审前肃芜函，幸邀青睐。辱荷拳拳垂注，感何可言。台地班兵，全不可用，团练可助胜而不可救败。生番固愿助官，奈毫无伎俩。陆勇仅千人。为办廖有富一案，内地调来千人，以御外侮，未免过于单薄。迎罗景山，尚未见到。炮台倾圮，亦无一炮。南北千余里，非轮船，消息全然不通。闽局各船，万不敷周转。承谕已嘱桐云②挑选大者过闽。以谋国之忠，下逮故人，镂篆曷其有极。谨备文咨达冰案，并函致桐云矣。俟潘、夏二君自琅璚回，再当报闻。

①信云"俟潘、夏二君自琅璚回，再当报闻。"潘、夏赴琅璚在初八日。此信当复于中旬。
②桐云：吴大廷。

致李鹤年　同治十三年五月十五日①

奉初六日赐书，借谂擘画从心，至以为慰。台地千余里，竟无一炮，嘱镇道购办，不免以经费踌躇。省垣如有能打十数里开花子之炮，可挪用否？澎湖极要而极难守。吴副将请筑炮台四，洋巨炮十尊，广勇二千，轮船六七号，军火粮食足备。所言极是，而计费在百万外。仅一隅耳，何以应之？香港所运洋药十万磅，乞饬永保枉道过台或澎湖，卸三万磅以应急需。景山承奏留腹地，此间不得不另行招募。截留之款，一时难集，乞执事与星翁商酌，合筹二十万解台，以免贻误。潘、夏到琅璚后，风涛大作，连日渺无消息。倭奴驻兵琅璚，而意注台北。四月底，又有打破驳船，捏称被抢一事。隔郡城二千里，无人主持。请奎垣坐扬武往查，而扬武在澎湖，不能来。省来之济安、振威，管驾一上岸即不能复下。济安覆一舢板，幸未伤人。该两船亦站不住，驶往澎湖。至今到台之折尚未发也。沧桑变幻，是地竟不足为郡城矣。徐俟潘、夏二君归，再续达。

①五月下旬沈葆桢致李鹤年信称："五月十五日祗肃寸函，谅邀垂鉴。"知此信写于五月十五日。

致张树声① 同治十三年五月中旬②

捧读德音，辱荷拳拳垂注。就谂起居曼福，擘画因心，都如臆颂。弟奉命巡台，于端朔东渡。材疏任巨，备极悚惶。幸倭酋抵沪，执事委茗斋、仲复与之切实辩论。伟如适逢其会，得柳原尺素而来，此事便稍有眉目。窃冀因人成事，借免愆尤耳。伟如、筱涛亲赴琅𤩹，晤诘西乡。始则一味推诿，继且托病谢客。迨二公怫然告归，又再四挽留，重申前说。坚谓生番不隶中国，迨词穷理屈，以兵费无出为言，二公严词拒之而回。彼族未尝无愧悔之心，总窥我警备尚虚，意存观望。再得劲旅胁之，似烽燧可消。尚祈时锡指南，以匡不逮，草此。

①张树声（1824–1884）：字振轩，安徽合肥人。廪生出身。以军功历任江西巡抚、两广总督。

②信里有"以兵费无出为言，二公严词拒之而回"。西乡于十三日提出了兵费赔偿要求，此信当写于五月中旬。

致彭楚汉① 同治十三年五月二十日②

前月肃复寸笺，未卜何时入览？迩惟兴居曼福，都与颂符。前示旌节端午可以抵闽，跂望久之，未酬渴想。当以伯相倚仗之故，尚驻津门也。弟渡台后，商请伟翁亲赴琅𤩹，与倭酋辩论。彼虽词穷理屈，自萌愧悔之意，而窥我营头之不厚，军械之不精，终难消其贪念，不得已而有奏乞洋枪队之疏。此皆执事素所训练指挥者。如能随节而来，则回纥一见汾阳，投枪罗拜，固不烦一矢之加也。翘盼之私，曷其有极。

①彭楚汉：字纪南，福建水师提督。
②沈向彭楚汉借洋枪队，当与沈五月二十日《致李鸿章》信同时。

致沈秉成　同治十三年五月二十日①

几望肃肛寸函，未知得邀青睐否？迩维起居曼福。伟翁琅璚舌战，备历艰辛。彼族虽有愧悔之心，无奈窥我空虚，终难消其贪念。此间营头不厚，军械不精，不得不借南北洋久练之师，以为表率。海天跂望，尚冀鼎力赞成，不胜翘祷之至。

再，辩论情形，伟如业经函达，恕不更赘。又及。

①信云："辩论情形，伟如业经函达。"潘霨与西乡辩论，时在中旬。又称："不得不借南北洋久练之师，以为表率。"当与五月二十日《致李鸿章》信同时。

致李鸿章　同治十三年五月二十日①

初八肃肛寸笺，十六方展轮北上。甚矣，台洋之险，与各海口不同也。琅璚不能泊船，倭奴以孤军陷绝地，夷然不以为意者，深知我陆军之非其敌也。明知畿辅重地，洋枪队未易远行。然急抱佛脚，实出万不得已，伏希裁夺。彗星宵见，不知其兆何属？日本不足以当之，恐惧修省，有大焉者矣。日意格云：洋枪队若蒙允行，务恳带四磅炮十数尊，行仗尤为得力。景山为大府所留，召民亦未到，腾挪殊觉费手。惟尽心力以为之，不知何以上副期许之厚也。草草布臆，疏稿及总署函稿抄呈冰案，恕不更赘。

①六月初五日李鸿章《致李宗羲》信称："幼帅五月二十日来函。"即指此信。此信当写于五月二十日。

致文煜、李鹤年　同治十三年五月中旬①

五月十五日祗肃寸函，谅邀垂鉴。潘、夏二君赴琅峤辩论情形，业据实奏闻。一面备文，咨达冰案，计蒙赐览。购买铁甲船各项军火、电线等件，均邀俞旨，足慰忠厪。但经费繁多，尚当仰叨硕画。前疏所陈，添营调兵，以及近增洋员薪水等项，约为计之，岁非五六十万金不可，此尚其小者耳。购置之件，铁甲船两号固为大宗，其间若炮弹、洋枪、火龙、煤药、电线等物，皆不容缓者。照日意格所开，已将四百万金，而驾驶铁甲之薪费，教练陆兵之中外教习，澎湖等处之炮台尚不与焉。我之儆备果严，倭奴或自敛迹。不开禁之事，又难辍而不行。后山南自琅峤，北极岐莱，褒延千有余里。其中凿山开道，结砦屯兵，驯而至于分邑、设官、招垦、营建，所费又非数十百万不可。前人议论，每谓开禁后，其地产即可抵公需。自□□思之，此十年后事，目前殊无是说也。但就辰下言之，勇粮、练费，朝夕必需。购买船炮，得准信即付定银，到时即全数清款，万难刻延。海关四成之内，未知可以指拨者若干；闽省厘金之项，未知可以指拨者若干。祈先示及，以便支领。其不敷者，势不得不于洋款筹之。洋息似有定章，惟他日扣抵。若专指闽关一项，则为日久而息赢（赢）；若兼及江海诸关，则为日浅而息绌。此中擘画，悉赖荩图，感篆何似。尚冀垂示一一，以迪愚蒙。今先将勇饷、洋薪大概以及日意格所开购买船炮各件草单一扣缮呈台览，伏候卓裁。

①信云："潘、夏二君赴琅峤辩论情形，业据实奏闻。"可推此信写于五月十七日潘霨回来之后。似与五月二十日《致李鸿章》函同时。

致李鹤年　同治十三年五月二十八日①

奉到五月十五、二十两日手谕，知前肃芜笺，幸邀青睐。承赐拨饷银二十万，轮船陆续解来，火药三万磅，亦蒙慨允，感篆曷有既极。就谂起居餐卫，逐渐复元，至以为慰。借款之举，已成箭在弦上。惟各海关分还，抑闽关独任，前函请执事及星翁裁夺。应恳酌定后，即由尊处选派熟手举行。至祷！至祷！据日军门云：息约八厘，洋行亦分摊，各国无独任者。总以购何国船械，兑拨何国借款，则彼此两益，若往返交兑则两费云。述之以备采择。因此地消息难通，致采购多滞，请日军门先回福州，以期迅速。澎湖关系台厦最巨，而费实难筹。只得于上海购铁炮十尊，募勇一营，以慰吴协之望。昨阅新闻纸，竟以我辈奏片刻其中，殊堪诧异。以后折稿及朱批，拟皆抄录函达，乞勿发房咨行为祷。筱涛乘轮船赴北路，尚未得其来信，伟翁日内当赴南路，料量一切。倭船载妇女、农具、木栽、花种而来，其肺肝可想。李伯相议以唐军门定奎②统十三营洋枪队渡台，当由马尾派船赴瓜州口迎之。

①信称"筱涛乘轮船赴北路"，夏献纶进驻台北苏澳，在五月二十七日。此信当写于五月二十八日。

②唐定奎：字俊侯，安徽合肥人。淮军提督。光绪元年八月任福建水师提督。

致吴大廷　同治十三年六月初一日①

月前肃缄寸函，未卜何时入览。迩惟星槎载福，诸叶颂私。昨得伯相书，念台地陆兵单弱，许以徐州武毅军十三营见助，并约执事以轮船装运过台。前者将伯之呼，想邀鉴允，则此行正可一举两得。弟亦再派琛航、大雅、永保三船，陆续祗迎。倭奴一味闪烁其词，实则毫无退志。潘、夏二君归后，彼即购土人与牡丹社解仇。番目不肯到营，因在保力庄定约。旋将番社各营退扎龟山，日内从其国运农具、树苗、花种而来。扎营之地，优给土人租价，四五倍其值，从不计较，其用意可想而知。非有大枝劲旅，断不肯就我范围也。

①信称："昨得伯相书……许以徐州武毅军十三营见助，并约执事以轮船装运过台。"又六月初四日致李信："琛航为台风所阻，故与万年清均以三十日抵台。"此信当写于六月初一日。

致李鹤年　同治十三年六月初三日①

振威来，奉五月念八、念九赐书，所以垂念台防者甚深且远，感也何如？倭奴增兵窥北路之说，筱涛临行时，台税司已言之。侍深以孤营为虑。筱涛云：急则征团，无他策也。计此时筱涛已抵苏澳矣。其添募营头未来，只得多派轮船梭巡。枯窘题处处犯手，临时酌量行之而已。景山以谲文怯将尝胆卧薪之日，为矜心作意之时。破空一疏，大言炎炎。实则深夜扪心，亦自知其行不到。衔石填海，尤咄咄怪事。宜我公之为国计而不能释然也。昨得其四月念七②来信，问台事果否紧要，其老父病新愈，恐复发，嘱为决进止。又得其念九来咨，谓提督大员驻台，六百人不敷调遣，请先募亲兵五营，到台再行添募。当复以迭次来文，均称不能东渡，不得不另行设法。今勇已另募，饷源奇绌，奢愿难偿。迭奉谕旨，宵旰焦劳，臣子敢以为缓耶？如其奉到我公严檄，怵然改图，应请大度容之，观其后效。当不至始终执迷不悟，自外陶镕也。洋款极少，似须五百万，其息现扣，日军门云约八厘。方稍足展布。如以为可行，即请执事挈衔咨商各海关。如台端有熟悉经手之人最好，否则托日军门可（亦）可。倭奴全用甘言以懈我心，执事久远云云，洵明见万里，愿共事诸公同体此意也。钞呈折、片稿各一，乞察存，不用回稿，请勿发房是祷。

①信称："计此时筱涛已抵苏澳矣。"此信当写于六月初三日。
②应为五月念七日之误，见同治十三年六月初三日《致罗大春》函。

致罗大春　同治十三年六月初三日①

奉到五月念七日惠书，就谂选练士伍，备极苎劳，竹报常通。椿闱偶尔违和，旋占勿药有喜，至以为慰。咨示疏稿，崇论闳议，度越寻常，佩服无量。承垂询进止缓急，鄙人梼昧，何足以知之？台事紧要，不自近日始，早在洞鉴之中。迭次谕旨，宵旰焦劳，此臣子卧薪尝胆之秋，弟独敢以为缓耶？老伯吉人天相，爱日方长，定无他虑。惟尊疏大处落墨，此间饷源匮竭，勇已另募，无以仰副苎怀，则又自愧智术之浅短，办事之粗率，而悔不可追者也。伟人定识定力，自有权衡，叨爱至深，敢竭拙诚，兼陈悚歉，候高明垂谅而采择焉。筱涛展轮北行，计日内已抵苏澳。知念附陈。

①信称："筱涛展轮北行，计日内已抵苏澳。"夏献纶抵苏澳时为六月初三日。此信当写于六月初三日。

致李鸿章　同治十三年六月初四日①

琛航以五月念四，由省奉初一、初二日手书来。万年清以念八由省奉十二日手书来。琛航为台风所阻，故与万年清均以三十日抵台。捧读之余，大喜过望。时雨之师，于今见之。俊臣军门处，当具咨函邀请，并派琛航、大雅赴沪，听候杏荪②指示，前往瓜州守候。永保自粤回，亦可继进。大暑后，西南风益烈，安平、旗后恐大船均不得泊。各船到澎湖，用小轮船盘入旗后，于凤山搭兵棚安置，再商进止。日意格购林明东枪，仅得六千杆，尚须两个月外方到。唐营如无后膛枪，应恳尊处先为酌发是祷。近于吴母虫处见英国新制之麻抵呢安孩枪，则又远胜于各种后膛枪。日军门云，怕一时买不来也。水雷，台港不甚合用，已饬停办，惟铁甲船必不可无。前请总署照会英使，总署复书，以为碍难启齿。日意格云：英船系国家之物，如无公使招呼，必购不来。姑向日意格商议，其船系民间所造，窃恐精坚不及英船而索价转巨也。蒙赐铜炮、火龙、火药，贫儿暴富，陆路可恃无恐。惟水路仍极盼铁甲船，沪局有向尊处呈样者，乞为留意主持为荷。左公借款，头次分半，二次分二，吃亏太甚，不可为训。日意格云，八厘可办。函商两大吏，尚未得其报书也。沪上办牡丹社之说，自为未杀人焚社言之，今无可再办矣。卑南则本系倭人捏诬，无可办也。倭奴狡诈如鬼蜮，然不可谓无人才，其将甚善驭兵。所云惑于西人及兵端起于顽民之说，皆饰词以为首鼠两端地步，毫不足信。今惟有专意料量，战备一集，而后理或可行。否则，唇焦舌敝无济也。唐营月饷，扬局例给九关，请由台防补足满饷何如？至赏恤，自当随时筹应。须否添营，谨俟唐军到后，察看情形，再行奉商。召民其行越趄，不免忧谗畏讥之意。前数日专弁来，约明不做台湾道，军事竣即归。六月初八，为其太夫人改葬，初十首途也。馀已详疏稿及总署函稿中，恕不更赘。抄呈疏稿及总署函稿，恳密鉴，勿发房是祷。

①沈葆桢收到李鸿章信是五月三十日，复信当在六月初。又沈葆桢六月中旬致李信

称:"初四日交万年清带呈寸函,是午,济安归,奉五月念四日手谕,所以垂念之者,至深且远。"即指此信。

②杏荪:盛宣怀(1844—1916),字杏荪,号愚斋,江苏武进人。时为上海轮船招商局会办。

致张树声　同治十三年六月初四日①

前月肃复寸函,未卜何时获邀青睐? 伏维起居曼福,备叶颂私。倭奴一味闪烁其词,实则毫无退志。潘、夏二君归后,彼即购土人与牡丹社解仇。番目不肯到营,因在保力庄立约。日内将番社各营退扎龟山,从其国运农具、树苗、花种前来。扎营之地,皆优给土人租价。菜蔬四五倍其值,从不计较,其用意可想而知。非有大枝劲旅,断不肯就我范围。李伯相念台防陆兵单弱,嘱函恳执事,以驻徐州之武毅十三营相助,以济眉急。除一面疏陈外,合恳执事,准其移缓就急,不胜心祷。

①信云:"番目不肯到营,因在保力庄立约。日内将番社各营退扎龟山,从其国运农具、树苗、花种前来。扎营之地,皆优给土人租价。"此事与六月初四日致盛宣怀信同时提及。

致盛宣怀　同治十三年六月初四日①

杏荪仁兄大人左右:五月三十日,三奉赐书,辱蒙垂爱筹思,无微弗至。下私感激,何可以言语形容耶? 倭奴一味闪烁其词,实则毫无退志,非得大枝劲旅来,虽舌敝唇焦,无益也。伯相通筹全局,东南数省,所当尸祝弗谖,岂第赤嵌一隅,实受其赐。军行极难,得执事为之料量,益深欣幸。谨函嘱惟允③,先遣琛航赴沪,恭听指挥,大雅继之,永保自粤归,再继之。此三船舱位较宽也。采购各件,一时无能应手,且利器未经练熟,亦不适于用。然因病求艾,终难缓图。借洋款一说,已函商两大吏,得其复书,即当举行也。倭奴与牡丹社番在保力庄议和,即将兵退扎龟山。其扎兵之地,并给土人租价。琅㻖菜蔬,四五倍其值,亦毫不吝惜。日内运农具、木栽、花种而来,其意可想矣。草草肃此,请勋安未一。愚弟期沈葆桢顿首。初四。

再，大暑以后，西南风益烈。安平、旗后，大船均难寄碇。宜驻澎湖，以小轮船盘到旗后上岸。已于凤山城外，择空地搭兵棚以俟。谨以奉闻。葆桢又顿首。

(王尔敏、陈善伟编：《近代名人手札真迹》，香港中文大学出版社，1987年出版)

①原信落款初四。又称："五月三十日，三奉赐书。"收信在五月，沈葆桢于六月初四日复信。抄本无"杏荪仁兄大人左右"、"草草肃此，请勋安未一。愚弟期沈葆桢顿首。初四"、"葆桢又顿首"句。

②惟允：吴仲翔（1829-1899），福建侯官人。举人。沈葆桢妹夫。曾任福建船政局提调、天津水师学堂总办、广东水陆师学堂总办，署广东按察使。

致李鹤年 同治十三年六月中旬①

读初四日赐翰，以筹借洋款一事，垂注拳拳。并由颖翁寄示存斋观察手书，备纫一事。省垣司道可以筹借，自远胜于侍之远隔重洋，辗转托人，遥度焉，仍复翻覆也。洋息未必有定章，左宫保第一次分半，第二次分二，似未免贵些。李伯相云：闻其本国只须三厘，借日本者或七八厘。日军门云：目下似八厘可办，此特其大略耳，固未便刻舟求剑。侍但望船炮到日，有款可以指兑；客兵新兵来时，有款可以支应，则感且不朽。伏乞执事顾全大局，断而行之，不胜跂祷之至。

①信称："读初四日赐翰，以筹借洋款一事，垂注拳拳。"初四日之信到台湾大约在初旬，而复信当在中旬。

致李鸿章 同治十三年六月中旬①

初四日交万年清带呈寸函，是午，济安归，奉五月念四日手谕，所以垂念之者，至深且远，感何可言。仲复书云，将伟如信交与柳原，据称须有联衔公文，乃可转达外务省,已照所请赶办,交其委员唐令紫封,坐万年清去矣。倭人告英商云:中国只听一边话,因我兵植树、栽花,以为有久踞之意,不知此辈闲则滋事端,借此使之习劳消遣而已。西洋例,占其地则竖旗,看我于此地并不竖旗,岂有久踞之意,中国纷纷召募何为者?纪文达②云:自辨非狐鬼,其为狐鬼也必矣。前日照会西乡,并无复文。现有兵勇,北路夏筱涛所部一营,系前膛洋枪队,宁波人所教,未必尽合西法。南路游击王开俊③一营,总兵戴德祥④一营,从内地调来,皆楚军营制。张镇南哨则广勇也,其三哨尚在彰化,似皆未足以御外侮。我公允调之唐军门⑤十三营,务恳极力主持,如数拨付,并恳嘱杏荪观察⑥回沪料量,以速军行。晚非敢贪冒战功,但非仗贵部声威,万不能了局。琛航、大雅、永保已饬令陆续北行,探迎前纛。铁甲船亦不可无,无则过台弁兵军装必为所截掠。倭奴以孤军驻琅𤩲而无所惧者,恃有此耳。谨将晚上总署函与日军门来往信稿及威使致日军门书抄呈电览,伏乞鼎言,为之极力斡旋。非不知执事通筹兼顾,不遑寝食,忍以琐琐者迭次上渎。无如人微言轻,窃虑因素行之未孚,贻误大局。令公系天下安危,必怜而拯之也。铜炮、火药,一一祗领。百朋之锡,全台官民,尸祝弗谖。托两江来坐探之洪参将渭涛点收,据云,间有零星器具未全者,可开单向金陵局补领。倭兵近日渐横,居民渐不能堪。罗景山以谲文怯将,日久不来,北路尤深悬系。日来风涌(涛)大作,轮船又消息不通。昨遣旗后小轮船赴澎湖,查有轮船到否?再令回工,将折函转达到澎。此间无事不费力,此亦其一端也。

再,关陇肃清已久,刘廉访⑦一军可否自西而东,以备万一以外之虞?暂时应驻何处?晚不敢臆度。望我公裁夺施行,以壮海疆之色。

①此信称:"日来风涌(涛)大作,轮船又消息不通。"六月下旬沈葆桢致南洋大臣李宗羲函称:"往往一时水陆消息俱梗,自十七至今始通。"知此函写于十七日之后。

②纪文达:纪昀(1724-1805),字晓岚,直隶献县人。乾隆十九年进士,历任兵部尚书、礼部尚书、协办大学士、《四库全书》总纂官,卒谥文达。著有《纪文达公遗集》。

③王开俊:福靖营游击。

④戴德祥:总兵。

⑤唐军门:唐定奎。

⑥杏荪:盛宣怀,字杏荪。

⑦刘廉访:刘典,字克庵,湖南宁乡人。时任甘肃按察使。

致段清泉① 同治十三年六月中旬②

前月肃玊寸函，计登记室。迩维华祺懋介，备叶颂私。昨向李伯相乞来福铜炮五十尊，承伯相将津门所存二十尊见畀，嘱其余向贵局请领。兹乘洪、秦二将回金陵之便，托其顺途代领渡台。据洪将云，尚有田鸡炮甚好，亦乞赐拨数尊。至天津解来二十尊，有零星器具未全者，缮单呈核，亦祈赐给。无厌之渎，尚荷鉴原。倭奴闻淮军之来，颇有怯志。柳原入都，枢机当一转也。知念附闻。再允赐火箭二千枝并铁架，亦乞统交二将带下为祷。

①段清泉：字小湖，江西省督粮道。
②信称："昨向李伯相乞来福铜炮五十尊，承伯相将津门所存二十尊见畀，嘱其余向贵局请领。"查沈葆桢于六月中旬"致李鸿章"函称："铜炮、火药，一一祗领。百朋之锡，全台官民，尸祝弗谖。托两江来坐探之洪参将渭涛点收，据云，间有零星器具未全者，可开单向金陵局补领。"知此信也在此时复。

致文煜 同治十三年六月中旬①

前月肃登玊寸丹，未审何时入览？迩维提躬曼福，至以为颂。借洋款一节，总仗大力主持，乞执事与和翁商定，挈衔分咨为祷。倭奴以甘言懈我，实则毫无退兵之意。北路尤切隐忧。筱涛绝不畏难，良用钦佩。然实非稳着，望天相吉人而已。淮军到，庶无他虞耳。附呈初五日疏、稿各一，乞察存，勿发房，无须回稿也。

①信称："北路尤切隐忧。筱涛绝不畏难，良用钦佩。"又有"附呈初五日疏、稿各一，乞察存，勿发房"，此信当写于中旬。

致李宗羲① 同治十三年六月中旬②

前复寸函，未卜何时入览？承许以徐州铭军十三营惠顾台地，全闽实受其福，非特赤嵌士女顶祝弗谖也。谨派琛航、大雅、永保三船奉迎，并于旗后近处打盖草棚，候到时暂驻，以凭统领再行相机前进。日来倭兵渐肆，民情渐不能堪，益日夕望官军之至也。折、片稿录呈，乞密存之。

①李宗羲：字雨亭，四川开县人。道光二十七年进士。时为两江总督兼南洋大臣。
②《甲戌公牍钞存》第105页载沈葆桢奏稿，称："初八日（六月）永保轮船自粤至。"此信称："谨派琛航、大雅、永保三船奉迎。"此信当写于六月中旬。

致日意格 同治十三年六月中旬①

捧诵初九日惠书，辱承指示周详，关垂逾格，感何可言。就谂安抵马江，福星载路，至以为慰。铁甲船一事，威公使②许极力照应，钦佩奚如。当再函达总署，重申前议。俟得环章，即行奉闻。见教机宜，敬复如左：

一、李中堂来书，原有驻陕之铭军十九营，可以续调。惟程途较远，应俟徐州铭军到台后，察看情形，再行酌办。拟函商中堂或将十九营先量移稍近地面，以便临时派船前迎。

二、中堂所拨头帮十三营，向归唐军门统领，分开南北统领，难于两顾。他人代统，恐号令不行。筱涛观察，现驻北路。旧部一营，由省新募楚勇一营，近又添募土勇两营，淡水林绅自募一营，计二千五百人，目前尚可敷衍。万一日本以重兵窥之，则唐军门应全统所部，以轮船装载北行。南路张镇军新募广勇到，有八九营，尚可支持。总之，有得力铁甲船两三号，梭巡南北，则外兵无从登岸，海口方易设防，高明以为然否？

三、赫总税司许派凛风来闽训练，甚为可感。扬武、伏波、安澜现在工次，请先行查勘。添补飞云、万年清、济安，俟递折回，再饬回工请勘。靖远由厦来，亦令照办。

永保三船，现时专候载兵，遇有递折等件，仍须向澎湖各船抽调。俟铭军渡竣，则递折差使可归永保三船矣。至省厦两处，似须当有兵船梭巡，以通气脉，想与训练可并行不悖也。

四、通商口岸，公禁用兵，此议甚好。弟一面函商总署，阁下亦一面函商两公使为荷。

五、请各国公使会同讲理，判断曲直。弟当函请总署裁酌，恰好柳原已由沪入京矣。

六、日耳曼之船，务乞打听详细。英船铁甲船单已交扬武带上，虽铁甲太薄，若机器船身完好而行驶快，则亦可用，惟阁下详查而酌行之可也。

①信称"柳原已由沪入京矣"，柳原于六月十一日到京面见李鸿章，此信当写于六月中旬。

②威公使：威妥玛（1818—1895），英国人。先后任上海江海关税务司、英国驻华公使。

致林寿图　同治十三年六月中旬①

读初九日手书，通局全筹，无任钦佩。小铁甲船其来虽迟，然购之总有到日，不购则永无来期也。有司吝出纳，振古如兹。时局如箭在弦上，能不发耶？幸而风平浪静，以枉费见谤，固我辈所甘心。若待其悟而知悔，则事不可为矣。承代咨筹巨款，以速采购之行，感入骨髓。我公以为专擅，弟亦何敢猝办？罚六一泉阔局，以消我公抱歉之心何如？借洋款一事，经大府挈衔奏咨，何幸如之！顷得仲复抄示成案，乃知此事枢纽在总税司。此案关署、藩宪必有之，但不审当时检出否？如其未也，似须补咨总署，转饬赫德遵行，俾免枝节。日军门素与赫德水乳，必能通气，请执事并告之。钞案奉呈，以凭察夺，至各省似不致议驳也。剑南健者，谅不为谣言所动。此地偶见入呈省报，尤光怪陆离。至有请季帅来闽者，付之一笑而已。钞案附呈。

①林颖叔六月初九日信到台南，当在中旬，复函也当在中旬。

致盛宣怀　同治十三年六月十六日①

杏荪仁兄大人左右：读五月念五日环章，兼筹全局。老谋深算，迥非纸上谈兵，取快一时者比，感佩何如？不战屈人，洵上上之策。但我必有可以屈人之具，而后人不得不为我屈。陆路得淮军，台南可恃无恐。然无铁甲船，台北仍在在可虞。陆兵不能疲于奔命也。寄示诸单，当即邮寄日军门，嘱其酌办。大抵毕德卫②所开，为守口利器，台防无所用之。一点钟仅二十里，断不可任战守。福州口甚好，闻福州与之议购矣。此间所用，以徐委员③单开者为宜。日军门谓必公使居间，则船坚而价廉，否则，必难合用。已向总署重申前文，并恳伯相一言矣。此时台旆计已抵沪，乞饬闽中派去船只，如期奉迓。一切幸赖料量，以速军行。更能抽冗同来，则感激尤无既极。祗请勋安，恭缴谦柬，幸勿再施为祷。弟期沈葆桢顿首。十六。

（王尔敏、陈善伟编：《近代名人手札真迹》，
香港中文大学出版社，1987年出版）

①原信落款"十六"。又称："读五月念五日环章，兼筹全局，老谋深算。"沈复信当在六月十六日。
②毕德卫：英国人。上海瑞生洋行合伙人，做军火买卖。
③徐委员：徐文达，安徽南陵人。江苏淮扬徐海道兼护。

致张树声　同治十三年六月中旬①

奉读手书，知前狂悖词，已邀青睐。承许以徐州铭军十三营惠顾台地，全闽实受其福，非特赤嵌士女顶祝弗谖也。谨派琛航、永保、大雅三船奉迎，并于旗后近处，搭盖草棚，候到时暂驻，以凭统领再行相机前进。日来倭兵渐肆，民情渐不能堪，益日夕望官军之至也。

①信云："谨派琛航、永保、大雅三船奉迎。"写信时间当在六月中旬。

致沈秉成 同治十三年六月中旬①

奉五月念九、六月初五日赐函，辱蒙虑周详，感难言喻。联函照会，已由伟翁缄寄。闻柳原已入都，或者果有悔意耶？侦探不得其人，转恐为浮词所误。诚哉是言。借洋款一节，读尊示，始知其枢机全在总税司。想此案闽中关署、藩署亦必有之，何省中诸公茫如也？已将抄件寄致和帅，请其速办矣。倭兵渐肆，民情渐不能堪，益日夕望官军之至也。各函乞为分致。谦束望勿再施，为祷。

①信称"闻柳原已入都"，此信当写于六月中旬。

复张其光 同治十三年六月中旬①

捧诵赐函，辱以水战机宜。关垂逾格，感何可言？陆军与轮船有辅车之势，诚哉是言。放洋决战，在炮之有准，尤在将之得人，均属确论。惟十羊九牧，必不免同舟异心，此非教诫所能为力也。炮手为管驾所募，必不舍管驾而从客将指挥。若系客将带来，则人各有党。睚眦小忿，聚斗交讧。前日上船教练之营兵，即前车可鉴。惊涛骇浪中，谁从剖其曲直。果其人通晓轮船战法，洋炮机关并打放各火器度数，此便是上等管驾材料，竟令专制一船可也。倘是艇船好手，易置轮船，则炮械、绳缆无一同者，舍旧图新，仍须一一学起。迁地弗良，无如何也。现借总税司之凛风轮船，来澎湖教练各船战法，不日当到。又订英兵官德勒塞②前来，知荷芘垂，谨以附述。公文至平埔，为倭兵所阻，并倭兵住宿北势（枋）寮，应照会该中将查禁。至王马首同倭兵截路一节，该驿夫得自风闻，未经考实，且缓形诸案牍。

①信中提到："公文至平埔，为倭兵所阻。"《钞存》载："（六月）十三日，枋寮驿夫赍文至茄鹿洞外一里余平埔处，遇倭兵十余名，拦阻盘问。该驿夫不敢前进，复回枋寮。于十四日复赍公文至枫港，申时到站，酉刻张琦回文将次登程，有庄民王马首同倭

人数名寻觅驿夫住处。"此王马首，即沈信里王马首。此信当写于十五日以后。

②德勒塞：英国人。福建船政局聘用之洋员，英国人，水师总兵，为练船教练。

致吴大廷　同治十三年六月十六日①

迭奉五月念八、六月初十手书，辱承擘画精详，感难言似。测海抵闽，本拟即借以坐镇福口。适接伯相及杏翁来信，谓贵部应派两船装载铭军。读来示，目下可行者，仅此一船，不得不仍令回沪，以候指拨。沪上为财赋要区，如雨帅、振帅以空虚为虑，弟亦何敢只图自顾，由我公酌夺焉可也。载兵各船，并不必抵台，可驻澎湖，以候驳载。惟测海之船身机器可历澎湖否，则待我公察焉，弟无从臆度矣。召民以迁葬其太夫人，初八始竣事。此数日为风雨所阻，本日天气开霁，计当自厦展轮。景山以谲文怯将，闻大府疏劾之，不审作何究竟？北路未免筱涛独为其难耳。

①据罗大春《台湾海防并开山日记》载：罗大春于六月二十日由泉州至厦门，候黎兆棠同行。信中又称"本日天气开霁"，指十六日。

致李鹤年　同治十三年六月十七日①

前函封后，无便船可发，遂延至今。本日扬武到，捧读教言，辱蒙擘画精详，且感且慰。洋款八厘，且不扣息，已属便宜。日军门谓外洋六厘者，谓以此国之款购此国之物而得其利故也。四百五十磅钢炮得二尊，便洋洋大观。此为闽海空前绝后之举，胜于养兵万人。惟炮台必称之，且须将领常常打放，常常磨擦。置之不理，便成废物。想我公必警觉而提撕之也。景山为外洋探报所吓，心如悬旌。独不思朝廷盱食之时，臣子岂有万全之地耶！日军门需款，似可将洋行所许借者划数兑拨，不必现银，乞嘱颖翁商之。兹有恳者，台地丁差之疲玩，为向来所未经见。大枝劲旅十三营，亦台地向来所未经见。现计铭军不日可到凤山，适当其冲。非精明强干，且熟悉情形，为绅民所信者，甚虑心忙脚乱，有碍大局。现署任之傅令②，人甚温厚。惟莅任未及经月，不免生疏。闻孙令继祖③久署凤山，极洽舆情，才堪肆应。谨嘱周守委其驰赴凤山，照料扎营并预备薪粮等事。第恐权非专属，呼应不灵。可否饬司将傅丞量移善地，使孙令暂权凤篆，俾客军不致滋生事端之处，出自卓裁。部民妄干官政，尚祈曲宥。

①沈写此信时，对罗大春大为不满。罗于六月二十二日来台。此信当写于二十二日之前。又称"本日扬武到"，估计在六月十七日。
②傅令：字节之，直隶大兴人。同治十三年六月初调署凤山县令。
③孙继祖：字绍堂，浙江会稽人。同治十三年七月十二日再署凤山县令。

致王凯泰①　　同治十三年六月十七日②

闻寇公重临河内，知颍川盗贼不足忧也。昨扬武渡台，遇测海于琯头。遥见旌节，想榕垣士庶易去思为来暮，其喜跃当何如也？惟载路福星，凡百罄宜，至以为颂。倭奴从前以甘言小利惑民，近则日渐肆扰，民渐不能堪。唐军门已派程参将来台打探军情。拔营之期，计不甚远。船局派三船前往，未必敷用。尚须招商局协济，此间已饬备薪米以供军。安平不能上岸，船宜泊澎湖，以小轮船盘到旗后，凤山适当其冲。现署是缺之傅丞，人甚温厚。惟接篆未及经月，殊恐生疏。台地兵役之疲，为向来所未经见，客兵十三营亦台地所未经见，非有精明强干，素为绅民所信者，恐难措置裕如。闻孙令继祖曾署是邑，极洽舆论，才堪肆应。谨嘱周太守委往料量一是，可否饬司将傅丞量移善地，以孙令暂权是篆，则呼应益灵，恭候卓夺。部民妄议官政，伏祈原宥。

①王凯泰（1823～1875）：字幼轩，号补帆，江苏宝应人。福建巡抚。光绪元年十一月十四日卒。
②信称："昨扬武渡台。"至台当在十六日。此信当写于六月十七日。

致王玉山①　　同治十三年六月十九日②

昨交杨守戎③带上寸函，未卜已邀青睐否？顷披惠札，就谂情殷为国，不惮辛劳，至为感慰。由枋寮分哨兼顾嘉鹿，以大牙控驭，自当操纵自如。惟鄙意总以分兵为险着，不特猝闻警信，难以合拢，且勇丁何能人人知顾大局。离开主帅，但一人贪些小利，即全营蒙其恶声，此私怀所不免悬系者也。读尊示，似以刺桐脚最为扼要，深虑倭营不远，易启衅端。具见筹画精详，曷胜钦佩。昔羊太傅与东吴对垒，纯以恩信礼让诱怀敌人，故为千古儒将。此时必不急于争胜，但愿民番有所依附，不至遭其荼毒耳。鄙意陆待淮军，水待铁甲船，方为万全之策。淮军计日可到，铁甲船则未知何日？目下最要者：曰结人心。良民固须保护，即有为倭人利诱者，且勿苛求，我军亦借伊可探倭人动静。曰通番情。近敌之地，生番不能不两属，然非本心，宜谅之。曰审地利。虽极扼要之地，内山必有小径，倭破牡丹社，即土人导之翻山而下。偶有倭人到营，不妨以礼相待，勿遽声色相加，彼亦无从生衅。如刺桐脚可扎，便须以全营扎之。如其难也，即勿轻进。惟我兄斟酌行之，弟不遥制也。贵部如〔扎〕刺桐脚，弟即函请戴镇军扎枋寮，候示照办。民房不可久居，定扎何处，即赶紧盖草棚，兼立营墙濠沟。明知炎风烈日，士卒苦甚，然全营性命系焉，不能不慎也。刺桐脚前日有番民械斗一案，弟札周县丞①前往押放。如我兄到其地，务祈劝其解仇。素知爱民如子，敢以奉托。至该处土著有可用之勇否，便中示知。特此密布，幸勿宣露。

①王玉山：淮军部将。入台防日、开山。光绪元年二月初八日，为原住民所杀。
②信云："刺桐脚前日有番民械斗一案。"查此事发生于六月十七日，知此信写于十九日。
③杨守戎：当为守备杨秀举，为原住民所杀。
④周县丞：周有基。台湾凤山县丞。

致李宗羲　同治十三年六月二十日①

奉月之三日教言，辱蒙奖注逾恒，镌铭肺腑。承以贵部淮军及测海、威靖两船见助，大臣视国事如家事，于今见之。赤嵌士女顶祝弗谖，非独鄙人受赐无量也。沪江关系全局，诚如尊谕。桐云行止，诸应遵守卓裁。召民改葬先茔，初八始集事，以故迟迟，想三五日内必到矣。台地多风雨，故较内地为凉。而波涛、沙礁之恶，则亦他处所未经见。往往一时水陆消息俱梗，自十七日至今始通，南北文报，一切尚照常也。

①信云："一时水陆消息俱梗，自十七日至今始通。"台湾风雨约在二十日停，故此

信当写于二十日。

致沈秉成　同治十三年六月二十日①

奉初十日手书，蒙将迭次夹板觅轮船递闽，感激莫可言似。台洋风涛、沙线之恶，甲诸海疆。故闻测海抵闽，即令坐镇福口。旋得杏翁信，伯相调沪局两船装兵。而桐云来书，称：目下可南行者，只此一船，不得不仍遣回沪备用。其能到澎湖否？请桐翁②酌之。柳原忽欲入都，或者枢机一转。弟函恳总署，邀各使与之评理。伟如致章京诸君，尤剀切言之。飞云展轮之日，适柳原到津，次日当谒伯相。想伯相成算在胸，必不烦言而解。此间必不令衅开自我。惟倭兵渐肆，民情渐不能堪耳。

① 《致李宗羲》信中有"水陆消息俱梗，自十七日至今始通。"此信当写于二十日。
② 桐翁：吴大廷。

致李鸿章　同治十三年六月二十二日①

念一飞云归，奉初十日教言。辱蒙缕示机宜，沦浃肌髓。通商一节，总署来信及之，而鄙意终以为疑。陆有淮军，水有铁甲，胁之必退。即不得已而用兵，我亦可以相机策应。城下之盟，断断乎其不可为也。晓洋务者，咸谓倭兵挫于台湾，其报复必于他处，沿海防不胜防，患在眉睫。诚哉是言。设使倭奴幡然改图，敛兵竟去，斯人人所额手称庆，满志踌躇者矣。窃虑狃天幸以为常，玩厝火于衽席，无益之费，踵事而增。匪躬之言，曲高和寡。将毋眉睫之患，尚可焦头烂额以图之，膏肓之疾，虽和缓亦复束手耶？来谕谓后患不可思议，怅触隐衷，不自觉言之过激也。柳原晋谒，经令公切实开道，必有悔祸之心。西乡闻淮军来，不能自掩其惧志。得柳原一书，想当归矣！召民、景山同舟东渡。倭奴一去，开山事可三路并举，拟将台地各种物产，破除绳墨，痛快发泄之。虽目前需费甚巨，将来或有补饷需，未可知也。张启煊②由台湾佐贰起家，宜其情形之熟，其人则甚不足恃耳。彭纪南宜留厦防，以固藩篱。轮船与统领宜日夕相依，非水提所能兼顾。故前此与吾、景山均有名无实。迄今思之，尚未得其人。近拟请英国人教练，非得已也。疏稿、函稿录呈。

①召民、景山到台时间为六月二十二日，此信当在同时。
②张启煊：字焕堂，浙江平阳人。曾任凤山知县。

致林寿图　同治十三年六月二十二日①

靖远到，奉初五日手书，纫佩一是。倭奴无他伎俩，知我望其退兵，即以退兵误我耳。其对英商之言曰：中国只听一边话，谓我植树栽花，有久踞之意。不知兵闲则生事，不过使之习劳消遣而已。纷纷召募何为者？纪文达云：自辨其非狐鬼，其为狐鬼也必矣。窃愿秉钧者万勿冀幸其无事也。筹借洋款，管榷者殊畏其难。读制军书，以省中司道可以筹办。存斋观察致尊处书，尤为切实。较诸弟远隔重洋，遥度焉仍不无翻复者，难易奚啻倍蓰。应恳执事谓制军断而行之，幸勿过于冲挹，徒劳往返。弟但求船炮到日，有款可以指兑，不失信于外人；客兵、新勇可有支应，则感且不朽。乞为代致拳拳。陆存翁函奉缴。

①日通事问琅瑸委员："中国四处布兵何意？"时在六月二十一日。此信称："纷纷召募何为者？"又罗大春乘靖远到台湾时在六月二十二日，此信当写于此时。

致夏献纶　同治十三年六月二十二日①

奉初八日手书，知擘画粗有眉耳（目）。以风色不定，鲁生②尚未能前赴岐莱，郡城亦连日风雨，消息中梗。召民至今未到，不知滞于何处？景山闻为大府所劾。台北事我公独为其难，一经举办，不能歇手，诚哉是言。南路一时无甚动静，柳原由沪入都，当不致遽尔决裂。请我公且专意于北，以巩久远之图。倭奴如戢翼而归，则我辈全神注北路矣。桐云亦不愿东行，弟弗强也。闻存斋旨饬送部，大府属意桐云，或将来留省欤？药局能仿图之大意，不能按照尺寸，以有现成墙基也，经费不至甚巨。唐军门已委参将程曾郁来此，明日偕孙绍堂赴凤山。福州已派三船赴沪，候杏荪信，往瓜州迎之。

闻每营勇夫七百余人，两船方载一营，七月初七方能到瓜州，则东渡颇费时日也。信写至此，报景山、召民均到安平矣。馀容续布。

①信称："信写至此，报景山、召民均到安平矣。"景山至安平为六月二十二日。
②鲁生：张斯桂，浙江慈溪人。随沈葆桢赴台，后任驻日副使。光绪三年十一月到任。

致沈秉成　同治十三年六月二十二日①

济安北行，肃䢺寸笺，未知入览否？倭奴闻淮军来，颇有惮心。近日造垒挖濠，非复如从前之大意。营中常有疫死者，闻美国一将亦染病甚重。昨向坐探委员周有基询柳原有无回信，且问中国四路布兵何意。伟翁与弟商酌，乘其心动，照会劝令退兵。若柳原信来，当不能久矣。弟托江督派来之洪、秦二将赴金陵局领炮械，不便多带川费。如运炮抵沪时，川费不足，乞费神垫付，船便附缴。天暑酷甚，伏维珍重。不宣。

①信称："昨向坐探委员周有基询柳原有无回信，且问中国四路布兵何意。"《钞存》载："二十一日申刻，日营通事澎城中平到周委员寓探问云……柳原公使亦无信至，不知所议如何？"又云："贵治长官四处布兵，现进扎加鹿洞，此是何意？"此信当写于六月二十二日。

致日意格　同治十三年六月二十二日①

前复寸笺，未卜何时入览？日本分途哨探，造垒挖濠，非复如从前之大意。营中常有疫死者，闻美国一将亦染病甚重。昨遣其通事彭城中平，向坐探委员周有基询柳原有无回信，且问中国四路布兵何意。当告以柳原于初八到天津，中国派兵弹压民番，将来即以之保护遭风商船，不使再受荼毒，并劝令退兵，想伊终必待柳原回信也。铁甲船有无确信？念念。里明东枪何时可到？昨得总署回信云：高丽之事，已密移礼部咨知，请其自行斟酌矣。天气酷暑，伏祈加意珍重。

①彭城中平问周有基："中国四路布兵何意。"在六月二十一日。

致李鹤年　同治十三年六月二十二日①

中浣肃缄寸笺，未审已登记室否？倭营闻淮军来，颇有惮心。筑垒挖濠，迥非若从前之大意。其兵疫死者稍多，闻花旗一将，病亦危笃。昨遣通事澎城中平，向坐探委员周有基查询柳原消息，并问中国四路布兵何意。察其情状，不能久矣。知念附闻。片、折两稿录呈。

①与上一信同时。

复盛宣怀　同治十三年六月二十二日①

杏荪仁兄大人左右：读月之八日惠书，知旌旆即日回沪，料量军行，且感！且慰！琛航、大雅计均抵沪，永保亦跟踪北行。惟得桐翁书，知沪局船眼前颇乏耳。台湾风起时，无一口岸可泊大船者，淮军来，船均须止于澎湖，用长胜、海东云两小轮船盘至旗后登陆，方保无意外之虞，不过慢些。弟数月来历验各口情形，计不能不出于此也。旗口登陆，十五里至凤山县，已于此地多搭草棚，兵到即可暂住。再由统领相度形势，熟商进止。凤山去琅㛤虽不及二百里，以内地里数计之，实将三百里。风雨倏来，咫尺之沟，便成天堑。行二三十里，每过渡三四次。故文报往往梗阻，此陆路之难也。米须豫办，薪尤须豫办。土人以蔗渣代薪，数十里内无可樵采，必从内山购来。唐军门派来之程参将，明日同支应委员赴凤山踩勘矣。肃此，恭请勋安。祗璧谦柬，诸惟荃察，不备。愚弟期沈葆桢顿首。六月二二日。

（王尔敏、陈善伟编：《近代名人手札真迹》，香港中文大学出版社，1987年出版）

①原信落款"六月二二日"，即六月二十二日。

致文煜　同治十三年六月二十五日①

奉初九日赐书，辱蒙擘画精详，且感！且慰！就谂筹裾纳祜，备叶颂私。洋款承饬借，已有眉目。以后采购，可不至十分费手。倭兵从前纯以甘言小利惑我，近则日渐肆扰，居民渐不能堪。唐军门已派程参将来台打探军务，拔营之期，当不甚远。船局派三船前往，未必敷用，尚须招商局协济。此间已饬备薪米以供军。兹将折、片稿录呈冰案，伏乞察存。

① 沈葆桢七月三十日《致文煜》函称："前月念五日，恭录朱批，寄呈冰案，计邀电鉴。"即指此信。

致李宗羲　同治十三年六月下旬①

中浣肃豣寸笺，未审何时入览？迩维时祺懋介，备叶颂私。弟函恳少荃伯相拨来福铜炮五十尊。伯相以天津现存之二十尊见畀，其余并火龙二千枝，嘱向金陵机器局请拨，已函致段小湖观察矣。派来坐探洪、秦二将，熟手（于）洋炮打放法度，可否推爱见借，俾各营得资模楷，伏冀饬遵为祷。倭营近日病疫者颇多。仰仗朝廷威福，蠢兹小丑，当不能久居也。

① 信称："倭营近日病疫者颇多。"日兵死亡的消息大量载于各路的禀报，时在六月底。

致夏献纶　同治十三年七月初二日①

奉到六月念二日手书，知团丁练勇以次就绪，开路业已兴工，花莲港案亦有着落，不胜心慰。罗军门昨已由陆北行，望前到苏澳矣。各省惟恐台地兵到开仗，致防不胜防，劝令坚忍。信函沓来纷至，伯相寄来仲复所上《销兵刍言》，谨以奉阅。第三条即是献地，必不可行。第二条亦喧宾夺主。惟第一条可师其意用之，亦当变通其法，乞执事察看。好博逊②人如明白老成，可托其将开煤铁等矿事宜，切实条陈，责成其为我雇洋师、购机器。此时且勿遽提借洋款之言，盖开矿与造船不同，造船日费日多，开矿即有货可卖，有税可收，事虽极繁，费当不甚巨。鄙意总以利可分诸人，权必操诸我，惟执事神而明之，胜弟臆揣十倍也。惟断乃成，以速为妙。得执事复音，如有端倪，弟即当据奏。柳原过津，伯相诘责之，甚透彻，而渠一味圆软，总推待伟如文到，奏明国主云云。伊进京后，文亦随到，伯相函递入都矣。

①信称："罗军门昨已由陆北行。"据《开山日记》载，罗"七月朔，自郡城启行"。此信当写于七月初二日。

②好博逊（1834－1922）：英国人。任职淡水关税务司，并主持开发基隆煤矿。

致李鸿章　同治十三年七月初二日①

奉到六月十三、二十两次手谕，并录云种种，感佩无量。诘责柳原语，如矢贯的，如锥画沙，宜其消阻闭藏，无可置办（辨）也。伟如断无先询西乡兵费之理，亦无归再计议之言。此行人欲掩其将之失辞耳。若以生番与中国无干答之，则正入彼族之环套。柳原初到沪时，全诿诸西乡。逮得伟如自台回信，则又谓有伊作主，伟如不该往晤西乡。兹复谓不能作主。翻云覆雨，不自觍颜。六合以内，无此鬼域（蜮）也。林明登枪八九月当到，应遵命分给。日军门已赴沪，日耳曼铁甲船水缸太旧，不可用。闻英国七号内，有一小而完者，当议购也。各路劝勿开仗之信，纷至沓来，且有云恐铭军忍不住者，绅民则日以请战为言。晚断不敢贪图战功，即物议亦不敢瞻顾。铭军经我公密授机宜，当亦不轻率从事。惟至有关国体民生者，则又不能胶柱鼓瑟矣。倭兵冒暑入绝地，有向吾民泣诉者。其君甚恶，其民何罪？闻之亦为恻然。倭奴动以叛镇乱民吓我，天下有叛镇而可假以兵权，乱民亦静听其调度者耶？《销兵刍言》第三条竟是献地，第二条喧宾夺主，亦流弊滋事。第一条似可师其意，而各国分任，又于事体窒碍。已函嘱筱涛向好税司密商，俟复到呈乞核夺。鄙意利可分诸人，权必操诸我。若只图目前了事，台湾作俑，云南等处援以为例，抱薪救火，拒虎得狼，何尝不祸在目（眉）睫耶？又赐火药二万磅，感极刻心。草此奉复，余容续布。

①信称："已嘱筱涛向好税司密商。"沈葆桢《致夏献纶》信写于七月初二日，此信当在《致夏献纶》信之后。又七月中旬沈葆桢《致李鸿章》函提及："月之二日，肃阩寸笺。"即指此信。

致王凯泰　同治十三年七月初三日①

奉念三日手教，就谂前阩芜函，已邀青览。所料倭使情形，可为洞见症结。承示购守口铁甲，雇大炮手，皆确切不刊之论。至各口防不胜防，似非行驶云捷之铁甲船不能联为一气也。煤矿之利，不容不开，硕画荩筹，佩服无量。鄙见利可分诸人，权不可不操诸我。设立公司，恐喧宾夺主，将来与地方公事有碍。不如购机器，请洋师，经费我支，利害我任，较易操纵。昨已函筱涛，嘱商诸税务司，俟其复到，再行奉闻。

①信称："昨已函筱涛，嘱商诸税务司。"沈葆桢《致夏献纶》信在七月初二日，此信当写于初三日。

致林寿图　同治十三年七月上旬①

奉念六日手书，辱以饷事、防事。苦费荩画，感弗去怀。吾乡常苦无现银，借款既有着落，但有承借之行出具兑单，则沪上采办，即可以之互抵，谨咨商当路矣。和帅②以剑南③竟去，无人草奏为忧。此间镇署有一极好折手，粤西孝廉钟西云也。惟未审其为人，故不敢以荐。吾乡地险良足恃，然弃而不顾，则犹是坦途耳。临淮壁垒一新，而今而后，桑柘阴中，扶醉而归，敢忘仁人之赐耶？公与和帅数十年交情，郭将之不能，须略令知之，似不必拘形迹。君竹后路宜防，卓哉言乎！谨即咨达，想大府必不以为谬也。绅民促战甚急，而各省劝缓之书沓来纷至，皆恐为池鱼也。柳原经伯相诘责，狡宕如故。知津门无味，入都耳。倭兵向我兵泣诉离情，其君甚恶，其民何罪？闻之亦为恻然。弟但愿重见船台，公饮我耶？我酬公耶？无非极乐世界，从海角而望屠门，虽大嚼无由快意耳。

① 信称："柳原……知津门无味，入都耳。"柳原入都，约在七月初。
② 和帅：李鹤年。
③ 剑南：沈省忠，字剑南，号心斋，工诗文、书法，为李鹤年幕僚。

致李鹤年 同治十三年七月上旬①

奉念五日手教，知苦费苫筹，借款大有着落。且感！且慰！自厦至省，设立电报，甚于军务有补。第以鄙意揣之，凡世间极便宜事，必有大不便宜者存乎其间。与洋人交，尤必彼分其利，我握其权乃可。似宜一切经费我任之，只准设立一线，商欲通信者，照章计字收费。洋师必与束脩，使其一无所借口，乃免流弊。腐儒瞽说，惟高明垂谅而别择焉。铁甲船守口甚好，驾驶似不甚难。用洋师一人，学习经年可矣。剑南竟去，足下失一臂助，苫勚倍增。惟努力珍卫，是所至祷。

① 沈葆桢于七月中旬《致李鹤年》信称："月初祗肃寸笺，未卜曾入览否？"即指此信。

致文煜 同治十三年七月上旬①

前月肃玕寸函，计当达览。柳原到津，经少荃伯相诘责百端，仍狡宕如故，已入都矣。倭兵换二百余人来，闻多黥面者，想是军流犯耳。此间天气凉于内地，日来已有秋意，盖风雨时多也。万年清归，奉到朱批，恭录呈电。

① 信云："柳原到津……仍狡宕如故，已入都矣。"与七月初旬《致林寿图》信相同。

致左宗棠 同治十三年七月上旬①

奉五月念四日手谕，辱以东瀛之役，上系荩廑，且感且愧。台湾之衅，始于同治六年，花旗商船破于琅𤩝，为龟仔角生番所戕。其领事李让礼②控诉，刘简青③镇军往办。李让礼请和而归，约中国筑炮台，建灯楼，设兵以杜后患。而地方官恐耽干系，迁延支吾，前约尽废。李让礼不甘，遂建窥台之议。其国人恶其多事，褫其职，遂夹地图以干日本。当时若从简青之言，当无此患。日本之换约也，谈及九年牡丹社杀琉球难民一案，总署未知其意，以生番向未归化答之。今年忽照会闽督，谓琉球一案，总署许我自办，往攻其心，与中国不失和好等语。和督行文阻之，不复，竟以兵登岸，倭死二十余人，番死五十余人，弃巢而遁，社遂被焚，并波及邻社。生番蠢蠢如鹿豕，只知伏草间伺杀，一发便逃，何足以当积年蓄意久练之兵。然倭奴自是并不索战，专事胁和。北路后山，并有倭人纵迹，暗中构煽。俓五月初四抵台，视班兵如无人，色勇则镇道各一营，因办土匪廖有富，内地调来两营，如此而已。倭兵数亦不过三四千，而皆精壮，器械则纯是后膛枪炮，我师断非其敌也。镇道各募勇，均难刻期到。托日意格采办铁甲船，并各样枪炮，三四个月可来。铁甲船尚无确耗。李爵相派驻徐铭军十三营来援，已派船迎之，望前头队当到。所以必需铁甲船者，战事一起，彼不择地而噬，豕突狼奔，各口均防不胜防，非铁甲船不能跟踪而追，联络一气也。但旧者不足用，大者中国无口可进，无槽可修，求适足之履颇难耳。倭兵在台南，而意注台北。景山迁延不来，故遣筱涛镇之，一面办开山抚番事宜。近景山到，令往北路替筱涛，俾得返郡。官民皆沉酣于鸦片。筱涛外，殊乏可用之才，事事掣肘。绅民望战甚急，而各省劝缓之书，纷至沓来，皆自顾无可恃也。倭使与其将互相推诿，以甘词款我，而兵则不退。潘、夏赴琅𤩝，不能得其成约。其谲诈无信，又迥非西人之比。日来死者甚多，花旗将之助之者，亦死其一。殆天之厌耶？俓断不敢喜事以贪战功，亦不敢畏事而伤国体。第才疏术短，万不足以膺此艰巨，惟长者怜而教之，幸甚！幸甚！

①信云："近景山到，令往北路替筱涛，俾得返郡。"景山北行，在七月初一日。此信当写于七月初旬。
②李让礼（1829—1899）：即李仙得，美国人。原任厦门领事。参与日本侵台。
③刘简青：号明灯，台湾镇总兵。

致张其光 同治十三年七月上旬①

正在招抚生番之时，居然有屯番枪毙生番之事。此非止与番仇，实敢与官抗也。此案不能以行文了事，务请麾下即日亲赴该处，切实查办，勿舒缓，致令远飏，并乞将丁都司原禀见示，为祷。

①六月十一日屯番伤"生番"，六月二十日生番死。此信当写于七月初。

致贝锦泉① 同治十三年七月十一日②

暌违芝采，弥切葭思。迩维福集楼船，诸如臆颂。前向赫总税司借凌风轮船来澎教练阵势及各项兵法，昨该船已到，即日将赴澎湖。务望我兄饬弁勇，听其指示勤操，以资各船表率。即使洋员有过于认真之处，亦劝各船忍耐遵行。诚以国家多事，正为臣子者卧薪尝胆之秋。务恳我兄谆嘱各船管驾，须念念在朝廷，勿以小嫌，致误大局。至此次我兄赴泉装兵，系与景山军门临行时商定者，以后回澎，即不便派他差矣！

①贝锦泉（1832—1887）：字敏修，浙江镇海人。福建水师都司，扬武管驾，副将衔。
②凌风轮至澎，时在十日。此信当写于七月十一日。

致曾元福① 同治十三年七月中旬②

溽暑遄征，维荩勋之余，餐卫佳胜，至以为颂。潘伟翁托吾兄所募土勇，一时管带尚乏其人，应请吾兄代之妥为约束照料，俾免滋生事端。北路有夏筱翁、罗军门在彼，练事已有头绪，可以仰慰厪系，无庸急于北行也。

①曾元福：曾辑五，台湾镇总兵。
②罗大春在苏澳招土勇，时在七月十九日。

巡台（二）

致李宗羲　同治十三年七月中旬①

奉六月二十日教言，藉谂增勇筑台，百度俱集。惟祈加意珍卫，稍节苾劳，至以为祷。倭人固无理取闹，然天下岂有叛镇而付以兵权，乱民而听其号召者？执事谓为恫喝之词，诚哉洞见症结矣。其将领士卒，思归綦切，其主贪心不戢，内变将兴。但愿总署坚与相持，彼自情见势屈，倘迁就以图了事，恐愈迁就愈葛藤矣。

①李宗羲六月二十日信，沈葆桢约七月初旬接到，复信当在七月中旬。

致额勒格里①　同治十三年七月中旬②

敬复者，接展贵领事来函，据怡记英商以日本并美国人欲用该行轮船赴琅璚，向贵领事请示，贵领事以琅璚非通商口岸，外国商船不可来往，惟恐该来人或有敝处公干，是以函询候复。具见贵领事恪守和约，办事精详，不胜感佩。查日本并美国人于敝处并无公干，本大臣亦仰体贵领事之意，一尊和约办理，断不敢擅自更改，以开后来借口之端。谨此裁复。

①额勒格里：英国人，同治十三年署台南领事。
②此函当在七月中旬。

致林寿图　同治十三年七月中旬①

　　读初五日手教，忘备贻患数语，不觉五体投地。窃愿秉国钧者三复斯言。虎门立四营扼要，不刊之策。窃以为择四将则非也。陈、杨、吴皆水师好手，何敢没其所长？然以厚庵②之名震一时，舍舟登陆，举足便错，迁地弗能为良也。且蕴玉既顾营汛，又顾水师，复顾陆勇，具三副精神，平时已有忠孝之虑，若临敌则鱼与熊掌何去何从？即使四将均当其才，零星散布，各不得力；聚之一处，各不相下。诿险争夷，攘功推过，皆人情所不能无。我公省门一段，船厂一段，海口一段，安得长坐营中亲统之？昔见曾文正自统水营，久亦自觉其废弛，调彭雪琴③从间道来，遂旌旗生色。鄙意我公只须择一小统领，付以专责，令其自择营官。如意中尚无一人，窃以为即玉臣可。如虑新勇未练，则令玉春统四营，出扎虎门。玉臣募三营，填扎马尾。其扎虎门者，须以全力注我公新筑之炮台，不可分也。蕴玉当全付精神注于水路，石洲带靖海轮船以佐之，则责成专亦气派（脉）贯矣。狂瞽之说，自知无当高深，以备采择而已。购厦门船槽，留存斋差遣，事皆可行。惟由台具疏，与前后际殊不贯，请和帅挈弟入衔入告，云往返留商，意见相同可也。铁甲船如此难购，弟意欲自造，我公以为何如？

①七月初五信大约在七月中旬收到。
②厚庵：杨岳斌（1822—1890），原名载福，字厚庵，湖南善化人。行伍出身，以军功，先后任陕甘总督、帮办江南军务。
③彭雪琴：彭玉麟（1816—1890），字雪琴，湖南衡阳人。清军水师将领。

致日意格　同治十三年七月中旬①

　　前月泐寄寸函，未审已登记室否？迩维宣勤沪渎，安吉胜常，至以为颂。总署来信云，赫总税司来见，据称中国某省托外国洋商购铁甲船，此洋商曾在中国开行，两次闭歇者。又有某省托洋人购洋枪，洋人即以从前代日本购买之件，今因货劣退还，渠即为中国购之，大抵总系贱价买坏货耳。询以何省托购，坚不肯说。询以谅非日监督所托，则曰：日提督万不至此。又谓铁甲船总须一、二等佳者，若购三、四等仍无用，不如贵价买好货等语，谨以奉闻。窃计日耳曼之船既旧，竟作罢论。如英国有佳者，可购则购之，倘无可购，不如请阁下回闽厂添买机器自造。虽为期甚缓，然成则得其用，高明以为何如？里明东洋枪何时可到？前膛枪如未买，可不必买，所招台勇竟不能练洋枪队也。电线如照原议则办，如其翻异则辞之。弟所注意者，第一好铁甲船，第二即里明东及新式之后膛枪。铁甲船即购有佳者，将来亦总须自造，惟执事留意焉。

①信里提到铁甲船将来亦总须自造，当在七月中旬。

致沈秉成　同治十三年七月中旬①

奉六月十七、念八两次手教，辱蒙缕示敌情并选派洋枪教习，感何可言。总署公文，业经收到。倭将急欲退兵，盼柳原回音甚切。其主贪心不戢，内变将兴。天下岂有叛镇而可付以兵权，乱兵而可听其号召者？暴师日久，非我之患，而彼之患也。总署能坚与相持，彼自情见势屈。若欲速了而迁就应之，恐愈迁就愈葛藤矣。闽厂兵船留澎湖会操，此次夹板无力递津。乞尊处代为付驿。伯相函乞由轮船转达。

①信称："其主贪心不戢，内变将兴。"与七月中旬《致李宗羲》函，都在中旬。

致张树声　同治十三年七月中旬①

奉六月十六日赐书，辱蒙缕示机宜，感难言似。倭将为天所困，又闻唐军之至，急欲退兵。日来盼柳原回音甚切。其主贪心不戢，内变将兴。天下岂有叛镇而可付以兵权，乱民而能听其号召者？暴师日久，非我之患，而彼之患也。总署日来想已有成议，但息兵之后，吾侪仍须益严儆备，以杜后患于未形耳。

①信称："倭将为天所困，又闻唐军之至。"唐军到台湾为七月十四日。

致李鸿章 同治十三年七月十五日①

月之二日，肃扛寸笺，未知曾入览否？倭奴为天所弃，遘疫甚酷。有窥见西乡疏草一段者，其声哀厉，非他人所能赝作，录呈以博一粲。西乡良将，惜事非其主。倭主别具肝肺，殆自速其亡者欤？倭营貌为整暇，实有不可终日之势。柳原既入，田边接踵而来，即其国亦自知支撑不住。总署能坚持成议，勿迁就之，其归我范围也决矣。台城颓塌过半，洋人侦探之迹络绎，民心摇摇。闻淮军前队到旗后，欲出劳军而不敢动，俟筱涛由北路归，再当南行耳。台镇甚不得力，只供其下所簸弄。镇、道两大，事权不一，亦吏治军务窒碍之一端也。

①信称："闻淮军前队到旗后。"在七月十四日。又李鸿章于七月十六日《论台事归宿》里称"昨接幼丹函"，此信当写于七月十五日。

致潘霨 同治十三年七月中旬①

奉到手教，知曾辑五、孙绍堂均抵凤山为慰。新盖兵房有积水，而冥然罔觉，办事者可谓愦愦。旧城可扎全军，则莫善于此矣。惟仓卒兴工，重增莐勚，务乞加意节宣，至祷。来札第六笺至即请二字，第七笺以再闻淮军接上，似有漏封一二纸。绎书意，当是安抚军无须支应委员。李倬如②明府，可为凤山支应局坐办，已嘱子玉太守下札矣。蔡文焕亦嘱玉翁饬赶回去。折、片各稿录呈酌定，日内有轮船到，即当拜发也。李少珊③修路之议，可以派土勇，不可以派客兵。其原信奉缴，乞酌之。

①七月初五日上谕提及沈饬潘霨（伟如）与曾元福赴凤山事。又沈葆桢谈李少珊修路一事，在中旬。
②李倬如：凤山支应局坐办。
③李少珊：安徽通判，后为京官。沈葆桢巡台时，在台湾营务处任职。

致李鹤年　同治十三年七月中旬①

月初祇肃寸笺，未卜曾入览否？淮军十二到澎湖，十四到旗后，陆续用小船登岸，约有四营，唐总统亦到矣。拟驰赴劳军，而台城为风雨飘摇，颓塌过半，人心因而悬悬，一时碍难轻动。知关廑念，用敢驰闻。

①信称："淮军……十四到旗后，陆续用小船登岸，约有四营。"此信当写于中旬。

致唐定奎①　同治十三年七月中旬②

十四日肃复寸笺，未知何时入览？顷沈惠峰协戎来，续读赐札，辱蒙垂注逾恒，感难言似。就谂贵部已陆续登岸，即进扎凤山。擘画因心，起居万福，至以为慰。尊函由沈观察递来者，业经拜领；其由盛观察转递者，尚未获读。重洋远隔，鳞便殊艰也。倭奴闻旌节东来，心甚惴恐。且为天所弃，病疫者多。虽勉强支持，决不能久也。溽暑酷热，台端甫卸行装，务乞善自珍摄，勿遽枉驾。俟筱涛观察回郡，弟当驰赴凤山，面商一切。

①唐定奎：字俊侯。
②信称："十四日肃复寸笺，未知何时入览？"此信当写于中旬。此时淮军已进扎凤山。

致吴大廷　同治十三年七月中旬①

迭诵六月念三、念六手教，辱承推爱，事事照拂，感何如之。就谂旌节不日南来，尤深快慰。惟雨帅②倚长城于沪渎，和帅③借前箸于榕垣，必不能听我君渡台。二君均为固圉起见，弟不敢左右袒其间，一任捷足之先得，抑亦惟君所择而已。未知肝胆向谁,是怀才者亦有时患知己之多。究之,许以驰驱者,皆国事也。倭奴接济,均自轮船。来必开仗,方能断之。各省函札之来,皆示以缓战之意,以待其备之集。倭为天所弃,疫病盛行。其[将]欲急于退兵,而其主贪心不戢,内变将作。暴师日久,非我之患,而彼之患也。唐军四营已登岸,驻凤山矣。

①信称:"唐军四营已登岸,驻凤山矣。"当写于中旬。
②雨帅:丁日昌。
③和帅:李鹤年。

致罗大春　同治十三年七月下旬①

前复寸笺,计当入览。比维旌节于十三日安抵苏澳,福星载路,备叶颂私。临淮壁垒一新,想兰、淡士民不知如何快慰也?唐军门已挈淮军四营到,营于凤山。柳原到京,所议尚无定局。倭奴为天所弃,病疫者多。其将急欲退兵,而其主贪心不戢,内变将作。暴师日久,非我之患,而彼之患也。邻省来书,皆力劝缓师,以待其备之集。弟断不敢轻率从事,惟彼若再扰生番,则又不能胶柱鼓瑟矣。兹将折、片各稿抄呈冰案,乞密存之为望。

①信称:"柳原到京,所议尚无定局。"柳原谒总署在十七日,沈葆桢知此消息当在下旬。

致王凯泰　同治十三年七月下旬①

奉朔日教言,辱蒙缕示机宜,感深肺腑。柳原以十五由津起程,十七未谒总署也。《销兵刍言》,前承伯相寄来。伟、召②诸公咸谓第一条可师其意用之,函致筱涛,嘱其向好税司议购机器,尚未得其复书也。洋款极费苦心,计奏咨入都,回音亦当不远。惟铁甲船必须总署担承,方有把握耳。景山由陆行,计月圆可到。此间去倭患易,去习染难。令长不能化民,辄为民所化。奈何!奈何!倭将、倭兵思归极切,其主贪心不戢,内变将生。暴师日久,非我之患,而彼之患耶?但得总署坚忍持之,必有成议。若冀将就了事，愈将就愈葛藤矣。谨将会奏各折、片录稿密呈察收。

①信称："景山由陆行，计月圆可到此间。"又称："柳原以十五由津起程，十七未谒总署也。"沈葆桢得此消息，当在下旬。

②伟、召：潘霨、黎兆棠。

致盛宣怀 同治十三年七月二十一日①

杏荪仁兄大人左右：得沪上书，知老伯大人偶尔违和，台从星夜归省，至以为念。比两奉瑶札，知椿闱渐次康复，尚待珍调。辱蒙驰赴瓜州，料量行色，不胜心感。粮米业经地方官采办，然淮军带来者颇多，以后或就地采办，或由后路接济，应候唐军门酌行之。伯相来书，以招商局船太费，只令分装两次，以后只用闽沪四船，不过多装一次。唐军门恐为期太缓，欲以三次全数渡台。应请执事饬局船于第三次仍照旧分装，经费若干，示到即由台局呈缴。澎湖煤炭，向派伏波轮船装运。因前月遭风，受伤甚重，回工修理，澎湖之煤遂乏。闽船皆令回福州装煤矣。贵局三船，未曾过郡，想早经折回矣。吃水浅者，只有长胜、海东云两船，已尽数派往旗后。唐军门嘱运薪至澎，以后到者，可即在澎上岸安营，看风日晴和，缓缓盘运入旗后也。老伯大人吉人天相，自当日就康强。第二次台从能东渡以慰渴思否？祗请侍安，未一。愚弟期沈葆桢顿首。廿一。

另示闽防需船方急，许以伊敦照原价见让，何感如之！第闽中筹款殊难，往往既许之而弗应。日来为购铁甲船之款大费唇舌，所以弟亦不能不事事节啬。窃闻海镜耗煤与伊敦埒，而装费更不如伊敦。如以海镜见还，则贵局省赔费之苦，敝处亦免筹费之艰。谨以奉商，伏候裁复。再请勋安。

将来购康邦机器，造成以补船数之缺何如？又及。葆桢又顿首。

（王尔敏、陈善伟编：《近代名人手札真迹》，香港中文大学出版社，1987年出版）

①此信落款"廿一"。淮军第一批抵台湾在七月，此信当写于七月二十一日。

致李鹤年 同治十三年七月二十五日①

奉中元手教,辱承垂注綦切,且感且惭。伯相寄示抄件,柳原狡赖,迥出言思拟议之表。谨录呈电。星翁②、补翁③函中不及另抄,乞转致为祷。淮军有灭此朝食之概,倭奴亦饰怯示强。日来争传有欲攻龟纹社之说,伟翁商弟照会阻之。如其不听,则事未可知也。倭兵纵知难而退,儆备断不当废于半途。当备者不独倭,乘此时备之,事方有济。在省抠谒时,蒙谕需费当在千万。嗣读来札,定以六百万,自是为舍缓就急打算。兹先请二百万,窃虑将来续陈,多费展转,或误事机,想必局库尚可支持也。采购船炮之款,务望接济如期,俾勿决裂。恃倚公如长城,知奉金石之言,故敢放手做去也。扬武六船归澎湖,交凌风教练合操,经咨达冰案。洋人不能与之爽约,在洞鉴之中。国事方殷,碍难惜费,似由上海雇船到瓜州,装豫勇来为直截。此间所招广勇五营,亦饬雇船来。非不知费之可惜,然无如何也。

①信称:"嗣读来札,定以六百万,自是为舍缓就急打算。兹先请二百万……"七月二十一日,沈奏请借洋款六百万,嗣批二百万两。沈写此信当在下旬。又沈葆桢照会西乡,阻日军攻龟纹社,时在七月二十三日。又,七月二十五日《致文煜》函称:"船急展轮,不及多录,向和帅索观之为祷。"知系同一船寄。

②星翁:文煜(?—1884),字星岩,费莫氏,满洲正蓝旗人。时为福州将军,兼署闽浙总督。

③补翁:王凯泰(1823—1875),初名敦敏,字补帆。江苏宝应人。道光三十年进士。时任福建巡抚。

致潘霨 同治十三年七月下旬①

奉七夕手教,藉谂精心擘画,备极辛劳,至以为念。陈县丞、汪从九已嘱子玉②给札。但添委旗后之干员,似尚费踌躅也。北路已有景山军门,曾镇军可留佐指挥,已许即日就道矣。昨李少册来郡,面述四事:一为拿解格塞尔。窃以为此非地方官所能办也。和约内,犯事准拿却不准凌辱,不准捆缚。天下有犯事之人无所畏惮而甘心就狱者耶？厦门领事派巡捕提之，且不遵行，徒费口舌，无益也。一为城下派官绅稽查。现在城垣倒塌过半，内外无分畛域，应饬将城工赶办，而后城下有可稽查。一为安平先筑土炮台。查洋匠尚未到，而天津图式已到福州，现留嘱船局造木模来此酌办。土炮台恐无益，且方急城工，亦无匠附会，土台亦无炮可安。昨嘱黎召翁函招粤匠矣。一为淮军分三营守郡。伯相函约扎营等事，唐军门自主张之，其不肯分兵必也。鄙意粤勇来，令其扎教场操演何如？

①信称"洋匠尚未到"。洋匠来台，在七月二十五日。此信当在七月二十五日之前。
②子玉：周懋琦，字子玉，号韩侯，安徽绩溪人。同治十一年六月署台湾知府。

致王凯泰　同治十三年七月二十五日①

奉初八日手教，藉悉种种。伟翁并无接公使京信，奎垣据沪上所传，非确论也。柳原狡赖，迥异寻常，伯相抄示甚详。船开未及遍抄，乞向和帅索阅为祷。倭奴必使绝无可希冀乃肯退兵，若饵之则愈生心矣。开矿之议，俟筱涛向好税司熟商，再行呈候卓夺。铁甲船如有成议，洋款迫不及待，务恳设法筹拨，俾勿决裂为祷。花旗之死于琅𤩝者，为医官。近日本复死一兵官矣。淮军勃勃欲试，倭奴亦饰怯示强。迩来有将攻龟纹社之谣，伟翁商弟，照会阻之。如不见听，则事未可知也。此间做炮台及教洋枪洋人已到，广勇亦将来。备渐集，费亦垂罄，奈何？奈何？

①信称："柳原狡赖，迥异寻常，伯相抄示甚详。"又称："伯相抄示甚详，船开未及遍抄，乞向和帅索阅为祷。"与七月二十五日《致文煜》内容相同，当写于同时。

致文煜　同治十三年七月二十五日①

奉七夕赐书，并寄示疏稿，曷胜感佩。惟二百万为数过窘，一到手又须仰费清神耳。淮军甚精锐，勃勃欲试。所到四营，已到凤山。倭奴亦饰怯示强，近有将攻龟纹社之说。伟翁商弟，照会阻之。若不见听，则事未可知也。柳原向总署狡赖，迥出言思拟议之表。李伯相抄示甚详，船急展轮，不及多录，向和帅索观之为祷。

①信称："惟二百万为数过窘"，可知此信写于二十一日之后。又八月初沈葆桢《致文煜》信称："前月念五日恭录朱批，寄呈冰案。"此信当写于七月二十五日。

致张树声　同治十三年七月二十五日①

奉月朔手教，以淮军南下，苦费区画，无微不至，感何可言。头起由旗后登岸，纪律严明，市肆安堵，足慰悬廑。唐军门十九日来郡，沉毅之气，溢乎眉宇，令人生敬。倭营饰怯示强，日来有将攻龟纹社之谣。伟翁商弟，照会阻之。如不见听，则事未可知也。柳原狡赖，迥出言思拟议之表。总署坚与相持，彼亦无所施其技。弟嘱唐军门静候谕旨，一面将开山事宜次第举行。惟经费支绌异常，采办每不应手。远隔重洋，弗克与主人翁面申悃素，致多阻滞耳。

①唐定奎来郡见沈葆桢，在七月十九日。倭营饰怯示强，日来有将攻龟纹社之谣，在七月二十三日，此信当写于二十五日，与《致文煜》信同时。

致李鸿章　同治十三年七月二十五日①

奉本月初五日手教，淮军南下，苦费区画，无微不至，感何可言。铁甲船日军门保现带靖远之张成②驾驶，广东人，保千总。购定时，仍以洋人驾之，来华交代。如战事未起，则酌留其酋教练数月。晚之议购铁甲船也，与主人翁申约，不啻十余次，以为询谋金同矣。日意格到沪，屡议未成。近电报到闽，云丹国一号已有成议，请兑半价五十万元。颖叔向当事请款，以请日军门暂行筹垫，奏咨准后必还之对。盖惑于沪上谎报，谓柳原入都，允照三条办结，故以此举为可废。又虑责以食言，因作此狡狯伎俩也。晚手无斧柯，不能自惜颜面，为西人所笑。如此事函争不及，竟致决裂，只有率苦求一战之军民，惟力是视，或者冀得一当。否则，裹革而归，于心慰矣。临行抠谒各辕，和帅自言筹防需款千万。嗣得其手书，已定借六百万。正读会奏之稿，则缩至二百万。即省厦不用一钱，台防亦不敷用也。淮军纪律严明，市肆安堵。唐军门来郡接晤，挹谦逾格。沉毅朴诚，有缓带轻裘气度，益见令公门下多伟人也。主道阙如，赧颜无地。伟如至凤山察看，近前饬备之事，大半沉阁，急切不可胜言。盖新令履任甫数日，旧令及委员皆烟火中人，言之曷胜痛恨。倭奴饰怯示强，日来有将攻龟纹社之说。伟如商晚，照会阻之，未知其果何如也。谨录稿呈电。

①沈得知借款只有二百万两，在七月二十一日。信称："日来有将攻龟纹社之说。伟如商晚，照会阻之，未知其果何如也。"应与《致文煜》函同时。
②张成：广东人。福建船政后学堂毕业，靖远管驾。

致李鹤年、王凯泰、文煜① 同治十三年七月下旬②

敬启者，本月二十四日，安澜轮船自天津归。合将奉到朱批，恭录呈电。所奉上谕，则尊处亦有之，恕不更赘。

①闽浙总督李鹤年、福建巡抚王凯泰、福州将军文煜。
②信称："本月二十四日，安澜轮船自天津归。"指安澜轮该日到台湾，此信当写于下旬。

致罗大春 同治十三年七月下旬①

读赐书，知十三日安抵苏澳。福星载路，备叶颂私。惟贵体以长途溽暑，致有腹疾，深用驰念。尚祈荩勤之余，加意节宣，至以为祷。承商布置一切，缕析条分，钦佩无既。又深谅饷需之难措，弥切镂铭。洋式炮台，郡正在商办。洋匠甫到，图尚未成。请俟此间创有端绪，约计需费若干，再行奉达。添勇一节，由筱涛观察交到另示，于泉州调建威左营。添募一营，并夫千名，于彰化添募一营。此皆必不可少者，何敢以饷绌为辞。惟现在轮船万难周转，所有尊处召募之兵勇，可否雇用商船载来，抑或俟淮军到齐后，再拨轮船到泉装载，伏候卓裁。后膛洋枪已报起程，殆九月可到，到时自当尊命奉拨。兹将奉到寄谕录呈，伏乞密存。

再，倭营日内无甚动静，柳原到京，所议亦未有定局。彼国复派大久保②带十六员来，殆亦急欲了局欤？知念附陈。

①信称"大久保带十六员来",大久保到京为七月三十日。此信当写于七月下旬。
②大久保:大久保利通(1830~1878)。萨摩藩士出身。1873年任内务卿。1874年发动侵台湾战争,光绪四年被暗杀。

致林寿图 同治十三年七月下旬①

奉十三日手教,敬悉一是。沪上信,辄谓柳原入都即可了结者,缘恐此间卤莽从事,故以是语宽司马牛之忧。实则伯相寄来抄件,其狡赖迥异寻常。前谓省门当早得信,故未录寄,兹特抄呈电。昨伟翁自凤山归,云淮军登岸,人人有磨拳擦掌,不可遏抑之势。唐军门亦到郡,沉毅勇鸷,见乎眉宇,未必肯以不战归。而倭营饰怯示强,日来有往攻龟纹社之说。伟翁商弟,照会阻之。如其不听,则事正未可知。各社来书,谆劝缓战,弟亦甚不欲战,所以必调洋枪队、购铁甲船者,冀彼知难而退耳。然于弟则干系未免过重。何者?铁甲船在外国,非能目睹其优劣,万一购来,群以为劣;万一购定,而抚局已成,群以此为浪费;万一购成,仍无以胜敌;万一胜之于台,而他处被扰,援之无及,此皆弟万不可辞之愆,他人不能分谤也。中旨责弟以海防,未尝责弟以饷款。果铁甲船购成,以无款中废,弟得所借口,脱无数干系,岂不幸甚!数十万金,省垣局库力能办之,并不必仰仗借款。即必需借款,亦权有专属,空手而饶舌,夫谁信之?方伯既不拘利息,不拘限期,何不自借以见付。既胸有成竹,何敢强求。沪上电信来,果有成约,如当事仍执前说,不妨以实情复日军门罢之。其合同中必有违议者罚若干磅等语,想为数不过数万金,此则船局力所能筹,有洋行凭据,可据实报销。弟非敢藉此置国事于不顾,率苦求一战之军民,惟力是视。仗朝廷威福,或得一当,否则裹革而归,于心慰矣。大府来札以六百万,今忽缩为二百万,必有尼之者。即省厦不需一钱,台防亦不敷用也。顷台防复以款垂尽告。弟饬详据咨,竭吾心焉,济否非所逆睹。然谕旨在目,当事之言在耳,非弟敢于无理取闹也。船政月款五万,实浙江一万,广东一万。石泉索船两号,理不应辞,亦不应索价,宜兴工以报。维允信来,苦无弯木。暹罗来不及,或当于吕宋想法,第难刻期以待。闽船现以台患调归,万一浙洋有警,则台患必松,闽船自当移缓就急,不独伏波也。请以此意商诸惟允复之。

①写此信时,沈乃知借款只批二百万两,时在七月二十一日。

致彭楚汉　同治十三年七月底①

奉罗星塔舟次赐书，知前肃芜笺，幸邀青睐，并谂星槎载福，即日荣莅鹭门。临淮壁垒一新，且喜！且慰！厦岛修防伊始，在在需大才督率布置，荩勚方殷，请勿亟于渡台，以系绅民之望。倭营病疫，将士咸有归心。其主以虐济贪，置之不恤。柳原向总署辨论，其狡赖出言思拟议之表，是以尚无定局。知关注念，谨以附闻。

①信称："柳原向总署辨论，其狡赖出言思拟议之表。"与七月二十五日《致文煜》信同。

致唐定奎　同治十三年七月底①

御李愿酬，班荆欢洽。行旌迅发，主道缺如。使到，捧读瑶华，就谂载路福星，业将安营各事宜指挥若定，并荷逾恒眷注，派徐、江二将，来相赞助，感何如之？迩惟擘画因心，起居曼福为颂。弟筹防支绌，乏善可陈。目下催葺城工，并议筑海口炮台。洋匠方来，绘图尚未毕事。日昨得伯相书，深以持重为嘱。知念附陈。

①信称："洋匠方来，绘图尚未毕事。"可知写于七月二十五日后。又称："日昨得伯相书。"查李鸿章七月十六日之信，到台湾当在七月廿六日之后，此信应写于七月底。

复李鹤年　同治十三年七月三十日①

念九日，靖远轮船到台，奉至手函。辱承教益，感篆难名。迩维荩画因心，节宣纳祜，至以为颂。制钱一事，蒙檄度支迅解，铭刻何如？岂惟淮上诸军实食其德。万年清船业已札饬赴辕领檄，北载豫事，计劲旅不日南来。临淮壁垒，逾增威重矣。恭录折、片各稿，密呈冰案，幸为秘之是荷。

①七月二十九日靖远由福州到台，沈葆桢接到李鹤年信，此信当写于七月三十日。

致唐定奎　同治十三年七月底①

前泐寸函，计激英察。比维师干协吉，旌纛澄釐。逖听风声，钦颂无已。前承嘱测海轮船来台应差，威靖轮船月为贵营转运一次，业经分别札知。昨接江督来函，以筹防方殷，测海请先拨还。威靖载军事竣，亦即饬回。沪关防务，理宜兼顾，未便强留。且贵部全数东行，琛航、永保、大雅三号差务已松，自可随挑一船，以代威靖之役。台、澎应差之船，谋所以代测海者，亦已函达闽局筹之。俟其回报，当再奉闻。

①沈葆桢于七月三十日《复李宗羲》函称："七月十八、念九日两奉教言……测海轮船，业如尊指，饬其回沪。"此信又称："昨接江督来函，以筹防方殷，测海请先拨还。"此信当写于七月底。

复李宗羲　同治十三年七月三十日①

七月十八、念九日两奉教言，藉谂江海筹防，诸劳伟画。临淮壁垒，固于金汤，钦服无量。倭使之来，先之以柳原，继之以大久保，狐獾同窟，无非济其诡谲之谋。近接总署来函，尚未闻所归宿。测海轮船，业如尊指，饬其回沪。威靖渡唐军门到后，当照来谕，亦令回苏。另由闽厂派船，以供唐军门转运。知关廑注，统以附闻。台防近事并倭营情形，具详疏稿中。恭录密呈，伏祈秘之为荷。鸿便，尚希时锡箴言，以匡不逮。

①八月下旬沈葆桢致李宗羲函称："七月三十日，肃租寸笺，未审曾邀青睐否？"即指此信。

致文煜　同治十三年七月三十日①

前月念五日，恭录朱批，寄呈冰案，计邀电鉴。比维提躬曼福，硕画因心，至以为颂。倭营动静、防务情形，具详疏稿中，谨录一扣，密呈记室，幸为秘之。轮舟之便，尚祈时锡箴言，用迪捣昧，感篆奚极。肃泐寸楮，祗请崇安。

①信称："倭营动静、防务情形，具详疏稿中。"与七月三十日《致李宗羲》函称"台防近事并倭营情形，具详疏稿中"语气相同，当写于同时。

致王凯泰　同治十三年七月三十日①

前月念五日，恭录朱批，寄呈冰案，计邀垂览。比维提躬曼福，硕画从心，以忻以颂。倭营动静、防务情形，具详疏稿中。谨录一扣，密呈签掌，幸为秘之。轮舟之便，尚望时惠教言，用匡不逮，感篆奚极。

①信称："倭营动静、防务情形，具详疏稿中。谨录一扣，密呈签掌，幸为秘之。"与《致文煜》函语气相同，当写于同时。

致吴大廷　同治十三年七月三十日①

读巧日手教，备聆一是。惟宏议未蒙录示，跂望维殷。得雨帅书，甚不愿我公南行。顷得维允书，末云闻旌节到，将走谒云云，何神速乃尔。处处争公，可有孙悟空分身法否？雨帅索测海、威靖归，若强留主人物，未免不情，已许奉还，想我公亦以为然也。倭营死病相继，犹勉强支饰。其主以虐济贪，亡可翘足而待。甚望总署之坚与相持，无以欲速为念。

①七月三十日《致李宗羲》称，威靖亦令回江苏。此信则称"威靖归"，当写于同时。

致沈秉成　同治十三年七月三十日①

迭奉赐书，并蒙抄示各件采办事宜。承照拂，感何可言。大久保入都，亦足见其中之窘急。然必故为狡宕，以示整暇，不肯遽就范围也。此间忽作将攻龟纹社之谣，亦饰怯为强故智。与伟翁照会阻之，云有照复，派五人来郡亲投，现尚未到，盖借以迁延时日耳。李伯相函，乞转递。

①信称："云有照复，派五人来郡亲投。"《开山日记》，八月初四日，倭将遣其酋吉利用通等六人自琅璚递公文与我钦差大臣，即指此事。故此信当写于八月初三日之前。又称："李伯相函，乞转递。"《致李鸿章》函写于七月三十日。此信当在同时。

致李鸿章　同治十三年七月三十日①

读七月十六教言，并抄示种种，感甚！感甚！贴费通商，流弊恐不在台湾，将立见于滇蜀。大久保之来，其中情窘急可想。然必故为狡宕，以示整暇，不肯遽就范围。鄙意坚与相持，不追其既往，便是收束。欲速了结之意，当在彼不在我。若以逸待劳而尚求速了，则一了百了，不待既事而知之矣。巴夏礼②十六字，字字刺人心坎，此笔墨必出自华人才智之士。北走胡，南走越，而我不能收一金日䃅③、契苾何力④辈一尽其才，能无愧煞？总署来信，谓有事则急图补救，事过则仍事恬嬉，何尝不洞见症结。窃愿共事者蓍蔡斯言。俊侯勇敢，诚然。然为将领者，岂愿其奄奄一息，如老于事之大官耶？津门有小范，固当胜于十万甲兵。金陵虽张皇，第知惧亦是好消息，奉天可虑也。柳原复文，谓自与总署定议。而总署嘱敝处严词驳诘，自当遵行。录呈电览。开山较防倭需费尤巨，省帅不见谅，补帆更精核。奈何？

①八月二十四日沈《致李鸿章》信称："七月三十日肃疳芜函，计尘记室。"为写此信日期。又李鸿章于八月二十日《采集台事众议》中称："昨接到七月三十日函称：大

久保之来，其中情窘急可想。然必故为狡宕以示整眼，不肯遽就范围。"即指此信。

②巴夏礼（1828～1885）：英国人。1863年为驻上海领事，曾参与两次侵华战争。

③金日䃅：匈奴王太子，汉武帝时归汉。

④契苾何力：契苾，古部落名。首领哥楞。唐贞观六年其侄何力归唐。

致林寿图　同治十三年八月上旬①

奉念二夜手教。福防、台防诸事，苦费苴筹，且感、且愧。兹将折稿、片稿抄呈青睐，并交惟兄阅之。

炮台工程，照西湖书院一律办理，必省必快无疑也。钢炮，制军定购极大者两尊，似必为海门之用。火药难请，清渠所购者可用。此间伯相协济颇足也。巴夏礼"遇柔则刚，遇刚则柔，既无定见，又尠恒心"十六字竟为吾辈定评，读之能无愧煞！此必华人笔墨才智之士。使北走胡，南走越，而莫能搜罗一金日䃅、契苾何力辈一尽其用，可胜浩叹。倭事，总署急欲了结，未必求其心之所安。腐儒议论，必束之高阁。弟为伯相所牵率，致累及我公。歉仄下私，萦诸痌瘝。倭奴一退，欲求累恐不可得。为日无多，且尽心力焉，此外不得不诿诸数矣！六百万缩为二百万。剑南言不称意可也。陇西②口血未干，手书具在，其谓之何？滔滔皆是，将向渔父求餔糟餟醨之术而已矣。

再，戴八世兄求信，欲依仁宇。已函告以我公防海系暂局，不日仍当出山矣。其名条姑为代呈察收。

续读念七日赐书，深佩良箴。自知躁妄，养气无术。故伧父面目徒自露也。我公百费苦心以成全，愧且感矣。

①信称："续读念七日赐书。"此信当写于八月上旬。

②陇西：指左宗棠。时左宗棠拟进军新疆，反对沈葆桢借海防款。

复罗大春　同治十三年八月上旬①

七月念八日，奉到台函，敬聆种切。比维荩画从心，壮猷集祜，至以为祝。北路兵力太单，而山溪险恶，番族凶顽，开通原属费手。饷糈宜裕，转运宜筹，兵勇宜增，皆眼前不容缓者。弟已将一切据情入告。密录疏稿,缄达典签,阅毕幸为秘之,勿付钞胥是荷。贵部需饷,已嘱筱涛宽筹,指款迅拨。淮军头批到后,回空各轮,仍赴瓜州矣。知念附闻。抚绥番众,足征威惠咸宜。惟秋暑荳山,岚雾仍重,尚冀随时节宣,为国自玉。卓见所及,更祈时赐指抈,幸甚。

①信称收到罗景山信是在七月念八日。又《开山日记》称:"初三日,接星使书。"按三到五天路程计,此信当写于八月上旬。

致罗大春　同治十三年八月初二日①

得前月念三日赐书,病未能作答,歉也何如。比奉月朔续札,辱蒙通盘筹画,备极精详。且感、且佩。月饷已嘱筱涛宽为指拨,眼前必不至掣肘。惟添营之后,又不知足敷腾挪否耳？番割欺番,报之以杀。招抚难望得力,诚如尊谕所云。窃谓招抚尚属空谈,开路方有实际。虽进一步,难一步,然铢积寸累,日起有功。碉堡可恃,凶番无所逞其锋。居民渐多,番割亦无所施其技。玉山营当前敌,一时实撤不动。朱镇②为未练之新营,商诸黎、夏诸君,请戴镇③一军,得便船即装之,由东港北行至苏澳登岸。倘风色不顺,则至基隆登岸,听候指事调遣。朱镇勇甫到百余名,俟到齐训练经月,补扎东港,以佐袁警翁开山之用。盖南路亦时出民番互戕之案,袁警斋④仅一军,开山外不敷弹压也。倭营病者过半,其国风灾异常。总署意在抚。大久保到京,将有定局,目前必无战事。郡城并无存储一炮。省局之田鸡炮,筱涛云断不得用。香、沪无炮可购,定诸外国,非半年外不能到。炮台虽赶成,恐亦无益。台从一离开番境,恐开山之事松动,且不免有意外葛藤也。林绅之禀,不能不照例批之。事似可暂缓,高明以为何如？用陈辉⑤带开山之勇,诚得其人。计丈给钱,尤中窾窍。知荩筹所及,必迎刃而解也。生番向以伏路狙杀为长技,兹忽能踞竹围、储粮械,既不信番割,又有愚民为通接济,固不容大意。然挟仇二字,似亦不能无虑也。许巡检禀当付召民,其勇丁招齐,当赴中路矣。弟患腹疾新愈,率意作此。

后膛洋枪尚未到。前膛者,新到四百杆。饬局并备火药二百桶解呈。金陵解来火龙,如尊处用之,可移局拨付也。

①信称"比奉月朔续札",可见此信是罗大春八月初一日来信的复信。《开山日记》:"初五日……适星使书至。"此信当写于八月初二日。

②朱镇：朱彪守备。
③戴镇：戴德祥，字芝亭。罗大春部下，福靖前营总兵。
④袁警斋：字闻柝，江西乐平人。曾任台湾府海防兼理番同知。
⑤陈辉：陈辉煌。罗景山开山部队之哨长。

致潘霨　同治十三年八月初十日①

顷据副将李光禀云，初八戌刻，准袁丞函开望祖力社与昆仑社械斗，已被我勇打退，现被围，急请相救，已带两哨驰赴等情。两社互斗，非与官兵为难也，似弹压解散之足矣，何以有打退字样？所打者何社，抑并两社打之欤？既打退矣，何以被围？两社械斗，少则数十人，多亦不过数百人，何以能围我一营之勇？且两社互仇，必不能合而围我，若我护一社，而打一社，则更无从被围。况又有山后来迎之陈安生②助我耶？禀辞含糊，无可悬揣。而袁警斋情状则甚仓皇，应请执事就近查明见示，或令郑游戎③进扎内埔，为之声援。伏祈卓夺。

①李光所发为急信，复信当于次日。应写于八月十日。
②陈安生：台湾原住民，卑南首领之一。
③郑游戎：郑菜，字子开，浙江山阴人。同治七年任澎湖水师游击。

致潘霨　同治十三年八月十三日①

迭奉初八、初十、十一赐函，备纫一是。手颤愈否？至以为颂。淮军纪律精严，令人心敬。局解千金，如提用过半，即当续拨。郑游戎得力，殊为可喜。二起淮军，尚无消息，何迟迟也？分散印牌甚好，以后按籍而稽，若网在纲，有条不紊矣。番社一案，兔起鹘落，情节殊难了然。现虽安静，然入山愈深，后路万不可无接应者。鄙意李副将宜进扎双溪口，郑游戎宜进扎内埔，尊处酌留一两哨，以为亲兵。如与卓见相符，请就近札饬何如？潘小魁等辈留为侦，俱征与人不求备之意。向善则用之，滋事则办，固操纵由我也。洋行传总署已有定议之说，似尚未确，只悬揣之辞耳。贱躯已复元，甚感注念。

①淮军二起于八月十四日抵凤山，写信时仍无消息，潘霨（伟如）十一日信，当在十三日前收到。此信当写于八月十三日。

致林寿图　同治十三年八月十九日①

读初五夜手教，知偶沾肝气眩晕之疾，至以为念。惟稍节茺勚，至祷！至祷！此间洋匠量炮台地，绘图贴说。全泥者，费五万余元，外砖石内三夹土者，费十一万余元。全泥者年年须修，外砖石内三夹土者可百年。公议云，费五万余元而年年须修，岂不成一地方官大累？当求一劳永逸也。筹饷如此之难，台地大受勇多之累。然骑虎难下。开山之举，愈进愈难，南北均不得已而用威矣。贵部将现营练而精之，有事尚易推广。但愿备而不用，使旁观者揶揄其多事，则吾辈幸甚。制府寄示，留存斋疏稿中，有二语鄙意窃虑有碍。存斋既承制府下问，不敢不竭诚以对。一则臣葆桢既深悉其才一语，恐不知者妄臆存斋舍的亲上司而干绅士之处。一则引见人员录用与否，并若何用法，均须听候谕旨。原稿未留地步，恐乖恩出自上之理，转致参差。我公久于枢直者，颇以为然否？今日台风骤作，闻大雅尚在安平，甚为悬念。

①"今日台风骤作，闻大雅尚在安平"，知此信写于八月十九日，即大雅失事当日，

致唐定奎　同治十三年八月二十日①

郡城十九日飓风大作，大雅轮船寄碇安平，避之不及，为巨浪所触。本日五鼓始能用艍赴救，拯出五十九人。昨自行凫水上岸者六人，淹毙十人。贵部亲兵朱安邦幸无恙，惟衣裳、川费、文札漂没无踪。此间拟酌与衣服盘钱，俾仍归营。大雅既失，三起又短一船。拟函致仁山观察②，添雇一船，使全数东渡。知关荩念，谨先奉闻。又据管驾林文和③等禀称，每次装运，均蒙厚犒，实属不安，谨代鸣谢。

①此信写于十九日大雅失事之次日，"本日五鼓始能用艍赴救，拯出五十九人。"求援当是二十日，即失事后第二天，不可能更迟。又称："昨自行凫水上岸者六人，淹毙

十人。"可知写信在二十日。

②仁山：徐文达，字仁山，安徽南陵人。入淮军幕府，任淮军后路粮台。日军侵台湾时，负责兵饷之应援。光绪十五年十月以淮扬海道迁福建按察使、护理漕运总督。次年六月卒。

③林文和：福建船政局永保号管驾。

致罗大春　同治十三年八月二十日①

奉十一日教言，敬聆一是。三营改为四旗，并壮丁千人。如命分咨省帅，建威左营作罢论矣。恩威并用，旨哉言乎。凶番稍受惩创，当知敛迹。我勇受伤者都平复否？台地风雨，消息全阻，竟是常事。十九日，郡城狂飙骤起，屋瓦皆飞。大雅罗昌智管带官在岸上，不及开，浪淹于安平，死者十人。安澜偕济安往接戴镇，均未能到东港。闻安澜水缸炸裂，搁损凤鼻，死者十四人，济安尚不知下落。船遭此厄，以后周转愈难，奈何！奈何！此间炮台，洋人估价十一万余元，恐台防料贵工懒，所费定不止此。然既做即不敢附会，但尚未动工。鸡笼两处非台从亲行相度，殊难放心。而日前开山事宜，万难松劲，请于皆急之中先其尤急者何如？

①此信是在大雅、安澜失事后写的，当在八月二十日。

致李鹤年　同治十三年八月下旬①

读七月念九日手教，敬谂筹画饷事，极费苦心。虽暂示撙节，仍不难随时挹注。闻之涣然、怡然，不能自名其感激之何似也。淮军二起，在澎湖阻风数日，中秋方尽数渡台，仍派原船向瓜口迎装矣。倭营仍以诱致生番为事，疫死者日复不少。南北路开山事，愈进愈难，时有凶番伏莽狙击，搜之即遁，无从得其主名。日来南路杀毙旺祖力番四名，北路杀毙一名，枪伤一名，我勇亦伤五名。恩威并用，庶克有济。然各请添勇分扎，并筑碉堡防护，所费益不赀，奈何！奈何！张镇所招广勇，雇洋轮船已到旗后，吴镇②尚未有消息。澳门有强盗装搭客劫洋船一案，即不惜费亦难矣。闻泉使相仙逝，粤中局又一变也。

再，小涛观察以北路协缺要而难，嘱转求执事委余将宏亮，以资得力。侍以长福营亦目前最要之缺辞之。该道谓彰化匪多，而民情浮动，坚求一言，不得不为转达，伏乞酌之。此时处处需才，良工心苦，侍并不敢坚持一说也。

前函缮而未寄，续奉初七日教言，以奏留存斋观察折稿见示。虚怀若谷，询及刍荛，曷胜纫佩。大稿极周匝，鄙意华夷怡然下，似可直接臣等往返函商云云，以明公议和衷之意。请咨北上拟接俟引见后如奉旨录用，可否仰恳天恩，仍发福建云云，以明恩出自主之意。狂瞽之见，伏候卓裁。

再，安澜、大雅两船，一旦尽入巨浸，都缘弟调度乖方所致。愧恨曷极。兹将折稿呈政，伏乞察存。

①信称："安澜、大雅两船，一旦尽入巨浸。"在八月十九日。当写于下旬。
②吴镇：吴光亮，字斋轩，广东英德人。光绪三年八月调任台湾总兵。

致王凯泰　同治十三年八月下旬①

奉七月念八、八月初五两次教言，筹饷曲费苦心，感激靡有涯极。饬解银二十万，钱万贯，均经收到。大旱得霖雨，何快如之！倭营强自支厉，伪示增灶之势，其技艺、器具，实胜我军，而死病相继无虚日，天之厌之可知。长崎风灾，惨酷异常。其海口各关，已归俄人征税。中国将来求如有明中叶仅防倭冠（寇），恐不可得。不乘此时猛省，以后恐无下手处。大久保入都，总署能坚与相持，转圜非难，特所患不止此耳。铁甲船中变，观我之急与否耳。缓之又迫我以求售，未可知也。开矿之事，好税务司③无甚把握，云须托总税司延一看山监工来。拟函致总署商之。开山愈进愈难，生番伏莽狙击，搜之即遁，北路更无从得其番社主名。恩威并用，庶几有济。进一步便须扎一哨，且须护以碉堡，其费转甚于防倭，非可克期奏效，故前人率自崖而返也。台民习于游惰，樵者日可得钱五百，抽藤则可得七八百，尚不足以劝之。稍有所积，必耗费尽乃肯再做。沃土之民不材，可胜浩叹！淮军、粤军，皆陆续由旗后登岸矣。

再，安澜、大雅两船，一旦尽入巨浸，都缘弟调度乖方所致，愧恨曷极。兹将折稿呈政，伏乞察存。

①此信写于安澜、大雅沉没之后，当在八月下旬。
②好税务司：好博逊。

致日意格　同治十三年八月下旬①

捧诵八月十九日赐书，就谂台旌安抵福州，至以为慰。采办船械，曲费清神筹画，感何可言。铁甲船系丹国不肯照办，自当作罢论。不特我们不错，即旗昌亦无错处也。威公使有无回信？念念。炮台图说已成，尚未兴工。洋枪教习都布阿②留教亲兵，余均在张镇处。凛风教练甚认真，惜中国船太少耳。铁甲购不成，不如自制。折中略露一语，朝廷未必遽下旨意。应请阁下将厂地须否宽拓，机器须否添置，船槽、船台能否胜任，通盘筹划。约费若干，商定再行奏明请旨。惟此事恐与出洋局难以并行，请与吴、叶诸公会酌之。中外交涉，须得领事，确论至言。以阁下总之，尤可为得人贺。第总署责任，且为从前未创之格，此议发自旁人，颇疑越俎，姑从缓图可也。电线拟先做，由台郡至厦门者，易得津沪之信，请阁下酌行之。弟调度乖方，致安澜、大雅两船遭风沉没，辜负阁下数年心血。以后公事，愈多窒碍。自愧自恨，然已无及矣。斯帮办竭力从公，一切承其照料。近以安澜驰赴旗后，为之设法，感甚！歉甚！草草复请勋安。

①此信也写于八月下旬。在大雅、安澜沉没之后。
②都布阿：英国人，匠首。

致文煜　同治十三年八月下旬①

奉七月三十、八月初四两次赐函，知筹饷极费荩忱，感深肺腑。龟社事并未照复，然彼本是恫喝虚词，作罢论矣。某调度既乖，命途复舛，安澜、大雅两船，一旦尽付波臣，愧恨曷极。谨将折稿呈政，敬乞察存。

①此信写于"大雅"、"安澜"沉没之后，即八月下旬。

致李宗羲　同治十三年八月二十四日①

七月三十日，肃豜寸笺，未审曾邀青睐否？倭奴死亡相继，竟无虚日。其将犹营造操演，外示增灶之形，狡谲出于天性也。大久保入都，故作从容，实则窘急，计定议当不远矣。弟命途既舛，调度复乖，安澜、大雅两船，一旦尽入巨浸，愧恨曷极。兹将折稿呈政，伏乞察存。

①此信写于大雅、安澜沉没之后。又云"倭奴死亡相继，竟无虚日"，与八月二十四日《致李鸿章》信相同。

致李鸿章　同治十三年八月二十四日①

七月三十日肃豜芜函，计尘记室。丹国铁甲船，议垂成而复梗。拟与日军门议自制，未知力能副否？然益旷日矣。倭营死亡相继，竟无已时。伟如使人托医入其营，告以此系水土不服之症，则凄然泪下。淮军二起到，市肆安堵。远涉重洋，至可轸念。虽承我公曲体台地饷源未裕，然地方官绅均心抱不安。谨徇众议，于八月解月饷一批，以后按四个月解一批，聊表歉忱，非足以尽主谊也。晚调度既乖，命途复舛，安澜、大雅两舶，一旦尽付东流。国帑无着，壮士伤亡，愧恨曷极！尚断断然求购制铁甲船，可谓颜之厚矣。谨将折稿、函稿抄呈察阅。

①九月二十四日《致李鸿章》信称："八月念四日肃豜寸笺，计尘青睐。"即指此信。

致李鹤年、王凯泰、文煜　同治十三年八月下旬①

迭奉三次公函，备纫一是。洋款已得谕旨，防务不至窒碍难行，曷胜厚幸。电线由罗星塔至福州，经费想甚不赀。其由福州至厦门者，近已定议否？鸿便，尚希示及。

①八月下旬致日意格信称："电线拟先做，由台郡至厦门者，易得津沪之信，请阁下酌行之。"此信又称："其由福州至厦门者近已定议否？"当在前信之后，均在下旬。

致罗大春　同治十三年八月下旬①

奉十七日教言，知步步碉堡，煞费苦心，不胜纫佩。北路苦风雨，此间亦然。安澜系被风所遏阁浅，非水缸炸裂也。水手死者一人，受伤者颇多。现饬飞云、振威往迎戴军，以慰茋系。招致居民，极扼要之策。第恐穷民力薄，拮据旷时。可否劝板桥林家，向已开路处分段屯垦？各富绅有闻风而起者，一律许之。则彼之获利长，而我之成功速，高明以为何如？兰营制兵，既守碉出力，自应量加津贴。惟绿营饷章，弟望之茫如，拟商诸筱涛，如不合例，则设法匀销可也。彰化朱令禀辞时，甚以该处提标百余名难于约束为言。可否檄调到苏澳，两得其便。

正封函间，读台端致礼堂②书，知守备三受标伤，殊深悬念。以事势论之，似能急行垦荒，则凶番无由伏莽，开路方有实际也。

①《开山日记》称，九月二日罗大春收到沈葆桢信，沈信当写于八月下旬。又守备黄明厚受标伤，时在八月十三日。梁鸣谦（礼堂）得此消息，再告沈，当也在下旬。
②礼堂：梁鸣谦，福建闽县人。福建船政局委员。曾赴台佐沈防日，晚年掌教鳌峰书院。

致文煜　同治十三年八月二十九日①

径启者，念八日奉到赐函，蒙录示八月初二日上谕一道，并总署抄奏，谨即密存。同日，奉七月十七日会折朱批，谨录呈冰案。

①当与八月二十九日《致王凯泰》信同时。

致李鹤年　同治十三年八月二十九日①

径启者，念八日奉到七月十七日回（会）折朱批，恭录寄呈冰案，伏乞察存。

①当与八月二十九日《致王凯泰》信同时。

致王凯泰　同治十三年八月二十九日①

径启者，念八日奉到七月十七日回（会）折，恭录朱批，寄呈冰案，伏乞察存。

①以上三函，均是答复福建地方要员的公函，沈当不会迟复。二十八日接到信和会折朱批，即于当日或次日致函文、李、王三人。

致林寿图　同治十三年八月二十九日①

奉八月念一日教言，备聆一是。尊体为湿热所苦，至为驰念。惟加意珍卫，至祷！至祷！省居时，极羡礼堂为福人，今被鄙人牵率入火坑矣。抵台则转而慕桐士也。

风闻东平以谏微行获谴。果尔，则敌国外患非所忧也。建章方罢，未央复营，是亦不可以已乎？黎、夏②前未共事，既非防务，或彰化欤？进退狼狈，局中人分所应尔。而旷日持久，累我良朋。癏瘝均抱不安，奈何！奈何！

①林寿图、文煜、王凯泰均在福州，又是同时收到公函，当是同时致信。
②黎、夏：黎兆棠、夏筱涛。

致张树声　同治十三年八月下旬①

三奉赐书，辱蒙垂注拳拳，感难言似。倭兵死亡相继，前所称彭城中平者，亦病殁矣。惟我营兵勇，亦殊多故，药竟不验，奈何！奈何！吴淞炮台，经亲临相度，必重镇屹然。铁甲船费累月唇舌，议垂成而复梗。攻龟纹社之说，本系虚声，照会到即借手收场。樟脑、茶叶之馈，有风闻尚无实据。此间防倭易而开山难，开山则南路难而北路尤难，进一步则须筑一堡、驻一哨。安平炮台，洋匠估值十一万余元。此地工料之价，向倍内地，殊恐更逾所估之数也。弟命途既舛，调度复乖，致安澜、大雅两船均付巨浸，愧恨曷极！

①信称："倭兵死亡相继。"八月二十八日，日本兵船运载病兵、亡兵百名回国。

致沈秉成　同治十三年八月下旬①

闻尊体违和，至以为念。比奉锦札，知调摄稍效，尚未尽复元。惟苶勩之余，加意节劳是祷。明知我公处极赜之区，又值百度倥偬之际，然苦心焦思，断不可间以游息也。倭营死病相继，而我军亦复不安，都缘风雨不时之故。弟命途既舛，调度复乖，致安澜、大雅两船均付巨浸，愧恨曷极！

①《申报》九月一日载沈秉成病已康复消息，可见沈葆桢致信当在八月底。

致陆心源　同治十三年八月下旬①

奉教言，知交卸艖纲，即当乘槎北上。听去思之舆诵，卜有喜于天颜。柏翠薇红，指顾间事，必不负闽南童叟卧辙之情也。弟调度多乖，命途复舛，致安澜、大雅两舶，一旦尽付东流。愧恨曷极！攀辕愿切，祖帐缘悭。

倭营仍复死亡无虚日，而我军亦染恙者多。药不甚效，奈何！奈何！防倭易而开山难，开山则南路难而北路尤难，逾（愈）进而需兵愈多，番社愈僻则愈愚而愈毒。经费滋巨，恩威两窒矣。

①信称："倭营仍复死亡无虚日，而我军亦染恙者多。"与八月下旬《致沈秉成》信同时。

致罗大春　同治十三年九月初七日①

奉念八日教言，知旌节亲履大南澳。相阴阳，观流泉，并赐以图说，感何可言。弟前函请执事劝林绅②认垦，不谓鄙意竟能上符卓见。应乞行辕，即日出示，并晓以捷足者先得，勿自误。营哨官有愿自任者，亦许之。但领垦须有限期，如认领而逾期不垦者，即改给他人。则荷锸云兴，鬼蜮（蟈）无潜踪地矣。执事能驻奇莱，不特于北路扼吭拊背，并可渐与中路通气。土勇一律给予夫价，似执事更易驱策，酌之。飞云、振威，计已抵鸡笼，戴营当到苏澳矣。玉山疟后复感冒。该处良医殊难，弟嘱其开明病症，将医方寄与伟翁酌定，执事以为何如？

①此信到罗大春处为九月初九日。罗称："得星使书，以余所论招富民招垦事不谋而合。"即指此信。戴芝亭营抵苏澳，时在九月初七日。此信当写于九月初。
②林绅：林维源，宜兰富绅。

致唐定奎　同治十三年九月初七日①

昨晤小涛观察，云执事将于旗后兴建炮台，嘱将安澜大炮留用。弟已函致海关，积（责）协领照办。其炮台应如何布置，乞费神量度。所需经费，盐厘等局均可酌提也。

①唐定奎拟在旗后建炮台，当在九月初旬，因炮台洋匠是在八月底始至台湾。此信当写于九月初七日。

致罗大春 同治十三年九月中旬①

奉重阳前二日赐书，知兰地绅民，已有议醵资开垦者，想日内当有成说。彰化提标调防兵饷及泉丁月饷，询之筱涛，所答甚详，原书奉阅。板桥林家，意在奇莱。然从大南澳先开，则步步脚踏实地。俟陆路既通，奇莱不难以次递举。若越海以开奇莱，则风汛不常，粮运未免费手。造船呼应较灵，自不当惜费。然风色不顺时亦勿强之。已派琛航将安澜所起炮械运工后，即赴泉装勇。无如淮军三起，至今消息渺然。洪、秦二将，亦一去不返。省门无船来者半个月矣。洋炮教习，遵派程仲英、郭荣贵二名。船不及待，支应局给川费，令由陆路登程，其薪水由日意格领到九月念二日止，以后由尊处给发，每人月十二两。洋枪到时，自当即行起运。大雅、安澜，船均撞坏。安澜机器，或可想法，大雅则并机器亦难之。王玉山以时症服补剂，遂至沉重。弟请伟翁拟方寄去，日来未卜何如？其人甚可用，其营又当前敌，日夕为之心悸。前嘱筱涛函商阁下，极盼环音也。

①罗大春信是九月初七日写的，寄到沈处需一到两天，复信当在中旬。

附：夏道答调防兵饷原书①

查闽省定章，调用兵丁，除额饷外，每日每名给银四分，台地战守兵丁，月饷二两四钱，加饷四钱，又调防月加饷银一两二钱，共计月支饷银四两，食米三斗。较楚军散勇月支湘平四两二钱者，尚属加优。又调兵过境，每兵百名，给夫二十名，每名给口粮银二钱，系指在途行走，到防即行截支。又查，报销案内，长夫日给银一钱，并无哨官、什长名目。兹请每月给银三两六钱，计每日支银一钱二分。多支之银，如照此办理，应归通案融销。

①九月中旬《致罗大春》函称："彰化提标调防兵饷及泉丁月饷，询之筱涛，所答甚详，原书奉阅。"即指此信。

致夏献纶 同治十三年九月中旬①

台、凤请兵办弥浓庄，拟请吴霁轩镇军一行。当否？乞酌之。其营用土药，不用洋药，尊处前托税司办硝到否？此地有可购否？并乞示知。

①同治十三年九月下旬《致张其光》函称："至前日咨请查办弥浓庄一案，现已深入内山，无暇兼顾，姑置缓图可也。"此函当写于九月中旬。

致唐定奎 同治十三年九月中旬①

捧诵赐书，承许督建旗后炮台，感难言似。筱涛观察拟将署中公事清厘，于月之下浣，驰谒柳营。安平炮台图，已饬另摹一分，即交观察带去。计届期贵部三起队伍，亦可安插完妥矣。西人之图，费大而旷日，恐未便拘泥，由执事斟酌行之，为幸。

①淮军第三批于九月十五日至澎湖，此信当写于中旬。

致王凯泰 同治十三年九月中旬①

读月之二日手教，辱蒙示悉种种。洋炮失水，似可打捞而出。自沪来者，威（咸）言：大久保托威使转圜，以赏恤琉球归结，恰与伟如方伯所议吻合，未知确否？尊谕择吏、择将、练器、练船，合群策以图之，虽管、葛无以易之矣。令长为民所化，莫甚于鸦片。一染此习，则置词讼于不理。强者称雄，此台湾所以数年必一变也。汇丰银款，忽成纸上空谈，殊不可解。得大力主持而补救之，受赐无量。铁甲船丹国者不成，日意格遂无可下手。总署又照会威使，未知其有以报命否？与洋人采购不成，则消息渺然，成则突如其来，立索巨款，此弟累年船政备尝之苦。兹又羁身海外，到此间得信，事已无及，只得托颖翁为之招呼。幸六百万已奉恩俞，挹注间必不致决裂也。淮军月饷四万五千余两，伯相岁与九关，重洋远征，不得不由台湾补足三个月。现八月者已发，腊月当再解一批，过此则明年四月矣。楚、粤各勇二十余营，月饷甚巨，又有炮台、电线之役，伏望十月筹二十万金，腊月筹二十万金，于中浣到台，则无饥哗之虑矣。

再，承示虞翁②应致用之聘，为之喜跃，洵不负我公造士之苦心矣。云翁③长于八股，于凤池一席为宜。极佩我公各尽所长，爱士如命之意。

①信中称"大久保托威使转圜"，在九月十五日，此信当写于中旬。
②虞翁：郑世恭，字虞臣，福建闽县人。咸丰壬子进士，主凤池、致用、正谊书院二十多年。
③云翁：郑云友。

致杨学源① 同治十三年九月下旬②

顷潘副帅得爱税司函称，海龙船主云：厦门电报，大久保业已出京，想与总署所议不合等语③。尊处必有确音，乞草数行，交长胜带回为祷。

①杨学源：字习之，湖北问津轮船管驾，同知候补。
②信称"大久保业已出京"，在九月十七日，消息传至沈处，当在下旬。又九月下旬《致唐定奎》云："杨习之司马、长胜管驾各一函，并乞饬该管驾分别收递为祷。"杨习之即杨学源。此信也写于九月下旬。
③六月二十日，日本天皇命大久保来北京谈判，未能达成协议。九月十七日，故作离京回国姿态。由于沈葆桢在台湾厚集兵力，不惜一战，加上日兵在台疫疠大作，不得不放弃占领台湾的计划。九月二十一日签订《中日北京专约》。

致唐定奎 同治十三年九月下旬①

捧诵赐书，藉谂贵部第三起于望日安抵澎湖，殊深心慰。炎凉无定，致疫疠流行。焦灼之私，莫能举似。惟有望天祷祝，冀符勿药之占而已。顷潘副帅得爱税司信，云：厦门电报，大久保业已出京，似由与总署所议不合等语。请执事即日饬长胜驰至厦门一查。得杨习之②司马回信，即行驶回。明知三起正在盘运吃紧之际，惟消息所系，准备难宽。祈饬风定即行，至祷！至祷！

杨习之司马、长胜管驾各一函，并乞饬该管驾分别收递为祷。

①信称"贵部第三起于望日安抵澎湖"，又得讯，"大久保业已出京"，时在九月十七日。此信当写于九月下旬。

②杨习之：杨学源。

致文煜　同治十三年九月下旬①

读月之四日手教，知汇丰借款竟成纸上空谈，仗大力主持，已有成说，感何如之。淮军月饷四万五千余金，伯相岁给九关。重洋远征，不得不由台补足三个月。八月已解给一月，腊月尚复再解，过此则明年四月矣。楚粤等勇二十余营，加以炮台、电线之役，所需甚巨。伏恳十月为筹二十万金，腊月为筹二十万金，则可免饥哗，受赐无量矣。沪上来信，谓威使从中调停，以恤赏琉球归结，不日可以就绪。旗口税司信云：海龙船主闻厦门有电报〈信〉，俄古波②已出京，似与总署所议不合等语，未知孰是？尊处如得确信，乞飞示为祷！

再，奉到朱批并续奏折稿，录呈冰案。伏乞察存。

①信称："闻厦门有电报〈信〉，俄古波已出京，似与总署所议不合。"俄古波即大久保。与九月下旬《致杨学源》信同时。

②俄古波（1829－1878）：即大久保利通。1874年来华，与清政府签订《中日北京专约》，1878年被日本士族暗杀。

致林寿图　同治十三年九月下旬①

奉重阳前二日手教，敬聆一是。自沪上来者，咸云威使出为撮合，以赏恤琉球归结，已有头绪。本日旗口税司上潘副帅书云，厦门电报，俄古波已出京，想由与总署所议不合等语，未知孰是？虎口布置谨严，想见我公之心力交瘁，此后桑梓屹若长城矣。

西法亦不尽同，师其意可也。林浦一带是福州老本，可为一笑。台阳疫疠间作，军民均罹其患，殊深焦灼。开山穷年莫究，但倭奴一退，便当设法内渡，俾执事得以北行。区区下私，无任悚仄。又阅沪新闻纸云，大久保不合而去。倭人狙（狡）诈多端，有此一举，知和局不远也。

台谏作夹缝文字，其肺腑如见矣。原折已由司移道，均不露黎、夏②之名。如此弹章，亦向来所仅见。此间别有是非，大抵如读《水浒》者，为宋公明雪涕也。

①信称："厦门电报，俄古波已出京，想由与总署所议不合等语。"知与《致文煜》一信同时。
②黎、夏：黎兆棠、夏献纶。

致杨昌浚① 同治十三年九月下旬②

读八月念七日手教，以南关海口，上系宸怀，并承分饬县营，妥筹布置，不胜钦佩。弟远隔重洋，于省垣必半月始得一信，至南关则尤鞭长莫及。想总署必已函致制军，熟筹备御。弟亦当致书和帅，请与尊处会商联络也。倭营尚滞琅瑀，仍困于疫，而我军亦复不免。大久保闻已出京，为战为和，日内当有定局矣。

①杨昌浚（？—1897）：字石泉，湖南湘乡人。诸生，以军功累迁知县、布政使，时为浙江巡抚。
②大久保出京在九月十七日，此信当在下旬。

致李鸿章 同治十三年九月二十四日①

八月念四日肃䋲寸笺，计尘青睐。淮军十五日第三起已到澎湖，至今尚未能盘进旗后。台湾口岸之难，真使我心痗。疫气流衍，延及内地军民。楚军营官李学祥殁焉，身当前敌之王开俊亦染病甚重，殊深焦灼。新闻纸谓大久保出京，想系所议不合云云。窃思倭奴狡谲，虽不能不为理屈，必故作波澜，以待局外人之转舵，知收台定不远矣。合将疏稿并总署函稿录呈电览。

①同治十三年十月十一日沈《致李鸿章》信称："前月念四日肃郡寸函。"即指此信。

致张其光 同治十三年九月下旬①

顷又得袁警斋司马报称，加走庄宋鲍厉入山贸易，被生番杀害，卑南头人出来，又被诸葛等社拦阻等因。警斋望济师甚急，应请执事督带营勇前往昆仑坳察看情形，酌量办理。至前日咨请查办弥浓庄一案，现已深入内山，无暇兼顾，姑置缓图可也。番性多贪，借其贪而用之，分段包工，计工给赏，庶几各得所欲乎。

①袁警斋至卑南，大约在九月初，《台湾海防并开山日记》未提"生番"杀人。但在九月底就记其骚扰事，信里情况应发生在九月底。

致林寿图 同治十三年九月下旬①

奉念四日手书，敬聆种种。倭奴狡谲，总未肯直截了结。纵津沪鸿来，亦无准信也。祝釐，臣子之心所应尔，亦借以润色升平。坛事，两监院优为之，何足以烦我公。二百金未必敷用，想更当集腋也。此间疫疠横作，倭营死无虚日，我军我民亦受其殃。郡幕两月余死者七人，人人效东坡说法，未知何时艾也。幸同来诸君均健好如昔，足慰注垂。军务可为知者道，其知者虽各有意见，至于忿争，尚于事无碍，以其所执必有一偏道也。其不知者，纵肯十分迁就我，转令我有说不出的苦处，所谓告非其人，虽言亦不着也。见小欲速，此病难医，甚于城府。奈何！

①信称："倭奴狡谲，总未肯直截了结。"大久保出京，在九月十七日。沈得此消息，当在下旬。

致李鹤年　同治十三年九月底①

奉二十一日手教，知节钺安抵鹭门，至以为慰。纪南②、赓堂③均百战健将，得执事通盘而筹画指挥之，金厦安于盘石矣。泉得李军，福得余军，与福防联为一气，阵势井然。大久保到京已久。重洋得信极难，闻船到，喜出望外。乃消息仍复茫如，令人焦灼。铁甲船迄不就绪，实有东人作梗于暗中。沪、香购炮，价议定，将立合同，旋为东人购去。如是者非一次，其明验也。谣言常起于沪上《新报》④，近日所阅，无一实信，徒益炫惑耳。饷承执事极力筹济，感且不朽。奉到朱批并续发折稿，录呈冰案，统乞察存。

①信后附有《致王凯泰》信，查十月十四日沈《致王凯泰》信称："前月底肃肛寸笺。"即指此信。又《申报》载李鹤年于八月廿五日赴厦门。而此信所称"奉二十一日手教"，显指九月二十一日。故此信写于月底。
②纪南：彭楚汉，字纪南。
③赓堂：孙开华，字赓堂，湖南慈利人。福建提督。
④《新报》：当指《申报》。

附：致王凯泰　同治十三年九月底①

前函缮就，无船可寄。昨济安到，复奉十七日赐书，敬聆一是。承嘱挽留召民，极为钦佩为地求贤、爱才如命之至意。第召民之东渡也，先期函约，倭退则归，许之乃来。此次奉旨，弟极陈执事及星丈相爱之笃，召民坚持前说，恳弟勿食前言。是以敝处不能不如其意，据实奏复。当时亦知日后执事与星丈必有函商，无如召民之实迫处此也。召民实淡于仕进，非有所择。即天津、金陵、章门之召，均非所愿赴，盖体气亦不及从前矣。朱批折稿，录呈冰案，伏乞察存。

①此信附于《致李鹤年》信后，当写于九月下旬。又十月十四日《致王凯泰》函称："前月底肃肛寸笺，未知何时入览？"即指此信。

致日意格　同治十三年九月底①

奉二十一日赐教，辱蒙详示种种，感何可言。承议制造之学生艺徒，本习法国语言文字，若就英厂，恐费时日，自是确论。但揆现在事势，有不得不赴英厂者，非笔墨所得达。且有详细章程，须会议明白，方可函达总署。请台驾偕叶清翁②即行东渡，以便与梁礼翁③、夏筱翁会商一切。至英法言语不同，文字则一。生徒置诸庄岳，既识文字，只学言语，似不甚难。如贵国人学华语颇难，学英语则易，以先通其文字故也。

①日意格（九月）二十一日自福州寄出的信，到台湾当在九月底。此信当与《致王凯泰》信写于同时。
②叶清翁：当为叶文澜。
③梁礼翁：梁鸣谦，字礼堂。

致沈秉成　同治十三年十月上旬①

本月初二日午刻，始接到八月念六日赐书。盖轮船于澎湖阻风十六七日也。此地嫌得信之迟，而尊处望回信杳然，焦灼尤可想矣。荷波根铁甲船，如百万元购来，再凑七十万元以成之，价并不昂。较诸前日所议丹国旧船，胜之远甚。容纯甫②非作妄语者，亦不至为外人所欺。惟图式未曾寄来，看其折开口气，其船必大，吃水必深，福州必不能进港，现在船槽亦必不能修理。惟朝廷准购铁甲之议与鄙人奏请之意，并不单为台防，亦非只防日本。得此一船，各海口自东北而西南，皆有恃无恐，若弃之，大为可惜。吴淞口外，风涛不恶，可以寄碇。船厂有余地展拓，修理亦复不难。苏省所以作罢论者，以无款可筹故也。闽中奏准借洋款六百万，本系各海关匀还，并非闽省可私为己有。就中提出百余万成此创举，将来养船修船之费，亦南北洋各关匀摊，俾沿海生灵均受其福，则我兄不朽盛烈也。弟远隔重洋，谋事恒苦落后。兄居冲要之地，如仅以无款可筹为虑，弟当力恳闽中当事，于奏准六百万之数划出百余万，由沪上向洋商借拨，以便取携。惟断乃成，万勿疑虑。专勇来，急待回信开船，伯相、雨帅处均不及致函，请为转达谬说。幸勿以倭事将了稍犹豫也。

①信称:"本月初二日午刻,始接到八月念六日赐书。盖轮船于澎湖阻风十六七日也。此地嫌得信之迟,而尊处望回信杳然,焦灼尤可想矣。"由上海发出八月廿六日的信,到澎湖需四日,再阻风十六七日,则到台湾已是九月中旬。沈称本月初二日午刻始接到八月念六日赐书,此信当写于十月初旬。

②容纯甫:容闳。

致罗大春　同治十三年十月上旬①

奉九月念三日赐书,敬聆一是。大南澳经执事出示招垦,必有应者。洋炮教习洪、秦二将②亦到。惟秦将尚守军火于澎湖,日内亦当来郡,请饬福星来接之。玉山已愈,惟久病之后,体气尚未复元,须加调摄耳。北路苦雨,此间则晴久,天气太躁。琛航阻风半月有余,闻日内始到旗后,殊为焦灼。扬武洋教习谓其操演多旷,不便调之,惟琛航多走两次耳。郡城所筑洋式炮台,费巨而工迟,奎沪断无此力量。日意格来书,云:现雇一匠头,熟翻土筑台之法,俟到时再行奉闻。伟帅云,唐营得伯相信,有倭议已有端绪之语。现去封河之日无多,想成约定不远矣。

①信称:"琛航阻风半月有余,闻日内始到旗后。"淮军三起于十月初四日抵旗后,此信当写于十月初四前后。十月下旬《致罗大春》函称:"初旬肃肛寸函,计邀青睐。"即指此信。

②洪、秦二将:洪渭涛,开花炮教习;秦龙标,游击。

巡台(三)

致罗大春　同治十三年十月初九日①

奉前月三十日教言,敬聆一是。营哨进扎浊水溪,事已过半,桥成后,定日起有功。出来肆扰之番,击退而不穷追,可谓仁智兼尽。陈光华内地之勇,只二百余名,添作一旗何如？澎湖大风经月，南北来往轮船均滞于其中。郡城待船孔亟，派福星到澎湖，调飞云、伏波来，福星再装饷械北归。玉山已全愈，可宽荩系。得总署信，倭议已定，费恤银五十万。大久保已来琅𫍯，船到即兵归②。此间委子玉太守并郑游戎荣往交收，尊处可专意开山事矣。

①《北京专约》签订于九月二十一日。十月初九日沈葆桢得总署函，称中旬已定约。此信未谈到初十日福岛九成来见沈葆桢事，当写于十月初九日。

②十月八日大久保到琅𫍯。台湾知府周懋琦（子玉）来琅𫍯接收。十六日，日侵略者全部退出台湾。

致李鸿章　同治十三年十月十一日①

前月念四日肃犴寸函，计当入览。初九日，沪上委员到，得总署书，知倭事业已定局。倭领事福岛九成旋即来谒。敝处当派周子玉太守赴琅𫍯交代一切。全台开山善后之举，非穷年累世不能告藏。其根源要在吏治，更非部民所能整顿。远隔重洋，与省垣消息恒经月不通，船政尤难兼顾。此间似须巡抚移驻，次第办理，方能日起有功也②。召民用心过度，一苦思便彻夜不眠。闻有留闽之信，归思益不可遏，只得听之。伟如视本任为畏途，坚求请假，亦只得听之。局中情状，大略可想矣。召民拟即登舟，恳其俟善后稿本会议毕再行，故暂缓数日。此君志量才品，近代所稀。而命运乖蹇，精力渐衰。奈何！奈何！折稿、函稿，呈乞海正。

①福岛九成来谒沈葆桢，在十月初十日。周懋琦赴琅𫍯，在十月十四日。此信当写于十一日。

②九月，淮军开始修筑台湾南、中、北三条公路，着手招民开垦，并在原住民地区实行经济、政治、文化的改革，推行文化教育，教原住民农耕。又奏准设一府三县，于琅𫍯置恒春县。

致沈秉成　同治十三年十月十四日[①]

唐荫庭[②]大令到，捧读赐教，知倭事定局，至以为慰。恤赏了结，甚为得体，数日来极费苫筹，朝廷论功，当为首屈一指也。此间派子玉太守赴琅璚交代一切。倭兵归心似箭，得此信如渴骥奔泉，不日定当鼓棹。俟子玉报来，即当飞舰奉达也。兹乘伏波递折之便草草，馀详副帅函中，恕不更赘。南北洋大臣两函，乞费神饬递为祷。

[①] 信称"此间派子玉太守赴琅璚交代一切"，又称"南北洋大臣两函，乞费神饬递为祷"。当与《致李宗羲》信同时。
[②] 唐荫庭：上海委员。

致李宗羲　同治十三年十月十四日[①]

前月奉肃寸函，未知何时入览？初九日，沪上委员到，得总署书，知倭事已有成说，至以为慰。此间委周子玉太守前赴琅璚交代一切，当俟倭兵退尽，即飞舰报闻。彼族归思，如渴骥奔泉，必不致有所迁延犹豫也。折稿呈政，伏乞察存。

[①] 与《致沈秉成》信同时。十月十四日《致沈秉成》信称："南北洋大臣两函，乞费神饬递为祷。"又此信称："此间委周子玉太守前往琅璚交代一切。"时在十四日。

致李鹤年　同治十三年十月十四日[①]

迭诵三缄，备纫一是。班兵改为台募，未必能无流弊。第两害相形，则取其轻。如台镇得力，择之必精。较诸各郡零星凑合，虽有得力台镇，亦只能设法羁縻者，固当胜之。承示暂停配渡，汰弱留强，三年后再行察看，为确不可易之办法。老成远计，钦佩奚如。召民来时，专使渡台，约倭退即归，得复音始就道。近病甚，一苦思便彻夜不眠,已束装待船。侍怜其委顿,不忍强之。其来也为不敢避军务,而病骨实难支持。津门、白门、章门之召,似皆无以应之矣。德臣馆主笔之人,陈言非陈贤也。召民闻其能翻译,熟洋情,挈之东来,八月初间归粤矣。倭兵归思如渴骥奔泉,子玉太守似数日可了结旋郡。善后之事,茫无涯际,而洋款、拨款,一概堵截。省库不能具点金之术,台防不能作无米之炊,我老前辈何以教之。

①信称:"子玉太守似数日可了结旋郡。"此信当写于十月十四日,与《致沈秉成》函同时。

致文煜　同治十三年十月十四日①

奉十月初二日教言,以船政解款,曲费苾厘,感悚交集。洋款停借,四成停拨,贵关支绌情形可想。素蒙挚爱,何敢以不情之请,干渎尊颜?惟部议所指数端,与船政毫无干涉,不得不为我长者陈之。部议所谓不急之需,竭力撙节者,历历指出成案,船政似非其伦。所谓朦混奏拨,迎合应付者,明指部未核复之件,船政则累年定案也。船政与四成之款原无胶葛,嗣因拨款日增,六成不敷支放,执事挪四成以应急需,是为续增不敷之款挪之,非为船政先定之案挪之也。其挪四成之款以应船政者,由于先挪船政之款,以应他处之急需也。无米为炊,岂不知执事之为难?然执事所挪者,必经部核复之款,断非迎合应付者比,似不难据实上陈。若船政未奉谕旨停办,为臣子者何敢擅停?所以不得不吁乞苾筹,源源接济也。区区之私,伏惟谅之。

①沈葆桢接十月初二日福州将军文煜函,当在初旬,复函当在中旬,与《致李鹤年》函同时。

致王凯泰　同治十三年十月十四日①

前月底肃扛寸笺,未知何时入览?倭议业已成局,而善后事理,后顾茫茫。洋款停借,四成停拨,以海防饷需责成疆寄。省库岁入,止有此数,执事宜求点金之术,鄙人当勉无米之炊,未审我公何以见教也。星丈以部索四成之款,欲停船政以补之,此局未经奉旨停办，何敢擅停？累年来船政不得下台之处，皆仰承执事及星丈、和帅委曲护持，以至今日。伏冀执事再为缓颊，俾获终始成全，不胜翘祷。倭兵归里，如渴骥奔泉，子玉到琅璚，数日当能竣事。

①信里所述停止四成拨款一事，与《致文煜》信相同。又信称："子玉到琅璚，数日当能竣事。"时在十四日。

致罗大春　同治十三年十月下旬①

初旬肃䋲寸函，计邀青睐。望日，奉初十赐札，敬悉开路已抵石公岭。架梁聚米，备极经营。报国爱民苦心，千回百折出之，无任钦佩。沿途险夷不等，非垦田则已开之路无由保全，绅民既无应者，不得不行此法。兵勇有愿挈家入山结茆而居者，听之；有与生番两愿通婚姻者，亦听之；能教生番耕种则尤佳。想我公必能因势利导，与赵充国②后先辉映也。大鲁阁生番出迎，事势尤顺。琅璚倭兵，日内当可尽归矣。换班台兵，业已暂停。连日此间风暴大作，闻琛航尚滞澎湖也。

①琅璚日兵最后一批回国，在十月二十五日。
②赵充国：汉上邽人。汉宣帝时封营平侯，开发西域有功。

致王凯泰　同治十三年十月下旬①

奉初八日手教，蒙筹解二十万金，以应急需，感激莫能举似。日意格所办大炮、后膛枪已到，留十万金由船政局付清价值，以十万解台散饷，腊月再得二十万金，便可敷衍下去，此皆我公之玉成之也。部文不准再以关税抵偿借款，真是棘手，而疆事断难诎然而止。倭兵退后，台防须上善后条陈，踌躇累日，正苦无从着笔。而总署又有饬议沿海六条之疏，如此大文，何以交卷②？寝馈俱废，莫得窾窍，我公其何以教之？星丈似须将六成不敷动拨处切实上陈，否则，谕旨方谆谆海防，船政何敢停办也。召民日就困顿，恒彻夜不眠，坚求归粤，不忍拂之，有船即行矣。

万寿节，灯采外不准借端敛钱。大君子示俭示礼之苦心，播诸舆诵，托帡幪者感何如之。

再，七月朔，奉手教，开煤必须机器，官办仍多周折，不如用外国法设立公司，有洋行愿办云云。窃思公司如系洋人主持，颇虑喧宾夺主，或致流弊，限定华人，又恐股数拼凑不上。倘有结实可靠之华人出头承当，准其暗搭洋股，似可公私两受其益，应恳卓裁招致。煤利一开，他务尚可推广也。

① 信云："召民日就困顿，恒彻夜不眠，坚求归粤，不忍拂之，有船即行矣。"黎兆棠十月二十二日登船归粤，此信当在此之前。

② 总署"六条之疏"要求沈葆桢等于一个月内筹议奏复。十二月初，沈葆桢提出《复议海洋水师片》，肯定丁日昌所奏筑炮台、选干员、联三洋、设三厂造船的奏议。并强调积极筹办购买铁甲船的必要性。

致文煜　同治十三年十月下旬①

奉本月十三日谕函，敬聆一是。承念台防需款，筹解二十万，感何可言。适当外洋大炮、后膛枪运到，待发孔殷，闻之如大旱之得霖雨也。大久保自赴琅𫞜，惟福岛九成来郡。倭兵思归甚切，子玉太守往办，月内必能了局。琅𫞜即须设官，拟设一知县，一游击带勇镇之，暂不必额兵，执事以为何如？福厦电线，议未定而强行，足见西人之狡。当时稍欠慎重，致我公独为其难。窃计南台所费无多，总以照价先行购回为是。精诚开金石，洋商亦终当就公范围也。恭录廷寄并总署原案条款，伏乞察存，应如何敷对之处，并恳赐教为祷。

① 文煜十月十三日函，至台当在月之下旬，复信也当在下旬。

致林寿图　同治十三年十月下旬①

迭奉初六、初十、十一等日手教，辱承惓惓逾恒，感甚！感甚！琅𫞜派子玉太守往，交代日内可了。台湾善后事，踌躇许久，无从下笔，而总署复有饬议六条之疏，如此大篇文字，纷至沓来，搜索枯肠，何以交卷？辱惟怜而教之，幸甚！幸甚！台从为鄙人牵率，致稽北上之期久矣。悚歉下悃，无日敢忘。但此两大疏得以敷衍上陈，必当极力设法内渡，俾春融冰泮，执事得以束装。区区之私，尚蒙垂鉴。

①信云："琅璚派子玉太守往，交代日内可了。"此信当写于下旬。

致李宗羲　同治十三年十月二十七日①

奉到八月十七日教言，辱蒙垂注逾恒，感难言似。倭船日内接踵而至，琅璚之营，即日可以尽撤。惟善后之事，大费经营耳。承寄《曾文正公诗文集》二部，封筒面未经填明，故驿站并未递到，伏乞饬查为祷。疏稿、片稿，录呈冰案，尚祈察存。祗请台安，诸惟澄鉴。不备。年愚弟沈葆桢顿首。十月廿四日。

再，子玉太守念六夜回，知倭兵于念四日尽数登舟，念五晨展轮北去，一切民间赁地字据，均经缴出，以后可免葛藤。知念附陈。葆桢又上，廿七①。

①原信落款："十月廿四"及"廿七"，与《致李鸿章》函同时。

致李鸿章　同治十三年十月二十七日①

奉九月二十日手教，敬聆——。倭兵思归，如渴骥奔泉，船亦接踵而来，数日内便当了事。而善后大难，踌躇久之，迄不知所下手处。濒海设防，内山抚番，筹费之难，人所共见。而吏治、营制、民风积重难返，虽有巨费，目前亦呼应不灵，转瞬又皆成弊窦，此非语言文字之所能达也。闽疆民瘠而吏亦瘠，故省门视台湾为调剂之区，文武捧檄而来者，非积累之员，则终南之径，而求其缺，所以优之，故往往骇人听闻。究其所得，仅足以供应酬，于巨亏并无所补。道之于厅县，镇之于将备，能羁縻之，使不大越范围，则善矣。无从彻底整顿，盖重洋阂隔，摸风捉影，疑谤易生。而镇、道两不相统，下各有所恃，上各有所诿。若照从前积习，推行于内山，殊恐利未集而害已随之。欲兴利而杜弊，窃计非闽抚移驻台湾不可。台南北亘千余里，断非一郡所能治，而器局又不能自成一省，且省门需台米接济，又相依为命也。如江南巡抚之分驻苏州，则一举而数善备：民间疾苦与其神奸巨蠹，耳目周知，应恤应禁，令出惟行，无所牵制，一也。吏治优劣，可以就近考核，不摇于传闻异辞，二也。营政随时讲明，切究训练，方有实际，三也。陋规择尤裁革，民困可以渐苏，狱讼随时清厘，民隐可以上达，赌烟械斗，扎厝颓风可以消息，四也。开山垦田，费难骤集，长驻于此，从容布置，日计不足，月计有余，五也。每开一处，设官分汛，亦以次递举，六也。煤铁等矿，伺便而行，地方官不敢畏难因循，亦不致轻率滋弊，七也。事权统于一尊，镇、道无专擅之嫌，亦无连鸡之患，八也。渐渍不骤，生番不致惊疑，九也。屹然坐镇，官民不敢以五日京兆见待，亦无两姑为妇之难，十也。总督兼辖浙江，此间孤悬，恐鞭长莫及，若□□则分属部民，往者犹可以军务为辞，倘时时侵督抚之权，不特势有所不行，于理亦有所不可。且船政岂隔海所能遥领，倭兵一退，颖叔立待出山，屡误其行期，未免不情太甚。文星翁得户部不准拨四成之文，竟欲将应拨六成之船政月款停止，局员为之手足无措。故再四筹思，只有请巡抚移驻台湾之一法，未审高深之见以为何如？总署一奏，创巨痛深，搜索枯肠，愈不知对。我公成竹在胸，可以赐示否？磁州铁矿，机器到后，必日起有功，不特闽厂可借挹注，台矿或可阶梯。铁船招匠仿制，所开拓厂购料之费，令人咋舌。有谓宜向外国定制兼带生徒工匠学习而归，则措手较易。事体重大，主意难定，俟详议再行奉闻。

再，念六夜，周子玉太守回郡，知倭兵于念四日尽数登舟，念五日展轮北去，一切交割清楚，民间赁地字据亦经缴出。知念附陈。折稿、函稿，录呈电察。

① 此信写于周懋琦（子玉）回郡，即十月二十六日后。十一月十五日沈《致李鸿章》信也称"前月二十七日肃肛寸笺"，即指此信，写信时间当在十月二十七日。

致盛宣怀 同治十三年十月二十七日①

杏荪仁兄大人左右：读九月初四日赐书，辱蒙垂注拳拳，一切费神擘画，感甚！感甚！藉谂台从为筹漕事，将有章门、鄂渚之行。惟载路福星，至以为颂。三批淮军，均已安抵凤山，倭议定后，该营陆续撤退。本月念四日尽数登舟，念五日展轮而北。营地业已交割清楚，赁地字据，亦经缴出，以后可免葛藤。大雅船上人等失十余人，救出五十余人，机器则不能起捞矣。知念附陈。祗请勋安，诸惟朗察，不备。愚弟沈葆桢顿首，廿七。

（王尔敏、陈善伟编：《近代名人手札真迹》，香港中文大学出版社，1987年出版）

①原信落款"廿七"。又信称:"倭议定后,该营陆续撤退。本月念四日尽数登舟,念五日展轮而北。"指十月念四、念五日。可知此信写于十月二十七日。

致唐定奎 同治十三年十月二十七日①

昨夜周子玉太守回郡,知倭兵于念四日尽数登舟,念五日展轮北去,民间赁地字据均经缴出,交割清楚,以后可免葛藤。惟倭性诡谲,其去也布散谣言,谓中国严刑峻法,以办此地之民,且立要榷盐征税等语。番民不免疑信参半。而现驻琅璚之安抚军,多漳泉籍,与粤籍向不相能,生番则向惟粤庄之言是听,恐万一有逸人交构其间,将滋出事端,碍难办理。弟等悉心商酌,咸谓纪律严明,交孚众望者,无如贵部。可否饬现驻东港之两营,就近前赴琅璚。俟贵部到后,弟即将安抚军调回,另加整顿。谨此奉商,惟裁夺见复是荷。再,枋寮以南,路径杂出,番民之间,拟派沈都司先前赴行辕。如贵部首途,令其督同枋寮千总郭占鳌前导,并以奉闻。

①"昨夜周子玉太守回郡",即二十六日,写信则在二十七日。

致沈秉成 同治十三年十月二十七日①

读九月念五、三十两次教言,辱蒙示悉种种,感何可言。本月念六夜,子玉太守回郡,知倭兵念四日尽数登舟,念五日展轮北去,一切交代清楚。但所交者,只破烂茆棚耳。民间赁地字据,亦经交出,此后可无葛藤。南北洋及招商局信乞费神转递。

①信称倭兵已展轮北去,日侵略军最后一批撤出琅璚是十月二十五日。此信当与致文煜、王凯泰信同写于十月二十七日。

致文煜　同治十三年十月二十七日①

昨夜周子玉太守回郡，知倭兵于本月念四日尽数上船，念五日展轮北去。民间赁地字据，均经缴出，交割清楚。谨以奉闻。折稿录呈冰案，伏乞察存。

①与《致沈秉成》信当为同时。

致王凯泰　同治十三年十月二十七日①

读十月两次手教，感纫种种。总署饬议六事，创巨痛深，令人搜索枯肠，废寝食者半月矣，仍不知所下笔处。言者须为行者打算，因循非，更张难。仿西法以自强，而西法有万不能学者，且有万不当学者。此时事事防泄漏，不敢函索大稿，当俟晋省一读伟论也。王玉山已愈，元气尚未尽复。其人为台防将领之冠，幸而获全，可喜也。各营疫亦渐平。召民病势实深，年未五十，看似六十许人，不能不回籍调治，并非有芥蒂于闽。我公维挚情殷，愈后或来，未可知也。当和帅函询陈言时，弟见召民日益颓唐，恐闻之或增疑虑，故未向提及。追晤筱涛，始知其已向召民查复。因询有无被其窃看，对云，在家时自己先未看过上谕，何从泄与陈言？至邀其来台时，则已在刊新纸后矣。是召民于陈言一事，亦并无容心也。陈言通翻译，熟洋情。召民向西报馆借之三个月，故八月初一即归。归时，召民尚托其到上海一探日本消息，方回香港。恐我公欲知此事下落，故并详之。弟之奉命东渡也，万不敢以船政不能兼顾为辞。局中员绅，咸以资浅望轻自怯。颖叔当时行计已决，实属强以所难，约明倭退便回交代，断不以船政见推。今归尚无期，心实愧之。函商局中员绅，奏请颖叔先行交卸，员绅又以负约见责。今拟俟前折并台湾善后事宜定稿复奏后，到唐营及琅𤩝一行，暂行旋省，俾颖叔得以交卸。弟亦将报销大数清厘，了此巨案。想颖叔行期总在冰泮后，当不误也。倭事定矣，铁甲船无人暗阻，购之非难。由威使及赫税司经手，总署当通盘筹画，不致福建独为其难。日意格则已饬作罢议矣。仲复议购花旗垂成之船，其体质甚大，总署询诸赫德，似不甚以为好制造，虽即修理，亦非易易。创船坞、拓厂所、购机器、募匠师，约略开一草数，便令人望之气索。而洋人望我成券，尚不肯多开，到真做时，必又远出于前所估之数。

前此船政，其明效大验也。承教船政月款，于巡台经费暂为通融，感激莫可言似。第巡费并无余款可挪，又须向我公哓渎，殊深颜汗。敌军自退，一矢未加，动款百余万，尚呼不足，思之亦自觉骇然。前者计年终用四十万。据台局所请言之，被船局截去十万，以应枪炮价值，台局为之一窘。见许腊月之二十万，断不可再行截留。而船局巡费仅存三万，尚有欠发之枪炮价值五万，其何以济？惟星丈方以电线一事焦心劳思，弟何敢为再三之渎？无论何款，但得借解燃眉，皆仁人之赐也。南台江日淤日浅，船坞尤甚。再淤则船不能下水，厂为之废，不得不向外洋购大挖土船一号。浙江托造兵船二号，机器、水缸俱备，而无弯木，不能成船，不得不向外国购全副铁船胁以备仿造。盖船局月款五万，内一万系广东协济者，一万系浙江协济者，故不能辞，亦不能向其索价也。前机器费煤，拟购新式卧机，以仿造兵船，新式立机，以仿造商船，此皆眼前必不可缓者。仅发半价，即十余万金，而按月常需之款不与焉。兹请颖叔查明船局并巡费的须若干，方足度岁，就近恳公为之力筹，不胜翘祷之至。星丈、和帅，弟亦续当函恳也。倭兵尽退，已由扬武函达，济安出省，于琯头遇扬武，想已入览矣。

①与《致沈秉成》信当为同时。

致李鸿章　同治十三年十一月十五日①

前月念七日，肃豜寸笺，未知何时入览？比维侍奉曼福，诸叶颂私。谕旨饬议六条，既不敢徒托空言，胸中又茫无定见。踌躇久之，而期限晌届，不得不草草完卷。抚衷循省，愧惧交萦。谨并台湾善后请巡抚移驻办理疏稿录呈，祗乞指其疵缪而进诲之。幸甚！幸甚！晚拟台事稍为清厘，腊初暂行将船政报销料理，春初再向东瀛。颖叔急须北行，不便再误之也。

①沈葆桢关于巡抚移驻台湾之疏稿写于十一月十五日。又李鸿章十一月二十四日在天津接沈葆桢函，估计路程十天左右，沈写此信当在十一月十五日。

致盛宣怀　同治十三年十一月十五日①

杏荪仁兄大人阁下：奉到十月念七日惠书，辱承赐示条议。准今酌古，纲举目张，如良医洞见病源，对症下药。再三雒诵，钦佩奚如。台旆是否尚在江鄂，抑已归棹吴淞，殊深驰系。弟奉饬议之旨，搜索枯肠，寝食为几废者半月有余，徘徊不能下笔，而期限晌届，不得不草草完卷。空言无补，愧惧交縈。拟将台事略为清厘，腊初暂行内渡，料理船政报销，知念附闻。祇请勋安，敬璧谦称。诸惟霁察，不备。愚弟沈葆桢顿首。十五。

（王尔敏、陈善伟编：《近代名人手札真迹》，香港中文大学出版社，1987 年出版）

①信称："奉到十月念七日惠书。"落款"十五"，当写于十一月十五日。

致林寿图　同治十三年十一月十五日①

奉上月念九日手书，叮教至深，不啻百朋之锡也。六事根本，在乎用人。善自炫鬻，能与世周旋者，并非人才。要言不烦，且为时下对症之药，非全史胸罗，洞见古今得失之林者，能道其只字耶？弟奉旨后寝食俱废，半月有余，徘徊不能下笔。期迫矣，不得不草草完卷。计到京，瞠乎诸公后，廷议一笑置之，庶几不致以书生误大计也。辱承期望之殷，不敢不自暴所短，以求箴诲。请闽抚移驻台湾，礼堂所具草也，谨并录呈，乞详为抉摘疵谬以示之，幸甚！幸甚！湘中四贤，杨未就征。弟赶将台事应先予了结者了结之，暂行内渡，腊初当得握晤。

①此信与上述两信日期相同。

致罗大春 同治十三年十一月十五日①

迭奉三函，以议复总署海疆密疏，搜索枯肠，踌躇半月，不能下笔，致稽裁答，罪甚！入山之路，固不厌多，里数前经礼翁函致。以弟揣之，各处所定里数，均不免意为高下。大抵平原之里较长，山险之里较短，亦调剂之道也。琛航何以至今未到？此间亦许久未有来船，总缘风色无常之故。出力员弁，请择尤开示。大南澳路，可通舆马，可通耕牛，则垦事可举，慰甚。泥板代瓦，亦因地制宜之妙策。尊谕疆理田畴，经营城邑，抚未尽抚之番，服未尽服之社，必良有司从容而善其后。已窃取大意具疏，请中丞东来。至老伯大人吉人天相，爱日方长。执事报国之时，即椿闱教忠之日。总署筹海一疏，病（痛）深创巨。虽东海一隅，不足以久羁李、郭，欲浩然归里，恐徒增枨触，奢愿难偿也。福靖前营，已咨请制府委人，尊处之员乞赐示，想制府亦当凭以加委也。

①十一月十五日《致林寿图》信称："半月有余，徘徊不能下笔。"与此信同。

致李鹤年 同治十三年十一月十六日①

前月肃豇寸笺，未卜何时入览？闻月初自泉启节，计已安抵榕垣。一路福星，定符臆颂。侍筹边无术，竽滥滋惭。拟将琅璃略为清厘，腊初内渡，将船政报销了结，再行东来。兹有恳者，星丈以部文核查四成关款，欲停船政按月经费以弥补之。在星丈自是万分为难。惟船政款指六成，并与四成无涉。廷议方谆谆于自强之说，为臣子者何敢擅自停工？历年深荷成全，尚乞再为转圜，俾苏涸辙。抑或于海防经费许为挹注，将来以关款抵偿。总求鼎力周旋，不胜翘祷之至。

①十二月初八日，沈葆桢《致李鹤年》信称："前月十六日祗豇寸笺，亮登掌记。"即指此信。

致文煜　同治十三年十一月十六日①

奉前月十五日公函，遵命密存，备纫一是。迩维起居曼福，定叶颂私。前恳船政月费推爱照拨，良以不可停则费无从省。计已渥荷青垂。如其万分为难，亦乞我公于巡海经费中设法代为挪措，俾济燃眉。不胜翘祷之至。

①十二月初八，沈葆桢《致文煜》信称："前月十六日祗肃寸笺。"即指此信。

致李宗羲　同治十三年十二月初一日①

奉十月念六日手书，知褆躬偶尔违和，不胜驰系。承示非暂离此席不可，公非苟图安逸者，此必出于万不得已之苦衷。第九重倚畀之殷，四海颙望之切，公其何以谢之？似宜于苶勚之余，加意珍调，俾中外有所倚赖，曷胜心祷。弟日内将有琅璚之行，俟到彼察看情形，再行缕陈求诲。疏稿呈政，伏乞察存。

①信称："弟日内将有琅璚之行。"但到十二月初二，沈"咳逆大作"。此信还未提到"咳逆大作"，当写于十二月初一日。

致李鸿章　同治十三年十二月初二日①

奉十月念二日手教，辱承诲示种种，感何可言。内山事宜，成骑虎之势。得费得人，宽以时日，奏功不难。而挽回州县营汛积习，非更张不可。请移巡抚一疏，非意存推诿，实事理不得不然。淮军与民极相得，可否暂免他调，俾各营有所钦式？召民晚本力劝其台事定后，趋侍左右。藐躬衰暮，无足以报国家。但望后进人才，蒸蒸日上，世事方有可为。而身处疣赘之地，无以尽人所长，不忍令卓荦群英，随我怫郁。故为召民计，宜舍金陵、豫章而入津门，召民亦深以为然。第惓惓于岘庄旧情，踌躇难却。比得实缺，无可疑矣。其归粤也，实因病甚。晚当函嘱其调理，稍愈即束装北行。是人无他疵累，惟好服药，是其病源耳。召民极言陈荔秋之贤，水（冰）镜以为何如？此间代召民者，为刘兰舟②观察，楚之临湘人，亦一时之隽也。文相乃心帝室，情见乎词，殊为可敬。晚日内有琅玡之行，惟咳逆大作，未知届期能就道否？疏稿、函稿呈电。

①从十二月初二日开始，沈咳逆大作，此信是在病中写的，即十二月初二日。
②刘兰舟：刘璈，字兰舟，时任浙江候补道。

致李宗羲　同治十三年十二月初八日①

月朔祗肛寸笺，钞件附呈，亮登掌记。比维起居万福为祝。弟日内将有琅玡之行，忽以感冒风寒，咳逆大作，连宵不寐，未能启程，曷胜焦灼。兹谨将疏草录呈电览，伏乞察存。近日事宜，具详疏中，恕不更赘。

①此信与十二月初八日《致李鹤年》信时间、内容相同。

致李鸿章　同治十三年十二月初八日①

月朔祗肛寸笺，钞件附呈，亮登掌记。比维起居万福为祝。晚日内将有琅玡之行，忽以感冒风寒，咳逆大作，连宵不寐，未能启程，曷胜焦灼。兹谨将疏草、函草录呈钧览，伏乞察存。近日事宜，具详疏中，恕不更赘。

①此信与十二月初八日《致李鹤年》信时间、内容相同。

致文煜　同治十三年十二月初八日①

前月十六日祗玐寸笺，亮登掌记。比维起居万福为祝。日内将有琅嶠之行，忽以感冒风寒，咳逆大作，连宵不寐，未能启程，曷胜焦灼。兹谨将疏草录呈电览，伏乞察存。近日事宜，具详疏中，恕不更赘。

①信中提及"日内将有琅嶠之行，忽以感冒风寒，咳逆大作，连宵不寐，未能启程"，与十二月初八日《致李鹤年》信相同。

致李鹤年　同治十三年十二月初八日①

前月十六日祗玐寸笺，亮登掌记。比维起居万福为祝。侍日内将有琅嶠之行，忽以感冒风寒，咳逆大作，连宵不寐，未能启程，曷胜焦灼。兹谨将疏草钞呈电览，伏乞察存。近日事宜，具详疏中，恕不更赘。

①十二月二十一日沈《致李鹤年》信称："月之初八日祗玐寸笺。"即指此信。

致王凯泰　同治十三年十二月初八日①

前月初四日祗玐寸笺，亮登掌记。比维起居万福为祝。弟日内将有琅嶠之行，忽以感冒风寒，咳逆大作。连宵不寐，未能启程，曷胜焦灼。兹谨将疏草钞呈电览，伏乞察存。近日事宜，具详疏中，恕不更赘。

①十二月二十一日沈葆桢《致王凯泰》信称："月之初八日祗登寸笺。"当指此信。

复王小樵① 同治十三年十二月中旬②

读手教,知遘瘗琴之戚,此鄙人所亲尝况味者,吾兄之郁郁可想也。承示为治生计,将改而习幕,窃以为非计也。刑钱修膳,胜于青毡,而酬应帮项,必数倍于诸生时。居是席者,稍磊落英多,终于宝山空手。若逾闲或悭吝者,又阁下所必不为。以阁下之天分根柢,学之数月,便远胜于世上纷纷者。然时师不以为可,必令为之帮手,三四年乃令出而就聘。此三四年间,给数金而止,则于治生非徒无益矣。操是业者,恒河沙数,而卓卓人耳目者,仅一汪龙庄。其时风气醇古,已往往所如不合,居今日以龙庄之格,绳其居停,数百里受贽而往,月余日束装而归耳。欲其有济于世,非自立门户不可。吾兄食指非繁,授经所入,加以致用津贴,当足敷衍。杜陵广厦,白傅长裘,奢愿终属可偿,不当以彼易此。积薪厝火,非挚爱不肯为此言,敢弗书之座右。

①王小樵:当是侯官或闽县人,时在福州致用书院掌教。
②同治十三年十二月中旬《致夏献纶、刘璈》信云:"读手教,知初六日安抵柴城。"与此信语气相同,当同一时间写。

致夏献纶、刘璈 同治十三年十二月中旬①

读手教,知初六日安抵柴城。载路福星,至以为慰。风(枫)港至卑南,路甚平坦,闻春夏溪涨断路,则亦仅得半之道矣。狮头社一节,似竟有不能不用威之势。开路事,过凤山时,当与俊侯商之。儆斋回郡,如困重围数月而出者。幸病已愈,调理经月,可复元。吉初极悔此行,儆斋亦惓惓于番情,殆出正仍前往也。弟初二夜咳逆大作,不能躺卧者三昼夜。近稍愈,拟十三勉强登程。晤教匪遥,尚容面罄。

①夏献纶、刘璈来信,称初六日安抵柴城,沈复信当在中旬。

巡台（四）

致黎北棠　同治十三年十二月中旬①

读手教，知安抵香港。载路福星，至以为慰。承命于香港书馆挑选上船学习，洵属法良意美。敝局中如张成、吕翰②辈即其人也。但管驾必从学堂出身者，方有以教之。又必管驾自行挑取，然后一气呵成。此时六条复奏甫上，应俟廷议定后，方有把握。闽厂英语学堂尚未曾撤，只以费绌不能如额，言之令人齿冷。磺油有愿办者，乞即为之招徕开矿，以渐推致，当不苦资本之浩大矣。得李伯相书，嘱力劝就道。弟知我公非无情斯世者，已复以稍愈必北行也。弟本于初四日赴琅璚，而咳逆大作，不能躺卧者三昼夜。兹拟十三登程，知念附及。祗请大安，顺贺特简之喜，不尽。

①沈葆桢此信称："弟本于初四日赴琅璚，而咳逆大作，不能躺卧者三昼夜。兹拟十三登程，知念附及。"此信当写于中旬。
②吕翰：福建船政局后学堂学生，"飞云"号管驾。

致文煜　同治十三年十二月二十一日①

月之初八日，祗扛寸笺，亮登签阁。比维起居曼福为颂。弟于本月二十日由琅璚旋郡，拟于二十四日坐扬武轮船内渡。奉教不远，曷胜欣悰。先将疏草钞呈电览，伏乞察存。琅璚情形，具列疏中，恕不赘叙。

①此信当写在回郡后，即二十一日。

致李鹤年　同治十三年十二月二十一日①

月之初八日，祗珙寸笺，亮登签阁。比维起居曼福为颂。弟于本月二十日由琅璚旋郡，拟于二十四日坐扬武轮船内渡。奉教不远，曷胜欣慊。先将疏草钞呈电览，伏乞察存。琅璚情形，具列疏中，恕不赘叙。

①此信与上一信同时。

致王凯泰　同治十三年十二月二十一日①

月之初八日，祗珙寸笺，亮登签阁。比维起居曼福为颂。弟于本月二十日自琅璚旋郡，拟于二十四日坐扬武轮船内渡。奉教不远，曷胜欣慊。先将疏草钞呈电览，伏乞察存。琅璚情形，具列疏中，恕不赘叙。

①沈葆桢于十二月二十日回郡，拟于二十四日返闽。此信当写于二十一日。

致王凯泰　光绪元年正月中旬①

昨局解台饷十万金，弟因日意格西行孔亟，先挪付之，自候船款东渡。倘善后局虑船政非局中应解之款，有碍报销，恳嘱芝岑方伯②，仍用报解巡洋经费公文。但乞日内到工，以便展轮，不尽心感。长胜，再四思之，似仍以大修为妥，计工须三个多月。如卓见亦以为然，请将其水手酌留数名，其余尽数裁撤，俟修好再招，以节经费。盖小修则过年仍须大修，费归无着，弃之则又缺一船之用也。伏候裁示。修伯③、敏生④两缄，敬乞附寄，祗请台安。

①信称："昨局解台饷十万金，弟因日意格西行孔亟，先挪付之，自候船款东渡。"

可见此信也在东渡前。日意格赴欧是正月三十日。此信当在三十日之前。又称："修伯、敏生两缄，敬乞附寄。"查沈葆桢《致朱学勤（修伯）、朱智（敏生）》函，时在中旬，此信也写于中旬。

②芝苓：夏筱涛。

③修伯：朱学勤，字修伯、浙江仁和人。道光二十年进士。官至大理寺卿，光绪元年正月四日卒。

④敏生：朱智，字敏生，浙江仁和人。光绪二年闰五月十六日任大理寺卿，官至兵部右侍郎。

致朱学勤、朱智　光绪元年正月中旬①

雌伏里门，久暌丰采。迩维枢垣纡策，规画馨宜。翘首卿霄，倾心积日。弟海壖待罪，裘葛屡更。碌碌因人，毫无善状。客夏忽奉巡台之命，自维谫陋，弥切悚惶。倭奴未受惩创，清议难逃，扪心滋愧。腊底内渡，料量船政报销。开正得镇道来书，番社复行蠢动。销案草草就绪，又须展轮而东。时局既艰，饷源奇绌。材疏任剧，徒唤奈何！尚祈时惠德音，俾得奉为圭臬，实深心祷。祗请勋安，言不尽意。

①张佩纶《二品顶戴大理寺卿军机处行走朱公神道碑》载：朱学勤"咸丰元年……入值军机处……穆宗毅皇帝崩，公在告中，僵起扑地，病日增剧，光绪元年正月四日，遽卒于位，年五十三……光绪二年癸未，葬钱塘凤岭之麓。"又《清代职官年表》载，朱学勤于同治十三年十月卅日任大理寺卿，光绪元年罢。

此信写于何时？据沈葆桢《致王凯泰》函称，此函附光绪元年正月中旬《致王凯泰》函里。此信称："开正得镇道来书，番社复行蠢动。"查清游击王开俊被狮头社杀死，时在光绪元年正月初九日。沈葆桢得镇道来书，最早当在中旬。但有记载正月初四日朱学勤已卒，沈何以中旬撰此信？唯一的原因是此时沈葆桢尚未知朱之死讯。张佩纶是朱的女婿，关系密切，张撰《神道碑》应是准确的。

致文煜 光绪元年正月中旬①

窃□□于月之十三日趋赴马尾工次，谨将初九日奉到批旨，敬录封呈台鉴，伏乞秘藏为荷。

①信称"月之十三日赴马尾工次"，指回福州后于正月十三日赴福建船政局，此信当写于中旬。

致潘霨① 光绪元年正月下旬②

读申江手教，知一路福星，至以为慰。屈计安抵珂第，娱彩萱闱。喜气盈庭，何如健羡。弟服赐方三剂，咳逆稍平。十三驰往琅𤩹，二十展轮回郡，二十四内渡，二十五抵省，眩晕数日始定。忽闻鼎湖之变，心胆俱裂，以后公事，更不知何措手。船政报销，正在具稿。得台信，刺桐脚番社滋事，王玉山挫失。尚未知详细情形，又急须匆匆东向。跋疐之苦，殊难为状。惟望旌节遄来，俾资模楷，不胜跂望之至。合将迭奉谕旨录呈，乞密存之。

①潘霨：字伟如。时任福建布政使，帮同办理台防事务，故称副帅。
②罗大春得王玉山死消息，为正月十九日，沈得消息当在下旬。

致彭玉麟 光绪元年正月下旬①

年来海壖奔走，仆仆于斤斧绳墨间，致疏音敬。惟从邸报窥伟人出处大节，奉瓣香而顶礼之，则昕夕未尝忘也。比奉教言，爱注之深，期勖之厚，迥异寻常。雒诵再三，滋增颜汗。承示吏治、军政皆以严字为主，洵千古名言，在今日尤为对症下药。无论东里治郑，武乡治蜀，得力处在此，即皋繇②、伊尹③何尝不然。所谓有罪不敢赦也。曲法以种因果，为子孙计，无非忍于负国，忍于负民而已。贞疾生于远虑，古来身系天下安危者，往往有之，此非药石所能为功。湖山怡情，或得少苏息乎？□□久甘雌伏，无志于世。忽奉巡台之命，自知非类，而时事孔棘，竟不敢辞，贸贸以行。倭奴提心吊胆而来，养欲给求而去。扪心清夜，无地自容。台阳土旷人稀，官以奢惰率之，以鱼肉视之，故风气江河日下。然其民天性未漓，又未尝不可挽救。所难者，文武均以台缺调剂，遂成贪劣窟宅。非疆吏手障狂澜，无能为力也。生番各为种类，老死不相往来。番与番言语亦复不通，恩威俱有窒碍。欲举而编户之，非费数十年之力不可。物产滋多，而所出远不敌鸦片所入之数。衙门陋规，往往骇人听闻，以不官不绅不民之赘疣苤之，何足了此。腊底自琅㟙归，偷空内渡，办船政报销。抵工即闻鼎湖之变，胆摧心裂，罔知所措。比接台信，刺桐脚生番滋事，游击王开俊④为所狙击，未知下落，又须匆匆东渡。年来咳逆益甚，甚则气喘，彻夜不能伏枕。大梦之醒，幸非远矣。倚装手肃，祗请台安，不尽所云。

①信称："抵工即闻鼎湖之变，胆摧心裂，罔知所措。"与正月下旬《致潘霨》信相同。当写于同时。
②皋繇：皋陶，虞舜之司法官。
③伊尹：名挚，商汤之相。
④王开俊：福靖右营游击。

复左宗棠　光绪元年正月下旬①

　　腊底内渡，捧读谕函，并示复总署函稿，切实周挚，言之必可行者。循诵再四，知老成为国家计者深且远也。铁甲船实非兵轮船所能敌，惟精与不精、等级甚多，制法亦日新月异。其击铁甲巨炮，则易其开花子用尖顶实心之钢弹而已。御夷于海，此器必不可少。而取大取小，言人人殊，□□不能决也。谨将奉复六事疏稿录呈，伏候裁夺。倭奴狼奔豕突而来，养欲给求而去。扪心清夜，无地自容。乃荷慰藉之词，益悚然汗下。抚番非数十年不能了事，而挽回吏治、营政之弊，尤急于抚番。前有请移驻巡抚一疏，录稿恭呈，伏乞指谬。□□偷空归办船政报销，腊之念五日抵马尾。旋闻鼎湖之变，心胆俱裂。以后公事，更不知如何措手。晋省哭临，旋工，得筱涛书，狮头社番滋事，驻风（枫）港之游击王开俊阵亡，又须匆匆东渡。倚装作此，祗请钧安，不尽所云。

①信云"旋闻鼎湖之变,心胆俱裂",与正月下旬《致彭玉麟》信相同,当写于同时。

致李鸿章 光绪元年正月二十八日①

奉新正六日教言,并蒙赐示疏稿。对症下药,发前人所未及发,言今人所不敢言。三复回环,五体投地。惟用人一段,旁及一无所知之鲰生,不敢不自供败缺。天下事必非惰窳者所能任,况苍苍者白,动摇者落,老至矣及,视息人间。台阳一行,物议蠭起,已大累知人之明。叨爱几三十年,尚幸谋所以藏其拙。张廷尉②不荐王生③,武乡侯④不荐崔州平⑤,庶几处人处己,两得其道欤!同年中如黄子寿⑥,学问经济,迥出寻常。从前聆其议论,似非无意于世者,何以蹉跎至今?闻年来常在保定,可劝驾否?颖叔已卸防务,二月杪将挈眷赴武昌,为其女完姻,北行,其秋以为期乎?召民自[往]香港后,未得续信,当再函促之。如其体气稍健,必不负知己也。日意格定于月初西行,出洋学习,未奉俞旨,不敢擅专。且亦无款可筹,只得令酌带学生五六人以去,小试其端耳。古巴招工一事,晚得总署来函,妄逞臆说,未必可行。第念虚与委蛇,非人心之所安,且大伤国体,想我公必早有以拯之也。日意格以船图两纸嘱呈尊处,其最新式者,只中间炮塔有厚铁甲,首尾均恃隔断为固,炮子穿之而不至于沉。据云,此船尚未下水试过,多有议其不适用者,不如采用次新之式为妥,伏候卓裁。淮军许与晚相终始,感激莫可言状。转馈之船,自当照派。晚本拟花朝后东渡,比得狮头社之警,草草将报销开单赶办,月初即须成行,到台与俊侯熟商措置也。折稿、函稿伏乞察存。

①二月中旬《致李鸿章》信称"正月念八日肃肮寸函",可知此信写于正月二十八日。
②张廷尉:张释之,字季,南阳堵阳人。官廷尉,西汉人。
③王生:西汉人,研究黄老之学的专家。
④武乡侯:蜀汉丞相诸葛亮。
⑤崔州平:崔陵,字州平。后汉博陵人。
⑥黄子寿:黄彭年(1823—1891),字子寿,贵州贵筑人。历任湖北、陕西按察使、江苏布政使,署江苏巡抚,《畿辅通志》总纂。著有《陶楼文钞》十四卷等。

致罗大春　光绪元年正月三十日①

奉客腊念五日教言，辱承示悉种种。宣义熊营，想当先到，唐营亦饬催之矣。节钺将赴岐莱，经画花莲港一带。伏波铜柱，复见于今矣。斗史五社，卒弭首而来，武乡攻心，固是上策。泉勇从十一月起支大口粮，甚属公允，当嘱筱涛照办。壮丁口粮与练勇不同，另立营头，可无后言否？乞察酌之。淹毙勇丁，极当给恤，容与筱涛议之。林得茂当遵谕列奖。执事贻书之日，正不才抵工之时。满拟将船事清厘一是，再行东渡。不料十九得玉山噩耗，为之心痛肠断。玉山忠国爱民，诚开金石，防倭极镇定严毅，窃以为远到之才。不图不尽其用，中道以陨也。然马革裹尸，流芳青史，较秋间殁于枕席者，有余荣焉，不得谓非天福忠良也。销案今日附会出门，刻日即当展轮。匆匆作此，祗请勋安，言不尽意。

①沈葆桢赴台，在二月十日。此信称："销案今日附会出门。"查《报销船政经费折》落款光绪元年正月三十日。此信当写于同一天。

致唐定奎　光绪元年正月三十日①

奉客腊赐书，知旌节将赴旗后，规度炮台工程，下浣始行回营。荩勚有加，镌铭曷极。狮头社之变，实缘鄙人号令不明，致陨良将，不得不借重伟略，挥我天戈。第路径丛杂，我至则逃。含沙射影，是其长技。似宜于山口先筑碉堡，步步为营而进，方为稳着，惟高明裁之。弟今日方将销案附会出门，拟日内进省一辞，兼与当途面商饷事，即展轮东渡矣。此复。

①信称："弟今日方将销案附会出门，拟日内进省一辞，兼与当道面商饷事，即展轮东渡矣。"当写于正月三十日。

致夏献纶　光绪元年二月初一日①

两奉赐书，辱承示悉种种。王玉山中道而殒，闻之痛心。申令不明，丧我良将，抚衷内咎，悔不可追。凤（枫）港开山，似当由奎翁派哨接办。诱诛阿必短之说，甚佩卓见。淮饷当即派扬武北行。弟抵台后，可顺便领文也。大绣房塔灯，弟去年七月间函商总署，嘱赫德照办，并云如经费支绌，可由台防酌筹。总署复书，与台北开煤两事均未提及，税务司亦无申陈。日前皆附折入告，谨以奉闻。弟昨日始将销案附会出门，日内进省一辞，兼会商饷事，即当坐扬武东行。握晤匪遥，诸容面罄。

① 信称："弟昨日始将销案附会出门，日内进省一辞……即当坐扬武东行。""销案"在正月三十日，此信当写于二月初一日。

致文煜　光绪元年二月上旬①

窃于月之初四日，趋赴马尾工次，初九即当东行。兹敬录批旨一扣，并折稿封呈台鉴，伏乞秘藏为荷。

① 此信当写于二月上旬，即初五至初八之间。

致李宗羲　光绪元年二月上旬①

月来未奉教言，饥渴交并。辰维荩体康强，起居曼福，至以为颂。弟于旧腊念四日偷空内渡，办船政报销。复闻番社不驯，不日又须匆匆东发。自愧轻材，缪（谬）膺巨任，爱我者何以策之？敬录批旨一扣，并折稿呈鉴。伏乞秘存。海天遄发，驰系尤深。肃此。

①信称："复闻番社不驯，不日又须匆匆东发。"此信亦写于二月上旬。

致李鸿章　光绪元年二月中旬①

正月念八日肃䢇寸函，未审何时入览？屈指冰泮，节钺当莅津门。一路福星，至以为颂。晚生将台饷军装料量登舟，初十解缆，晚泊虎门，十一候风于白犬，是夜放洋，十二抵澎湖，十三抵台郡，知俊侯已扎刺桐脚，狮头社番顽抗如故。俊侯议欲歼豺狼，先清荆棘，与鄙见不谋而同。已按段举办，想逾月可奏功矣。日意格谓中国师船所用枪炮，宜各省一律，所言不为无见。惟从前购备者，已费巨款，万难弃之。以后成船，当追步尊处所取者，如格购用，可免参差。谨将其原禀抄呈，酌夺赐复。折片稿四件，致总署函稿一件，伏乞察存。

①沈三月十九日《致李鸿章》信称"二月中浣，肃䢇寸笺，想当入览"，即指此信。

致李鹤年　光绪元年二月中旬①

匆匆揖别，瞬息天涯。骧首德晖，萦心梦毂。迩维指挥如意，备叶颂私。初十展轮，晚宿虎门。次日候风于白犬，是夜放洋，十二抵澎湖。履勘炮台，以木料装运艰难，尚未竣事。十三抵台郡，询悉狮头社番顽抗如故。居民营勇，零星行走，续有被其狙杀者。法立然后知恩，用威良非得已。与俊侯诸君商定，先清榛莽，乃殪豺狼。总之，毋欲速，毋贪功，进一步，扎一步，数节而后，或当迎刃而解。颛蒙之见，尚乞指迷为幸。十万之饷到台，军民均拜仁人之赐。然久旱得雨，涸可立待。务恳于月内再拨二十万两交船局，俾以十万解台，以十万挪发洋木价值，且感！且祷！奉呈折片稿四件，祗乞察存。

①此信写于沈十三日到台后，当在中旬。

致段起① 光绪元年二月中旬②

新春肃复寸函，未卜何时入览？迩维兴起曼福，备叶颂私。弟新正将船政销案草草句稽就绪，又匆匆出洋。惰窳之躯，衽席风涛，殆磨蝎临宫，不可强与！久欲借重长才，只以地处赘疣，无端累我良朋，殊非恕道，故作是念而中止者数四。比开山吃紧之际，召民以病归，兰舟复以忧去。屈指旧交，不汲汲于功名，甘同冷淡者，非君其谁与归？不揣冒昧，并未函商，遂登奏牍，知君之必有以谅之也。海天万里，乞酌挈瀛眷东来。盖为日孔长，以后迎眷，亦复不易。川费请自张罗，抵台日奉缴。到福州时，敝局当舣舟以待也。握晤匪遥，积悰再罄。

①段起：前江西督粮道。
②此信也写于沈东渡之后。

致唐定奎 光绪元年二月中旬①

奉十五日教言，就谂履勘番巢，备极苓勋。南势湖、狮球山等处仍有凶番伺杀，狂悖情形，诚堪发指。然亦足见彼之利我速战而不利我之久持。伏望坚执定见，总以清榛莽、断接济为第一着。使知不革心归化，则一无可恃。虽欲舍命浪战而不可得，斯全胜之势在我掌握。古人云攻心为上，良不诬也。弟待饷马江，初十日始获展轮，十三抵台郡，次日，饬海东云运里明东千杆赴旗［后］，听候提用。昨海镜船到，饬其迅速将砖盘清，务恳贵营即委员持请饷公文来安平，即日可内渡也。

①沈接唐定奎十五日函，应在两三天后，复信也当在中旬。

致罗大春 光绪元年二月中旬①

本月六日，捧诵教言，并赐示图说，且感！且慰！以不日展轮，行色匆匆，未遑作答，罪甚！罪甚！就谂福星载路，移节新城，回纥罗拜。令公笫笮欢迎，司马摩崖纪绩，辉映古今矣。添碉堡、加石工、筹储运，此皆必不容已者。加礼宛社，独知耕种，甚属可喜。似当以农具给之，观其后效。顽悖者，示以威，亦理势之所必然。招垦一节，嘱筱涛催办，城池宜于岐莱，诚属卓见。惟经费奇绌，建城、设官，一时碍难并举。目前有大纛镇之，即以营旗为吏治，事权归一。俟招垦有效，以次举行，似未晚也。宣、义两营，闻已到防，谅敷调遣。巡抚移驻一疏，得李伯相书，云经吏部议准，而部文则尚未到。中丞何时可来，亦未有定局。弟号令不明，致玉山罹此奇惨。得信后催齐饷项，初十展轮，十三抵台，与俊侯商定。先清榛莽，断接济，以取全胜之势。为玉山请予谥专祠，十七日拜疏内渡矣。擘躬以荩勚太过，致多不适，伏望加意调摄，以慰朝野之情。国事如此，台事如此，断非大臣可以言退之时。无论万难邀准，且必非心之所安。首席断不复有波澜，乞廓襟怀，勿稍芥蒂，至祷！至祷！

①信称："十七日拜疏内渡矣。"此信当写于中旬。

致总署 光绪元年二月下旬①

本月初十日展轮之次，适奉船字五十九号谕函，以福厦电线一事，深系荩怀。循诵再三，苦心若揭。所云作事未能慎之于始，更当善之于终，信金石之论也。丹国公司，素极狡狯，局员率尔与立合同，尤出意料之外。有合同可据，则彼为有词，何怪将军、巡抚斡旋之费手乎！葆桢岁暮晋省，与巡抚晤谈，及于此事。葆桢意以购归官办，方有结局，巡抚深以为然。兹拉使既自愿归之中国，则其机至顺，不致另生葛藤。临行时得巡抚函，商以购费归海防支销，葆桢当即照复。想此事已有眉目，可慰廑垂矣。

葆桢十三日抵台，询访狮头社情形，顽抗如故。殆运会至此，迫我不得不开。法立然后知恩，用威良非得已。总之，毋欲速，毋贪功，进一步，是一步，数节而后，自当迎刃而解也。颛蒙之见,尚冀指迷为幸。祗叩钧安。

(台湾"中央研究院"近代史研究所编:《海防档·丁》,《电线》,1959年台湾近代史研究所影印本)

①三月初二日总署收到此信,当写于二月下旬。

致李鹤年 光绪元年二月下旬①

奉花朝教言,就谂兴居曼福。厦门电线一案,侍亦承准总署咨函。彼既愿售,我亦愿购,似针孔相符,此事不难就绪。侍重洋远隔,若必往返函商,恐因此稽延,转滋枝节。应请执事就近饬局商办,断而行之,以期妥速。蕴石②太守从前久于局务,当必不负委任也。狮头社番仍时时出没,窥伺我军。俟榛莽清后,步步为营而进。殆是禊后方能启行。望饷甚迫,伏乞饬局速解,无任翘祷之至!

①"花朝教言"指李二月十二日函,到台湾当在下旬。
②蕴石:丁嘉炜。

致林寿图 光绪元年二月下旬①

快良晤仅匝月,又匆匆掉头去。世间不如意事十常八九,信乎,否耶?濒行赠言,饫感无既。天涯海角,怅也何如。楚山之行,当在禊后。我公不能家食,与弟之不能离乡,所处不同,其难一也。十三抵台,据报番奴尚出没伺杀。各营力辟榛莽,俟山路廓清,再步步为营而进,狙击者自无所施其伎。是事不难了,惟垦矿等事,遥遥不知所届。饷源有立匮之势,奈何!奈何!令威已抵都。六事卷齐,合肥亦应入都会议。须通盘算定,勿作辘轳,局面方好。想当大任者,必有主持也。此间雨则着棉,晴可单袷。懒散者值恼人天气,饱食酣睡,是两大桩事业,不自知其为衰颓也。

①信称:"楚山之行,当在禊后。我公不能家食,与弟之不能离乡,所处不同,其

难一也。十三抵台,据报番奴尚出没伺杀。各营力辟榛莽,俟山路廓清,再步步为营而进。"与光绪元年二月下旬《致李鹤年》信应写于同时。

致彭楚汉　光绪元年二月下旬①

日前裁复寸函,付省船转递。比奉二十日赐书,知前函尚未入览。迩维兴居曼福,备叶颂私。承示万年清即日舵工可竣,应恳饬令赶运厦砖一批到台,弟当饬局迅速起岸,勿误大纛出洋之期。计由厦到台不过一日,起岸不过二日。缘恐南风一起,则安平驳运万难,故多赶一批,便放心一批。弟临行时,先批饬该管驾知之。想修桅时,一面可以装砖,不致濡滞也。

①信称"比奉二十日赐书",知此信写于二月二十日之后。

致罗大春　光绪元年二月底①

读致子玉太守书,知疟势缠绵,不胜驰念。新城医药不便,应出驻苏澳或至鸡笼,珍摄之余,仍可就近调度。时事方殷,朝廷断不能听晋公高卧绿野。惟加意餐卫,至以为祷。念二日,淮军入山归(勘)营地,生番拒战。破草山社,杀数十余番,伤百战(人),我军亡哨官游击束维清、勇数名,伤二三十名。知念附闻。

①淮军入山破草山社,在二月二十二日。此信当写于二月底,《开山日记》载,罗大春于三月初九日收到此信,不知何故?

致罗大春　光绪元年三月上旬①

奉二月念六日赐书,知抵台后肃疘芜笺,尚稽达览。就谂抚番通道,纲举目张。惟苍勚有加,致褆躬尚未复元,闻之不胜驰念。前函请台从暂出山外就医,兹承示将赴噶玛兰，所见略同，私衷稍慰。洋行有药名金鸡挪，为治疟妙品，试服少许何如？但万不可多耳。噶厅去苏澳不远，各营仍可随时恪遵调度。招垦一节，当嘱筱涛催地方官速办，而一切机宜，仍须执事指挥，方免法立弊随。替人诚属万难，并非弟之忍不相谅。人才本非易易，况足替执事者？此亦执事所自知，无待弟之喋喋也。筱涛离开，郡城即无主人。所以奏明专办中路，至今未能一行。现南路事未了，更不必说转眴科试矣。兰舟以忧去，琅𤩹便无督办。调段培元来，非夏末不能到，到亦只能接兰舟席面。弟处赘疣之地，能牵率人以苦事，不能筹所以位置之者，良自愧歉。所望大君子念国步之艰难，尽一分心，是一分事，庶几不废半途，俾海疆有磐石之安。相与长揖归田，则心安理得矣。狂瞽之说，幸垂采焉。

①沈接到罗大春二月念六日信，已是月底。二月只有二十九天，此信当写于三月上旬。

致林拱枢① 光绪元年三月上旬②

久疏笺候，唯从弼士③询悉起居曼福，至以为慰。台席想当到班，鸣凤朝阳，一吐胸中数十年所蕴结，必有大异于寻常建白者。先睹为快，跂望何如？岁暮偷空内渡，旋闻狮头社之警，又匆匆而东。惰窳之性，衰惫之躯，衽席风涛，命也。朝廷意在抚番，而调度乖方，致成剿局，良自愧恨。然恩极则玩，或痛剿之后，抚局转有实际，未可知也。各营已将榛莽廓清，日内当进扎内山矣。知关垂念，谨以附闻。祗请台安，书不尽意。

再，从前应得封典，缘艰于筹费，均未托人请领。事后思之，于心殊觉不安。兹计去年太后万寿封典，尚未逾请领之期，恳棣台查明，应照巡抚请封，抑可照头品顶戴请封？部费若干？鸿便见示。此次拟将自己、妻室封典貤高祖父母，登极应得封典貤本生祖父母，是否可行？至登极覃恩，向有荫生，若从封典推，则在应得之例，若以现任为界，则又不应得。乞一并费神查示，是祷！

①林拱枢（1827－？）：字心北。官至山西汾州知府。
②三月初旬沈《致王凯泰》信称，唐定奎定于三月初三入山。此信当写于三月初。
③弼士：林毓良，字弼士，林聪彝之子。

致文煜、李鹤年、王凯泰　光绪元年三月上旬①

靖远船到，得丹国领事央士②函称：总署与该国公使遣俶③翻译来，商办电线一案，请示期何日会晤等因。此事前奉和翁前辈垂询，当经遵复，交丁蕴石太守一手经理，想入典签。良以深算老谋，筹之有素。蕴石太守就近禀承，必远胜于敝处搜索枯肠十倍。且案卷及原办委员均在省门，遥隔重洋，诸多掣肘，亮在鉴中。应恳传谕俶翻译，即在省门办结，以节往返之劳。成约时，挈贱衔入告，感甚！感甚！万一其中别有窒碍，省门无从下手，则请派蕴石太守带全案卷宗偕原经手之周季贶司马④、接办之赵樾轩太守与俶翻译同来。案卷借钞，必费时日，乞谕通商局全行封固，派熟悉一吏随来，办有眉目，即由蕴石太守带缴。盖事之颠末委曲，毫无见闻，非得原办委员及案卷，寻不出头绪。至大段应如何归结，恳于蕴石太守行时密授机宜，抑能先赐德音，俾奉圭臬，则尤幸也。祗请台安，鹄候示遵，言不尽意。

再，景山军门以病求去，已函恳其暂行出山就医，仍就近调度，万勿作勇退计。想时局方棘，景山亦不便恝然。第该处关系匪轻，万一景山病实沉重，仓皇中恐碍大局，不得不预事筹商。如景山病莫能兴，可否檄调宋魁五⑤镇军东来之处，伏候卓裁。谨以密商，并候示复。

再，台防需饷孔急，务望饬局速筹银二十万金解济，至以为祷。

①信称："已函恳其暂行出山就医。"在二月底，此信当写于三月初。
②央士：即央始利。同治十三年十月任丹麦驻福州领事。
③俶：俶尔赐。丹麦翻译官。
④周季贶：名星贻，浙江山阴人。官至福州知府。著有《质瑞瓜堂诗钞》等。
⑤宋魁五：宋奎芳，福宁总兵。

复王凯泰　光绪元年三月上旬①

读二月念七日手教，备纫一是。猴洞偷木料，阻开窑，系玉山新挫时事。迨见淮军进扎，主于用威，则又敛戢，木料亦缴还矣。破土时所竖，所值亦有限。念二日，淮军数百人入山勘营地，凶番又伏莽伺杀，阵亡哨官一、勇四，我师击毙凶番十余人，始各兽散。俊侯定于初三日移营入山，以后如何情形，尚未得报也。北路得景山报，失去护饷一、弁五，兵饷幸无恙。生番狙杀，事本寻常。从前杀而不杀，可以置若罔闻，今则箭在弦上。然其乐生恶死，亦不甚异于人。加以惩创，抚局乃有实际。惟力是视，办得几分是几分而已。饷事极承关切，能分批解济，便感激无地，却望其速。区区下悃，尚荷鉴垂。祇请台安，不尽。

①福州寄台湾信须三日，此信最早于二十九日到台，而回信当在三月初一日之后。三月十五日《致王凯泰》信称："上浣肃缄寸笺，未卜何时入览？"即指此信。

致文煜　光绪元年三月上旬①

读二月念一日手教，就谂起居曼福，藉慰渴私。念二日，淮军以数百人入山勘营地，生番仍伏莽伺击，阵亡哨官一、勇四，戮凶番十余，方各兽散。俊侯军门定于初三日拔营入山，日来如何情形，尚未据报。大约兵进则遁，我军须坚持久驻以固之。船局待饷情形，业已咨呈冰案，务恳速赐解济，以苏涸辙，不胜翘祷之至。

①三月中旬沈《致文煜》信称："上浣肃缄寸笺，未卜何时入览？"即指此信。

复吴大廷　光绪元年三月上旬①

读花朝后教言，辱承奖诲备至。狮头社肇衅，缘去秋刺桐脚庄民打醮，社番出索饮犒，拒之而阋，庄民缚其头人之子，枋藔巡检驰往押放，不听而请兵于倭将以剿番，经弟等檄止，倭将乃息。其曲在民，然并未伤一番。倭兵退后，番日出伺杀，迭戕五命，千总谕之不止，已而又毙王游击营夫二人，饬交凶不应，以必屠刺桐脚为言。王玉山素爱民而性急，为妇孺环吁，遂不及会商进剿，始焚其社，继而中伏，此抚局所由变也。欲殪豺狼，先清榛莽。现山外已一律铲除，唐俊侯迫山而营，再将入山路径廓清，便入扎番社，久驻以困之，而后确有把握。录示七律，不愧诗史。焚香端坐，击节数四，如闻大木英灵乘云来下也。客腊拟楹联三副，谨录呈，以博方家一粲。瀛台另建旌节，尤征伟略。将来部文到时，听主人翁择便而行，不敢固执成见也。岘帅想当履新，与我公相得益彰，是意中事。筠老别有年矣，未知秋后得内渡一谈否？闽臬其所借径，非久居此者。礼堂仍联袂来，俊侯信转递矣。

开万古得未曾有之奇，洪荒留此山川作遗民世界；
极一生无可如何之遇，缺憾还诸天地是创格完人。

海上视师，紫阳于五百年前，早为后贤筹结局；
天南晞发，缅甸在八千里外，特延闰朔付孤臣。

到此地回首凄然，只剩得江上一些儿流未枯眼泪；
将斯人苦心参过，更休说世间有那种做不了难题。

①信称："读花朝后教言。"旧俗以二月十二日为花朝，此信当写于三月初。

复李元度 光绪元年三月上旬①

读新正十一日手教，就谂侍奉曼福，至以为慰。承荐李新圃②军门相助为理，垂爱之殷，感激不能言状。惟此间人才固窘，源泉尤涸，未便使渥洼之马为枯肆之鱼。凡赐顾者，皆靦颜谢之。我亲家所品题必佳士，况久随鞭鞯者？而力之所限，我亲家亦亲历此境者，当不以为罪也。谨致薄赆，以表歉忱。二小儿极当趋侍，弟亦函促之。渠以母制未终，父在危地，未敢远游对。未必言之由衷，而无辞以夺之。闻岛族潜窥，滇海忽起波澜③。我亲家曾任滇臬，将有起东山者，不能久以林泉清福傲劳人也。鼎湖之变，殊出意外，而日内复见蓝印，为之心悸魂摇。筠仙莅闽，未知何时得内渡握手，盖一别二十年矣。沅丈抚陕，国家方留意锁钥，我亲家其早自为计矣。生番仇民，化抚为剿。榛莽廓清，方有所措手处。庚癸之呼，无过问者。爱我者何以教我也。

①马嘉理事件发生于二月二十一日。曾国荃于二月十五日抚陕。消息传到沈葆桢处当在三月初。
②李新圃：似是李浚（1813—1872），字秋圃，河南太康人。
③同治十三年初，英派军官柏朗以"探路队"名义进入云南。次年初，驻京英使馆翻译马嘉理去云南接应，不听劝阻，被当地百姓击毙。英政府以此为借口提出各种侵略苛求，逼清政府答应。史称"滇案"。

致夏献纶　光绪元年三月中旬①

顷接周巡检报十二日早晨刺桐脚失火之禀。火在辰刻,其非有心可知。按例科罪,万无死理。然迫近军营,延烧至七十余间,马夫死焉,总统为之受伤,论军法则无生理。而所获之冯卯,据供只是店东,非亲手失火之人。应如何批示,抑咨唐俊侯酌办,示复为望。

①信称:"顷接周巡检报十二日早晨刺桐脚失火之禀。"此信当写于中旬。

巡台（五）

致文煜　光绪元年三月中旬①

上浣肃耑寸笺,未谂何时入览,伏惟曼福。电线事当不难了,惟立约不可不坚明,想早在洞鉴中矣。船政需款,急如星火,截留台防解项,代发台防之军火、砖石、木料、轮船薪粮、煤炭等事,尚属不敷,船工更无从借润。然工程断不能停,应购之料亦不能不购。去年定购两批洋木,据报在途,不日即到,非十余万元无从开发。明知贵关六成一时无款,是实在情形。第此时去茶市不远,若贵关能开解一二批,局中遇有急切不能应手之时,亦可向阜康、文经等处筹借,暂纾眉急,以有解款可抵也。若绌然而止,谓有解款可抵,夫谁信之?船政之仰叨嘉惠,历有年所,伏乞终始成全,委曲设法筹解,以苏涸辙,不胜翘祷之至。俊侯已滚营至大崎坑、竹坑埔,仍步步斩除荆棘而进。凶番势将远遁,须久驻以困之。伐木通道,役急而费不赀,如骑虎难下何?正月三十会奏各折片,奉到批旨,恭录察存。

①信称唐定奎淮军"已滚营至大崎坑、竹坑埔",时在三月中旬。又称"正月三十日会奏各折片奉到批旨,恭录察存",与三月十五日《致李鹤年》同时。

致李鹤年　光绪元年三月十五日①

读三月二日手教，辱蒙垂注拳拳，伏维曼福。电线事许由省门办结，感泐之至。台饷善后局报解五万，经船局截留代发台防之军火、砖石、木料、轮船薪粮等项，尚属不敷，船政更无从借润，而此间局用垂罄，望眼欲穿。伏恳饬局迅赐，源源解济，是所至祷。海龙装勇到，又得蓝印，为之心悖（悸）魂摇。省门如得实信，幸以赐示。闻滇地戕由缅甸出带有总署执照之英人，意外波澜，滔滔皆是，非惟海疆为然，杞忧何日艾耶？正月三十日会奏各折片，奉到批旨，恭录察存。祗请台安，言不尽意。

再，俊侯已滚营至大崎坑、竹坑埔，仍步步斩除荆棘而进，凶番势必远遁，须久驻以困之。知念附闻。

①唐定奎至竹坑埔，在三月中旬。又沈于光绪元年三月二十八日《致李鹤年》函称："望日肃玨寸函，未谂何时入览？"则此函当写于三月十五日。

致王凯泰　光绪元年三月十五日①

上浣肃玨寸笺，未卜何时入览？伏惟曼福。电线事当不难了，惟立约不可不坚明，想早在洞鉴中矣！台饷善后局报解五万，经船局截留，代发台防之军火、砖石、木料、轮船薪粮、煤炭等项，尚属不敷，更无从借润船政，而台局用款垂罄，望眼欲穿，伏恳饬局迅赐，源源接济，是所至祷。景山催北路建城设官，霁轩②催中路建城设官，非但不容已，且亦不容缓。然琅璚一席，且唤奈何，乌能同时并举？只得腼颜谢之，然实非心之所安。为通盘打算，则愈速愈省，愈缓愈费，无可疑也。船政月款，部议已回，而海关仍无款可解，原属实在情形。然船政断不能停工，应购之料，断不能不购。此时去茶市不远，若海关能开解一二批，遇有急切不能应手之时，亦可向阜康、文经等处筹借，以有解款可抵也。今绌然而止，谓有解款可抵，夫谁信之！恳晤将军时为乞委曲设法筹解，以苏涸辙，不胜翘跂。移驻部文，尚未到闽。极盼旌节东来，指授一切，可以相与有成。而又虑旌节来后，饷源无吃紧筹措者，益束手无策。事到难时，真不知如何方好也。夹板复见蓝印，为之心悖（悸）魂摇。省门得实信，幸以赐示。登极所颁表式,指明督抚、将军、提镇。如弟出差人员无实缺者,似不在应进之列。敬乞费神一查,如不可缺,恳就近饬吴提调赶办。闻英使派副领事领总署执照由缅入滇,为滇民所戕,疑岑中丞②指使。意外波澜,滔滔皆是,非惟海疆为然,杞忧何日艾耶?俊侯已滚营至大崎坑、竹坑埔,仍步步斩除荆棘而进。凶番势必远遁,须久驻以困之。伐木通道,役愈而费不赀,如骑虎难下何?正月三十会奏各折片奉到批旨,恭录察存。祗请台安,言不尽意。

①信称唐定奎已至竹坑埔。又称"正月三十会奏各折片奉到批旨",当与三月十五日《致李鹤年》函同时。
②霁轩:吴光亮,字霁轩。
③岑中丞:岑毓英(1829—1889),字彦卿,广西西林人。诸生,以军功,时任云南巡抚。

致杨昌浚　光绪元年三月中旬①

久疏音敬,惟指挥如意,至以为颂。第十六号船拟名元凯,下月初二三可乘潮下水,已派参将贝锦泉管驾。五月可试洋,六月可赴浙矣。第十七号则以洋木未到,尚稽兴工,闻已运至中途,南风起便到矣。伏波借归闽洋,深纫嘉惠。其薪粮由闽筹给,分所应尔。惟去年奉有仍由各该省发给之旨,用敢遵行咨恳。如蒙许可,请兑交阜康银号见畀,以省护解之劳,曷胜镂篆。弟岁暮偷空内渡,料量船政报销。旋闻狮头社之变,又匆匆东行。预防无术,致变抚为剿,大失朝廷好生之心,良自愧汗。唐俊侯军门先清荆棘,步步为营而进,稍费时日,以取万全。知念附及。

①信称:"唐俊侯军门先清荆棘,步步为营而进。"此信当写于三月中旬。

致林寿图　光绪元年三月中旬①

上浣肃抠寸笺,未审何时入览。得维允书,知驾从定于十七日荣莅工次,俟琛航到即北行,载路福星,无待臆祝。惟鄙人远羁海峤,弗克亲侍扶轮。此后春树暮云,不知握手是何日事？良用慨然。筠仙②臬闽，沅甫③抚陕，中朝方留意锁钥，我公万难恋武昌之鱼。所望诸君子分道扬镳，各树伟绩。鄙人得优游桑梓，作太平民，是则旰宵窃祷者耳。船政、台防，需饷万紧，而省门饷源愈窒。奈何！奈何！俊侯已滚营至竹坑埔，仍步步披榛而进。生番有远遁之势，须久驻以困之。拔木通道，役惫而费不赀，如骑虎难下何？滇地忽扬海波，无水无陆，滔滔皆是，杞忧何日艾耶？祗请行安，书不尽意。

①信称："俊侯已滚营至竹坑埔，仍步步披榛而进。"当写于三月中旬。
②筠仙：郭嵩焘（1818—1891），字伯琛，号筠仙，湖南湘阴人。道光二十七年进士，光绪元年奉命为驻英、法公使。晚年回乡，执教长沙城南书院。
③沅甫：曾国荃（1824—1890），字沅甫，湖南湘乡人，曾国藩之弟。历任陕西、山西巡抚，两广、两江总督。

致罗大春　光绪元年三月中旬①

上浣肃䢒寸笺，未卜何时入览？比得洪别驾报知，旌节已回苏澳。惟吉人天相，餐卫复元，至以为颂。此间复得蓝印，为之心悸魂摇。省信传系嘉顺皇后也。南路淮军已移扎竹坑埔，仍步步斩棘披荆而进。凶番殆将远遁，须久驻以困之。役惫而费不赀，如骑虎难下何？闻英使请总署执照委副领事由缅甸入滇，为滇民所杀，疑中丞指使。滔滔皆是，陆地亦复扬波，非但海疆而已，杞忧其何日艾耶？筠仙臬闽、沅甫抚陕，朝廷方留意锁钥。禹生②计亦抵都，想不久当得旨矣。此请大安，书不尽意。

①信称"南路淮军已移扎竹坑埔"，此信当写于中旬。
②禹生：丁日昌（1823—1882），字禹生，又作雨生，广东丰顺人。贡生，以军功，时任福建巡抚。

致刘坤一①　光绪元年三月十九日②

日昨奉复寸函，未审何时入览？迩维起居曼福，备叶颂私。江北水患，近状如何？大河迁徙靡常，则民害不知所届，又非专恃人力所能为功也。俊侯已派三营逼扎番社，仍斩棘披荆，连环而进。将士劳苦殊甚，欲筹稳着，弗敢恤收功之缓也。折片各稿，录呈察存，并乞赐教为幸。

①刘坤一（1830－1902）：字岘庄，湖南新宁人。廪生，以军功，时任两广总督。
②四月中旬沈《致刘坤一》信称"三月十九日肃豜寸笺，计登记室。"即指此信。

致李鸿章　光绪元年三月十九日①

二月中浣肃豜寸笺，想当入览。屈计节钺已莅津门，又将入都会筹六事。惟荩之余，加意珍卫，是所至祷。滇地亦扬海波，无水无陆，滔滔皆是，杞忧其何日艾耶？俊侯已派三营逼扎番社，仍斩棘披荆，连环而进。将士劳苦殊甚。欲筹稳着，不敢恤奏功之缓也。晚生渡台后，始得总署咨电线一事，而番案未了，实无从分身。函嘱省门，就近办理。我既愿购，彼亦愿售，似不难就绪。而通商来禀，大作苦恼之状，未知其所以然也。其初缘当事者不知要领，欲据为己功，私自定议，授人以柄，继欲反其所为，弄巧成拙。总之，皆门外汉耳。与外人交，兢兢业业，犹虑入其彀中，乃欲占其便宜，真般（班）门弄斧者矣。开山十未得二三，而饷源大绌。船政自去年九月绌然而止，海关未解分毫，部催亦罔应。人人谋所以自便，任事者诚不知税驾何所也。折稿、片稿，录呈冰案，伏乞教督其疏舛处。幸甚！幸甚！

①光绪元年四月二十三日，沈《致李鸿章》信称："三月十九日肃豜寸笺，未卜何时入览？"即指此信。

复黎兆棠　光绪元年三月下旬①

月之十九日读环章，知定计出山，起居渐康复，至以为慰。颈疮发则从前所积暖药之湿热随之而去，此后无他虞矣。顷见特旨促装，邺仙进退，上劳宵旰垂注，此行万难中止矣。弟二月初十登舟，十三抵台。与俊侯议，欲去豺狼，先清榛莽。虽将士劳苦，费亦不赀，然熟筹稳着，不敢恤稽延之咎。现山外已一律廓清，派三营逼扎番社，仍披荆斩棘，连环而进。痛惩之后，方可议抚也。施和愿依仁宇，令其赍函赴粤，可否收录？伏候卓裁。祗请行安，书不尽意。

再者，兰洲以父忧去，嘱其葬后即来，而茔地未定。渠极慎重此事，过沪且攫鲁生以行，恐遥遥无期。此间营务虚悬，不得已而调培元。昨奉旨，该道已在都，即饬前往。惟向有嗜好，着留心察看等因。培元在江时，并无烟瘾，何以忽染此疾？至于上达九重，更非偶不检点者。执事与同官，时有所闻否？密以见示为荷。景山不得志于首席，坚意求去。咨函鳞迭。饷奇绌，材亦奇绌。处赘疣地，无可着力，奈何！奈何！晤伯相时，乞陈鄙人衰惫昏惰情状为幸。又及。

①信称"月之十九日读环章"，复信当在下旬。

复王凯泰　光绪元年三月下旬①

奉本月十四、二十手教，辱蒙诲注拳拳。心苦言详，铭诸肺腑。淮军营竹坑番巢后，仍以拔木通道为事。龟纹社得手，则剿抚渐有眉目。闻阿迷番乞地耕垦，似当许之。闻阿眉（迷）番者，为北路凶番所逼，遁而南，役于诸番，若受汉人雇役，则番目抽其值。性耐苦知耕，不敢杀人，其困于番也久矣。景山实有肝痛呕血之症，然公事尚可支持，迭次致书婉留。总以迅速派人接办，俾得静养为请。惟此间万无替人，兰洲虽有葬毕来台之约，此君嗜堪舆如性命，茔地何时定，未易知也。霁轩放不下中路，筱涛离不开郡城。昨附公函，以魁五奉商，执事以为何如？省门尚有何人？统希裁示。台饷船款，极费苦筹，感刻岂有涯涘。十万已从永保解到台局，又以下月支款请。愧杀！急杀！久旱得雨，涸可立待。自知不当为无厌之求，然如无当之卮、无底之壑何？京协各饷，欲部准明文减拨，即吾辈置身部中，亦万万不能。然通省一年所出，只有此数，并非另有密储，以备非常之用，亦诸大老所知也。无米，虽诟谇亦不能成炊。先顾门内饔飱（飧），后来或有惠及其邻之一日，主者忍诟谇以权缓急，此一说也。减拨必驳，四成更不待言。部复后，续申借洋款之请，以竟未竟之功，此又一说也。舍是二说，只有半途而废。东西邻方虎视眈眈，蹈瑕乘隙而来，再求今日之补牢，不可得矣。奈何！奈何！椒殿大事礼节，渥叨指示，敬谨遵循。惟此间得夹板日即照用蓝印，今已满十三日，换朱矣。星丈处，承曲达鄙衷，遂得破白，以后源源解济，皆仁人之赐。又得留台饷五万，木料到，暂可支持矣。移驻仿天津现行事宜，极佩卓见。省、台不能分家，亦天地自然凑泊者也。得蕴石太守信，电缆已有眉目，慰甚。其窾要不在目前之多减价值，而在既事之不生枝节，想我公已机宜密授矣。筠仙实心实力，为执事庆得人。琛航送颖叔去,顺奉潭眷南来,甚好。已函致维允,饬林管驾②谨慎护送。闻颖叔沪上有小勾留,则回棹当在端午也。

台内不能分家情形,上伯相书时,自当切实陈之。又及。批谕折稿,恭录奉呈察存。朱修翁已作古人,其同班中何人可托?便中赐示为感。弟无他求,只恐部文远在批折后。公事殊茫如也。又恳。

①信称:"奉本月十四、二十手教。"又未提到吴光亮之死,此信当写于三月下旬。
②林管驾:林高辉,时为琛航管驾。

致文煜 光绪元年三月二十八日①

读二十日教言,敬谂餐卫咸宜,至以为慰。船款承设法措解二万金,感何可言。得补帆中丞书,并蒙许此后源源接济,尤深纫佩。蕴石太守函报,电线事已有眉目,想台端密授机宜,外人自当心折也。淮军营竹坑番巢后,仍以伐木通道为事,拟先清狮头,再向龟纹,得一步,是一步。阿迷番求赏地耕垦,似当许之。阿迷番者,见逼于北路凶番,遁而南,受役于诸番。若汉人雇役,则番目抽其值。其性耐苦,颇知耕作,不敢杀人,其困于番也久矣。景山军门去志颇坚,而替人难索,奈何!奈何!肃此。再,批谕、折稿,恭录寄呈冰案,伏乞察存。

①四月二十四日沈葆桢《致文煜》信称:"三月念八肃赶寸函,未卜何时入览?"即指此信。

致李鹤年 光绪元年三月二十八日①

望日肃赶寸函,未谂何时入览?迩维褆躬康吉为颂。得蕴石太守书,知电线事已有眉目,想执事密授机宜,远人为之心折矣。淮军营竹坑番巢后,仍以伐木通道为事。拟先清狮头,再向龟纹,得一步,进一步。台防练兵,毫无起色。营官数月仅下教场三四次,兵以鼓噪为能。张镇派员提办,营官竟敢出言抗违。似此颓风,断不可长。所在左翼营官左新镒、右翼营官林英茂,拟附片并守备梁登鳌奏参,庶几接办者可望振作,想执事必恕其妄而许之也。台饬承饬局解济，感泐曷其有极。批谕、折稿，恭录寄呈冰案，伏乞察存。

①与《致文煜》信内容相似，当写于同时。

致丁嘉炜　光绪元年三月下旬①

电线事，得大才擘画，深惬鄙怀。承抄示节略，心苦分明，佩慰无似。其窾要不在目前之多减价值，而在约后之不生枝节也。

①沈葆桢三月二十八日《致李鹤年》函："得蕴石太守书，知电线事已有眉目。"此信也当写于下旬。

复林寿图　光绪元年三月下旬①

诵手教，极纫挚爱。啖老米饭，读未了书，如此清福，几生修得？即寓公亦大有前因。何处风涛，便向何处挂席，舟中人作此想，庶几烦恼都除哉！台局、船局饷事，荷求刍者经年，今已矣。税驾何所，殊不自知，过一日，是一日，最直截了当，无他谬巧也。淮军营竹坑番巢后，仍日事伐木通道，先清狮头，次向龟纹，步步脚踏实地做去，不敢萌欲速见小之心。阿迷番求赐地耕垦，似当与之。阿迷番者，数十年前为北路凶番所迫，遁而南，役于诸番。受雇汉人，则番目税其值。性耐苦，稍知耕作，不敢杀人，其困于番也久矣。闻远丈在沪候船，当与公马江一握手。数十年来，吾闽膺疆寄者未尝断，亦不能多。一出一入，省运固然也。第未卜镇海楼修后当如何耳？福防应奖者，乞赐以单为荷。曼丈葬费，正月间曾书单，当时未知为四枢，故为数过少，谨信嘱小儿来交时益之。命书楹帖，感增声价。久疏笔砚，不敢造次，俟临池数日，乃能报命。心烦时不免复踏（蹈）故习，而矗矗者大为善财所困。奈何！奈何！想公欲有以拯之而鞭长莫及也。

①信称："淮军营竹坑番巢后，仍日事伐木通道，先清狮头，次向龟纹。"此信当写于三月下旬。

复李鹤年、王凯泰、文煜 光绪元年四月上旬①

奉三月下浣公函，并承录示节略账单，敬聆一是。电线价值，有无浮开，敝处亦无从得其底蕴。既据局员称难以再减，虽唇焦舌敝，亦徒费工夫，似不如慷慨许之，加以坚明约束，杜其后来横生枝节之阶。狂瞽之见，未必有当，伏乞高明裁之。

①沈葆桢在台接到福州督、抚、将军三月下旬的信，回信当在四月上旬。

复罗大春 光绪元年四月中旬①

读三月十三日教言，奖饰逾恒，益深颜汗。另示日来病状，并苏澳医药之难，焦灼下私，莫能举似。事之繁赜如此，公之困顿如此，一味束手无策，非惟负公，且恐负国。第兰洲忧去，筱涛不能离郡，霁轩方瘁于中路，环顾可以代公者实无其人。即求才于省门，未有踌躇满志者。忆宋魁五镇军任建州时，官声甚好，惟向未获与之共事，不能悉其底细。执事生同里闬，闻之必深，能否胜任，与贵部能否融洽之处，幸密以见示。此外何人可以曹随，乞并赐诲，以便遵循。如得其人，则一面奏调东来，暂行接办。我公乞假，于艋舺静养一两月即可复元。将来所以仰仗扶持者，无穷期也。敬披腹心，鹄候垂答。祗请大安，言不尽意。

①信称"霁轩方瘁于中路"，查吴光亮（霁轩）于四月十四日殁于营次。此信当写于其后。

致刘坤一 光绪元年四月中旬①

三月十九肃羾寸笺，计登记室。罗少佶太守到，询悉起居曼福，备叶颂私。东省已报合龙，想江北水患俱息，知福星所莅，灾祲自消也。滇边戕杀英人一案，尊处能知其详否？新闻纸屡言倭与琉球为难，果有影响，抑系无稽之谈，便中乞赐示一二为祷。狮头社已攻克，将士之苦，迥异寻常。少佶本日赴台南履勘番社情形，知念附及。折稿录呈斧正，祈即缄存。

①信中提及"狮头社已攻克"，时在四月十六日。复信应在中旬。

致李鹤年 光绪元年四月十六日①

和翁②老前辈大人执事：迭奉三月念六、四月初七手教，辱承注诲肫挚，感难言似。饬解四十万台饷均已陆续祇领，镌篆无有既极，惟久旱之霖，随润随涸。四月分尚有悬款数万无可支发者，伏恳饬司局于月内再行赶解十万来台，以济眉急。无厌之请，实出万不得已，尚乞逾格鉴原。景山坚求替人，只得如其所请。乞嘱魁五，即行东渡。除另文咨达冰案，并饬船局备船送魁五直赴台北也。景山拟先为请假两月，看其调治如何，再请示遵。淮军统领张兆临③军门殁于营次，战事不免为之少延，骑虎难下，奈何！奈何！中丞移驻，已得部复，细论条目，自应候省门核议。专此，祇请勋安，不尽所言。馆侍生沈葆桢谨上，四月十六。

①信称罗景山（大春）坚请替人，在光绪元年三月。沈葆桢信当写于光绪元年四月十六日。此是原信。影印本无"和翁老前辈大人执事"、"馆侍生沈葆桢谨上，四月十六"。
②和翁：即李鹤年，时为闽浙总督。
③张兆临：张光亮。

复王凯泰 光绪元年四月十七日①

奉本月初十日手教，辱承诲示种种。景山倘可支持，诚如尊谕，最省周折，无如其志决甚。后山无人主持，殊恐变出意外，只得奉烦奎五矣。移驻章程，实非仓卒所能定，应俟旌节渡台后，随时斟酌行之。办公行台，考棚甚好。弟现住台防厅衙门也。如移驻后，察看台镇可裁，则不必另作衙署矣。淮军已迫扎番社，以将领疾作，战事稍延。而张兆临军门竟不起,为之恻然。台局窘极,四月尚有悬款无可发。务恳饬司局于月内赶解十万到台,以济眉急。弟感风寒,委顿数日,昨通宵大泄。草草作此,不尽所言,想握晤亦不远也。

再,此间以五月科试,如节钺以五月渡台,则鸿指园亦可暂驻。旧为蔚如所驻,但稍仄耳,即考棚隔壁也。又及。

①四月二十四日沈葆桢《致王凯泰》信称:"十七、十八两肃芜缄,未卜何时达览?"此即十七日信。

致王凯泰　光绪元年四月十八日①

前函封后,据周委员有基报称,十五夜子刻,淮军已攻克内外狮头社,各分营移扎。知念驰陈。星丈、和帅并恳代致。祗请台安。

①四月二十四日沈葆桢《致王凯泰》信称:"十七、十八两肃芜缄,未卜何时达览?"此即十八日信。

致宋奎芳　光绪元年四月下旬①

别数年矣。虽音敬常通,终以未获瞻望颜色为歉。比闻旌节入省,想起居曼福,备叶颂私。景帅以疟疾缠绵,致动肝气。亟欲出山调理,嘱觅替人。弟再四婉留,未叨俯允。屈计同袍意气,能独当一面,共艰难,无如阁下者。用敢商诸大吏,幸蒙许可。谨附片奏陈,并嘱马尾船局提调,备船送台从径赴台北,以慰景帅及诸将士之望。景帅所部,多珂乡才俊,驾轻就熟,可无思用赵人之叹。南路狮头社已攻克,玉山幸亦归元。知念附及。弟因人碌碌,无足陈者。日只以饷不应手为忧耳。

①光绪元年四月二十三日沈葆桢奏,提督罗大春因病请假,请求调宋来台接替罗景山。此信当在之后不久。

复段起　光绪元年四月下旬①

读都门赐书，知客岁寄湘两笺均未达览，怅怅奚如。迩维一路福星，至以为颂。台从出都，舍舟登陆，未免需时日。望安抵珂门后，速整行装耳。阁下川资并亲兵百名口粮，无可兑寄，请筹款垫发，抵台后由局补还。营务处本有兰洲旧部营头在此，或分布，或留用，临时再酌可也。到福州时，敝局自当派船护送东渡。惟六月后，安平殊难上岸，当在澎湖换小轮船，入旗后上岸耳。届时进止，询诸管驾轮船者可也。狮头社已攻克，台事尚可为，只虑饷不继。废于半途，则不堪设想。弟近益多病，颓惰难支。爱我者何以教之？敬请行安，不尽。

另示读悉，吾辈赤心报国耳，毁誉不足措意。入尘网中，岂能尽如人意？有是非便有恩怨，弟即谤书盈箧者。望君速料量东行，勿复瞻顾，自有云破月来之候。一切尚容面罄。

①信称狮头社已攻克，在四月十六日。

致李鸿章　光绪元年四月二十三日①

三月十九日肃䍿寸笺，未卜何时入览？比闻旌节已莅津门，惟因应擘宜，至以为颂。滇事实在情形如何？执事当有所闻，便中伏乞示及。季老②出关，似其所自请，矍铄哉，是翁也！秋屏、小午③却大得便宜矣。六事，此时当已定议，想秉钧诸大老当必有以答天下之仰望也。此间饷源大绌，当事者欲农部明截京协各饷，此虽吾辈身处部中，恐亦无从着笔。将来骑虎而下，必有受其殃者，奈何！奈何！淮军此役苦极，愧无以酬之。筠仙来为福星，不胜额庆。过津门时，必一吐衷曲。传其禊后出都，不知何以尚未抵闽？弟近益多病，委顿不支。录呈折稿、函稿，伏乞察存。

再，移驻之议，已得部文复准，补帆中丞恐长驻海外，将变成台湾巡抚，提饷呼应不灵，此亦确不可易之论。拟援照天津之例复陈也。知念附闻。

①光绪元年五月二十六日，李鸿章《致沈葆桢》函："奉四月二十三日手示钞件，

敬谂威棱所慑,顽社荡平。"即指此函。

②季老:左宗棠(1812—1885),字季高,湖南湘阴人。举人。以军功,历任浙江巡抚、闽浙总督、陕甘总督。

③小午:袁保恒(?—1878),字小午、小坞,河南项城人。道光三十年进士,官至刑部左侍郎。

致文煜 光绪元年四月二十四日①

三月念八肃肛寸函,未卜何时入览?迩维起居曼福,备叶颂私。狮头社业已攻克,王玉山幸亦归元。此地不雨兼旬,热如内地之六月,前敌之苦可想。主谋助恶各社,果能悔罪输诚,缚献渠魁,未尝不可从宽典,其如彼昏不知何?台局窘甚,各营望饷若渴。淮军恤赏,尤不容缓。伏恳饷局,速解十万渡台,以济眉急。此请。

再,折稿录呈斧正,伏乞察存。

①四月底,沈葆桢《致文煜》信称:"月之念四日肃肛寸函,想经达览。"即指此信。

复李鹤年 光绪元年四月二十四日①

奉四月二十日手教,感悉一一。玉山竟获归元,可谓英灵不泯。练营张镇,改派周善初,较见勤奋。此间连旬不雨,酷热如内地之六月。疠疫又作,前敌之苦可想。电线琐费清神,竟令就我范围,不胜纫佩。各营待饷若渴,淮军恤赏,尤难再延。伏恳饷局迅筹十万解台,俾苏涸辙,不胜翘企之至。折稿录呈斧正,伏乞察存。

①五月下旬,沈葆桢《致李鹤年》信称:"前月念四日肃肛寸笺,未卜何时入览?"即指此信。

致王凯泰 光绪元年四月二十四日①

本月十七、十八两肃芜缄，未卜何时达览？此地兼旬不雨，酷热如内地之六月，前敌之苦可想。玉山竟获归元，可谓英灵不泯。冯竹儒②致筱涛书，倭复生心于琉球。新闻纸所言，竟非无因。国之好乱，一至于此，欲不亡得乎？然中国所以图自立者愈亟矣。颖叔沪上来书，筠仙已抵申浦，计日当已抵闽。相得益彰，乐可知也。台局窘甚，各营待饷若渴。淮军恤赏，尤不便拖延。伏望饬局速筹十万解台，是所至祷！折稿录呈斧正，祇乞缄存。

①信称"玉山竟获归元"，时在四月二十日。此信当与《致李鹤年》信同时。
②冯竹儒：冯浚光，字竹儒。

复彭玉麟 光绪元年四月二十四日①

读三月八日手教，语语入人心坎，纫佩曷可名言。迩维霁月光风，星槎载福。江天万里，一写襟怀，曷胜健羡。厚帅会巡江防，相得益彰，乐可知也。第山水友朋之乐，未必能宽厝积之忧。抚膺之余，尚须好自排遣。老成人健在，或冀可挽狂澜耳。狮头社已攻克，助恶各社，果能悔罪输诚，缚献渠魁，未尝不可从宽典，其如彼昏不知何？此间兼旬不雨，酷热如内地之六月，前敌之苦可想。弟衰病日侵，颓惰不能自振。望补帆中丞早来，脱身归卧，未知何日也。

①信称"狮头社已攻克"，当在四月十六日之后；又称"此间兼旬不雨"，当与四月二十四日《复李鹤年》信同时。

复林寿图　光绪元年四月下旬①

　　十四日奉马渎两缄，念三日又奉申浦一缄，知载路福星，于长风万里浪中，健步善饭，至以为慰。勿翁②之六世兄，超群轶伦，当继武为国伟器，不当屈以鄙事。船政以将收场局面，忽欲添脚色，殊难措办。槐黄一过，桂子风来。绝尘而奔，欲仰攀不可得矣。石渠③先生，似是鄂人，与兰荪④同派否？前闻其颇锄强梗，未得其详。容俟内渡时，并仙九⑤先生政绩，向诸先辈询之。中丞何时东渡，无所不可。但馈饷有人分忧，则善矣！筠仙计当抵闽，应有新人耳目议论。黄鹤楼非可久居者，似仍以入都为是。万一老米饭有分，未可知也。此间兼旬不雨，酷热如内地之六月，前敌之苦可想。淮军张兆临军门竟殁于营次，幸内外狮头社均攻克，王玉山亦已归元。察看助恶各社情形如何，再商进止。弟常苦腹疾，殊觉不支，委心任运而已。

　　近来稍知洋务者，诚不免有挟以自重之意。而议其后者，所议又太隔膜，奈何！中华有制胜器械，想必线枪。此最直截，第何秘也。湘阴负气出关，大有长者家儿之感。延陵保案，自不当见遗。然四物、六君，有效有不效，是有命存焉，非市医所知也。新帅落落，此大佳事，以前此皆极赏识而无所得也。

①信称"王玉山亦已归元"、"此间不雨兼旬"，时在四月下旬。
②勿翁：林鸿年（1804—1885），字勿村，福建侯官人。
③石渠：四川巴县人，进士。
④兰荪：李鸿藻（1820—1897），原名洪藻，字寄云，号兰孙，直隶高阳人。咸丰二年进士，历任军机大巨、都察院左都御史、工、兵、户、吏、礼等部尚书。光绪二十三年卒。
⑤仙九：季芝昌，字仙九，江苏江阴人。闽浙总督，咸丰十年卒。

致郭嵩焘　光绪元年四月下旬①

　　别二十年矣！音问隔者亦数年矣！寤寐怀想，彼此同之，不〈敢〉知有相见之日否？闻征书下，闻东山起，为朝廷庆，为天下苍生庆，非敢有所私幸。忽邮报飞来，天子以公姘孍,我与乡之士大夫额手交庆,忘其身之羁海角也。得桐云书,知旌节过沪,得惟允书,知旌节抵闽,乃恍然于不能奋飞之苦矣。迩维福星腾曜,为度维新,至以为颂。合肥自任以天下之重,握晤时必有所倾吐,与卓见合否?蘄堂近日何似?著作当有成书。弟俟补翁东渡,会筹一切,偷空即将返棹,殆秋以为期耶。

①二月初九日,郭嵩焘授福建按察使,抵闽约在四月下旬。

复朱智 光绪元年四月底①

奉三月上浣环云,辱荷垂注拳拳,感难言喻。比际薰风入律,益征湛露承恩。骧首卿霄,倾心丹颂。弟台阳于役,碌碌因人。转馈徒糜,彻桑无术。爱我者其何以教之?再,台事成骑虎之势,而饷源不继,殊切隐忧。若半途而废,恐患不在外而在内,不在番而在民。幸主人翁不日东来,诸事得所折衷,庶不致贻误大局耳。

①沈葆桢言台湾饷源不继,在四月底。

复王凯泰 光绪元年四月底①

奉念三日手教,以台饷苦费苋筹,不胜惭感。协款惟其不解,是以部准核减拨。若当年亦遵解,则此日亦并此不准减拨也。事贵因时制宜。当年闽疆无事,恤邻封即所以培国脉。炎风朔雪,忠良固惟力是视,不当畛域乎其间。今则非其时矣。台湾半途而废,患不在外而在内,不在番而在民。弱之肉,强之食,官私守此老谱,此可一朝居者哉!五月可敷衍之说,筱涛误算。现四月领款皆停半,淮军恤赏亦停半。伏恳饬局解济,是所至祷。兼顾是确论,前月函致合肥,亦详陈之。台北月不能数日晴,闻看山尚未毕,有佳煤与金山等之说,未知确否?目疾想系肝郁,似以疏散为宜。弟患泄数日,已全愈矣。握晤匪遥,一切尚容面罄。

①函称:"现四月领款皆停半,淮军恤赏亦停半。"当写于四月底。

致文煜 光绪元年五月上旬①

月之念四肃扛寸函,想经达览,伏维曼福。得船政局来书,木料到两载,存款不敷开发,与阜康借二万金补之。后船络绎而来,阜康万不能再借。伏恳于初十内赶解一批济急,月内再补解两批以苏涸辙,不胜翘祷之至。想茶市不远,定荷允行。纫佩鸿施,实无既极。此间得雨,兵民稍获苏息。敬请②。

①四月二十四日信寄出后,得船政局信要款。信称:"伏恳于初十内赶解一批济急,月内再补解两批以苏涸辙。"此信当写于五月上旬。
②抄本原文如此。

复王凯泰 光绪元年五月上旬①

奉四月念九日手教,并录示疏稿。再三雒诵,既挹谦冲之度,尤纫缜密之思,安得不先台民拜生佛耶!此间念七八,忽不风而涌,排山吞岸,海镜以夜半遁入澎湖,日来复靖,安平仍可登岸,第不知旌节到日如何?乞于舟抵澎湖时,饬管驾详度所向为幸。海镜为淮军赴瓜州请饷,济安、永保均转舵奉迓,当不误行期也。玉山灵龛到郡,白仲安与其侄开验,均以为不错。筱涛饬具冠服入棺,俟殓毕,文、武于风神庙一奠,再筹内渡。淮军节制调度,诚如明谕,非他营所及。但旗后炮台工竣,必将求去耳。为节饷计,针孔相符;为杜患计,恐不能惜饷。将才之难,甚于筹饷,奈何!星槎挟饷而来,诚大佳事。但十万则到而立尽,须嘱方伯源源解济。催饷之书数见,则易视为具文也。奉到四月十三日批谕,谨录呈钦存。

①四月只有29天。沈葆桢收到王凯泰四月二十九日信当在五月初。王凯泰到台在五月十七日。

致总署 光绪元年五月上旬①

电线事，赐诲拳拳，曷胜纫佩。得省局丁守来信，以电线价值赔款合共十五余万元。舌敝唇焦，势难再减，亦复无多。不如慷慨许之，坚明约束，力杜其事后重生枝节之端。想丁守已仰体荩垂，妥议完结矣！

（台湾"中央研究院"近代史研究所编：《海防档·乙》，
《福州船厂》，1959年台湾近代史研究所影印本）

①总署于光绪元年五月十日收到沈葆桢函，此信当写于五月初。

致唐定奎 光绪元年五月中旬①

迭读赐札，知狮头巢覆后，社酋泥首辕门者，踵继趾错，执事董戒而煦育之，人人各去（如）其意以去。伏波之平交趾，武乡之服南人，不是过也。诵致礼堂观察函，阖营归思颇切，适补帆中丞坚嘱弟为婉留，而伯相来书，亦颇许可。正欲手书申意，忽绍堂②大令飞报子仙③军门骑箕去，闻之心悸魄摇。天乎！何其酷也！中丞亦惨然不敢固执前议。窃意自兹以至八、九月，暑日尚长，不如竟定归计，以慰诸将士之心。应请执事察看病勇，最多先抽三数营回凤山。筱涛当派兰军两营先往填扎。中丞拟调李军门承先五营来。其到凤后如何内渡，由礼堂函商执事，听候酌夺遵行。弟忝膺南洋之命，自揣才力不及，具疏力辞，必料量贵部全数内渡方敢离台也。

①王德成提督五月十五日病殁，沈葆桢得到消息，当在数天之后。
②绍堂：孙继祖，字绍堂，浙江会稽人。历任彰化、台湾、凤山知县。
③子仙：王德成。提督。时为南势湖统带。五月十五日病殁。

复文煜　光绪元年五月下旬①

奉到四月念七、念九两次教言，辱承奖诲逾恒，感深肺腑。漏私不潜踪窜伏，而掳人勒赎，并枪毙验货之人，殊骇听闻。想购线严缉，定难免脱也。船厂与贵关咫尺，自当互相照料。辱蒙齿及，弥切汗颜。寄谕钦存，恭录批旨，借达冰案。

①六月初旬，沈葆桢《致文煜》信称："前月下浣肃缄寸函，计当达览。"即指此信。

致李鹤年　光绪元年五月下旬①

前月念四日肃缄寸笺，未卜何时入览？迩维起居曼福为颂。闻筱仙抵闽，执事获此臂助，定相得益彰。龟纹等社似有输诚之意，但坚明约束，仍复需时。各营病者甚多，幸月杪得透雨，疫为少止。奉四月十三日批旨，录呈冰案，伏乞察存。

①龟纹社等接受安抚，在五月十二日前后。六月初沈葆桢《致李鹤年》信称"前月下浣肃缄芜笺，计当入览。"即指此信。

致吴仲翔　光绪元年五月下旬①

读手书，为国血诚，溢乎楮墨，且敬且感。廷谕谆谆，以台湾替人为问，而不及船政。台湾得中丞来，以俭矫奢，以勤儆惰，可谓对症下药。但宽以时日，不患其不成功。独饷源万难，未得点金术。目下须将大局若何创建，孰缓孰急，并饷之来路去路，会筹着落，方能交代出去。淮军坚求内渡，中丞坚欲留之，伯相许可，而王子仙军门复逝，万帐心寒，中丞亦为气索。如不能留，须料理其尽数内渡，方可放心。大约商量定后，尚须添雇洋船也。津门不可无一轮船，济安北行，实出万不得已。舍己芸人，自觉可笑。君以南洋为异数，忘却此系江督照例兼衔，到洋务枝节时则问之，余者不能过问也。此断非鄙人所能胜任，当具疏力辞。船局不兼顾不是，兼顾亦不是，累夕不寐，思之无恰好处，只得俟内渡时当面求教。磬南山之竹，不能自达肺腑也。惟望阁下致意共事诸公，此非弟一身一家之事，勿以一人去就而有遐心。弟历事长官，谁是素所相得者？吾辈出而任事，国家是为，岂其为朋友私情耶？倚灯草草，不尽所云。

①王子仙死于五月十五日。王凯泰于五月十七日抵台。此信当写于下旬。

致杨昌浚 光绪元年五月下旬①

奉四月八日手教，蒙奖注殷拳，且感且愧。十六号元凯于五月朔日下水，叨庇平善。六月可以试洋，七月可赴浙听候调遣。因暹罗弯木尚未到齐，厂中尚有小材料，故十七号先做五十匹马力者，备台南之用。弯木一齐，十八号仍做百五十匹的，为棠圻用。为续造之请，久未定议。今年奏催始奉旨，故购料迟延，伏祈鉴恕。伏波饷项，承许赐还，镌篆之至。狮头社攻克后，胁从各社，泥首悔罪，俊侯从而抚之。惟兵困于疫，两军门、两文案相继徂谢，为之惨然。不能不作班师计矣。筠老按闽，朝廷聊示即事有渐之意。眷注有在，夫人知之。厚帅、雪帅可以互出互归，则统军来未有之乐境也。补帆中丞已抵台郡，弟与会商一切，并料量淮军归后，亦将内渡，知念附闻。祗请勋安，敬璧教谦，不尽。

①信称："补帆中丞已抵台郡，弟与会商一切。"王凯泰抵台，在五月十七日，此信当写于五月二十日以后。

复李鸿章 光绪元年五月二十七日①

奉四月十五、念九手教，辱奖诲拳拳，且惭且感。狮头巢覆，各营稍获休息。社酋泥首辕门者，踵继趾错。俊侯训而抚之，各如其意以去。台民咸曰：此令公之赐也。淮军困于疫，张兆临军门先出师之二日骑箕去，勇殁者二百余人。俊侯闻晚有两江之信，促为谋内渡，适补帆中丞到，坚欲留之。晚方拟以执事许可之意函说俊侯，得凤山令报，王子仙军门复以病逝，为之心悸魂摇。补帆亦不忍更申前说。

晚函致俊侯，将病甚者先拨三数营回凤山，用小轮船陆续载赴澎湖。闽局船不敷用，添雇洋舶，装入申浦，听候岘帅拨驻何处，再用沪局官轮，随时装往。或者内渡较速，稍慰诸将士之心。晚料量淮军归后，方敢离台也。补帆欲往来兼顾，亦时势所不得不然。遇人不淑，谓之何哉！炮船议单，可谓约束坚明。日意格当函致，其用煤多少，铁板厚薄，当一并询之。铁甲船是否先造能进口者两只，抑经费万难，竟作罢论？乞海示为感。筠仙渡台，恐非首座所欲。来书慷慨犹昔，是能肩难巨者。子寿愿膺出使绝域之选否？台事得补帆接办，足以放心。但愿首席勿靳其饷，勿掣其肘耳。惟船政位置殊难，工程熟者资格太浅，物望重者恐太生疏，须到省方能商定也。镇海赴奉天，尊处何可无一船？拟淮军内渡后，拨济安往听指挥何如？海上一军，似极少，须兵轮十余只，得铁甲一，若扬武者二，若济安、镇海者各六，亦可开一小局面，若御侮固多多益善也。统领最难，求之数年，无当意者。由引港及洋舶出身者，能熟风涛、沙线及驾驶法，而兵事非所知；由学堂出身者，略知操演而资轻望浅，无以号召同侪；老手提镇知中国营制，而西洋驾驶操演之法又都茫如。目下改扬武为练船，延英员为教习，留蔡瑞庵军门督练。瑞庵本我公部曲，其为人何如？公必知之，幸以见示。晚向不识瑞庵，只因曾文正曾奏派统领轮船。借文正公知人之明，令其一试。拟英员到时先令赴津，求我公一阅，定其操法有合与否。电线演熟似不难，如张鲁生兄弟皆能之。赫德雇看煤之洋人，到台将半年，尚未报勘竣，盖台北雨多晴少故也。如定议开煤，不能无机器，留俟补帆酌之②。磁州距河太远，然则不能不需铁路矣。船政额款当遵谕请拨四成。第四成所余者，亦不及二十万矣。滇边一案，办理不免棘手。洋务似有精实学问，圆软者一味委靡，误指买办、通事辈为熟悉洋情；方正者谓忠信甲胄、礼义干橹，画饼可以充食。皆世道之忧也。晚惰窳性成，久邀洞鉴，况加之以衰朽，倘抠谒时，我公必不识其为故人面目也。他省之督抚，数十年前承平之两江，都非其任，况在此地，况在此日。已具折力辞，幸勿怪其不识抬举也。肃此，祗请钧安，言不尽意。

折稿、函稿，录呈察存。又，台湾城图、安平海门图，皆前学堂艺生按西法量绘者，谨以附呈。

①沈葆桢六月中旬《致李鸿章》函称"五月念七日肃疽寸笺，计当达览。"即指此信。

②沈在台时，奏请用机器开采台湾基隆煤矿。资金由船政局支出，机器由外国进口，矿师从英国延聘。光绪二年，成立台湾矿务局，开始出煤。是中国最早用机器采煤者。

复郭嵩焘　光绪元年五月底①

邮筒下贲，甫开函，谦光砭目，不敢迫视，错愕踧踖者久之。读教言，倾吐肺腑若平生，则又追惟真率，会中事无不可对人气象。惟诱掖太过，弥增内疚耳。朝廷之以公按闽也，聊示即事有渐之意。眷注所在，夫人知之。闽中官民风气，不论是非而论强弱，非大君子提撕警觉之，安有振聩发矇之一日。窃谓海东释手，扶杖观风，此其时矣。忽奉江督之命，魂摇胆慴，累夜不能成寐。平日颓惰之性，公所知也；近日衰朽之状，则非公所知也。已具疏力辞。内渡时，抠谒铃辕，殆不可识其为故人面目矣。洋务有精实学问，圆软者一味敷衍，谬指买办、通事等辈为谙练之才；而方正者则谓忠信甲胄、礼义干橹，画饼可以充食。皆世道之忧也。后来之秀，必有特出而膺其责者，未知相逢在何日耳？草章布臆，祗缴衔版、履历，伏璧谦称，倘获见许于齿序之列，谅必不忍再施也。

再，六事复奏，闽中诸大老阋不见示，枯肠无可挹注，敷衍之苦，至今思之，犹有余汗。及传观少公、雨公二作，如数家珍，见所未见，闻所未闻，拍案大快者久之。顷中丞示以大著，乃知五岳外尚有十洲、三岛，溯河源宜泛槎霄汉。二公详究其末，公力抉其根也。三复焉，安得不五体投地耶？

①信称"已具疏力辞"江督，奏疏撰于五月二十三日，此信当在其后。

致丁嘉炜　光绪元年五月底①

本日奉教言，以电线定议后，又有小波澜。曲费苞筹，殊深感佩。罗星塔四千元之价，共见共闻，今忽翻异，如此见小，实为英、法诸国所羞言。第为数无多，可否请示文、李二公，酌量权宜办理。至福、厦局，岁费三万元，未免过巨。三年亦为期太久，彼殆以华人无谙习电报者耳。船局中贵同乡张鲁生、张听帆②昆季均熟电学，可否进而商之。如能收回自用，费不及半，即须伊教导，亦不过数月可以成功。敬摅鄙见，以候核夺。鲁生适沪，日内当来；听帆则在局也。

①六月十二日，总署收到沈信，沈写信当在五月底。又称"续得丁守来信"，故当在五月底复信。六月十四日，丁嘉炜呈文煜书也称"月前奉到沈大臣函复，以罗星塔电线四千元之价，众所共知，今忽翻异"，即指此信。

②张听帆：张斯枸，张斯桂之弟。在船政局任职。

复吴大廷 光绪元年五月底①

读四月望日手教，蒙垂示种种，感何可言。狮头捣穴，胁从诸社酋泥首悔罪，俊侯从而抚之，机绪颇顺。惟兵困于疫，张兆临、王子仙军门及两幕府相继殁，不得不班师。补帆已抵台，当商调营头填扎之。去年台地多雨，弟以为大可避暑，远胜内地。年来竟亢旱，其热难当，始悟炎凉皆天定也。作信至此，续奉端日赐函，以弟将有两江之行，肫肫奖慰而策勉之。在朝廷过听，不妨善善从长，而臣子事君，何敢入而后量？已拜疏吁免，知执事必不以自（为）非也。江南大可为而绝不易为，诚如卓论。第欲求问心无愧，则何处是易为者？闻命寝食俱废，疏稿定后，始稍安枕。平日颓惰之性，执事所亲见也。近日衰惫情形，则出执事意料之外。须鬓如霜，夜寐不能数刻，事至则怦怦心动，以此肩大任，有不立见其败者耶？寄语江东父老，非不愿强自支饰，无如不能掩其自知之明也。补帅留商台事，兼须料量淮军内渡瓜期，始能去台，再将船政交代，则笠屐闲身矣。船政付何人？尚须向文、李二帅酌之。此冷局，恐非两帅所乐居也。

①此信与五月下旬沈《致杨昌浚》信同时。

复刘坤一 光绪元年五月下旬①

奉五月二日赐书，蒙缕示防务、洋务，并以侄适闻江督之命，奖进而策勉之，且愧，且感，辗转乎五中。就谂露冕宣勤，星槎载福。惟荩勋之余，尚冀为国自珍，是所至祷！狮头捣穴，各社首悔罪输诚，俊侯从而抚之，机势颇顺。惟兵困于疫，张兆临、王子仙军门及幕府二君相继沦逝，将士思归之念，殆不可回。不得不谋内渡，以慰其心。此军内渡，应令驻防何处？伏乞示知，以便遵循。此间善后非难，而苦于经费之不继。设城、置戍、开矿，均非妙手空空之所能为。补帅已到，侄料量淮军行后，方能归理船政交代。至两江,自知非任,已吁恳简任贤能矣!生性惰窳,加以衰惫,不敢以欺朝廷。区区之私,定邀垂谅。折稿录呈,伏乞诲示。

再,得桐云观察书,方知令侄耘渠制府为先弟琦己酉选拔同年,谨将旧称更正,从前疏谬之愆,尚乞原恕。

①信称:"至两江,自知非任,已吁恳简任贤能矣。"沈吁辞江督,在五月二十三日,此信当写于下旬。

复文煜 光绪元年五月下旬①

奉初七日赐札,承筹解三万,以补去年九月悬款,感泐之至。近接船局来书,又蒙续解二万,镌篆尤深。惟久旱得雨,所望源源而来,否则涸可立待,伏惟鉴之。尚干复有捆殴兵役情事,可谓顽悖。此间狮头捣穴后,各社酋泥首输诚,俊侯从而抚之,机势颇顺。惟兵困于疫,张兆临、王子仙军门及其幕府二君相继沦逝。不能不许其班师,以慰将士之望。补帅于十七日抵台,尚容会商,佺须料量淮军归后,方能内渡也。折片各稿录呈,伏乞斧正察存。

①信称"补帅于十七日抵台",是五月十七日。六月上旬《致文煜》信称:"前月下浣肃疏寸函,计当达览。"即指此信。

复李鹤年 光绪元年五月下旬①

奉十四日手教,辱蒙垂注逾恒,并荷筹畀饷需,箴铭曷既。社酋相继输诚,俊侯从而抚之,机势颇顺。无如兵困于疫,归思綦切,不得不如所请,以慰其心。补翁欲借重豫军,未知能俯允否?折片诸稿,录呈斧正,伏乞察存。

①此信与五月下旬《致杨昌浚》信同时。六月上旬《致李鹤年》称:"前月下浣肃疏芜笺,计当入览。"即指此信。

复李鸿章 光绪元年五月二十七日①

奉五月八日手教,良工心苦,情溢乎词。雨帅②疏稿,先于补帅处读之,沉挚之思,精悍之色,谈洋务者,当首屈一指。矢镝蝟集,如托塔天王李三才,亦足见其伟矣!补帅谓雨翁见仇于僚属,于绅民无与也。何以伯寅③忽有是劲,殊为憪然。朝廷求言不可不广,而用人不可不专,立定主意,贯注到底,外臣乃有所遵循。若莫适任患,将愈整顿愈粉饰,亦愈废弛。抑大权旁落,将有奸人起而窥伺者。汉文之醇,无过江都,而改弦更张,出于贤良策。兵不改勇,断不能化弱为强。指积弊之绿营以为祖制,何乃诬甚?雨帅未必乐居帮办之名。晚自顾衰庸,引避贤路,若朝廷以此席畀之,则公如汾阳之得临淮,希文之资魏国也。淮军功成名立,民情爱戴,可谓全美,而困于疫,只得急谋凯撤。晚必俟十三营尽数内渡,方敢离台。前疏恳收回成命,兼吁入都。过津时,获留司马相公门下,作坐谈清客,以活其余生,则幸甚。

再,闻陈绎萱太守身后,宦况极寒。其侄书来,乞以轮船归榇,格于例不能许之。且淮军内渡,闽士应乡试者无船可应,尚须添洋舶。兹恐其悬望,复书一封,乞交营务处恽小山太守转交为祷!

①光绪元年六月中旬《致李鸿章》信称:"五月念七日肃肬寸笺,计当达览。"即指此信。
②雨帅:丁日昌,字禹生,又作雨生。
③伯寅:潘祖荫(1830-1890),字伯寅,江苏吴县人。咸丰二年进士,官至工部尚书。

复左宗棠 光绪元年五月下旬①

奉四月十日谕函,就审潞国精神,康强犹昔,下私窃慰。新疆军务,有帮办临前敌,则大纛宜坐关内指挥,呼应灵而声势壮。彼处情形,此间无从探访,新闻纸所言,殊靠不住,便中乞赐示一二为幸。侄二月十日东渡,十二抵台,会商将领,斩荆披棘,步步为营而进。四月,始得首恶之内外狮头等社,扫穴覆巢,胁从各社酋泥首营门,悔罪输诚,踵趾交错。淮将从而抚之,机势甚顺。乃兵困于疫,将士思归綦切,不得不速谋凯撤,以慰其心。补帆中丞已渡台,俟与会商一切,俟淮军尽归,方能内渡。至两江之命,已具疏恳辞,非敢自外生成,实自揣断非才力所及。所贻误者非一身一家之故,想长者亦怜而谅之也。

再,铁甲船购与不购,总署议莫能决。日意格之归,只令购新式轮机、铁船胁、大挖土船等件,非购船也。总署托赫德购蚊子船,即水炮台,甫定议矣。闻德克碑殁于法国,亦可怜也。

日意格信来,甫卸装。法国办事如何?尚未提及也。

①信称:"至两江之命,已具疏恳辞。"当写于五月二十三日之后。

致唐定奎 光绪元年五月下旬①

昨晚阅孙绍堂致白仲庵书,藉谂苤劳太过,尊体违和,并干臣太守亦患疟疾。驰系之余,焦灼莫能举似。本拟躬赴刺桐脚接理招抚事宜,俾执事及干臣可回凤安心调理。中丞以会商事务,尚多难决,谆嘱缓行。商派理番袁警斋司马前往,偕执事所派委员,恪遵执事所定章程办理。兰军中营定于初一日开差,后营迟二日拔队。生番戴执事威德,必不至再有异心,得三、四营足以尽镇。务恳执事及干臣太守刻日回凤静养。贵部亦全数拔归凤山,不必待李军之来也。今年台阳酷暑,为久居此者所未经见,惟努力珍重为望。

①信称:"兰军中营定于初一日开差,后营迟二日拔队。生番戴执事威德,必不至再有异心,得三、四营足以尽镇。"当写于下旬。

致李鹤年 光绪元年六月上旬①

前月下浣肃犷芜笺,计当入览。迩维起居曼福,至以为颂。本日奉到批旨,恭录呈请钦遵。其廷谕则先到省垣,想已祗领矣。

①六月十九日，沈葆桢《致李鹤年》信称："上浣肃缄寸笺，计当入览。"即指此信。

致文煜　光绪元年六月上旬①

前月下浣肃缄寸函，计当达览。辰维起居曼福，至以为颂。船政所办洋木、洋铁一时麇集，非十余万金不能敷衍。而挪用巡台经费二十万金，按月均有垫发款项，不能再向请领，须陆续抵还。阜康不能通融，此外更无可设措。如目下茶税起色，务恳迅解三、四批以济眉急。倘茶税仍未畅旺，乞就近饬知船局提调，暂借洋款应用，俾目前不至决裂，是所至祷！顷得局中来书，蒙续解三万金，极知关注殷拳，迥异恒泛。第来源不旺，虽尽心竭力，亦无可如何。不得不另图急救之法，想长者必谅而许之也。

再，本日奉到批旨，恭录寄呈，伏乞钦遵。其上谕则先到榕垣，想已祗领矣。

①此信当与六月初旬《致李鹤年》信同时。

复吴仲翔　光绪元年六月初七日①

伟堂②到，奉教言，敬聆一是。楚军勇夫，每营亦七百有奇。淮军之来也，备余丁千人，故其数逾万。今则死亡之余，不但无溢额，并不敷额。其甚者，至一营无病之人仅廿七，闻之令人心痛。唐俊侯初六方由刺桐脚拔队，初八方能到凤山。亨明古来，方苦无兵上船，不免贴其驻日之费。若再雇洋船，则费全归无着。亨明古三蹉必不能退，而本局并无一船，将来何以报销？海鸥万不可再雇，倘已经定议，只得贴伊花费，以了此局。淮军非全数内渡，弟断不能离台。其弁勇凯旋，扶杖而行，有委顿中道不能自达凤山者。与人共事，到患难时，不能不彻始彻终也。船政公事，除经费外，执事皆能了之。六、七、八三个月，万无过不去之虑。九月以后，则非人之所能为矣。林苄溪③师嘱搭书板数十箱，乞函致琛航为之运回。如琛航不及，则俟将来之便。复书一封，乞嘱香局专送为祷。兹令伟堂坐亨明古回工，送信再来。恐迟则不及也。

①信称："唐俊侯初六方由刺桐脚拔队，初八方能到凤山。"此信当写于六月初七。

②伟堂：雷正绾，四川中江人，陕西提督。

③林芗溪：林昌彝（1803—1854?），字芗溪，号茶叟。侯官人。道光举人。曾讲学广东海门书院。有《射鹰楼诗话》、《破逆志》等著作。

致总署　光绪元年六月上旬①

奉到船字六十六号谕函，辱蒙慰诲种种。舆薇（盥漱）三复，感何可言！电线价值昂贵，诚如尊谕所云。但彼有挟而求，较诸寻常议购议办工程，自难一律。续得丁守来信，罗星塔电线，从前议价四千元，今忽索七千余元。诘以何以前后歧异？则云前谓福厦电线可由外国办理，故罗星塔一节，情愿减价相让。今则两处俱购归中国，无可生发，不能不索足原价。其鄙诈，殊非人情。而局员与之反复辩论，舌敝唇焦，牢不可破。然所争之数，亦复无多。惟福、厦电线造成后，需局费每年三万元，三年方能传授清楚，则未免过于离奇。已函嘱丁守，船政中张令斯桂、张倅斯枸兄弟，颇熟电学，可邀与商酌。如能收回自造，所费必不及半，即须伊教导，亦当不至三年。看丁守复书如何，再当驰闻，以凭核夺。

狮头社破后，各社酋泥首营门，旦夕不绝。仰体朝廷好生之心，训而抚之，群酋惕息之余，继以鼓舞，南路可无后患矣。惟兵困于疫，死者又二百余人，张提督光亮、王提督德成与文案二人，竟先后殁于营次。将士思归綦切，谨许为谋内渡，以慰其心，尚须与王巡抚商调他营以填扎之。

葆桢渥荷天恩，简授江督，自惭非分，弥切悚惶。闻命以来，夜不成寐，不得不具疏自陈，实内顾断非力之所能胜，非敢有所趋避也。

台湾城图一分，安平海门图一分，系前学堂艺生按西法量绘者。其形势、道里尺寸，据西人云均无舛误。谨以呈电。肃此，祗叩钧安。附达下忱，伏惟霁鉴。葆桢谨上。

（台湾"中央研究院"近代史研究所编：《海防档·乙》，
《福州船厂》，1959年台湾近代史研究所影印本）

①总署于光绪元年六月十二日收到沈葆桢函，沈信当写于六月上旬。

复唐定奎 光绪元年六月上旬①

奉初八日瑶华，就谂一路福星，安抵凤城，至以为慰。事事擘画周匝，朗若列眉。佩服之余，尤深感篆。药械应照数咨明直督、江督，作协济之款。米粮作价若干，乞示知局员奉缴。病勇有至第三帮尚未能登舟者，请派一二妥员留凤照料，俾安心料理。全愈后，谨再饬局船送归。亨明古轮船初七日到郡，因省局来信，有再添洋舶之议。弟以贵部凯撤未齐，徒费无益，令其折回省河阻之，计十一日当到旗后也。贵部千辛万苦，保障全台，岂此戋戋者所能言报？蒙齿及，滋颜汗矣。褆躬新愈，正当节劳，又须料量各营行计，望勿枉驾到郡，使下私益抱不安。区区之怀，尚荷鉴允。筱泉制府奉旨赴滇查办事件，已见新闻纸，知念附陈。

①信称接到唐定奎六月初八日信，又称："亨明古轮船初七日到郡……计十一日当到旗后也。"复信当在上旬。

复唐定奎 光绪元年六月上旬①

读来书，知月如协镇复星陨琅瑀，福五军门病亦沉重，焦灼下私，不知如何是好。执事驰赴柴城，为之经理。仰见恫瘝在抱，视部曲如骨肉，宜精诚所感，使万众如一心也。福五得吉曜亲临料量其医药，当化险为夷。惟荩躬务宜为国自珍，劳勚所不待言，而胸次须善自排遣，使宽舒有余地。至祷！至祷！亨明古一二日内总当到旗［后］，头起病勇回凤后，渐有起色，稍以为慰。至交代各公事，尽可从容，毋庸着急。纵有查点不到处，随后均可更正声明也。弟安坐郡城，不能一有所助，第默祝吉人天相而已。歉仄之忱，曷其有极，祗请。

①信称："头起病勇回凤后，渐有起色。"初八日，病勇到凤山。又称"亨明古一二日内总当到旗［后］"，此信当写于上旬。

致刘璈 光绪元年六月十八日①

别四阅月矣。问（闻）已安抵珂乡，仲夏即当经营葬事。松楸永奠，藉慰孝思。翘首湘云，不胜驰溯。贵部两营抵台，均甚精壮，管带亦约束严明。高军门往办嘉义会匪，手足为枪子所伤，幸都全愈，惟左手子尚未出。近因淮军凯撤，两营填扎琅𤩽矣。狮头社攻克，玉山归元，面目如生。胁从各社酋，泥首输诚，剿抚均获就绪。而淮军苦疫，甚于去年，张兆临、王子仙军门相继溘逝，将领病者逾半。万帐寒心，不得不许其内渡。中丞于五月东来，苦乏长城之倚，嘱弟函促星驾，务恳表阡毕后，速整行装。西事方殷，宜起韩、范，拟偕补翁联衔奏催。素服戎行，固非服官任职比也。弟奉命督江，自揣非所胜任，已具疏力辞。谨将台事与补翁会商定局上陈，再归理船政交代。祗请礼安，未一。

①信称"淮军凯撤，两营填扎琅𤩽矣"，在六月初八日。六月十八日沈葆桢上"催刘赴台折"，此信当写于此时。

复林寿图 光绪元年六月中旬①

读端六手书，知星槎载福，安抵鄂垣，无任心慰。尊体耐风涛而畏平地，天以烦苦炼豪杰筋骨，固应如是如是。欲老于寓公，寓公自思之，然耶？否耶？大李将军，向来逸于小李。滇南之行，未免须呕心血。如得结局而归，不必移节坐镇，则固所愿也。自顾无具，已拜疏吁免江督之命。补帆已东来。狮头社覆巢，胁从诸酋，泥首乞命，仍归抚局。而淮军苦疫，甚于去年，不得不凯撤以慰之。弟料量其全数内渡，方能离台。惟船政难觅替人，觉动辄窒碍，一并推卸清楚，则一叶闲身矣。

①"淮军凯撤"，始于六月初八日。与六月中旬《致文煜》信当在同时。

致文煜 光绪元年六月中旬①

奉本月七日教言，猥以船政月款，曲费苾筹，感入骨髓。当即遵命具疏呼吁，仰叨福庇，冀前（荷）恩俞。惟部议往还，计在中秋以后，仍无解于此两月燃眉之急。四顾无路，不得不又为不情之渎。六成除拨京饷外，存二十四万，虽一时征收未齐，总属有着之款，敢恳挚爱，逾格通融，暂挪四成，以救目前饥溃，念四万收足时补之，则船政之幸免决裂，皆长者之生死而肉骨之也。饮食之，教诲之，终始成全之。不日抠谒铃辕，泥首称谢，并请无厌之罪。想长者笑其妄亦怜其窘也。总署来信，甚以电线价贵，责备局员。然迫于势之无可如何。再，侄本有不在目前之多减价值，而在约后之不生别节两言，不当委过僚友，已函达总署。惟立约后复有波澜，究竟如何定议。久未得蕴石太守书，甚为驰念，务恳执事就近示以机宜，至以为祷。疏稿录呈察存。

①沈葆桢于六月十八日疏请拨四成洋税以济船政经费。此信当在同时。

致李鸿章 光绪元年六月中旬①

五月念七日肃䌷寸笺，计当达览。雨帅以特旨简北洋帮办，与我公定相得益彰。闻难兄奉命赴滇，外间亦早议滇事，非有重望大臣临之不可，今则允符舆论矣。总署函嘱与执事会商诸大端，晚毫无所知，伏冀不弃颛蒙，一一垂教，幸甚！幸甚！淮军病疫之惨，迥异寻常。琅㻞两营，正在拔队，而李福五军门、胡月如协镇复相继陨。俊帅病新愈，驰往料理其营务，殊深悬系。所雇洋舶久到旗后，连朝风雨，头起尚未能登舟。下私焦灼万分，幸病勇拔回凤山者渐有起色，祷祝其此后叨芘无恙而已。福厦电线，当事者图占彼族便宜，入其彀中。喜功不效，转而诿过。弄一层巧，添一层拙。奈何！奈何！补帅来，为台之文翁，得刚健者济之，百废可举。惟最窘最冷之船政，恐无人肯受耳。疏稿、函稿呈政。附呈新式铁甲船尺寸厘径马力吨数单，乞察核。

①信称："连朝风雨，头起尚未能登舟。"淮军第一批启航内渡在六月十九日，此信当在此之前。

致李鹤年　光绪元年六月十九日①

上浣肃玕寸笺，计当入览。电线想已一切就绪。侍远隔重洋，惟望执事随时酌夺施行，至以为祷。连日风雨，淮军凯撒，头起尚未能登舟。昨始稍霁，今日或能展轮。折稿呈政，伏乞察存。

①信称"昨始稍霁，今日或能展轮"。当在六月十九日。

致刘坤一　光绪元年六月十九日①

前月肃玕寸笺，计当入览。辰维起居曼福，备协颂私。淮军头帮二千已抵旗后，而连日风雨，未克登舟。昨始开霁，今日或可展轮。驻琅璚两营，正在拔队，而统领李福五军门、营官胡月如协镇忽又星陨。唐俊侯病新愈，亲往料量。队伍拔回凤山，令人万分焦灼。所幸病勇回凤后，颇有起色。能及早北行，则保全实多。执事派令驻防何处，乞饬知沪上，俾有遵循为祷。折稿录〔呈〕，乞海正。

①信称"昨始开霁，今日或可展轮"，头起船内渡在六月十九日。

复丁嘉炜　光绪元年六月十九日①

奉本月十三日赐札，以电线一事，煞费苦心，感甚！愧甚！总署来函，系为慎重洋务起见，恐彼族得一望二，节外生枝，非谓既立之合同，可以作为废纸也。倘如另示所云，则既约复翻，其曲在我，且为从前影射之端作一切实印证。入其彀中，百喙无由解脱矣。我既不买，彼即自造。诉之各国，我得违约之名，委之于民，利诱威胁是其惯技。地方官且束手而无如何，到决裂后再议挽回，智者无以善其后也。弟昨得总署书，已将执事为难情形透彻函复，并以弟有不在目前多减价值，而在约后不生别节两言，迁就之咎，弟独任之。请执事于已入合同条款不必更费唇舌，徒增葛藤。而未定约之先，则议论不可不条达痛快。譬如另请别国人教导，丹国任其劳，他人承其逸，彼有辞也。若中国费工价以为之，合同内亦载明归中国自主。中国有人能办通信等事，不烦教导，必不至以已做之电线为废物，彼又何说之辞。纵贪利是其本心，未必便就我范围，旁人尚可说公道话，从中斡旋，不若泰山之不可动矣。固知执事为难之处，非笔墨所能罄。然理明词达，实办理洋务之大纲。高明以为然否？制军处弟自当函商。此复。

①沈葆桢收到丁嘉炜六月十三日之信，复信内容与六月十九日《致李鹤年》信相同，当在同时。

复李鹤年　光绪元年六月十九日①

和翁老前辈大人左右：奉本月初七、十三两次手教，敬聆一是。豫军留镇省门，极佩卓见。杨廷辉效力于船政者四五年，此次经执事甄劾，侍在台毫无所闻，故列奖及之。其请奖也，由游击而参将，今原官只剩守备，部中自当照例撤销，似无烦笔墨矣。顷得星丈并蕴石太守书，咸谓尊谕以电线勉强图成，是为福建留无穷之害，立意停止云云。仰见执事念念在造福斯民，托饼馕者感且不朽，岂其反有微词。第此事万一决裂，牵动全局，我老前辈以爱民之心，转成不可收拾之举。荷扶植者有年矣，不敢以狂瞽安于缄默也。自办洋务以来，未有能以既立之合同作为废纸者。谓既约可翻，则从前影射之端，即以此为切实印证。中国遇事，尚可与彼族争，有时亦挽回一二者，仅赖有此耳。若西人咸谓中国之合同无异废纸，其患非可以言语形容也。翻其成约，正深中其下怀。彼谓中国不买矣，自当由我自造。诉诸各国，则群以负约责我，环伺而起者，岂但俄人。委之于民，则彼谓中国不能自治其民，我当代办，中国不得与闻。诱以利而民听之，胁以威而民听之，将从前之义愤尽属子虚。即使民不为威惕，不为利疚，到呼吸存亡时，听其糜烂耶？明知照合同办理，此后断不能无所葛藤，然两害相形，则取其轻，愿执事熟思而审处之。总署亦知势成骑虎，并无饬令停办之言。价值昂贵，办理不善，已函达总署，咎在侍一人，参处侍独当之。至晓谕斯民，使皆洞然，知国家所自造，勿滋事端，则地方官之专责，惟执事谆谆命之矣。自知冒昧，然非我老前辈之虚怀若谷，亦无由诱其狂言，知必怜而恕之也。祗请台安，不尽。馆侍生葆桢顿首。六月十九日。

①此信收入《海防档·丁·电线》。沈葆桢公牍抄本，信首无"和翁老前辈大人左

右",信末无"祗请台安,不尽。馆侍生葆桢顿首。六月十九日"。落款六月十九日,即沈写此信日期。

复文煜 光绪元年六月十九日①

昨夕得蕴石太守书,傍徨终夜。黎明驰谒补帅,得读赐札。就谂定力,坚持其间,下私稍慰。又恐总署复书缓不及事,谨函致和帅,大声疾呼阻之,未知获免于戾否?谨将缄稿录呈冰案,伏候椠诲,祗请颐安。

①信称:"谨函致和帅,大声疾呼阻之。"《致李鹤年》原信落款六月十九日。又称:"昨夕得蕴石太守书。"接丁嘉炜信在六月十八日。写此信当在六月十九日。

复曾国荃 光绪元年六月二十二日①

况瘁重洋,致疏音敬。罪甚!罪甚!比迭奉手教,就谂宣防新政,百废俱兴。引领龙门,倾心凫藻。筠叟②到闽,即拜臬篆。其始原有渡台之约,因侄不日即当内渡而止。柏署固与洋务无涉。然治内为攘外根本。福建吏治、民瘼,所待整顿者,更仆难终。惟愿首座勿掣其肘,则部民之受赐者宏多矣。培元为蜚语所中,非素知之者未必能为剖晰。原约六月初抵台,至今渺然,殆闻侄改局而中阻也?洋务有精实学问,非剽窃袭取能为功。文正公创出洋局,将来必有后起之秀为国家生色。如侄惰窳之质,又日暮途远,无论镇抚中外,无此方略,即寻常察吏安民,亦茫无端绪。是以力辞督江之命,非敢出于伪饰,想长者必洞鉴其苦衷也。戢影蓬庐,季丈劫之以船政,待罪海堧者九年矣!因人成事,陈机器于前,一一撤卸而合拢之,加以口说,仍毫无所悟。我丈索其著作,汗颜无地矣。补帆中丞已东来,会疏上即可受代。而淮军病疫,如燎原之火,四小统领只存其一,文员殁者至五十余人。须料量其全数凯撤,始放心离台,再归理船政报销、交代也。草草。肃请台安,诸惟朗察,不庄、不备。

晤冰如,乞为道念,匆匆不及另函也。

①信称:"淮军病疫,如燎原之火,四小统领只存其一,文员殁者至五十余人。"内

容与六月二十二日《致郭嵩焘》信大体相同，当写于六月二十二日。

②筠叟：郭嵩焘，字伯琛，号筠仙。

复郭嵩焘　光绪元年六月二十二日①

奉本月七日手教，辱奖诲备至。就谂褪躬微苦不适，世兄亦稍违和，至以为念。议抚番机宜，若网在纲，身历其境者，无此晓鬯。台湾之利，自当以煤为最，足支台饷。放手办之，数年臻斯境界。眼前兴一利，却便需一副本钱也。朝廷眷顾台湾，注重外防，然其本仍在内治。已辟二百余年之地，吏治军政，置之不讲，虽尽荆棘而阡陌之，尽狉獉而衣冠之，无济也。淮军病疫，势若燎原，四小统领仅存其一，文员殁者五十余人，闻之心悸。头帮业于十九展轮，计今日可泊申浦。其第三帮登舟，当在七月半。弟亦踵之内渡。抠谒匪遥，二十年积愫，不知从何处说起也。谦称万万不敢当，恳勿再施。至祷！至祷！

①淮军第一批内渡，在六月十九日，至上海约在六月二十二日。参见《清季申报台湾纪事辑录》光绪元年六月二十五日。信称："计今日可泊申浦。"此信当写于六月二十二日。

致唐定奎　光绪元年六月下旬①

正缮函间，白仲安送阅孙绍堂信，干臣太守又星殒，不自知涕之横集也。执事悼痛，更不待言。然国家重任在身，遭拂意事，只得抑情排遣，以安万帐之心。叨爱甚挚，愿勉思鄙言。部曲总以早达吴淞，便心安而病去。第二帮船，念六七当回旗后，台从万勿来郡。中丞欲赴凤山送行，弟亦力阻之，已见听矣。盖多一番应酬，队伍又多一番辛苦，甚无谓也。海镜闻已到澎湖，可否饬海东云赴澎，将王福禄②营勇盘入旗口。贵部添来之勇与米、药等项，即由原船送回瓜州，乞酌之。

①信称："第二帮船，念六七当回旗后。"此信当写于二十五日以前。

②王福禄：淮军副将。

复刘坤一 光绪元年六月下旬①

  本月十八日，迭奉赐书，蒙将大稿录示。卓识宏议，贯通古今。三复之余，不自觉五体之投地也。雨亭制军筹饷一节，归本节用。忠纯志虑，迥异寻常，非撷拾空言者比，均什袭存之，以志钦佩。承示滇事颠末，无论为缅为华，杞人之忧则一。筱帅②向善斡旋，恐于此事亦殊费手。欲伸大义于中外，尤不当以曲自予。执事杜渐防微，不必如此之论，诚老成谋国苦心，共事者所当奉为圭臬也。威使③过福州，至台北，却未来郡城。东洋情实，本领不如西洋，而贪谲过之。培元为蜚语所中，胸颇芥蒂。原约六月初七到，至今渺无消息，殆未必来也。淮军困于疫，四小统领仅存其一，文员死者五十余人。唐俊侯殊难为情，不得不照料其全数凯撤。此间事自有补帅接手，侄实规避两江重任，非因台防羁留。惟船政无的款，替人裹足耳。

  ①此信与沈葆桢《致唐定奎》信内容大体相似，当写于同时。
  ②筱帅：李瀚章。
  ③威使：威妥玛。

致周懋琦 光绪元年六月底①

  闻干臣又殁，吾辈为之肝肠欲断，俊帅当何以为情？请执事万勿急于还郡，随时劝慰之。绍堂来谒中丞，礼所应尔。而此时必不容走开，顷中丞托弟嘱其从缓。至淮军尽数内渡后再来，乞转致为荷。中丞欲凤山送行，弟力阻之，祈执事亦劝俊帅无庸来郡也。早间礼翁致足下信，欲派海东云赍折赴澎交济安，今济安已来安平，作罢议矣。

  ①此信与《致唐定奎》信内容大体相同，当写于同时。

致总署 光绪元年七月上旬①

前函已封待发,是晚得省门丁守来书,有制军决意将电线停办之语。续拆李总督致葆桢两函,无一字涉及电线。彷徨终夜,不能成寐。天明驰晤王巡抚,始知文将军已函达钧署,下私稍慰。然恐辗转需时,无及于事也,谨剀切致书李总督阻之。窃以此事起于图占彼族便宜,致为所饵。与洋人交,兢兢业业,坐三分吃亏,犹惧不免。若般门弄斧,未有不入其彀中者也。今弥缝前阙,只图保全中国,未尝许外国于陆路设立电线界限,已百费斡旋。倘自抉藩篱,不啻为彼族特开利市。葆桢于洋务毫无顿悟,而朴愚之性,久在洞鉴之中。使可以舌战炫长,何乐以一身干清议?壬戌江西教堂一案,法人恫喝,不可谓不力。葆桢不敢稍涉游移者,自反而缩也。若时时以曲自予,是与人争而先立于必败之地,虽贲、育其有济乎?喜事之民,机括一动,何所不至。风流云散,朝廷独任其忧。滇事尚未有端倪,可踵而再误耶?谨将文将军来书及葆桢致李总督、丁守书,录呈电览。

(台湾"中央研究院"近代史研究所编:《海防档·丁》,《电线》,1959年台湾近代史研究所影印本)

①总署七月十四日收到此信,当写于七月初。

巡台(六)

复唐定奎 光绪元年七月上旬①

捧诵教言,就谂福星载道,安抵凤山,至以为慰。回忆行旌迅发,主道缺如,并遵台谕,不走送。明恃挚爱,知不以脱略见罪,而歉仄之私,终无由自释也。惟加意节劳,是所至祷。中丞处弟力阻其行,谓彼此可以两便,读执事致礼堂书,又亲往阻之。中丞以台从百忙中且轻骑来郡,不一走谢,心殊未安,已于清晨就道矣。廖镇军事已会商中丞,一时无营头可带,先借一差事留此,以俟机缘。日内省门尚无船来,不胜焦灼。寄台北之福星函催,初十方能到省,谅济安十二三必到也,知念附陈。

①唐定奎第三批淮军内渡,在七月十三日。信称"寄台北之福星函催,初十方能到省。"此信当写于七月初十日之前。

复英翰① 光绪元年七月初八日②

敬再启者,承示粤海筹防一节,未雨绸缪。苦虑苦心,昭然若揭。弟未履任,于南洋各省情形,无自周知,何敢臆断?窃就大局揣之,前此廷议指拨南北洋专款,原以沿海数千里口岸延袤,各省即能自固藩篱,非练大枝水军以为策应、合击之师,无以联气脉而慑寇志。所以原奏云,北洋先设水师一军,俟力渐充,逐渐经营,则与各省之防守海口自是两事。若强合为一,则南洋方求助于各省,而各省又待济于南洋。且分济之款转溢于统筹之款数倍,殊恐文移往返,徒耗时日。况各省防务,各有宜、有不宜。各省督抚之灼见,必远胜南洋大臣之遥度。如炮台、水雷等事,非深悉其要害者,无从着手。若必遥制于南洋,是司南洋者未能分诸督抚之劳,先以掣诸督抚之肘,恐于海防转滋窒碍。来札谓天下患多生于不备,事每出于相因,诚不刊之论。筹款之难,彼此同之。计惟有择其最急者,以次修举。节无用以济有用,办一分,是一分。自知无当高深,然承虚怀若谷,询及刍荛,不敢不以局外狂瞽之言进,幸垂察焉。再请勋安。

①英翰(1828—1876):字西林,萨尔图氏,满洲正红旗人。道光举人。以军功,历任知县、知府、按察使、布政使、巡抚,时为两广总督。
②八月二日英翰革职。此信当写于七月上旬。海防争议在七月间,光绪元年七月八日《复英翰》信称:"正裁笺间,使来,续读教言,谦挹之怀,溢乎楮墨。回环三复,颜汗滋增。"两信当写于同时。

复英翰 光绪元年七月初八日①

正裁笺间,使来,续读教言,谦挹之怀,溢乎楮墨。回环三复,颜汗滋增。颁示大稿,切实精湛,如数家珍。雒诵之余,不自觉五体之投地也。弟质本迂拙,年复就衰,极拟台事稍平，陈情乞退。乃忽奉两江之命，不得不具疏力辞。顷奉批回，只得遵旨入都。瞻觐天颜，再申下悃。弟未履任，于南洋各省无从周知。棠圻情形，尤难悬揣。若辗转观望，恐于尊处应办事宜或多窒碍。应请执事会商少荃爵相、岘庄制府，斟酌行之。二公所见，必与执事相得益彰，无疑也。弟俟淮军全数凯撤，方能内渡，又须清理船政报销，北行之期，尚难预决。知念附陈。

①信称："顷奉批回，只得遵旨入都。瞻觐天颜，再申下悃。"清政府仍令沈葆桢任两江总督谕旨，沈葆桢于七月初八日收到，即复此信。

复李鸿章 光绪元年七月初八日①

奉五月十六、念六两次教言，辱蒙诲示种种。炮台与西法一律，谈何容易。轮船操演，非求管驾于学堂不为功。将来厚望，在出洋局矣。北洋军饷，借资东南，此一定之理。然裁无用以济有用，是又在握其大纲者。若以不急之务，为无艺之求，财用焉得不绌？闻北新等关将复开，厘必减色，是又自啬其源。近日，辇下士夫深以不能力复种弊为患河运等疏，刺刺不休，吁可怪也！淮军二起已于初一日展轮，计初十便当全数登舟。疫疠横行，令人心痗。入吴淞后，少予休息，元气当渐复耳。船政请四成，未卜获邀俞允否？纵如所愿，倘枢使无权衡，一遇添拨之款，而其机又窒矣。左、郭虽积憾未平，然左公②于船政毫不干预，似无所未便。惟如此窘局、冷局，又为众怨所归，筠老③肯自屈否？殊未易知。滇事诚棘手，然以难兄莅之，必能斟酌适中。但愿贤主人勿掣其肘耳。晚俟淮军全数凯旋，即日内渡，第不知船政清厘何时可了也。折稿、函稿呈政。祗请。

①淮军二起已于七月初一日启程。此信当写于此后。七月二十一日沈葆桢《致李鸿章》信称："七月八日肃䏻寸笺，未卜何时入览？"即指此信。
②左公：左宗棠。
③筠老：郭嵩焘。

复李元度 光绪元年七月中旬①

奉五月望后手教，辱蒙逾恒奖注，吉语纷纶，且感！且愧！就审侍奉曼福，备叶颂私。惟谭生、胡生之邮，尚未获读为歉。筠老并无帮办之信，本意欲渡台，以弟旋将内渡而止。生番蠢动，与东西人无涉。彼自以杀人为祖训，谓非此则不为天所佑。故所杀之人，身上虽有银钱，亦弃而不取，所酷爱者首级也。狮头社攻克后，胁从者相继输诚，仍改剿为抚。淮军困于瘴疠，病者过半，只得凯撤。弟将台事交补帆中丞，日内亦当内渡。辞疏未获恩俞，应赶将船政报销清厘，付与替人，入都瞻仰天颜，面申下悃。小阮久随鞭镫，定是超群轶伦之才，第此间苦无可位置，敬致薄贶，以表歉忱，伏乞原宥。

①此信当写于七月八日沈葆桢接谕旨之后。信云"日内亦当内渡"，未提及七月二十日左右飓风事，当在中旬。

复郭嵩焘 光绪元年七月中旬①

奉月之四日手教，忠荩之忱，爱注之笃，洋溢楮墨间。知大君子用心，突出寻常万万也。滇南边徼，忽起波澜。逞志于一夫，快心于一旦。朝廷宵旰，睠然南顾，鄙私忧之。不觉怅触于电线，又不学无术，措词失当，致和帅不无芥蒂于云梦之胸。揆诸部民之分，后辈之礼，均乖谬到十二分。承不弃其愚而教诲之，敢不恪遵台谕，自陈愧悔。第使早知此事有我公一力主持，则弟亦不至多此妄举。似此机不凑巧之处，亦其情有可原之端。敢冀委曲斡旋，幸邀宽宥，是所至祷。丁、谈二君，容与中丞熟商，再行面达。

①信称"奉月之四日手教"，信由北京至台湾，约十四五天，此信当复于七月中旬。

复李鹤年　光绪元年七月中旬①

迭奉六月十九、念九两次手教，辱蒙不弃颛蒙，提撕而警觉之。盥薇（潄）三复，且感且悚。侍为滇疆一案，至今未得端倪。朝廷宵旰焦劳，睠然南顾。惩羹吹齑，枨触方寸。致措词失当，唐突于长者之前。来教图其万全，信金石之论。佩慰既极，愧悔尤深。敢狃鄙忱，伏冀鉴宥。淮军已于十二日尽数凯撤，再将一船送奎五赴苏澳，侍亦当即内渡，抠谒铃辕，亲承榘诲。日来钦奉批旨并折稿，恭录密呈冰案。祗请勋安，不具。

②信称："淮军已于十二日尽数凯撤……侍亦当即内渡。"此信当在七月中旬复。

复文煜　光绪元年七月中旬①

迭奉六月念七、七月初一两次谕函，以船政月款，备费苦筹，感刻莫似。滇疆一案，至今未得端倪。朝廷旰宵，睠然南顾。侄惩羹吹齑，枨触于中。致措词失当，上干大府之怒。然回札云图其万全，果尔，则固吾辈祷祠而求之者也，岂敢复有他念？淮军尽数凯撤，第三起已有十二日展轮之报。再得两船来，一装宋镇赴苏澳，侄即可乘其一内渡，抠谒铃辕，躬聆榘诲。日来所奉批旨折稿，恭录密呈冰案，伏乞察存。

①信称："淮军尽数凯撤，第三起已有十二日展轮之报。"此信当复于七月中旬。

致王凯泰　光绪元年七月中旬①

有称乡晚生来递条陈，不请见而去者。问诸礼堂，云：此人在支应局暂代司事。似非能为此禀者，其为文颇有书气，谨送上以供采择。永丰镇案，谨识于心，原件奉缴。

①沈葆桢于七月二十二日由台湾返榕。此信是在台湾写的，从语气看，似在七月中旬。

复吴大廷 光绪元年七月中旬①

奉六月七日手教，辱蒙诱掖奖进，愧汗无地。颁示轮船操议大稿，探原星宿，甘苦有得之言，佩服岂有涯量。狮头帖耳后，于刺桐脚等处立番学，教以语言，俾有以自达，不使通事搆煽其间。闻番童颇聪明、易导。淮军攻社时，俘一孩方五岁，到招抚时，其父母来领，本孩不愿归。俊侯挈以北行矣。岘帅促驾之书迭至，弟因之愈知其难而愈生其惧。淮军既凯撤，乡试士子亦尽行，弟可接踵内渡矣。而连天风雨，船不能来，殆造物思所以藏其拙耶？船政无人愿受，虽内渡亦不能北行。每念南洋事，辄为之不寐。盖实不知所下手处，非过执谦退，觊觎林泉也。幸得入都，朝廷见其迂拙衰惫，非出于饰辞，庶不使贻误大局耳。各省何可再值灾欺？以天心推之，亦当怜而赦之矣。拯民生之疾苦，首在察吏。以志气昏惰之人，强膺斯任，有不造孽者耶？

①七月中旬至七月二十一日台海飓风。信称淮军内渡后，他本可"接踵内渡矣。而连天风雨，船不能来"，此信当写于台海飓风期间。

复彭玉麟 光绪元年七月十九日①

本月十一日，奉五月十日、六月二日两次手教，所以诱掖而提撕之者有逾骨肉。谨当铭诸肺腑，岂但书绅。然期许太厚，内顾貌躬，不足以上副爱我者之望，又愧惧交集，寝馈难安矣。自奉恩命以来，傍徨不知所措。沥情吁免，未荷圣俞。现淮军已尽数凯旋，正当束装内渡，而连天风雨，数昼夜不少休歇。俟飓定船来，拟即归理船政报销，遵旨诣阙，瞻觐天颜，面申下悃。来书于用人一节，反覆致意，信探源星宿之论。窃谓群策群力，亦须提纲挈领者确有把握，助理者乃有以展其长。若鄙人之诸事茫如，益以衰惫，恐良手亦无所藉手。倘竟不谐所愿，则将来所以误大局者，不知到如何地步也。培元为蜚语所中，奉旨交弟察看，如应履任，自当挈赴江南。芥舟拟到京疏请，第滇事方棘，未知能放行否？炮台聚精会神于第一重门户，南北对峙关锁，皆确不可易之论。岘帅老于戎行者，想所见必合，若既入内地，则借重陆战，沿江炮台不得力矣。密示什袭藏之，以当锦囊。船政月款，尚无着落，未知有人肯接否？草草。袛请台安，不尽所言。

①信称："现淮军已尽数凯旋，正当束装内渡，而连天风雨，数昼夜不少休歇。"沈内渡在七月二十二日，则数昼夜风雨，当在二十日前后，此信也应写于二十日前后。又此信未提飓风已过，当在十九日。

致李鸿章　光绪元年七月二十一日①

七月八日肃䖃寸笺，未卜何时入览？逖维侍奉曼福，至以为颂。全台释手，可以归理窘局，而满天风雨，大有留客之情。明日稍霁，即当冒险登舟。船政择定替人，再当奉闻左右。折稿、函稿，录呈求诲，倚装匆匆作此，不尽所言。

①沈登舟内渡，在七月二十二日。信称"明日稍霁，即当冒险登舟"，此信当写于二十一日。

复王凯泰　光绪元年七月底①

承颁示函稿，妥惬之至。洋工十一名，前所请用钢钻之洋工二名，是否在外？抑在其中？乞再查核声明，以省将来报销周折。恭候鸿便，原件缴呈。

①沈葆桢内渡在七月二十二日。此信谈到请用洋工事，应在七月二十五日洋工到台湾以后。此信当写于月底。

复日意格　光绪元年八月上旬①

捧诵赐书，辱承垂注拳拳，感难言喻。尊体苦头眩腰痛，总缘荩劳所致。惟加意珍卫，是所至祷。铁胁骨、省煤轮机、挖土船之事，均荷荩画周至，费神之处，容当面谢。小号炮船，诚如尊谕，殊可不必。铁甲船，俟尊处图到，再与总署及李伯相商定。实办与否，再行奉闻。弟蒙天恩，简授两江总督。自知才不胜任，具折力辞，未邀俞允。近又奉旨，即赴新任。拟奏请前广东巡抚郭公接办船政，俟批谕回后，方能交代起程。郭公人极廉正和平，甚好共事，与阁下相得益彰。目下局务照常，贱躯亦粗适，可宽爱念。专复。

①清廷促沈葆桢赴两江总督谕，在七月十四日。此信提及拟奏请前广东巡抚郭嵩焘接办船政，又称："俟批谕回后，方能交代起程。"上《拟奏请前广东巡抚郭公嵩焘接办船政疏》在八月初八日。此信当写于八月上旬。

致文煜　光绪元年八月八日①

前承面谕，日内为筹解五万金，感深刻骨。目下情形愈迫，避债无台，伏恳垂怜，即赐挪解，俾苏涸辙。恭录批谕、折稿，统乞察存。

①信称"恭录批谕、折稿，统乞察存"，当在八月，八月初八日与《复王凯泰》信同时。

复王凯泰　光绪元年八月八日①

读月之三日手教，知前函已入典签。惟璧躬尚未尽复元，至以为念。恒春之行，似无庸急急。秋高气爽，再动星轺，不为晚也。傲斋②仍回卑南，自是正办。中路风雨阻止，亦意中事。琛航初五从苏澳载景山归，据云咯血未愈，然丰采如旧，惟垂涕以道其郁郁之怀耳。奎垣所部，报故者联翩而至。今年瘟疫，非但台地，闻厦门日死七八十人，都下亦盛行。弟始到工，觉凉至，乃八月后，转日热一日。昨今大有烁金之势、烧烛之条者，苦极矣！船政替人，今日始得拜疏，奉旨当在霜晨。而各厂盘料、造册，亦非月余日不办。欲立即交代，不可得也。筱泉七月十八启节赴滇矣。知念附闻，批旨、折稿录呈。

或问我公到台，馀怒未息否？对以兴致甚佳。逐渐整顿，怫然也。向泉绅恳福厦电线之议，创自鄙人；向鄙人则恳为蕴石所诬。毁誉不足较，然莠民洞彻底里，有所恃，且有所挟，日以滋事为戏。城门乡、灌口乡波澜迭起，公司函恳船署，日三四至，只得转述筠老。昨方将四衔告示来会行。第民不从令而从好，且有羽翼以簧鼓其说，不知如何下台？恐非朝廷闾阎之福也。

①信称"船政替人，今日始得拜疏"，在八月八日。
②徽斋：警斋，袁闻析。

复夏献纶　光绪元年八月八日①

奉月之四日手教，敬审指挥如意为慰。台阳春夏少雨，固将萃其全力于秋。然暴风则山左最烈，船坏者不少。厦门亦苦疫，日死七八十人，闻京师尤甚。彭京兆②来书，妻与子俱以瘟殁。吾辈安然于瘴疠之地，得无引满自庆耶？到工，觉凉甚，入八月转日热一日。昨今烁金之气，过于六月。驰名场者，苦极矣。景山坐琛航来，不登岸，扁舟访之。据云血疾未愈，然脸色不恶。道其怫郁之怀，泪随言坠。余瑞臣以中丞一函，大遭诟斥，进退维谷矣。弟虽奉促赴新任之旨，然船政必须造册点交，非累月万难就绪。且须俟乡试诸君出闱，方有人做册。馀事详礼堂、维允复书，不赘矣。

①此信与《致王凯泰》信内容大体相同，当写于同日。
②彭京兆：彭溯贤（1819－1885），又名祖贤，字世曦，又字芍庭，江苏长洲人。咸丰举人。同治十二年任顺天府尹，官至湖北巡抚。

致总署　光绪元年八月初八日①

敬肃者：七月二十一日，由台祗迓寸牍，未知何时得荷青垂？葆桢二十二日登舟，于澎湖小驻，查阅炮台，二十四日即抵马尾工次。船事一切照常，惟经费窘极，工程每多掣肘者。替人，公议咸属郭臬司。第臬司衙门日行公事既繁，且与工次远隔，兵勇匠役以数千计，必须坐镇其间，事到立与剖断，方不致酿成巨案。且时有中外交涉事件，必力能专达，方足以树风声。是以不揣冒昧，遽行上请，当否，统候卓裁。现饬各厂赶造清册，倘奉旨俞允，可以随时点交。但创设船政将近十年，物料既多，名目杂出，清理亦非旦夕所能就绪耳。肃此，敬叩钧安。

（台湾"中央研究院"近代史研究所编：海防档乙，《福州船厂》，1959年台湾近代史研究所影印本）

①光绪元年八月十八日《致总署》函称："本月初八日裁肛寸丹，未卜何时入览。"即指此信。

致总署　光绪元年八月十八日①

本月初八日裁肛寸丹，未卜何时入览？十三日奉到船字七十号谕函，谓各处绅民呈请电线不便，应由地方官时行开导，事属中外交涉，愈延时日，则镠辖愈多。真老成洞烛几先之言，佩服岂有涯量？想李总督必当仰体荩怀，谆饬地方官明白晓谕也。船政替人之疏甫上，次日即得郭侍郎出使之信。数万里衔命，断非船政之所能留。再四踌躅，更与郭侍郎往复熟商，不得已而有丁帮办之请。明知盈篋谤书，久为群贤之所诟病，而偏隅冷局，亦非大受者之所乐居。而海防一篑之始基，非其人则立即堕坏。熟工程者无此威望，具资格者逊其精明，是以不得不为冒昧之干渎也。倘朝廷俯鉴愚忱，奉旨准行，伏恳函劝丁帮办刻日南来，俾葆桢得以及早交卸，前赴新任。葆桢为秋暑所灼，目疾大作。勉强作此，不能详尽，容俟续陈。祗叩钧安，惟希垂鉴。

（台湾"中央研究院"近代史研究所编：海防档·丁，《电线》，1959年台湾近代史研究所影印本）

①总署收到此函在光绪元年八月二十五日，光绪元年八月二十九日沈葆桢《致总署》函称："十八日祗肛寸函，当邀垂盼。"此函写于八月十八日。

复李鸿章　光绪元年八月十八日①

本月九日，奉前月十九日手教，以目疾大作，迁延未复。罪甚！罪甚！唐军北旋后，颇有起色，良用释然。而接防营头，复啧啧多故，真令人苦唤奈何也！船政月款，部议以从前四成弥补旧欠，以后仍归六成按月照拨。实则从前四成业已解部，以后六成指拨各款，业已逾额，前后仍毫无着处。晚虽交卸在即，俟将军复到，不能不再疏争之。此间亦有援我公遥领沪局成例，谓可省盘交之烦者。然才智不同，情形亦异。筠老不谐近愿，因而远攀禹帅。明知如此冷局，不足以屈长才。然禹帅方为丛镝所集，而晚不惜以孑然之身，分受疮痏。此万不得已之苦衷，想禹帅亦怜而谅之而不怒其妄也。务恳奉旨后，谆劝禹帅速行。轮船静候束装，并乞飞函，先交招商局递闽，俾得及早预备盘交，是所至祷。晚疏辞江督，并非谦让，实难自昧其一隙之明。不获恩俞，且促之赴任。中心焚灼，又迫秋暑，目疾大作。勉成寸楮，不尽所言。

①九月初，沈葆桢《致李鸿章》信云"十八日肃肛寸缄，计当达览"，此信当写于八月十八日。

致李鹤年　光绪元年八月十八日①

秋暑忽酷，想棘院尤甚。惟加意珍慑，至以为祷。恭录批旨、疏稿，伏乞察存。

①信称"秋暑忽酷"，与八月十八日《复李鸿章》信当是同时。

致丁日昌　光绪元年八月十八日①

前托贵同乡叶善堂观察附寄唁缄并老伯母大人祭帏，未知得达呵第否？自兹以往，几更寒暑。风尘仆仆，音敬阙如，良用歉然。从补帆中丞、霁轩镇军处得读赐示疏稿，闳远中事事精实，非积数十年苦心以研求之，见不到此，安得不令人五体投地耶？闻尊容须鬓渐白，起居亦微不适，殆缘蒿目时艰之故。然正当加意调摄，为国家肩非常之任，毋过自苦也。弟梓乡待罪，已自揣非力所胜。忽拜督江之命，眠食俱废者累月。吁辞不获，复促赴任，傍徨不知所为计。疏乞筠老就近作船政替人，次日而筠老使英之旨下矣。深知偏隅冷局，非所以屈范、韩，第顾此为海防一篑始基，非其人则立即隳坏。且国家费帑数百万，以鄙人才短，故因陋就简，负疚于中。非得大力式廓之，无以赎此重疚，故敢冒昧以请。我公方有乡关之思，福去潮数百里，田园咫尺，气候不殊。珍卫禔躬，较北土为便。而南北洋获承师法，叨益良多。务恳奉旨后即从海道南行，弟饬轮船在沽静候，不胜驰企之至。弟为秋暑所灼，目疾大作。勉强书此，不尽所言。

①沈葆桢于八月十八日奏请改派北洋帮办大臣丁日昌接替船政。沈葆桢给丁日昌信也应在同时。

复王凯泰　光绪元年八月十八日①

读十一日手教，知禔躬已愈，而脾胃尚未复元，至以为念。刺桐脚疫疠未已，真令人苦唤奈何。筑碉堡、派勇守之，自是长策。但须时时有干员稽查，否则虑土勇之扰番族也。船政替人之疏甫行，而筠老旋拜使英之命，开缺为候补侍郎。许钤身②副之。

闽臬放张子衡③，绾篆则定佑亭也。船政竟无可交代，不得已而疏请禹帅，以永保往迎之，未知其肯来否？十一，省城大雷雨，天乃渐凉。闱题出自夹袋中，台士受益匪浅。弟为秋暑所烁，右目赤肿。勉强作此，恕不能详。批旨、折稿录呈，乞存之。

王副将昨夜到，云今日勇可上船，则明日展轮矣。

①此信称："船政替人之疏甫行，而筠老旋拜使英之命。""不得已而疏请禹帅。"当在疏请派丁日昌督办船政时写。
②许钤身：字仲韬（弢），浙江钱塘人。曾任天津洋务委员、直隶候补道。使日，光绪二年十二月二日召回。三年，发船政局差委，任船政局稽查。
③张子衡：张岳龄。时任福建按察使。

致总署　光绪元年八月二十九日①

十八日祗叩寸函，当邀垂盼。迩维起居万福，诸叶颂私。前疏如奉恩俞，乞函劝丁帮办迅速南来，以便逐一交代。船政须有可靠月款，接办者乃放手筹画。即购料等事，亦可先期量度，不致吃亏太甚。若临时瘁（猝）办，则入居奇者之彀中矣。船政原定章程，于海关六成按月拨解。从前除船政外，更无急款，是以毫无蒂欠。嗣后提款日增，致所提之款，远出于所征之款。部檄一下，皆以迟则参处为言。欲责榷使以权衡缓急，惠顾船政，虽唇焦舌敝，无如何也。若农部不明定章程，俾榷使得所遵循，则船政固不能成无米之炊，海关亦安所得点金之石。敢恳俯念海防根本，会商农部，划清界限，示以的款，使勿废于半途，大局幸甚。葆桢行将去矣，而强聒不舍，冒渎尊严，自知无谓。第思以葆桢之椿昧，奔走海堧者十年，所以能竭蹶从事，借免罪戾者，良由钧署为之极力主持，以有今日。持久之道，此其一端，不自知其呼吁之迫矣。敬叩钧安。

（台湾"中央研究院"近代史研究所编：海防档乙，
《福州船厂》，1959年台湾近代史研究所影印本）

①九月十九日总署收到沈葆桢函，发函当在九月初旬。又船政大臣沈葆桢函称："八月二十九日上船字五十五号芜函，计已获尘记室。"可知此函写于八月二十九日。

复王凯泰　光绪元年九月二日①

奉念二日手教，知胃气尚未尽调，殆湿热所滞邪？雨帅倘亦不谐所愿，则不得不向执事乞筱涛矣。储沅小试其端，遽归道山，为之一恸。兰舟②恐未必来，前与筱涛言其同乡陈右铭之才，以为曾保知府也。晤筠仙，方知其已履辰沉道，近又闻权枭矣。筠老今日展轮，临别谆谆嘱致执事以丁晓沧中和志在台湾为言。谨为转述，执事如有通函时，乞酌复之。筠老送眷到沪，自行入都，想小春下浣方南行也。李茂才藩岳闱作，只留后二股，上半尽改之，颇纯净。二场亦饱满，似有望。福星已装士子而汽鼓坏，易之以琛航。沪尾卸载，即令顺道赴台郡，静听指挥。冬春驻台，夏秋驻省，甚属周妥，请即由尊处主稿拜发为望。中路可靠，心为释然。筹给统费，极佩推心置腹之诚。岘帅新命③，已见邸抄。俊帅已放景山缺矣。目疾新愈，作书如在雾中。草草。

①"筠老今日展轮"，故此信当撰于此时，即九月初二日。此函当与《复李鸿章》信同时。
②兰舟：刘璈。
③刘坤一于八月二日接替英翰，任两广总督。

致奕䜣① 光绪元年九月上旬②

王爷钧座，敬肃者：八月十八日上船字五十四号芜函，计已获尘记室。丁帮办之请，得荷恩俞，私衷窃慰。比复奉旨，即赴新任，其何敢有所瞻顾，负朝廷惓惓南顾之心？惟船政欠发之款累累，仰屋之嗟，日甚一日。殊恐丁帮办见此局面，不乐久居，则前功尽弃，为可惜耳。葆桢力小任重，方自忧两江之不暇，遑以即日卸肩之事，喇喇不休。而服膺钧署持久之一言，不敢不竭其愚诚，以备采择。葆桢素有晕船之病，第计由陆进发，必月余日方达金陵，不得不从海道入江，以期迅速。沿途接见僚属，踩勘炮台，亦不能无数日之稽留。然较之陆行，则仅得半矣。肃此，祗叩钧安，惟希崇鉴。□谨上。

（台湾"中央研究院"近代史研究所编：海防档乙，《福州船厂》，1959年台湾近代史研究所影印本）

①奕䜣（1832—1898）：爱新觉罗氏，道光帝第六子，封恭亲王。时任军机大臣、总理各国事务衙门大臣，是清政府主持洋务的首脑人物。

②信称："比复奉旨，即赴新任。"清廷于八月二十八日谕令沈葆桢交印后即赴新任。又九月十八日上谕准拨二十五万补船政局之经费，此信当写于后一上谕之前，即九月上旬。

致李鸿章 光绪元年九月上旬①

十八日肃玴寸缄，计当达览。滇事经台端剖晰，想必渐就范围。禹帅能南来否？至以为念。筱老已束装，定于初二日登舟，数万里长行，儿孙俱幼，亦难乎为别矣。部议船政欠款，提闽海关六月以前四成四十万弥补，而七月以后四成四十万补解部库。比查关存仅十五万，则七月后四成自当以十五万补解部库，而以二十五万交还船政，以后再解节䍐，为筹备海防之款。伏乞玉成其事，俾船政不致中废，无任叩祷。折稿、函稿，录呈冰案，祗候裁夺。目疾新愈，不能多详。恭请钧祺，馀容续报。

①信称："筠老已束装，定于初二日登舟。"此信当写于此前。

致李鹤年　光绪元年九月上旬

昨奉批旨并廷谕，恭录呈电览，伏乞察存。

复王凯泰　光绪元年九月中旬①

读四日手教，知禔躬仍未复元，驰系曷极。台阳地气，外湿而中寒，日食全恃蔬菜，恐亦生痰之一端。鲜肥固非所宜，若火腿咸鱼似不可少。脾胃健，方足以扶元气，元气复，痰亦自静，药饵不宜常也。终日凝坐，湿易上壅。杨卧云②时向城头散步，似是养生妙术，高明以为何如？赐示疏稿，简要精湛，迥非时贤所及，佩服岂有涯量。《杂咏》语语关风化，古之诗史，何以加焉？容俟熟读，方敢题后。礼堂昨日晋省矣。李藩岳③、施士佶④师徒，均符巨眼，信名下无虚。李出闱来晤，谓恐负知己。一尘不染，便决其必售，可见后进人才之资鼓舞也。寄上榜录，阅后乞付筱涛、子玉二君。录有注脚，较他处来者为了然。子玉病，想为送别，归舟冲寒之故，甚抱不安。弟当日一上船便晕倒，不能与之握手一言。小松观察经大匠赏识，必巨材，窃喜得所倚赖。永保尚无消息，雨帅如不能来，殊不知作何办法。昨杨都司⑤催船，以工次并无一船，且旌节将内渡，劝其从缓。今执事不归办武闱，有便船仍当令其东行。肃此。

闻闱事有决裂者，一为杨廷玑⑥，系外海本生，回泉州拘其胞伯勒交，即合春老板。其籍贯则冒闽县，不可解也。一为林培元，系外海，已到案。甚矣！曲突徙薪之难也。士林益搔首东望矣。

窃闻执事有瘗琴之戚。人生伉俪之爱，中年弥笃。藿膳槐薪况味，尤深挚不能名言。明知无可如何，究竟情难自遣。第执事方肩大任，当为国家努力珍重。海壖风雨，幸勿过于伤怀，至祷！至祷！

①前信称"奉念二日手教"，并复于九月二日。四日，王凯泰又致信沈葆桢，沈接信当在初旬，则复信当在中旬。

②杨卧云：杨希闵。
③李藩岳：台湾淡水人。光绪元年举人。
④施士佶：台湾人。光绪二年进士。
⑤杨都司：杨廷辉。水师游击。
⑥杨廷玑：晋江人。光绪二十四年进士。

复林拱枢① 光绪元年九月中旬②

重阳奉手教，知邸次均安善，至以为慰。请封之费，如须酌加，亦不当吝惜，未必能如竹泉原议。寄示吏部题稿，分别甚明，在籍当差，并无食俸。荫生一节，务请不必曲费清神，至祷。筠仙初三展轮，循山而行，初十方抵沪。此老兴致不衰，其肫挚非时辈所及，于左相之隙，则九死不移也。弼士在厂，甚得其力，步步踏实，将来国家有用之才。小帆③天分高于弼士，而笃实远逊之。须多磨折，乃免风波。至奖案，则随众上请，绝无所偏厚于其间。辱齿及，滋增愧耳。平日笔仗，小帆翘然特出，而此科闱作，弼士、子臧最胜，小帆则较群芳独劣，而功业相反，得非命与？弟奉旨促行，不得不鼛鼙以往。终于负国，亦爱我之羞也，其何以教之？寄上京纹二百金，乞以百金附福元修孙世兄之唁函，五十金作李竹泉奠敬。所余五十金，留补请封短数。琐渎，伏乞涵宥。

①林拱枢：字心北。
②信中称"弟奉旨促行，不得不鼛鼙以往。"清政府最后一次促沈葆桢赴任，在九月十日。此信当写于九月中旬。
③小帆：林泂淑，林汝舟三子。光绪举人，工部员外郎。

复王凯泰 光绪元年九月下旬①

海东云行，肃赶寸笺，计当入览。禹帅果如尊谕，不能从海道来，闻已于初六坐运河船南发。来书谓十月内可抵闽，恐未必然也。弟续奉旨，促赴新任，毋庸守候交代，敢不凛遵。惟船政水尽山穷，非为筹二三十万金不及待禹帅之来。如可应手，则弟当于念五日登舟。无论琛航、海镜，乞饬一船赶回，盖挟眷而行，永保不敷装载也。禹帅所奉廷谕，尚未到闽，谨将津门寄来者恭录呈览。此后船政，全仗大力扶持，执事亦知其他处之无可呼吁也。褆躬已复元否？不胜驰念，草草。

再，巡台经费，上月报剩六万。除抵修扬武外，仅剩四万。本月又有应发各款，即将垂罄。船政所请四成之二十五万，候部议尚复需时，伏恳饬拨巡台经费一批，存于船局，俾两有所益，不致掣肘，曷胜翘祷。

①十月间，沈葆桢《复王凯泰》信称："濒行肃肛寸笺，未卜何时入览？"沈葆桢赴任在十月初一。此信称"如可应手，则弟当于念五日登舟"。当写于九月二十五日之前。

复李鸿章　光绪元年九月三十日①

读八月念九日手教，辱蒙诲示种种，感何可言。筠老此时计当抵津，与执事促膝深谈。销中外无形之患，仰望实多。雨帅扶病而来，铭之刻骨。此间引领云霓，非独为饷事。来书谓宜作两处帮办，旨哉言乎！应俟履任上请。将来船政月饷，尚仗大力为之主持。闻滇事已有成议，想薛觐翁②到后，难兄可息肩矣。晚伏处十有余年，忽理行囊，殊苦格格，兼恐累及我公。欲谋脱身，不知计之所出，倚装怅然，书不尽意。

①沈葆桢于十月一日动身赴江。此信应写于整装待发时。
②薛觐翁：薛焕，字觐堂，四川兴文县人。江苏巡抚及通商大臣。

复林寿图　光绪元年九月三十日①

读七月念七日手教，知患腕痛，至以为念。得无龙蛇疾走，太不惮劳耶？闻淑女诹吉在腊后，则入觐之期当在新春。旌节来沪，万不敢当。道过金陵，幸许小驻，俾得一磬积私。朝野待东山之霖久矣，愿毋负苍生之望。滇事闻有定议，觐堂至，或大李可脱肩。奖案已遵尊指汇办，另文咨达冰案矣。船政本托筠老，而西行之命旋下，因而改请雨帅。扶病而南，不能航海，不免稍延时日耳。弟雌伏桑梓十有余年，窃冀可以樗散老，忽乖夙愿，惟日悯悯。恶劣心绪，罄竹难书。祇请。

①信称:"滇事闻有定议,觐堂至,或大李可脱肩。"当与九月三十日《复李鸿章》信同时。

复丁日昌　光绪元年九月底①

迭奉三札,语语从肺腑出,感何如之。前疏发后,得补翁书,即以台从不能舟行见告。然桐云云:节钺已于初六日就道,想极迟亦不过两月有余,私衷已窃慰矣。浦城秋后水涸,其船甚小,日行二三十里,令人焦灼。似宜起早至建宁府下船,则三日可到省矣。肝气之疾,忠直人往往有之。然木主寿,听其自起自伏,延年者多。若以药攻之,未见断根,转生他患。弟历验于亲友者,大抵如斯,不审有当高明否?闽医长于伤寒者不乏人,能治根本者,殊未之见。潮州去马江两日,订珂乡熟手,似不甚难。滇事入其彀中,断不能脱然无累,得我公与伯相剖析而操纵之,自当徐就范围,想总署亦必坚持初见也。船厂经费,弟抗疏争者数矣,而大农总以含糊答应为长策。前月念九一折,痛切言之,月初方能奉到批旨。弟虽交卸,可以为力之处,断不敢膜(漠)视,伯相亦同此心。况朝廷必不仅以船政待公,不至如弟之一筹莫展也。伯寅语在台闻之,忘其得自何人,并有陈六洲②,殆传者误耶?弟定于十月朔展轮,沿途探明旌节所至奉迓,或幸得一晤也。

①信称"弟定于十月朔展轮",当于九月下旬提出,不可能更早。
②陈六洲:陈彝,号六舟,江苏扬州人。历任工科给事中、安徽巡抚、礼部侍郎。

复王凯泰　光绪元年十月中旬①

濒行肃留寸笺,未卜何时入览?许广文方药能否奏效,脾胃复元否?私衷驰系,积日弥深。台阳泾(湿)重,似以多散步、少凝坐为养生妙术。曾辑五②力劝常食地瓜,自以为深获其益,说似可采。此时谅当内渡,清厘积牍,不得促膝倾吐肺腑,怅也何如?弟月朔展轮,阻风于妈祖澳,初七始达申江,而雨帅已坐待七八日矣。初八,雨帅以济安南行。初九,弟亦溯江而上。沿途阅吴淞、江阴炮台,工程均甚结实。至焦山,咳逆大作,不能上岸矣。十一日抵金陵,无谓应酬,日不暇给。岘帅方校武闱,二十揭晓。念一弟当受篆。岘帅念二登舟，弟当入署。四望茫如，不知所下手处。官绅咸以江北积匪及饷绌为忧，而乞治匪筹饷之方，则鲜有卓见。我公其何以造福桑梓也？雨帅极纫高谊，船政奇窘，仍望时赐煦沫之爱。草草。祗请大安。

①信称"岘帅方校武闱，二十揭晓。念一弟当受篆"，此信当写于中旬。
②曾辑五：字元福，曾任台湾镇总后。

复夏献纶　光绪元年十月中旬①

濒行，捧读手教，行色匆匆，有稽裁答。罪甚！罪甚！迩维指挥称意，诸叶颂私。兰军移猴洞，王军填扎统领埔，布置益臻周密。加鹿以南，碉堡林立，控制有资。惟土勇须力杜其扰番，是在朱镇之申明纪律耳。招垦、义学，教养并行，收效必远，固宜多多益善。各营疮痍渐起，窃为心慰。中丞似宜暂回省城调摄，想入冬后，亦必渐瘥也。弟迭奉促赴新任之旨，月朔勉强登舟。沿途阻风，初七方抵沪上，与雨帅谈竟日。初九溯江而行，阅吴淞、江阴炮台，工程均甚结实。至焦山，咳逆大作，不能上岸。十一日抵金陵。岘帅方校武闱，二十可揭晓，念一即当受篆。抵省，每日见僚属百余人，至今犹未尽也。四望茫如，不知所措手处。缉匪、筹饷，二者并棘，人人知之。而询其所以缉，所以筹方法，未见确有把握。闻十二围一带，安清道友、哥老会至十余万，殊骇人听闻。且俟视事后，察看情形耳。抽冗草草布闻。

①信称"十一日抵金陵"，又称："岘帅方校武闱，二十可揭晓。"此信当复于十月中旬。

致杨能格①　光绪元年十月中旬②

违函丈者二十年矣。极拟此行，可躬承提命，借申恋悃，不料其终悭也。过沪，晤听涛刺史，洵老成练达之才。抵金陵，岘帅正校武闱，二十方能揭晓。拟念一日受篆。尘装甫卸，四顾茫如，不知所下手处。夫子于旧治不能无情，伏望曲加训诲，俾勿贻误大局，不胜幸甚。

①杨能格：字简侯，汉军旗人，时为江宁布政使。
②信称："抵金陵，岘帅正校武闱，二十方能揭晓。"此信当写于十九日之前。

复丁日昌　光绪元年十月中旬①

申江快晤，匆匆未尽所怀。别后风作，心摇摇如悬旌，窃虑起居之不胜颠簸也。邓弁②到，奉手教，知福星一路，安抵马江，忻慰无似。读九月十八日廷谕，饬实分明，此后船政月款，榷使当不以为难。厂中应如何整顿处，万望勿稍避嫌。此国家大局，亦吾辈所借以图报万一者，弟甚不愿自匿所短也。惟允书言补帆病状，心为恻然。补帅驰驱国事，固无悔心，而弟实牵率之。但愿吉人天相，即日有瘳耳。弟初九溯江而上，阅江阴炮台，工程甚结实。过焦山，咳逆大作，不能登岸。十一抵金陵。岘帅即正校武闱，二十方能揭晓。拟念一受篆，岘帅即登舟矣。四望茫如，不知所下手处。我公于旧治不能无情，辱随时教之，则幸甚！祗请台安，书不尽意。恭录批旨、廷谕，伏乞察存。

①信称："岘帅正校武闱，二十方能揭晓。"此信当写于十九日之前。
②邓弁：邓世昌（1849－1894），字正卿，广东番禺人。福建船政学堂学生。"致远"号管带。甲午战争中牺牲。

复吴仲翔① 光绪元年十月中旬②

邓弁来，读手教，备纫一一。船政月款，廷旨一切照准，措词的实分明，榷使当无他说矣。未受篆，无文可办，只得函达雨帅，实事求是。固早决其必与阁下相得益彰。惟补帅受病如此，弟实深负疚，惟虔祝其吉人天相，即日有瘳耳。范开既已惩办，便可置之度外，此辈莽夫，焉能禁其不生事。但未尝袒护之，则于心无愧矣。弟初九溯江而上，阅吴淞、江阴炮台，工程结实。十一抵金陵，岘帅正校武闱，俟其揭晓，念一方当受篆。每日见僚属百余人，至今尚未毕。各路催饷之员满座，而本省先告不支。官绅均以筹饷、缉匪为言，询以缉筹方术，则莫得定见。闻仪征之十二围，安清道友、哥老会至十余万,他可想已。四顾茫然,不知所下手处。且俟视事后,竭力为之,及早获庚以去,则造孽较浅耳。文件均收到,中有会回稿,须视事后用印咨回。馀多台事,且不紧要,似无庸往返寄回也。

雪岩③不在沪,前事无从与商。榷使虽一时不能如数,谅当陆续照拨矣!亲兵饷俟履任再行文提缴。恭录批旨、廷谕,伏乞察存。

①吴仲翔:字维允。
②信称:"十一抵金陵,岘帅正校武闱,俟其揭晓。"前数信均称二十日方能揭晓,则此信也写于中旬。
③雪岩:胡光墉。

致卞宝第① 光绪元年十月中旬②

攀辕一别,忽忽累年。奔走海壖,俗状尘容,不敢上溷清听。而望风怀想,未尝一日释然也。迩维道履胜常,至以为祝。读致筱涛观察书,关爱深情,铭诸肺腑。嗣后见闻所及,务恳随时提撕警觉,俾不致以自误者误及苍生,则亦大君子之所以造福于桑梓也。弟十一抵金陵,适岘帅方校武闱,拟揭晓后受篆。四望茫如,不知所下手处,草草作此。

①卞宝第(?—1892):字颂臣,江苏仪征人,咸丰举人。历任顺天府尹、福建巡抚、闽浙总督兼管福建船政。
②信称:"弟十一抵金陵,适岘帅方校武闱,拟揭晓后受篆。"前信称二十日方能揭晓,此信当写于中旬。

致王凯泰 光绪元年十月中旬①

前函封而未发,得维允书,谓节钺已内渡。惟苶躬颇委顿难支,闻之不胜焦灼。官场中似以沈谨庵医理为高,曾否邀其一诊?到省宜屏谢案牍,静养一两月,切勿急于清厘。委一精细道府,代折代行,当可次第就绪。船政月款一折,奉到批旨廷谕,恭录察存。

①信称:"前函封而未发,得维允书,谓节钺已内渡。"此信当与十月中旬一信同时。

致谢谦亨① 光绪元年十月中旬②

别二十余年矣。奔走海堧,未敢以俗状尘容上溷清听,迩维起居曼福,备叶颂私。弟七月内渡,清理船政,以待替人。比奉勿庸守候交代之旨,于月朔展轮。沿途阻风,初七始达申江。溯江阅吴淞、江阴两处炮台,工程均甚结实。过焦山,以咳逆大作,不能登岸。十一抵金陵,适岘帅方校武闱,二十揭晓,拟于念一受篆。地大物博,外强中干,四顾茫如,不知所下手处。伏望南针时锡,俾获津梁,不胜幸甚!祗请勋安,未一。

都中近事,可否赐示一二,以当联床之谈。思荔轩,又顿。

①谢谦亨(1819-1887):字吉六,号筠士,福建长泰人。道光进士。咸丰四年入直枢垣,迁刑部员外郎。光绪元年,授江南道御史。
②信称:"十一抵金陵,适岘帅方校武闱,二十揭晓。"知此信写于中旬。

致朱智① 光绪元年十月中旬②

读环章,备纫爱注,伏维起居曼福。台阳自补帅移节,吏治、民俗,为之一新。近闻以病内渡,殊为悬悬。雨帅过沪一晤,即遵海而南,已抵闽矣。弟初七阅吴淞炮台,初九阅江阴炮台,工程均甚结实。初十过焦山,以咳逆大作,不能登岸。十一抵金陵,岘帅正校武闱,二十揭晓,拟念一受篆。四望茫然,不知所下手处。惟冀南针时锡,不胜幸甚。

①朱智:字敏生。
②信称:"十一抵金陵,岘帅正校武闱,二十揭晓,拟念一受篆。"此信当写于中旬。

复沈桂芬① 光绪元年十月中旬②

捧诵环云，如亲光霁，伏维侍奉曼福。弟月朔展轮，沿途阻风，初七始入申江，阅吴淞、江阴两处炮台，工程均甚结实。过焦山时，咳逆大作，不能登岸。十一抵金陵，适岘帅正校武闱，二十揭晓。弟拟念一受篆。地大物博，外强中干，四望茫如，不知所下手处。伏望时锡南针，俾获津梁，不胜幸甚。

①沈桂芬：字小山，号经笙，江苏吴县人。时为兵部尚书。
②此信当与《致朱智》信同时。

致林拱枢 光绪元年十月中旬①

前月在马江，二次附阜康银号肃疢寸函，计当入览。迩维潭祺懋介，备叶颂私。清厘船政，以待替人。嗣奉无庸守候交代之旨，乃赶紧束装。月朔展轮，沿途阻风，初七方抵申江。晤雨帅，匆匆一叙，渠即遵海而南。初九亦溯江而上，阅吴淞、江阴两处炮台，工程均甚结实。于西法能一一吻合否，则不敢知也。十一抵金陵，适岘帅方校武闱，二十揭晓，因定于念一受篆。接见僚属偏裨，日百余人，至今未毕。名为地大物博，实则外强中干，持筹者以匮告，请减灶；缉匪者以难告，请增垒。袒湘阴者，请减淮军；右合肥者，请停边饷。四望茫如，不知所下手处。船政请雨帅，不免为清议所訾謷。然国事所关，非其人不可，不敢不分谤。咳逆日甚，夜不成寐。及早获庾以去，庶造孽较浅耳。

①此信当与《复沈桂芬》信同时。

致李鸿章 光绪元年十月下旬①

尘装甫卸,以酬应仆仆,致疏音敬,罪甚!罪甚!迩维起居曼福。晚初一展轮,沿途阻风,初七方达黄浦,晤雨帅一谈。初九溯江,阅吴淞、江阴炮台,地势扼要,工程亦极结实。到焦山,咳逆大作,不能上岸,留为后图。十一抵金陵,岘帅适校武闱,二十揭晓,念一受篆。四望茫如,不知所措手处。务乞怜其愚戆,随时示以津梁,庶几造孽较浅耳。总署所筹巨款,本有分解南北洋之说。窃思此举为创立外海水师而起,分之则为数愈少,必两无所成,不如肇基于北洋。将来得有续款,固不难于推广。万一有急,一日千里,亦召而立至。鄙意得铁甲船两号,若扬武兵船者六号,若镇海兵船者十号,亦可成一军。扬武等船,雨帅厂皆能为之。铁甲船似宜英、法各定制其一,派员帅生徒往学,而后可兼收制造、驾驶之效。否则,有船而不能修,不能用,与无船同。其丈尺,宜取中国船厂所能容者。其统领,必由学堂出身,而历试于西洋,洋人所推重者。彼族于此事颇有公论,不患其颠倒是非也。晚请各省关将此款尽解北洋,业已咨达冰案。第诸邻封,未能深悉原委。前者西林制府②两次专弁赴台,向晚苦索防海之费。总署亦颇忘其前说,将南、北洋所筹备与各省之自顾门户者比而同之。果尔,则南洋所提之款尽挈以付广东不足也。近读稚篁(璜)③中丞疏稿,亦谓东省炮台经费,取诸北洋,倘奉天、闽浙亦均照此办理,即不设外海水师,亦将何以应之。此事全仗大力主持,否则,将议论多而成功少。狂瞽之见,惟高明择焉。扬武过津,曾请执事临阅否?日昨季荃令弟送卖伪札之湘籍保知府陈姓,已交梓芳观察研讯矣。祗请钧安,馀容续布。

①信称:"十一抵金陵,岘帅适校武闱,二十揭晓;念一受篆。"知已受篆,此信当写于下旬。

②西林:英翰。

③稚篁(璜):丁宝桢(1820—1886),字稚璜,贵州平远人。咸丰三年进士,以军功,历任知府、布政使、按察使,时任山东巡抚,官至四川总督。

致左宗棠 光绪元年十月下旬①

工次肃缄寸笺,未卜何时入览?遐维精神矍铄为颂。出关粮运之难,甚于度陇。苾躬劳勚,可想而知。惟望纡筹之余,加意珍卫,是所至祷。侄明知两江非才力所及,固辞不获,叠旨促赴新任。十月朔展轮,沿途阻风,初七方抵黄浦。初九溯江而上,十一达金陵,岘帅适校武闱,念一方受篆。四望茫如,不知所下手处。岁收歉薄,江北抢案,无日无之。岘帅云:十二圩一带,哥老会十数万,安清道友和之。洋票兴,厘税大绌。索饷委员,络绎于道。如大家中落者,奢极窘极。为纡患之说者,请广收投标弁勇以安反侧;为省饷之说者,请裁撤营头以免决裂。两相窒碍,不知所从。尊处饷需,前月与岘帅会商,赶解一批,以后仍伤吃紧筹解。但凡可以为力之处,不敢不尽力。而室如悬磬,遥想大漠将士冲寒忍饥之苦,殊难为情。前任议筑之炮台,功皆过半,明春计可竣事。而炮械短十之七八,无款以续之。奈何!奈何!知念附陈。

①沈十二月初致左宗棠信云:"受篆后,肃缄寸笺。"此信当写于十月二十一后。又,王凯泰二十三日逝世,此信未提及,此信当写于沈得知王逝世的消息之前。

复孙衣言① 光绪元年十月下旬②

敬再肃者,雒诵手教,所以相期者,至深且远。当镌诸肺腑,非但书绅也。闻师连举六子,精神矍铄,不胜欣慰。临行时,曾修寸牍,邮递永嘉,未审得达否?六安刘牧,访诸皖绅,皆以为劣。害马宜去,公论昭然。侄商诸岘帅,答云:应参,毫无疑义。惟致书中丞,转似不留余地以处主人。当俟过皖时,坐谈及之,则毫无形迹。中丞公正人,必鉴执事爱民一片苦心,非浮言所能浸润云云。岘帅念二日登舟,想握晤不远矣。承示夹袋中人,不啻百朋之锡。此外有应劾者,亦恳示知。至祷!至祷!侄奔走海壖,冀窃薪米于乡以老。忽奉巡台之命,不敢不贸然以行。依样胡(葫)卢(芦),扪心滋愧。方幸台事得代,而江督之命旋来,为寝食俱废者久之。辞而不获,竭蹶从事,终必贻误大局。惟望及早获戾以去,庶造孽较浅耳。侄年方五十有六,须鬓俱白,闻言辄忘。以蒲柳之资,忝梁栋之任,其何以堪?惟长者怜而教之。

①孙衣言（1814—1894）：字琴西。江西瑞安人。太仆寺卿，先后迁湖北布政使、安徽按察使。

②信称："岘帅念二日登舟。"十月二十二日，刘坤一离两江总督任。

复丁日昌　光绪元年十一月上旬①

高千总到，两读手教，惊悉补帅骑箕竟去，为之恸绝。天乎！何其酷也？谨遵谕具奏，为请谥法、专祠。此后，台事益不知如何措手矣。大疏忠荩血诚，溢乎楮墨，佩服无量。弟平生病在过宽，员绅狎而生玩。临淮麾召，壁垒一新。磨厉之，正所以玉成之也。康邦机器，前嘱日意格定购卧、立者各一，并雇洋匠带图来仿造，计明年春夏之交可到。派员带匠徒到外国学习，诚探本之第一义。第经费浩大，即榷使照章筹解，亦断不敷。欲再求益，万无之款。惟有俟北洋水师定议，附之以行。谨将上李伯相笺录呈垂察。延精能西人扩充学堂，费似尚无多而甚有益。关款能应手，执事定当决行之。高千总已饬中协为之收标，俟到标后，再酌予差使。惟此间薪水殊窘，人人有不能自存之势，奈何？奏事欲挈贱衔，似只宜附于折尾。至其事一切赖公主持，遥度不足据也。星帅②努力京饷，因垫而亏，思停船政以补之。弟在厂时，三五日必哀求一次，急则向阜康挪借，以关款抵之，号与关消息甚通故也。日意格娶亲一节，只函嘱斯恭塞格③面询，如出洋学习之议已定，当效驰驱。倘为期遥遥，拟请假完娶等因。现在，乞假之禀未上，其经手事亦未了，薪水一时似不宜停。如将来具禀到时，由执事酌夺饬遵可也。煤铁，直隶之磁州、湖北之武穴、台湾之基隆皆方议开，而收效均俟二三年后。若古田之铁，虽甚佳而无煤，殊难设想也。弟履新十余日，梦如乱丝，不知从何下手。偷空取《抚吴公牍》读之，始至第二本，拜服到五体投地。而性情疏懒，精力恍惚，欲学步而不能，奈何？草此。敬璧教谦，幸勿再施为祷！

再，局中自筱涛接办后，有提存报销经费一款，去年截清，六月造报五百余万，托俞小舟明府办理，约明费万八千金。如内店复到，乞饬维允照数提付之为祷！致维允寸函，并恳饬交。

①王凯泰于十月二十三日去世，此信当写于二十三日之后。沈葆桢得知此消息是据丁日昌的来信，此信当写于十一月上旬。又称："弟履新十余日。"如从二十一日受篆计，当在月初。

②星帅：文煜，福州将军。
③斯恭塞格：法国人。1869年来华，为中国海关帮办。旋任福建船政局总监工。同治十三年随沈葆桢赴台。

致吴仲翔　光绪元年十一月上旬①

前奉赐函，忙不及答，只得嘱礼翁道意。雨帅相待之优，固意中事。鄙人极望大力之来助，而以雨帅之勤勤恳恳不敢启齿也。余小舟之款，部复到时，务乞禀明雨帅提付之，勿延为祷。弟亦函恳雨帅矣！厂事应整顿者，亦乞禀商雨帅，勿以恐形前人所短为虑。此间跋疐情状，罄竹难书。惟望早获庋以去，则造孽较浅耳。补帅骑箕，合省人士，同声一恸，乞代做祭幛一幅，并嘱荔丹为制挽联，蓉台②书之，先行送去。奠敬则就近由此寄其家，以其署中无亲属也。

①王凯泰于十月二十三日去世，此信当写于十一月初。
②蓉台：张人镜，字蓉台，月浦人。诸生。同治、光绪间曾助修海塘。

致吴元炳①　光绪元年十一月上旬②

天气骤寒，惟餐卫佳胜，至以为颂。此间名为地大物博，实则外强中干。岁云暮矣，京协索饷者，雪片飞来，举无以应之。又不得不格外设法，谋所以应之。东涂西抹，寅支卯粮，本省益百孔千疮，无以自立矣。半税行，厘金为之大拙。若租界停捐之说再行，将并半税亦归乌有。函恳总署力持之，未知能挽回否？开关大碍军饷，且非商民所便，人人知之。大农固执力复旧章成见，抑知旧章复，则积弊随之，不特非国与民之利，徒资中饱，万难符额，亦非权使之利也。鄙意谓宜再疏一争，其得失利害，前疏已详之，非另出新意，万难动听。而智虑浅短，情形又太生疏，惟执事有以诱掖之，幸甚。霆、汇两营，纪律较逊。兹乘其统带高占彪伤病请假，批饬遣撤。六合王令，声名颇劣，昨嘱小岩③撤之另委。江北命盗重案，几于无日无之。地方官司空见惯，漠然无所动于中。奈何！奈何！草草布臆。

正封函间，适奉教言。辱蒙示以海防疏稿，崇论宏议，的实分明，后幅结穴，尤见格心之学，佩服岂有涯量。另片隐忧在北，老成先见，洞烛几先。近总署交南北洋议复吉林将军练万二千兵以防未然一疏，绸缪牖户，适与卓见相符。万里沙场，万二千人足以制强敌否？殊亦不敢知。若并此无之，有警更何堪设想？似断无议驳之理。第一经复陈，岁费七八十万，东三省岂可筹？责诸财赋之区，舍江南其安属？录示苏局出进款，令人苦唤奈何！而沪局、扬局似所绌尤多。为节饷计者，谓宜痛减营头；抱伏莽忧者，又谓宜广收员弁。两相窒碍，不知所从。今年拨款，万分难支。明年部拨，必不止此数。延误之愆，终无可避。应否将支绌情款缕晰上陈，乞高明酌之。如须会疏，即请主稿，挈贱衔为幸。

①吴元炳：字子健，河南固始人。同治十三年任江苏巡抚。
②信称："近总署交南北洋议复吉林将军练万二千兵以防未然一疏。"十月廿一日，清政府收到吉林将军穆图善奏陈通筹吉林练兵一疏，沈葆桢得知当在十一月初。
③小岩：梅启照，字小岩。江西南昌人。

复裕禄① 光绪元年十一月上旬②

来函执谦，逾于常格，断非所敢当。幸托同舟，叨教者非一日一事。务望垂爱，以齿序见呼，幸甚！江北命盗之案，几于无日无之。欲革带牛佩犊之风，思之而莫得其要领。问途已经，执事其有以引掖之，再恳。

①裕禄（约1844—1900）：喜塔腊氏，字寿山，满洲正白旗人。时任安徽巡抚。官至直隶总督兼北洋大臣。
②十一月初，《致吴元炳》信称："江北命盗重案，几于无日无之。"与此信内容相同。

复杨昌浚 光绪元年十一月上旬①

前复寸笺，计登记室。续读台教，以开关一节，苦费芘筹。谋国之忠，任事之毅，起懦扶衰，佩服岂有涯量。弟手既荆棘，地复生疏，如夜半深池，盲人瞎马，岂足动听？只得就函谕所及，拓为画本，附会成篇。惟对针部议处，不免侧重江南。若列台衔，颇疑不合口气。谨将拙稿录呈，伏求斧正。并乞以燕、许手笔，抒房、魏经纶。另具一疏，俾大农以为不谋而合，冀更易转圜，高明以为然否？逆咳连旬，避风谢客，倚炉作此。祇请台安，书不尽意。敩谦敬擘。

①信称"咳逆连旬"，沈葆桢咳逆始于十月二十三日，此信当写于十一月上旬。

复孙衣言① 光绪元年十一月上旬②

顷复奉教言，辱以履新垂贺，益愧歉无以自容。得岘帅书，刘牧业已为中丞附案奏参，可见是非难逃公论。群盗如毛，欲革带牛佩犊之风，百思莫得其要领。窃意宜择贤令长而予之以权，又苦乏知人之鉴。恐轻举妄动，治丝益棼。奈何！奈何！

①孙衣言：八月初四日，已任湖北布政使。
②信称："辱以履新垂贺，益愧歉无以自容。"沈接江督篆，在十月二十一日。十一月上旬《复裕禄》信称："江北命盗之案，几于无日无之。欲革带牛佩犊之风，百思莫得其要领。"与此信相同。此信当写于十一月初。

复李鸿章 光绪元年十一月上旬①

奉念三日手书，辱蒙不弃颛蒙，谆谆诱掖，感激岂有涯涘。船政月款，虽荷圣恩允许，而农部权使纯用虚与委蛇之法，断难斩钉截铁，克期应手。仍仗雨帅磨砻工夫，部议勿过拘泥，敬佩至言。各局俱以匮告，而索债羽檄，雪片而来。议节饷者，咸谓痛减营头；忧伏莽者，又谓宜广收投标员弁。两相窒碍，不知所从。江北兵燹之余，加以岁歉，命盗重案，无日无之。鄙意内治急于外防，察吏难于选将。不早为之所，恐季孙之忧，不在颛臾。而人地生疏，智术浅短，夜行无烛，怅怅何之？我公桑梓关情，当不惜呼寐者使之觉也。滇事愈支饰，恐愈葛藤。办得公允，彼无谓之要挟，尚可据理与争。洋界裁厘，沿江、沿湖添口，皆必不可行之事。惟滇边通商一节，授人以柄，势难挽回。恐宜昌一岸，必相连而及。盖所借口者在滇，而所注意者又在川也。陆军固自强根本，然无水军则陆军气脉不贯。北洋一旅，似断不可少者。节俭为天下先，望朝廷力减不急之务，成此举耳。吉林练兵，饬南北洋会议，大漠无际，敢谓恃此万二千人，遂足制敌？第并此无之，大局更何堪设想？然六七十万之饷，又责诸南洋数省，何以应之？弟毫无成见，我公议定时，乞挈衔入告。幸甚！幸甚！补帆竟骑箕去，为之一恸。此后，台事更恐无人主持。临殁郁郁，见人泪下。甚矣！同舟共济之难也。折稿、函稿录呈，乞教督之。

①沈葆桢接到李鸿章十月念三日信，复信当在十一月上旬。

复郭嵩焘　光绪元年十一月中旬①

读申江手教，欲答寸楮，以未审执事税驾何所，遂迁延至今。比得李伯相书，始知十月下浣入都，然则当在春明度岁矣。惟起居曼福，至以为颂。颁赐陈、丁、许世兄廉余，均已遵致。维允为雨帅所留，似不能来。船政得人，下私方慰。而补帅忽骑箕去，一恸之余，更不知台事作何了局也。滇案当有眉目，西行有待执事，或当先入总署。弟一入金陵，如醉如梦，日汩没于无谓之应酬，无谓之案牍，求片刻暇少展思虑而不可得。地荒岁歉，江北群盗如毛。欲革带牛佩犊之风，不知从何下手？洋票行，厘金大绌。农曹严催开关，不免为丛驱爵。索饷之文，索饷之员，往来梭织，举无以应之，又举无以谢之。不料财赋之区，一窘至此！议节饷者，咸谓宜痛裁营头；忧伏莽者，又谓宜广收员弁。两相窒碍，罔识所从。怅怅夜行，爱我者其烛之。昨为寒所袭，呕吐，彻夜不寐。今日继以泄，避风谢客。草此数行，祗请台安，言不尽意。

①信称："昨为寒所袭，呕吐，彻夜不寐。"当在十一月中旬。

致林寿图①　光绪元年十一月中旬②

自入金陵，如醉如梦。日汩没于无谓之应酬，不可胜阅之案牍，求片刻暇一觇鄙私而不可得。迩维旅居曼福，至以为颂。千金姻事，想已举行。展觐天颜，当在冰泮后。如取道袁浦，或向申江买棹，皆可枉过石头。使宅园林，颇足娱客。或者不以主人之俗而废之，歧望曷极。今年歉薄，江北群盗如毛，欲革带牛佩犊之风，不知从何下手？洋票行，厘金大绌，大农尚严催开关。索饷之文，索饷之员，往来梭织，举无以应之，又无以谢之。不料财赋之区，其窘一至于此！议节饷者，咸谓宜痛减营头；忧伏莽者，又谓宜广收员弁。两相窒碍，罔识所从。伥伥夜行，爱我者其烛之。福防奖案，皆奉俞允。补帅十月十一内渡，已不能步履，念三遂骑箕去，为之一恸。代者未知何人，台事益难措手矣。昨为寒所袭，呕吐，彻夜不寐。今日谢客，始能草此数行。祗请著安，言不尽意。

①林寿图：字欧斋。
②十一月中旬《复郭嵩焘》信称："昨为寒所袭，呕吐，彻夜不寐。今日继以泄，避风谢客。"此信亦当在十一月中旬。

复丁日昌　光绪元年十一月下旬①

奉初四日手教，知前复两函，尚稽达览。补帅请恤折稿，已咨呈冰案。福州、台湾并请专祠，而宣付史馆一节亦忘之，殊负良友。惟于补帅浙粤宦绩，本不能详，史馆列传，当尚有待，容再致书伯相也。承示廉余由官置产，为永远之计，极佩。交情胅挚，有加无已。惟父子天性，恩逾于义。函商来往，不免暴其世兄所短，恐不足以慰补帅之心。似不如其世兄到闽时，执事开诚训迪之。至诚所感动，远胜于以局外人箝制之。人生佽心乖念，多缘骄乐而来。殆天夺所恃，穷则反本。呴沫之爱，动于不自知。故宦况凋零者，每得贤子孙，忧戚所以玉女也。新厂起工，下怀藉慰。抚军一席，正当为桑梓乞长城，但无此力量耳。若徇私解铃，不虑闾里咒诅耶？航海固非公所愿，然候风而行，一日可达，亦不甚苦。人生自有前定，执事坦怀听之，何如？弟为寒所窘，连日呕吐，谢客作此。

①信称："新厂起工，下怀藉慰。"指十一月十八日铁胁厂兴工。此信息传到南京，当在下旬。

复丁日昌　光绪元年十一月二十八日①

奉船字四号手教，辱蒙垂示种种。补翁事于前函具复，计此时已入典签，恕不复赘。船政解款，务乞咨函交催，弟亦当信恳星丈也。文经存款，当时不取其贴息者，一则应用之项，随时立提，不使有所借口。盖闽省局面窄甚，与香、沪情形不同。香、沪存款，可以周转，其息有着。闽省放出，一时无从归还，势将贴息。一则马尾向无钱庄，开厂后便必不可无。非家道殷实者，或倒闭，或行用小钱，往往滋生事端。故招之使来马尾，须时常搬运铜钱而来。闽省铜钱极难，不能无小赔累。其南台老店，借有船政存款，可以多做生意。将盈补绌，自稍宽余。至月款领自阜康，海关向有不敷，均由阜康垫解。船政急需，亦时向阜康挪借。皆无息银，故其平色赢余先为阜康取去，而文经不与焉。其领银也，只论分两，不论块数。每块原庄英洋②，向不止库平七钱二分，到折（拆）开转发时，以七钱三分零之英洋，只准照七钱二分算，钱店不能受此重累。若以原装英洋照重积算，则应领百元者，便短领一二元，领者岂能情愿。此刮面以符七钱二分之所由来也。至凿伤之弊，闽省积习相沿，每过一店，必加一凿。一极好洋钱，数日即成烂板。其用心殊可恶，然家家如是，非独文经。弟儿时所见即如是，亦不始今日。历来将客他乡，欲求数百元光洋，非费累日工夫不可，盖由来久矣。倒盘彼必不敢，造库存储，原是正办。惟支应似须精核之才，以后均由内署收发，尤宜细针密缕。清渠粗直，恐非其任，我公酌之。收关款时，未知能一一索原庄英洋否？至发款时，以光洋按七钱二分，恐所赔甚巨，计重发给，又恐领者益吃亏。似宜传询各管驾、匠头，令其会议，再凭我公酌夺。弟非敢为文经剖晰，缘我公虚怀若谷，不敢不竭其愚。报销事，弟初意亦如我公所云，继思有津局开之于前，此辈岂能无望，但使查复无已。弟老矣，倘先犬马填沟壑，以为同事者之累，心殊不忍，遂未能免俗。承允提拨，感甚。整顿营操及安置枪炮、子药等事，皆弟未了之愿，镌诸肺腑。台防划归地方官办理，极佩卓见。请执事主稿，挈衔入告为望。调操甚有益，惟各省均有差使，是颇为难。铁胁厂年底可竣事，慰甚。日意格既请假一年，我公批准后，自可停其薪水。高千总已收标，当戈什哈，每月薪水六两，馀则月课稍资津贴耳。弟到任时，缘求差事者，日不暇给，不得不一概谢绝，故于局务未派过一人。李令在夹袋中，必是循吏，请回本任何如？两江之窘，及之而后知。今年厘捐，骤绌六七十万。催债者云集，既无款以应之，又无辞以谢之。弟咳逆大作，牵连腰痛，力疾作此，不尽所言。

再，李部郎所办地图，已有八成，中止可惜，自以移归船政凑足为是，已饬机器局议复。缘咨复尊处之文已被发驿，恐途中耽延，故又及之。

①信称："弟咳逆大作，牵连腰痛。"沈葆桢在十一月二十八日《致玮庆》信称："我咳逆，牵连腰痛。"与此信同时。

②英洋：当作鹰洋。西班牙银元背面铸有飞鹰，故称鹰洋。

复吴仲翔　光绪元年十一月二十八日①

奉子月之望手教，知厂务蒸蒸日上。惟解款支绌异常，殊深驰系。当鄙人奏请四成清欠，六成先尽船款时，榷使谓果奉俞旨，必可照办。嗣奉旨矣，而榷使又另自陈奏。盖只图应付，部拨之，可得奖叙，遂致亏垫之无可腾挪，计所奏此时亦当奉旨矣！原庄英番，向不止七二匠工，向以七二为一元，若令钱店以原庄英番作七二算，钱店岂能当此重累？若令匠人领原庄英番，按重积算，则领七十二两者必不及百元，匠人亦岂甘心？此刮面以符七二之数之所由来也。昨雨帅函询，以此情答之。今读来示，谓多不及重，指不及原庄之重而言耶？抑并不及七二之重耶？吾闽见番必凿，无店不然。此风殊过百年，何以云系中岐所为？文经何时又分出正兴一店？此皆鄙人所不甚了了也。会试者多，厂中不敷照料，似须请雨帅添派，夹袋中必有人才也。日监督既以喜事请一年假，停其薪水，自是正办，渠当亦无词。铁甲船一层，只能将其三信抄呈李爵相参酌。海防并未集有巨款，议论复言人人殊，断不敢以游移不决之事，滞其婚期也。补帅省城专祠之奏，已奉俞旨。联幛语甚佳，晤荔丹、筠台，乞道谢。可翁人师，以后恐难为继。弟咳逆大作，牵连腰痛，服药数剂，始稍有转机，尚避风不能见客也。

①信称："弟咳逆大作，牵连腰痛，服药数剂，始稍有转机。"沈葆桢十一月二十八日《致玮庆》函称："我咳逆牵连腰痛，日来稍有转机。"与此信同时。

复张兆栋①　光绪元年十一月底②

另笺筹饷之难，洵非虚语。弟恐分解则为数愈少，难以集事，是以咨请尊处，尽解北洋。冀外海水师，得早有眉目，以后或可推广。但望努力擘画，筹得一分，便受一分之赐。至粤东防务，自当由执事及岘帅主持。隔数千里遥度情形，万不能如亲履其地者见闻之确，非敢言谦让未遑也。荷兰招工一事，斩钉截铁阻之，极佩定识定力。近阅容纯甫禀，秘鲁华工苦情，令人目不忍睹。岘帅已渡鄱阳湖，腊前当履新也。

①张兆栋：字友三，山东人。时为广东巡抚。
②信称："岘帅已渡鄱阳湖，腊前当履新也。"岘帅渡鄱阳湖是二十二日，此信当写于十一月底。

致李鸿章　光绪元年十一月底①

前月两奉芜函，未卜何时入览？俊侯军门、杏荪观察到，询悉旌节旋省，茀履康强，至以为慰。承示武穴开煤疏稿，擘画周至，钦佩无量。杏荪虑玉帅②不以购机器、雇洋匠为然，嘱为函达其意，亦照办矣。日意格致船政提调三函，论定制铁甲船事，将原信录呈，恭候裁夺。沪局请奖，亦以折稿候示。其总办之冯道、李道、郑守，应如何给奖之处，乞一并核示，以便遵行。补帆中丞，竟以积劳星陨，人人痛惜。闽省及晚处乞恩之疏，均奉俞允。雨帅深以漏却宣付史馆一层为歉，嘱函恳台端，谨为转达。晚为寒所袭，咳逆大作，牵连腰痛。勉强作此，恕不能详。

①信称："晚为寒所袭，咳逆大作，牵连腰痛。"当在十一月底。
②玉帅：翁同爵（1814—1877），字玉甫。时任湖北巡抚，署理湖广总督。

复左宗棠　光绪元年十二月上旬①

受篆后，肃豜寸笺，未卜何时入览？比奉十月念九函谕，辱蒙谆谆教诲，情溢乎词，得无镌诸肺腑。西征转馈，苦费苤筹。此时支万帐于风沙冰雪之中，待粮尤急。此间厘捐，为洋票所蚀，较去年骤减五六十万。而农部方危词以胁开关，遵行，则大局立形决裂。谨将疏稿呈政，亦足以略见其支绌情状。侄惟有勉励各司局，筹得一分，即解一分，但凡可以为力之处，不敢留为有余。海防亦断不可停，西洋或隐忍幸和，东洋则终须一战。其伎俩不如西人而狡悍过之。其性如扑灯之蛾，不投诸火不止。舍中国又别无可逭处。倭炽可忧，倭亡而入于俄，尤可忧也。户部派的饷四百万，实则全是画饼。数月以来，惟北洋见江右五万耳。侄意外海水师不能不创设，分之则愈难集事。故议先尽解北洋，尚冀得一篑之始，未知能如所愿否也？咳逆大作，夜不成寐。此局断非病体所能支，知念附陈。

①函称"咳逆大作"，大约在十二月初。

致彭玉麟　光绪元年十二月上旬①

闻笠屐已返衡阳，著述名山，松桂生色，何乐如之。弟奉旨即赴新任，十月朔展轮，沿途阻风，初七方抵沪渎，初九溯江而上，顺阅吴淞、江阴炮台，工程均尚牢固。惟江阴北岸，诚如尊谕所云，关门必须两扇。其地平坦，船上可一望了然，且宜守以重兵，方不孤立。但须趋重刘文沙，抑或趋重十围港，仍候指示遵行。此地厘捐，较去年骤减五六十万。各处索饷之文、索饷之员，往来梭织。既无款以应之，又无辞以谢之，而大农方以危词胁之开关，将尽驱商民而纳诸洋票。不得不摅胪上陈，未知能动听否？江北群盗如毛。议节饷者，谓宜痛减营头；忧伏莽者，又谓宜广收员弁。两相窒碍，不知所从。我公其何以教之？咳逆不能寐，挑灯作此。祗请颐安，言不尽意。

①信称"咳逆不能寐"，当在十二月初。

致黄倬昭①　光绪元年十二月上旬②

读手教，祗悉种种。惟侍奉曼福，至以为慰。缉臣于十月十七向维扬，此时登陶然亭玩雪矣。甥辈归永福应试，捷音幸以报我。鳌峰延晓沧，可翁③辞馆耶？抑有他故耶？玉屏局面，尚不及龙光、越山，伯希何故舍近图远？念二得雨帅书，言霁亭事，昨已率意复之，抄呈以博一粲。此事甚不难别白，雨帅亦非不容人诉（诉）者。诸君一生清福，猝临舟楫，便若凭虚御风，不闻忠信涉波涛乎？弟临行向霁亭借三千金，本拟明年归款，兹由谦吉升转兑新泰厚还之。其息统计若干？乞询示，以便续寄为祷。嘱霁亭万勿客气也。弟咳逆大作，牵连腰痛，能坐而不能行，草草作此。

①黄倬昭：字质夫，沈之三妹夫。举人。龙溪州学训导，瑶庆塾师。
②"弟咳逆大作，牵连腰痛"，当在十二月上旬。
③可翁：林勿村。

复林拱枢　光绪元年十二月上旬①

奉十月初九、十一月初八两次手教，辱承爱注逾恒，感甚！感甚！何地山②、蔡润叔③信均收到。同乡单尤费清神。邓介翁令嗣遵命函复子恒矣。冰如④绾钥，甚有丰采，其即真之兆乎？

雌伏十余年，积懒成癖，忽投以无数案牍，目眩魂摇。向来咳逆、腰痛之症，到秋便发。骤当秣陵风雪，尤剧不可支。日来只能坐而不能行，苦难言状。而甫经到任，又不敢遽行请假。吾弟其怜之否？兹兑上京平纹银四千两，乞饬纪照单，代为分致。借爱冒渎，伏冀垂谅。内百金非敢言敬，聊当鱼税，祇乞哂存。前承吾弟函知，馆簿中有挂数五十金，亦乞代为清缴，有剩余暂存尊处。同乡新入都者，吾弟酌量补之。如尊处有急需时，尽可挪用，勿拘也。刘春轩云，吾弟秋间已过肩一次，则新春必闻鸣凤之声矣。昨于邸钞见陵工奖单，有候补郎中朱其煊，似是桐轩⑤师之世兄，故列于炭敬单。而搢绅无其名，乞吾弟一查，如非桐师之嗣子，则不必也。

①信称："向来咳逆、腰痛之症，到秋便发。骤当秣陵风雪，尤剧不可支。日来只能坐而不能行，苦难言状。"当在月初。
②何地山：名廷谦，安徽定远人，举人，官至工部左侍郎。
③蔡润叔：咸丰年间京官，与郭嵩焘、陈心泉有来往。
④冰如：刘齐衔，字冰如，闽县人。进士出身，官至河南巡抚。
⑤桐轩：朱凤标号，浙江萧山人，榜眼。其子朱其煊，官至山东布政使。

复吴元炳　光绪元年十二月中旬①

奉十四日教言，以开关一节，宜一顶再顶，期以得请而后已。谋国之忠，任事之毅，洵足以起懦扶衰，佩服岂有涯量。惟藏燕、许之笔而委诸鄙人，地既生疏，手复荆棘，深池瞎马，大困盲人。然而不敢辞者，则以此事断非一疏所能邀恩。下驷先效驰驱，骏足继之，益显神勇也。文尚衣②愿会衔否？悉听其便。顷得锡尚衣③回信，不愿列衔，想文尚衣当同此意，故于稿中删之。乞执事将拙稿痛加斧削，务臻妥善，再送尚衣处，请其酌定，赐复为祷。函达政府大农，极纫卓见。第既不惮再三之渎，以此策留有余地步，俾将来易于转身，高明以为何如？拙稿所陈，偏重江南，诚如尊谕。浙省情形，未能悬揣，似石帅④另具一疏，益见不谋而合，于事易期有济。已将拙稿另抄一分，寄呈石帅矣。进款如此骤绌，即不开关，其如之何！霆、汇营头撤遣，如减太仓一粟耳。咳逆连旬，避风谢客，倚炉作此。祗请勋安，书不尽意。晚谦敬璧。

①信称"咳逆连旬"，沈于光绪元年十二月十五日《致玮庆》家书称："我腰痛已愈，惟咳逆如故，见风必呕。"按：此信当写于十二月中旬。
②文尚衣：文琳，字贡三。时任刑部尚书。
③锡尚衣：锡珍，字席卿。时为吏部尚书。
④石帅：杨昌浚，字石泉。时任浙江巡抚。

复夏献纶 光绪元年十二月中旬①

读手教，于补帅殊惓惓，不觉涕泗之横集也。弟得雨帅书即奏闻，而闽中疏已先入，不过添福州专祠一层而已。合肥信来，替人似即雨帅。实事求是，与我公必相得益彰。开山挖煤，日起有功，亦足以偿擘画之苦。第恐经费难随时应手，愈费腾挪。惟茝勋之余，加意自玉为祷。此间真是无可下手，厘金为洋票所蚀，今年骤绌六七十万，盐亦如之。明年江河日下，不问可知。陇西年终满饷五万金，至今尚不能出门，殊无颜以对左相。贱躯为寒所袭，咳逆牵连腰疼，今日始勉强出户。肃复。

①信称："贱躯为寒所袭，咳逆牵连腰疼，今日始勉强出户。"当写于十二月中旬。

复吴仲翔 光绪元年十二月中旬①

奉腊前一日手教，知幸不弃，许缔丝萝。重附德门，至以为慰。难弟下帷日久，功候益深。抟扶摇者九万里，此其时矣。同局计偕者，共若干人，便中示知为感。工事，想勇猛精进，雨帅兼抚，饷源当不棘手，台事亦壁垒一新也。弟为寒所窘，见风即呕。此间虽得长才，亦苦无下手处，况如弟之衰朽者。草此。

另示敬悉种种。十三年七月初一起至今年十一月十一日止销案，自应归弟造报，不能不仰借吾兄句稽。前以雨帅新到，传问事多，未便造次。今船政整顿，已有头绪，应函恳雨帅派员暂代提调，俾吾兄得以专理报销。仲京二兄由弟兑寄薪水可也。索回领状，前日云友亦有此说。弟告以尔有向票作抵，何必多此一举？若霁亭不放心，尽可汇齐向票具禀，请示遵行。筠台欲退，有喜人友三成法，舍此似别无良法也。此间那有极乐世界？弟在此之苦，甚于诸君。第言之无益，遂亦置之不言耳。大概除死方休，倘死而有知，则地久天长，又不解苦到若何地步。念及此，怅然，又不觉粲然。愿明眼人付之坦然也。

①信称"奉腊前一日手教"，又称"应函恳雨帅派员暂代提调，俾吾兄得以专理报销"。十二月中旬《复丁日昌》信也谈及此事，此信当写于十二月中旬。

（四）两江总督时期

督江（一）

复丁日昌 光绪元年十二月中旬①

奉腊前一日手教，并承录示各疏稿，佩服无可举似。表谦如可邀允，固大佳事。倘中旨谆切，似不能不仰体宵旰勤求之意，宏济艰难，想大君子忧国之心，亦无能自恕也。大农议复星丈之折，可谓的实分明。此后，星丈无庸疑虑，亦无可推诿矣。养船一款，省局义不容辞。洋药潮湿，大属可惜。此皆弟疏懒，致员弁无所懔畏。我公警觉提撕之，用意良厚。如再不知愧悔，参撤固其所自取也。中朝人才，必取资于学堂，诚如尊谕。月款都能如期解济，以之出洋学习，则万不足，若延西师，似尚可勉而行之。日意格请假，弟处亦未接其禀，只是维允寄抄其信来，云将有此议耳。报销已得复准部文，前项乞全付之为望。首座以诿过于人为长策，不知适以自困也。船政替人，似当于通西学者求之，弟非无意于此，而无如限于耳目之隘。我公于珂里及沪上人才知之有素，必有能膺是选者。即资轻望浅，固可渐引而进之，若前后学堂，有志气向上，足以承公诱掖者，似可破格裁成。去滥竽而登俊良，不当以弟因陋就简为绳尺也。惟允款项极熟，开展不足，此是确切不易考语。公开肺腑，不为客气之言，鄙私慰矣。责粤中以兼筹台饷，恐未必谐。首座肯开诚布公，甘苦与共，未尝不可以济。若事事言与心违，则诚难矣。李令容再留意。船署向西，尊体畏热，宜驻洋楼。弟腰疼已愈，咳逆如故，迎风必呕，服浓姜汤方稍定。此间万非菲材所能胜任，不关衰朽也。

再，前案报销，截至上年六月止，自上年七月初一以后，至今年我公受事前一日止，应由弟续行造报，一切皆惟允经手。前者，公莅闽伊始，传问事多，故不敢以请。兹公整顿渐有端绪，各厂所渐知奉行，敢恳公派一贤员，代肩提调，令惟允将前款清厘造报，俾弟借释重负，不致日久棼如。推爱云情，感无既极。闻李丹崖②部郎深于西学，人极公正和平，似其选也。伏维卓夺为幸。

另示何谦抑乃尔！武乡侯责僚佐以每事十反复，于公见之。弟苟有所疑，敢不尽言。然亦望公以善养人，常教督其所不及，则幸甚。

①户部批准沈葆桢奏请船政月款两万由四成洋税内支拨，于十二月三日下达。信写于此后，当在十二月中旬。
②李丹崖：李凤苞（1834—1887），字丹崖，江苏崇明人。曾随丁日昌出任福建船政局总考工。光绪三年，任出洋留学生监督。

复丁日昌 光绪元年十二月中旬①

读长至日教言，敬聆一是。得伯相书，知拜抚闽之命。从此永托棠荫，既自喜，又为阖省士民喜。而执事则从此益增茇勚矣。晏、卞②二公处，谨遵谕函商。王世兄能思患预防，必保家之主。前疏甫上，宝应专祠颇不易平空措词，似由本籍绅士呈请较妥。铁胁厂年内完工，可谓神速。枪炮有专匠修擦，保全不少。轮船统领，求之累年，不得其人。辱明问，仍是一副枯肠，无可搜索。奈何！奈何！我公既抚闽，则费神处不在一船政，且朝廷所以倚重我公者，尚不止此，望勿生退志也。弟前以养船不足，故奏请于台防开销。请公录奏案，径提台防经费。现在轮船日事风涛，多半因台事。若只指定养船经费，善后局固当以匮告也。近来饷事，不争则不得。闽海关亦刻刻往催而已。江南厘金，全年骤减六七十万，盐亦如之。李、左饷俱绌，机器各局亦百孔千疮，不知如何是好。弟今日始勉强出户，见风即大吐，终恐不支，殆又将烦公作替人也。

①丁日昌授闽抚，在十二月初四日。李将此消息告诉沈葆桢，至少得十二天。此信当在中旬。

②晏、卞：晏，晏端书（？－1882），字彤甫，江苏仪征人。道光十八年进士。历任江西、山西布政使、浙江巡抚、广东巡抚。卞，卞宝第（？－1892），字颂臣，江苏仪征人。咸丰举人。历任顺天府尹、福建巡抚、湖南巡抚、闽浙总督。

致丁日昌 光绪二年正月初六日①

客腊肃玜寸函，计登记室，迩维履端笃祜，备叶颂私。辞疏未邀允，恭读廷谕，词旨谆切。在臣子之分，不便固辞，想公忠之心，亦不忍固辞，似宜急筹船政替人以报。前在申江，我公谈及吴京兆、黎观察，鄙意极以为然。二君者，皆精粹之品，可否即以上闻？又闻李部郎精舆图、西学，足膺是选否？此外夹袋尚有何人？但求我公酌定后即主稿挈贱衔入告为幸。惟允人过拘谨，且本地绅士，断难独当一面也。日意格请示：刘②、林③二生应否请总署照会英使，上英国人战船学习二年一节。刘、林在后学堂，为可造之材。在英国战船学习，远胜于扬武。二人所费不多，二年期亦不远。可否姑一试之，伏候卓夺。婚娶自不能不准假，惟准否兼顾办公一节，应由台端酌核。以上二事，均据情咨商，伏乞就近饬遵为祷。至养船经费，似应候和帅通盘筹画。伯相以铁甲船需款甚巨，且闻克乐博、安蒙士唐两种大炮，皆能洞穿尺余铁甲，恐一击便成废物，意甚游移。鄙意铁甲船固非无可破之物，然较之木船，必难破十倍。且近来船多隔断，即洞穿尚不至于沉没。若并此无之，恐海上事起，专恃水雷、蚊子船枯守一口，迁地弗良，各海疆气脉不通，彼将不择地而噬，高明以为何如？江南去年税厘骤绌，今年又不如去年。而东三省添拨之款骤增，万无术以支拄，奈何！奈何！

再，因台防奖札繁多，恐由驿难寄。故函调柯弇④，枉过金陵。又因写信办咨，令其多候一日，谨以奉闻。

①沈葆桢正月下旬《致丁日昌》信称："月初附海镜肃耑寸函，计当入览。"即指此信。正月初八日沈葆桢致玮庆函称："初六由海镜寄信一封，计当到矣。"知此信在正月初六日。

②刘：刘步蟾（1852—1895），字子香，福建侯官人。福建船政学堂学生，留英学习驾驶。后任定远舰管带、北洋海军右翼总兵。

③林：林泰曾（1852—1894），字凯仕，福建侯官人。福建船政学堂学生，留英学习驾驶。后任镇远舰管带、北洋海军左翼总兵。

④柯弁：柯国华，水师出身。海镜号管驾。

复夏献纶 光绪二年正月下旬①

读嘉平手教，知魁五又中道而殒，为之一恸。北路如此多故，诚不能不变通。雨帅甫履新，省中不能不先事整顿，且须会筹船政替人交代复奏。计东渡尚需时日，执事轻车熟路，但得饷需无阙，措置自当裕如。新城、奇莱各营，进合中路，得其黎各营退出苏澳，极佩卓见，想雨帅亦必以为然也。此间竟是债台，弟履任后，无日不病，以病身躯作债帅，殊非所宜。殆照委署州、县一年期满之例，奉身而退乎！

①十九日，丁日昌辞巡抚未准。函称"雨帅甫履新"，知已上任，当在正月下旬。

复李鸿章 光绪二年正月下旬①

迭奉冬月十九、念四两次教言，辱蒙诲示种种。补帅遗爱在闽，死且不朽，其病亦半由郁结而来。雨帅力辞中丞，恐未必邀允，况船政必由地方官督办，气脉乃可灵通。海防经费，各省报拨寥寥，亦实饷源之窘。但望集腋成裘，权舆有自，安见一篑非所以为山也。雨帅赴英、德学习造驶之议甚伟，而闽厂则实无可以独当一面之员。总署催保使才，弟至今无以应也。轮船统领，固当于学堂求之。第资格太浅，阅历未深，殊恐呼应不灵。置之庄岳数年，方足以厌服其侪辈耳。闻扬武恐北河河冻，遂折而之东洋，此时当已旋闽矣。东三省根本重地，筹防如何可废？然当国者须通盘打算，有一定主见，方能以次修举，否则顾此必失彼，何者为不涸之仓。中外大臣，日以争饷为事，勃豀诉谇之声，洋溢四裔，殊非政体。霆、汇营业已遣撤，其能任劳苦者，似亦未便遽裁。吏治有志振刷，第苦乏知人之明。陈兆青是卖假札，而非造假札者，已据所供，向浙江提到熊荣堂，又据熊荣堂所供，向两楚提人，未知得其要领否？刘游击已遵命为开底缺。江北盗风之炽，半由地方官以五日京兆为心，似一年期满之例宜革。差事半为游客所占，需次者无以自存，遂愈不知自爱，似投效之例亦宜革。吴中财赋，为本省之饷，淮军何营非本省之军？俗议纷纭，殆谓阁老所部，非江督所能调遣欤？以鄙意度之，设有缓急，鄙人凭一纸书，各统将必无不立应者。叨爱极挚，贵部诸君子知之，不足为外人道也。第今岁厘金骤绌，扬台入不敷额，晚不能别筹挹注，是则欿然不能自已者矣。协拨之款，正非不急之务，而部文所雷厉风行者，又别有在。司局视处分为缓急，无从权其事之缓急。尊示所谓无敢言亦无能行者，可谓痛切。上海机器局亦困于经费，精益求精之学，无从托诸空言。滇事百闻不如一见。英酋抵滇，或悟谣传之未确，心折亦未可知，却总不能不费唇舌也。晚衰病日增，支撑无术，倘幸获戾以去，差慰于心耳。

密示极纫关爱，然和帅不可谓非知我者。近因詹启纶②京控，陈国瑞③密疏，恳审实后将二竖正法，以绝乱萌，此即残忍之铁证也。幸中旨驳之，少作此一孽耳。如鄙人者，劾之诚不足惜。温厚如补帆，竟不见容，殊难索解。筠老肫挚，洵令人敬服。然委办电线一节，筠老求勿下札，朝诺之而夕檄下。幸去之速，否则不为所中也几希。筠老一腔热血，闻其痛訾老左而有余快，他不遑问也。其怨我公也，谓两江一席，中朝属意于彼，我公夺以畀雨亭，故鄙人见劾，亦在疏辞不获之后。其致吴桐云书则云：与雨生甚相得。海客忘机，白鸥可狎，坦怀处之已耳。狂瞽之谈，伏乞秘之。

①李鸿章十一月十九、廿四日两信到南京当在十二月初旬，但丁日昌上疏力辞闽抚在正月十九日，此信当写于正月下旬。

②詹启纶：徐州镇总兵。

③陈国瑞（1837—1883）：字庆云，湖北应城人。原为太平军，后降清，以功官至总兵，加提督衔，后因总兵詹启纶殴毙胡士礼案戍黑龙江。

复李鸿章　光绪二年正月下旬①

新春肃疏寸丹，未审何日得登记室？昨奉十二手教，辱蒙诲示种种，感何可言？伏维侍奉曼福。雨生辞不获命，饬保船政替人，在申江谈及吴春帆②、黎召民③，晚皆深以为然。奉旨后，即以此两人函商，不知已定议否？抚席则万不便再辞矣。出洋学习，为万不容已之举。雨生云，到学堂、画院则心开，非虚语也。台事借重船政，十有八九，故船政非雨生夹袋中人不可。总署令各关道议出使事，江海、镇江、九江皆复到。所议以竹儒①最中窾窍。然所保出使人才，则似无一人愿往者。扬武尚未得其到沪确信，闻欲来金陵，似水不足以济之。原议第一次往东洋，第二次往南洋，第三次往西洋，南洋各学生在夹板练时，都曾到过西洋，则异境忽开者也。念六，扬武来金陵借饷。蔡军门云：天津冻未开，不能去，虽开冻，亦不能入紫竹林。学生云：闻英、俄将开仗，德教习有调回本国之议，大约在上海略修理即回闽也。苏、沪去年裁米厘，收数之绌，尚在意中。金陵总局照旧征收，而收数亦骤减十三余万，则洋票之为害不浅也。开关从缓之请，蒙恩曲允。即司农退有后言，尚不难再四执奏。第看此情形，即永远不更开关，厘金亦江河日下。漏卮无当，奈何！奈何！季丈所当景况，设身处地，殊属可怜。借洋款千万，诚非得已。政府许之，大农许之，而晚竟疏驳之，不免疚心。第窃计苟且目前，非国家之利，尤非季丈之利。敬将一折一片并请缓开关折稿录呈，我公能曲加鉴谅否？滇事看此光景，不日便当了结。日本，所谓乱不已，必自毙者。无论高丽许其通使与否，终难安贴，不过其衅较迟耳。高丽果上下一心，亦未见非日本之敌也。

晚为咳逆所苦，夜不成寐，拜跪需人扶掖，终恐负国。殆照州、县一年期满之例避贤路也。

再，心泉⑤之世兄，曾以所刻全集托筠老带呈，求我公一序，未知收到否？兹其婿林小帆又专信来催，不敢不以上闻。荩勤何暇及此，然察其情词，似不得不止，则公之以盛名自累也。

①信称："雨生辞不获命，饬保船政替人，在申江谈及吴春帆、黎召民，晚皆深以为然。奉旨后，即以此两人函商。"查二十日沈葆桢接到谕旨，而李鸿章十二日信至南京，须十天以上路程，此信当写于正月下旬。又，清政府批准左借洋款，在正月初七日，沈得此消息当在下旬。

②吴春帆：吴赞诚。

③黎召民：黎召棠。

④竹儒：冯浚光（1830-1878），字竹儒，广东南海人。官至苏松太道。

⑤心泉：陈心泉（1815-1870），名浚。道光进士，官至按察使，署布政使，为林则徐孙林小帆之岳父。

复李瀚章 光绪二年正月下旬①

另笺垂念旧交，溢乎楮墨，感何可言。疏稿截铁斩钉，洞中症结，佩服无量。滇案有犯有赃，想格维纳③亦无可狡赖，而故作波折，则必所不免耳。雨帅已放闽抚，辞不见允，惟令遴选船政替人。体气均已复元，似不便坚执前说。弟履任后，遇有抢掳重案。一遵台教，有犯必惩，投效概不录。第饷源骤绌，海防既无从举办，协济又无可点缀，愧以债帅而负守钱虏之名耳。

①信称："雨帅已放闽抚，辞不见允，惟令遴选船政替人。"丁日昌奉旨抚闽，在十二月四日。丁上疏固辞，清廷不许，几经往来，当在下旬。
②格维纳（1842—1886）：英人。先后任驻华使馆参赞、代办。

复夏献纶 光绪二年正月下旬①

补帅②不竟其用，殊可痛惜。而饰终之典极厚，足慰苾灵。雨帅辞不获命，想未便坚执前说。中旨令择船政替人，其不能已于东行也决矣。奎五又病，台北殊可忧。经费不凑手，虽五丁力士，其奈之何？收标给北俸，江南无从筹此巨款。然哥老会之集于斯也，正缘收标之滥。而吏治之弛，既有可望，又无可畏，故视为乐土。有犯必惩，此辈亦顾而之他耳。惟饷万无可想法，海防无从举办，左、李两不讨好。一寒至此，非履其地不知也。

①此信提及"雨帅辞不获命"，此信当写于下旬。
②补帅：王凯泰（1823—1875），号补帆，时任福建巡抚，光绪元年十月二十三日卒。

复左宗棠 光绪二年正月下旬①

奉腊之二日手谕，辱蒙循循诱诲，度越寻常，心感曷极。哥老会之猖獗不足虑，而吏治之偷惰大可忧。诚使有犯必惩，此辈何所施其伎俩？承云（示）慎选朴廉守分之将，洞见症结。正本清源之论也。滇案未能遽了者，缘威妥玛坚指为岑彦卿②所主使，总署方与相持。《申报》之谬妄，日甚一日。始则尚有为其所惑者，今亦夫人而知之矣。缕示回部、准部情形，如聚米，如画沙，了然在目。新疆决不可弃，久成防秋之害，史册历有明征。兵难隃度，固不能以臆断耳食之词，与身履其地者较量也。洋票议行，在五六年前，近乃益威。盖从前尚有顾惜名义之华商，今则江河日下，择利而趋，不可挽矣。目下所争者，是租界停捐之说。若此番再与抉破，则华商尽变洋商，全局扫地矣。东饷尽付东防，亦不敷甚巨，殊骇听闻。即未履任时，亦绝不料其一寒至此。倍征鸦片于海口，而免内地鸦片之税厘，名为倍征，实则减成。若海口与内地并征，不过驱之偷漏。近来海口报入千箱，内地欲得二三成之厘不可得，其明验也。巡台借用洋款，本无聊之极思。辱荷垂询，敢谬以为长策？千万洋款，十年还清，将费数百万子金，寅支卯粮。明年诸事顺手，后年何以为继！特欲于此外求良法，则又极难耳。鄙意中朝崇节俭，减内府不急之务以济边，一也；农部筹全局，所拨必有著之款，毋使二三大臣争饷，诟誶之声，闻于四裔，二也；财赋重地，求如刘晏③、韩滉④之才督之，勿以不才妨贤路，三也。迂阔之论，未知有当否？姑博长者一粲。顺颂。

①正月初七日，清政府谕令沈葆桢办理左宗棠奏借洋款千万两事宜。左宗棠曾以此事向沈葆桢探询。沈复信当在正月下旬。

②岑彦卿：岑毓英（1820—1889），字彦卿，广西西林人。诸生，以军功，时任云南巡抚。

③刘晏：唐南华人，字士安。善理财。官户部尚书等职。

④韩滉：明南海人，字宾仲。万历举人，官青田令。

复丁日昌　光绪二年正月下旬①

月初附海镜肃抠寸函，计当入览。乔茂才到，读手教，为王世兄谋者缜密无间，所谓死者复生，生者不愧耶？谨遵命函致晏、卞二公，并札宝应刘大令颂翁处，已得其复书矣。乔君笃实，令人起敬。惟弟与各属约明，不荐一馆，不派一差，殊难前后矛盾。拟送薄赆，以表歉忱。而乔君即日解缆，望尘莫及矣。船政替人，想已定议。藻鉴所照，定得伟人。东渡似可从缓，能酌筹饷项与之。筱涛极熟情形，授以机宜，当不误也。扬武来此借粮，札竹儒照数付之。同舟人均有兴致，令其赶紧到沪修理，即回闽听候考验。伯相欲其赴西洋阅历，卓见以为何如？禔躬近日何似？弟咳逆之症，仍牵缠不已。天气稍暖，又须出省阅兵矣。祗叩台安。敬璧教谦，万勿再施为祷。

左帅请借洋款千万，原非得已，然实于大局有损。弟拟疏驳之。俟拜发后，谨录呈冰案。

①沈葆桢上反对左宗棠借洋款之折在正月三十日，信称："弟拟疏驳之。俟拜发后，谨录呈冰案。"当复于正月下旬。

致朱智　光绪二年正月底①

客腊肃抠寸笺，计登记室。迩维兴居曼福为颂。季老请借洋款千万，诚属万不得已，故总署、大农均鉴而许之。此事在沪上颇不难办，然窃计息银至五百余万，掷付外洋，若能节省此数，则西征岂不留一巨款。新疆断非一二年所能撤防，寅支卯粮，非国帑之利，亦非季老之利也。欲疏止之，而不能筹一好出路，奈何！奈何！江南民力竭矣，更以衰朽者当之，其不至贻误也几希！都中近事祈相示。

①沈葆桢上疏反对左借洋款在正月三十日。写此信时尚未上疏，当在下旬。

复吴仲翔 光绪二年二月上旬①

正月十三手教，敬聆一是。弟客腊函恳雨帅，将弟船政任内销案交吾兄造报。嗣奉廷谕，会筹船政替人，又函商雨帅，以在沪时所议之吴春帆、黎召民二君应诏。均未得报章，殆尚踌躇难决也。另派提调，未知雨帅意中一时有其人否？惟报销实以及早册造为佳，久则愈难稽核也。报销事竣，吾兄亦脱然无所累矣。吴春帆、黎召民皆雨帅所言，其人皆廉正，但未知其愿船政否耳？头帮公车，计当过申江，而未得诸君之信。扬武到此，同舟者尚颇有兴致。惟已欠债四千余元，据云，必六千金方摆脱得开，已札上海道照给矣。左帅请借洋款千万，部议奉旨准行，而弟疏驳之，非得已也②。此地虽满腹精神，亦难措置，病躯其能久此耶？

日军门完姻，送其贺仪四事，并信一，托扬武带回，到时乞交办公所觅寄为祷。

①信中提及沈葆桢已疏驳左借洋款事，此信当写于二月上旬。
②光绪元年十二月十四日，左宗棠向清政府提出由两江总督沈葆桢代借外债一千万两，以作收复新疆伊犁的经费。沈葆桢于次年正月三十日上《筹议出关饷需碍难借用洋款折》，提出种种为难之处，反对借用洋债。

复吴元炳 光绪二年二月上旬①

奉正月念六日手教，辱蒙详示种种，感甚！感甚！洋款一折，谨列台衔入告。惟疏稿未荷斧正，终恐有不妥者耳。部文催子箴前辈俸满引见，似不应再延。弟拟以刘芝田②观察接署是缺，卓见以为何如？如承许可，其松沪厘局是否交提调代办，抑须另觅替人，统乞裁示。闻在沪带勇之记名提督吴从发声名狼藉，执事有所闻否？如在应劾之列，望挈贱衔行之。部拨贵州额兵之饷，忽及苏省厘金、两淮盐厘，此端似断不可开，应否专案奏驳？即使部议执拗不回，江南奏案在前，亦可坚提不解。若虚与委蛇，则守催之员，又纷至沓来。黔省望眼欲穿，转若吾辈之无辞以对也。

①信称："洋款一折，谨列台衔入告。"沈葆桢上反对左宗棠借用洋款折，在正月三

十日,写信告知吴元炳,当在二月上旬。

②刘芝田:刘瑞芬(1827—1892),字芝田,安徽贵池人。光绪二年为两淮盐运使,历任苏松太道,驻英、法、俄、意、比等国公使、广东巡抚。

复裕禄 光绪二年二月上旬①

关涉民教之事,似以速断为主。业经严办,则彼无所用其把持,[若]稍游移,恐益生枝节。窃谓宜许方观察以便宜从事。得首要之犯,审实即予正法,不必往返请示。所惩者不在多而在快,则顽民有所警劝。胁从者知不至株连,而认主认租之事,可次第清理矣。弟赋质蒙昧,一无所知,承执事虚怀若谷,询及刍荛,不敢不竭其愚以对。管蠡所及,何当高深,惟裁择焉。

①光绪二年正月二十八日,宁国发生考生反洋教事件。沈葆桢给裕禄的复信,当在二月上旬。

复吴仲翔 光绪二年二月中旬①

奉客腊十九日手教,辱蒙赐示种种,慰甚!感甚!日军门告完娶假,雨帅当无不准。惟兼顾公事一节,似意在仍领薪水,此则须候雨帅定夺。刘步蟾、林泰曾或调回,或咨总署照会英使,请上大兵船学习,亦须雨帅卓裁,已据情咨商矣。至兼筠翁差事,似难成就。缘筠翁抵津,伯相荐马格里②作随员,筠翁已许之。入都后,总署复荐有洋员,筠翁乃辞马格里,其拥挤可知矣。铁甲船图样,即管寄来,惟伯相意甚游移,盖以经费浩大,急切难筹。又闻克乐卜、安蒙士唐大炮,均能洞穿尺余铁甲,恐一击便成废物。弟函争之,未知能挽回否?各船及各学堂得雨帅认真考校,必有起色。清渠、景星入省议电线事,雨帅曾授以方略否?雨帅辞不邀允,敝处已奉廷旨,船政命会筹替人。雨帅在沪时,曾谈及吴京兆③、黎观察二君,皆精粹之品,似均可以上陈。与雨帅赴闽之李部郎,长舆地之学,似亦中选。未知此外夹袋中尚有人否?我兄本地绅士,难独当一面,亦雨帅所谅也。已函商矣!

再酌增一竿,自应由弟认还,乞向财东稍宽以时日。小铭恤案,只得请蓉台查复。

日军门婚假，嘱办公所须另禀雨帅。将来炮台完工请奖，亦须另禀雨帅。盖各有责成，便各有界限。船事、台事，均须雨帅主稿。弟只能从旁赞成，勿先自居于疏略，授人指摘也。

再，弟腰疼虽愈，两脚无力，拜起需人扶掖。咳甚则晕，迎风即呕，断非能恋栈者。吏治、洋务之难，且不必言。至筹饷，虽三头六臂，亦无法可想。子弟辈以有所恃而酣嬉，又以不遂所欲而怨望。害于而家，凶于而国，何所图而作此大孽也？望尾案报销清楚，船政替人脚根立定，此间及福州债累还清，便决然舍去矣！

①沈葆桢得廷旨询对吴赞诚、黎兆棠的看法，在二月十一日，此信当写于中旬。
②马格里：苏格兰人。参加第二次鸦片战争，协助清政府镇压太平天国。六十年代，成为金陵机器局监督。
③吴京兆：吴赞诚。

复李鸿章　光绪二年二月中旬①

奉嘉平二十日教言，敬聆一是。乐平事易办于武穴，该处系已开之煤矿，不过参用洋法。来具禀即系矿户，自无阻挠之虞。海防协款，湖北又报解十七万。但勿挪作别用，则集腋自有成裘之日。铁甲船非无可破之炮，然较之木壳铁皮者，难易迥殊。且船有隔断，纵受伤不至沉没，尚可以战。且我船上所用，亦阿摩士庄、克罗卜之炮。彼能及我，我亦能及彼。若仅恃炮台、水雷、蚊子船等事，非不足以守口，倘彼攻其所不守，则迁地弗良，我积年累月所备者，尽居于无用之地。道光庚子，英人困于粤东，移而撼定海，全局遂翻。庚申僧邸天津之捷，英人退而修船于宁波，致扰畿辅。其时，如有追剿游击之兵船，当不至是。海上事起，不必开仗，即护运、递信亦所必需。否则，彼以一船封港，而气脉尽窒矣。日酋完娶，祗请六个月之假。我公欲调其晤商，晚当函订其假满即驰赴津门。倘以其价过昂，似可饬赫德参互考订。出洋学生，似与制船相辅而行。其学有根柢者，船成即可回国。盖必能自拉铁甲，而后能修船。倘仍资铁甲于外洋，则军兴仍束手无策。至出洋学生，宜源源不绝，不当以少有所得而止。鄙意勉成此事后，稍有余赘，即当挑学生赴德国学习枪炮及陆路兵法。窃意，西洋或可不用兵，日本必无三、五年能不用兵之理。我公系天下安危，必有以通盘筹画者。非敢谓斗筲之识，有当高深，然不敢不竭其愚，以备采择。滇事，难兄亲履其地，必有灼见。威使故作波澜，亦未可知。昨廷谕来，似筱帅已调川督，尚不知代鄂督何人？冯、郑、李已遵命附片，徐建寅②亦嘱竹儒改拟矣。雨帅来书，亦谆谆以补翁原籍建祠为言。晚对以殊难另起炉灶，若本籍绅士呈请，或尚易措词。子箴前辈，自当北上。鄙意拟以刘芝田、赵梓芳二人择一代之。承推彀仁山，自更近便。左相又有洋款千万之奏，其艰窘自系实情。然以此事诿诸力不胜一匹雏之人，恐无以报命矣。晚寒咳如故，此缘少壮时不自爱得来者，非药饵所能为力也。

①信称："左相又有洋款千万之奏"，在光绪二年正月初七日。沈得此消息，当在中下旬。此信当写于二月中旬。

②徐建寅（1845-1901）：字仲虎，江苏无锡人，科学家。光绪二年任山东机器局总办。

复吴大廷　光绪二年二月中旬①

读嘉平手教，所期于鲰生者至深且远，益令汗颜无地矣。吏治、民生，诚当务之急。然吏治何由挽回？民生何由苏息？早作夜思，无从得其要领也。湘阴、合肥②，各有所见，两边各有所难，亦两边各不肯设身处地。使二公者互易其境，则必互易其言。訽谇之声，无从据为典要。弟居丛怨之地，怨所不敢辞，亦无从辞。惟以两无所袒之心，他日与二公相见而已。雨帅辞不获命，廷旨饬觅船政替人。申江谈次，本有春帆、召民之议，弟甚以为然。但未必为吴、黎所愿。惟允人既拘谨，资望复浅，且本州绅士，断难独当一面也。拖护沙、卫商船，无量功德。雪兆丰年，古语有之，然亦不尽足据，殊切兢兢。弟腰疼已愈，咳逆如故。此非养疴之地，且看入春后如何耳。筱帅已调川督③，未知代者何人？此请勋安，顺颂年禧，不具。

①此信提及船政觅人替代一事。又称："弟腰疼已愈，咳逆如故。""雨帅辞不获命。"当在二月中旬。

②湘阴、合肥：指左宗棠、李鸿章。

③十二月十九日，李瀚章调川督。

复左宗棠 光绪二年二月中旬①

另谕炮台需炮,以布路斯为最佳,洵确切不易之论。仰见关爱之情,逾于常格,曷胜钦佩。此间各路炮台,逐渐告成,而炮械所短甚巨。各营纷纷请购,而司局均以无款为辞。李、雨帅奏请江、皖、两楚协济江防。江、皖所解已空,两楚则咨催、守催而不见允。岁饥米贱,民以大困。仓谷空虚,有警可虞。欲借筹积谷,使农民米有销路,兼备不时之需。仅许图万石,然尚未举办也。此地原可有为,第非惰窳者所胜任耳。

①沈葆桢于正月二十六日得左宗棠信,复信当在二月中旬。

复郭嵩焘 光绪二年二月中旬

逼岁,小樵到,捧读手教,就审康强逢吉。惟中朝倚畀,荩勤有加,至以为念。西行暂缓,正可借此先行自治上策,措国家于泰山之安。他日仗义执言,更无烦词费。滇案总当就理,威使却不能不故作波澜。要之,平允二字,颠扑不破。弟履新后,仍守西江故步。不荐一馆地,不委一局员,颇艰于为小樵破格。故留之衙斋,月送十金,以待台命。如我公能挈之以行,迟速不敢拘,渠必静候。倘自奋绝域者多,乞以片言见示,即当橐已投之笔,以猎名场。躁心人于策事,摸不着头脑。楚帅防淮之念极坚,徒滋唇舌无济,只得恪守文正公绳墨,不敢喜新。补帅殊恩在国,遗爱在民,死且不朽。若疢东渡之议,弟实首祸,于公何尤。惟弟居台之日,较补帅为多。不能为补帅前驱,留此游魂,造孽于大江南北,遗憾不知何日消除耳。

复林拱枢 光绪二年二月中旬①

奉嘉平六日手教,所以为鄙人谋者,无微不至,可谓心细如发,感甚!佩甚!都门苦无雪,潭寓以冬暖多病,致独钓寒江者,亦复不免,驰念殊深。转眴②鸣凤朝阳,得无蒿目时艰,致胸中郁结耶?徐寿蘅,始未闻其入都,自当遵示补送。第应补班〔者〕尚大有人,另单奉恳。会馆项,尽可待来年,以求实济。简末数语,以大彻大悟之微旨,掩弗顾弗视之高风,令人肃然起敬。安命在此,立命亦在此。鄙人具此定识,不至再蹈火坑矣。冰如以协甘饷不及十分之一,有查职名交议之旨。若借此脱离尘网,未必非福,恐近时政府总是调停局面耳。抚江时,于左、李均颇龃龉,家居后,均极引重,一履新,又为丛镝所集。盖米汤络绎而来,可悟长枪大戟之相向矣。二公持一偏之论,互相诟谇,倘互易其地,亦必互易其辞。均不能如其意,惟以两无所袒之心,留天上人间相见之地。平心论之,二公者均极可邻(怜),鄙人非不谅之,特苦无能为役耳。腰疼已愈,咳逆依然。春暖便须出省阅兵,并不能为国为民兴一利,除一害,而早暮不得休息,所谓无事忙者耶。

前函待发,复由程尚宰观察寓中送来十月手教,备聆一是。李竹泉非宣化驻防,似是京东玉田、丰润一带。其家为汉军名族,如李恩庆、李恩铎、李希彬皆其一家,似尚易访,讣文则不知去向矣。无可访,不妨留待彤侄,伊与同部或知之。存款幸勿兑出,盖都中应用者甚多,此间稍可腾挪,尚须赶寄亲友计偕元卷也。洪刺史尚未来见,此后有索信者,老弟不必坚拒,尽数与之。□处则有信无信一例看待,无伤大体。惟信中别有所言,则务乞留待折弁,盖宦辄必迟迟吾行也。

徐寿蘅五十两。何诗孙维璞(璞)五十两。子贞师之孙,内阁候补中书。万古愚③本洙三十两。藕舲④尚书之侄,署广信时书启,内阁候补中书。裴维俨十二两。刑部主事丁未裴季芳之子。龙继栋十二两。翰臣方伯之子,广西人,不知其衙门。

所存之款尽于是矣。其余应补者甚多,只得以俟冬季而已。

①信称"腰疼已愈,咳逆依然",时在二月中旬。
②眴:通"瞬"。
③万古愚:沈葆桢在广信时的幕僚,万青黎之侄,内阁候补中书。
④藕舲:万青黎,字藕舲,江西德化人。道光二十年进士,官至吏部尚书。

复李元度 光绪二年二月中旬①

读小除夕手教,行云流水,活泼泼地,知迩来养心,功行愈深也。忙迫是和尚本色,不然,观自在要千手千眼无乃赘耶?二世兄及令坦过此,牺裂太甚,悚歉交縈,转荷齿芬,弥增颜汗。荐金生者不止筠老,非不感其爱助之情,第拙射如麞奚,不自恐为王良之累乎？弟仍守西江故辙，不荐一馆，不派一差。自知非善知识，无从参上乘禅。只得枯坐蒲团，痴聋以老。家居时，凡做不到事，人皆以林文忠策励之；履任后，凡做不到事，人皆以曾文正策励之。究竟做不到者，万万不敢做。于鲁男子且望尘不及，欲强学柳下惠，多见其不知量耳。合肥、湘阴争饷诟谇，各不相闻，而矢交集于江督，和尚容身无地，不得不出家耳！

①信称："合肥、湘阴争饷诟谇，各不相闻，而矢交集于江督。"与二月中旬《复林拱枢》信内容相似，当写于同时。

复李元度　光绪二年二月中旬①

昨豜寸函，用江西报销邮筒，交芝岑世兄转递，未审可不沉滞否？令亲喻参戎到，续读荐牍之书，心感无既。参戎勤笃，素所深知。况重以台命，惟苏省候补武员，竟以千计，较过江名士尤多。寒无完衣，目不忍睹。若令蹉跎白下，转不足以慰北海爱才如命之心。敢薄致赆仪，以表歉念。草草布臆，伏惟侍奉曼福。

①信称："昨豜寸函，用江西报销邮筒，交芝岑世兄转递，未审可不沉滞否？"当写于二月中旬。

复左宗棠　光绪二年二月中旬①

奉正月二十日谕言，以西征饷源，惓惓提命，且感、且惭。恭审节钺即日出关，西域喁喁，想望丰采。惟苾劳之暇，加意节宣，至以为祷。玉门转运之苦，亦所深知，况长者许效驰驱，有事为荣，正在趋承恐后。第念关外事断非一二年所能了，不可不通盘筹画，谋出万全。是以摅其所疑，以求宸断，伏乞鉴而谅之。月饷定当按期解济，不敢迟误。江南可忧者甚多，日在病中，无能整顿。厘税骤绌，咸笑滞销。因循则江河日下，更张恐反失故态，诚不知所为也。

①左宗棠信，自西北至南京，当在二月中旬。

复李鸿章 光绪二年二月中旬①

奉正月念六日手教，备纫一是。铁甲图式，已函催雨帅径达津门。西人求一尘不染如海忠介②，断断无之，只能看其究竟成事如何。天下之疏阔易欺者，至鄙人极矣。经营伊始，闽省人才，远不如沪局。沪局尚有稍通西学者，闽局无之。闽局尚有今日局面者，则日意格为功首，晚不敢掠其丝毫。若德克碑开口甚窄，至交卷，费无数葛藤，则非鄙人所能用矣。进退洋人，自须由总署主政。晚只谓铁甲船不可不办，非敢谓办铁甲船，必须用日意格也。该酉薪水，雨帅仍照常给付，已嘱提调函嘱其躬赴津门，以备顾问。带学生出洋，雨生已派李部郎凤苞。此款断非船政所能兼营，似应由海防划拨，此正七省公共受益之事也。仿织洋布，诚大佳事，然江南万无可筹之款。前者，段小湖议乐平煤矿，晚极欲附资，以供轮船之用，而司局以无款告。洋布之利，逊煤炭远甚矣。伯母高年颐养，最以故乡为宜。爱日方长，曷胜健羡。千万洋款，论理并不须七厘，然息轻亦非长策。此疏必为季老嗔怪，无如何也。子箴前辈，学问文章，志在千古，于纲事非所屑措意。场垣疲极困极，亟待综核勤能之才以整顿之。如其请觐，谨遵尊指，属诸芝田。俊侯中蜚语，实非其罪。台中事，晚一一周知，已据实奏复。录呈冰案，愿垂察焉。晚非敢力却药饵，无如根本受病，非药饵所能为功。奉身而退，带病延年，幸也。尽瘁以死，少作数年恶孽，亦非始不佳，若恋栈则大非所宜耳。

①信称："俊侯中蜚语，实非其罪。台中事，晚一一周知，已据实奏复。录呈冰案，愿垂察焉。"奏复在二月十五日，此信写在奏复之后。

②海忠介：海瑞，字汝贤，琼山人。明嘉靖举人。历任户部主事、右佥都御史、南京右都御史等职。清廉刚直，卒谥忠介。

复郭嵩焘 光绪二年二月中旬①

奉嘉平十三、新正初十两次手教，辱蒙赐诲肫切，感甚！感甚！承示江北群盗，假州、县权宜，不苟以文法，旨哉言乎。适奉饬议哥老会、安清道友事，谨举以对。但笔墨芜拙，不足以畅尊指耳。控驭外人，去猜嫌之见，以礼自守，要言不烦，即是言忠信、行笃敬之意也。赫德之议，非无中窾处。但我无自强之实，而有变法之名。权不在我，益足以为民病。两江一席，必得大有为之才乃可，岂颓惰者所当恋栈？而精神体气，亦实不能支拄得来。案牍劳形，毫无生趣。奈何！奈何！祗敬。

①沈葆桢于二月十五日上《设法严办哥老会匪折》，此信当写于上折之后。

复沈桂芬① 光绪二年二月中旬②

捧读手教，辱蒙垂注拳拳。分衮绣之余光，拜参苓之清品。盟薇（漱）祗领，且感！且惭！迩维潞国精神，希文忧乐。天锡纯嘏，禔福奚涯。江南去年颇苦歉收，冬初得雪两次，而徐海一带，仍嫌晴多。滇事似无甚葛藤，彼族必故作惊风怒涛而后就绪。出使之才难得，能者非所愿，愿者非所能，故至今无以交卷。补帆长逝，台事益难。开展不乏人，志在移风易俗，如教授之文翁者鲜矣。晚扶病履任，莫展一筹，所以贻误珂乡者匪浅。幸获戾以去，及早脱身，庶几造孽较少耳。祗敬钧安，虔达谢忱，伏惟霁鉴。不备。

①沈桂芬（1818-1881）：字经笙，又字小山，顺天宛平人。时为兵部尚书、协办大学士。
②信称："晚扶病履任……幸获戾以去，及早脱身，庶几造孽较少耳。"与二月中旬《复李鸿章》信口气相同。此信当写于二月中旬。

复谢谦亨 光绪二年二月下旬①

读月朔教言，备纫一一。湘阴所处极难，原当为尽力。第借洋款，是下下策，且以后无可收束，故不能已于言。朝鲜能上下一心，固守两月，倭奴便无以为继，不足虑也。罗城伏莽蠢动，若不立即扑灭，恐患在腹心。詹是发非捻，至今犹无赖情状。其家命案，层见迭出，皆以利诱威胁消之。岘帅嫉（疾）其怙恶不悛，故雷厉风行，以破是案。百万之产，遂为讼师良田。此案虽再结，必再翻。堂讯时，已对司道言杨乃武案提刑部等语。所谓薪不尽、火不灭者。陈才胜于詹，其难驭亦甚于詹。历数所遇元戎，无当意者。虽如僧邸②、醇邸③待之之厚，亦口多微词。其孰能用之者？姑且就案结案而已。唐营事毫无影响，问其将弁，咸云所斥逐之随员所为。然无实据，未易拿办。滇事似不致决裂，总署坚与相持，当不坠其术中。彼乘此机会，必故作惊风怒涛以胁我，明眼人不为所动也。京师得春雪，亦可喜。江南多雨，江北尚苦晴也。

①信里提及的詹启纶案，在二月下旬。但此信并未提及三月初巡阅一事，当在二月下旬复。
②僧邸：僧格林沁（1811－1865），博尔济吉特氏，蒙古科尔沁旗人。曾率领清军镇压太平天国、捻军和抗击英法联军，封科尔沁亲王。
③醇邸：奕譞（1840－1891），爱新觉罗氏、道光帝第七子，封醇亲王。光绪帝之父。

复林寿图　光绪二年二月下旬①

读至日、封篆日两次手教，言简意赅，味之无极。惟过门不入，未免怏然增怅怅耳。比想福星一路，安抵都门。锡马蕃遮，天颜有喜，至以为颂。看左右袒，夺状元印，颇枨触旧怀否？江南财赋，岂但不能独专，即全数以之应酬，犹且两不讨好。到自顾时，转不名一钱。及之而后知。公不久必履此地，今虽指天誓日，亦未必不以为言之过当也。弟甫出，不敢告病，实则无日不病。迩来为风所袭，竟至失音。出月，又须勉强按部校阅。鞠躬尽瘁，拼此一年，归作饿鬼不悔也。冰如想亦当到京，其后树吟坛旗鼓乎！羡极妒生，如望尘莫及何！倒吞热到万分，屡创不惩，将成心病。何尝非有用之才，徒令人为之惋惜而已，又及。

①信称："出月，又须勉强按部校阅。"当写于二月下旬。

复林拱枢　光绪二年二月下旬①

高升归，奉嘉平手教。折弁回，又读续札。所以为谋者如骨肉，感不可言。惟闻一侄、两侄女均以疾夭，不胜悼痛。棣台新愈，当抑情排遣，付诸天命之无可如何，勿过伤怀。至祷！至祷！诰轴不必忙，梅花诗，交卷便可释然，无庸疑虑。惟允其人可悯，却不精算。为官非所愿，殆将退矣。龚咏樵炭敬，自当补送。经老所惠，不便驳回。存尊处，俟五月贡差带回，犒以八金。谢函饬纪送交可矣。文相只知通家，却不知有年谊。竹敬、奠敬不必急。冰如不怕不得督抚，然天下无一好做之督抚，奈何！奈何！仲廉竟困顿以殁，令读书人丧气。来书论移札事，可谓明见万里。湘阴尚非拥兵自重者，其所处甚可怜。然洋款实为害匪浅。此间驳之，必为所怒，然无如何也。此信到京，正阳范入谏垣之日。雄鸡一声天下白，洗耳以听。疏不贵多而贵精，夫人不言，而后言必有中。建白须关系全局，弹劾须有实迹，勿搛拾细故，勿播扬风闻，高明以为然否？彤侄三月可以登程。此子笃厚而短于才，仍赖长者引掖之。兹再兑上三百六十金，乞照另单致送是荷。琐费清神，深抱不安。无足为谢，惟祝作殿撰封翁而已。

冰如到京，乞为道念，彼此均无暇作书也。

龚咏樵炭敬三十两，张庚飚炭敬十六两，郑仲廉奠敬一百两，王荔丹②、吴维贞③、陈煦万④、陈弼丞（臣）⑤、陈讷如⑥、王桢臣⑦、沈竹坡⑧、林竹修⑨、黄叔希⑩、蒋鲁士⑪、范韵笙，以上均元卷二十两。钟笠云、陈秋帆、陈伯初、陈仲祥，以上均元卷十六两，李舜臣元卷十二两。共四百四十二两。

①信称"彤侄三月可以登程"，此信当撰于二月。又称："折弁回。"折弁每月廿八日赴京，下月十日由北京返宁，当在二月下旬。

②王荔丹：王葆辰（1835—?），福建闽县人。咸丰九年举人，曾任福建船政局总监工，后调广东鱼雷厂任总监工。有《犀庐诗文集》。

③吴维贞（1831—1903）：举人，字叔章，吴维允之弟。

④陈煦万：名与同，号可斋。同治举人。沈巡台时幕僚。著有《一豸之居遗稿》、《可斋诗存》。

⑤陈弼臣：名与炯，字弼臣，又字弼宸，与同兄弟。

⑥陈讷如：陈寿臧，字讷如。沈兄乐昌之女婿，同治癸酉科举人。

⑦王桢臣：即王树瀚。

⑧沈竹坡：沈书年，四川温江县令。

⑨林竹修：曾任福建船政局委员。

⑩黄叔希：黄尔嘉，永福人，曾任福建船政局委员，江西都昌知县。

⑪蒋鲁士：字锡璠，举人，曾任船政委员。

复林洄淑① 光绪二年二月底②

得申浦片纸，知即日北帆，慰甚。合肥已许叙令岳文集。皖中名宦，似未上陈，此行更壮。瞬即以殿撰公统南北洋轮船，但除却大雅、安澜勿坐耳。三品衔驳矣。然五月总以车渠顶引见。前此所焜耀者，固弃若敝履，不足惜也。

①林洄淑（1854—1887）：字小帆，林则徐孙。任福建船政前学堂总稽查多年。
②林洄淑参加春闱，已至上海。三月春闱，当于二月间北上。沈二月底给在京亲友写信，给小帆信，当在同时。

复吴元炳 光绪二年二月底①

奉本月十五、念二两次手教，敬聆种种。吴提督既自请假，免予参劾。鉴空衡平，佩服无量。程镇接带，窦军门兼统，自是允协。陈守绾篆镇江，甚惬人望。刘小松与李次实对调，当催次实速来。乃得裕中丞书，则次实引退之疏，已上达矣。河运期迫，更新手，愈棼如。只得奏归小松一手经理，俾免误了汛期，致进退维谷，想执事亦以为然也。承办洋务之员，每以洋人不可理谕，遂惮于措辞。抑知我隐忍一分，彼便借口一分。铁路之案如是，四明公所之案亦如是。竹儒经执事一番提撕，当有所警觉，力筹所以补救也。詹启纶理屈词穷，仍一味狡赖。予以刑讯，乃肯画供。已嘱勒少仲同钱子密②、任棣香③会拟疏稿。请提部讯一节，小岩谓颇疑于推诿，而弟终以执事所议，折尾声请，最为谛当。且俟其定稿后，再行奉商。办花布捐之王观察坚求交卸，弟无术勉留，已许其饬司另委矣。

①信里提及詹启纶一案，在二月下旬。又称："奉本月十五、念二两次手教。"可知信复于二月念二日以后。
②钱子密：钱应溥（1828—1902），字子密，浙江嘉兴人。拔贡生入曾国藩幕，深受倚重。官至工部尚书。
③任棣香（1838—1888）：当系畹香，字兰生，江苏震泽人。光绪三年署凤颖六

泗道。

复卞宝第　光绪二年二月底①

奉手教，敬悉种种。惟起居曼福，至以为慰。盐岸接办，须前商愿卸，后商愿受，事乃可行。倘一厢情愿，未足以昭公允。目前，运司详潘商愿加引试办江、甘五岸。弟批令亲传储丰裕面询，如果愿退，再行具详。谨将批语录呈，乞察看情形，酌夺为望。签商应责成都转，前由使署主持，似出一时权宜，非定制也。弟咳逆仍剧，月初不得不勉强一行。草草交卷，抠谒匪遥，诸容面罄。

①信称："弟咳逆仍剧，月初不得不勉强一行。"阅兵从三月初七日开始，此信当在二月底复。

复吴元炳　光绪二年三月上旬①

昨奉教言，以火车路一节，苦费苫筹，敬佩无似。弟得竹儒信，即飞致总署。谨将函稿录呈冰案，伏乞指谬。此事病在从前不切实叫破。然竹儒能恪遵卓裁，毅然争之，亦未尝不可挽回也。詹启纶案，全堂翻供，司道无可如何。弟不得不扶病提讯，均供胡士礼②实系服毒，实由陈国瑞唆使。究其服毒情形，则彼此互异。一人之供，亦前后互异。一经驳诘，则均供得自传闻，非在场所目击。而到案者，遂无一在场之人。虽鬼蜮伎俩，亦足见天良之难昧。加以刑讯，方各招认。迨提詹启纶抵质，则又全翻。然令其供认在场亲见胡士礼服毒，即为詹启纶平反。百端哄诱，率无一人肯认。则原谳之毫无疑窦也，灼然可见。第欲结案，必用重刑，而结后则仍是京控。现在有浙江杨乃武③之案，讼师抵掌而谈。詹启纶既挟重赀，薪不尽，火不灭。鄙意欲将原谳平允并该犯凶狡情形详晰声叙，奏请提交刑部讯结，以免拖延愈久，波及愈多。卓见以为何如？

①信中提及总兵詹启纶案件的审理，时在二月下旬。信称："鄙意欲将原谳平允……奏请提交刑部讯结。"可见此信是上奏前写的。三月初四日，沈上《遵旨复讯已革总兵詹启纶折》。此信当写于三月初。

②胡士礼：扬州人，开吉公泰栈商人，被詹启纶殴打致死。

③杨乃武（？—1914）：浙江余杭人。因被嫁祸入狱，京控平反。为清末四大奇案之一。后被编为《杨乃武与小白菜》。

复吴仲翔　光绪二年三月上旬①

奉初七日手教，知初四日万年清尚有一函未到也。何以迟迟？殊不可解。卸提调，办报销，雨帅回信，绝未加可否，惟云第五号未经接到。然此语在第六号信中也，又作信催之矣。谨将前信抄呈电鉴。安澜薪粮禀，已批发矣。孝廉船是否先回？抑驻津以待？福州何时开考？弟颠倒病中，求散步之暇亦不可得。延年却病，除解组别无奇方。而债台益高，尤出意外。同事诸君北上者，拟人寄二十余金济之，尚无可措之款，奈何！奈何！

①信云"弟颠倒病中"，又云："卸提调，办报销，雨帅回信，绝未加可否，惟云第五号未经接到。然此语在第六号信中也，又作信催之矣。"即指二月下旬一信。可见此信也写于三月上旬。

复丁日昌　光绪二年三月上旬①

十三日奉七、八、九三号手教，备纫一是。迩维泽随春到，万汇皆苏。遽听新猷，恨不得借一帆风归饫醲醳也。敝处第五号竟至浮沉。谨将原稿钞呈电察。第六号信内，乞我公派员代办提调，饬惟允将弟之销案清厘，以了积累，鸿便迅赐裁复为祷。遵旨受抚篆，公忠在抱，中外咸钦。东西水火，正赖中流砥柱，官民方有所倚恃，亦知公之万无可再辞也。吴、黎应诏，真不愧是选。丹崖西行，亦属巨任。驻台数年，自远胜于劳劳往返。闽省如不兼筹西征，台饷尚不十分吃力。如首座别有会心，则不敢知也。香港挑选学生，事半功倍。若能兼通汉文，则尤妙。撤不得力员绅，易以前学堂艺生，诚佩卓见，乞决行之。造船一只，固可匀出经费，然以工料计之，颇不合算。如造两船用三十万，造一船仍须用二十万。鄙意挑学生出洋，须兼办铁甲。此款宜于海防经费开销。弟当函恳伯相，俾事有实际，不致以惜费附会。月饷如再挖出，恐图便宜则减工料，高明以为何如？〈如〉厂船如每年造若扬武者一号，辅以八十匹者一号，未尝不足以御。东洋有铁甲，此船亦不可废也。出洋学生，往过来续，人才可以敷用。张成、吕翰、刘步蟾、林泰曾已在洋二三年，便可充铁甲之选。张成、林泰曾尤凝重有福气，将来可望作将领。洋将，望其一尘不染如海忠介，断断无之，只得看其成事如何。以弟之疏阔易欺，然日意格每办一事，皆有以交卷。心思周匝能入，是其长处。手笔之辣，诚如尊谕，弟不能为之讳，却未尝以赝鼎搪基（塞）。若德克碑则价并不昂，而物不适用。处处想赚，皆赚不到手，而吾事为其所误，则非弟之所能用矣！惟允赵魏老之才，津关亦非其任。我公用意之厚，令人感激无地。然戒露者非有意于乘轩，其所不寒而慄者，我公亦知之矣。各船操演，一经提撕警觉，精神百倍，得洋师教之，尤有起色。制府如顾大局，必勉成之。赴台不必急，却不可不先予之以饷，否则恐先决裂。王正道不自爱如此，参之诚当。与吾人甚好，长江是其擅长，外海恐不免隔膜。纪南精明在与吾之上。第有资望者，皆不免半路修行；学堂乃正途出身，又虑资轻望浅。甚矣，求统领之难也。船炮归一式，是切当不易之论，但一时经费甚难。沪船太少，会操似宜在闽。天裕船坞四五万，似甚便宜。第察其情形，除船政无第二家主顾矣。徐部郎未知稚璜肯放否？山东机器局恃伊一人也。叶道②未必能离家，且与日意格亦未十分浃洽，似以李部郎为最好。首座款洽云云，是彤云告弟，并非弟告彤云。嘉乐尔③闻其失明，未知信否？裁复未竟，复奉十号手示，知李丹崖慷慨请行，喜甚。学生赴英国甚易，已习其言语文字也。前学堂似宜赴法国，此皆因端加广。惟德国稍难些，未知香港学生中有能通其语言者否？然不可不学也。弟承挚爱，无敢不尽言。但迂拙之言，不足为据。我公择之，则幸甚。伯相催铁甲图说，乞饬办公所作速译寄。丹崖事，即当函知。伯相欲日意格到津面商，闻其婚事已毕，乞询其何时可内渡。此间春寒，弟病体委顿，仍咳逆不能安眠。日来强起审詹启纶案，刁狡异常。公事愈积压矣。

《抚吴公牍》读竟，佩服无量。谨附俚语，不足以达慧心仁术，姑志向往之诚而已，察收为望。

①信称："日来强起审詹启纶案。"光绪二年三月上旬《复吴元炳》信，亦谈及审詹启纶案，又未提及沈三月初七巡阅一事，此信当写于三月初旬巡阅之前。

②叶道：指叶文澜，广东人，福建船政局提调。

③嘉乐尔：英国人。福建船政后学堂驾驶专业教师。

复李鸿章 光绪二年三月初六日①

奉二月十三日手教,敬聆一是。雨帅竟筹六十万以济西征,可谓心灵手敏,较鄙人之只托空谈,不能力辟生面者,度量相越远矣。船政替人,久未奉旨,不审何故。召民莅台,深惬人望。但无督、抚之柄,恐于营政、吏治不免隔膜。驻沪局各酋,乘滇案未定,协以谋我,多方要胁。目下火车路一事,竟似明白不讲理者。唇焦舌敝,未知有济否?赫德所议,意在外向,固不待言。唯讼师一节,窃疑有不得不变通之势。谨将复总署函稿录呈,候指诲。俊侯事,弟已据实复陈。而政府似有先入之言,故疑团未释。置匿名之人不问,仍饬详查。只得密札徐、赵二观察检核。近日此风太盛,复有讦孙守云锦者。适明保之折将发,该守为之冠,不能因是中止。詹启纶一案,反复研讯,原谳实无可疑,都中必以为回护也。丽芬到此,曾乞一诊,明说疾不可为,真良医也。翌日,扶病出阅兵,倚装草此。

①信称:"翌日,扶病出阅兵。"阅兵从三月初七日开始。

复冯焌光① 光绪二年三月初八日②

奉初五日赐书,知麦酋函称铁路一事③。该使来札,饬候与总署商办,惟仍不肯停工。虽万分狡狯,然其理屈词穷,亦可概见。而吴桐翁来信,则是麦酋函称得威使④信,总署已允其在吴淞开路等语。是否麦华陀函中果有此语?抑系外间谣传?乞续行见示。至此事,总署断无不候外间商办私自应允之理。愿阁下仍持定见,勿庸疑虑也。尊函录呈总署,并恳总署坚与相持矣⑤。

①冯焌光(1830—1878):字竹儒,又称卓儒,广东南海人。举人。任苏松太道。
②此信系对三月五日来信之答复。当写于初八日。
③麦酋:麦华陀(1823—1885),英国人。同治十年后任上海领事。参与吴淞案的交涉。
④威使:威妥玛。

⑤同治十三年七月，英国组织吴淞铁路有限公司，背着中国地方政府，在吴淞非法筑路。光绪二年初，上海道台冯焌光提出抗议。沈葆桢亲自干预，态度坚决。总署也照会英公使威妥玛。几经艰难谈判，终于九月八日签订《收赎吴淞铁路条件》，中国以二十八万两白银买断铁路，并予以拆毁。

复吴大廷　光绪二年三月初九日①

昨在浦口舟次，裁答寸函，未卜何时入览？比奉初五续札，名言络绎。料事之审，谋事之忠，令人佩服无既。总署来信，在省已录寄竹儒，断无不分皂白，私行应允之理。身命相徇，殊可不必。而据理议论，则万不可厌烦。竹儒请律师商办，已得窾要。执事劝令刊之《新报》，尤探骊得珠。万一彼仍不理，我三数日必照会一次。勿动气，勿灰心，人忙我闲，以谈笑出之，必有就我范围之一日。弟毫无胆识，至此事系弟责成，断未有执事及竹儒导我先路，而弟不观感兴起之理。总署亦必相与有成，万不致掣肘也。弟初七在下关，阅金陵、淮阳两水帅（师）。初八在浦口，阅庆字营。本日阅乌龙山炮台、机器局并演水雷。晚泊六濠口，明日阅焦山、象山炮台，并都天庙利用营，再看瓜洲水师。前所云喉痛者，缘咳逆牵连，近渐愈矣。畏寒特甚，人皆春服，我尚重裘。腼然随众趋跄，不知所谓耳。

①信称："初八在浦口，阅庆字营。本日阅乌龙山炮台。"又称："昨在浦口舟次，裁答寸函。"此信当写于初九日。

复丁日昌　光绪二年三月中旬①

何司马到，奉十四日教言，承缕示抚闽新政，钦佩靡有涯涘。阻借洋款一疏，剀切详明，胜弟所陈十倍。而能为筹出路，识远力卓，尤非寻常意料所及。闽中既先为之倡，各省当必闻风而起。谋国之忠，料事之审，任事之决，公备之矣。台饷十万，闽任其半，浙、粤任其半，硕画至为公允。第鄙意肩台任不宜脱离巡抚。盖台湾所难者，仍在吏治、营政。若置吏治、营政于不问，虽垦辟无数疆土，仍都成化外境界。官先化外，民安得不化外也？若仍管领吏治、营政，则日日当与居停为难，自踏（蹈）喧宾夺主之嫌，求不龃龉而龃龉转甚也，高明其再酌之。至三衔会奏，或单衔交议，无不可者。经我公裁量，必胜鄙见远甚。出洋事，已函致伯相，乞公将铁甲图说式样径行寄津，伯相望之綦切也。弟咳逆未愈，以阅操受风，遂致失音。日来复事医药。草草作此，祇叩台安。敬璧教谦，诸唯霁察。不具。录呈折稿、片稿各一，察收为感。

①信称："何司马到，奉十四日教言。"又称："以阅操受风，遂致失音。日来复事医药。"此信当写于三月中旬。

致吴大廷 光绪二年三月十九日①

昨晚得总署来函，法使已于本月四日出都赴沪，嘱妥筹办理，并将来往信函抄寄前来，函中两以持平为言。该使所谓持平者，专主含糊了事。总署所谓持平者，则在案有着落，惟含意未申，以待外间之准情酌理而已。应将函件全录呈鉴，请执事与竹儒熟议所以操纵之者。总之，此事中国固无丝毫理短处也。惠吉操法甚熟，足见督练者之苦心。抵瓜口后，令其回棹矣。肃此，祇请勋安，不尽所云。此信乞送竹儒同阅，恕不另。

①法使于三月四日出都，总署写信在初七日，至南京当在十九日左右。而吴大廷也称：法使罗淑亚于十八日来沪。此信称："昨晚得总署来函。"此信当写于十九日。

复刘坤一 光绪二年三月中旬①

另笺敬悉。粤海防务，固大局所关。筹款之难，彼此可不言而喻。关税果应期解济，合肥当未有不谅此苦心者。炮台竣后，厘金自可仍解北洋矣。琼州何足为马头？其通商不过为偷漏计耳。詹启纶案，别无疑义。然跪链后，乃肯画供。虽结复翻，势所必至，只得听之而已。刘福兴③、萧诚⑥自投法网，其贪可恨，其愚尤可怜。然无能为之解脱也。

①沈葆桢奏请詹启纶案结案，在三月初五。结案又翻，当在三月中旬。

②刘福兴：总兵，因勒索罪革职。

③萧诚：候补副将，因欺诈罪革职。

复冯焌光 光绪二年三月十九日①

正缮函间，复接总署三月七日来书，并咨文一件。谨将咨文转行，来书照录呈览。吴淞即宝山地界，该使故牵缓其词，纵使全系租界，亦不应擅自兴工。若谓租出之地，便应惟所欲为，譬如租作教堂者，忽而兴筑炮台，中国能不过问耶？器具、工料皆已齐备，如果照会在先，今忽变卦，曲诚在我；若暗自购备，则我正以力敦和谊，深信不疑，谁曲谁直，不待烦言而决矣。兵船恫喝，吾辈习闻之，不足措意。梅辉立此来，必有数次强辨。吾辈能毅然不挠，彼亦自就范围。至如何转圜，则执事成竹在胸，无俟鄙人翘（饶）舌矣。总署对威使言，不甚露圭角者，缘滇案未结，不便与之决裂。而执事用心之苦，任事之力，则已深知之而深佩之，断不至有所掣肘于其间。选延好手律师，饴之以利，使说出几句公道话，则解铃不至费手，此固执事所优为也。

①总署三月七日来信，当在三月十八日到南京。信称："正缮函间，复接总署三月七日来书。"此信当与沈葆桢十九日《致吴大廷》信同时。

致裕禄 光绪二年三月二十五日①

案牍劳形，有稽笺候，伏维起居曼福。弟于本月七日扶病出省校阅，由扬而淮，昨抵彭城。沿途麦苗，望雨若渴。秋粮不能下种，愈北而旱愈甚，人心颇为皇皇。江省饷源奇绌，到不可思议。本拟此行归后，酌量裁并营头，而看此情形，不得不姑且从缓。客岁年终密考，以履任未久，奏请展限，今已无可再延。皖中文武贤否？相隔太远，传闻者恐未足为据，且有并无所闻者。敢恳执事，将文职实缺知府以上、武职实缺副参以上，互有短长之处，密赐条示，俾获奉为准绳。借爱冒渎，伏祈涵宥。五河讼棍，弟不过据所访闻咨达冰案，并非有成见于其间。其事之虚实，罪之轻重，请嘱廉访，虚衷讯鞠为荷。弟抱河鱼之疾，今日服药，停一天校阅。祗请台安。

①《复梅启照》信称二十四日抵彭城，此信云"昨抵彭城"，此信当写于三月二十五日。

复梅启照 光绪二年二月二十五日①

奉三月二十日手教，敬聆一是。押解官犯，既向系一文一武，自当照例添派。此次官犯三名，似应派三文三武矣。是否俟部文到，由臬署具详，抑即由尊处就近办理，乞酌之。弟一路校阅，不敢片刻停留。念四抵彭城，大苦腹疾，似痢非痢。服萃峰药两剂，尚不能下校场也。淮、徐缺雨，人心皇皇，已纷纷报灾，愈北而旱愈甚，大有赤地之势。奈何！奈何！

①信称："念四日抵彭城。"写信时间与《致裕禄》一信相同。

复吴大廷 光绪二年三月下旬①

奉本月十九日手教。罄控纵送，六辔如丝，佩服无量。迩来办洋务者，只图急于收台，惟执事知能发乃以为能收地步。罗使迭次谆属（嘱）不准持（提）及人命，则其脏腑症结，不待切脉而知。渠洞然于义冢做马路一层，吾辈断不能应许，而哓哓不已者，冀借此次以宽其人命抵偿之狱。我即明知其抵偿不能切实办到，不能不阨（扼）其要害，以杜其别生枝节之萌。请陈禹门太守出来，尤得提纲挈领妙诀。突起风浪，必不能免。其起风浪时，正其求收束时也。兵轮何足虑？何日何口无英国兵轮耶？尊体受海风，亦患咳逆，惟随时珍卫，至嘱！至嘱！弟自登舟后，不敢片刻停留。念四日抵彭城，大患痢疾，万不能校阅。每日服铜山蒋令药二剂，尚未脱然。明日将扶病下校场矣。淮、徐大旱，愈北愈剧。人心皇皇，不知所届。如何！如何！

①信称："念四日抵彭城，大患痢疾，万不能校阅。每日服铜山蒋令药二剂，尚未脱然，明日将扶病下校场矣。"当写于三月下旬。

复冯焌光 光绪二年三月底①

　　昨奉三月念四日赐函。本日专差到,又奉三月十六日赐函,并图说、抄案等件。苦心擘画,情见乎词。上海铁路与福建电线,名相似而实不同。福厦电线,陆道实禀命,制军允许之,虽未立合同,而有复信在其掌握。上海铁路,则我毫无曲处。但欲勉敦和谊,不得不出权宜。第体恤洋商,不使其亏折,由中国承买则可。若仍须火车开行,托怡和洋行管理,似未见其可。盖我既任其经费,复授权于人,于自主二字已背。且明知其亏折,更从何处筹款津贴之? 一经允许,不特将来万难中止,且官民枝节殊多。卓见以为然否? 鄙见备价买来,或束之高阁,或用之煤厂及机器局,均听从吾便,彼不得过问,然后其事可行。乞费神通筹,就近商诸中丞为荷。图说甚明晰,谨附邮递呈总署矣。

　　①函称:"昨奉三月念四日赐函。本日专差到,又奉三月十六日赐函,并图说、抄案等件。"又称:"图说甚明晰,谨附邮递呈总署矣。"上海信至南京不过两三天,沈葆桢复信当在二十八日。

致方宗诚① 光绪二年三月底②

　　侍自金陵带数百金登舟,沿途花费已尽,恳执事于缉捕经费内,提五百金交程委员锦澄领存,以备渡江而南之用。琐渎涵谅,祗请勋安。

　　①方宗诚(1818—1888):字存之,号柏堂,安徽桐城人。曾国藩的重要幕僚。著有《柏堂遗书》。
　　②沈葆桢此时尚在巡阅途中,此信当写于三月底。

致翁同爵① 光绪二年三月底②

奉教言，辱蒙垂注拳拳，感难言似。迩维起居曼福，因应咸宜，至以为颂。鹅生一案，淹毙二命，仅赔洋九百元，可谓体恤之至。而彼族尚思翻案，何无厌乃尔。承示不当再予会审，洵确切不易之论。想神闲意暇，坚与相持。彼违心之谈，亦不久而废然返矣。祗请台安，诸唯荃察。晚谦敬璧，不备、不庄。

①翁同爵（1814—1877）：字玉甫，江苏常熟人。由荫生用主事，分兵部。历任员外郎、按察使、布政使，时任湖北巡抚兼署湖广总督。
②沈葆桢此时巡阅至安徽，写信当在三月底。

复冯焌光 光绪二年四月初九日①

迭奉三月念九、四月初二、初三赐书，所示与梅使②辨论情形，均经领悉。中国以购回为收束，实迫于势之无可如何。然体恤洋人，使之不致亏本，可谓仁至义尽。必购回之后，立即停工，方与自主二字说得过去。若仍许成造，是彼主之，而非我主之也。且从前阻之之言，固云与海塘农田均有窒碍，今买来仍自成造，又何以不碍？是先自矛盾也。此时含糊了事，将来彼转责我以爽约，更有欲罢不能之势。乞执事再思之。除将尊函录寄总署外，弟拟明日过江阅操，即赶赴苏门，与中丞熟商。明知事之为难，然不能无后顾之虑也。

①信称："弟拟明日过江阅操，即赶赴苏门，与中丞熟商。"四月初十日致玮庆信称："本日过丹阳。"知沈初十日已至苏州。此信当写于初九日。
②梅使：梅辉立（1831—1878），英国人。英驻华使馆翻译、参赞。

致吴仲翔 光绪二年四月中旬①

仆仆道途,久疏笺敬。而心仪叔度,靡日不思。惟起居曼福。春帅由黄浦入苏,畅叙移时,即解缆夜渡。其人真挚明允,粹然儒者气象,迥异恒流。于洋学亦加意讲求,知其要领。极倾倒执事,托为通诚,勿萌退志。弟极言执事体气之劣,才具之短,性情之迂执,而春帅恳之不已,不能不许为转达。究之进退去就,执事自主之,非鄙人所敢赘一词也。泥金帖已到苏,而未见全录。福州想济安到时,必得信矣。昨由苏门移棹,本日渡淀山湖。水色天光,极好世界。愁人心绪,转与触迕。奈何!奈何!草草,顺请勋安,不尽所言。

①沈葆桢四月初十日到苏州。信称"昨由苏门移棹",沈离开苏州当在中旬。

复左宗棠 光绪二年四月二十八日①

维扬途次,捧读三月十八日谕言,并蒙颁示《海国图说》。序文词严义正,奚啻纵横万里。雒诵再三,不禁五体投地也。承委代筹洋款,其何敢辞?已敦嘱桐云、竹儒竭力商办,并嘱其稍有眉目,即径行飞报台端,以慰荩系。侄奉命校阅淮扬一路,流亡满野。桃宿以北,鸠形鹄面,无完衣者。数月不雨,麦槁而秋粮不能下种。民间无可劫夺,以妇女为奇货,至四十岁外老妪,犹不免于掠卖。耕牛日毙数十,人心皇皇,不知所届。幸四月朔得透雨,麦魂苏而民气亦靖,尚可挽救几分,而畿辅则至今仍亢旱也。奈何!奈何!念八日甫卸尘装,草草肃叩。

①信称:"念八日甫卸尘装,草草肃叩。"此信当写在此时。又称:"幸四月朔得透雨。"知念八日在四月份。

致林拱枢 光绪二年五月上旬①

得安坡四月十六手书，知管钥琐闱，百凡安善。走马看长安花，戚鄘无获与者，殆欲其再讲求书法，为问鼎地也。闻报罢诸君，念五于天津解缆，并得讷如书，约来白下。而至今杳无消息，殊为驰系。船政局开请假会试单，无寿甫②、聘侯名，故未寄元卷。比小帆来书，则二君均在都，且方筹办分发。奖案已请分发，似无庸指省与？二君金马玉堂之才，百里恐不足以展骥足，眼前亦不知何处是佳境。如二君尚在都，乞提存款先补其元卷，容再筹寄。散馆等第，亦至今无所闻。荔丹指省江南，到必大悔。缉臣③想当留京，觊觎老虎馂馀。然甚望其借此多写殿卷，作老龙头也。□□仆仆道途，几两阅月。江北凋敝情形，目不忍睹。于彭城病痢，服药数剂，而后南辕。咏韦苏州"身多疾病思田里，邑有流亡愧俸钱"之句，不觉黯然。念八抵金陵，积压案牍，不知如何可了。

①信称："仆仆道途，几两阅月。"三月初七日，沈葆桢由南京出发，回南京在四月廿八日，故有几两阅月之说，此信当在五月上旬复。
②寿甫：陈承妫，山西和顺县令。
③缉臣：黄敬熙，字子穆，永泰人。四川安县县令。

复吴仲翔 光绪二年五月上旬①

华亭舟中，肃玨寸笺，计当达览。嗣读浴佛日手教，备纫一是。春帅业已莅事，两贤相得益彰，能脱然舍去否？殊未易知。到台折片、批旨，当录寄星丈。台防咨奖，均经部准，乞抄原片寄下，以便缮发行知，奏奖部驳者已照行矣。印稿俟有便人回闽汇寄。金陵左道，于京、闽消息，殊不易通。前承开示局中公车，并无寿甫、聘侯名。而小帆来信，则谓其在京。得讷如信，谓当来金陵，而至今渺然。孝廉船何日过沪，亦无从知。弟念八旋省，叨芘平善。祇请熊祉，不尽所言。

①沈葆桢提及四月初八日收到吴仲翔信，又称四月二十八日回南京，此信当复于五月上旬。

督江（二）

复林鸿年　光绪二年五月上旬①

　　劳形案牍，致疏音敬。乃蒙长者先与提撕，罪甚！罪甚！就谂起居曼福，备叶颂私。正谊书院事，曾蒙任臣年伯枉驾两次，均值晚外出。走谒两次，亦未许登堂。嗣嘱子忱来索回信，晚告以劝官场酌给断价，最为直截。以后无消息，殆不以为然欤？任老两袖清风，即官准赎，亦力不能赎。蔼人平泉草木，注意姑苏，力能赎而未必愿赎。断则利在孤寒而绅富无所得，故创此新法，以示薄惩，为当日官绅之办理不善者戒。不料负弩责言延及先生也。蔼人致礼堂书，蓬蓬勃勃，如釜上气。礼堂复书，叙购刘、李二屋，礼堂所经手；购安全馆屋，汝雨所经手。即龚家原主之屋。翁家系向安全馆赎回，并无多得屋价。屋经百三十余年，历二十七主。若欲将其先祖进主入院，但使乡先达询谋金同，无不遵照等语。至其祖功宗德，礼堂何从知之而为是不惮烦也？长篇惜未赐示，想生公说法，顽石亦为点头，况任老固名儒循吏耶？晚履任以来，浑身是病，阅兵至彭城，又得痢疾，服药数剂，而后南辕，回白下过节。积压之件，衡石不足尽之。洋务、饷务，尤非力之所胜。大约以一年为期满，谨避贤路。桂子秋风，为期伊迩。诸郎联袂云程，预贺！预贺！祗叩箸安，馀容续布。

　　①信称："而后南辕，回白下过节。积压之件，衡石不足尽之。"此信当在端午节后复。

复丁日昌　光绪二年五月中旬①

　　奉四月二十日十二号手教，辱蒙垂注拳拳，感难言似。春帅肫挚精细，古道照人，船政必益有起色。与维允性情，宜相得益彰。第闻维允近日体气实惫甚，刻刻以报销未清为虑。我公及弟任内，伊均不能辞其责。可否代求春帅，俾暂卸提调，一理报销。稍宽其拘滞之怀，以后再予效力？安纳②一案，非大力主持，必不能如此妥结。云中攘善推过，习与性成，不足怪也。闽中吏治，大声疾呼，鲜民有更生之庆，而我公尚欿然不足，诚大君子之用心矣。滇事似无甚疑窦，而彼族总欲借是要挟，冀少得便宜。甚矣！

洋务宜慎之于始也。满得利一案③，与安纳恍惚相似。浙中推到江南，弟万不便再推。岛人惟利是图，招此无保家之匪类，死由自取，而中华于此等凶徒，亦断不容不惩办也。日酋④抵闽，乞嘱其不必绕道金陵，多费时日。一直前赴津门，以期迅速。伯相处议定后，即可决行。长江宜用数号兵轮船，沪局所成，只有此数，无从分派。窃思振威、靖远两船，在闽无甚用处。可否会商春帅，派其来江，伏候裁夺。如蒙俯允，薪粮煤炭，应归金陵筹给。弟扶病巡阅江北，凋敝情形，目不忍睹。一筹莫展，徒唤奈何。淮、徐数月不雨，愈北而旱愈剧。抢案迭出，户鲜盖藏，亦无可掳，至以妇女为奇货。牛疫、蝻蘖间出，人情汹汹。四月朔，得大雷雨，麦魂苏，秋粮亦下种，民心乃稍靖。弟于彭城苦痢，服药数剂，乃获南辕。江北官穷，然官场习气，似较胜于江南。海州林牧⑤，良吏也，此我公同里，素知之否？

①日意格抵闽，在五月十二日。此信当复于五月中旬。
②安纳：光绪二年二月，德国安纳号船主等2人在福建洋面被其雇用的中国水手杨细细等杀死，弃尸海中。后经福州将军文煜、闽浙总督李鹤年、福建巡抚丁日昌亲自会审，凶手被分别严惩，结案。
③同治十二年，英国商船满得利号的中国水手黄润先等劫船，杀害船主，船亦沉没。三年后破案。
④日酋：即日意格。
⑤林牧：林海岩，海州县令。

复丁日昌　光绪二年五月中旬①

　　正肃函附海镜赍呈，复奉手教，承缕示种种，感甚。三军经临淮麾召，旌旗生色，此意中事。惟苴勚之余，尚须加意珍摄，以慰士民尸祝之私，是以为祷。淡北矿务，我公既以清渠②为可，弟自当附骥。但须我公常加提命，颇虑其资望浅而性太坦直，又在桑梓之地耳。关困而船局随之困，年年到此时皆然，实则上下交困。城厢内外钱庄，此时丝毫挪不动也。江南库竭，一如闽中，而索债者之多，则倍蓰无算。奈何！奈何！《申报》极力与季老为难，殆花门泰西之交合，与云中借手脱卸，此行何异登仙。其庇护非为人，实为己耳。

①信称："正肃函附海镜赍呈，复奉手教，承缕示种种，感甚。"可知与上一函同时

发出。五月十八日，沈葆桢致玮庆信称："海镜来，未得家信。"此信则称"正肃函附海镜赍呈，复奉手教"，可知海镜回福州当在中旬，此函当复于中旬。

②清渠：叶文澜，号清渠，曾任船政局总监工。后至台湾，主持基隆煤矿。

复林拱枢 光绪二年五月十八日①

奉前月二十七日手教，承缕示种种，感何可言。鸣凤一声，关系天下后世，不在多，亦不在速。至心所不欲言之事，尤不当激于人言而言之。阳道州沉晦数年，以昌黎伯之伟论而迄不少动，可见古人之所以自处者矣。阅朝考等第，窃意不止五凤齐飞，乃竟不出孔明所料。散馆自有定数，然亦不免生之为害。今届庶常，为期不远，当不作锦还之想，明年可全留矣。会试卷得全美批语，密圈而弃去者，往往有之，此盖打总时所遗者。鲁士②如此刖足，不止一次，鄙人乙巳亦如是。寿甫来书，楷法益工，而愿小就，窃为惋惜。且治邑实非所长，第既以乏告，若所问非所答，似以甘言文其悭吝者，故不敢不勉焉。小帆天分，超群轶伦，而沉实之功颇少。今千里驹追随老骥后，用全年规行矩步工夫，必破壁飞去矣。荔丹之才，出而问世，恢恢有余，不患不出人头地。但愿其为循吏，勿为能吏耳。听鼓数年，不能不借老兄接济也。兹汇谦吉升银号京纹千四百两，以百金为棣台消暑之费。小帆助其印结四百，寿甫二百，枢廷头二班领袖各一百，吉六十，讷如赆敬四十，彤侄家用一百。文相奠敬三百。各处信俟折便（弁）奉上，再乞分致，先此报闻。文相挽轴，用"遗笏长存"四字，称通家晚生。请饬彤侄制备，并奠敬汇送为望。

①文祥卒于五月初四日，沈葆桢得此消息当在五月中旬。六月，沈《致林拱枢》函称："前月十八肃疴寸笺。"即指此函。

②鲁士：蒋锡，字鲁士，侯官人。

致黎兆棠 光绪二年五月下旬①

得舍侄咏彤来书，知其路过津门，承逾格垂青，且赐厚赆，下私殊切不安。又读致礼堂尺牍，关情旧治，培其风俗，使益趋于厚，以二千金增入敬节堂。谨率阖省士民，同声顶祝。第念顽廉懦立，鄙宽薄敦，百世下且有闻风兴起者。况幸隶絣幪，躬聆提命，而漠然无所动于中耶？当勉破悭囊，俟尊款到时汇寄，仰副大君子与人为善之怀，亦以见身教之不疾而速也。衹敬台安，附陈谢悃，不尽。

①信称"得舍侄咏彤来书"，在五月二十日。此信当写于其后。

复丁日昌　光绪二年五月三十日①

得维允书，知福州水患为向来所未见。我公日夜倚城，拯援饥溺，寝食几废，闻之泣下。又承垂念儿辈无知，饬义从护其蓬荜。此则万非部民之所敢当矣。仰体我公轸念穷黎，札上海道出示招商贩米，擅称奉公函谕，想我公怜其戆而不以为罪也。感公勤恤民隐，激发天良，搜索悭囊，得三千金，谨托维允奉呈，叩恳赏收，以备一馔之赈。并乞挚爱，勿形诸奏牍，至以为祷。衹请台安，馀容续豜。

①沈葆桢得吴仲翔信是五月二十二日。此信当与五月三十日《致吴仲翔》信同时。

复吴仲翔　光绪二年五月下旬①

奉五月十二日教言，知咯血益剧，至以为念。声名太好，亦如象齿之焚身。究之人生，那有优游自得时。放乎中流，听其所止而休焉可也。桢臣②曾否南旋，似于文案为宜。讷如是否亦归里？殆为吴淞未泊爽约，与六循吏同时并出，为天下苍生庆，却不能不为其循妻循子忧。清渠拜矿使，兴致自当胜前。于其子弟读书，则微有所碍。郡试计已揭晓，未提及令侄次第，或尚待复试高标耳。幕府诸君，留之过夏。惟小樵须乞鹿脯，不忍不令先归。前寄乡味，均已拜登。衹请勋安，书不尽意。

①南京接到福州函件，约一星期左右。沈葆桢五月三十日《与玮庆》信："计此信到时，院试已揭晓矣。"可知此信当写于五月下旬。
②桢臣：王树瀚，字桢臣。举人。曾任福建船政局委员。

致吴仲翔　光绪二年五月三十日①

读念二日手教，知吾乡忽遭水患，焦灼无似。禹帅逐日登城，筹赈筹援。属在部民，感深次骨。弟欲提款捐赈，而账房以悬磬告。缘前数日搜括三千金，交海镜寄闽，为寒族墓祭、家课生息。今思此事较可从缓，乞谕玮儿，将此款交阁下转呈雨帅，以资散赈，并恳勿奏为荷。弟上雨帅函，并家书亦提及之。秋后稍有赢余，当补还前愿。春帅与阁下极相得，又事事肯躬亲，闻之且羡、且慰。惟阁下以精神恍惚，眠食俱减，苦向鄙人索脱身之计。窃思吾闽自丙申后至乙亥，方得一探花，又忽堕落。揆天时，察人事，其酿大魁也无疑。来书墨妙如九天珠玉，精致到无以复加。病躯且日逐于椎凿炉锡之间，何缘得此？非鬼神奔赴腕下，欲助其一臂之力耶？转晌梅花驿里，请咨北行，为同局诸君一雪再衄之耻，继勿村中丞而兴。诸葛锦囊，非叨挚爱数十年，必不肯献此奇策也。莹儿因礼堂未行，拟七月回去。迟卸两个月底，亦大佳事。日军门是否赴津，自应候雨帅商定。如赴津，则不必纡途金陵，枉费时日。咨奖稿行知，办毕自当奉缴。义昌来人，船价亦即照付，并札上海道招商运米到闽。盖上海一见告示，便刻入《申报》，各口不呼自集也。

①沈葆桢五月三十日《与玮庆》信提到将祭墓生息银由吴仲翔挪交丁日昌。此信也提到"搜括三千金，交海镜寄闽"，可知写于三十日。

复李元度　光绪二年五月下旬①

奉四月二十日手教，就审安抵珂门，旋即视草志局。伏惟侍奉曼福，诸叶颂私。承命近法文忠，毋乃期许太厚？东家效颦，深恐转失故态。且时地亦殊不同。文忠督楚时，两淮引地，金瓯无缺。贩私者自知其为私，所谓明其为敌，贼乃可灭也。自文正擒衅，筱帅②延川入楚，不特反客为主，几于使淮鹾反官为私。孝感极力疏销，所保并不为优，又为吏议所格。近咨函并进，哀吁翁玉帅赏还襄阳、安陆、澧州，未识怜而许之否？窃谓上策莫如自治。楚岸被侵，固缘筱帅过分畛域，亦由淮商太自暴弃。场员除坐吃陋规外，不知盐政为何物。夫裕课必先恤商，恤商必先便民。民所不便，何以谓之政。盐质、盐价，不至悬绝，民必舍官而私。绳之以法，夫复何言。若必强之舍贱就贵，舍美就恶，虽文忠复生，其如之何？昨派段培元、庞省三③两观察亲赴通泰盘查。今尽重老堆，以利水贩，未卜能否如愿？自惭谫陋，窃望玉帅之继文忠也。我公度世心热，乞劝场商以讲求盐质，收恤灶丁；劝运商以公平交易，招徕水贩。能利人而后能利己。贪贾三之，廉贾五之，日计不足，月计有余。切勿为渊驱鱼，为丛驱爵也。厚帅并未咨来，在煦园驻三日亦未提及。雪帅下月方抵白门。桃宿四岸，海分司无明文，殆知难而退耶？饷绌极矣，厘金不可救药，甚望盐有转机，其如限于才力何！莹儿七月方归，南生乞谕其勿废书，似宜改读湘音，易于就傅。榕城水灾，为百年来所未见，沉沦尚未知其数。自淮以北，则赤地数千里。奈何！奈何！

①信称："榕城水灾，为百年来所未见。"当写于五月下旬。
②筱帅：李瀚章。
③庞省三：庞际云，直隶人，后任湖南布政使，署湖南巡抚。

复彭玉麟① 光绪二年闰五月上旬②

使到，捧教言，兼拜画梅四幅，所以奖进而策励之者，情溢乎辞。敢借铁骨冰心，涤我肺腑。永永年代，为子孙藏。第闻璧躬违和，血疾复作，不胜驰系。昨报前旌抵安庆，方延颈以俟，今乃知此军民想望之殷，非其实也。惟加意珍摄，以慰天下苍生，至以为祷。厚帅过此，留煦园三日，今晨启节而东。弟日以画诺为生涯，一事无所成就，殊用自愧。洋务虽极难，得能者尚有法可想，饷务恐非千手眼大士不办。入夏顽躯较好。江北陆续得雨，麦收挽救数分，而民气之困敝狭、隘仍如故也。肃此，祗叩大安。附达谢忱，诸唯垂察。

万寿折，业经遵命办理。尊衔拟书巡阅长江水师前兵部右侍郎，大名拟照五经中字画谨缮。万一须更正，乞赐示。折弁当待闰月望前后首涂，赏给川资并代谢。

①彭玉麟：字雪琴，湖南衡阳人。曾任水师提督、兵部右侍郎。
②信称："万寿折，业经遵命办理。尊衔拟书巡阅长江水师前兵部右侍郎，大名拟照五经中字画谨缮。万一须更正，乞赐示。折弁当待闰月望前后首涂，赏给川资并代谢。"此信当写于闰五月上旬。

致谢谦亨① 光绪二年闰五月上旬②

使回，捧读手札，所以诲示之者，周挚异常，纫佩曷极。唐营实无克扣，其子方八岁，而捏以强奸，其虚诬概可知矣。惟食米每石折银三两，此款是实。则淮军十数年来尽如是，非今日始，亦非仅唐军然也。此营本刘省三③旧部。询诸省三，云：米折所余，各勇之袄裤、包头、裹脚均出其中。故淮勇在营，衣履皆一色。所费仅两，当无赢余也。现饬营务处后路粮台密查，业已逐款登复，皆的实分明。惟米价一层，置之不复。盖以章程定自合肥，未经奏闻，于官话终说不去也。其人沉毅有为，实将才中不可多得者，当函致宛平详述之。火车路，将其买来，已万分迁就，乃彼族要我，以买后仍须成造，则与自主二字相背而驰，断难慨诺矣。湘、黔界上，似尚不至遗烬再燃。惟清淮以北，亢旱非常，四月得雨两次，二麦尚可挽救几分。海州复报蝻蘖，现极力搜捕，倘不能净绝，则赤地千里矣。江南拨款日增，而进款日绌，此必刘晏、韩滉之才，庶几能展一筹，断非迂拙书生所能为也。草草祇请。

① 原标题为《致重梦轩》。重梦轩：光绪四年三月中旬，沈致谢吉六函称："重梦轩主人左右。"可知重梦轩为谢谦亨之号。
② 此函提及唐定奎被诬案。与《致沈桂芬》信应在同时。
③ 刘省三：刘铭传（1836－1896），字省三，安徽合肥人。淮军将领。历任直隶提督、台湾巡抚等职。

致沈桂芬① 光绪二年闰五月上旬②

春季祇肃寸函，计登记室。迩维起居曼福，因应咸宜，至以为颂。晚扶病巡阅淮、徐，凋敝情状，目不忍睹。亢旱累月，入夏方得雨两次，二麦或可挽救数分，而海州复报蝻蘖。尽力搜捕，费已不赀。倘不能净绝根株，则赤地奚啻千里！江南民力竭矣！进款日绌，拨款日增，束手仰屋，徒深内疚。近日，匿名揭帖之风甚炽。唐军蜚语，总署及英侍御奏闻后，晚于邮筒中亦得之。旋准合肥相国、雪琴宫保先后咨来，所以倾陷之者，可谓不遗余力。询诸其乡士大夫，咸曰其所撤营员王恩培所为。王恩培者，合肥举人,随军渡台,派药管局,以侵蚀被斥,含恨而去者。然事无佐证,不能率尔提问。其在台事,晚——周知,故先复奏。其家事及内渡后事,则札营务处及后路粮台密查具复,饷款均有领状可凭,并据其营哨官出具甘结。其长子方八岁,而诬以强奸,其怪诞可想。惟米价每石扣银三两系实事。此则淮军十数年来无不如是,不自今日始,亦非但唐军然也。其营本刘省三旧部。省三云:米价所余,各勇袄裤、包头、裹脚均出其中。故淮军在营,衣履皆一色。其款仅足敷衍,无足赢也。其章程为合肥所定,而未曾奏咨,故营务处独于此节未敢登复。其余皆缕晰条分,容当据以入告。晚与唐提督素不相习,在台始共事,实见其沉毅有为,可当大任,非敢有所阿好。知我公爱才如命,故敢竭其愚。祗叩钧安。

① 沈桂芬:顺天宛平人,时为兵部尚书、协办大学士。
② 沈葆桢上《奏复唐定奎被讦折》及《奏复江北旱蝗情形折》,在闰五月初七,《致沈桂芬》信也当在此前后。又"入夏方得雨二次",在五月十四、十五日。

致李鸿章　光绪二年闰五月上旬①

前月途次,肃玐寸笺,未知何时达览?四明公所②、火车路两案,至今仍无归宿。彼太不讲理,我实无从迁就。谨将迭次来往函件,抄呈冰案。罗使已许不动义冢,而人命未肯认偿。彼纵万分为难,然地方官岂有慨然许其不偿之理?火车路不肯停工,竹儒搜索枯肠,乃出于招律师西行具控之一着。其初意欲以华官同律师前往,晚思华官非奉旨不应外交,若请旨遵行,万一事体决裂,殊难收拾。故商令外办,即使万一决裂,晚当其咎,藉可下台,不识此意有当高深否?闻王恩培经台端发押,有实在形迹否?刘提督玉龙开花炮队自成一军,若统归庆字营,似声势较壮。倘蒙许可,乞由台端札行遵照何如?厘税日绌,盐引销数亦日绌。饷源竭矣,奈何!奈何!文相骑箕去,京外同声痛惜。此后支拄全局,我公更独为其难。似宜加意节宣,以慰朝野之望。祗叩钧祺。

再,翰林院公函,嘱捐修署及庶常馆,尊处以若干应之。丁未值年来索公项,尊处递年寄与若干?乞示知为祷。

① 光绪二年闰五月下旬,沈葆桢《致李鸿章》信称:"上浣肃玐寸笺,未卜入览否?"即指此信。又李鸿章于闰五月二十日提及四明公所及提督刘玉龙带队归吴长庆(筱轩)节制,即是对沈葆桢信的答复。此信当写于上旬。

②四明公所：在上海小北门。上海宁波商人所建同乡会馆。1863年，法国将其划入租界。1874年，又借口修筑马路，拟将会馆拆除。5月3日，上海百姓举行反迁拆斗争。法出动法美水兵及商团镇压。1878年8月15日，总署与法公使谈判，法国放弃筑路计划。

致冯焌光① 光绪二年闰五月上旬②

顷奉寄谕：英使赴上海，沈密饬上海道察看，作何举动，详悉奏闻等因。希阁下一体钦遵，有所见闻，即飞报，以便上达。顺请勋安，未一。

①冯焌光（1830—1878）：字竹儒，时为上海道。
②英使威妥玛来上海为五月三十日。闰五月初一日，上谕沈葆桢密切注意其举动。沈接此谕当在上旬。

复程桓生① 光绪二年闰五月上旬②

奉五月三十日手书，藉谂酌复引地一事，阁下为玉帅剀切言之。玉帅亦以为销淮、销川，同是公家之利，毫无偏袒，佩慰殊深。此间所着意者，专在澧州。至安、襄两府，不如监利一县。阁下就近察看情形，灼见真知，自远胜遥度者十倍。划江而守，用功少而成功多。请阁下即以此意商诸琴丈，婉求玉帅。厘课应如何津贴鄂饷，惟卓裁是从。场灶能否更生，在此一举。此举幸得就绪，全凭阁下一人。衰朽迂拙之才，只有跂踵以俟。余、吕两场，已勒令停重。培元、省三二君，此时当已到场矣。江北又不雨弥月，间有蚂蝗。大江新涨骤来，再雨，苏、常又苦淫潦。敝乡水患，为百年来所未见，冲没田庐，尚无确数。民穷至此，又加以荒，其奈之何！

①程桓生：字尚宰，安徽歙县人，贡生出身。时任职湖北督销局。
②程桓生书写于五月三十日，沈葆桢复函，当在闰五月上旬。

致翁同爵　光绪二年闰五月中旬①

径启者：川盐借销楚岸，阅二十余年，非特鄂中饷源所出，即楚民亦习为故常。弟在闽时，早知淮盐色不如川，难强楚民舍美而就恶。莅任数月，凡条陈盐务，以争楚岸引地为请者皆却之。诚以事苟得已，销川、消（销）淮，同一国家税课，何敢存畛域之见，苦为规复之谋？无如淮南通、泰两属，自定新章后，修筑埕场，添置煎锹，每年约可产盐五十余万引。而各岸销数，甚多不过三十余万引。初则积之于岸，继则积之于栈，积之于场，今则场亦无地可积。譬如治河，下游无去路，极力堤防上游，未有不立见溃决者。是欲疏场盐，非拓销路不可；欲拓销路，非复引地不可。场商环伺呼吁，几无虚日。弟恐于鄂中饷源有碍，不敢以请。比闻安、襄两郡溯流而行，川贩甚以为不便，而淮南穷无复之，愿拾唾弃之余，以延旦夕之命。大君子主持大局，且关怀桑梓利病，知必有以解其倒悬者。是以敢徇众论，以备采择。至澧州弹丸之地，川贩得之，无裨全局，而淮商则如鲠在喉。谨率场灶穷黎，输九顿首之诚，以乞阶前盈尺。若荆、宜、施、郧等府，为川引所畅行者，仍仰体大公之心，断不为无厌之请。务望关爱逾格，迅赐核准咨复，以便会奏。亿万场灶，仰沐恩施。焚香顶祝，岂有既极。

①光绪二年闰五月上旬《复程桓生》信称："奉五月三十日手书，藉谂酌复引地一事，阁下为玉帅剀切言之。玉帅亦以为销淮销川，同是公家之利，毫无偏袒，佩慰殊深。"此信当在同时。

复冯焌光　光绪二年闰五月中旬①

前函甫答，芳讯旋来。百费苦心，且绚且篆。土耳其事，传闻不足据。中国固不容大意，亦不可过涉张皇。梅辉立既愿见阁下，自当见之。鄙意晤谈时，总以开诚布公为第一要义。彼之所欲，我已如见肺肝，不妨尽情说破。中国虚实，彼一一周知，亦无所用其粉饰。彼无非以决裂吓我，又以不愿决裂饵我。闻决裂而恐，闻不决裂而喜，未有不坠其术中者。可告以中国积弱至于如此，岂有自愿决裂之理。然以英国之强，而必欲决裂，断非中国之力之所能阻也。到决裂时，十分之害，中国受其九，英国未必不受其一。而恃强凌弱之名，则英国独当之，他国不与焉。实惠均沾，则他国安坐以分其利，且从旁以议英国之非理。为英国计，得耶？失耶？为不愿决裂之说者，必多方要我以必不能答应之事。我退一步，彼进一步。到我立于井旁，尚怒我以不退。虽欲曲意俯从，万万不可得矣。来示，总署已允者无可反复，未允者以坚持定见为主。如此伟识，弟当奉以周旋，不敢失坠。激烈非策，迁就亦非策。总之，忠信笃敬，圣人之言。颠扑不破，非迂谈也。万一威使有欲见弟会商之言，弟即凭阁下一纸书赴沪。如其含意未申，仍当恪守前教，静以待之。此后来信，只求行书，期于详尽而已，虽极草率不妨。祇请勋安，未一。

弟并不虑其决裂，甚虑归结之后，各条绝不再添。我国家已不知如何过得日子。前示云云，未必做得到也。奈何！奈何！

①沈葆桢奏称：梅辉立于闰五月十二日已在上海，与冯焌光谈判，当在此时。

致程桓生　光绪二年闰五月中旬①

久疏音敬，想阡表已安置妥贴，返旆汉皋，至以为念。淮南场盐壅积，乏术疏通。迭据场商呈诉苦情，恳请酌复楚岸引地。明知非鄂中所愿，而踌躇再四，舍此实无良策。现抄商禀咨商玉帅，一面修函切恳，除公牍转行外，并将函稿录呈清览。就淮南目前情形而论，垣商固有不可支持之势，灶户亦难保无走险之虞。与其决裂而奏争，何若婉求于先事。尚望执事剀切敷陈，斡旋而成就之。琴西世伯，深悉淮南场情，并望转致区区。期在必成，是所祷祝。弟阅伍事竣，已于前月念八旋省。此行甚藉贤郎之力，附以奉闻。

再，淮商应缴鄂中公费，并非各商所吝惜，似宜照复，惟执事善为说辞，予人以可受之名。幸甚。

①程桓生于五月三十日复沈信中谈及淮盐之事。闰五月上旬，沈致信程，请程求翁同爵让出淮盐销地。此信又谈及此事，并抄送《致翁同爵》函，此信当写于中旬。

致孙衣言 光绪二年闰五月中旬①

匆匆拜别，不尽所怀。计一路福星，已安抵鄂垣，允升吉座。唯新政罩敷，百凡称意。兹有恳者，淮南场灶之困，长者所深知也。近壅积日多，疏通乏术。迭据场商呈诉，恳请酌复楚岸引地。明知非鄂中所愿，而踌躇再四，舍此实无良策。不得已咨商玉帅，一面修函切恳，谨将函稿录呈清览。就淮南目前情形而论，垣商固有不可支持之势，灶户亦难保无走险之虞。与其决裂而奏争，何若婉求于先事？尚望我公轸念旧治，剀切敷陈，斡旋而成就之，无任祷祝。侄阅伍事竣，已于前月念八旋省。知念附陈，祗叩台安。顺颂任喜，诸惟霁察，乞恕不庄。

①信称："侄阅伍事竣，已于前月念八旋省。"沈阅兵于四月二十八日结束。此信当写于闰五月中旬，与《致程桓生》信同时。又闰五月中旬《致程桓生》信，提到函请孙衣言（琴西）求翁同爵让出淮盐销地，即是此信。

复胡裕燕① 光绪二年闰五月十四日②

昨复寸笺，计当入览。伻来，诵十一、十二两札，既纫挚爱，兼佩荩筹。竹儒日来想已晤威使③？如其有愿调停之说，鄙人自当褰裳从之。否则，不能不留一着，以徐观其变。行而非徒无益，不敢避退缩之嫌也。格维讷已到申江，此事必略有端绪，幸随时飞报。外致吴春帆星使一函，乞付便轮转递为荷。

①胡裕燕（1836－1891）：字式嘉，浙江建德人。监生，捐县丞。历署上元、清河、江都知县。光绪三年，以知府补用。
②函称："外致吴春帆星使一函，乞付便轮转递为荷。"《复吴赞诚》原函落款为闰五月十四日。此信当写于同日。
③威使：英公使威妥玛。

复吴赞诚　光绪二年闰五月十四日②

春帆星使年仁兄大人左右：前狂寸笺，未卜何时入览？比奉手教，知午朔视事，凡百馨宜。新铁胁、新轮机不日到工，得我公麾召而易置之，从兹炉锤生色，更上一层矣。承示养船经费不足，焦灼殊深。此间奇窘，尤非人意料所及。然长江无一兵轮船，于筹防甚觉不便。前函商雨帅，请拨振威、靖远两船来江，似闽局可减数万岁资，而江防借得叨庇。如卓裁见许，乞即饬令前来为望。滇案已无疑义，而威使必故作波澜。沪上谣诼孔多，只得静以待之。祗敬台安，教谦不备。维允一函，转致为感。祗叩台安。年愚弟沈葆桢顿首上。闰月十四日。

①日意格采购新式轮机，闰五月二十九日到工。此信写于此前。原信落款："闰月十四日。"

复吴仲翔　光绪二年闰五月十四日①

奉月之六日手教，备纫一是。诸君遭洪水，穷上加穷，所谓天以冰霜炼奇骨者欤！雨帅之济溺拯饥，清渠之好行善事，皆所性然。清渠辞船政就煤务，少领略独当一面况味，未尝不可增长见识。凌风、飞虎之炮，当时所说数目，弟亦无从记忆。万金似不离经，弟担之可也。台事若无小涛，更何从办起？且无论解脱大王之能否为力也。咯血未愈，少减临池之功，何如？历来殿撰公，少以书法名家者，则太好亦是一病。寒报乞掷交小儿。祗叩勋安，兼颂伯封翁之喜。讷如到后，令坦被关，瑶亦胖矣。贞太老均此。

①福州洪水，于五月十六日开始，二十日达高峰，二十二日消退。信云"奉月之六日手教"，当指闰五月六日。闰五月十四日沈《致吴赞诚》函称："维允一函，转致为感。"即指此信。

致彭玉麟 光绪二年闰五月中旬①

昨奉手教，谨将慈安太后万寿折代办，并将尊衔仍照旧式恭缮矣。顷思敝署系并六月念九日皇上万寿折一起派弁前往，而尊处无之，拟一并代办，又恐或于湖南、江西途次先发，重复转干驳诘。计此间折弁，十二三日便可到京，距万寿之期甚宽。因将奏事各折提出先发，将万寿折暂留，驰报台端。如圣寿之折未发，即示知，由敝署代缮。印花，前本寄有双分也。久未接芥舟信，乃忽得其讣音，又失一办事人才，想我公闻之，同声惋惜也。滇案将结复翻，总以决裂二字胁我，又以不愿决裂二字饵我。疆臣不能自立，致国家处处为势屈，惭恨无地。祇请台安，未一。

①信称慈安太后、皇上万寿折，派弁呈送，到北京约十二三天。皇上生日在六月廿九，因此，此折必须于闰五月廿八日送出。沈葆桢希望彭玉麟的万寿折和他的皇上万寿折一起送出，请玉麟函复。此信当写于闰五月中旬。

复谢谦亨 光绪二年闰五月中旬①

读手教，备纫种种。江以北皆旱，愈北而旱愈剧；江以南皆水，愈南而水愈剧。天乎！何其酷也。闽省洪水，为二百余年所未见。幸中丞三昼夜倚堞，拯溺济饥，不遗余力。近则外路粮运络绎矣。北路飞蝗，渐及淮扬，倘再过江，则不堪设想。唐营蜚语，经李伯相究出，实王恩培所为。同党者：一周国桢也，已由金陵拿获解去；一黄鲁生，即唐军门之甥也。岛族故作决裂之状而去，鄙人如贸贸然趋就之，即坠其术中。急脉缓受，方有转圜之望。毁誉利害，非所敢计矣。连日手不停笔，折弁将行，草草作此。

①信称："连日手不停笔，折弁将行，草草作此。"查闰五月初沈葆桢《复彭玉麟》信称："折弁当待闰月望前后首涂。"此函当写于中旬。

复林拱枢 光绪二年闰五月十八日①

奉五月念四手教，备纫一是。聘侯②就知县已大错，乃改其母岁数为请近计，酷似佐杂举动。以迂拙之性情，学诗张之伎俩，何其谬也。寿甫到此，已百孔千创，复借二百金由沪赴津，大似为船户、车夫谋生计者。此君是滥好人，其听鼓时，薪粮不继可虑，得缺后，尤可虑也。前寄赠寿甫之二百金，可以二十余金代清店欠，留七十余金，俟其在晋有住址时汇与之。外百金则与聘侯、竹坡剖分而食之。自江以北皆旱，愈北而旱愈剧；自江以南皆水，愈南而水愈剧。天乎，酷哉！威酋③挟滇案以肆所欲，许一层则翻进一层，卒貌为决裂以去。上海谣言四起，谓鄙人即日临沪转圜。抑知此非徒无益者，断不容尝试也。

①六月初，沈葆桢《致林拱枢》信云："前月十八肃耑寸笺，计当入览。"即指此信。
②聘侯：沈葆桢之外甥，吴维允之子。
③威酋：英使威妥玛。

复布彦泰① 光绪二年闰五月中旬②

违侍二十余年，侧念怡志林泉，不敢以风尘扰攘之词上尘清听，而遥詹光霁，未尝一日去诸怀也。比奉教言，敬谂潞国精神，逾恒矍铄，欣幸奚涯。龙友世兄以卓赴之才，居盘错之地，不久定蒙特旨简放，固无借于外间之推毂。第全省并无题补之缺，殊无以鼓舞人才。容俟寿山中丞来金陵监临，与之当面会商，或者有可腾挪，亦皖中官民之福也。敬叩颐安。

①布彦泰（1791—1880）：字子谦，满洲人。历任伊犁将军、陕甘总督。重视固边，反对分裂。光绪六年去世。
②清代乡试在八月。信称："容俟寿山中丞来金陵监临，与之当面会商。"委派考官一般在五六月间，又，此函辑入闰五月十八日《复林拱枢》信之后，当写于闰五月

中旬。

复冯焌光　光绪二年闰五月下旬①

　　使来，诵十三、十四两教，备纫一一。晤威、梅②，不着色相，老谋深算，佩服岂有涯量。英果攻华，何至求助于倭？上海屯兵，何待租屋？德强于英，英指全台，德岂能以定海满志？至封关之为伪说，更不待言矣。执事迟之又久，故得此一晤。若于初到时往拜，其拒而不见也必矣。景星亦有信致礼堂，急盼弟之赴沪，其意良厚，特未悉此中曲折耳。外议必有以坐视见咎者。本日得总署书，益信定见之不可移，毁誉利害，均非所敢计也。威使与伯相决（诀）别登舟，而梅酋复至津门，似是绝好机会，又有不愿决裂之语，益觉蔼然可亲。伯相许以宣旨惋惜，似只应中朝之未必允准，断不虑该酋之复有违言。乃一到烟台，即复中变。则无论觐见之万不可许，虽许之亦未见欲之厌也。现在事势如篙，一抵岸则船愈离开，安得不慎之又慎乎？该使来回拜时，如其自拢到题，执事可据理答之；如谓欲与弟面商，阁下可许以立即专函请弟到沪；如其不肯明言，则亦以寒暄了之，幸勿坠其钩距也。八条中，如宣旨惋惜一节，本不难允，特措辞须得体耳。添口岸非无窒碍，第宜昌业已通商，则芜湖本所必经之地，又何惜焉？温州先曾许过，如开亦早开矣。北海未知其地。所不可解者，上有九江，下有镇江，而苦索安庆、芜湖，岂其别有生意耶？八条可迁就及断不可迁就处，其详候续开节略、就正有道。此时熟知洋务者，必曰中国事事不及西人，内顾一无可恃。纵明知其决裂非真，然不予以转圜，则彼成骑虎之势。弄假成真，前车可鉴。此诚确论。然亦思厘税一断，饷源立绝，兵勇即须全数遣撤。无论此后事事听命西人，不能成自主之国。且伏莽四起，何待外侮。天下事尚忍言哉！如其万不能调停，亦中华气运使然，虽万分忍辱，亦无从求活。当华盛顿初起，其军实岂足以敌英国？不过迫到万无生路，战亦死，不战亦死。人人存必死之心，幸而得死中求生之一着，岂能策及万全哉！彼族不露机缄，照会亦无从着笔。朱观察所议，甚有见地，当为抄达总署。第须知醉翁之意不在酒。滇案之更无疑窦，吾辈尚不能如该使知之之深。特彼既借题发挥，我亦随波转舵耳。总署来函并抄件录呈。祇请勋安。

　　①沈葆桢于闰五月二十三日奉上谕，令加强两江防务。此信当写于此时。
　　②威、梅：威妥玛、梅辉立。

致李鸿章　光绪二年闰五月下旬①

上浣肃缸寸笺，未卜入览否？仲良②中丞到，询悉起居曼福，因应咸宜。并传钧谕，欲将贵部劲旅，直隶、金陵各分其半，饷亦如数匀摊。既佩谦挹之风，复感委任之意，荣幸何如！惟是时事多艰，一柱擎天，非公莫属。卸一分担荷，即减一分事权。似当待中外乂安，再申前议。奉廷旨饬赴申江，挽商滇案。窃思彼既作悻悻之态而去，愈即之则愈离。贸贸而行，非徒无益。谨致竹儒，俟其有愿□□调停口气，乘机利导，乃有可下手处。现格维纳已抵沪，日内竹儒当有确音。合将复冯、吴二道信，并上总署函稿录呈。馀容续布。

①咸妥玛约在六月初二日离开上海直至烟台。信云："现格维纳已抵沪。"格维纳于闰五月十五日抵沪，廿五日回英国。则冯竹儒与维格纳会谈当在中旬或下旬。六月初四日，沈葆桢《致李鸿章》函称："前月下旬，肃缸寸笺，未知何日得达记室。"即指此信。

②仲良：刘秉璋（1826—1905），字仲良，安徽庐江人。咸丰十年进士，以军功，时任江西巡抚，官至四川总督。

复吴大廷　光绪二年闰五月下旬①

奉十七日手教，所以诱掖而提撕之者，迥异常蹊。非叨爱至深，奚由得此？滇案万无疑义，我知之尚不如彼知之之深切著明，而当事者心中尚不免有所顾虑。故赔补之说，得行乎其间。纵使滇案实有匿情，亦何至为此一隅，倾天下大局以殉之？力劝总署，急脉缓受，保其必不决裂。乃言未达而赫德之局成。此后虽舌敝唇焦，无能为役矣。老成谋国，断不肯为策（莱）公之孤注。顾亦思此后何以过日，恐一波未平，一波复起，得过且过，亦只强自慰藉之词，非事实也。惠吉炮已搬楚，饬其销差。祇请勋安。

①吴大廷十七日的信至南京当在下旬。此信与闰五月下旬《复冯焌光》信时间相同。

复唐廷枢　光绪二年闰五月下旬①

奉二十日赐函，辱蒙缕示种种。就谂台从将赴鄂渚，惟星槎载福，备叶颂私。榕垣洪水为灾，承仁人输粟济之，己溺己饥之念，蒸被无涯。生长是邦者，能勿率白叟黄童，同声顶祝耶？日军门请其先赴津门，俟谒伯相商定后，有暇再来金陵一谈。勿先行枉顾，致稽时日。祗请勋安，兼达谢忱。诸唯朗察。

①日意格自欧洲回，在五月十二日。信称"奉二十日赐函"，沈葆桢复信也当在下旬。

复冯焌光　光绪二年闰五月下旬①

使来，读二十日手教，备纫一是。急脉缓受一节，总署总不放心。唐景星来信，谓赫德已于十九日到沪。厘务大有不堪设想者。倾天下大局，以赔补一隅之案，彼尚以为不足，奈何！奈何！江南轮船，不敷调遣，长江尤不可无。弟商诸雨帅，适闽中方苦养船之不支，以为必如所请。乃威使南来，申江谣言四达，而闽中遂靳之。似外海水师之议，断不容缓。而饷源愈匮，虽智者不能为无米之炊。天下事从何措手乎？半税抵厘，不啻一可当百。二赤撮合，势在垂成。恃吾辈三寸之舌，极知无济。然安危所系，不能不力争。弟于会计事，全未窥见要领，惟执事费全神以操纵之。幸甚。

①赫德于闰五月十九日动身赴沪，廿四日到上海。冯焌光二十日来信，沈葆桢复信当在下旬。

复冯焌光　光绪二年闰五月下旬①

再，威使明知赫德南来，不患无转身地步。所以愿弟赴沪者，不过多一人撮合，可望多一事迁就，即多占一份便宜耳。其又若迎若距（拒）者，则图议定复翻，将外间所许者，束置一边，更向总署另作要挟耳。赴沪而于事无济，犹可言也；赴沪而反占后日总署转圜地步，使总署又须另求一吃亏之事以偿之，更无谓也。彼且谓外人不当以私信邀请，是明白透亮，不肯以丝毫话柄予我，此岂容入其彀中耶？此事大段已定，赫德晤商后，仍挽之入都，以两全总署及公使体制，灼然无疑。有来探询者，以弟并无行意告之可也。再请勋安。

总署并无许以请旨饬弟赴沪商办一节，彼无从向总署责问也。许仲弢②或当同总税司南下，挽之入都，不患无人。税司条陈之官，信局是否即电报局？示知为荷。

①此信提及赫德已南来，当复于闰五月二十四日后。
②许仲弢：光绪三年正月初旬，沈致总署函称："昨得春帆星使来信，以许道钤身有交船政差遣之命，……可否俯鉴愚忱，将许道仍留钧署或津门当差。"正月中旬《致李鸿章》函称："比得春帆星使来信，以许仲弢观察有交船政差遣之命，……可否俯鉴愚忱，将仲弢仍留津门或总署当差。"可知许钤身、许仲弢是同一个人。

复丁日昌　光绪二年闰五月下旬①

奉月十七日手教，辱蒙奖饰，愧汗无地。福州来信，庆再生者感极涕零，咸以为我公之赐。灾区甚广，自江以北皆苦旱，自江以南皆苦潦。安得化我佛之身为千万亿而随地拯之。靖远、振威不能来，或济安、登瀛洲择其一以见畀。若艺新则马力太小，不适于用，惟公裁之。日监督闻已到沪，弟函嘱其先赴津门。满得利一案，总署又饬解归福建。盖以安纳一案，的实分明，可折远人之心也。威使伪为决裂出京，实则到沪，会商中国尚有何利可夺。滇案之无疑窦，彼何尝不深知之。然不极力掀翻，则无可为补救地步。故每允一事，必翻进一层。愈将就，愈纠纷，明效可睹。弟如赴沪，必转占总署归结地步，于事非徒无益。都中派赫酋出申江矣。海岩为江南不可多得之员，然天下人才，当与天下共之。直牧晋实缺太守，难若登天。令得拔宅飞翔，俾国家具独当一面之选，虽欲靳之，焉得而靳之？人才不鼓舞，无从观感兴起。海岩幸荷栽培，非惟福建之福，亦江南之福也。尊体加意调摄，以慰中外之望。虑补帆寂寞，鄙人当订交期，公毋先我。江北苦旱，此间亦苦雨弥月，高阜迄未下种，而江流盛涨，低田则已被淹。天亦无可奈何矣！

①信称："弟如赴沪，必转占总署归结地步，于事非徒无益。都中派赫酋出申江

矣。"赫德到沪，在闰五月二十四日。此信当写于闰五月下旬。

复吴赞诚　光绪二年闰五月下旬①

奉本月十七夜赐书，就谂擘画因时，船政蒸蒸日上，至以为慰。洪水泛滥，茶市减色，致船饷不敷，想秋后可陆续弥补。前恳雨帅借靖远、振威入江，比得回音，闽中小港正需此两船，愿以艺新见付。窃思艺新仅五十匹马力，于江防不甚适用。可否以济安见畀？如济安离不开，可否俟登瀛洲配好，饬令来工？伏候卓裁，不胜鹄跂之至。尤望康邦机器到后，学扬武之式，新制一船，于扬武学生中，派一管驾前来。幸甚！幸甚！威酋借滇案要挟，每得一次便宜，必翻脸一次。弟如赴沪，急欲就绪，不能不曲意将就。而将就之后，势必复翻。所将就者已入其囊中，是转占总署转圜地步也。事当决裂，有定数在焉。果人人怀必死之心，纵器械不敌，亦安见无死中求生之一法？若饷源尽断，坐以待毙，更何堪设想乎？赫德［自］告奋勇南来，其耽耽于厘税可知矣。珂乡苦旱，继之以蝗。淮扬亦复尔尔，速降甘澍，尚可救数分，迟则无可望矣。登瀛洲一时未就，恳饬济安先来数月，将来再换回何如？

①此信提及向船政局索船及沈葆桢赴沪事，与闰五月下旬《复丁日昌》信相同，当写于同时。

复吴仲翔　光绪二年闰五月下旬①

读十七两函，敬聆种种。滇事并无疑窦，彼族欲借以绝饷源。为洱海一隅，牵动天下全局。赔补二字，机械百出。每允一事，必翻进一层。盖所允者已入其囊中，便别开生面。鄙人若赴沪，万不能就绪，反占总署转圜地步，是谓非徒无益。景星诸君，皆有信劝驾。清渠②欲来相助，极纫其意之厚。然筹之已熟，误国之罪，所不敢辞。礼翁计已抵里矣。瀛儿自讷如来后，不能外出，放心渐收敛。寿甫复由此赴沪，遵海而北，再从津门入晋，所以为车夫、船户计良得。聘侯忽动乡情，舍弃苍生，向船政销假。恐阁下嫌其迟，嘱为道意。荔丹一二日内禀到，急盼得文衡，不及赴苏。竹修③，尚待伴也。今晨，见王可庄殿卷，若明年与之同捷南宫，则大为足下惧矣。

①此信提及沈葆桢赴沪一事，与闰五月下旬《复吴赞诚》信同时。
②清渠：叶文澜。
③竹修：林焜，曾任福建船政局委员。

复梁鸣谦① 光绪二年闰五月下旬②

三诵教言，知台从羁滞申江，颇闷闷，近计直挂云帆矣。惟安抵闽山，阖潭均吉为颂。珂第安顿妥贴，务请挟眷并挈桃、云、雨而来。煦园新秋，扫塌（榻）以待。赫德南下，明则为我转圜，所注意者可想。饷源既涸，事益无可为矣。漳浦案，竟非谣言。灾后，恐益烦当事擘画。此间尚未得雨，飞蝗（蝗）已及淮扬。大江盛涨，低田被淹，而淮河仍不能通棹。各苦其所苦，何所控诉。天津近得雨，徐州亦得雨，天不忍终绝之邪？沪上谣言四起，人人有劝驾之意。弟思非徒无益，虽众论不敢徇。毁誉利害，听之而已。祗请大安，并豫贺世兄泮捷之喜。

①梁鸣谦：梁礼堂。福建闽县人。
②信云："赫德南下，明则为我转圜，所注意者可想。"此信当复于闰五月二十四日以后。

复李鸿章 光绪二年六月初一日①

奉闰月十二日教言，老成忧国之情，溢乎楮墨，钦佩曷可名言？威使得一着便宜，必翻一层波折，愈即之则愈离。弟如赴申江，明明堕其意料之中，非徒无益。上海生意吹散，洋商群起怨声。赫德南来，转圜非远。惟此后饷源愈匮，大可忧耳。兴师动众，非目前之患。然外海水师决不可不创，铁甲船决不可不办，不可不学。购款陆续应付，似尚不至十分掣肘。若滇案归结后，中外仍若无事然，则事无可为者矣！筱坞②一疏，想入非非。一人智而天下皆愚，于今见之。防海而可无陆师，纵船炮之精，过于彼族，风平浪静时，处处可以登［舟］岸，其谁御之？有陆师便可不防海，则必遍天下郡县尽数有坐待御敌之劲旅则可。否则一二号兵轮窥我南北洋，终岁疲于奔命，不知其所守矣。况铁甲封港，只求消息不可得耶？讲求陆战，先妒湘、淮。然则平发捻者，伊谁之力？非惟眯目，毋亦丧心。陆军而病其用洋枪，独不闻器械不精，以卒予敌耶？中国长技，真白战不持寸铁邪？十四五年身履行间之人，其议论必为辇下士大夫所倾信，时事尚忍言哉！我公任天下安危，只有进步，更无退步，万不可因此灰心，千秋自有论定。王恩培案自当由台端办结。俊侯来文，为黄鲁生、周国桢昭雪，似是实情。雪帅过此，谈及匿名揭帖，封内另包一纸，有周国桢拜托字样。周国桢果有同谋，岂肯自供败缺？其并遭倾陷可知。日意格到沪，嘱唐景星来请示。晚请其先赴津矣。筱帅于念五日单骑入城，迎之不及，诣珂第畅谈时许，丰采一切如故，足慰孔怀。津门得透雨，民庆来苏。此间枯旱依然，淮、扬飞蝗满野，颍、亳、凤、泗，亦复不免。申祷罔应，奈何！奈何！

①信称："筱帅于念五日单骑入城。"光绪二年六月十九日沈葆桢《复李鸿章》信称："得闰月二十日教言，于六月朔日裁答。"即是此信。

②筱坞：袁保恒。光绪二年，他上疏反对创办海军，称"有陆师便可不防海"，"请罢海防以练陆军"。

复文彬① 光绪二年六月初二日②

昨复芜函，未卜何时获登记室？比奉二十七日续札，知张飞豹③亦即就擒。谨当会列台衔，并赵庆安④案，飞疏入告。拜发后，录呈冰案。顷据徐镇禀，山东城武、金乡一带，啸聚二三千人，逼近徐境，已批饬加意防范，并再确探飞报。如窜到近界，即会合东勇悉力兜剿，尊处想亦当得信。似此旱蝗相继，饥而为盗，势所必至。不及早扑灭，恐致燎原。省门连日步祷，昨得雨而未透。今夕续得喜雨，较昨沾足，知念附陈。

①文彬（1825—1880）：字质夫，辉发那拉氏，满洲正白旗人。咸丰二年进士。以军功，时任漕运总督。

②信云："比奉二十七日续札，知张飞豹亦即就擒，谨当会列台衔，并赵庆安案，飞疏入告。拜发后，录呈冰案。"闰五月二十九日，沈奏报，徐海及赵庆安起事。此信当写于六月初旬。六月初四日《致李鸿章》信称："金陵初二方获透雨，终夜淋漓。"此信亦称："省门连日步祷，昨得雨而未透。今夕续得喜雨，较昨沾足。"此信当写于初二日。

③张飞豹:海州农民起事首领。
④赵庆安:海州农民起事首领。

致李鸿章 光绪二年六月初四日①

前月下浣肃豇寸笺,未知何日得达记室?本月朔日,日监督来金陵,云奉春帅面谕,李部郎②丁忧,西行乏人同往,无须急赴津门,是以抽空来此一谒云云。晚思丹崖百日外即可赴工,为期并不甚远。铁甲船事,非立谈数语可了。从前该监督所呈图说,是否合用?所议价值,有无浮冒?总须我公面加考究,方可审定。该监督在闽,本月薪水,就令虚此一行,亦其分所应尔。鄙意无论归何人领办,外海水师必不容无。惟断乃成,愿公之一振全局也。闻畿辅续得甘澍,下私稍慰。此间枯渴日甚,淮、扬飞蝗满野。金陵初二方获透雨,终夜淋漓。未知外郡县同此沾足否也?山东饥民蜂起,内局亦切杞忧,得雨后或当有豸乎?

①沈六月十九日《致李鸿章》信称:"初四日又交日监督寄上寸函。"即是此信。
②李部郎:李凤苞(1834—1887),字丹崖,江苏崇明人。时任福州船政局总考工。

致林拱枢 光绪二年六月上旬①

前月十八肃豇寸笺,计当入览。寿甫遵海而北,聘侯复遵海而南。乡思綦切,驻此一宿,即复赴沪。所打算皆想入非非。此才为百里侯,真堪惋惜。前寄冰敬单内,漏却子衡,今聘侯既出都,其五十金可移送子衡。外再兑四百金,为翰林院修署费,乞察收代致为祷。福州亲友,被水倾家者孔多,幸人口均无恙。院试因水沉阁(搁),殆将合遗才举行矣。此请道安,不尽。

为盐政而台谏水火,周为淮贩,吴为川贩,此等折大有嫌疑,断不可为人怂恿,致落圈套。又及。

①"前月十八肃豇寸笺",指五月十八日沈葆桢《致林拱枢》信。沈信至北京,约十二日左右,此信当写于六月上旬。

致吴赞诚 光绪二年六月上旬①

奉第三号教言，备纫锦注。就谂兴居曼福，悉叶颂私。执事亲历风涛，都肄战舰，固宜众情踊跃，争自濯磨。梓里蛟灾，弟力不从心，方深内愧。乃蒙齿及，益无力（地）自容矣。先成各船，既有分地，自难改拨。艺新马力太小，未足以资御侮，愿以登瀛洲见畀。将来康邦机器配成船壳，再赐一号何如？沪上近日人心稍定，至转圜仍应归之总署。唯此后饷源更绌，现成局面，且复难支，自强又何日也？小午一疏，请罢海防以练陆军，舍湘、淮两军，专用中国所长，以成劲旅。所谓战不许提寸铁者，真快心之言。特所长云何？尚引而不发耳。次儿少不更事，是以未敢令谒荆阶。草草，祗请台安，书不尽意。谨璧教谦。

筱帅已到金陵，假满即赴川矣。

①登瀛洲号试洋，在闰五月初二，筱帅到金陵，在闰五月廿五日。此信当写于六月上旬。

致吴仲翔 光绪二年六月上旬①

奉二十五日手教，知聘侯已到闽。而在聘侯行期以前所发之信尚未到，不知其沉滞何处？滇事尚未了，只威酋回京便了。凌风、飞虎炮价，此间无所据以行文。日军门来此，提及旗昌铁甲船汇费，弟嘱其办公文来。前件可由尊处并嘱办公所亦具一禀，敝处合两案附片奏请饬付，归入巡台案内报销，而后小涛不致为难。至船政报销，鄙人毫无定见，执事裁之可也。台防咨奖稿奉缴，乞察收。

①日意格来南京见沈葆桢，在六月初一。此信当写于六月初。

致梁鸣谦　光绪二年六月上旬①

奉闰月二十七日手教，知福星载路，安抵珂门，至以为慰。墙倾灶塌，本应修葺，适值贤郎芹捷时，一举两得，不啻天人合应矣。此次闽侯、长[乐]合考，可谓洋洋大观。莹儿蒙挈之杖履间，感深次骨。质夫病，云、雨辈无所归，如许一并收录门下，则逾格之赐也。吾乡水火既济，毋亦天心仁爱，警之使返朴还醇耶？惟允能却医药，病当自愈。清渠自成篇段，不必为之过虑。虞老②超然物表，自不以屯厄撄心。此君固今日之泰山北斗也。自别后，益无聊。垤鹳为祟未已，仙舟亦挂云帆矣。

①梁鸣谦信写于闰五月二十七日，此信当写于六月初。可参看光绪二年六月初旬《致黄倬昭》信。
②虞老：郑世恭。

致黄倬昭　光绪二年六月上旬①

读闰月十二日手教，知尊体违和，至以为念。劝阁下及惟允、笃初勿服药，此必不[入]耳之言。第计服消导之剂以利痰，则液为之烁；服清润之剂，名为养液，实反助痰，而液亦愈竭。不如减草根、树皮之资，精其饮馔，使谷气得之养人，液自不至立匮。家事付之儿辈，凡事自有前定，不必更为劳心。唯当怡性养和，以上慰寿荩之望。云、雨辈，礼翁肯为收领，幸甚。否则令其挈眷来金陵。阁下子侄，且宜置之度外，何论其他。鄙人大事已毕，能早死一日，则少坏一日国事。而心境太宽，不足以致死。奈何！奈何！

①梁鸣谦回闽在闰五月二十七日前，答应教云、雨辈，以及回信，当在六月初。

致曾光斗① 光绪二年六月上旬②

得赐书，知贤郎郡试第五，至以为喜。秋风伊迩，芹桂连搴。庆萃德门，方兴未艾。少尝水患，固不足忧也。喜气四溢，姻母夫人定增安健。此间送书者颇多，儿辈不说（悦）学，弟老矣，无所用之，恐负此书，故以分诸婿。窃冀化无用为有用，承齿及，弥觉颜汗。此间亦苦旱，入月始得透雨，京城、直隶、山东均已得雨，惟淮扬旱尚如故。元气未复，继以荒歉，民何以堪之？此请道安，诸惟荃察，不备。姻母夫人壶福，潭第均喜。

①曾光斗：字星斋，福建古田人。咸丰二年进士，曾主船政局文牍，鳌峰书院掌教。为沈葆桢女婿曾质臣之父。
②信称："此间亦苦旱，入月始得透雨。"南京得透雨在六月初二日，此信当写于六月上旬。

致刘寿铿① 光绪二年六月上旬②

得闰月二十日手教，知安抵珂门，侍奉曼福，至以为慰。屈计录科在即，冠一军以为抢元先声，居停主人与有荣焉。幸甚！幸甚！乡试大作，一出闱便当见寄，俾先睹为快。令侄芹捷，挈之同榜，以娱高堂，则洪水之憾可释矣。讷如已于前月到馆，馆移后进，知念付闻。

①刘寿铿：字小彭，曾为船政局委员。
②沈得刘寿铿闰五月二十日信，复信当在六月上旬。

复李端 光绪二年六月上旬①

得两书，知侍奉曼福，秀茁孙枝。庆溢德门，且喜、且慰。涃官文字，渐益修洁，惟才思尚薄，充其根柢，自当破壁飞去。院试无论获秀与否，务将原作寄来。此候元祉，未一。

①信云："院试无论获秀与否，务将原作寄来。"院试一般在六月中旬。此函辑入六月上旬《致刘寿铿》之后，当亦写于六月上旬。

致李元度 光绪二年六月上旬①

日前肃复寸函，计登记室。逖维侍奉曼福，备叶颂私。乞复引地，鄂省坚不之许；炮船缉私，二帅亦不以为然。孤掌难鸣，然终不敢不尽力。吴小轩②军门送其贞妹节略，嘱转求宗匠为之传。我公素以风化为己任，用敢转达。莹儿信来，于前月廿四抵家。适月初科试，尚赴（赶）得及，计已入场矣。

①信称："莹儿信来，于前月廿四抵家。适月初科试，尚赴（赶）得及，计已入场矣。"科试在六月初，此信当写于中旬。
②吴小轩：吴长庆（1834—1884），字筱轩，又称小轩。安徽庐江人。世袭云骑尉出身。官至广东水师提督。光绪十年卒。

致吴元炳 光绪二年六月中旬①

奉初四日教言，辱蒙缕示种种。铁路事，西行者尚无回信。江湾案，伤不甚重，或可了结。威酋意不在滇案，而在商务，涂人知之。一徇所请，饷源立匮。奈何！奈何！海州地太辽阔，殊苦内外交讧，故不能不徇林牧之请，檄王提督添募一营。直隶、山东已得透雨，金陵朔后亦连日沾足，闻扬州至初四、五始得甘霖。清淮及皖中，尚呼吁不应。飞蝗停落，终无不伤稼之理，似非大雨不为功。昨徐州报东省城武县良王庙聚匪，渐及金乡、鱼台。本日报东省情形稍松，而宿州余捻蠢动，千总被戕。董镇带兵出剿寿州。又报豫省永虞余捻蠢动，郭镇带兵出剿。大有山阴道上之势。万一该匪敢于接仗，甚或据砦据城，皆不足虑。第恐此拿彼窜，成流寇寒曰，则其祸蔓延，难于收拾。弟批饬地方官力行坚壁清野，以辅兵力之不足。想现成之圩董，现成之圩堡，现成之器械，尚易遵行。倘势竟燎原，则须抽调大枝劲旅前往矣。再杜小舫②才具甚好，情形亦熟。惟未经引见，迭署大缺，同寅中似不无拟（疑）议，乞台端或再加裁度。鄙意外匪环伺，或嘱少仲③暂缓北行，何如？莫令尚在通州，顷托小岩催其就近赴任，毋庸纡道金陵，顶奏遵谕办理。拟俟其到任两三月后，较易措辞，酌示为荷。陶鹤亭④万不胜提调之任，诚如卓见。极盼实缺盐道来，而至今渺然。道员颇多，而科甲者少。洪琴西⑤、赵梓芳最相宜。一未经引见，一籍隶安徽。薛、范亦不甚耐繁剧。庞省三往通泰查堆，未知何时可了，又未便半途而废。陈仲荃⑥亦生手，此外无人矣。倘盐堆本月可以查清，拟派省三提调，世香⑦监试。倘盐堆未了，拟调常州谭守为监试，而薛为提调，执事以为何如？皖北匪徒蜂起，寿山中丞恐难出省，或须奏请学政代办，当函商之。

①金陵于六月初一后雨。宿州余捻仍有活动，六月十三日沈派兵前往镇压。
②杜小舫：杜文澜（1815－1881），字小舫，浙江秀水人。诸生，入赀为县丞，历署江宁布政使、江苏按察使、苏松太道、常镇通海道。有《平定粤寇纪略》。
③少仲：勒方琦，字少仲，江西新建人。时任江苏按察使，官至贵州巡抚、东河总督。
④陶鹤亭：安徽盐道。
⑤洪琴西：洪汝奎，字琴西。安徽泾县人。道光举人。初为曾国藩文案，官至两淮盐运使。
⑥陈仲荃：陈翰芬，字仲荃。天津观察。
⑦世香：薛书堂，字世香，号少柳。河南灵宝人。咸丰二年进士，湖广道御史，官至江苏道。

复文彬　光绪二年六月中旬①

奉初五日教言，欣谂郭佃扬、刘佃寅均已就获。贵部之能效命如此，益想见指挥若定之精神也。东境稍松，而皖之宿州，豫之永城、虞城，又环伺而起。赵庆安、张飞豹案，业已出奏。俟宿州孙千总有实在下落，又当发报，刘可附陈也。金陵自初一至初六得雨甚足，至今雨意未倦。维扬咫尺，雨即不透。皖疆则竟无雨，焦灼奚似。淮上续获甘澍，幸飞示以慰悬悬。敬请台安，诸唯霖电，不尽。

①沈葆桢得文彬六月初五日信，复信应在中旬。

复吴大廷 光绪二年六月中旬①

迭奉教言，雒诵再三，为大集中必传之作。而鄙人为积牍所窘，握管而中辍者数四，遂泄泄至今。戌女②入烟，二赤③溯汉，合示以离，镜无遁影。其必居东者，明其非就合肥，又以合肥可以就我地步也。商务必大吃亏，然能开成（诚）布公与争，亦可挽回大半。盖彼亦深知饷竭兵溃，土匪纷起，亦非彼之利也。日监督来，只与论大概事理。渠侧注离九江王之交，则伤心人别有怀抱也。即此一端，亦足见中华臣子之不如人矣。竹儒今日可到，十三约赫酋于下关，姑听其议论而已。

①信称："十三约赫酋于下关，姑听其议论而已。"此信当写于中旬。
②戌女：威妥玛。
③二赤：赫德。

致裕禄 光绪二年六月中旬①

音敬久疏，惟指挥若定为颂。葛民②方伯详请代派秋闱提调、监试。查提调一席，金陵因粮道历年出运，故往往以盐道充之。实缺之王观察，渺无履新消息。子健中丞来信，谓去年承办监临，现署盐道之陶鹤亭充监试，常苦精神不及。若以之为提调，更难胜任云云。窃思江南闱务之繁于天下，倘提调不得其人，更无从着手。子健既有见爱之言，万不敢徇情附会。兹拟以庞省三观察为提调，以薛世香观察为监试。二君皆屡襄闱务者，当否？伏乞示复，以便札行。迭接徐州董镇③、寿州郭镇④来文，宿州、永城余捻潜煽，二镇皆带兵出剿。但恐兵到匪散，兵撤匪集，此拿彼窜，如环无端，则剿办殊觉费手。孙千总实在下落，尊处已得报否？似宜饬各圩，坚壁清野，以辅兵力之不逮。

庐州李守⑤办妖匪案，条理分明，断推好手。建平不能慎之于始，难端发于下，遂成固结不可解之势。此间亢晴弥月，幸初一以后得雨甚足，而清淮一带，则亢晴如故。卢、凤道报初五微雨，未知已沾足否？如果大沛甘霖，民心自靖，于剿匪便事半功倍。旌节何时首涂？乞先期示知，以便驰迓前驱。晤教匪遥，翘跂曷极。祗请台安，言不尽意。

①沈葆桢剿捻折上于六月十五日。
②葛民：绍诚，满洲人。历任山西布政使，驻藏帮办。时为安徽布政使。
③董镇：徐州总兵董凤高。
④郭镇：寿春总兵郭宝昌。
⑤李守：李炳涛，字秋楂，河南怀庆府人，官至庐州知府，加盐运使衔。光绪四年，沈葆桢调办皖南善后保甲事宜，以劳致疾，光绪五年五月初五日卒。

复文彬 光绪二年六月中旬①

奉初七日教言，承示布置机宜，佩慰奚似。弟得董镇初八报，驰抵濉溪口，旷同已遁，羽翼解散，擒李凉仲等七人正法。窃意天降时雨，人心自靖。董镇尽足了之。倘仍亢旱，则后患正自难言。自当添派劲勇，兼程前进。此时岛族在沪，虎视耽耽，谣言未息，不便遽有所征调，以增眩惑，高明以为然否？祗请台安。

①沈得六月初八日镇压余捻活动消息，当在中旬。

复彭玉麟 光绪二年六月中旬①

奉初六、十二两次教言，知旌节安抵三江营，至以为慰。州棍之勾结衙蠹，几如磐石之不可动摇。得我公振聩发聋，人心为之一快。夷情狡狯，诚如明谕。水师营子药，自当照数给领。东、豫、皖连界处，积匪环伺而起，幸兵到迅速，胁从解散。海州之赵庆安、张飞豹，宿州之旷同、赵闯王，均已就擒。而飞蝗日日渡江，如不能扑灭，则不待外侮，不待内讧，而斯民生意尽矣！补救者无术，焦灼奚似。祗请台安。

①此信与六月中旬《复裕禄》函相同，均谈到镇压会党事。

复裕禄　光绪二年六月十七日①

奉初八日教言，辱蒙赐示种种。得各路函报，郭镇出队永城等处，匪徒均已星散。宿州之旷同、赵闯王、李凉仲，均经董镇擒获正法。果从此雨泽无缺，北路当无他虞。地方官以苟安为得计，竟成痼疾。建平一案②，尚谓事出有因，而延及宣城、宁国，可谓目无法纪。闻广德营头颇单，若滋事之人无威可畏，欲其解散，颇虑其难。鄙意孙道先行以理谕之，敝处派吴小轩镇军带兵从宣城进，则胁从者既感抚绥之惠，又怵难恻之威，欲不解散，不可得矣。孙道函前致营务处赵道，弟嘱其饬地方官先将起衅缘由详细切实照会该总教士，使将来无可借口。若以事属两难，且置之不论不议之列，任彼先发难端，则我无可置喙矣。凶手不可不认真拿办。纸人纸马，此白莲教事，与天主教无涉。而教士只图招揽，白莲教乘隙而入，以天主堂为逋逃薮，以教士为护身符，亦势所必至。是在地方官虚衷讯鞫，务得确情，高明以为然否？昨闻石埭获会匪六名，均有印布、口令，民心为之皇皇。弟恐其按例招解，万一中途疏失，更易动浮言。此等人本罪无可逭，谨札石埭县提犯，就地正法，以靖人心。藉爱冒昧行之，想执事之必见恕也。明日立秋矣，极盼旌节遄临，以慰士林之望，鄙人亦得借叨教益。诹吉何日？伏乞赐示。至祷！至祷！

①信称："明日立秋矣。"光绪二年立秋在六月十八日，此信当写于六月十七日。
②光绪二年六月间，安徽南部建平发生了反洋教事件。群众焚烧教堂，打死素为群众痛恨的教徒2名。事态扩大到宁国、广德、宣城各地。八月，法国公使白来尼出面与沈葆桢交涉。沈葆桢坚持"权自我操"，对犯法的教民和百姓均同样惩处。

复李鸿章　光绪二年六月十九日①

得闰月二十日教言，于六月朔日裁答。初四日又交日监督寄上寸函，未悉何时可达？比奉初十日续札，恭审澶渊重任，帝属莱公。此固中外所同声庆幸，然而良工心苦矣。宣旨及芜湖二事，均无碍大局。我公成［竹在］胸，彼族定当心折。卓儒②以厘金终为洋票所蚀，不如改正子并交而停厘。晚恐与厘必不相敌，不如改为什一之税。赫德来金陵，以此语告之。渠云商之各国，似当应允。轻率之见，未知有误大局否？谨将卓儒说帖及总署两次函稿录呈，伏冀曲加诲示，是所至祷。尊函已封呈筱帅矣。苏、皖飞蝗满野，近已渡江而南。疆吏不职，民受荼毒。补救无策，奈何！奈何！祗叩钧祺，不尽欲言。

①七月初旬，沈葆桢致李信称："六月十九肃缄寸笺，计邀垂览。"即为此信。
②卓儒：冯焌光，字竹儒，又称卓儒。

复丁日昌　光绪二年六月下旬①

奉本月初九日手教，诲注交挚，感何可言。发饷时船多，至用船时船少，诚哉是言。许以登瀛洲见贻，不啻百朋之锡。但愿完固，不敢刻期。渔户抢船，固是积习。而根原由于破案时，地方官勒富户偿之，故肆无忌惮。执成分段责成，禁之于未雨之先，官民均受其益矣。王副将闻已蒙委缺。士逢知己，如鸿毛之遇顺风。正当使各尽其用，不必更令回沪。唐景星过金陵，来见两次，是本兼顾招商局者，遇在沪时，有事尽可奉托也。海州旱蝗相继，幅匪萌动。海岩刺史正在捕蝗缉盗，勤瘁则有之，人固无恙，请释苌虑。台之精华在北，南路有观察在，北路必独当一面。似台北府之任重于台湾府，敢以质高明。九龙山事，决其伪而不发行，极佩定识定力。皖中割辫案，层见叠出。犯者多湖北人，而建平遂有客民戕杀教民、毁堂之事。出洋必不可缓，其费自当于海防中筹之，合肥想不见拒。丹崖百日满，仍可照常任事，故日监督来金陵，弟仍催其赴津，亦知尊意急欲成此举也。伯相奉命赴烟台，闻威使于十六日自沪北行，未知果否？伯相有全权字样，愈好看，愈为难矣。敬叩台安，教谦谨璧。

①信称："伯相奉命赴烟台。"李鸿章动身赴烟台在六月十八日，此函当复于下旬。

复吴元炳　光绪二年七月上旬①

奉前月十六日教言，备纫爱注。威酋赴烟台，而伯相为津民攀留，弗克如约，又多费唇舌矣。梅辉立来此言三事：一镇江之太古趸船，一铁车路，一租界厘金。据理谢之，不提滇事而去。赫德来，议完子口半税，停各路厘金。告以如此军饷必不毂（够），能将新关加到值百抽十，鸦片格外加重，或有可商。渠答云：鸦片每箱可到百金，值百抽十，似于洋商尚无大损，可会各国一议云。豫、东、江、皖近日均得雨，故匪易解散。坚壁清野，为治匪不易之良法，而地方官斫斫以乡民恃堡抗拒为患。抑知事事能必躬必亲，分别淑慝而进退之，何从抗拒？其抗拒者，必州县委诸书差，土豪得缘以为奸耳。今年，淮阳收成大减色，蝗犹未已。苏松靠得住否？尚不敢知。北来流民，已盈路矣。官贵久任，署事一年期满，并非部例。各省何以不约而同？视官如传舍，非民之福，亦非官之福，可否饬司停止？伏候卓裁。前来（日）执事许吴小轩拨江阴台上巨炮，现在可腾出几尊？乞赐示为祷。

①信称："伯相为津民攀留，弗克如约，又多费唇舌矣。"此事发生在六月中旬，沈葆桢得此消息及复信当在七月初。

复丁日昌　光绪二年七月上旬①

奉念一日教言，就谂擘画因心，至以为慰。伯相为绅民所阻，未赴烟台，滇事必又多一番唇舌。滇案未结，伯相心绪无聊，恐不遑及于铁甲，尊议容当函致。金陵并无余炮，沿江各台，尚短炮一大半，只得陆续筹款。登瀛洲俟到后，择其相宜者购备也。承派郑渔来江管驾，纫感无似。节钺赴台，应在闹事毕后。煤宜赶开，开即有款以办他矿。琉磺取之不竭，似亦一利。茶近年愈种愈多，纵本钱一时不能应手，此等事一成，便有进款，与船厂、炮厂迥别，似不难次第举行。台事无十分费手，惟人到辄病，此最为难。计招徕日多，使人气胜于地气，瘴当渐息。天主教处处生事，建平一案，教固可恶，而客民报之亦太酷。地方官均各置身事外，奈何！奈何！福建风、水交侵，此间则旱蝗相继，人人无生之乐，所忧者不尽在敌国外患矣。

①信称："伯相为绅民所阻，未赴烟台，滇事必又多一番唇舌。"天津绅民闻李鸿章欲赴烟台谈判，具禀攀留，在六月十一日。六月十七日，史景濂奏报此事。沈葆桢得此消息当在七月初旬。

复吴赞诚 光绪二年七月上旬①

奉六月十日教言，备纫爱注。承许以登瀛洲见畀，仲秋来并不为迟。惟需炮几尊，尚乞示知，以便及早饬购。伯相奉命赴烟台，津民阻之，竟不得行，此事又多费一番唇舌。许道、马守带绅士往请威使赴津，该酋未必不疑虑也。淮南、北均得雨，而节候已迟，蝗仍未已。皖抚以界上未靖，议请学使代办监临。弟近日腰疼渐剧，不能久坐。祗请台安，教谦谨璧。

① 信称："伯相奉命赴烟台，津民阻之，竟不得行。此事又多费一番唇舌。"六月十一日，天津民众阻李赴烟台，六月十七日，史景濂将此事入奏，沈葆桢得知此消息，当在七月初旬。七月初八日沈葆桢《复玮庆》信称："我近日腰痛复作，殊苦不支，今稍愈矣。"可知此信写于七月初八日以前。

复吴仲翔 光绪二年 月 日①

前叱名叩喜，五妹均此，聘甥三捷。

① 时间待考。

复林鸿年 光绪二年七月上旬①

讷如来，读手教，并询悉康强逢吉，至以为慰。闻丁中丞颇以操切为官场病，而台端甚有推奖之词。大君子鉴空衡平，令人钦佩。此次水患，甚仗中丞之力，然水灾后继之以风，吾乡何以堪此？讷如日步后尘，每月必写卷两开，从不间断。以天时、人事度之，衣钵定不虚传矣。此间旱蝗未已。晚腰疾增剧，不复能支。而外事未定，不敢言退。祗请颐安。

①信称："晚腰疾增剧，不复能支。"与七月初《复吴赞诚》信内容略同，当是写于同时。

致吴长庆　光绪二年七月上旬①

顷接白公使来信，抄呈电察。建平大狱，固由教民之横，客民之悍，亦地方官置身局外，任其谁强谁弱酿成之也。方令来谒，是一丧魂失魄之人。问以阮光福、安定山下落，非但茫然，似本未措意到此也者。试思此二人若无下落，案何从结？台从俟下教士护出皖南，方可轻骑到省。现金匮亦滋事，一通事几死。但凡有割辫之案，供证未确者，必疑官护教堂。一动公愤，便不由分说。民心固不可失，然事非其实，民情亦何可徇也？复颂勋安。

①白来尼公使于六月初十日到上海，七月二十九日任驻华公使。白来尼与沈葆桢在南京谈判大约在八月初，写信给沈葆桢当稍早。此信当写于七月初旬。

复李元度　光绪二年七月上旬①

读六月十六丑夜手教，求志者不寐以忧国，尸位者素餐以养疴，愧何如矣。谆谆勉之学林文忠，鄙人难逃自弃之愆。爱我得毋分失言之谤耶？卓议侃侃，想见借箸留侯、聚米伏波气象。而一步一蹶，所谓非不说（悦）子之道者。亦草草具疏，附驿一陈。两督销局想当抄呈，恕不赘录。川、鄂合从，上下一心，如临大敌。玉帅一味推卸，置身局外，纶巾羽扇，缓带轻裘，尤使燥心人无可测度。闻小宋已北上矣。徽商禀，未经鄂局核转，而捷足者已下顾金陵。急公者太多，似仍须蹈缴捐挚签成迹，中有所不足，敢不避嫌？然大国并未怜而许之。作此望梅、画饼之谈，适足以见笑而自点耳。战船缉私，盐政许可，操江坚不许可，奈何！桃宿官局，颇怨盐政，不肯袒护。有商愿领，分司当无所恋。或者商亦知难而退耶？湘潭、新化专商，亦未见湘局核转。费神转致展堂祭幛，谢谢。寒报来，大小儿录科第二，四小儿入侯官学，莹儿无一等，南生得附孙枝就傅，感甚。分湘流一勺，可俯视瘴海矣。腰痛甚，作辍四五次，成此一笺，殊不尽意。

①沈葆桢腰痛在七月初旬，此信当复于此时。

致李鸿章　光绪二年七月上旬①

六月十九肃趋寸笺，计邀垂览。津民攀辕卧辙，仰见功德入人之深。然为国计，此时正迫于不得不行，想至诚反复开导，比户当亦心慰。火车路忽尔停工，是否坦文有效，殊未易知。竹儒甚望我公为之坚持。谨将原信录呈冰案。日来教堂案又层见叠出，防不胜防。晚近日腰疾甚剧。草草，祇叩钧祺。

①信云："晚近日腰疾甚剧。"与七月初旬《复李元度》函写于同时。

复梁鸣谦　光绪二年七月上旬①

奉六月念七日赐函，辱蒙垂注种种。龙文华国，行当三箭定天山。幸封翁未雨绸缪，早备第二套登场锣鼓矣。小彭以水灾为龙门之浪，仙舟以疟竖为马当之风。功名在失意中，确乎其不可易。莹儿忝居三等末，能从此悟书理之不可不讲，其可喜突过于雨之侥幸一衿。云、雨许列门墙，感深次骨。孤甥陈钜，志行胜于云、雨，倘并蒙推爱收录，则感愈不朽。无厌之求，尚祈鉴谅。秋风起矣，闱后能践夙约，挈瀛眷而来否？跂望之私，曷其有极。江北旱蝗为灾，土匪旋灭旋起。江南因妖匪剪辫，居民疑及教堂，变故间出。伯相奉烟台之命，津民阻之。近晓谕明白，定六月念八日展轮矣。祇请潭安，顺颂大喜。

①信称："伯相奉烟台之命，津民阻之。近晓谕明白，定六月念八日展轮矣。"沈得此消息，当在七月初旬。又接梁鸣谦六月廿七日信，更证明此信复于七月初。

致林寿图 光绪二年七月上旬①

久不奉书矣，惟起居曼福。自我师展觐后，各藩相戒不动，似仰体恋阙之悃，俾与帝京景物作数月留连也。暂谢尘牍，著作益富。宾朋文宴，酒酣耳热时，尚慷慨谈时事否？弟病体支离，入秋仅数日，便袭棉衣。日日言违心之言，事违心之事。死为上策，归即下策。若迟回于此，则无策矣。吾乡水灾后，继以风灾。此间旱蝗未已，伏莽环伺。教堂之案，层见迭出。民无生之乐矣，奈何！祗请台安，言不尽意。

①信称："入秋仅数日，便袭棉衣。"此年入秋在六月廿四日。"此间旱蝗未已，伏莽环伺。教堂之案，层见迭出。民无生之乐矣，奈何！"当是七月初旬的情形。

复林拱枢 光绪二年七月上旬①

奉六月六日手书。义胆忠肝，崇论闳议，佩服！佩服！晋、蜀、鄂三明府，皆不知稼穑之艰难，尽望（往）得意处想，与之无从说起。听其因所见以起兴，自有山穷水尽、觉路忽开之一日。畿辅旱继以潦者，民无生之乐矣，为之奈何！鸣凤朝阳，声大而远。近畿水利一片，尤足开拓万古心胸，推倒一世豪杰。中旨一一施行，洵可为建白者劝。亨宰一向言不由衷，何足据为典要！其致□□信只索钱为其孙谋充道纪（计），何尝只字旁及专祠，文忠公岂以祠之有无为重轻？此事〈之〉当待贤子孙之有志而又有力者任之。非特不当外索，即泥定要三房均匀，断无不参差者。前议用文藻山老屋，窃恐频遭水患，非所以妥先灵。我棣台苦尽甘来，为期非远。非敢缓也，盖有待也，古人言之矣。祥将军祠工已毕，忠骸则断无可寻，一片丹心，自千古矣。致崇朴翁②信，承改正官衔，感极。近日腰疾复作，不能久坐。公事含糊太甚，殊非心之所安。草草，祗请道安，诸惟澄察不备。馀款暂存尊处，用时再行奉闻。小帆侄，均此。

①信称："近日腰疾复作，不能久坐。"与七月上旬《致李鸿章》函同时。
②崇朴翁：崇实（1820－1876），字朴山，完颜氏，满洲镶黄旗人。道光三十年进士。历任成都将军、盛京将军。

复吴元炳[1] 光绪二年七月十九日[2]

奉初六、十七两次教言，敬聆一是。伯相已抵烟台，威使仍以提案为词，所议尚未就绪。江北雨已沾足，蝗犹未已，遗种尤多，所患不仅今岁也。各处谣言四起，固由民之易惑，亦缘地方官之偷安。皂白不分，得过且过，而闾阎愈不能释然矣。一年期满之例，经台端饬停。五日京兆之风，庶少戢乎？藩、臬二君，均请入觐，弟拟附片一奏。俟文武闱毕，小岩先行，以少仲署藩篆，小岩回任，少仲再交卸北上。当否？伏候裁夺。洋炮既为吴淞所留，此间自当另购。张顺昌支离悖谬，迥出情理之外。弟已将咨商石帅情形，达诸冰案。该商呈册之禀，申明革补不报，则册全无足凭可知；申明由该商调度，则其不受节制可知。弟极知石帅为难处，然责有专属，不能不向石帅披沥愚诚也。如果归赵道节制，该商不从中阻挠，事自可行，惟执事酌之。皖省欲将内帘监试一席推之下江，此系定章照轮，岂能意为轩轾？如徽州何守执意不来，竟不能不参其规避。否则，改委者反唇相稽，何辞以对？弟近日腰痛复作，殊苦不支。祗请台安。

①吴元炳：字子健。
②信称"伯相已抵烟台，威使仍以提案为词，所议尚未就绪。"沈葆桢知此消息，在七月中旬。八月初旬沈《致吴元炳》信称："前月十九肃驵寸笺，计邀垂睐。"即指此信。

复吴仲翔[1] 光绪二年七月中旬[2]

奉十二日手教，知荩勋胜常，至以为念。凌风、飞虎炮价，已遵命分咨。至望信之切，作信之难，彼此同之，不足怪也。伯相及诸公使集于烟台，所议尚未有眉目。江南妖匪大作，里闬相惊。鄙人则腰疾大作，行坐交苦。盲人骑瞎马，夜半过深池，斯境近之。登瀛洲所用之炮，乞饬海航切实禀复。家言（信）费神掷交。祗请勋安。

①吴仲翔：吴薇隐。
②信称："鄙人则腰疾大作，行坐交苦。"与上述几信相同，当写于同时。

复裕禄 光绪二年七月二十日[1]

奉十七日教言，备纫锦注。内监试一席，向系上、下江轮充，定章若稍游移，则从此啧啧多故。何守未奉文以前，并无片纸只字言病，若改委者亦以病辞，吾辈其何辞以对？伏望台端俯念抡才大典，一体严催。倘该守竟置若罔闻，弟只得以白简从事。仍责成安藩司遴委合例胜任之员，候补府可，同知、直隶州亦可，不必一定实缺知府也。下教士业已起程，何渚等坚供阮光福、安定山实被教堂致死。然尸无下落，又无目击之人，岂能据以定谳。昨提到从教妇女八名，内一名供：听闻在堂挑水之陈老幺说起，黄之绅等将该客民弄死，又往提陈老幺矣。纸人剪辫，据供系黄之绅等于上海传来咒语，妇女中有亲见其能跳起数寸者。其起衅实缘乡民将剪辫之犯送县，为黄之绅索回，复追仇阮光福、安定山而起也。建平、广德人心尚未大定，方棣生观察，似宜催其迅速回防。祗请勋安，敬璧教谦。

①八月中旬沈葆桢《致裕禄》信称："二十日肃肛寸笺，未知何时获邀青睐？"即指此信。

复彭玉麟 光绪二年七月下旬[1]

奉望日教言，备纫一是。承示海防形势，了如指掌。亟须铁甲，尤属要言不烦。弟屡函促合肥，亦荷允诺。殆俟烟台定议后，方有暇及此。江防之炮，近又添购十尊，一时尚未能到。经费支绌，无如何也。金陵日来复嫌雨少，蝗未再至而螟子遍地，所忧不止今年。林海岩在海州甚好，弟曾保过。其江阴、崇明政绩，则闻公言始知之。日前禹生信来会商，保其为台北府。倘禹生尚未遽决，则弟当再上陈，以副为天下得人之愿。贾凤章[2]已经皖南镇揭参，当即具疏，请永不叙用。盖该镇前已密揭，岘帅姑以调开了之。与吾[3]丁忧报到，适厚帅在此，始议密疏，请调纪南。次日又来，议留与吾，敬列台衔，附片密达矣。迩日苏、松梦魇之谣少息否？至以为念。祗请大安。腰疼不能久坐，草草，谅之。

①信称:"殆俟烟台定议后,方有暇及此。"李鸿章此时仍在烟台谈判。又称:"奉望日教言。"复信当在下旬。

②贾凤章:安徽寿州人。泰州右营都司。

③与吾:李成谋(?—1892),字与吾。湖南芷江人。历任福建水师提督、长江水师提督。

复文彬　光绪二年七月下旬①

奉十二日手教,备纫一是。里下河收成尚可得半,然远逊去年矣。沭阳啸聚,登时解散。筹画之精,援应之速,钦佩曷已。饷项奇绌,异地同情。徒唤奈何!竟无长策。伯相到烟台后,该酋只推候本国信,滇案尚未有结局。清河、安东,已嘱方伯详请对调,但安东亦苦积疲,未知王令能勉副此任否?弟近日腰疼,草草奉答,不尽所言,祇请台安。

①信称:"伯相到烟台后,该酋只推候本国信,滇案尚未有结局。"又称"奉十二日手教",复信当在下旬。

复李元度　光绪二年七月下旬①

奉本月初四日手书,昨始奉到闰月之望手书。先者后而后者先,迟速亦有定数耶?惟侍奉曼福。南、云已笺龠(答)之。淹销案殆以督销局查复为凭。次儿妇生事平顺,下私窃慰。然两次均在潭府,自太姻母以次,为之提心吊胆,令人益抱不安。南生习于楚音,即使之以楚音就傅,将来或叨大国之庇,得以积雄海邦。二小儿已归应乡试,一无所学。天星欲福难为功。大小儿闰月复得一孙。儿辈无能树立者。生齿日繁,马牛老不任职,听之而已。鄂中祖川贩,牢不可破,丝毫不肯通融。董大农②攘胁(臂)争之,似是一大机会。然上策莫如自治,必场商能讲求盐质,运商能体恤水贩,使楚民稍以为便,事方可行。否则,官挟民以拒我,利未集而害先见,虽部议讵足恃哉?桃、宿官运,本出于不得已,如有商认办,岂容官专其利?果能确有把握,不作透漏出湖之想,不致以亏累误引,固所愿也。四月间,桃源缉私,枪毙一命。局员纵勇远飏,弟立予撤委。都转以下，均谓鄙人有意与官运为难。夫私枭非拒捕，无应死之罪。局勇格杀拒捕盐枭，并不得科之以罪，然必候地方官一讯。纵之使逃，其意何居？天下岂有为盐务而废吏治者耶？

①信称："上策莫如自治，必场商能讲求盐质。"与七月下旬《复程桓生》信相同，当写于同时。

②董大农：董恂，字韫卿，江苏甘泉人，时为户部尚书。

复程桓生　光绪二年七月下旬①

奉十一日教言，备纫伟论。封井太骤，转授川、楚以执奏之柄，诚哉是言！第以奉旨允准之部议，尽数废格不行，似非敬事朝廷之道。想鄂中当事，断不出此。在吾辈言之，上策莫如自治，仍当以讲求盐质，体恤水贩为第一要义。若十分不便于民，虽恃祖宗之成法，国家之威力，严刑峻罚随其后，恐亦终于不行也。德安分局，不因盐务而滋事，可谓出人意表。近来风水之说，深中于士大夫之心，何怪此蠢蠢者。江西万安县以仓廒易向，乡民毁为平地，可以遥遥相对。惩办匪犯，赔修局屋了案，应遵卓见，不为已甚。民风之刁悍，实根于大吏之要做滥好人。一向是不分皂白世界，强者屡得便宜，弱者屡吃大亏，则群知所趋向矣。江北亢旱，得雨未足，飞蝗且渡江而南，岁事大可虑。豫、东、皖界上之匪，虽屡起屡灭，若竟歉收，祸未已也。伯相奉全权之命，赴烟台商办，滇案当可了结，但结案后恐更为难矣。祗请勋安。

①信称"奉十一日教言"，又称："伯相奉全权之命，赴烟台商办，滇案当可了结。"复信当在下旬。

复文彬　光绪二年七月下旬①

连日祷雨，又为岛族所涸，致十四、十六两教，迁延未答。罪甚！罪甚！清淮得甘澍，至诚感格，信而有征。金陵亦托余荫，得雨甚足。而维扬一带，至今未得均沾，愈东而旱愈剧。江南产米，向以里下河为最，今年恐无复望矣。飞蝗过江，雨后少甦，恐晴则复作，苏、松亦未足恃也。王军门有用之才，望我公常提撕警觉之，俾成大器。唐提督抽向西南，极佩腾挪窘题之苦心。第未知海州绅民肯放否也？旷同②就获，遵谕仍以三衔入告，折稿当即咨达冰案。合肥奉命为全权大臣，赴烟台议结滇案。知念附闻。祗请台安。

①信称："连日祷雨，又为岛族所溷，致十四、十六两教，迁延未答。"指七月十四、十六两信。复信当在下旬。
②旷同：宿州会党领袖。六月初八日被捕。

复彭玉麟　光绪二年七月下旬①

昨肃矼寸笺，未卜何时可到？比奉淀湖飞札，辱以江防重任，曲致拳拳，幸早仰体苦忱拜疏矣。廷旨无不深谅者，亦知替人之难也。与吾既夺情，尤须亟扶柩旋里安葬。庶百日满后，即可出山。故檄朝杰②驰往暂护。然现在下游吃紧，应嘱其拜印毕，交中军代折代行，即驶回瓜州耳。厚帅闻其伯母感冒，驰回省视，日内计当入洞庭。讹言不息，剪辫不已，继以打印；打印不已，继以梦魇。有罪者，为地方官所故纵；无辜者，又为乡民所枉杀。麻木不仁之吏，参不胜参，为之奈何！日来为腰疾所苦，不能见客，今始稍愈。复请台安，诸唯亮察。

①光绪二年七月二十九日上谕：长江水师提督，着吴家榜暂行兼护。沈此信称："与吾既夺情，尤须亟扶柩旋里安葬，庶百日满后，即可出山。故檄朝杰驰往暂护。"朝杰即吴家榜。此信当复于下旬。
②朝杰：吴家榜。湖南益阳人。历任记名总兵、提督。光绪二年署长江水师提督。

复裕禄　光绪二年七月底①

奉望日教言，谦挹之光，溢乎楮墨。庞、薛两观察已遵谕札行。惟内监试一席，向系上、下江轮充，此次应轮上江，似宜照章办理。承谕安庆孙守、宁国高守、凤阳成守，一时均未便远离，诚属确论。闻徽州何守，才守兼优，可否由尊处札委？抑一并由弟代行，敬候裁夺。旷同就获，谨列台衔入告。临涣、石弓分扎两营，以资镇詟，自是长策。孙千总已查明下落，奏请革职留营。坚壁清野，择公正之圩长，并小村归大村。要言不烦，所谓能收其利而去其害者，佩服岂有涯量。练总捆送，恐以挟仇滋弊，旨哉言乎。访察之责，归地方官，而慎择地方官，则吾辈之责。弟虽不敏，敢不竭蹶以从。金缄三②已来金陵。白来尼③，法之新公使也，来云，法教士尚有两人在皖南，恳地方官护之归沪，免生枝节。其言近理，已函致吴小轩嘱宁国府照办。飞蝗过江，金陵迭得透雨，蝗患似可少弭。而扬州、清江一带，仍未沾足。淮南北可补种荞麦，人心自当大定。外间日内纷传，皖省绅民以凤、颖多故，不愿旌节出省，信否？万一须援成案，请学政代办监临，亦望先期赐示为祷。苏省学政，闻月到（初）可到。草草，祗请勋安，教谦敬璧。

①信称："奉望日教言，谦把之光，溢乎楮墨。""望日"指七月十五日。又称"苏省学政，闻月到（初）可到。"八月初一日，林天龄任江苏学政。此信当写于七月底。
②金缄三：福建长乐人。道光二十六年举人。
③白来尼：光绪二年七月二十九日接任法国驻华公使。

致吴长庆　光绪二年八月上旬①

别后雒诵伟作，炎炎熊熊，经籍之光。试帖尤足推倒一世豪杰，佩服无量。如斯根柢，岂借科名为轻重者哉？法公使白来尼到此，云：请地方官保护，其本国教士均令先回上海，以免再生事端。乞执事谆嘱守令，凡有法教士在皖南者，务劝令暂回上海，俾安其心。暑雨溽蒸，惟加意珍重。在事诸君均此。祗请勋安。

①七月二十九日白来尼接任法国驻华公使，来南京当在八月初旬。

复梁鸣谦　光绪二年八月上旬①

奉七月念二日手教，备细一是。家事从无百凡就绪之一日，可了者了之，不可了者以不了了之。遗才通省脱四百余人，兼俊秀言之欤？抑专为正途言之欤？务官夭折，宜惟允弟兄之痛。然天下无可如何事，尽（究）竟同归于尽。若贯老反虚入浑，倒是极乐世界矣。质夫髀肉复生，是苦债未满。弟腰痛稍愈，而痰喘殊不易耐。闻洋务渐就绪，若不上达，非惟欺主，且欺心。第寒族之三千金，发愿而未弥补，未免内疚。进款随到随尽，为此不免踌躇。但病体如万分难支，则亦止乎不得不止也。荔丹今日扃试，大有得差之望。此信到闽，正棘闱角艺之日。何人入宗匠之眼，幸邮示焉。祗请封安，不尽。

①信称收到梁礼堂七月二十二日信。又称："此信到闽，正棘闱角艺之日。"乡试在八月中旬，则此信当写于八月初旬。

致吴仲翔　光绪二年八月上旬①

得礼翁书，惊悉务官②忽以疾逝。少年英俊，人人卜其远到。而天夺之年，一面者且为神伤，谓阁下能勿恸耶？然齐彭殇虽属诞语，究竟古今来未有不同归于尽者。中年昆季，正当互相宽解，无可如何之事，只当以无可如何了之，徒自苦亦无益也。弟昨患腰痛，近始稍愈，而痰喘甚不可耐。闻洋务渐就绪，窃冀有得委卸之日也。祗请大安。

①信称："得礼翁书，惊悉务官忽以疾逝。"此信当也在八月初，与《复梁鸣谦》大约同时。
②务官：吴仲翔之子。

致吴元炳　光绪二年八月上旬①

前月十九肃扛寸笺，计邀垂睐。□户承台端惩创后，苏常人心能否稍定？扬属五方杂处，变态尤多，不得已委段培元观察一行，冀少通民情以弭后患。漕帅来信，以清河王令德优于才，请与安东万令对调。为地择人，似当许之。扬州英守引觐，已委黎守福保往代，未知当否？徽州何守竟不来，内帘监试改委胡牧克诚。薛世香忽于初三得痢疾，监试亦改委范月槎②矣。铁路一事，威使夹入滇案以挟我。伯相恐牵动全局，允其派员会商。前此买断停工之说，如其可行，并无须作此转折。然则名为会商，终于尽如其意而后可也。购费已不知出于何地。费钱购之，且必费钱续之，又必用其人，每年之亏累，尚未知何所底止。尚曰保我自主之权，欺人耶？抑自欺耶？则何如听其自造之为直截爽快也。听其自造，将来彼必求于吴淞卸货以免赔累。买回我办我赔，到无可奈何时，彼亦以吴淞卸货之说进。其流弊等耳，何必掷数十万金，冒掩耳盗铃之笑柄也。两害相形取其轻，应如何斟酌之处，幸指迷焉。谨将伯相原函，抄呈电鉴。祗请台安，言不尽意。

①信称："铁路一事，咸使夹入滇案以挟我。伯相恐牵动全局，允其派员会商。"七月二十七日李鸿章《致冯焌光》信称"不得已乃允派员往会商"，沈葆桢知此消息，当在八月初旬。
②范月槎：范志熙，字月槎。湖北武昌人，贡生。

复吴大廷　光绪二年八月上旬①

两诵手教，既病且忙，致稽裁答。罪甚！罪甚！就谂圭璧之躬，以苶勚逾恒，亦微有不适，惟加意节宣，至以为祷。沪局得大才擘画，合肥亦必无间言。第花样翻新，无论他项奉拨之款，即淮军月饷，亦不知归于何所矣。左、刘索饷之文，语含诮责，只有返躬自疚，不敢支饰一词。商务定后，合肥必复申分兵之说。丛镝被体，虽三头六臂亦不能胜。幸为悉员所评，已奏乞解任候讯矣。戍女以铁路夹入滇案，合肥恐牵动全局，许为调停。前此买断停工之议，如其可行，早无须作此转折。然则所谓调停者，必尽如其意而后可。买费已不知出于何地，费钱买之，又必费钱续之，且必仍用其人，谓之保我自主之权，夫谁欺耶？则何如听其自做之直截爽快也。卓识其何以教之？弟腰痛少减，而气喘各病如故，想大梦亦将觉矣。祗请勋安，诸维澄察，不庄。

①信称："戍女以铁路夹入滇案，合肥恐牵动全局，许为调停。"在七月二十七日。沈葆桢得此消息，当在八月上旬。

复彭玉麟　光绪二年八月上旬①

闻旌节抵下关，冀幸望见颜色。乃一舸径度，趋尘莫及。辱两赐手教，既病且忙，迁延未复，罪也何如。弟履任后，即迭饬江北州县，遇匪徒到案，录供请就地正法。从无令其起解到省，翻供发回者。然而纵匪之风，不为少戢。即救生不救死，亦并非其本心。其病根全在不担干系，得过且过。未尝为死者计，究何尝为生者计，纯是为自己计耳。恻隐二字，荡然无存矣。妖案宗派，出自白莲教，而其头目则出自哥老会。气候未成，其力不足以造反，而四布造反谣言者，冀各省之添勇也。到案必供教堂者，冀地方官之不敢办。而教堂只图招徕之广，不暇考究。此辈亦实在有窃附其中，借为护符者。然据案办案，教士绝不能出而袒庇也。培元过仪征，正法一匪，旋赴扬州矣。燕（烟）台之议了矣②，而江南因之大不了。一为停租界之厘金，一为造吴淞之铁路也。吁留与吾，已蒙宸允。朝杰谢折，谨当代办，嘱其速将印花寄来。珂乡水患，与西江大略相同。闽中水后，继之以风，禾稼扫地以尽。斯人不乐其生，奈何！奈何！肃此。

①信称："燕（烟）台之议了矣，而江南因之大不了。"指签订《烟台条约》，在七月二十六日。沈得此消息，当在八月初中旬。

②英国借口马嘉理案，迫使李鸿章与英国公使威妥玛谈判，在烟台签订中英《烟台条约》。其中，增开宜昌、芜湖、温州、北海为商埠，大通、安庆、湖口、武穴、陆溪口、沙市等处为码头，免收厘金和内地税，严重损害中国权益。

致吴仲翔　光绪二年八月上旬①

昨黄子穆②少君，拟以荫生应举，钞吏部恤案，托桐云来索饬知。因思茀轩③、璞真等品秩不同，予荫则事同一律。钜甥下次总可望进，不必急于驰逐。藻侄二十八岁矣，录科再刖，固由不学使然。然甚无以慰其寡母，恳阁下检案，求春帅赏一饬知，俾可据以乞入遗才场，或者托朝廷恤孤之恩，不至悬布三绝，则执事生死而肉骨之也。恐为期已迫，并备一咨送公文矣。祗请勋安。

①信称："藻侄二十八岁矣，录科再刖，固由不学使然。"查乡试从八月初九日开始，此信当在乡试之前。

②黄子穆：黄敬熙，字子穆，又字缉臣，福建永泰人。四川安县知县。

③茀轩：沈葆桢之堂兄，沈荫士之次子。荫士为葆桢父丹林之兄。

复冯焌光　光绪二年八月中旬①

奉月吉赐书，以火车路一事，苦费苦筹，备纫一一。伯相许其派员商办，原属万不得已。梅辉立到，自应仍持原议，买断停工，方与自主二字不背。第彼族肯如此结局，则此事早已就绪，何待借滇案胁我？伯相既有买回自办之说，则保我自主者其名，而不能中止者其实。既不能中止矣，任彼自造害也，我买而续之亦害也。两害相形取其轻。孰轻孰重，此间殊难臆度。姑以管窥所及，约略言之：洋商于中国之地，不问中国之官，违约兴工，中国不问其专擅之罪，转偿以营造之款，即遵命停止，固已大伤国体，大拂舆情。乃动巨款购回，又须仰体其意，续其未竟之工，用其违约之人，曰以保我自主之权也。向来掩耳盗铃，无至于此极者。购回之款，出于何地？岁修之款，出于何地？亏垫之款，出于何地？到久而不支时，必曰中国泥关章之为害也，能于吴淞卸货必不赔矣。于长江两岸购地试造，阻之则曰有上海成案可循，不南至川、滇，北至关、陇不止。中国何从费此巨款，向其购回？将来亦终于听其自造，此买而续之害也。任其自造，即约明不准更动关章，约明不准拓出界外。然我处处不能负约，彼则时时可以违约。且即可以上海所造于中国有利无害为言，即不能阻之以兵，则无往不惟其所欲。且百姓不愿卖之地，必曰地方官从中把持，务令官胁百姓从之而后已。而侵占逞强，地方官不得过问焉，此任其自造之害也。反复玩索，两言并无轻者。执事就近审度，必较鄙见谛当。应从何策，伏冀指迷。时势至此，固断无妥善者，然轻重则不能不择。祇请勋安。

①信称："梅辉立到，自应仍持原议"，在八月十八日。

复吴赞诚　光绪二年八月中旬①

奉七月望日手教，猥以四小儿滥厕黉序，奖饰优加，读之增愧。登瀛洲头炮，曲费苦筹，感深肺腑。其边炮容当委购。船工得精于算学者主持，断无不益臻美备。窃意出洋如有成议，定当更上一层。至铁料、木料经费，尚可腾挪，似当先期广购。盖以后只有加贵，断难望其便宜也。滇案议结，伯相寄来各稿，抄呈冰案。火车路一事，苦乏收台良策。租界厘源一断，此间益不可支。然非勉强答应，则目前先不得了，伯相其煞费苦心矣！七月念九，返节津门，似不必入都。江南乡试，首题"子贡曰：有美玉于斯"一章；次旅酬四句；三"秋省敛而助不给"。诗："依旧青山绿树多"，得舟字。上江入闱近八千人。知念附及，祗请台安，敬璧教谦。

①《烟台条约》签订于七月二十六日，李鸿章于七月廿九日回天津。此信当与《复冯焌光》信同时。

督江（三）

复李鸿章　光绪二年八月中旬①

奉七月念七日烟台手教，辱蒙谆谆诱诲，缕晰条分。硕画荩忱，昭然若揭。息异族之窥伺，镇群议之纷纭。寰海镜清，皆仁人赐也。杏荪结习未忘，见猎心喜。火车路事，俟其出场再与熟商办理。小宋②昨过此而不入城，得其手札，竟肯搭坐轮船。雪帅微服出崇宝观海口，来函催办铁甲船，此皆识时务之俊杰，不拘执成见者也。令侄以优行上荐，仰征德门之庆，转瞬桂林一枝，秋风得意，则山外青山楼外楼矣。兹乘丁蕴石观察北行之便，草草布臆，乞恕不庄。观察去闽，人人冤之。闻雨帅已函达台端，为筹研席也。

①李鸿章七月念七日函由烟台发出，至南京至少十二三天，沈葆桢复信当在八月中旬。
②小宋：何璟（？—1888），字伯玉，号小宋。广东香山人。道光二十七年进士，历任福建、山西、江苏巡抚，光绪二年九月，授闽浙总督。

复林拱枢　光绪二年八月中旬①

奉孟秋两教，忠肝义胆，发为崇论闳议。雒诵再四，不觉口角之流涎也。存款乞拨五十金付缉臣，三十金付丁君毓琛。小宋昨始过此，未入城，坐轮船赶渡瓜步。丁、李②搆衅，何以怨及林宗？所谓林宗者，远公耶？抑筠老耶？吁赈疏上，西江以三万五千应。仁人之言，其利溥哉。然使一麾出守，断难上此流民图。则挽驾者，窃自诩其与有力焉。疏稿沉挚朴茂，大类宣公札子。窃愿内转乡曹，长处拾遗补阙之任。言所欲言，以佐天子，勿仆仆风尘为也。雨儿质地粗浮，奈复天益其疾，承齿及，益颜厚矣。聘侯复入船局，竹修到湘即乞归，寿甫或望其以犹豫而获久于晋。竹坡③又自闽束装，扰扰者，各事其事，亦所谓行乎其所不得不行，止乎其所不得不止耶？此间道、府、州、县，有载在官册，而其人去如黄鹤者；有日夕相见，而官册并无其名者；有忽去忽来，若隐若见者；有或宁或苏，或扬或淮，伥伥何之，忽而各适其适者。所谓地大物博者欤？严伯牙似尚未之见。挈斋④先生之世兄，遍访数日，始闻其尚滞太湖。松观察十一始到，呢幛交巡捕，觅其戚属转寄。敝衙门向未派一差使，袁世兄当早有所闻。荔丹分校秋闱。小湖⑤前辈信件，已派人送去。嗽疾大作，夜不成寐。而建平教案未结，未敢请假，只得勉强暂时支持，以待人证之齐，只恐一波平而一波复起也。

①信称"荔丹分校秋闱"，可知此信当在八月中旬。
②丁、李：丁日昌、李鹤年。
③竹坡：沈书年，四川温江县令。
④挈斋：孙炯，字挈庵，承泽之孙。有《研山斋珍玩集览》。
⑤小湖：李联秀（1820－1878），字小湖，江西临川人。大理寺卿。道光十九年卒。

复李端① 光绪二年八月中旬②

得七月念八书，知安抵都门为慰。部郎非科甲出身，殊难摆脱。若秋闱得意，自有出路，不必改也。

①李端：字康侯。江苏补用道，沈葆桢之大女婿。
②此信谈及秋闱，当在八月中旬。七月念八日信，也当在八月中旬收到。

致黄敬熙① 光绪二年八月中旬②

船厂全军皆墨，拥兵不救，罪有攸归。馈饷五十金，急购笔墨卷折，朝夕淬厉，勉赎前愆，毋再推诿。鲁生昆仲到总署后，竟无消息，殆入北闱耶？

①黄敬熙：字缉臣。
②此信谈及秋闱，写信时间当在八月中旬。

复林回淑　光绪二年八月中旬①

迭得手书，碌碌未答，歉甚。秋气深矣，日月如流，转眴即走马看花之候。努力以慰老母。字要好，临帖；文要好，温经。践迹而入于室，无他谬巧也。

①信称："秋气深矣，日月如流，转眴即走马看花之候。"应在八月中秋以后。此信当与《复李端（康侯）》信同在中旬。

复李元度　光绪二年八月中旬①

三接赐教，以气喘不能作答。罪甚！罪甚！伏惟侍奉曼福。专岸以杜邻私，用心苦而持论伟，极为钦佩。无如湘商迭次禀阻，恐启门户之争，是以中止。引地事，鄂中无只字见复，殆必俟即真人来耶？大作《吴贞女传》，是关系名教文字，人与文并千古矣。谨先代小轩九顿以谢。《林文忠政书》寄来八部，一日便散尽。有便人入都，再向小帆索之。江南京饷，苏、扬有之，金陵向未有涓埃也。淮北增引，初呈为彭京兆、潘方伯所递，与续呈均批司核议矣。莹儿寄首篇文字来，谨以奉呈。所谓丑媳妇免不得见翁姑也。

①信称"以气喘不能作答"，当在八月中旬。

致周溯贤①　光绪二年八月中旬②

共楯江表，而迢迢衣带，不获一叙契阔，怅也何如？伏惟曼福。今年或潦或旱或蝗，几无无灾省分，且有以一隅兼受数灾者。豫章三次水患，昏垫可知。抚恤穷黎，想见良工心苦。兰谷忽然惠顾，握手，互惊须鬓之改，而其精神之矍铄，性情之肫厚，则仍不改也。需次二十年，补一官而不可得，为之抚（怃）然。弟咳逆结为痰喘，夜不能安席。当此重任，必不能支，而外事胶葛未清，又不敢遽行陈乞。挚爱如君，何以教之？

①周溯贤：字葭浦，广西桂平人。举人。同治七年任督粮道。
②信称："弟咳逆结为痰喘，夜不能安席。"当在八月中旬。

致裕禄　光绪二年八月中旬①

二十日肃矼寸笺，未知何时获邀青睐？建平一案，客民谓阮光福、安定山已死，而不能举其佐证；教民谓实在并无此人。连日司、道督同守、令熬审，始据供出焚尸灭迹。教堂之无情无理，地方官之玩视民瘼，吁可慨也！金缄三随所提人犯而来，尚图教供抵案。抑知该教士不如此袒护，地方官不如此瞻徇，即黄之绅、杨琴锡何至于死耶？所缴辫发外，并有胎骨，定案时须呈之总署。芜湖道来矣，而感冒颇重。尊处可否另派大员前来会讯？伏候卓裁。滁属绅衿来此报灾，弟照案批司委勘，访闻该属实被灾甚重。全椒当朱令下乡时，尚有杂粮，故以五分报。报后而蝗复集，则草根俱尽矣！前牧周德梁官声甚好，闻赵牧力反所为，民情不胜愤怨。定远之邢令，亦大不理人口。素叨挚爱，不敢不竭其愚，以候察夺。吴小轩营勇在宣城，染疫颇多。现在人证稍齐，令其撤回浦口，借资苏息。

①信云："芜湖道来矣，而感冒颇重。"八月十七日沈葆桢致谢谦亨信称："故特调皖南道来。一来即病，不能听讼。"此信当写于八月中旬。

复郭嵩焘　光绪二年八月中旬①

奉八月朔赐书，知中朝以辽海之行，非郑公不可。召对温谕，宜老臣有不容自已之情。天相吉人，定知一路福星，七万里犹几席也。小樵已飞函致之。闻禹帅为安顿通商局文案，俟得其回信，再由竹儒处奉闻。弟日来气喘益剧，中夜须起坐，苦不可支。建平案未了，武闱又在即，未敢遽乞假也。

①郭嵩焘于八月初致信沈葆桢，至南京当在十二日左右，复信当在中旬。

致谢谦亨　光绪二年八月十七日①

琐事蝟集，复为病魔所窘，致久未奉书。罪甚！罪甚！建平一案，始以为客民误听谣言，激成是举。经司道迭次研讯，乃知教民之稔恶，迥出言思拟议之表，死有余辜。因承审者均苏省之官，恐皖中官场前疑未释，故特调皖南道来。一来即病，不能听讼。故复函请裕中丞另派大员前来，尚未得复书也。铁车路唇舌未已。本日上海道来云，梅使亦当到。掩耳盗铃，不知做到如何地步。迂拙之性，加以老病，岂能揢拄。夜间痰喘气促，必须起坐。日间则如醉如梦，食不下咽也，断非草根树皮所能疗者矣。

①信称"本日上海道来云，梅使亦当到"，梅辉立于八月十七日来上海。此信当写于八月十七日。

致林拱枢　光绪二年八月中旬①

前月肃豇寸函，计当入览。秋风桂子，德门诸俊，定联袂云梯。鄙意尤盼弱士之先著一鞭也。此子于群从中最耐苦，固宜有以偿之。同乡试北闱者，较往年为多，能多中数名，尤足诱掖后进。子和入于河，暂释两贤之厄。督悬两缺，向亦不少概见。小宋九月半可抵京矣。冰如资格，于方伯中为最深。能擢封疆，腾缺以与欧斋，则两得之道也。此间不雨者又两月有余矣。满野哀鸿，殊苦无从措手。近日差强人意者，推西域一捷书。湘阴物望归焉，合肥其益负谤乎？此时小帆情急矣。不以尺牍扰其功课，并此道念。

①光绪二年九月中旬沈葆桢《致彭玉麟》信称："入秋来，不雨者三阅月矣。"此信云两月，当在八月中旬。

复李端 光绪二年九月上旬①

得闱后手书，知一切安善为慰。试作细意熨贴，大可望售。一骑红旌，翘盼无似。题名应属南北闱者，亦人生定分。念念于咨文之虚发，殊不必矣。桃、云、雨迟之又久，或云其念七开船，似又不果。幼莲失偶，衙斋颇苦岑寂也。

①信称："桃、云、雨迟之又久，或云其念七开船，似又不果。"念七，八月念七日。此信当复于九月初。

复吴元炳 光绪二年九月上旬①

三奉赐书，备纫荩抱。梅辉立来矣，舌敝唇焦，词穷则更端而进。其始谓此是美举，中国不当禁，继乃转怪中国禁之之晚。驳以公使、领事绝不知会，何从知而禁之？则以沈道出示明明有车路二字为辞。告以汝如只走寻常之车，中国断不汝禁也。反复数百言，总谓中国如果愿买，必须照旧办去。告以买来仍须办去，与自主二字相悖而驰，非中国不愿买，乃英国不愿卖也。彼云：本有绝妙法子，并不要中国费钱，只须给以官照，即将来赔垫，亦英国之事，与中国无干，且可酌缴捐项。告以民所不愿，官贪捐项而给照，必无此办法。汝当初造时，本未请示中国，勉敦和谊，不用兵拦阻足矣，给照万做不到。次日，冯道告以汝意不过欲中国人人看过，知铁路之利，我折（拆）到机器局用，人人亦可看得。梅辉立不愿。又告以改归台湾煤厂用，则人人见其大利，梅辉立又不愿。迨两边均作决绝之词，梅辉立又有展限之说。冯道坚持银交清即为买断。彼又云：既如此，则银必待两年方可交清。冯道许以一年。其价据称三十万两，冯道要查的实底数而散。弟思一年期尚不甚远，渠不占便宜，亦不肯歇。令冯道将所议作一节略，再行订实，未审不再翻腔否也。石帅事事太阿倒持，执事法语巽言，忠告善道，可谓至矣！如其执迷不悟何？昭文一案，不能不勒令交凶。倘抗不遵交，似不能不具奏。否则，投案之私贩，不能单办，又不能开释也。高明以为何如？赵道虚拥统带之名，而受分过之实，定非所愿。察看情形再议，极佩卓见。罗登榜并未投标，则其奉浙省缉私，亦未必可据。幸王镇办事认真，否则，竟成捕风捉影之案。此断非海门厅所能研讯，已照饬王镇提犯解省矣。

①信称:"梅辉立来矣,舌敝唇焦。"九月一日开始会谈,九月初八日签订《收赎吴淞铁路条款》,此信当写于九月初旬。

复何璟 光绪二年九月上旬①

闻奉调出山,同寅咸谓台从向不坐轮船,冀幸可以一晤。昨由琴西送到手教,则已望尘莫及矣。辱荷肫肫垂注,且感!且惭!迩维安抵都门,天颜有喜。司马入相,中外胪欢,至以为颂。弟浑身是病,颁鬓皓然。时事固万难,然尚非无可为者,而断非衰朽兼以迂拙者之所能为。此邦费我公苦心经营,以有今日。鄙人颠倒而败坏之,良用疚心。到任以来,一月必有旬余不能见客。拜跪需人扶掖,祭礼从不能到,大事之废弛,尚何待言。夏日尚可勉强撑持,入秋益难搘拄。叨挚爱者数十年矣,其何以教之?豚儿凡七,无一肯向学者。长、次、四虽乡试,观光而已。孙六,尤少不更事。召民在台,快谈哲嗣驱蟫之文,令人健羡无已。心泉家况,眼前尚可支持,其世兄尚无纨袴习气。远公在家课其子孙,竟岁岁有效,其晚景非凡人所及。颖叔入都后,不出藩缺,当待我公挈之同行,想此时已对床晨夕矣。

①信称:"颖叔入都后,不出藩缺,当待我公挈之同行,想此时已对床晨夕矣。"何璟于九月初九日到京,此信当写于九月初。

致吴元炳 光绪二年九月中旬①

今年河运,可谓费尽九牛二虎之力。明岁踵而行之,费必不支,且恐贻误。弟拟暂行海运,疏一、密片一。笔墨芜拙,不足以动天听。谨缮呈冰案,乞赐斧削掷下,并可否允其联衔之处,示复至祷。秋闱十三揭晓,附呈《题名录》、闱墨各一分,伏乞察收。

①沈葆桢《借黄济运徒耗经费拟请暂行海运折》稿写于九月二十二日。此信在之前,当写于九月中旬,即十三日秋闱揭晓之后。

致文彬 光绪二年九月中旬①

今年河运,可谓费尽九牛二虎之力。明岁踵而行之,费必不支,且恐贻误。弟拟暂行海运,疏一,密片一。笔墨拙涩,不足以动天听。谨缮呈冰案,乞赐斧削掷下,并可否允其联衔之处,示复至祷。秋闱十三揭晓,附呈《题名录》、闱墨各一分,伏乞察收。另一分乞转致贡翁②。凤阳关以船料事,与外人大起葛藤。贡翁决然弃之,真卓见也。

①此信应与《致吴元炳》信同时。
②贡翁:文琳,字贡三,满洲人。官至刑部右侍郎。

复彭玉麟 光绪二年九月中旬①

读二十日手书,谦挹之光,从血性中迸出。敢不惟命是听,俾勿见屏于大匠之门。滇案暂息风波,窃恐中外又相率苟安,以享无事之福。我公湖山寄迹,军国萦怀。蒿目时艰,将与世事同成痼疾。计不如引为己任,尽起饥溺之厄,借纾郁结之情,庶两得之。辱承明问,敢进逆耳之言。懒散性成,又婴疾疢。滥据要席,中夜傍徨。谪降诸天,旱蝗相继。入秋来,不雨者三阅月矣。

①信称:"入秋来,不雨者三阅月矣。"六月十八日立秋,此信应写于九月中旬。

复丁日昌 光绪二年九月中旬②

奉出闱后手教,忧国忧民,苦心溢乎楮墨,亲隶骈孅者,有不感深次骨耶?滇案了矣!而此间转因之不了。总之,将我利权一网打尽耳。铁甲事,弟进言于伯相者,不可以次数计。亦自厌其烦数,无如其不可以已也。现出洋业已定议,固是铁甲权舆。然专以经费责诸闽省,恐闽省颇难为力。九龙山原系虚名,并非实境。得尊处一复奏,则政府涣然冰释矣。士子极守规矩，实缘怀德。我公之所以感人心固不止此，若有去志，则未免辜人望，朝廷亦断不曲从也。强饭，少服药，常散步，以舒气脉何如？此间不雨者又三阅月。麦种不下，焦灼之私，曷其有极。登瀛洲到，敬拜百朋之锡。顷嘱其赴沪装炮，勤加操演，俾无负关爱之盛心。

①登瀛洲到南京在九月初五日。信称"此间不雨者又三阅月"，南京六月十八日开始不雨，此信当写于九月中旬。

复林鸿年　光绪二年九月中旬①

奉七月既望教言。江湖魏阙之诚，洋溢楮上，钦佩奚如。有星昼见，此间亦人言藉藉。晚短视，固无从管窥。素昧推步，尤难辨其分野。天道远，人道迩，无然泄泄之训，非但书绅已也。闻吾乡已开仓平粜，米价能稍平否？辱赐良方，极佩挚爱，容当遵制久服。但恐蒲柳陋质，有负金丹也。

①此信与光绪二年九月中旬《复吴仲翔》信当写于同时。

复吴仲翔　光绪二年九月中旬①

奉八月念五日手教，敬聆种种。苏三者，贩夫牧竖所心醉，在足下固宜为不入耳之欢。悲伤人生所难免，惟心有所着，便不至一往莫解。足下素好圕书，然不置可否。人圕而我圕之，于心无与也。有所见而命笔，则又是一番境界矣。中庭霜肃，菊最可人。购数本而滋培之，亦足怡情悦性。辱承明问，敢进鄙言。山川不能语，何从知其吉凶？但能借此调和家庭，便是佳境。第以眼前之祸福为去取，恐将来复有起而议其后者。愿足下勿复措意，一听难弟之所为。保洽太和，家运自泰。死自定分，与医亦复何涉？今日所谓庸医，固往日所谓良医也，安知不复有他日之庸医，为今日之良医乎？须知天下无不死之人，亦断无一生无病之人。扁鹊当前，漠然无所动于中，庶几天君泰然，百体从令矣！赈项恐舍间或有参差，故向儿辈一问。弟本求勿奏，更正何为？银水退还，尤非初念，愿求雨帅之作罢论也。销案固应有此余波，小舟当能了之。

正封函间，续奉十二日手教。闱墨之佳，诚如尊谕，惟亲友中未免寂寂耳。江南墨不如福建，然姑以为瑶琼之报，伏乞察存。

①信称："奉八月念五日手教，敬聆种种。"又称："正封函间，续奉十二日手教。"九月十二日信，从福建至南京需经一星期左右。此信当复于九月中旬。

复黄倬昭 光绪二年九月中旬①

读八月念一日手教，备纫一是。骏甥闱作，英杰之气，扑人眉宇，可谓青出于蓝。程三哥本无甚病，为名医与活佛文致而周内之，遂成固结不可解之冤。其不惮跋涉而来也，意谓参茸可恣一饱，迨见面，首戒以勿服药，不觉怃然。德邻②满腹岐黄，方虑无所发泄，百般怂恿。而病者极（及）相与关切之人深中下怀，乃密约勿令鄙人知之。重剂石膏、竹茹，下咽即吐。或者仲熙灵光未泯耶？试作一论，虽俭陋之至，而虚字明白，尚非弃材。乃秦越人移石膏、竹茹之罪，于此一论，固善于仰体，而痼疾不可为矣。足下深于医者，调理不患不精。窃以为人之一身，不能全无病痛，亦不可全无病痛，高明以为然否？竹坡留连数日而西，德邻稍迟，数日亦就道。荔丹门得十士，亦足以豪，闻又掌武衡矣。

①此信与《复吴仲翔》信均提到人一生不能无病，且两人从福州发信时间均在八月中旬。沈葆桢复信当在同时。
②德邻：梁济谦，字德邻，曾任船政委员。

复吴赞诚 光绪二年九月中旬①

奉八月念六日手教，就谂勋福骈臻，至以为慰。赐拨登瀛洲，工坚料实。百朋之锡，感何可言？所需边炮，已饬筹防局照办矣。出洋之议已定，以后船政益蒸蒸日上。惟经费还挹诸闽中，万一不能予取予携，又费我公苦心擘画。此间不雨者又三阅月，麦种不下，遍地皆蝗孽。流民满野，棘手焦心之处，罄竹难书。秋闱于十三揭晓。寄呈《题名录》、闱墨各一，伏乞察收。

①信称"此间不雨者又三阅月",指六月中旬以来三个月。此信当写于九月中旬。

复梁鸣谦　光绪二年九月中旬①

德邻见过。奉读手教,辱蒙注示种种,感何可言?难弟视岐黄之学若性命,既可活人济世,亦仕宦中一终南捷径。十八日已出下关,候洋船而西矣。仲容文字,眼高于顶,当遇赏音。雨经炼师指头所点,顿换凡胎,其本来面目,则万无可幸也。刘、林二都司,方伯及上海道咸有意留之。渠得出洋信,勃勃告归。嘉其乘风破浪之志,许之矣。剪辫、打印,实有此邪术,并非尽出讹言。地方官强抑之,遂横生别节。培元是以有维扬之行,为剖析皂白,群疑涣然矣。荔丹门登十龙,闻又掌武衡,快哉!竹坡先德邻束装二日,得蒋小浦信,将自洛入都。新嫁娘孔多,压线之贫女,十指应接不暇,奈何!此间不雨又三阅月。滇事了,江南愈不得了。棘手焦心之事,罄竹难书。徒增一皱眉之人,故亦不愿为爱我者告也。

①入秋至此不雨三月,当在九月中旬。信中有"十八日已出下关"句,此信当在其后。

复吴大廷　光绪二年九月中旬①

读九日教言,深感登高遥念故人之意。丝捐公费,留待不时之需。苎虑深筹,定荷中丞曲谅。昨阅公牍,已由藩库筹款垫发矣!子永仁心慧术,其言蔼如。金陵据都人士所请,已开局,兼旬尚无当者。盖民间犹望种麦,故奉书后,添札运司徐淮两道,于维扬、清江、彭城分局办理,并咨苏、皖中丞及漕帅矣。俟其请款,当仰体盛心,大呼将伯也。铁路归结,仍缓一年,殊不惬人意。其委折,竹儒旋沪,能详言之。祁子禾复命,函乞惠吉,不能不徇所请。沪局挖土船,借向高宝一带试用,乞谕惠吉拖到瓜洲。琐费清神,尚祈鉴宥。子永先生,乞致惓惓。

①吴大廷来信,时间为九月初九,即重阳时节。而吴淞路条款签订于光绪二年九月

八日，冯焌光（竹儒）回沪，当在中旬，复信当在此之后。

致刘秉璋① 光绪二年九月中旬②

久疏音敬，维勋福骈臻，至以为颂。外间传闻李李村观察有出缺之信。如果属实，乞尊处入告时，带叙是缺有坐补之段起一员，不胜幸甚。该员虽经弟调往福建，带来江南，奏明仍令坐补原缺，曾咨达冰案。该员现在扬州查办妖匪，日内尚未旋省也。筱帅③仍回湖督，丁稚翁放川督，文式翁④调东抚，潘琴翁⑤晋滇抚，川臬杜⑥升滇藩，淮运方⑦升川臬，何小帅⑧闽督，林颖翁晋藩，附闻。

①刘秉璋（1826—1905）：字仲良，安徽庐江人。历任江西、浙江巡抚，四川总督。
②信称："该员现在扬州查办妖匪，日内尚未旋省也。"此指段培元。据九月中旬致梁鸣谦信称："剪辫、打印，实有此邪术，并非尽出讹言。地方官强抑之，遂横生别节。培元是以有维扬之行。"此信当写于中旬。
③筱帅：李瀚章，光绪二年九月十一日任湖广总督。
④文式翁：文格，光绪二年九月十一日调任山东巡抚。
⑤潘琴翁：潘鼎新，光绪二年九月授云南巡抚。
⑥川臬杜：四川按察使杜瑞联于光绪二年九月十一日迁云南布政使。
⑦淮运方：两淮运使方浚颐于九月迁四川按察使。
⑧何小帅：何璟。

致刘瑞芬 光绪二年九月中旬①

久疏音敬，维勋福骈臻，至以为颂。当牛一举，前具公牍，曾否上达典签？伏望荩筹，速成此局。江北岁收歉薄，流民必多。抚恤机宜，莫善于以工代赈。前札许运判，勘估高宝一带河工。嗣据河北各票贩呈请该运判往挑安东盐河，批由尊处察看。该运判能否分身？核饬遵照。比思票贩等既自行筹款急公，若不予以所素信之人，殊恐阻其奋往之气。敢恳执事，即饬许运判驰赴安东。其高宝一带，执事就近另委干员勘估。昨札惠吉拖机器挖土船赴扬，恐扬郡委员罕能知其利用者，并恳执事将其用法指示。倘能谙习，则以后事半功倍，获益无穷。目下两淮运道，几于无处不淤，两淮饥民待赈，又岌岌不可终日。吴楚人士，争以增新引、开水利之说进。弟思与其增新引以夺旧商之利，何如令旧商竭力报效，自开水利。核其所费之多寡，许以不增新引若干年，似公私两受其益。请执事参酌。如以为可行，乞饬总局传各票运议复为荷。

①祁子禾向沈葆桢函乞惠吉，在九月中旬。

复程桓生 光绪二年九月中旬①

两奉赐书，以秋闱届期，既病且忙，迁延未答。罪甚！罪甚！规复引地，苦费苫筹。弟偶有所闻，亦姑以就正，并非胸有成竹。幸有定局，仍乞执事反复晓譬，以策万全。勿难于相违，致有疏舛。惟此事之成否，殆有天焉。且看鄂省执奏奉旨如何，再求雅教。此事大约俟筱帅回任，方能出奏，付之无可如何而已。蔡孝感②无以酬其苦心，殊自愧恧。世间不如意事十常八九，不信然哉！此间三阅月不雨，弟扶病步祷，迄不获应。内疚之余，益深焦灼。各场清查后，所重之盐，能较干洁否？新任都转本领如何，有所闻否？鸿便，示及为祷。

①信称"三阅月不雨"，指入秋至今，当在九月中旬。
②蔡孝感：蔡炳荣。湖北孝感县知县，补用知府。

致吴元炳 光绪二年九月下旬①

两奉惠书，仁术慧心。读未竟，不觉五体之投地也。海运疏已拜发。其密片，质夫漕帅恐有窒碍，谨即抽去，以甘饷实数附入，已咨达冰案矣。狼山提案，至今尚无回音，殊不可解。高宝河工，亦未估报，已函致芝田，饬许运判先赴安东，以酬北贩之望，俾得迅速兴工。高宝由司另委勘估，并劝运商于里下河运道筹款疏浚，许数年不增引，以歆动之。如有端倪，当嘱仁山②相助为理。金陵牛厂已开，而经费极窘。橄扬、淮、徐一律推行，扬尚较易，淮、徐则不知所从出。浦口遵命留养饥民，拟碾仓谷以付小轩③，并设牛当，俾免牵牛渡江之苦。截留余米，乞即挈贱衔上吁，想必邀允。但江北待赈若渴，似不必守候批回，可先行解济。万一奉驳，再行哀吁，抑另设法可也。月折较缓，发速报似更易动天听，伏候卓夺。廉访苏常等席，为地择人，极佩公允。皖南教案，歧中有歧，无非地方官之讳饰误之。吏治至此，言之实堪痛心。

①请开海运疏稿写于九月二十二日。此信称已拜发，当在下旬。
②仁山：徐文达。
③小轩：李廷箫，湖北黄安人。曾授陕西道御史，时任江宁府知府。

致陈子厚、陈子余① 光绪二年十月初一日②

讷如之来金陵也，状貌丰满异于曩昔。弟私揣其体气结实之逊于前矣。馆政既极认真，用功又殊勇猛。晨起必临帖一纸，书殿卷两开。嗣闻其告幼莲曰：迩来日书殿卷四开，自觉毫无进境，奈何！八月底忽闻其服药，问之，以无病对。密询雨儿，据云：先生尝自言勿服药较妥。既而曰，姑再试一剂。下咽后，又悔之。病系痰嗽，方则德邻所开，桑杏二陈之类，约服五六剂。德邻西行，药亦遂止。饮食大减，以粥代餐。儿辈私告弟曰：先生颇苦气喘，面有忧色。弟亲往问之，仍以无病对。劝延医一诊，辞曰：此地医决不敢试，静养可也。念四早，诸友察其神气不佳，强之延医，乃述病症，令云儿书之，未尽者，尚自缀两语，俄顷忽作家书，仅写大哥、二哥四字，呼云儿曰：为我续之。云儿请所言，曰，嘱我兄善事老母，我未生男，乞以灼三嗣我。云儿错愕，笔不能下。讷如神散舌蹇，扶之登床，则人事不省矣！已而汗出如豆。医至，王以为实症，杨以为虚症。公议王素有半仙之号，且其方平善，姑试之。至夜稍醒，晓复昏迷。投以至宝丹及清窍化痰之品，忽起坐，语言如往日。梦一老者，许以不死，且日后尚有好处。谈灼三俊悟甚详。自笑云：昨日竟是歇了。幼莲云：昨日不止于歇，竟要直了。笑曰：是谓古之愚也直。大家咸庆再生，然仍不时汗出，唇焦腹涨，再投以犀角、羚尖，旋下黑粪，腹为之消，然自是溏泄不禁，兼泻血水。急延谢州判来诊，医未到而脉散。投以真参，泄少止。谢用桂、附、姜、术等药，奄奄如故。偶得一二语，则皆恋恋萱闱，闻者无不泪下。念八寅时合掌曰：来矣！少焉，瞑目而逝。讷如不特为君家伟器，且为吾闽作手。孝友出自天性，亲疏无间言。人人决其远到。其来后，弟得勿村山长累次来函，必言讷如不置，且谆谆然祝其福慧双修。心甚惑之，不知其何所见而云然。弟调护无方，荷明眼提撕，竟冥然罔觉，抱疚何可言。附身上十七，下十五，另单奉呈。仰体潭府清望，及讷如俭德，不敢过也。惟材木遍觅无全部者，缘此地巨室，均以木心斗合为贵,不能反求闽俗,是用耿耿于中。灵柩即停署斋,俟漆毕,专派妥人护送旋里。先将其绝笔并先后药方附呈察览,务乞敦劝太夫人强抑慈怀,贤昆玉强自排解,以安令弟之灵,是所至祷。

①陈子厚、陈子余:为讷如之大哥、二哥。
②讷如于九月二十八日去世。沈在十月初一日复玮庆信里称:"讷如九月二十八捐馆……原委详致其兄信中,阅毕送去。"此信系附于复玮庆信中寄出。

复吴大廷 光绪二年十月上旬①

奉朔后教言,备纫一是。弟以沪厘为饷源所系,倚重长才。乃无数波澜,应接不暇。致累良工心苦,负疚滋深。然天下事各求心之所安耳。当中丞初次提款,不将此款之不宜轻动处,委曲申明,便非忠告之道。申明矣,而变本加厉,执事之责尽矣!将来于局务有碍,此固迫于势之无可如何者。此时或由执事坚拒,或由弟函阻,芝田无以自明,益以售(集)谣诼之口。且本省巡抚提本省公款不动,中丞其何以为情?既以积弊为言,则意不在筹款而在剔弊,并不在剔弊而在负气。尊谕不愿使两院失欢,合肥积怨,诚卓论也。适漕帅来索牛厂、粥厂经费,拟函恳中丞以万五千付清淮,以万五千付彭城。倘中丞允行,则与仁人惠鲜之心亦不甚背。其二万金既有所指,则不敢赘一词矣。蝗孽遍地皆是,不独镇江。挖掘竟无所施其力,望得数次大雪耳。最好筹办水利,以工代赈,施惠易而收功远。尊体不适,总缘苾劳之过,伏乞为国珍卫。捕盗捐如有良法,甚所愿闻。但才短气馁,不足为商人所倚赖,奈何!

①信称:"蝗孽遍地皆是……望得数次大雪耳。"又,南京于九月中旬开"牛厂",沈令徐、淮推广,当在十月初。

复林拱枢 光绪二年十月上旬①

奉九月三日教言,备纫一是。张槎四出,诚行乎其所不得不行,然谓可倚重,则未敢信。欧斋得晋藩,借免远出,为之心慰。康侯意在来此避嚣,值讷如之变,归志浩然。讷如孝友,不永年,真出人意表。天道难知,不信然哉!小帆家中寄来衣箱、书箱颇多,俟人便再当陆续北运。今年灾祲太广,江北之民,流过江者已数万计。疆吏不职,贻害何可胜言。敢乞白简之灵,俾公私两受其益也。

①此信写于讷如去世之后,当在十月上旬。

复郭嵩焘　光绪二年十月中旬①

昨于教场中捧读手札,敬聆一是。王小樵复弟书,云:泰西之行况,竟事与愿违。其故已详上郭公书。弟未敢拆阅,即将原书邮交竹儒转达矣。黎莼斋②厘席,代者业已禀辞。容再札催,迅速赴沪。有志乘风破浪者,必不迟迟也。我公许国驰驱,与富郑公、苏颖滨媲美。乡曲毁誉,何足介怀。数万里壮游,激发其志气。异日著作,龙门当亦避席,何况馀子?望善自珍摄,以系中外人心,是所至祷。看箭毕,灯下匆匆作此。祗请行安,言不尽意。

①沈葆桢主持武闱,当在十月初开始。光绪二年十月十五日,郭嵩焘在上海致信沈葆桢,信称:"昨奉复教,敬聆一是。"此信到南京须一二天,沈葆桢复信当在中旬。
②黎莼斋:黎庶昌(1837—1898),贡生,官至川东道。使日,著有《拙尊园丛稿》。

复吴仲翔　光绪二年十月中旬①

得十二日手教,敬聆一是。讷如西席,知必不久,然念念谓其中,绝不料其死也。渠本决年内假归,是以豫订锡九。舍间来信,谓长至前可到。现云教琬,雨教瑶,钜、瀛自读,尚不致全荒。然欲如讷如在时,则难矣。瀛文尚无机抒,近令学作大题,尤纷如乱丝。姑寄两篇,以博泰山一粲。李富海系船局寄来稿底填写,乞查明咨部原案,自无错误。若原案系李富海,尚须咨部更正,再行换给,方免日后两歧也。弟校武闱四日,咳逆骤剧,彻夜不寐,不得已请假一月。日来迄未轻减,精神尚复难支。假满后不得不续请开缺矣。再,讷如及幼莲夫人两柩,运到马江时,乞派一差官为之照料过驳,以待其两家来接。如台从适值入城,乞托文案支应诸君,一体饬派照料为祷。

①沈葆桢于光绪二年十月十一日请病假一个月。信称:"日来迄未轻减,精神尚复难支。假满后不得不续请开缺矣。"沈葆桢奏请开缺一疏,写于十一月十七日。此信当写于十月中旬。

复李端　光绪二年十月中旬①

得申江本月初五日手书,知初七登舟,至以为慰。计此时安抵梓里,瞻望椿闱。喜溢德门,奚如健羡?愚校武闱四日,咳逆难支。因乞假一月,交藩司代办。精力既惫,志气亦颓。假满即吁请开缺,不可恋也。

①李端于初七日回榕。信称"计此时安抵梓里",又称乞假一月,在十月十一日。此信当写于中旬。

复吴元炳　光绪二年十月中旬①

奉初七日教言,辱蒙垂注拳拳,感难言似。馀米既准截留,灾黎得沾实惠。筹补为部议故套,想将来乞恩非难。盐城之皮大河,询诸莒堂观察,据称尚未勘过。林文忠疏,去今数十年,恐不无沧桑之变。谨攀尊衔会札莒堂,驰赴盐城察看情形,径禀台端,听候卓夺。百闻不如一见,想高明亦以为然也。北贩湖道淤浅,销滞费绌,故集款颇难。许运判恐迫年停工,较一气呵成者必多糜费,故拟年内尽挑高宝,开春料理安东。粮库二万,业经漕帅委提。桃宿大河,不日当可开办。饥民集此间者亦数千人,闻清淮将近五万,此后过江者或当渐稀。海州请帑,亦经藩司详给。惟潢干如故,沿江尚偶得小雨,徐海则并此无之。满目哀鸿,茫茫后顾,奈何!奈何!邓副将明白营务,赵道似可会带。总之,张顺昌不从中作梗,则整顿易于就绪。招商局增运漕米之议,能添拨若干,乞挈衔复奏为荷。

①沈葆桢接到江苏巡抚吴元炳初七日的信,复信当在中旬。

复林拱枢　光绪二年十一月中旬①

　　奉九月三十、十月十九等日手教，备纫一一。小宋②守洁心细，诚如冰镜，而才却不大。曾文正病其琐屑多疑，似非虚语。香相③不平，非爱子和④，恶星崖⑤也。人人各自为恩怨，触机则发耳。政府本以鄂督待小宋，缘雨生排击子和，疑其欲攘闽督，乃移小宋于闽，还小泉⑥以鄂，财归财阵，信哉是言。岂知闽督固子和所唾弃，亦断非雨生所垂涎。醉翁之意，皆别有在，徒令小宋人窭乡而已。筠老⑦一味懵懂，任人簸弄。以雨生之机警，何至为其替人。鲁生西学，原逊乃弟。一用一舍，似得其平。台事有饷，甚不难办。生番万不至骚动，若外族之觊觎，则无论办与不办，均属可虞。惟煤、茶等事，实有自然之利。闻雨生已作行计矣。安徽无题选道缺，前得子谦宫保信，拟俟裕中丞⑧来宁时商之。既而中丞不果来，谨当函致。俟得回音，再行奉闻。请小湖前辈叙《文忠公政书》，必无推却之理。惟似棣台径行函恳，方为竭诚，乞酌之。顷小湖前辈来视疾，亦达尊意。渠虽谦让，然非力辞也。吾闽闱墨颇佳，省城太讲揣摩，宜有时而绌也。病躯万难支拄，不得不引疾归里耳。黄湘谷到此即病，近闻其少愈，将禀到矣。荔丹常见之。

　　①丁雨生于光绪二年十月十五日东渡台湾，沈于十月下旬得悉，此信当复于十一月中旬。
　　②小宋：何璟，时任闽浙总督。
　　③香相：英桂（1798—1879），字香岩，赫舍里氏，满洲正蓝旗人。时任吏部尚书、协办大学士。
　　④子和：李鹤年，字子和。同治十年授闽浙总督，光绪元年改河南巡抚兼河东河道总督。
　　⑤星崖：文煜（？—1884），字星崖，费莫氏，满洲正蓝旗人。同治七年任福州将军，曾两次兼署闽浙总督。
　　⑥小泉：李瀚章。字筱泉，安徽合肥人，时任湖广总督。
　　⑦筠老：郭嵩焘。字伯琛，号筠仙。
　　⑧裕中丞：裕禄，时任安徽巡抚。

复吴赞诚 光绪二年十一月中旬①

捧读手教，就审权衡至当，勋福骈臻，至以为慰。出洋款项，经苨筹酌剂，节省良多，毋任钦佩。雨帅东渡，台事必大有起色。招民开辟，不特矿务、垦务蒸蒸日上，且人气胜于地气，瘴疠可以潜消，诚盛举也。此地哀鸿满野，收养至十余万，尚源源其来。不论何款，罗掘一空。后顾茫茫，罔知所措。遍地螟孽，雪不可得，并雨亦涓滴无之。昨甚阴寒，今日复有霁意，下私焦灼。欲随班祷吁，而畏风如虎，不能出户，谨于十七日疏乞开缺矣。

①信称："畏风如虎，不能出户，谨于十七日疏乞开缺矣。"当复于十一月中旬。

复丁日昌 光绪二年十一月中旬①

兹为病魔所窘，久未修候。罪甚！罪甚！比奉十八号手教，知刻期东渡，惟星槎载福，定叶颂私。大疏纲举目张，了如指掌。招闽粤丁壮，为矿、垦之用，法良意美，受益无涯。惟另派大员，中朝必不见许耳。出洋经费节省，极佩苨筹。水龙局、敬节堂事事讲求实际，而洋案速结，囹圄一空，尤为闽中所仅见。戴山知重，岂言语所能形容？惟望天资潞国精神，俾符衢巷尸祝耳。弟假期已满，未能出户，不得已而请开缺耳。

①信称："弟假期已满，未能出户，不得已而请开缺耳。"奏请开缺，在十一月十七日。此信当在中旬。

复李鸿章 光绪二年十一月十九日①

兹为文武闹所窘，致疏音敬。闹事未了，而病魔作矣。比闻节钺旋省，迩维指挥若定，因应咸宜。竹报常通，萱闱多祜，至以为颂。长江沿途停站起卸查验，收厘金，全赖各关道细针密缕为之。欲其自就范围，毫无流弊，恐未必能。铁路定议，差足上慰苈廑。得雨帅、春帅来信，出洋经费，又从新节省矣。昨盛杏荪来，谓旗昌愿将股分迸一招商局。此事似极当照办，惟经费极难耳。想台端已胸有成竹，幸以见示。晚不能伏枕者兼旬，日来假期已满，尚畏风如虎，足难出户，不得已于十七日疏吁开缺。此地望雪不得，并雨亦涓滴无之。满野哀鸿，收养十余万，尚源源而来，不知所底。奈何！奈何！扶病草此。

①信称"不得已于十七日疏吁开缺"。又称："昨盛杏荪来，谓旗昌愿将股分迸一招商局。"盛宣怀来南京商定此事，在十一月十八日，此信当写于十九日。

复林鸿年 光绪二年十一月底①

连读小春两教，胞与之愿，悲悯之怀，溢乎言表，素餐者有余愧矣！竹坡尚未得其入川消息，讷如竟从此逝，悠悠苍天，谓之何哉！扬州来信，谓小帅将枉驾金陵，决意于武林过年。实则至今尚未至扬州，何珊珊其来迟也！水火既济，往往为殿撰公发此难端，不料武者亦复如是，或者明年尚有佳兆欤？剪辫妖术，民间能不以为意，彼亦无能为。官能竭力拿究，彼亦无能为。惟民则二十分张皇，官又二十分姑息，则纷纷扰扰不可问矣！故最受病者，莫如苏、湖，而徐、海一带，若弗闻也者。晚咳逆迄未能愈，两月不能出户，哀吁开缺，非得已也。夜不成寐，呵冻作此。念八日得一次小雪，可喜事仅此耳。

①信称："念八日得一次小雪，可喜事仅此耳。"此信当复于月底。

复吴仲翔 光绪二年十一月底①

奉十四、十八两次教言，备聆一是。程丽芬名春藻，浙人。天分甚高，方颇奇险。今春枉驾金陵，服其药甚不对。昨复到此，所开麻杏真武甘膏汤，药品既峻，分两复重，未之服也。惟闻此病万不能脱体，则见到之言耳。阁下能食则不能睡，能睡则不能食，是尚有一半好处。弟则两穷，晚间咳即起坐，日间并无见饥之时。疏请开缺，非得已也。讷如灵枢承照拂，感佩无既。李富奖札，当即饬换。带鱼挂面甚好，但未免太多耳。谢谢。报销毕，阁下进退，绰绰有余裕矣，鄙人何力之有焉？此间不雨数月，饥民收养十余万，来犹未已。念八日得雪虽小，然人心稍定耳。

①信称："念八日得雪虽小，然人心稍定耳。"与《复林鸿年》信当在同时。

复梁鸣谦 光绪二年十一月底①

奉十月念七日手教，光霁之度，洋溢楮墨间。难弟枉驾衙斋，百凡牺袭。齿芬下逮，颜汗弥增。雨帅来函，知延主讲鳌峰，此则蔡闻之、林青浦诸先生所欣慰者，非徒后进景仰已也。弟病躯恋栈，不为二监（竖）所许，疏请开缺，计腊半可奉恩俞。行将归棹里门，窜入碧梧修竹间，执梃为降王长，未知获蒙允许否？莹儿赴汉接眷，至今尚无回音。署中西席，锡九与濂侄分任之。知念附陈。

①信称："疏请开缺，计腊半可奉恩俞。"此信当复于十一月底。

复彭玉麟 光绪二年十二月中旬①

前函尚未肃答，续奉手教，心疚至不可言。如许好湖山，无补于心忡气逆之苦。忧能伤人，岂不信哉？后天下之乐而乐，固不厌晚，特未卜有其时否耶？与吾致弟信，亦坚以终制为言，几不忍劝之，又不能不劝之。殆省视松楸后，当莅事。幸长江不波，各营亦循旧辙，足宽苏系耳。弟为病魔所窘，夜不能寐，日不能食，万不得已而请开缺。倘稍可支持，断不敢固执冒昧。屈计一二日内可奉批回。获如鄙愿，或当寄湖庵虎下执役，未知允否耳。

①十一月下旬，沈葆桢复梁礼堂信称："计腊半可奉恩俞。"此信称："屈计一二日内可奉批回。"此信当复于中旬。

复谢谦亨　光绪二年十二月中旬①

奉二日手教，敬聆一是。雨帅原非粹精造诣，然其勤民，非人所及。官恶之，民许之。苏如是，闽亦如是。较一味诈妄如子和者，自远胜之。大李②归楚，盐务万无可商量。衅为文正裁匪费而起，今成骑虎之势矣！倭使变局，想有弹章，斯人入闽，船政扫地矣！祇请勋安。委顿不能多书，乞恕之。

①信称"奉二日手教"，系十二月二日。信从北京至南京约十二日，沈写此信当在中旬。
②李瀚章于光绪二年九月由四川回任湖广总督。

复林拱枢　光绪二年十二月中旬①

得初二手教，知亦荣掌武衡。六亲同运，不信然欤！权使精华，在六、七月，又复迟迟吾行，必过正月方受篆。盖欲引而致之，抑知饮啄莫非前定耶？极力为令威谋公费，意在自脱苦海，抑知行止亦前定耶？来示骇然确然，此是当今第一可忧事。载宝入者，无不各如其意以取，天下事尚可问哉！文星复命，仍绕道者多，然此无碍大局也。台之粤籍，皆嘉应人，潮则不多。招垦无论何等人，设官添营，不易之着。□病仍如故，卧治大江南北，亦千古佳话，且假满再行商量。最直截爽快，莫如圆寂耳。

①信称"得初二手教"，系十二月二日。信从北京至南京约十二日，沈写此信当在中旬。

复林寿图　光绪二年十二月中旬①

迭诵两教，以台从将履新，方鞅掌于随车之霖，不敢以芜词渎也。沅甫退志甚决。节钺即日坐晋，太原士大夫已喁喁望之矣！潭眷当俟春融北行。妖匪近已冰消雪释。汝翼并未过此，尊札转邮而来。随季②盘桓两日便回沪上。其哲嗣有薪水，衣食可无缺。

弟每月资送十元,供其老夫妇一醉,足慰锦系。寿甫家信,停此已久,不知其驻足所在,故未敢寄。比想必听鼓辕门,乞饬交是荷。弟引疾之疏,未奉恩俞,而咳逆仍复如旧,只得俟假满再看光景。小宋③枉驾至此,谈时许而去。缘鄙人在病中,不能畅所言也。

①信称:"咳逆仍复如旧,只得俟假满再看光景。"光绪二年十二月十七日沈《复管樵》信云:"我嗽总未愈,……假满再看。"两信当写于同时。
②随季:即许肇基,船政局委员,江南候补县令。
③小宋:何璟。

复彭玉麟 光绪二年十二月下旬①

读月之十八日手教,知圭璧之躬,最宜于冬令。岁寒松柏,不信然哉!日国即西班牙,又名大吕宋。负债甚巨,穷到无以复加。乃见英国、德国以兵船恫喝,各如其意以去,见猎心喜,学步邯郸。但望总署能坚与相持,久之自情见势屈。即使决裂,亦气数前定。断无人进一步,我退一步,退到无可复退,犹以为照例应退之理。船械固一无足恃,苟人人拼得一死,虽并此船械无之,亦当以赤手空拳从事。盖计无复之,非敢以国事为孤注也。高明以为然否?兵船调诸小吕宋,即在台湾之背。果来也,闽中必先得信,已函致厚庵、与吾矣。此间雨雪经旬,麦苗苏息。而热客不惯耐冷,咳疾转深。十八日,勉强出讯建平一案,杀客民二,教民一。是夜增剧,固为寒气所侵,亦造孽所致也。小宋来此,匆匆一谈而别,想此时当联袂湖堧也。

①信称"读月之十八日手教",信到南京应在下旬。又称:"十八日,勉强出讯建平一案,杀客民二,教民一。是夜增剧,固为寒气所侵,亦造孽所致也。"此信当复于下旬。

复李鸿章 光绪三年正月初二日①

前以招商局买并旗昌股份,函觇弖莞,未审何时可邀青睐?江北道殣相望,至有阖户自经者。庸吏殃民,宜其至此。筹款虽搜括不遗余力,而灾区广远,分之则巨款皆成涓滴，甚虑无以为继，奈何！奈何！小宋迟迟吾行，枉过金陵，勉谈时许。拟于二月受篆，此时当在西湖。河运经部议奉旨，疆吏不敢不遵行。总署来函，叙述闳议，令人钦佩无已。晚亦剀切引申之，就大农胸中，以为体国经野规模，无深远于此者，非楮墨之所能动也。台事不可不办，然未必咄嗟立办。此间许以十万，期以下半年，盖筋疲力尽之余，强作体面。谨将折稿呈览。西班牙事，总署能坚与相持，彼当废然而返。惟鄙人开缺之疏，因此不敢续上。而假期晌满，畏风如虎，气喘欲奔，断断不能销假。建平之案已结，法人必大有违言，晚愿以身当之，或竟脱离苦海欤？旬余雨雪，岁朝畅晴，今年冀得一稔。倚炉作此，中辍数四。再请新祺。草率乞宥耳。

①光绪三年正月中旬，沈致李鸿章信称："新正二日，肃䢺寸笺，未卜何时达览？"即指此信。

复丁日昌　光绪三年正月初七日①

腊望教言，新正五日始获捧读，台洋之难可想。西班牙起衅，太无情理。不过以英国、德国各如其意以去，姑尝试焉。冀中国照例退让，不无小补。总署能坚与相持，渠亦废然返矣。台命登瀛洲驶赴马江听命，即日饬行。惟行炮非但无余，并不敷额甚巨，无可拨也。只能将登瀛洲船上上海暂拨之炮，多配炮子，以备遣用。第长城在望，岛族不得志于赤嵌，必改而窥长江。务恳饬扬武诸船，席全胜之威，展轮北来，以拯旧治，不胜翘企之至。弟开缺未奉俞旨，一过灯节，假期旋满，为昌宋消息，未敢再申前请。然委顿支离，断不能销假。奈何！奈何！时事多艰，乞善自珍摄。笔墨稍可分人，勿太自苦。筱涛、子玉，于公牍稍长，筱涛简净，子玉邕达。授之以意，或可代达。清溪晦日来此，明日坐登瀛洲行矣。

①信称"一过灯节，假期旋满"，当在初旬写此信。又称："清溪晦日来此，明日坐登瀛洲行矣。"登瀛洲至上海，在光绪三年正月初八日，此信当写于初七日。

复吴赞诚 光绪三年正月初七日①

奉醉司命日教言，备纫一是。江淮哀鸿满野，疆吏束手。方内疢于中，忽承奖进之辞，益四顾傍徨，自容无地矣！珂乡得雪甚足，一腊三白，殆又过之。蝻孽能消灭否，仍未敢知。局库竭于赈恤，倘今年依样葫芦，将索我于枯鱼之肆。除夕及岁朝，天气极好，跂踵以望丰乐，想大君子同此心也。西班牙狃于英、布之各得所欲，染指于鼎，而空中楼阁，事太不经。总署能坚与相持，自当废然而返。雨帅绸缪未雨，来召登瀛洲，谨令即日南驶。倘事竟决裂，岛夷不能志于赤嵌，必改而窥长江，务望饬扬武等船跟踪北来，以固桑梓。拨款如此其滞，似不可不将停工待饷情形，颁缕上陈。既以剖析船政之难，亦以苏息海关、厘局之气。否则，户部以为关、局宽裕，方且添拨不已，非但积欠者万无望弥补，将欲求涓滴而不可得也。弟在局时，遇解款逾期，必竭诚抠谒榷使。今日不得请，明日再往，必不虚此行而止。阜康与海关相表里，解款少宽其平色，急时向挪数万，则海关解款必至，较催将军尤灵。厘局催之不已，多寡必有以应。若大方置之，则竟作罢论矣。辱蒙下问，敢贡刍荛。开缺未奉恩俞，有吕宋之谣，未便再申前说。然万不能销假，奈何！

续示极佩大君子嫉恶之严，读未竟，不觉五体之投地也。谨当函致总署及伯相止之。倘不见听，即当疏纠，万不敢置身事外，上负爱注之厚，期许之深也。

①信称"开缺未奉恩俞"，又称："雨帅……来召登瀛洲，谨令即日南驶。"时在初八，此信当与正月初七日致丁日昌信同时。

致总署 光绪三年正月上旬①

昨得春帆星使来信，以许道钤身有交船政差遣之命，自顾才望不足以驭之，急引避贤路等语。伏念朝廷用人，自有权衡，岂颛蒙所能窥测？葆桢于许道向未谋面，尤无所容爱憎于其间。第自许道与选皇华，颇闻议者藉藉。逮东洋易使，人人以为国家知人之明，而又为船政作万有一然之虑。私衷揣测，其人殆余于才者欤？窃思许道素在钧署及津门襄事，似尚得力。梁栋宋桷，大匠之门，固无弃材。船政以月款欠解甚多，大形竭蹶。且方有出洋之举，似未便屡易生手，致滋葛藤。可否俯鉴愚忱，将许道仍留钧署或津门当差，俾再受数年陶熔，实可敛才就范。而春帆得以专意从公，庶几政务、人才两有裨益。暗昧之见，自知无当，伏乞采择施行。恭叩钧安。

(台湾"中央研究院"近代史研究所编：海防档乙，《福州船厂》，1959年台湾近代史研究所影印本)

①信称"昨得春帆星使来信，以许道铃身有交船政差遣之命"，光绪三年正月初七日总署复船政大臣吴赞诚(春帆)函称："续示极佩大君子嫉恶之严，读未竟，不觉五体之投地也。谨当函致沈葆桢及伯相止之。"总署收到沈葆桢的信在正月十五日，扣去路程十数天，复信当在初旬。

复彭玉麟 光绪三年正月初七日①

新正三日，读醉司命日手书，以左臂伤风，至以为念。顷诵续札，忠肝义胆，颉颃云霄，令人不觉起舞者数四。日国乃西洋之日斯尼亚，非倭奴也。原名西班牙，明代为西方强国，以兵据南洋之吕宋而有之。因以南洋之吕宋为小吕宋，而自号大吕宋。近来为国债所窘，贫弱殊甚，介居法兰西、布路斯之间。前者布法称兵，即由争主西班牙国政故。近因查办古巴凌虐雇工，古巴其属地也。中国与约法三章，不准凌虐。该公使不肯遵照中国禁其雇工，即广东所谓卖猪崽也。此事西洋各国均斥其非，该使无可肇衅，乃借口于同治二年有轮船在台北失事，被海边居民拆抢，求我赔偿。闽省以无案可稽，且被抢只有查办，并无赔偿之例拒之，遂有由小吕宋调兵船到台之说，此搆隙原委也②。得雨帅腊望台郡来函，闻日国兵船有在澎湖量水者。如果挑衅，必在台北。弟去年以长江并无兵轮，南北炮台无由通气，因向闽中调来登瀛洲一号。讵意有此消息，雨帅即来索回，靳之则疑于只知自卫者。窃思彼族若窥长江，亦非一船所能济事。因函复雨帅，送之回去。恳其长江有警，即偕扬武等船跟踪而来。我不负人，未知人能不负我否也？木牌容与小秋熟商，再行奉闻。长江如有战事，各国轮船自然先期出江，不致有所株累。雨帅令来申江延律师与之评理，总署亦尚未决绝，彼尚有所希冀，必不至突如其来。但有消息，便当随时飞报也。

①彭信于正月初三日收到。此信谈西班牙调兵台湾一事，与正月初七日《复吴赞

诚》信当写于同时。

②西班牙殖民地古巴是中国苦力贸易的主要市场。中国苦力备受虐待。1873年2月，西班牙驻华公使向总署要求招苦力至古巴，被总署拒绝，并要求对古巴华工状况进行调查。1874年3月，陈兰彬调查团至哈瓦那调查，证实华工饱受虐待。总署再次与西班牙公使谈判，要求外国领事保护华工。1876年，西班牙新公使到达北京，拒绝总署一切要求，并借同治二年西班牙轮船索拉威拉号在台被劫一事要求清政府赔偿，声称将派兵船入台湾。由此，东南各省纷纷备战。

致李鸿章　光绪三年正月中旬①

新正二日，肃耑寸笺，未卜何时达览？比得春帆星使来信，以许仲弢观察有交船政差遣之命，自顾才望不足以驭之，急图引避贤路等语。伏念朝廷用人，自有权衡，岂颛蒙所能窥测？晚于仲弢，向未谋面，尤无所容爱憎于其间。第仲弢与选皇华，颇闻议者藉藉。逮东洋易使，人人以为国家知人之明，而又为船政作万一有然之虑。私衷揣测，其人殆余于才者与？窃思仲弢襄事铃辕，似尚得力。梁栋杗桷，大匠之门，固无弃材。船政以月款欠解甚多，大形竭蹶。且方有出洋之举，似未便屡易生手，致滋葛藤。可否俯鉴愚忱，将仲弢仍留津门或总署当差，俾多受数年陶熔，益当敛才就范而春帆得以专意从公。镌篆云情，实无既极。

①总署收到沈葆桢反对许铃身去船政局任职的函件是正月十五日。又光绪三年正月中旬沈复吴仲翔信称："录致总署及伯相两函，阅毕乞转呈春帅。"此信也当写于中旬。

复吴仲翔　光绪三年正月中旬①

客腊十八移书，新正初八甫到金陵，可谓迟之又久矣。开缺未奉俞旨，适有吕宋之谣，未便坚持前说。假满时且续一月，以观后效。退居林下，只恐两袖不清风，家计不浩大，则难耳。如果名称其实，何难焉？书院三十年前，息壤在彼，一笑来浮费太多。以君之灵，幸而诏可，挟墨盘一、墨椎二，大小笔各数枝，两屉卓（桌）一张，据宫巷门楼，帅一贵不可复贱之群子弟，大书特书，跌价抢售。多所得则两餐之余，更博一醉。满城风雨，则闭户读书。稻粱不继，薯芋续之。诸妇有不知此中乐趣者，听之外家。平生不作欺人言，我公何虑焉？西班牙妄肆恫喝，不过狃于英、布之得所欲，冀染指于鼎。其国仅兵轮三号，而曰调十四号，何其诬也？孝廉换雇洋船，亦大佳事，不更端一试，太觉船政之伺候不周。录致总署及伯相两函，阅毕乞转呈春帅。兴之所至，勿怪其多事也。

续奉二十、念二手教，知三哥左手酸痛，至以为念。弟患在右臂者年余，痛极时敷以风膏，两三日作痒则痛稍减。近右愈而移于左，亦时以风膏敷之，则不致大剧。惟三哥肝木作祟，鄙人则缘色欲不节所致为少异耳。汤液无专入左臂之理，一任名医所为，恐不止锢之为害。三哥爱我甚，明知不服药三字非所乐闻，所亲历境累，不敢不冒昧以告也。销费是否提诸公款，倘无款可提，一则依样胡芦，一则壁立万仞，何以合龙。鄙人所经手者，似仍交俞小舟为妥。另起炉灶，益多葛藤。销册何以须亲送到金陵，若人人知其为诳语，何必多此一诳？送到金陵之后，由金陵具奏耶？断无前任代后任报销之理。由船政具奏耶？岂不仍须折回船政？各销各案耶？是否更须送册过台？鄙意共事若春帆，亦千百中未易以一二数者。倘必以所见为谬，何如待报销出奏后，明告以送女完姻，挟眷而来。或鄙人得遂初衣，亦可以近体不耐繁剧，另觅幕馆告。大丈夫去就，磊落光明，无所容讳饰也。礼堂文名若苏学士，食指等下农夫。只患其不沽，不患价之不善。竟落此窠臼。即使毫无疑义，不敢谓计之不左。凌云自是相如本色，其如扬意德色，洋溢国中，窃恐冤不止此。小宋向弟苦索折手，只得以礼堂对，并告以已主鳌峰矣。以机器船被毁，撤一委绅，春帆不为刻。以小园之才，谨慎竭蹶，至今以微罪撤，似有余荣。一任其撤，一任其受撤，我公均可告无罪也。乃曰意将撤委，曰不必再来。何公乐为怨府，一至于此？公以为厚到二十分，报公之厚者，即谤到三十分。此后小园妻子冻馁，皆曰维公之故。且恐北来船价，即师出有名。三江添一官亲，却之彼固无辞，受之亦分所应尔，若足下则未免冤甚。然弟不能为足下解，恐足下亦无以自解也。厚字是足下一生本色，逆亿非君子所忍言。然志在出山，进身亦自有道。如果售其所言，足下之可忧者方大。数十年爱同骨肉，苟有所见，不敢不尽。恕其妄，怜其戆可也。弟于足下，何时何地不借重，苦累二字，非所应出诸口者矣。率臆干渎，窃祈原宥。

①正月初八日沈葆桢收到吴仲翔来信，此信当复于中旬。

复林拱枢 光绪三年正月中旬①

读手书，备绎一是。承嘱为清畏②侍御筹入绅局，极当遵行。惟到任时即与司道约，不委一人。岁暮，善后局经费不继，大费踌躇。方伯议以次裁撤，此时断难添人。谨致薄贶四十两，以表歉忱。伏祈涵宥。

①信称"岁暮，善后局经费不继"，为二年年底，此信当复于次年正月中旬。
②清畏：潘敦严，字清畏，江苏江宁人。同治十三年任御史，光绪二十八年卒。

复彭玉麟 光绪三年正月十一日①

奉初五日教言，备绎一一。台湾无可泊船处，其船泊必于澎湖。澎湖探水，常也，非偶也。入长江商轮船数十号，尽数买归招商局。其挂外国旗者，太古洋行四号耳，人人望而知之。如果切实开衅，其公使必先下旗出京。上海、长江为各国通商马头，尤必遍告各国，乃能开仗。决裂并未有明文，不过赫德暗中送信，未便据以传谕。总署能不中馁，彼必无能为也。木簰一节，梓芳、小秋来议云：近日无大木客。万余码木料，必数十东家。先期商之，必不答应，且不知向何人商起。临时用之，非但不敢违令，且必乐从。何也？彼固无可收藏，已视为弃物，忽有着落，则大喜过望矣！水涨时，可得三四万码，此时则仅万余。惟如何耐得风浪，则苦思毫无把握。两岸系桩，尤恐无此魄力。诸君又不愿宣露，恐人心惶惑，则厘源力（立）断。少相未有信来，约计有警，则南北洋同时均须设防。陆兵南北力量相埒，津门小兵轮仅镇海、操江两号，无从资我。新购蚊船两号，亦为雨帅挟之渡台。惟水雷差多。然新式之黎约翰水雷箭，亦议购而未就也。一枝箭万八千金，于水里行，岸上船上人可操纵之。鄙意长江若得轮船数号，与水陆各军相辅，甚足以一战，特目下不能不先顾台湾耳。所喜者，各营将领、弁勇，无不摩拳擦掌，愿得一试，鲜有犹豫狐疑者，则人心之大可恃也。谨将竹儒、瑞庵来函抄呈。厚帅书来，其堂上病均未愈。复书告以情形，其无庸急出矣！新春畅晴十日，昨夜又得小雪。知念附陈。

①信称:"新春畅晴十日,昨夜又得小雪。"此信当写于十一日。

复丁日昌 光绪三年正月中旬①

奉小除夕教言,备谂牖户关心,绸缪备至,佩服岂有涯量?此间炮位,所短甚巨,前函业已备陈。兹复嘱局中诸君极力搜索,腾出克乐博炮二尊,美太于士十二尊,火箭二百枝,交叶都司带呈。火箭,台郡存而未用者尚多,至巨炮则伯相处必可通融,此间万无能为力也。生番不足虑,外患亦不在西班牙,所患者我不能自力。许仲戡所到,令人不寒而悚。弟已函乞总署及伯相阻其勿来,谅必见听。弟为台防消息,不敢复申前说。然畏风如虎,万万不能销假,只得续请一月,以观后效耳。再承寄惠西螺柑,感甚!弟之积病,即缘贪细茶、水果而起,今涓滴不敢下咽,徒供儿辈一快,坐视垂涎而已。敬达谢忱。

①信称"弟……万万不能销假,只得续请一月,以观后效",此信当在正月中旬假满时写。

复夏献纶 光绪三年正月中旬①

奉小除夕教言,知鹿耳、鲲身,所以未雨绸缪者,无微不至,钦佩奚涯。此间炮械之匮,详致雨帅函中。兹勉筹行炮二尊,轮炮十二尊,火箭二百,以表歉忱。炮位,津门必可分济,火箭,则贵治所存尚多也。承惠珍果,上自幕府,下至亲兵、家人,皆饱饫仁人之赐。所谓宾客欢娱僮仆饱者,坐视垂涎,自叹福薄而已。台郡消息,不便复求开缺,只得续假一月。然每事含糊,贻误大局,殊非心之所安也。

①此信与前一信内容大体相同,当写于同时。

复谢谦亨　光绪三年正月中旬①

奉除夕教言，辱蒙缕示种种，旗昌、荒赈两事，皆箭在弦上。然库局扫地，资遣尚不知款在何处？幸而今年丰稔，或者过一日是一日。倘再蹈前辙，索我于枯鱼之肆矣！承奖饬，愧到无所容身。小午②所陈，理顾（固）不错，然须知雪耻非可空言从事。宜力节无益之费，使得筹及防务。若司局只以力顾处分为急，疆吏尽是债帅，窃虑其愈趋愈下。使才宜取忠诚，可谓卓识。乃许仲弢被弹，而剂以船政，致吴春帆欲避贤路。鄙人函致总署及合肥阻之，未卜见听否？建平教案，司道百费苦心，未得端绪。皖南地方官，始则惟强是从，继则揣摩上司意旨，全不关心民命，吁可叹也！年内此间得雨雪颇足。新春畅晴，民心稍慰。客岁因江防需轮船，请闽中拨一号登瀛洲来。比台防风鹤，雨帅复索以去。昨又派靖远来索炮火。此间短额甚巨，勉拨克乐博行炮二尊，美太于士行炮十二尊应之。约如长江有警，务饬扬武等船偕来。人不负我否不敢知，我不敢负人也。贱体如故，然既有此消息，不敢再申前请，只得续假一月耳。

①此信与前信大体相同，当写于同时。
②小午：袁保恒。

致林拱枢　光绪三年正月下旬①

淑气迎人，惟潭祺佳胜为颂。久不得小帆尺牍，知其酖豢于书味者深，甚为之喜。访西、安坡到京在冰泮后，老凤引三雏和声鸣盛，亦巨观也。布子谦宫保来函，以皖中无题选道缺为向隅。鄙人商之寿山中丞②，复书云：如有可想之法，断不敢吝。无如前人已极力上请，部中持之甚坚，目下无可措辞也。窃思安徽虽无外补之缺，而由特旨简放之候补道甚多。即［鄙人］如不蒙特达之知，至今亦一江西候补道也。龙官精明强干，将来必邀天眷无疑，似不必以晋阶为虑，谒宫保时乞为转达。咳逆如故，因有西班牙之谣，不敢再申前请，只得续假一月。病躯恋栈，实非心之所安也。仲熙之少子复夭，积善之家，其衰如是，真不可解。小希为杨葛之老父台，亦一佳话。缉臣望尘莫及，或者分定食老米，劝其屏除琴鹤，再提元宝蓝（篮）何如？诗案株逮幽冥，韵事可谓奇创，近已息销否？

①函称"因有西班牙之谣，不敢再申前请"，与正月下旬《复咏彤》信同时。
②寿山中丞：裕禄，字寿山，时任安徽巡抚。

复黄敬熙① 光绪三年正月下旬②

读教言，知桃花时节，可步兰君后尘，慰甚。但颇闻月中人语，尚有矮屋九日缘，不偿满不能去也。名心不死，无间幽冥。阎罗、包老，请先学断诗狱。清渠除夕到此，扬扬甚自得。灯节后，鲁生星使来，非复从前兴致。花朝必相见，黑白场中可操券也。

①黄敬熙：字缉臣，福建船政局委员。
②信称"灯节后，鲁生星使来"，此信当在下旬。

复李元度 光绪三年正月下旬①

奉客腊二日手教，知著述之迫，过于简书。念甚！念甚！专岸减价，以敌粤私，极佩卓见。第恐积久生妒，必有同室操戈者。勇粮善举，皆经久之事。补运偶一为之，此后殊难为继。故此两条均不敢率准。鸭兰矶，委员均视为畏途，只得由湘局酌量办理，但须保得销路不致减色方好。淮南复固有之引地，本自理直气壮，无如盐政疲癃残疾，奄奄一息，欲以折满腹精神之劲敌，人人知其不行。而垣商、票商，又人人只图自利，不特垣票不能一心，而垣与垣角，票与票角。总之，以作弊为上策，盐色愈趋愈下，徒使邻收渔人之利。不自治，徒攘臂以争，无益也。将来必有健者了此宏愿，恐非鄙人所及见矣。颓唐肺病，语焉不详，夔老②疏颇公道，所谓易地皆然者，亦非虚语。弟总以不能自整顿盐色为愧，不敢一味怪人也。

①信称"颓唐肺病，语焉不详"，当与正月下旬《致林拱枢》信同时。
②夔老：王文韶（1830-1908），字夔石，浙江仁和人。咸丰二年进士。时任湖南巡抚。

复李端　光绪三年正月下旬①

得灯节前信，知侍奉曼福，至以为慰。闻文星先按福宁，试题如有所闻，示知为望。愚咳逆如故，只得再续假一个月。窃冀暄暖，稍过得去耳。

①信称："咳逆如故，只得再续假一个月。"当写于正月下旬，与《致管樵》信同时。

复谢谦亨　光绪三年二月二十一日①

奉二月七日手教，备纫一一。建平教案，非敢意为轻重。始亦几为地方官所惑，迨吴小轩镇军详访，又经各司道反复研讯数十堂，乃获准情定案。合肥欲仲弢入船政后，再行调回。春帆则坚持退志。第既愿调回，何不令其勿行之为愈也。许厚如前次诘之，则称并未商办。此次诘之，则称奉金将军札委，因尚未定局，故未奏咨，其鬼蜮情形已露，想金将军亦为所愚耳。近日奏事，部文每迟之又久，凡奉批另有旨者，不得即行，如夜行无烛。即如浙江盐哨罗登榜伺劫一案，至今不知如何遵办。伏恳向同事诸公婉乞，赐以六行，是所厚望。此间入春后，晴多雨少。江北正月并无涓滴，再继以旱，则必无可筹之赈，孑遗何以求生。鄙人月初勉强出见德国兵官，重袭风寒。误服峻剂，又彻夜不寐者久之，昨夜始能伏枕数刻。日国议论未定，不敢再续假，然实非精力所能支也。

①此信与下一信皆称"昨夜始能伏枕数刻"。二月二十一日《致咏彤》信云"昨宵始能伏枕数刻"，此二信均写于二月二十一日。

复林拱枢　光绪三年二月二十一日①

奉本月七日手教，爱注之诚，溢乎楮墨。自顾樗散，且感！且惭！候补道之效步兵，亦在无可补之缺。有缺总轮不到我，真是无可如何。余杭令糊涂一至于此，可为科甲班痛哭。石泉向为其下所黑弄，小泉亦坠其坑阱，太不值了。伤痕不谬，情形或尚可疑。似此从源头错起，无可置喙。无许田费江东子弟人心世道之忧，升沉自有定分，何自苦若此？闻都门得雨甚透，江北入春又复苦旱，倘麦再不登，竟是坐以待毙。月初勉强出见德国兵官，为风所袭，喘到万分难支。误服峻剂，复彻夜不眠，昨宵始能伏枕数刻。然实赧颜于再行乞假，而精神则不支滋甚，姑听之而已。

①见上一函注。

复林鸿年　光绪三年二月下旬①

读元夕后教言，知忧时闭门，中夜起舞。顽廉懦立，悚然者久之。吾乡积疲之区，大吏冰炭成例，僚佐旁皇四顾，朝廷亦苦调护之难。金陵腊得三白，春复苦旱，清明后始见雨，未卜徐海等处如何？赈款费数十万金，此岂可再试者哉！晚二月初急于祛病，劫以重剂，致气促汗迸，彻夜危坐，近始能伏枕数刻。谣言未熄，不敢坚申前请，暂且讳疾销假。贻误大局，负疚益深，我师其何以药之？

①信称："二月初急于祛病，劫以重剂，致气促汗迸，彻夜危坐，近始能伏枕数刻。"又称："春复苦旱，清明后始见雨。"此信当写于二月下旬。

复郭嵩焘　光绪三年二月下旬①

申江来鸿，惘然言别。以未闻弭节所在，加以病躯颓散，遂迁延至今。比奉教言，敬审破浪乘风，海灵助顺，福星一路，安抵伦敦。泰西肃宾，致敬有礼，亦衔命者忠信笃敬，有以感召之也。严太守清慎温纯，信非俗吏。渠分苏差委，子健中丞必有以位置之。欧阳世兄未来金陵。痰喘是极苦境界，伏愿加意珍摄。何人长于翻译，弟少所见闻。接吴春帆书，李丹崖已于二月十七出洋矣。想其随行中或有可充是选者，则甚便也。弟求开缺不允，续假一月，病仍不瘥。台事未定，未敢再申前请。然畏风如虎，只得力疾销假，而仍在内署见客。精神昏瞀，其不至贻误大局也几希。前此尚借熟悉之方伯助理，近闻小岩已擢浙臬，易生手来，笨伯益苦矣。祗请大安。千里努力，不尽所言。

①信称:"接吴春帆书,李丹崖已于二月十七日出洋矣。"吴春帆信从福州寄至南京,当在二月下旬。又称:"近闻小岩已擢浙臬。"梅启照迁浙江巡抚在二月十七日,沈葆桢知此消息,亦应在下旬。

致杨晓亭① 光绪三年二月下旬②

别十余年矣!忽亲颜色,快慰奚似?潭眷久住江右,自仍以章门觅馆为宜。谨具漕平纹银六十两,为本年春夏两季干束,聊表歉忱。以后寄何处转交为便,伏乞示知为祷。

①杨晓亭:沈葆桢在广信时的幕僚。
②信称:"谨具漕平纹银六十两,为本年春夏两季干束。"抄本将此信辑在二月二十一日《致咏彤》信之后,二月二十五日《复何璟》信之前,当写于二月下旬。

复何璟 光绪三年二月二十五日①

捧诵手教,知临淮麾召,壁垒一新,欣羡奚似。不知有所谓海防,似各省同病,非但福建。即如节钺过江时,察看长江所谓筹防者若何也?唐俊侯所部,殁于台者多,得归者烟瘾过半,逐渐裁汰,怨声载道。而元气未复,抚恤死事家属,债累满身。所部马队三营,闽中无所用之。步队十三营,拆散诸多不便。若全数挈之以行,纵月饷仍归合肥,而供亿犒赏已费不赀。淮军向过阔日子,迥不若楚军之耐苦。奉函谕时,适俊侯在省,恐负国士之遇。求为吁请开缺,虽断无此办法,而其暗中难处,不言可想矣!吴营较唐营为完固,然为游击之师则可,为扼扎之师则不可,盖均不肯分兵者。此两枝饷皆仰给于淮台,弟当函致伯相商之。万一闽中有意外事,此间能自主者则霆庆两营。宋镇国永所带,未识足供鞭策否?日国之事,太无情理。鄙意揣之,必不致决裂。陆营由执事从容布置,自己栽培之部曲,必远胜于外调之客兵。金牌等处有蚊子船,必甚得力,然不可无轮船。虽应召赴台,然时来时往,计必有数号在罗星塔。会操则必在澎湖,且省台枢纽在焉。拖罾直是废物，同时奉令，轮船已过都越国，拖罾起碇未毕也。久不得梁礼堂书，不料其亦困于病。杨子恂笔墨甚好，其人则不敢知。弟为病体缠绵，劫以重剂，致大决裂。气喘如故，汗迸出，彻夜不眠者半月。近始能伏枕数刻，汗仍不止。精神委顿，迥异寻常。此书历三日，作辍七八次始续成之，仍未能尽述其意，无如何也。

① 信称"彻夜不眠者半月。近始能伏枕数刻"，知在二月下旬。又，光绪三年三月下旬《致何璟》信："二月念五日肃泐寸笺，由海道递闽，未卜何时可达？"即指此信。

复吴赞诚　光绪三年二月二十六日①

月初，德国兵官来谒，勉出接见，为风所袭，气喘甚剧。服轻描淡写之方不效，因取程丽芬重剂试之。讵料喘不少减，而大汗迸出，彻夜不眠，委顿者旬余。得正月底教言，屡欲作答，而头眩不能下笔。罪甚！罪甚！日来始能伏枕数刻。续奉花朝手札，辱蒙缕示种种，感何可言。江北入春复旱，金陵寒食，求雨得雨。未卜淮、徐、凤、颍一带如何？日国太无情理，众所共訾，必不致决裂。筱帅来调俊侯，适值其在省，大有难色。盖前渡东瀛，创痍未复也。矿务积渐集股，应者必多。若必登时大做，则奢愿难偿。船政月款如此其难，同深焦灼。伯相来信云，仲弢才不足以为恶，与经相商定，令到闽局一行，调回津门云云。弟思既可调回，何必多此往返，欲函请径留津门，而迁延至今日方能作信也。各路流民，均已资遣回籍，河道亦次第兴挑。如天之福，晴雨应时，方稍有苏息之望耳。

① 光绪三年二月二十六日《复李鸿章》函称："仲弢赴闽一行，调回津门……第鄙见，如仲弢可省此一行，则尤直截也。"本函称："弟思既可调回，何必多此往返，欲函请径留津门，而迁延至今日方能作信也。"此信当写于二月二十六日，与《复李鸿章》信同时。

复李鸿章　光绪三年二月二十六日①

奉正月十七日教言，适为药所误，精力颓然。欲作答，屡不能就。罪甚！罪甚！前大君子许以卧治，不才本无治可言，目前则正患不能卧也。河运已遵旨赶办，而心之所危，不能不向总署披沥肝胆。置之不理，数年后，河患谁职其咎？六处补厘，未必能就我范围，姑平情试办。二赤②已于十八到沪，尚未来金陵也。赈厂均陆续资遣，入春江北复旱，日来白门方雨，未卜淮、徐、凤、颍如何？西班牙断无能为，而闽帅以水火为例，不无可忧。小宋奏促俊侯赴任，并选带数营，大枝劲旅一分，顿改旧观。此数营入闽后，尚不能合扎一处。适俊侯在省，求为请开缺。虽无此办法，其暗中难处，不言可知。我公其何以调护之？仲弢赴闽一行，调回津门，极仰顾全大局，摩励人材之盛意。第鄙见，如仲弢可省此一行，则尤直截也。沪道，窃谓子方③、芝田皆可胜任。而芝田新署运篆，此席宜借重子方。中丞以芝田中外公事较熟，已会委芝田矣。中丞第一次函商臬篆，只有杜小舫④一人，第二次函商臬篆，只有薛世香⑤一人，并未旁及徐仁山，办考收私赈二事，非常出力，将来有量移处，务乞豫择扬台替人。月初德国兵官来谒，勉强出见，重袭风寒。轻方不效，劫以重剂，讵气喘不少减，而大汗进出，彻夜不眠。日来始能伏枕数刻，是书作辍七八次，方续成之。

①三月十三日李鸿章致沈葆桢信称："昨又奉二月二十六日手示。"即指此信。
②二赤：指赫德。
③子方：张端卿，字子方，云南太和人。安徽布政使。
④杜小舫：杜文澜（1815—1881），字小舫。
⑤薛世香：名书堂，河南灵宝人。咸丰二年进士。湖广道御史，江苏道员。

复吴仲翔 光绪三年二月下旬①

奉本月初十日手教，知销案已脱稿为慰。此次有前案可凭，似尚不难稽核。如雨帅愿合，弟并不求异。万年清来，小园已入逋逃薮，尚有无船票来此谋食者，诘其何以能上船，或为赛赛所保，或无人保之。现仍发给饭食，交原船押回。以后乞嘱管驾开船时，务须查点。承许赐研墨机器，感甚。然公误矣！抱甕（瓮）灌园，方是文人本色。天下岂有春联桌兼机器厂者。真材实料，自推虞臣。然人情喜新，亦未见新开店之不及马明远也。闻筠轩决计出山，为春帅所留。固缘其才行足邀宪眷，亦缘其福命不当沦落风尘。且羡、且慰。竹坡揽辔澄清之概，溢乎两颊。近得其抵川一书，号呼之惨，令耳不忍闻。信其天分超绝，少染指便知味也。鄙人入春病少减，惟畏风如虎。月初，德国兵官来谒，勉强接见，因而重感，气喘大剧。服实夫千稳万当之方不效，乃取程丽芬奇方试之，冀喘之渐平。讵料喘依然而大汗进出，彻夜危坐者旬余，近始能伏枕数刻。

无仙骨妄服仙丹,多见其不知量耳!西班牙事未定,不敢请开缺,再续假更无谓,只得勉强销假,然仍不能见客。销案出门后,公肯惠顾,弟当以送女完姻,代请春帅,公其许我否?此间菊花绝佳,不特非吾乡所有,亦都门、江右所无。篱地亦敞,惜无艺菊人耳。秋师康寿,已嘱玮儿照拨。鹤算方长,贫也,非病也。

①信称"彻夜危坐者旬余,近始能伏枕数刻",月初发病,至旬余,当为二月下旬。

复梁鸣谦 光绪三年二月下旬①

得筱帅书,谓累次造庐,未亲颜色。询诸香岩,以病告,下私殊深驰系。比奉手教,乃醉司命所发,何迟迟也?详诘洪禹功,所述情形,似名为养病,意在避客,知家居亦大有难处矣!西班牙未必真有波澜,不过两大吏例应水火耳。鲁生奉恩旨后,兴致全无。求曳尾泥涂不可得,斯言信矣!此间腊雪颇足,入春复旱。金陵近始得雨,徐海尚不知如何?赈款以数十万计,岁再不登,何堪设想?二月初,急欲病愈,劫以重剂,垩未去而鼻大伤。日来始能伏枕数刻。竹坡信来,巫峡哀过啼猿,令弟尚不动声[色]也。

①光绪三年二月下旬沈葆桢《复吴仲翔》信,也谈到二月初服药事,此信亦当在下旬。

复李元度 光绪三年三月上旬①

奉清明手教,敬审萱闱曼福。台从暂驻省局,百凡安善,借慰积私。弟于鳌务毫无所知,且不免五日京兆之见。但求勿紊曾文正旧绪,冀可告无罪而去。故往往胶柱鼓瑟,不自以为嫌。后之人必有能宏此远谟者,请诸商静以待之。次儿挈眷东旋,适当岁莫(暮),幸大小俱获平安。南生新归,竟茫然不能问答,近复渐忘楚言矣。春色暄妍,而沉疴仍复如故。海东谣诼未息,不敢再申前请,暂时力疾销假,然精力实万分不支也。

①李元度时在湖南老家平江,二月二十二日清明的信,到南京当在三月初旬。

致吴元炳 光绪三年三月上旬①

前月肃䍧寸函,未卜何时入览?迩维福随春永,备叶颂私。赫德来议六处起卸章程,弟于此等事茫无津涯,只得调褚心斋太守与孙澄之往复参酌。适刘芝田观察亦到,纵谈累日,粗有端绪。大约关收税,卡收厘,事权绝不相溷。数日互相质证,惟湖口一带,不能不代九江收税,耗费颇多。今闻华洋均不情愿更动,各向监督、领事呈诉,则此处竟可作罢论矣。总署嘱议寄信局、铸钱局两事,寄信无甚关系,不难举行,铸钱则李伯相甚以事权归于二赤为虑。然此事不能无洋人先驱,用他洋人与用二赤等耳。谨将总署原函抄呈,应如何议复,伏乞赐教为望。海门一席,少仲单开可补者五名。窃思此缺为直隶同知,兴、杨、桂诸君恐情形未熟,且新有闹漕之案,镇压殊难。倘绾篆之杨牧于前案查办熨贴,即以之真除,似较直截。谨将原单呈电,伏候卓裁。弟拥裘见客,羞对春风,夜间能伏枕两时,便觉大幸。知念附陈。

①光绪三年二月二十六日沈葆桢《复李鸿章》信称:"二赤已于十八到沪,尚未来金陵也。"赫德去南京,在三月初。此信云"赫德来议六处起卸章程",当写于三月上旬。

复孙衣言 光绪三年三月中旬①

昨䍧寸笺,恭贺量移之喜。使来,获诵手教,辱蒙垂注逾恒,就谂旌节定于五月前后履新,曷胜欣忭。尊署添构小屋,已谆嘱芗亭。据云,俟梅中丞眷属行后,即可兴工,想必不至迟误也。此间禊日得雨,麦穗颇佳。旬余来复苦旱干燥,极望续沛甘霖。饷事无源可开,亦无流可节,真到英雄无用武之地。只求年谷顺成,与小民得过且过而已。去岁赈款,合公私统计,几将百万,此岂可再试者哉!翘跂之私,与日俱积耳。

①光绪三年二月十七日,梅启照由江宁布政使迁浙江巡抚,次日,孙衣言迁江宁布政使,知此信写于此年。信又称:"此间禊日得雨,麦穗颇佳。旬余来复苦旱干燥,极望续沛甘霖。"禊日,三月三日,之后又干旱十多天,此信当写于中旬。

督江（四）

复谢谦亨① 光绪三年三月中旬②

重梦轩主人左右：奉手教，缕示种种，感何可言？春帆迎眷而南，则退志业已活动。惟船局竟无存款，榷事者又深不满于西学，恐掣肘如故耳。林维让③，弟并未劝其捐炮台万金，闻罗景山有此议论。想雨帅如为前人铺排门面，五十万巨饷，非雨帅威德之征，其谁能之。青胜于蓝，非蓝所祷祝而求之者哉！惟两圻冰炭太过，均胸有成竹。日寻干戈，恐亦非地方福。省城米价五千有奇，海舶来非不多，不足供上府茶市之耗。城中常有明火执仗之案，官瞠目焉，而无如何也。小帅人极正派，惟多疑二字，则彼此同之。廓然大公，是尤当责备于贤者耳。小帅过此，极訾雨帅调用叶廷眷④、高心夔⑤之非人，然陆提竟委顿镇海，毋亦旁观则清欤？思荔轩谨上。

①谢谦亨：字吉六，号重梦轩主人。
②信称："惟两圻冰炭太过，均胸有成竹。日寻干戈，恐亦非地方福。省城米价五千有奇，海舶来非不多，不足供上府茶市之耗。城中常有明火执仗之案，官瞠目焉，而无如何也。"光绪三年三月中旬，沈葆桢复林拱枢信称："吾乡米价腾踊，海舶来非不多，而不足以供建邵茶市之耗。省城内屡起明火执仗之狱，官瞠目焉而无如何。"两信当写于同时。又，"小帅过此，极訾雨帅调用叶廷眷、高心夔之非人"，小帅，即何璟。光绪二年十二月间过南京见沈葆桢，则三月中旬信不可能是二年，而是三年。
③林维让：当是林维源兄弟。
④叶廷眷：字顾之，广东香山人，商人。上海知县，上海轮船招商局会办，福建船政局提调。
⑤高心夔：字伯足，又字陶堂，江西湖口人，咸丰十年进士。江苏吴县知县。有《陶堂志微录》。

复林拱枢 光绪三年三月中旬①

心北棣台大人：读禊后一日教言，备纫一是。淮盐畅销，以文忠公督楚为极盛。然读当日奏议，盖亦力尽筋疲，其价贵色低，本不为楚人所喜。自曾文正以私憾首裁匣费，遂以师生结不共戴天之仇。大李去任，犹谆谆以拒淮嘱其僚属，其创深痛巨可知。虽据理力争而获胜，终于有名无实，猛虎奈地头蛇何？然淮商亦殊不自爱，垣商与运商角，垣与垣，运与运，又互相角。同室操戈，绝不虑开门揖盗也。天地间有糊涂县令如刘锡彤②者，真可为官场一哭。石泉再出关，不愧点头之选。小岩一向实心任事，济以虚心，洵为全美，迥非前人所及。冰如不患不得封疆，苦于党人碑在此。倘不才幸售所愿，则洛阳、晋阳必有得其一者。盖吾闽风水单薄，自昔然矣。公车竟逾四百，为之一喜。七子如均得高等，不难全留。出使诸君器识，当以陈荔秋为最，余都有限。特不至如言午之纰缪耳。峻峰未行，尊函已付之。其人甚精明，有志向上。子庄③何以尚未抵都？吾乡米价腾踊，海舶来非不多，而不足以供建邵茶市之耗。省城内屡起明火执仗之狱，官瞠目焉而无如何。两圻冰炭，成竹在胸。一正而阓，一能而险，矛盾日寻，恐非桑梓之福！小帅过此，甚訾雨帅所用非人，乃履新后委一提督，则反出其下矣！江淮麦穗不恶，然晴多雨少，仍虑蝗蝻之萌动也。近复咳喘渐减，知念附陈。

①此信是对"禊后一日"来信之答复，林信由京至宁约需十二三天，当复于三月中旬。
②刘锡彤：字云生，广东南海人。曾出使英德，与郭嵩焘不和。
③子庄：林庆祺，字子庄，林聪彝之次男。安徽、江苏通判。

致何璟 光绪三年三月下旬①

小宋仁兄年大公祖大人左右：二月念五日肃泐寸笺，由海道递闽，未卜何时可达？俊侯一时未能赴任，改调霆庆两营，恭疏上陈，已奉俞旨。惟该营是否足供驱策，未得环示，不敢冒昧促行。且愿风平浪静，无庸多此一举。翘盼好音，曷其有极。闻闽垣近复多雨，幸叨樾荫，不致淫潦为灾。此间清明、上巳两得甘霖，麦苗始有生意。近复苦燥，分秧者又喁喁以望也。春暮矣，勉强出户，仍眩晕难支。读各路索饷之文，笑骂由人，以不了了之。但愿年谷顺成，共此孑遗之民，得过且过耳。

①信称："此间清明、上巳两得甘霖，麦苗始有生意。近复苦燥，分秧者又喁喁以望也。"上巳，三月之第一个巳日。自魏以后，但用三月三日，不用巳日。近复苦燥，则不雨当在中旬以后。又称"春暮矣"，当在下旬。

致梁鸣谦　光绪三年三月下旬①

礼翁仁兄大人左右：高升询悉。尊体咯血之症尚未霍然，不胜驰系。窃疑此病怕动心火，而于讲席尤不相宜。盖他事虽一样费神，然时作时辍，盘根错节不时有。间有之，迎刃解后，便可松适数日。独此席无虚日，并无虚时者。甫毕，后者复集，稍停顿，便山积，且所见满纸搔不着痒之语，理谕、势禁俱穷，愤懑无从发泄，郁结脏腑间，安得不成锢疾乎！我公不患无馆者，敢登鄙言，以候卓夺。春暮矣，木气用事，宜以疏散为良方。

①信称"春暮矣"，当在三月下旬。

复吴仲翔　光绪三年三月下旬①

薇尹亲家仁妹倩大人左右：读本月七日手教，备纫一一。报销案，春帅既不分畛域，深惬鄙怀。前事小舟云然，即高阁置之。近来豪杰，争慕苏子卿而起，得无误啮雪为含饴耶？东瀛使者，时可无熟手者调护其间。温薪受束虽苦，较雕题凿齿者气类有间矣。子衡出山负债，此语非虚。廉访入盐局必督办，乃称下焉者，非弟所能委，亦不足以补其亏。夔石中丞与湘绅为仇，断不为子衡独留余地也。肝木作祟，即是寿征。舍疏导销散，别无妙术，补之则壅矣！吉事获蒙俯准，感何可言。

台从能摆脱而来最好，否则瀛儿于秋后趋叩珂门。胡伯塞翁失马，安知非福。抑天以摩励端人，使成利器耶？此间清明、上巳两得甘霖，麦魂苏而民心亦靖。近复畅晴旬余，分秧者又喁喁以望也。春帅来书，甚怪周凤震之逗留。此时想代为鸣冤者不一其人，无烦老夫哓舌矣。

①信称："此间清明、上巳两得甘霖……近复畅晴旬余。"当写于二十日以后。

致毕老大人　光绪三年三月下旬①

老伯大人阁下：承千里枉顾，藉慰二十余年契阔之私，曷胜欣幸。蒙谕令孙欲改标金陵，此间候补千余人，求月得数金亦非易易。且侄多病，必不能久任，务乞谆劝令孙万勿轻易更动，致贻后悔。奉呈漕纹二百金，敬祈哂纳，以备甘旨之需，勿却为望。

①抄本将此信辑在三月下旬《复吴仲翔》信之后，《复彭玉麟》信之前，也应在下旬。

复彭玉麟　光绪三年三月下旬①

雪帅仁兄大人左右：奉前月二十九日教言，缘始出户庭，应接不暇，遂至今未及修答，罪甚！罪甚！比闻节钺首涂，惟一路福星，至以为祝。西班牙尚寂然。第闻两大吏各巩封疆，冰炭殊甚。榕城米石六千，城中劫案叠出，两邑侯均摘顶矣。此间旸雨颇如人意，惟螟孽蠢动，沿江处处有之。扑捕姑尽人事，为灾不为灾，是有天焉。若再接踵荒年，民无噍类矣！麦穗殊佳，亟亟望其获也。弟咳稍减，而喘仍不免，眠食则渐有进。饷务、洋务，竟无可奈何。既不得归，但愿民毋苦饥，与得过且过耳。

①彭玉麟奏报巡阅长江，清政府于四月十一日收到，彭之奏折，当上于三月下旬。

致刘秉璋　光绪三年四月上旬①

仲良仁兄大人左右：久疏音敬，惟兴居安善为祝。沿江五处，起卸已议有定章，大抵税归关，厘归卡，各不相溷为准。惟湖口不能代浔关收税，正筹另章。适二赤得其属报，华洋商均安土重迁，且留为后图。此事本中国万不得已之举，能竟作罢论，固省一处是一处也。得德化报，普靖堂竟以中风捐馆，殊堪悼惜。此席镇抚中外，关系颇巨。章作堂一时未得赴任，谨拟绾篆人三，曰何绍彩，记名提督，金陵营务处。曰贺抡元、曰雷玉春，记名总兵，坐补太湖协副将，以备采择。倘夹袋已得其人，请示知，弟即照委也。此间近日颇得雨，二麦可望有秋，而沿江蝗蝻复生，业已跳跃，恐非扑捕所能尽。奈何！奈何！西江上游，雨水仍多，尚不至为潦否？

①光绪三年三月初旬，沈葆桢致吴元炳函称："赫德来议六处起卸章程。"此信则称："沿江五处，起卸已议有定章，大抵税归关，厘归卡，各不相溷为准。"均在光绪三年。又"此间近日颇得雨"，与四月初旬复黄姑太时间相同。

复吴元炳　光绪三年四月上旬①

子健仁兄大人左右：前奉赐书，备纫教益。铸钱一事，洞见症结，旨哉言乎！惟此事总署竟有欲罢不能之势。盖以各关贴水一事，为其所持，新关已不能一律，老关尤不可问，必有华商媒蘖其间也。此举成，正、杂款项，均不能不收，部吏、关吏，饭囊全覆。窃虑另开生面，笑柄滋多。奈何！奈何！许诵宣②铜山遗缺，合例应调者，似以宝应刘令较为稳练，伏候卓夺示遵。沿江数百里，蝻蘖萌动，勒令扑捕，民间总以神为疑。专恃督促，恐未必能一网打尽。奈何！奈何！陵工一款，少仲云，竟无可想法，此事似必不容付之不理，高明可有转移妙用否？请以霆庆易铭武，已奉俞旨。而闽中久无回信，未便令其登程。可作罢论尤好。筱帅索唐景星，已许之。又索郑玉轩③，实难应命。拟以李勉林易之，未卜俯允否？闻雨帅又引乞矣。

①许诵宣因玩视命案被参革，光绪三年六月，被从重流放。光绪三年四月中旬复李鸿章称："以长庆代俊侯，幸奉俞旨。闽省书来，绝不提及，录咨上谕，要与不要，不赞一辞。殆一动不如一静欤？"光绪三年四月中旬复吴元炳信也提到此事。此信当写于四月初旬。

②许诵宣：江苏铜山知县。

③郑玉轩：郑藻如，字玉轩，福建闽县人。驻美公使，上海机器制造局总办。

复沈秋舲　光绪三年四月上旬①

　　夫子大人函丈：奉三月二十三日谕言，敬谂起居尚未复元，至以为念。木气主寿，困于肝者，往往带病延年。惟受之以舒，遂其欣欣向荣之性，则眠食不致为梗。老年为子孙计，人情之常。门生数十年所见所闻，仕宦挟巨赀归，子即与饿莩邻者，比比皆是。而寒素遗息，或奋发崛起，否亦守其清门。以天道言，则盛衰往复，如环无端。以人事言，则忧患生，安乐死也。门生尚得微禄，断不敢漠视师门。至于沧海桑田，夫岂意料所及！愿我师澄怀观世，含饴绕膝，孰非玉树、芝兰？安见门生退休林泉，不返受其赐耶？署中颇有人满之苦。人情耐贫难，闲尤难。人满必贫，贫则思别寻乐趣。日日窃议裁汰，碍于有所出无所归而止。夫子所许可者必佳士，容俟疏通时，再行罗致为幸。此间洋务、饷务，均非人力所能为。惟望年谷顺成，与孑遗之民得过且过。乃麦未刈、禾未插，遍地蝻蘖矣！祷之不尽，捕之不尽，奈何！奈何！

①沈葆桢接沈秋舲三月二十三日信，在四月初，复信当在此时。

复吴仲翔　光绪三年四月中旬①

　　薇尹亲家仁妹倩大人左右：三月二十一日、四月初三日赐书，蒙垂注拳拳，感难言似。船政恤案，有行知各家属及地方官否？台事暂办，不难邀允，若竟作替人，恐政府不免踌躅。小涛急欲离台，试问何处是乐土？清渠改笑为号咷，可为之贺。倘一往得意，恐祸在眉睫。但呼号之后，苦索者不过林秉慧、吴瑞华，得毋惨非所惨耶？鲁士②、韵笙闻梅小岩抚浙，均有书来。弟劝其静待九方之顾，其抚藩皆好手，非随波逐流者。申季已返金陵禀到。昨撤嵯宰八员。幼莲云：筠轩早来，可望委署。弟答以都照此撤法，十年后似当到班。礼堂断无色欲过度，弟窃虑其饮食不节，喜补而郁成内伤，倘再枯坐衡文，恐益伤脾胃。唐俊侯不愿赴任，亦不能赴任，奏请代以宋长庆。久不得筱帅复书，殆可作罢论也。秋舲师来信，谆嘱两孙，其声凄楚。抑知所托之人，先苦我躬不阅耶？升炮待于上请，无乃提调之过。绣户传娇语，旌旗变色。非所谓屈于一人之下，伸于万人之上耶？怅此景之不再者，且妒、且惭矣！不喜药而投峻剂，其意曰愈固妙，死尤妙也。早一日入无余涅槃，少做一日坏人，少见一日坏事，何快如之！如峻其名不峻其实何？遍地蝻蘖萌动，愈捕愈多，祷诸神不应。看此景象，焉用生为？缉臣选安县，累莲③蹀上十二巫峰，殊觉过苦，但县名甚佳，祝其两地安善耳。

①四月初二日，吴仲翔由福州寄信至南京，当于中旬到达。梅启照（小岩）抚浙，在光绪三年二月，此信当写于光绪三年四月中旬。
②鲁士：蒋锡璠，号鲁士，侯官人。咸丰九年举人。
③累莲：沈书年。四川温江县令。

复蒋锡璠 光绪三年四月中旬①

鲁士仁兄年大人阁下：展诵惠缄，承藻注殷拳，莫名纫感。就谂治祺骈集，诸叶颂私。小岩中丞、静澜②方伯，皆弟所素极佩服者。其人公正坦直，爱才如命，而不可干以私，新政必卓然可观。挹阁下之兰臭金心，更当相见恨晚，无俟鄙人饶舌也。极知听鼓况味，冷淡未易久居，顾箴仕得如此抚藩，殊非易易。愿勿为官场议论所惑，力葆初心，以待九方之顾。湖光山色，趁闲时领略，亦殊不恶。过来人平生迂拙之见，不敢不为爱我者披肝沥胆言之。专复，即颂升安。附完芳版，诸惟澄照，不具。年愚弟沈葆桢顿首。

（原件复印本，福州市博物馆藏）

①信中提到的小岩，即梅启照，光绪三年二月十七日至光绪五年八月抚浙。静澜，即卫荣光。光绪三年四月中旬，沈葆桢复吴仲翔信云："鲁士、韵笙闻梅小岩抚浙，均有书来。弟劝其静待九方之顾，其抚蕃皆好手，非随波逐流者。"此信应复于四月中旬。
②静澜：卫荣光（？－1899），字静澜，河南新乡人。咸丰二年进士，时任山西巡抚。

复李鸿章 光绪三年四月中旬①

中堂阁下：奉三月十三日教言，辱蒙诲示种种。补厘、减厘，万不能毫无流弊，只得试办，相机而为之。防湖口情形，似竟可作罢论。雨帅已同春帅内渡，与筱帅或者乡情缘握手而生，则闽事当有起色。筱帅召景星去，弟不得已许之，复与春帅会函召玉轩，机器局万无从释手，而苦索不已。以长庆代俊侯，幸奉俞旨。闽省书来，绝不提及，录咨上谕，要与不要，不赞一辞。殆一动不如一静欤？迩来方幸麦得中稔，乃蝻孽复咄咄逼人，祷之不应，捕之不尽。一之谓甚，其可再乎？来谕以武乡见许，其何敢辞？行年五十有八矣，尽瘁之期，似不应过此。愿造命者平等相视，毋强令突过前人。林泉乃不了之局，望早登觉路耳。

①信称"行年五十有八矣"，知为光绪三年。又此信是对李鸿章三月十三日《致沈幼丹制军》信之答复，李信由津至宁当在四月。又称"迩来方幸麦得中稔，乃蝻孽复咄咄逼人"，麦已收割，应在中旬。

致吴大廷　光绪三年四月中旬①

彤翁仁兄年大公祖大人左右：久疏笺候，惟动定咸宜，至以为颂。长江起卸五处，约于五月开办。弟恐事出新创，致有参差。嘱褚心斋②太守沿江一行，面晤各卡员，往复参详，俾整齐划一。溯游一二千里，深恐缓不及事，乞尊处派一轮船送之，刻期可达。不胜翘祷之至。

①信称："长江起卸五处，约于五月开办。"沈写信要求派船送褚心斋巡查，当在四月中旬。
②褚心斋：褚兰生，字心斋，嘉兴人。光绪四年，任苏松太兵备道。

致文彬　光绪三年四月中旬①

质夫仁兄年大人左右：疏笺候者久矣！惟兴居曼福，至以为颂。今岁漕运，舟行较速，深佩疏浚邳宿之效。入春得数次透雨，方庆二麦有秋，乃沿江数百里，蝻孽咄咄逼人而出，高宝一带亦有之。未知清淮如何？去年赈款，合公私计，殆过百万。一之谓甚，其可再乎？徐属盗案，层见叠出。吴子美观察，人极精细，然不无过求省事之处。新授江西粮道段培元，久历戎行，耐劳善断。鄙意欲将二君对调，一则借其整顿之力，一则尽其勾稽之长。敢竭其愚，祗候卓夺。贡山②入觐有期，何日首涂？殊深驰系。弟眠食较进，而咳喘仍不时发。日来金陵甚苦干（旱），麦未收完，不敢祷雨，而分秧者殊切云霓之望，想里下河不免又呼放闸也。

①信称："吴子美观察，人极精细，然不无过求省事之处。"与四月中旬《复吴元炳》札相同。又称"日来金陵甚苦干（旱），麦未收完，不敢祷雨，而分秧者殊切云霓之望，想里下河不免又呼放闸也。"当在四月中旬。

②贡山：贡三，即文琳。

复吴元炳 光绪三年四月中旬①

子健仁兄大人左右：奉十一日教言，就审冒风臂痛，至以为念。沿江数百里，南自太平，以讫镇江，北自六安，以讫维扬，蝗蝻咄咄逼人，祷之不应，捕之不尽。去岁散赈，不过些小写意，公私所费，奚啻百万。一之谓甚，其可再耶？陵工断不能不解，诚如明谕。少仲云，只得挪用正款，此外更无良法可想。闽督咨寄旨来，于霆营行止不置可否，未便轻令移动。咨请准示，未知何日得接环音？窃计雨帅业已内渡，前议当可作罢论。惟苦索玉轩不已。玉轩亦不愿南行，仍婉辞之矣。暂留竹樵，以待少仲，似最稳着。受亭已联尊衔伤赴任，韩雀所请，文到即当照办。刘言贵就戮，可见张顺昌巡缉，尽是欺人。徐属盗案，层见叠出，吴子美观察，人极精细，未免有过求省事之见。新放江西粮道之段培元，久历戎行，耐劳善断。鄙意将二君对调，一则资其整顿之力，一则尽其勾稽之长。敢抠其愚，以候卓夺。日来此地颇苦旱，而刘麦未毕，未敢祷雨。里下河望放闸甚迫也。

①信称"奉十一日教言"，指四月十一日，复信当不迟于四月中旬。又称"吴子美观察，人极精细，未免有过求省事之见。新放江西粮道之段培元，久历戎行，耐劳善断。鄙意将二君对调，一则资其整顿之力，一则尽其勾稽之长"，与四月中旬《致文彬》信应在同时。

致刘齐衔 光绪三年四月中旬①

冰如亲家襟兄大人左右：謦欬久阔，问讯亦疏。鞅掌之状，彼此同之，不言而喻也。迩维眠食曼福，至以为颂。闻中州去年亦苦旱，今夏麦收甚佳，间阎当稍苏息。我公向以鞠躬尽瘁自矢，似宜乘隙求怡情养性之方。若张而不弛，虽铁人亦支不住矣。孙琴西南来阅兵，涂次遇之，具道潞国精神之纯固，尤佩品评取舍之守正不阿。知关洛讴歌，非偶然也。得春闱榜录，子衡世兄与焉，想吾闽鼎甲定不虚。惟戚党翩翩者，均垂翅而退。须知天所以玉成之者，至厚且远，勿以暂蹶图小就耳。弟腼颜再出，志气益颓。日言违心之言，事违心之事。洋务、饷务无可者，惟望年谷顺成，与子遗之民，得过且过尔。乃旧年灾赈，公私费逾百万。今则分秧未毕，蝻孽沿江数百里，咄咄逼人，心目均无可安放。留固无谓，归亦非策，计惟有一瞑不视为极乐世界。日祷祠焉而不应，恣之百病，靳之一死，奈何！奈何！

①信称："蝻孽沿江数百里，咄咄逼人。"沈写此信当在中旬。

复吴元炳 光绪三年四月下旬①

子健仁兄大人左右：奉月吉教言，知起居康复，至以为慰。营县报捕蝗数目，殆将百万。而循生迭起，其焰不为少衰。昨暮，竟飞蔽天。自省愆尤，为之心悸。设坛祷雨，仅于念六夜得数阵而止。坐误分秧之期，恐蝗亦将无可觅食。奈何！奈何！调兵原出于万不得已，一动便须数万金。闽中既无军务，霆营似不应行，已具疏请旨，玉轩亦专函婉谢矣。刘言贵就戮，浙鹾必大起色。张顺昌豢枭之罪，擢发难数，小岩断不为所愚也。少仲先归姑苏，作半月勾留，料量从运河北上。互调之议，曾嘱友人询诸培元。据称情愿乃敢举行。三河闸已开，然不雨恐仍无济。淮军为饷而汰，市镇上又添五千游民，殊非地方之福。南八城纵全数克复，饷仍无从减。洋款又借二百五十万，此局将无了期。福建屡有所求，而屡方命。近复来索王大令葆辰②，此君并无紧要经手事件，慨然许之矣。再承录示讯结许案疏稿，虑周藻密，无任钦佩。惟其中尚有未深领会者，谨借爱譖商，惟高明择焉。弟素性宽泛，致仆辈往往有逾闲荡检之举。所评挟妓饮酒，虽该参令自认误听，弟终不敢信其必无。倘以失察去官，正心安理得。如该参令转以此获重谴，则隐微之负疚将无已时。耿耿天良，难自昧也。该参令投函之意，不过欲以挟制免参。其列入此款也，不过借以锻炼蒋故令之短，非屑屑与奴辈为难也。据此定谳，万一部议疑其避重就轻，驳令于所评吴道各款核实定拟，则无一款不重于此者。此已拟军台，比例加等，该参令其何以堪之？窃谓此案似以禀评本道为重，私家刊刻，既与在官文卷不符，又非许参令捏造，似当以折中所叙吴道并无轻纵土匪一节定案，其罪亦军台可了，余者已在轻罪不议之列，无可再加。否则无禄人挟妓饮酒，例无明文。侪若辈于官吏之列，转令官吏反坐其罪，恐于名分不甚稳。我称我公虚怀若谷，弟苟有所见，虽自知狂瞽，不敢不竭，以候卓裁。附缴大稿，伏乞察人。

①信称"设坛祷雨，仅于念六夜得数阵而止。坐误分秧之期"，此信当写于四月二十六日之后。
②王葆辰（1835－？），号荔丹，福建闽县人。咸丰举人。先后任船政局文案、船政局总监工等。著有《羼庐诗文集》。

复吴赞诚　光绪三年四月下旬①

春帅仁兄年大人左右：奉月之既望教言，知铁胁船络绎成功，又拜巡台之命。惟指挥若定，中外交孚，至以为颂。东瀛瘴气，似无形迹可验。但其地湿重，有发泄而无收敛，不宜久坐，颇以疏散为宜。荔丹本欲乞假省亲，未之许也。兹承台谕，辱在夹袋之中，一俟公牍遥颁，即饬束装趋侍。此间经手事件，易于交割，不致迁延。

①吴赞诚致沈葆桢函在四月十六日，此信当复于下旬。

复何璟　光绪三年四月下旬①

小宋仁兄年大公祖大人左右：奉月之五日手教，辱蒙关爱备至，感何可言？京江士民闻霆庆南戍，争来吁留。弟以吉凶同患之义驳之。今闻闽海无事，中丞内渡，再晓晓置辩，鄙人不敏，欲申前说，无可措辞矣！伏乞俯鉴其难，免其征调，是所至祷。洋务文案，孙徵之云，褚太守兰生为最，蔡别驾汇沧次之。沪上皆不能释手，此外无知者。尊体未甚安适，总缘焦劳所致，恳于荩勤之余，稍事怡情悦性，为国自玉，幸何如之？此间麦收，尚得数分。乃不雨月余，坐失分秧之候。沿江千里，蝗蝻咄咄迫人。兵民极力驱除，愈捕愈出。祷雨不应，恐赤地之惨，甚于去年。闻棠治颇虑秋霖，愿挹余润，以活我流亡满目。欲讲却病之方，何可得耶？

①信称："乃不雨月余，坐失分秧之候。"三月下旬《致吴仲翔》信称："清明、上巳两得甘霖，……近复畅晴旬余。"可知三月下旬即不雨，故此信当在四月下旬。又称："京江士民闻霆庆南成，争来吁留。"沈葆桢于四月二十八日奏留霆军，称除臣函咨福建抚臣外，理合呈折具陈。此函当在上奏前复。

复丁日昌　光绪三年五月中旬①

雨帅仁兄大公祖大人左右：诵月朔教言，知赤鸟东归，至以为慰。各船会操于澎湖，则照应各口都成活着，异议者殆未久历戎行之故，愿我公之坚持之也。承示台饷之难，信所谓盘根错节。今总署以南洋经费拨归台湾，此肯许他人承乏者哉！逆社震之以威，可得数十年安帖（贴）。山前山后，常得通行，坦途自出。绿兵奉汰，令人一快。许以轮船全力嘉惠江南，尤深欣佩。绸缪未雨，人同此心。特宏济艰难，非老成瞻言百里，弗克缔当耳。督抚轮驻台湾，均劳逸甘苦，最为公道，而补帅时则不可行。如治一病人，今日之医谓宜桂、附，明日之医谓宜芩、连，两行其是，病者其殆矣。我公与筱帅志同道合，兼以里闬之爱，固无他虑耳。渡台须有公费，筱帅过金陵时曾为鄙人言之，并拟定岁万二千金，想必不以初见为谬。

尊体如此，万不宜过用心思。得好笔墨者，费数月工夫教之，先用写信，久即可司奏牍矣。洋官私抽何款？便中乞详示为荷。此间复弥月不雨，蝗蝻迫人，祷之不应，捕之不尽。赤地之惨，恐甚于去年。奈之何哉！

①信称"此间复弥月不雨"，南京下雨在五月十七以后。又称"诵月朔教言"，丁日昌信到南京，当在中旬。此信当复于中旬。

致彭玉麟 光绪三年五月中旬①

雪帅仁兄大人左右：金陵驻节，未修觞豆之敬，并一谒亦复阙如。知大君子必不以相尤，而返躬何堪自问矣。读手教，敬谂福星安抵太平，至以为慰。提篆已由陶副将祗领，计此时与吾②军门业经视事。厚帅③请假三个月，而侍从均已散遣，殆将申乞养前说耶？此间蝗蝻，旋扑旋起。弥月不雨，坐失分秧之期，恐蝗且无［从］觅食。设坛步祷，偶得阵雨，如杯水之沃车薪。广东复罹水灾，不均之患，［一］至于此。

① 信称："设坛步祷，偶得阵雨，如杯水之沃车薪。"当写于五月中旬。
② 与吾：李成谋。
③ 厚帅：杨岳斌（1822—1890），字厚庵，湖南善化人。行伍出身，时任陕甘总督。

复吴仲翔 光绪三年五月中旬①

薇尹亲家仁妹倩大人左右：本月初六奉四月十六日手教，与春帅信同一路来者，而多延十余日。初十得朔日续札，则稍快矣。纲税如垂街桃李，使人见猎心喜。数年来，入阱者指不胜屈，非吴仲仙大发慈悲，祸不止此。求染指而三番五次不可得，因而幸免者，谨道纪司耳。荔丹履历，于春帅信到时即自寄去。第库中数百金，鸠此捐项，亦殊为难。船厂经费，只得耐性苦索，所谓债怕讨也。庆将军清俭之名，著闻海内，当能力顾大局乎？恤案倘无行知家属，何从据以请荫？如藻侄、钜甥下届入场，即赖有此。钜甥已令其作大题，无庸童试矣。人之为病，皆从心起。礼堂之归也，意谓辛苦数十年，从兹稍获休息。讵料兄若弟作许多胶葛以待之。家庭之事，难吐诸口，必愈棘于心。德邻糊涂，已往往出人意表，其兄又倍蓰焉，什伯（佰）焉。其懊恼从可知矣，然能彻底看破，则亦涣然冰释耳。此间弥月不雨，蝗飞蔽天，步祷不应。委顿殊甚，故裁答稍稽。义昌亦并未专足来也。四字分赠雨（两）君，月旦良确，第回信压两个月，倒拍猪八戒一耙，则兴复不浅也。受言者自觉其重，出言者尚以为轻。开罪之端，断不止此。俟解组有期，效负荆之请。纠参淡水厅文武，以为予以转圜也。该领事即以此作话柄，其心尚可问乎？日事断不可赔钱，倘开此端，则以后更作何办法？荔丹本欲南归，闻此信固喜出望外。召之者为台防文案计，却向船政开销。而言我公亦摩拳擦掌于其间，古道照人，无任钦佩。荔丹在此，并无经手事件，文到即束装行矣。申季登仕版后，忽忽如有所失。大抵衮衮诸公，皆回望罗星塔如蓬莱方丈也。特不到其境，又无从自拔，安得恳十八公广运仙诀，一一招之使返，勿令坠落人间耶？尊体未健，务加意珍摄。一己外无可倚赖者，想高明早见及之。卧叟书二种收到，乞嘱礼翁致谢。弟抵任即与僚吏约不荐馆，卧叟肯旋里，必有倒屣以迎者，固无待鄙人之赘一词，且海东英才肯舍之去耶？卧叟书、礼翁笺，均奉缴，察收为荷。

①沈葆桢于五月初六接吴仲翔四月十六日来信，又于"初十得朔日续札"，复信在五月中旬。又，五月十七日南京得雨，则此信仍称"弥月不雨"，可知写于得雨之前。

复吴元炳　光绪三年五月中旬①

子健仁兄大人左右：十二捧读教言。连日为异族所涸，舌敝唇焦，致稽作答。罪甚！罪甚！日来沿江老蝗多抱第而槁，而螟孽复萌。然祷雨不应，先无可插之秧，蝗又奚恤焉？灵壁发蛟，克斋观察云是四月初事，湖涨并不大。邓副将人甚俊爽，如都转不掣其肘，浙嵯必有起色。淮军汰营，殊非长策，而无如饷源之竭何？左相国为洋款事与弟交绝。然悬军绝域者，固大有难处，不敢安坐而议其非，特苦爱莫能助耳。春帆来索王大令，以船厂总监工为名，实则为禹帅章奏，盖王令笔墨向为禹帅所赏也。可庄果售其志，可谓天不负苦心。赐示折片大稿，字斟句酌，佩服无量。谨以奉缴，伏乞察入。

①吴春帆（仲翔）来索王大令。王大令即王葆辰。沈葆桢五月中旬复吴仲翔信称："荔丹在此，并无经手事件，文到即束装行矣。"荔丹即葆辰，两信当写于同时。

复黎兆棠　光绪三年五月中旬①

召民仁兄大公祖左右：得四月下浣手教，悃悃款款，爱注之念，洋溢楮墨间。感甚！感甚！始而祷蝗，继而祷雨，又为异族所涸，舌敝唇焦，致稽裁答。愧甚！愧甚！畿辅雨雪沾足，二麦有秋。感召和甘，可知政绩。方慰霖望，旋作归云。劳人闻之，且羡且妒。久闻台端欲以西学公司自任，来信果然。窃谓天下无不专而能精者。既立西学，复骛公司，非一人聪明材力之所能堪也。尊意欲以公司所赢，供西学之费。鄙见必将倾西学之橐，以济公司之穷，而亦终无济也。以我公之才，外而封疆，内而枢廷、总署，足以推倒一世豪杰。至贸易一途，窃谓公不如我。何者？我尚知其难，公并不知其难也。西学为富强之基，诚如尊论。计我公所蓄，尚未足以了此，必有同志众擎，方克有济。若西人之添口岸，勤远略，自以为得计，历久而观，皆为中国效劳耳，何足法焉？早欲有言，恐缴公必成之志，今蒙明示，敢不竭其愚。何帅来索玉轩，具限二十日即还。知其言不由衷，不敢许也。果奉朝命，特进监司，断无令其老于盐车之理。朝受命，夕束装可也。至机器局欲再得若玉轩者，恐难其选，随时用所长而已。若先令得替以待津关，恐无此办法，想高明亦以为然也。何参赞②已到金陵，为熙尔、朋生两案而来，其气骄甚。弟将其交来案卷翻阅，如果杨泰记尚在，虽军前正法，尚不足蔽辜。荔使函中尚有未尽针孔相符处。弟本日已将所断节略委员送与何参赞，殆一二日方有复音。此事实误于历任沪道之徒逞口舌，不究实情。抑知真伪不容掩乎！此辈利尽交疏，有何相好？该参赞肯就范围否不可知，然弟实准情酌理行之，不可易矣！节略钞呈，伏乞箴诲。

①信里提及吴赞诚借郑玉轩，与《复吴元炳》信相同，此信也写于中旬。
②何参赞：何天爵（1844—1912），美国人。先后任驻华使馆翻译、参赞和代办。光绪元年十月三十日任驻华公使。

复林拱枢 光绪三年五月十八日①

心北仁棣台如晤：奉初九日手教，备纫一是。挈斋先生祭幛，由巡捕托候补县蓝源转寄，据云，蓝大令袁香亭之外孙也，顷饬巡捕查复矣。海鹤返斾，意在吓官。梅以轮流渡台，胁之筹饷。桢在台并未劝过一人之捐。罗景山议于淡北筑炮台，林家许助一二万金，空谈而已。台未筑，捐亦未定，与鄙人更无关涉。不虞之誉，乐受之而已。诸侄霜蹄暂蹶，为之怅然。然让王可庄先点一筹，下科便不作第二人想，造物所以玉成之者，固自有道。冰如作归计，所见诚卓。久未通信，闻此消息，拨冗作一书问讯，羡之且妒之也。此间弥月不雨，蝗孽迫人，恨不得向藕池一分余润。昨夜忽得阵雨，如能蝉联数日，尚可望来苏。

①信称"昨夜忽得阵雨",南京下雨在五月十七日,此信当写于十八日。

复刘秉璋　光绪三年五月中旬①

再,江右经指挥措置后,各属靡然向风。独乐平一隅,顽悍之气,不为少戢。可否选调得力营头一二,扼要坚扎?俾随时随事,迅雷不及掩耳。有犯必惩,庶或渐就驯扰。当否?伏候卓裁。

①在抄本中,此函前为五月中旬《致彭玉麟》,后为五月中旬《致何璟》。此函也当在中旬。

致何璟　光绪三年五月中旬①

筱帅仁兄大公祖大人左右:昨由江海关转递寸函,未卜何时入览?迩维兴居万福,至以为颂。前承面谕觅折奏朋友,近承函嘱觅洋务朋友,搜索枯肠,久无以应。勉思其次,求其未能而愿学者,待大匠陶冶而成之,可乎?陈孝廉与同、与冏昆仲,敝僚婿幼农驾部子也,向在冰如记室,比以礼闱报罢,思于乡园觅馆,洋务非所索习,折奏亦未办过,笔墨则精锐聪明兼而有之。其人尤立志向上,内行敦笃,迥异时辈,此鄙人所深知者。倘登龙门,定属可造之器。谨令斋沐上谒,乞阶前尺地一试之,何如?

①光绪三年五月二十日,沈葆桢复吴仲翔信时始知礼堂逝世。此信未谈到,应在中旬复。

复吴仲翔　光绪三年五月二十日①

薇尹亲家仁妹倩大人左右:潘玉章奉十二日朵云到,盼荔丹若渴,敢不极力撮合,以慰美人秋水之思?该勇口传两噩耗,曰水灾甚于去年,曰礼堂端午谢世。尊函皆未之及，知雁游于义昌之薮也。海波不扬，江南方恐以分兵累福建，不料转邀赏识如是。为告方伯，拨两船赴镇江可南渡矣！当力筹三关口粮，俾载米而去。宋长庆廉而和，颇得众心，为霆庆营中粹品，似不负九方之顾。诸同事闻家园患潦，彻夜不眠。谨借廉三千，托荔丹呈雨帅，备一粥之用。时事方棘，燥湿不时，我公务加意节宣，为国自玉。人之病都从心起，家庭难言之隐，尤易伤及膏肓。礼堂以司马牛之忧，溘然长逝，何其速也！往年丧讱如，今年失礼堂，吾闽文运之厄，恐殿撰不足以补之。此间大雨三日，官民相庆，谓蝗可绝。迨乃雨尚未霁，蝗飞蔽天，有肃肃萧萧之响。如能附讱如、礼堂骥尾，不见此象，当呼大快一声而去也。

①梁礼堂于光绪三年端午去世。沈葆桢《复玮庆》信写于五月二十日，内称借廉三千，交荔丹呈督抚，与此信相同。知在二十日复。

督江（五）

复李鸿章　光绪三年五月下旬①

中堂阁下：奉五日手教，知前豜各缄，后先邀鉴为慰。沿江五处章程，业已奏咨，想此时尊处亦当得旨。惟有无流弊，殊难臆断，须一年后再看如何耳。高桥一案②，为祟始自华人，而洋商乘而攫之。不料以租据不符，转成口不能言之苦。褚沪道欲以无契挟之，使作罢论，无怪其心不甘服。一为转圜，则奢念顿生，其无厌之德固然也。何天爵到沪，不见客，亦不拜客。到宁时，告以已饬沪道设法妥结。渠云，总署交南洋，不能见沪道。且与总署说定，是本国与中国要件，不涉杨、吴两家事。本银分毫不能让，两下只要商量息银若干，便可归结，余事不要持（提）起。其气骄甚。告以树从根起，你既不愿在上海归结，则提卷查案，至少须两月工夫。渠云，还钱何必查案？答以如此则在京便可了结，何事又来南洋？既来南洋，明系事难遥断，须查得的实分明，方足以服人心。渠云，如此我只回复总署，南洋大臣不肯办了。告以如果不查清楚，我是不能办的。忿然而去。次日，自携案卷来云，紧要证据具在此，可不必再提上海的卷么？答以将汝卷看清后，仍须提上海卷来对错不错。渠云，高桥一案，或有可疑，先将朋生案于数日内了结，我去个把月再来结高桥之案，何如？告以案未看清，无从豫定，看完后给汝回信可也。十六日，将议断两案写清节略，交洋务委员送去。十七日方到船上，十八日来云，节略所断，不能遵照。告以我是准情酌理断的，依不依原不能勉强的。渠云，高桥利银，我情愿让去二万余金，只要十万，朋生本利，丝毫不能减了。告以若不照情理，只争银数，虽再减亦无办法。渠又忿然而去。是晚送照会来云，归本国判断。明日辞行，复以照会而去。谨将各节略、照会底稿抄呈，伏乞诲示。筱帅之怪鄙人甚于怪雨帅。身处富庶之地，不能面面周旋，固宜无所逃罪也。裁营颇疑非善策，顾不能为公筹饷，敢赘一词乎？包完川鄂厘饷，淮商咸称情愿。灶户或从此稍有生机，而事之济否，与将来之能否支持，则仍全仗难兄广厦之庇。更乞竹报中代陈衷曲，以拯万灶灾黎。

①此信是对光绪三年五月初五日李鸿章来信的答复。李鸿章《复沈幼丹制军》称："沿江五处停泊章程，尚未见尊处及总署咨行。"信从天津到南京至少十天左右。又何天爵五月初旬到上海交涉高桥轮事件，此交涉已延至五月十八以后，此信当复于下旬。

②原常胜军白齐文投奔太平军后，于同治二年六月二十日约曾在常胜军小炮艇高桥号任船长的钟思在青浦抢夺高桥号为太平军所有。八月二十九攻无锡时高桥号爆炸。事隔多年，美国公使与总署交涉，无结果。总署命两江总督与何天爵交涉。

复丁日昌　光绪三年五月二十四日①

奉十二日手教，已饥已溺，楮墨间泪痕迸出，荷姘嵝者何以为报耶？此间得惟允书，即令丽丹南行，闻尚以待船滞沪上。涓埃何补，承齿及，益汗颜无地矣。运米免税，业已飞行。淮捐、沪捐，亦札运司、关道。惟该商等困于本省赈捐，事尚未了，恐为力过于绵薄耳。另文咨复冰案，当沐苢垂。大桥下向来江流有声，人语不能相闻。自通商后，洋行、马头林立，水为所束，桥下寂然。且宁波船将压载之沙土倾入江底，下游壅塞。如能用挖土机轮疏其港道，使水由地中行，则居民农田商贾咸受其益。至上游筑坝，眼前似甚得力，万一溃决，或猝不及防，为患颇剧。狂瞽之见，自知无当高深，然不敢不竭也。我公为国病，为民病，固不自惜。然亦须急脉缓受，时事艰难，无穷期也。此间弥月不雨，欲向闽、广、西江乞一勺活我不可得。蝗灾自湖北以迄海滨，亘千余里。十七后大雨七昼夜，官民相庆，谓蝗可息矣，乃其焰益张。虽得雨较迟，然秧已补插，而蝗犹如此，结局正未可易知。伯相极盼唐道归理招商，日事了后，望致意焉。网捐为奸民垂涎，非一日矣！然网实不可无人看，病在收其税而又不能保其网。倘收之于官，派小轮船一只、舢舨数只为之提防，偷则赔之，似船户必愿意，而地棍亦无从生心。其经费归于船局，为挖土机船之用，高明以为何如？

①此信提及十七日后大雨七昼夜，官民相庆。光绪三年五月二十四日《复吴仲翔》信称："此间自十七日起，得雨七昼夜。"则晴在五月二十四日。又称："谓蝗可息矣，乃其焰益张。虽得雨较迟，然秧已补插，而蝗犹如此，结局正未可易知。"是二十四日情况。

复何璟　光绪三年五月二十四日①

奉五月十六日教言，辱蒙垂注拳拳，并以旧治旱蝗，上紫宸悃。江南父老，起沟中之瘠，感且弗谖，况下走耶？征兵之役，窃疑为日事而举。比见海不波扬，妄臆无论何地馈饷，均在应省之列。承提命，如梦初觉，所谓君子务其远者大者，敢不破除成见，以冀稍赎前愆。前复惟允书，请其致意方伯，拨两轮船来京口。比晤洪琴西，谓宋镇以勇夫千四百余名，断非两船所敷坐卧。且天气酷热，恐一到便病，上贻大府之忧。琴西力劝其将夫遣散，到闽再招。渠云，尚有马二十匹，即少带夫去，极少亦须三船，方可勉强敷用。此事又系鄙人之出尔反尔，而该镇所请，实属真情，不敢不以告。凡才短人作事，往往不能熟思审处于初，致悔不可追。私幸常与提撕，则受赐无量矣。厘税减色，天下通病。明岁温州开市，茶价北趋，恐闽关益绌。我公忧民忧国，病固其所。然亦须努力自爱，以慰天下喁喁之望，不特身受骈蠓者，私祝弗谖也。此地弥月不雨，土田龟坼，蝗飞蔽天。十七后大雨七昼夜，虽嫌其晚，然窃冀蝻子可减。讵知雨尚未霁，而蝗焰益张。言之恐我公又为大江南北遗黎旁徨终夜也。

①信称"十七后大雨七昼夜"，又称"讵知雨尚未霁，而蝗焰益张"，此信当写于五月二十四日。

复林拱枢　光绪三年五月二十四日①

漫天风雨，屋无干处。读五月初十日手札，如作联床一宿之话，感与快俱。馆殿两元，多言而中。吾乡水患，甚于去年，未必不怨及此。馆选晨星落落后，当得高枕耶？

中自是命，与作法何涉？弃之则以为痕迹，取之则以为分明。元箸（著）固超超，第二人便咬定题界，宜何去何从耶？小帆尚留滞松江，欲来不来。冷眼热肠，无由自靖也。人生于所未领略者，必以为佳境。冰老困于簿书，窃料林泉可乐。鄙人曾尝此味，恐不尽然。所未尝者，仅涅槃一味。心窃慕之，未信果其不欺我否？大作慷慨激昂，味之无极。然报恩一念，横亘胸中，未免自寻烦恼。天地犹有所憾，吾侪其谓之何？老渭穷到无聊，只以观弈、游谈度日，久亦安之。自其郎君释褐，尘念横生，封翁鬓发，恐从兹变色矣！袁世兄信由苏州府官封饬交，未知得达否？淮蹉积弊，非一朝夕之故，相沿成习，遂以斁法为心安理得之事。去岁已宽其既往，今年不得不以一撤警动之。以后必不能如此便宜，欲呼冤者，听之而已。其中曲折，罄竹难书。洋务无日无波澜，所谓平静，自局外观之耳。网税自吴仲宣慈悲豁免后，人人垂涎，风浪层见迭出，其屡求染指而不可得，因以幸免者，谨道纪司耳。荔丹南旋，求才者以船政为名，殆为台防文案也。此间久旱而蝗，十七日竟得雨，连宵达旦，三日为霖。官民相庆，谓从此无复蝗患。乃二十日雨尚未霁，蝗焰益张。其飞戾天，声如波涛，令人气慑。昨大雨如注，加之以风，今早始晴，犹间见蝗坠。未卜此后如何？孑遗之民，生意垂尽，何堪再厄？司牧不只有涅槃一策，可告无罪耶？

①信称："乃二十日雨尚未霁，蝗焰益张。其飞戾天，声如波涛，令人气慑。"又称："昨大雨如注，加之以风，今早始晴。""今早"指五月二十四日。

复吴仲翔　光绪三年五月二十四日①

俪丹②行后，得十一日手教，备悉一是。闻俪丹尚徘徊黄浦以待船也。广东并不出鼎甲，而汩没波臣者酷于吾闽，可庄任怨哉！雨帅于黄牛面前骂白马，意在远老诸公欤？长庆苦说两船之不敷坐，自系实情。洪琴西力劝其将夫遣散，到闽再招。渠云，马必不能不带，至少亦须三号。已函致筱帅，不知其见许否？此间自十七日起，得雨七昼夜，秧始可插，颇嫌其晚。捕蝗至二三百万斤，犹蔽天而飞，令人目不忍见。雨帅妒杀礼堂，斯言岂欺我哉！

①信称："此间自十七日起，得雨七昼夜。"此信当写于二十四日。
②俪丹：荔丹。王葆辰，字荔丹。

复程桓生　光绪三年五月底①

奉十八日赐书，藉审起居曼福为慰。山右旱灾，据申报所云，令人目不忍睹。敝乡水势，较去年加猛，所幸第二次有备，人口尚无大伤。然瘠区安常处顺，已岌岌不可终日。叠遭重创，公私荡然，所难仍在生人之度日耳。凡事亲其境，乃知古说之不可泥。此间蝻孽出土，愈捕愈多，至于心灰力尽。十七后连得大雨，连宵达旦。满拟可以消灭矣，乃雨后其焰益炽，飞如波涛，汹涌有声，令人气慑，日来又不知匿影何地。此中消长之理，竟非人意料所及。秧已补插，微嫌过晚耳。复引地非鄂所愿，早在意中，然不能不尽吾力之所得为。上恃官商协心，下关场灶福命。若湘商之请增价，则万不敢从也。老堆之盐，亦复走卤，未必时令使然。有力之商，步步思占便宜。场官溺于陋规，无由执法。前撤四缺，稍示薄惩。兹将盐色较优之石港、金沙、伍祐各记大功一次。仍望台端从严稽查，随时密示为望。

①信称："十七日后连得大雨……乃雨后其焰益炽，飞如波涛，汹涌有声，令人气慑，日来又不知匿影何地。"此信当写于五月底。

致何璟　光绪三年六月上旬①

上月下浣肃耑寸笺，未卜何时入览？伏惟起居曼福，备叶颂私。闻我公求贤若渴，于将才尤加之意。弟前在西江极相倚赖之蔡干泉②军门，与公生同里闬，其朴讷勇敢为久于戎行者所仅见。近以豫章裁营，来此相依。弟与同患有年，谊无可诿。第饷需万分支绌，断难添设营头。且粤军与湘、淮有格不相入之势，若月以数十金羁縻之，是化有用为无用，殊大可惜。谨属其束装往投麾下，听候考察。刘仰素江军能支持十数年，全借伊人一人之力。甲子，江浙发逆倾巢西窜，抚州岌岌，以孤军扼文昌桥，卒保危城者，此君也。倘蒙收录，将来如有打仗退缩，举主甘当军法。

①信称"上月下浣肃耑寸笺"，该信在五月二十四日，此信当在六月上旬。
②蔡干泉：蔡锦青。

致丁日昌　光绪三年六月上旬①

付俪丹奉赶寸笺，未审何时得登记室？迩维起居曼福为颂。林文忠公之孙水部员外郎洞淑礼闱报罢，长安不可久居。其天资俊爽，有志西学而未得其阶梯，欲乞韩荆州尺地，以酹其生平慕望爱悦之素而树习知外事之基。颇耐风涛，下笔亦能达其所见。倘许进而教之，幸甚！幸甚！江南米价亦复不贱，闻贩入闽者，得不偿失，想南洋接济较易为力。飞蝗南渡太湖，西窥鄂渚，此间暂无之而不足恃也。

①信称："飞蝗南渡太湖，西窥鄂渚。此间暂无之而不足恃也。"又提及贩米入闽者，当是六月上旬事。

致林聪彝　光绪三年六月上旬①

别三年矣，契阔之情，彼此同之，无待赘也。迩维起居曼福，至以为颂。陶径常见否？三驴大夫曾否出山？闻冰叟归志甚决，则里闬中多一晨夕过从者矣。吾乡水患，剧于往岁，想仁人己饥己溺，又增无限焦思。然则故山与宦海相去几何邪？某某冬春皆病，入夏较好。乃旱魃为虐，蝗飞蔽天。近得甘霖，蝗南渡太湖，西窥鄂渚，此间暂无之而不足恃也。洋务、饷务，万无办法。惟望年谷顺成，与孑遗之民，得过且过。而各省竟无无灾之处，奈何！奈何！

①信里提及福州水患及南京蝗灾，均发生在五月中下旬。又称："蝗南渡太湖，西窥鄂渚，此间暂无之而不足恃也。"此信当写于六月上旬。

复薛敬堂① 光绪三年六月上旬②

读手教，知荡荡怀襄中得一孙。此儿破浪乘风，奇何待卜？虽裂墙毁屋，岂足蔽辜？来示若重有忧者，何所见之不广也！已谕玮儿送五十千为牵萝之费，明知不足敷衍，然天方以忧戚玉女，不敢违也。

①薛敬堂：沈玮庆的姨父。
②信称："已谕玮儿送五十千为牵萝之费。"五月二十八日，沈给玮庆信称："照旧例，拨五十千，叶以十千应酬。"此信当在此后。

复姚蔚皋 光绪三年六月上旬①

读手教，知泥金帖到，尘念横生。豆腐店老夫妇得幸财，终夜不能成寐矣。愿恭默思道，以答天庥。儿福自多，非马牛所能为力也。吾乡水厄，咸咎殿撰公。抑知状头一时，循吏千古。循吏封翁，尤当千古，得毋任其咎耶？

①信里提及福州水灾，当写于六月上旬。

复勒方琦 光绪三年六月上旬①

连日上江、浦下复报蝻孽孳生，奈何！奈何！方伯请宁属减则，倘邀特旨鉴允，方免熟田复荒之惧。林海岩②去，代者殊难其人。兹以沈国翰署海州，陆嗣龄上元，吴光汉江宁。

①信称"连日上江、浦下复报蝻孽孳生"，当是六月情形。
②林海岩：林达泉，广东大埔人。光绪三年五月十六日由海州调任台北知府。次年

三月到任。光绪四年十月九日卒于台。

复吴大廷　光绪三年六月上旬①

连日上江、浦下复报蝻孽孳生，奈何！奈何！礼堂西归，不悲也，而妒之。卧叟竟获内渡，殊为之喜。我公已谋所以位置之者，尤深心慰。读致幼莲书云云，不敢辞也，但掠美殊自愧耳。

①信称"蝻孽孳生"，当在六月间。

复吴仲翔　光绪三年六月上旬①

奉五月念九日手教，敬聆一是。蔼人此行，天作之合。子恂尤为仁者之勇。去岁，冰如捐五千金，事诚有之。陕西得毋因河南而文致之耶？捐赈好事，遑问有力无力。霁亭②此举，销磨几许灾难。我雨帅之所造福者，何止饥民也？邵彤臣③欲与焉，其可得耶？奏折本应独出心裁，即有好笔墨，识时务者，究竟各人性情，各人见解。如横冲直撞者，字里行间往往露出无数机械来，欲掩之而不能掩也。治水善后，无过挖江，水由地中行，无余事矣。蝗生不已，东、西、南、北各数千里，几于无省不灾。欲附礼堂之骥，如其不入梦何！

①五月二十九日信，从福州至南京至少需五天。沈葆桢复信当在六月初旬。
②霁亭：黄淇彬，字景星，号霁亭，闽县人。祖父经商。本人署福建陆提左营游击、权督右参将。
③邵彤臣：似是邱桐臣，即邱书勋，船政局委员。

复曾光斗 光绪三年六月中旬①

奉六月七日手教，知潭第为水所困，褆躬因之稍有违和，不胜驰系。伏维加意珍摄，是所至祷。承示家用支绌，欲图讲席。窃谓为吾乡士习文风计，虽未奉鼎言，亦当推毂；若为我亲家计，则疑团颇有未能尽释者，不敢不披肝沥胆言之。鳌峰为吾乡书院第一，然脩膳仅七百金耳。一年之舆从、应酬耗去其半，同辈者指而目之，有得者即有失者。吠影吠声，谣诼四起。课文动辄千余，断不能毫无错误。纵精心较阅，绝无百密一疏。然岂能有优等而无劣等？优等未必以为德，劣等则未有不怨者。客岁，闻礼堂就此席，飞书阻之，已无及矣！我亲家无瑕之玉，不值为此戈戈者招致众忌。如谓薪米艰难，以我亲家之文名，肯设帐授徒，岁亦可得三四百金，较讲席之徒有其名者，远胜之矣。

①曾六月七日信从福州到南京，至少要五天，则信到南京得六月中旬。复信当在六月中旬。

复彭玉麟 光绪三年六月底①

奉章门来教，本日又奉湖口手书，承注逾恒，感难言似。大江南北，旱魃已退，而蝻孽滋多。焚捕之功，远不敌孳生之猛。目下，南至浙水，北达津沽，西沿〔湘〕汉，东尽于海，层见迭出，日甚一日。闽、广淫潦，又甚去年，山右终于不雨。无省无灾，奈之何哉！培元已入苏谒中丞，计日内抵淮矣。彭城正值青纱帐时节，盗与蝗交棘，颇为其难。闻西江早稻登场，远胜曩岁。知福星所照，其益无方也。乐平非大加惩创，难挽狂澜。前者阻船一案，费九牛二虎之力，始由浔道正法一犯。昨商请中丞，派两营久驻其间，一动便下手。中丞恐兵民不相安，以饶州之营兼顾之，似亦兵力不敷分布之故。裁勇太急，亦一病也。近日风气，不慎州县之选而独靳其权。执一二平反之案以为口实，一一务令提省。讯到无可如何，又复发还。州县不堪赔累，遂讳莫如深，而恶人无所忌惮矣。安得包龙图遍行天下，为之振聩发聋耶？船厂事当照大咨汇奏。天暑方酷，惟加意珍摄，以慰苍生。

①信中提及早稻登场及蝗灾，又称"天暑方酷"，当在六月底。又光绪三年六月底复林鸿年信称："自五月半后，旱魃方甚，而螟孽滋多。日来北入津，南逾浙，西沿湘汉，东尽于海，无地无之。人心摇摇，不知所届。"当撰于同时。

复林鸿年　光绪三年六月底①

奉五月九日手教，爱护之情，溢乎言表，感何可言？水患甚于去年，闻之心悸。街谈巷议，归咎可庄。抑知天下无省无灾，那得偿以许多殿撰邪？闻捐赈设正谊书院，想诸君子晨夕过从，当不寂寞。秋师功行完满，与世长辞。陶叟踽踽独行，时复一晤否？大江南北，自五月半后，旱魃方甚，而螟孽滋多。日来北入津，南逾浙，西沿湘汉，东尽于海，无地无之。人心摇摇，不知所届。欧斋适晋以来，未得其只字，焦灼之状可想。晚过夏不难，无借医药，特不胜团扇秋风之惧耳。苏医吴君似已凋谢，前重剂程丽芬观察所开，今所推第一者也。

①信称："日来北入津，南逾浙，西沿湘汉，东尽于海，无地无之。"与六月底《致沈桂芬》信同时。

致沈桂芬①　光绪三年六月底②

久疏音敬，惟潞国精神，纯固胜常，至以为颂。江南苦旱，因而苦蝗。近雨足矣，蝗则如故。倏去倏来，旋起旋灭，无由测其端倪。报者辄云尚未伤及田禾，天下岂有蝗不害稼者？饬各县竭力搜捕，许其报销，费已不赀。根株要难断绝。南至浙，北至津，西沿［湘］汉，东至于海，皆其窟穴。忧之而已，无如何也！金陵各属，荒田未能尽垦，不敢存欲速之心。卤莽从事，而熟者复荒，则太骇人听闻，不得不思所以杜之，是以有减则之奏。夫度支之绌，至于如此！疆吏当激发天良，勤求所以裕国之道。乃欲蠲数百年来额定之赋，觊觎朝廷非常之恩，亦自知其妄。乃与孙琴西诸君踌躇累月，除减则使有余利后，实无招徕第二法。我公垂怜桑梓，疾苦易于周知，当蒙鉴此万不获已之苦衷，俾既登衽席之遗民，不致复辗转沟壑。则一瓣心香，率百万生灵同声呼吁者尔。

晚入夏较健，雨后不免复有微咳，然尚可支，谨以附陈。

①沈桂芬：顺天宛平人。时任兵部尚书。
②沈葆桢减则之奏，在六月二十八日，此信当在其后。

致董恂① 光绪三年六月底②

再，江宁府属荒田，严催未垦，只得静以待之。而熟者复荒，殊骇人听闻，是以有减则之请。国家度支之绌，至于如此，疆吏宜如何激发天良，力筹所以裕国。乃欲蠲损额赋，觊觎非常之恩，诚自知其妄。惟与藩司踌躇再四，此外实无良策。我公垂情桑梓，利病素所周知，定当鉴其万不得已之苦衷，俾既登衽席之遗民，不致复辗转于沟壑。此一瓣心香，率百万生灵同声呼吁者尔。江南旱蝗相继，今雨足矣，而蝗未灭，不惜重赏捕之、禳之。忧心惴惴，卒无如何也。

①董恂（？—1892）：原名醇，字韫卿，江苏甘泉人。道光二十年进士，时任户部尚书。
②信云："熟者复荒，殊骇人听闻，是以有减则之请。"沈葆桢奏请减则，时在六月二十八日。

致吴大廷 光绪三年六月底①

径启者：霆庆营奉调入闽。筱帅派海镜一船，又雇招商局一船来京口装运。论平时原可敷用，惟天暑方酷，恐人气熏蒸，弁勇或染疫疠。我公仁心为质，敢恳推爱添派一船，俾匀出百余人，受贶无量。测海、威靖、海安无所不可。阖营平安登福地，皆大君子之赐也。如蒙金诺，乞饬赴镇江交宋长庆军门是荷。

①霆庆营奉调入闽，沈向吴大廷调船运兵，时在六月。又称"天暑方酷"，当在月底。

复黎兆棠 光绪三年六月底①

日前裁复寸笺，计邀青览，迩维眠食曼福。招商局兼旗昌有之，固是胜算②。太古、宝昌毫不足虑。所可虑者：一在官商不能一体，官欲独居其利，使商任其责，商又欲各私其利；一在五贤相厄，互有违言，于招徕一道自相矛盾。若去此二病，虽十倍太古者，亦无如我何！盐不能装，煤自可装。池州煤议起于李振玉③，应责成一手经理。近贯口毁局，即因李道远去，声气无由相通之故。近日，訾西学者全抱空言从事，而务远略者又爱博不专。招商局亦蹈此病。创始甚难，不当易视也。小帆极感盛情，渠以母老家贫，不能久居长安，欲从雨帅剽窃西学，已作函为之先容。但其性情勇往，不能坚持，成否不敢知也。弟体实苦寒，而服桂却不效。因彻夜不眠，服燕窝而效，故至今尚不敢舍。辱我公惓惓，殊不自安。而内念全灰，即林泉亦非所恋，于公前不敢作诳语也。

①信称小帆"欲从雨帅剽窃西学，已作函为之先容"。查沈七月二十二日《复林泂淑》函，知林小帆在七月初之前已从丁日昌习西学。此信应复于六月底。

②光绪二年，美商旗昌轮船公司因经营亏损，拟出卖给上海轮船招商局。八月，盛宣怀向李鸿章提出购并旗昌轮船公司。十一月二十三日，盛宣怀等到南京与沈葆桢反复商议，决定购买。十二月三十日，唐廷枢与旗昌签定正式合同，旗昌并入招商局。

③李振玉：清美洋行买办，江苏补用道，轮船招商局创办人。

复谢谦亨 光绪三年六月底①

奉五月十四日教言，就审尊体违和，至以为念。迩维眠食曼福，定叶颂私。西事自应听季老主持。第筹饷之难，日甚一日。德使属意在大孤山口，此事于伊毫无所益。不过以其国无所表异，不甘于心耳。所争洋货免厘等事，无理取闹，万不能行。威使费九牛二虎之力，添海口六处，洋商何所沾润？不过地方官多[费]唇舌而已。筠老好打笔墨官司，此所谓有求必应者。此间入伏后，雨固应期，蝗甚未已。忧心惴惴，无如之何。金陵熟田复荒，致有减则之请。非敢沽名钓誉，实迫于势之无可如何。经老处亦函恳之。此事一交部议，即不可为矣。

①从北京寄信至南京约十数天，沈收到当在六月初。信中提及"此间入伏后，雨固应期，蝗甚未已"，应在六月底。

致林拱枢 光绪三年六月下旬①

得彤侄书，知起居微有不适，至以为念。凡事无不有前定，忧之如是，不忧之亦复如是。不寐最伤人，棣台尚（倘）能少饮，以数杯引睡，当颇有验，然究以消释烦虑为源头工夫也。小帆以母老家贫，不能再供京职，索荐月七八十金局面。为之函致雨帅，然薪水断难如愿，俟局定筹取以补之。聘侯迫于妻命，出山作雨，甚虑庞士元无由终局。然天无绝人之路，听之而已。江南雨足矣，蝗则如故，忧焉而无如何。入伏并未热过，纯似和气。贱体已咳，然较之春冬二季，自尚可支。

①信称："江南雨足矣，蝗则如故"，时在入伏之后，即六月底。

复李鸿章 光绪三年六月底①

奉荷花生日谕函，所以爱而为之谋者，至深且远，感激可言似耶！何天爵言不由衷，惟利是视。如果杨泰记不论银数多少，彼必幡然改图。系铃解铃，只得听之，无所用悔。第恐两家子弟材智下，未必能猛省回头耳。筱宋催兵，急如星火。长庆意甚怏怏，然行乎其所不得不行矣。蜀民倚煎运为生活，不下亿万户，诚哉是言。第画井者，已如此其众，其测海者倍蓰无算，不问可知。鄂民喜川恶淮，淮之灶户亦知之。然责其盐质之劣，令其讲求煎炼，彼无辞也。劝其改图别业，听其坐困，则嚣然不靖矣！包饷既奉特旨，倘商人失信，盐政重遣，其何敢辞？而缉私不能不仰借于东道主人，事半功倍，其势然也。灶户喁喁者十数年，忽得此信，不啻生死而肉骨之。运商退记，则群喙交集，况疆吏哉！幸叨福庇，得与难兄互易其地，所敢坚执成见者，有如皦日。却虑难兄一履江南，亲见海滨千里斥卤之民，号呼乞哀，转徙沟壑之状，不忍坚持前说，致不才欲遂曹随之私而不可得也。某某自遵旨复奏，经难兄疏驳后戢翼噤口，不敢赘一词。

今部议如此，灶情如此，已成骑虎之势。倘鄂中复有条例，不敢不静以待命，否则贸贸然往，蒙居停主人破格推爱，俾获瓦全，固所愿也。即不才办理乖方，获戾以去，亦分所应得，敢他怨乎？明知便于淮者，颇不便于鄂，然在鄂为苦乐关头，在淮为生死关头。成败利钝，有所不暇择矣！不才一生，事事赖公以济。敢恳竹报之便，为达苦衷。谨率千余里数百万白叟黄童，九顿首鹄跂以俟。此间雨足矣，蝗则愈捕愈出。焦心蒿目，徒唤奈何。日来怳然于林泉之大非良策，冀幸一瞑不视，或是佳境。返躬自顾，知不远矣！

①此信是对李鸿章六月初五日信的答复。信从天津至南京，须十多天。信中提到"此间雨足矣"，当在六月底。

致郑云友① 光绪三年六月二十九日②

别三年矣，未尝一叙契阔，怅何如也？兹维化雨春风，起居曼福。镜老③常过从否？日来兴致何似？前年黎召民来信云，将捐二千金入福州敬节堂。复书许如数陪之，为他款挪用，遂蹉跎至今。比凑得前数，想此堂仍是我年伯经理，命玮儿缴呈尊处，伏乞收入老堂备用。其应如何生息，统候卓裁，无俟鄙人参末议也。召民之项，侄未经手，径交礼堂矣！

①郑云友：福州凤池书院掌教。生平不详。
②六月二十九日，沈葆桢与玮庆书，曾言明将二千金交给郑云翁（郑云友）入敬节堂："兹补一信致郑云翁，为我送去。"知为同时。
③镜老：邱镜泉。

致翁学本① 光绪三年七月上旬②

久疏音敬，惟起居曼福为颂。宋长庆③军门与弟共事西江，以至今日，公之同里也。其人廉平恬静，知之有素。此次奉调入闽，甚苦人地生疏，怅怅莫适。敢恳推爱，指示一切，俾宾至如归。镌篆云情，曷其有极？海镜来闽。福州米价甚平，想我公擘画之苦衷，托帡幪者可胜厚幸！

①翁学本（1829—1882）：字小轩，又字兰畦。湖南善化人（一说浙江余姚人）。官至福建盐法道、福建按察使。
②宋长庆此次奉调入闽，"甚苦人地生疏，伥伥莫适。敢恳推爱，指示一切，俾宾至如归。镌篆云情，曷其有极？"海镜来闽，与《致吴仲翔》函时间相同。
③宋长庆：宋国永。

致吴仲翔　光绪三年七月上旬①

海镜来闽，尊体感冒新愈，至以为念。伏冀加意珍摄，藉慰下私。宋长庆军门与弟共事西江，以至今日。人极廉平恬静，此次奉调入闽，甚苦人地生疏，初到时无从安置。敢恳我公推爱，于其罗星塔上船时，为指示暂驻地方，俾各弁勇于风涛眩晕之余，获所依傍。镌篆隆施，岂有既极！

①沈于六月下旬向吴仲翔要海镜，现海镜已将霆庆营运往福州，此信当在七月上旬。

复程桓生　光绪三年七月上旬①

奉六月念六日手教，备聆一是。蝗蝻蔓延八九省，闻之令人心悸。此间旋生旋灭，如环无端。书中所传畏雨、畏西风之说，皆不尽足信也。吴道既办川盐，复恋淮薪。执事裁之，并不为刻。子健中丞向来仁恕，断不以此芥蒂胸中。鹾局寄人篱下，卑亢皆难。执事于波涛震撼之交，挟舵引帆，因时操纵，各适其宜，然而心则苦矣！伯相两次移书，劝勿收回引地，谨将复函录呈冰案。各商尚未具切结，殆怵于鄂中不肯缉私之言，然骑虎何能下耶？果票运诸商能力顾大局，安见川盐之不可敌，如其各沾沾目前何哉？

①信称："伯相两次移书，劝勿收回引地，谨将复函录呈冰案。"六月十四日李鸿章《复沈葆桢》信提出此事。此信当在七月初复。

复何璟 光绪三年七月上旬①

叠拜三缄，深远之图，周挚之爱，悃悃款款，得不令人五体投地耶？盛观察②、宋军门③坐海镜来，已于招商局议雇一船。军门初次渡海，深以拥挤为患，弟函致吴桐云拨威靖协之，似较从容。商局船到，即当展轮矣！茶山客民，因饥肆抢，严办数起，自当帖然。窃喜江右早稻丰收，建邵或可稍沾邻润。台湾从前人稀，故米入内地。近来计所招徕丁口当已不少，米鲜出口，理所固然。此地蝗蝻，愈捕愈出。费既不赀，又不忍坐视。今年江南北光景，恐更去年之不若。欲再学去年之赈，则万万无可筹。殃民之罪，可擢发数哉！苏澳风灾，闽局又失一船。闻之怅怅，不知尚可修整否？春帅勇于任事，出险济屯，自是吉人天相。然风气日辟，自当渐为康庄也。金陵三伏，从未热过。弟此数日已穿薄绵，腰疾、咳疾复作。时事如此，遑问医药耶？闻闽中水大于去年，而早稻却胜于去年，知天事未尝不为人事挽回一二也。受骈蠼者，感何如之。

①信称："金陵三伏，从未热过。弟此数日已穿薄绵，腰疾、咳疾复作。时事如此，遑问医药耶？"又称："弟函致吴桐云拨威靖协之。"沈葆桢《致吴大廷》信在六月底，此信应在七月初。
②盛观察：盛宣怀。
③宋军门：宋长庆。

复吴仲翔 光绪三年七月初七日①

薇尹亲家仁妹倩大人左右：瓜果筵前，拜登芳讯，盥〔漱〕诵之，则六月十七所发也。俪丹暂迟赴局，饫领盂兰之馂，何乐如之？燮理阴阳者，工于用间，愿两延陵均勿为所惑。官场讲过节，楚失齐亦未为得。阻雨绝粮，在内山为常见事，与居停何涉焉？霆营去必不讨好。宋军门此行颇怏怏，鄙怀亦复歉然，自惭对伊不住也。照出帖例题捐，句奇语重。三百六十，合周天之阳数，定当一索得男。语云：能与贫人共年谷，必有明月生蚌胎。况我公不量力为之，尤令人肃然起敬。吾辈用财，支左必绌右，断无能留有余地步者。筹画费事，节衣资以偿之，当亦掌珠所愿，先意承志者乎！开通港道，不难在费而难在人。大中丞冰鉴②高悬，所赏识当必不谬。清渠闻雷，如歌舞场中，一声清磬。人当极得意时，有提撕警觉之者，便是一生大受用处。当头棒喝，玉汝于成者岂浅鲜哉！近日风气，稍习外事者，力图创局以耀所长。即其所定局面，且见异思迁。船政之颓唐何待问耶？玮儿信来，谓璿儿婚期择腊之四日，已禀达清听。拟令九月偕云、雨附商舶南返。此子本非弃材，无如其性灵汩没于膏粱（梁）文绣之中，末由警省。愿我公严加训诲，视如子弟。并恳随事示以俭约，使鹿车荆布，有以生其慕望清白之心，庶几能稍自树立乎？祗请台安，未一。弟葆桢顿首，七夕。

维贞③亲家均此。

①信中所提盂兰即盂兰盆会，是佛教节日，在每年七月十五日。此信落款为七夕。即七月七日。

②原信作"冰镜"。信末有："祗请台安，未一。弟葆桢顿首，七夕。"信头有："薇尹亲家仁妹倩大人左右。"

③维贞：仲翔之弟。

复吴仲翔 光绪三年七月中旬①

诵七夕教言，备纫一是。黄庭赐还，所谓得鱼忘筌者耶？瑜亮纷纷，机械林立，日来略见胜负。人人至今知王猛卖慕容垂，愚窃以为猛之造福于垂者无量也。吾乡局面，会当一变，未知台事何属？清渠此时当自知其危，天下知危则得安，可贺也。鬼蜮伎俩极易测，不过欲他人代之出丑耳。春帅②台湾所发一折、两片，纲举目张，丝丝入扣，非前人所及，亦非帮办所能也。任怨是提调本来面目，谤亦不以分而少减，求无愧于心而已。瀛儿方学小题，尚无头绪。呈阅课作二篇，以供一噱，其病总在懒读书。期定十二月初四日，只望其瞻仰泰山，知所宗法，则当豁目相待矣。

①七月七日信，至南京当在七月中旬。

②春帅：吴赞诚。

致丁日昌 光绪三年七月中旬①

读邸抄,知请假回籍,竟奉俞旨。何恩之厚也?何福之深也?论者谓我公获释仔肩,必不再出。然天眷之曲体臣下,过于慈母。倘恝然舍去,不等于温峤绝裾乎?想我公必有以善处此也。我公说不出难处,说不出苦处,弟所深知。然古来成大事人,往往如此,亦动心忍性之一助欤?顷得惟允书,述公所谕三事,感入骨髓。忧国之忠爱,忧时之悲悯,虽顽石亦当动情。惟土耳其之铁甲船,据两监督来报,议价二十五万磅(镑),且须全付,似非虚语。赫德殆舍炮而专言船耶?当如命函催伯相。若此事可成,则蚊子船限于经费,碍难并举,且从稍缓。倘铁甲无成,只得先索水炮台以守长江。海防经费,已并归北洋,江南万无从另筹出款也。铁路承莞纳,乞嘱春帅届期拨船迎提,不胜翘祷。新秋多雨,凉气砭人。惟善护圭璧之躬,毋过以时局焦心。幸甚!幸甚!

①清政府批准丁日昌请假回籍,时在七月初五日,沈从邸抄得此消息,当在七月中旬。

复林泂淑 光绪三年七月二十二日①

得七月朔手书,如联床作竟夕谭,惟侍奉曼福。雨帅三月回籍之请,竟奉俞旨,何福厚乃尔?去后感者固思之,即怨者亦当思之。吾侄既承其位置,涉猎西学,须勇猛精进,勿因暂别而有灰心。萱堂素有远志,吾侄求得致远实在本领,即养志之一端也。湖祠修费,已饬玮儿拨新议俸金二百金交吾侄。但必有好手监之,方不负苦心。总以朴素浑坚为第一要义,惟其地势则无可如何也。

①丁日昌(雨帅)请假回籍得旨允许,在七月初五日。沈知此消息,当在中旬。又七月二十二日沈《复玮庆》信称:"小帆以李公祠倒塌,求借二三百金修理,汝可筹新议俸银二百两付之。"此信当与《复玮庆》信同时。

复林拱枢　光绪三年七月下旬[①]

读既望手书，知眠食以次复元，快慰无似。惟某某偶有接济，棣台必二十分不安于心，鄙人转有余愧。耿介固棣台素性，亦吾儒本分，然亦视彼此气谊如何耳。人生不能无盈虚，即不能无酌剂。假令易地以处，某某必视如外府，以为取之无禁，我棣台其谓之何？捐赈闹此笑话，不能不两任其疚。两大府皆远老旧属，尤不近情。第向若辈苦索讲席，且必令腾出致用堂，得毋因其自侮而侮之耶？以督抚归里，即使真到断炊地步，宁向亲友乞米，何至诉当路以贫，且诉于素为所玩弄之人耶？高明以为然否？凡人一生擅长处，即其一生受病处。闽抚之好以事自为功，对镜焉如出一辙耳。小帆有远志，无内心，欲传以乃叔安贫衣钵，恐凿枘不相入。大抵濡染于母教者多。来日大难，但望其学有实际，足以支拄耳。棣台知蝗焰至张家湾，不知霞浦、建阳，已咤君涉吾地。知山西有阖户以饿自经者，不知江南去年早已如此，今年恐终不免。如此疆吏，素餐以临赤地，始犹天良难昧，司空见惯，亦浑而忘之耳。季老以短饷劾欧斋，不啻为剖析其赈灾之不力也者。政府断不能予以重谴，各关道、各藩司咸兢兢以协饷不到八成为虑，此篱抉破，甘饷益不可为矣！往籍及故老传闻，咸谓蝗畏久雨，怯西风。以今观之，尽不足信。徒使官场怪物，袭重棉，着高领，以对白苎玲珑之客耳。

[①] 左宗棠弹劾林寿图，约在七月中旬。信称"读既望手书，知眠食以次复元"，林心北十六日之信由北京到南京，沈葆桢复信应在下旬。

复吴大廷　光绪三年七月底[①]

使来，捧读手教，知有瞻天仰圣之思，佩甚！慰甚！谨将部文缮就，交贵使赍呈，并拟片稿录政。伏维星槎戴福，海不波扬。喜溢天颜，蕃遮三锡为颂。闻苏松后出之螟，渐有伤稼者，为日孔长，忧懑曷极。凉风骤至，殊不似新秋。鄙人身着重棉，腰犹作痛。秋粮殊难望结实，每得各路旬报，辄为心悸。惟江右早稻丰收，差可喜耳。叶国彩回，蒙派威靖以济宋军，感极！第闻招商局船尚未到也。

①信称"凉风骤至,殊不似新秋",当在七月。又称:"使来,捧读手教,知有瞻天仰圣之思,佩甚!慰甚!谨将部文缮就,交贵使赍呈。"差弁一般在月底来南京。

复彭玉麟 光绪三年七月底①

读手教,知世兄奉旨内用。世济其美,喜溢德门,曷胜欣忭。谢恩不必待分部、分司,已由子密②拟具疏稿奉缴,似尚妥协,伏乞裁之。巡阅事毕之报,如为期不远,可以附发,否则不容过迟也。此间雨过多,而天气骤凉,殊恐于秋有碍。蝗蝻未息,苏松尤可虑,奈何!奈何!闻西江早收颇稔,知福星所临照必不虚也。

①此信与七月底《复吴大廷》信均提及"西江早收颇稔",又称:"天气骤凉,殊恐于秋有碍。"当同在七月底。
②子密:钱应溥(1823—1902),字子密,浙江嘉兴人。时任礼部侍郎,官至工部尚书。

复曾国荃 光绪三年七月底①

恭读另谕,恫瘝之抱,洋溢楮墨间,钦佩曷其有极!山右人性俭啬,运道艰难,捐赈转输,诚多费手。迩闻随车甘雨,三日为霖,大有转歉为丰之望。知精诚所感,如响应声也。划京饷二十万,固朝廷旷典,然非我公回天之力,何由泽下于民?此间春夏亢晴,与贵治同病。近秋霪雨,天气骤凉,禾苗无从长发。蝗蝻遍地,穷搜不尽,亦不为雨而减,低田则又报被淹矣。幸珂乡及西江早稻甚好,尚望有所挹注也。

①信云"西江早稻甚好",当与《复吴大廷》信同时。

复郑云友　光绪三年七月下旬①

奉七月十二日教言，就谂逢吉康强，至以为慰。敬节章程，似仍旧贯为美。息止宜八厘，多则愈险。匀数家作半年期，操纵由我，最是胜算。钱法愈趋愈下，以月计之，各有忽贵忽贱行情。若合数年观之，似未必有银贱钱贵之日。存款似以实银较有把握。狂瞽之说，高明以为然否？若已换钱，正不必急急归原，多费矍铄精神。随时转动，固有益无损也。已补者除查出弊窦外，不应裁汰，亦断不容汝裁汰。裁必滋扰，择必纷争。精理名言，确乎不易。且有累年守节，望眼欲穿者，稍拓额数，亦可慰其心而平其气。惟补时不可不严查，勿令至于滥耳。召民之款，已托荔丹往查。虽不妨各行其是，然不可无着落。礼堂与世辞，鄙人不悲也而妒之。秋师身后，其世兄似较了了，则前此梦梦者，缘有所恃而然耳。镜、陶、秀三叟②，当得过从，情话怡然，外事可勿问矣。文孙过夏，无能厚助膏火，蒙齿及，益汗颜矣。郭慕徐品学俱有渊源，惟性廉静，颇厌烦剧。去年由发审调管六合厘金，以病辞。调管通属厘金，今年又以病辞。近方伯改委总局提调，尚未来省。不才在此，专管诛杀参劾，至委差、委缺，则藩司责任，向不下侵。慕徐清况，方伯知之甚深。宁属仅四知府，皆苦缺，而资格在慕徐上者甚多，虽方伯亦无如何矣。

①七月十二日郑云友从福州写信至南京，当于下旬到。
②镜、陶、秀：邱镜泉、夏小陶、周秀庚。

复彭玉麟　光绪三年七月下旬①

前由衙官奉达寸笺，计邀垂睐。比读本月三日赐札，就谂不日西阅。惟炎凉靡定，宜珍卫有加，至嘱，至嘱。湘东丰，衡西歉，想溯流输粟，尚有酌剂之方，地方官所当留意也。培元已履新。函请劫掳之案，决不待报，已为之咨行矣。闻徐属秋收尚有得去，乘此整顿，当有成效。惟东台、兴化一带去岁复歉，致足虑耳。与吾到金陵，谭（谈）及李将之才，并告病迟延之故，已将彼此文件，互行撤退。军政弟从未办过，恐终不免闹出笑话。淮南引地，弟得部议后，实成骑虎之势。我公过鄂时，乞为婉求筱帅，俯念灶户百万性命，予之一线生路。鄙人办理不善，虽重谴不敢辞也。区区下私，伏祈鉴之。

①信称："比读本月三日赐札，就谂不日西阅。"当指七月初三日。杨岳斌巡阅长江在七月，彭玉麟（雪琴）西阅也当在此时。抄本将此函排在七月底诸信中，撰写时间当在七月底。

复黄倬昭 光绪三年七月底①

本月二十日，得六月二十二日手教，知侍奉曼福，老莱精力亦复纯固为慰。洪水为灾，有楼可托，便是佳境。中年以往，未有无病者。上有垂白之亲，不得不加意珍调矣。秋师没后，其世兄似稍晓事，人之误于有所恃者多也。官为民请命，罔顾颂声；绅纾难毁家，不遑量力。均令人肃然起敬。此间哀鸿满野，绅商尚知各竭棉薄，挽回一二；疆吏束手仰屋，若无事然。人之度量相越，何其远哉！霁亭不云而雷，如神差鬼遣，可谓天相吉人。弟前借三千金，数月之息，必不止四十金。乞语霁亭，切勿客气。示以实数，俾儿辈奉缴。以后再有急需，方敢启口。难弟此时计已履新，必能勉为好官，以副寡兄之勖。其眷属何时送去，似不当长作孤鹜。江右早稻丰登，惟此差强人意。骏甥能自振厉，得老成为典型足矣。云玩愒无立志，雨好外骛，钜终日伏案，哀求其出一语质疑问难而不可得。人各有命，听之而已。

①信称："本月二十日，得六月二十二日手教。"此信当撰于七月底。

复何璟 光绪三年七月底①

奉本月初九、十一两教，恫瘝之抱，吐握之诚，周浃旁皇，味之无极。幕府已得其人，下私窃慰。干泉军门，毫无习气，已荷青垂，知必有以器使之也。雨帅乞假，竟奉俞旨。班生此行，何异登仙。我公独任其难，尤当为国自玉。肺逆肝郁等症，弟确信其断非虚语。然欲作陈情计，窃虑有志焉而未逮矣！闽中丰歉参半，尚可权衡挹注其间。淮江右则甚丰，皖远逊之。淮扬已多请勘灾，苏松尚未可知。来安、六合，螟蝻有地积尺余者，能无心悸？闻踪迹涉及建阳、霞浦，祸延无已，负疚奚如？赐示疏江各议，大君子虚怀若谷，询及刍荛，幸隶骈嵝，敢秘狂瞽。惟昧道憎学，于水利既未讲求，作客半生，故乡形势，尤非素悉。因欲谋诸乡人之在金陵者，冀获集思广益。故踌躇累日，不敢草草以对。乃左顾右盼，究之毫无端绪。窃念百闻不如一见，诸君子自身履其地，尚不免聚讼纷然。倘以一无所知者，遥度于数千里外，其贻误夫岂浅鲜？惟断乃成，博取而折衷之，幸甚！幸甚！

正封函间，续奉十八日手教，知疏浚已有定局，慰甚。上游客民，江右多抚、建、南、赣。早稻甚丰，尚有退步。闽抚护理之旨，此间早闻之，而不及台防一语，心甚悬悬。移建正谊书院之议，始于周寿山②，护院始注意于开化寺。或以为隔城不便，乃改于东街。购屋本子恂经手，惟东偏梁、刘③之屋，礼堂赞成之。购定后，龚仲仁④即向子恂有言，适寿翁⑤卸院篆，退为船政提调，代者恶其价奢，事遂中辍。寿翁不甘失信于人，劝弟取之以增学堂，各屋乃归船政。颂丞中丞抚闽，亦以旧贯为湫隘，向船政索还此屋。弟告以龚屋无断契，为学堂略加修理，所费无多，随时可赎。书院则全须改作，颇窒碍难行。颂帅乃有宽期年半待赎之示。乙亥，龚任臣⑥年伯自秦归，彼此来往多次，未获一晤。嗣由刘子忱⑦致意，谓东街之屋，应如何着落。弟对以书院之建，历有年所，似难拆还。当路加惠士林，于经费未必计较，肯凑断，谨为转达。旋据子忱报云，任老不以为然，弟亦北走矣。承命以一书释同室之斗，所以优容部民者，无所不至，鄙人其何敢辞？第念此区区者，断非蔼仁所吝惜。蔼仁欲建宗祠，非其力之所难。其惓惓于怀者，原冀从前办理不善之官绅，小有惩创，庶足以平其气耳。弟即办理不善中之一。若再饶舌，致疑为把持袒护，益激其骑虎难下之势，则为害滋多。自省愆尤，静待参处而已。方命尚乞涵宥。

①信称"奉本月初九、十一两教"，又称："早稻甚丰，尚有退步。"七月底沈葆桢《复黄倬昭》信称："江右早稻丰登。"本月初九、十一，指七月初九、七月十一日。又称："正封函间，续奉十八日手教，知疏浚已有定局，慰甚。"此信当写于七月底。

②周寿山：周开锡，字寿珊，湖南湘阴人。同治年间任福建布政使。

③梁、刘：梁礼堂、刘冰如。

④龚仲仁：即龚彝图。

⑤寿翁：林寿图。

⑥龚任臣：龚彝图。

⑦刘子忱：刘冰如之子。

复吴仲翔 光绪三年七月底①

奉七月十六日手教,知霆庆营安抵马江为慰。宋军门亦有书来,极感关照之厚。筱帅函嘱以一纸书释正谊之斗,鄙人敬谢不敏。诚自愧从前办理之不善,饶舌以激人怒,不如袖手以候人参也。筱帅去年过此,授以锦囊,以吴淞不许开浚为第一得意之笔。林浦、旗后,成竹在胸,又何疑焉?后花园并非怪事,若不如此,乃真怪事。三事已经复雨帅。铁甲诚要图,无如款不在握。赫德所开船价,大约除炮言之。伊深知丁、李好便宜,以此为引人入胜秘诀。两监督亲履其地勘过,所禀必不甚谬。铁路,乞春帅于九月派船来提为望。雨帅痛快赈济,益人去后之思。善自为谋,此君有焉。玮儿念五日到此,当令过秋节回家,办瀛儿纳采事。饮食不能如常,似宜屏谢补药,则脾胃自然疏通。多散步、早眠,亦良法也。此间蝗犹未已,然天渐寒,焰亦渐衰。秋成有胜去年者,有更不如去年者。大约偏灾处处不免,惟西江较好,然九江郡属则殊劣。今夏不得一日之热,则到处然也。

①信称"玮儿念五日到此",此信当在此之后。

复程桓生 光绪三年七月底①

奉七月十六日教言,备聆一是。引地之议,为鄂帅极力疏争,大农或有转念,川帅则只能以川灶生计为辞,农部岂能以淮灶为非生计也者。鄂帅不肯担承缉私,此开诚布公之言,并非虚词恫喝。以如此坚忍之意推之,万一移节两江,必胼手胝足以为淮民谋,何至如鄙人之泄泄沓沓?所谓易地则皆然也。万一许复淮引,则所以为淮缉私者,必二十分出力,所谓彼一时、此一时也。以京协饷推两江,何敢不受?移盐税局驻武穴,尤属易行。特眉叟所陈,心向往之而不能至耳!眉叟②言川盐之弊,如水如镜,毫发毕呈。而杜弊之法,若网在纲,有条不紊。第必盐政之才望、德器足以孚川、鄂上下官吏,使奉令惟谨则可,鄙人乌足以当之?诚使川帅有言,大农照准,虽淮民穷不聊生,鄙人则可借是藏拙。总之,上策莫如自治,圣人复起,不易吾言。讲求盐质,招徕水贩,无论引地复否,均是吾辈分所应为。盐质有坏于场灶者,有坏于船户者,有坏于子店者，然皆可责承通商以警之。草堰已饬记过，若再愦愦，则非参不可耳。

①程桓生七月十六日致沈葆桢信由安徽至南京，当在月底。
②眉叟：李鸿裔，字眉生、又字香岩，四川中江人。曾任江苏按察使。

复刘秉璋 李文敏① 光绪三年八月十四日②

仲良仁兄大人左右：秋气渐深，惟起居曼福，至以为颂。江南进款骤绌，而协款日增。虽部议綦严，然不能不量力以应。即使以误饷镌秩，并非有意延玩，夫亦心之所安。不料西征复有洋债之筹，前者未清，后者踵至。双管齐下，虽使桑、孔握算，未有不走且僵者。在左相之意，以为吾有欠饷可指，非事出无名。虽费子金至三百余万，然挖诸各省，于西征局毫无所亏。且定议罚章程，挟以不得不还之势。抑知果为各省力之所及，何从复有欠款？此三百余万者，孰非国帑民脂，忍掷之域外乎？然不竭力罗掘，无论罚款可惜，且以中华而受西人之罚，国体何存？此鄙人所以日夜焦思，不知所出者也。江右进款之绌，与此间同病。惟京协各饷，较此间为轻，敢恳大力扶持，一拯乏困。自明年正月起，按月为措二万金，解交军需局。借仰同舟之爱，俾苏涸辙之枯。感戴隆施，实无既极。至江南光景，即不还洋债，亦万万支持不住，不得不减防兵。前月送两营入闽，本月又裁并一营。第无妄之厄，减此涓滴，庸有济乎？祗请台安。鹄候赐复，乞恕不庄。馆愚弟沈葆桢顿首。八月十四。

①李文敏：字捷峰，陕西西乡人。咸丰二年进士，官至江西巡抚。
②光绪三年七月底，沈葆桢《致吴仲翔》信称："奉七月十六日手教，知霆庆营安抵马江为慰。宋军门亦有书来，极感关照之厚。"知宋营入闽，时在七月。此信称："前月送两营入闽，本月又裁并一营。"原信落款八月十四，且信头只有刘仲良，无李捷峰。抄本则有李捷峰，可见是分别写给两人的内容相同的信。抄本也无"馆愚弟沈葆桢顿首。八月十四"。此信当写于光绪三年八月十四日。

复李鸿章 光绪三年八月十五日①

奉七月二十六日谕函，敬聆种种。盐梅正调燮中事，辱承明训，敢忘爱注之情。晚际进退两难，不觉言之过激。将来遇掣肘处，仍必哀呼将伯，不敢自外帡幪也。雨生此行，何异登仙。临去谆谆以铁甲船为言，嘱晚坚求我公。其议论深切著明，似亦非能忘情于世者。窃思水炮台、水雷，守口之利，迥异寻常。然海上防不胜防，断不能逐口有之。仓卒事起，又迁地不能为良。惟立外海水师，则南北气脉可以联络。此事非我公通盘筹画，力任艰巨，断不能有成。赫德所陈，经李、日两监督②验过，公意以为何如？上海机器局之颓靡，似由经费太绌，非才之疚（咎）。若得劼刚京卿莅事，临淮壁垒，耳目一新，其受益夫岂浅鲜？已函商子健中丞，想无不欣喜过望者。惟沪上局面极当充拓，而经费又万无可筹。就目前工程，已有岌岌难支之势。可否由我公将沪局窘状缕达劼刚，如劼翁不厌其难，肯降心相从，则晚当攀附台衔，吁请钦派，以孚中外之望。至劼翁本京卿通侯，局务宜专折上陈，与春帅一律，方合体制。当否？并乞示知。日内飞蝗又自北飞来，亘百余里，奈何！奈何！

①七月二十六日李鸿章致沈葆桢函，当于八月初始能收到。九月中沈致李函云："中秋肃胜寸笺。"即指此信。

②李、日：指李凤苞、日意格。

复郭嵩焘 光绪三年八月上旬①

奉六月手教，就审精神纯固，中外交孚，至以为慰。禁烟一疏，谋国血诚，溢乎言表。朝廷断无歧念，但士大夫染于所习，日积月深。素以豪杰自命，堕其中犹可言也。至素以道学自命者亦坠其中，且不为怪，天下事尚可问哉！圜府仿西法，诚国之利，取形式而易其花样，尤为要诀。其平色能一律到底，关税钱粮能发能收，亦可杜私铸。第库关之向来中饱者，从此如水洗净，不知于公事有碍否？博物院为将来必开之境，目前似不能无所待。哈什噶尔正使义正词严，所谓折冲尊俎者，于今见之。老成消患无形，想左相闻之，亦五体投地也。蝗患几无地无之，如福建从无闻见，近建阳、霞浦一带亦波及焉。秋成参差不齐，大抵江右最好，余不免偏灾耳。小宋、雨生互相猜忌，雨生竟如其志以去，福何厚也！

①《郭嵩焘日记》称："十月初二收到由上海发出的信，内有沈葆桢《致郭嵩焘》信一件。"此信当复于八月上旬。

复杨浚① 光绪三年八月中旬②

读八月初三日教言，知载路福星，安抵珂门，至以为慰。惟如君不及相见，文孙又一现优昙，闻之不免怅怅。人到中年以后，不如意事十常八九，达人知命，想不以芥蒂于怀也。金陵之游，以闻故山横流，不果。然少戢沧桑之感，待将来荒烟蔓草，如春梦无痕，旌节临之，亦大佳事。亲朋强半在饥溺中，戋戋者其何以济？齿芬下逮，无地自容。淮商、沪商，不啻三令五申，迄无应者。近都转详称：淮商愿捐三万五千金，须待本省捐款缴清，至光绪五年乃能全完，请由福建先为筹垫。披牍不觉为之失笑。已批饬照天津成案捐银二万，限本年完缴。并许奏明，他省不得援例，未卜能遵行否？盖江南民力竭矣！文章憎命，天将使之穷愁著书。既不遇于时，便当占名山事业。倘依人作计，则岁月、身心都非己有，数十年断齑艰苦，尽付东流矣！不才身坐针毡，日日作归计，万不敢更以误公。四海茫茫，安所得知已而与之共事，以狗监而荐马卿，几人能为汉武哉！吾乡往岁丧讱如，今年失礼堂，山斗之尊，几无所属。正喜又铭③归里，又闻目已失明，后进怅怅何之，恐成文运之厄。以公之望，设帐授徒，定知河汾门墙，将相趾错。兼传家学，其乐陶陶。窃以为出山非策，觅馆尤非策。谓予不信，请现身说法，以质高明。不才自入宦途，未尝有所颠踬，世之所谓得意者矣。自揣生平，亦非全不知人间有耻事者。然孜孜汲汲，无非日日事违心之事。佐不才之幕者，亦孜孜汲汲，无非日日言违心之言。即如日内飞蝗，仅合字营出队盈千，自八月初九至十三，所捕送者五十九万余斤，能勿令人心悸！而公牍满案，皆曰蝗不为灾。僚属登堂，必曰蝗不伤稼。令公从旁闻之，得毋代之愧杀耶？人生毁誉，都不难付之适然，独此耿耿天良，难自昧耳。欧斋开藩山右，颇有疑其澹灾之不力者。自左相痛劾其误饷一疏，乃将其为难处和盘托出。欧斋恐仍不得脱身，而西征之饷，从此抉破藩篱，将愈不能踊跃耳。承缕缕绮窗近事，如接竟夕之谈，所答不及十之一二，固缘枯肠之苦，亦关鞅掌之劳，伏祈谅之。

①杨浚（1830—1890）：字雪沧，福建侯官人。咸丰二年举人，曾任内阁中书，主教漳州丹霞书院。著有《冠悔堂全集》。

②杨浚八月初三日信由福州到南京，当在八月中旬。沈统计捕蝗，从八月初九至十三日，复信也当在中旬。

③又铭：赵新，又字古彝，福建侯官人。咸丰二年进士。

致吴赞诚　光绪三年八月中旬①

得惟允书，知旌节周历社寮，躬亲相度。苶劳过甚，致有违和，不胜驰系。读咨示疏稿，列眉指掌，山川土俗，如人〈人〉身履其中，恍然于匠心之苦矣！近闻不日内渡调理，惟加意珍摄，俾早复元，至以为祝。雨帅脱离苦海，此行何异登仙。我公独肩其难，益当为国自玉。上海铁路，以九月十五为交代之期，雨帅许挪旗后以达凤山，道里适相吻合。沪局轮船从未到过台南，招商局船则运费太巨。敢恳于九月初旬赏派轮船一号来沪，随拆随即上船，装毕径运到旗后交卸。俾得直截了当，不胜镂篆之志（至）。淮军第三起恤款，屡恳闽省未发。各勇家属，惟统领是问，因而该营大有亏累。兹以登瀛洲月饷扣抵，盖亦万不得已而然也，伏祈谅之。此间日来蝗复南渡，合字营五日报捕五十九万余斤，令人心悸。

①信称："敢恳于九月初旬赏派轮船一号来沪。"沈葆桢要求派船之信，应在八月中旬发出。又"合字营五日报捕五十九万余斤"，时在八月十三日。此信当写于中旬。

复吴仲翔　光绪三年八月中旬①

奉七月念二日教言，备承一一。雨帅苦海中掉臂竟去，此行何异登仙？合肥谓春帅不能了台事，胜于春帅者为谁？则未之前闻也。水炮台价虽减之又减，其如此间不名一钱何！铁路，雨帅许挪为旗后用，务祈于九月初派轮船到沪接运，盖沪局船向未到过旗后，招商局船则运费太重（贵），已函恳春帅矣。届期，尚望婉催为望。淮军病殁台南，恤款屡乞弗与，家属惟俊侯是问，因而该营大有亏累。不免借登瀛洲月饷扣抵，而司道复有烦言，然而不暇顾矣。瀛儿正当令仰止泰山，以生景行之念。既奉台命，且当令待仲冬。

①信称："务祈于九月初派轮船到沪接运。"与八月中旬《复吴赞诚》时间相同。

复夏献纶 光绪三年八月中旬①

奉前月念八日教言，知晋旆榕垣，百凡安吉。台北风灾，苏、松亦受其余威，但不甚重耳。日国事毫无情理，不过窥破华人偷安，致有斯波折。大帅居东便病，此局如何得了？台防何人接办？非但南中不知，合肥亦无闻。截饷则早已被驳矣。电线竟得权舆，亦大佳事，然不可不接到厦门。旗后万不能不挖，特非筱帅所愿。费五万金，两年所增关税必不止此。剪取吴淞铁路，移置凤山，固此间所深愿。第沪局轮船，从未到过台南，招商局船运费太贵，亦只能到福州。故必由闽局派轮来提，直从拆处装船，径达旗后，暗中所省甚巨。已函恳春帅，再借重鼎言，催于重阳前到沪，则诸事顺手。台煤乘此时出，必大发利市。招垦似宜兼种茶伐木，山路先清，不患雕题之不革心革面也。林海岩刚毅木讷，见识宏远，江东属吏，无出其右者。为公夺之以去，不免介介于怀。其人有厚福，恐东瀛亦非所久居。今日来辞，明日就道。须回潮省墓，方能赴任，其九月十月之交乎？桐翁耐到无可奈何，请咨补行引见，有益与否？正未易知。此间日来蝗复大集，沿江数百里积厚尺余，几无隙地，每营日报捕缴数十万斤，令人心悸。疆吏恶劣，召此天灾，可胜负疚！惟珂乡丰收，足偿旧岁之歉，差足喜耳。勉力支拄，作退思未必遂心，徒增烦恼。

①信称"蝗复大集"，时在八月中旬。又称："已函恳春帅，再借重鼎言，催于重阳前到沪。"此信当复于八月中旬。

复梅启照 光绪三年八月中旬①

奉月之二日手教，就谂指挥若定，餐卫咸宜。并蒙方药遥颁，爱同骨肉。镌诸五内，永矢弗谖。金陵五属之漕，迫于无可奈何，据情哀吁，然绝不敢料其竟如所请也。天恩如此高厚，吾辈何以答涓埃耶？丝捐大绌，良由西土用兵。为滞销故，转觉歉收之无大碍。丝茶每迭盛衰，明年必有起色。京协各饷，总有势穷力竭时，权缓急应之而已。机器行于耕织，利公而溥。塘工用铁箫、铁笋，费在一日，利过百年。金陵自台旆南行，此事乏人持倡，未免颓然。第筹款亦大不易，西征宿债未清，新逋复棘，明年未审何以应之？日来沿江遍地飞蝗，亘数百里，积厚尺余，合字营五日捕缴五十九万余斤，新兵营五日捕缴六十九万余斤，令人心悸。弟过节一染荤腥，日内咳喘大剧。赐方多补品，拟俟喘稍平服之。

①信称："弟过节一染荤腥，日内咳喘大剧。"系指八月十五日中秋节。当复于中旬。

复卞宝第　光绪三年八月中旬①

顷奉教言，惓惓以人心风俗为忧，知大君子之用情突过于寻常万万也。宜居集一案，因流溯源，其弊不始于民，而始于官；不始于下，而始于上。初履任时，见有报盗案者，书吏拟批，必痛诋之，不解其故。既而披阅旧案，无不尽然。且条教綦严，月有三起必撤任，一夜连劫两家亦撤任。若徐海无日不劫，却未闻撤一牧令。反复推求，乃恍然于用意之所在。于是州县有数等办法，最刁健不破案不休者，赔赃了案，或倍其值；次则知其必上控者，以盗报，届三参，转借以求优调；次则勒改曰窃，即拒伤二三命者，亦可曰临时行强；次则吓之使自不敢报案，甚者事主自行舍命捕送，收押数日，以病取保；又其甚者，则捕役唆使反噬事主之子弟，以破其家。总之，以民之强弱，定事之是非，欲民不趋于强，其可得耶？第此案所闻情状，与别案不同。勘验尸场，往往争斗痕之伤损，伤痕之轻重，必于验后，赜（啧）有烦言。虽曲直不同，要［之］皆有缘起。兹则未验而滋事，乡民虽愚，愚不至此，虽悍，悍不至此，必有衙蠹、讼棍簧鼓其间，俾官民两受其殃以为快。弟不敢养痈以博宽厚之誉，而苦为耳目所限。我公续有所闻，务望密以见示。抑或不便形诸笔墨，就近面致仁山。感戴云情，实无既极。此事已札交仁山专办，示俟案定再出，俾有所征信，不致视为空言。自扬以西，至此数百里，蝗几无隙。五日内合字营捕缴五十九万余斤，新兵营捕缴六十九万余斤，庆营报尚未到，思之能勿心悸？疆吏恶劣，召此灾祲。转荷奖许，滋增怍耳。

①信称"五日内合字营捕缴五十九万余斤，新兵营捕缴六十九万余斤"，时在八月中旬。

致徐文达① 光绪三年八月中旬②

甘泉徐令,廉静本色,断不致有讳盗之举。昨闻其勘案被殴,心颇疑之,不料竟是实事。勘验尸场,往往争门户有无破损与伤痕之轻重。然皆验后,赜(啧)有烦言。虽曲直不同,要之皆有缘起。从未有不验而勒写字据,遂即殴官者。此必有箚蠹、讼棍簧鼓其间,使官民两受其殃以为快者。伏望密行探访,加以隔别研究,则罪人斯得。其劫案真假,殊未易知。然假固当办,真更不容不办也。伏乞大费擘画,俾挽狂澜,是所至祷。

① 徐文达:字仁山。
② 八月中旬沈葆桢《致卞宝第》函提及札交徐仁山专办盗案,此信称:"昨闻其勘案被殴,心颇疑之,不料竟是实事。"也在八月中旬。

复丁日昌 光绪三年八月中旬①

故乡书来,谓旌旆暂睽,百余日耳,而庶民如失乳哺,妇孺至涕泣以望去尘。比奉月之四日教言,似有终焉之志,何其憖也。小帆、铁路均荷位置,感弗去怀。承许筹商洋务,何幸如之!已函嘱刘芝田按月汇二百金交珂第矣。筱帅前疑尽释,足见公道自在人心。伯相更未有不愿相助为理,此等本无所用明文也。三事极佩苾筹,乌石山尤大快人意。榕垣口碑,岂有艾耶?噎嗝似以疏导为宜,仁里钓游,山水宽其胸次,可无恃炉鼎为功。惟允德优于才,鄙人觉谋退甚难,何敢为之求进?我公引掖之,亦看其福命何如耳。此间日来蝗复大集,每日捕缴数十万斤。自省愆尤,罔知所措。

① 信称"此间日来蝗复大集,每日捕缴数十万斤",时在八月中旬。

复吴仲翔 光绪三年八月中旬①

奉月之九日手教，敬聆一是。雨帅干脩，遵命月送二百金。春帅饮食稍减，殆由湿故。小涛怏怏东渡，安知非福。林海岩先省墓后赴任，其九月十月之交乎？乐忧幸灾，无人过问。兰畦有禁之之心，已可自感。瀛儿文字，亦蒙许可。泰山不让土壤，诚哉是言！此间日来蝗复大集，每日捕缴数十万斤，焰不少减。梓乡时疫未平，想阎罗殿需才孔亟，有高尚其志欲举贤自代者，鄙人愿为毛生。言出法随，不误主顾。闻颖叔镌职，窃谓有机可乘，乃晋抚不过降留，仍无所措手。长此贻误大局，奈何！奈何！

①信称"雨帅干脩，遵命月送二百金"，与八月中旬《复丁日昌》信相同，复信当在同时。

复沈敦兰① 光绪三年八月中旬

昨日由驿递交尊处托寄法国白公使一函，如尚在柏税司②处，乞将原信取付去弁领回。缘其中有应改数语，改好再行递交贵关转发也。

①沈敦兰：字彦徵，顺天大兴人。举人。陕西道御史，时任江苏常镇道。
②柏税司：柏卓安（1842—1926），英国人。光绪三年升为税务司。

复沈书年 光绪三年八月下旬①

月之十二日奉赐书，兼索亲笔之答，则来笺之不假手于人可知。圆劲遒美，馆阁体裁，益悔阻君乞外之不力也。官与馆双管齐下，俾小坡亲见听鼓之苦，益肆志于学，以续乃翁未竟之绪，知彼苍可以玉成之者有在。非潦则旱，无省不灾。吾乡水大于去年二尺，其闻之乎？此间水旱交集，又益以蝗。且复有青虫者，比蝗尤剧。兵燹余生，何以堪此！讷如、礼堂相继归少微。榕垣疫气盛行，至今未已。荔丹调回船政，鲁士监浙之机器局差，不失本来面目。颖叔镌秩，寿甫更何所依？德邻②官亲，络绎归隐，炊似已断。聘侯滞京师，竹修、饬臣则堂开昼锦矣！不才秋至便喘，苦难言状。阎罗需才孔亟，有高尚却聘者，劝其举贤自代，窃愿追踪毛生。

①函称："榕垣疫气盛行，至今未已。"八月下旬《复林拱枢》函，也称"故乡盛疫"，此信也复于此时。
②德邻：梁济谦，陕西候补县令。

复彭玉麟　光绪三年八月下旬①

奉蕲、鄂两教，备聆一是。六曹惟刑部有实在本领可学，特长安米贵，老翁筹接济殊难耳。规复淮岸，筱帅既以为必不可行，想必剀切上陈，借得转圜。鄙人亦幸藏其拙，否则诚无如此环吁者何也？丰歉参半，到处皆然。苏省最荒者为兴化，东台较去岁尤萧索。日来蝗复大集，每晨捕缴数十万斤，人事不敢不尽，终恐非人力所能消弭耳！又有一种青虫，其害稼甚于蝗，何农父之多厄也？玉帅捐馆，不悲也，而妒之。早脱一日，则少做违心害理之事，言之怃然。

①翁同爵（玉帅）于八月十三日逝世。沈得此消息应在十多天后。复信当在下旬。

复郭嵩焘　光绪三年八月下旬①

月之八日，奉六月十二日手教，于禁烟一事，有味乎其言之。仁人君子之用心，突出于寻常万万也。承示此事万非官法所能禁，当鼓励人心，使自禁之，洵洞澈本原之论。但使未食者不再沾染，即已食者全不回头，三十年后亦可一洗空之。借公至诚，能于吾辈中以苦口防其未然，则亦思过半矣！电线、铁路，皆中国数年后不能自已之事，而吴淞则非其地。洋人所以不患亏本者，冀中国许其起卸进出口货物耳。不告而权为之，于国体有损，既买归中国，断无自乱章关，以开漏税之端。仅载行人，修费且无所出，望有赢余耶？旗后至凤山刚三十里，无内河可通，正当化无用为有用。使人人习知其利，再另做一条达郡城，此禹生中丞意也。旗后至郡城电线则已兴工矣。世事变迁，沧桑正非意料所交（及），安见琴西必以铁路为非乎？宇宙茫茫，幸勿过于焦心。精神所注，金石为开，公言固当操券也。

① 八月八日沈收到郭六月十二日信，复信当在下旬。《郭嵩焘日记》：十月十三日接上海八月二十八日发信，内有沈葆桢致郭嵩焘信一件，当是此信。

复沈桂芬 光绪三年八月下旬①

奉七月十九日钧答，欣谂汾阳福泽，潞国精神，天固以兼资元老也。减漕竟邀诏可，中朝深仁厚泽，浃髓沦肌。而大君子翊赞之功，亦永永年代矣。蝗焰七月少间，八月复大集。沿江上下，纵横数百里几无隙地。每清晨各营捕缴数十万斤，民间所捕不与焉。节近霜降，今年或幸免赤地，明年其如之何？明知搜捕外别无良策，然实非仅搜捕之所能为功。又有一种青虫，其伤稼甚于蝗，第未傅之翼耳。三省收成，江右较优，皖北最劣，苏辖则兴化、东台为下，余多丰歉参半，徐海则胜于去年。闽中网案已了，何天爵已自沪北旋。宜昌冷淡，沙市繁盛，互易似亦人情。威使要约各条，煞费苦心。于彼族则毫无利益，第中华不胜扰扰耳。此间不雨，又将经月，方刈稻，似尚可缓，淮以北则望之孔殷矣。

① 信称"此间不雨，又将经月"，查，南京不雨，始于八月初，此函当复于八月底。

复林拱枢 光绪三年八月二十五日①

奉秋节前教言，备纫一是。处暑着棉，棣台以为怪事，抑知不佞尚有顽躯以着棉衣。实缘先天足到二十分，盖剥削于嗜欲中也久矣。尽瘁则有之，簿书未许分过也。捐款恣雨帅挥霍以结去思，当时默然，事后以为滥。筱帅谓一纸书足谢天下耶？治河殆以费绌而止，盈廷聚讼，投诸浊流，亦徒然耳。去岁儿辈来，谓曾星斋坚辞鳌峰，前月得其飞函，则托荐鳌峰者，贵亲家得毋与敝亲家合传欤？谢傅入山三日，便云百姓难做，其惓惓苍生也如是。经相之护何郎，可谓不遗余力。幸芝岑即移山右，否则大非吾乡之福。欧斋未必回籍，或侨寓析津耶？葛人并未奉讳，徒劳诸老垂涎。非特此席子虚，恐闽抚亦画饼也。龚生此行，专以为雨帅开生面，今则不能退、不能遂矣。又铭过此，未得见，闻已失明。城郭犹是，人民已非。付之茫如，亦是一法。豫抚方乞假，冰叟自未便雷同。第蒿目灾区，远不若欧斋之自在。欲函商季老，乞其一视同仁，无如雁足之早断也。鄙人蹉跎长安者历有年所，无日不以大什栅为窟。读来示，笙歌聒耳一语，魂为飞越，可但玉堂天上哉！玮儿于八月十八日乘潮东下，闻尚滞申江，明日始有便船。故乡盛疫，极乐之亨宰亦归天。窃欲附骥，闻阎罗检籍，以作孽过多，未之许也。小帆经雨帅荐入学堂，甚扬扬自得。雨帅一行，又忽思改外。来信谓过此时，不才讽之改作，奇哉！

①信称："玮儿于八月十八日乘潮东下，闻尚滞申江，明日始有便船。"又八月下旬寄彤侄一信称："大哥已赴上海，闻念六日方有便船。"大哥指玮庆。此信当写于八月二十五日。

复林寿图　光绪三年八月下旬①

来书以赵普②留太原之策见商，问道于盲，虚怀若谷。鄙人不敏，敢登其愚。西域未开以前，原可无庸措意，今则万万无弃理③。叛而舍之，我退一步，敌进一步，即至画关而守，兵费依然。花门断不能自立。我舍之，不归英则归俄。彼必尊之为自主之国，使抗我而为之间谍，则边患且愈棘。陆路通商，无论我得八城否，皆势在必行，无从借为屏蔽。看回疆举动，不久可告成功。俄事为日方长，季老健在，尚能了此，需饷则仍故也。方今祖合肥者指西征为失策，祖湘阴者訾淮军为坐食。皆一面之词，不宜偏听。下怀以为补救时务，去无益者，勿使其害有益而已。窃有欲言者三事，而非外吏之所能越职也。一曰同城督抚宜裁。人虽皆贤，亦不能两无意见。急则莫适任咎，缓则互相猜疑，往复数千百言不能成一事，小人居间媒孽之，遂乃颠倒是非。现福建、广东、云南人所共知。其幸能隐忍相安者，必一人甘为伴食者也，国家又奚取焉？一曰武科宜停。有韬略勇力，尽可行伍，武生、武举毫无所用，亦毫无所知，不过恃符以武断乡曲耳。文生纵有不自爱者，然千百中之一二。武生则无所事事，非害人无可消遣者。一曰外省捐照宜禁。帅臣、疆吏以不能发饷挟大农，勒颁捐照以期踊跃，然价与京同，则过而问者掩耳走矣。则价必减于京，效尤者则此省又减于彼省。有报十成之捐，仅得一成之银。闻滇捐并不及一成，全于报销时想法。所得徒供委员四出之费，于饷毫无所补，徒使名器滥到无以复加耳,是必严旨饬停。即急如赈饥,亦令其捐后奏明请奖,虽贡监毋使一照出都门。以上三条,敢质高明,以博一粲。

①林寿图于光绪二年九月由陕西布政使调山西布政使,次年八月初五日被革职。林寿图致书沈葆桢,当在八月初之前,到南京当在中旬,又沈葆桢于八月二十五日致林心北信,已知林寿图革职事,此信当写于下旬。

②赵普:汉代靳人,事王莽为尚书大夫,建议垦殖太原。

③1864年,新疆一些封建主和伊斯兰教的上层分子先后建立许多封建割据政权。1867年,阿古柏宣布建立"哲德沙尔国",推行宗教歧视和民族压迫政策,横征暴敛。同时勾结沙俄和英国。1870年,沙俄占领伊犁地区。此时,清统治集团内部发生了"海防"与"塞防"之争。李鸿章主张放弃新疆,重"海防",轻"塞防",左宗棠则极力主张收复新疆,"海防"、"塞防"并重。清政府倾向于后者,于1875年5月任命左宗棠为钦差大臣,督办新疆军务,出兵平叛。1876年,平定天山北路,阿古柏兵败自杀。1877年,进军南疆。次年初,左宗棠收复了除俄占伊犁地区之外的新疆全部领土。

复林泂淑 光绪三年八月下旬①

得月之七日手书,知潭第安平为慰。斯人何尝不出?吁请之,转没其转柁之长。七妹遽寡,令人恻然。亲年周甲,境如涸辙,诚非虚语。细绎书意,是将为小草,非远志也。如吾侄筹画已决,请命高堂,委之设措,所不敢辞。若谓劝驾出自不才,未之敢任。天日俱在,毫无此心也。湖祠所以龃龉者,得毋以幼贱之长,形尊长之短,则曲在吾侄。若谓不佞托霁老及吾侄修忠定公祠,似乃叔不必过问矣。凡事无不可委曲求全者,若必炫以自明,得毋令人山必深者曰:不虞君涉吾地耶?

①八月下旬,沈葆桢致咏彤函称:"七家之长男亦夭于疫。"此信也称:"七妹遽寡,令人恻然。"此信当写于同时。

复谢谦亨 光绪三年八月底①

诵七月既望教言，辱蒙缕示种种，感甚。捕蝗几穷于术，然不敢不尽人事。州县便不免赔累，虽白简亦无如之何。西域陆路通商，似行乎其所不得不行。周旋俄人，左相力所能到。德索大姑（沽）马头，害较免厘为轻。盖牛庄已许通商，固当相因而至，然于彼何利焉？治河一疏，意在倾人，实则作茧自缚。试问此数君即挥金如土，谁能从事于泥辎山檿者。幸政府解铃，否则不知何日交卷也！筠老人甚长厚，往往以必不能行之事来相劝勉，奈何！雨帅抵里三日，便苦百姓难做，似归云仍当出山。颖叔于故乡无所系恋，或者于析木作寓公。解脱灾区，固乐事也。秋老矣，咳疾复剧。既不能去，逢人说病，徒增厌耳。

①信称："秋老矣，咳疾复剧。"八月下旬寄咏彤信也有此语，也当在八月二十六日之前。

复林鸿年 光绪三年九月上旬①

承遗双鲤，复锡百朋，且示以煌煌巨制，而与谋故山兴建损益之法，何期许之厚而爱注之深也？圭璧之躬，不痛而痒，殆一腔热血，无可洒处，激而旁达耳。致制府书，万丈光芒，读之五体投地。此事都缘某某等办理不善，致薪木毁伤，上烦先生擘画，愧歉奚似！疫气盛行，想潦后余湿为祟。秋老霜肃，可以止矣。样楼、贡院，询及刍荛，晚如少有所知，何敢坐视？大江南北，孑遗之民，辗转沟壑，莫之救以死耶？身在乡里，亦步趋长者之后，不敢强不知以为知，况隔数千里而遥度之，有中肯者耶？金陵不雨，又月余日，两首县每日收蝗百余万斤。主人方患无米之炊，而西北流民纷纷入境，奈之何矣！天心仁爱，人事背驰，旨哉言乎！可谓明见万里者。颖叔脱离苦海，令人妒煞。易子析骸情状，枚如②亲见，能详言之，不忍述也。晚求去不得，舍祈死无第二策矣！

①信称："金陵不雨，又月余日。"南京不雨始于八月初，此信当在九月初旬。

②枚如：谢章铤，字枚如，福建长乐人，光绪三年进士。先后主讲山西府学，漳州丹霞书院、福州致用书院。著有《赌棋山庄诗文集》。

复吴仲翔　光绪三年九月上旬①

奉八月念八日教言，敬聆一是。样楼、贡院应建应修与否，自有主之者。不才以病躯视息江南，满野哀鸿，一筹莫展。除祈死外更无长策，其尚能回顾家山，于数千里外谋其风水乎？此间以饷竭谋减灶，近复裁利用一营，霆庆月饷，万难再顾。已具咨札并附片上陈，请宋军门毋庸派员来，徒劳往返。闽营皆满饷，江南则只有十关，亦未便令此两营向隅。登瀛洲亦谨奉赵，譬如出嫁之女，非无情于外家，然到夫家断炊，则天良不能自昧。此举必遭何帅诟淬，然受之而已，无如何也。煤款吞匿，似宜请春帅立予饬查，延宕即须奏参追还，不当待其具控。事愈久则愈胶葛。且该商惧力不敌，串通洋人，则横生枝节矣。

①沈葆桢收到八月二十八日吴仲翔信，复信当在九月初。

复卞宝第　光绪三年九月上旬①

使来，读手教，备纫爱注之笃。惟起居曼福，俾慰下私。宜居集一案，即陶三就絷，未必肯承。访诸公正绅耆，断不至泾渭混淆，但不当使为怨府耳。江宁前案，即当遵命通饬晓谕。兴东之欤，尚可想法。外路流民环视，为之奈何！被蝗省分，纵横数千里，断非一手一足所能为功。然欲挽回天心，而不先尽人事，天心其可挽乎？疏请饬各省合力挖蝻，于前月底拜发。笔力茌弱，不足以达其意。谨将存稿录呈，幸赐指谬。

①信称："疏请饬各省合力挖蝻，于前月底拜发。"指八月二十八日一折。此信当复于九月初旬。

督江（六）

致李鸿章　光绪三年九月中旬①

中秋肃羾寸笺，未卜何时入览？迩维指挥若定，眠食胜常。土耳其所以卖船与价值之所以参差，已函请两监督查复，俟复到再行奉闻。京畿近已得雨，想人心帖然。晋豫能沾余润否？此间又亢旱四五十日，麦种不下，而桃、李、梨、杏芬芳烂漫，如雪如霞。天时原自难知，人事何堪设想？尸素者能勿抚躬自愓耶？颖叔脱离苦海，南旋必过津门。附达寸函，乞饬转交是荷。

①信称："颖叔脱离苦海"，颖叔即林寿图，任山西布政使。光绪三年被左宗棠参革，此信写于同年。信又称："此间又亢旱四五十日。"南京旱灾发于八月初，此信当写于九月中旬。

复林寿图　光绪三年九月中旬①

阅邸抄，知公脱离苦海，且羡且妒。逋负山积，计口授食，皆意中事，亦吾辈经惯事。随时可无中生有，较诸蒿目灾区，束手拊心以唤奈何者，相悬万万矣！客岁，湘阴疏揭不才，有咨商函恳，均置不复之语。天下有靳饷者并靳及一纸耶？日月以冀，欲读其续编文字，不料其偏厚我公也。抑鄙人孽债未满欤？枚叟②来，诵手教，昨从邮递又捧手教，知行有日矣。嘱将答笺递鄂，顾窃计台从过津，必小有勾留，且恐未必如愿。倘竟南下，务望过我，故不能不借重北邮也。乡事不敢提，亦不忍提，提亦徒增惆怅。枚叟意在鳌峰，奈远翁两袖清风，舍此无以自活。连袖都无者，虽善辞当退舍矣。若农所担，须点缀若干，幸赐示。无论台从抵鄂否，弟均可兑交若农也。此间八月，蝗复漫天盖地而来，近方稍戢。不雨四五十日，麦种不下，桃、李、梨、杏，园林烂漫，如雪如霞。官场则于橐于囊，此外无所事事。其束身名教者，则以养痈为子孙积福。天时如此，人事如此，此尚可以卧治者积薪其上哉？入秋来，咳疾复作，喘甚则不得伏枕。不敢觊觎林泉清福，但求一瞑不视，勿见此不堪寓目情状，则一瓣心香所虔祷者耳。

①林寿图被弹劾之后，九月初二日还曾谕令重新审查此案。林寿图离山西，最早在九月初旬。又称："不雨四五十日。"南京不雨在八月间，复信应在九月中旬。
②枚叟：谢章铤。

复吴仲翔　光绪三年九月中旬①

奉三十、初五两教，脱卸黄庭，规模书谱。知近体安健，精神绰然有余也。为小帆作破格事，姑以干糇示报，有继者则止乎其所不得不止矣。春帅复元，台事幸有所托。回工之疏，总饬痊后，东渡何疑焉？铁路，已派登瀛洲往装，倘一二次可了最好，否则尚乞海镜、琛航等船助之。练船限于力，自是无可奈何。先用华师教习，未始非计。荔丹入局，气象万千，视所造就者何如耳！固不以捐照重也。斯帮办归去，幸为致拳拳。河工人才云集，极一时之盛，恨不得褰裳从之。船政衙门，地势太低，将垫高盈丈，似亦卸土之一法。做官备家伙，太爷打把式，此皆近日风尚使然。故其出山难若登天，其叫苦惨过入瓮，都缘只望阔处想故也。钜甥札文已付之。其字颇有进境，而文则茫如。此地逾月不雨，桃李烂漫，如锦如霞，见之令人心悸。日来又苦气喘不寐。过桥丢拐，亦近日人情之常。若一面丢拐，一面又想过桥，毋乃太骤乎？唐营恤款，万余金耳，任其哀号不应，俊侯债累满身，致疾首痛心，誓不南顾。庆营奉檄，制府方伯咸以饷自任，君所知也。共事诸君，早策筱帅经权互用，第使力所可勉，未尝不愿入其彀中，无如其无能为力也！自己为饷匮裁勇，而代人养勇，有是理乎？筱帅之权两江督也，凡遇派饷，必金陵局多于苏局。何者？本缺在苏，其为计至深远也。鄙人即欲恋栈，断难久于人世。筱帅必为替人，毋乃悔千虑之一失乎？旗昌之款，如准闽中咨驳，弟早当设法，何敢拖延至今？微君言，以为早已如数给领矣。一信字，平生奉以周旋，弗敢失坠。批准经岁，仍令人绝望，毋乃使君子国之老观察笑人耶？区区五千元，不值浪费笔墨，鄙人力能任之，请阁下商诸春帅，于台防炮价内提出鹰番五千元交斯帮办具领，弟即借廉汇至申江抵还。即或斯帮办已行，亦望兑交洋行付之。如船政之款中变，亦望向霁亭一挪，勿误，勿延。至祷！至祷！

①沈葆桢接到吴仲翔福州九月初五日来信，复信当在中旬。

复刘秉璋　光绪三年九月中旬[①]

奉八月念九日环云，蒙许岁协十万金，浃髓沦肌，感难言似。防费一款，弟因急欲成就外海水师，俾各省均有所恃，是以奏请统归北洋，不料其蹉跎以迄今日也！现正商购铁甲，伯相又有勿再挪用之奏，欲以抵洋债，恐必不行。江右支绌，本在意中，况承缕示，了如指掌。敢恃逾格之爱，又为无厌之求。第涸辙枯鱼，既荷嘘垂，尚望再加涓滴。恳自明年正月为始，按月济以万金，则此后江南遗民困而后苏，皆仁人之赐也。九顿以谢，又九顿以祷，万难自已之苦衷，乞垂谅焉。除将疏稿咨达冰案外，专此鸣谢。

[①] 刘秉璋八月二十九日信至南京，当在九月初或中旬。抄本将此信辑入九月中旬《复吴仲翔》信之后，九月中旬《复吴赞诚》信之前，当写于中旬。

复吴赞诚　光绪三年九月中旬[①]

登瀛洲来，捧诵教言，借谂起居复元，至以为慰。白下八月蝗复大集，各营日捕缴百余万斤。近则稿（槁）矣，而遗子无可计数。不雨逾月，麦种不下。桃李烂漫，如雪如霞。看此情形，明岁何堪设想？雨帅之内渡也，全台早委之执事，故中朝不更下旨意。南洋经费，似尚非虚。生番惩创后，当渐向化。铁路已遵命饬登瀛洲往装，如一二次可了最好，倘费多回，尚恳饬海镜、永保等船助之。鄙意台事宜先其易者。旗后开港，不过数万金。现成铁路，只费人工，亦不过数万。双管齐下，事竣每月关税可多数千金。铁路赢余，尚在其外，似宜急办。其台郡铁路，即令接至凤山，则气脉联贯，杂费省而生意不分。敢抒其愚，以备采择。鸡笼煤井，成效如何？所出之煤，能否胜于往日？念念。

[①] 信称"不雨逾月，麦种不下"，与上述诸函同。又九月中旬沈葆桢致函吴仲翔请派登瀛洲来沪运铁轨，现已到沪。此信当写于中旬。

复何璟　光绪三年九月中旬①

读另笺,知尊体违和,至以为念。秋操不能不阅,然亦须节劳。棠圻阴雨连朝,倘稍分余沥,岂不幸甚?麦种无由入土,而桃李烂漫,如雪如霞,见之令人心悸。流民复骎骎入境矣。奈何!奈何!

①信称:"麦种无由入土,而桃李烂漫,如雪如霞。"也在九月中旬。

复郭嵩焘　光绪三年九月下旬①

奉七月初一教言,辱蒙不弃颛愚,曲加提命,感弗去心。西使之期,定以三年。中朝期望良深,似当勉终此局。蝗蝻贻害数省,非但江北。又有一种青虫,其害稼甚于蝗,但不飞耳。松太一带及浦上皆罹此毒,然丰歉参半,不如西北之甚也。罂粟极当禁,近亦有台谏请禁者。顾至今麦种不下,似罂粟亦不禁自禁矣。铁路弟所极愿办者,无如吴淞非其地也。起卸货物,则偷漏之端,防不胜防。恪守关章,则经费无所出。化无用为有用,以台防为椎轮,将来必西北之大利也。承示各件,令人百读不厌。将来必有一一起而行之者,勿以眼前苦于索解为介介也。此间不雨几两阅月,扶病出祈(祷),仍天高日晶,毫无雨意。诚不足上达,虽仆仆亦徒然耳。

①光绪三年七月初一郭嵩焘由伦敦发信,至上海大约四十五天,再至南京当在九月初。信云"此间不雨几两阅月",则较前数信称不雨四五十日更晚,当在九月下旬。又九月二十二复玮儿信称"以天久不雨,扶病出祷",也证明此函发于九月下旬。又《郭嵩焘日记》:十月十二日,接九月二十六日上海发信,内有沈葆桢致郭嵩焘一件,即此信。

复程桓生 光绪三年九月下旬①

月初奉手教，备聆一是。读稚璜宫保奏，似复淮更成骑虎之势。淮引命脉，关系平善坝并归，贵局司其琐（锁）钥，则呼应较灵。惟相隔数百里，能兼顾得到否？伏乞示知为感。近泰分司极讲整顿盐色，当稍有效验。但能力尽人事，天时地利，居然凑泊，未可知也。汴帅②莅汴，似有累月耽延。玉帅③丧已过此，弟为气喘避风，弗获出城一奠，良用歉然。鄂中得雨否？此地亢旱几两月，祈（祷）亦无验。数千里麦种不下，奈何！奈何！

①信称："此地亢旱几两月，祈（祷）亦无验。"此信当复于九月下旬。
②汴帅：似是邵亨豫，字汴生，江苏昭文人。先后任陕西巡抚、吏部侍郎。
③玉帅：翁同爵。八月十三日去世。

复吴仲翔 光绪三年九月下旬①

登瀛洲业已抵沪，除为宋军门装米六百担并其眷属外，铁路仅装三千担，约四、五次方能装完。恳执事婉求春帅，助以商轮船一号，俾早些运完，勉（免）致零落遗失，不胜铭感。礼翁由此所散讣文，潘伟如、黎召民奠敬，皆径寄福州。此地代收二百余金，兹交高升带回。乞我公察看其潭府情形，如尚非急用，可否与清渠商，为之安顿生息，俾可久远。伏候卓裁。

①此信提到梁鸣谦逝世。九月二十二日沈葆桢《复玮庆》信称："墓志向未做过，与礼堂交深，不敢辞，姑草草塞责。"礼堂即鸣谦。又称："此地代收二百余金，兹交高升带回。"高升号回福州，在二十二日以后，此信也写于下旬。

复林拱枢　光绪三年九月下旬[1]

读初十日手教，备纫种种。欧斋无乡井之恋，殆将以官为家，竟一往辄阻，前事纵剖说，试问何处是清境？丹初[2]与九帅未必相得，赈饥不能不出，想毕事又戢影耳。流亡满目，引乞殊太恝然。镌职以去，心安理得。冰叟福气过人，此亦其一端也。文正公裁楚督匦费，使大李负气至今。值川、楚交离，复淮竟成骑虎之势。事之济否有天焉，贸贸然为之而已。次青贩盐，大吉利市，而覆没于陇茶，盈亏何定之有！轩然大波，无损于菊部。沦落天涯者，仍恍然如梦。近颇学诙谐以解忧郁，君乃以天人疑之，得毋使歇后郑五自愧耶？

[1] 信称："读初十日手教，备纫种种。"林拱枢信由北京至南京，当在九月下旬。
[2] 丹初：阎敬铭（1817-1892），字丹初，陕西朝邑人。道光二十五年进士。历任湖北按察使，山东巡抚。光绪三年，山西大饥，奉命察视赈务，官至户部尚书。

复黄倬昭　光绪三年九月二十二日[1]

奉月吉教言，就谂侍祉潭祺，都如所颂。沈世兄并无函来，钱耗于丧，似尚是学问长进处。吃饭自有靠天之一法。玉甫去矣！其子世袭宣讲局，尚足慰其在天之灵。以风水为渺茫，白首不得状元犹不悟耶？仁舆[2]来信索《四子谱》，乞告以享福不要太过。自江以北，数月不雨，数千里地，麦种不下。析骸易子，求辟谷之方不可得，幸得疏（蔬）菽且过日，更格外图消遣耶？玮儿来信，谓十月初三县试。饬云、瀛于明日起程，未能免俗，聊复尔尔。惟归去无人约束，殊不放心。拟到家后，复令趋附程门，仍修弟子之职。月具脩敬二十千，伙食十千，恳推爱容纳。不出户庭，于养疴无碍也。

[1] 信称："自江以北，数月不雨。"在九月下旬。沈葆桢于九月二十二日《复玮庆》信称："云、瀛令高升送回，在家无人管束，我函托五姑夫，仍收之门下。"五姑夫即黄质夫。此信当在同时。
[2] 仁舆：王可庄。

致丁宝桢①、李瀚章②、王文韶③ 光绪三年九月二十八日④

径启者：收回淮盐引地一案，发端于谏院，定议于大农，皆深怜淮南场产日增，存积不下百余万引，终年占搁，有岌岌不可搘拄之势。弟适承其乏，两年以来，商灶环诉哀吁，殆无虚日。目击颠危之状，愧无拯救之方。适值温谕遥颁，穷海灾黎，以为再生有日，不得不恪遵部议，冀复成规。而就积疲之商，筹极巨之饷，喜惧交集，疑信参半。弟智识浅陋，鹾政尤非所习，一任其自揣利病，绝不敢妄参末议于其间。各商现已情愿遵循，取有切结达部。每年津贴贵省一百六十万，川鄂百六十万之数，不致短少。鄂中各衙门办公经费，亦令场商筹备。此外立限缉私等事，虽一一为川鄂设身处地，力求持平，而买椟还珠，扣槃疑日，何足以仰赞高深？本拟先行咨商，俟接尊处复文会同具奏。昨准部咨，知执事稚璜宫保已将黔省边引，筹借巨款，奏办官运商销，足见力破群疑，主持大计。大疏谓川盐运楚，即不能遽停，终非良策，尤征成算在胸，规模久远。不独川盐各商闻之，如同挟纩，中外钦仰，众口同声。大部因此严催敝处，将包饷一节，迅速议复。不得已一面具奏，一面抄折咨商。夙仰阁下一秉大公，视远如迩。上体朝廷郑重鹾纲之意，下念商民急切待救之忱，俾沟壑中人生机一转。仁人之赐，岂有涯哉！谨率亿万灶丁输九顿首之诚，伏乞俯鉴颛蒙，加之训诲，从速咨复，以便会同，次第经理，以慰舆情。无任盼祷之至。

①丁宝桢：字稚璜，贵州平远人。时任四川总督。
②李瀚章：号筱泉，安徽合肥人。时任湖广总督。
③王文韶（1830—1908）：字夔石，浙江仁和人。时任湖南巡抚。
④沈于九月二十八日奏请淮商为四川交盐税，四川还淮商湖北引地。信称："大部因此严催敝处，将包饷一节，迅速议复，不得已一面具奏，一面抄折咨商。"此信当写于九月二十八日。

复程桓生 光绪三年十月上旬①

奉九月念七日手教，备聆一是。复奏贴饷一折、一片，因农部催促甚急，不及寄商，草草缴卷。昨已行知贵局，有谬处仍乞指示，勿谓成事不说也。川饷如能以一年为断，似淮商当忍痛成此美举。否则何从预支耶？三晋之灾，令人酸鼻，同事各捐一月薪水，仰见仁心为质，善与人同。局用酌提二千金，此皆我公递年节省者，应列大名。如公不愿以之为名，似径书鄂局公捐为是。金陵已有谦吉升张罗，弟亦少有点缀，然并未列名也。淮商于报效闽捐二万金时，即恳奏明他省勿得援例。尊议令其自愿，不稍勉强，最为平允。鄙意如河南之宝塔捐，众擎易举，人人可尽其心，不致畏难，尤良法也。

①程桓生九月二十七日信，到沈手中应在三天以后，此信当复于十月初。

复李鸿章　光绪三年十月上旬①

奉九月十六日教言，备聆种种。铁甲之难，诚如明谕。第鄙意窃以为，知其难而不可以已也。津门经擘画有年矣，炮垒之固，陆勇之精，枪炮之良，蚊子船、水雷之备，不特非他口所敢望，即洋人亦不能不叹服。然颇虑海上事起，异族以一铁甲阻大沽之外，将接济立断。畿辅人心为之动摇，则可虞者不仅在无备之各口。土耳其之船既不合用，可否令定制新式者，其银可陆续应付。生徒随厂学习，船成而学亦成。驾驶、修理似尚无乏才之患，或缩其尺寸，以就闽沪之坞，或于浙东辟大船坞，是在卓裁。天下安危，专恃我公。若不独任，更谁任之？新式日出不穷，今所谓新，转眼即故，断无从待其登峰造极而取之。说者谓法船多于德，德胜而法败。不知德有铁路之利，故无借于外海，中国不能也。经费不用于此，必用于彼，必不能听公守此百万以备不虞。虎视眈眈，终非唇舌所能拒。人情知缓急者鲜，若逐渐消磨于无着之地，公能以不滥用丝毫谢天下耶？晚非敢谓所见不谬，特恃爱有素，不敢不竭其愚，惟垂察焉。承示劼兄②七虑，公以另增款项为最难，晚则谓第五条尤无从着手。春帆至今未曾补缺也，因与孙琴西、勒少仲、洪琴西熟商，咸云经费虽难想法，或者中堂力尚能到。惟为劼刚计，则殊不值。出使非其身体所宜，可先向总署说明。至入总署，则用其所长，不当引避，岂以局外之毁誉为疑耶？伍廷芳③精西律，自当嘱芝田照办。琴西老伯不愿藁师就馆，近以课子侄消遣，未尝出也。此间亢旱两月，念四得小雨，接连霖霡累日，麦可下种，西北想均沾矣。

再，盛杏孙禀煤铁事，兼请严查招商局附船一节，晚于该局章程向未谙悉，不敢轻易批答。杏孙前此晤谈，屡以此为唐④、徐⑤咎。祖唐、徐者，又谓江、楚采办漕米，赢余均入私囊。互相抵排，股分欠旺，未必不由于此。孰曲孰直，我公必成竹在胸。应如何降伏其心，祗求诲示为祷。

①信称"此间亢旱两月，念四得小雨"，即九月念四。又称"奉九月十六日教言"，信从天津至南京当在月底，复信当在十月初。
②劼兄：曾纪泽（1839—1890），字劼刚，湖南湘乡人，曾国藩长子。由荫生补户部员外郎。光绪四年，奉命为驻英、法国公使，官至兵部侍郎。
③伍廷芳（1842—1922）：字文爵，号秩庸，广东新会人。留英。光绪八年，入李鸿章幕，历任驻美国、西班牙、墨西哥、秘鲁、古巴等国公使。
④唐：唐廷枢（1832—1892），字景星，广东香山人。曾任轮船招商局总办。
⑤徐：徐润（1838—1911），字润立，号雨之，别号愚斋，广东香山人。曾先后任招商局会办、代理总办。

致林寿图　光绪三年十月上旬①

月前肃复寸笺，托合肥相国转交。兹得其环云，谓台旆已沿海溯江，且有枉驾金陵之说，敝筒已转邮鄂中，云云。日月以冀，未卜果售所愿否？冰如又有波折，此时能借手以退，皆非恶声。特闻其劾疏有匿灾等语，未免美中不足耳。吾乡方经营样楼，为登进计，此之谓各行其是。此间得数日微雨，麦可补种，民心稍定。然米价总不落，盖搬运者多也。兹恐鹢首或径趋武昌，前信中途沉滞，故仍行录呈察核。

①信称"此间得数日微雨，麦可补种。"指九月二十四日后数日。此信当写于十月初。

复吴赞诚　光绪三年十月上旬①

奉九月念三日教言，备纫一一。吴淞铁路，已由登瀛洲装载，并非两三度能毕。如琛航、永保有归闽者，仍乞推爱，饬助一行，不胜心祷。轮厂为养船所挤，此弟亲营苦况。蒙谕登瀛洲仍留江南应差，自当遵命。荔丹联络洋匠，可稍分执事之劳，惟允似亦当专力船工。浚河人才济济，不易妄参末议也。自金陵以北，纵横数千里，亢旱两月，近始得数日微雨，麦可勉强下种，人心稍定。闻豫东亦均沾润，第不知秦晋如何耳？

①信称:"奉九月念三日教言,备纫一一。"又称"亢旱两月,近始得数日微雨",当在十月上旬。

复李鸿章 光绪三年十月上旬①

奉朔日教言,以招商局事上烦擘画。公忠谋国之诚,洋溢楮墨间,钦佩曷其有极。晚前得总署来函,已致芝田查复。窃意该局货价,业已渐复厥初,似不致十分亏折。即使太古又有抢跌之举,亦中国商民得其便宜,太古何利之有?该局有漕费津贴,太古则一味吃亏,安在其不敌也?筠叟之信,似为彼族所惧喝。侍御之奏,似局中人与有谋焉。尊议加漕粮,停官息,大处落墨,所裨补于该局者良非浅鲜。承许挈衔会奏,荣幸殊深。抑又闻之,上策莫如自强。该局所以难于支拄者,不在官息之重,而在商股之薄。商股之所以裹足者,多半由局中之掊击,致生局外之狐疑。似宜在事诸君推诚相与。局中人相信,而后局外人从而信之。然其要在和,其原尤在专。盖世之能为创举者,皆自命有兼人之才者也。既创之局,不足以见功,则思别开生面,而在局斤斤讲求者,转相形见绌。鄙见如此重大之事,萃一生精力研之,尚恐莫究莫殚。相视为无足重轻,乌有不日颓废者乎?日坐局中,潜思默索,期与此事相终始,较诸仆仆道路,时时役其心于新异之途,所成就相去岂有限量哉!窃见在事五君,皆能利析秋毫,而沉毅似以景星为最。然一年在局曾不及半,似当优予薪饩,约勿与他事,俾常川在局。遇事则求精,商务决其有起色。倘人人以挂名为荣,以专局为黑,恐上费我公之荩忱,未见其大有益于国也。笨伯之言,无当高深。姑衽其愚,以候采择。此间雨已沾足,闻东豫亦得甘霖,民心亦当稍定。昨阅《申报》,谓颖叔抵沪,候船南归。似不其然。

①信里提及"此间雨已沾足",在十月初。又称:"昨阅《申报》,谓颖叔抵沪,候船南归。"《申报》于十月初有此报道。

复吴仲翔 光绪三年十月中旬①

奉念九日教言,知以疏瘀决排,致患疾疢,刀圭奏效,藉慰系私。登瀛洲饷不截清,恐霆庆营援以为例,万万无能为役。承春帅公劝勉之厚,敢不惟命是听?霆庆饷,制府嘱再代筹三个月，亦不敢不竭蹶以从。惟登瀛洲垫饷汇作唐营恤赏，当事如不肯认，乞春帅以文见催，敝处当转催也。海防经费，拨至闽中，束之高阁，若敝处虽数千金亦不能不搜索净尽。登瀛洲九月饷，江南已发。不佞一生，无恶不作，却尚未敢失信于人。承将五千元代汇到伦敦，心感奚极？谨备鹰番五千，解交上海道衙门，并霆庆饷三个月，以待春帅兑用。其兑不完者，待装铁路便船带交宋军门。江南财赋之区，缘兼圻不得其人，遂一塞至此，尚可忍垢恋栈耶？鄙人已成例疾，不足复措意。第思积三千金以备归舟之费，九转将成，必有意外耗去。殆命应托钵，不可强也。

①信称"奉念九日教言"，指吴九月二十九日信，到南京应在十月初或月中。复信当在中旬。

复李端　光绪三年十月中旬①

得来书，甚感驰念。燕窝谢谢，以后万勿再寄。来日大难，宜努力学俭，宁使人病我啬，勿使人病我奢。不佞遇寒辄咳，业已成例，不足措意。

①十月中旬《复吴仲翔》信称："鄙人已成例疾，不足复措意。"与此信"不佞遇寒辄咳，业已成例，不足措意"语意相同，应写于同时。

致刘瑞芬　光绪三年十月中旬①

吴春帅兑来鹰番五千元，嘱呈尊处，以备船政采购之用。兹由裕泰钱庄奉上，伏乞察收为祷。

①信称："吴春帅兑来鹰番五千元，嘱呈尊处，以备船政采购之用。"又十月中旬《复吴仲翔》函称："谨备鹰番五千，解交上海道衙门，并霆庆饷三个月，以待春帅兑用。"可知此信当在十月中旬。

致林鸿年　光绪三年十月中旬①

　　读九月之望教言，知前复两函，均未入览，歉甚。秋师②去矣，尚有宗匠惓惓于其遗墨，九京可以无憾。至陶叟所述，则孟仲子之权词，非事实也。晚以十二龄事秋师，前后仅两年半，除《七十二明珠楼选》中《阿芙蓉》一赋外，从未窥见其整篇文字，游戏笔墨，则自题《九分禅小照》数语耳。其世兄向未接一谈，亦未通一札。从数篇邮递江南之说推之，所谓归江氏者，得毋一例子虚乌有耶？不负成书愿托，龙门而后，曾有几人。客岁，病中书遗嘱，不许撷拾一字付梓，违者非我子孙。始第为自己藏拙，今而知其所庇者远也。秋师最窘在四五十间，所作八比，必于此时尽数卖去。晚年笔迹，则王桢臣必知其详。传询之必有实话，远胜于向其家索《封禅书》。第《阿芙蓉赋》及题像数语，皆必传之作。一已脍炙人口，一为孙曾所供奉，可传者固不在多也。惟陶叟之心可诛，敢鸣鼓一罄其说。毁于昭武，虚实未易知。然此后所作，又毁于何人之手？其与秋师、绂庭、琴虞倡和诸作，不才曾窥一斑，真所谓文章老更成者。何以匿而不出？意谓我自有佳子弟，无烦老友费心耳。总角之交，规过大义，似不容阙，长者以为何如？尊恙纯从一腔热血来，禁问时事兼旬，胜服清凉散百剂，有心人当不河汉斯言也。

　　①林鸿年九月中旬福州来信，当在月底到，十月初复。但九月十五日之前的信尚未收到，足见邮程很不稳定。此信当写于十月中旬。
　　②秋师：秋聆，沈葆桢之师。

复何璟　光绪三年十月中旬①

　　奉九月二十日手教，书法之工致，如编贝，如悬珠，令人玩不忍释。而书中所惓惓于衰老穷愁之况，转置之若弗闻也者。淮捐已详定二万金，甚愧不足副仁人之望，尚幸为期伊迩，姑且海不辞尘。乃三晋一疏，立索六十万，各商咋舌，并闽款亦不敢交。弟恐因此浮沉，谬以奉我公函催，札行都转及沪关，伏乞大咨雪片飞来，方冀借手报命。盖沅帅旧人多，先其所急，则竟成画饼矣。扬属之兴化、东台，竟是全灾，馀则彼善于此。以此景象，犹须为亲友张罗。甚矣！大家中落之苦也。吴霁轩②为赤嵌擎天一柱，望其康复，台事方有可为。蔡镇承推爱录用，感不去怀。此君是战将好手，非敢为汲引虚语。煦万昆仲，前恐幕府无人，联借塞责，不当重劳苊虑。海岩求友于陈幼莲水部，幼莲以其昆仲对，非弟荐也。海岩气魄极大，尚冀匠门培植，俾为栋梁。承命再办霆庆三月粮，弟商诸洪琴西。据云，王孙必不吝千金之报，漂母虽典簪珥以供一饭，其何敢辞？已札饬解到上海，待春帅兑用。兑不完者，附运铁路轮船入闽矣。山右之灾，令人心悸。自去年三月至今不雨，遍地以罂粟为业，故毫无盖藏，致一石粮须三石之费。沅帅③疏云，筹五百万方可人得一金，今而知水之为利也。

①信里提及解款交吴赞诚（春帅）兑用，在十月中旬沈《复吴仲翔》信里也提及，可知为同时复。
②吴霁轩：吴光亮，字霁轩。
③沅帅：曾国荃，字沅甫。

复吴元炳　光绪三年十月中旬①

中秋捧读赐书，于西征饷事，苊虑周详，无微不至，钦佩曷可名言。甘省协款，关系大局，固当惟力是视。连刘毅齐（斋）②四万五千陕饷，改拨西征一万，通盘并计，何尝限以八成？湘阴好以笔墨陵人，徒多扰扰耳。洋债层累，各司局极力挪凑，幸未愆期。惟利归于西，鄙怀不无以为可惜。据军需局呈开清单，截至十月十七所收苏藩二万止，核算已在八成以上，似年内可不必再解。第昨见恩竹翁③致孙、洪二君函，深虑留丑年之款，还寅年之债。西邻责言，不可偿也。然寅年正月、三月应还洋债至三十六万余两，不先期豫筹，临时何所措手？况本年军需局垫还洋款，按甘饷计之，溢八成外五万七千两。彼此相抵，廓然大公。倘苏藩照原议解来，弟札洪琴翁留备正月之用，司局亦可各行其是矣！合肥复书，劼刚似难因陋就简，只得作为罢论。谨以奉闻。
正封函间，续奉瑶华，知少翁定于念一受篆，慰甚。竹翁资格深矣，望其喜溢天颜，出膺疆寄也。

①信称"据军需局呈开清单，截至十月十七所收苏藩二万止，核算已在八成以上。"又称："正封函间，续奉瑶华，知少翁定于念一受篆，慰甚。"沈复此信当在中旬。
②刘毅斋：刘锦棠（1844—1894），字毅斋，湖南湘乡人。湘军将领，随左宗棠西征，新疆建省后第一任巡抚。

③恩竹翁：恩锡，字竹樵，满洲人。江苏布政使，光绪三年罢。

复吴仲翔　光绪三年十月底①

奉十三日手教，知旗昌之项已寄交日监督，感甚！弟先期解鹰番五千元存芝田处，听候春帅兑拨，承示合库平三千六百十五两七钱五分，若以鹰番每块七钱二分五厘计之，则五千元当为三千六百二十五两，似有赢无绌。其应否如此算，则非躁心人所知也。宋长庆第二次三个月饷，亦札军需局解交关道，或兑或由海镜带回，无所不可。敬成食指，寥寥可数，月得十千，进可以战，退可以守。如其别有机会，此款仍供应如初，若重莅江南，则断断不可。我公最善体人情者，忍令楼中人见陌头柳色耶？不佞又递折乞假一月矣，即使终身恋栈，亦宁负敬成，必不忍使敬成更有所负。至如何使饥寒怨旷两无所憾，则看我公燮理阴阳之大手段也。兑项如另有算法，仍乞示知，以便奉缴。

①沈葆桢乞假之奏，在十月二十八日。信当写于十月底。

复吴大廷　光绪三年十月底①

阅邸抄，知引觐且召对，方日盼好音。读十八日教言，乃知蒙犯霜露，致起居为之不适。外感易治，惟脾胃不开，此无急效，不可投以峻剂，宜用薄粥调之。大抵人到中年，必一年不如一年，断难今年花似去年好也。颖叔过沪，曾一晤否？合肥来信，谓必纡驾金陵，何以至今渺然也？不才复塞向墐户，呕喘苦难言状。每日两餐，代以四包子。又乞一月假，竟如成例。非不内愧，无如何也！朔风凌人，勿急外出。

①信称："读十八日教言，乃知蒙犯霜露，致起居为之不适。"吴大廷于十月十四日抵上海后，即生病，称"脾胃不开"。沈葆桢信云："乞一月假，竟如成例。"此次乞假，在十月二十八日，此信当写于十月底。

复彭玉麟 光绪三年十月底①

读九月五日手教，知福星载路，溯湘入衡，计此时弭节珂第矣。楚南转丰为歉，若将此潦分惠秦晋，岂不尽美尽善？江南以扬属为最劣，兴化、东台竟是全灾。苏、松不厄于蝗而厄于青虫，可谓别开生面。惟徐、海较胜去年，大抵直省无完善者。西江为彼善于此，山右则不可问矣。新谷登场，米价不减，咸曰亢旱麦种不下故。日来雨足矣，而米价转涨，盖不胜西北之搬运也。九帅②谓赈款须五百万，方人得一两，试问何处得此巨款？每人一两，亦何从支到麦秋？既乏盖藏，又无水路，天心仁爱，为种罂粟示警欤！军政业已定稿，数日内可以上达。蛰虫咸俯，不才亦塞向墐户。请假一月，几如成例。亦知自愧，然无如何也。

①信称"请假一月，几如成例"，在十月二十八日，此信当写于十月底。
②九帅：曾国荃。

致林拱枢 光绪三年十月下旬①

前月附折，肃缄寸笺。缘贺表多，中途不无迁延，故至今未奉环札。闻巡视西城，喜甚。谳狱是轻车熟路，惟对待同事，煞费苦心，然此即磨炼经济之一道。中州渺无消息，作一去字，想无所用踌躇矣。三哥弃官而归，闭关却扫者累年，忽为水利而出，己饥己溺之意，令人钦佩。惟一局至数十人，果能英雄所见略同否？鄙人此次月折内忽为仵作、马快作不平之鸣，可谓奇想天开，都下必传为笑柄。棣台为西曹物望，当必有以教之。江南丰歉参半，米价以西北辇运，迄不能平，则灾区之苦可想也。

①信称："此次月折内忽为仵作、马快作不平之鸣。"在十月二十八日。此信当写于十月下旬。

复程桓生 光绪三年十一月上旬①

奉十二日教言，备纫一是。山右赈捐，不宜求多，只宜求快。快则涓滴皆有实际，多则徒费唇舌，转致迁延也。奏复为部催孔棘，不及往返细商，知必有遗漏。半年无着之饷，经明眼人拈出，踌躇累日，竟无良法以处之。令淮商未卖盐先出饷，势必不能；令鄂省自筹半年之饷，亦必不肯。若以盐停运后，许川、淮各半分销，恐非川商所愿，亦流弊滋多。执事耳目较亲，另有良法可图否？得倪司马②来信，谓丁宫保③改章，川运近日利微，甚不踊跃。果尔，似尚有机可乘。察今年淮销能否较旺，可以觇其言之虚实矣。闻子衡官况甚窘，惟官至藩臬，且引疾未久，非有大事，奏调殊难措辞。其人廉明精细，素为冰镜所赏。可否即由执事具文请留，酌予薪水，俟引地议定，移卡有日，再予奏委，则事机较顺。子衡现尚未到金陵，如在汉口未发，乞就近留之，俾练习情形，勿令徒劳往返也。盐色似可以人力转移，不当胶于场分。年终场官考成，似当由栈局互相推究，酌予劝惩，乃有以耸动之。虽不能以一日之短长为凭，然场官与垣灶甚亲，尽一分力，必收一分效也。此地雨亦太多，而徐属则尚祷雨。鄙人又与蛰虫一例墐户，日来更患脾泄，夜坐殊苦也。

①信称："鄙人又与蛰虫一例墐户，日来更患脾泄，夜坐殊苦也。"出现脾泄，当在十一月初旬。

②倪司马：倪文蔚（？—1890），字豹臣、豹岑，安徽望江人。咸丰二年进士，时任湖北荆州府知府，官至广东、河南巡抚。

③丁宫保：丁宝桢，字稚璜，贵州平远人。咸丰三年进士。时任四川总督加太子太保。

致程桓生 光绪三年十一月上旬①

昨复寸笺，未卜何时入览？兹有恳者，闻林颖叔侨寓武昌，弟寄与漕平纹银二千两，送交军需局，乞执事于应解军需款内提出此数，代为兑交。祈将芜函先送过江，其款当是还若农观察所认之债，可就近应付也。琐渎清神，幸蒙原宥。

①从此信与下函，知沈葆桢已将拟由程桓生转送林寿图银两一事告诉双方，当写于同时。

致林寿图 光绪三年十一月上旬①

得合肥书，谓高轩必过金陵，日月以冀，阒如也。可庄挟手教来，知直指武昌。然可庄言，眷属安顿妥贴，经月必来。想宰相之言，偶不足凭，状元、宰相之言，必无不足凭也。惟一路福星，至以为颂。莲池讲席，不可辞则已，如其可辞，敝署有煦园者，曾文正公所经营也。乞挈眷居其中，不才躬率子侄辈执贽门下，并乞代阅书院官课卷，为都人士钦式。岁奉脩膳千金，肯许我否？兹先由程尚宰观察处兑漕平二千金，以备点缀汉皋之佩，伏乞哂存。此间幸得雨，麦可补种，人心稍定，而米价之昂如故，则搬运者多也。蛰虫咸俯，不才亦塞向墐户。照例请假，颇知自愧，然无如何也。

①信云："此间幸得雨，麦可补种。"又云："照例请假，颇知自愧，然无如何也。"当在十一月上旬。

致洪汝奎 光绪三年十一月上旬①

送上漕运二千两，乞查收。请鄂岸督销局如数提汇林颖叔方伯为祷，琐费清神，诸乞涵宥。

①此信与前两信均涉及赠送林寿图（颖叔）银两一事，当在同时。

复李元度 光绪三年十一月上旬①

芝岑公子来，奉到教言。知前此尚付子衡一札未到也。复引地竟成犄角之势，商情疑虑，姑因势导之。成败利钝，固有数存焉。而察看事机，往往适逢其会。非无利便可乘，但愿各商勿贪小便宜，于盐色极力整顿，自当天不负人耳！江甘食岸，去年潘玉泉赤手空拳欲攫之以去，方子箴②已为上详。鄙人据理驳之，不料其本商竟狡狯如此也。此名一出，更无从于宦海中侥幸，其恋鸡肋也必愈坚。五岸壅销，可长恃乎？近来贸迁萧索，挟微资以图生计者，茫然四顾，竟无奇货可居，似醝筴一途，较丝茶稍稳，遂众流赴壑，不谋而同。客秋彭芍亭③京兆过金陵，坚求增淮北之引，弟坚拒之。后芍亭过袁浦信来，方深幸不为人所误也。此事该商殊出情理之外，施之于父执，尤堪发指。然在伊则惟利是视，自绝于天。在公则塞翁失马，安知非福，当不以此介介于怀也。

①与十一月初沈葆桢《复程桓生》信谈盐政改革内容相同，当复于十一月初旬。
②方子箴：方浚颐，字子箴，安徽定远人。时为四川按察使。
③彭芍亭：彭祖贤（1819—1885），字芍亭，江苏长洲人。咸丰举人。时任顺天府尹，官至江西布政使、湖北巡抚。

致吴元炳　光绪三年十一月上旬①

天气渐寒，惟起居曼福，至以为颂。淮扬道刘受亭②以沾染嗜好，得旨镌职。是缺拟委庞省三往署。资格深矣，于该处情形甚熟，将来即以之题补，高明以为何如？弟堇户避风，痰喘滋剧，不得已请假一月。知念附闻。

①信称"请假一月"，又称"弟堇户避风"，当与十一月上旬《致程桓生》信同时。
②刘受亭：刘咸，字受亭。

致文彬　光绪三年十一月上旬①

天气渐寒，惟起居曼福，至以为颂。刘受亭以沾染嗜好，奉旨镌职。是缺谨以前次台端函商之省三署理。资格深矣，于地方情形亦熟，将来拟以题补，高明以为何如？弟堇户闭门，具折乞假一月。知念附闻。

①信称"乞假一月"，当在请假得准之后，即十一月初旬。

致吴仲翔　光绪三年十一月上旬①

奉十月念三日手教，备纫一是。春帅许以万年清协运，感何可言。礼堂之奠敬寄回后，闻伯通函致申季索此款甚急。究竟其家近景如何？伯通之为人如何？其伯尚累之否？清渠近运颇蹇，然借此能收敛其心，未始非福。其人实忠厚可怜，然得意时，与言涉世之道，无从入耳也。不才请假一月，实出于万不得已。原知归去无以为生，顾何敢以身家之计，误天下大局？深夜兀坐，白昼昏昏。僚属请示，茫然四顾。尸居余气，可终日耶？我公头目眩晕，殆虚火上炎，宜逍遥以疏散之。

①吴信自福州寄至南京，应在一星期以后，复信当在十一月上旬。

致何植斋　光绪三年十一月上旬①

展小春来书，楷法益进，甚惬所怀。子侄辈惜墨如金，故以家课诱之。然皆靡靡，无足相观而善，不敢辱及高贤。若一片婆心，肯临而教之，则固所愿也。

①函称："展小春来书，楷法益进，甚惬所怀。"小春，即十月。此函当复于十一月初。

复李鸿章　光绪三年十一月上旬①

奉十月二十一日谕函，于铁甲船、招商局两事，谆谆海诱，所以不弃颛蒙，呼寐而使之觉者，委曲详尽，感佩曷可名言？惟从前以铁甲船横亘胸中，海防、江防，一无措置。万一风涛起于意外，悔何可追？尊处所购三十八吨炮蚊船，务恳分赐数号，俾可暂顾藩篱，以补初见之谬戾，想我公必怜而许之也。倘所购各船，仅敷天津之用，可否于海防经费内提款为购两号？虽江南口门林立，与天津不同，然慰情胜无。姑先顾长江一口，不敢奢望也。筼叟心口如一，着实可怜。而进退维谷，亦半由自取。凡事各尽心力，其余只得付之千秋定论。必欲家喻户晓，如口众我寡何？劾言者，乞朝廷予以处分，除张江陵外，殆无人做得到矣。招商局得我公匡之、冀之，必顿改旧观。不通商口岸，无甚生意，我分去一商船，转为洋商减去一敌。外人之添岸与否，固不系乎此。然无甚利益，似不如其已也。总在诸君能体公之心，积诚相与，则断无意外之变耳。北漕荷俞旨，准暂行海运一年，感入骨髓。圣主在上，固无不达之下情，亦所以酬我公历次奏牍之忠悃也。闻畿辅已得透雪，此间则仅得雨。麦已下种，人心稍安，惟米价迄不能平耳。

①李鸿章十月二十一日致沈葆桢信，当在十一月初收到，复信也当于此时。

复郭嵩焘　光绪三年十一月中旬①

读九月三日教言，并赐示种种。忠诚之悃，血泪与俱。雒诵再三，五体投地，岂虚语哉！第人心之不同也，如其面焉。所见既殊，何能强之使合？各行其是，各尽其心之所安，以俟千秋之论定。目前之毁誉，于我公何加损焉？朝廷方开言路，未必因措辞失当，遽绳以法。所倚重我公者甚大而远，何肯听我公之去？离家数万里，年六十矣，岂容更以幽忧自伤？纵极无可奈何，再隐忍二年，亦当瓜代。愿扩光霁襟怀以受之，勿使中朝为难。处处为两宫及圣主设想，则拂郁之念自平，遑恤悠悠之口哉！素承我公爱如骨肉，敢以狂瞽之言进，惟垂察焉。答平安会一书，情深文明，直刺要害。不知者以为权词，知者以为至理也。山右即以罂粟致困，有银有米，运不进去，坐视其死而无如之何。数年前，地方官只图银钱易收，故至此耳！公说得行，民生庶有豸乎？弟将嗜好沉重者，择尤先参两道刘咸、杜文澜三令曾绍勋、李德溥、李诚。若不能警动，尚须续上弹章。栽种亦当饬禁矣。

①《郭嵩焘日记》载，十二月三十日接到十一月十六日由上海发出的信，内有沈葆桢致郭嵩焘信一件，即此信。

致薛敬堂　光绪三年十一月中旬①

秋间奉书，迁延未答，罪甚。比闻起居微有不适，想角弈太苦，瘥后愿平心静气，勿为拜赐之师。伊珊两袖清风而归，心甚愧之。然乃翁亦坐享羹汤而已，何力之有焉？

①十一月十三日与玮庆书称"十一月伊珊归",此信云"伊珊两袖清风而归,心甚愧之",此信当写于中旬。

复吴赞诚 光绪三年十一月中旬①

奉十月念七日手教,备纾一是。蒙派万年清、海镜分装铁路,不啻百朋之锡,感且弗谖。准小宋制府咨,已将唐营恤赏兑还登瀛洲借饷,下私稍慰。筠叟劾刘②荐李③,刘已奉朝命,此疏未必邀允。筠叟好与人争是非,徒自苦耳。珂乡近多雨而不寒,故未得雪。麦都下种,而米价不平,则搬运者多也。山右有米有银,运不进去。罂粟不除,将无年不荒,印度其殷鉴欤!

①郭嵩焘荐李凤苞,劾刘锡鸿,在十月初三日。消息传到沈葆桢处,估计得四十五天,即在十一月中旬。
②刘:刘锡鸿。
③李:李凤苞。

复李端 光绪三年十一月中旬①

得十月念四日手书,知县试有期,并寄示汀属题目,感甚。文星所出童生题,总宜有些卷轴点缀。云、瀛太空疏,甚盼细侯之符所望也。咳喘如昨,入春始望稍瘥耳。

①李端十月二十四日信由福州发出,至南京当在十一月初旬。从抄本上下函看,复信当在十一月中旬。

复吴大廷　光绪三年十一月中旬①

奉续示，知尊体已大有转机。孟伯雄固会逢其适也。病之来也以渐，其去也亦以渐。春风送暖，公方能刺船而至，弟亦方能扶杖以迎，何迟之有？愿屏谢人事，视阛阓若山林，然自乐其乐，天下何有不了之事哉！颖叔赴鄂，无家可归。幼莲再过兼旬，亦作蕴山，其所爱有甚于东家者，舍鱼取熊掌何怪焉？

①吴大廷于十月十五日服孟伯雄药，于十一月九日去世。沈葆桢写信时还未知此消息。

致勒方琦　光绪三年十一月中旬①

冬日宜人，惟新政因时，至以为颂。阅《申报》，有铺捐不足十万，续开田捐补之云云，想系误传。今年苏属秋收不及中稔，钱谷俱贵，完漕已万分为难。若再议加，必民不堪命。用兵且禁加赋，若以恤邻而科派农氓，未免轻重倒置。如官场中有持此议者，望极力止之。此端一开，将援案者伊于胡底？耕夫不比醝贾，勿谓数之无多也。

①抄本将此函辑入十一月中旬《复吴仲翔》信之后，十一月下旬《复吴仲翔》信之前，当在中旬。

复吴仲翔　光绪三年十一月中旬①

读初三手教，辱以请假。垂注拳拳，感甚。近以诬人嗜好，理应反坐〈造〉。如愿非远，不待告退矣。河工局不常去，是让善于人一法。太老固所甚愿，如令内侄辈未之见许何？福州赈捐，沪上解去一万两，淮尚未报解，惭愧奚似？日来筎斋赏雪，幕府及诸公子饮酒赋诗，并有上海新到脚色。不才塞向墐户，心向往之而不能至，其号寒而兼可怜者耶？

①信称:"读初三手教,辱以请假。垂注拳拳,感甚。"福州至南京的信,约六七天。此信当复于中旬。

致林拱枢 光绪三年十一月中旬①

得彤侄书,知吾弟以城差鞅掌,几于一饭不遑。又因裁答稍稽,耿耿衷曲。伏愿加意珍重,勿以些小过节,芥蒂于中。郑诗镇札致雨儿,已为丈人峰将行李车出彭城,此时当在袁浦。老冰已乞假,春暖方能就道。不才一生好胜,意欲先之,而乞假之章,尚未奉旨,未便遽请开缺,须待腊月折差矣。幸去乡较近,老冰当不能越我而过也。此间得雪两次,人心稍定。而蛰虫墐户,仍无补于其喘,中夜兀坐,以待天明。似此情状,仍恋恋不舍,为一家糊口计,何以谢天下乎?

①信云:"乞假之章,尚未奉旨,未便遽请开缺,须待腊月折差矣。"沈请假奏折上于十一月二十八日。此信当在十一月中旬。

复李端 光绪三年十一月中旬①

得初四日手书,知侍奉曼福。畲曾文字,作法甚密,惟心思稍欠灵动。使者十月便将邵武考完,可谓神速,似意在旋省过年矣。

①信称:"得初四日手书。"当在初八、九日,复信应在中旬。

复何璟 光绪三年十一月下旬①

闽中尚不见雪,入冬雨多,可减明年之潦,是好消息。圭璧之躬,千万珍重。海岩速赴新任,甚惬人望。非但才行可取,似亦载福之器。煤厂照常办去,所出自当渐多。

成色无论如何，总有余利。扶病强缀数语，再请台安。

①信称："入冬雨多，可减明年之潦。"立冬在十一月十八日，此信当写于下旬。

复吴仲翔 光绪三年十一月下旬①

奉十一日教言，备纫一是。迭承春帅厚贶，饬万年清、海镜联翩来翔。登瀛洲却安坐金陵，恐非情理。其舟中人亦愿度岁于马渎，名为强之使行，实则徇其所欲，公私两得矣。茶商被洋商倒欠者固常事，控亦何益？清渠欠于商者，不知落得以此做人情，可谓奇拙。清渠师景星，子恂②慕雪岩③。须知人各有才，亦各有命，徒自苦耳。高列第二者，乃朝忠太老之肖子。执事错认颜标为鲁公耶？日来想作嫁甚忙，务望诵韦苏州"资从岂待周"之句，勿过费神。至祷！至祷！

①信称："奉十一日教言。"沈葆桢收信当在中下旬之交，复信应在下旬。
②子恂：陈子恂，纳如之兄弟。
③雪岩：胡光墉（1823－1885）。

复刘齐衔 光绪三年十二月初十日①

春间肃䇳寸笺，未卜何时入览？比见恰甥致雨儿书，知台从以天寒未便就道，拟俟冰泮南旋，先令恰甥归去。恰甥有枉驾金陵之约，至今消息渺然，殆滞于沿途风雪耶？日来眠食何似？至以为念。弟乞假期满，病体益复难支，当即疏乞开缺，幸邀逾格诏可，则著鞭应在我公之先。明月绿杨，谨当扫径以待也。

①沈葆桢请假一个月，十一月二十八日到期。信称"当即疏乞开缺"，在十二月初十日。

复黄倬昭　光绪三年十二月初十日①

奉十月十一日手教，备纫一是。云、瀛许列门墙，感且不朽。儿辈皆畏书如虎，姑尽父之责焉尔。五妹近日体气如何？能稍疏药炉否？庾卿死后，其子能自赡不累及泰山否？子穆②一官如僧，宜作循吏。竹坡自命落得矫然，暮年见后辈凋零，不免伤感。想当日彭祖无从设法，则陶叟亦可释然矣！桐士③尚能葬亲，少绂翩然而逝。侈口谈经济，曾廉吏可为而不可为欤！鄙人发洪愿，使天下名医皆日坐壶中不出，当谢一罗天大醮。姚封翁固不以舍身济世为嫌。枚如诚贫，不可无讲席。其如有贫甚于枚如者何？不才老病颓唐，然不能自戢其恋栈之念。承我公提撕警觉，即日疏乞骸骨。恐样楼一上梁竖柱，则屹然不可动摇矣！子侄文字，已数月不阅。贤子弟皆能养志，亦将累月文字盘郁胸次，未曾轻泄菁华也。

①信称"即日疏乞骸骨"，在十二月初十日。此信当写于同时。
②子穆：黄敬熙。
③桐士：姓沈，福建侯官人。与林颖叔、刘鲁等结西湖社，辑西湖社诗。

复吴仲翔　光绪三年十二月初十日①

奉十九日教言，备纫一是。万年清、海镜源源而来，岂有反令登瀛洲安坐之理？计此时下椗（碇）花莲矣。五千元系欲查明应找尾数，非敢索其赢余。礼堂奠敬，交与晓沧②，妥极。惟蔚如③、召民究竟有寄到否？子达难兄难弟，决裂至此，渔人幸灾乐祸，固不待言。即不为渔人者，毋亦不善处人骨肉耶？谨遵台命，于本日具疏乞骸骨，誓不作马牛。即使穷无复之，尚有家贫子赘之一法也。此地得雪逾尺，明年螟焰，当可少戢。而不才痰喘愈剧。冰如之婿过此，说其妇翁已病不行，其恋栈之殷鉴欤？

①信称："谨遵台命，于本日具疏乞骸骨。"指十二月十日奏请开缺一折。
②晓沧：丁晓沧。
③蔚如：潘蔚如。

复施鲁滨　光绪三年十二月中旬①

得本月八日手书，知侍奉曼福，至以为慰。《同善录叙》草草塞责，乞为转交。闻贤者常病酒，春秋方富，意气甚盛，过辄忘之。不佞当年溺于水果，亦复如是。今戒之无及，药之弗灵，历历受苦。如果报毫发不爽，亦殷鉴也。

①沈得施鲁滨十二月八日之信，当在中旬，复信也在此时。

复吴赞诚　光绪三年十二月中旬①

奉十二日手教，备纫一是。登瀛洲回沪后，饬其从缓装炮，赶紧修竣，再运铁路赴台，以均劳逸，大约须在马尾过年矣。马克登那水炮台，丹崖眼见，想当不谬。雨帅出山有期否？朗轩②移节，庆伯③坐晋，少仲④擢藩，蔼人陈臬。朝廷方劳于用人，似未许谢傅高卧。雨帅病不甚剧，亦未便恝然也。此间于至日前得雪，方冀续沛祥霙，乃本日转而为雨。流民南渡者以数万计，资遣之非其所愿，往往去而复来。晋、豫以两淮为不涸之仓，其如主者非人，致沃壤如石田何？

①勒方锜（少仲）任广西布政使在十二月初六日。龚易图（蔼人）陈臬在十二月初三日。又信称："奉十二日手教，备纫一是。"此信当写于中旬。
②朗轩：涂宗瀛（1811—1894），字朗轩，安徽六安人。举人。历任知县、知府、湖南布政使、广西巡抚、河南巡抚、湖南巡抚、湖广总督。
③庆伯：杨重雅，字庆伯，江西德兴人。十一月任广西巡抚。
④少仲：勒方锜（1816—1880），字少仲，江西新建人。后迁福建巡抚、贵州巡抚、东河总督。

复林老姨太　光绪三年十二月中旬[1]

奉赐书，承垂注拳拳，感难言似，伏维起居曼福。郑氏家难，内子早料其必有此日而无如何也。五姑太垂危之日，老姨太以寿木太劣，嘱某往谕子达[2]，以经其叔偏（遍）索南台，无佳于此者对。禽兽犹知有母，席累万之赀，靳此一棺，司马昭之心，路人知之矣！枢尚在堂，燕九[3]被逐。当时并无大过，意在夺产。虽仪秦复生，何由解免！内子访燕九所在，招来舍间读书，并不问其家事。子达愧而诱之归。内子谆谆以自尽弟道，勿生计较心。文忠公微时，岂有尺寸凭借，向燕九反复提撕而去。五姑太葬有日矣！团卿来，诉子达已出继，不应祔葬。某诘之曰，汝祖父母至今未葬，汝知之乎？为汝父母葬事，诸长亲法语巽言，唇焦舌敝，子达置若罔闻。幸子良[4]以吉穴动之，方有今日。若不贪祔葬，则钱可生子，何能吃此巨亏？汝忍父母终无入土之日乎？子达固绝无人心，其弟亦何可绠兄之臂？以其事而论，吞噬凿凿可据，捆吊岂必全虚？团卿以垂涕泣而道之人，竟可袖手旁观，则兄弟中之绝无人心者，岂独子达、燕九也！他人骨肉之变，无术调处，曷胜惨然。乃惟恐其不决裂，必燎原而后快，则绝无人心者，又何止其兄弟也！以其情而论，岂但其诸弟可怜，即子达尤可怜之至。现在力辨毫无私蓄，将来皆为渔人铁证。子达妙手空空，与诸弟等耳！子达夫人以名门之女道左呼冤，姑娘以苦节之釐青衫对簿，令人毛骨悚然。总之，讼棍之为祸烈也！子达知弟捆其兄为逆伦，试问诬捏庶母、母舅、姑夫，非奸名犯义乎？似戚党中不应有此事，并吾闽不应有此人。去年，此间有以让产兄弟同榜者，士林传为佳话，其一即出荔丹门下，彼独非人哉！郑氏兄弟各有书来，人至不孝不弟，无足与语。此事官能动之以情，使其兄弟悔过自新，固上等办法，若两治以应得之罪，亦转移风俗之苦心。某生平从不与人讼事，现无听断之责，又非公亲之列，不应旁参。弱夫[5]、听孙，断非助人谋产者，官亦知之，无待某某之赘一词也。四媳大有载驰之感，彻夜泣而不眠。某某怜之，气亦加喘，勉强作此以答。乞骸之章已上，无足告慰者，幸无长物耳。

① 信称"乞骸之章已上"，即十二月初十日所上《病势日甚，吁请开缺折》，信当写于中旬。
② 子达：林则徐四婿郑葆中之子。
③ 燕九：林则徐四婿郑葆中之子。
④ 子良：陈承裘，字子良，福建闽县人。咸丰进士，官至刑部主事。陈宝琛之父。

⑤弼夫：陈景亮，字孔辅，号弼夫，福建闽县人，若霖之子。进士，官至云南布政使。其子陈承裘。

复林拱枢　光绪三年十二月中旬①

奉十三日手书，辱蒙缕缕衷曲。苍天示警，正是仁爱。果能遇灾而惧，必大有造于我国家。诗镇②夫妇过此，云冰叟竟病不能兴，卸事后尚难就道。闻之恻然，即不才前车之鉴矣。李小湘③请借洋款，袁小午重捐淮商，想入非非，何补饥渴？华表之鹤，归非所愿，去亦非所甘，只得以台事作阶梯。知有机会，行将出矣！子达固禽兽不若，乃弟亦无复人心，诗镇涕泣告归，以解铃自任，或能不负其言欤！巡城能使同事就我范围，则魑魅罔两，无能为祟矣。此间得雪逾尺，为累年所未见，蝻孽或可潜消。某某则寒喘益甚。

①信称"此间得雪逾尺"，十二月初十沈致吴仲翔信亦称"此地得雪逾尺"，此信当写于十二月中旬。
②诗镇：刘冰如女婿。
③李小湘：李庆翔（1811－1889），字公度。山东历城人。河南巡抚。

复吴大廷　光绪三年十二月中旬①

奉念八日教言，知璧躬尚未复元，至以为念。尊函已分送二琴西同阅。梓芳则星奔故里矣。幼莲南归，过沪时一见否？身后断无不了之事，愿优游卒岁，勿徒自苦为也！某某病骨颓唐，恐误大局，已疏请开缺，春初可奉批回。行将倚棹申江，快聆清诲。

①此信所提吴大廷念八日给沈葆帧之信，应指十一月二十八日之信，沈收到应在十二月初。吴大廷于十一月二十九日去世。沈从吴仲翔十二月十八日的来信中得此消息，写此信应在收到吴仲翔来信之前，应在十二月中旬。信称"已疏请开缺"，当在初十日以后。

复曾光斗　光绪三年十二月十二日①

奉赐书，知潭第均绥，至以为慰。蔡世兄亦有信到此。师门回首，重以台命，其何敢辞？惟盐官向无一面之识，蹉贾往来者，独李子嘉②舍亲耳。比年以来，江河日下，弟深知其窘迫之况，无从代展一筹。若再责以嘘植人才，非徒自觉不情，抑且于事无济。兹嘱大小儿谨具鹰洋五十，为其令兄刍束，聊表歉忱，乞转交，是为至祷。

①沈葆桢十二月十二日致大儿子玮庆函称："曾年伯亦有信来，汝可将回信并鹰洋五十元送曾年伯转交。"此信当与致玮庆信写于同时。
②李子嘉：沈之亲家。

复吴仲翔　光绪三年十二月中旬①

得念五日教言，知千金天花，症候甚顺，至以为慰。瀛儿抛书以待，心逐云飞。展百余日吉期，俾稍留心试事，亦可谓天作之合。临之过此，已遵命留之署中。据云，年来全赖台端周恤度日。云天高谊，闻之心醉。想遇退官尘甑，必一视同仁也。携棺勒赎，乡间常事，礼堂之兄，尤司空见惯，否则其弟何至怫郁以死耶？紾兄者挟听孙信来求援，答以若为饥寒而来，我收留汝，若为讼事，谨谢不敏。伊问此事如何了结，答以汝要了便了。汝兄所贪者财耳，尽推与之，尚有何不了。若汝胜了，一生为千古犯义之人，倒是不了。听者咸以为不近人情。窃为爱我者述之，第不知尚书公、威灵公笑其迂怪否？明伦堂风水不知若何？样楼则愈矮愈出状元。乾隆年间最高，吾乡并未有殿撰，其明验也。通信太密，几无可写，不得不翻空求奇，乞谅其妄。临之衣被，几在若有若无间，虽善破家，何其亟也！窃闻难兄前数月已飞函陇西父老，嘱勿交割，由汴梁递去。倘竟落魄异地，太属可怜；幸得还乡，家祸又起。明伦堂风水，鼎峙而三矣！留之殊不得已。但其人毫无一长，性又燥烈，将来何以为生也？

①子达兄弟内讧，十二月中旬沈葆桢《致林老姨太》信曾提及，此信也当在中旬。

致程桓生 光绪三年十二月下旬①

风雪漫天，滞销固其所也。争引地者，则谓淮商无可筹之饷；责赈捐者，又指淮商为不涸之仓。是非纷纭，何由论定？握晤非遥，诸容面罄，病中不能详也。

①此信谈到本人病情，与十二月下旬《复吴仲翔》信相同，当写于同时。

复梅启照 光绪三年十二月下旬①

敬再复者：承示校阅情形，极佩实事求是之意。外海水师，合肥甚惮其难。窃虑海上事起，蚊子船、水雷各利器，迁地弗能为良。援兵粮运，均不无隔阂耳！明年洋债交集，已无从展拓。而陵工忽增巨款，如之奈何？难兄一麾出守，贺贺。弟咳喘如故，日来加以寒泄。子侄坚求延医，经王正田诊过数次，其方与尊指相近，大约暖补兼疏导者。惟分两殊轻，泄稍瘥而未能止也。

①此信亦谈到本人病情，与十二月下旬《复吴仲翔》信相同。

复吴仲翔 光绪三年十二月下旬①

奉十八日教言，知彤臣（云）脱离苦海，信所谓此行何异登仙者。其后人尚未成立，承君子美意，各尽其力，亦不无小补。已嘱玮儿筹百千送呈尊处汇交矣。不才与桐翁同齿，或者其许附骥乎？煤铁并举，如铁先尽，并无伤于煤。倘煤先尽，则铁为废物矣！似洋匠与拉铁厂机器均不容阙，公以为何如？豚犬以泰山压顶，质夫本有此议。鄙人因船政事忙，不敢以请。乃先蒙筹及，感何可言？以江右之丰收，米价尚三十六，其他则又何说。三晋闭户而为夷齐，闻之令人酸鼻。高坐衙斋，便是妙手。此间有累月未过卧榻一步者。昨晨人颇爽快，贪吃雪里荭数口，又彻夜不能安枕。禄尽而息尚存，可奈何？

①吴大廷（彤云）逝世在十一月二十九日，此处十八日信当是十二月十八日，复信当在下旬。

复吴仲翔　光绪三年十二月底①

奉腊七赐书，承示县试揭晓。前者攫他人第二而归之翊，今复攫他人第三而归之沅。君子笃于亲，斯言信哉！鲁士遗大投艰，何能枉驾至此？闻已自沪差旋矣。华洋监督，只是退有后言，可敬可爱。郭、刘已见弹章，何、张尊俎间亦勃勃欲试，此固不同臭味者也。用人必使互相钤（钳）制，无乃未尽发纵指示之术欤？煤铁同产，是天然美利，但必延西师，仿西法，方能曲尽其妙。如本地绅民协力同心，必无做不到处。大约就地开拉铁厂为最相宜也。补齿固当以蚕豆试之，西医素讲做好事，何乃与只饮一勺水者斤斤较量耶？此地入冬，亦苦雨多，自大雪后，罕晴至今矣！贱体万分难支，断不能误事，先自劾以为受人劾地步，毋亦恋栈之新法欤？气喘加以寒泄，此等人其何能久？桐云临终，谆谆于恤典谥法，此意其可师耶？岁事阑珊，伏维千万珍重。

①信称："桐云临终，谆谆于恤典谥法。"此消息来自吴仲翔十二月十八日的信。又称"岁事阑珊"，此信当写于下旬。

复林寿图　光绪三年十二月下旬①

两奉赐书，扰于病魔，未能作答，罪也何如？迩维江汉风清，旅居安吉为颂。武昌鱼美，想雪中命酒，高咏必多。乘此偶闲，似宜售（雠）校付梓，津梁后学，当不以鄙言为谬欤？冰如婿若女过此，云乃翁未罢官时，已病不能行，俟春融方能就道，是并无解组之乐也。勿叟催样楼工程，急如星火，不才深知其一兴土木，便屹立不可动摇。因于腊之十日，匆匆疏乞骸骨。据出京诸公云：政府现俱知其为真病，想当荷诏可也。吾乡水利，远老主之。明岁鳌峰讲席亦倚重焉，可谓老而益壮者矣！弟咳喘如故，日来兼患寒泄，自知必不能久。不料吴桐云乃先我而去。其弥留时，致意刘芝田，谆谆以饰终之典为托，其壮又何如耶？力疾草此。

①沈葆桢于十二月初十日奏乞开缺，大约须十二天始达清廷。信称："政府现俱知其为真病，想当荷诏可也。"此信当复于下旬。

复李鸿章　光绪三年十二月下旬①

奉冬月念五日谕函并抄件，感刻无有既极。商局荷通盘筹画，壮华商疑虑之胆，折异族窥伺之心，此后宜风平浪静矣！杏孙、毅甫②皆佳士。匠门既有储材地位，如不愿挂名，自应遵尊指听之。承许购炮船两号，谢谢。此间得雪甚足，想棠圻近日亦必均沾。闽中则日内尚苦雨。筱帅、雨帅所见，颇难融洽，能分道扬镳，则皆所愿也。筠老意所不惬，未易以口舌争，但怜其徒自苦耳！苏守召谤，咎由鄙人。烟馆官封，实某某作之俑，敢不恪遵明诲，极力保全？晋人竟有渡江者，与其坐而待粮，原不如出而就食。特春暖后又失东作之期，后顾更属可虑。江南北米价亦腾贵，必明年各省麦皆大熟，方有转机。晚咳喘之余，复病寒泄，致肃复稽迟，罪甚。

①信称："奉冬月念五日谕函并抄件，感刻无有既极。"李鸿章十一月二十五日《致沈葆桢》信，到南京当在十二月中旬，又称"咳喘之余，复病寒泄"，与光绪三年十二月下旬《复林寿图》信同时。
②毅甫：朱其昂（？—1878），字云甫，江苏宝山人。曾任上海轮船招商局会办。

复黄倬昭　光绪三年十二月下旬①

奉嘉平既望教言，悃悃款款，相厚岂有量哉。瀛儿之乖张，不才知之熟矣。其不敢托他人而以累我公者，谓为父之责不容不尽耳。内子在日，儿辈尚少有忌惮，今则已矣。此行意不在考试而在完姻，讵料其忽而沮滞耶？人生困顿拂郁，遭历险巇，往往生贤子，固天道，亦人事也。某某少事慈父母，长窃禄养，几不知人世有所谓逆境者。从古无百全事，于此少留缺憾，亦固其所。且平日好摘人短，谐谑纵欲，不自检束。义方之训阙如，甚有经月与子不相见者，此而望有贤子，毋乃太不自量。伊等横亘胸中十二字，曰昔之人无闻知，曰惟其言莫予违，而病根则全非伊等之过。骆文忠②作督日，至移文原籍，请将其子就地正法，其子弗为动也。近闻其同乡云，甚恭俭守法，盖天去其疾矣。不才尸居余气，岂复能久？塞源拔本，觉路非遥，正勿庸亟亟矣！薇允以船库枯竭，满腹无聊，且视姑爷门如惊弓之鸟，不敢再唐突之。饬寄课文日课，敢不恪遵台命。而其身不正，虽令不从，我公固已先事谅之矣。公与某某皆年逾半百，宜喜不宜怒，宜乐不宜忧。不为之择师，或择师而不贤，某某之责也；来学而不教，教之而不尽，我公之责也。过此则皆有以自谢矣！愿善护问安视膳之躬，毋太焦灼是祷。乞骸荷诏可，瞬即握晤，否则春半遣雨儿趋侍，以补其阙。瀛儿不能不待婚后再出。江河日下，亦只得引为内疚，无如何也！

①信称"嘉平既望"，系十二月十六日。福州十二月十六的来信，沈葆桢当在十二下旬收到并复信。
②骆文忠：骆秉章（1793—1867），字籲门，广东花县人。道光十二年进士。官至四川总督。卒谥文忠。有《骆文忠公奏稿》。

复周秀庚　光绪三年十二月下旬①

奉腊望教言，就谂潭第均绥，至以为慰。聘侯以庞士元之才，迫于阃命，出而问世。弟未能积诚以悟之，于师弟之谊，愧歉良深。若再添足以求悦于人，未免太负初心。幸为敬谢不敏。

①福州十二月十五日来信，沈葆桢当在下旬收到并复信。

复陈宗濂　光绪三年十二月下旬①

读封篆日赐书，遥谂侍奉曼福，至以为慰。伯通②就教读馆，远胜于蹉跎船厂。割田纾难，亦其天分过人处。以此推之，将来必能和其家庭，礼堂固当有令子也。伟如方伯致我兄函奉缴。礼堂奠敬百金，似可向阜康一问。弟已代复伟如，此款尚未收到矣。蕴玉赎产，想亦为景所迫，伯通能与之凑断，似两相宜。谅山乘我去而来，颇似参商。然窃为江南之民，跂予望之。子弟之贤不肖，非父兄所能为，其他则又何说。瀛儿赴马尾，特为难却质夫、惟允一腔厚意耳。究之，多一番挪动，添一番卸底，曾何益之有焉？除去府院试，仆仆往返，静坐能有几日？云儿不能束身，岂能约束乃弟？风雨联床，岂但二苏为人所难，即煦万、弼臣不相去千里万里哉！在署者，腊后以手谈为事。其心曰：汝既不能出户，其如我何？不才解组非遥，甚不乐动与人为难，则相隔数千里者，又何怪焉？总之，欲为儿辈拔去病根，宜先使不才脱离苦海。而私衷所耿耿者，则又全不在是，执事所知也。昨日又得微雪，然天气渐暖，随落随融矣。

①封篆日：清代京内外衙门于每年的十二月二十前后停止办公，关防印信均加封保管，称为封印或封篆。封印这一天，称为封印日或封篆日。信自福州至南京约七天。则此信当复于十二月下旬。又，"礼堂奠敬百金，似可向阜康一问。弟已代复伟如，此款尚未收到矣。"梁鸣谦（礼堂）于光绪三年五月初五日逝世，此信当写于同一年。

②伯通：梁伯通，福建船政局文案。梁鸣谦之子。

督江（七）

复李元度　光绪四年正月上旬①

子衡②廉访来，捧诵教言，就谂侍奉曼福。衡老不能家食，益信廉吏之难。而尚斋③封翁④早有求助之意，并无待鄙人推毂，计此时已弭节汉皋矣。病中勉强裁复，乞恕不详。

①抄本卷十三均辑入光绪四年函件，此为首函。其后第四函《复李瀚章》，写于光绪四年正月中旬，此当为上旬。

②子衡：张子衡。

③尚斋：程桓生。

④封翁：指程桓生之父。

复鲍源深① 光绪四年正月上旬②

另示知州屯米一节，造福桑梓，曷胜钦佩。弟前接公禀，查旧卷，所谓二两八钱者，即同治三年马谷山③任皖藩开征时禀曾文正所定者也。五年，乔鹤侪④加怀宁等十五州县漕折，和州不与焉。六年，英西林⑤将酌加情形奏过。曾文正则始终未奏，原案俱在，且有文正墨迹存焉。台从将来枉过金陵，可一一检视也。诸绅谓仍照禀定章程办理，则小民受累，讵有穷期。是所控者，在刘牧之浮收，而所以控者，在欲翻三年之成案也，词与意歧矣。江右漕折，始皆以钱定案，到银价贵时，亦纷纷议加。天下有不名一钱之好官，无毁家赔赋之廉吏。处而为绅者，出即为牧。舍平余而别生枝节，大非闾阎之福，夫亦心所不安。易地以思，可不烦言而解矣。倘诸绅尚有未达之情，仍乞赐教为幸。

①鲍源深：字华潭，安徽和州人。道光二十七年进士，官至山西巡抚。
②抄本辑入卷十三的第二函，应在正月上旬。
③马谷山：马新贻（1821—1870），字谷山，山东菏泽人。道光二十七年进士，同治三年任安徽布政使。官至两江总督。同治九年遇刺身亡。
④乔鹤侪：乔松年（1815—1875），字健侯，号鹤侪，山西徐沟人。道光十五年进士。同治五年任安徽巡抚。官至东河河道总督，光绪元年卒。
⑤英西林：英翰（1828—1876），字西林，萨尔图氏，满洲正红旗人。举人。同治六年任安徽巡抚。官至两广总督。

复梅启照 光绪四年正月中旬①

读手教，知眼光康复，至以为慰。懋勋宦闽时，曾与往还，知其为血性男子。于知己感激图报，不遗余力，操守一尘不染，嫉恶爱民，此其所长也。然实心不能虚心，自恃不欺，往往为人所欺，持之甚坚，时亦害事，则其所短也。用所长，舍所短，是在大君子陶铸之苦心矣！长兴盗案，前接懋勋信，谓并未审过，不知谤从何来。然此等事近日层见叠出。去年庆营在扬州，新兵营在句容，皆有之。幸营官晓事，立即人赃并获，浮议稍息。然以朽索驭六马，思之殊为寒心。弟天暖后咳喘微减，而泄则如故。似脾土已坏,日来姜汤少加以术,未知能受否?盖承贶之术,气味极香,若置之无用,甚可惜也。闽中需次于浙者,蒋令锡璠、范令继声皆粹品。闻蒋令极邀青眼,知赏识之有真也。因来书谆谆以人才下问,故并及之。

①光绪四年二月十三日沈葆桢再次奏请开缺,折中提及:"天气和暖……咳嗽虽觉轻……每日黎明必泄数次。"此信称:"天暖后咳喘微减,而泄则如故。"但未提及奏请开缺一事,可知是在二月十三日之前。抄本将此函辑入光绪四年正月中旬《复李瀚章》之后,当也在中旬。

致总署 光绪四年正月中旬①

据署江海关道刘瑞芬详称:光绪三年十月十二日,奉宪台札开案,查丹国大北电报公司擅在吴淞口陆路设立电柱,直达上海,业于同治十二年七月批饬该关道照催领事禁止。嗣准总理衙门来文,复经饬该关道遵照办理在案,迄今已阅数年,丹国领事仍未将电柱撤去,殊属任意迟延。札道照催丹国领事转饬拔除去后,兹准庄②领事复称,吴淞至上海电线,原系中外通用,本国钦差与总理衙门定章之前已有。事关重大,本领事无此重任之权。此次来往公文,自当抄详代理本国事务驻京俄国大臣作主等由到道,理合照录复文,详祈鉴核,咨请总理衙门核示遵行,实为公便等情,并折到本大臣。据此,除批示外,相应抄折咨呈。为此咨呈贵总理衙门,谨请查核示复施行。

(台湾"中央研究院"近代史研究所编:海防档丁,
《电线》,1959年台湾近代史研究所影印本)

①光绪四年正月二十一日总署收到沈葆桢信,此信当写于中旬。
②庄:庄纯,光绪二年丹麦驻上海领事。

复李瀚章 光绪四年正月中旬①

捧诵环云,就谂潞国精神,福随春永。萱堂爱日,顶祝奚如。咨示疏稿,崇论宏议,灿若列星。既谅其不得其已之苦衷,复诱进其智虑之所不及,有不三复之而五体投地者耶？颛蒙幸承教诲，如沉疴遇扁鹊，不敢讳疾。觍缕其肺腑所苦，以待铖砭。谨将本日所复陈，录呈冰案。非敢谓有当万一，窃冀幸售其抛砖引玉之情而已。此间阴雨过多，颇虑有损麦苗，而蝻孽则依然如故。书中所谓雪积一寸，蝻下一尺者，毫不足据。奈何！奈何！

①信称："此间阴雨过多，颇虑有损麦苗，而蝻孽则依然如故。"正月中旬沈《致李鸿章》信也提及。此信也当复于正月中旬。

复李鸿章　光绪四年正月中旬①

奉人日钧函，辱蒙诱进拳拳，感难言似。晋豫道殣相望，不待目击而神伤。淮商乐善好施，是其本性。榷使能谆切劝之，不能竟以法绳之。晋捐搜索枯肠，稍有眉目。乃商人仰体我公饥溺由己，借报公及九帅肃清江路，光复城池之功德，鄙人何力之有焉？惟豫捐叠次飞催，迄不得其报章，私衷殊深焦灼耳。海防存项，因晚初见之谬，致我公独为其难。今西江既划此款以协苏，闽中又以戋戋见却。谨奏请仍归原议，俾后之人稍得借手，自巩藩篱。督抚轮驻台湾，深虑朝令夕更，益费调停，徒耗巨款。鄙意欲闽事起色，必督抚裁去一缺，台湾自然责无旁贷，通省亦运掉皆灵，然后再议用人之得当不得当。若必互相擒制，恐范、韩亦成连鸡。特此论不当发自疆吏耳。此间冬雪甚足，而蝻孽不为减色。连朝阴雨，深虑有损麦苗。倘东南再荒，晋豫更无生路。病纵可托，天何所逃？二竖已入膏肓，即放归无从久活。但愿早得避席，俾贤者有以善其后，大局尚可挽回，则死亦瞑目矣。饬护起居，极佩盛意，敢竭狂言。

①李鸿章于人日（正月初七日）致信沈葆桢，到沈葆桢处当在中旬，沈复信也当在正月中旬。

复吴仲翔　光绪四年二月上旬①

奉新正两次教言，辱蒙缕示种种。旗昌之款，既有赢（赢）无绌，即可作罢论。以前情节，似不应为外人道，今只得姑听之。临之于月底西行，其人心好而不知世故，欲其自立也难矣。登瀛洲如离不开台湾，应恳春帅径咨北洋，请其另作打算。钜甥病足而非伤足，终日默坐所致。服药四五十剂，手能转动，足仍不良。瀛儿吉期已定，下私稍慰。春风向暖，衰病依然。初十假满之期，不得不仍申前请。中朝已知其确系痼疾，定许放归。但新妇食贫，不免悔相攸之疏忽耳！销册按年造报，则朗若列眉。两江各局有一年为一起者，有两年为一起者。弟到任后所奏报者，皆李、刘任内之款。弟幸得奉身而退，则任内之款，不能不借重后人，此通行大例也。若春帅谓部费不应动其存款，将弟所经手者抽出另行自奏，此万有一然办法。想春帅为日方长，未必肯作茧自缚也。究竟此事若何举行，曾与春帅商定否？截至何年何月？已有定稿否？春帅所谓他局内店便宜者，查有确数，得其门径否？从前已报过一次，有成规可循。似截清年月，逐渐造去，则日见轻省；若畏其烦难，拖延下去，则愈积愈多而愈难也。敦修纯作欺人之言，既窥见其心，亦何难对付。造册系提调事，奏咨非提调事，果条理分明，尽可详请具奏，此外无善法，亦无须别求善法也。清渠实非独当一面之才。陈景康请假后，闻船破，绝不赴台一行，掉头竟去，此其人岂可与共患难者！不准留用，尽可向洋船谋食，亦未尝禁锢终身，似均不必为之介意。与公共事数十年，虽无可求之疵，亦不敢不以药石之言进。愿理遣情恕，自适其光风霁月襟怀，是所至祷。至执事肯相助为理，何幸如之？但用其一，缓其二，管公明所谓损伤者，其在斯乎！马伶费多少工夫，学一副声音笑貌，逢场演出，忍俊不禁，亦固其所。至大兴土木，使后之人题曰孝子某奉板舆处，虽巨万，其足惜哉？

①沈葆桢于光绪三年十二月十三日奏请开缺，奉旨准请假两个月。二月初十日到期，信称："初十假满之期，不得不仍申前请。"此信当写于此前。

复丁日昌　光绪四年二月中旬①

奉十一月念八日教言，辱承沥胆披肝，缕示种种。三复回环，味之无极。缘喘泄交瘁，稽延不能作答，罪也冥如？得维允书，云将有就医之行。闻执事前年甚得淮医之效，窃冀若渡淮，定当过我。乃又闻以三晋饥馑，于珂乡极力劝捐以活之，则并就医之暇不可得矣！西北得雪不透，翘首以望东南。而自淮以南，阴雨过多，菜麦根为之烂。幸日内尚有霁色，倘不为愁霖所苦，或可挽救数分。晋豫种麦不多，民无所恋。官绅赈力不继，劝之南行。入皖者已数万人，徐方亦骎骎有之。官绅告急之报，雪片而来。虽局库扫地无余，断无听其转于沟壑之理。奈何！奈何！弟假期满矣，病状依然，不得不再申前请。非谓归尚可活,窃冀地方受病尚浅,后之人或可借手。倘贻误积成气候,虽有善者,亦无如之何耳!扶疾作此,不能详也。

①信称:"弟假期满矣,病状依然,不得不再申前请。"此信当写于二月初十日之后。

复郑云友 光绪四年二月中旬①

奉新正教言,以敬节一事,拳拳下问。我公既虚怀若谷,不才敢自靳其愚?窃以为厚而偏,不如公而溥。待救者数倍于已补之额,日月以冀,望眼成穿。何堪人郁我枯,益相悬绝?然此事系公主政,责有攸归,不特召民廉访之款,不应妄参末议,即星星涓滴,业已捐出,便与不才无涉,何当复过问哉!我公造福桑梓,择利而行可也。来书深以六郎之逝介介于怀,窃谓彭殇等耳。若恍然于此身亦不能无此一日,似可涣然冰释欤!某某乞骸,未蒙诏可,假满又申前请。中朝察其非伪,必怜而许之。留固多愧,退亦非策。惟返虚入浑,庶几真谛耳。

①信称"假满又申前请",再请开缺在二月十三日,此信复于此后。

致林鸿年 光绪四年二月中旬①

读客冬教言,悲悯之怀,如亲謦欬。屡欲裁答,病未能也。迩维满座春风,起居曼福。去年之旱,豫轻而晋重。水陆转运,豫易而晋难。阎、曾协心,袁、李互角,故晋事颇有机绪。豫事治丝而棼,待徐(涂)朗轩②来,中州庶有豸乎!南天苦雨,北地望雨,淮为之界。有人调和而挹注之,以羡补不足,岂不尽善?欧斋在鄂,闭户读书。曾许来游金焦,似不足据。林海岩想已造谒,其人清刚而沉厚。万院长则已去沪,未见其人。此间山斗之望,推小湖廷尉。忽归道山,士气嗒然。去腊何止三白,蝻仍如故,书亦不尽可信欤!某某乞骸归里,未蒙诏可,谨于花朝再申前请。求勿误大局,非求活也。

①信称:"某某乞骸归里,未蒙诏可,谨于花朝再申前请。"花朝,二月十二日,此信写于此后。

②涂朗轩：涂宗瀛（1811—1894），字朗轩，安徽六安人。举人。历任苏常太道、湖南布政使、广西巡抚、河南巡抚、湖广总督。

复郭嵩焘① 光绪四年二月十四日②

三奉手教，病弗获作答，罪也奚如？比闻畀命重申，兼护英、法驿马，发动至此，可不谓壮哉！忆鄱湖舟中，承谈及在申江所见西人，以法朗西气魄为最大，此游必有以称夙愿者。虽其国新挫，想卧薪尝胆，精神益坚韧，非苟安旦夕得过且过者也。趸船事极费大力，谅太古无从再幻诪张。铁路全数渡台，以待雨帅。东南雨雪过重，西北阙如，能挹注而调剂之，岂不尽善？燕、晋、豫麦多未种，蒿目已望秋粮。苏、杭菜麦受伤，米价腾踊，日来始幸而放晴也。贱躯万分不支，乞骸未奉诏可，昨又申前请，求勿误大局，非敢求活也。

①抄本标题为《复郭钦差意城》。郭意城（1823—1882）：郭嵩焘弟昆焘，字仲毅，号意城，湖南湘阴人。信称："比闻畀命重申，兼护英法驿马，发动至此，可不谓壮哉！"昆焘未曾出国，抄本标题误。

②信称"乞骸未奉诏可，昨又申前请"，奏疏写于二月十三日，此信当写于二月十四日。又嵩焘日记：四月初四日接二月十八日上海发出的信，内有沈葆桢致嵩焘信一件。即是此信。

复彭玉麟 光绪四年二月中旬①

奉客腊教言，病未能答，罪甚！比读新正续札，所以慰勉之者，无微不至。就谂春来贞疾复作，发尚较轻，不日仍当东下，钦迟曷其有极！惟闻潮杰②谈及世兄亦得咯血之症，颇非少年所宜，不胜驰系。西北因循粉饰，贻误至今。经冬历春，雨雪不足。麦尚未种，无可希冀。蒿目以望东南，两湖、江浙、闽广困于淫霖，菜根大伤，麦苗间萎，惟蚺子宝色灿然。所谓雪深一尺，蚺下一丈者，徒虚语耳！谭序初③太守以禁烟馆小钱认真，苏门巨室怨之，以《竹枝词》三十首托合肥邮递而来，士大夫之用心可想。培元日内方能交卸，禊后当过此。徐方绅民，攀留颇切。计培元必不愿为人所夺，只得谢遣之。某某乞骸，未荷诏可，而精神益惫，谨于花朝前一日再申前请。非敢求活，求贻患勿过深过久，俾后之人尚可借手以挽狂澜耳。豫民流入彭城，无款可搜，率属倡捐留养。何以为继，则未之知也。

①信称："某某乞骸，未荷诏可，而精神益惫，谨于花朝前一日再申前请。"即在十一日。
②潮杰：当是吴家榜。
③谭序初：名钧培。贵州镇远人。官至云南巡抚。光绪二十年卒。

复吴仲翔　光绪四年二月中旬①

奉月吉手教，备纾一是。病未能即答，罪甚！罪甚！登瀛洲凯撤，不获到金陵，即为上海道截去。永保且代招商局装漕米。此间尚蒿目以望海镜、琛航。物之显晦有时，谅哉！雨帅干脩，遵命停送。雨帅断不能家食，又不愿赴闽，政府则谓筱帅能操纵之。鄙人乞骸得请，二公必有来此者，则全局皆顺矣。夜不成寐，则病从心生，虽参苓亦毫无益处。能坦怀自适，则荆棘尽成康庄。不才咳喘稍轻，脾泄如故。今早风日晴和，出户散步，如宝玉重入大观园，不胜今昔之感。两戒山河，分罹水旱，而敝辖介居其间。自苏、松迄扬、淮，菜麦皆苦烂根。徐属咫尺，则吁嗟祷雨。挹注无术。翘首彼苍，不知所吁。奈何！奈何！

①信称："登瀛洲凯撤，不获到金陵，即为上海道截去。"登瀛洲由台湾到上海，在二月初九日。从信里谈及徐州祷雨情况看，此信当写于二月中旬。

复沈书年　光绪四年二月中旬①

得手书，未题月日，反复玩味，殆腊后发自成都者也。就谂谳狱归来，即襄洋务。不负所学，造福斯民，奚如健羡？两姑之间，诚难为妇。然较诸两姑均不知有此一妇者，则扬眉吐气多矣！馆固宜辞。此差苦无薪水，则不久必得缺，况有解佩者，更无须以饔飧为念。第恐所委之缺，必有教案纠缠者耳。尊犊鞭则进，否则已。其已也，当咎执鞭者之惰，犊未敢分过。若敝犊则愈鞭而愈不进，虽造父执策，亦熟视焉而无可如何也。两川晴雨应时否？北旱南潦，不才所辖，适绾其枢。自苏、松迄扬、淮，菜麦为霪霖所伤，而砀山则吁嗟祷雨，挹注无术。翘首彼苍，不知所吁。贱体近添脾泄之证，累月未愈。乞骸未沐诏可，花朝复申前请，禊后可奉批回。里居拭目，看后来之秀，整顿乾坤。笑香山、洛社诸公见几太迟，又付托未得其人，而草草以退也。

①信称："花朝复申前请，禊后可奉批回。"花朝，二月十二日。此信当写于中旬。

复李朝斌① 光绪四年二月下旬②

捧诵赐书，惓惓于兵法部勒轮船，思以层层钤束，挽回风气，佩服岂有涯量？一船两管，惟上海为然，并非西法。当时似因熟驾驶者，多由引水及商船出身，无从与言营制；而谙纪律者，又不知驶船，是以两相通融，期于人材之易得。而十羊九牧，弊遂不可胜言。其实西人所谓船主，即中国之管带。所谓大副、二副、三副，即中国之帮带。上海所以参差者，在多一委员。台端设立管带，俾事权归一，可谓要言不烦。但管带必通晓风涛沙线，能看洋图，方不为大众所轻，可以令自己出。若暗中不免仰借他人，则仍恐有名无实也。经费有限，层折似不必太多。船主能约束其下者，即可升为管带，亦鼓励人才之一法。辛工改为口粮，告假限以时日，皆切当不易办法。海安裁勇百余，惠吉停驶，似驭远六月工竣可以招驶，否则恐船未出洋而先朽蠹也。惟其管带何人，望台端先留意焉。杨益富极当严办，以儆将来。

①李朝斌（？—1894）：字质堂，湖南善化人，江南水师提督。
②吴大廷逝世后，沈葆桢于光绪四年正月中旬奏请由李朝斌（质堂）接办外海水师。李朝斌向沈葆桢请教，沈以此函作复。此函辑入抄本光绪四年二月中旬复竹坡之后，三月初五日复黄质夫之前，当写于二月下旬。

复黄倬昭 光绪四年三月初五日①

幼莲来，读手教，并询悉买红缎，造油绵，席不暇暖，家居亦若是难也！崔、卢族望，倾心有素，其尚肯枉顾者，亦由爱屋及乌。抚甘棠而思召公，人情所不能自已者。

第过恃戚谊，实多辎亵，幸承再辱，敢不倒屣以赎前愆？缉臣言归，良由陟冈念切，若乃兄能为挈眷入川，俾联床作数夕话，则释然矣。霁亭收盘，大与不才乞骸相似。不才固不难自请，无恋恋之心也。少绂徘徊不出，致东山霖雨，倒灌故乡。其旧治望眼欲枯，莫得涓滴。何不鸣鼓驱之？浙中抚、藩都廉正，姚郎不患不出头，惟乃翁到享福时，未必能如前顽健耳。莹如与东道主万难浃洽，桐士重觅巢痕，似是蔗境。而以较海东，则必不相及。陶叟知者，似当不问家事，其世兄克家子也。院试在迩，试为拟戚友子弟可入彀者何人，以卜宗匠之眼力何如？弟咳喘稍减，脾泄如故。知念附陈。

①信称："幼莲来，读手教。"三月初五日给玮儿信也称："幼莲来，得汝手书。"幼莲同时将两信交沈葆桢，沈葆桢复信也当与复玮儿信同时。

复涂宗瀛　光绪四年三月中旬①

奉维扬赐札，知朝命速赴新任，窃为中州人距跃三百，相庆再生。二月不雨，徐海皆然。非但伊洛元气已复，砀山、铜山得雨，但未酣足，想河南当均沾也。而随车之霖，无待蓍龟，必如人望矣！部拨十万，似宜就近留作运费，运到便可接济粥厂。苏州近解赈余三万金，抵征万八千余金，金陵解米厘万金，均交张海仙观察处。顷洪琴翁来，请于军需再措万金汇扬，将来以米厘还款。此数项执事似可挈之以西，此后有可设法，惟力是视。彭城报灾黎入境者，已七千余人。想旌节过徐时，所见必倍蓰之。眼前虽极力搜罗，逾月即不知为继。霪雨不止，菜麦皆伤而螟孽不坏。东南饥馑荐臻，则全局何堪设想？安得回天手段，运大神力挹彼注兹，使两受其益乎！

①三月初旬，河南得雨。信称"朝命速赴新任"，"随车之霖，无待蓍龟"，此信当写于三月中旬。

复吴仲翔　光绪四年三月中旬①

读禊后手教，愧前此笺答，疏漏良多。管城子如数拜登，缘明珠投暗，大为抱屈，不忍提谢。大著则遵命付丙，不令流落人间。一笑来得十七帖招牌，如十三旦登场，帘开声沸，何幸如之！信局报寒舍寄有药丸，为洋扦手所攫，故花朝后家书渺然。有传奁具二十分讲究，并至申江定绣帐帷者，亦揣其为讹言。辱承提命，下私窃慰。惟豚犬性荡而懒，殊负同叔门楣耳。天定求退，与不才乞骸将毋同。若无所恋恋，青韠布袜，谁实禁之？船政之匠役兵勇，作大江南北亿万生灵观可也。大范去则小范来，何待旧令尹隔靴搔痒耶？小涛自有信来，并录示好博逊②《节略》，条理分明，迥非吾辈所及。晋、豫至今不雨，道殣以数十万计。江南好善举者，故视塔捐为极易事。有携之至此者，虽亲兵、厂徒亦摩拳擦掌不肯落人后。一愿仅百文，顷刻便足千串。杏孙欲以例吾闽，难矣！李质堂统领并无经费，吴桐云薪水百二十金，挪以与营务处。上海机器局仅总办得百五十金薪水也。已舟星命，当与鉴皋医学、清波堪舆鼎峙。然天机漏泄太尽，天亦有时，穷而思变。所以工夫胜管、郭，效验或差逊一筹欤。慈母三年立法之本意，所以恤孤劝厚。煌煌国制，载在会典，岂鄙人之言所足为轻重？深思远虑，可谓入木三分矣。

①禫后即三月三日后。吴仲翔信到南京当在中旬。此信当写于中旬。
②好博逊：英国人。光绪三年任淡水税务司，曾受聘基隆煤矿。

致潘霨　光绪四年三月中旬①

昨晤申季②，道垂念之笃，纫佩曷可名言？正拟敬布腹心，适阅邸抄，欣谂特旨晋权鄂抚，为江汉士女额手称庆者久之。恭维萱闱日永，芝陛恩酞。坐领兼圻，定符臆颂。淮扬以南，阴雨连旬，菜麦大伤，而螟螣如故。徐、海相去咫尺，已苦亢旱，旸雨之难调如此，何论晋、豫？中州赈款不继，劝灾民入皖，皖又不继，旁溢入徐。竭力慰留，日供两粥。下月费出何地，即未敢知。所望彼苍掬东南之霖，遍洒西北，庶有济乎！不然，虽千万帑金，未必足苏民困也！某某咳喘稍减，怯寒依然。炎夏瞬临，重裘犹恋。百举俱废，负三吴父老。为知己羞，连疏陈情，蒙中朝俯鉴微忱，许之瓜代。假满再申前请，当将旋归。知念附闻。颖叔侨居武昌，常相见否？屡许枉顾，而未践约。窃闻其闭户读书，孜孜汲汲，甚于槐黄时。何千秋万岁名，如是看不破耶？

①潘于光绪四年三月九日署湖北巡抚，沈得此消息当在中旬。
②申季：许肇基。

致谭钟麟① 光绪四年三月下旬②

彭城收恤灾民,百费苽筹,纫佩无量。迭奉大牍,知各属均获甘澍,旱麦稍苏,至以为慰。顷琴西方伯函报中州得雨,阎轩中丞深以耕种失时为虑,意欲徐州将流民资遣。果能一律举行,可谓两得其利。撤局后,地方官聚精会神以整顿本境,亦一乐也。但恐老弱或不愿遽归,局仍难撤。精壮得资遣后,或半途转徙,顾而之他。或去且复来,滋多流弊。隔数百里,殊难隃度。应恳执事,参酌时势,择利而行之。想阎帅过徐时,亦可与执事往复斟酌尽善也。健帅定于初六日受篆,谨以附闻。

①谭钟麟:字云觐,湖南茶陵人。官至两广总督。
②中州降雨在清明后,但奏报至京,在三月二十三日。沈葆桢得此消息,也不会早于此时。又称"健帅定于初六日受篆",指光绪四年四月六日吴元炳代理沈葆桢的两江总督。

复彭玉麟 光绪四年四月上旬①

奉三月六日教言,惊悉世兄病竟不起。以石郎中之孝谨,享贾太傅之年华,可胜惋惜!第人生如朝露,吾辈亦瞬当聚首泉台,齐彭殇非放诞也。只鸡絮酒,远莫致之,并寸香片楮,亦遵命不敢邮达。惟望善自排遣,葆潞国精神,上慰宵旰之忧,下减嫠孤之痛耳。江介一切静谧,衡永戒严。旌节似暂镇珂乡,俾人心有所据依,蠕蠕者不焚自灭,培元想亦难枯坐倚庐矣。中州清明后即得甘霖,德州初八九亦沾足,都门则十五、十八连沛大雨,山右虽未见报,彼苍定一视同仁。此间十六后始畅晴,菜、麦尚可得半。入夏景象,较春为佳。子健中丞今日自苏门登舟,初六受篆。某某暂于煦园落拓两月,假满谨再陈情。留固妨贤,去亦有余愧也。

①信称"都门则十五、十八连沛大雨",系在三月。又称:"子健中丞今日自苏门登舟,初六受篆。"则当写于四月上旬。

复沈桂芬 光绪四年四月上旬①

　　三复手教，意味深长。任事之难，数语尽之矣。然元老苦心，僚佐或不尽知，而天下苍生，则无不知之。盖仰思待旦之精诚入人痹痳也。都门叠获甘澍，晋豫亦一体均沾。郇伯之膏，胜于筹款千万。珂乡菜麦，为阴雨所伤，而蝻蟊不损。沿江千里，竭兵民之力，耗累万之费，而荒山无人迹之地，不可胜穷，蠕蠕者复出矣。贱躯入夏虽较冬春为胜，然尚拥羊裘对客，是官场中一怪物。但望海宇静谧，则假满再申前请，当蒙诏许放归。以颓唐病骨，壅塞贤路，大非所安，惟公谅之。

　　①信称："都门叠获甘澍，晋豫亦一体均沾。"北京于三月十五、十六得雨，与四月初旬《复彭玉麟》函内容大体相同。此信当写于四月初旬。

致林拱枢 光绪四年四月初六日①

　　为病魔所窘，久未作书。闻流亡充塞都门，图不胜绘，想青骢遍询疾苦，备极贤劳。惟披星戴月余闲，仍须加意调摄，以慰使君活我之望。日来西北均得雨，五城米价，定当平减。此间自三月半开霁，麦尚可望得半。蝻复蠕蠕而动，未知天竟如何？郑氏家难，通天教主竟使一弟一甥来金陵递禀，可谓奇想天开。其费必出自子达，彼昏不知，奈之何哉！某某入夏较胜冬春，然尚披羊裘对客。今日交卸，喧嚣转甚，不识明日后能稍宽闲否也？闻故乡颇有蔗境，但看此月底、月初不患霪霖，则桑梓之福也。

　　①信称："今日交卸。"四月初六由吴元炳护理江督，此信当写于初六日。

复吴仲翔 光绪四年四月初六日①

奉三月二十手教，所以为鄙人长虑却顾者，无微不至，何爱我之深耶！鄙人向未从甲年筹乙年如何过法，饥食渴饮，于今五十九年矣！即以佣书论，别项生理，皆相倾相轧，独此事相得益彰。人家既有虞臣②、可庄墨迹，偏阙下走，虽无力亦典质以求全璧。连城之价，不召自来。皋比断不敢以末学比肩，而首蓿则何妨以王孙寄食。竿丝恐子孙效法，久已厉禁，而向荔丹、和卿③、质夫，略清宿负，尚可支撑数寒暑。况旧姻新特，如漆如胶，乌有坐视其尘甑者？穷官强富，太古有名言，敢料其两袖清风，一寒至此耶？霁亭事以是非言之，救焚拯溺，固当惟力是视。若谓被勒为不甘，不才对天发誓，愿世世［万］子孙无不被人勒捐，以为慷他人之慨之报。以利害言之，当初不下笔，虽阎罗王其如之何？落纸云烟，纵观音菩萨，无从解脱矣。至文经要煞便煞，何待解铃！质夫早屡信来询，若有所知，断不敢秘锦囊以待阁下。钜甥足已全愈，近归嫩弟督课，较见振作。弟本日作飞升诞，印绶解而诗场开。恐窘状无以慰亲家，拟携一妾数雏，买棹向西湖，寄居彭雪琴之退省庵，梅小岩给其薪米，俟儿辈能养再归，亲家以为何如？

①信称："弟本日作飞升诞，印绶解而诗场开。"在四月初六日。
②虞臣：即郑世恭。
③和卿：李肇梅，字和甫，福建福清人。官至麻城、蕲州知州。

致许钤身 光绪四年四月下旬①

承枉顾，以病弗获走候为歉。琛航麦已装毕，似毋庸再到上海，可以直驶天津。盖津门急需，其奉省接运杂粮，所短者非南米也。

①四月下旬《复吴仲翔》函："十一日仲弢来……在金陵三日，行矣。"仲弢至福州当在下旬，此信也当写于下旬。

复吴仲翔 光绪四年四月下旬①

十一日仲弢来,叠奉两教,知起居不适,至以为念。腰痛之疾,某某历历尝之,药饵都无急效,亦不至决裂,惟办公事甚不相宜耳。仲弢云:蚊子船上重下轻,在外海不无流弊,第可作炮台用。此语甚确。在金陵三日,行矣。四管带亦来,船则未来也。卸担后,复颠倒于公所最厌之事,虽欲掩之而不敢掩,约过节即猛省回头,去假期亦不过数日。近复操演联对,初写甚难看,渐近自然,想无碍大吉利市。因此二事,致裁答有稽,先自行检举,窃冀宽宥。

①十一日仲弢来,"在金陵三日,行矣",至福州当在下旬,此信当在同时。

复吴仲翔 光绪四年五月上旬①

读四月二十九日教言,知尊体霍然,而左颊未愈,已舟既知命,当向阎罗为阁下缓颊。惟腰硬则恐临十七帖时,泥比蒲翁之法,过用腰劲耳。令高祖坟既有住址及墓佃着落,过杭时自当效劳。但断梗飘萍,未卜竟谐所愿否?晋豫咸得透雨,惟牛种已空,复元须迟之又久。雨帅捐赈,不遗余力。我公及诸同事成人之美,沟瘠实受赐无量。春帅巡抚,必辞不脱,窃思借此推卸船政,岂不大佳事?鄙人非求避船政,未必羁此三年。坟可用价买来,筑室以奉板舆,万一有愿卖头者,亦必购之千金,以备甘旨。孝之时用大矣哉!清渠愤愤,安知不故为此态以愚阁下。第油岂不更难于煤,何以能欢天喜地也?吾乡已再罹水患,岂容三志(至)?以理揆之,天应不至如是之酷。大江南北,阜螽盈野,计日将飞,而江淮交涨,为蝗为雨,尚未决灾之何属。鄙人固知去有余辜,然不忍坐误大局。十三假满,再申前请矣!

①沈葆桢收到吴仲翔四月二十九日函,当在五月上旬,复信也当在上旬。

复刘子忱、少如① 光绪四年五月中旬②

得申江及福州两函，创巨痛深，令人不忍卒读。然灵輀安抵里门，此心亦可稍释矣。尊甫素喜宛在堂，暂厝其间，定惬吟风弄月之想。吾乡今年独无水患，亦足见桑梓受英灵之庇，靡有穷期。天下公是公非，与一时毁誉，两不相涉。尊甫至情至性，皦然天日，断不以蜚语而有所损，亦不以渝雪而有所加。贤昆玉恪守忠厚家风，交勖康济学问，以竟先人未竟之志，在天灵爽，有余快焉。流俗议论，如过眼云烟，何足措意。闻十一官痛后病甚，已全愈否？念念。中州饥继以疫，星使亦罹其厄，幸近日连得甘澍。涂朗轩抵任，赈务渐有规模，流入颍、亳、徐、宿者，渐次资遣归农。以告先灵，当少慰也。仆幸得卸担，决意雌伏，而江、淮交涨，高、宝岌岌可虞。蝗孽怒生，仅金陵一隅，日捕缴以数十万斤计。见此情状，遂不敢再申前请，定于十七日起而视事。儿辈归里，无人约束，殊切隐忧。幸接芳邻，乞晤时常提撕警觉之，俾颇循规矩，毋蹈覆辙。感甚！感甚！

①刘子忱、少如：刘冰如之子。刘冰如为河南布政使。按此信，冰如系卒于光绪四年三、四月间。

②信称："定于十七日起而视事。"即五月十七日销假回任。沈葆桢曾呈一疏，称所捕蝗虫日数十万斤。此信当在中旬。

致何璟 光绪四年五月中旬①

得家报，知榕垣自三月以来，雨旸时若，今年似可免水患。信哉，仁人之造福无涯也！江南麦秋，可六分有余，而米价迄未少减。江、淮交涨，里下河岌岌可虞。蝗孽怒生，金陵一隅，日捕缴以数十万斤计。弟幸得卸担，窃谓可以脱然，看此情状，竟不敢再申前请。然为水虑者望晴，为蝗虑者望雨，鄙人特心悸口噤，不知所为而已。晋豫告急之书，日再三至，转使运河抢险，费无所出。西北雨足矣，粮种尚可设法，牛则竟无可为力，复元未易言也。

①信称："江、淮交涨，里下河岌岌可虞。蝗孽怒生，金陵一隅日捕缴以数十万斤计。弟幸得卸担，窃谓可以脱然，看此情状，竟不敢再申前请。"与光绪四年五月中旬复刘子忱、少如的信内容相同。复信当在五月中旬。

复潘霨 光绪四年五月中旬①

另笺拳拳之意，溢乎楮墨，并荷赐之方剂，感刻至不可言。日前，洪琴西观察劝服玉屏风散，每晨钱许，似尚能受，亦缘天气暄暖之故。淮流盛涨，里下河一带，岌岌可虞。而蝗孽怒生，仅金陵一隅，日捕缴以数十万斤计。尚未长翅飞腾，业能开口啮草，验之令人心悸。弟见此情形，竟不敢再申前请。然蒿目视之，无能略展一筹。叨爱极挚，其何以教之？使勿贻误桑梓也。

①信称："仅金陵一隅，日捕缴以数十万斤计。"沈葆桢在光绪四年五月十七日上《洪泽湖水势并蝗孽各情形折》称："金陵各营所捕缴日已数十万斤，虽未长翅飞腾，业能开口啮草，验之令人寒心。"此函当写于中旬。

复梅启照 光绪四年五月中旬①

另笺拳拳之意，溢乎楮墨，感何可言？小元方伯，计当抵任，得此好帮手，为公喜而不寐矣！弟幸卸仔肩，分甘雌伏。乃淮流盛涨，里下河岌岌可危。蝗虫怒生，日捕缴以数十万斤计。看此情状，竟不敢再申前请。然蒿目视之，无能展一筹也，公其何以教之？弟近服玉屏风散，每晨二钱，尚能安受，亦缘天气暄暖之故，足慰注垂。

①与前一函内容相同，当在同时。

致黎兆棠　光绪四年五月中旬①

闻奉命陈枲，喜甚。从此问闾阎疾苦，行吾素志，不复闻异类不及耳之谈矣。比读手书，以晋捐致拳拳。姚君来时，适以医药谢客，迨能往拜，则姚君已赴申江矣。江南好义者多，捐似易举。然筹至再四，心余于力，亦断不能丰。望西北从此旸雨应时，元气渐复耳！淮流盛涨，里下河岌岌可虞。而蝗蟓怒生，金陵一隅，日捕缴以数十万斤计。弟仔肩幸卸，分甘雌伏。见此情状，竟不敢再申前请。然蒿目视之，莫能略展一筹。挚爱如公，何以教之？

①信称："里下河岌岌可虞。而蝗蟓怒生，金陵一隅，日捕缴以数十万斤计。弟仔肩幸卸，分甘雌伏。见此情状，竟不敢再申前请。"与前信内容相同。当在同时。

复庞际云　光绪四年五月中旬①

淮流盛涨，为中州好消息，而运河则累年干涸，骤受之如常饥失饱，在在可虞。清江奇窘情形，不言而喻。此间悉索以供关、陇，又悉索以济晋、豫，更无他款可筹。尊处如有抢险急需，乞商质帅暂向海（淮）分司提用，俾河工、民田两受其赐。虽存款无多，数千金谅能应手也。幸日来江水陡落，淮得出路，稍可放心。而蝗蟓怒生，见之令人心悸。本月十一日，仅合字四营，报缴小蝗三十余万，余者可想。尚未长翅横飞，却已开口啮草。纵江淮顺轨，里下河之稻，讵足恃乎？除莠所以安良，质帅指挥，定与卓见若合符节。卫滩闻公来便效顺，可见人心亦非尽无良也。

①信称："本月十一日，仅合字四营，报缴小蝗三十余万，余者可想。尚未长翅横飞，却已开口啮草。"本月十一日，即五月十一日，此信当在中旬。

复程桓生 光绪四年五月十四日①

读另笺及抄件,义正而词婉。良工心苦,钦佩奚如?中州得鼎力助赈,全活甚众。得雨后,虽元气未易遽复,然较易于山右。此间淮水盛涨,里下河岌岌可虑。小蝗遍野,日捕送数十万斤。未长翅飞腾,已开口啮草,验之心悸。见此情景,不敢不勉强销假。然无术以挽之,奈何!奈何!德安销市渐旺,具征疏导之效。西皖两岸,亦有起色,或者淮纲否极泰来欤?场商请援筱帅之奏,添运分销。如主人肯持公道,事尚可行。昨健帅俯商,弟请由贵局斟酌,所见较亲切也。再请勋安!葆桢又顿首。五月十四日②。

①信称:"小蝗遍野,日捕送数十万斤。未长翅飞腾,已开口啮草,验之心悸。见此情景,不敢不勉强销假。"沈葆桢于五月十七日视事,可知此信写于中旬。
②据原信落款。原信存南京太平天国博物馆。

复张斯桂① 光绪四年五月十六日②

幸与公共事,阅几寒暑矣!非但鄙人极佩曲江风度,即同厂员绅亦毫无间言。今居东而所见不甚相符,定知非公之过。第人到晨夕聚处,虽兄弟夫妇,是非岂能绝无参差。但能多言情,少说理,纵极纠纷事,顷刻亦雪消冰释矣。时艰至此,忍辱负重,两宫且有说不出苦处,况在吾辈。郭、刘二使,一形诸奏牍,一分咨各路。无论孰非孰是,朝廷视之,均于国体不无少妨。知公断不出此。然三年一弹指间耳,何可言退。弟仔肩幸释,决意长往,再吁开缺之疏,已将拜行。读公致幼莲书,汗流浃背,立焚疏草,不敢逆忠言也,此意或为公所鉴谅乎?明晨视事,草草作此。

①张斯桂:字鲁生,时任驻日副使。
②沈葆桢在五月中旬致刘少如、刘子恂信中言及十七日起而视事。信称"明晨视事",当写于十六日。

复彭玉麟 光绪四年五月十七日①

读荆河口赐书，并寄示世兄墓志，敦朴真挚，当与《祭十二郎文》共垂不朽。孙枝竞秀，大足慰太夫人在天之灵，愿勿以往事为芥蒂也。次青慕计然之术，致疮痍满身。养勇五百名，倘亦势成骑虎，但不识其何以资给也？中州得雨，淮流骤涨。清江以下，狃于累年干涸，致险工林立，里下河在在可虞。蝗孽怒生，尚未长翅飞腾，业能开口啮草，验之令人心悸。金陵一席之地，各营捕缴，日数十万斤计。看此情形，竟不敢言去，已于本日强起视事。然束手蒿目，无如何也。

又：

另笺慷慨悲歌，令千古有心人大声长啸。然不如此无以成一治一乱世界，苍苍者亦以不了了之。我公擎天一柱，宜努力自爱。裴晋公、司马温公健在，虽薰莸杂进，人心尚有所系属，亦足见天心矣。

①信称："已于本日强起视事。"即五月十七日。

复林天龄① 光绪四年五月十七日②

读另笺，知将遵海溯淮，百凡安善。文星所照，欣欣向荣。实夫办事实心，谨已登诸荐剡。沭阳贫瘠，然岁幸再熟，似尚足勉强敷衍。弟颇愿以久任竟其施为，不欲以调剂纷其志趣。桐乡、朱邑，当无澹泊之嫌也。淮流盛涨，里下河岌岌可虞。蝗孽怒生，未展翅，先开口，金陵一角，日捕缴以数十万斤计，凶焰不为少杀。看此情况，竟不敢再申前请，已遵命于本日强起视事。弟因蒿目而大负夙愿，终复束手而莫展一筹。挚爱如公，其何以教之？

①林天龄：字锡三，又字受恒，福建长乐人。咸丰十年进士，曾在松江书院掌教，后任江苏学政。光绪四年十月卒于任。

②信称"已遵命于本日强起视事"，即五月十七日。

复林寿图① 光绪四年五月十七日②

奉四月两教,辱蒙垂注无量,舍吟风弄月而寻绎《论语》,顾亭林所谓不作无关系文字者耶?孝凤③主持公道,百费苦心。转结疑团,殊难索解。津门积粮颇富,无术转运入山。九帅告急之书,日竟三至。燕民则环跪道左,求免馈粮之役。雨足矣,而饥者不能以为食,奈何!奈何!此间淮流盛涨,运河狃于累年干涸,如常饥失饱,致险工林立,防不胜防。蝗蟊怒生,未展翅,先开口,金陵一角,日捕缴以数十万斤计,凶焰不为少杀。某某看此情状,竟不敢再申前请,已于本日复起视事。然蒿目束手,无如何也。郑氏家事,近日乡书无提及者,殆同归于尽而后已欤?旧债减轻,为公差慰。第日用所需,出于何地?不胜驰念。

①抄本标题为《复前任山西藩台》。前任山西藩台:指林寿图。林于光绪三年八月被参革。
②信称"已于本日复起视事",即五月十七日。
③孝凤:王家璧,字孝凤,湖北武昌人。道光进士。大理寺卿。光绪三年为奉天学政。

致文彬 光绪四年五月中旬①

为病魔所窘,久疏音敬,罪甚!罪甚!迩维起居曼福,诸叶颂私。前得省三观察来函,以淮流骤涨,里下河岌岌可虞。弟嘱其如有险工,应禀商台端,暂向淮分司提用。虽存款无多,数千金谅能应手也。沿江千里,蝗蟊怒生。金陵一隅,日捕至数十万斤,其焰迄未少减。未展翅,先开口,验之令人心悸。弟幸得卸担,分甘雌伏。而看此情状,竟不敢再申前请,已于十七日强起视事。然蒿目束手,仍莫展一筹。挚爱如公,其何以教之?

①光绪四年五月下旬沈葆桢《复文彬》信称:"五月中浣,肃拜寸笺,计邀青览。"即指此信。

致涂宗瀛 光绪四年五月中旬①

闻中州疫气颇重，得雨后能消释否？至以为念。辖境盐卡，健帅极言其为土棍所私设，非但商苦之，民亦苦之。然城狐社鼠，根蒂殊深，必执事大声疾呼，方足决其壅蔽。淮流盛涨，清江以下，狃于连年干涸，如常饥失饱，险工林立，里下河岌岌可虞。蝗孽怒生，金陵一隅，日捕缴以数十万斤计，未展翅，先开口，验之令人心悸。弟见此情状，竟不敢复申前请，已于十七日强起视事。然蒿目束手，莫展一筹也。挚爱如公，何以教之？天暑渐酷，荩勩之余，加意珍重。

①信称："日捕缴以数十万斤计，未展翅，先开口，验之令人心悸。弟见此情状，竟不敢复申前请，已于十七日强起视事。"此信当写于中旬。

致林拱枢 光绪四年五月二十二日①

得福州信，听孙三哥竟于端六捐馆②，闻之一恸。三哥居心极厚，以敦尚勤俭，不为俗见所喜。脱离尘网，未尝不羡其得所。然中年而后，何堪日见少于我者日舍我去耶？回忆二姊，益愀然无以为情。棣台兄弟姊妹尽矣，闻此必不胜痛。然宜强自排遣，为先德珍惜此身，无过伤悼，是所至祷。桢为蝗孽怒生，竟不敢再申前请，已于十七日强起视事。然蒿目束手，竟莫展一筹，棣台何以教之？京纹二百，伏乞哂存。

①沈葆桢在五月下旬《致林拱枢》信称："五月念二日闻三哥之变。"此信当在此时复。

②林聪彝（听孙）卒于光绪四年五月初六日。

致吴元炳 光绪四年五月下旬①

匆匆揖别,怅怅至今。比闻安抵苏门,允升吉座。伏维侍奉曼福,备叶颂私。蝗孽怒生,沿江所捕缴日数十万斤,焰不少减,日来已长翅飞腾,又不知蔓延何所底止?芝田诸君召见后,尚未见明文。宋长庆军门以五月十六日捐馆于闽,又丧一宿将矣。徐州道以世香观察请补,已函告质夫漕帅,并饬承具稿,得清淮复书即拜发。贱体依然畏冷,晨起尚着薄棉,惟眠食差胜,知念附陈。

又再,世香观察清风亮节,弟素所钦佩,惟前此稍有沾染嗜好之名。今春自苏门来,神采焕发,大异从前。知亲炙于大君子,遂成完璧也。幸致意世翁,坚持此念,勿再坠其中,则国家永获得人之庆矣!

① 沈葆桢得五月十六日宋长庆死讯,当在下旬。

复文彬 光绪四年五月下旬①

五月中浣,肃玬寸笺,计邀青览。伏维起居曼福,至以为颂。连日邕晴,淮流当能顺轨。而蝗孽捕不胜捕,日内业已飞腾,望之心悸。徐州道一席,甚难其人。健帅谓薛世香资格最深,操守亦好。嘱商诸台端,伏乞斟酌示复是祷。晋、豫得雨后,催饷之文愈急,殊苦无以应之。闻西城又有续借洋款之议,奈何!奈何!

① 沈葆桢于五月下旬《致吴元炳》信称:"徐州道以世香观察请补,已函告质夫漕帅。"即指此信,当写于下旬。

复吴仲翔 光绪四年五月下旬①

奉五月十三日手教，知眠食尚未复元，至以为念。春帅辞让开府之表，婉曲详尽，极好手笔。惟朝廷方重疆寄，未必见许耳。旗昌款已还清，收单无关紧要。筠轩邀春帅如此青眼，仍念念在淮，或者其伯叔曾任封疆，有故吏作都转耶？柴干米尽，处处皆然，岂但船政。何小帅从前将已入库之台湾经费解还北洋，今复奏索，殆亦万不得已欤？吾乡竟免水患，真足额庆。此间则遍地蝗孽，捕者自捕，飞者自飞，其害不知伊于胡底？我公苦莫从解脱，鄙人又恋恋栈豆矣！命书楹对二副，收到时，合而为一，揭之不起，信阁下与春帅水乳之深也，只得由一笑来老板照样代备鸦涂奉缴。纸价与写工不能不索，惟字太不好，殊赧于开口耳。闻宋长庆捐馆，为之恻然。小帅其悔调此军也，弟心不免耿耿矣。打官司非吾辈所长，一入舐笱，不苦死，亦气死。来信未必全无影响，然诸生之不尽足恃，亦公所素知也。万一有真赃实据，只得原信密呈主人翁，一切听所自为，禀揭非法也。日来东西洋使者刀枪剑戟，无数笑柄。然闹者自闹，无人为理曲直，如子达兄弟自起自灭耳。我公其深长思之。

① 此函所谈蝗虫情形及宋长庆死讯，与前几函相同，应写于下旬。

复彭玉麟 光绪四年五月下旬①

五月中浣，肃狃寸笺，计邀青睐。比奉五月初十日赐札，就审星槎载福，校阅已及巴河，至以为慰。此间蝗已傅翼，天又不雨，岁事不堪设想。望旌节早到，一洒东山之霖耳。

又，密示关爱之切，迥异寻常。刻骨铭心，永志不朽。惟请补之疏，三月已上，悔弗可追。以后当徐察其办事如何，并能改其故习否而进退之。彭城一席，竟不能以序初请补，盖近日铨政，甚以疆吏揽权为患。稍碍资格，虽唇焦舌敝，亦不见许。如州县缺为银捐所占，瞪目视之而无如何也。宋长庆以五月十六日捐馆于闽，宿将凋零，想我公闻之为一恸也。

① 此信写于得悉宋长庆死后，当在下旬。

致林拱枢 光绪四年五月下旬①

五月念二日闻三哥之变，以寸笺奉慰起居。贡差珊珊来迟，计尚未邀青睐也。迩维为霖之后，资遣安插，备极荩勤，至以为念。弥勒泮捷，足慰其嗣母苦节，惜不令其本生祖见之耳！福州雨旸时若，今年得免大水，诚属万幸。河局诸君，对父老有德色矣。此地蝗焰张甚，捕者自捕，飞者自飞，不知所以为计。向者甚虑淮溢，今则又旱象。闻都下以星变颇起讹言，然雨旸时若，即嘉瑞也。

①信称："五月念二日闻三哥之变，以寸笺奉慰起居。"此信当写于五月二十二日以后。

复吴元炳 光绪四年六月上旬①

蝗孽渐稀，盖受捕者居其七，飞去居其三。闻和州一带，禾已被伤，不知能否补种？飞者多向北，徐、海又大可虑。世香请补徐道，初六已发折。蔫人如无他故，自当借收驾轻就熟之效。即徐大曾一案，亦一气呵成，省无数株累也。

①信称："世香请补徐道，初六已发折。"此信当写于六月初六日以后。

复黄倬昭 光绪四年六月上旬①

得竹醉日赐书，知令侄一鸣惊人，至以为喜。非但其母苦节之报，亦父未竟之绪也。因愧而购《说文》，鲁阳之戈，未卜果能回日否？其志正自可嘉，毋亦致用山长所教耶？庸滑臭烂，诚不可向迩。第同辈并庸滑臭烂无之，则庸滑臭烂者颖脱而出矣。再经挫折，可激厉成材。颂祷之词，洵属美善。抑知能乐其乐者，得过且过，心气和平，虽百折漠然无以动于中，似卓见未必尽合。大抵读书全靠读出来，铢积寸累，毫无捷径,非玩愒者所能剽窃,亦非数日发愤便有成效也。鄙人簿书鞅掌,然稍闲亦温习旧书,盖非是无以度日矣。

①竹醉日,指五月十三日。黄信到南京约七、八日,此信应在六月上旬复。

复裕禄　光绪四年六月上旬①

另笺极佩慎重关权地方之意,奉谕查复,更不能不据实上陈。成、陈二君递署,鉴空衡平,极为允当。

①抄本将此函辑入六月初旬《复黄倬昭》信之后,亦当在六月上旬。

复文彬　光绪四年六月上旬①

捧诵环云,就谂露冕宣勤,河流顺轨,至以为慰。惟眠食曼福,珍卫有加,下私虔祷。徐州道已以世香请补,张镇军亦遵命饬即回任。日来江流盛涨,未知淮水如何?蝗蝻捕者自捕,飞者自飞,日来缴者渐稀,尚虑有续出者。得雨不透,山田望泽孔殷。今日蕙坛,明日步祷,幸叨福芘(庇),速沛甘霖,三(山)农庶相庆耳!

①信称:"蝗蝻捕者自捕,飞者自飞,日来缴者渐稀。"与六月初《致吴元炳》信内容相同,当在同时。

复曾宪义①　光绪四年六月上旬②

得三月所发手书,六月方到。甚矣!邮传之难也。藉谂萱闱偶尔违和,旋即康复。生男业将弥月,德门辑祜,欣忭何如?楷法家学渊源,不愧国朝羲献。金门射策,拭目俟之。

①曾宪义：字质臣，古田庠生。沈葆桢第四女婿。
②曾宪义三月的信，沈葆桢于六月才收到，复信应在上旬。

复梅启照　光绪四年六月上旬①

奉五月念三日手教，辱荷拳拳垂注，感何可言？玉屏风散内本有于术，以后当重用之。迩来惟眠食曼福，眼疾全愈否？至以为念。沿江、沿海千有余里，蝗孽怒生，捕者自捕，飞者自飞，令人心悸。江流盛涨，而山农望雨甚切。日内正设坛步祷，幸叨福芘（庇），速沛甘霖，旧治庶有赖乎！某某依然恋栈，回任后仍莫展一筹，可谓进退无据。惟大君子教之，使有以收桑榆，幸甚！幸甚！

①信称："奉五月念三日手教。"又称："蝗孽怒生，捕者自捕，飞者自飞，令人心悸。"与五月下旬《致林拱枢》信语多相同。当复于六月初。

致何璟　光绪四年六月中旬①

久疏音敬，惟起居曼福，至以为颂。榕城今年竟免水患，知绸缪未雨，有以上格苍穹也。亲戴骈幪者，感何似矣！得罗协戎报，知长庆军门竟一病不起，为之一恸。霆军将领，骁勇者多，如长庆之廉平者不数数觏。闻其眷属归计颇窘，想我公必为设法。惟长庆久历行阵，战绩卓然，可否为奏请优恤，俾各营有所观感，伏候鸿裁。此间蝗孽怒生，沿江千余里，蚁屯蜂起。金陵一角，日捕缴以数十万斤计。然捕者自捕，飞者自飞，凶焰不为少熄。幸求雨得雨，以后未审能扑灭否？弟驽骀恋栈，受事又将经月，依然莫展一筹。爱我如公，何以教之？

①信称："弟驽骀恋栈，受事又将经月。"五月十七日起视事，将经月，当在六月中旬。

径,非玩愒者所能剽窃,亦非数日发愤便有成效也。鄙人簿书鞅掌,然稍闲亦温习旧书,盖非是无以度日矣。

①竹醉日,指五月十三日。黄信到南京约七、八日,此信应在六月上旬复。

复裕禄　光绪四年六月上旬①

另笺极佩慎重关权地方之意,奉谕查复,更不能不据实上陈。成、陈二君递署,鉴空衡平,极为允当。

①抄本将此函辑入六月初旬《复黄倬昭》信之后,亦当在六月上旬。

复文彬　光绪四年六月上旬①

捧诵环云,就谂露冕宣勤,河流顺轨,至以为慰。惟眠食曼福,珍卫有加,下私虔祷。徐州道已以世香请补,张镇军亦遵命饬即回任。日来江流盛涨,未知淮水如何?蝗蝻捕者自捕,飞者自飞,日来缴者渐稀,尚虑有续出者。得雨不透,山田望泽孔殷。今日薰坛,明日步祷,幸叨福芘(庇),速沛甘霖,三(山)农庶相庆耳!

①信称:"蝗蝻捕者自捕,飞者自飞,日来缴者渐稀。"与六月初《致吴元炳》信内容相同,当在同时。

复曾宪义①　光绪四年六月上旬②

得三月所发手书,六月方到。甚矣!邮传之难也。藉谂萱闱偶尔违和,旋即康复。生男业将弥月,德门辑祜,欣忭何如?楷法家学渊源,不愧国朝羲献。金门射策,拭目俟之。

①曾宪义：字质臣，古田庠生。沈葆桢第四女婿。

②曾宪义三月的信，沈葆桢于六月才收到，复信应在上旬。

复梅启照　光绪四年六月上旬①

奉五月念三日手教，辱荷拳拳垂注，感何可言？玉屏风散内本有于术，以后当重用之。迩来惟眠食曼福，眼疾全愈否？至以为念。沿江、沿海千有余里，蝗孽怒生，捕者自捕，飞者自飞，令人心悸。江流盛涨，而山农望雨甚切。日内正设坛步祷，幸叨福芘（庇），速沛甘霖，旧治庶有赖乎！某某依然恋栈，回任后仍莫展一筹，可谓进退无据。惟大君子教之，使有以收桑榆，幸甚！幸甚！

①信称："奉五月念三日手教。"又称："蝗孽怒生，捕者自捕，飞者自飞，令人心悸。"与五月下旬《致林拱枢》信语多相同。当复于六月初。

致何璟　光绪四年六月中旬①

久疏音敬，惟起居曼福，至以为颂。榕城今年竟免水患，知绸缪未雨，有以上格苍穹也。亲戴絣襮者，感何似矣！得罗协戎报，知长庆军门竟一病不起，为之一恸。霆军将领，骁勇者多，如长庆之廉平者不数数觏。闻其眷属归计颇窘，想我公必为设法。惟长庆久历行阵，战绩卓然，可否为奏请优恤，俾各营有所观感，伏候鸿裁。此间蝗孽怒生，沿江千余里，蚁屯蜂起。金陵一角，日捕缴以数十万斤计。然捕者自捕，飞者自飞，凶焰不为少熄。幸求雨得雨，以后未审能扑灭否？弟驽骀恋栈，受事又将经月，依然莫展一筹。爱我如公，何以教之？

①信称："弟驽骀恋栈，受事又将经月。"五月十七日起视事，将经月，当在六月中旬。

①信称："江、淮交涨，里下河岌岌可虞。蝗孽怒生，金陵一隅日捕缴以数十万斤计。弟幸得卸担，窃谓可以脱然，看此情状，竟不敢再申前请。"与光绪四年五月中旬复刘子忱、少如的信内容相同。复信当在五月中旬。

复潘霨 光绪四年五月中旬①

另笺拳拳之意，溢乎楮墨，并荷赐之方剂，感刻至不可言。日前，洪琴西观察劝服玉屏风散，每晨钱许，似尚能受，亦缘天气暄暖之故。淮流盛涨，里下河一带，岌岌可虞。而蝗孽怒生，仅金陵一隅，日捕缴以数十万斤计。尚未长翅飞腾，业能开口啮草，验之令人心悸。弟见此情形，竟不敢再申前请。然蒿目视之，无能略展一筹。叨爱极挚，其何以教之？使勿贻误桑梓也。

①信称："仅金陵一隅，日捕缴以数十万斤计。"沈葆桢在光绪四年五月十七日上《洪泽湖水势并蝗孽各情形折》称："金陵各营所捕缴日已数十万斤，虽未长翅飞腾，业能开口啮草，验之令人寒心。"此函当写于中旬。

复梅启照 光绪四年五月中旬①

另笺拳拳之意，溢乎楮墨，感何可言？小元方伯，计当抵任，得此好帮手，为公喜而不寐矣！弟幸卸仔肩，分甘雌伏。乃淮流盛涨，里下河岌岌可危。蝗虫怒生，日捕缴以数十万斤计。看此情状，竟不敢再申前请。然蒿目视之，无能展一筹也，公其何以教之？弟近服玉屏风散，每晨二钱，尚能安受，亦缘天气暄暖之故，足慰注垂。

①与前一函内容相同，当在同时。

复刘子忱、少如① 光绪四年五月中旬②

得申江及福州两函，创巨痛深，令人不忍卒读。然灵輀安抵里门，此心亦可稍释矣。尊甫素喜宛在堂，暂厝其间，定惬吟风弄月之想。吾乡今年独无水患，亦足见桑梓受英灵之庇，靡有穷期。天下公是公非，与一时毁誉，两不相涉。尊甫至情至性，皦然天日，断不以蜚语而有所损，亦不以湔雪而有所加。贤昆玉恪守忠厚家风，交勖康济学问，以竟先人未竟之志，在天灵爽，有余快焉。流俗议论，如过眼云烟，何足措意。闻十一官痛后病甚，已全愈否？念念。中州饥继以疫，星使亦罹其厄，幸近日连得甘澍。涂朗轩抵任，赈务渐有规模，流入颍、亳、徐、宿者，渐次资遣归农。以告先灵，当少慰也。仆幸得卸担，决意雌伏，而江、淮交涨，高、宝岌岌可虞。蝗孽怒生，仅金陵一隅，日捕缴以数十万斤计。见此情状，遂不敢再申前请，定于十七日起而视事。儿辈归里，无人约束，殊切隐忧。幸接芳邻，乞晤时常提撕警觉之，俾颇循规矩，毋蹈覆辙。感甚！感甚！

①刘子忱、少如：刘冰如之子。刘冰如为河南布政使。按此信，冰如系卒于光绪四年三、四月间。

②信称："定于十七日起而视事。"即五月十七日销假回任。沈葆桢曾呈一疏，称所捕蝗虫日数十万斤。此信当在中旬。

致何璟 光绪四年五月中旬①

得家报，知榕垣自三月以来，雨旸时若，今年似可免水患。信哉，仁人之造福无涯也！江南麦秋，可六分有余，而米价迄未少减。江、淮交涨，里下河岌岌可虞。蝗孽怒生，金陵一隅，日捕缴以数十万斤计。弟幸得卸担，窃谓可以脱然，看此情状，竟不敢再申前请。然为水虑者望晴，为蝗虑者望雨，鄙人特心悸口噤，不知所为而已。晋豫告急之书，日再三至，转使运河抢险，费无所出。西北雨足矣，粮种尚可设法，牛则竟无可为力，复元未易言也。

复吴仲翔　光绪四年六月中旬①

奉五月念六日手教，敬悉种种。老骥恋栈，美其名曰大云复出，益颜汗矣！诸公子在署并未读书，家居酒食、游戏相征逐，致有深意。其父误国殃民，愆尤丛积，诸公子借此为稍除罪孽，亦仁人孝子之苦心欤！果能解组径去，父子牛衣对泣，相依为命，或者尚有心回意转之一日。今既为衣食计，复欲为书香计，揆诸人情天理，其谓之何？公子书味淡而名心则浓，瞬即童试，瞬又乡试，仆仆道途，更属无谓。公许相助为理，感刻深入骨髓。敢恳销案竣后，设绛寒舍，月奉馆修百金。倘厌斋政之繁，则改削讲说仍归锡九②，公只督其坐功。但愿从此稍知人理，固不必汲汲禀见也。公其许之否？人虽至愚，未有不望其子之读书者。然有命焉，不可幸而致也；亦有阴德焉，非可力征经营也。平生无一事敢窥古人，惟子息宫则仿佛郭汾阳。数既相当，材亦相埒。自诸公子归后，两女公子忽有志于书，晓日初升，即书声琅琅，此固鄙人一生未历之境，亦足弥补缺憾矣！承嘱为宋军门计，极纫云天高谊。兹闻其噩耗③，已令舍间送祭幛一幅，奠敬百元。谨遵命函恳小帅为筹后事，兼请恤典。朱云甫一席，殷受命咸宜，并未闻流及太岳之允。人人以为相公爱我，然有待也。此间不足于雨，尚望马江余沥，润我涸辙。晨夕步祷，得涓滴而无济。

①吴信当于六月初收到。中旬复信。
②锡九：福建长乐人，光绪举人，受沈葆桢之聘，讲学扬州书院十余年。沈葆桢诸子的老师。
③宋长庆于光绪四年五月十六日去世。

复姚蔚皋　光绪四年六月中旬①

得手教，知尊况窘甚，欣幸之至，无所谓眉皱也。天将降大福于是人，固当饿其体肤，愈饿愈健，何靳焉？此时以重利举债，是寻常事，乞多借些，将从前渔数付下，虽乡会加一，毋虑也。

①抄本将此函辑入六月中旬《复吴仲翔》信之后，当亦在六月中旬。

致李鸿章 光绪四年六月下旬①

为病魔所苦，久疏音敬。迩维指挥如意，眠食胜常，至以为祝。读大咨，郑玉轩留津襄赞，知人善任，钦佩奚如。玉轩久困盐车，从兹得展骥足，大可为贤士同声一快。惟上海机器局责任綦重，从前玉轩北上，仓卒不及奉商，今玉轩既荷奏留，则代者须为久计。暂委之蔡倅汇沧，能胜任与否，殊未易知。敢恳我公于夹袋中，筹一全才，俾南北洋均受其益，不胜厚幸。此间雨泽并不甚缺，江淮交涨，而蝗焰不为少减，沿江千余里几无隙地。捕者自捕，飞者自飞，见之令人心悸。晚驽骀恋栈，病体并未全瘳。徒切焦思，依然束手。挚爱如公，且关系桑梓利病，其何以教之？

①信称："蝗焰不为少减，沿江千余里几无隙地，捕者自捕，飞者自飞。"当复于六月下旬。

复程桓生 光绪四年六月下旬①

奉六月二日手教，明白简要，如指其掌。老成之见，不随俗为转移，所谓度不中不发，发即应弦而倒者，佩慰岂有涯量？伏维起居万福。江、皖销引稍邕，实缘闽、浙暂时阙产故，则亦非可久恃者。惟愿场运各商，极力讲求盐色，俾销局可借手招徕。切实自治，较仰面求人，或微有把握欤？金陵捕蝗，以斤数计，殆过千万。而捕者自捕，飞者自飞，焰不少减。因蝗求雨，乃得雨，本日复牌示求晴。盖蝗未灭，而圩田则岌岌不可终日。江、淮交涨，里下河民不安寝矣！售价引加一钱，而德新仍旧。我公操纵张弛之苦心，不溢一黍。所望天心仁爱，民和年丰，销数亦自当起色。弟驽骀恋栈，焦心日甚，束手依然。虽贱躯暂可支持，转瞬秋风又到矣！挚爱如公，何以教之？

①信称"捕者自捕，飞者自飞"，又称："因蝗求雨，乃得雨，本日复牌示求晴。"此信应在下旬。

复庞际云 光绪四年六月下旬①

奉五月念四日手教，知起居偶尔违和，至以为念。承示天下事不办则若无事，愈办转见多事。旨哉言乎！然则上享无事之福，下以多事为忧，逮火发于积薪之日，事不可为矣！亲往审办，百姓受无穷之赐，案且易结。但劳勋太甚，不敢以请耳。古大臣匪躬之义，何以加兹？第为民驰驱，兼须斟酌缓急，珍慎国家有用之身，至祷！至祷！黄忠蕾京控一案，前不知其刁狡至此，故札府提讯，今改归贵衙门矣。此地始苦旱，继苦蝗，今乃苦雨，本日设坛祈晴矣。月初水势稍缓，迩来又江、淮交涨，里下河保得住否？甚为悬悬。此后如蒙手札，乞用行草。不多费时刻，且能详尽。弟前在曾文正公麾下，有所陈请，从未作过楷书，非示脱略，以求速也。

①信称："月初水势稍缓，迩来又江、淮交涨。"又称："此地始苦旱，继苦蝗，今乃苦雨，本日设坛祈晴矣。"此信当在下旬。

复何廷谦① 光绪四年六月下旬②

另笺垂注拳拳，感深次骨。驽骀恋栈，莫展一筹。纵极焦心，依然束手。珂乡麦秋，尚得中稔，而沿江各郡，蝗焰孔炽。昨颇忧旱，近忽苦雨。天固难尽如人意，民则实无以为生。公其何以启颛蒙而福桑梓也？

①何廷谦：字地山，安徽定远人。工部左侍郎。
②信称："昨颇忧旱，近忽苦雨。"与《复庞际云》信应在同时。

复潘霨 光绪四年六月下旬①

　　奉初二日手教，辱蒙垂注逾恒，并荷赐以医学金针，寿世活人，特标宗旨，不啻予迷途以津梁也！金陵所捕蝗蝻至六百余万斤。始苦旱，继复苦雨。江、淮交涨，里下河岌岌可虞。滨江、滨圩田间被淹没，然蝗焰自是稍熄矣。各省助晋、豫灾赈，可谓不遗余力，江南则尤不量力。好义固可嘉，内顾又可惧也！人员拥挤，到处皆然。黔省方奏准捐，到如此之轻便，部中亦恐无可融消。即分发暂停，未必遽见疏通景象。为贫而仕，为仕而愈贫，此痼疾则扁鹊无如何矣！弟不饮酒，限于天分，玉屏风散调开水服之，然稍劳动则喘如故。衰躯恋栈，负国负民，虽日夜焦思，足自赎耶？谦柬万不敢当，如蒙不弃，幸勿再施。

　　①信称："始苦旱，继复苦雨。"复信当在下旬。

复吴仲翔 光绪四年六月下旬①

　　奉十八日手教，知梅耦楹帖，已邀青睐。雅谑本在意中，无所用其颜汗也。儿辈辱承谠论，感刻至不可言。第两害相形，则取其轻，在家恐荡检逾闲，在此则恐作奸犯科，非有万分为难者，不敢委隆谊于草莽也。论天道盛极必衰，况小人乘君子之器，尤理无久享。若世家子弟，均能向上，则寒畯何由崛起？论人事则造孽者固当见报，无所逃于天地之间。殃咎在躬，遑恤我后。舍间自内子亡后，无所谓家政，就令子弟日夕侍侧，如其身不正，虽令不从何？前谓得赋遂初，子弟少尝饥寒，贱躯与共笔砚，或可少有转机，今无望矣！少爷公案，层见叠出，去年李小湘子挂弹章，近日刘耘子又形奏牍，非必其子之不肖也，所处非其地也。冰如清风亮节，阁下所知也。其子少如并无外好，只因钱门较紧，招怨于仆辈。谣言四起，致其父子几无容身之地。近吴子健来绾督篆，有密报上海县少爷将山西赈款输去数万金，实则乘其父上省，随幕友去赌，互有胜负，赈捐并不存县署也。乃知汤文正②公因子买食一鸡，即勒令回籍。防微杜渐，非过刻矣！不才初莅任，李次青来视女，实则为索口岸而来，且贿桃桃以空头股，桃桃虽婉辞之，外间不以此为铁案耶？今年其子芝岑③有求不遂，至以死要我，至今谣诼未已。

世路之险，可以常理测耶？予以名师而不肯读，分以月费而不肯俭，子弟负我也。若强令处嫌疑之地，使抱不白之冤，则我负子弟矣。宁子弟负我，勿我负子弟。既此身不能干净矣，不愿更以后人为影射之的。生性好酣读，自咳疾甚，不能读而好听人读。从前儿辈在此，求书声殊不易得，今则足之所到，耳之所到，无往非书声。至幼莲之黄黄，嫩弟之张张，亦日诵《左氏》数百言。不才案牍劳形，焦心蒿目，无可奈何时，如饿鬼坐无闲地狱中，闻宣佛号，心为豁然。子弟事尚不敢干预，况馆甥耶？各行其是而已。晚稻较早稻耐旱，虽黄如焦麦，一雨便苏。我公此后担荷，益宜讲究"劳于求贤，逸于任人"八字。有求于人，必先下之。文案尤须好帮手，必事事自任，则事事自苦耳。

①吴仲翔六月十八日信由福建至南京，当在六月下旬，复信也当在此时。
②汤文正：汤斌（1627—1687），字孔伯，河南睢州人。顺治九年进士。历任江宁巡抚、礼部尚书、工部尚书，卒谥文正。
③芝苓：李次青之子。

复林鸿年　光绪四年六月下旬①

奉六月六日亥刻教言，炎暑灯前，书法如许工整。知精神纯固，如月眼光，断非时流所及。洛下耆英，关系国家元气，窃为天下苍生幸也。驽骀恋栈，美其名曰攀辕卧辙，颜汗益不可言。此间事并不烦，食亦不甚少。惟天良难昧，方寸中逃不了一愧字，不敢不供吐于长者之前。箴言十六字，极当镌诸肺腑。惟下等人同上等人说法，求入焉而不得其门，徒踯躅观望而已。金陵一春苦雨，入夏苦旱。蝗蝻怒生，沿江千里，几无隙地。六月则连朝骤雨，江、淮交涨，圩堤在在可危，然蝗焰稍减矣！未出土之蝻子，挖缴二百余万斤，已成形之蝗，扑捕千余万斤，而飞腾而去者，尚不可以数计。吁，可畏哉！信州蛟灾，漂没庐舍甚剧。吾闽竟免斯厄，河局诸君子明德远矣！思荔枝不得食，西瓜则遵老前辈教训不敢食，枵腹以望乡井，能勿黯然！

①信称"信州蛟灾，漂没庐舍甚剧"，时在五月下旬。又称："六月则连朝骤雨，江、淮交涨，圩堤在在可危，然蝗焰稍减矣！未出土之蝻子，挖缴二百余万斤，已成形之蝗，扑捕千余万斤，而飞腾而去者，尚不可以数计。吁，可畏哉！"当是六月下旬情形。

复吴仲翔　光绪四年七月上旬①

奉六月二十三日教言，所以爱之者至矣，而未知其心也。子诚当教，教诚多术，如牴（舐）犊者不胜为父之职何！不能剖腹示人，多费笔墨何益？辱拳拳之意，姑召瀛儿夫妇北来，有便轮固好，否则，即搭商轮。所费并不甚巨，过此则秋风太猛，颇非所宜。第荒嬉则与福州一例，终于辜负一片婆心，所望天早去其疾耳！玉轩官星照命，诸大老同时争之。志在乘时，亦非局务所能羁勒。但闽厂十年后忽为督抚捷径，必有起而规此席者，不比沪局为人所唾弃也。登瀛洲借款，文到自当催解。沪局亏数十万，且须偿人子钱，较闽厂又一番境界矣！复视事以来，日日以提心吊胆过之。始而苦旱，既而苦蝗，继又苦雨。幸旸晴矣，而江、淮骤涨不已，扬属堤不没者数寸。民妇恐官之开坝以保堤，日夜露宿坝上以争，一动即成泽国。甚虑忧能伤人，借万寿为名，仍集群不逞做公所最厌之事者两日。非不欲自文其过，诚恐幼莲又以得意之作，焜耀诗侣，致溷清听，不敢不早自检举也。如有便轮来，为购串藤竹杌子十二张，如商轮则可不必。价值若干，乞示知，以便奉缴。吾乡得雨否？念念！江南日内微有飑，蝗既去矣，又折而南来，丰歉殊未敢知。官绅均以积谷为请，未卜获售此愿否耶？

①信称："奉六月二十三日教言，所以爱之者至矣，而未知其心也。"此信言及江淮水涨险情，较前几封信严重，且六月二十三日信，月初始可收到。当复于七月上旬。

复彭玉麟　光绪四年七月上旬①

奉六月朔日手教，知西江忽有水患，心为恻然。近接各牧令来文，最酷者则信州也。蛟与蝗互为乘除，而皆非人力所能制。闻湖北亦转丰为歉。沿江沿汉之堤，多半不支。金陵居其下游，虽旸晴旬余，而江涨有增无减。高淳围破，淹失五万余亩，余皆危险。淮涨尤骤，运河几于平堤，去开坝之限仅三寸。男妇皆露宿，以性命争之，不知其见怜于天否也？徐属蝗与潦交集，官绅见此景象，咸惴惴焉以积谷请。已通饬催办，然非幸得中稔，何谷可积乎？今年盛暑，父老云，为金陵光复后所未见。

①信里提及江、淮险情仍在发展，信州灾情严重，"高淳围破，淹失五万余亩"，又称："晴旬余，而江涨有增无减。"此信当写于七月上旬。

复任道镕① 光绪四年七月上旬②

另笺期许之厚，度越寻常，内顾益增颜汗。迁官何足喜，旨哉言乎！迩来吏治误于州县，视所部如传舍。一年期满之说，其迹似公，而间阎即受其病。小岩中丞实事求是，肝胆照人，与公必相得益彰，为全浙造福。饷需之绌，各省皆然。税厘取诸商，商无以为生，厘安得不减？然使人人〔知〕所警畏，即厘务亦必改观。猛以济宽，法行自近，庶公私胥被其泽乎！承助海防经费，极知筹解之难，益感嘘沫之爱。珂乡初夏苦旱，继而苦蝗，已复苦雨，比邕晴十有余日矣。江、淮交涨，有增无减，圩田间被淹没，里下河尤岌岌可虞。大虑其转丰为歉。奈何！奈何！

①任道镕：字筱沅，江苏宜兴人。山东巡抚。
②江淮险情仍在发展，又称"比邕晴十有余日矣"，复信当在七月初旬。

复吴元炳 光绪四年七月上旬①

奉朔日手教，以部议裁勇，深紫荩念，钦佩曷可名言？窃惟江南财赋竭于外输，并非糜于自顾。若为门户计，区区万余众，实不足撑持。惟饷绌异常，终有力不从心之一日。而部议按成遣撤，诚恐窒碍滋事，将所剩营头，尽成虚设。计惟有陆路裁营，水路裁船，大支劲旅，暂勿轻动，庶几留者尚能得力。苏、松水营，应乞台端察看酌示。驻江介者，弟亦随时奉商。淮军议去十五营，爵相自逼于势之万不得已。微闻欲多裁江南留防营哨，各统领颇有后言。吴淞炮台有书来，然此时似不便妄参末议也。谨拟疏稿并勇数清单，奉呈斧正。徐属潦与蝗交棘，秋粮可虞。此间邕晴逾半月，江涨不为少减。各营罢捕蝗之役，复为民圩抢险。远者无从遍及，高淳破一大围，沿江小围时复不免，未破者亦殊岌岌。里下河民妇露宿坝上，以死争之，未知天果见怜否也？

①信称："此间邕晴逾半月。"当在七月初旬。

复庞际云　光绪四年七月中旬①

初五日奉手教，知河防安堵，迁延未复。昨叠奉初八、初十两札，玉马头水已至丈四尺七寸，尊意得守且守，中流砥柱，争民命于疾风暴雨、惊涛骇浪之交，宜白叟黄童讴歌而尸祝之也。蝗复南渡，已得江阴县报，恐苏、松不免波及。罂粟之禁，全借地方官能清之于未种之先，则事半功倍。若待萌芽查出，则咎不专在民矣。苇荡营之疲玩，恐非口舌所能挽回，经执事警觉提撕，能愧悔濯磨甚善，否则不能不白简从事。海分司之款，由执事相机酌办。为民争命，何能刻舟求剑？此间旸晴二十日，江水并不见消。十二、十三两日风雨，遥想高宝堤岸，心摇摇如悬旌。惟望天感执事及文帅②为民呼吁之诚，一发千钧，化险为夷耳。高淳大围已决，去田五万余亩，余亦岌岌。农民邀兵抢险，未卜终能保全否？京师及福建则又望雨若渴也。

①信称："此间旸晴二十日，江水并不见消。"又称："十二、十三两日风雨。"当复于七月中旬。
②文帅：文彬。

复庞际云　光绪四年七月中旬①

昨飞递一函，未卜何时入览？比奉十四辰刻手札，知水势日棘一日。执事运筹之苦，抢险之劳，天人共鉴矣！质帅②立意主守，极为可感。运司处款，弟又函催速拨。人事既尽，望天心之一转耳。此间雨并不多，而江流有涨无消，焦灼莫能举似。执事苶勚之余，亦当为民自珍。既劳矣，勿过忧也。

①信称："昨飞递一函，未卜何时入览？"指七月中旬沈葆桢《复庞际云》函，此函也复于七月中旬。
②质帅：文彬，字质夫。

复欧阳正墉① 光绪四年七月中旬②

奉望日飞函,擘画苦心,昭然若揭。东河、南河两款并重,而缓急则不能不于亲疏决之。京饷处分綦严,苟为力之所胜,断无不全解之理。其欠解者,必扫地无余者也。迨户部将欠饷指拨陵工,为臣子〔者〕敢以此事诿为力所不及耶?然所勉筹者,并非运库存款,皆于各销局挪出军需之款,而军需局于是乎大绌。户部又以此计施之河工,未免拟于不伦。倘不量力为之,必又有后命,非谓东河关系不重,然非盐政责也。恳执事将原议五千金交与委员,俟尊处报拨文到,第(弟)即分咨。明知户部必驳,中州又必有坐索之员,均可置之不理矣。至运河为本省水利,民命系焉,商灶之命亦系〔焉〕。万一有意外之变,商灶之受累岂有底止?乞执事陆续筹济,且有可抵之款,与平空来索者不同。区区之私,幸垂谅焉。

①欧阳正墉:两淮盐运使,光绪五年十二月任按察使。
②信称"奉望日飞函",望日,指七月十五日。复信当在七月中旬。

复沈桂芬 光绪四年七月中旬①

奉六月三日谕函,辱蒙垂注拳拳,感难言罄。书法之峻整,不异木天清课时。宜乎潞国精神,为中州所仰望也。都门求雨得雨,宵旰精神上格,如响斯应,秋获定卜绥丰。珂乡蝗既未除,水复洊至。沿江沿湖地亩,多半被淹。数日来里下河尤为岌岌,淮扬道飞函日一再至。十八为大潮之期,半熟之禾,殊未易保全。惟望天怜农民,延其一线生路耳!晚虽勉强销假,拜跪尚需人扶掖。公事之敷衍,更不待言。疢心曷极!

①信称:"奉六月三日谕函。"又称:"淮扬道飞函日一再至。"此信当复于七月中旬。

复李鸿章 光绪四年七月中旬①

奉六月二十二日钧函,辱蒙关注种种。玉轩老矣,宜及时展布。我公爱士之笃,可但身受者沦肌浃髓。采办军器,画一将事,承挈衔复奏,何幸如之?畿辅求雨得雨,蠢贼潜消。我公燮理之功,感格之诚,捷如影响。此间连朝沾足后,蝗尚未尽。而江、淮交涨,低田被淹,里下河尤岌岌不可终日。只望天怜农民,予以一线生路耳。晚驽骀恋栈,虽勉强销假,拜跪尚需人扶掖。公事之废弛,更不待言。奉我公致身之训,敢不竭蹶以从。而蒲柳之资,于国于民,非徒无补。抚衷循省,梦寐难安。奈何!奈何!

另示周守为有用之才,我公爱才之殷,与垂爱鄙人之笃,心感曷其有极?惟此案百思不得其解。我公桑梓之地,必不乏正人君子可寄耳目者。如有真知灼见,务望续以见谕,俾先迷后得。翘祷至不可言。

①李鸿章六月二十二日致沈葆桢信,当于七月初收到。信称:"里下河尤岌岌不可终日。只望天怜农民,予以一线生路耳。"与七月中旬沈葆桢《复沈桂芬》信相同。

复庞际云 光绪四年七月十九日①

昨排递寸函,计当入览。比奉十二日手教,知风涛愈厉,而执事为民争命之念愈坚。放坝亦未必得平安,老成见到之言,安得不令人五体投地耶?质帅奏提运库三万,弟当飞饬照拨。如库款不敷,陆续提之,或州县有款,先挪用可也。此两日大潮之期,其危险必有甚于前者。惟望执事精诚,上格苍穹,为七州县父老子妇延一线之命耳!

①信称:"此两日大潮之期,其危险必有甚于前者。惟望执事精诚,上格苍穹,为七州县父老子妇延一线之命耳!"七月十八日为大潮,当复于十九日。

复文彬 光绪四年七月下旬①

奉十七日教言，并录示疏稿。为民请命，如救焚拯溺。精诚之意，洋溢楮墨间。钦佩之私，岂有涯量？奏提之款，当饬司赶解，并函知省三矣。此间昼晴兼旬，江水不为稍退。高淳决一大围，去田五万余亩。乡民呼兵勇抢护，岌岌可虞，小圩不能遍及也。惟望天鉴我公保赤苦衷，留一线生路。里下河幸保无恙，尚于大局无伤。每闻风雷之声，东望心悸。能护到处暑，则释然矣。

①文彬十七日的信到南京当在七月下旬。信称："能护到处暑，则释然矣。"处暑在七月二十五日。此信当复于七月下旬。

复庞际云 光绪四年七月下旬①

迭奉十八、九两次手札，迁延未复，罪甚！本日由下关验驶远轮船归，读廿续札，知是日辰刻开南关坝，里下河收割均不可误。皖北来报，淮水已消。今早亲见江流退近两尺。似此后东堤可邀天幸矣！然亦赏罚严明，与爱民精诚所感。尊体新愈，尚乞加意珍摄为望。屺堂②云，此次平安，不可恃以为常。水退后宜力修西堤，为两层保障。惟恐经费颇巨耳。渠日内将北行，往看闸洞，乞行次会商估计。如所能勉，不敢靳也。徐州赈余，前经洪琴西请办积谷，业于初八日分别行知。此文或径递清淮，故未入览。昨得合肥伯相书，谓珂乡秋收极好，可宽苨虑。此地亦初刈稻，惟已被淹者，则无可如何矣！

①信称："昨得合肥伯相书。"李鸿章《致沈葆桢》信写于七月初八日，到南京当在二十日以后。又称："又迭奉十八、九两次手札。"此信当复于七月下旬。
②屺堂：张富年，字屺堂。历任两淮盐运使、江苏按察使。

复吴元炳 光绪四年七月下旬①

望日捧诵手教，敬聆种种，裁勇似宜俟淮军定章后，再作计议。固知饷必不继，然所节有限，先使人无固志，非策也。蝗渡江阴后，仅见扬武一报，亦不甚多，或者复折而北耶？日来高宝、天长、盱眙等处，均有新出蝻孽，不知何时方得歼除？淮扬道十六开车逻坝，廿开南关坝，里下河总不免减色。然皖北报淮水已消，昨往下关验驳远轮船，见江水消近二尺，此后运岸当化险为夷矣！芝田已饬赴任，渠由江阴入苏，再回沪受篆。申江机器局，伯相以刘渭卿②、李勉林③为言。云系玉轩所荐，伯相则尤注于勉林。此二君与心斋④孰为最长，弟未深知，乞执事酌示。叙初擢凤颍道。应调首郡者，鄙见颇难其人，夹袋中有满意之选否？

①信称七月二十日开南关坝，此信当写于月底。
②刘渭卿：任职上海机器局。
③李勉林：李兴锐（1827—1904），字勉林，湖南浏阳人。历任按察使、布政使、江西巡抚、两江总督。时总办上海机器制造局。
④心斋：褚心斋，曾于上海机器局任职。

复曾光斗 光绪四年七月下旬①

读月朔手教，辱蒙垂注拳拳，就谂梁孟高风，百凡安善。米珠薪桂，竭蹶诚非虚语。然等身著作，富以多文。佳儿又能读父书，固远胜于陶朱、猗顿之为乐矣！吾乡免于潦，复罹于旱，所谓不如意事十常八九者耶？此间前两年以旱而蝗。今则潦而以蝗。早稻丰歉相间，比户不同。晚稻如何？则尚未可知也。某某驽骀恋栈，病状依然。倘得归骨里门，与我亲家话家居之累，则幸甚。临水夫人供奉内廷，香火几遍天下，庙仪不难集腋。谨具青蚨五十贯，乞附简末，以志向往之忱。

①信称南京"今则潦而以蝗"，与七月下旬沈《复何璟》函同时。

复何璟 光绪四年七月下旬①

另笺爱注之深，有如骨肉，感且不朽。闻月初榕城得时雨，天所以答神君者，一如神君之所以慰民望也。晚稻喜暖，甘澍似不嫌迟。长庆承奏请优恤，万灶皆感泣思奋。其战绩托洪琴西搜罗。有候补府罗章曾在霆营，但资格较浅，咸丰间事未必了了，姑令辑之，未卜有以报命否也？此间既困于蝗，又困于水，运河三坝迭开，里下河大半抢割不及，窃望苏、松有秋以补之。江、淮盛涨，近日稍定矣。

①信称："运河三坝迭开……近日稍定矣。"七月十六日开车逻坝，二十日开南关坝。此信当复于下旬。

复梅启照 光绪四年八月上旬①

奉七月廿四日手教，知前此尚有一函，未获拜读。就谂禔躬曼福，至以为慰。长兴案据实上陈，颠扑不破，既合罪疑惟轻之例，亦各得心之所安。遇此等事，因欲见长，稍加以穿凿附会，则大失之矣。虚公之怀，佩服无量。海防经费，极承关切，感何可言？西域销丝有去路，虽暂滞，必大畅。浙东西雨旸时若，去秋成不远，当可操券。此间蝗潦交棘，近则忧潦甚于忧蝗，三坝迭开，里下河得失参半，来源则犹未销也。天气骤凉，惟努力珍重。原件奉缴。闻黄太守在苏办赈捐甚出力，知经品题者必佳士也。苏省实缺知府，多德优于才。序初飞翔，代者殊难其选，未知健帅夹袋中何如也？

①沈葆桢接到浙江梅启照（小岩）七月二十四日的信，复信当在八月初。

复勒方琦　光绪四年八月上旬①

奉七月二十八日赐函并清折，敬聆一是。宝山县缺，拟以震泽王令请调。崇明缺，拟以邓令泽培请补，未知当否？乞斟酌后再商之中丞，期与地方有益而已。

①沈葆桢接勒方琦七月二十八日函，复信当在八月上旬。

复庞际云　光绪四年八月上旬①

叠奉廿三、廿五、初一赐函，备纫一是。得伯相书，珂乡大熟，足慰荩系。至里下河之不至大伤，则仁人之泽也。巡检以漏堤为惩壑，不参无以惩后。请以公牍见贻，抑于函中开[列]衔名，弟作访闻劾之，亦无不可。闸夫则执事严惩之，水平后姚令稍暇，来省一考，俾免补缺、委缺临时为难。西堤分段、分年，极佩卓见，坝底损坏，似不容不从根彻究，否则明年隐忧。丰鱼河道，两省聚讼，鱼民欲丰民驱水就上，东抚愿分任经费。弟无从遥度，请芑堂一行。已备公牍，乞致意焉。

①信称奉初一赐函，当在上旬作答。

复程桓生　光绪四年八月上旬①

奉六月廿九日手教，知汉上被水，局卡亦受浸灌，至以为念。迩维起居曼福。闻上游近日晴多雨少，想平地渐当涸复，销路亦渐当通邕。水盛蝗灭，利害可以相敌。入秋潦尽，尚冀转歉为丰。此间入伏以来，蝗水交棘，运河堤不没者盈尺，蝻犹萌孽其间。三坝全开，水犹未落，里下河情状可想。下关一带，茅棚皆在水中央。雨以凤、颖、徐、海为最多，蝗亦以凤、颖、徐、海为最甚。奈何！奈何！江、皖销路颇好，皖之北盐常虞其脱，殊出意外，其亦沧桑之一境欤？

①信称："三坝全开。"《清实录》载，清廷八月十三日收到文彬奏章，称现已开车逻、南关、南新三坝，则全开三坝当在八月初旬。

复卞宝第　光绪四年八月上旬①

奉朔后手教，蒙眷注如骨肉，感何可言？惟爱日舒长，起居曼福，至以为祝。胡、徐二明府，倚庇樾荫，借免愆尤。弟固深愿其长侍珂乡，习闻大君子绪论流风，勉为循吏。官贵久任，若视同传舍，其奈民何！虽序补均格于成例，年内均未便令其交卸。惟徐令甚虑亏累，颇有去志。然我朝名臣如于清端、陆清献，无不以瘠地起家者，乞于抠谒时慰勉之。需次之牧，颇不乏才。而江北州县，仅三十二缺，无从位置。其实缺之才短而操守不坏者，又不忍径夺之。然而未免负民矣！三坝既开，里下河断无不伤之理。今年农事，得者全得，失者全失，甚不停匀。望十余日内无大风雨，则苏、松可得完璧。明年拟将运河西堤陆续修筑，有益与否，幸垂视焉。弟号寒依旧，秣陵秋雨，已着重棉。公事益将就糊涂，殊无以告知已。入学老师，为吴伯新先生。记其为江苏籍贯，而忘其县分。近有言其系扬属者，台端当知之。其后人景况如何？幸便中赐示为祷。

①信称"三坝既开"，时在八月上旬。

复林泂淑　光绪四年八月上旬①

七月十九得手书，知侍奉曼福，至以为慰。三叔②脱离尘网，薄富贵而仙。始不胜悲，继乃妒之。寄示联语诔文，极文章之能事，惜乎其问道于盲也！四叔巡城，眠食几为之废。古人敬事之义，于今见之。转眴外擢，其必为循吏无疑也。少甫昨来署，鄙人日求出火坑而不得，何敢请公入瓮？人各有志，非所敢阻，然万万不敢与闻也。如愿留署斋读书，共惬夙好，但勺水非蛟龙所屑耳！临之③早入陇，有所得，当为国为民而趋。其高掌远蹠，更不赞一辞矣。

①七月十九得林小帆手书，当复于八月初。
②三叔：林聪彝，字听孙。

③临之：似是陈承妫。

督江（八）

复梅启照　光绪四年八月上旬①

昨肃复寸笺，计当入览。比奉七月十七日手教，并赐于术一斤。盬薇（溆）拜登，感深次骨。就谂指挥如意，备叶颂私。衢、岩地居上游，蛟灾水易消退，得仓谷借赡，晚稻可收效桑榆。其余各郡，闻皆得上稔，益似人事之足召天和也。苏、皖沿江、沿湖皆淹于水，而蝗则依然。三坝迭开，里下河情状可想。惟望此十数日无大风雨，则苏、松可得全璧。弟病骨如故，入秋咳喘复作，遇阴雨即着重棉。玉屏风散尚常服，然药饵不为俗肠效灵也。肃此鸣谢。

顷示疏稿，苦心擘画，情见乎词。此间接准部文，洪琴翁以饷必不支，力请遵办。鄙见谓江南之饷，不竭于自顾，而竭于外输。若为筹防起见，如此财赋重地，区区万余军何可言多？去年裁淮军，抢案层见叠出，倘与淮军同时并裁，居民必不堪命。且所裁之饷，仍是并于外输，粮台并无从宽绰，万一伏莽因此生心，则外输饷源同时立断，大局何堪设想？部议虽持之甚坚，久久亦自知其不可。故复奏而委蛇其词，为日后转圜地步。读小元②方伯去兵留勇之议，伟哉言乎！倘此议准行，江南必亦趋亦步，特未知枢密谅其苦心否也？然非此何从得强兵之一日乎！抄稿呈乞斧正。

①梅启照七月十七日、七月二十四日两信，沈葆桢于八月初旬先后收到，复信当在八月上旬。

②小元：似是筱沅，即任道镕。

复吴维允　光绪四年八月上旬①

读念三、念四两教，竹机如数领到。超武送交两浙，极佩伟议。江南且患贫，何况福建？部催裁勇，为饷起见，当不留一人。若为地方起见，区区万余人，尚不敷布置，其可裁耶？裁之，所省之饷，仍是竭于外输，于本省何益？万一莠民因而生心，各省饷源立断,大局何堪设想!此迂拙之见,未敢随众转移者也。郭、刘②互诟,剧于乡里小儿。朝命以曾③代郭,以李④代刘。东使闻之,庶几隐忍相安,静候瓜代耶?此间水旱蝗错综参伍,故农事得者得,失者失,不可捉摸。再得半月无大风雨,则苏、松可得全璧。谅山已到,似破釜沉舟,因粮于敌者,稍历练便知滋味矣。

①信称"朝命以曾代郭"。七月二十七日清政府任命曾纪泽出使英国。此信当复于八月上旬。
②郭、刘:郭嵩焘、刘锡鸿。
③曾:曾纪泽。
④李:李凤苞。

复任道镕 光绪四年八月上旬①

黔中请停分发,业经议准。鄂继之,今浙又继,恐部曹无以为捐者地也。计惟有严汰闽茸,认真考试。吾辈为国家极力任怨,处处为地择人,庶几稍得疏通,此外无如何。其整顿税厘,亦以用人为第一义。今年两浙大稔,得我公提撕而鼓舞之,必有起色无疑也。不敷二百万,江南为数尚不止此,然竭于外输,非竭于内顾。部议裁勇,恐不易从。卓见留勇去兵,真令人五体投地。为节用起见,实为强兵起见。经相②能用公言,天下之福也。不作无益害有益,万事以此意推之足矣。海防经费,饫领盛情,不胜感激颂祷之至。

①光绪四年八月初旬《复梅启照》函称:"读小元方伯去兵留勇之议,伟哉言乎!倘此议准行,江南必亦趋亦步,特未知枢密谅其苦心否也?"此函则称:"卓见留勇去兵,真令人五体投地。"两函当写于同时。
②经相:沈桂芬,字经笙,时任兵部尚书协办大学士。

致吴仲翔 光绪四年八月十七日①

上浣肃玕寸函,计邀青览。十一瀛儿偕其妇到,一切平安。询悉动定多绥,潭第均福为慰。五妇婉静,足征德门之教,惟体太清瘦,须善珍调耳。闻纪纲云,临行时,为芝田事，执事复大呕血，何所见之不达也！吾辈既出而任事，嫌怨所不能辞，只求我无愧于人，何必人都谅我？各行其是，自苦奚如。濂侄以感冒转成疟疾，隔日而来，不能不多磨数次，然日轻一日，亦日早一日，渐出阳可无患耳。儿等皆念切功名而不喜读，八股尚肯勉强读些，经书则深恶痛绝之。此关不破，无可为也。

①八月十七日沈葆桢致玮庆信谈及瀛儿到南京是在八月十一日。此信当在同时。

复黄倬昭 光绪四年八月中旬①

读七月十一日手教，知脚生疮疖，业已就痊，私衷稍慰。天厨禄在我甥原不急之务，榜填附生，不过使人说是乃翁果报耳。第日与两太老为缘，固宜不屑此区区之天厨禄也。山西署篆，一年期满，官乐之而民怨之，即用得缺甚速，人人如此，并非神速。寿甫②则受苦在饥，得隽亦在饥耳。子穆急流勇退，佩服无量。甚望其过此一谈，未知允否？贤师固难得，然必有佳子弟方不错过。闽中向靠外间接济，今上海米价且四元有余，况吾乡乎？

①此函当在八月中旬复。
②寿甫：陈承妫。

复李鸿章 光绪四年八月十九日①

奉七月八日谕函，敬聆一是。玉轩替人，执事意在勉林，赏识有真，钦佩无似。唯勉林意在捧檄足以娱亲，奖案格于部议，因而求去，羁以局务，恐更触其积薪之感。恳我公嘱玉轩先行函致勉林。如其回信愿来，再以公牍召之。第铨曹成见太坚，恐终无以慰毛莪之意。日下局务安贴（帖），蔡别驾肯讲究真切，委办之件，我公诸可放心。如勉林不来，健帅意在褚心斋，我公以为何如？维、徐、凤、颍，蝗仍叠出。此时未必为害，将成明年大患。雪帅云，天断无虚生此物，必有一日结穴。诚哉是言也！陵工为臣子万不敢耽误之事。八月原限，罗雀掘鼠，已不能如期。复奉续派百万，苏居其三，奈何！奈何！淮军因饷缺议裁，皆鄙人运筹不力之罪。本省实不敢同时减灶，拟届期求缓，一恐懈军心，一恐为民累也。我公以为何如？

①九月下旬沈葆桢《致李鸿章》信称："前月十九日，肃疝寸笺。"即指此信。

致总署　光绪四年八月中旬①

敬肃者：顷据江海关刘道②来禀，美商慕利那欲设电报公司，由旧金山通至檀香岛，再通至日本以达上海，该道已将线端不准上岸决绝回复等情。查各国条约，均无在中国准设电线之文。上海乃中国地方，岂能听凭洋商在我地设线谋利？同治十二年，丹国大北电报馆在吴淞口擅立电线，直通上海。迭饬该关道照会拔除，至今尚未办结。乃美商慕利那又欲在上海牵引电线上岸，该道切实拒绝，自属正办。惟此案虽经该道峻拒，难保美国驻京公使不再向尊处商请。除批饬该道外，兹将原禀录陈，即请查核。肃此，敬请钧安。

（台湾"中央研究院"近代史研究所编：海防档丁，
《电线》，1959年台湾近代史研究所影印本）

①总署八月二十七日收到沈葆桢信，沈葆桢写信当在中旬。
②刘道：刘瑞芬。

复吴元炳　光绪四年八月中旬①

上浣捧读教言，备纫一是，迩维侍奉万福。闻苏、松岁事甚好，此皆忠诚所感，岂但间阎叨庇已耶？各属乘此时积谷，虽筹款万难，机会似不可失。谨派藩运粮及军需局各筹三万，勉成此举。其运库所筹，即令积于扬城。明知入告必干部诘，然痛定思痛，无备万万不可。水利尤根本之根本。今年东堤幸保，殊未易恃。西堤似非可缓之工，虽经费太巨，只得分段、分年修之，庶里下河不沦为巨浸。高明以为何如？弟于弹章向用单衔，恐其万一错误也。此次咨参佐二四员，内有黄志融一名，质帅嘱联衔，是以敬谨并列台衔。各员劣迹，皆得诸其本道函申也。序初拟奏留其清查罂粟，俾徐属不敢松劲。

①八月上旬沈葆桢收到吴元炳来信,复信当在中旬。

复林鸿年　光绪四年八月下旬①

奉七月念三日谕函,并录示致恂予②书,洋洋洒洒千余言,以道德发为文章,所谓浩然正气塞乎天地者耶?盥薇(漱)三复,如亲提命,何幸如之?荔香姑作是想,借寓莼鲈,实则在家前两年已不能入口,盖下咽即痰涌,与西瓜同列戒律矣。目为忧时而眚,肝则上寿之征。任其为贞疾何如?致欧斋书,数日不得回札,殊不可解。然程尚宰月必有信,并未提及颖叔,必无恙也。贞伯入觐,过此一谈。意以为当世豪杰,不料竟符德操之鉴。海岩非因人成事者,不久当拔队先登。盗案之多,到处皆然。此间贼巢,竟须纵迹到温、台,其难可想。蝻、潦并行不悖,近水渐退,淮墙蝗尚恐生。幸天怜民穷,尚获中稔,差足告慰婆心。李家③以娶妇慰贞女之心,此事当予玉成,一言决之。窃以为天下事能互相体谅,设身处地,断无不可成者。侄孙女④年未及笄,然颇明婉晓事。其父母以艰于生男,不愿其早离膝下,此葆〔桢〕所能强者也。其母自失男后,日在病中,本月又得一女,产后复病,明年断不能上道。舍侄亦断无弃病妻于都,挈女南旋之理,此则葆〔桢〕所万万不能强之者也。己卯大比之年,北闱为康侯轻车熟路,顺便挈侄入都完姻。秋风得意后,携之而出。准情酌理,无善于此者。如卓见以为可行,得环云,必力劝舍侄勉遵师训也。

①沈葆桢八月下旬《示管樵》札称:"勿村、子嘉均有信来言亲事……兹将信稿录寄与汝。"复林鸿年信也在同时。
②恂予:叶大焯,字恂予、恂畲,闽县人。同治进士。曾任广东学政,晚年主正谊书院。
③李家:指李子嘉。
④侄孙女:指侄咏彤之女。

复文彬　光绪四年八月下旬①

今年淮运安澜,实我公精诚所感。惟东堤经此震撼,不免为隔岁之患。若西堤竟废,殊恐东堤独力难支。但西堤费巨工迟,非分段、分年,万难偿此奢愿。则西堤明岁缓修地段，东堤仍当其冲。敢恳我公力任东堤，弟以西堤自效。庶几人材款项，均可极力腾挪。是否可行？乞速赐诲示，以便遵循。是祷！

①信称："西堤费巨工迟，非分段、分年，万难偿此奢愿。"与八月下旬《复吴元炳》信提法相同，当写于同时。

复林拱枢　光绪四年八月二十七日①

奉七月念九日手教，款款深深，服之无致。京官太窘，言之怆然。第加俸之名甚美，司农不支，而所裨于京宦者有限。若将捐输尽数收入都中，不许贡监一照出城，则印结胜加俸十倍。农曹可多得捐款，名器亦不敢（致）滥到无可转身。否则各省仍无所得，徒供委员耗费。而委员之廉正者，且无以自明。盖抢跌求售，毫无可稽察也。巡城即观察先路，以棣台之长于讯鞫，又济之以勤，其造福于辇毂下者，夫岂浅鲜！方正固不谐于俗，然通盘打算，究竟方正者得便宜，而诡随者徒自苦耳。江南旱蝗潦交集，幸丰歉尚参半。近水势定，而清淮一带，蝗仍蔽天，而遗种又大为明年之患。雪帅云，天必不虚生此物，定有一日结穴。诚〔哉〕是言，怦怦之心何时已耶？京官如宝、张诸君，能扬历外任数年，俾深悉外间利病，入握政柄，庶几言之必可行也，行之必可言也。若中外之情不通，上下之情不通，殊苦无可下手。

①林拱枢七月二十九日信，由北京至南京，一般得十二天。又沈葆桢致咏彤信在八月二十七日，同一地区或同一类信，沈有同时写的习惯，此信当与致咏彤信同时。

复程桓生　光绪四年九月上旬①

专使来，奉念五日手教，知地方安靖，销市顺畅为慰。沔阳虽有潦患，灾民当不至如是之多，殆有以逃荒为业者耶？宜兴、荆溪禀强垦有主之地，殆此辈耶？假银竟得着落，则赝印亦终破案，天不藏奸也。贪利忘身之徒，非重惩无以示警矣！晋豫业经停赈，盐价似当复旧。水贩利析秋毫，虽微必较。卓见以为何如？得漕帅函，清淮蝗犹蔽天，今年无他虑，明岁可奈何？雪帅云：天不虚生此物，必有一日结穴。诚哉是言，能无懔懔？

①信称"奉念五日手教",指陈八月二十五日来信,此信当复于九月上旬。

复吴仲翔 光绪四年九月上旬①

奉八月二十日教言,知竹馨南山,说不尽胸中苦处。昆仑抵里,子陵夫妇之念可释然矣!厂中何能无事?事至应之,事去忘之,方可再应别事。若以过去之事横亘胸中,虽铁石肝肠,能当此苦乎?报销告竣,托病而去,断无此事。何者?去年办讫,今年经手应销之款复来矣,何日谓之告竣耶!只有先告病,后办报销,方有截止之一日。已有成案,得熟手胥吏数人便能了之。第欲另觅三百金之馆,恐未易得也。报销册齐,即可交主人翁,任其觅何门径足矣。阳羡鹅笼,幻中有幻,目击者以为不可解。鄙人纵欲悬断,未免过于自作聪明。第四条则公所未见也,请略言之。使公知朝廷苦且如此,吾辈夫复何言?刘云生,潮州人。筠仙抚粤,檄办团练,以好杀结怨于乡,湘阴劾之,乃遁入海,以达省城。筠仙之将出使也,为仲韬倾轧,于召对时,请云生为副,自以为卵而翼之也。到英即龃龉,总署改云生使德,以为可以调停也,而难乃愈急。廷臣交章劾筠仙,筠仙谓皆云生授意,遂劾云生,云生亦反噬之。互詈之酷,甚于乡曲小儿,不得已乃有瓜代之议。而所召三君皆坚辞不去,因而旋议旋止。筠仙急函致合肥,谓许我归固归,不许我归亦归。于是而曾、李不得不行矣。我公试搜索枯肠,能当此任,又愿当此任者,约有几人?则知朝廷用心之苦矣!此间亦未得临之到陇消息,想方摸碑碣,交豪杰,未暇与俗子通词也。

正封函间,续奉念三日手札,至以死自誓,何郁结至此?公入幕数十年矣!曾见督抚所示,藩臬均一一遵行耶?抑藩臬所请,均不可使督抚批驳耶?如小涛,春帅所怒者也;陈得胜,春帅所喜者也。加礼宛一案,不能不俯就小涛。此其故,可深长思[之]。〈无〉属员持正,上司无以夺之,此常事耳。谓上司能豫知而曲体之,无所用其谏。抑谓上司受谏,又十分快乐,似未免苛人所难。不据理与争,虽放声大哭,容有济乎?公既虑承上接下之难,又恐新姑之更难共事,弟则虑春帅即真将此席让与提调,在旁人必以从此可独行所见为公贺,弟则不知所以为公计矣!忧能伤人,不合则去,无大不了事。公引疾之后,弟令舍间月拨百金为家居薪米。报销竣后,再屈台驾。想公或不咎其非伯夷所树也。瀛儿读书,与在家时一般攻苦。一文一诗,两日两夜便真草俱全,即不做少爷之小真②先生,亦复如是。一生不能作诳语,非但不胜为父之职也。

①八月二十三日福州吴仲翔发函,到南京约需七、八天,沈葆桢复信当在九月初。

②小真：陈钜前，字小真，闽县人。山东清平县知县，沈葆桢第五女婿。

复施鲁滨 光绪四年九月十五日①

得手书，知寿椿曼福，并谂坚持酒戒，近益自然，从此体气愈强，学亦愈进，何慰如之？文从东渡，想当在台北。此鄙人所未历之境也。

①光绪四年七月初六日《复玮庆》信："文波得馆后，每月二十千，仍照常送去。以其酒德揣之，未必能久，且无论久暂，各尽亲情而已。"九月十五日《复玮庆》信称："四叔、文波信均转交。"知此函附于《复玮庆》信里发出。此函当写于九月十五日。

复彭玉麟 光绪四年九月下旬①

送节钺后，旋接厚帅书，谓将出江阅兵，行有日矣。计其奉旨，当在长沙以上，顺流鄂渚，为日无多。比读教言，乃知厚帅尚无消息。清晨晤芗亭，云：有人从厚帅来，因太夫人欠安，行期中阻。想尊处专勇，亦不久有确音也。子密所示节略，从未见履勘民间利病有如此详尽。所谓视国事如家事，视民事如己事者耶！疏稿雒诵至再，周匝简当，两者兼之。虽予千金，无能增减也。前疏未奉批回，殆五湖烟水中，无处访少伯耶？日来田间种麦，又极望雨，本日始得微雨而未沾足，尚冀续沛甘霖。

①彭玉麟于九月十九日奏折里谈水灾及杨岳斌（厚帅）未能巡阅原因。沈葆桢复信当在此后。

致李鸿章 光绪四年九月下旬①

前月十九日肃牁寸笺，计邀青盼。迩维起居万福，备叶颂私。闽中复轩然一波，彼曲我直，人人知之。然异族从无循理认错之事，总署函催速结，疆吏不免搜索枯肠矣！

此间需管驾一员，环顾无人，敢恳我公将游击张成②赏借一用，并恳饬其速来。冒昧之愆，尚祈原宥。日来又苦旱，麦种未下。昨微雨如尘，今复㘩霁，深望甘霖之迭沛也。里下河绅民，怵于今年盛涨，力请修复运堤，而经费甚巨，无可罗掘。奈何！奈何！

①信称："日来又苦旱，麦种未下。昨微雨如尘。"与九月下旬沈葆桢《复卞宝第》信同。此信当写于下旬。
②张成：福建船政后学堂学生。靖远号管驾。

复卞宝第　光绪四年九月下旬①

续读手教，承爱同骨肉，语焉必详，曷胜纫感。六文愿大意便在自乳，而详细章程此间无之，已咨请江右录寄，俟复到即遵谕通饬。鄙见民间婚娶如是其难，倘准觅的保领作养媳，由局酌给赡资，似亦疏销之一道也。堤工之说，尚在聚讼。方伯注意东堤，漕帅则欲并将西堤见委。鄙人于此事未窥门径，难遽折衷。芑堂②云：非但所费不赀，土石已万难猝办。弟只得先派员采取小石，再令方伯详询熟于工程之牧令，果能一气呵成，民之福也。日来待雨种麦，昨得微雨，惜未沾足。

再恳者，盐宦积习，甚于地方。然亦有能自树立者，非激浊扬清，不足以挽回风气。第苦于耳目有限，倘是非颠倒，则为害滋甚。我公家居邗上，见闻必确，伏乞逾格关注，将贤奸两途，择尤密示。弟断不宣泄，使我公招怨也。恃爱冒渎，尚祈原宥。

①沈葆桢于九月念八日曾奏请修东堤。此信当在此前数日。
②芑堂：张福（富）年。

复庞际云　光绪四年九月下旬①

奉中秋手教，承缕示一一，感何可言？飞蝗南来，只见泰州一报。大概今年未必为患，明年又在在可虞。整顿苇荡营，须择尤参劾，方能振聋发聩。不然耳提面命，彼皆以为具文也。魏席珍亦非严惩不可。惩强化弱，旨哉言乎！钱辛伯②来云：泰州收成胜于兴化。运堤议尚难定，方伯注意在西，谓能一气呵成，何不大家竭力筹款？漕帅③复书，谓能为之催费，则愿修东堤，否则只能力顾上游。以东堤见委，自是确论。弟若以催费自任，倘催之不应，何以谢质帅？先事东堤，又恐西堤愈刷愈伤，将来愈难措手。芑堂云：西堤一气呵成，非特经费为难，土石亦殊难应手。然则东西并举，更无论也。芑堂议未定而北行，弟只得先饬委员采取碎石，东头西头，且待方伯博访周咨，从长计议。日来金陵旱，干燥如初秋，麦种不下，霖望颇殷。

①庞际云中秋之信，沈葆桢应于八月下旬收到。但信中提及："日来金陵旱，干燥如初秋，麦种不下，霖望颇殷。"与九月下旬《复卞宝第》信相同。当写于九月下旬。
②钱辛伯：钱桂森，字馨（辛）伯，江苏泰州人。道光三十年进士，内阁学士。
③漕帅：文彬，字质夫，时任漕运总督。

复何璟 光绪四年九月下旬②

来教恺恻缠绵，扶正疾邪之诚，溢乎楮墨。躬隶骈幪者，宜何如感戴耶？地系侵占，彼族百喙奚辞，星察里③必不肯认。当初业已定议，互换则前言不足据，大众周知。此后结案，似以界外不得再占为第一要义。再经此次波折，彼必坚持不肯换矣！梓里叨庇，早晚均获有秋。讴颂德威，口碑载道，幸勿以异族无情无理之说芥蒂胸中。金陵又苦旱，麦种不下，求雨尚未得雨，不胜焦灼。

①信称："金陵又苦旱，麦种不下，求雨尚未得雨。"当在九月下旬。
②星察里：英国驻福州领事。

复文彬 光绪四年九月下旬①

迭奉两教，就谂宣防纯固，动定多绥，悉符臆颂。承命催解各欠饷，不敢不实力严催。而各衙门能否如响斯应，则殊难操券。只得俟水退后，再察看两岸情形耳。蝗又蔓生，非今年之患而明年之患也。昨奉旨，催张镇赴滇，尊处是否再行奏留？若许其赴任，淮扬镇一缺，应否以欧阳健飞②就近署理？

①九月二十八日沈关于《议修扬属运河东堤折》称"臣商漕臣文彬",此信当写于九月下旬。

②欧阳健飞:欧阳利见,字健飞,湖南祁阳人。官至浙江提督。

复吴元炳　光绪四年九月下旬①

奉初三手教,冲怀谦挹,溢乎楮墨。就审侍奉曼福,备叶颂私。砂礓河及工赈当有余项,而为数甚微。淮销今季较畅,然增入之数,仍不敌增拨之数。现扬属西岸,当一片汪洋,无工可估。候艺堂自丰回,与省三会议后,再奉商卓夺。德廉访履新,想当过年,世香自可久于臬事。首郡极难,诚如尊谕。勉思其次,尤佩灼见。二君孰最,仍望洞鉴裁之。徐防勇必不可再减,鄙意崇明四面环海,重在水师。苏、松、镇之澄海营,是否较他处稍在可缓之列?执事见闻必确,伏乞酌示为祷!

①"现扬属西岸,当一片汪洋,无工可估。候艺堂自丰回,与省三会议后,再奉商卓夺。"光绪四年九月下旬沈葆桢《复庞际云》信称:"艺堂议未定而北行,弟只得先饬委员采取碎石,东头西头,且待方伯博访周咨,从长计议。"艺堂未回,复信时间当在九月下旬。

复吴赞诚　光绪四年九月下旬①

奉中秋手教,肫挚之念,谦挹之怀,洋溢楮墨。回环雒诵,且感!且愧!两足曾否全愈?驰系殊深。迩维一路福星,仙槎稳渡。营平屯政,民番交庆更生。翘首节旄,曷胜健羡?乌石山岬起仓卒,无从消弭防范。胡约翰②之凶悍,早有所闻,其史姓教士则无怨之者,可见公道自在人心也。事太快意,原非胜算。然得我公与小帅权衡操纵,谕之以理,豢之以所欲,终必就我范围③。台事步步徐图,则日起有功,惟人到辄病,实无法可想。殆人气不胜地气故。若草莱渐辟,村井日多,似当不尔也。其地不宜久坐,日必散步数次。水果极佳,不宜多食。土人常食番薯,谓可却病,盖土性所宜也。

①吴赞诚渡台,在九月初一日。信称"奉中秋手教",当复于下旬。

②胡约翰：传教士，英国人。时在福州传教，著有《乌石山神判》。

③光绪三年，巡抚丁日昌拟将城外电线局官屋官地与乌石山教堂互换。英领事答应，旋即反悔。光绪四年五月，胡约翰于租界外添造洋楼。当地绅士禀告官府。福州将军庆春令福州官员与英官员于八月初三日会议勘合。举人林应霖与群众上山与胡教士理论，并将房屋烧毁，引起严重交涉，是谓乌石山教案。

复潘霨　光绪四年九月下旬①

另笺悃悃款款，读之，忠孝之念油然而生。濒江、濒湖，不免波及棠圻。与此间略同，而丰歉参半，则始愿尚不及此。萱闱轸念沟瘠，饬举债以济，岂但身被者感泣云尔耶！天题锡羡，爱日长绵。翘首武昌，望风遥祝。明年称觞，约在何日，幸许示知。不才倘脱羁绊，当买棹溯流，乞听钧天之乐。较赤嵌城中，又增一番境界矣！久未得颖叔信，其近状如何，常晤对否？日来风雨满城，鄙人又塞向墐户矣。

①信称："日来风雨满城，鄙人又塞向墐户矣。"与九月二十七日沈葆桢《示管樵》信内容相同，当在同时。

复林拱枢　光绪四年九月下旬①

奉八月九日手书，知阖寓顺平，辇下转歉为丰，不胜欣慰。城差十月期满，俟其辗转保送，似交卸当在封篆时。雪满长安，或得闲中一醉也。青骢骨瘦，都缘绣斧风清。却出横门，期不远矣！酬以惠养，又何憾耶？楂（槎）客将至，外间亦有愿附青云者，恐难为杜陵广厦。修守二字，徒托空言，不力杜无益之门，断无从成一有益之事。谓照旧可担错，则全是为身谋而已。黎召民过此，气色甚佳。台案是吴仲宣②任内，果系枉杀，何妨和盘托出，各自理得心安。讳莫如深，徒自苦耳！

①信称"城差十月期满"，指林拱枢御史巡城将于十月满一年。此信当写于九月底。
②吴仲宣：吴棠，字仲宣。

复文彬 光绪四年十月上旬①

九月迭拜两教，以咳喘复作，致稽裁答，罪甚！罪甚！伏维起居曼福。欧阳镇接署淮扬镇篆。张镇开缺，留带防勇。已遵照卓裁，于念八日出奏，咨呈冰案矣。运堤恐解款有名无实，故仍照尊札原议上陈。近惟苏藩报解万金，此涓涓者其何以济？只得各量力而供，以待续款耳！秋后蝗生，诚如来书所云，患在来岁。司库扫地，各县不能作无米之炊。奈何！奈何！

①沈葆桢于九月间连接文彬两信，信里提及奏请议修东堤疏，奏疏在九月二十八日发出，此信当复于十月上旬。

复林鸿年 光绪四年十月初三日①

前复寸笺，未卜何时入览？比续奉八月十九丑初二刻手教，就审起居曼福，备叶恋私。《上元县志》，有人便即当觅寄。得天下英才而教育之，此乐岂逐逐风尘者所敢望哉！颖叔于朔后来张吟坛旗鼓，三日即欲归鄂。明日饯之，后日当发矣。须鬓虽改，神采如故。文章事业，未有艾也。晚复塞向墐户，夜起以坐代卧。公牍如云烟过眼。自知负负，恋栈不能去。奈何！奈何！

①信称："颖叔于朔后来张吟坛旗鼓，三日即欲归鄂。明日饯之，后日当发矣。"朔后，指初二日。此信当写于十月初三日。

复薛敬堂 光绪四年十月上旬①

得九日手书，知欲惠顾而不果，怅甚！金陵上下轮船极难，遇深夜风雨则尤险。止或尼之，未始非福。三公子患疟经旬，现已全愈，病中读书如故，可敬也。镜海②之外孙且作族长，何况镜海。我辈不死，势将独行独立，不如九重泉路，举目尽亲朋也。

①九月二十七日沈葆桢致咏彤信提及嫩弟患疟疾经旬，此信称已全愈，当复于十月上旬。
②镜海：何应祺，河南善化人。

复姚蔚皋　光绪四年十月上旬①

读九月十八日手书，知天忌福人，予之病而靳以死，亦美意，亦良法也。杭垣家媳，极善持家，必有公道。素识闭门者，吾乡以风节相厉，不欲锦上添花耳！托钵生路，似宜课第二子及长孙，以备三窟，切勿开药方也。

①福州九月十八日信到南京，当在月底。复信当在十月上旬。

致裕禄　光绪四年十月上旬①

久疏音敬，惟起居曼福，至以为祝。李秋槎（楂）②太守从安庆来，闻执事留其随同任畹香③观察办理皖北保甲。知人善任，钦佩奚如？第鄙意皖南凋蔽情形，甚于皖北。土与客不相习，客与客又不相能。巡道顾新、老两关，日不暇给。棣生④观察，籍隶本省。营务之外，不能不引避嫌疑。似宜有一廉干大员总办善后事宜，俾土客无有所恃，以豫杜其衅隙而消于无形。皖北有畹香，能独当一面。可否将秋槎量移皖南，假以事权，而责其实效，统候卓裁。倘虑经费队伍为难，或由金陵酌拨。如须附片奏明，乞挈贱衔入告。当否？伏冀示复，以便遵行。

①抄本将此函辑入光绪四年十月初旬《复蔚皋》之后，复信亦当在上旬。
②李秋槎：李炳涛，字秋槎，河南怀庆府人。官至庐州知府，加盐运使衔。光绪四年，沈葆桢将李调办皖南保甲事宜，以劳致疾，于光绪五年五月初五日卒。
③畹香：戴兰芬（1838—1888），震泽人。
④棣生：方棣生。

复吴元炳 光绪四年十月中旬①

奉初三日教言,知起居偶有违和,至以为念。迩维因时珍卫,一切复元,悉如臆颂。澄海一军,操防认真,捕盗得力,自当留之。所有部议裁汰一成之说,复奏停缓,高明以为何如？首郡量调毗陵,权衡至当,再加历练,定更上一层。洋款架屋叠床,用者不为筹者设想,然所糜则国家之息也。奉安后,陵工似难遽竣,而万年吉地②当又兴工,必有万不能支之一日,奈何！奈何！张松明竟难免脱,可谓天网恢恢,蔑法者可以戒矣！弟日来复塞向墐户,咳喘大作。晚得少仲寄来温肺膏贴之,似稍轻减。知念附陈。

①关于暂缓裁减防营一疏,系沈葆桢与吴元炳合奏,此信是沈葆桢向吴元炳征求奏稿意见,当写于中旬。

②陵工,指同治帝的惠陵工程。万年吉地,指慈安、慈禧的定东陵。

致谢谦亨 光绪四年十月十九日①

久疏笺敬,惟眠食万福为颂。科道近日甚疏通,计入台之期非远。朝阳鸣凤,建白必多。自枢垣来,尤切中利病,非复老生常谈,谨倾耳听之。西蜀、吉林,皆有使节。或者求治太急,致拂群情。乌石山案,欲速结而起雨生。然愈急则愈将就,愈将就则所望愈奢,虽雨生无由速也。江南民穷财尽,百端罗掘以应陵工,犹虞不给。乃忽复有洋债,真令人智勇俱困。年岁丰歉参半,而蟊孽遗患,明春益大可忧。相晤匪遥,冰泮当望颜色。

①沈葆桢十月十九日《示管樵》信提及雨生及乌石山案,与此信同时。

复周秀庚 光绪四年十月中旬①

读手教,知文孙益肆力于学。书无从购,则读之愈有味。此是勇猛精进境界。八股则由博返约,涵泳《四书注》而深思之,自然就范矣。次坚如为母安葬,已嘱舍间敬送十千。表阡有待,万不敢以枳棘屈鸾凤也。

①沈葆桢于光绪四年十月十六日《复玮庆》信云:"次坚葬母,可送十千。"此信则称:"次坚如为母安葬,已嘱舍间敬送十千。"此信与《复玮庆》信应在同时。
抄本将此函辑入光绪四年十二月底《复吴元炳》信之后,现移至此。

复曾纪泽　光绪四年十月下旬①

昨修寸楮,借候起居,未卜何时入鉴?旋读手教,就审星槎(槎)载福,安抵申江,至以为慰。使事以人才为急,人才以读书明理为先。要言不烦,佩服无量。金陵书籍,应由洪琴翁照单检呈。此系公储,何敢索纸墨公费?陈司马志尹②,人甚聪明,亦有血性。有志西学,常以虚磨岁月,日即荒落为忧。闻伯乐之顾,喜形于色。游戏征逐,或从前黄浦时事,在金陵似无之。已饬赶紧束装,驱赴铃辕,静候驱策。弟分应躬送旌节,而畏风如虎,已塞向墐户,借爱乞恕一行。

①曾纪泽于十月二十八日离上海赴欧洲,此信当写于曾纪泽临行前。信称"弟分应躬送旌节,而畏风如虎",未能送行,可证。
②陈志尹:名莘耕,福建船政学堂学生,留法随员。

复吴仲翔　光绪四年十月下旬①

奉九月十九日教言,光霁襟怀,溢乎楮墨。嫩弟、瑶儿痁已就痊,复元则尚待静摄。五媳体弱,却无病痛,与诸女作伴,亦不寂寞。惟闻其望德门信颇切,又〈其〉抱憾已之不能作书也。暇时予以一札何如?瀛儿重来,文字大非昔比。心灵汩没,力趋时文,毫无分晓境界。劝其猛省回头,未见许也。船政新管驾有无出色人材?昨向合肥乞张成,坚持不放,不得已向尊处乞吕翰②,想必推情畀之。亦函恳春帅矣,如蒙商诸左右,幸赞一词。何心川③现在何处?近日器识如何?超武是否用康邦卧机,浙中愿受否?何人管驾,定否?有试造扬武式兵船用康邦卧机者,此间尚愿受也。康邦机器省煤,究竟所省若干?乞一一垂示。不才近复蝟缩,寒从骨髓中出,见饭胆怯。以此恋栈，问心何以自安？已递折请觐，并声明乞俟春融入都也。

①信称："已递折请觐，并声明乞俟春融入都也。"《江苏防营从缓裁减折》撰于十月二十一日，与请觐折同时呈上。此信当写于十月下旬。
②吕翰：福建船政后学堂学生。威远号管驾。
③何心川：福建船政后学堂第一届留英学生。

致吴赞诚　光绪四年十月下旬①

闻足疾新愈，即日东渡，驰系殊深。得台报，知旌节抵基隆，诸将即荡平番社，锄其强梗，恕其胁从。晋公临戎，牙爪用命，理固然也。此后能受之以需，使番学日起有功，则造［福］无量。惟威德无远弗届，起居亦因而胜常。幸甚！幸甚！兹有恳者，带登瀛洲之郑都司渔，驾驶极熟，而操演颇非所长。长江只此一船，急于望其可恃。乞推爱将吕翰来换，俾珂乡得兵船之实际，而郑都司于台洋风涛沙线最为谙练，亦匠门不弃之材。冒渎之愆，尚祈原恕。如蒙允许，恳饬吕都司即日北来，至以为祷。

①吴赞诚于九月初一日渡台，十月间即平息加礼远之骚动。信称："乞推爱将吕翰来换。"十月下旬《复吴仲翔》信亦言及此事，此信当复于十月下旬。

复夏献纶　光绪四年十月下旬①

望日得初八赐教，知指挥如意，凶番一鼓荡平，骈戮其悍酋，招复其良懦，劝惩备至，铜柱不可动摇矣！此后受之以需，俾社学日起有功，则造福无量，当不疑其效之纡也。硫磺价值若干？便中幸开示。此间厂局均以为可用，惟虑其值昂耳！诸磺既不如煤，似专意开煤，亦是一法。乌石山案，总署与北洋皆欲速结。然彼挟无厌之求，恐雨帅亦无由能速。速则不得不将就，愈将就则彼愿愈奢，是求速而得缓也。海岩遽奉讳，甚为台人惜之。

①夏献纶初八日的信，沈葆桢于十月十五日收到，此信当复于下旬。

复陈燮嘉① 光绪四年十月下旬②

奉手教，知起居曼福，潭第增绥，至以为慰。儿辈之不说学，实由不才恋栈所误。伊等亦自知非计，无如溺于酣豢，莫能自强。若至饥寒交迫，或当猛省回头，计期亦不远矣！一氊兀坐，阒然无声，此境殊未易耐。惟弟有不能不作不情之请者，正如明知膏肓之不可治，却难舍和缓而他求。敢恳九方，姑再予驽骀以鞭策。舐犊之爱，尚荷曲全，亦望犊等鉴其择师苦心，哀怜老牛，少减其破车之性耳。明岁计偕，为挈儿辈过此，当扫煦园之榻，以待高轩。老伯戊子年与先君论文协社，弟亲侍瀹茗之役。谦称万不敢当，幸勿再施为祷。

①陈燮嘉：字绩九。
②此信当复于十月下旬。

致林拱枢 光绪四年十月下旬①

前月肃豜寸笺，计邀青盼，迩维起居万福为颂。乌石山案，总署虑威使②到，又多胶葛，合肥乘此而起雨生。然愈急则愈将就，愈将就则所望愈奢，虽雨生无由速也。科道近极疏通，何以吾乡之记名者尚未得缺？缉臣③渺无消息，是否为交代留滞于川？寿甫有信否？闻入署烟虎以十数，能俯受羁勒否？城期计年内当满，明春不才入都，或得联床之暇。此次专差，即请觐之折。惟非春融，则断不能行。此时尚蜎缩于深室也。

①沈葆桢十月十九日《示管樵》信提及雨生及乌石山案。此信称"此次专差，即请觐之折"，弁差于十月二十一日动身赴京。信当写于此时。
②威使：威妥玛。
③缉臣：黄敬熙。

复彭玉麟 光绪四年十月下旬①

得鄂渚来教,知星楂(槎)将下驶。正思奉迓,报节钺抵瓜洲矣!续奉狼山赐函,慰诲拳拳,感深次骨。本月折弁已于念一日就道,王镇军请免骑射之奏,当待下月。质堂军门过此,称以船少为忧,极服其论之确。经费支绌,固难添造,但能添养,亦不患无船。奈陵工、洋债叠床架屋而来,求十数万金,岁添养两、三船而不可。得合肥书,许代购蚊子船两号,明秋可到,福建明春亦有下水轮船,此皆不要船价者。而薪粮出自何地,则尚无把握。承示随机应变,务在得人。真阅历有得之言,极当刻心。惜乎屡病之躯,无能为役也。弟日来又塞向墐户,已乞入觐,惟届期恐未易就道耳。

①信称"已乞入觐,惟届期恐未易就道耳",沈葆桢请觐,时在十月二十一日。又称"本月折弁已于念一日就道",此信当写于十月下旬。

致梅启照 光绪四年十一月上旬①

多疾,久未修书。惟威德增隆,至以为祝。金陵今冬甚暖,弟犹不免号寒,盖蒲柳之姿,本实先拨也。盛恺庭②观察籍隶杭州驻防,官豫章者二十余载,人极和平中正,公事亦精细异常。比以年逾六十,不愿出山。欲于浙东西谋一枝之借,讲席、局务,均无不可。因来游钟山之便,嘱以一函为介,可否采择之处,统候卓裁。

①信称"金陵今冬甚暖,弟犹不免号寒",与十一月上旬《复林寿图》信相同,当写于同时。
②盛恺庭:杭州人。

复林寿图　光绪四年十一月上旬①

读手书，知一路福星，安抵武昌，至以为慰。闻小宋有请假之说，未知信否？奉念二日寄谕，无春帆衔，而玉阶②暂署闽抚，不解何故？垂询所谓吏道、财源，我公忧国之诚，施及下走，感何如之！吏道疲，财源竭，挽回无术，不足为知己告。方今天下之病，日作无益以害有益。衮衮诸公，满腹经纶，指积弊为旧章，争之惟恐不力。议复漕运，方谓不知稼穑之艰难。弟病势日增，冬暖号寒，万事隳坏，并大纲亦未曾提挈也。

①十月二十二日林寿图关于李明墀（玉阶）署闽抚的信，沈葆桢收到即复，应在十一月初。

②玉阶：李明墀，字玉阶，江西德化人。时为湖南巡抚，十月二十二日署福建巡抚。

致翁学本　光绪四年十一月上旬①

多病久疏笺候，唯起居曼福，备叶颂私。闽策经大才运筹，想必日有起色。私戢销畅，所裨益于民生国计者甚蕃。淮商积疲，楚岸久假不归，遂无可救药。幸豫省阆轩②中丞祛私厘积弊，淮北尚稍有转机耳。弟痼疾牵缠，依然恋栈。塞向墐户，冬暖号寒。负国负民，何堪自问！岁事丰歉参半，蝻孽遍凤、颍、淮、徐一带，明春益复可虞。立冬后，江、淮转复加涨，此皆向未闻见者也。

再有恳者，弟一官留滞，年复一年。子弟家居，皆少不更事。诚恐耳目不到，致令荡检逾闲。如有倚借交情，以龌龊务干求者，务乞大君子以德爱人，执法从事。是所至祷。

①信称："立冬后，江、淮转复加涨。"又称："塞向墐户，冬暖号寒。"立冬在十月三日，此信写于此之后。此信当与《复林寿图》信写于同时。

②阆轩：涂宗瀛。

复吴赞诚 光绪四年十一月上旬①

闻足疾新愈，即日东渡，驰系殊深。得台报，知旌节抵基隆，诸将即荡平番社。锄其强梗，恕其胁从。晋公临戎，牙爪用命，理固然也。此后能受之以需，使番学日起有功，则造福无量。惟威德无远弗届，起居亦因而胜常。幸甚！幸甚！昨阅邸抄，敬审荣膺简命，正位光禄，且允辞兼署巡抚。天恩高厚，度越寻常，知精诚所感者深且远也！兹有恳者，沪局五、六两号兵船，大而无当，吴淞、长江均不适用。闻靖远叶富改带超武，可否以靖远见畀？饬陈毓淞②管驾入江，并饬威远大副叶伯鋆③附之而来。统候鸿裁，不胜翘企之至。

①沈葆桢向吴赞诚调轮船，于十月三日由闽开赴南京，而乞春帅给予靖远号则与《复吴仲翔》信同，当写于十一月上旬。
②陈毓淞：福建船政后学堂毕业生。建胜号管驾。
③叶伯鋆：字鹤舫，侯官人。福建船政学堂学生，沈葆桢调为登瀛洲舰长赴南京。

复吴仲翔 光绪四年十一月上旬①

玉春来，奉十月十二教言，而念八续札亦旋到，盖玉春病于申江，故迟迟也。不才与季老绝交二年半矣，玉春数奇若此，不可再以书醑之。赠以百金，函请景山收录。嘱以见收则奈苦，否则归农，官不足恋也。赐笔，谢谢，然甚苦无用处，颇为羊惜之。乌石山案，急则居奇，缓则就绪，虽伯宗若之何？文公岂以一祠为重轻，扰扰者未免太不知量。得寄谕，无春帅衔，大为错愕。嗣始知其又力辞，闽中添一好好先生矣！拟函恳春帅乞靖远，以陈毓淞管驾，并令叶伯鋆酌带数人附靖远而来。荥阳暂不提起，俟来此交割清楚，咨送回闽当差何如？吴直卿②已带扬武，不便困其盐车。邓太少英气，陈英③素未谋面，姑留为后图。慕吾性颇宽缓，伯鋆甚短视，且取其所长而已。江南局面窄，沪局轮船薪水，远逊闽中。诸君来此，均虑退有后言。如有康邦机器待配之兵船，可否将其炮门酌减，使炮数少而炮力大，易于制胜。若登瀛洲则嫌其炮多而力弱也。现将下水者尚有几号？何项船式？示知为感。清渠奉唐景星④为师表，刻意求似，不自知其才远逊于景星，亦不自知其品远胜于景星。当其自鸣得意，苦口无由入耳。倘能从此匿迹销声，失马安知非福？特恐其尚未甘心也。海岩⑤草草以终，令人一恸。伯仁由我而死⑥，疚心曷极！钜甥入赘，大酺鼓吹二日，不敢与光禄勋并驾，逊一筹耳。桃桃使人要于路，今又使人迎其眷，马牛仆仆，岂敢惮劳？儿媳均托庇平善。

①吴维允二十八日函，到南京当在十一月初。
②吴直卿：当指吴世忠，光绪三年任扬武管带。
③陈英：福州人。福建船政后学堂毕业生，福星号管带。
④唐景星：唐廷枢。
⑤海岩：林海泉。
⑥伯仁句：借用西晋王导的话"吾虽不杀伯仁，伯仁由我而死"来表示自己对林海泉之死的歉疚。

复曾光斗　光绪四年十一月上旬①

奉手教，知文孙作优昙一现，怃然者久之。第天花来去，踪迹何常。明岁看佳儿赴宴鹿鸣，雏凤清声，头角峥嵘。叔侄若兄弟，与德曜齐眉观之，喜事重重，笑声四溢，甚勿以偶然失意，介介于怀也。嫂夫人苦肝病，尤宜善自排遣。弟依然恋栈，衰朽日增。秣陵始霜，即塞向墐户。今冬甚暖，重裘炉火，尚不免号寒。盖蒲柳之姿，天欲福之而无可福也。此间岁事，丰歉参半，凤、颍、淮、徐，冬后犹苦大水，殊骇听闻。

①信称："冬后犹苦大水，殊骇听闻。"又称："今冬甚暖，重裘炉火，尚不免号寒。"立冬在十月十三日。此信当写于十一月上旬。

复吴元炳　光绪四年十一月中旬①

奉初七日手教，惊悉林锡三学士殁于松江试院，为错愕不怡者累日。锡三体素羸瘠，且有咯血之症。拟俟其任满，劝之怡情泉石，不料竟中道弃捐也。其人清而厚，和而介，洵足钦式士林。景况萧条，不言而谕。闻其世兄器识甚伟，此则天不负人之一端耳。弟谨派江小梅大令驰赴云间，助之料理丧事，兼致薄赙五百元，以将絮酒只鸡之意，知念附闻。洋债纷至沓来，应接不暇。马兰镇②兵房，盐厘万无可拨，不得不附片具陈。厘局如何缴卷，应恳卓裁。东堤三坝，至今未能完竣。东台等县不及种麦，奈何！奈何！

①信称："奉初七日手教，惊悉林锡三学士殁于淞江院试。"沈葆桢复信当在十一月中旬。

②马兰镇：直隶遵化州马兰峪，其西侧为清东陵。清代设绿营兵把守，归马兰镇总兵节制。

复林鸿年 光绪四年十一月中旬①

读十月初三日教言，忧时疾俗之怀，几于一字一泪。少陵忠爱，每饭不忘。恋栈频年，泄泄沓沓者，能毋愧死耶？海岩以疽殁于台北。伯仁由我而死，疚心岂有已时？锡三于松江试上、南、青童生正场，即日酉刻解脱，眷属次日方赶到。同乡官京外者，皆先我著鞭，不才遂为硕果矣！以如许温良和厚之人，不永其年，以杀戮为耕作者，其能久乎？颖叔来此，剧谈数日。为其千金入赘，匆匆而归。尊件函致之矣！泽生②抚闽，亦廉静之选，贞伯③权黔抚矣。知念附闻。另笺于李家纳妇事，反复谛审。剥蕉抽茧，透过时俗，所见数十层。躁心人雒诵再三，安得不五体投地耶？咏彤事其伯如事父，奉令（命）惟谨。如其必不可从，亦必缕析上陈，断无应之于先，而背之于后者。婴儿闻将离母，涕泗滂沱，乃天理人情之至。即其恋母之诚，可决其事姑之孝。求忠臣于孝子之门，择妇亦如是矣！天所报贞节者，捷如影响。转眴令外曾孙飞黄腾达，京宦侍奉安舆，其妇与焉。再见正复不远。鄙意吉期宜在三四月，归期宜在九月。盖令外曾孙初次航海，三月为风汛最稳之候，可免颠簸。九月则北风甫起，顺风而归。得此数月周旋，夫妇相习，亦免冒暑冲寒之苦。承委代谋，谨据所见，以备采择。至令外曾孙之可北行否，静候卓夺，非不才所敢逞臆于其间也。

①沈于光绪四年十一月初旬《复曾光斗》信称："今冬甚暖，重裘炉火，尚不免号寒。"沈葆桢得知锡三十一月初四日死讯，系吴元炳于初七日函知。则沈写信告知林鸿年，当在中旬。

②泽生：裕宽，满洲人。荫生。由河南布政使于十月二十二日署闽抚。

③贞伯：林肇元，福建侯官人。贵州布政使。光绪五年十月七日护黔抚。

再复吴仲翔 光绪四年十一月中旬①

正封函间，得初三续教，藉审赤须于三街量地，青眼以四杰告天，局外观之，皆所谓世间快事那有此也。《方铭山岘碑》刻于《申报》，王锦堂前数日正来求差，天从人愿矣！奏不奏在人，做不做在我。可杀不可缚，修己不责人，是我佛一生大法力也，敢以告。锡三初四日试南、上、青、金文童，场未毕而仙。好人，惜哉！

①林锡三去世，系吴仲翔于初七日函告沈葆桢，沈写此信当在中旬。

复李鸿章 光绪四年十一月中旬①

奉九月两教，备纫一是。闻乌石山案，愈即愈离。雨生仍以疾辞，似不能不宽以时日也。闽局除出洋学生外，如张成者颇不易得。盖由洋船引港出，耐风涛，识沙线，而嗜利成性，不知廉耻为何物，训练为何事；来自学堂者，略知源头路数，又病文弱，兼少阅历。仓卒有事，两者均未易恃。求室于五都之市，良非得已。既辱明诲，无敢再渎。然搜索枯肠，经月未得其人。商诸春帆，亦姑求其次而已。入冬后，江、淮又苦大水，已种之麦又告被淹，此则向未经见之事。借黄济运，为运河之害，尤为黄河之害。黄河旁注则下流缓，缓则淤，淤久则决。南决则珂乡受之，北决则棠治受之。商之诸公，谓国计民生无善于此者，诚非钝根人所能领悟。谓不行河运，东省水利便废，若闽、广本无漕，江、楚目前亦不运漕，不为之川竭也？都中之议，似竟欲复全漕。指积弊为旧章，挽回不遗余力。支绌至此，何堪更作无益以害有益乎！司局有无余款，按籍可稽，万不敢因裁汰而更停减。然贵部亦万不可再裁汰，事关大局，勿与计曹赌气也。读公批招商局禀，佩服之至。此事全仗大力。闻叶、顾之议论，未必能了此局面。晚询以中华用度，必省于外洋。即使用度相当，我多一漕运津贴，断无彼能自立，我转难支之理。渠对云，即为漕运吃此巨亏。晚诘以不愿运漕，并非难事，渠乃语塞。黎召民则以中华息重为言。诘以从前或者息重，近则并轻息而无之矣！大抵必除弊方能兴利，非我公一力主持，恐无济也。洋债层见叠出，紧要几于无可措手。陵工并马兰镇兵房经费,再索诸督销局,则淮饷益绌,不敢不求。颖叔感我公留讲席以待,来此小住,数商马首所向。晚劝以暂回鄂渚,以避嫌疑。其窘自在意中。小宋、稚璜,时有廉润,涸辙当不为枯鱼也。晚冬暖号寒,百事皆废。十月秩满,专折恳陛见,申明俟春融就道。如蒙俞允,当赴津门,先求指示一切。

①信里提及"马兰镇兵房经费",沈葆桢于十一月中旬《复吴元炳》信也提及,应为同时。

致文彬 光绪四年十一月中旬①

前月肃菰寸笺,未卜何时入览?迩维指挥若定,勋福增隆,至以为颂。里下河急欲种麦,而地未涸出,故盼三坝之堵綦切。近畅晴十余日,似可施工,伏望飞催厅汛各员,勉为其难,以慰嗷嗷之望。弟沉疴如昨,冬暖号寒,现届述职之期,已疏恳入觐,并申明俟春融就道矣。知念附闻。

①信称"已疏恳入觐",又称:"里下河急欲种麦,而地未涸出,故盼三坝之堵綦切。"光绪四年十一月中旬《复吴元炳》函:"东堤三坝,至今未能完竣。东台等县不及种麦,奈何!奈何!"应在同时。

复林拱枢 光绪四年十一月中旬①

奉小春手教,备纫一是。阅邸抄,知城差已交卸,重负暂释。雪天炉火,闭户手一卷书,亦足乐也。近日使节交驰,即域中亦复不少,而雨生奉命,仍以病辞,疏荐龚易图、吴仲翔、方勋、王荣和②襄事。当路寝食俱废,领事则上方广岩赏水帘洞矣!都门满城泥淖,只是行人太苦。江、淮冬后交涨,已种之麦被淹,未种者不得复种,此向来所未经见者。锡三扶病考松江,初四,金、奉、上、南童生当搜索枯肠,而文星已骑箕尾。宦囊萧瑟,在人意中。佳儿能读父书,则差强人意耳。前数日,同乡方议同制五十寿叙。不才以其方有期丧,劝止之,不料其竟怡怡以去也!

①信称："雨生奉命，仍以病辞，疏荐龚易图、吴仲翔、方勋、王荣和襄事。"又称"江、淮冬后交涨，已种之麦被淹"。"锡三扶病考松江，初四，金、奉、上、南童生当搜索枯肠，而文星已骑箕尾。宦囊萧瑟，在人意中"。立冬在十月十三日。当写于十一月中旬。

②王荣和：上海格致书院董事。

复夏献纶　光绪四年十一月中旬①

奉九月中浣赐书，就审威惠兼施，指挥若定，并承录示裁兵节饷各款。通盘筹画，缕析条分，钦佩奚如。其尤为切要者，舍瘠区，垦腴壤，停外募，用屯番，造福匪有涯量。鄙意则谓番学不可惜费，宜由我公随时加意提撕，将来收全功，必在此也。林海岩不但奉讳，且即捐馆。当时弟若靳之，谅不至是。欲为桑梓添一好官，致伯仁由我而死，良可恸也！袁警斋、吴云谷近复何似？念念。

再，吴少尉佳宾，在广信时旧相识，稳实自爱。吴云谷深知其为人。此次来金陵，为其子殁于台南，求一封书，向我公先容，乞一差使，俾积数月薪水，归其子之骨于故乡。弟向不敢作曹邱，缘其遇可悲，其人可用，故敢为公言之。

①沈葆桢复夏献纶（筱涛）的前一信写于十月下旬，抄本将此信辑入十一月中旬《示彤侄》信之后，十一月下旬《复庞际云》之前，应写于十一月中旬。

复程桓生　光绪四年十一月中旬①

奉小春下浣教言，藉审起居万福。江既冬涨，淮亦轩然，车、南、新三坝堵闭愆期，里下河竟不能种麦。徐、凤、颍遍地蟊子，明岁将如之何？伦敦银行，辄告倒闭，数以千余万计。汉镇固宜步其后尘，增勇简器，仰见绸缪未雨之苦心，第与近日纡筹策者所见稍左耳。弟咳喘如故，而上苦牙痛，下苦脾泄，则又力开生面，纷至沓来。服药数剂，亦复如故，听之亦复如故。殆造孽太多，必使尝遍人间疾厄，方许就死耶？

①十月下旬程桓生的信沈葆桢当在十一月上旬收悉。信称"三坝堵闭愆期"，此信当写于中旬。

复庞际云 光绪四年十一月中旬①

迭奉两教，为病魔所窘，未能作答，罪甚！罪甚！闻三坝近已兴工，然里河、下河无从艺麦矣！底水既大，蝻孽复多，即已茁麦苗，亦在渺不可知之数。神人合应，俾东西堤有成绩，庶几有豸乎！次实札已下，月给五十金，不敢多，恐其让也。刘海诗案已批提省，此等事尽吾心之所当为，馀均付之适然可也。尊体近何似？弟上苦牙痛，下苦脾泄，勉徇子弟之请，亦服药数剂，不应也。

①此信与十一月中旬《复程桓生》信均提及"上苦牙痛，下苦脾泄"，应写于同时。此信又称"闻三坝近已兴工"。十一月中旬沈葆桢致文彬信称："里下河急欲种麦，而地未涸出，故盼三坝之堵綦切。"此信当写于中旬。

复林鸿年 光绪四年十一月中旬①

奉初八日教言，辱蒙慰诲种种。《上元县志》已遵购。杨滨石②又寄《筹济篇》来，堆积案头，并未翻阅。而绿野堂中人惓惓不释，度量相越，窃自愧矣！年内遇有人便，即当附寄，不敢再延。来谕似甚留意于《申报》，其字太小，老年目力，颇宜省啬用之。颖叔信已加封飞递，必不迟误。泽生为豫藩，极有政声，未知于闽何如耳？厦门孙观察素未谋面。海岩疽发背死，为之惨然。颖叔债台，在其意中。下亦不见可乐，上亦不见甚苦。天无绝人之路，则死方是了期，彼此均一辙而已矣。

①信称"奉初八日教言"，指十一月初八日林鸿年致沈葆桢函。沈葆桢复信当在十一月中旬。
②杨滨石：杨泗孙，江苏常州人。咸丰二年榜眼。

复吴仲翔 光绪四年十一月底①

奉十八日手教，知春帅内渡，所请借才，均荷玉成，至以为感。靖远到工次，务乞详细察看，逐加修理，迟些不妨。耽迟莫耽错，亦闽厂声名所系也。第二副卧机已有头绪，可否请春帅将船壳兴工。炮门宜左右各二，或宜左右各一，弟亦不敢轻于臆断，乞令叶、陈二生各抒所见，我公折衷焉以请春帅。大抵七尊必太多。大用三尊，则头炮百二十磅子，左右炮八十磅子，船可当得住否？兼与吕翰诸君酌之。锡三次子，蒙赏举人，可谓旷典。江苏学政，放夏同善②矣。今日，秣陵大有雪意，病骨益支离矣。

再，乌石山事，一误于总署之畏威妥玛，再误于合肥欲借此荐贤。欲速不达，确乎其不可易。小宋于此事，用心甚好，第不将此事万不能速处争诸总署，所以进退维谷也。我公胸有成竹，须奉以终始，勿为俗论所摇。至嘱。

①吴赞诚由台湾回福州，在十一月二十日。清廷赏锡三次子举人之谕，在十一月十八日。沈葆桢得知此消息，当在月底。
②夏同善：字子松，浙江仁和人。光绪四年十一月十八日任江苏学政，光绪六年卒。

复李朝斌 光绪四年十一月底①

张明府来，捧诵赐书，知动定增绥，至以为慰。旌节北临里水，南抵舟山。海不扬波，商民蒙福。驭远马力，不足以运船身，转舵不灵，恐非驶者之过。平日迟钝，则临敌更难周旋。弟函商闽厂，现有将成之船系商船式样。其兵轮省煤机器，铸件甫成，打件未就。五十匹马力，请其配五尊炮船壳，殆须明年底方能成功。先从厦门调一八十匹马力名靖远者来，腊底正初可到。似于长江相宜，在吴淞则太小矣！报销事，张明府已与石东山商定一切，回松江时，可以面陈钧听。

①十一月底，沈葆桢《复吴仲翔》信称："靖远到工次，务乞详细察看，逐加修理，迟些不妨。耽迟莫耽错，亦闽厂声名所系也。"此信称："先从厦门调一八十匹马力名靖

远者来,腊底正初可到。似于长江相宜,在吴淞则太小矣!"此信也写于十一月底。

复程桓生 光绪四年十二月上旬①

奉子月念六日手教,辱蒙赐示种种,感何可言。鄂岸鬯销,全赖大才擘画,果能蒸蒸日上,则不争收复引地之名,转操制胜邻私之券,幸何如之?犒劳德、安、浙、河局友,具征激扬妙用,自当遵行。活牌价以励盐色,已札司栈照办。鄙见泰属重淋之盐,近益得法,似有胜于馀吕者,于德、浙各路一试之何如?如其可用,似无不接济之虑也。弟冬暖号寒,咳喘未已,脾泄又复月余。勉徇众论,服药数剂不效,只得静以听之。纵欲数十年,酿成此病,固非草根树皮所能奏功也。

①子月念六日,即十一月二十六日。十一月中旬,沈葆桢《复程桓生》信称"下苦脾泄",此信称:"脾泄又复月余。"应复于十二月上旬。

致李秋槎 光绪四年十二月上旬①

秋槎仁兄大人左右:别两月矣!惟按部宣勤,眠食万福。广德两案,辱高轩临讯,折衷至当,定释群疑。比得寿山中丞来函,以调办皖南保甲一层,经吏部议驳,部意以非军务省分不应夺情,且未知皖南目下实在可危景象。抑知素服从事,不得谓之夺情。办理善后,应与服官迥异。然此举本非台端所愿,即有此曲折,自应恪遵部议,以遂孝思。乃皖南人士闻之,如婴儿失乳,谓当即日具禀哀吁,且赴安庆向中丞求留。弟思尊意固不敢违民情,亦未忍夺其所恃。拟俟得其公禀后,缕陈皖民自危情形双请。如能为地方杜患计甚善,倘必回籍守制,亦俟服满后,即日驰赴皖南,了此局面,以慰舆情。乞台端暂遏退思,以候旨意。仍将应办事宜,切实布置,俾将来易于衔接,以此事断非他人所能赞一辞也。

①光绪四年十月上旬沈葆桢致裕禄函称:"李秋槎太守从安庆来,闻执事留其随同任睆香观察办理皖北保甲。知人善任,钦佩奚如。"此函称:"秋槎仁兄大人左右:别两月矣!惟按部宣勤,眠食万福。广德两案,辱高轩临讯,折衷至当,定释群疑。比得寿

山中丞来函，以调办皖南保甲一层，经吏部议驳，部意以非军务省分不应夺情。且未知皖南目下实在可危景象。"按此，沈葆桢写此信已在见面后两个月，即致裕禄信的两个月后。此函当复于十二月上旬。

复曾国荃　光绪四年十二月中旬①

奉子月十一日赐书，知仁人惓惓部曲之心，在远弗遗，仆射父兄，斯言信哉！侄即日如数送交海岑，谨将海岑收条附缴台端，以慰廑念。三晋得大雪，目下苦寒，于麦苗似当有补。入冬，长淮复涨，扬属三坝难堵，里下河不能种麦，春花竟无可望，奈何！奈何！劼刚此时计当抵法兰西，筠仙归期亦定不远，不识其入都复命耶？抑乞假省墓耶？

①信称："劼刚此时计当抵法兰西。"曾纪泽（劼刚）于光绪四年十月十八日动身赴法，十二月十二日到达，此信当复于中旬。

复林迥淑　光绪四年十二月中旬①

得十一月二十九日书，楷法愈工，文心愈肆，知贫之为益于人也大矣！菜根有味，幸深饫之，勿求去焉。明年领袖群英，行将益贫，然回甘不远矣。萱堂健好，是人生最难得境界，少甫极好安静，甚望其勇猛精进也。

①信称"明年领袖群英，行将益贫"，沈葆桢收到北京林迥淑信，当在十二月中旬；复信也当在中旬。

复林拱枢　光绪四年十二月下旬①

前月肃扛寸笺，旋奉手教，备纫一一。泽生在豫，颇有政声。所谓饥易为食，渴易为饮欤？小宋不将案难速结之故切实上陈，亦自取病之道。合肥为雨生谋，至矣！尽矣！雨生以为未足也。方疑寿甫官运之速，忽闻寿甫之讣，忧能伤人，如此其甚耶？然则拥高爵厚禄，以病躯恋栈，一息尚存者，不过视沟中瘠漠不关心耳，真顽钝无耻哉！天宁寺既可怡性，请每日驱车一行。绣斧观风，回首便成天上矣！债台司空见惯，甘之如饴。惟心则健忘，口则土音，膝则发抖，召对殊难为计耳！就道当在闰月，抵都当以孟夏。彼时遇荣膺简命，能挈伴出都，则大快事耳！

①信称："忽闻寿甫之讣，忧能伤人，如此其甚耶？"十二月下旬《示管樵》信亦云"闻寿甫死，为之一恸。然命应送于山西，亦一定而不可易者耶？"当是同时。

复文彬　光绪四年十二月下旬①

奉前月赐教，就审起居曼福，诸叶颂私。高邮三坝，已次第堵筑。春到，东堤便可兴工，西堤则静候三河坝合龙，方能下手。近日江流抖（陡）落，转较去年尤小。似淮流有销路，亦当日渐平减。如三河可以下埽，务恳台端谆饬厅员赶于年内堵合，俾邵家沟一带可以届期布置，里下河黄童白叟咸戴二天矣！金陵冬来甚暖，微雪一次，不能到地。闻江北亦未得大雪，蝗蝻余毒，甚可畏也！□□蝟缩如故，惟夜间尚能安睡一二时，不如去年之狼狈耳。

①信称："金陵冬来甚暖，微雪一次，不能到地。"又称："务恳台端谆饬厅员赶于年内堵合。"此信当复于十二月下旬。

复梅启照　光绪四年十二月下旬①

奉念三日手教，知长兴案已结，至以为慰。决狱之难，思之令人心悸。去年安徽建德县黄孔英一案，控系殴毙，验系殴毙。相验之知县孙宗寅，湖北拔贡，向充发审局提调者也。凶手坚指为自行服毒，府县恶其刁狡，造次严讯，上控愈急。弟亦以为殴与毒，伤痕易辨，问官何致荒唐至此。而家属纠缠不已，姑责取重罪切结，准其开检。两造均即日具结，而半年案不提起，催之乃以无件作对，不得已指提新建件作，亦以为间执凶手之口，案方可结而已。讵料当场蒸检，非但无伤，并亦无毒。倘天下均似此州县，吾辈凭何断狱耶？苏省盗案之多，似不减于浙。虽近日讳盗之习不若从前之甚，然缉盗大概委之于勇，捕役无能为也。饷绌派多，到处皆然，而两淮为最。陵工枝节横生，不知如何缴卷，他款更何论？入冬服汤药均不效，现胸前贴温肺膏，似稍有效，勒少翁所送者也。一冬无雪，祈亦不应。奈何！奈何！

①信称："一冬无雪，祈亦不应。"又称："奉念三日手教，知长兴案已结，至以为慰。"复信当在十二月下旬。

复庞际云　光绪四年十二月下旬①

奉几望手教，知苇荡厘重，屯租、滩租均有起色。整顿之效，捷于影响，天固不负人也。三河明年正月定可合龙，则西堤亦当踵事。漕帅督运北上，清淮坐镇，益仗长城。惟珍卫有加，重祷！重祷！金陵祈雪，府县设坛一次，司道设坛一次，均未获应。不才仍塞向墐户，不能出房门一步，愧恨何如？张小和尚等案，尊牍到后，再当斟酌奉商。孙方伯请假，洪琴翁③亦累日未晤，尚未知尊处所请者何人？得信即当饬赴清淮，以慰苌系。

①光绪四年十二月底沈葆桢《复吴元炳》信称"此间迄未得雪，祷三坛仅获微雨"，此信则云："府县设坛一次，司道设坛一次，均未获应。"当在十二月。又"奉几望手教"，即庞际云（省三）十二月十四日信，到南京当在下旬。
②孙方伯：孙衣言。
③洪琴翁：洪汝奎。

复李元度　光绪四年十二月下旬①

奉良月初吉手教，就审侍奉曼福，著作等身，至以为慰。哥老会蠢动，我公不出庭户，折箠定之。江淮以东，均坐享仁人之赐，岂但桑梓蒙福已哉！弟自知无风鉴之才，只宜因人成事，是以局务、差（瑳）务，均由各司道自择其人。余守魁梅，业经方伯为之安置矣。闻平岸瑳销甚邑，计然之术，固于国于家罄无不宜也。金陵至今尚未得雪，祈亦不应。蝗蝻遍地,奈何!奈何!

①信云:"金陵至今尚未得雪,祈亦不应。"当在十二月下旬。

复吴元炳　光绪四年十二月底①

奉醉司命日手教,辱蒙缕示一一。甘饷成骑虎之势,洋款尤附骨之疽,能按部就班,尽心力而为之,尚属幸事,否则何堪设想也?奉拨晋饷,已照大咨转行。今年金陵厘局多入二十万金,淮鹾亦多二三十万,而支绌转甚于往年。明岁为大比之期,厘务、盐务向来减色,其何以支拄耶?提督府、内务府随扈之款,纷至沓来。皆有成案可循,不啻山阴道上。而他处协饷,亦急如星火,不能借此稍宽。总之,大农不肯算账耳!承示宜兴一席,称者三人,为吴令首屈一指,极佩藻鉴之精。其朴实耐劳,当必有以上报知己也。此间迄未得雪,祷三坛仅获微雨。冬气不敛,岁事大属可虞。东豫亦未渥沛祥霙,蝻孽尤不知作何结局。弟咳喘较去年稍减,而脾泄转甚,药亦无灵,只得听之。

①信称:"此间迄未得雪,祷三坛仅获微雨。冬气不敛,岁事大属可虞。"又称"明岁为大比之期",当写于十二月底。

复黄倬昭　光绪四年十二月底①

读腊初手教,敬审侍奉曼福,昆季联床为慰。紫阳岂人所能碍?何伤日月,古人言之矣!然因求胜古人,日闭户以索创解,必少见市侩数辈,少作过举数事,积日计之,获益良多。紫阳有灵,亦愿借此掖而进之,不以为弃材也。至人之度量相越,虽最下者亦有等差。风尘俗吏,见人著作,如蚁泛芥于堂坳,便汪洋无际,何能叙焉?金陵所刻五经,曾与幼莲斟酌累月。举一讹字以告,大为三圣、四贤揶揄。从此惩羹吹齑,不敢复萌是念矣!少谷名宦,与封翁合传,褒之将干冥诛。衡斋官病则幕亦闲,诸君无所事事,日以背《左传》,读《史》、《汉》为功课,此岂可令龚、黄见者哉!公以前事为卓识厚谊,弟则以为害己害人,将来公自知之,无烦置办(辨)。子穆辞官而不家食,殊转以快乐为懊恼耶?然人必有懊恼,乃有快乐。弟近来几指不出何者为懊恼,此日殊未易度矣！五妹近体何似？今年孙枝联袂折桂，大足以娱萱闱，喜可知也。

①沈葆桢收到黄倬昭十二月初的信。又称："今年孙枝联袂折桂，大足以娱萱闱，喜可知也。"此信当写于十二月底。

复丁日昌　光绪五年正月上旬①

读醉司命日手教，敬审福星一路，安抵三山，忭慰无似。乌石山一案，中外皆翘首以望我公。竹马争迎，花门罗拜，此其时矣！尽其在我四字，要言不烦，确乎其不可易。惟奏结后似仍当候旨，方尽美尽善。且台从将赴孟河就医，移棹亦较近，胜于回籍后另起炉灶。煦园堁榻，敬迓高轩，何快如之？大江南北，一冬无雪，幸新正朔后得雪两次，虽入土不透，亦差慰民心。司道关局各库，为陵工、洋债搜括一空，欲办些积谷水利，万分掣肘。□□咳喘如故，脾泄增剧，诏许入觐，不知夏初能就道否也？

①信称"新正朔后得雪两次"，光绪五年正月上旬《复彭玉麟》信称："元旦至今得雪两次，虽入土不透，亦足藉慰人心。"两函当在同时。

复彭玉麟　光绪五年正月上旬①

读腊望手教，就审血疾间作，亦复畏风，不胜驰系。窃以为百病皆从心起，心劳则脏腑分受其弊。然习惯用心者，强置其心于不用之地，心将以郁而愈病，不如使有所寄托，当稍可优游。琴画诗书，皆我公所长，近日颇涉猎否？和事是出色当行经济，实则痛痒无问而已矣！地方能再安静十年，何患污莱不辟。开垦以土民为主，客民为佃，亦流弊差轻。若喧宾夺主，牧令图目前省事，抑弱扶强，几何其不阶之厉也！祁门首犯已获，可无他虞。金陵一冬无雪，三祈得雨。元旦至今得雪两次，虽入土不透，亦足藉慰人心。陵工、洋务交棘，欲为地方筹些积谷、水利，掣肘万状。裁勇、河运、加引，事事与大部所见相左。奈何！奈何！□□咳喘如昨，而脾泄益甚。春后稍愈，必勉强入都一行。持禄养交，太负国负民。自知不忍恝然竟逝，公其何以教之？

①信称："元旦至今得雪两次，虽入土不透，亦足借慰人心。"此信当复于正月上旬。

复梅启照　光绪五年正月上旬①

奉客腊手教，备纫一一。浙勇裁十之［一］，以后不再裁，极佩卓见。客民麇聚，非但浙西、溧阳、宜兴一带，所在皆有，而皖南之宣、宁、广、建为尤甚。近与寿山②中丞商调李秋槎太守，专办皖南保甲，未知有益否？徐州禁罂粟，大招民怨。谓隶东省何其乐，然不敢以是稍松劲也。余杭客民踪迹，究竟如何？此间盗案，亦层见叠出，惟缉捕不敢不力。恺翁来信，极感盛情。弟向不愿作曹邱，因系先君同年，且与公交情为所素知，故无词以却之。大江南北，一冬无雪。幸新正得雪两次，虽入土未透，姑以慰农民之心。惟节未立春，冻早消释，天气过暖，殊恐非宜。弟脾泄两月有余，昨始稍止。入觐奉俞旨，殆非立夏不能成行。素虽晕船，然必出海，盖遵陆则愈不支也。知念附闻。

①光绪五年正月十四日立春，此信当写于初十前。
②寿山：裕禄，字寿山。

复程桓生　光绪五年正月上旬①

奉客腊手教，备纫一是。重淋之盐，已批饬尽重鄂岸，俾收敌川之效。但试办伊始，为数无多。倘前者获赢，后者自当闻风兴起，庶几争相仿效，不令而行。以人事言之，重淋卤耗似必较轻，以其经第二道火也。今年大比，殊恐销数不逮去年，饬场垣尽收，以清其源，未卜做得到否？农部以稚帅②黔引之奏，又议复准，亦姑言焉而已，非志在必行者也。如各场能仰体执事之意，极力整顿盐色，船户、子店，恪遵功令，无所搀和，则无争岸之名，而有销引之实，快何如之！有赐教处，手札随时可达，不敢远劳文从。大江南北，一冬无雪，设坛三次而得雨，幸元日后得雪两次，虽入土不透，姑借以慰农情。弟暖而号寒，脾泄不止，望立春后差减耳。

①程桓生信写于去年十二月，此信当复于正月上旬。
②稚帅：丁宝桢，字稚璜。

复吴仲翔　光绪五年正月上旬①

十四、念二、人日、除夕，四奉手教，头绪烦多，条对如左：一、商召叶伯鋆信到闽，在春帅内渡以前。春帅内渡，即坐威远，何以复令叶伯鋆赴台？此辈明知将交卸，其弊尚复可问耶？一、小真荫监，其家更无可布置。我公能为托办，甚善。应费若干，当令其家补缴。万一来不及，亦无妨。其操券，亦晚成之大器也。一、请觐已奉俞旨，非闰月即四月，当勉强一行。一、卧机船壳，既承转达，迟速听之，即作为罢论，亦听之，不敢过渎矣！一、雨帅仅划千余金为公倡捐，用意良厚。蒙委筹款，极不当辞。惟现措北行川费，尚无应者，颇难舍己芸人，尚乞原宥。一、雨帅一到，全神俱动，甚矣！人之不可以无术也。一、小彭内行，素极钦佩。唐突西子，敢耶？忍耶？若星使便宜行之，尚虑小彭未必答应。不才则断难越俎矣！一、靖远之调，谆谆修理，冒渎者至再至三，无非恃爱之故。逮闻管驾丁忧，以为人则守孝百日，船则从容修理，两便也。得念三日信，谓船已开行，以为必修理完竣，否则船本一切完好者也。乃日夕以冀，望眼欲穿，初七晚始到，问管驾以船之长短、广狭，炮之轻重、大小，一切茫然。谓新丧之人，固宜颠倒错乱，不忍穷诘也，传问大伕，此船一点钟走多少？以两迷卢对。诘其何以迟滞至此？曰一水缸裂矣！诘以何故不请修？曰请过提调，蒙谕江南需船甚急，且去再说。诘以我有信托提调结实修理，汝若回明水缸欲裂，岂有强汝出洋，以五六十条性命，付诸东流之理？再诘以船底有无损坏，曰：船未上槽，无从察看，实遵提调谕令速行，并非敢于附会等语。此辈忘恩背义，其言极不足凭，然既有所闻，不敢不以告，伏乞示复为望。一、次媳已于腊后到署。瀛儿遵命从缓归试，惟荒嬉如故，甚无以对我公也。一、此间天气太暖，故雪少而雨多，鄙人则号寒如故也。

①信称："靖远之调，谆谆修理……得念三日信，谓船已开行，以为必修理完竣，否则船本一切完好者也。乃日夕以冀，望眼欲穿，初七晚始到，问管驾以船之长短、广狭，炮之轻重、大小，一切茫然。"又云："此间天气太暖，故雪少而雨多，鄙人则号寒如故也。"此信当复于正月上旬。

复任道镕 光绪五年正月上旬①

另笺一字一珠，当勒肺腑，非但铭诸座右也。黄、老之学，是自便第一法门，非真于物有所爱惜，故龙门侪之申、韩，确论也。卧治者能一一沙汰，似尤胜于停分发。停捐已见端倪，然不先停各省之捐，而先停京师之捐，则各省争减捐价，以绝急流之鱼，将名器愈滥，大农殆未深长思耶？两浙得我公维持，珂里亦分余润。各局库为陵工、洋债搜括净尽，欲为地方少筹积谷、水利，步步掣肘。大江南北，一冬无雪，设坛三次而得雨，幸元日后得雪两次，虽入土未深，姑以藉慰农情。然气不敛藏，先春而暖，岁事终可虑也。

①信称"幸元日后得雪两次"，与正月上旬《复程桓生》信同时。

复卞宝第 光绪五年正月上旬①

捧诵赐书，宏奖忠正。挽回风气之深心，昭然若揭，钦佩至不可言。惟安定一席，昨由薛慰农②山长荐韩叔起③，今早方伯又谈及孙省斋荐鲍华潭④，弟均以有言在先，书院暨归出关之人延订，不敢越俎推毂辞之。顷辱垂教，极知六舟太守直声震朝野，而踌躇再四，终以驷不及舌为惧。素蒙挚爱，只得据实自陈，伏乞涵宥。想主者亦必以卓见为然，无待鄙人翘（饶）舌也。

①从此信内容难以判断写作时间，在底稿中，此信与正月上旬《复吴仲翔》、《复任道镕》为一组，或写于同时。
②薛慰农：薛时雨，字慰农，一字澍生，江苏全椒人。咸丰进士。官至杭州知府，罢官后主讲崇文书院。著有《藤香馆诗删》等。
③韩叔起：江苏通州秀才，南京钟山书院掌教。
④鲍华潭：鲍源深，字华潭，安徽和州人。光绪二年迁山西巡抚，病免，光绪十年卒，年七十三岁。

督江（九）

致李子嘉① 光绪五年正月十七日②

迭奉两教，就谂天酬阴德，喜溢珂门。岐嶷石麟，接踵而起，曷胜抃颂。去年场灶缺产，故销路通畅。淮南北如是，想吾乡亦复如是。承示四文孙吉期定于三月六日，已饬大小儿黾勉以从。惟内训阙如，殊深悚仄，幸蒙雅爱，定荷渊涵耳。

①李子嘉：沈葆桢亲家，李端之父。
②抄本标题"正月十七日致李子嘉"。

致李端 光绪五年正月十七日①

两得手书，知畲曾伯仲县试均终覆，此即采芹先兆矣。行期定于三月，正值海上风色静好之时。不才奉恩旨，俟身体全愈，再行入都。清夜扪心，愈不敢自耽安逸。惟此时尚瑟缩未能出户，殆立夏后束装放洋，以速补迟，与贤者握手于宣武门外耳。

①正月十七日致玮庆信称："康侯入都，必可相见。"此信也称："殆立夏后……与贤者握手于宣武门外耳。"此信当与致玮儿信同时。

复吴仲翔 光绪五年正月十八日①

奉正月三日赐书，知春帅卒中风痰（疾），至以为念。我公此时不能去，不可去，亦不当去，何必作此退让之言，以摇动人心？新姑见过许多，不过尔尔，何所用其长虑却顾耶？凡事总以尽其在我四字为定盘针，我不自尽，何尤于人？若因人为转移，则举足都无是处矣！执事倡捐如前书所云，部中固已议奖，纵肯花钱，亦无由重复议奖，似惧字幸字均无所着。办洋务总以坚忍为主。好见长，避处分，无往不自诒伊戚。治病亦复如是，愿春帅勿求速效，自当徐徐奏功也。鲁生已来请幼莲、澄之，神户商民则坚留少彭，而少彭则已抵家矣。开篆前一日。

①抄本信末落款"开篆前一日"。开篆：开印。清制，每年于十二月十九、二十、二十一三日内由钦天监选择吉日吉时颁示各官署一律封印，为期约一月。至明年正月，再由钦天监于十九、二十、二十一三日内择日在开印，称为开印日。"开篆"前一日，当在一月十八日至二十日之间。

复林鸿年　光绪五年正月下旬①

奉嘉平矩诲，极佩注垂。李扬南愈扰愈南，黔疆尚安谧。以目前情形而论，似疆寄较易于藩条，况贞伯于黔事烂熟耶？心北以已卸之城差得优察，非族运亨通不至此。转晌（瞬）迪臣②、赞虞③轺车四出，肖康、符石、希村联步以上，皆意中事耳！玉阶在江右曾一面，入闽过此又一面，精核似夏小陶，不知其他。何渭臣分发江苏，未与一晤，亦未得其一纸书，其端介廉静可想，亦随锡三以去。惜哉！颖叔在鄂，闭户著书，舍词章而肆力朴学，天之玉成出类拔萃之才者，非寻常意计所能测矣！

①李明墀于光绪五年正月二十五日升闽抚。此信当在此后不久写。
②迪臣：林启（1838—1900），字迪臣，福建侯官人。光绪二年进士，任陕西学政。
③赞虞：林绍年（1848—1916），字赞虞，福建闽县人。同治十三年进士。历任知府、布政使、按察使、云南、广西巡抚，署邮传部尚书。

致林拱枢　光绪五年正月二十四日①

心北仁棣台左右：腊、正两奉手书，备纫——。就谂荣膺优察，持节在指顾间，特不知何省士民福星照命也。停捐是美政，然不将外省先停，恐绝流而渔，为弊滋甚。厘局似无甚弊窦，湖北未深知，福建则早经和盘托出。至若司事、巡丁之卖放，则随时随地有之，然较诸常关则千百之一二矣！秋审处提调，守福州者尹西铭②，非尹耕云。寿甫苦命,其本家亲戚,则尚以为鱼肉。凶信一封到家,日供饭菜数桌,其家亦视为固然,又空二千余金矣!自知福薄,便是载福之器。然名为福,实则为累,恐棣台累无已时矣!祗请道安。

①抄本标题:"七月念四致林心北。"七月二十四当为正月二十四之误,沈收到林拱枢(林心北)信系正月,复信不可能迟至七月。
②尹西铭:似是伊世铭。福州知府。

复沈桂芬　光绪五年正月二十四日①

盥诵手谕,知痰咳已消去大半。此固中外之福,非仅叨素爱者顶祝弗谖也。机务本繁,又值总署换约届期,不入耳之言,棘手钩心,殊难为状。惟我公泛应曲当,仍以大度处之,勿撄于怀,天下幸甚。大江南北,一冬无雪。正初得祥霙两次,虽入土未透,姑以藉慰农情。某暖而号寒,至今尚未能出户,稍可支拄,即当由海道入都。抠谒匪遥,积私面罄。

①信称:"大江南北,一冬无雪。正初得祥霙两次,虽入土未透,姑以藉慰农情。某暖而号寒,至今尚未能出户。"又沈桂芬、林拱枢、咏彤均在北京,沈葆桢信当在二十四日同时复。

复庞际云　光绪五年正月下旬①

省三仁兄年大人左右:读除夕及初九日手教,备纫一是。安东白役扰民,当严札饬令约束。桃源则曾令力求过班,周令以九年即用,并未摄篆,亦欲及锋而试,只得勉以努力缉捕而已。看其器识,似周较曾为纯实。张令振横,已委兴化矣。前函请委发审委员,嗣晤孙、洪二君,方知其为龚牧。此差本苦,且该牧实能胜任。惟发审向为怨府,有从旁窥伺,欲得而甘心者,君所知也。该牧并非艰于应考之人,如请考后再委,则不授人以柄。事事当官而行,执事方借收指臂之效,卓见以为何如?淮上得雪,足慰农情。金陵雪实未透,欲望去年之麦秋,恐未易得。螕子近有蠢动否?殊为系念。罂粟之禁，惟徐属举行，他处皆无只字见复，恐派查后又不能不开罪于地方官也。

①这是对庞际云去年除夕和本年正月初九日来信之复信，当在下旬。

复梅启照　光绪五年正月下旬①

筱帅仁兄大人左右：奉十四日教言，就谂勋福增隆为颂。近日州县每改供以就例，一经挑剔，则处处矛盾，无可置对。腾谤势所不免，吾辈自尽其心而已。海防经费，划抵养船，极当遵命。福建亦所见略同。一视同仁，则船局竟废。或许或拒，则难于措辞。万不得已而有饬超武来江之请，想我公必怜其苦心而曲谅之也。缫丝机器，伯相意在必行，此亦浙中一利。捐务似宜各省先停，则事得其叙。朱其昂②条陈，只为自己牟利起见，于私囊并不隔膜也。金陵元旦以后得雪两次，虽入土未透，然姑以慰农情。弟近日泻止而咳又剧，神识颇昏，不能详也。

①信称："金陵元旦以后得雪两次，虽入土未透，然姑以慰农情。"当复于正月下旬。
②朱其昂：沙船商，以捐输获知府衔，1865年为候补同知及浙江海运委员。参与轮船招商局的筹办，任总办。

复李鸿章　光绪五年正月下旬①

少公中堂阁下：奉腊日手谕，知勋福增隆，至以为慰。乌石山教案，星察理至，闯入羁所，诱犯翻供，亦可谓智尽能索矣。持以镇定，必就范围也。大农锐意兴复全漕，即饷有可筹，河亦助顺，不过复见嘉道年间积弊，非小儒所敢与知。招商局诸君不病才短而病志奢。坐办必有冠绝沪上之花园，他物称是，他人亦称是矣！惠陵②奉安后，吉地踵而兴工，洋债亦有继长增高之势。马兰镇兵房，只有静听处分，非但从缓。李勉林已入局，颖叔久未来书，未知得讲席否？大江南北，一冬无雪。元旦而后得两次，虽入土未透，姑慰农情。晚去冬嗽轻而脾泄两月有余，近泻止，咳复大作。屈计四月当抠谒铃辕。固不足激昂青云，谅当许以阶前盈尺也。

③贞伯：林肇元，福建侯官人。贵州布政使。光绪五年十月七日护黔抚。

再复吴仲翔　光绪四年十一月中旬①

正封函间，得初三续教，藉审赤须于三街量地，青眼以四杰告天，局外观之，皆所谓世间快事那有此也。《方铭山岘碑》刻于《申报》，王锦堂前数日正来求差，天从人愿矣！奏不奏在人，做不做在我。可杀不可缚，修己不责人，是我佛一生大法力也，敢以告。锡三初四日试南、上、青、金文童，场未毕而仙。好人，惜哉！

①林锡三去世，系吴仲翔于初七日函告沈葆桢，沈写此信当在中旬。

复李鸿章　光绪四年十一月中旬①

奉九月两教，备纫一是。闻乌石山案，愈即愈离。雨生仍以疾辞，似不能不宽以时日也。闽局除出洋学生外，如张成者颇不易得。盖由洋船引港出，耐风涛，识沙线，而嗜利成性，不知廉耻为何物，训练为何事；来自学堂者，略知源头路数，又病文弱，兼少阅历。仓卒有事，两者均未易恃。求室于五都之市，良非得已。既辱明诲，无敢再渎。然搜索枯肠，经月未得其人。商诸春帆，亦姑求其次而已。入冬后，江、淮又苦大水，已种之麦又告被淹，此则向未经见之事。借黄济运，为运河之害，尤为黄河之害。黄河旁注则下流缓，缓则淤，淤久则决。南决则珂乡受之，北决则棠治受之。商之诸公，谓国计民生无善于此者，诚非钝根人所能领悟。谓不行河运，东省水利便废，若闽、广本无漕，江、楚目前亦不运漕，不为之川竭也？都中之议，似竟欲复全漕。指积弊为旧章，挽回不遗余力。支绌至此，何堪更作无益以害有益乎！司局有无余款，按籍可稽，万不敢因裁汰而更停减。然贵部亦万不可再裁汰，事关大局，勿与计曹赌气也。读公批招商局禀，佩服之至。此事全仗大力。闻叶、顾之议论，未必能了此局面。晚询以中华用度，必省于外洋。即使用度相当，我多一漕运津贴，断无彼能自立，我转难支之理。渠对云，即为漕运吃此巨亏。晚诘以不愿运漕，并非难事，渠乃语塞。黎召民则以中华息重为言。诘以从前或者息重，近则并轻息而无之矣！大抵必除弊方能兴利，非我公一力主持，恐无济也。洋债层见叠出，紧要几于无可措手。陵工并马兰镇兵房经费,再索诸督销局,则淮饷益绌,不敢不求。颖叔感我公留讲席以待,来此小住,数商马首所向。晚劝以暂回鄂渚,以避嫌疑。其窘自在意中。小宋、稚璜,时有廉润,涸辙当不为枯鱼也。晚冬暖号寒,百事皆废。十月秩满,专折恳陛见,申明俟春融就道。如蒙俞允,当赴津门,先求指示一切。

①信里提及"马兰镇兵房经费",沈葆桢于十一月中旬《复吴元炳》信也提及,应为同时。

致文彬　光绪四年十一月中旬①

前月肃䘏寸笺,未卜何时入览?迩维指挥若定,勋福增隆,至以为颂。里下河急欲种麦,而地未涸出,故盼三坝之堵綦切。近畅晴十余日,似可施工,伏望飞催厅汛各员,勉为其难,以慰嗷嗷之望。弟沉疴如昨,冬暖号寒,现届述职之期,已疏恳入觐,并申明俟春融就道矣。知念附闻。

①信称"已疏恳入觐",又称:"里下河急欲种麦,而地未涸出,故盼三坝之堵綦切。"光绪四年十一月中旬《复吴元炳》函:"东堤三坝,至今未能完竣。东台等县不及种麦,奈何!奈何!"应在同时。

复林拱枢　光绪四年十一月中旬①

奉小春手教,备纫一是。阅邸抄,知城差已交卸,重负暂释。雪天炉火,闭户手一卷书,亦足乐也。近日使节交驰,即域中亦复不少,而雨生奉命,仍以病辞,疏荐龚易图、吴仲翔、方勋、王荣和②襄事。当路寝食俱废,领事则上方广岩赏水帘洞矣!都门满城泥淖,只是行人太苦。江、淮冬后交涨,已种之麦被淹,未种者不得复种,此向来所未经见者。锡三扶病考松江,初四,金、奉、上、南童生当搜索枯肠,而文星已骑箕尾。宦囊萧瑟,在人意中。佳儿能读父书,则差强人意耳。前数日,同乡方议同制五十寿叙。不才以其方有期丧,劝止之,不料其竟怡怡以去也!

①信称："屈计四月当抠谒铃辕。"又称："元旦而后得两次"，"去冬嗽轻而脾泄两月有余，近泻止，咳复大作。"此信当复于正月下旬。

②惠陵：穆宗（同治帝）陵寝。位于东陵东南双山峪。

复潘霨　光绪五年正月下旬①

伟帅仁兄世大公祖大人左右：两奉教言，就谂萱阁延釐，棠坼纳祜。盈盈衣带，延跂弥殷。沂帅诚笃长者，信如月旦，想朝廷亦深知之。过客如云，原难尽如人意。天高听卑，固非谣诼所能伤也。金陵一冬无雪。元旦后得两次，虽入土未透，姑以藉慰农情。远公书已付闽鸿，幼莲、子密各函，均遵命奉致。某日来泻止而咳复大作。北行殆必四月为期，知念附陈。

再，颖叔极承关切，感何可言？督销局借重尚斋有年，万难更易生手。张子衡系尚斋所请以自辅者，并非弟所另委。颖叔不久必再起，似应如其意。乘此闭户岁月，续成草创未就之书，俾出山后专意报国。至接济薪米，吾辈之责也，弟何敢辞？

①信称"金陵一冬无雪，元旦后得两次"，"某日来泻止而咳复大作"，此信当写于下旬。

复吴赞诚　光绪五年正月下旬①

春帅大公祖年大人左右：人日读手教，正拟裁复，旋得维允书，知台从入城，于雨帅座次，忽感风眩，驰系殊深。比得赐函，就谂天相吉人，逐渐康复，为国家额庆者久之。尚冀餐卫有加，是所至祷。承谕闽海关欠解船政银两，以应解海防经费拨补，极不敢辞。第前数日得梅中丞书，浙中先有划抵养船之议。弟答以独供浙省，则各口啧有烦言；一视同仁，万万非力所及。各省所留有限，而南洋全局皆翻。不如将超武驶来吴淞，供其粮饷，庶两得之。今若遵谕办理，殊苦无辞以对梅君。且闽海关解南洋经费，岁仅数万金，停六十万有定之款，索数万无定之款，即海关绝不短解，恐得失不足以相偿。况户部于船政额款，并无许令停解之文。不过主权者视船政可缓，则竟缓之。今以海防经费改归船政，岂不又成一可缓之款？窃虑楚则失之，齐亦未尝得也。伏念贵局造船之款，大半耗于养船，闻首帮出洋学生于四五月东归，可否饬林生泰曾②、蒋生超英③带新造两船来江差遣。或新船一时未便，就已成之坚致者，挑取两船北来，似所减之饷，较实于改拨之饷。颛蒙谬说，无当高深，幸垂察焉。珂乡一冬无雪，元旦后得雪两次，虽入土未透，聊以藉慰农情。弟去冬脾泄两月有余，近泄止而咳复大作，北上非入夏不可。知念附闻，祗璧教谦。

①信称："珂乡一冬无雪，元旦后得雪两次。"又称："前数日得梅中丞书，浙中先有划抵养船之议。弟答以独供浙省，则各口啧有烦言。"沈葆桢答梅启照信在下旬，此信也复于下旬。

②林泰曾（1852—1894）：字凯仕，福建侯官人。福建船政学堂学生，留英学习驾驶，镇远舰管带。

③蒋超英：福建船政学堂学生，留英学习驾驶。"澄庆"号管带。

复吴仲翔 光绪五年正月下旬①

薇公大人阁下：念六叶生捧手谕，知靖远船经几番谛审修理，十分完固而来，至感！至感！以某之暗，加以足不出户，其受人蒙蔽，夫何待言！极应遵命驶回马江，恭候勘验。惟屈计时日，当入沪槽，且以某近日星宫，动辄得咎，殊恐以不德为六十五人性命之累。是以踌躇再四，未敢决行。叨爱有年，伏乞逾格原宥。春帅病势渐差（瘥），为朝廷额庆者久之。星使②乞假一月，我公不免独为其难。惟荩勚之余，加意自珍为祷。

①信称"星使乞假一月，我公不免独为其难"，正月十八日吴赞诚《患急病请假调理折》称："赏假一月，俾静心调理。"沈葆桢知此事当在月底，此信当写于正月下旬。

②星使：吴赞诚。

复曾国荃 光绪五年正月下旬①

沅帅九丈大人左右：奉新正手教，知棠圻雪亦不足，至以为念。距立春尚十余日，仍望续沛祥霙。运费六万金，各司局均摊匀解，已载涂矣。我公至诚感神，天必锡之以福。饥馑如兵燹，其复也以渐。民劳则思，思则善心生。闻三晋罂粟，经我公示禁，奉令惟谨。民之悔祸，即知天之悔祸也。大江南北，一冬无雪。元旦后得雪两次，虽入土未透，姑借以慰农情。徐州禁罂粟，民怨而官亦然，费九牛二虎之力，并未净尽，徒觉强人以所难而已。

再，侄去冬脾泄两月有余，近泄止而咳复大作。今春极暖，然尚未能出户，述职须入夏方能成行。前款乞勿寄京。署和顺陈令承妫，本侄之表弟，亦联襟也。蒙我公拔之侪伍中，命绾是篆。福过灾生，殁于任所。其诸子贫病交迫，口操土音，难以远出。侄拟俟津门解冻后，派一家人赴晋，为之扶柩旋里。长途艰于多带川费，且恐尚有私累，敢恳我公于小仆持侄手启叩辕时，为之设法筹垫。应拨何处，伏乞示知，是所至祷。筠叟遇人不淑，牢骚抑郁，殊难为状。生还有日，方为释然。子恒月得百金，闻尚不免悬釜。颖叔得台端及筱宋、稚黄诸君之助，债清过半。闻其闭户读书，不甚见客，转令人羡而妒之。筱宋来雁殊稀。乌石山案，似将就绪，退志则徒有是想而已。扬堤业已兴工，入春多晴，似得天助。而经费窘极，万不能一气呵成，无如何也！

①沈葆桢于光绪五年正月下旬《复吴赞诚》函称："珂乡一冬无雪，元旦后得雪两次，虽入土未透，聊以籍慰农情。"《复潘霨》信又云："某日来泻止而咳复大作。北行殆必四月为期，知念附陈。"此函亦云："大江南北，一冬无雪，元旦后得雪两次，虽入土未透，姑藉以慰农情。""侄去冬脾泄两月有余，近泄止而咳复大作。"此函当复于正月下旬。

复郭嵩焘　光绪五年二月上旬[①]

筠叟仁兄大人左右：新岁奉客冬手教，良工心苦，情见乎辞。三复回环，五体投地。来示云，情伪利病之间，缓急轻重之势，稍有不明，则愈敷衍而愈坐困。旨哉言乎！鄙意不求自强，终于无可了事，且终于无可敷衍。当机立断不易，而循序渐进则尤难。今安得有三年、五年以达数十年之劲者？不才返躬自问，时时不能自遏引退之念，敢恕己而疚他人乎？时事多艰，我公具旷代经纶，宜穷益坚，老益壮，忍辱负重，宏此远谟。彼其之子，何足较量？旌节如乞假省墓，则金陵为必由之路，高轩过我，握手言欢当不远。如即日复命，则弟孟夏亦当抵都，幸得望见颜色。贱躯去岁苦泄两月有余，近泄止而咳复大作，两腰（腿）无力，跪起尤难。然自出守后，并未入都，扪心万分不安。但得勉［强］一行，必了此心愿，殆以航海为较逸耳。大江南北，一冬无雪。元旦后得雪两次，入土不透，姑以藉慰舆情。春暖太骤，岁事殊可虑也。

①郭嵩焘于光绪四年十一月初六致信沈葆桢，按四十五天路程计，信到南京当在十二月二十一日，信称"新岁奉客冬手教"，则此信当正月初收到。郭嵩焘日记载光绪五年三月初七接到沈葆桢二月五日发出的信，当指此信。

复曾光斗　光绪五年二月上旬①

奉客腊手教，就谂兴居曼福。药炉固人生所不能废，然与之大（太）密，亦颇非宜，当勉强以渐却之。今年大比，世兄先鞭猛着，定破壁而飞。但愿一矢双雕，扶摇直上，无若老凤及鄙人之久于计车也。弟至今见客，尚披重裘，真官场中一怪物。入夏只得勉［强］附船舶北上，以遂犬马恋主之恩。知念并陈。

①信称："弟至今见客，尚披重裘。"此信也当写于二月初。

复李元度　光绪五年二月中旬①

次翁亲家年世大人左右：前月肃复寸楮，计当渥荷青垂。伻来，捧读二月初吉诲言，就谂爱日舒长，百凡纳祜。承荐子衡廉访督销湘局，叨爱之挚，感何可言。惟前月准汴生②中丞飞函，商以仲京观察百日后仍督矐局，否则以但观察代之。弟思人惟求旧，已慰留仲京矣！数日后，得段培元书荐陈右铭，亦弟所素极佩服者，然如闻命后何？衡翁著书课儿，似莫宜于闭户，方可速酬其志。转瞬诏征再起，勿使又多一未了之缘。窃谓不宜以彼易此也。次媳年内抵金陵，一切平安。南生随舍侄咏濂读书，不至若在家之全然荒废。知念附闻。

①沈葆桢接李元度二月初信，复信当在中旬。
②汴生：邵亨豫，字汴生，江苏昭文人。官至陕西巡抚、吏部侍郎。

复裕禄　光绪五年二月中旬①

寿帅仁兄大人左右：日前肃复寸笺，计邀青盼。迩惟指挥若定，威德增隆。皖南绅士禀来，辞甚恳挚，想尊处亦同一律。谨拟疏稿，祗呈冰案。笔墨荏弱，未足以达彼都人士之意，敢乞推爱，痛加斧削。即由尊处缮发，以慰众望。金陵连日得雪，菜麦大属可虞。安庆如何？不胜延跂。

①信称"金陵连日得雪"，在二月十一、十三日。

致徐文达　光绪五年二月中旬①

仁山仁兄大人左右：日来仪河兴工，惟荩勚之余，起居曼福。顷据上元程令面禀，扬堤望石甚急，栖霞山河道，三月初即可竣事，而所雇民船仅得百号，万不敷用。闻仪栈装盐之船，尚有闲住者。恳函商尊处，移借百余号或数十号，以应急需等语。谨为转达，能否通融之处，乞示复，以便饬遵为佩。

①信称："栖霞山河道，三月初即可竣事。"此信当写于二月中旬。

复梅启照　光绪五年二月中旬①

筱帅②仁兄大人左右：奉七月念八日教言，于海防关系，言之不足，且长言之，非实有所得于中，断不能如是亲切而有味也。部檄急如星火，何怪司局之为难。惟吾辈坚忍持之，方不致因噎而废食。左侯未尝不知江浙之支绌，十成云者，加倍写法，冀尚可得八成耳。垂老穷边，独为其难，吾辈非万分无可奈何，敢度外置之？余杭客民踪迹，此间访案员弁亲见其实为开垦来者。然近来劫案，往往出于垦民，则谣诼亦不得谓之无因。寓盗于农，诚人世未开之境。吾辈之择牧令尤亟矣！句容典铺之案，宜兴垦民也；溧水之案，即句溧垦民也。亦不能因此而禁垦也。都中早知《申报》之不足信，近筠仙星使请穷其诬捏之所由来，已照咨行关道。筠叟意不在《申报》，人人知之。然殊不谅中朝之心苦矣。禁罂粟，官民皆怨，然不敢避怨而中辍。金陵十一、十三皆得雪，菜麦殊可虑，幸已晴矣。农田恃水利，而经费竭于外输，动辄掣肘，奈何！奈何！

①信称"奉七月念八日教言"，又称："金陵十一、十三皆得雪，菜麦殊可虑，幸已晴矣。"七月念八日系正月念八日之误。此信当复于中旬。
②筱帅：即梅启照。

复吴元炳 光绪五年二月中旬①

子健仁兄大人左右：奉初二日教言，敬审侍奉曼福。韩参将引见，谨遵命以崔参将兼理。星台甫报交卸，尚未有北上确期，拟奏留序初，俟世香赴本任后，再行入觐，今晚可拜发矣。飞金免议，全仗大力。而两淮于马兰镇兵房、东河经费，均不能复筹涓滴，恐免于此者，终不免于彼也。刘守勤良，诚不愧良二千石。去年来金陵，弟劝其暂缓入都，勿招同籍之忌。人才难得，思保全之，不得不稍晦晦之。可否由台端先予繁剧差使，俾展骥足，察看复奏，姑待来年？伏候裁夺。弟咳喘如故，峻峰不日出运，而方伯及仁山皆病，不得不勉强出户。否则一省城只有府县耳。

①此信所称初二，当为二月初二日。苏抚离南京近，吴信当于初旬到南京。复信当在中旬。

复施鲁滨 光绪五年二月中旬①

得客腊书，知从事马江，百凡安善。灵椿想益健好。故乡闻于本月院试，令弟云程发轫，喜可知也。不才今日始卸重裘，恐得雨则又须开箧。疏乞入觐，夏以为期。

①二月初旬沈《复曾光斗》信称："弟至今见客，尚披重裘。"此信则称"不才今日始卸重裘"，故此信当写于中旬。

复吴仲翔　光绪五年二月中旬①

奉初六两教，敬聆一是。疏稿承许主办，不胜铭感。再得诸君参赞，定无美不臻。日来，局外建言者，抱定道理，不遑兼顾时势；局中任事者，又只顾时势，而忘却道理。诸君诗书满腹，而《海国闻见》，朗若列眉，其为杰作，何待问哉！人到病时求效，何怪其急？风疾殆非针不可，然如针法失传何？海关补水，出自善后局，闻所未闻。使船政能免其补水，亦踊跃耶！春帅许以扬武、威远见委，极纫盛意，而管驾则不能不择。直卿享年不永，为之一恸。张成则津沽不可少之人，前函向春帅乞林泰曾、蒋超英，并未及刘步蟾②。如蒙照拂，乞仍以林、蒋见畀，余人非不才之所能驭也。倘二生未回，则船可从缓。宁耽迟，勿耽错，一切均乞婉商春帅为祷。寿甫入城，已遵命咨明将军。寿甫自是遵例。所为难者，本省无咨文，若有意挑剔，则费手耳！令坦再上一文赋，于暇时察阅。

①信称"奉初六两教"，沈复信当在中旬。
②刘步蟾（1852—1895）：字子香，福建侯官人。福建船政学堂驾驶毕业生，留英。定远舰管带，擢北洋海军右翼总兵。

复李端　光绪五年二月下旬①

得客腊书，知侍奉曼福。承惠多珍，拜登矣！闻故乡于初七日院试，极盼细侯昆仲获隽。日内有北来者，当先见闽县《题名录》为快。行期定否？不佞登舟，总在立夏前后。春明握手，为期匪遥，一切待联床之话可也。

①信称："闻故乡于初七日院试，极盼细侯昆仲获隽。日内有北来者，当先见闽县《题名录》为快。"沈欲得《题名录》，当在下旬。

复林鸿年　光绪五年二月下旬①

勿公大老前辈大人左右：数日内迭捧三教，爱注之笃，慰诲之殷，深入肺腑。手书行楷，各极其胜，如老树著花。古人云：精神者，福泽之原。今而知德行者，精神之原也。施镜圆殆尚滞蜀中，随园并无后人在此。城中烟户，十不及二三，茅舍竹篱，居其大半。因缘劫灰之酷，亦足见扶衰者之非其才矣！令外曾孙北行之难，诚如尊谕。某断不敢以自己难处，苛人以所难。谨当函嘱彤侄，毋得稍事催促。至子嘉家事，某从不干预，执事既以弟先兄举，于理有碍。子嘉一向虚怀若谷，以长者之命止之，必从善如转圜无疑也。李扬材之叛，粤西人颇怪庆伯之不善安置。然狼子野心，岂区区差使所能羁縻？黔中诚无米之炊，粤西尚不窘也。大前辈小视轺车，不才则以为人生得意事无过此者。年来看人之握相印，拜通侯，漠然无所动于中。结习难忘，恒耿耿于梦寐，深以辜负栽培为恨。与长者言，不敢讳所短也。符石粹器，希材（村）隽才，转瞬交率生徒，迎谒杖履，不令人羡且妒耶？立斋气盛言宜，明岁定破壁飞去，非久于青毡者。幼莲人人劝其出山，某亦劝之，而读书之志，确乎其不可拔。其亲友甚怪之，得师命，谤毁庶几息乎？某行期定于闰三月，遵海而北，然至今未能出房门，跪非扶不能起，所恃矢念甚坚，天或曲如其愿耳！金陵正月奇暖，二月半忽连日大雪，甚为菜麦忧之，幸已霁矣。闻中洲于初二大火，此其祸酷于乌石山，何故乡之多故耶？

①信称金陵"二月半忽连日大雪"，此信当复于下旬。

致孙文起①　光绪五年二月下旬②

文起仁兄大人左右：尊署刑席杨鹤汀先生，弟抚江时旧友也。人极端正和平，三十年一辙。本月初三，忽由信局接其来书，请参江西候补县王懋宝。不特鹤翁向无此举动，即笔墨字迹亦全不相符。十八日，又由信局递到一封，力荐其学生胡丽缀，其字迹与前信一律，然则前信亦胡丽缀所为也。乞查明胡丽缀是否向在玉山就馆？如其仍在信州，务请饬差严拿到案，研讯招摇倾陷各情，飞报为祷。鹤翁并乞致意。

①抄本标题为《致广信府孙》。孙：孙文起，江西广信府知府。
②信称："十八日，又由信局递到一封。"系二月十八日，复信当在下旬。

致李鸿章 光绪五年二月下旬②

迎扈益增荩勚，惟加意节宣至祷。金陵春后多雪，菜麦殊可虑。六合一带，蝻复蠢动，如何了局？晚闻月半当北行，抵津时正值元旋，幸得躬聆矩训，以偿廿年契阔之愿。

①信称："金陵春后多雪，菜麦殊可虑。"此信当写于下旬。

复林拱枢 光绪五年二月下旬①

心北棣台大喜：十九得手札，知出守汾州。为三晋沟瘠起舞，在吾弟则意中事耳！赴任以速为贵。外官闻将交卸，则五日京兆，痴聋倍于往时。灾民暗受荼毒，非复言思拟议之所能到。人生相见，自有前定。不宜待，不可待，亦不必待。即使幸获握手，谨屏绝鞭弭櫜鞬，实践三舍之报。吉旆所以不得不止者，殆缘资斧难措，谨从谦吉升汇三千金交彤侄奉上，伏乞哂纳为祷。谨上僭言三：曰禁手谈、棋局、钓竿。均废时失事，非但自己宜禁，阖署皆宜禁之。曰少爷不可管账房。非但误其读书，往往因之偾事。少如人并不坏，而腾谤者皆其贴身之仆，其召怨皆从精核来。用友人管之，则无此嫌疑。其弊不过偷漏，随时易置，不致掣动大局。曰弱士宜辞船政，归理本业。前此为糊口计，原非得已，荒功实所不免。名场蹭蹬，能无美人迟暮之伤？伊于兄弟中最鞭辟近里，宜有以成就之。即一时汾州难顾家用，然家中尚不至无可张罗也。狂瞽之说，高明择焉。潭报即日付信局，月底当到闽。某疏请受代，行期拟闰月半，恐不免以雨缨帽覆重裘入都门。然天暖尚可藏拙，惟跪不能起，则诚无可如何者。

①沈葆桢二月十九日得林拱枢（心北）信，当复于下旬。

复庞际云　光绪五年二月下旬①

省三仁兄年大人左右：迭奉两教，备纫种种。三河已堵复决，想仍不难合龙，惟运石船稀，殊恐缓不济急。方伯欲一气呵成，其为难偿之奢望欤！金龙四大王辱临宝应，或者工员精诚所感，里下河百姓得数十年蒙福耶？南河之款，运司已报解矣。桃源于南京破一案，事主亲来，犯供犹未定也。刘海诗之案，盐城令将人证全行解到，而尸亲杳然。如果远飏，不能不咨革（单）通缉。周日森此案，情节较轻，索行则宜死于非命。候补牧令，可望作循良者，尚不乏人，苦无缺以试之。下车不受书差笼络，真扼要之言也。龚牧已面试，平安回去矣！罂粟之禁，明知官民胥怨，然断不敢从此缩手。其害百倍于虚报盐堆，能坚持此三年，此风或几乎熄。金陵春雪，颇为菜麦忧之。六合螟子复炽，淮北更不待言。只望天怜农人，更无他术。日来复感时寒，脾泄复作，语焉不详。

①二月初旬以后，沈葆桢泄止而咳复大作，此信称"日来复感时寒，脾泄复作"，当复于下旬。

复吴赞诚　光绪五年二月下旬①

春帅大公祖年大人左右：本月念一日，捧诵教言，知弗履渐即康平，至以为慰。承命代拟疏稿，极不敢辞。第欲按照西征之例，如有欠解，一律给予处分一层，恐于船政非徒无益。我公虚怀若谷，叨爱甚挚，敢竭其愚，以备采择。凡照例贻误军饷，指名严参，大抵出自中旨，抑或议自部臣，似非外间所当奏请。左帅之参颖叔，系遵旨举行，然中外无直左帅者。晋省协饷，从此丝毫俱断。次年湖北协饷不及四成，见诸上谕，鄂吏并未得处分。此左帅所以不得已而复举洋债也。谚云，债怕软讨。经费不继，缕陈艰窘情状，间月奏催，亦不为烦。若必重之曰参，将激而相持，反成无可转身地步。奏催必有谕旨，催急则谕旨必加严。威命待诸朝廷，切勿轻下尽头一着也。部文倘实万难酌拨防费一语，似为每月五万外尚有急需之言，非放松闽海关，舍额拨之款而它顾也。阜康细心笼络，随时可挪动五六万金，关库亦借此通气。旧船鲜堪倚恃，极佩我公实事求是之意，谨遵命以待新船之成。

①二月二十一日，沈葆桢接到吴赞诚的信，复信应在下旬。

复吴仲翔　光绪五年二月下旬①

允公大人左右：奉十三日手教，知眠食曼福，贞公②东渡，一路福星为慰。凤山县缺，殆将十年，此行似亦不宜再缓。保荐在即，亦断不久于台南。陟冈之嗟，毋庸过虑。薎人学贾，而我公户为之穿。殆妄疑薎人之于延陵，其交情与河东等耶？承谕五媳，已传知之。瀛儿课文奉呈，棘闱成，期望之深，犊亦知感。如不能自遏其罢驾破车之性何？以后令其按月寄两篇，以求明诲。新船荷费神，铭诸肺腑。

①沈葆桢接福州吴维允二月十三日信，当复于下旬。
②贞公：吴维贞，吴仲翔之弟。

复曾国荃　光绪五年二月下旬①

正封函间，续奉教言，知晋捐亦如期请停，以成朝廷之美，钦佩莫能举似。五月内自应责成局员谆劝，并速办奖叙。第好善者以恤灾为念，并无所疑阻。若志在求仕者，见京局先撤，于分发免保举等事有碍，难免观望之心。但愿天怜下民，棠疆从此旸雨应时。则我公诚格苍穹，三晋所以受赐者，更无涯量矣！前函恳陈令承妫运柩一节，兹闻其柩已抵上海，仁人泽及枯骨，不信然哉！谨代其家百口九顿以谢。得劼刚除夕信，法国所发也，一切俱好，并闻。

①信称："前函恳陈令承妫运柩一节，兹闻其柩已抵上海。"正月下旬，沈葆桢函曾国荃，请助成此事。柩由山西至上海，当在二月底。又曾纪泽于除夕从法国发的信，当在二月下旬收到。

复任道镕 光绪五年二月下旬①

奉正月下浣赐函，于当世利病，如指诸掌。捐务既停，保举断不宜滥。卓哉言乎！然必正途能争自濯磨，庶几国家收数百年养士之报。而所以诱掖而激励之者，则自督抚、藩臬之举劾始矣！今之正途者，曰不要钱，不多事，可以奉身无过；而讼狱付之幕友，催科付之吏胥，闾阎受害，有甚于贪酷者矣！录示通檄，纲举目张，能行十之二三，便大异俗吏。谨陈座右，以当箴铭。谭序初拔宅飞翔，为之一快。而徐土则大以为忧，择其足继段、谭者，殊难其选。太平守去岁接晤，诚符月旦之评。其未得见者，可从此推也。季老以垂暮之年，独为其难于万里外，吾辈可以为力之处，不为尽力，夫岂人情？第饷源所在，务竭其饷，不养其源，到竭无可竭时，岂仅东南任其患？节嵪外饷，整顿地方，公岂但为浙计哉！此间勇饷，岁发十关，老营遣撤时，给与三关半。而捕蝗、挖蝻，按斤给赏，挑河、筑圩，每人日添食米一升，似颇踊跃用命。盖此辈令其闲坐，则枝节横生，使之习勤，兵民即休戚相关。且身劳日健，亦无形之操演也。厘税虽不能无弊，然抑末（末）之意存乎其间。商贾困，有人代达于朝廷；农民困，并不能自达于牧令。经商若太得意，南亩将无农夫。总使大利归农，而后富为真富。似厘税宜急于剔弊，而不宜急于议停。水利为农政之原，当今第一要务。而望洋兴叹，经费不赀，只得量力而行，得一步，是一步。蝻子复蠢动于江北，兵勇以土功不暇兼顾，益切隐忧。天幸其可长恃耶？

①任道镕（筱沅）正月下旬之信，沈葆桢当在二月初旬收悉。信称"蝻子复蠢动于江北"，与二月下旬复庞际云信"六合蝻子复炽，淮北更不待言"相同，当复于同时。

复林寿图 光绪五年二月下旬①

欧斋我师年大人左右：读花朝手教，知有《启东录》之赐。引领以冀，寝寐同之。求治堂果冷淡如养济院，则丐首未尝不可为。第恐营营者视堂为捷径，且欲指长老为阶梯。则荒吾本业，天下且从此多事矣！却聘卓识，佩服无量。心北能沉滞二十余年，不能淹留两三个月，一见亦关定数，遑问其他。都门旧交，仅一吉六耳。不得小宋信将半年，恐道山案结，将有求去之举。弟上月廿五具疏求代，立夏或可成行。拜跪不能如仪，幸借此许放还，则所愿也。

①信称："读花朝手教。"花朝，系二月十二日。此信当复于二月下旬。

复硕斋① 光绪五年二月下旬②

得新正书，知县试列前茅。嗣闻郡试则又驾乎其上，何快如之！计昨夕为侯官出实案之期，鹊语盈檐，知为吾甥报捷。灵椿闻喜，又增十倍精神矣！不佞行期，定于闰望，返旆则在端阳。

①硕斋：沈葆桢外甥。
②此信系写于县试之后，且得知硕斋名列前茅，又称："不佞行期，定于闰望，返旆则在端阳。"二月下旬《致林寿图》函里也提及，此信当写于同时。

复老姨太① 光绪五年三月上旬②

奉客腊赐书，并乡味种种，感甚。就谂起居近已复元为慰。心北一麾出守，德门余庆，喜可知也。惟债负累累，出都良不易耳！春暖矣，□□犹时着重裘。北上之期，当在立夏。心北则已出邯郸矣。专此鸣谢。

①老姨太：林则徐妹。
②信称："春暖矣，犹时着重裘。"当复于三月上旬。

复庞际云 光绪五年三月中旬①

省三仁兄年大人：楔日奉手教，备聆一是。罂粟拔本塞源，除恶务尽。眼前则怨声载道，将来即无量功德。然非择尤而惩创之，虽越陌度阡，岂能日以为常？此张文焕之详革,私衷所尤深佩服者也。河滩阻丈,亦似非将把持者严惩一二不可。日来多风雨,堤工不免耽搁。京城则又祈雨矣。胡式嘉②请浚坝外之河,殷籽南请减上流入海,于理皆不为无见,不知于势可行否?已分具公牍请议复,冀切实指示为荷。弟勉强出户两日,复缩而入,现尚未卸重裘。高宝之行,须卸篆后也。

①信称"京城则又祈雨矣",在三月四日。沈葆桢得此消息,当在中旬。
②胡式嘉:名裕燕,亦称式佳,浙江建德人。曾任上海县令。

复彭玉麟　光绪五年三月中旬①

雪帅仁兄大人:读月朔教言,知复有咯血之症,不胜驰系。笔墨应酬,何能尽如人意?借以遣兴,则为乐事,若视为功课,则大苦差矣!都中设坛求雨,金陵则颇苦雨多。某前数日勉强出户,窘于大风雨,复缩而入。今日尚披重裘,真官场中一怪物。请觐已奉俞旨,代者为子健中丞。卸篆后顺途视堤工、炮台,而出海大约以立夏为期,抵都则四月矣。知念附陈。

①信称"都中设坛求雨",三月四日,"以京师尚未得雨,上诣大高殿祈祷行礼"。沈得此消息,当在中旬。又三月六日谕令沈葆桢进京陛见,此信当写于中旬。

复曾宪义　光绪五年三月中旬①

得手书,楷法工致,不愧家学。就谂椿萱益健,至以为慰。转瞬秋风桂子,喜溢德门。举案增观,曷胜豫颂。不才初度之日,即先慈弃养之辰。抱恨终天,百身莫赎。一承齿及,不觉悲从中来,此后幸垂谅焉。

①曾宪义来信谈到沈葆桢生日。沈生日在二月二十七日,曾信到沈手中当在三月中旬。

致徐文达 光绪五年三月中旬①

栖霞山石运，深荷同舟之助。惟百号仍不敷用，敢恳推爱，再派百号前来。明知台端挹注之难，为要工在呼吸之间，不敢自嫌烦渎也。验收如派大员，恐不免因事延阁（搁），已批饬江丞人涵即日驰往矣！

①运石是为三坝工程。三月中旬沈《复庞际云》函称："日来多风雨，堤工不免耽搁。"此信写于三月中旬。

复林拱枢 光绪五年三月中旬①

奉初七日手书，蒙以四十日待我，感甚！然健帅恋其老母，约闰月二十一日方来受篆，是约期届满，不才犹在白门也。应恳速整行装，以扶沟瘠，勿为私爱所误。山右有九帅在，尽可放胆为之，此人可与共忧患也。袁世兄信已寄苏门。唐俗勤俭，定为神君所许。惟罂粟锢疾，深中膏肓，非拼着载道怨声，无从挽救。非但民所不愿，官尤不愿，此何、鲍诸君任内皆奏明严禁，无不徒托空言者也。都门求雨，而江南阴雨过多，既为菜麦虑，又恐夏转苦旱。某以重裘见客，顾影自惭，未知活罪何日始满？

①初七日，林拱枢从北京来信，当于十九日左右到南京。此信称："某以重裘见客，顾影自惭，未知活罪何日始满？"光绪五年三月中旬《复彭玉麟》信也称："今日尚披重裘，真官场中一怪物。"此信当在三月中旬复。

复吴元炳 光绪五年三月下旬①

子健仁兄大人：奉二十一日手教，敬谂台从于闰月念一日辱临受篆，抃跃无似。京饷、赈饷，奉派极公允。已将来函送琴西方伯阅看，想能仰体盛意，努力遵行。去年以盐局、厘局较胜往年，勉强支撑过去。今年乡试，减色是意中事。出款转骤加，知万万不能如人意也。薇柏镇关，位置允当，请挈贱衔札委。倭事密片，不敢分咨，附函呈电，并致意勒少翁为感。

①信中之二十一日，即三月二十一日。南京离苏州甚近，沈葆桢复信当在三月下旬。

复薛敬堂　光绪五年三月下旬①

怡庵来，读手书，极纫雅意。谨函饬玮儿送十千，恳执事为之宰。酒三巡，蔬五簋，日费一千，可作平原十日之会。有余，以入执事私橐可也。少谷又作太老，则老头皮断送之期愈急。得意再往，乞骸何日。可怜！可怜！三姊既为自身写照，阁下岂容无以酬之。勉学潘潘，补袿唾手可得，勿自暴弃为幸。

①光绪五年三月二十三日沈葆桢《致玮庆》函称："堡爷之子如娶亲，可送贺礼十千，不作回信矣。"此信也提及此事，当复于三月下旬。

复郭嵩焘　光绪五年三月二十四日①

示所以保姑米之术，至情至理，总署亦必以为然。但倭之鄙诈，与西人尚顾体面者不同，未必可以德感之。二使若不令其归国，殊难为情。总署似当筹一到底主意。我公望乡心切，未许一伺颜色。惟祝假期届满，即束装入觐，为天下苍生跂踵延颈，非一人之私也。健帅恋其老亲，迟迟吾行。弟卸篆后，有不能再延之势，当由长江北指，不能复入吴淞矣！

①光绪五年三月二十三日，郭嵩焘在上海致沈葆桢公文及信谈及日本侵琉球事。当在次日收到。

复吴仲翔 光绪五年三月下旬[1]

叠奉两教,备纾一是。疏稿绝大议论,绝好笔墨,惟目前时势,又与昨见者不同。东洋二使不撤,亦将自归,俄则议犹未定,英、法、德方欲换约,留为后图可也。乌石山告示,业已移来。春帅志在山林,荐贤自代。我公婉辞再三,识力尤卓。小涛谓卿衔虚而无着,诚哉是言!第中朝总未必放过春帅耳。云儿承谆切晓谕,极感盛情。已派亲兵,伴来白下。侥幸者固从此外驰,拂郁者亦未必发愤,听之而已。观察及严生信奉缴。

[1]信称"春帅志在山林,荐贤自代",在三月十八日。此信应复于下旬。

复吴赞诚 光绪五年闰三月上旬[1]

前月底读手书,纯固之神,洋溢楮墨间。欣慰之余,又窃虑荩勚过甚。乃捧续札,竟有请开差使之疏,驰系者久之。而雒诵再三,则擘画之周详,运腕之生动,较前函似又晋一阶。时事多艰,两宫焦劳,甚于吾辈,似非可以求遂初服之时。衰朽若某,朝廷明知其病而未许其去,况我公哉!退志一萌,则所见闻,无非钩心棘手,不可终日,所请断难如愿。多一番苦恼,又增一番病痛,何如屏绝此念,转觉天空地阔,绰绰有余耶?筱涛、维允,我公相处日久,赏识非虚。然目下之难,首在筹款。二君地望,非我公之比,则其难必有十倍于公者。纵京秩如愿相偿,未见便灵于呼应。万一进退维谷,如大局何!如二君何!弟宁以梗议为公所訾,万不敢违心附和也。扬武、威远,既未与院司商定,此时倭球搆衅,闽海不免戒心,竟作罢议可也。弟昨日始卸重裘,今晨天复阴雨。念一卸篆后,总须扶病一行,了此心愿。

[1]吴赞诚开缺,在三月十八日。信称:"前月底读手书……弟昨日始卸重裘,今晨天复阴雨。念一卸篆后,总须扶病一行,了此心愿。"前月,应指三月,此信当在闰三月初旬复。

复夏献纶　光绪五年闰三月上旬①

奉三月十七日手书，知措置咸宜，番情贴服，旗后浚港，行将开办，煤气、磺务日有起色，至以为慰。春帅举贤自代，可谓不负朝廷。我公兼顾台防，尤为轻车熟路。惟各国换约期届，又值倭球搆衅，春帅未必遽能脱身以去，此议似当留为后图。吴少尉得借一枝，其子可归骨故乡，感同身受。春云暮矣，弟尚重裘。本月廿一日卸篆后，总当勉强一行，了此心愿。

①信称"本月廿一日卸篆后，总当勉强一行"，此信当复于闰三月上旬。

致吴元炳　光绪五年闰三月上旬①

前复芜笺，计邀青盼，迩惟侍奉曼福，至以为颂。琴西方伯以夜不成寐，再四求请开缺。弟思人才难得，时事多艰，又值大比之年，未便骤更生手。惟病体委顿，系属实情。鄙意嘱其自行委一贤员，勷理文案，俾稍宽心调摄，以冀早痊。不必请假委署，多一番交代往返，卓见以为何如？

再，刘仁山②观察病势甚重，万一必须更动，今年盐道兼内提调，似熟手之正途方宜。可否以蒋鹤庄署盐道，以孙海岑③署首府？伏祈酌之。又及。

①信称："前复芜笺，计邀青盼。"前信复于三月下旬。刘仁山逝世于闰三月初五日，此信当在闰三月上旬。
②刘仁山：刘秉厚，字仁山，号南溪，山东章邱人。道光二十七年进士，历任江南道御史，江南盐巡道。
③孙海岑：咸丰时署通州，后任江宁知府。

复林鸿年　光绪五年闰三月中旬①

三奉教言，备纫一是。某初度之日，正先慈弃养之辰。当时蒙穆宗诏许省亲，兼程驰回，已不及含殓。终天之痛，百身莫赎。豪端珠玉，读之增悲。什袭藏焉，不敢亵也。秣陵亦苦阴雨，都门则求雨而得雪。菜麦殊可忧，冀幸年谷顺成，与穷百姓附会过日。谋猷尽在是，愿望亦尽在是矣！陶叟常晤否？近日兴致何如？某定于月之念四日循海而北。心北一麾出守，京宦之旧相识者，仅谢吉六一人，亦殊动今昔之感。草此，恭达谢忱。

①信称："某定于月之念四日循海而北。"沈葆桢北上定于闰三月二十四日，此信当复于闰三月中旬。

复彭玉麟　光绪五年闰三月中旬①

正封函间，使来，诵教言，并赐寿字。如椽之笔，洵足以示云礽。知其祖父生前，尚未见弃于君子。惟某初度之日，正先慈弃养之辰。当时蒙毅皇帝诏许省亲，兼程驰归，已不及含殓。终天之痛，百身莫赎。故凡贲（赉）以吉语者，均对使谢而璧之。今不敢以例长者之赐，而追思往事，枨触增悲。什袭藏之，兼志哀感。密谕代陈老病，极当遵行。第此愿若酬，何以为报？督销局所委，幸符卓识。仲京已扶柩归葬，百日后尚须展假一月，方能回湘。某拟念四登舟，一路查看堤工、炮台，沿江入海。第目下尚以重裘见客，未知能了此心愿否也？仁山仙去，鹤庄代之，海岑递署首府。孙方伯力恳开缺，举省三自代，已固留之。提款已嘱鹤庄速交来使。专此鸣谢。

①信中提及刘仁山逝世，系闰三月初五日。沈葆桢得此消息当在中旬。

复黄倬昭　光绪五年闰三月中旬①

捧读教言，知河运各船，畅行无阻。指挥若定，钦佩奚如？刘仁山观察于初五日登仙。适值大比之年，此席须兼提调，以正途而熟手者为宜。拟以蒋鹤庄绾盐符，孙海岑递权首府，当否？伏候裁夺。弟本拟月初先行阅视堤工，乃天气并不甚寒，而鄙人仍着重裘，未能出户。现定二十一日卸篆，二十四日登舟，顺途阅下关、乌龙山炮台，即入扬河，趋诣行辕，躬聆矩诲。

①信称："本拟月初先行阅视堤工，乃天气并不甚寒，而鄙人仍着重裘，未能出户。现定二十一日卸篆。"当复于中旬。

复李鸿章　光绪五年闰三月二十日①

奉行崿谕函，蒙奖诲种种。就审元臣扈跸，万目快睹，曰此天下所视以为安危者也。惟荩勋之余，千万珍重。乌石山之案甫结，而春帅、筱帅笔墨遄起官司。鄙意力劝春帅勿去，则诸事熨贴矣。何、张②二星使似有不能不归之势，究竟此局如何应付？总署似须通盘筹画到底，使臣、疆吏乃有所遵循。国帑之难，至于如此，岂可复作无益以害有益？复河运，复关税，欲之宜也，士大夫群然和之，又何故耶？筠叟归矣，来书恳切之至，无非欲强人以所不知。情则可怜，意极可感。台端有以慰之否？江南阴雨太多，春寒殊甚，某尚拥重裘见客。健帅许二十一受篆，晚定于二十四登舟，勉强北行，了此心愿。刘仁山初五仙去，清风两袖，令人恻然。鹤庄代之，海岑递署首府。孙方伯求去甚切，固留之。

①信称："健帅许二十一受篆"，"刘仁山初五仙去，清风两袖"，当与闰三月中旬《复李成谋》诸函同时。
②何、张：何如璋、张斯桂，时任驻日正、副使。

复李成谋 光绪五年闰三月二十日①

奉十一日教言，备悉一是。兵轮散布各口，殊非得计。卓见不磨，惟诸大帅成竹在胸，说之颇不易动。前缘船政告窘，请其分船来苏。春帅复书，谓平时为之代养，有事仍当还闽。某转觉难于裁答。今倭球搆衅，则向日弃之如遗者，今必以为异宝，不得不作罢议矣！拟奏请将各省兵轮，间月调赴吴淞，归执事督操，操毕仍旧原处。何处有警，则执事督之以向何处，则声势较为联络，未卜各省肯俯就否？另笺可备一格，然交情之亲疏，两边迥然不同，殊未易恃。草草具复。行期孔急，不到吴淞矣。

①闰三月二十一日，沈葆桢与李鸿章向清政府上《各省兵轮李成谋督率合操折》。此信当写于此之前。

复林鸿年 光绪五年闰三月二十日①

奉前月下浣教言，以小孙翊清忝附芹末，铸以伟词，且惭！且感！乌石山事了其半，其未了之半，则彼万万说不出理来者也。倭球搆衅，又添总署一难题②。伊黎尚未持久假不归之说，然意有所在，大都可想。葆桢念一卸篆，二十四登舟，顺途阅视炮台，沿江入海，到京在四月初。跪起未能如仪，且勉强一行，再作打算。此间蝗螟复起，清江浦大王将军涌现至三十六位，知必有警之处，下私殊为惴惴。

①信称："葆桢念一卸篆，二十四登舟，顺途阅视炮台。"当复于二十日。
②日本兼并琉球，在侵台时已初露端倪。1876年，日本进一步阻止琉球对中国的"朝贡"，琉球使者来中国请求清政府救助。1877年底使日大臣何如璋与日本外务卿寺岛宗则反复交涉，无结果。1879年，日本正式兼并琉球。1879年五月，美国前总统格兰忒来京，李鸿章托他就赴日机会出面调停。格兰忒赴日后，也未有结果。日本又提出"割岛改约"的方案，即中国修改1871年的中日条约，日本以琉球之二岛定为中国所辖。何如璋也提出"球地三分"的方案，均因朝野反对，不果。日本事实上兼并了琉球。

复黄倬昭　光绪五年闰三月二十日①

奉两教，备纫垂念。闻令侄得游泮，小孙②幸附末光，何幸如之？云无可幸，正是天锡之福。或者因之发愤，亦未可知。总当胜于幸而畅，畅而自弃者也。小松索书，责以必应，谨求能手代之，乞勿道破。

① 此信当与闰三月二十日复林鸿年函同时。
② 小孙：指沈翊清。

复梅启照　光绪五年闰三月二十一日①

筱帅仁兄：钱密翁②来，读教言，并拜于术之赐，纫厚爱者未易以笔墨传，迩维因应咸宜为颂。僭拟轮船合操一疏，已咨达冰案，当见许于执事，诸邻封以为然否，则未可知也。蚕茧丰，即一时滞销，断不沦为弃物。协饷尽心力而为之，力不从心，便止乎不得不止。惟本省催款，则万万无可推诿耳！药饵早经屏谢，定于二十四日登舟，阅高宝堤工、沿江炮台而北。尚不能拜跪，且勉强到京，再看如何。知念附及。

① 信称"僭拟轮船合操一疏，已咨达冰案"，当与上清政府疏同时，即三月二十一日。
② 钱密翁：钱子密。

复吴仲翔　光绪五年闰三月下旬①

奉前月二十八教言，抵掌掀髯，如见聚米之马伏波，扪虱之王景略，心醉者久之。向未读筱帅之疏，致将林海岩误送至台北；向未闻我公之论，致将前学堂两生误荐入总署，悔无及矣！抑又闻之，货恶其弃于地也，不必藏诸己；力恶其不出诸身也，不必为己。似春帅、筠叟所见，亦尚未甚谬。楚材晋用，不胜于不用耶？分船一节，春帅既以为难，前函请作罢议。近有合操一疏，未知允否？齿痛宜散步，不寐宜早睡，此身所亲验者，窃谓较胜鉴皋。

①信称"近有合操一疏，未知允否"，当在闰三月二十一日之后，二十四日之前。

致吴元炳　光绪五年四月上旬①

弟于张家湾途次恭奉批折，内折十二件，片十一件，谨包封，由原弁带呈，伏乞恭录转行是祷。批另有旨者三，均无六行。会操事，合肥相国已奉寄谕矣。

①慈安、慈禧召见沈葆桢，在四月十日、十一日、十二日。沈在张家湾，应在四月上旬。

复曾国荃　光绪五年四月中旬①

奉本月初五日教言，知棠圻得雨尚未深透，殊深驰念。都城非无雨意，辄为风伯所沮。召对时，两宫焦灼，情见乎词。然至诚格天，被泽定复不远。明良一德，三晋沾其余润可决也。闻罂粟业遵禁断种，民既有觉，天心必悔祸矣！江南可以为力之处，健帅②必不遗余力。然西江之水，万不如东山之霖耳。承掷还前项二百金，不领恐杜后命，谨祗领矣。某扶病北上，面圣三次。俟酬应稍松，即当请训出都。知念附陈。

①信称："面圣三次，俟酬应稍松，即当请训出都。"沈葆桢第三次觐见两宫太后，在四月十二日。此信当复于中旬。
②健帅：吴元炳，时任江苏巡抚。

复梅庵 光绪五年四月二十七日①

梅庵年老前辈大人左右：往还未获抵握〔晤〕，歉甚！歉甚！读赐书，敬纫一切。《伯翁文集》，谨领五部，其价百圆，一二月内由舍侄咏彤奉缴。子健信并《石余朱集》附使珠还。大作雒诵再三，且感！且愧！筠陔②令孙已留五十金存彤侄处，知念并闻。明早出都，后会有期，万不敢更劳轩过。祗请著安。年侍生沈葆桢顿首，二十七日。

①沈葆桢入都觐见两宫太后，时在四月。请训在念五日，二十八日由京启程南下。此信写于启程前一日。原函落款：二十七日。
②筠陔：袁希祖，湖北汉阳人，内阁学士。咸丰十年卒。

致丁日昌 光绪五年五月中旬①

于津门闻执事督办南洋之命，起舞者久之。召见时，太后问：当今通晓洋务者何人？对曰：大员中公推丁日昌。太后问他洋务实办得好，只是他说有病，究竟能出来不能？对曰：丁曾致臣书，欲来江南就医。今奉此旨，自当仰体圣意，力疾前来。枢府问执事应驻在何地？对以执事定有成算，以鄙见度之，似应驻上海，水口消息易通。健帅则谓，向来各领事就近与关道辩论，多一层门户则其气舒，若驻沪则事事径达督办，恐洋务转有时费手，似不如驻浙等语。谨述之以备采择。想我公所见，必又有深远于此者。启节何日？伏乞赐示，以慰江南士民仰望之诚。弟四月八日抵都，初十、十一、十二召对三次，念五请训，念八就道，初七抵金陵。眩晕殊甚，今日方能作书。

①信称："初七抵金陵。眩晕殊甚，今日方能作书。"应写于中旬。

致林庆炳① 光绪五年五月十六日②

耀如世仁兄大人左右：天暑甚酷，羊城气候向尤苦热，想善自珍摄，眠食胜常，允符臆颂。弟扶疾北上，咳喘大作。旧交赠以佛山止哮喘断根丸，服之似颇有效。谨将原方寄呈，伏乞代购数瓶寄来。应价若干，示知为感。上游器重，当已得有优差，薪米无忧，治经益多暇日也。祇请著安。未一一。世愚弟沈葆桢顿首，五月十六。

（林庆炳：《周易述闻》，《沈文肃公书》，光绪三十二年刊本）

①林庆炳：字耀如，侯官人，林昌彝之子。任广东盐知事十余年。著有《周易述闻》、《周易集解补笺》。

②此信附于《周易述闻》一书。林炳庆注云："《周易述闻》一书，沈文肃公早经闻见。此函由两江总督任内入觐回任，询及治经，谨刊于此。"沈葆桢于光绪五年五月初七日回南京。由于抄本无年月日，经我考证，定为五月中旬。后见《周易述闻》载此信，其落款为"五月十六"，证明此前我的考证是正确的。同时，此件的发现，可以用来校勘抄本。如原件信头"耀如世仁兄大人左右"九个字被抄本略去，信末"祇请著安，未一一。世愚弟沈葆桢顿首，五月十六"十九个字也被略去。可见抄本没有完全忠实于手稿。

致彭玉麟 光绪五年五月中旬①

江干承枉顾，遵命未曾走答，歉然至今。闻旌节驻湖口以候修船，惟眠食胜常，至以为颂。某自高邮返棹，出狼山放洋，初八抵都。初十、十一、十二蒙召对三次。太后亟询彭玉麟病状，眷注极深，且谓长江断不可无此人。我公宜极力自珍，以慰圣念。念五请训，复召对一次。念八出京，初七抵金陵，初八受篆。颠簸之后，经旬尚不免怏怏。两宫极以旱象焦灼，四次皆问及，尤惓惓于山右，恨不得掬南天之霖以润河北。燕、赵旱而不蝗，江、皖雨多而蝗则未已。有芦洲水甫退而蝗旋出者，每与旧闻不合，致（至）为可虑。天暑甚酷，惟加意节宣为祷。

①信称："初八受篆。颠簸之后，经旬不免忾忾。"此信当写于五月中旬。

复吴元炳　光绪五年五月中旬①

奉十四日赐书，知星槎载福，次日即安抵苏门。喜溢萱闱，何如健羡？序初入觐，诚不宜再缓，谨遵命委苫堂往署。运河守险，以属敬之。日来多雨，江、淮交涨，能平安否？殊未易知。明年，西堤不得不接连举办，而采购石料，必须乘此夏秋河道通畅之时。已于江藩库、运库、粮库、军需局各派二万。当否？均乞酌示。

①谭钧培，字序初。光绪五年五月初一日由湖南按察使迁江苏布政使。吴元炳初八卸篆，十四日致信沈葆桢，沈葆桢复信当在中旬。

复梅启照　光绪五年五月中旬①

奉本月十一日手教，知纡筹环海，备极周详。三复之余，钦佩无已。琉球一事，总署托美之旧总统格兰德往致公评，终恐骑虎之势。吾辈惟将疆吏应办之事，办一分是一分而已。会操事不见信于闽督，已奏驳矣。大抵相依为命者，其惟江、浙乎！开关必不可行，已向政府农部说过，但外间肯执奏，则堂司可告无罪于胥吏也。经费之难，各省皆然，而用之则各有见解，不为吏议所动，乃能为百姓做些微基业。请训时，太后谕以"汝出去，仍须任劳任怨，凡事总以百姓为主"。洋洋圣谟，至矣！尽矣！某在都为酬应所窘，咳喘滋甚。回任似略愈，惟愧无以展布，则依然如昨耳！匆匆未能详复。

①浙江巡抚梅启照五月十一日信，至南京当在中旬，沈葆桢亦当于中旬复信。

复吴仲翔　光绪五年五月中旬①

都门捧诵教言，眩晕甚，弗能答也。迩维指挥若定，备叶颂私。春帅能否强抑归心，完此局面？合肥问：闽厂中咸云欲留阁下此席以待颖叔，然否？鄙人无以应也。洋药加厘，洵属妙策。第其款出自洋商，威妥玛且力不从心，向恭邸问津，弟子不知大王苦矣！太后极精明，又极恺恻，江南事逐件问到。临行，圣训云："汝出去，仍要任劳任怨，时事艰难，要之总以百姓为本。"大哉圣言，至矣！尽矣！念八出京，初七抵金陵，初八接篆。葫芦依样，殊负天恩。日来魂始稍定，草草作此。燕晋苦旱，四次召对，太后皆提及。忧民之情，溢乎言表。江南北则雨太多，闻吾乡雨旸时若，幸何如之！

①信称："初八接篆。葫芦依样，殊负天恩。日来魂始稍定，草草作此。"此信当在中旬复。

复谭钟麟①　光绪五年五月下旬②

折稿熨贴之至，奉缴请即缮发。中浣得健帅书，催委徐篆，能追芳躅者，殊难其人，姑以芑堂承乏，计月内总当抵彭城。另笺云云，知久任瘠区，大有难处，谨函商健帅奉复。

①抄本原标题为《复谭方伯》。谭方伯：谭钟麟。湖南茶陵人，时任陕西巡抚。
②沈葆桢收到江苏巡抚吴元炳（健帅）之信是五月十四日，复信当在五月下旬。

复吴元炳　光绪五年五月底①

读念四手教，备纫一是。伏惟侍奉曼福。芑堂此时当至彭城，序初所请，应由台端主政。如尊意以为可行，乞挈贱衔入告是荷。淮流较去年稍缓，而山农则又望雨矣。黄河深者尺余，浅者数寸，非但漕艘难行，西路之旱可想。得伯相信，谓雨帅不出，有条陈当发议。而奉密寄交议之件，又不似雨帅所陈。搜索枯肠，勉强奏复。谨抄稿密呈，伏乞指谬。孙方伯痛似稍愈，足慰关垂。

①吴元炳信写于五月二十四日，估计一两日可到。五月下旬沈《复谭钟麟》函称："姑以芑堂承乏，计月内总当抵彭城。"此函称"芑堂此时当至彭城"，当写于五月底。

复彭玉麟 光绪五年六月初一日①

南旋，肃肛寸笺后，即奉手教，就谂旌节刻日上驶。惟星楂（槎）载福，备叶颂私。沿江炮台，谨首列尊衔奏复，折稿另文呈政。倭船由闽来沪，貌尚恭顺，意则可知，量水则常事也。闽中颇张皇，故与吾奉入闽之命。代者何人，候我公裁择。会奏饬议各条，一两日定稿后，再行录乞指谬。江南近日雨止而热甚，秧苗尚好。倘此后能五六日一雨，则丰年可望。怀宁彭令，业经健帅奏参矣！两宫问病状甚详，却云"时事艰难，长江惟伊是赖"。某仰叨福芘，飙轮颠簸尚易忍，而红尘冠盖酬应，万难支持。南旋后见客，至今未了，致案牍愈积愈多。惟贱躯较闰月间差胜，足慰注垂。

①光绪五年六月中旬沈葆桢致彭玉麟信称："朔日肃肛寸笺，计当入览。"六月初一日，当即此信日期。

复李朝斌 光绪五年六月上旬①

念三日奉赐札，并示以阵图。弟门外汉也，不能有所折衷，惟嘱各管驾敬〔谨〕遵循，以待培植而已。金泽镇案，机宜指受，遂获多名，可见事在人为。贵部能仰体圣怀，巨憝万难免脱也。闽帅舍眼前之彭纪南而不用，而乞中旨来索李与吾②，可谓两不便。扬武、威远两管驾似皆好手，而心术以张成为纯正，纪律亦严。乞沪局此后似不能造船，谨当致尊意于闽局也麾下于实境中详细察之。

①沈葆桢接李朝斌五月二十三日信当在六月初，复信也当在此时。
②李与吾：李成谋，字与吾，湖南芷江人。长江水师提督。

复傅庆贻① 光绪五年六月上旬②

读赐书，极佩慎重地方，虚怀若谷之意。良二千石若秋楂（槎），似亦数十年而一见。曹随之选，似难其人。来示谓不得其人，匪独无裨地方，且虑转滋扰累，诚有味乎其言之也。弟从前得郡报，即批饬庄守将善后事宜接办，良以地方官本无可谢之责，且以静候执事从容遴选。弟去皖远，耳目难周。此才本非旦夕可期，望随时留意为幸。

①傅庆贻：河北清苑人。安徽布政使，于闰三月十一日护理安徽巡抚。
②沈葆桢于闰三月二十四日离开南京，五月初七日返南京，傅来信当在这之后，沈复信当在六月上旬。

致吴元炳 光绪五年六月上旬①

得伯相书，谓雨帅不出，而海防有条陈当发议。昨奉廷寄，饬议者又不似出自雨帅，或闽督所奏与？闽中舍眼前之彭纪南②不用，而来索李与吾，颇觉两不便。然已奉旨，不得不密咨与吾，再将河防亦未可轻视情形复奏。倘与吾不能不去，则雪帅必意在纪南，又不知其能来否也？闽沪兵船，纵不甚好，何至不如招商局之船。经费万难，炮械尤难，似不当更作无益以害有益。南京至吴淞，二十四点钟可达，似与保定、天津情形不同。卓见如何？伏祈赐示。序初以资斧维艰，欲履新而后入觐，可行与否？伏祈尊酌饬遵为祷。

①信称："闽中舍眼前之彭纪南不用，而来索李与吾，颇觉两不便。然已奉旨，不得不密咨与吾。"当与沈六月初复李朝斌信同时。
②彭纪南：彭楚汉。

致李瀚章　光绪五年六月上旬①

匆匆南下，闻台端请假，驰系殊深。正拟肃候起居，而手教辱临。业已出而视事，而亲裁尺牍，尤见精神纯固，盥薇（漱）三复，何快如之？鄂岸荷照拂有加，去年私戥引销，场灶疮痍渐起。规复一事，自应静候指挥。但得销路常通，受赐已无涯量矣！与吾奉旨入闽，长江锁钥，应属何人？想雪帅业已会商尊处。海防固重，江防似亦不容轻也。燕、晋迭沛甘霖，大江南北，转成旱象。虔祷偶得小雨，日来并小雨亦不常得，奈何！奈何！

①六月中旬沈葆桢致李瀚章信称："上浣肃答寸笺，未卜何时入览？"当指此信。

致潘莲舫①　光绪五年六月中旬②

别数十年，始获一聚，为无谓之酬应所窘，匆匆复别，增惆怅耳！迓维起居曼福。蒙赐止喘丸，服之似有效，倘尚有存者，伏望再惠数瓶，俾永断病根。感戴云情，岂有涯量！无厌之请，尚荷鉴原。初七抵金陵，初八受篆。清理积牍，不胜倦惫。惟咳喘不常发，发亦较轻，足慰绮注耳。

①潘莲舫：潘斯濂，字北端，号莲舫，广东南海人。道光二十七年进士，授江南道御史，官至奉天府丞。
②沈在京时，潘莲舫曾赠止喘丸，服后似有效，故致函讨索。以一个月后为合理。

复何璟　光绪五年六月中旬①

迭奉两函，辱蒙诲示种种。乌石山案，势屈而理已伸，当不至复滋后患。倭球搆衅，总署托美之旧总统东渡调停，想亦徒悬虚愿。福州之倭船近已到沪，外甚恭顺，来意则不问可知。轮船无多，分防则俱不得力。中旨派与吾统领，似宜于澎湖合操。每月以一船分巡各口，何口有警，则飞报澎湖合而搏之，则声势较雄，运掉亦活。狂瞽之见，深知无当高明，然见问不敢不以对也。雨帅难进易退，且亦真病，然此时却不当辞。两宫焦劳，非寻常可比，臣子宜有以副之。颖叔、召民，干济之才，诚如尊谕，谨当达诸合肥。颖叔已承我公调办海防，必邀俞旨，恐不能兼顾船政矣！饷项奇窘，合东西南北疆吏同声一慨。乘此时截京协，虽不能慨诺，可以得半。南洋防务，雨亭极力经营。不才承乏以来，竟百举具废。沿江各台，炮犹缺额。洋枪新购马蹄尼五千杆，各营望眼欲穿。其价值则悬以待各省续解之海防经费也。机器局所制子药，仅足以供津、苏操演之用，实少留余。顷催芝田采购，据闻上海并无可购，然则公其问诸香港乎？春帅来索海防经费，以造快船，愧无以应，为奏催关款以塞责。黔驴无技，苦唤奈何！负负之心，瘝瘝弗释。自初七抵署，至今见客未了，做不得丝毫着实事。亦知海防之不可缓，一筹莫展，姑托诸镇静而已。

①信中提到春帅（吴赞诚）来索海防经费以造快船，在六月三日，而清政府谕令会操吴淞，在六月初七，此信当写于六月中旬。

复吴赞诚 光绪五年六月中旬①

筠台明府来，雒诵赐函，知将创造巡海快船，距跃三百。委筹十余万金，极当遵命。而遍索司局各库，均扫地无余。力不从心，徒呼负负。因思船政经费，出自闽海关，谨代附片奏催，冀少赎愆咎。第竟隔靴搔痒，仍乞执事猛着先鞭。目下正茶税畅旺之时，务祈切实奏催。倘蹉跎过秋，又难望矣！铁胁立机商船，当札行招商局。俟其复到，再行奉闻。承派扬武、威远会操，极感玉成至意。惟中旨已简与吾入闽，则此后又是一番局面。将来会操，汛地当在澎湖。栓（旌）节就医孟河，定许高轩见过。扫榻以待，延跂何如。

①吴赞诚向沈索海防费以造船在六月三日。此信当写于中旬。

致吴仲翔 光绪五年六月中旬①

南霁云来,读飞檄,知睢阳城中一切安善,至以为慰。公事详春帅笺中,恕不复赘。请以生员切己之事,为我公言之。伯夷、叔齐之辞孤竹也,并未打算蕨薇是否足用方就首阳。夷齐且不能自为计,能为其友姜太公计耶?天定不欠船政厘毫丝忽,退便退耳,何待招求?春帅极意縈维,可谓会心不远。纪文达云:后人事事不及古人,惟围棋及推步则胜之。诚哉是言也!

①信称:"公事详春帅笺中,恕不复赘。"沈葆桢致春帅(吴赞诚)信在六月中旬。此信当在同时。

复李鸿章 光绪五年六月中旬①

叩别后,恐烦钧驾,故侵晨即起碇。乃仍劳旌节远送,罪也何如!读五月十三日谕函,知畿辅迭沛甘霖,不胜额庆。伏维起居曼福,爱日舒长,至以为颂。雨帅足疾稍间,似当勉强一出,以上慰两宫宵旰之心。密寄奏议条陈,似不尽出诸雨帅。晚率意缴卷,自知不足以答升平,姑将疏稿录呈,伏乞指谬。春帅有就医孟河之请,是即事有渐平,窃以为非其时也。何筱帅书来,惓惓于船政之替人,某不敢赞一辞。谨以原函呈览,惟公裁之。颖叔调办海防,中旨谅当见允。第不官不绅,不大不小,将来作何收束,窃为良友忧之。婺源茶捐四分,已由健帅批府查复,俟复到再行遵命办理。某回任后,又有无谓酬应,纠缠不已,公事积压颇多。不雨兼旬,府县请设坛矣。在江南过夏四年,以今年为最热,几案皆能烫手。昔者虑水,今则甚虑旱也。草草肃此。虔谢教诲饮食。

①信称:"何筱帅书来,惓惓于船政之替人,某不敢赞一辞。谨以原函呈览,惟公裁之。颖叔调办海防,中旨谅当见允。"沈葆桢复何筱帅(璟)书在六月中旬,此信亦当写于六月中旬。

致彭玉麟　光绪五年六月中旬[①]

朔日肃缄寸笺，计当入览。惟福星所莅，江汉风清。动定咸宜，允符臆颂。与吾奉命，想当即日下驶。于闽固轻车熟路，惟望筱帅能假以事权，优予经费耳。密寄迫不及待，搜索枯肠奏复。自知不适于用，谨录稿呈乞指谬。刘芝田得在倭华领事书：美之旧总统格兰脱[②]为倭王言，中国武备不亚欧洲，其相李鸿章之才，为素所罕觏。现球王已因病还国，惟冲绳县则未撤云云。所言未必足据，而球王因病还国，则不诬也。江苏地方官，推林海岩第一，而没于台北；安徽地方官，推李秋槎第一，而没于皖南，均为一恸！疏吁入循吏传，未卜邀允否？金陵兼旬不雨，昨得阵雨未沛。今日易坛，明日步祷矣。勒少仲迎折北上，过此驻二三日，明日将行。馀事尚照常，足纾荩念。

[①] 信里提及为林海岩疏请入循吏传事，在五月二十八日。六月中旬复李鸿章信称："不雨兼旬，府县请设坛矣。"此信则称："金陵兼旬不雨，昨得阵雨未沛。今日易坛，明日步祷矣。"当在六月中旬。

[②] 格兰脱（1822—1885）：格兰忒，生于美国俄亥俄州，西点军校毕业。1869—1877年任美国总统。

督江（十）

复孙毓汶[①]　光绪五年六月中旬[②]

读手教，欣谂星槎载福，安抵太平。道左纍鞾，疑将军从天而下也。江南酷热，为四五年来所未见，惟随时珍摄，是所至祷。七日按临，当渐凉爽矣！敝署每月必专弁发折一次，其期常在月底。受篆谢折，请于二十前后付下，即可赍行。金陵不雨兼旬，申祷尚未沾足，岁事丰歉难定。云霓之望，刻弗去怀。得曾九帅书，山右则受泽甚溥矣。

[①] 孙毓汶（？—1899）：字莱山，山东济宁人。咸丰六年榜眼，历任工部左侍郎、

军机大臣兼总理各国事务大臣、刑部尚书、兵部尚书。

②信称"受篆谢折,请于二十前后付下",又称"金陵不雨兼旬,申祷尚未沾足",当在六月中旬复。

复何如璋① 光绪五年六月中旬②

前得电报,因无可印证,只得照誊号数,达诸总署。比奉续示,方知曾有密字底本存留敝署,而苦索累日,渺不可复得,始信健忘之为害深也。伏恳恕其前愆,饬承重录一本,鸿便掷下,俾获奉为准绳,不胜翘祷。球事百费苽筹,义声溢乎中外。格兰脱既许评理,想必不虚此行。弟南旋忽忽逾月,尚未积牍一清。燕、晋辄沛甘霖,江、浙转又苦旱。云霓之望,刻未去怀。

①何如璋(1838—1891):字子莪,广东大埔人。同治七年进士,光绪三年任驻日公使。曾任督办福建船政大臣。

②信中提及"弟南旋忽忽逾月",又称:"燕、晋辄沛甘霖,江浙转又苦旱。云霓之望,刻未去怀。"当在六月中旬。

复丁日昌 光绪五年六月中旬①

南旋后,由沪关肃递寸笺,未悉何时入览?嗣读手教,知足疾转剧,疏辞朝命,驰系殊深。捐务为旌旆入闽,顿生枝节,然终能补缴清楚,则非台端威信不到。此药必不可乱投,玉石杂糅,虽良方亦无由著效。盖公许传治谱,曹参乐何如之?弟(第)朝廷闻之,任我公享此清福耶?新闻馆司笔宜招为我用,彭芍庭、沈仲复皆主此议。弟恐人才辈出,招不胜招,且益开其市重风气,故不敢也。中华明托西人,东洋则暗托西人,然彼曲我直,西人亦无从倒置。抄示各件,真救急良方,事前苟安,事后张皇,到处皆然,可胜浩叹!谨置座右,以当箴铭。录呈复奏疏稿,伏乞指谬。

①沈葆桢于六月中旬致李朝斌函称:"雨帅以脚疾辞朝命。"此函称:"嗣读手教,知足疾转剧,疏辞朝命,驰系殊深。"也应在六月中旬。

致李朝斌　光绪五年六月中旬①

闻旌节于初八日临吴淞阅操，溽暑宣劳，不胜驰系。各船能按图布阵，不十分生疏否？雨帅以脚疾辞朝命，所发议论条陈，似又不尽出雨帅，姑以瞽说疏复，录稿敬乞指谬。金陵甚旱，云间如何？念念。再数日不雨，恐秋收大减矣！虎翼林批饬正法，何天麟请镌职，非敢有意立威，若挟制可行，天下从此无军政矣！雪帅会疏留与吾，保纪南统闽船，于事为两得之，未知中朝见谅否？

①沈葆桢得知六月初八李朝斌在吴淞阅操，此信当复于六月中旬。

复彭玉麟　光绪五年六月中旬①

叠拜三函，知前肃两笺，尚稽入览。盥薇（漱）庄诵，老成谋国，满腔热血，洋溢楮墨间，钦佩曷已！谨遵命拟稿，欲待就正再定。而与吾已到金陵，不便久留，不得已竟缮发矣。各适其适，可谓尽善。惟荏弱之笔，不足以达其意，且闽帅未必以为然也。前疏所保，认定外海二字，故不及采臣、健飞②。至蔡瑞庵则近行甚劣，贪财贪色，皆所不免，不敢不以闻。伊调登州镇，想亦去闽矣。海坛镇吴奇勋甚好，然不敢保以副纪南者，恐又如同城之督抚也。纪南朴诚不及与吾，而机警过之，当可不负付托，望督抚能推心置腹耳。王署长江，狼山又难得替人，极望此疏之邀允也。江南酷热，为累年所未见，近方求雨，又甚望其有郁蒸之气。乃凉风习习，雨不成阵，甚为岁事忧之。

①六月初一日以后，沈连续三次致函彭玉麟，此信称："而与吾已到金陵，不便久留，不得已竟缮发矣。"李朝斌于六月初八日抵吴淞阅操，抵南京当在中旬。此信当复于六月中旬。
②健飞：欧阳利见。

致邱镜泉 光绪五年六月中旬①

久未修书,惟起居曼福,至以为颂。范亭②殉国二十余年矣!闻其四弟尚未有子,即有之,亦须先嗣涑亭。论道理,宜于族间为之立继,然非外姓人之所敢言也。窃意西湖宛在堂所祀者,皆吾闽诗人,以范亭肩随其间,洵可无愧。异于乡贤名宦,有具呈请奏、交部准驳之烦,可否商诸乡先生,议其当否?如佥以为可,则作主入祠之费,乞台端代垫,由某某如数奉缴,琐渎祗望鉴原。

①光绪五年九月初旬复邱镜泉:"读中元手教,惆惆款款,令人感旧之念,油然而生。"知七月十五日邱镜泉致函沈葆桢,谈及范亭入祠,此函当写于六月中旬。

②范亭:林范亭,名廷禧,福建闽县人。云南迤西道,死于回变。

复李瀚章 光绪五年六月中旬①

上浣肃答寸笺,未卜何时入览?比奉续示,以长江一席,百费苽筹。谋国之忠,知人之明,佩服无量。谨遵命具稿,原拟就正后,再行付邮,乃报与吾已抵金陵,似不便久留,于昨夜拜发矣。疏中只力保纪南,而不敢旁及瑞庵者,盖深知纪南在厦门,甚有廉声,瑞庵则全非昔日面目。东洋一行,贪名尤著。近调登州镇,想亦离闽矣。疏稿录呈,伏乞指谬。此事各适其用,于理为两得。惜笔力荏弱,无能达其所见,且闽帅未必以为然也。此间苦旱,苏、松尤甚,屡祷而弗克沾足,徒唤奈何!

①信称:"谨遵命具稿,原拟就正后再行付邮,乃报与吾已抵金陵,似不便久留,于昨夜拜发矣。"此信当写于六月中旬。

复林寿图 光绪五年六月中旬①

南旋为积牍所苦，欲狂寸楮，而作辍者数四。乃奉手教，辱垂注逾恒，感甚！愧甚！得何制军书，已奏请执事筹防闽海，此间未见明发谕旨，当是廷寄。以我公才略，固无所施而不可，然治桑梓事，必较难于他省也。川盐官运，无非官办，一引得一引之课，中饱者失业，宜其谤声四起，而两宫则知之。星使打输官司，奇矣！丹初一疏，尤出意表。气轮恐无把握，以其人之躁妄决之。雨帅不出，似非心之所安，朝命不再促矣。少绂忽得男，惊而遁，有执其裾者，以出山告，讵料其借煦园作字纸篮，于篮中尚能寄声问安。谷庭则六月过此，风利不得泊也。《松筠雅集》，后进才多，致为可喜。然，邯郸子弟，皆翘首以望廉将军，谓天下文章，不在此而在彼也。《启东录》乞交程上宰寄下为祷。先睹为快，如望一骑红尘。西瓜则谢绝之久矣。楹帖极佳，乞用宣纸，书以惠我。子恂殁于上海，知与不知，同声惜之。勿叟得勿又怨镇海楼之不果作耶？江南酷热，为累年所未见。少绂满身膏药，如妆金钱豹。鄙人晨起则已穿棉，如此尚恋栈，得无为雨生所笑耶？

①信称："谷庭则六月过此，风利不得泊也。"又称："得何制军书，已奏请执事筹防闽海，此间未见明发谕旨，当是廷寄。"应写于六月中旬。

复文彬 光绪五年六月下旬①

读大咨疏稿，知巡河事毕，改旆而南。惟一路福星，至以为颂。峻峰②廉访所陈挑淤情形，已遵命附驿入告。究竟浚治运河有无把握？执事身历其境，自成竹在胸，便中赐示一二为祷。金陵甚苦旱，今日始得时雨，淮上如何？念念。

①六月中旬致李瀚章札称："此间苦旱，苏、松尤甚，屡祷而弗克沾足。"此函称"金凌苦旱，今日始得时雨"，"已遵命附驿入告"，折弁是月底北上，此信当复于下旬。
②峻峰：松椿。满洲镶蓝旗人。诸生，时为江安粮道。官至漕运总督。

复孙毓汶　光绪五年六月下旬①

使来，拜读赐书，就谂起居曼福。尊折谨收存，俟临行时付之。蒙赏折费，当转给代谢。金陵折弁抵京，大率以十二日为准。弟拟廿六七拜发，总到在圣寿以前。贺折不可不递，应尊命令其先禀知小云也。金陵久旱，近数日始得雨，太平已沾足否？念念。

①信称"金陵久旱，近数日始得雨"，又称："金陵折弁抵京，大率以十二日为准。弟拟廿六七拜发。"此信当复于下旬。

复吴元炳　光绪五年六月下旬①

迭奉两教，就谂侍奉曼福，备叶颂私。序初先行入都，于理为顺。雪帅、筱帅，函嘱留与吾而保纪南，疏已拜发，谨录稿呈电。雪帅谓此疏如不获邀允，当以狼山王镇代之，然狼山又需替人矣！孙方伯病似就痊，而日来又云眠食不适，殆缘凉燠不时之故。又乐、云、庄各赴本任，吏治当益［有］起色。少仲②已赴淮扬，察其意，似迟迟吾行，入闽大非所愿。金陵日来始稍沾润，尚望续沛甘霖。苏、松想亦如斯，不胜驰念。

①信称"金陵日来始稍沾润"，在六月下旬。
②少仲：勒方琦。

复李朝斌　光绪五年六月下旬①

昨扛寸笺，未知何时入览？本日奉十三日赐教，知会操已毕，各船尚能勉就范围，而筹画指挥，苾勖亦可想见矣！兵轮能否再行缩短，当商诸闽厂。扬武、威远下次来否？姑听其自酌。何制军意本不愿其来，第此言出自江南，又似有成见。大抵江、浙两省，总可按期不误。但得八船俱臻纯熟，亦得尺得寸之效也。雪帅留与吾、保纪南，已由弟处主稿拜发,谨录呈电。于截旷中提恤赏,极佩良图,请即饬遵。松江得雨否?念念。

①信称接到李朝斌十三日信。又称:"留与吾、保纪南,已由弟处主稿拜发。"当在下旬复。

致吴元炳　光绪五年六月下旬①

昨奉寸笺,并呈疏稿,未审何时得入典签?伏维侍奉曼福。苏、松得甘澍否?至以为念。此间云霓之望亦尚未已,徐州则以为过多矣。高邮、高淳两缺,如尚未出奏,务乞暂缓。缘唐令近日举动,十分操切,又十分张皇。若闻后回任,官民必不相安。拟将高淳一席,照部议还刘德甫,高邮由司另保相需人员。如蒙许可,奉复后,当饬司即日换详。

①信称"昨奉寸笺,并呈疏稿",此函与六月下旬《复李朝斌》函当写于同时。

复勒方琦　光绪五年六月下旬①

匆匆揖别,以尊体违和,正深驰念。藉审起居康复,并奉恩准入觐。想愿就京秩之请,已邀圣慈垂鉴。不日秋卿正位,使天下无冤民。班生此行,何异登仙?惟冒暑遄征,益增苾勤。敝处前月折弁,至今未返,北道殆不免阴雨泥泞。伏冀为国自玉,加意餐卫,是所至祷。江南仍不免苦旱,苏、松尤甚。泰分司灶地又有飞蝗。幸闻湖南北及江西早稻极好耳。来函称谓太谦,令人不敢迫视,谨以奉璧。叨爱挚且久,幸勿再施,不胜跂望。

①信称:"前月折弁,至今未返。"另一信也称:"五月二十八日折差,至今未回。"折差于五月二十八日出发,到京需十几天,回南京当在六月下旬,此信当复于六月下旬。

复庞际云 光绪五年六月下旬①

奉中浣手教，备聆一是。今秋淮、扬顺轨，明年专力西堤，里下河生计或较可恃。狱讼与河工，关系并重，然河工一半靠天，狱讼则地方官所能自主。所以不肯放手为之者，惧有短处为所挟持耳。此辈不拿则已，拿而不办，则以为无如我何。放虎归山，其害尤烈。惟执事辅之、翼之，使有志向上者有所倚赖，敢于扶弱抑强。拐贩妇女，情极可恶，非重惩无以挽狂澜。质帅何时可归清淮？导河有无把握？江南苦旱，苏、松尤甚。云霓之望，何日慰也？

①信称"江南苦旱"，又称"奉中浣手教"，此信当在六月下旬复。

复丁宝桢 光绪五年七月上旬①

奉赐书，蒙垂注拳拳，镌诸肺腑，伏维起居曼福。滇、黔疏引，公私两利，而中饱之源绝，因而谤书盈箧。世间不如意事，十常八九，古人先我言之矣。然中朝深鉴悃忱，必不使悠悠者掣公之肘。再接再厉，此其时也。楚岸复淮，既难刻期，弟何敢坚作不情之请？第淮鹾分地最广者，原为出产独多。灶民既有此益，必不肯弃诸无用之地。缩楚岸之销路，其患小；而将楚岸失销之盐回灌近岸，全局皆为牵动，其患深。但能将入楚之川盐，按包稽其斤数，使国家一引可得一引厘课，既于奏销有益，而滇、黔与楚岸较利，不致轻重悬绝，无所庸趋避于其间，俾鄂生②观察招徕，不致十分费手。淮商虽未售规复之望，武汉黄德尚未至虚受其名，则已隐拜仁人之赐。执事公忠在抱，必蒙心许，抑亦力所能胜。但于中饱之徒，又大难为情。敢布腹心，惟我公裁夺焉。江南苦旱，得雨未足，知念附陈。

①信称："江南苦旱，得雨未足。"南京于七月初三日下雨，知复于七月上旬。
②鄂生：似是唐炯。贵州遵义人。举人。时为建昌道道员。

复李朝斌 光绪五年七月初四日①

月朔读赐书，备纫一是。纪南统闽轮，已奉俞旨，恭录呈电。此后闽船未必来，他处更可想。鄙意船愈少，练愈宜精，可否改作按月合操？由尊定一成不变之期，俾各船每月如期到吴淞恭候，往返不过四、五日耳。浙江谅可见许，伏乞裁夺。郑、蔡既入夹袋，定是将才，容密为存记。金陵得雨不透，过花衣期后，又设坛续祷。昨透雨一阵，仍未沾足，焦灼殊深。北路竟一片汪洋。弟五月廿八折差，至今未回，为向来所仅见。

①命彭纪南统领福建水师谕旨，在六月下旬。七月初旬，沈葆桢《复吴元炳》信称："金陵初三得雨甚少，无济于事。"此信称："昨透雨一阵，仍未沾足。"当在七月初四日复。

复曾国荃 光绪五年七月上旬①

奉六月六日手教，知棠圩雨足，至以为慰。朝端得展捐之奏，即发帑五十万金。一德之隆，旷古罕有，岂第三晋蒙福而已哉！江南奉派之三万金，当即作速筹解。惟此间苦旱甚剧，转翘首以望分西北之霖。连日设坛，涓滴终于无补，其酷热亦累年来所未见也。两楚今年极熟，差强人意。

①沈葆桢设坛祈雨，在七月初。另信称"金陵初三得雨甚少，无济于事"，此信当在七月初复。

复何璟 光绪五年七月上旬①

两奉教言，就谂兵甲罗胸，指挥若定。且佩！且慰！乌石山一案，百费苦心。幸隶骈幪，敢忘大德。防海动须巨款，闽之支绌，较他省尤甚。我公忧悃，圣明洞鉴，所请必邀〔俞〕允。惟茶税骤短三十万，纵协饷少减，仍恐不足相副。修台、购炮、增勇，事事重劳擘画。部民爱莫能助，内顾滋惭。春帅决意归山，令人健羡。颖叔愿入闽否？我公疏荐后，曾函招之否？少仲意在京官，奉旨入觐，似得售其所愿，未可知也。拟留扬武、威远，一举念便荷明见万里。蒙剀切晓谕，茅塞顿开，谨遵命饬其南驶矣。扬武梭巡东洋，摹一篇不即不离文字，想远人亦当胆慑，惟不免又多一筹费之苦耳！梓乡雨旸时若，黄童白叟，咸拜仁人之赐。此间不雨月余日矣，纵得涓滴，亦于旱无济。秕政召诊，问心何以自安？

①信称："此间不雨月余日矣，纵得涓滴，亦于旱无济。"指七月初三日小雨。

复吴赞诚　光绪五年七月上旬①

读六月二十日教言，备纼一是。伏维起居万福。筱帅励精保障，独任其难。分在部民，感深次骨。扬武、威远，已遵命饬即驶回。前承谕康济船札招商局领用，今阅筱帅移示疏稿，则已改而装兵。将来四号铁胁卧机船成，想亦事归一律，万不容因弟之故，致议论有所参差也。珂乡苦旱殊常，其热亦非向未（来）所有。山农引领，无以慰其望。奈何！奈何！

①吴赞诚六月二十日的信到沈葆桢处，在六月底，复信当在七月初。

复吴元炳　光绪五年七月上旬①

读环章，备纼一是。与吾留江，纪南帅闽，已奉俞旨。少仲未必仍到福建，其将冠冕秋曹耶？琴西方伯请开缺，弟已慰留，不知能固执成见否？高邮一席，司拟以沈筠生请升，似尚妥叶。晋赈续派三万，应请台端匀派，以便赶解。该省旱后苦潦，未卜秋收何如？然其地踞上游，似较苦旱必有间也。金陵初三得雨甚少，无济于事。苏、松能沾足否？云易散难聚，日夕以冀，无如何也。上下江使者均到，下江正童试，上江明日考优生矣。

① 信称："金陵初三得雨甚少，无济于事。"此信当复于七月初。

复潘霨 光绪五年七月中旬①

读手教，知萱闱万福，棠舍绥丰，至以为慰。美前总统转圜之议，已露端绪，尚未有归宿。小涛以七月初四②殁于台，去此熟手，又闽督绉眉之一端也！龙骧等船，只能守口，未能出战。铁甲似不可无，有铁甲，然后能使无从登岸。承谕水陆并练，极佩荩筹。闽督奏调颖翁，未知愿应之否？金陵苦旱甚剧，偶得涓滴，无补于农，山田无可复望矣！

① 沈葆桢得夏献纶在台去世消息，当在七月中旬。
② 《台湾省通志》卷八《职官志》称夏筱涛卒于六月二十三日。七月十二日，沈葆桢《复李鸿章》信则称，夏献纶六月二十四日殁于台阳。备考。

复李鸿章 光绪五年七月十二日①

读六月廿四日谕函，惓惓忧国之思，溢乎楮墨。某某难（虽）暗昧，何敢不竭其愚？日本以西法练水师，既成效卓著，则日本即中国之师也。谓日本学之便日进益上，中国学之便无大益处，并须阻其蝉联，非某某所敢附和者矣！铁甲、钢甲竣事，管驾必取诸出洋诸生，统领则仍宜曾经百战忠勇之大将。小者取其才，大者资其望，切劘久之，自有才望并美者出焉。若枯坐以待，才无可试，望则老矣！求其相辅而行，亦万不可得。自强在何日乎？一举便握万全之券，以资谈柄则可，若指为实事，恐旷古所无。发、捻之萌芽也，何从得一曾经大敌之将？曾文正公初起，蹉跌者屡矣，卒以有志竟成。即如我公抱不世出之才，当其崎岖乡党间，何尝不以成败利钝付诸度外？倘当日以为无益而舍之，今当作何世界耶？宿将固难得虚心，然彭、李自履外海以来，并不菲薄西学。以彭雪帅之刚毅，巡海口一次，归而催添兵轮。每书来，必三致意焉。盖责任所在，亦随时涉躐，见地日新。非若全未窥见津涯，又脱然毫无干系者，可以礼义干橹四字，纵横捭阖，舌战群雄也。此事无成，某某可诿之中堂，中堂更无可诿。乘此时下手，尚易上邀乾断。倭焰稍戢，疑谤又将蜂起。总之，中兴元老，休戚与国同之。众谤群疑，均无可避。心安理得，步步踏实做去。禹之治水也，行其所无事而已矣。船坞一款，目前似暂可省。近日西国新制铁甲，皆厚其甲而小其船，炮位亦减少而增其吨数，如啮水丈七八尺，则闽、沪之坞，尚可容之。若钢甲则质弥轻，啮水弥浅矣！外洋定制物件，向分期偿价。有百万以为权舆，似不甚窘。其余指款，各省咸知其不能不解，亦必踊跃。万一不敷，奏请部库暂挪数时，亦必邀允。倘悬而无薄，人人虎视眈眈，欲留此百万金以备缓急之需，恐口众我寡，大非易易。如钢甲可制，虽倍其值，亦不容不勉。其经手人似用赫德为最稳，盖用中国人必贪便宜，以炫所长。天下明便宜者，暗必吃亏。且中间必多辗转数人，将来归结时，必生出许多枝节。其病在门外汉而强充解事也。洋人不从中取利，理所必无。然取利而能了事，我又何求？无意外便宜，斯无意外吃亏，高明以为然否？出洋学习，日本以千数，中国以十数，人才固宜不敌。若并此废之，是面墙也。以后求益，更从何处下手？学生拔十得五，已是难事。抑十而得一，亦所费不虚。若责以人人出色，苛矣！指湘淮军中最劣之将，概之曰：湘淮军皆可废，有是理耶？出洋为费所窘，纵不能拓，似万万不宜中止。筠仙、颉刚之言，各存其是，想日后各有征信也。春帅闻今日可抵金陵，其替人乃为国求之，我公成竹在胸，可以无烦旁顾。朝廷到底以自强为念，船政关系，殊难轻视，愿我公内断于中。小涛以六月念四日殁于台阳，其替人亦非俯拾即是者，想筱帅不免搜索枯肠矣！江南尚未得透雨，山农失望，酷热为累年所未见。秕政召沴，奈之何哉！

①沈葆桢向李鸿章报告夏献纶于台湾去世，当在七月初旬以后。而七月中旬沈致李鸿章信，提及十二日他有一信致李鸿章，即系此信。

复李瀚章 光绪五年七月中旬①

读六月念七日手教，辱蒙优加奖饰，内镜增惭。伏惟爱日舒长，至以为颂。留与吾疏，已奉恩俞。倘闽帅不以为然，则仍须更动也。复奏海防一疏，草草交卷，毫无把握，遵命录呈，不值明眼人一嚛。何子莪②来信，谓旧美总统力任斡旋，或者渐有头绪。自上游来者，极言两楚收获之稔，并本月上浣又得透雨，无任健羡！此间则徒切引领，纵得涓滴，于农无补。细侯河润，不审何日波及珂乡也？吴春帅全眷已到金陵，探知帅节尚就医上海，退志其殆决矣。知念附闻。

①吴赞诚（春帅）赴金陵在十二日，又何如璋信，沈葆桢于初十日收到，此信当复

于中旬。

②何子莪：何如璋。

复何如璋　光绪五年七月中旬①

本月初十日，捧诵六月念四日教言，辱承缕示种种。倭球瑕衅，几于不可收拾。执事机宜默运，使远人助顺，力挽狂澜。扶倾定危，兴灭继绝。云天高谊，千古仰之。惟将球地三分，鄙意微有所疑，不敢不竭其愚，商诸左右。倭之废球为县也，艳于利耳。中国之侃侃与争，实迫于义之不容己。使我亦得地，是以义始而以利终也。倭冒不韪之名，我得渔人之利。假令反唇以稽，我转〈似〉授之以柄。纵使怵于西人公论，其借端排（挑）衅，防不胜防。且受地之后，必设戍兵经费，将来均应鞭长莫及。两国领事，无日不有瓜葛，即无日不有争端。利则皆虚，害且立见。两姑之间难为妇，球人从此断无安枕之日！台湾与琉球中间岛屿，华离之地尚多，一并置戍，力必不及；弃之则颇涉忽近图远之嫌，终于无所归宿。某某窃谓前事如有成议，似宜听倭人得其所应得，而以中国所应得者，还诸球人，俾晓然于我朝廓然大公，绝非有所歆羡。狂瞽之见，高明裁焉。由粤转来之函，亦经祗领。所谓四海之内，此心同，此理同也。江、浙苦旱，均未得透雨，晚稻不免减色。

①何如璋六月念四日致沈葆桢信，沈于七月初十日收到，复信当在中旬。

复曾国荃　光绪五年七月中旬①

奉六月念四日教言，知甘澍应时，秋禾长发，至以为慰。牛具、籽种，为目前必不可无者。江南认协之三万金，已分派各局库，俾众擎易举，此月内当尽数起解，惟甚愧此涓涓者无济于事耳。晋民遭此大谴，罂粟一端，能深自悔祸耶？抑尚须怵之以法耶？江北谨随萧规，严行禁止，违者惩之。而联界山左，茶火弥望。淮、徐烟户，颇有遇人不淑之叹。然受怨而不敢放松也。自扬以南即苦旱，愈南愈剧。少有所得，如杯水车薪。云霓之望，已于何日？

①此信言"江南认协之三万金,已分派各局库,俾众擎易举,此月内当尽数起解",复信当在七月中旬。

致林拱枢 光绪五年七月十八日①

久不虣笺,方竹马争迎,不敢以寒暄虚词,劳使君垂盼也。迩维新猷式焕,来暮舆歌。霖雨苍生,大纾伟抱。安坡闻已趋侍。燕寝清香,愈不寂寞。晋民以罂粟获天谴如是之重,可能痛自悔祸,抑仍须绳之以法?遇此等事,似不能不以任怨为功德也。金陵协济三万金,日内皆当起解。惟江南转苦旱,山农大不聊生。偶有沾濡,止于涓滴。秕政召沴,斯言信哉!少绂出山,中途兴尽。下榻衙斋数月,竟于盂兰会抱亚父之疾以逝。幸有一子随侍,其家子闻病赶来,后两日到,今日正开吊也。知念附闻。

①少绂于七月十五日逝世。其子七月十七日赶到,十八日开吊,此信当写于十八日。

复吴子健 光绪五年七月中旬①

奉既望手教,备纫一是。伏维侍奉曼福。琴翁于昨日销假,貌少清减,精神则依旧。据云元气大亏,试出来数日,再看光景。山右赈款,遵命分派江藩、淮运、厘金、军需各筹二千五百金,速解淮、扬转解。高淳一席,唐令禀称刘德夫下届大挑,不应与上届较科分,其理颇长,而例中则语涉两歧,难以引断。应否将挑不同次一节,详细项奏,抑咨部请示,伏候卓裁。事关通省序补章程,似不能不必苦分明,俾后人可以遵守。至人地不甚相宜之处,只得将来再酌调也。金陵仍不得透雨,奈何!

①信称:"山右赈款,遵命分派江藩、淮运、厘金、军需各筹二千五百金,速解淮、扬转解。"当在七月中旬。

复钱应溥①　光绪五年七月中旬②

　　读六月中浣手教，知福星一路，安抵春明。趋直枢廷，百凡迪吉。桂花香近，看双雏翱翔云路，老凤具（岂）不免喜极妒生耶？言路宏开，四海想望中兴气象。愿台省诸分（公），勿以疑谤为虑，庶几有以上慰两宫宵旰之心。吾师鹏息，垂二十年，于闾阎疾苦，郡国利病，一一亲见之。达下情而宣上德，此其地，此其时矣！江浙比邻，同时苦旱。偶得涓滴，于事罔济。圩田多费工本，山田则非人力所能为矣！淮、扬尚有飞蝗，虽未报成灾，又为明年遗孽。海防为经费所窘，然人心则大可恃。但望主持大局者，勿以未事犹豫，勿以临事张皇，勿以敌之盛衰为我之喜惧，力怯（祛）我之无用以裨我之有用者，或者有自强之一日乎？狂瞽之说，高明裁焉。

　　①钱应溥：字子密。浙江嘉兴人。时"养亲事毕"，入京，重直军机。
　　②函称："江浙比邻，同时苦旱。偶得涓滴，于事罔济。"光绪五年七月中旬复吴子健函称："金陵仍不得透雨，奈何！"两信应同时复。

致李鸿章　光绪五年七月中旬①

　　十二日肃孤寸笺，未卜何时入览？迩维指挥若定，福德兼隆。总署来书，嘱议赫德条陈海防司②一事，以某某之暗昧，何足以知之？是以再四踌躇，累日未能作答。窃计我公权衡在握，得失了如，敢献所疑，以备采择。

　　一、赫德所丁宁反复再三致意者，在一权字。总署所十分慎重，难于立断者，亦在一权字。天下无无权而可以集事者，倘用之而不予以权，是絷其手足而责以奔走。靳彼之权，实则误我之事。使其人终为我用，如汉之金日䃅，唐之契苾何力，岂以异族为嫌？畀之以权，又何惜焉？若一旦有事，仍须各归其国，则仓皇扰攘之际，统领属之何人？属之会同督办之大员耶？则平日固深以干预号令为戒，各船视若赘疣，其人亦虚与委蛇，以赘疣自待者也。若于各船之管驾择统领，则畴昔皆比肩屏息以听教习号令，忽分轩轾，其谁甘之？是徒与之以权而莫得其用也。且赫德岂能尽保一举一动事事可对圣贤者？为海防司，中国亦岂能尽选如脂如韦、胸中毫无泾渭者为督办大员？万一海防司所去所留，督办大员极以为颠倒，驳之则与约不符，听之则非特于心不安，而对此各船之员弁、水手，脸亦难下，是其窒碍处并不待海上有事时也。且中国统兵大员，咸自视为无与于得失之数，又何从振作而兴起之乎？即赫德所练者尽成劲旅，恐无补于大局之废坠矣！

一、南洋取南关，北洋取大连环，良以该二处海口极深，虽吃水二丈七八尺之船，亦可下碇。若添大船坞，非此二处不可。其择地煞费苦心，第既为会操之地，岂能毫无储备，而一一仰给于津门、福州、上海。此章程中所以有存军火房间处所应有兵丁守护之说也。由军火而推之煤炭、粮食，孰为可阙之储？由船只而溯之船坞、机器局，孰非不容已之举？国家聚全力以营之，尤必聚全力以守之。向所视为荒岛者，今则成败大局系焉。费既不赀，而更有急于此者不遑恤矣！

一、赫德谓有碰船、蚊子船即无须铁甲船，且谓若有德国、英国人驾驶，与英国铁甲船斗定可得胜。查碰船即锥船，闻其可以推（锥）木壳船，未闻其能推（锥）铁甲船。西人心计最精，锱铢必较。如果锥船可破铁甲，岂有尚汲汲焉于巨费之铁甲，以待锥船之破之耶？蚊子船在内河与铁甲船互击，未见其必败。其炮巨，其底浅。蚊子船所到之地，铁甲船未必能到，此其可恃者也。倘在外洋，铁甲船一点钟行四十余里，蚊子船一点钟行十余里，铁甲船最耐风涛。蚊子船最畏风涛。有炮巨、底浅之利，即不能无炮巨、底浅之害也。海与陆不同，非能战断不能守。自奉天以至广东，海口更仆难数，安得处处购蚊子船以守之？且无蚊子船之口，铁甲船固可长驱直入，有蚊子船之口，但以铁甲船踞其外海，运兵、运饷，便步步戒心。诚以蚊子船不能舍所长，用所短，出外海而与铁甲船争衡。故章程中亦有渐次添成一运兵之船，以备防越，从可知蚊子船之难迁地为良矣！鄙意非谓有铁甲船而诸船可废，谓有铁甲船而后诸船可用。问各国之强，皆数铁甲船以对，独堂堂中国无之，何怪日本生心乎！用兵机宜，首贵通气，倘敌人动辄扼我咽喉，难以振矣！铁甲船之议，不发于赫德，固宜阻之甚力。然国家用人，但求事之有济，固不妨托其定制，而责以精良。惟学造之生徒，不可不入其厂，学驶之生徒，不可不上其船，庶几船成而学亦成，可无买椟还珠之虑。

一、赫德谓海防以得人为要，诚确乎不可易。而所条陈则使齐人傅之之说也。若闽沪之出洋就学，则引而置之庄岳之间数年之说也。其功效自难同日而语。学成东归之生徒，朝廷必有以奖励之，必有以位置之，而后可以慰其已往而鼓舞其将来。若责成归海防司，则此辈无从位置。驰驱数万里，终于投闲置散。归者怨悔，未归者更何以为心，其能勇猛精进耶？即强海防司使之录用，非但海防司以非我所培植，必歧视之，而诸生亦必有曾经沧海难为水之见。盖西人学问，甚有等差，非晋之屠沽皆羲、献，唐之走卒尽李、杜也。取法乎上，仅得其中。何如将此费以益出洋，俾广得人之道耶？

以上皆某矇昧之见，不足为据。以我中堂虚怀若谷，姑陈其空空，以待两端之叩焉！又复何子峩星使信，亦謦说，一并录呈，伏乞指谬。

①信称："又复何子峩星使信，亦謦说，一并录呈。"沈葆桢复何如璋（子峩）信在七月中旬。

②光绪五年，总税务司赫德向总署提出《海防章程》，要求购买英国炮艇和巡洋舰来建立中国海军，并设立总海防司，由他担任总海防司一职。消息传出，引起朝野普遍反对。

复彭玉麟　光绪五年七月下旬①

读公安教言，惓惓忧国之思，无间梦寐。留与吾俞旨，计已追及星槎矣！海防、江防，均可无事。望安抵珂里，一切料量妥贴。破一冬工夫，明年早些来。幸甚！幸甚！朝廷广开言路，侍从建白，美不胜收，四海想望中兴气象。金陵苦旱久矣！偶有沾溉，濯枝洒尘而止，山农无可复望。上合肥相国两信，答何子峩星使一信，谨录稿并总署及子峩原信奉呈，此皆茋念每饭不忘者，故不敢自匿所短。伏冀推爱国之心，大费清神，痛与指谬。是祷。

①信称："上合肥相国两信，答何子峩星使一信，谨录稿并总署及子峩原信奉呈。"均在七月中旬。但"金陵苦旱久矣！偶有沾溉，濯枝洒尘而止，山农无可复望"，与沈葆桢七月下旬复梅启照函"金陵苦旱久矣！或积阴不雨，或飞洒涓滴而止"内容相同，此函也复于七月下旬。

复梅启照　光绪五年七月下旬②

读十九日手教，知棠圻得甘澍甚足。且慰！且妒！赐示疏稿，披肝露胆，切实言之。大臣事君，固宜如是。喻采臣极沉毅，又极和平，弟亦知之有素。摅诚上达，定邀洞鉴。若鄙人被纠之款，则瞻徇二字，百喙奚辞矣！朝廷言路宏开，天下苍生之福。疆吏时有提撕警觉之者，亦吾辈之福也。

金陵苦旱久矣，或积阴不雨，或飞洒涓滴而止，山田无复望。谨录折稿五、信稿三，以就正有道。缘其事皆葆念所系者，不敢自匿所短。伏乞大费清神，痛与指谬，是祷！月操承慨诺，极佩推心置腹之爱，将来患难相恤者，其惟江、浙乎？

①信称"读十九日手教"，梅启照的信，沈葆桢当在下旬收到并作复。

复吴仲翔　光绪五年七月下旬①

迭读三函，以日夕祷雨，迁延未答。濯枝洒道，既无救于旱，徒劳有心人悬盼。罪甚！罪甚！贵局复修船碍难依限一疏，千头万绪，如数家珍，杰作也。快船愈窘愈振作，定有志竟成。扬武、威远请留，管驾以为文案传谕，执事以为春帅面谕。春帅来书，则谓有请留其一之意。筱帅直截爽快，按以春秋诛心之律，既申儆之，又曲谕之。情法兼至，令人且感！且悚！输诚请罪外无他术也。春帅会筱帅衔奏以康济归招商局，筱帅亦会春帅衔奏以康济装兵，所谓和而不同者耶？小陶②未竟所施而殁，良堪一恸！来谕云云，极仰交谊之挚。第庖人操刀四顾，非尸祝所敢越俎。且赏识逾寻〔常〕万万，〈万〉事有明征，何待局外人翘（饶）舌耶？何敬臣是否宋长庆妻弟，见时似尚是佐贰，人近倜傥一路，未之深考也。蚊子船谨当具文请领。其名当拟镇东、镇西、镇南、镇北。管驾末座补以许寿山③何如？船政人才，自有主者。老夫罪戾是惧，更何敢上累我公？靖远煤价已据报，发交上海道，如未转解，可否遇船便饬领？台澎一席，此间亦拟筠轩。此君未尝不精明，病在太圆。然闽中眼前固宜不作第二人想矣！周少绂出山中悔，过此盘桓数月，以运内功尸解，神志湛然，端坐而逝。有子随侍，亲视含殓，亦不幸中之幸耳。我公方留意海防，谨录三信稿就正。倘不弃其戆，一一指其谬而教诲之，庶几有昭然若发矇之一日乎！勒少仲入觐，其不愿复出也十有八九，有所避也。

①沈葆桢于七月二十八日奏请派定四艘蚊子船管驾。此信当写于奏请之前，又八月初《复吴仲翔》信称："七月下浣贡寸笺，未卜何日入览？"当指此信。

②小陶：夏筱涛。

③许寿山（1852—1884）：字玉珊，福建闽县人。"振威"号管带。中法马尾海战中牺牲。

复林鸿年 光绪五年八月上旬①

奉六月教言,以昕夕乞霖,未遑作答。罪甚!罪甚!就谂眠食仍未甚适,不胜驰系。大抵人过中年,未有不病者,若全无病痛,似转非佳兆。吾乡丰稔,补累年之歉。物极必返,天固宜然。何帅奏调颖叔,至今未见明文。得颖叔书,似非所愿。而续调之陈士杰②,则奉旨矣。河神涌见,以为水也,乃其应在旱。某某回任三阅月,从未得淋漓痛快一场大雨。濯枝洒道,于田无济。秕政召沴,信不虚也!颖叔著《启东录》,甚精核。见之否?闽海如不必归,当有续出者。

①沈葆桢于五月初七回南京。此信称"回任三阅月",当复于八月上旬。
②陈士杰(1823—1892):字隽丞,湖南桂阳人。拔贡生。以军功,历任知府、江苏按察使、福建布政使,官至山东巡抚。陈士杰调福建按察使,在光绪五年七月十九日。

致涂宗瀛 光绪五年八月①

淮北笑事,极荷督销之力,商贩沦肌浃髓,戴德弗谖。尚冀随时提撕,俾私费不再萌蘖。则河润千里,受赐靡涯矣。

①从信内容看,似在八月。

复王崧辰① 光绪五年八月上旬②

另笺敬悉,循吏以瘠区起家,振古如兹。筱岩中丞甚留意人材,其任宁藩也,查交代极严。谓牧令不浪费,断不亏累;其亏累,皆取巧者也。进谒时,幸勿以此为辞,致触其所忌。去年安插垦户,颇邀许可。但实事求是,努力为之,定不虚赏识,无俟鄙人翘（饶）舌也。棠治苦旱，想益劳召杜之怀。闻杭自大士入城，即甘霖大沛，阖郡当同时沾足。此间自五月至今无一次透雨，山田不可复问。节过白露，虽得雨亦无及矣！

①王崧辰：字小希，又字兰君，福建闽县人。同治十年进士，任船政局委员，掌文案，先后任甘肃华亭、浙江余杭知县。光绪二十六年卒。
②信称"此间自五月至今无一次透雨"，即至八月初。与沈葆桢《致咏彤》信时间大体相同。

复吴仲翔　光绪五年八月上旬①

七月下浣贡寸笺，未卜何日入览？比奉念三日手教，敬聆一是。刘、林二生，极当优奖，然在闽则又有主之者。惊弓之鸟，敢复先鸣？应俟其击楫渡江，察所成就而播扬之。无所嫌疑，措辞亦易得体。何心川②疾如未愈，吴梦良③如何？四美具，二难并，惟法眼盱衡而决择之。余小舟在闽否？吏如班超，必舍之而他顾，固宜转滋胶葛也。少谷死矣，瑶儿复病，下痢八九日，粒米不入口，此二日方能饮米汤。自愿屏绝医药，或因此转获生路，未可知也。卢艺圃④开藩金陵，闽臬放陈士杰，楚材之和平者也。再，唐军门需教练大炮一员，能熟谙西法，不论功名大小，月薪六十元。桂芗亭⑤观察来函，嘱我公为之选择，如得其人，乞为垫付川费，如数奉赵。倘出类拔萃之才，欲加薪水，亦由我公酌之。其人应令来金陵，再拨赴唐营。

①吴仲翔七月二十三日的信，沈葆桢当在八月初收到并作复。
②何心川：福建船政后学堂毕业生。
③吴梦良：福建船政后学堂毕业生。
④卢艺圃：卢士杰，字艺圃，河南光州人。光绪五年七月十九日任江宁布政使，官至漕运总督。
⑤桂芗亭：当是桂香亭，曾在南京任职，生平失考。

复林寿图 光绪五年八月上旬①

读教言，兼拜《启东录》之赐。渊懿精湛，俨然汉志。知天所以玉成君子，必于其远者大者，非庸耳俗目所知也。少绂运内功，蕴热不消。疽发于背，竟于中元寅刻端坐而逝。幸其第三子随侍，躬亲含殓，其长子亦于十七日赶到，八月四日扶柩归矣。鄂中得甘霖，天特为侨寓名贤，消除烦恼。金陵竟不蒙波及，山农失望。秋意深矣！惨烈之余，弥复萧瑟。鄙人又痰喘上壅，畏风不能出户矣。笏斋诸友，均寄声以谢百朋之锡。

①信称"秋意深矣"，又称："金陵竟不蒙波及，山农失望。"光绪五年八月中旬沈葆桢复勒方锜信称："金陵直至八月初八方得透雨，入场士子苦之。"此信写于八月初八日之前。

复何璟 光绪五年八月中旬①

读台教，知扬武、威远均已旋闽，下私窃慰。东洋本有星使，且华人在彼贸易者多，于外面情形，原可共见共闻。较兵轮之过而不留者，当更详尽。至其深谋秘计，虽其国之臣庶未必与知，岂兵轮所能探悉哉！扬武此去，不重在舰国，重在量水。微示以彼能来，我亦能往之意。且必约束精严，以示中国之整暇。窃见管驾是船之张游击，沉毅能断，必不负我公委任。用人贵专，似无庸外索。乌石山事，百费苦心，部民曷胜感激！但迁于城外，所谓两害相形取其轻。若偿以城中，必更别生枝节，又使一块净土，更染腥膻。将来官绅之累，愈无了日。颖叔键户谢客，穷愁著书。伟如中丞近在同城，亦不获见。其新镌之《启东录》，甚精核可传，曾垂盼否？我公交谊之挚，足照千古，而颖叔借此建不朽之业，较我辈之碌碌风尘，相去何可以道里计也？杨牧已遵命札行，其人结实可靠，知九方之顾不虚也。闽省兵轮虽少，较之他省，则为最多。毋令其兼司转馈，则操演以专而精。彭纪南明决而镇定，足资指臂。吴柱臣②朴诚勇敢，皆水师中不数觏之才。辱蒙挚爱数十年，又荷虚己垂询，不敢不竭其空空，以待两端之叩。若暗昧无足采，则早在洞鉴中，不烦自陈诉（诉）也。乘周星仲③孝廉南归之便，草草布臆。

①八月中旬沈葆桢复吴赞诚信称："弟资商筱帅，以吴柱臣代之。"当在此信之后。
②吴柱臣：名奇勋，字柱臣，广东合浦人。
③周星仲（1833—1904）：周季贶，名星贻，浙江山阴人，福州知府。著有《质瑞瓜堂诗钞》。

复吴赞诚① 光绪五年八月中旬②

闻旌节荣旋，极欲走谒起居，而气促腰疼，畏风如虎。弗克伸臆，至以为歉！承示缕缕，益增悚愧。星使中道发折，借州县印，常见邸抄。以类推之，似都司关防无所不可。惟附驿则例填日子，未必肯受。若专差则随处皆可借印，又不必拘拘于孟河矣。丽芬观察，天分极高，血性男子。弟与之向未一面，竟承其枉道来视两次，心极感之。弟受病在数十年以前，非和缓所能为力。我公招之，谅无不惠然来者。然甚望公求效勿过急，俾固有之气血，不更耗于草根树皮。幸甚！幸甚！公条陈会操四款，中旨饬议，已奏复矣！明日当饬录呈冰案。彭纪南以旧伤举发，力辞统领，或有不得已于中者。然会操不容再缓，弟咨商筱帅，以吴柱臣代之，未知见允否。

①原标题为《复光禄寺吴》。光禄寺吴：吴赞诚。
②吴赞诚奏陈会操四条，清政府于七月二十五日谕李鸿章、沈葆桢议复。沈接谕当在八月初七日左右，而议复则在中旬。

复吴仲翔 光绪五年八月中旬①

读八月四日手教，知前扯两函，均未获邀青睐。春帅书，意在抬高二生，用意良厚。伯相则得侯使②信，力诋出洋生徒之劣，急宜议停，其询验也，遇便北来，若有意，若无意，益有成竹在胸矣！管驾业经奏明，尊处不妨照派。俟其船到秫水，再由弟饬令北行。此行转万万不容已，良谓非考验无以间执人口也！万一伯相将二生一并留住，此乃大好事。同是国家之材，同是供国家之用，何分彼此？且伯相所以位置之者，必远优于金陵。二生拔宅飞翔，后起亦追以十驾，岂非朝廷之福？江南管驾，但得有志之士日夕讲明而切究之，亦不患不因习而精。假令房、杜之门，人方济济，未容复来之秀插脚其中，亦可徐徐想法为之。拔出张成，其已事也。至二生来此位置，宜异于众，诚哉是言！第夺骈邑三百，伯氏不知其罪，则管氏亦非所安。"虽有丝麻，毋弃菅蒯；虽有姬姜，毋弃憔悴"。极荷爱注之笃，敢竭鄙言。春帅已回金陵，彼此均以病未得见。已望鄂中乞程丽芬。百草备尝，殊恐非徒无益。函劝其责效勿急，以保固有之气血，未知见听否？开缺之请，不日当上矣！闻遗才被黜甚多，两侄一婿与焉，甚足以为悠忽者戒。其余亲友，都平安否？

①八月中旬吴赞诚（春帆）来金陵，信称"春帅已回金凌"，复信当在中旬。
②侯使：曾纪泽，光绪三年，父忧服除，袭侯爵。使英。

复勒方琦　光绪五年八月中旬①

读七月二十九日教言，敬谂便殿对扬，天颜有喜。屈计芦（卢）沟三五，扶月而南。中道起居，定符臆祝。乞留未谐所愿，桑梓蒙福，何幸如之？金陵直至八月初八方得透雨，入场士子苦之。场规均尚顺适，惟前三日丰县士子于承恩寺殴毙六安士子，殊骇听闻！弟日来复痰喘大作，不能出户矣。以后赐札，务望以年谊见呼，并勿用楷书。至祷！至祷！

①信称："屈计芦（卢）沟三五，扶月而南。"当复于八月中旬。

复庞际云　光绪五年八月中旬①

读初七日手教，河滩一案，极佩苾筹。刘业蓁等已札饬查拿矣。鲍、陆情节，污秽太甚，似未便以革职满杖了之。质帅入觐之请，已奉批回否？如得俞纶，自当照办。淮海麦已下种否？金陵则尚苦其干（旱）。今秋早寒，弟痰喘亦早发，已三夜不能就枕矣。今科主司有拟墨，胎息渊穆，如正嘉文字。刘寿曾场作胜于平日，当不留行。知念附闻。

①信称："弟痰喘亦早发，已三夜不能就枕矣。"又称："读初七日手教，河滩一案，极佩荩筹。"复信当在中旬。

复庞际云　光绪五年八月中旬①

两奉教言，备纫一是。苏、杭闻均得雨，犹微嫌其晚。然较金陵之晚犹不得者，远胜之矣！江北丰稔，乘此积谷，可谓两利。蝗来种子，又成明年之忧。道淮不动声色，行之以渐，深佩卓见。先治下游，尤至当不易之论。牧令得人，执事再翼之以趋，地方必受其赐。民肥身瘠，循吏固然，无足怪者。士子沿途安静，仰见执事调护之苦心。有控查盐骚扰者，似是委员负气，致生事端。理贵持平，不能不为参办。乃昨日沛县与六安士子同寓互斗，伤七人，重者三人，今日死了一人。儒林入侠游风气，不知所届矣！又何论青纱帐中人也？许癞子亦永远监禁。窃谓妇人流毒，必较轻于男子也。烟馆为民间百病之源，执事赫然止之，其明效岂但窃案已耶？第每月必提撕一二次，方能持久，否则恐既止复作。漕帅入觐，执事益增荩勚。惟加意珍摄，至以为祷！

①殴毙六安士子，事发于中旬，此信也写于中旬。

复孙毓汶　光绪五年八月下旬①

奉二十日手教，知前肃寸楮，已荷青垂。辱蒙挚爱逾恒，为筹方药。沦肌浃髓，永矢弗谖。折信川费，均经祗领，二十四日可以就道。安庆童军（生），数不甚多，郡县得两月工夫，尽足毕事。寿山中丞定于二十五日视事矣。弟服暖剂太过，致虚火上炎。左颊左唇，皆生热毒。而畏寒愈剧，早晚不免披裘。缘嗜欲太深，本实先拨，恐非草根、树皮所能为功。时事多艰，不敢违旨乞假。贻误大局，内疚曷可胜言！

①沈葆桢接到孙毓汶（莱山）八月二十日的信，当在八月下旬。又称裕禄定于二十五日视事，则沈复信当在这之前。

致孙毓汶　光绪五年八月下旬①

顷阅八月十三日邸抄，恭谂简在帝心，荣擢阁学。谨以驰闻。

① 八月十三日邸抄，至南京，当在下旬。信也写于此时。

复吴仲翔　光绪五年八月二十九日①

读十一日手教，并录示疏稿。此稿先于公牍见之，决其为大手笔。以合肥之俊伟，尚五体投地无间言，况下走耶？不才素以推心置腹自许，亦以是见信于公者数十年。自乙亥分襟，公之疑起。蓉台拂袖归去，公必有大不释于中者。不讳所疑，正公之古道照人处。将来荣莅两江督任，自涣然冰释，此时唇焦舌敝徒然耳。急欲成事，谓中兴无辅，何致负人？遂聚六州铁铸此大错。自诒伊戚，夫复何言！日意格何尝不可用？争累年铁甲，如蜉蝣撼树者，为伊不招呼赫德耳。今则无可挽回矣！二生②所呈折略极详晰，然如主者成竹在胸何？所拟奖励，并不过优，定可邀允。巡海快船，得公一力担当，佩服无量。政府农部于不才所议多不见许，心极感之，盖不疑其为跋扈也。欲借洋款，公其借重湘阴乎？缮函至此，莹儿到，续奉手札，益纫眷注之笃。蚊子船势将全数归于赫德，吾辈可省费心，妒者亦可以止矣。大炮教习，如得其人，务乞即饬北来为望。头发解散，即得六万金。事在人为，亦可见矣。瑶儿渐有转机，惟任性益甚，终非载福之器。爱而勿劳，贻误岂浅鲜哉？诸公子元作，宜其得意，不得意不足以为公子也。惟未得好手翻译，犁牛未敢强不知以为知耳！寒喘不能出户。闻四姑太③来，暮年兄妹，尚得一见，颇慰岑寂。蚊子船如先到闽，其薪粮等项，乞暂照旧办理为荷。

① 沈葆桢于光绪五年九月初旬《致吴仲翔》信称："念九日豣寸笺，未卜何时入览？"当指此信。
② 二生：指刘步蟾、林泰曾。
③ 四姑太：沈葆桢之妹。

致吴仲翔　光绪五年九月上旬

念九日疰寸笺，未卜何时入览？伏惟起居曼福。单开之洋面铁甲，吃水十八尺至二十七尺。我们船坞及天裕船坞能容吃水若干尺之船？罗星塔能进吃水若干尺之船？乞饬加意测量，详细开示为祷！铁甲冲船，是否即赫德所谓碰船？是否可战于大洋？赫德谓铁甲船每只须二百万，碰船每只仅三十万，何价值如是悬绝也？五六分厚钢片，六分厚铁板，法国分耶？英国分耶？并祈查示。蚊子船如无消息，乞嘱刘、林二生先来金陵，川费垫付，便中奉缴。盖欲面询一切，方能详尽也。

复邱镜泉　光绪五年九月上旬①

读中元手教，悃悃款款，令人感旧之念，油然而生。就谂厥足用伤，不胜驰系。迩维吉人天相，定以复元。务恳珍卫有加，至以为祷。人如范亭而无后，为善者其惧矣！其族甚大，不至竟无昭穆相当者。贫而无以为祭，嗣子亦复为难。且嗣而不贤，虽祭亦无能久。如我公与远公②、勿公、云公能访择其族中群从，有行谊、能读书者为之继。某某尽明年五月内，如尚在此地，必措千金为之祭典书本，俾其嗣有以自存。盖今年北行，所得创瘐，明春方可弥补清楚，不得不迟之又久。然诸公择贤，亦断不肯草草。似求足以慰范亭之望，亦不厌其迟也。其世职已归老四承袭，将来再袭、三袭，须言明仍归四房，方不致因此而返（反）起争端。第此事专为范亭书香计，只论贤否，不论亲疏，非足以惬范亭之心不可。偶其族中有起而阻挠者，则吾辈不得不袖手而退矣！事之济否，自有定数，亦有人事足补天道之阙者，想诸公或不以为安也。秋气萧瑟，临楮黯然，恍若范亭忠魂相对兀坐也。来函抝谦过甚，微示以不可者拒之之意，愿勿再施，千叩万叩。

①信称"秋气萧瑟"，当在中秋之后。又光绪五年九月初旬沈葆桢《复郭柏荫》函称："范翁立后事，昨函恳镜泉太世叔申意，计已上达冰案，未卜机缘凑巧否？"可见此两函是两天内先后写的。

②远公：郭柏荫（1807—1884），字远堂，福建侯官人。官至广西巡抚，后署湖广总督。

复郭柏荫① 光绪五年九月上旬②

玮儿来，捧读手谕。知敬捐明伦堂工费五百贯，已荷察存，不胜寅感。承示此举当以绅为主，顾名思义，诚哉是言！想同志诸君，亦必交引为己责也。范翁立后事，昨函恳镜泉太世叔申意，计已上达冰案，未卜机缘凑巧否？殊深驰念。知年伯同此惓惓，或者人愿允协，天心从之耶？江南早霜，侄披重裘，犹有寒色。讳疾恋栈，自顾觍然。借爱附闻。

①抄本标题为《复鳌峰掌教郭》。郭：郭柏荫（1815—1890），时任鳌峰书院掌教。
②信称："江南早霜，侄披重裘，犹有寒色。讳疾恋栈，自顾觍然。"与九月初旬复林鸿年函同时。

复林鸿年 光绪五年九月上旬①

奉八月二十日谕函，敬谂起居曼福。范亭身后，费公如许苦心，尚未成就。世间不如意事十常八九，不信然耶？忠骨万古常香，虽委弃空山，鬼神护之。若继嗣不立，殊无以慰孝子之心。前函恳镜叟申意，想达洞鉴。或者人愿允协，天心从之耶？卢方伯尚未见其抵京，颖叔约其主讲钟山，借给饔飧，宿逋未遑问也。江南已得雨，无及于晚稻，荣鞠树麦，尚未愆期。九月肃霜，晚披重裘，犹有寒色。讳疾恋栈，内顾觍然。

①信称"九月肃霜，晚披重裘"，当复于九月上旬。

复李子嘉① 光绪五年九月上旬②

康侯到，捧诵瑶华，辱荷拳拳垂注。就谂起居曼福，备叶颂私。舍侄孙女姻事，承许令孙入都就赘，不胜欣幸。嗣得勿村前辈书，以令孙远行，未甚放心。弟即遵命中止，不敢强人以所难也。在京晤康侯，据云，庭训令其闻后挈侄妇以归。弟以其母既不能亲送数千里，孑然一女，迥非男儿之比。中途险阻，病痛谁可告语。转瞬即君家妇，断不敢草草塞责，致开罪于名门也。兹叨教以令表嫂林夫人人都护之回闽，重费行筹，曷胜纫佩！第林夫人与舍侄孙女向未谋面，在室女儿，见新姻长亲，岂不益加羞涩？令表嫂老成谨慎，深为可托，品题定非虚语，何不请其携令孙入都完姻，事毕南旋？既不误今冬吉期，又彼此各得其便。

①李子嘉：沈之亲家，即李康侯之父。
②九月初，沈葆桢《示管樵》信称："得八月十五、二十五日两函……康侯次日即行。"此信又称"康侯到，捧诵瑶华"，由北京至南京，约十二三天，沈葆桢复信当于九月初旬。

复周秀庚　光绪五年九月①

承示敬悉。今年窘甚，然以君家如此要事，不敢不勉。能于年底寄到最好，否亦赶明年二月内，必不误冰泮期也。

①从信内容看，应在九月。

复吴仲翔　光绪五年九月中旬①

迭奉八月二十三、九月初二两次教言，备见良工心苦。昭詹敝袴，不为无见。二生前程远大，固非急望丹成者也。飞霆、策电之正管轮、大副，薪水未免太少。将来须看其造诣，量加充拓，此时且遵守旧章。管驾有风涛之险，战阵之险。又加之离家，若坐厂监工，劳逸险易，迥不相侔。且得一钱是一钱，与船〔厂〕中有酬酢耗费者又别。凡事须求其可继，学成者当接踵而归，愿公酌焉。惟奏奖亦不可阙耳。传茂才文字，即天靳以解元，亦必得会状。舟楫盐梅风味，左券操之。四船到闽、到津，听其适然。刘、林不患无安顿处，嘱其速来可也。春帅未曾相见，其复到沪上也，亦事后方知。闻其就洋医颇效，时之为义大矣哉！详稿崇论闳议，佩服无量。惟轮船分三处，则鄙怀不能无疑耳！

①沈葆桢接到吴仲翔九月初二日信，当在中旬。复信也当在此时。

复孙毓汶　光绪五年九月中旬①

读前月念九日教言，谦抑之怀，度越寻常，粗率者益增惭悚。迩维兴居曼福。本月折弁，为带方伯贺万寿折，恐中途雨水留滞，拟提前拜发。尊疏务乞于二十以前见付为祷。梅小岩内召②，谭云卿抚浙③，展云④前辈开府关中，署漕帅之薛方伯⑤擢刑右，此近日邸报也。知念附闻。

①信称："本月折弁，为带方伯贺万寿折，恐中途雨水留滞，拟提前拜发。尊疏务乞于二十以前见付为祷。"此信当复于九月中旬。
②梅小岩：梅启照，于八月二十九日入京觐见。
③谭云卿：谭钟麟，于八月二十九日授浙江巡抚。
④展云：冯誉骥，字展云，广东高要人。授陕西巡抚。
⑤薛方伯：薛允升于八月升刑部右侍郎。允升，字云陔，陕西长安人。咸丰六年进士，官至刑部尚书，光绪二十七年卒。

复丁日昌　光绪五年九月下旬①

十七日，奉到本月初三日教言，十九日奉到八月二十八日教言，知将就医江南，为距跃三百。春帅孟河之役，并无成效，遂回金陵。适伯相荐一洋医，因复强赴申江，闻前数日为嫁女暂归，已能却杖而行，可谓神效。前途已经，我公似不必更入孟河矣！美前总统纯是虚与委蛇，未足为据。高丽局面，似较台湾为剧。盖台湾各国通商在前，高丽则倭导之先路。而中国之患，则目前伊犁尤为费手。铁甲船伯相极不以为然，江南又无独支力量。闹姓之说，曾商诸总署及合肥否？总署嘱议赫德海防司之请，伯相韪之，鄙见未敢以为可。谨将函稿就正有道，议伊犁疏稿②、函稿并呈，务乞指谬。宿将之重望，后进之实学，合之双美。张成、林泰曾为辅甚善，惟江南亦宜分其一。伯相代南洋购蚊子船四号,以为如前次先抵闽也,故札刘、林驾之来江,近闻已越福州北驶矣!武科改用洋艺,近于议复罗应旒③条陈,复略言之。叶顾之方请病假,已札催之,未审能速行否?某某今年病发特早,八月即拥重裘,居深室,竟未能一往视春帅。船政放召民,又是一病人,能强出否?

①信称:"近于议复罗应旒条陈,复略言之。"沈葆桢上此条陈在九月二十日。

②1878年,清政府派崇厚为全权大臣,前往俄国交涉收回伊犁。崇厚于1879年10月擅自同俄国签订丧权辱国的《里瓦基亚条约》,用伊犁以西土地和利权换取三面被俄国包围的空城伊犁。清廷迫于舆论,拒签条约,逮捕崇厚问罪。

③罗应旒:贵州候补道。

复卞宝第　光绪五年九月下旬①

读教言,备纫锦注。惟起居曼福,允叶恋私。水利为闾阎命脉所关,劫大(火)余灰,自难责以就地筹费。谨檄藩库、运库、粮库各勉措万金,交仙(仁)山观察及时兴举。但必仰赖老成擘画指示,庶涓滴皆归实济,利在百年。珂乡应办事宜,更仆难数。而进款竭于协济,转致本位抛荒。清夜扪心,曷胜内疚?今年病发特早,已拥重裘,居深室,耳目益苦壅蔽。惟望大君子随时提撕警觉之,俾稍赎恋栈之愆,无任感祷。

①信称"今年病发特早,已拥重裘",当在九月下旬。

复梅启照　光绪五年九月下旬①

读手教,于浙、杭水利,布置井井。而困心衡虑者,则在协饷之难。旋准部文,知奉旨内召,想一一涣然冰释。衰朽余生,如能步班生后尘,曷胜幸甚?伊犁胶葛,剧于琉球。复奏一疏,自知不合时宜,不敢以心之所不安,上欺君父。谨录稿并上总署函稿,奉呈冰案,伏乞指谬。幸即付丙,勿以示人也。小轩以争津贴万金,为伯相所訾议。然两边各有难处,互相体谅,成见自消。负气决裂,殊可不必。此外则并无间言。某某今年病发特早,已拥重裘、居深室者月余日。以如此情状而恋栈,殊太不伦。倭事稍有定局，不得不申前请矣。

①沈葆桢九月下旬致李鸿章信称："已拥重裘、居深室者月余日矣。"此信也在九月下旬。

复李鸿章 光绪五年九月下旬①

奉八月十一手谕，辱荷谆谆提命，条分缕析，纫佩不可名言。承代购之蚊子船，闻前次在闽交割，故令管驾在罗星塔守候。比获咨示，饬令径驶津沽，俟亲验其美善毕臻，乃付南洋。知大君子之用心，突出寻常万万也。闻春帅蒙荐洋医，施治数日，即却杖而行，可谓神效。适雨帅函询孟河费马实在本领，劝其前途已经，速来申江，无烦更入汉港矣。出洋局蝉联一节，已遵命会奏，惟词不足以达其意，未卜能邀允否？谷民接管船政，冯展翁②云闻其近复得不寐之症，未知能出山否？某某今年病发特早，已拥重裘、居深室者月余日矣。谨将复总署函稿，并闽局寄来学生所叙英国兵轮节略，录呈冰案。

①《闽省出洋生徒请示蝉联折》上于九月二十日。此信在此之后。
②冯展翁：冯誉骥。

复吴元炳 光绪五年九月下旬①

顷奉寄谕，饬查英茂文②参款，想尊处亦当递到。执事澄神四照，虚实早在洞鉴之中。如程仪、银号、狎邪诸说，曾否先有所闻？弟托人延访，殊恐耳目有限。窃以为失察于前，不妨自行检举，万不敢分毫欺饰于君父。若执事许挈贱衔主稿会奏，不胜幸甚！弟续有所闻，亦必达冰案也。

复：

昨奉寄谕，饬查英茂文参款。茂文举动，未能深惬人意，弟亦素有所闻。而耳目有限，无由得其实在要领。既奉饬查，虽失察于前，不妨自行检举，断不容欺饰于君父。计所劾之款，在沪上者为多，必难逃洞鉴。伏乞逐加访察，并旧日闻见，详细赐示。粘钉排递，弟自当秘密，断不令执事受怨也。

①清政府谕令沈葆桢、吴元炳调查英茂文被参案，在九月十六日。沈葆桢得此消息及复信，当在九月下旬。

②英茂文：英朴，江苏粮道。光绪五年被参私开银号、家中私造戏台等种种不法行为。

复庞际云 光绪五年九月下旬①

奉霜降教言，极承注念。《大学》以使无讼为知本。后人抹却使字，只欲抑之无讼，而讼师有恃无恐，所向无不如意，讼乃益繁。吾辈欲挽颓风，其必自听讼始矣！天下事无两是者，不分曲直，力求了案，是无情者常握胜券。随到随结，诬即重惩，此辈何所利而不思变计哉？积谷因地制宜，不拘一格，诚哉是言！乘中稔之年，借免谷贱伤农，积一分则将来受一分之益。安东挑旧黄河，是否盐仍运归西坝？廖牧来议，将双金闸涵洞改低，漕行时则闭之以利漕，漕尽后则开之以利盐，是否可行？乞详度指示为感。弟于该处地利，向未涉历，不敢轻下断语也。

①"霜降"在九月十日。沈复此信，当在下旬。

复彭玉麟 光绪五年九月下旬①

读八月二十日手教，知福星一路，安抵珂门，至以为慰。海防司之议，合肥龃之，总署尚未有定局。近以伊犁胶葛甚于东洋，朝廷西顾之忧益亟。议复疏稿，录呈冰案，伏乞指谬。地山②不候朝命画押，不候朝命驰回，举动出人意表。左帅未免独为其难。梅小岩内召，谭文卿③抚浙，殆为西饷故欤？都天庙炮台移毕，沙洲围江岸坍削，又须踵而行之。质堂感冒月余日，会操委营务处，邻省船亦无至者，气象殊觉索然。秣陵始霜，某某已拥重裘，居深室，日以呻吟为工课。时艰至此，断不敢引疾。而讳疾恋栈，必误大局，奈何！奈何！

①沈葆桢九月下旬《复李鸿章》函称："已拥重裘、居深室者月余日矣。"与此信同，当在九月下旬。

②地山：崇厚（1826—1893），字地山。完颜氏，满洲镶黄旗人。道光举人。曾任三口通商大臣，兵部左侍郎，署直隶总督。光绪四年底，赴俄国彼得堡谈判归还伊犁问题，签订《里瓦基亚条约》，因丧失大量利权及领土，被判处斩监候。

③谭文卿：谭钟麟。

复潘霨　光绪五年九月下旬①

捧读大作，知兴高采烈，不减当年。潞国精神，固宜如是。某某居密室、拥重裘者，已月余日矣。早衰蒲柳，犹讳疾恋栈，如大局何？乘铁皮轮船往迓颖帅之便，再请侍安。

①信称："某某居深室、拥重裘者，已月余日矣。"此信当复于九月下旬。

复林寿图　光绪五年九月下旬①

得伟帅书，言起居尚未尽复元，至以为念。计兼旬静摄，当易奏效。读致幼莲手启，窃慰下私。谨遵命派铁皮轮船奉迎杖履。瀛眷自必随侍，摒挡结束，尽可饬待数日也。吾乡《题名录》到，颇有传笺，内惟谷庭之侄，误作其子，谨呈电鉴。此地诸生，视文如命。乡试所停之课，必按期补满。钟山经幼莲代阅一课，驺从如小春来，便无欠阙。惟惜阴则慰农山长多阅两课，公到须补还之耳！病弗克详，握晤再罄。

①沈葆桢于九月下旬《复潘霨》（伟如）函里提及拟以铁皮船迎接颖叔，此信里也提及，应写于同时。

复林拱枢 光绪五年九月底①

读七夕手书，知汾水秋风，遍歌来暮。托在肺腑，与有荣焉。郡守为承上接下之官，然获上易，驭下难。往往以正色率下，因之不获乎上。第问心无愧，忍诟而坚持之。迟之又久，自涣然冰释。若毁方为圆，则此后竟无立脚地步。此二十余年前亲尝况味，敢为志在龚、黄者告焉。沅帅励精图治，为近日所仅见，与棣台定相得益彰。瘠土之民［劳］，劳则思，思则善心生，亦必惟神君之令是听。不负所学，此其时矣！罂粟宜禁之于未种之先，要言不烦，洞见症结。俭啬偏急者，不畏死而畏罚，因势利导，自然令出惟行。第须知前此之禁而不遵者，咎不专在民。令长之利罂粟也，甚于愚夫妇，是以如磐石之不可动摇也。吾乡揭晓，潭第楣题获隽。想已得都中千佛名经，不再寄矣！秣陵始霜，不才已拥重裘，避密室。如此讳疾恋栈，其不误大局也几希！

①信称："不才已拥重裘，避密室。"当复于九月下旬。

复李朝斌 光绪五年十月上旬①

奉念四日赐书，知尊体霍然，至以为慰。本日会操，因敝老师孙蕖田②先生索登瀛洲护送回浙，弟不便力却，致令逾期，罪甚！梅中丞内召，此后浙船来否亦未易知。伯相代购蚊子船，闻已径驶入津，有无变卦，亦未易知。只得就江南现有之船，极力勤操，俾臻纯熟而已。与吾军门，上游巡阅已毕，谅必能来。转瞬又届十月操期。执事循海而归，恰好于吴淞临试也。弟今年病发特早，已拥重裘，居深室。时艰如此，断不敢引疾。而讳疾恋栈，必误大局，奈何！奈何！

①信称："伯相代购蚊子船，闻已径驶入津。"李鸿章令蚊子船到大沽验收，在十月初六。
②孙蕖田：孙锵鸣（1817—1901），字韶甫，号蕖田，浙江瑞安人。道光二十一年进士，迁侍读学士。罢官后主上海龙门书院。有《止庵遗书》。

《沈文肃公家书》若干问题的考证

沈葆桢（1820—1879），福建侯官（今福州市）人，我国近代史上一位著名的洋务派政治家和爱国官吏。他一生政绩显著，历任知府、巡抚、船政大臣、总督，1874年他受命为钦差大臣，办理海防兼理各国事务，赴台主持反对日本侵台的斗争和开发台湾。生前关注海防建设，极力主张购买铁甲船以建设近代外海海军，是我国近代海军建设的先驱者。由于沈葆桢曾在遗嘱里交代"身后如行状、年谱、墓志铭、神道碑之类，切勿举办"，有关他的资料，目前只有《沈文肃公政书》、《船政奏议汇编》、《海防档·福州船厂》等。

20世纪80年代，我撰写《福建船政局史稿》，第一次发现并利用了福建师大图书馆馆藏《沈文肃公牍》及《沈文肃公家书》两种传抄本。家书原是螺江陈宝琛家藏本，不分册。其封面及扉页写有"螺江陈氏抄本"。90年代，我撰写《沈葆桢大传》，"家书"和"公牍"成为《大传》的基本资料。1997年，福建文史馆把两种合为一种，交由江苏广陵古籍刻印社影印出版。经我对省藏影印本与校藏传抄本加以初校，发现后者错漏不少。目前，有抄本、传抄本、影印本三种，影印本是目前较好的版本。

目前所见，影印本收入沈葆桢信稿259件，约六万多字。所能见到的最早的一封是咸丰五年五月二十日致其夫人敬纫的信。当时沈携妻儿由北京赴江西任九江知府，并把家属送至福建浦城，然后按南下路径返回浙江清湖，准备由此进入江西。五月二十日，就在此地写信给正回福州的妻子。最后一封是光绪五年九月初旬致侄儿咏彤的信。这可能是他生前最后的一封家信。信稿有两空档期，一是回福州任船政大臣，无需写家信，时间从同治五年至同治十三年四月巡台之前。二是任京官时期，迄今未发现该时期任何一封家信。这并不是沈此期间不写家信，而极可能是散失各处。这样，《家书》抄本就成为目前见到的极珍贵资料。

这些家信包括：

一、咸丰五年五月至同治四年三月回籍，含有他写给父沈廷枫、妻林普晴（敬纫）以及诸儿侄的信。从咸丰五年二月补授九江府知府，至同治初任江西巡抚，这期间他在江西与太平军作战及办理江西教案的情况，在家书里均有反映。

二、同治十三年五月至光绪元年七月，含有他写给诸男及侄的信件。此期间沈葆桢两次赴台，抵抗日本侵略及平息狮头社骚乱，信里均有反映。

三、光绪元年十一月至光绪五年八月下旬，最后一封是写给侄儿管樵的信。他于十一月初六日逝世前是否还有家信，已无可考。在两江总督任上的信件，因这时沈葆桢父母已去世，全都是写给诸儿侄辈的，大多给长子玮庆，属于家训之类信函，突出反映他勤俭持家、节约、清廉、乐善好施的美德。他任京官时，可以说是一贫如洗，故不得不靠其岳父林则徐的接济。就任两江总督后，收入较丰厚，他继承林则徐美德，每逢年节或灾情，总是慷慨解囊，恤灾济贫，许多京官及亲友都得到过他的帮助，这在许多信件里有十分具体的反映。

一、家书的史料价值

（一）沈葆桢于咸丰五年二月外放九江府，不但京官时期资料极缺，即到江西初期的活动也十分模糊。如他由京南下，何时出发？走何道路？其他资料均无记载，唯有家书提示难得的线索：

敬纫贤卿如晤：别后急急如有所失。薄暮抵渔梁，不知是日开船否？一路平安，无阻滞否？旅馆独客，兀坐无聊，回忆儿女喧嚣，都成乐境，甚悔听汝南归之大错也。继思双亲别卿将有十年，此十年中如何盼望，今番一见，如何欢喜，膝下多一贤孝媳妇，胜过不解事儿郎自己在家十倍。虽又添许多人口，必能佐老人擘画，私衷慰甚。以妇职兼子职，使我无内顾之忧。自入蓬门，备尝艰苦，未审何日有以图报，则又感甚！愧甚！惟是庭闱之恋，人同此心。宦海飘蓬，归养何时，有天难问。卿独先蒙顾复，健羡之余，又不免妒甚耳。钵儿可即从铜儿一处附学，望其能改行励志，并煕女早择一佳婿，则此行良为不虚。十七、十八两日，天气甚好，到站亦早。十九冒雨至清湖，行李多被沾湿。今日未霁，不克成行。想此时船亦为雨所阻，何日得到建郡？两地关心，百感交集。西窗剪烛，后会有期，非楮墨所能罄也。父亲已否到光泽？双亲精神体气如何？来信幸见缕述。我身体俱好，郑广好吃水，戒之不悛，到念八都即得疟疾。力劝其回去，执意不从，只得听其自便耳。每日到未申间一发，余时则尚照常，可令郑厝知之。傍晚天无晴意，明早能否就道，再当布闻。此问贤卿侍福。（《与林普晴》，咸丰五

《沈文肃公家书》若干问题的考证

沈葆桢（1820-1879），福建侯官（今福州市）人，我国近代史上一位著名的洋务派政治家和爱国官吏。他一生政绩显著，历任知府、巡抚、船政大臣、总督，1874年他受命为钦差大臣，办理海防兼理各国事务，赴台主持反对日本侵台的斗争和开发台湾。生前关注海防建设，极力主张购买铁甲船以建设近代外海海军，是我国近代海军建设的先驱者。由于沈葆桢曾在遗嘱里交代"身后如行状、年谱、墓志铭、神道碑之类，切勿举办"，有关他的资料，目前只有《沈文肃公政书》、《船政奏议汇编》、《海防档·福州船厂》等。

20世纪80年代，我撰写《福建船政局史稿》，第一次发现并利用了福建师大图书馆馆藏《沈文肃公牍》及《沈文肃公家书》两种传抄本。家书原是螺江陈宝琛家藏本，不分册。其封面及扉页写有"螺江陈氏抄本"。90年代，我撰写《沈葆桢大传》，"家书"和"公牍"成为《大传》的基本资料。1997年，福建文史馆把两种合为一种，交由江苏广陵古籍刻印社影印出版。经我对省藏影印本与校藏传抄本加以初校，发现后者错漏不少。目前，有抄本、传抄本、影印本三种，影印本是目前较好的版本。

目前所见，影印本收入沈葆桢信稿259件，约六万多字。所能见到的最早的一封是咸丰五年五月二十日致其夫人敬纫的信。当时沈携妻儿由北京赴江西任九江知府，并把家属送至福建浦城，然后按南下路径返回浙江清湖，准备由此进入江西。五月二十日，就在此地写信给正回福州的妻子。最后一封是光绪五年九月初旬致侄儿咏彤的信。这可能是他生前最后的一封家信。信稿有两空档期，一是回福州任船政大臣，无需写家信，时间从同治五年至同治十三年四月巡台之前。二是任京官时期，迄今未发现该时期任何一封家信。这并不是沈此期间不写家信，而极可能是散失各处。这样，《家书》抄本就成为目前见到的极珍贵资料。

这些家信包括：

一、咸丰五年五月至同治四年三月回籍，含有他写给父沈廷枫、妻林普晴（敬纫）以及诸儿侄的信。从咸丰五年二月补授九江府知府，至同治初任江西巡抚，这期间他在江西与太平军作战及办理江西教案的情况，在家书里均有反映。

二、同治十三年五月至光绪元年七月，含有他写给诸男及侄的信件。此期间沈葆桢两次赴台，抵抗日本侵略及平息狮头社骚乱，信里均有反映。

三、光绪元年十一月至光绪五年八月下旬，最后一封是写给侄儿管樵的信。他于十一月初六日逝世前是否还有家信，已无可考。在两江总督任上的信件，因这时沈葆桢父母已去世，全都是写给诸儿侄辈的，大多给长子玮庆，属于家训之类信函，突出反映他勤俭持家、节约、清廉、乐善好施的美德。他任京官时，可以说是一贫如洗，故不得不靠其岳父林则徐的接济。就任两江总督后，收入较丰厚，他继承林则徐美德，每逢年节或灾情，总是慷慨解囊，恤灾济贫，许多京官及亲友都得到过他的帮助，这在许多信件里有十分具体的反映。

一、家书的史料价值

（一）沈葆桢于咸丰五年二月外放九江府，不但京官时期资料极缺，即到江西初期的活动也十分模糊。如他由京南下，何时出发？走何道路？其他资料均无记载，唯有家书提示难得的线索：

敬纫贤卿如晤：别后急急如有所失。薄暮抵渔梁，不知是日开船否？一路平安，无阻滞否？旅馆独客，兀坐无聊，回忆儿女喧嚣，都成乐境，甚悔听汝南归之大错也。继思双亲别卿将有十年，此十年中如何盼望，今番一见，如何欢喜，膝下多一贤孝媳妇，胜过不解事儿郎自己在家十倍。虽又添许多人口，必能佐老人擘画，私衷慰甚。以妇职兼子职，使我无内顾之忧。自入蓬门，备尝艰苦，未审何日有以图报，则又感甚！愧甚！惟是庭闱之恋，人同此心。宦海飘蓬，归养何时，有天难问。卿独先蒙顾复，健羡之余，又不免妒甚耳。钵儿可即从铜儿一处附学，望其能改行励志，并照女早择一佳婿，则此行良之不虚。十七、十八两日，天气甚好，到站亦早。十九冒雨至清湖，行李多被沾湿。今日未霁，不克成行。想此时船亦为雨所阻，何日得到建郡？两地关心，百感交集。西窗剪烛，后会有期，非楮墨所能罄也。父亲已否到光泽？双亲精神体气如何？来信幸见缕述。我身体俱好，郑广好吃水，戒之不悛，到念八都即得疟疾。力劝其回去，执意不从，只得听其自便耳。每日到未申间一发，余时则尚照常，可令郑厝知之。傍晚天无晴意，明早能否就道，再当布闻。此问贤卿侍福。（《与林普晴》，咸丰五

年五月二十日)①

《渔乐旅舍写怀五截句》，附达青盼，幸勿见哂，乞赐和。

满地干戈此送君，间关万里一朝分。
只因肠断天南路，不敢回头望白云。

旅馆孤灯梦不长，鸡声无赖月凄凉。
定知南浦销魂夜，百倍梁鸿忆孟光。

两地关心行路难，雁书何日报平安。
万重山色斜阳里，数到溪桥第几滩？

此去高堂进寿卮，承欢佳妇胜佳儿。
独怜宦海飘蓬客，欲问归期不自知。

珍重休教风露侵，十年辛苦已曾禁。
不须更织回文锦，秋月春花共此心。

忽闻犬吠便心惊，望眼如穿万里程。
一穗残灯人不寐，夜深独自听车声。

生生世世许同心，一刻休论十万金。
身似鸳鸯分不得，寒宵况是病中禁。

狮江喜鹊�新晴，报道云骈下玉京。
恼杀羽书何太急，盈盈一水不胜晴（情）。

记否春风乍暖天，莲花朵朵上吟肩。
西窗旧事从头话，辜负蟾光几度圆。

转眼江城玉笛声，锦标得意数归程。
天台有路人重到，莫使榴花碍客行。

别来新梦太分明，说与君知君莫惊。

君处春来又春去，人间天上几书生。

渔梁在何处？咸丰五年三月沈葆桢奉旨任九江知府，携妻儿一路南下，抵达浙江江山，此为入福建必经之地。又经清湖、廿八都，越枫岭关进入福建浦城，由此登船沿浦城南浦溪南下入闽江至福州。此信称："薄暮抵渔梁，不知是日开船否？"渔梁是由浙入闽必经之地，经仙霞岭、五显岭、渔梁至浦城。光绪年间《续修浦城县志》卷三载："渔梁距城四十五里"②，在九牧之南。又《渔乐旅舍写怀五截句》："定知南浦销魂夜，百倍梁鸿忆孟光。"知在渔乐旅舍过夜。渔乐旅舍应在南浦。县志载："南浦溪环县城……折而西，……汇西流之水折而南。"可见南浦溪在县治之南。又阅《浦城县治图》，略知县治之南南浦河绕城，南门曰南浦门，城内有南浦书院，城外有鱼乐亭③。南浦为沈葆桢送别妻子之处，渔乐旅舍当在此处。

信里提示清湖、廿八都、渔梁。清湖在浙江江山县南三十里，廿八都则与福建的枫岭关相邻，是入福建浦城必经之道。可见，沈葆桢走的正是福建官道。距此一百三十三年前，即康熙六十一年，首任巡台湾御史黄叔璥由京南下，就走这条官道。黄叔璥的《南征日记》④记载了逐日的路程站点。他于二月二十一日从北京长兴店出发，经涿州、白沟河、任丘县、河间县、交河县、景州、禹城、长注、泰安、洋流店、垛庄、李家庄、郯城、宿迁、兴集、清河王家营、青江浦、宝应、高邮、扬州、瓜州、丹阳、常州、无锡、吴江、嘉兴、石门镇、湖州、杭州、富春县、桐庐、严陵濑、兰溪县、龙游县、衢州、江山、清湖、廿八都、渔梁、浦城县、石坡、瓯宁营头、建阳、建瓯府、南平大横驿、南平府、水口、竹崎、福州府，全程五十七天。其中六天分别在泰山、无锡、杭州游览，实际路程只有五十一天。沈家信里提示了经清湖、廿八都，入浦城的渔梁、南浦。沈葆桢《渔乐旅舍写怀五截句》："定知南浦销魂夜，百倍梁鸿忆孟光。"可证明他与妻子在南浦过夜，次日送妻子上船。据《读史方舆纪要》载："凡自浙入闽者，由清湖渡舍舟登陆，……逾岭而南，至浦城县西，复舍陆登舟以达闽海。"

那么，沈葆桢何时从北京出发南下呢？先看如下一封家信：

敬纫贤卿如晤：五月廿九日在清湖泐一安信寄回，计此时可到矣。昨接滨竹五月廿八日安信，知于廿四日眷属抵家，不胜欣慰。到家后见母亲光景如何？来信幸为详述。汝在船上尚觉稍惯否？家中过夏尚不受病否？家中积欠实在若干？每年用度须得若干？现在用多少人？郑厝尚在家中否？冰如处兑项已两月余，何以尚未接到？此信恐已遗失，可令滨竹向岵农一问。钦儿读书稍知愧奋否？绣纹天气稍凉，可即为种花。六妹哮疾能稍愈否？父亲年及致仕，就馆本非所宜，若再遇事掣肘，如何过日？可令滨竹作信谆劝父亲旋里为要。我目下无能接济家中，全仗卿极力扶持。现在为景所迫，不能以求人为耻。凡可以稍解亲心者，务祈委曲成就，总以将来不负人，便于此心过得去。亦知事属万难，然家贫思良妻，不能不有所厚望也。十数年艰苦备尝，日甚一日，愚拙之人，诚知无以为报。第汝尽汝心，令人谓双亲积善一生，当得一贤孝媳妇而已。我于廿二日由清湖抵玉山，该县光景照常，惟城外被焚房屋数百间，现都陆续起盖。向张于庭年伯挪川费百金。念四下船，念五抵广信，一路更觉萧然。往拜雪丹太守，其衙署被焚一段，城中居户亦不甚稠密。雪翁因诸事掣肘，焦急成病，现已委耿琴轩署理。抵安仁，闻义宁州失守。兵过安仁，停船半日，初二抵省。江右城外，素极繁华，现只数间蓬厂而已。城下稽查极严，申初城门即闭。令家人入城觅馆，适何小麟观察屋尚宽余，遂搬入同住。二进三间排，每月租足纹十一两五钱，屋价之贵，可谓极矣。晤小翁，始知其离省七十里被劫，皆逃勇、革勇。现在各处所报，不一而足。中丞檄罗观察往救义宁，因天气酷暑，兵勇多病，迁延未行，日日闹事。史太守出城，仪仗被毁，中军参将弹压被殴，乡间居房多被拆毁。十五日，有千余人赴抚辕呈诉，中丞檄罗观察饬禁而已，无如何也。九江署守住离城二十里萨家河，一切书办、衙役皆须官自措资招募，州县既不能供应，廉俸及办公经费，藩库概不给领。本拟奉到饬知，即行赴任，且作打算。而署守颜裕峰之子向官场说其尊人赔垫年余，只望九江收复，可以开复原官，现在实任已到，恐将来徒劳无功等语。因此□□专信问其是否愿意卸事，俟得其回信，再定行止耳。如留在省城办事，将来可以委署地方，于家中或不无少补。但此时驻省费用，已觉赔垫不起矣。我在此颇觉岑寂。三弟在家侍奉，四弟亦系独子，万不可令其西来。如将来稍布从容时候，卿能舍儿女从我游否？倘家中、京中之累能一律肃清，稍得养资，我亦萧然远引，宦海浮沉非所愿也。王借材观察此时业已到闽。谋馆之难，处处皆然，劝三、四弟不必着急，总看我有机缘与否耳。我身体俱好，可勿挂念，乞为代叩母亲大人万安。此地得五月二十（八）日父亲大人手谕，亦都安好。此问贤卿阃懿，合家均吉。

闻九丹得四川学政，有福之人如是。冰如选期如何，可知道否？福州叶子换银若干？来信示及。此地寄信都觉费力，南城陈朴园丁忧以后，寄信更难。初间一信，由新建打官封记，托闽县蔡世兄转交，未知能到否？有便人信须多寄。熟烟万不必寄。（《与林普晴》，咸丰五年七月初二日）

家信里提示一句话很重要，"昨接滨竹五月廿八日安信，知于廿四日眷属抵家，不胜欣慰。"有了妻子到福州的具体时间，就可以以此按黄叔璥走过的路程往前逆推。黄到一站停一天，其中六天游览，此时沈葆桢可没心情游览，应扣掉六天。又《南征日记》载黄由浦城至南平走陆路，沈妻走水路，这点可以忽略不计。按此，我从五月廿四逐站逐日逆推，知四月三日是他从北京出发的日期。他二月得谕旨，准备一个多月的时间动身，比较合理。这里只列出到衢州后的行程：江山（五月十一日）、清湖（十二日)、廿八都(十三日)、渔梁(十四日)、浦城县(十五日)、石坡(十六日)、瓯宁营头(十七)、建阳(十八日)、建瓯府(十九日)、南平大横驿(二十日)、南平府(二十一日)、水口(二十二日)、竹崎(二十三日)、福州府(二十四日)。

家信称:"薄暮抵渔梁,……十七、十八两日,天气甚好,到站亦早。十九冒雨至清湖,行李多被沾湿。今日未霁,不克成行。想此时船亦为雨所阻,何日得到建郡?"按此也可推测沈葆桢北返行程:浦城县(十六日)、渔梁(十七日)、廿八都(十八日)、清湖(十九日)。沈与妻子南行至浦城县南浦是十五日。沈与妻子在此过一夜,有"定知南浦销魂夜,百倍梁鸿忆孟光"诗句为证。

又家书:

敬纫二妹如晤:南浦之别,忽将经年,千里魂飞,怅怅曷极,后会何日,几不自知。兹意外得广信一席,广信于闽为近,由省城水路至崇安七百六十里,由崇安陆路至广信二百四十里,上水亦十余日可达。该处风声鹤唳,一日一惊。官无眷属,则绅民咸谓必逃,人无固志,虽极口劝谕,不足以坚其信。欲请吾妹到此,借以镇压人心,冀于时事有济。拙官毫无治术,不足取信士民,致欲以闺中人为质,笑我耶?怜我耶?要汝不吝此一行也。亲友欲附行者,力却之,告以我有好光景必寄回相助,此时来则必死,即不死亦不留。自知薄情,然有言在先,不得以为我罪也。家人须得力者带二三人。陈七最好,如已在别处当差,可令其告假一送。即不愿久羁江西,不过往返经月,给其川资,仍回旧处当差耳。廖六爷处有一小仆,名院院,人尚明白,问大哥便知。蔡徽师处之陈三,此二人来亦可带来。如此三人俱不来,吾妹亦自酌可也。至如家中仆辈,断不可带来。年节有股可分,我亦划出一份寄家,分与此辈。倘其不召自来,不特不能留用,并不给予川费。文藻山之陈珊亦断不可用。仆妇或仍带郑厝,或郑厝留家照应儿女,另带一人,抑或添带一婢,均由吾妹自酌。儿女必不可来,我两人前生冤孽,生死难分,儿女何罪?行李愈简愈妙,行期愈速愈妙。速则亲友不及知,省却许多唇舌。如决意即行,即赶紧雇船。无亲友随行,一船足矣。最好三五日即上船,船价贵些不妨,总要轻船,免致中途迟滞。三本折稿及赋稿带来,延平皮枕小而长者带一对,服用只要随身的,以后月月有人来往,皆可带来。临行时,将儿女送往四弟妇或诸妹处,勿令知之。以□惯□,定不妨也。但家中情形,我未及周知。如双亲不愿吾妹远离,或吾妹难舍儿女,则均可不必,否则速为妙。兹遣朱富带银百两、百挣清数百元以为路费。朱富留住一二日,吾妹将定议如何,何日起程,带多少人手,作一信交其先行赶来,至嘱。

四弟病已全愈,与之同到广信,且看光景。如气象渐好,即留其助理一切,倘消息不好,即便令其先归,可告四叔放心也。不知果能快聚否?千头万绪,不尽所云。(《与林普晴》,咸丰六年四月中旬)

沈葆桢署广信知府,时在咸丰六年四月间。此信有"南浦之别,忽将经年",由此可知南浦为送别地点。据上考证，知南浦在浦城之南，登舟入南浦溪之处。十六日送妻子下船后返旅舍，估计沈葆桢在此过一夜，十七日薄暮抵渔梁，十八日至廿八都，十九日抵清湖，因雨，至二十日仍在清湖，二十二日至玉山，廿五日至广信，六月初二日至南昌，七月赴涂家埠征厘。

（二）赴涂家埠征厘的具体日期，家书也有载：

儿［葆桢］跪叩父母亲大人万安。敬细贤卿如晤：五月二十日在清湖寄安信一封，何以至今未抵江右？后六月初由新建打官封到闽县一信，念一托陈梅亭守备带回一信，七月初二日托贡行云贰尹带回一信，想此时陆续察览矣。十六日，锐昌表弟到此，接到六月初安信，又由光泽带到父亲大人手谕并家中六月九日安信，并未提及三月兑项到底收到否也。自贤卿旋里后，谓可周知双亲〔身〕体实在若何，家中亏累实在若干。及两次来信中，弗获只字赐教，何以弃之深也？明知儿女累人，刻无暇晷。兼之星柴数□，必代老母分忧。且初抵家门，必有一番酬应。惟是倦游独客，念念□□，甚望□□情形，稍慰渴念。滨竹此时□场之候，不可以此分心。务望稍得余闲，不吝□□。俾见信如见卿，胜于形影相对也。游子之情，尚祈见谅。此地已作信劝父亲回家，未知接到否？我定于廿一日到涂家埠，现在不收盐税，抽取各货厘金而已。大约总须两三个月方能旋省。若此事办不成，则销差更早。中丞令下去察看情形再议办也。中丞为曾涤生星使所参，风闻有钦差来，未知确否？义宁州已收复，省城可以无虞，九江则遥遥难定。锐昌到此，姑留作伴也。（《与林普晴》，咸丰五年七月十八日）

（三）沈葆桢于咸丰七年五月初一日升九江道后的人际关系，也唯有在家书中始能找到线索：

儿葆桢跪叩父母亲大人万安。敬禀者：奉到三月二十三日、二月二十四日两次手谕，谨悉一切。源儿庚贴已专人送去。抚州、九江开关，例应关督自行陈奏，不涉巡抚之事，中丞欲照应杨凤山，故以开关尽征尽解请。当时只虑关不开不成，说十分容易，致朱谕有不准尽征尽解之说。今欲照办，则对不住杨凤山；欲再奏，则前后措词自相矛盾，故嘱凤山告病，而令儿前往。凤山当时只图卸事，可以另委别缺，出禀后，始悟一奏则官便做不成，因又翻悔，不知其究竟如何？至中丞所奏原折，则至今尚不见示也。此间总须俟其咨复制府后，方能动身，一切俟到省后再酌耳。儿身体俱好，可无挂念。（《与父母》，咸丰九年四月初九日）

敬细如弟手足：两次附专足寄回安信，计当收到。王汉中、梁作信带来手书，知二月十二抵家为慰。印女、雨儿回来三四次，均尚顽适，惟屋小为风日所陵，殊黑甚。洋痘已种，而皆不出。印女已回去，雨儿尚在此也。此间公事日益掣肘，事事须与抚藩攘臂而争。贵溪一案，业已含糊了事，谭星若可以免参，河口茶厘，每月提万五千金接济曾营，我亦将就答应。乃因提祥字营饷，忽据雪筠禀称厘饷章程已改，无款可筹。阅其章程，令人愤填胸臆，又不得不与之争。一面具禀，一面饬各局仍暂照旧章办理，以候批示。初七日忽得抚札，称杨凤山告病，催赴九江开关，防务交彭思举会同参将督办。盖因奉有朱谕，速催开关，不准尽征尽解。按照原额，一年须赔五十万，故授意凤山使去，而遗我以火坑。我但能离却此地，即可以坚称病笃，示断葛藤，虽重遣不顾，自为计良得。廉琴舫之报销业已办竣，拟将自己报销清厘即行就道。乃军民心各皇皇，攀留不舍。谕以于例不可，留亦无益，彼竟不听，各驰赴督抚及曾帅处。府县迫于众议，亦为具禀。我初奉札时，觉胸中快甚，病愈几分，今见此等景象，令人转不恝然。现在清厘报销再作道理，看来照例必不能准，且赔累四五十万，而湖北麻城、蕲水一带贼氛甚恶。刘腾鹤亡于建德后，湘营全溃，湖澎震动。事事尚有陷害之心，时势亦断不肯准。至关税一节，我可据实自陈，无借他人转达。此时景况，何从开关？但说出实在情形，圣人在上，断无不明见万里者。若皖南、皖北贼势之大，固未易削平。然我经惯风浪，看来亦不过如此。且九江地形比广信更易为守，到任亦未尝事不可为。惟我离家十余载，定省久缺，魂梦欲飞。且近来士大夫迄不知廉耻为何事，人心世道之忧，更有甚于内外交讧之患者，不得不临事自决。即使竟为商民所留，亦终求所以自脱。吾弟且不必来，拟批禀回复后，令徐升送眷回籍。此后孑然一心，尚须乞米，更难顾及家眷。来信所云家中尚有半年粮者，合盘费所余者言之耶？抑家中旧储尚有此数耶？家中须借吾弟善为打算。二、三月薪水，除朋友束脩、家人工食、伙食、什费外，还辅堂百余金，帮戴幼禾进京百金，帮杭州本家十两，所余无几，不敷家眷回费，难以兑回家用矣。家中不可不添买一小屋以为我课徒之地，归期虽在秋冬后也。李次青又催定婚，吾弟可购庚帖一对及媒帖、拜帖，即交回脚带来。庚帖请父亲示若何写法，开一样子来。源儿于孙辈行居四，或写四孙，或写长男之次孙男，请父酌之。拜帖则次青堂上只有一母，下有妻，无胞兄弟，问来若何，亦请父亲酌之。惟媒帖闽省例所不用。我在都时，为雁翁、岵翁两家作媒，其请帖若何写，亦忘记之，可问镜帆，当知之，亦写一样子来。媒人本托筱泉昆仲，而曾帅必欲以自居，只得仍请曾帅。父亲于曾帅当用何称呼？或云应称后学，可请示父亲酌之。大哥累次来信，皆以家中可以索钱者着急。可劝夹道坊莫太不懂事，大哥现在刀山剑林中，迥非在家享福时可比。万一因急获病，家中又将如何？夹道坊尚未至山穷水尽境界，应如何腾挪裁处，家中可自为之。若如待其寄银，似非三五年内事也。双亲体气如何？惟小心伏伺（侍）为望。禀稿一分阅之。银镯带来亦好，否则，只用庚帖媒帖，亦未尝不可也。与问敬纫如弟近好。（《与林普晴》，咸丰九年四月十六日）

儿葆桢跪叩父母亲大人万安。敬禀者：四月十五由军功赖锹寄回安信一封，计当到矣。本日奉到四月初一、十二两次手谕，知前此尚有寄曾乐山信未到。此人不知何以忽而到闽，此行殆尔折回矣。锐昌可劝其不必再来，徒损盘费，无谓也。厚甫为贼所伤，是尚能忠于所事者。东人谅有调剂，岵农、铙泉指省浙江而复避而之粤，薇堂师方归复出，勿村素为寿臣所憎，复随之往，均所谓进退无据者。满地干戈，从何处得乐境？纷纷趋避何为者！闽省今年必无乡试，则滨竹归否尚在未定。福州百物昂贵，家中何以度日？此间万难支持，已将万古愚、姚彦嘉转荐去，然又负千余金债矣。九江于四月初七日经李迪庵攻克，逆贼歼尽，不漏一人。然该逆据守数年，援绝后又守半年，粮尽后又守数月。盗亦有道，真足令守土负恩者愧死。李迪庵复城后，即渡江北剿贼，留兵四千守浔，促儿前去。中丞欲交与景太守，坚不答，中丞无词以折之，又耻于降心相从，乃撤景太守，以邓双坡代理九江道。而楚抚胡润翁已与官帅会疏调儿、中丞复以广信万离不开疏留。俱未奉到朱谕，殆一时尚须羁留此地。殆常山、江山复后，方能挪动耳。儿到江来，皆处两姑间。未到九江，而两抚先为此事如此龃龉，将来公事如何得了？知难而退，未识能如愿否？儿于胡润翁、李迪翁均未识面，亦向不通信，而两公辄先以信来约，不免益招猜忌。虚名害事，一至此哉！吉安不日可复，江省渐次肃清，皆借两楚之力。疆吏得人，所益不止本省。衢围尚未解，然亦未必能久。浙抚无孔材，大局终不可问。抚州四月二十日克复，建昌二十三日克复，贼尽入闽。此贼不足虑，有劲兵蹙之，即散而归粤。前致信保慎斋廉访，请制军奏调驻建昌之张观察运兰一军，未知当轴以为然否？闻闽省以铁钱故，竟将督署拆毁！贼不足忧，民情坏到如此，则恐难逃浩劫也。新谷登场后，家中必须多为储备，以后事殊难知。大哥此时在皖，应悔出山又误矣。戴老六署嘉兴通判矣。儿身体俱好，惟筹饷甚为难耳。（《与父母》，咸丰八年五月二十日）。

中丞指耆龄，藩司指恽光宸。他们与沈葆桢发生矛盾，也牵涉沈葆桢的任命问题。

到目前为止，学者只知道他与巡抚耆龄有矛盾，具体情况则不甚了了。家信则提示更多信息，不但耆龄有意压制他，还有藩司恽光宸与他过不去，而且牵涉到九江关杨凤山，不过，事情经过还是模糊不清，杨凤山何人，仍难查考。

（四）家信大量反映沈葆桢律己、教子的思想。他在两江时，曾对下属谈："士君子之操行，惟以不贪为主，则所持者简而易全，所取者澹而易置。以吾所见，当时功名之士，类皆嗜多务进，莫知所止，其于事为行止之间，坐是溃决而不竟，歧出而不收者众矣！某之去江西，行李囊橐，一如始来时，非矫以名取也，亦聊以检制吾心，使不得放云尔。见今世卿大夫家居者，率得有园林亭榭之乐，使某遂得请，亦欲买小园，葺木为亭，植忍冬覆之，取杜诗'不贪夜识金银气'之语，识之曰'夜识'，庶以粗完平生之志。"⑤他的律己自制，并非哗众取宠，而是他的一种对理念的执着追求。这种思想只有《家书》才有反映，如：

丹苃吾儿知悉：接汝腊后二日来书，知旧岁兑款已到矣。前款本为购花板之用，如一时花板实无从购，自当将此项寄盈泰典中，俟有可购时取回，此事总不容不办也。我未回家，即铜官完娶，房屋尚可挤得下。至我回家时，拟另觅一屋，大小略与八角楼等。汝与铜官皆已成家，可以搬出同住，各自当家，俾汝等稍知难（艰）苦，勉学勤俭。景巷之屋，如已买定，俟有人要时，再行转卖。如尚未定，务即中止。盖八角楼住屋，当时并非力所能置，费祖父母无限心机得来，我必守此终身，一也。江西兵勇欠饷至八九个月，无可筹措，而疆吏购美宅，前此王雪轩在浙被围，其子在庆城寺购宅成券，阖城以为奇闻。我与汝名节两亏，二也。闽中有产业必劝捐，去岁饶枚臣之子买杨雪屋，不数月即传写捐，托三央四，始获免。耆督与我素不相洽，闻之必生心。我果力尚能捐，必不吝惜。其如日食尚且不足，何谓置产有钱，而助饷无钱，夫谁信之，三也。寄项既不敷屋价，又称贷益之，如我久于此官，以后尚可望弥补。我为洋务，已两次请严议，虽天眷优隆，未即见许。然我与川督骆籲门皆大为外人所忌，不去必碍抚局，将来不可不已，家中又添一累，四也。我将来回家，仍是照从前行径，不能随众趋承，仰当道鼻息，大屋无所用之。门面愈阔，则用度愈益繁，我无所措，必至于卖之而后已。林勿村军门前之屋价未兑楚，而屋已他属，即是前鉴。从小屋迁大屋，不见其甘，由大屋迁小屋，则其苦万状，不可终日，五也。亲友不能如意助，抱怨者多，与之言清苦，虽指天誓日，亦不见信。再如此举动，是家中先不相信，毋怪亲友之不信，千人所指，六也。我幸得一官，皆由历代祖宗积累而来，若一朝发泄殆尽，则汝等将无福可享，须留有余地，为汝兄弟讨生活，七也。宦后多美田宅，子孙必启争端。汝等少时便不甚和气，痛痒亦不甚相关，我必不多留余孽，累尔曹声名，八也。人生一瞬耳，富贵便（更）复何常。先辈宦海归来，必谋美宅，然无能久者。景巷之屋，我少时读书地也，二十年间，四易主矣。今之卖屋者，即十余年前以巡抚致富之子也。思之能勿自惕？九也。方今天下无完土，然贼之所至，荜门圭窦，间有存者。至甲第连云，必成瓦砾，且性命随之，有绝无噍类者。不特冥中有可欲，在人事为诲盗，而恶盈好谦，亦天道使然。况我与外人必不能两立，汝等身居陋巷，尚难物色，若高明之家，则鬼瞰其室矣。毋自招祸，十也。如祖母虑诸孙无立足之地，豫为之谋，汝可寻一进五间排者，或三间排而有边屋〔者〕购之，以为退步。至勤俭必不可忘，我貂褂霉烂，尚不敢另做，亦无白锋毛外褂，官亲家人皆以此为耻。无论现在江西及京中旧债未清，力所不及，即稍从容，我等省一件衣服，即可救无数人性命。此时说勤俭二字，甚似迂谈。汝辈少读书，日驰逐于庸耳俗目间，必不以为可信。汝辈年齿尚稚，生不逢辰，将来必有身临患难之一日，始晤（悟）言之不妄也。竹波先生如进京，西席尚未定，可请秋澄师祖来课。师祖学问，亦近今所希也。功名得失，不足介意。即八股试帖，亦无关紧要。《四书》《五经》，不可暂离，《纲鉴》及先贤格言，亦须时时留意。世风日下，再无数句圣贤语言在胸，便成无所不至之小人，可惧也！作字须检点，来信鬆误作髭字，典字误作点字，外人见之，皆成笑柄，见人须认真请教，尤不可讳所短。（《与玮庆》，同治元年十二月十二日）

（五）用家书考证公牍。《沈文肃公牍》更是研究中国近代史及沈葆桢本人思想的珍贵资料。同治十三年，他在台湾反抗日本侵略、开发台湾东部的活动，公牍提供罕见的资料。在写沈葆桢传时，总觉得两江总督时期资料很少，《公牍》则补这方面的不足。但是，公牍的一千多封信，没有署写作时间，几乎难以引用。不过，通过《家书》去考证《公牍》，也能查出《公牍》若干信件的时间。如：

读手教，知文孙益肆力于学。书无从购，则读之愈有味。此是勇猛精进境界。八股则由博返约，涵泳《四书注》而深思之，自然就范矣。次坚如为母安葬，已嘱舍间敬送十千。表阡有待，万不敢以枳棘屈鸾凤也。（《复周秀庚》，光绪四年十月中旬）

复周秀庚的信，写作时间不明，可用沈于光绪四年十月十六日复玮庆信考证出此信时间。

玮儿阅之：得朔日书，知汝得男，喜甚，可名永清。赵立斋如愿来，可与之商量，年底明年俱可。盖嫩弟缺未到班，尚不急于归去也。须能严方可，诸弟非可以德化者也。次坚葬母，可送十千。祖母及汝母所手抄书，汝为我选精致者一二篇，不必多，觅良匠佳石召来家中，始末一手，加功刻之，刀要直而深，以示子孙。正月十四欲具席，听汝，万不可作寿屏也。再，施泽甫之如夫人殁，其子茂浚有信来求帮，可请其来问明，如已葬，则以二十千助之，如未葬，先送十千祭礼，留十千作将来葬费也。祖母手抄书，存者似是《学》《庸》，似在雨处，汝母则云所读《诗经》，全部皆所抄也。（《复玮庆》，光绪四年十月十六日）

"次坚葬母，可送十千"，复周秀庚信则称"次坚如为母安葬，已嘱舍间敬送十千"，知此信写于十月中旬。复周秀庚信与复玮儿信应同时寄出。

二、沈葆桢子侄辈小名的考证

家书分为六部分，第一至第五部分有纪年，而第六部分则无纪年，次序倒置，即使专业研究者使用，也会发生时间方面的错误。加上目前出版的影印本字迹也极模糊，不易辨认，因此加以整理，重新出版，十分必要。为此，笔者数年来做了如下工作：

1. 断句、标点。由于流传下来的只有一种传抄本，勘校几乎无法进行，只能对其明显的错漏进行补正，确无法判断的字句，则以□表示。

2. 信札人物简注。其中有两部分人物：一是家属。如父母妻子。沈有子7人，女

8人，信里绝大部分使用小名称呼，如熙女、铢儿、云儿、雨儿、铜儿、铜官、铄儿等。这些小名甚至连其后代都不了解，何况别人。笔者大体借助片言只字的资料，做些合理的推证。

查沈葆桢撰《先考丹林公行述》⑥载："孙十一：一长玮庆，庠生，娶林氏；六炳庆，娶李氏；七岱云，聘翁氏；八志雨，聘郑氏；九镜瀛；十瑶庆；十一琬庆；皆葆桢出。次咏彤，同治甲子举人，戊辰进士，官吏部主事，娶翁氏；四咏濂，廪生，娶卢氏，皆琦出；三世椿，娶陈氏；五世浚，娶卢氏，辉宗出。"

又查《先母林夫人事略》⑦载："孙十，长玮庆，庠生，娶林氏；六荣源，聘李氏；七岱云，未聘；八志雨，聘郑氏；九镜瀛；十瑶庆，俱未聘，皆葆桢出。次咏彤，同治乙丑补行甲子科举人，娶翁氏；四咏濂，聘陈氏，皆琦出；三世椿，聘陈氏；五世浚，聘卢氏，皆辉宗出。"

又查《室人夫人事略》⑧载："子七：长玮庆，附贡生，娶林氏，继娶陈氏；次莹庆，庠生，娶李氏；四瑜庆，聘郑氏；堂叔母郑孺人早寡，抚遗孤，既冠而夭，室人请以瑜庆嗣焉；五璿庆；六瑶庆，皆室人出。三璘庆，亡妾潘氏出……七琬庆，妾吴氏出。"可以看出，炳庆即荣源、莹庆。几种资料均载娶李氏，李氏系李次青之女。又，岱云即璘庆。

又查李元度撰《沈文肃公事略》载："子七人，长玮庆，附贡生，钦赏举人，袭一等轻车都尉职，后公一年以毁卒。次莹庆，附生，赏主事，补刑部湖广司主事，记名以直隶州知州用，署湖南郴州牧。次璘庆，光绪戊子科副举人，特用光禄寺署正。次瑜庆，光绪乙酉科顺天举人，赏主事，出嗣叔父。次璿庆，太学生，特用光禄寺署正。次瑶庆，附生，特用主事。次琬庆，附生。"知志雨即瑜庆，镜瀛即璿庆。据此知沈葆桢有子侄十一人，按长幼排列：玮庆、咏彤、世椿、咏濂、世浚、莹庆、炳庆（荣源）、璘庆（岱云）、瑜庆（志雨）、璿庆（镜瀛），瑶庆，琬庆。

至此，即可按家书里先后出现的小名与之对照排比。

（1）铄儿、铜儿。咸丰五年五月二十日家信第一次提到这两个小名，称"铄儿可即从铜儿一处附学"，查沈葆桢长子生于1842年，大侄儿咏彤子侄辈中排行第二，可见铄儿、铜儿即玮庆、咏彤。

家信还提到：

儿葆桢跪叩父母亲大人万安。敬禀者：在房村、建阳、崇安各寄安信一封，计当陆续到省。二月初五至铅山，奉到正月二十一日手谕，敬悉一切。闽省上游，岭南滩险，老人跋涉，辛苦异常。且衙门之嘈杂，迥异在家之清静。母亲至此，无亲友可以往来，尤觉岑寂。儿甚不愿博迎养虚名，但贼氛靡常，长发艇匪在在可虑。万一闽省有警，儿既不克分身回顾，和、彤皆少不更事，如之奈何？所以再四思维，莫得一当。似仍不如聚于一处，免心悬两地也。和、彤总须在家读书，以奉岁时墓祭。现在贼近浦城，宜沿途探明前进。此地但得起程确信，即派人过山迎护，可无他虞。儿于十三日到江，十五日受篆，兵饷需五百余万，尚一切茫无头绪也。身体俱好，可无挂念。（《与父母》，同治元年二月十五日）

"和、彤皆少不更事，如之奈何？"也是和、彤并称。铢与和同音，通作和。小名常常同音互用，和与铢都指玮庆。铜、彤同音，都指咏彤。

铢儿又是谁？且看这封家信：

铢（铢）儿知悉：兑回千金用款，另单开列。大庆若何办理，可请祖父母命遵行。亲友好看热闹者多，别事可以将就，惟唱戏万万不可。国孝未除，谓人都做，我不可做。翊清四月即当为其种牛痘，勿再迟也。（《与玮庆》同治二年三月十四日）

此封信系抄本。铢字笔画不清，类似铢字。同治三年二月十六日家信开头，铢儿两字字迹清晰。查翊清是玮庆长子，沈葆桢嘱铢儿在四月为翊清种牛痘，玮庆当然是翊清之父无疑。知铢儿即玮庆，而铢即铢字之笔误可知。又抄本其他几封给铢儿的信开头，均把铢字改为铢字。铢与铢字形似，容易混同。

(2) 源儿。

儿葆桢跪叩父母亲大人万安。敬禀者：前由饶镇军处寄回安信一封，计当到矣。嗣因乏便，兼羽书络绎，致音报久疏也。闽省光景万难，家中想亦奇窘。而此地竟丝毫无可筹画，徒深焦灼耳。皖北一败涂地，大哥幸在皖南，然婺源为贼所据，亦许久未得其信。渠在宣城随郑芥翁当差，想都平安也。有李次青名元度，湖南平江人，向在江西带勇，现保记名道，有女九岁，欲与源儿结亲，托曾帅为媒。儿以路隔千里，将来诸多不便辞之，而次青求之甚坚，只得告以须请亲命。兹将其女与源儿八字寄回，惟父母亲酌量可否，再行函复。三弟有信否？漳、泉一带能否安静？四弟光景想益难矣。儿身体俱好，可无挂念。惟穷不可耐耳。有便人托带兴化手巾、红糟、熟烟等件。（《与父母》，咸丰八年九月九日）

李次青（1821-1887），名元度，湖南平江人。曾任贵州按察使、布政使，著有《国朝先正事略》等。查沈葆桢次子莹庆，字星海，邑庠生，后知沅州府，湖南候补道，娶李元度之女繁祉为妻。家信称"有李次青名元度，湖南平江人，向在江西带勇，现保记名道，有女九岁，欲与源儿结亲，托曾帅为媒。"源儿即莹庆。

(3) 云儿、雨儿。沈葆桢子侄辈第七、第八分别是岱云、志雨，云儿、雨儿为他们的小名。

敬纫如弟清览：接到初四日手书，知双亲精神尚健为慰。粳米性寒，与老人体气相宜否？林家姻事既要迟至冬间，只得听之。各亲戚无他意，怪我无所佽助而已。吉庇巷之屋，索价千金，恐非此时力所能及，请双亲斟酌之可也。洋药、铜冒（帽），梁县丞、王从九购来甚多，我既离却此间，不愿复作此事，并洋枪、鸟枪一并付张千总，家中无庸再买也。教官既须军功方许委署，即无庸议，四弟必不可以赴军营也。此间本定于二十七日派徐元并新荐之福州家人送眷回去。印女与雨儿之老嬷，各给安家银二十两，回时可并方泰、杜嬷带来。我于初二日晋省，而士民汹汹，必不肯舍去，只得留待督抚批示，复须耽搁一个月，此实迫于势之不得已，否则府试立即罢考也。禾、同文字颇有进境，叫他加紧用功。食物不必再寄，吾弟不在此，半多糟蹋。惟熟烟仍照常寄来可也。云儿颇安静，蠢蠢则仍如故，雨儿近更乖巧，总较云儿稍弱耳。此问吾弟近好。（《复林普晴》，咸丰九年六月中旬）

又查沈瑜庆《涛园集》，志雨即瑜庆，又字爱苍。咸丰八年十月生于广信。

（4）濂儿、瀛儿。

敬纫如弟青盼：自奉宠命，眠食不安者累日。自惟一介末吏，擢畀疆寄，且怜其乌鸟私情，为之委曲擘画，无微不至。虽陨身碎骨，岂足仰答天恩。此后非四海廓清，万难再申前请。迎养之举，似不得不行，惟长途跋涉，水陆皆难。父亲既性澹静，倦于远游，母亲复向未外出，滩险岭高，皆向所未见，仆又不能亲自随侍，殊切踌躇。然止而不行，或江西有警，音书稍滞，双亲又寝食俱废，万一鼠窜闽疆，榕省戒严，仆为职守所羁，无缘驰望，当又奈何？欲留吾弟在家侍奉，即遇疑之事，必有定识定力，上慰亲心，而署中急有棘手难支之处，又断无别人可以商酌。此后非若前赴曾营，只参谋议，不耽干系之比。所以急望女诸葛之不吝垂教也。惟望吾弟熟探亲意，如兴致尚好，不甚勉强，则将行李雇船，请六、七姑爷先行。吾弟亲奉安舆，随后登陆，多雇数名□夫为双亲扶轿，遇雨则歇。途中借驿站住宿，勿入旅店。多备川费，亦稍见顺适。至滩河之险，万不宜令母亲见也。一到江西，则坦途。和、彤皆留家，不特便于读书应试，且大哥年底必行，祖墓须有人祭扫。三弟妇可带濂儿随行，盖母亲到署，更喜亲眷可以往来，得三弟妇同来，稍免岑寂。速将彤儿完娶，与叔约明一切，衾具不要预备，总赶二月内成事。三月起程，四月到江，则皆中和时节也。如双亲决意不出，吾弟即可雇船前来。春水方生，可以径达崇、建。小儿女带来，免其在家滋扰。五、六两女随侍母亲可也。瀛儿可断乳，交郑厝哺之，陈厝则不宜带来也。六姑爷得有馆则来，此时不及相待，已托李黼堂延订。惟允到时，不难另有布置，可通知之。七姑爷不便力辞，但告明此间极苦，与作店夥无甚高下，愿则可行。笃初荐一家人，不过粗脚色，只得许其送眷来，滩河伊却甚熟。闻刘荣芳由邵武入省，可留他途中伺候。至一切事如何处置，君才十倍于我，更无待哓（饶）舌。惟双亲能否前来，必须专信托刘云樵廉访用六百里递来，以便差人驰接。如恐中途照应不及，则信来时，我请质夫带李茂回去。惟天暑不可行，当以秋为期矣。自顾无可报称，惟望大才相助为理。把晤匪遥，鹄候复音。顺请阃福，合家均好。（《与林普晴》，同治元年二月下旬）

信称："三弟妇可带濂儿随行。"查沈葆桢兄弟四人，大兄早卒。沈琦排行第三，三弟妇所带濂儿即沈琦之次男周溪。《涛园集》载：光绪九年周溪公咏濂没于台北。

信称："瀛儿可断乳，交郑厝哺之。"当是上述诸兄弟排行第九的镜瀛。查《涛园集》，知是璿庆，字东绿。

（5）椿、俊。

儿葆桢跪叩父母亲大人万安。敬禀者：十八日奉到二月二十六日手谕，知四弟业已抵家为慰。闻福州于三月十四县考，彤官名次如何？濂官出考否？竹波束脩有限，将来当于年节充拓。此地稍有宽余，当即兑寄家用，然端节恐来不及也。二十四登舟，赴广信督防，寄家信更便。此并付四弟阅之。椿、俊两侄当勤督课，不可任令荒嬉，至嘱。鄞邑囷到时，兑项自当筹拨。（《与父母》，同治元年三月二十一日）

查"三世椿，娶陈氏，五世浚，娶卢氏，辉宗出"，椿、俊即为世椿、世浚之小名，排行第三、第五。

（6）熙女。她与长子禾儿同时出现在五月二十日家信，是同辈长女，嫁李康侯为妻。

（7）印女。咸丰八年十一月二十四日家信提到："幼女及十月所生两男，俱未作名字，兹拟女名怀印，因媳妇有孕时，怀印坐井旁数日也。男大者拟名岱云，小名志雨。"当与瑜庆同辈，小于莹庆，是次女。

（8）瑶庆，沈之六子。字荔虎，庠生，任商部平均司郎中，生于同治三年五月。

儿葆桢、媳林氏跪叩。父母亲大人双寿并请万安。敬禀者：戴熊官归，奉到七月朔日手谕。旋里，徐中丞官封递到八月廿二日并初五日手谕，敬悉一是。新得之儿，拟名瑶庆。家中西席，似不可不请。濂官读书，已是吃紧时候，其资禀本好，而近来不见进境，大都皆急于读时文。溪之字则散漫，毫无帖意，转不及三年以前，可忧也。林起贞学问甚好，否则，质夫之弟子穆似亦当可请，父母亲酌之。此间西席之撤，出于万不得已也。儿辈均操乡音，自须从福州延师，远道而来，已不无天涯沦落之感，再见生徒乖忤，又以少爷相待，不肯轻易摄之以威。愈从宽，则其行[不]可响迩之状愈甚。抑郁日久，时时有性命之忧。陈莲亭在此一年，儿日日耽心，至其平安归去，方把此心放下也。今□归其母自课，吕纯（钝）根如故，然不能出仆辈为伍矣。云儿能读而顽，先生以一份视之，故质夫归后一年，所读之书，字并不识，今年八月起，则《二颂》、《二南》、《邶》、《鄘》、《卫》皆能长卷背诵矣。然一离其母，皆绝不开口也。现五女教雨儿，六妹教瀛儿。雨儿为从来之笨，瀛儿能背诵《三字经》矣。教读最苦，媳妇近亦多病矣。只得将账房交莩轩办理，而请戴老八管笔墨。林诩仲之子，父亲既以为好，即可定议。江浙余逆尚在宁都、赣州各界上，月内可望肃清也。儿身体俱好，可无挂念。滇藩放刘岳昭，滇臬放席宝田。不知勿村升调何处也。（《与父母》，同治三年九月十七日）

(9) 琬庆。查《涛园集》，知琬庆字次棠，同治八年生。

另部分是同僚或上司，其中不少是知县府一级人物。沈信大多呼以字号。相当部分借助碑传或方志查考，有的名不见经传，则暂付缺如。

3. 若干家书（抄本、影印）写作时间的考证和勘误。

第一至第五部分虽有写信日期，但经考证也有错误。第六部分无年月日之记载，似无从入手。经考证，笔者对这部分无纪年的家信给出接近准确的写信时间，除有十分明确的时间可查者外，其余则用上旬、中旬、下旬表示。

一是利用书信提到的某事件，再利用其他资料查事件发生的时间，再估计沈得知此消息必要的时间，即可知写信的近似日期；二是利用信里出现的若干时间信息，找出它们之间的必然联系，结合其他方面的推估；三是利用书信中出现的自然界信息，如雨、旱信息，又查与此有关的灾情的记载；四是前后信函所提供的时间信息，加以对比分析。沈家书有一特点，即后一封信或隔一段时间后写信都会再提到以前已发出的家信，并提示某月某日发出，这一般就可以较准确地知道他写信的时间。

家书未发现原稿，抄本仅有福建省图书馆存，别无他种，福建师大图书馆系前者转抄本。因此，谈不上校勘工作。但如果运用上述方法，可以发现若干错误。如：

例一：

以上引咸丰五年七月初二日《与林普晴》的家信为例：信里提及沈抵安仁，"闻义宁失守"。查太平军占义宁州时在咸丰五年五月初五日。沈此信称"初二抵省"，是在七月初二日抵省还是六月初二日抵省？颇费推敲。查沈已于五月廿五日到广信，没有什么理由在广信停住多日，六月初二日抵南昌较合理。但信并非六月初二日写的。此信已提示证据，一是"此地得五月二十（八）日父亲大人手谕，亦都安好"。在平时，此信六月初二日可达南昌，而在当时战争环境下似不可能。二是"十五日，有千余人赴抚辕呈诉，中丞檄罗观察饬禁而已，无如何也。"十五日，当是六月十五日，可见此信非写于六月初二日，不然，信里怎能写十五日事？可见六月初二日并未写信，因九江署守颜裕峰不卸任，"□□专信问其是否愿意卸事，俟得其回信，再定行止耳"。等到署守颜裕峰不卸任的回信后，沈葆桢即于七月初一日"上院禀见中丞，命赴涂家埠抽取盐税"。得此情况后，于七月初二日写此信，并与另一信同时寄出。

例二：

"五月廿九日在清湖泖一安信寄回，此时可到矣。"五月廿九日当是五月廿日之误，九为衍字。因沈葆桢已于廿二日由清湖抵玉山，廿九日怎又在清湖写信？但亦不是五月十九日，明显是指五月二十日附写怀五截句的信。信称："十九冒雨至清湖，行李多被沾湿，今日未霁，不克成行。想此时船亦为雨所阻，何日得到建郡？两地关心，百感交集。"今日未霁，当然是十九日的第二天，即可证明是五月廿日。台湾苏同炳教授发表在《台湾文献》的有关此问题的考证很精到，但此信他认为五月廿九日的廿为十之误，似可商榷。

又七月初二日的家信也可证明：

儿葆桢跪叩母亲大人万安。滨竹三弟如晤：二十边，因解饷委员陈梅亭旋闽之便，托寄安信一封，计秋早又到矣。我本拟即行赴任摄篆，系九江已革同知望克城之日开复原官，不愿交卸，因此留省差委。现亦无事可办，闲住而已。将来克城之后，善后之难百倍于今，署事既得安处，必求走开，本任仍须到任。惟现在若有他缺，可望委署，得稍优者，于家中亦不无少补耳。何少麟署盐道，从前此缺，岁得盈余三四万，今则仅敷日用而已。父亲有安信到家否？去就之意若何？我亦有信劝父亲秋凉南旋，第我现尚无驻足之所，未知老人能决然舍去否？三子皆壮，无一可上慰亲心，如何如何？七月一日，上院禀见中丞，命赴涂家埠抽取盐税。此地离省城百四十里，向无盐埠。近日因盐商尽行倒闭，遍地私盐。浙私从玉山来，福私或由崇安抵河口，或由光泽抵建昌，淮私由九江贼中来，集于涂家埠。现因军饷孔棘，拟于此地设卡收其盐税。今与官盐一律售卖，但事属创始，且与贼相去不远，并令乡绅南河候补府刘于淳带勇数百同往。俟其章程议定，当即起行。然此系中丞之意，司、道中尚有意见不合者。果行与否，尚未可知。以后有信可写，求署盐法道何转交为妥。此问滨竹三弟元祉，合家均吉。（《与沈琦》，咸丰五年七月初二日）

二十边，指何月份？从下面一家信可得到明确的回答：

儿〔葆桢〕跪叩父母亲大人万安。敬沏贤卿如晤：五月二十日在清湖寄安信一封，何以至今未抵江右？后六月初由新建打官封到闽县一信，念一托陈梅亭守备带回一信，七月初二日托贡行云贰尹带回一信，想此时陆续察览矣。十六日，锐昌表弟到此，接到六月初安信，又由光泽带到父亲大人手谕并家中六月九日安信，并未提及三月兑项到底收到否也。自贤卿旋里后，谓可周知双亲〔身〕体实在若何，家中亏累实在若干。及两次来信中，弗获只字赐教，何以弃之深也？明知儿女累人，刻无暇晷。兼之星柴数□，必代老母分忧。且初抵里门，必有一番酬应。惟是倦游独客，念念□□，甚望□□情形，稍慰渴念。滨竹此时□场之候，不可以此分心。务望稍得余闲，不吝□□。俾见信如见卿，胜于形影相对也。游子之情，尚祈见谅。此地已作信劝父亲回家，未知接到否？我定于廿一日到涂家埠，现在不收盐税，抽取各货厘金而已。大约总须两三个月方能旋省。若此事办不成，则销差更早。中丞令下去察看情形再议办也。中丞为曾涤生星使所参，风闻有钦差来，未知确否？义宁州已收复，省城可以无虞，九江则遥遥难定。锐昌到此，姑留作伴也。（《与林普晴》，咸丰五年七月十八日）

此信明确指明沈葆桢是五月二十日在清湖寄安信一封，而不是十九日，九是衍字。

例三：

笃初四弟如晤：慎斋来，接到五月十五日手书，备悉一是。二嫂定于春正回里，花板且俟到家再议耳。江南北道复梗，不特乡试子虚，即会试亦有行路难之叹。吾弟老母忧子，既远出之难，省城谋生有限，计不如且在八角楼自课子侄，较之外间延师远胜十倍。如我能移善地，则吾弟固不患坐食。倘依然故我，则亦将断炊，只得决计归去，与吾弟另谋他策也。(《复沈辉宗》，咸丰八年五月二十三日)

原信注五月二十三日，无纪年。林普晴有两次从江西返福州。第一次是由京南下，于咸丰五年五月二十四日至家。第二次是沈葆桢守驻广信之后。查咸丰九年四月十六与林普晴信，知林普晴二月十二日到家。此信是五年还是九年？五年则不合理，因沈最早的家信是五月十日，其四弟何以能知道沈的去向地址？二十二日，沈刚由清湖至玉山，慎斋何以能知道沈的去向并见到他？而且，"二嫂定于春正回里"云云，与第一次到家时间不符。如何得知其纪年，则必须运用前后信对比分析的方法。查咸丰九年四月十六与林普晴信称"知二月十二日抵家"，与"二嫂定于春正回里"时间吻合。又信写于五月二十三日，不可能写于九年，当是八年。

例四：

敬纫仁弟：昨夕拔贡叶潜如昆玉过此，知吾弟已于初十日登舟。春水方生，溯流多滞，不知何日可抵崇安？翘盼无似。盘费敷用否？尚短若干，可派人到广信来，如数措办。惟允作信，请其顺途到广信，不过欲得晤谈，并非有要事，如须其送眷到省，则仍请其同行也。沿途夫船，均须自备，惟陆路既备公馆，不得不扰其一饭再行，则并酒食却之。过县勿泊船，以免仆辈生心。现通省门包全行禁革矣。到河口须雇光板船，家眷非此不便也。其极大者为□官翅，价三四十千，次者一二十千而已，即再贵亦不必计较也。差可之家人方明，系章果堂所荐者，人尚笃实，或可令其办理。抚署上房颇宏敞，若何住法，请自酌之。江山之贼已于廿六日宵遁，广信防务稍松。兄到常山一晤左中丞后，亦不日旋省。此问行安，不一。(《与林普晴》，同治元年四月初九日)

信中提及"江山之贼已于廿六日宵遁"。查，同治元年三月廿五日，太平军李世贤因左宗棠之进攻而退出江西，时在四月初十日。同治元年四月二十一日与玮庆家信称："防务稍松，乡堡章程一定，便当旋省清理积案，殆于五月朔日返筛矣。家眷已于初十日抵署。"二十一日信已知林普晴已到南昌节署，则这封家信为什么称"知吾弟已于初十日登舟。春水方生，溯流多滞，不知何日可抵崇安？翘盼无似"？似乎初十日还未到崇安。可见，初十日当是初一日之误。而四月中旬，沈通过维允来信，知林普晴于四月初五日已狮江解缆，因此他估计林普晴当于初十日到南昌，与实际到达日期吻合。

又四月初九日与沈廷枫信，已知林普晴初四到河口，即买舟，五日顺流而下，初十前后必到。此信则称"到河口须雇光板船，家眷非此不便也"。查《福建公路史》(1987年)载，由赣入闽，经由河口，逾分水关，循水至福州。又载："河口，离城（一指浙江铅山）三十里，即河水所从出也。与浙闽交壤，向为巨镇。"狮江即在河口之北。知此两处地理位置，更可知四月初十日还在崇安之误。

此信应在四月初九与沈廷枫信之前，估计是由广信寄至南昌的，四月初九日家信称沈于初十日去常山见左宗棠，而此信云还在计划中，也证明在初九日家信之前。

儿葆桢跪叩父母亲大人万安。敬禀者：前月三十日，在舟中寄回安信一封，计当到矣。家眷于初四到河口，即买舟，五日顺流而下，初十前后必到。惟允、小亭先来广信一晤，上下人口俱平安。儿明日动身赴常山，见左季高年伯，面商事件。回来后，看坚壁清野，规模粗定，乃可晋省。身体俱好，可慰廑念。（《与父母》，同治元年四月初九日广信行署）

敬纫仁弟如晤。初六维允信到，知于初五日在狮江解缆。春水方生，下驶甚速，初十前后到省矣。梁先生即请上学，官亲家人勿许出署，并函致李方伯密查矣。闻施和甚刁狡，尤须严束之，不令预事。养廉已预支到五月半，现信郡饬办乡堡，又捐千金，须提到七月底矣。署中动用，只靠赣关公费，如四月份有解来，尚须酌寄二三百金者，此（比）旋署，想系端节。此时尚无项寄家，家中用项，尚可支到何时？江、常之逆，左军至则避之，左军移营则复来。须添调之蒋军到，方有把握也。此请问安，不一。（《与林普晴》，同治元年四月中旬）

此信称"初五日在狮江解缆"，河口、狮江均在分水关江西境内，在崇安以北，就证明初十日不可能还在崇安，则进一步证明初十日是初一日之误。

例五：

玮儿阅之：十一日伊珊归，帮项单付之带回。兹将库平纹银一千两交银号兑闽，到时察收。闻福州初三日县考，则郡试当在开印后。学使想二月可旋省。如先赴福宁，则郡考在夏间矣。（《与玮庆》，光绪三年十一月十三日）

原信注：十月十三日。当为十一月十三日之误。用下列一信，即可证明：

玮儿阅之：日前礽山带回年项，单内漏却高端士师之世兄十千文。汝可补交翁四表伯，托其送去。（《与玮庆》，光绪三年十一月十八日）

原信落款日期为"搓丸日"，搓丸日，当指冬至日。冬至，福州有搓丸之俗。此年冬至日是十一月十八日。信称："日前礽山带回年项，单内漏却高端士师之世兄十千文。"礽山即此信之伊珊，可知此信也写于十一月，非十月。礽山，其他信里也称纫山。

结论：

《抄本》（影印）错漏不少，这里仅举数例而已。因此，对家书进行标注、校勘、人名别号及信件写作时间的考证，以利于学者的利用，是十分必要的，有价值的。

① 《沈文肃公牍》附:《家书》,江苏广陵古籍刻印社影印本。以下所引信稿,均见此,恕不一一注明。
② 光绪《续修浦城县志》卷之三,《山川》。
③ 《续修浦城县志》:《县治城池图》。
④ 黄叔璥《南征日记》,原存清华大学图书馆。
⑤ 沈瑜庆《涛园集》第217—218页。
⑥ 沈葆桢撰《先考丹林公行述》(未刊稿,福建师范大学图书馆存)。
⑦ 沈葆桢撰《先母林夫人事略》(未刊稿,福建师范大学图书馆存)。
⑧ 沈葆桢撰《室人夫人事略》(未刊稿,福建师范大学图书馆存)。

江铅山）三十里，即河水所从出也。与浙闽交壤，向为巨镇。"狮江即在河口之北。知此两处地理位置，更可知四月初十日还在崇安之误。

此信应在四月初九与沈廷枫信之前，估计是由广信寄至南昌的，四月初九日家信称沈于初十日去常山见左宗棠，而此信云还在计划中，也证明在初九日家信之前。

儿葆桢跪叩父母亲大人万安。敬禀者：前月三十日，在舟中寄回安信一封，计当到矣。家眷于初四到河口，即买舟，五日顺流而下，初十前后必到。惟允、小亭先来广信一晤，上下人口俱平安。儿明日动身赴常山，见左季高年伯，面商事件。回来后，看坚壁清野，规模粗定，乃可晋省。身体俱好，可慰廑念。（《与父母》，同治元年四月初九日广信行署）

敬纫仁弟如晤。初六维允信到，知于初五日在狮江解缆。春水方生，下驶甚速，初十前后到省矣。梁先生即请上学，官亲家人勿许出署，并函致李方伯密查矣。闻施和甚刁狡，尤须严束之，不令预事。养廉已预支到五月半，现信郡饬办乡堡，又捐千金，须提到七月底矣。署中动用，只靠赣关公费，如四月份有解来，尚须酌寄二三百金者，此（比）旋署，想系端节。此时尚无项寄家，家中用项，尚可支到何时？江、常之逆，左军至则避之，左军移营则复来。须添调之蒋军到，方有把握也。此请问安，不一。（《与林普晴》，同治元年四月中旬）

此信称"初五日在狮江解缆"，河口、狮江均在分水关江西境内，在崇安以北，就证明初十日不可能还在崇安，则进一步证明初十日是初一日之误。

例五：

玮儿阅之：十一日伊珊归，帮项单付之带回。兹将库平纹银一千两交银号兑闽，到时察收。闻福州初三日县考，则郡试当在开印后。学使想二月可旋省。如先赴福宁，则郡考在夏间矣。（《与玮庆》，光绪三年十一月十三日）

原信注：十月十三日。当为十一月十三日之误。用下列一信，即可证明：

玮儿阅之：日前㓜山带回年项，单内漏却高端士师之世兄十千文。汝可补交翁四表伯，托其送去。（《与玮庆》，光绪三年十一月十八日）

原信落款日期为"搓丸日"，搓丸日，当指冬至日。冬至，福州有搓丸之俗。此年冬至日是十一月十八日。信称："日前㓜山带回年项，单内漏却高端士师之世兄十千文。"㓜山即此信之伊珊，可知此信也写于十一月，非十月。㓜山，其他信里也称纫山。

结论：

《抄本》（影印）错漏不少，这里仅举数例而已。因此，对家书进行标注、校勘、人名别号及信件写作时间的考证，以利于学者的利用，是十分必要的，有价值的。

①　《沈文肃公牍》附：《家书》，江苏广陵古籍刻印社影印本。以下所引信稿，均见此，恕不一一注明。
②　光绪《续修浦城县志》卷之三，《山川》。
③　《续修浦城县志》：《县治城池图》。
④　黄叔璥《南征日记》，原存清华大学图书馆。
⑤　沈瑜庆《涛园集》第217—218页。
⑥　沈葆桢撰《先考丹林公行述》（未刊稿，福建师范大学图书馆存）。
⑦　沈葆桢撰《先母林夫人事略》（未刊稿，福建师范大学图书馆存）。
⑧　沈葆桢撰《室人夫人事略》（未刊稿，福建师范大学图书馆存）。

《沈文肃公牍》(影印本)的几个重要问题的考证

上世纪80年代初，我为研究福建船政局，在福建师范大学图书馆找到用毛边纸抄写的《沈文肃公牍》转抄本，又在福建省图书馆里找到用格子纸抄写的原抄本，字工正，每页约220字，抄本约二十九万字，有四五种不同颜色的点句标记以及挖补和改错的不同字迹，都证明抄本经多人校对过，但仍有错漏。扉页盖有沈氏农苏珍藏印。农苏，即沈觐宪，沈葆桢第五代孙。范围仅限于同治十三年巡台以后。之前任江西巡抚与太平军作战时期的信件一概不录。《公牍》已由江苏广陵刻印社影印。江西任职的信件，原手稿存南京图书馆。他的信稿，可能还散存于台湾及大陆一些图书馆里。少量原稿也有载于有关近代名人墨迹或名人书信的集子里者。咸丰五年十月以后，沈有何活动？各种资料也无记载。2003年，我到南京图书馆查到《江西盐饷禀稿》，耆龄、沈葆桢撰。耆龄系旗人，当时是吉南赣宁道，并委总理饶州盐饷事务。《禀稿》有沈葆桢公牍十札，向曾国藩等报告在吴城设卡收盐税的情形，足以填补这段历史的空白。

一、《公牍》信函排列的时间顺序问题

《公牍》所反映的内容十分丰富和广泛。分为：卷一，巡台（一）；卷二，巡台（二）；卷三，巡台（三）；卷四，巡台（四）；卷五，巡台（五）；卷六，巡台（六）；卷七，督江（一）；卷八，督江（二）；卷九，督江（三）；卷十，督江（四）；卷十一，督江（五）；卷十二，督江（六）；卷十三，督江（七）；卷十四，督江（八）；卷十五，督江（九）；卷十六，督江（十）。十六卷虽大体按时间顺序排列，但每卷不注明起迄时

间。我通过对一千多封信稿的考证，摸清了每卷的时间起迄，所得结果证明《公牍》的抄写者是按时间顺序排列，但有部分信件顺序错乱。

卷一，巡台（一），同治十三年四月二十六日《致李鹤年》至同治十三年七月下旬《致潘霨》；

卷二，巡台（二），同治十三年七月中旬《致李宗羲》至同治十三年十月初旬《致罗大春》；

卷三，巡台（三），同治十三年十月初九日《致罗大春》至同治十三年十二月十五《杨希闵》；

卷四，巡台（四），同治十三年十二月中旬《致黎兆棠》至光绪元年三月中旬《致夏献纶》；

卷五，巡台（五），光绪元年三月中旬《致文煜》至光绪元年六月下旬《刘坤一》；

卷六，巡台（六），光绪元年七月初旬《复唐定奎》至光绪元年十二月初旬《复吴仲翔》；

卷七，督江（一），光绪元年十二月中旬《复丁日昌》至光绪二年闰五月下旬《致程桓生》；

卷八，督江（二），光绪二年闰五月初旬《复林鸿年》至光绪二年八月中旬《复吴赞诚》；

卷九，督江（三），光绪二年八月中旬《复李鸿章》至光绪三年三月中旬《复孙衣言》。

以上信件时间顺序无误，但卷十督江（四）、卷十一督江（五）、卷十二督江（六）的时间顺序有倒错。在这里有必要作详细的考证。

卷十督江（四）第一封信《致李鸿章》的时间。

中秋肃耑寸笺，未卜何时入览？迩维指挥若定，眠食胜常。土耳其所以卖船与价值之所以参差，已函请两监督查复，俟复到再行奉闻。京畿近已得雨，想人心帖然。晋豫能沾余润否？此间又亢旱四五十日，麦种不下，而桃李梨杏芬芳烂漫，如雪如霞。天时原自难知，人事何堪设想？尸素者能勿抚躬自愓耶？颖叔脱离苦海，南旋必过津门。附达寸函，乞饬转交是荷。

按：颖叔，即林寿图，任山西布政使。被左宗棠参革，是光绪三年，知此信写于同一年。信又称"此间又亢旱四五十日"，查南京旱灾发于八月初，按此计算，也当写于光绪三年九月中旬。知此卷的第一封不能与卷九的最后一封信光绪三年三月中旬《复孙衣言》衔接。

同卷末一信《复陈宗濂》的时间。

读封篆日赐书，遥谂侍奉万福，至以为慰。伯通就教读馆，远胜于蹉跎船厂。割田纾难，亦其天分过人处。以此推之，将来必能和其家庭，礼堂固当有令子也。伟如方伯致我兄函奉缴。礼堂奠敬百金，似可向阜康一问。弟已代复伟如，此款尚未收到矣。蕴玉赎产，想亦为景所迫，伯通能与之凑断，似两相宜。谅山乘我去而来，颇似参商。然窃为江南之民，跂予望之。子弟之贤不肖，非父兄所能为，其他则又何说。瀛儿赴马尾，特为难却质夫、惟允一腔厚意耳。究之多一番挪动，添一番卸底，曾何益之有焉？除去府院试，仆仆往返，静坐能有几日？云儿不能束身，岂能约束乃弟？风雨联床，岂但二苏为人所难，即煦万、弼臣不相去千里万里哉！在署者，腊后以手谈为事，其心曰：汝既不能出户，其如我何？不才解组非遥，甚不乐动与人为难，则相隔数千里者，又何怪焉？总之，欲为儿辈拔去病根，宜先使不才脱离苦海。而私衷所耿耿者，则又全不在是，执事所知也。昨日又得微雪，然天气渐暖，随落随融矣。

按：封篆日；一说是每年的十二月十九、二十、二十一，一说是除夕。应以前说为合理。信从福州至南京约需七天，则此信当写于十二月下旬。又，"礼堂奠敬百金，似可向阜康一问。弟已代复伟如，此款尚未收到矣。"查梁鸣谦逝世于光绪三年五月初五日，知此信写于同一年。知末一封信写于光绪三年十二月下旬。

卷十一，督江（五）第一封信《复李鸿章》（光绪三年五月下旬）：

中堂阁下：奉五日手教，知前衽各缄，后先邀鉴为慰。沿江五处章程，业已奏咨，想此时尊处亦当得旨。惟有无流弊，殊难臆断，须一年后再看如何耳。高桥一案，为崇始自华人，而洋商乘而攫之，不料以租据不符，转成口不能言之苦。褚沪道欲以无契挟之，使作罢论，无怪其心不甘服。一为转圜，则奢念顿生，其无厌之德固然也。何天爵到沪不见客，亦不拜客，到宁时告以已饬沪道设法妥结。渠云总署交南洋，不能见沪道，且与总署说定是本国与中国要件，不涉杨、吴两家事。本银分毫不能让，两下只要商量息银若干，便可归结，余事不要持（提）起。其气骄甚。告以树从根起，你既不愿在上海归结，则提卷查案，至少须两月工夫。渠云，还钱何必查案？答以如此则在京便可了结，何事又来南洋？既来南洋，明系事难遥断，须查得实分明，方足以服人心。渠云，如此我只回复总署，南洋大臣不肯办了。告以如果不查清楚，我是不能办的。悠然而去。次日，自携案卷来云，紧要证据具在此，可不必再提上海的卷么？答以将汝卷看清后，仍须提上海卷来对错不错。渠云，高桥一案，或有可疑，先将朋生案于数日内了结。我去个把月再来结高桥之案，何如？告以案未看清，无从豫定，看完后给汝回信可也。十六日，将议断两案写清节略，交洋务委员送去，十七日方到船上，十八日来云，节略所断，不能遵照。告以我是准情酌理断的，依不依原不能勉强的。渠云，高桥利银，我情愿让去二万余金，只要十万。朋生本利丝毫不能减了。告以若不照情理，只争银数，虽再减亦无办法。渠又悠然而去。是晚送照会来云，归本国判断，明日辞行，复以照会而去。谨将各节略照会底稿抄呈，伏乞诲示。筱帅之怪鄙人甚于怪雨帅。身处富庶之地，不能面面周旋，固宜无所逃罪也。裁营颇疑非善策，顾不能为公筹饷，敢赘一词乎？包完川鄂厘饷，淮商咸称情愿。灶户或从此稍有生机，而事之济否，与将来之能否支持，则仍全仗难兄广厦之庇。更乞竹报中代陈衷曲，以拯万灶灾黎。

按：此信是对光绪三年五月初五日李鸿章来信的答复。查李鸿章《朋僚函稿·复沈幼丹制军》："沿江五处停泊章程，尚未见尊处及总署咨行。"知写于光绪三年。从天津到南京至少十天左右。又何天爵似五月初旬到上海交涉高桥轮事件，此交涉已延至五月十八日以后，故此信写于光绪三年五月下旬。

同卷末封信《复卞宝第》：

使来，读手教，备绌爱注之笃。惟起居曼福，俾慰下私。宜居集一案，即陶三就絷，未必肯承。访诸公正绅者，断不至泾渭混淆，但不当使为怨府耳。江宁前案，即当遵命通饬晓谕。兴东之欷，尚可想法。外路流民环视，为之奈何！被蝗省分，纵横数千里，断非一手一足所能为功。然欲挽回天心，而不先尽人事，天心其可挽乎？疏请饬各省合力挖蝻，于前月底拜发。笔力荏弱，不足以达其意。谨将存稿录呈，幸赐指谬。

按：信称"疏请饬各省合力挖蝻，于前月底拜发"，指八月二十八日一折。则此信当复于九月初旬。

卷十二，督江（六）第一函《复谢谦亨》：

重梦轩主人左右：奉手教，缕示种种，感何可言？春帆迎眷而南，则退志业已活动。惟船局竟无存款，权事者又深不满于西学，恐制（掣）肘如故耳。林维让，弟并未劝其捐炮台万金，闻罗景山有此议论，想雨帅如为前人铺排门面。五十万巨饷，非雨帅威德之征，其谁能之？青胜于蓝，非蓝所祷祝而求之者哉！惟两圻冰炭太过，均胸有成竹。日寻干戈，恐亦非地方福。省城米价五千有奇，海舶来非不多，不足供上府茶市之耗。城中常有明火执仗之案，官瞠目焉，而无如何也。小帅人极正派，惟多疑二字，则彼此同之。廓然大公，是尤当责备于贤者耳。小帅过此，极訾雨帅调用叶廷眷、高心夔之非人，然陆提竟委顿镇海，毋亦旁观则清欤？思荔轩谨上。

按：重梦轩主人即谢谦亨，字吉六，京官，与沈葆桢为己亥同年，交往颇密。此信称："惟两圻冰炭太过，均胸有成竹。日寻干戈，恐亦非地方福。省城米价五千有奇，海舶来非不多，不足供上府茶之耗。城中常有明火执仗之案，官瞠目焉，而无如何也。"光绪三年三月中旬《复林拱枢》信称："吾乡米价腾踊，海舶来非不多，而不足以供建邵茶市之耗。省城内屡起明火执仗之狱，官瞠目焉，而无如何也！"似两信写于同时。又，"小帅过此，极訾雨帅调用叶廷眷、高心夔之非人。"小帅，即何璟，光绪二年十二月间过南京见沈葆桢，则三月中旬信不可能是二年，而是三年。写于光绪三年三月中旬，按时间顺序应紧接卷九光绪三年三月中旬《复孙衣言》之后。

同卷末函《复吴仲翔》：

薇尹亲家妹倩大人左右：潘玉章奉十二日朵云到，盼荔丹若渴，敢不极力撮合，以慰美人秋水之思？该勇口传两噩耗，曰水灾甚于去年，曰礼堂端午谢世。尊函皆未之及，知雁游于义昌之薮也。海波不扬，江南方恐以分兵累福建，不料转邀赏识如是。为告方伯，拨两船赴镇江可南渡矣！当力筹三关口粮，俾载米而去。宋长庆廉而和，颇得众心，为霆庆营中粹品，似不负九方之顾。诸同事闻家园患潦，彻夜不眠。谨借廉三千，托荔丹呈雨帅，备一粥之用。时事方棘，燥湿不时，我公务加意节宣，为国自玉。人之病都从心起，家庭难言之隐，尤易伤及膏肓。礼堂以司马牛之忧，溘然长逝，何其速也！往年丧讷如，今年失礼堂，吾闽文运之厄，恐殿撰不足以补之。此间大雨三日，官民相庆，谓蝗可绝。迩乃雨尚未霁，蝗飞蔽天，有肃肃萧萧之响。如能附讷如、礼堂骥尾，不见此象，当呼大快一声而去也。

按：吴薇尹即吴仲翔。梁鸣谦于光绪三年端午去世。沈复玮庆信写于五月二十日，内称借廉三千交荔丹呈督抚，与此信同一内容。知写于光绪三年五月二十日。卷十一首函《复李鸿章》写于光绪三年五月下旬，应紧接此函。

查卷九督江（三）最后一函《复孙衣言》，写于光绪三年三月中旬。紧接其后的不是卷十，而是卷十二督江（六）光绪三年三月中旬至光绪三年五月中旬。

以上数卷现按考证给出时间顺序重新排列如下：

卷十，督江（四），光绪三年三月中旬《复谢谦亨》至光绪三年五月二十日《复吴仲翔》（原卷十二督江（六））；

卷十一，督江（五），光绪三年五月下旬《复李鸿章》至光绪三年九月初旬《复卞宝第》（原卷十一督江（五））；

卷十二，督江（六），光绪三年九月中旬《致李鸿章》至光绪三年十二月下旬《复陈宗濂》（原卷十督江（四））；

以下数卷，抄本总体上是按时间顺序辑入。经考证，作者标明时间排列如下，限于篇幅，函件内容恕不列出：

卷十三，督江（七），光绪四年正月初旬《复李元度》至光绪四年八月初旬《复林泂淑》；

卷十四，督江（八），光绪四年八月初旬《复梅启照》至光绪五年正月初旬《复卞宝第》；

卷十五，督江（九），光绪五年正月十七日《复李子嘉》至光绪五年六月中旬《致彭玉麟》；

卷十六，督江（十），光绪五年六月中旬《复孙毓汶》至光绪五年九月底《致林拱枢》。

《公牍》每卷虽按时间先后排列，但每卷每封信时间先后也有倒错。如卷十六最末一封是《致林拱枢》，光绪五年九月底。经考证，最末一封应是卷十六的第六封《复李朝斌》：

> 奉念四日赐书，知尊体霍然，至以为慰。本日会操，因敝老师孙藁田先生索登瀛洲护送回浙，弟不便力却，致令逾期，罪甚！梅中丞内召，此后浙船来否亦未易知。伯相代购蚊子船，闻已径驶入津，有无变卦，亦未易知。只得就江南现有之船，极力勤操，俾臻纯熟而已。与吾军门上游巡阅已毕，谅必能来，转瞬又届十月操期。执事循海而归，恰好于吴淞临试也。弟今年病发特早，已拥重裘，居深室。时艰如此，断不敢引疾。而讳疾恋栈，必误大局，奈何！奈何！

按：光绪四年，李质堂接任吴大廷为江南水师提督。此信称"伯相代购蚊子船，闻已径驶入津"。查李鸿章到大沽验收"镇东"蚊子船，时在十月初六。则此信当为最后一封。

二、抄本与手稿真迹的若干问题

沈葆桢手稿真迹存世极少。另有一部分是真迹的复印、影印件，其中大部分是咸丰、同治年间致曾国藩、郭意城的公牍。这部分《抄本》并未收入。《抄本》只收入同治十三年沈葆桢巡台到两江总督时期的公牍，约一千多封。目前，我找到、看到的可与抄件对应的手稿真迹不上二十件，这也足以说明抄本的价值。但抄本却存在三个重大问题，一是不抄入写信时间，二是排列顺序错乱，三是有删节的痕迹，明显的是信头的称呼多被略去。

例一，《公牍》（影印本）第1245页收入《致林庆炳》一函，原文：

> 天暑甚酷，羊城气候向尤苦热，想善自珍摄，眠食胜常，允符臆颂。弟扶疾北上，咳喘大作。旧交赠以佛山止哮喘断根丸，服之似颇有效，谨将原方寄呈，伏乞代购数瓶寄来。应价若干，示知为感。上游器重，当已得有优差，薪米无忧，治经益多暇日也。

按：林庆炳，字耀如，侯官人，林昌彝之子。著有《周易述闻》、《周易集解补笺》。由于抄本无年月日，经我考证，定为光绪五年五月中旬。后发现《周易述闻》一书附有此信，并有注："《周易述闻》一书，沈文肃公早经闻见。此函由两江总督任内人觐回任，询及治经，谨刊于此。"附信内容与《公牍》本相同，但后者有落款"五月十六"，证明此前的考证是正确的。同时，此件的发现，可以用来校勘抄本。如《周易》本原件信头"耀如世仁兄大人左右"九个字被《公牍》本略去，信末"祗请著安。未一一。世愚弟沈葆桢顿首，五月十六"十九个字也被略去。可见《公牍》本没有完全忠于手稿。

例二，同治十三年六月初四日致盛宣怀信。原稿信头有"杏荪仁兄大人"六字，

《公牍》本略去。原稿信尾页落款："愚弟期沈葆桢顿首，初四"十字，《公牍》本也略去。原稿：

杏苏仁兄大人左右：五月三十日，三奉赐书，辱蒙垂爱筹思，无微弗至。下私感激，何可以言语形容耶？日本一味闪烁其词，实则毫无退志，非得大枝劲旅来，虽舌敝唇焦，无益也。伯相通筹全局，东南数省所当尸祝弗谖，岂第赤嵌一隅实受其赐。军行极难，得执事为之料量，益深欣幸。谨函嘱惟允先遣琛航赴沪，恭听指挥，大雅继之，永保自粤归，再继之。此三船舱位较宽也。采购各件，一时无能应手，且利器未经练熟，亦不适于用。然因病求艾，终难缓图。借洋款一说，已函商两大吏，得其复书，即当举行也。倭奴与牡丹社番在保力庄议和，即将兵退扎龟山。其扎兵之地，并给土人租价，琅璚菜蔬，四五倍其值，亦毫不吝惜。日内运农具、木栽、花种而来，其意可想矣！草草肃此，请勋安，未一。愚弟期沈葆桢顿首，初四。

再，大暑以后，西南风益烈。安平、旗后，大船均难寄碇。宜驻澎湖，以小轮船盘到旗后上岸。已于凤山城外，择空地搭兵棚以俟。谨以奉闻。葆桢又顿首。

按：原稿信头有"杏苏仁兄大人左右"，落款初四。又称"五月三十日，三奉赐书"，沈葆桢于六月初四日答复。

例三，沈葆桢致总署的函件，大多涉及福建船政局及福建敷设电线问题，同样要勘误。如光绪元年七月十四日总署收到沈葆桢函（附录于致李子和的信中），与七月二十四日总署收到福州将军文煜函附录《沈大臣致李鹤年函》，同一封信，有三个版本（包括《公牍》本），就互有错漏。

《公牍》本：

奉本月初七、十三两次手教，敬聆一是。豫军留镇省门，极佩卓见。杨廷辉效力于船政者四五年，此次经执事甄劾，侍在台毫无所闻，故列奖及之。其请奖也，由游击而参将，今原官只剩守备，部中自当照例撤销，似无烦笔墨矣。顷得星文并蕴石太守书，咸谓尊谕以电线勉强图成，是为福建留无穷之害，立意停止云云。仰见执事念念在造福斯民，托骈襁者感且不朽，岂其反有微词？第此事万一决裂，牵动全局，我老前辈以爱民之心，转成不可收拾之举。荷扶植者有年矣，不敢以狂瞽安于缄默也！自办洋务以来，未有能以既立之合同作为废纸者，谓既约可翻，则从前影射之端，即以此为切实印证。中国遇事，尚可与彼族争，有时亦挽回一二者，仅赖有此耳！若西人咸谓中国之合同无异废纸，其患非可以言语形容也。翻其成约，正深中其下怀，彼谓中国不买矣，自当由我自造。诉诸各国，则群以负约责我，环伺而起者，岂但俄人？委之于民，则彼谓中国不能自治其民，我当代办，中国不得与闻。诱以利而民听之，胁以威而民听之，将从前之义愤，尽属子虚。即使民不为威惕，不为利疚，到呼吸存亡时，听其糜烂耶？明知照合同办理，此后断不能无所葛藤，然两害相形，则取其轻，愿执事熟思而审处之。

总署亦知事成骑虎,并无饬令停办之言。价值昂贵,办理不善,已函达总署,咎在侍一人,参处侍独当之。至晓谕斯民,使皆洞然,知国家所自造,勿滋事端,则地方官之专责。惟执事谆谆命之矣。自知冒昧,然非我老前辈之虚怀若谷,亦无由诱其狂言,知必怜而恕之也。

此信也收入《海防档·电线》,即文煜本。文煜本有两处遗漏:(一)"侍在台毫无所闻"句,漏了湾字,(二)"顷得星丈并蕴石太守书"句,漏了"顷得星丈"。沈葆桢自呈的信(即公牍本),信末无"馆侍生葆桢顿首。六月十九日"。可以说明此函是由不同人抄写的。《公牍》本信首无"和翁老前辈大人左右"句,信末无"祗请台安、不一。馆侍生葆桢顿首,六月十九日"句,可以推测,此函由沈致李鹤年时备份,即《公牍》所见,文煜将此函转呈总署是个抄件,沈葆桢自呈总署也是抄件,就是说,此函有二个抄件,一个原稿。

值得注意的是,沈葆桢的全部信函,多无纪年,有的只纪日不纪月。仅据《公牍》本使用,一定会发生时间上的错误。因此,对《公牍》本进行考注的必要性是不容置疑的。沈葆桢未刊信函,有一部分落款不署时间,甚至没有任何时间线索可寻,考证的难度很大,试举一例:

康侯贤婿如晤:小希甚感盛情,愿往候代承,择订正月即可首涂。又魏子安孝廉云:曾经林可翁、郭兼翁、郑仲翁荐尊处嘱一提,辞之不获,烦转达令伯尊甫为望。自惭烦渎,然迫促不自由也。顺颂侍佳,不倦。葆桢稽首。

名条一纸。子安与兼翁甚好,有回音也。兼翁复也。

按:同治三年七月二十日,林鸿年也给李端写信。沈信也提到林鸿年托李端办事。沈信当大约写于此时,即七月下旬。小希,王崧辰,字小希。同治十年进士,授余杭知县,在官五年后乞归。魏子安(1819-1874):魏秀仁,字子安,侯官人。举人,四川芙蓉书院院长。林可翁,当是林鸿年。郭兼翁:郭柏荫。举人,官至内阁中书、主事。郑仲翁:当是郑云友。《侯官县志》载,郑云翁,牙科医生。是郑云友否?备考。

由此又有一个问题需要讨论,即《公牍》本的编者和抄者是谁?一千多封分散各地私人手里的信是如何取得的?已知编者是按年月日的顺序辑入的(《公牍》本只少数纪月日,全部无纪年),考证的结果与之大体吻合。其中,纪月日顺序有小部分与考证不一致,可能是《公牍》本的编排错误。至于一部分信纪年顺序的倒置,如上考证,无疑是编者的错误。目前发现的手稿原件或复印件均无纪年,所以容易发生错误。

沈葆桢信函,《公牍》本最后一封是光绪五年十月初旬《复李朝斌》。此时他已病重,不可能去编辑这些函件,他的后人,不是历史学者,对无纪年的信件按年月编排是困难的,而一千多封信,分散在一百多受信人手里,更无法收集。唯一的可能是,沈葆桢每发一封信,沈葆桢的幕僚、书吏为之备份,沈葆桢逝世后,即由后人保存。后人可能就书吏的备份重抄一次，从笔迹可知是同一个人抄的，错漏改于行边。用10×22格纸抄写，字工整，不是沈葆桢的手迹。且每信多跨页，都证明是重抄本。但目前还未发现另一部不同的抄本或备份，备份只是一种合理的推测。

三、史料价值

沈葆桢宦海浮沉一生，交接师友、同僚十分广泛，书信往来十分频繁。目前我们能看到的书信多达1298件，涉及师友、同僚约136人。信件涉及中国历史尤其是近代台湾史的一些重要事件与人物，是十分珍贵的历史资料。沈葆桢逝世于1879年，他在遗嘱里交代"身后如行状、年谱、墓志铭、神道碑之类，切勿举办"，所以，这类资料就无法取得。而他本人留下来的著作也不多，主要有《沈文肃公政书》、《船政司空雅集》等。这样，这1298件公牍就成为非常珍贵的史料。

（一）研究台湾问题、中日关系史的第一手史料。1874年日本侵略台湾事件，中外均有文字记载。中文方面最主要的有《六十年来中国与日本》及王元穉的《甲戌公牍钞存》。沈葆桢亲临台湾进行部署布防，与日本人折冲樽俎，"抚番驱倭"，他的书牍无疑是最重要的史料。他的对日斗争战略，对原住民采取的团结措施，均只能在他给同僚、师友的书信里看到。他的《沈文肃公政书》，给皇帝的奏稿，都只是从日退兵之后开始。所以，《公牍》正好是这段交涉史的罕见的史料。例如他对日斗争的方针，在同治十三年四月二十六日《致李鹤年》里可以看出：

日本若得志于生番，必席胜势以陵百姓，图据其地，遂开衅端；若挫于生番，必借口百姓通番，摸（捕）风捉影，横生枝节，衅端也不得不开。……此时情状显露，无可游移，似当明饬贝将，如胁我以非理，立即奋勇拒敌，不以开衅罪之，……然万难中不得不想出办法。谨以鄙见所及，为我公陈之：一曰固民心。台民习于斗狠，前者西人酿事，为和议全局起见，不得不委曲弥缝。今日情形，迥非昔比，似宜明饬镇道，如民间受其荼毒，立须声罪致讨。官民同命，草木皆兵。……全台屹若长城矣。一曰联外交。西人熟于纵衡之术，一国有事，则诸国议其曲直，而伺其胜负。其电报星速，有事必先知之。通商局宜开诚布公，力与周旋。台、厦探报，宜明示之，以便索其消息。且以理之是非，势之利钝，常与晤对，以结其心。……一曰豫边防。日本不得志于台，必豕突省厦。省门海口曲折，尚可临事布置；厦门孤悬海外，……似宜檄罗军门或孙镇带勇进驻厦门，使商民不致骇散，……一曰通消息。中国无电线，不得不借重轮船。……则消息互通，一日可还。

沈葆桢入台后，六月十九日写给淮军部将王玉山的信，也十分珍贵。其中进一步提出了对日斗争的具体方针：

此时必不急于争胜，但愿民番有所依附，不至遭其荼毒耳。鄙意陆待淮军，水待铁甲船，方为万全之策。……目下最要者：曰结人心。良民固须保护，即有为倭人利诱者，且勿苛求，我军亦借伊可探倭人动静。曰通番情。近敌之地，生番不能不两属，然非本心，宜谅之。曰审地利。虽极扼要之地，内山必有小径。倭破牡丹社，即土人导之翻山而下。偶有倭人到营，不妨以礼相待，勿遽声色相加，彼亦无从生衅。

以往论者，均谓日人退兵，是因为在北京双方谈判中李鸿章妥协的结果。今见此公牍，可以看出，除了北京谈判之外，沈葆桢在台湾一方面与日周旋，另一方面又厚集兵力，以"以战避战"的策略为指导，迫使日军退兵。

（二）为其他资料所未载者。《公牍》中为他书所未载之资料、未披露之史实甚多，现举数条：

关于沈葆桢对郑成功遭遇之同情，除了《政书》一篇关于奏请建明延平王祠之外，他书均未见，而《政书》对郑成功的评价与《公牍》侧重点完全不同，《公牍》所载三副对联最为重要，这见于光绪元年三月初旬《复吴大廷》信。同治十年（1871 年），吴大廷写下《咏延平朱成功》七律诗一首：

隆武已薨永明虏，楼船百战几曾闻。声名岭海漳潮外，气概孙郎伯仲间。身死犹存明正朔，节坚何异宋文山。遗臣天语分明在，秽笔从今要尽删。

一些具有民族思想和正统思想的汉族大吏，正是根据康熙帝"明室遗臣"这道圣旨，为郑成功大声疾呼，要求删去加于郑成功的贬抑之词。这首诗不但代表了这种呼声，而且还秉笔直书赞颂郑成功的"战绩"和忠义。同治十三年（1874 年），沈葆桢奉命巡台，吴大廷即将此律诗呈送沈葆桢。沈葆桢见诗，引起极大共鸣，复吴大廷信称：

录示七律，不愧诗史。焚香端坐，击节数四，如闻大木英灵乘云来下也。客腊拟楹联三幅，谨录呈，以博方家一粲。

从这封信看，除了杨士芳禀请建祠追谥之外，清朝官员之中也在酝酿一股怀念郑成功热。这首诗居然引起了沈葆桢的怀念，"如闻大木英灵乘云来下也"。这思潮发生在台湾反对日本侵略琅璚结束后不久，是十分自然的。召唤古代英灵，无非是要重新唤起当代的英雄精神。这是沈葆桢深意之所在。事实上，沈葆桢在接到杨士芳禀报之后，于同治十三年十二月（1875 年 1 月）间写了三副对联：

开万古得未曾有之奇，洪荒留此山川，作遗民世界；
极一生无可如何之遇，缺憾还诸天地，是创格完人。

海上视师，紫阳于五百年前，早为后贤筹结局；

天南晞发，缅甸在八千里外，特延闰朔付孤臣。

到此地，回首凄然，只剩得江上一些儿流未枯眼泪；
将斯人，苦心参过，更休说世间有那种做不了难题。

从这三副对联，结合一些信函内容来看，沈葆桢对郑成功的评价可以概括为四个字，即"孤忠启疆"。可以说，他已跳出官方评价的框框，而突出地赞扬郑成功开发台湾的伟绩："开万古得未曾有之奇"。他还用朱熹父亲读书紫阳的典故，来赞颂郑成功收复台湾，为中华民族领土统一打下基础的丰功伟绩。郑成功在收复台湾后仍然遵奉明政权，沈葆桢对此予以很高的评价。对联引用了晞发子谢翱抗元事。谢翱（1249－1295年），南宋诗人，号晞发子，福建福安人。元兵南下时，参加文天祥的抗元斗争。元统一全国后，他拒不入仕。其作品反映了他对宋政权灭亡的悲痛。沈葆桢以此借喻郑成功的"孤忠"是很大胆的，这隐约反映了他的民族主义的思想。沈葆桢肯定了郑成功遵奉的正朔，也是与对收复和统一台湾作为中华民族的领土的肯定一致的，具有反对外国侵略台湾的意义。

中日台湾问题交涉中，沈葆桢七月中旬致书英国台南领事额勒格里一事，为世所罕见，我们却于《公牍》中见之：

敬复者，接展贵领事来函，据怡记英商以日本并美国人欲用该行轮船赴琅𤩝，向贵领事请示，贵领事以琅𤩝非通商口岸，外国商船不可来往，惟恐该来人或有敝处公干，是以函询候复。具见贵领事恪守和约，办事精详，不胜感佩。查日本并美国人于敝处并无公干，本大臣亦仰体贵领事之意，一遵和约办理，断不敢擅自更改，以开后来借口之端，谨此裁复。

日本侵台之后，在清廷内部引发一场关于海防的大争论，其中也包括塞防与海防之争，关于如何把洋务运动继续进行下去之争。然而沈葆桢和李鸿章关于购买铁甲船之争，却是第一次在《公牍》里被发现。要了解这场争论之情形，非阅《公牍》不可。如光绪二年六月初一日《复李鸿章》：

兴师动众，非目前之患。然外海水师决不可不创，铁甲船决不可不办，不可不学。购款陆续应付，似尚不至十分掣肘。若滇案归结后，中外仍若无事然，则事无可为者矣！筱坞一疏，想入非非，一人智而天下皆愚，于今见之。防海而可无陆师，纵船炮之精过于彼族，风平浪静时，处处可以登〔舟〕岸，其谁御之？有陆师便可不防海，则必遍天下郡县尽数有坐待御敌之劲旅则可。否则一二号兵轮窥我南北洋，终岁疲于奔命，不知其所守矣。况铁甲封港，只求消息不可得耶……我公任天下安危，只有进步，更无退步，万不可因此灰心，千秋自有论定。

在光绪五年七月中旬给李鸿章的另一信里，有关他反对赫德设海防司的主张和赫德阻挠中国购买铁甲船的史料记载，更为珍贵：

> 总署来书，嘱议赫德条陈海防司一事……一、赫德所丁宁反复再三致意者，在一权字。总署所十分慎重，难于立断者，亦在一权字。天下无无权而可以集事者，倘用之而不予以权，是絷其手足而责以奔走。靳彼之权，实则误我之事。使其人终为我用，如汉之金日䃅，唐之契苾何力，岂以异族为嫌？畀之以权，又何惜焉？若一旦有事，仍须各归其国，则仓皇扰攘之际，统领属之何人？属之会同督办之大员耶？则平日固深以干预号令为戒，各船视若赘疣，其人亦虚与委蛇，以赘疣自待者也。若于各船之管驾择统领，则畴昔皆比肩屏息以听教习号令，忽分轩轾，其谁甘之？是徒与之以权而莫得其用也。且赫德岂能尽保一举一动事事可对圣贤者？为海防司，中国亦岂能尽选如脂如韦、胸中毫无泾渭者为督办大员？万一海防司所去所留，督办大员极以为颠倒，驳之则与约不符，听之则非特于心不安，而对此各船之员弁、水手，脸亦难下，是其窒碍处并不待海上有事时也。……又何以振作而兴起之乎？……一、赫德谓有碰船、蚊子船即无须铁甲船，……西人心计最精，锱铢必较。如果锥船可破铁甲，岂有尚汲汲焉于巨费之铁甲，以待锥船之破之耶？蚊子船在内河与铁甲船互击，未见其必败。其炮巨，其底浅。蚊子船所到之地，铁甲船未必能到，此其可恃者也。倘在外洋，铁甲船一点钟行四十余里，蚊子船一点钟行十余里，铁甲船最耐风涛，蚊子船最畏风涛。有炮巨、底浅之利，即不能无炮巨、底浅之害也。海与陆不同，非能战断不能守。自奉天以至广东，海口更仆难数，安得处处购蚊子船以守之？且无蚊子船之口，铁甲船固可长驱直入，有蚊子船之口，但以铁甲船踞其外海，运兵、运饷，便步步戒心。……鄙意非谓有铁甲船而诸船可废，谓有铁甲船而后诸船可用。问各国之强，皆数铁甲船以对，独堂堂中国无之，何怪日本生心乎！

不少学者以为海军建设以李鸿章为最力，然颇不全面。李虽亦海军创建者之一，而眼光不及沈葆桢。沈力主建设以铁甲船为主体的外海水师，历来为学者所忽略。《公牍》所载沈与李的书信，结合《朋僚函稿》，此事始末则可详悉。

关于吴淞铁路案与教案。同治十三年，英商组织了吴淞铁路有限公司，非法进行吴淞路的修筑，直至光绪二年，这件事才引起当局的注意。时沈葆桢任两江总督，他指示上海道台冯焌光，先后与英领事麦华陀、威妥玛、梅辉立进行艰辛的谈判。由于此时发生滇案，两案相互牵涉，交涉更为复杂化。在外国炮艇恫吓面前，李鸿章与沈葆桢的态度及对外策略均显示出歧异。这在沈葆桢写给李鸿章与冯焌光等人的信件里得到反映。沈葆桢最后以28万两白银买回吴淞路，并不顾上海商人反对加以拆毁。对此，沈葆桢在给郭嵩焘的信里做了说明和解释。

沈葆桢将吴淞铁路赎回后拆毁，中外论者历来多有批评，以为是保守之举，然不知其所以然。沈葆桢在光绪三年九月二十六日《复郭嵩焘》中的陈述可以说明上述议论实乃误解沈意。信称：

> 铁路弟所极愿办者，无如吴淞非其地也。起卸货物，则偷漏之端防不胜防。恪守关章，则经费无所出。化无用为有用，以台防为椎轮，将来必西北之大利也。

由此可见他并非反对修铁路，而是主张先移到台湾而后推广。

八月二十八日《复郭嵩焘》信称：

> 电线、铁路，皆中国数年后不能自已之事，而吴淞则非其地。洋人所以不患亏本者，冀中国许其起卸进出口货物耳。不告而权为之，于国体有损，既买归中国，断无自乱关章，以开漏税之端。仅载行人，修费且无所出，望有赢余耶？旗后至凤山刚三十里，无内河可通，正当化无用为有用。使人人习知其利，再另做一条达郡城，此禹生中丞意也。旗后至郡城电线则已兴工矣。世事变迁，沧桑正非意料所及，安见琴西必以铁路为非乎？

以往论者均以为沈葆桢反对筑路，但此信十分清楚地表明他并不反对筑路，只不过是反对在吴淞筑路而已。

对教案的态度，家信里也有反映。如他于同治元年五月十一日致其父信里说："士民将教堂夷为平地，出于义愤，不能说他不是。……然抑民从夷，实于世道人心有碍。"这显然与一般官吏袒教抑民的态度有很大不同。

沈葆桢是洋务派，但他对子侄启蒙教育却只是传统文化，少提西学，这是很值得研究的。如光绪二年二月十七日他在复玮庆、咏彤的信里称："子弟读书要循序渐进，越笨越不可走捷径。但令其多读古文，多做论，无不能通之理，应试非所急也。"从中也可以看出沈葆桢对科举的态度。

（三）沈葆桢后期活动研究资料的最重要的补充。（1）兴利除弊：沈葆桢在两江总督任上，可以说连年灾荒，流民不断，他在许多信中都十分具体地谈及蝗虫为虐的严重情况。沈葆桢效法林则徐，兴利除弊，工赈救灾。（2）盐政改革：清代盐产区各有特定的销盐市场，两淮食盐向销苏、豫、赣、浙、鄂等省。太平天国期间，淮盐不能返往湘、鄂，改由川盐填补。太平天国失败后，两淮盐商要求收回楚岸，曾向历届两江总督施加压力。沈葆桢上任后，也不得不就这个问题与湖广总督翁同爵商量，而老于世故的翁同爵则一味推卸。沈葆桢先是婉求，继而廷争，然终无效，交涉过程在他给翁同爵等人的信里有着生动的叙述。这场斗争相当剧烈，沈为之竭尽心血，焦头烂额，窘态跃然于信纸。

沈葆桢任两江总督后，关心民瘼，如灭蝗、治灾、改革盐政、处理教案等等。然而，迄今为止，我们主要只有《沈文肃公政书》中的有关奏稿可以参考。幸而《公牍》所辑入后期的信件，对上述诸政绩均有所反映，实是我们必须参阅之第一手资料，可与《政书》互为补充。此外，沈葆桢曾于光绪四年上京觐见西太后一事，也只见于《公牍》。光绪五年五月中旬致丁日昌信称："……召见时，太后问：当今通晓洋务者何人？对曰：大员中公推丁日昌。太后问他洋务实办得好，只是他说有病，究竟能出来不能？对曰：丁曾致臣书，欲来江南就医。今奉此旨，自当仰体圣意，力疾前来。枢府问执事应驻在何地？对以执事定有成算。"这一召见事，史家向未述及。此事还见于《致彭玉麟》、《复吴元炳》等信。

《公牍》中珍贵史料还有很多，恕不一一列举。

四、存在的问题

总之，《家书》及《公牍》（影印）虽然有相当重要的史料价值，但在使用时，会遇到较大的问题，主要是信札没有年、月、日，且没有其他版本校对，受信人又大多用字号。

此外，由于《家信》及《公牍》信札均无年份，造成抄本无法按日期顺序排列，学者在使用时必然会造成时间上的错误。

笔者不揣浅陋，在《家书》和《公牍》等信函的基础上，广泛收集，增补了江西巡抚、船政大臣两个时期的信函，逐一考证、整理，总其成曰《沈葆桢未刊信札考注》。书中对收集到的一千多封函稿逐函考证其撰写年、月、日，并加以标点，按时间顺序重新排编，并尽可能考证出收信者及信中提及的师友、下属的姓名，并加以简介，一并置于每札函稿之后，以资研究者参考。但笔者估计此书收集的函件还不全，仍有不少未刊信札散藏于各大图书馆、档案馆，希望有关方面提供信息和线索，使此书再版时更为完善。

图书在版编目（CIP）数据

沈葆桢信札考注/林庆元、王道成考注．—成都：巴蜀书社，2013.12
ISBN 978-7-5531-0370-9

Ⅰ.①沈⋯ Ⅱ.①林⋯ ②王⋯ Ⅲ.①沈葆桢（1820~1879）—书信集 Ⅳ.①K827＝52

中国版本图书馆CIP数据核字（2013）第271071号

沈葆桢信札考注	林庆元　王道成　考注
责任编辑	黄云生
出　版	巴蜀书社 成都市槐树街2号　邮编610031 总编室电话：(028)86259397
网　址	www.bsbook.com
发　行	巴蜀书社 发行科电话：(028)86259422　86259423
经　销	新华书店
印　刷	成都东江印务有限公司
版　次	2014年10月第1版
印　次	2014年10月第1次印刷
成品尺寸	260mm×185mm
印　张	53.25
字　数	1100千
书　号	ISBN 978-7-5531-0370-9
定　价	380.00元

本书若有印装质量问题，请与工厂调换